Ullstein Materialien

Ullstein Materialien
Ullstein Buch Nr. 35092
im Verlag Ullstein GmbH,
Frankfurt/M – Berlin – Wien

Umschlagentwurf:
Kurt Weidemann

Printed in Germany 1985
Druck und Verarbeitung:
Ebner Ulm
ISBN 3 548 35042 5

Juni 1985
50.–52. Tsd.

Karl Marx

Das Kapital

Kritik der politischen Ökonomie

Band II:
Der Zirkulationsprozeß des Kapitals

Herausgegeben von Friedrich Engels

Leseanleitung und Texteauswahl von Rudolf Hickel

Ullstein Materialien

DAS KAPITAL

Kritik der politischen Ökonomie

Zweiter Band

Übersetzung der fremdsprachigen Zitate Seite 797–803; Erklärung von selteneren Fremdwörtern und fremdsprachigen Ausdrücken Seite 814–817.

Das Kapital.

Kritik der politischen Oekonomie.

Von

Karl Marx.

Zweiter Band.

Buch II: Der Cirkulationsprocess des Kapitals.

Herausgegeben von Friedrich Engels.

Hamburg
Verlag von Otto Meissner.
1885.

Vorwort

Das zweite Buch des »Kapital« druckfertig herzustellen und zwar so, daß es einerseits als zusammenhängendes und möglichst abgeschloßnes Werk, andrerseits aber auch als das ausschließliche Werk des Verfassers, nicht des Herausgebers dastand, war keine leichte Arbeit. Die große Zahl der vorhandnen, meist fragmentarischen Bearbeitungen erschwerte die Aufgabe. Höchstens eine einzige (Manuskript IV) war, soweit sie ging, durchweg für den Druck redigiert; dafür aber auch der größte Teil durch Redaktionen aus späterer Zeit veraltet. Die Hauptmasse des Materials war, wenn auch größtenteils sachlich, so doch nicht sprachlich fertig ausgearbeitet; abgefaßt in der Sprache, worin Marx seine Auszüge anzufertigen pflegte: nachlässiger Stil, familiäre, oft derbhumoristische Ausdrücke und Wendungen, englische und französische technische Bezeichnungen, oft ganze Sätze und selbst Seiten Englisch; es ist Niederschrift der Gedanken in der Form, wie sie sich jedesmal im Kopf des Verfassers entwickelten. Neben einzelnen, ausführlich dargestellten Partien andre, gleich wichtige nur angedeutet; das Material illustrierender Tatsachen gesammelt; aber kaum gruppiert, geschweige verarbeitet; am Schluß der Kapitel, unter dem Drang zum nächsten zu kommen, oft nur ein paar abgerißne Sätze als Marksteine der hier unvollendet gelaßnen Entwicklung; endlich die bekannte, dem Verfasser selbst manchmal unleserliche Handschrift.

Ich habe mich damit begnügt, die Manuskripte so wörtlich wie möglich wiederzugeben, am Stil nur das zu ändern, was Marx selbst geändert haben würde, und nur da erläuternde Zwischensätze und Übergänge einzuschieben, wo dies absolut nötig und der Sinn obendrein ganz unzweifelhaft war. Sätze, deren Deutung nur im entferntesten Zweifel zuließ, sind lieber ganz wörtlich abgedruckt worden. Die von mir herrührenden Umarbeitungen und Einschiebungen betragen im ganzen noch keine zehn Druckseiten und sind nur formeller Natur.

Die bloße Aufzählung des von Marx hinterlaßnen handschriftlichen Materials zu Buch II beweist, mit welcher Gewissenhaftigkeit ohnegleichen, mit welcher strengen Selbstkritik er seine großen ökonomischen Entdekkungen bis zur äußersten Vollendung auszuarbeiten strebte, ehe er sie veröffentlichte; eine Selbstkritik, die ihn nur selten dazu kommen ließ, die Darstellung nach Inhalt und Form seinem stets durch neue Studien sich erweiternden Gesichtskreis anzupassen. Dies Material besteht nun aus folgendem.

Zuerst ein Manuskript »Zur Kritik der politischen Oekonomie«, 1472 Quartseiten in 23 Heften, geschrieben August 1861 bis Juni 1863. Es ist die Fortsetzung des 1859 in Berlin erschienenen ersten Hefts desselben Titels. Es behandelt auf Seite 1–220 (Heft I–V) und dann wieder auf Seite 1159–1472 (Heft XIX–XXIII) die in Buch I des »Kapital« untersuchten Themata, von der Verwandlung von Geld in Kapital bis zum Schluß, und ist die erste vorhandne Redaktion dafür. Die Seiten 973–1158 (Heft XVI–XVIII) handeln von: Kapital und Profit, Profitrate, Kaufmannskapital und Geldkapital, also von Thematen, die später im Manuskript zu Buch III entwickelt sind. Die in Buch II sowie sehr viele später in Buch III behandelten Themata sind dagegen noch nicht besonders zusammengestellt. Sie werden nebenbei behandelt, namentlich in dem Abschnitt, der den Hauptkörper des Manuskripts ausmacht: Seite 220–972 (Heft VI–XV): *Theorien über den Mehrwert.* Dieser Abschnitt enthält eine ausführliche kritische Geschichte des Kernpunkts der politischen Ökonomie, der Mehrwertstheorie, und entwickelt daneben, in polemischem Gegensatz zu den Vorgängern, die meisten der später im Manuskript zu Buch II und III besonders und in logischem Zusammenhang untersuchten Punkte. Ich behalte mir vor, den kritischen Teil dieses Manuskripts, nach Beseitigung der zahlreichen durch Buch II und III bereits erledigten Stellen, als Buch IV des »Kapitals« zu veröffentlichen. So wertvoll dies Manuskript, so wenig war es für die gegenwärtige Ausgabe des Buch II zu benutzen.

Das dem Datum nach jetzt folgende Manuskript ist das von Buch III. Es ist wenigstens größtenteils 1864 und 1865 geschrieben. Erst nachdem dies im wesentlichen fertig, ging Marx an die Ausarbeitung von Buch I, des 1867 gedruckten ersten Bandes. Dies Manuskript von Buch III bearbeite ich jetzt für den Druck.

Aus der nächsten Periode – nach Erscheinen des Buch I – liegt vor für Buch II eine Sammlung von vier Manuskripten in Folio, von Marx selbst I–IV numeriert. Davon ist Manuskript I (150 Seiten), vermutlich von 1865 oder 67 datierend, die erste selbständige, aber mehr oder weniger fragmentarische Bearbeitung von Buch II in seiner gegenwärtigen Einteilung. Auch hiervon war nichts benutzbar. Manuskript III besteht teils aus einer Zusammenstellung von Zitaten und Hinweisen auf Marx' Auszugshefte – meist auf den ersten Abschnitt des Buch II bezüglich –, teils aus Bearbeitungen einzelner Punkte, namentlich der Kritik der A. Smith'schen Sätze über fixes und zirkulierendes Kapital und über die Quelle des Profits; ferner eine Darstellung des Verhältnisses der Mehrwertsrate zur Profitrate, die in Buch III gehört. Die Hinweise lieferten wenig neue Ausbeute, die Ausarbeitungen waren sowohl für Buch II wie Buch III durch spätere Redaktionen überholt, mußten also auch meist beiseitegelegt werden. – Manuskript IV ist eine druckfertige Bearbeitung des ersten, und der ersten Kapitel des zweiten Abschnitts von Buch II, und ist da, wo es an die Reihe kommt, auch benutzt worden. Obwohl sich herausstellte, daß es früher abgefaßt ist als Manuskript II, so konnte es doch, weil vollendeter in der Form, für den betreffenden Teil des Buchs mit Vorteil benutzt werden; es genügte, aus Manuskript II einige Zusätze zu machen. – Dies letztre Manuskript ist die einzige einigermaßen fertig vorliegende Bearbeitung des Buch II und datiert von 1870. Die gleich zu erwähnenden Notizen für die schließliche Redaktion sagen ausdrücklich: »Die zweite Bearbeitung muß zugrunde gelegt werden.« Nach 1870 trat wieder eine Pause ein, bedingt hauptsächlich durch Krankheitszustände. Wie gewöhnlich füllte Marx diese Zeit durch Studien aus; Agronomie, amerikanische und namentlich russische ländliche Verhältnisse, Geldmarkt und Bankwesen, endlich Naturwissenschaften: Geologie und Physiologie, und namentlich selbständige mathematische Arbeiten, bilden den Inhalt der zahlreichen Auszugshefte aus dieser Zeit. Anfang 1877 fühlte er sich soweit hergestellt, daß er wieder an seine eigentliche Arbeit gehn konnte. Von Ende März 1877 datieren Hinweise und Notizen aus obigen vier Manuskripten als Grundlage einer Neubearbeitung von Buch II, deren Anfang in Manuskript V (56 Seiten Folio) vorliegt. Es umfaßt die ersten vier Kapitel und ist noch wenig ausgearbeitet; wesentliche Punkte werden in Noten unter dem Text behandelt; der Stoff ist mehr gesammelt als gesichtet, aber es ist die letzte vollständige Darstellung dieses wichtigsten Teils des ersten Abschnitts. – Ein erster Versuch, hieraus ein druckfertiges Manuskript zu machen, liegt vor in Manuskript VI (*nach* Oktober 1877 und vor Juli 78); nur 17 Quartseiten, den größten Teil des ersten Kapitels umfassend, ein zweiter – der letzte – in Manuskript VII, »2. Juli 1878«, nur 7 Folioseiten.

Um diese Zeit scheint Marx sich darüber klar geworden zu sein, daß ohne eine vollständige Revolution seines Gesundheitszustandes er nie dahin kommen werde, eine ihm selbst genügende Bearbeitung des zweiten und dritten Buchs zu vollenden. In der Tat tragen die Manuskripte V–VIII die Spuren gewaltsamen Ankampfs gegen niederdrückende Krankheitszustände nur zu oft an sich. Das schwierigste Stück des ersten Abschnitts war in Manuskript V neu bearbeitet; der Rest des ersten und der ganze zweite Abschnitt (mit Ausnahme des siebzehnten Kapitels) boten keine bedeutenden theoretischen Schwierigkeiten; der dritte Abschnitt dagegen, die Reproduktion und Zirkulation des gesellschaftlichen Kapitals, schien ihm einer Umarbeitung dringend bedürftig. In Manuskript II war nämlich die Reproduktion behandelt zuerst ohne Berücksichtigung der sie vermittelnden Geldzirkulation und sodann nochmals mit Rücksicht auf diese. Dies sollte beseitigt und der ganze Abschnitt überhaupt so umgearbeitet werden, daß er dem erweiterten Gesichtskreis des Verfassers entsprach. So entstand Manuskript VIII, ein Heft von nur 70 Quartseiten; was Marx aber auf diesen Raum zusammenzudrängen verstand, beweist die Vergleichung von Abschnitt III im Druck, nach Abzug der aus Manuskript II eingeschobnen Stücke.

Auch dies Manuskript ist nur eine vorläufige Behandlung des Gegenstands, bei der es vor allem darauf ankam, die gewonnenen neuen Gesichtspunkte gegenüber Manuskript II festzustellen und zu entwickeln, unter Vernachlässigung der Punkte, über die nichts Neues zu sagen war. Auch ein wesentliches Stück von Kapitel XVII des zweiten Abschnitts, das ohnehin einigermaßen in den dritten Abschnitt übergreift, wird wieder hineingezogen und erweitert. Die logische Folge wird öfters unterbrochen, die Behandlung ist stellenweise lückenhaft und namentlich am Schluß ganz fragmentarisch. Aber was Marx sagen wollte, ist in dieser oder jener Weise darin gesagt.

Das ist das Material zu Buch II, woraus, nach einer Äußerung von Marx zu seiner Tochter Eleanor kurz vor seinem Tode, ich »etwas machen« sollte. Ich habe diesen Auftrag in seinen engsten Grenzen genommen; wo irgend möglich, habe ich meine Tätigkeit auf bloße Auswahl zwischen den verschiednen Redaktionen beschränkt. Und zwar so, daß stets die letzte vorhandne Redaktion unter Vergleichung der frühern zugrunde gelegt wurde. Wirkliche, d. h. andre als bloß technische Schwierigkeiten boten dabei nur der erste und dritte Abschnitt, diese aber auch nicht geringe. Ich habe sie zu lösen gesucht ausschließlich im Geist des Verfassers.

Die Zitate im Text habe ich meist übersetzt bei Belegen für Tatsachen oder wo, wie bei Stellen aus A. Smith, das Original jedem zu Gebot steht, der der Sache auf den Grund kommen will. Nur in Kapitel X war dies nicht möglich, weil hier direkt der englische Text kritisiert wird. – Die Zitate aus Buch I tragen die Seitenzahlen der zweiten Auflage, der letzten, die Marx noch erlebt hat.

Für das Buch III liegt außer der ersten Bearbeitung im Manuskript: »Zur Kritik«, den erwähnten Stücken in Manuskript III und einigen, in Auszugsheften gelegentlich eingesprengten kurzen Noten, nur vor: das erwähnte Manuskript in Folio von 1864–65, ausgearbeitet in ungefähr derselben Vollständigkeit wie Manuskript II von Buch II, und endlich ein Heft von 1875: Das Verhältnis der Mehrwertsrate zur Profitrate, mathematisch (in Gleichungen) entwickelt. Die Fertigstellung dieses Buchs für den Druck schreitet rasch voran. Soweit ich bis jetzt beurteilen kann, wird sie hauptsächlich nur technische Schwierigkeiten machen, mit Ausnahme freilich einiger sehr wichtigen Abschnitte.

Es ist hier der Ort, eine Anklage gegen Marx zurückzuweisen, die, erst nur leise und vereinzelt erhoben, jetzt, nach seinem Tode, von deutschen Katheder- und Staatssozialisten und deren Anhang als ausgemachte Tatsache verkündet wird – die Anklage, als habe Marx ein Plagiat an Rodbertus begangen. Ich habe bereits an andrer Stelle das Dringendste darüber gesagt[1], kann aber erst hier die entscheidenden Belege beibringen.
Diese Anklage findet sich meines Wissens zuerst in R. Meyers »Emancipationskampf des vierten Standes«, S. 43: »Aus diesen Publikationen« (den bis in die letzte Hälfte der dreißiger Jahre zurückdatierenden von Rodbertus) »hat *nachweisbar* Marx den größten Teil seiner Kritik geschöpft.« Ich darf bis auf weitern Nachweis wohl annehmen, daß die ganze »Nachweisbarkeit« dieser Behauptung darin besteht, daß Rodbertus dies Herrn Meyer versichert hat. – 1879 tritt Rodbertus selbst auf die Bühne, und schreibt an J. Zeller (Tübinger »Zeitschrift für die gesammte Staatswissenschaft«, 1879, S. 219) mit Beziehung auf seine Schrift: »Zur Erkenntniß unsrer staatswirthschaftlichen Zustände« (1842), wie folgt: »Sie werden finden, daß derselbe« [der darin entwickelte Gedankengang] »schon ganz hübsch von Marx ... benutzt worden ist, freilich ohne mich zu zitieren.« Was ihm denn auch sein posthumer Herausgeber Th. Kozak ohne weiteres nachplappert. (»Das Kapital« von Rodbertus. Berlin 1884. Einleitung S. XV.) – Endlich, in den von R. Meyer 1881 herausgegebnen »Briefen und socialpolitischen Aufsätzen von Dr. Rodbertus-Jagetzow«, sagt Rodbertus geradezu: »Heute finde ich mich von Schäffle und Marx *geplündert,* ohne daß ich genannt werde«. (Brief Nr. 60, S. 134.) Und an einer andern Stelle nimmt Rodbertus' Anspruch bestimmtere Gestalt an: »Woraus der *Mehrwert* des Kapitalisten *entspringt,* habe ich in meinem 3. sozialen Brief *im wesentlichen ebenso* wie Marx, nur kürzer und klarer gezeigt.« (Brief Nr. 48, S. 111).
Von allen diesen Anklagen auf Plagiat hatte Marx nie etwas erfahren. In seinem Exemplar des »Emancipationskampfs« war nur der die Internationale betreffende Teil aufgeschnitten, das Aufschneiden des übrigen habe ich selbst erst nach seinem Tode besorgt. Die Tübinger Zeitschrift sah er nie an. Die »Briefe etc.« an R. Meyer blieben ihm ebenfalls unbekannt, und bin ich auf die Stelle von wegen der »Plünderung« erst 1884 durch die Güte des Herrn Dr. Meyer selbst aufmerksam gemacht worden. Dagegen den Brief Nr. 48 kannte Marx; Herr Meyer hatte die Gefälligkeit gehabt, das Original der jüngsten Tochter von Marx zu schenken. Marx, dem allerdings

---

1 In der Vorrede zu: »Das Elend der Philosophie. Antwort auf Proudhons Philosophie des Elends«, von Karl Marx. Deutsch von E. Bernstein und K. Kautsky. Stuttgart 1885.

einiges geheimnisvolle Gemunkel über die bei Rodbertus zu suchende geheime Quelle seiner Kritik zu Ohren gekommen war, zeigte ihn mir mit der Bemerkung: Hier habe er endlich authentische Auskunft darüber, was Rodbertus selbst beanspruche; wenn er weiter nichts behaupte, so könne dies ihm, Marx, schon recht sein; und daß Rodbertus seine eigne Darstellung für die kürzre und klarere halte, dies Vergnügen könne er ihm auch lassen. In der Tat hielt er durch diesen Brief von Rodbertus die ganze Sache für erledigt.

Er konnte dies um so eher, als ihm, wie ich positiv weiß, die ganze literarische Tätigkeit von Rodbertus unbekannt geblieben war bis gegen 1859, wo seine eigne Kritik der politischen Ökonomie nicht nur in den Grundzügen, sondern auch in den wichtigsten Einzelheiten fertig war. Er begann seine ökonomischen Studien 1843 in Paris mit den großen Engländern und Franzosen; von den Deutschen kannte er nur Rau und List und hatte genug an ihnen. Weder Marx noch ich erfuhren von der Existenz von Rodbertus ein Wort, bis wir 1848 in der »Neuen Rheinischen Zeitung« seine Reden als Berliner Abgeordneter und seine Handlungen als Minister zu kritisieren hatten. Wir waren so unwissend, daß wir die rheinischen Abgeordneten befrugen, wer denn dieser Rodbertus sei, der so plötzlich Minister geworden. Aber auch diese wußten nichts von den ökonomischen Schriften Rodbertus' zu verraten. Daß dagegen Marx, auch ohne Rodbertus' Hilfe, schon damals sehr gut wußte, nicht nur woher, sondern auch *wie* »der Mehrwert des Kapitalisten entspringt«, beweisen die »Misère de la Philosophie«, 1847 und die 1847 in Brüssel gehaltnen und 1849 in der »Neuen Rheinischen Zeitung«, Nr. 264–69, veröffentlichten Vorträge über Lohnarbeit und Kapital. Erst durch Lassalle erfuhr Marx gegen 1859, daß es auch einen Ökonomen Rodbertus gebe, und fand dann dessen »dritten sozialen Brief« auf dem Britischen Museum.

Dies der tatsächliche Zusammenhang. Wie steht es nun mit dem Inhalt, um den Marx den Rodbertus »geplündert« haben soll? »Woraus der Mehrwert des Kapitalisten entspringt«, sagt Rodbertus, »habe ich in meinem 3. sozialen Brief ebenso wie Marx, nur kürzer und klarer gezeigt.« Also das ist der Kernpunkt: die Mehrwertstheorie; und es ist in der Tat nicht zu sagen, was sonst Rodbertus bei Marx als sein Eigentum allenfalls reklamieren könnte. Rodbertus erklärt sich hier also für den wirklichen Urheber der Mehrwertstheorie, die Marx ihm geplündert habe.

Und was sagt uns der 3. soziale Brief über die Entstehung des Mehrwerts? Einfach, daß die »Rente«, wie er Bodenrente und Profit zusammenfaßt, nicht aus einem »Wertzuschlag« auf den Wert der Ware entstehe, sondern »infolge eines Wertabzugs, den der Arbeitslohn erleidet, mit andren Worten:

weil der Arbeitslohn nur einen Teil des Werts des Produkts beträgt«, und bei hinreichender Produktivität der Arbeit »nicht äqual dem natürlichen Tauschwert ihres Produkts zu sein braucht, damit von diesem noch zu Kapitalersatz (!) und Rente übrig bleibt«. Wobei uns nicht gesagt wird, was das für ein »natürlicher Tauschwert« des Produkts ist, bei dem zu »Kapitalersatz«, also doch wohl Ersatz des Rohstoffs und des Verschleißes der Werkzeuge nichts übrig bleibt.

Glücklicherweise ist uns vergönnt zu konstatieren, welchen Eindruck diese epochemachende Entdeckung Rodbertus' auf Marx machte. Im Manuskript: »Zur Kritik etc.« findet sich in Heft X, S. 445 ff. eine »Abschweifung. Herr Rodbertus. Eine neue Grundrententheorie«. Nur unter diesem Gesichtspunkt wird hier der dritte soziale Brief betrachtet. Die Rodbertus'sche Mehrwertstheorie im allgemeinen wird erledigt mit der ironischen Bemerkung: »Herr Rodbertus untersucht erst, wie es in einem Lande aussieht, wo Grund- und Kapitalbesitz nicht geschieden sind, und kommt dann zum *wichtigen* Resultat, daß die Rente (worunter er den ganzen Mehrwert versteht) bloß gleich der unbezahlten Arbeit oder dem Quantum von Produkten ist, worin sie sich darstellt.«

Die kapitalistische Menschheit hat nun schon verschiedliche Jahrhunderte lang Mehrwert produziert und ist allmählich auch dahin gekommen, sich über dessen Entstehung Gedanken zu machen. Die erste Ansicht war die aus der unmittelbaren kaufmännischen Praxis entspringende: der Mehrwert entstehe aus einem Aufschlag auf den Wert des Produktes. Sie herrschte unter den Merkantilisten, aber schon James Steuart sah ein, daß dabei, was der eine gewinnt, der andre notwendig verlieren muß. Trotzdem spukt diese Ansicht noch lange fort, namentlich unter Sozialisten; aus der klassischen Wissenschaft wird sie aber verdrängt durch A. Smith.

Bei ihm heißt es, »Wealth of Nations«, b. I, ch. VI: »Sobald Kapital (stock) sich angehäuft hat in den Händen einzelner, werden einige darunter es natürlicherweise anwenden, um fleißige Leute an die Arbeit zu setzen und diesen Rohstoffe und Lebensmittel zu liefern, um durch den Verkauf der Produkte ihrer Arbeit, oder durch *das was ihre Arbeit dem Wert jener Rohstoffe hinzugefügt hat,* einen *Profit* zu machen ... Der *Wert,* den die Arbeiter *den Rohstoffen zusetzen,* löst sich hier in *zwei Teile* auf, wovon der eine *ihren Lohn* zahlt, der andre den *Profit des Beschäftigers* auf den ganzen von ihm vorgeschoßnen Betrag von Rohstoffen und Arbeitslöhnen.« Und etwas weiter: »Sobald der Boden eines Landes durchweg Privateigentum geworden, lieben es die Grundbesitzer wie andre Leute auch, zu ernten, wo sie nicht gesäet, und fordern Bodenrente selbst für die natürlichen Erzeugnisse des Bodens ... Der Arbeiter ... muß dem Grundbesitzer *einen An-*

teil von dem *abtreten,* was seine *Arbeit* gesammelt oder produziert hat. Dieser Anteil, oder was dasselbe, der Preis dieses Anteils, macht die *Bodenrente* aus.«

Zu dieser Stelle bemerkt Marx in dem erwähnten Manuskript: »Zur Kritik etc.«, S. 253: »A. Smith faßt also den Mehrwert, nämlich die Surplusarbeit, den Überschuß der verrichteten und in der Ware vergegenständlichten Arbeit *über* die bezahlte Arbeit hinaus, also über die Arbeit hinaus, die ihr Äquivalent im Lohn erhalten hat, als die *allgemeine Kategorie* auf, wovon der eigentliche Profit und die Grundrente nur Abzweigungen.«

Ferner sagt A. Smith, b. I, ch. VIII: »Sobald der Boden Privateigentum geworden, verlangt der Grundbesitzer einen Anteil fast aller Produkte, die der Arbeiter darauf erzeugen oder einsammeln kann. Seine Bodenrente macht den *ersten Abzug* vom *Produkt der auf den Boden verwandten Arbeit* aus. Aber der Bebauer des Bodens hat selten die Mittel, sich bis zur Einbringung der Ernte zu erhalten. Sein Unterhalt wird ihm gewöhnlich vorgeschossen aus dem Kapital (stock) eines Beschäftigers, des Pächters, der kein Interesse hätte ihn zu beschäftigen, wenn er nicht *das Produkt seiner Arbeit mit ihm teilte,* oder sein Kapital ihm ersetzt würde samt einem Profit. Dieser Profit macht einen *zweiten Abzug* von der auf den Boden verwandten Arbeit. Das Produkt fast aller Arbeit ist demselben Abzug für Profit unterworfen. In allen Industrien bedürfen die meisten Arbeiter eines Beschäftigers, um ihnen bis zur Vollendung der Arbeit Rohstoff und Arbeitslohn und Unterhalt vorzuschießen. Dieser Beschäftiger *teilt* mit ihnen das *Produkt ihrer Arbeit,* oder den Wert, den diese den verarbeiteten Rohstoffen zufügt, und in diesem Anteil besteht sein Profit.«

Marx hierzu (Manuskript, S. 256): »Hier also bezeichnet A. Smith in dürren Worten Grundrente und Profit des Kapitals als bloße *Abzüge* von dem Produkt des Arbeiters oder von dem Wert seines Produkts, gleich der von ihm dem Rohstoff zugefügten Arbeit. Dieser Abzug kann aber, wie A. Smith früher selbst auseinandergesetzt, nur bestehn aus dem Teil der Arbeit, den der Arbeiter den Stoffen zusetzt über das Arbeitsquantum hinaus, welches nur seinen Lohn zahlt oder nur ein Äquivalent für seinen Lohn liefert – also aus der Surplusarbeit, aus dem unbezahlten Teil seiner Arbeit.«

»Woraus der Mehrwert des Kapitalisten entspringt« und obendrein der des Grundeigentümers, hat also schon A. Smith gewußt; Marx erkennt dies schon 1861 aufrichtig an, während Rodbertus und der Schwarm seiner unter dem warmen Sommerregen des Staatssozialismus wie Pilze emporschießenden Verehrer es total vergessen zu haben scheint.

»Dennoch«, fährt Marx fort, »hat Smith den Mehrwert als solchen nicht als eigne Kategorie geschieden von den besondren Formen, die er in Profit und

Grundrente erhält. Daher bei ihm, wie noch mehr bei Ricardo, viel Irrtum und Mangelhaftigkeit in der Untersuchung.« – Dieser Satz paßt wörtlich auf Rodbertus. Seine »Rente« ist einfach die Summe von Bodenrente + Profit; von der Bodenrente macht er sich eine total falsche Theorie, den Profit nimmt er unbesehen wie er ihn bei seinen Vorgängern findet. – Marx' Mehrwert dagegen ist die *allgemeine Form* der ohne Äquivalent von den Eignern der Produktionsmittel angeeigneten Wertsumme, die sich nach ganz eigentümlichen, erst von Marx entdeckten Gesetzen in die besondren, *verwandelten* Formen von Profit und Bodenrente spaltet. Diese Gesetze werden entwickelt in Buch III, wo sich erst zeigen wird, wie viele Mittelglieder nötig sind, um vom Verständnis des Mehrwerts im allgemeinen zum Verständnis seiner Verwandlung in Profit und Grundrente, also zum Verständnis der Gesetze der Verteilung des Mehrwerts innerhalb der Kapitalistenklasse zu kommen.

Ricardo geht schon bedeutend weiter als A. Smith. Er begründet seine Auffassung des Mehrwerts auf eine neue, bei A. Smith zwar schon im Keim vorhandne, aber in der Ausführung fast immer wieder vergeßne Werttheorie, die der Ausgangspunkt aller nachfolgenden ökonomischen Wissenschaft geworden. Aus der Bestimmung des Warenwerts durch die in den Waren realisierte Arbeitsmenge leitet er die Verteilung des den Rohstoffen durch die Arbeit zugesetzten Wertquantums unter Arbeiter und Kapitalisten ab, ihre Spaltung in Arbeitslohn und Profit (d. h. hier Mehrwert). Er weist nach, daß der Wert der Waren derselbe bleibt, wie auch das Verhältnis dieser beiden Teile wechsle, ein Gesetz, bei dem er nur einzelne Ausnahmsfälle zugibt. Er stellt sogar einige Hauptgesetze über das wechselseitige Verhältnis von Arbeitslohn und Mehrwert (in der Form von Profit gefaßt), wenn auch in zu allgemeiner Fassung fest (Marx, »Kapital« I, Kap. XV, A*) und weist die Grundrente als einen unter bestimmten Umständen abfallenden Überschuß über den Profit nach. – In keinem dieser Punkte ist Rodbertus über Ricardo hinausgegangen. Die innern Widersprüche der Ricardo'schen Theorie, an denen seine Schule zugrunde ging, blieben ihm entweder ganz unbekannt oder verleiteten ihn nur (»Zur Erkenntniß etc.«, S. 130) zu utopistischen Forderungen statt zu ökonomischen Lösungen.

Die Ricardo'sche Lehre vom Wert und Mehrwert brauchte aber nicht auf Rodbertus' »Zur Erkenntniß etc.« zu warten, um sozialistisch ausgebeutet zu werden. Auf S. 609 des ersten Bandes »Kapital« (2. Aufl.)** findet sich zitiert: »The possessors of surplus produce or capital«, aus einer Schrift:

---

* [Siehe Karl Marx »Das Kapital« Bd. 1, Frankfurt/M – Berlin – Wien 1970[2], (Ullstein Buch Nr. 4025–28), S. 469–472] . ** [Ebenda, S. 535]

»The Source and Remedy of the National Difficulties. A Letter to Lord John Russell«, London 1821. In dieser Schrift, auf deren Bedeutung schon der eine Ausdruck: surplus produce or capital hätte aufmerksam machen müssen, und die ein von Marx aus seiner Verschollenheit gerißnes Pamphlet von 40 Seiten ist, heißt es:

»Was auch dem Kapitalisten zukommen möge« [vom Standpunkt des Kapitalisten aus] »er kann immer nur die Mehrarbeit (surplus labour) des Arbeiters aneignen, denn der Arbeiter muß leben.« (p. 23.) *Wie* aber der Arbeiter lebt und wie groß daher die vom Kapitalisten angeeignete Mehrarbeit sein kann, ist sehr relativ. »Wenn das Kapital nicht an Wert abnimmt im Verhältnis wie es an Masse zunimmt, so wird der Kapitalist dem Arbeiter das Produkt jeder Arbeitsstunde abpressen über das Minimum hinaus, wovon der Arbeiter leben kann ... der Kapitalist kann schließlich dem Arbeiter sagen: du sollst kein Brot essen, denn man kann von Runkelrüben und Kartoffeln leben; und dahin sind wir gekommen.« (p. 23, 24.) »Wenn der Arbeiter dahin gebracht werden kann, sich von Kartoffeln zu nähren, statt von Brot, so ist es unbestreitbar richtig, daß mehr aus seiner Arbeit herausgeschlagen werden kann; d. h. wenn, um von Brot zu leben, er genötigt war, für seine Erhaltung und die seiner Familie *die Arbeit des Montags und Dienstags für sich zu behalten,* so wird er bei Kartoffelnahrung nur die *Hälfte des Montags* für sich erhalten; und die andre Hälfte des Montags und der ganze Dienstag *werden freigesetzt* entweder für den Nutzen des Staats oder *für den Kapitalisten.*« (p. 26.) »Man bestreitet nicht (it is admitted), daß die den Kapitalisten bezahlten Interessen, sei es in der Gestalt von Rente, Geldzins oder Geschäftsprofit, bezahlt werden aus der Arbeit Anderer.« (p. 23.) Hier also ganz Rodbertus' »Rente«, nur daß statt »Rente«: Interessen gesagt wird.

Marx bemerkt hierzu (Manuskript »Zur Kritik«, S. 852): »Dies kaum bekannte Pamphlet – erschienen zu der Zeit, wo der ›unglaubliche Schuhflicker‹ MacCulloch anfing, von sich reden zu machen – enthält einen wesentlichen Fortschritt über Ricardo hinaus. Es bezeichnet direkt den Mehrwert oder ›Profit‹, wie Ricardo es nennt (oft auch Mehrprodukt, surplus produce) oder interest, wie der Verfasser des Pamphlets es heißt, als surplus labour, Mehrarbeit, die Arbeit, die der Arbeiter gratis verrichtet, die er verrichtet über das Quantum Arbeit hinaus, wodurch der Wert seiner Arbeitskraft ersetzt, also ein Äquivalent für seinen Lohn produziert wird. Ganz so wichtig wie es war, den *Wert in Arbeit* aufzulösen, ganz so wichtig war es, den Mehrwert (surplus value), der sich in einem *Mehrprodukt* (surplus produce) darstellt, in *Mehrarbeit* (surplus labour). Dies ist in der Tat bei *A. Smith schon gesagt, und bildet ein Hauptmoment in Ricardo's Ent-*

wicklung. Aber es ist bei ihnen nirgends in der absoluten Form herausgesagt und fixiert.« Es heißt dann weiter, S. 859 des Manuskripts: »Im übrigen ist der Verfasser in den ökonomischen Kategorien befangen, wie er sie vorfindet. Ganz wie bei Ricardo das Verwechseln von Mehrwert und Profit zu unangenehmen Widersprüchen führt, so bei ihm, daß er Mehrwert Kapitalinteressen tauft. Zwar steht er darin über Ricardo, daß er erstens allen Mehrwert auf Mehrarbeit reduziert und, wenn er den Mehrwert Kapitalinteressen nennt, zugleich hervorhebt, daß er unter interest of capital die allgemeine Form der Mehrarbeit versteht, im Unterschied von ihren besondern Formen, Rente, Geldzins und Geschäftsprofit. Aber er nimmt den Namen einer dieser besondern Formen, interest, wieder als den der allgemeinen Form. Und dies reicht hin, damit er wieder in das ökonomische Kauderwelsch« (slang steht im Manuskript) »zurückfällt.«

Dieser letztere Passus sitzt unserm Rodbertus wie angegossen. Auch er ist befangen in den ökonomischen Kategorien, wie er sie vorfindet. Auch er tauft den Mehrwert mit dem Namen einer seiner verwandelten Unterformen, den er noch dazu ganz unbestimmt macht: Rente. Das Ergebnis dieser beiden Böcke ist, daß er wieder in das ökonomische Kauderwelsch verfällt, seinen Fortschritt über Ricardo hinaus nicht weiter kritisch verfolgt, und statt dessen sich verleiten läßt, seine unfertige Theorie, ehe sie noch die Eierschalen losgeworden, zur Grundlage einer Utopie zu machen, mit der er wie überall zu spät kommt. Das Pamphlet erschien 1821 und antizipiert die Rodbertus'sche »Rente« von 1842 bereits vollständig.

Unser Pamphlet ist nur der äußerste Vorposten einer ganzen Literatur, die in den zwanziger Jahren die Ricardo'sche Wert- und Mehrwertstheorie im Interesse des Proletariats gegen die kapitalistische Produktion kehrt, die Bourgeoisie mit ihren eignen Waffen bekämpft. Der ganze Owen'sche Kommunismus, soweit er ökonomisch-polemisch auftritt, stützt sich auf Ricardo. Neben ihm aber noch eine ganze Reihe von Schriftstellern, von denen Marx schon 1847 nur einige gegen Proudhon (»Misère de la Philosophie», p. 49) anführt: Edmonds, Thompson, Hodgskin etc., etc., »und noch vier Seiten Etcetera«. Ich greife aus dieser Unzahl von Schriften nur aufs Geratewohl eine heraus: »An Inquiry into the Principles of the Distribution of Wealth, most conducive to Human Happiness», by William Thompson, a new edition, London 1850. Diese 1822 verfaßte Schrift erschien zuerst 1824. Auch hier wird der von den nichtproduzierenden Klassen angeeignete Reichtum überall als Abzug vom Produkt des Arbeiters bezeichnet, und das in ziemlich starken Ausdrücken. »Das beständige Streben dessen, was wir Gesellschaft nennen, bestand darin, durch Betrug oder Beredung, durch Schrecken oder Zwang, den produktiven Arbeiter zu bewegen, die Arbeit zu verrichten für den möglichst kleinen Teil des Produkts seiner eignen Arbeit.« (p. 28.) »Warum soll der Arbeiter nicht das ganze absolute Produkt seiner Arbeit erhalten?« (p. 32.) »Diese Kompensation, die die Kapitalisten dem produktiven Arbeiter abnötigen unter dem Namen Bodenrente oder Profit, wird beansprucht für den Gebrauch des Bodens oder andrer Gegenstände ... Da alle physischen Stoffe, an denen oder vermittelst derer der besitzlose produktive Arbeiter, der nichts besitzt, außer seiner Fähigkeit zu produzieren, diese seine Produktionsfähigkeit geltend machen kann, im Besitz andrer sind, deren Interessen den seinen entgegengesetzt, und deren Einwilligung eine Vorbedingung seiner Tätigkeit ist –, hängt es da nicht ab, und muß es nicht abhängen von der Gnade dieser Kapitalisten, welchen *Teil der Früchte seiner eignen Arbeit* sie ihm als Entschädigung für diese Arbeit wollen zukommen lassen?« (p. 125) » ... im Verhältnis zur Größe des *zurückbehaltenen Produkts*, ob man dies Steuern, Profit oder Diebstahl nenne ... diese Defalkationen« (p. 126) usw.

Ich gestehe, ich schreibe diese Zeilen nicht ohne eine gewisse Beschämung. Daß die antikapitalistische englische Literatur der zwanziger und dreißiger Jahre in Deutschland so gänzlich unbekannt ist, trotzdem Marx schon in der »Misère de la Philosophie« direkt darauf hingewiesen und manches davon – das Pamphlet von 1821, Ravenstone, Hodgskin etc. im ersten Band des »Kapital« mehrfach zitiert – das mag noch hingehn. Aber daß nicht nur der sich an Rodbertus' Rockschöße mit Verzweiflung anklammernde Literatus vulgaris, »der wirklich auch nichts gelernt hat«, sondern auch der Professor in Amt und Würden, der »sich mit Gelehrsamkeit brüsten tut«, seine klassische Ökonomie bis zu dem Grad vergessen hat, daß er Marx ernsthaft vorwirft, er habe Rodbertus Dinge entwendet, die schon in A. Smith und Ricardo zu lesen stehn – das beweist, wie tief die offizielle Ökonomie heute heruntergekommen ist.

Was hat dann aber Marx über den Mehrwert Neues gesagt? Wie kommt es, daß Marx' Mehrwertstheorie wie ein Blitz aus heitrem Himmel eingeschlagen hat, und das in allen zivilisierten Ländern, während die Theorien aller seiner sozialistischen Vorgänger, Rodbertus eingeschlossen, wirkungslos verpufften?

Die Geschichte der Chemie kann uns das an einem Beispiel zeigen.

Noch gegen Ende des vorigen Jahrhunderts herrschte bekanntlich die phlogistische Theorie, wonach das Wesen jeder Verbrennung darin bestand, daß sich von dem verbrennenden Körper ein andrer, hypothetischer Körper trenne, ein absoluter Brennstoff, der mit dem Namen Phlogiston bezeichnet wurde. Diese Theorie reichte hin, die meisten damals bekannten chemischen Erscheinungen zu erklären, wenn auch in manchen Fällen nicht ohne An-

wendung von Gewalt. Nun stellte 1774 Priestley eine Luftart dar, »die er so rein oder so frei von Phlogiston fand, daß gewöhnliche Luft im Vergleich damit schon verdorben erschien«. Er nannte sie: dephlogistisierte Luft. Kurz nachher stellte Scheele in Schweden dieselbe Luftart dar und wies deren Vorhandensein in der Atmosphäre nach. Er fand auch, daß sie verschwindet, wenn man einen Körper in ihr oder in gewöhnlicher Luft verbrennt, und nannte sie daher Feuerluft. »Aus diesen Ergebnissen zog er nun den Schluß, daß die Verbindung, welche bei der Vereinigung von Phlogiston mit einem der Bestandteile der Luft« [also bei der Verbrennung] »entstehe, nichts weiter als Feuer oder Wärme sei, welche durch das Glas entweiche.«[2]
Priestley wie Scheele hatten den Sauerstoff dargestellt, wußten aber nicht, was sie unter der Hand hatten. Sie »blieben befangen in den« phlogistischen »Kategorien, wie sie sie vorfanden«. Das Element, das die ganze phlogistische Anschauung umstoßen und die Chemie revolutionieren sollte, war in ihrer Hand mit Unfruchtbarkeit geschlagen. Aber Priestley hatte seine Entdeckung gleich darauf in Paris Lavoisier mitgeteilt, und Lavoisier untersuchte nun, an der Hand dieser neuen Tatsache, die ganze phlogistische Chemie, entdeckte erst, daß die neue Luftart ein neues chemisches Element war, daß in der Verbrennung nicht das geheimnisvolle Phlogiston aus dem verbrennenden Körper *weggeht,* sondern dies neue Element sich mit dem Körper *verbindet,* und stellte so die ganze Chemie, die in ihrer phlogistischen Form auf dem Kopf gestanden, erst auf die Füße. Und wenn er auch nicht, wie er später behauptet, den Sauerstoff gleichzeitig mit den andern und unabhängig von ihnen dargestellt hat, so bleibt er dennoch der eigentliche *Entdecker* des Sauerstoffs gegenüber den beiden, die ihn bloß *dargestellt* haben, ohne auch nur zu ahnen, *was* sie dargestellt hatten.
Wie Lavoisier zu Priestley und Scheele, so verhält sich Marx zu seinen Vorgängern in der Mehrwertstheorie. Die *Existenz* des Produkten-Wertteils, den wir jetzt Mehrwert nennen, war festgestellt lange vor Marx; ebenso war mit größrer oder geringerer Klarheit ausgesprochen, woraus er besteht, nämlich aus dem Produkt der Arbeit, für welche der Aneigner kein Äquivalent gezahlt hat. Weiter aber kam man nicht. Die einen – die klassischen bürgerlichen Ökonomen – untersuchten höchstens das Größenverhältnis, worin das Arbeitsprodukt verteilt wird zwischen dem Arbeiter und dem Besitzer der Produktionsmittel. Die andren – die Sozialisten – fanden diese Verteilung ungerecht und suchten nach utopistischen Mitteln, die Ungerech-

---

[2] Roscoe-Schorlemmer, »Ausführliches Lehrbuch der Chemie«, Braunschweig 1877, I, p. 13, 18.

tigkeit zu beseitigen. Beide blieben befangen in den ökonomischen Kategorien, wie sie sie vorgefunden hatten.

Da trat Marx auf. Und zwar in direktem Gegensatz zu allen seinen Vorgängern. Wo diese eine *Lösung* gesehn hatten, sah er nur ein *Problem*. Er sah, daß hier weder dephlogistisierte Luft vorlag noch Feuerluft, sondern Sauerstoff – daß es sich hier nicht handelte, sei es um die bloße Konstatierung einer ökonomischen Tatsache, sei es um den Konflikt dieser Tatsache mit der ewigen Gerechtigkeit und der wahren Moral, sondern um eine Tatsache, die berufen war, die ganze Ökonomie umzuwälzen, und die für das Verständnis der gesamten kapitalistischen Produktion den Schlüssel bot – für den, der ihn zu gebrauchen wußte. An der Hand dieser Tatsache untersuchte er die sämtlichen vorgefundnen Kategorien, wie Lavoisier an der Hand des Sauerstoffs die vorgefundnen Kategorien der phlogistischen Chemie untersucht hatte. Um zu wissen, was der Mehrwert war, mußte er wissen, was der Wert war. Ricardos Werttheorie selbst mußte vor allem der Kritik unterworfen werden. Marx also untersuchte die Arbeit auf ihre wertbildende Qualität und stellte zum ersten Mal fest, *welche* Arbeit, und warum, und wie sie Wert bildet, und daß Wert überhaupt nichts ist als festgeronnene Arbeit *dieser* Art – ein Punkt, den Rodbertus bis zuletzt nicht begriffen hat. Marx untersuchte dann das Verhältnis von Ware und Geld und wies nach, wie und warum, kraft der ihr innewohnenden Werteigenschaft, die Ware und der Warenaustausch den Gegensatz von Ware und Geld erzeugen muß; seine hierauf gegründete Geldtheorie ist die erste erschöpfende und jetzt stillschweigend allgemein akzeptierte. Er untersuchte die Verwandlung von Geld in Kapital, und bewies, daß sie auf dem Kauf und Verkauf der Arbeitskraft beruhe. Indem er hier die Arbeitskraft, die wertschaffende Eigenschaft, an die Stelle der Arbeit setzte, löste er mit einem Schlag eine der Schwierigkeiten, an der die Ricardo'sche Schule zugrunde gegangen war: die Unmöglichkeit, den gegenseitigen Austausch von Kapital und Arbeit in Einklang zu bringen mit dem Ricardo'schen Gesetz der Wertbestimmung durch Arbeit. Indem er die Unterscheidung des Kapitals in konstantes und variables konstatierte, kam er erst dahin, den Prozeß der Mehrwertbildung in seinem wirklichen Hergang bis ins einzelnste darzustellen und damit zu erklären – was keiner seiner Vorgänger fertiggebracht; konstatierte er also einen Unterschied innerhalb des Kapitals selbst, mit dem Rodbertus ebensowenig wie die bürgerlichen Ökonomen im Stande waren, das geringste anzufangen, der aber den Schlüssel zur Lösung der verwickeltsten ökonomischen Probleme liefert, wovon hier wieder Buch II – und noch mehr, wie sich zeigen wird, Buch III – der schlagendste Beweis. Den Mehrwert selbst untersuchte er weiter, fand seine beiden Formen: absoluter und relativer Mehrwert, und wies die verschiedne, aber beidemal entscheidende Rolle nach, die sie in der geschichtlichen Entwicklung der kapitalistischen Produktion gespielt. Auf Grundlage des Mehrwerts entwickelte er die erste rationelle Theorie des Arbeitslohns, die wir haben, und gab zum ersten Mal die Grundzüge einer Geschichte der kapitalistischen Akkumulation und eine Darstellung ihrer geschichtlichen Tendenz.

Und Rodbertus? Nachdem er das alles gelesen, findet er darin – wie immer Tendenzökonom! – einen »Einbruch in die Gesellschaft«, findet, daß er selbst bereits viel kürzer und klarer gesagt hat, woraus der Mehrwert entsteht, und findet endlich, daß das alles zwar auf »die heutige Kapitalform« paßt, d. h. auf das Kapital, wie es historisch besteht, nicht aber auf »den Kapitalbegriff«, d. h. auf die utopistische Vorstellung des Herrn Rodbertus vom Kapital. Ganz der alte Priestley, der bis an sein Ende aufs Phlogiston schwor und vom Sauerstoff nichts wissen wollte. Nur daß Priestley den Sauerstoff wirklich zuerst dargestellt, während Rodbertus in seinem Mehrwert oder vielmehr seiner »Rente« nur einen Gemeinplatz wieder entdeckt hatte, und daß Marx es verschmähte, im Gegensatz zu Lavoisiers Verfahren, zu behaupten, er sei der erste, der die *Tatsache* der Existenz des Mehrwerts aufgedeckt.

Was Rodbertus sonst ökonomisch geleistet hat, steht auf demselben Niveau. Seine Verarbeitung des Mehrwerts in eine Utopie ist von Marx in der »Misère de la Philosophie« schon unabsichtlich mit kritisiert; was sonst noch darüber zu sagen, habe ich in der Vorrede zur deutschen Übersetzung jener Schrift gesagt. Seine Erklärung der Handelskrisen aus der Unterkonsumtion der Arbeiterklasse findet sich bereits in Sismondis »Nouveaux Principes de l'Économie Politique«, liv. IV, ch. IV.[3] Nur daß Sismondi dabei stets den Weltmarkt vor Augen hatte, während Rodbertus' Horizont nicht über die preußische Grenze hinausgeht. Seine Spekulationen darüber, ob der Arbeitslohn aus Kapital oder Einkommen stamme, gehören der Scholastik an und erledigen sich endgültig durch den dritten Abschnitt dieses zweiten Buchs des »Kapital«. Seine Rententheorie ist sein ausschließliches Eigentum geblieben und kann fortschlummern, bis das sie kritisierende Manuskript von Marx erscheint. Endlich seine Vorschläge zur Emanzipation

[3] »Ainsi donc, par la concentration des fortunes entre un petit nombre de propriétaires, le marché intérieur se resserre toujours plus, et l'industrie est toujours plus réduite à chercher ses débouchés dans les marchés étrangers, où de plus grandes révolutions les attendent*« (nämlich die Krise von 1817, die gleich darauf beschrieben wird). »Nouv. Princ.«, éd. 1819, I, p. 336.

* [bei Sismondi: la menacent]

des altpreußischen Grundbesitzes vom Druck des Kapitals sind wieder durchaus utopistisch; sie vermeiden nämlich die einzige praktische Frage, um die es sich dabei handelt – die Frage: Wie kann der altpreußische Landjunker jahraus, jahrein sage 20 000 Mark einnehmen und sage 30 000 Mark ausgeben, und doch keine Schulden machen?

Die Ricardo'sche Schule scheiterte gegen 1830 am Mehrwert. Was sie nicht lösen konnte, blieb erst recht unlösbar für ihre Nachfolgerin, die Vulgärökonomie. Die beiden Punkte, an denen sie zugrunde ging, waren diese:

Erstens. Die Arbeit ist das Maß des Werts. Nun hat aber die lebendige Arbeit im Austausch mit dem Kapital einen geringern Wert als die vergegenständlichte Arbeit, gegen die sie ausgetauscht wird. Der Arbeitslohn, der Wert eines bestimmten Quantums lebendiger Arbeit, ist stets geringer als der Wert des Produkts, das von diesem selben Quantum lebendiger Arbeit erzeugt wird, oder worin dieses sich darstellt. Die Frage ist in dieser Fassung in der Tat unlöslich. Sie ist von Marx richtig gestellt und damit beantwortet worden. Es ist nicht die Arbeit, die einen Wert hat. Als wertschaffende Tätigkeit kann sie ebensowenig einen besondren Wert haben, wie die Schwere ein besondres Gewicht, die Wärme eine besondre Temperatur, die Elektrizität eine besondre Stromstärke. Es ist nicht die Arbeit, die als Ware gekauft und verkauft wird, sondern die Arbeits*kraft*. Sobald sie Ware wird, richtet sich ihr Wert nach der in ihr, als einem gesellschaftlichen Produkt, verkörperten Arbeit, ist er gleich der zu ihrer Produktion und Reproduktion gesellschaftlich nötigen Arbeit. Der Kauf und Verkauf der Arbeitskraft auf Grund dieses ihres Werts widerspricht also keineswegs dem ökonomischen Wertgesetz.

Zweitens. Nach dem Ricardo'schen Wertgesetz produzieren zwei Kapitale, die gleich viel und gleich hoch bezahlte lebendige Arbeit anwenden, alle andern Umstände gleichgesetzt, in gleichen Zeiten Produkte von gleichem Wert und ebenfalls Mehrwert oder Profit von gleicher Höhe. Wenden sie aber ungleiche Mengen lebendiger Arbeit an, so können sie nicht Mehrwert oder, wie die Ricardianer sagen, Profit von gleicher Höhe produzieren. Nun ist aber das Gegenteil der Fall. Tatsächlich produzieren gleiche Kapitale, einerlei wie viel oder wie wenig lebendige Arbeit sie anwenden, in gleichen Zeiten durchschnittlich gleiche Profite. Hier liegt also ein Widerspruch gegen das Wertgesetz vor, den schon Ricardo fand, und den seine Schule ebenfalls zu lösen unfähig war. Auch Rodbertus konnte nicht umhin, diesen Widerspruch zu sehn; statt ihn zu lösen, macht er ihn zu einem der Ausgangspunkte seiner Utopie. (»Zur Erk.«, S. 131.) Diesen Widerspruch hatte Marx bereits im Manuskript »Zur Kritik« gelöst: die Lösung erfolgt nach dem Plan des »Kapital« in Buch III. Bis zu seiner Veröffentlichung werden noch Monate verstreichen. Die Ökonomen also, die in Rodbertus die geheime Quelle und einen überlegnen Vorgänger von Marx entdecken wollen, haben hier eine Gelegenheit zu zeigen, was die Rodbertus'sche Ökonomie leisten kann. Wenn sie nachweisen, wie nicht nur ohne Verletzung des Wertgesetzes, sondern vielmehr auf Grundlage desselben eine gleiche Durchschnittsprofitrate sich bilden kann und muß, dann wollen wir weiter miteinander sprechen. Inzwischen mögen sie sich gefälligst beeilen. Die brillanten Untersuchungen dieses Buch II und ihre ganz neuen Ergebnisse auf bisher fast unbetretenen Gebieten sind nur Vordersätze zum Inhalt des Buch III, das die Schlußergebnisse der Marx'schen Darstellung des gesellschaftlichen Reproduktionsprozesses auf kapitalistischer Grundlage entwickelt. Wenn dies Buch III erschienen, wird von einem Ökonomen Rodbertus wenig mehr die Rede sein.

Das Zweite und Dritte Buch* des »Kapital« sollte, wie Marx mir öfters sagte, seiner Frau gewidmet werden.

London, an Marx' Geburtstag, 5. Mai 1885.

Friedrich Engels

* [1. Auflage: Dies Zweite Buch]

[Vorwort zur zweiten Auflage]

Die vorliegende zweite Auflage ist der Hauptsache nach ein wortgetreuer Abdruck der ersten. Die Druckfehler sind verbessert, einige stilistische Nachlässigkeiten beseitigt, einige kurze, nur Wiederholungen enthaltende Absätze gestrichen worden.

Das dritte Buch, das ganz unerwartete Schwierigkeiten gemacht hat, ist nun auch beinahe im Manuskript fertiggestellt. Bleibe ich gesund, dann kann der Druck noch diesen Herbst beginnen.

London, 15. Juli 1893.

F. Engels

Der bequemeren Übersicht wegen folgt hier eine kurze Zusammenstellung der den einzelnen Manuskripten II–VIII entlehnten Stellen:

Erster Abschnitt

S. 29* aus Ms. II – S. 30–39 Ms. VII – S. 39–43 Ms. VI. – S. 43–110 Ms. V. – S. 110–113 Note, unter Bücher-Auszügen gefunden. – S. 114 bis Schluß Ms. IV; jedoch eingesprengt: S. 121–122, Stelle aus Ms. VIII; S. 125 u. 131 Noten aus Ms. II.

Zweiter Abschnitt

Anfang, S. 143–152, ist Schluß von Ms. IV. – Von hier an bis Schluß des Abschnitts S. 327 alles aus Ms. II.

Dritter Abschnitt

Kap. 18: (S. 328–335) aus Ms. II.
Kap. 19: *I* u. *II* (S. 335–364) aus Ms. VIII. – *III* (S. 364–366) aus Ms. II.
Kap. 20: *I* (S. 366–369) aus Ms. II, nur der Schlußabsatz aus Ms. VIII.
II (S. 370–372) im wesentlichen aus Ms. II.
III, IV, V (S. 372–394) aus Ms. VIII.
VI, VII, VIII, IX (S. 394–408) aus Ms. II.
X, XI, XII (S. 408–448) aus Ms. VIII.
XIII (S. 448–456) aus Ms. II.
Kap. 21: (S. 456–488) ganz aus Ms. VIII.

---

* [Seitenangaben nach unserer Ausgabe]

Zweites Buch

DER ZIRKULATIONSPROZESS DES KAPITALS

Erster Abschnitt: DIE METAMORPHOSEN DES KAPITALS UND IHR KREISLAUF

Erstes Kapitel: DER KREISLAUF DES GELDKAPITALS

Der Kreislaufsprozeß[1] des Kapitals geht vor sich in drei Stadien, welche, nach der Darstellung des ersten Bandes, folgende Reihe bilden:
Erstes Stadium: Der Kapitalist erscheint auf dem Warenmarkt und Arbeitsmarkt als Käufer; sein Geld wird in Ware umgesetzt oder macht den Zirkulationsakt G—W durch.
Zweites Stadium: Produktive Konsumtion der gekauften Waren durch den Kapitalisten. Er wirkt als kapitalistischer Warenproduzent; sein Kapital macht den Produktionsprozeß durch. Das Resultat ist: Ware von mehr Wert als dem ihrer Produktionselemente.
Drittes Stadium: Der Kapitalist kehrt zum Markt zurück als Verkäufer; seine Ware wird in Geld umgesetzt oder macht den Zirkulationsakt W—G durch.
Die Formel für den Kreislauf des Geldkapitals ist also:
G – W ... P ... W′ – G′, wo die Punkte andeuten, daß der Zirkulationsprozeß unterbrochen ist, und W′ wie G′ ein durch Mehrwert vermehrtes W und G bezeichnen.
Das erste und dritte Stadium wurden im ersten Buch nur erörtert, soweit dies nötig für das Verständnis des zweiten Stadiums, den Produktionsprozeß des Kapitals. Die verschiednen Formen, worin das Kapital in seinen verschiednen Stadien sich kleidet, und die es bei wiederholtem Kreislauf bald annimmt, bald abstreift, blieben daher unberücksichtigt. Sie bilden jetzt den nächsten Gegenstand der Untersuchung.
Um die Formen rein aufzufassen, ist zunächst von allen Momenten zu abstrahieren, die mit dem Formwechsel und der Formbildung als solchen nichts zu tun haben. Daher wird hier angenommen, nicht nur, daß die Waren zu ihren Werten verkauft werden, sondern auch, daß dies unter gleichbleibenden Umständen geschieht. Es wird also auch abgesehn von den Wertveränderungen, die während des Kreislaufprozesses eintreten können.

---

[1] Aus Ms. II.

I. Erstes Stadium. G—W[2]

G – W stellt den Umsatz einer Geldsumme in eine Summe von Waren dar; für den Käufer Verwandlung seines Geldes in Ware, für die Verkäufer Verwandlung ihrer Waren in Geld. Was aus diesem Vorgang der allgemeinen Warenzirkulation zugleich einen funktionell bestimmten Abschnitt im selbständigen Kreislauf eines individuellen Kapitals macht, ist zunächst nicht die Form des Vorgangs, sondern sein stofflicher Gehalt, der spezifische Gebrauchscharakter der Waren, welche den Platz mit dem Gelde wechseln. Es sind einerseits Produktionsmittel, andrerseits Arbeitskraft, sachliche und persönliche Faktoren der Warenproduktion, deren besondre Art natürlich der Sorte des herzustellenden Artikels entsprechen muß. Nennen wir die Arbeitskraft A, die Produktionsmittel Pm, so ist die zu kaufende Warensumme W = A + Pm, oder kürzer $W <^{A}_{Pm}$. G – W, seinem Inhalt nach betrachtet, stellt sich also dar als $G - W <^{A}_{Pm}$; d. h. G – W zerfällt in G – A und G – Pm; die Geldsumme G spaltet sich in zwei Teile, wovon der eine Arbeitskraft, der andre Produktionsmittel kauft. Diese beiden Reihen von Käufen gehören ganz und gar verschiednen Märkten an, die eine dem eigentlichen Warenmarkt, die andre dem Arbeitsmarkt.

Außer dieser qualitativen Spaltung der Warensumme, worin G umgesetzt wird, stellt $G - W <^{A}_{Pm}$ aber noch ein höchst charakteristisches quantitatives Verhältnis dar.

Wir wissen, daß der Wert, resp. Preis der Arbeitskraft ihrem Inhaber, der sie als Ware feilhält, in der Form von Arbeitslohn bezahlt wird, d. h. als Preis einer Arbeitssumme, die Mehrarbeit enthält; so daß, wenn z. B. der Tageswert der Arbeitskraft = 3 Mark, dem Produkt fünfstündiger Arbeit, diese Summe in dem Kontrakt zwischen Käufer und Verkäufer figuriert als der Preis oder Lohn, sage für zehnstündige Arbeit. Wurde ein solcher Kontrakt z. B. mit 50 Arbeitern geschlossen, so haben sie zusammen dem Käufer während eines Tages 500 Arbeitsstunden zu liefern, wovon die Hälfte, 250 Arbeitsstunden = 25 zehnstündigen Arbeitstagen, bloß aus Mehrarbeit besteht. Quantum wie Umfang der zu kaufenden Produktionsmittel müssen hinreichen zur Anwendung dieser Arbeitsmasse.

$G - W <^{A}_{Pm}$ drückt also nicht nur das qualitative Verhältnis aus, daß eine bestimmte Geldsumme, z. B. 422 Pfd. St., in einander entsprechende Produktionsmittel und Arbeitskraft umgesetzt wird, sondern auch ein quantitatives Verhältnis zwischen den in Arbeitskraft A und den in Produk-

---

[2] Von hier an Ms. VII, angefangen 2. Juli 1878.

tionsmitteln Pm ausgelegten Teilen des Geldes, ein Verhältnis, von vornherein bestimmt durch die Summe der von einer bestimmten Arbeiterzahl zu verausgabenden überschüssigen Mehrarbeit.

Wenn also z. B. in einer Spinnerei der Wochenlohn der 50 Arbeiter 50 Pfd. St. beträgt, müssen 372 Pfd. St. in Produktionsmitteln verausgabt werden, falls dies der Wert der Produktionsmittel, welche die Wochenarbeit von 3000 Stunden, wovon 1500 Stunden Mehrarbeit, in Garn verwandelt.

Wieweit in verschiednen Industriezweigen die Anwendung zuschüssiger Arbeit einen Wertzuschuß in der Form von Produktionsmitteln bedingt, ist hier ganz gleichgültig. Es handelt sich nur darum, daß unter allen Umständen der in Produktionsmitteln verausgabte Teil des Geldes – die in G–Pm gekauften Produktionsmittel – hinreichen, also von vornherein darauf berechnet, in entsprechender Proportion beschafft sein müssen. Oder die Masse der Produktionsmittel muß hinreichen, um die Arbeitsmasse zu absorbieren, um durch sie in Produkt verwandelt zu werden. Wären nicht hinreichend Produktionsmittel vorhanden, so wäre die überschüssige Arbeit, über die der Käufer verfügt, nicht verwendbar; sein Verfügungsrecht darüber führte zu nichts. Wären mehr Produktionsmittel vorhanden als verfügbare Arbeit, so blieben sie ungesättigt mit Arbeit, würden nicht in Produkt verwandelt.

Sobald $G - W < \begin{smallmatrix}A\\Pm\end{smallmatrix}$ vollzogen, verfügt der Käufer nicht nur über die zur Produktion eines nützlichen Artikels nötigen Produktionsmittel und Arbeitskraft. Er verfügt über eine größere Flüssigmachung der Arbeitskraft, oder größeres Quantum Arbeit, als zum Ersatz des Werts der Arbeitskraft nötig, und zugleich über die Produktionsmittel, erheischt zur Verwirklichung oder Vergegenständlichung dieser Arbeitssumme: er verfügt also über die Faktoren der Produktion von Artikeln von größerem Wert als dem ihrer Produktionselemente, oder einer Mehrwert enthaltenden Warenmasse. Der von ihm in Geldform vorgeschoßne Wert befindet sich also jetzt in einer Naturalform, worin er als Mehrwert (in Gestalt von Waren) heckender Wert verwirklicht werden kann. In andern Worten: er befindet sich in dem Zustand oder der Form von *produktivem Kapital*, welches die Fähigkeit hat, als Wert und Mehrwert schaffend zu fungieren. Kapital in dieser Form heiße P.

Der Wert von P ist aber = Wert von A + Pm, = dem in A und Pm umgesetzten G. G ist derselbe Kapitalwert wie P, nur in verschiedner Existenzweise, nämlich Kapitalwert in Geldzustand oder Geldform – *Geldkapital*.

$G - W < \begin{smallmatrix}A\\Pm\end{smallmatrix}$, oder seiner allgemeinen Form nach G – W, Summe von Warenkäufen, dieser Vorgang der allgemeinen Warenzirkulation ist daher zugleich, als Stadium im selbständigen Kreislaufprozeß des Kapitals, Verwandlung des Kapitalwerts aus seiner Geldform in seine produktive Form, oder kürzer Verwandlung von *Geldkapital* in *produktives Kapital*. In der hier zunächst betrachteten Figur des Kreislaufs erscheint also Geld als der erste Träger des Kapitalwerts, daher Geldkapital als die Form, worin das Kapital vorgeschossen wird.

Als Geldkapital befindet es sich in einem Zustand, worin es Geldfunktionen vollziehen kann, wie im vorliegenden Fall die Funktionen des allgemeinen Kaufmittels und des allgemeinen Zahlungsmittels. (Letztres, sofern die Arbeitskraft zwar zuerst gekauft, aber erst gezahlt wird, nachdem sie gewirkt hat. Soweit die Produktionsmittel nicht fertig auf dem Markt vorhanden, sondern erst zu bestellen sind, wirkt das Geld bei G – Pm ebenfalls als Zahlungsmittel.) Diese Fähigket entspringt nicht daraus, daß das Geldkapital Kapital, sondern daraus, daß es Geld ist.

Andrerseits kann der Kapitalwert im Geldzustand auch nur Geldfunktionen und keine andern, verrichten. Was diese letztren zu Kapitalfunktionen macht, ist ihre bestimmte Rolle in der Bewegung des Kapitals, daher auch der Zusammenhang des Stadiums, worin sie erscheinen, mit den andern Stadien seines Kreislaufs. Z. B. im Fall, der uns zunächst vorliegt, wird Geld umgesetzt in Waren, deren Verbindung die Naturalform des produktiven Kapitals bildet, die also latent, der Möglichkeit nach, bereits das Resultat des kapitalistischen Produktionsprozesses in sich birgt.

Ein Teil des Geldes, welches in $G - W < {}^{A}_{Pm}$ die Funktion von Geldkapital verrichtet, geht durch die Vollziehung dieser Zirkulation selbst in eine Funktion über, worin sein Kapitalcharakter verschwindet und sein Geldcharakter bleibt. Die Zirkulation des Geldkapitals G zerfällt in G – Pm und G – A, Kauf von Produktionsmitteln und Kauf von Arbeitskraft. Betrachten wir den letztern Vorgang für sich. G – A ist Kauf von Arbeitskraft seitens des Kapitalisten; es ist Verkauf der Arbeitskraft – wir können hier sagen der Arbeit, da die Form des Arbeitslohns vorausgesetzt – von seiten des Arbeiters, des Inhabers der Arbeitskraft. Was für den Käufer G – W (= G – A), ist hier, wie bei jedem Kauf, für den Verkäufer (den Arbeiter) A – G (= W – G), Verkauf seiner Arbeitskraft. Dies ist das erste Zirkulationsstadium oder die erste Metamorphose der Ware (Buch I, Kap. III, 2a*); es ist, seitens des Verkäufers der Arbeit, Verwandlung seiner Ware in ihre Geldform. Das so erhaltne Geld verausgabt der Arbeiter nach und nach in einer Summe von Waren, die seine Bedürfnisse befriedigen, in Konsumtionsartikeln. Die Gesamtzirkulation seiner Ware stellt sich also dar als

* [Siehe »Das Kapital«, Bd. 1, a. a. O., S. 79.]

A – G – W, d. h. erstens A – G (= W – G) und zweitens G – W, also in der allgemeinen Form der einfachen Warenzirkulation W – G – W, wo das Geld als bloßes verschwindendes Zirkulationsmittel, als bloßer Vermittler des Umsatzes von Ware gegen Ware figuriert.

G – A ist das charakteristische Moment der Verwandlung von Geldkapital in produktives Kapital, weil es die wesentliche Bedingung, damit der in Geldform vorgeschoßne Wert sich wirklich in Kapital, in Mehrwert produzierenden Wert verwandle. G – Pm ist nur notwendig, um die durch G – A gekaufte Arbeitsmasse zu realisieren. G – A wurde daher von diesem Gesichtspunkt aus dargestellt in Buch I, Abschn. II, Verwandlung von Geld in Kapital. Die Sache ist hier noch von einem andern Gesichtspunkt aus zu betrachten, mit speziellem Bezug auf das Geldkapital als Erscheinungsform des Kapitals.

G – A wird allgemein als charakteristisch angesehn für die kapitalistische Produktionsweise. Aber keineswegs aus dem angegebnen Grund, weil der Kauf der Arbeitskraft ein Kaufkontrakt ist, worin die Lieferung eines größern Quantums Arbeit bedungen wird, als zum Ersatz des Preises der Arbeitskraft, des Arbeitslohns, nötig ist; also Lieferung von Mehrarbeit, die Grundbedingung für die Kapitalisation des vorgeschoßnen Werts, oder was dasselbe, für Produktion von Mehrwert. Sondern vielmehr seiner Form halber, weil in der Form des Arbeitslohns *mit Geld* Arbeit gekauft wird, und dies gilt als Merkmal der Geldwirtschaft.

Hier ist es wieder nicht das Irrationelle der Form, welches für charakteristisch gilt. Dies Irrationelle wird vielmehr übersehn. Das Irrationelle besteht darin, daß die Arbeit als wertbildendes Element selbst keinen Wert besitzen, also auch ein bestimmtes Quantum Arbeit keinen Wert haben kann, der sich in ihrem Preise ausdrückt, in ihrer Äquivalenz mit einem bestimmten Quantum Geld. Aber wir wissen, daß der Arbeitslohn bloß eine verkleidete Form ist, eine Form, worin z. B. der Tagespreis der Arbeitskraft sich als Preis der während eines Tages von dieser Arbeitskraft flüssig gemachten Arbeit darstellt, so daß also etwa der in 6 Stunden Arbeit von dieser Arbeitskraft produzierte Wert als Wert ihrer zwölfstündigen Funktion oder Arbeit ausgedrückt wird.

G – A gilt als das Charakteristische, als die Signatur der sogen. Geldwirtschaft, weil die Arbeit hier als Ware ihres Besitzers erscheint, das Geld daher als Käufer – also wegen des Geldverhältnisses (d. h. Kauf und Verkauf von menschlicher Tätigkeit). Nun aber erscheint das Geld schon sehr früh als Käufer sogenannter Dienste, ohne daß G sich in Geldkapital verwandelte oder der allgemeine Charakter der Wirtschaft umgewälzt würde.

Dem Geld ist es durchaus gleichgültig, in welche Sorte von Waren es ver-

wandelt wird. Es ist die allgemeine Äquivalentform aller Waren, die in ihren Preisen schon zeigen, daß sie ideell eine bestimmte Geldsumme darstellen, ihre Verwandlung in Geld erwarten, und nur durch ihren Stellenwechsel mit Geld die Form erhalten, worin sie in Gebrauchswerte für ihre Besitzer umsetzbar sind. Findet sich also auf dem Markt die Arbeitskraft einmal als Ware ihres Besitzers vor, deren Verkauf unter der Form der Zahlung für Arbeit geschieht, in Gestalt des Arbeitslohns, so stellt ihr Kauf und Verkauf nichts Auffallenderes dar als der Kauf und Verkauf jeder andern Ware. Nicht, daß die Ware Arbeitskraft käuflich ist, sondern daß die Arbeitskraft als Ware erscheint, ist das Charakteristische.
Durch $G - W < \genfrac{}{}{0pt}{}{A}{Pm}$, die Verwandlung von Geldkapital in produktives Kapital, bewirkt der Kapitalist die Verbindung der gegenständlichen und persönlichen Faktoren der Produktion, soweit diese Faktoren aus Waren bestehn. Wird Geld zum ersten Mal in produktives Kapital verwandelt, oder fungiert es für seinen Besitzer zum ersten Mal als Geldkapital, so muß er erst die Produktionsmittel kaufen, Arbeitsgebäude, Maschinen etc., ehe er die Arbeitskraft kauft; denn sobald letztre in seine Botmäßigkeit übergeht, müssen die Produktionsmittel da sein, um sie als Arbeitskraft anwenden zu können.
So stellt sich die Sache von seiten des Kapitalisten dar.
Von seiten des Arbeiters: Die produktive Betätigung seiner Arbeitskraft wird erst möglich von dem Augenblick, wo sie infolge ihres Verkaufs in Verbindung mit den Produktionsmitteln gesetzt wird. Sie existiert also vor dem Verkauf getrennt von den Produktionsmitteln, von den gegenständlichen Bedingungen ihrer Betätigung. In diesem Zustand der Trennung kann sie weder direkt verwandt werden zur Produktion von Gebrauchswerten für ihren Besitzer, noch zur Produktion von Waren, von deren Verkauf dieser leben könnte. Sobald sie aber durch ihren Verkauf in Verbindung mit den Produktionsmitteln gesetzt ist, bildet sie einen Bestandteil des produktiven Kapitals ihres Käufers, ebensogut wie die Produktionsmittel.
Obgleich daher in dem Akt G — A Geldbesitzer und Arbeitskraft-Besitzer sich nur als Käufer und Verkäufer zueinander verhalten, als Geldbesitzer und Warenbesitzer einander gegenübertreten, sich also nach dieser Seite hin in bloßem Geldverhältnis zueinander befinden, — so tritt doch der Käufer von vornherein zugleich als Besitzer der Produktionsmittel auf, welche die gegenständlichen Bedingungen der produktiven Verausgabung der Arbeitskraft durch ihren Besitzer bilden. Mit andern Worten: diese Produktionsmittel treten dem Besitzer der Arbeitskraft gegenüber als fremdes Eigentum. Andrerseits steht der Verkäufer der Arbeit ihrem Käufer gegenüber als fremde Arbeitskraft, die in seine Botmäßigkeit übergehn, sei-

nem Kapital einverleibt werden muß, damit dies wirklich als produktives Kapital sich betätige. Das Klassenverhältnis zwischen Kapitalist und Lohnarbeiter ist also schon vorhanden, schon vorausgesetzt, in dem Augenblick, wo beide in dem Akt G – A (A – G von seiten des Arbeiters) sich gegenübertreten. Es ist Kauf und Verkauf, Geldverhältnis, aber ein Kauf und Verkauf, wo der Käufer als Kapitalist und der Verkäufer als Lohnarbeiter vorausgesetzt wird, und dies Verhältnis ist damit gegeben, daß die Bedingungen zur Verwirklichung der Arbeitskraft – Lebensmittel und Produktionsmittel – getrennt sind als fremdes Eigentum von dem Besitzer der Arbeitskraft.

Wie diese Trennung entsteht, beschäftigt uns hier nicht. Sie existiert, sobald G – A vollzogen wird. Was uns hier interessiert, ist: Wenn G – A als eine Funktion des Geldkapitals erscheint, oder Geld hier als Existenzform des Kapitals, so keineswegs bloß, weil das Geld hier auftritt als Zahlungsmittel für eine menschliche Tätigkeit, die einen Nutzeffekt hat, für einen Dienst; also keineswegs durch die Funktion des Geldes als Zahlungsmittel. Das Geld kann in dieser Form nur verausgabt werden, weil die Arbeitskraft im Zustand der Trennung von ihren Produktionsmitteln (einschließlich der Lebensmittel als Produktionsmittel der Arbeitskraft selbst) sich befindet; und weil diese Trennung nur dadurch aufgehoben wird, daß die Arbeitskraft an den Inhaber der Produktionsmittel verkauft wird; daß also auch die Flüssigmachung der Arbeitskraft, deren Grenzen keineswegs mit den Grenzen der zur Reproduktion ihres eignen Preises nötigen Arbeitsmasse zusammenfallen, dem Käufer gehört. Das Kapitalverhältnis während des Produktionsprozesses kommt nur heraus, weil es an sich im Zirkulationsakt existiert, in den unterschiednen ökonomischen Grundbedingungen, worin Käufer und Verkäufer sich gegenübertreten, in ihrem Klassenverhältnis. Es ist nicht das Geld, mit dessen Natur das Verhältnis gegeben ist; es ist vielmehr das Dasein dieses Verhältnisses, das eine bloße Geldfunktion in eine Kapitalfunktion verwandeln kann.

Bei Auffassung des Geldkapitals (wir haben mit diesem einstweilen nur zu tun innerhalb der bestimmten Funktion, in der es uns hier gegenübertritt) laufen gewöhnlich zwei Irrtümer neben- oder durcheinander. Erstens: Die Funktionen, die der Kapitalwert als Geldkapital verrichtet, und die er eben verrichten kann, weil er sich in Geldform befindet, werden irrtümlich aus seinem Kapitalcharakter abgeleitet, während sie nur dem Geldzustand des Kapitalwerts geschuldet sind, seiner Erscheinungsform als Geld. Und zweitens umgekehrt: Der spezifische Gehalt der Geldfunktion, der sie zugleich zu einer Kapitalfunktion macht, wird aus der Natur des Geldes hergeleitet (Geld daher mit Kapital verwechselt), während sie gesellschaftliche Bedingungen voraussetzt, wie hier in Vollziehung von G – A, die in bloßer Waren- und entsprechender Geldzirkulation keineswegs gegeben sind.

Auch der Kauf und Verkauf von Sklaven ist seiner Form nach Waren-Kauf und Verkauf. Ohne Existenz der Sklaverei kann Geld aber nicht diese Funktion vollziehn. Ist Sklaverei da, so kann Geld im Ankauf von Sklaven ausgelegt werden. Umgekehrt reicht Geld in der Hand des Käufers keineswegs hin, um Sklaverei zu ermöglichen.

Daß der Verkauf der eignen Arbeitskraft (in der Form des Verkaufs der eignen Arbeit oder des Arbeitslohns) nicht als isolierte Erscheinung, sondern als gesellschaftlich maßgebende Voraussetzung der Produktion von Waren sich darstelle, daß also das Geldkapital auf gesellschaftlicher Stufenleiter die hier betrachtete Funktion $G - W <^{A}_{Pm}$ vollziehe, – dies unterstellt historische Prozesse, durch welche die ursprüngliche Verbindung der Produktionsmittel mit der Arbeitskraft aufgelöst wurde; Prozesse, infolge deren die Masse des Volks, die Arbeiter, als Nichteigentümer und die Nichtarbeiter als Eigentümer dieser Produktionsmittel sich gegenüberstehn. Wobei es nichts zur Sache tut, ob die Verbindung vor ihrer Zersetzung die Form besaß, daß der Arbeiter selbst als Produktionsmittel zu den andern Produktionsmitteln gehörte, oder ob er deren Eigner war.

Der Tatbestand, der hier also dem Akt $G - W <^{A}_{Pm}$ zugrunde liegt, ist die Verteilung; nicht die Verteilung im gewöhnlichen Sinn als Verteilung der Konsumtionsmittel, sondern die Verteilung der Elemente der Produktion selbst, von denen die gegenständlichen Faktoren auf der einen Seite konzentriert sind, die Arbeitskraft davon isoliert auf der andern.

Die Produktionsmittel, der gegenständliche Teil des produktiven Kapitals, müssen also dem Arbeiter schon als solche, als Kapital gegenüberstehn, bevor der Akt G – A ein allgemein gesellschaftlicher Akt werden kann.

Wir haben früher* gesehn, daß die kapitalistische Produktion, einmal etabliert, in ihrer Entwicklung nicht nur diese Trennung reproduziert, sondern sie auf stets größern Umfang erweitert, bis sie der allgemein herrschende gesellschaftliche Zustand geworden. Die Sache bietet aber noch eine andre Seite dar. Damit das Kapital sich bilden und sich der Produktion bemächtigen kann, ist eine gewisse Entwicklungsstufe des Handels vorausgesetzt, also auch der Warenzirkulation und damit der Warenproduktion; denn es können nicht Artikel als Waren in die Zirkulation eingehn, sofern sie nicht für den Verkauf, also als Waren, produziert werden. Als nor-

---

* [Siehe »Kapital«, Bd. 1, a. a. O., S. 511–715.]

maler, herrschender Charakter der Produktion erscheint die Warenproduktion aber erst auf Grundlage der kapitalistischen Produktion.

Die russischen Grundeigentümer, die infolge der sogen. Bauernemanzipation ihre Landwirtschaft jetzt mit Lohnarbeitern statt mit leibeignen Zwangsarbeitern betreiben, klagen über zweierlei: Erstens über Mangel an Geldkapital. So heißt es z. B.: Bevor man die Ernte verkauft, habe man Lohnarbeitern in größerem Umfang zu zahlen, und da fehle es an der ersten Bedingung, an Barem. Kapital in der Form von Geld muß gerade zur Zahlung des Arbeitslohns beständig vorhanden sein, um die Produktion kapitalistisch zu betreiben. Doch darüber mögen sich die Grundbesitzer trösten. Mit der Zeit pflückt man Rosen, und verfügt der industrielle Kapitalist nicht nur über sein eignes Geld, sondern auch über l'argent des autres.

Charakteristischer aber ist die zweite Klage, nämlich: daß, wenn man auch Geld habe, man nicht in hinreichendem Umfang und zu beliebiger Zeit die zu kaufenden Arbeitskräfte disponibel finde, indem der russische Landarbeiter infolge des Gemeineigentums der Dorfgemeinde an Grund und Boden noch nicht völlig von seinen Produktionsmitteln getrennt, daher noch kein »freier Lohnarbeiter« im vollen Sinne des Worts ist. Aber das Vorhandensein des letztren auf gesellschaftlicher Stufenleiter ist unerläßliche Bedingung, damit G – W, Verwandlung von Geld in Ware, als Verwandlung von Geldkapital in produktives Kapital, darstellbar sei.

Es versteht sich daher von selbst, daß die Formel für den Kreislauf des Geldkapitals: G – W ... P ... W' – G' selbstverständliche Form des Kapitalkreislaufs nur auf Grundlage schon entwickelter kapitalistischer Produktion ist, weil sie das Vorhandensein der Lohnarbeiterklasse auf gesellschaftlicher Stufe voraussetzt. Die kapitalistische Produktion, wie wir gesehn, produziert nicht nur Ware und Mehrwert; sie reproduziert, und in stets erweitertem Umfang, die Klasse der Lohnarbeiter und verwandelt die ungeheure Majorität der unmittelbaren Produzenten in Lohnarbeiter. G – W ... P ... W' – G', da die erste Voraussetzung seines Verlaufs das beständige Vorhandensein der Lohnarbeiterklasse, unterstellt daher schon das Kapital in der Form des produktiven Kapitals, und daher die Form des Kreislaufs des produktiven Kapitals.

II. Zweites Stadium. Funktion des produktiven Kapitals

Der hier betrachtete Kreislauf des Kapitals beginnt mit dem Zirkulationsakt G – W, der Verwandlung von Geld in Ware, Kauf. Die Zirkulation muß also ergänzt werden durch die entgegengesetzte Metamorphose W – G,

Verwandlung von Ware in Geld, Verkauf. Aber das unmittelbare Resultat von $G - W < \genfrac{}{}{0pt}{}{A}{Pm}$ ist die Unterbrechung der Zirkulation des in Geldform vorgeschoßnen Kapitalwerts. Durch die Verwandlung von Geldkapital in produktives Kapital hat der Kapitalwert eine Naturalform erhalten, worin er nicht fortzirkulieren kann, sondern in die Konsumtion, nämlich in die produktive Konsumtion, eingehn muß. Der Gebrauch der Arbeitskraft, die Arbeit, kann nur im Arbeitsprozeß realisiert werden. Der Kapitalist kann den Arbeiter nicht wieder als Ware verkaufen, da dieser nicht sein Sklave ist, und jener weiter nichts gekauft hat, als die Vernutzung seiner Arbeitskraft auf bestimmte Zeit. Er kann andrerseits die Arbeitskraft nur vernutzen, indem er durch sie die Produktionsmittel als Warenbildner vernutzen läßt. Das Resultat des ersten Stadiums ist also der Eintritt in das zweite, das produktive Stadium des Kapitals.

Die Bewegung stellt sich dar als $G - W < \genfrac{}{}{0pt}{}{A}{Pm}$ ... P, wo die Punkte andeuten, daß die Zirkulation des Kapitals unterbrochen ist, sein Kreislaufprozeß aber fortdauert, indem es aus der Sphäre der Warenzirkulation in die Produktionssphäre eintritt. Das erste Stadium, die Verwandlung von Geldkapital in produktives Kapital, erscheint also nur als Vorläufer und Einleitungsphase des zweiten Stadiums, der Funktion des produktiven Kapitals.

$G - W < \genfrac{}{}{0pt}{}{A}{Pm}$ setzt voraus, daß das Individuum, welches diesen Akt vollzieht, nicht nur über Werte in beliebiger Gebrauchsform verfügt, sondern daß es diese Werte in Geldform besitzt, daß es Geldbesitzer ist. Der Akt besteht aber gerade in der Weggabe des Geldes, und jener kann nur Geldbesitzer bleiben, soweit ihm das Geld implizite durch den Akt der Weggabe selbst zurückströmt. Geld kann ihm aber nur zurückfließen durch den Verkauf von Waren. Der Akt setzt ihn also voraus als Warenproduzenten.

G – A. Der Lohnarbeiter lebt nur vom Verkauf der Arbeitskraft. Ihre Erhaltung – seine Selbsterhaltung – erfordert tägliche Konsumtion. Seine Zahlung muß also beständig in kürzern Terminen wiederholt werden, damit er die zu seiner Selbsterhaltung nötigen Einkäufe – den Akt A – G – W oder W – G – W – wiederholen kann. Der Kapitalist muß ihm daher beständig als Geldkapitalist und sein Kapital als Geldkapital gegenübertreten. Andrerseits aber, damit die Masse der unmittelbaren Produzenten, der Lohnarbeiter, den Akt A – G – W vollziehn könne, müssen ihr die notwendigen Lebensmittel in käuflicher, d. h. in Warenform, beständig gegenübertreten. Dieser Zustand erheischt also schon einen hohen Grad der Zirkulation der Produkte als Waren, also auch des Umfangs der Warenproduktion. Sobald die Produktion vermittelst Lohnarbeit allgemein, muß die Warenproduktion die allgemeine Form der Produktion sein. Diese als allgemein vorausgesetzt, bedingt ihrerseits eine stetig wachsende Teilung der gesellschaftlichen Arbeit, d. h. stets größre Besondrung des Produkts, das als Ware von einem bestimmten Kapitalisten produziert wird, stets größre Spaltung sich ergänzender Produktionsprozesse in verselbständigte. In demselben Grad wie G – A entwickelt sich daher G – Pm; d. h. in demselben Umfang trennt sich die Produktion der Produktionsmittel von der Ware, deren Produktionsmittel sie sind, und treten diese jedem Warenproduzenten selbst als Waren gegenüber, die er nicht produziert, sondern zum Behuf seines bestimmten Produktionsprozesses kauft. Sie kommen heraus, von dem seinen vollständig getrennten, selbständig betriebnen Produktionszweigen, und gehn ein in seinen Produktionszweig als Waren, müssen daher gekauft werden. Die sachlichen Bedingungen der Warenproduktion treten ihm in immer größrem Umfang als Produkte andrer Warenproduzenten, als Waren, gegenüber. In demselben Umfang muß der Kapitalist als Geldkapitalist auftreten, oder erweitert sich der Maßstab, worauf sein Kapital als Geldkapital fungieren muß.

Andrerseits: Dieselben Umstände, welche die Grundbedingung der kapitalistischen Produktion produzieren – das Dasein einer Lohnarbeiterklasse –, sollizitieren den Übergang aller Warenproduktion in kapitalistische Warenproduktion. Im Umfang wie diese sich entwickelt, wirkt sie zersetzend und auflösend auf jede ältre Form der Produktion, die, vorzugsweis auf unmittelbaren Selbstbedarf gerichtet, nur den Überschuß des Produkts in Ware verwandelt. Sie macht den Verkauf des Produkts zum Hauptinteresse, zunächst ohne scheinbar die Produktionsweise selbst anzugreifen, wie dies z. B. die erste Wirkung des kapitalistischen Welthandels auf solche Völker war, wie Chinesen, Indier, Araber etc. Zweitens aber, wo sie Wurzel gegriffen, zerstört sie alle Formen der Warenproduktion, die entweder auf Selbstarbeit der Produzenten gegründet, oder bloß auf den Verkauf des überschüssigen Produkts als Ware. Sie verallgemeinert zuerst die Warenproduktion und verwandelt dann stufenweise alle Warenproduktion in kapitalistische.[3]

Welches immer die gesellschaftlichen Formen der Produktion, Arbeiter und Produktionsmittel bleiben stets ihre Faktoren. Aber die einen und die andern sind dies nur der Möglichkeit nach im Zustand ihrer Trennung voneinander. Damit überhaupt produziert werde, müssen sie sich verbinden. Die besondre Art und Weise, worin diese Verbindung bewerkstelligt wird, unterscheidet die verschiednen ökonomischen Epochen der Gesellschaftsstruktur. Im vorliegenden Fall ist die Trennung des freien Arbeiters von seinen Produktionsmitteln der gegebne Ausgangspunkt, und wir haben ge-

---

[3] Bis hierher Manuskript VII. Von hier an Manuskript VI.

sehn, wie und und unter welchen Bedingungen beide in der Hand des Kapitalisten vereint werden – nämlich als produktive Daseinsweise seines Kapitals. Der wirkliche Prozeß, den die so zusammengebrachten persönlichen und sachlichen Warenbildner miteinander eingehn, der Produktionsprozeß, wird daher selbst eine Funktion des Kapitals – kapitalistischer Produktionsprozeß, dessen Natur ausführlich im ersten Buch dieser Schrift entwikkelt worden. Jeder Betrieb der Warenproduktion wird zugleich Betrieb der Ausbeutung der Arbeitskraft; aber erst die kapitalistische Warenproduktion wird zu einer epochemachenden Ausbeutungsweise, die in ihrer geschichtlichen Fortentwicklung durch die Organisation des Arbeitsprozesses und die riesenhafte Ausbildung der Technik die ganze ökonomische Struktur der Gesellschaft umwälzt und alle früheren Epochen unvergleichbar übergipfelt.

Durch die verschiednen Rollen, die sie während des Produktionsprozesses bei der Wertbildung, also auch in der Erzeugung von Mehrwert spielen, unterscheiden sich Produktionsmittel und Arbeitskraft, soweit sie Existenzformen des vorgeschoßnen Kapitalwerts, als konstantes und variables Kapital. Als verschiedne Bestandteile des produktiven Kapitals unterscheiden sie sich ferner dadurch, daß die erstern, im Besitz des Kapitalisten, sein Kapital bleiben auch außerhalb des Produktionsprozesses, während bloß innerhalb desselben die Arbeitskraft Daseinsform eines individuellen Kapitals wird. Wenn die Arbeitskraft nur in der Hand ihres Verkäufers, des Lohnarbeiters, Ware ist, so wird sie dagegen Kapital nur in der Hand ihres Käufers, des Kapitalisten, dem ihr zeitweiser Gebrauch zufällt. Die Produktionsmittel selbst werden nur gegenständliche Gestalten des produktiven Kapitals, oder produktives Kapital, von dem Augenblick, wo ihnen die Arbeitskraft, als persönliche Daseinsform desselben, einverleibbar geworden ist. So wenig also menschliche Arbeitskraft von Natur Kapital, so wenig sind es die Produktionsmittel. Sie erhalten diesen spezifischen gesellschaftlichen Charakter nur unter bestimmten, geschichtlich entwickelten Bedingungen, wie nur unter solchen den edlen Metallen der des Geldes, oder gar dem Geld der des Geldkapitals aufgeprägt wird.

Indem es fungiert, verbraucht das produktive Kapital seine eignen Bestandteile, um sie in eine höherwertige Produktenmasse umzusetzen. Da die Arbeitskraft nur als eins seiner Organe wirkt, ist auch der durch ihre Mehrarbeit erzeugte Überschuß des Produktwerts über den Wert seiner Bildungselemente die Frucht des Kapitals. Die Mehrarbeit der Arbeitskraft ist die Gratisarbeit des Kapitals und bildet daher für den Kapitalisten Mehrwert, einen Wert, der ihm kein Äquivalent kostet. Das Produkt ist daher nicht nur Ware, sondern mit Mehrwert befruchtete Ware. Ihr Wert ist $= P + M$, gleich dem Wert des in ihrer Herstellung verzehrten produktiven Kapitals P plus dem von ihm erzeugten Mehrwert M. Unterstellen wir, diese Ware bestehe aus 10 000 Pfund Garn, in deren Herstellung Produktionsmittel zum Wert von 372 Pfd. St. und Arbeitskraft zum Wert von 50 Pfd. St. verbraucht worden. Während des Spinnprozesses übertrugen die Spinner den Wert der durch ihre Arbeit verzehrten Produktionsmittel im Belauf von 372 Pfd. St. auf das Garn, wie sie zugleich, entsprechend ihrer Arbeitsausgabe, einen Neuwert von, sage 128 Pfd. St. darstellten. Die 10 000 Pfund Garn sind daher Träger eines Werts von 500 Pfd. St.

III. Drittes Stadium. W' – G'

Ware wird *Warenkapital* als unmittelbar aus dem Produktionsprozeß selbst entsprungene funktionelle Daseinsform des bereits verwerteten Kapitalwerts. Würde die Warenproduktion in ihrem ganzen gesellschaftlichen Umfang kapitalistisch betrieben, so wäre alle Ware von Haus aus Element eines Warenkapitals, bestehe sie nun aus Roheisen oder Brüsseler Spitzen, Schwefelsäure oder Zigarren. Das Problem, welche Sorten des Warenheers durch ihre Beschaffenheit zum Kapitalrang bestimmt, welche andere zum gemeinen Warendienst, ist eins der selbstgeschaffnen holden Drangsale der scholastischen Ökonomie.

In einer Warenform muß das Kapital Warenfunktion verrichten. Die Artikel, woraus es besteht, von Haus aus für den Markt produziert, müssen verkauft, in Geld verwandelt werden, also die Bewegung W – G durchlaufen.

Die Ware des Kapitalisten bestehe aus 10 000 Pfund Baumwollengarn. Wurden im Spinnprozeß Produktionsmittel zum Wert von 372 Pfd. St. verzehrt und ein Neuwert von 128 Pfd. St. geschaffen, so hat das Garn einen Wert von 500 Pfd. St., welchen es ausdrückt in seinem gleichnamigen Preise. Dieser Preis werde realisiert durch den Verkauf W – G. Was macht diesen einfachen Vorgang aller Warenzirkulation gleichzeitig zu einer Kapitalfunktion? Keine Veränderung, die sich innerhalb desselben ereignet, sei es mit Bezug auf ihren Gebrauchscharakter, denn als Gebrauchsgegenstand geht die Ware an den Käufer über, sei es mit Bezug auf ihren Wert, denn dieser erleidet keinen Größenwechsel, sondern nur einen Formwechsel. Erst existierte er in Garn, jetzt existiert er in Geld. So tritt ein wesentlicher Unterschied hervor zwischen dem ersten Stadium G – W* und dem letzten

* [1. und 2. Auflage: W – G; nach Marx-Engels-Werke Bd. 24 (Ost-Berlin 1969) korrigiert.]

Stadium W – G. Dort fungiert das vorgeschoßne Geld als Geldkapital, weil es sich vermittelst der Zirkulation in Waren von spezifischem Gebrauchswert umsetzt. Hier kann die Ware nur als Kapital fungieren, sofern sie diesen Charakter schon fertig aus dem Produktionsprozeß mitbringt, bevor ihre Zirkulation beginnt. Während des Spinnprozesses schufen die Spinner Garnwert zum Belauf von 128 Pfd.St. Davon bilden, sage 50 Pfd.St., dem Kapitalisten bloß ein Äquivalent für seine Auslage in Arbeitskraft, und 78 Pfd.St. – bei einem Exploitationsgrad der Arbeitskraft von 156% – bilden Mehrwert. Der Wert der 10 000 Pfund Garn enthält also erstens den Wert des aufgezehrten produktiven Kapitals P, wovon der konstante Teil = 372 Pfd.St., der variable = 50 Pfd.St., ihre Summe = 422 Pfd.St., = 8440 Pfund Garn. Der Wert des produktiven Kapitals P ist aber = W, dem Wert seiner Bildungselemente, die in dem Stadium G – W dem Kapitalisten als Waren in den Händen ihrer Verkäufer gegenüberstanden. – Zweitens aber enthält der Wert des Garns einen Mehrwert von 78 Pfd.St. = 1560 Pfund Garn. W als Wertausdruck der 10 000 Pfund Garn ist also = W + Δ W, W plus einem Inkrement von W (= 78 Pfd.St.), welches wir w nennen wollen, da es in derselben Warenform existiert wie jetzt der ursprüngliche Wert W. Der Wert der 10 000 Pfund Garn = 500 Pfd.St. ist also = W + w = W′. Was W, als Wertausdruck der 10 000 Pfund Garn, zu W′ macht, ist nicht seine absolute Wertgröße (500 Pfd. St.), denn sie ist wie bei allen andern W als Wertausdruck irgendeiner andern Warensumme bestimmt durch die Größe der in ihr vergegenständlichten Arbeit. Es ist seine relative Wertgröße, seine Wertgröße verglichen mit dem Wert des in seiner Produktion aufgezehrten Kapitals P. Dieser Wert ist in ihr enthalten, plus dem vom produktiven Kapital gelieferten Mehrwert. Sein Wert ist größer, überschüssig über diesen Kapitalwert, um diesen Mehrwert w. Die 10 000 Pfund Garn sind Träger des verwerteten, mit einem Mehrwert bereicherten Kapitalwerts, und sind dies als Produkt des kapitalistischen Produktionsprozesses. W′ drückt ein Wertverhältnis aus, das Verhältnis des Werts des Warenprodukts zu dem des in seiner Produktion verausgabten Kapitals, also die Zusammensetzung seines Werts aus Kapitalwert und Mehrwert. Die 10 000 Pfund Garn sind Warenkapital, W′, nur als verwandelte Form des produktiven Kapitals P, also in einem Zusammenhang, der zunächst nur im Kreislauf dieses individuellen Kapitals existiert, oder für den Kapitalisten, der mit seinem Kapital Garn produziert hat. Es ist sozusagen nur ein inneres, kein auswärtiges Verhältnis, das die 10 000 Pfund Garn als Wertträger zu Warenkapital macht; sie tragen ihr kapitalistisches Muttermal nicht in der absoluten Größe ihres Werts, sondern in seiner relativen Größe, in ihrer Wertgröße verglichen mit der, die das in ihnen enthaltene produktive Kapital besaß, ehe es sich in Ware verwandelt.* Werden daher die 10 000 Pfund Garn zu ihrem Wert von 500 Pfd.St. verkauft, so ist dieser Zirkulationsakt, für sich betrachtet, = W – G, bloße Verwandlung eines gleichbleibenden Werts aus Warenform in Geldform. Aber als besonderes Stadium im Kreislauf eines individuellen Kapitals ist derselbe Akt Realisierung des von der Ware getragnen Kapitalwerts von 422 Pfd.St. + dem von ihr getragnen Mehrwert von 78 Pfd.St., also W′ – G′, Verwandlung des Warenkapitals aus seiner Warenform in Geldform.[4]

Die Funktion von W′ ist nun die allen Warenprodukts: sich in Geld zu verwandeln, verkauft zu werden, die Zirkulationsphase W – G durchzumachen. Solange das jetzt verwertete Kapital in der Form des Warenkapitals verharrt, auf dem Markt festliegt, steht der Produktionsprozeß still. Es wirkt weder als Produkt- noch als Wertbildner. Je nach dem verschiednen Grad der Geschwindigkeit, womit das Kapital seine Warenform abstößt und seine Geldform annimmt, oder je nach der Raschheit des Verkaufs, wird derselbe Kapitalwert in sehr ungleichem Grad als Produkt- und Wertbildner dienen und die Stufenleiter der Reproduktion sich ausdehnen oder verkürzen. Es wurde im ersten Buch gezeigt, daß der Wirkungsgrad eines gegebnen Kapitals durch Potenzen des Produktionsprozesses bedingt ist, die von seiner eignen Wertgröße in gewissem Grad unabhängig sind.** Hier zeigt sich, daß der Zirkulationsprozeß neue, von der Wertgröße des Kapitals unabhängige Potenzen seines Wirkungsgrads, seiner Expansion und Kontraktion in Bewegung setzt.

Die Warenmasse W′, als Träger des verwerteten Kapitals, muß ferner in ihrem ganzen Umfang die Metamorphose W′ – G′ durchmachen. Die Quantität des Verkauften wird hier wesentliche Bestimmung. Die einzelne Ware figuriert nur noch als integrierender Teil der Gesamtmasse. Die 500 Pfd.St. Wert existieren in 10 000 Pfund Garn. Gelingt es dem Kapitalisten, nur 7440 Pfund zu ihrem Wert von 372 Pfd.St. zu verkaufen, so hat er nur den Wert seines konstanten Kapitals, den Wert der verausgabten Produktionsmittel, ersetzt; wenn 8440 Pfund, so nur die Wertgröße des vorgeschoßnen Gesamtkapitals. Er muß mehr verkaufen, um Mehrwert zu realisieren, und er muß alle 10 000 Pfund Garn verkaufen, um den ganzen Mehrwert von 78 Pfd.St. (= 1560 Pfund Garn) zu realisieren. Er erhält also in 500 Pfd.St. Geld nur einen Gleichwert für die verkaufte Ware; seine

[4] Bis hierher Manuskript VI. Von hier an Manuskript V.

* [1. Auflage: enthaltne Kapital besaß, ehe es sich in Ware verwandelt hatte.]
** [Siehe »Kapital«, Bd. 1, a. a. O., S. 551–554.]

Transaktion innerhalb der Zirkulation ist einfaches W – G. Hätte er seinen Arbeitern 64 Pfd.St. statt 50 Pfd.St. Lohn gezahlt, so wäre sein Mehrwert nur 64 Pfd.St. statt 78 Pfd.St., und der Exploitationsgrad nur 100 $^{0}/_{0}$ statt 156 $^{0}/_{0}$; aber nach wie vor bliebe der Wert seines Garns unverändert; nur das Verhältnis seiner verschiednen Teile wäre ein andres; der Zirkulationsakt W – G wäre nach wie vor Verkauf von 10 000 Pfund Garn für 500 Pfd.St., ihren Wert.

W' = W + w (= 422 Pfd.St. + 78 Pfd.St.). – W ist gleich dem Wert von P oder dem produktiven Kapital, und dies gleich dem Wert von G, das in G – W, dem Kauf der Produktionselemente, vorgeschossen wurde; in unserm Beispiel = 422 Pfd.St. Wird die Warenmasse zu ihrem Wert verkauft, so W = 422 Pfd.St. und w = 78 Pfd.St., dem Wert des Mehrprodukts von 1560 Pfund Garn. Nennen wir w, in Geld ausgedrückt, g, so ist W' – G' = (W+w) – (G+g), und der Kreislauf G – W ... P ... W' – G' in seiner expliziten Form also $G - W < \begin{smallmatrix} A \\ Pm \end{smallmatrix}$ ... P ... (W + w) – (G + g).

Im ersten Stadium entzieht der Kapitalist Gebrauchsartikel dem eigentlichen Warenmarkt und dem Arbeitsmarkt; im dritten Stadium wirft er Ware zurück, aber nur in Einen Markt, den eigentlichen Warenmarkt. Wenn er aber durch seine Ware dem Markt mehr Wert wieder entzieht, als er ursprünglich hineinwarf, so nur, weil er größern Warenwert hineinwirft, als er ursprünglich entzog. Er warf den Wert G hinein und entzog den Gleichwert W; er wirft W + w hinein und entzieht den Gleichwert G + g. – G war in unserm Beispiel gleich dem Wert von 8440 Pfund Garn; er wirft aber 10 000 Pfund in den Markt, gibt ihm also größern Wert, als er ihm nahm. Andrerseits hat er diesen gewachsnen Wert nur hineingeworfen, weil er im Produktionsprozeß Mehrwert (als aliquoter Teil des Produkts, ausgedrückt in Mehrprodukt) durch Exploitation der Arbeitskraft produzierte. Nur als Produkt dieses Prozesses ist die Warenmasse Warenkapital, Träger des verwerteten Kapitalwerts. Durch Vollziehung von W' – G' wird sowohl der vorgeschoßne Kapitalwert realisiert wie der Mehrwert. Die Realisation beider fällt zusammen in der Reihe von Verkäufen, oder auch in dem Verkauf auf einen Schlag, der gesamten Warenmasse, die W' – G' ausdrückt. Aber derselbe Zirkulationsvorgang W' – G' ist verschieden für Kapitalwert und Mehrwert insofern, als er für jeden von beiden ein verschiednes Stadium ihrer Zirkulation, einen verschiednen Abschnitt in der von ihnen innerhalb der Zirkulation zu durchlaufenden Metamorphosenreihe ausdrückt. w, der Mehrwert, kam erst zur Welt innerhalb des Produktionsprozesses. Er tritt also zum ersten Mal auf den Warenmarkt, und zwar in Warenform; sie ist seine erste Zirkulationsform, daher auch der Akt w – g sein erster Zirkulationsakt oder seine erste Metamorphose, die also

noch zu ergänzen bleibt durch den entgegengesetzten Zirkulationsakt oder die umgekehrte Metamorphose g – w.[5]
Anders verhält es sich mit der Zirkulation, die der Kapitalwert W im selben Zirkulationsakt W' – G' vollzieht, welches für ihn der Zirkulationsakt W – G ist, wo W = P, gleich dem ursprünglich vorgeschoßnen G. Es hat seinen ersten Zirkulationsakt als G, als Geldkapital, eröffnet und kehrt durch den Akt W – G zur selben Form zurück; es hat also die beiden entgegengesetzten Phasen der Zirkulation 1) G – W und 2) W – G durchlaufen und befindet sich wieder in der Form, in der es denselben Kreislaufsprozeß von neuem beginnen kann. Was für den Mehrwert erste Verwandlung der Warenform in Geldform, ist für den Kapitalwert Rückkehr oder Rückverwandlung in seine ursprüngliche Geldform.
Durch $G - W < \genfrac{}{}{0pt}{}{A}{Pm}$ wurde das Geldkapital in eine gleichwertige Summe Waren, A und Pm, umgesetzt. Diese Waren funktionieren nicht wieder als Waren, als Verkaufsartikel. Ihr Wert existiert jetzt in der Hand ihres Käufers, des Kapitalisten, als Wert seines produktiven Kapitals P. Und in der Funktion von P, der produktiven Konsumtion, werden sie verwandelt in eine von den Produktionsmitteln stofflich verschiedne Warensorte, in Garn, worin ihr Wert nicht nur erhalten, sondern vergrößert wird, von 422 Pfd.St. auf 500 Pfd.St. Durch diese reale Metamorphose werden die im ersten Stadium G – W dem Markt entzognen Waren ersetzt durch stofflich und wertlich verschiedne Ware, die nun als Ware fungieren, in Geld verwandelt und verkauft werden muß. Der Produktionsprozeß erscheint daher nur als Unterbrechung des Zirkulationsprozesses des Kapitalwerts, wovon bis dahin nur die erste Phase G – W durchlaufen ist. Er durchläuft die zweite und abschließende Phase W – G, nachdem W stofflich und wertlich verändert. Soweit aber der Kapitalwert, für sich genommen, in Betracht kommt, hat er nur eine Veränderung seiner Gebrauchsform im Produktionsprozeß erlitten. Er existierte als 422 Pfd.St. Wert in A und Pm, er existiert jetzt als 422 Pfd. St. Wert von 8440 Pfund Garn. Betrachten wir also bloß die beiden Phasen des Zirkulationsprozesses des, von seinem Mehrwert getrennt gedachten, Kapitalwerts, so durchläuft er 1) G – W und 2) W – G, wo das zweite W eine veränderte Gebrauchsform, aber denselben Wert hat wie das erste W; also G – W – G, eine Zirkulationsform, die durch den doppelten

[5] Dies gilt, einerlei in welcher Weise wir Kapitalwert und Mehrwert trennen. In 10 000 Pfund Garn stecken 1560 Pfund = 78 Pfd.St. Mehrwert, aber in 1 Pfund Garn = 1 Schilling steckt ebenfalls 2,496 Unzen = 1,872* Penny Mehrwert.

* [1. und 2. Auflage: 1, 728]

Stellenwechsel der Ware in entgegengesetzter Richtung, Verwandlung aus Geld in Ware, Verwandlung aus Ware in Geld, notwendig die Rückkehr des als Geld vorgeschoßnen Werts zu seiner Geldform bedingt: seine Rückverwandlung in Geld.

Derselbe Zirkulationsakt W′ – G′, der für den in Geld vorgeschoßnen Kapitalwert zweite abschließende Metamorphose, Rückkehr zur Geldform, ist für den gleichzeitig vom Warenkapital mitgetragnen und durch seinen Umsatz in Geldform mitrealisierten Mehrwert erste Metamorphose, Verwandlung aus Warenform in Geldform, W – G, erste Zirkulationsphase.

Es ist hier also zweierlei zu bemerken. Erstens: Die schließliche Rückverwandlung des Kapitalwerts in seine ursprüngliche Geldform ist eine Funktion des Warenkapitals. Zweitens: Diese Funktion schließt ein die erste Formverwandlung des Mehrwerts aus seiner ursprünglichen Warenform in Geldform. Die Geldform spielt also hier doppelte Rolle; sie ist einerseits rückkehrende Form eines ursprünglich in Geld vorgeschoßnen Werts, also Rückkehr zur Wertform, die den Prozeß eröffnete; sie ist andrerseits erste verwandelte Form eines Werts, der ursprünglich in Warenform in die Zirkulation tritt. Werden die Waren, woraus das Warenkapital besteht, zu ihrem Wert verkauft, wie hier vorausgesetzt, so wird W + w verwandelt in das gleichwertige G + g; in dieser Form G + g (422 Pfd.St. + 78 Pfd.St. = 500 Pfd.St.) existiert das realisierte Warenkapital jetzt in der Hand des Kapitalisten. Kapitalwert und Mehrwert sind jetzt als Geld vorhanden, also in der allgemeinen Äquivalentform.

Am Schluß des Prozesses befindet sich der Kapitalwert also wieder in derselben Form, worin er in ihn eintrat, kann ihn also wieder von neuem als Geldkapital eröffnen und durchlaufen. Eben weil die Ausgangs- und Schlußform des Prozesses die des Geldkapitals (G), wird diese Form des Kreislaufprozesses von uns als Kreislauf des Geldkapitals bezeichnet. Nicht die Form, sondern nur die Größe des vorgeschoßnen Werts ist am Schluß verändert.

G + g sind nichts als eine Geldsumme von einer bestimmten Größe, in unserm Fall 500 Pfd.St. Aber als Resultat des Kreislaufs des Kapitals, als realisiertes Warenkapital, enthält diese Geldsumme den Kapitalwert und den Mehrwert; und zwar sind diese nun nicht mehr miteinander verwachsen, wie im Garn; sie liegen jetzt nebeneinander. Ihre Realisation hat jedem der beiden selbständige Geldform gegeben. $^{211}/_{250}$ davon sind der Kapitalwert, 422 Pfd.St., und $^{39}/_{250}$ davon der Mehrwert von 78 Pfd.St. Diese durch Realisation des Warenkapitals bewirkte Trennung hat nicht nur den formellen Gehalt, wovon wir gleich sprechen werden; sie wird wichtig im Reproduktionsprozeß des Kapitals, je nachdem g ganz, teilweise oder gar nicht zu G geschlagen wird, also je nachdem es als Bestandteil des vorgeschoßnen Kapitalwerts fortfungiert oder nicht. g und G können auch ganz verschiedne Zirkulation durchlaufen.

In G′ ist das Kapital wieder zu seiner ursprünglichen Form G zurückgekehrt, zu seiner Geldform; aber in einer Form, worin es als Kapital verwirklicht ist.

Erstens ist eine quantitative Differenz da. Es war G, 422 Pfd.St.; es ist jetzt G′, 500 Pfd.St., und diese Differenz ausgedrückt in G ... G′, den quantitativ verschiednen Extremen des Kreislaufs, dessen Bewegung selbst nur durch die Punkte ... angedeutet ist. G′ ist > G, G′ – G = M, dem Mehrwert – Aber als Resultat dieses Kreislaufs G ... G′ existiert jetzt nur noch G′; es ist das Produkt, worin sein Bildungsprozeß erloschen ist. G′ existiert jetzt selbständig für sich, unabhängig von der Bewegung, die es hervorbrachte. Sie ist vergangen, es ist da an ihrer Stelle.

Aber G′ als G + g, 500 Pfd.St. als 422 Pfd.St. vorgeschoßnes Kapital plus einem Inkrement desselben von 78 Pfd.St., stellt zugleich ein qualitatives Verhältnis dar, obgleich dies qualitative Verhältnis selbst nur als Verhältnis der Teile einer gleichnamigen Summe, also als quantitatives Verhältnis existiert. G, das vorgeschoßne Kapital, das jetzt wieder in seiner ursprünglichen Form (422 Pfd.St.) vorhanden ist, existiert jetzt als realisiertes Kapital. Es hat sich nicht nur erhalten, es hat sich auch als Kapital realisiert, indem es sich als solches unterscheidet von g (78 Pfd.St.), worauf es bezogen ist als auf *seinen* Zuwachs, *seine* Frucht, auf ein durch es selbst gehecktes Inkrement. Es ist als Kapital realisiert, weil als Wert, der einen Wert gedeckt hat. G′ existiert als Kapitalverhältnis; G erscheint nicht mehr als bloßes Geld, sondern es ist ausdrücklich als Geldkapital gesetzt, ausgedrückt als Wert, der sich verwertet hat, also auch die Eigenschaft besitzt, sich zu verwerten, mehr Wert zu hecken als er selbst hat. G ist als Kapital gesetzt durch sein Verhältnis zu einem andern Teil von G′, als dem durch es Gesetzten, aus ihm als Ursache Bewirktem, als der Folge, wovon es der Grund. So erscheint G′ als in sich differenzierte, sich funktionell (begrifflich) in sich selbst unterscheidende, das Kapitalverhältnis ausdrückende Wertsumme.

Aber dies ist nur ausgedrückt als Resultat, ohne die Vermittlung des Prozesses, dessen Resultat es ist.

Wertteile unterscheiden sich als solche qualitativ nicht voneinander, außer soweit sie als Werte verschiedner Artikel, konkreter Dinge auftreten, also in verschiednen Gebrauchsformen, daher als Werte verschiedner Warenkörper – ein Unterschied, der nicht aus ihnen selbst als bloßen Wertteilen entspringt. Im Geld ist alle Verschiedenheit der Waren ausgelöscht, weil es eben die ihnen allen gemeinsame Äquivalentform ist. Eine Geldsumme von

500 Pfd.St. besteht aus lauter gleichnamigen Elementen von 1 Pfd.St. Da in dem einfachen Dasein dieser Geldsumme die Vermittlung ihrer Herkunft ausgelöscht und von der spezifischen Differenz, welche die verschiednen Kapitalbestandteile im Produktionsprozeß besitzen, jede Spur verschwunden ist, so existiert der Unterschied nur noch in der begrifflichen Form einer Hauptsumme (englisch principal) = dem vorgeschoßnen Kapital von 422 Pfd.St. und einer überschüssigen Wertsumme von 78 Pfd.St. G′ sei z. B. = 110 Pfd.St., wovon 100 = G, Hauptsumme, und 10 = M, Mehrwert. Es herrscht absolute Gleichartigkeit, also begriffliche Unterschiedslosigkeit, zwischen den beiden konstituierenden Teilen der Summe von 110 Pfd.St. Beliebige 10 Pfd.St. sind immer $^1/_{11}$ der Gesamtsumme von 110 Pfd.St., ob sie nun $^1/_{10}$ der vorgeschoßnen Hauptsumme von 100 Pfd.St. oder der Überschuß von 10 Pfd.St. über dieselbe. Hauptsumme und Zuwachssumme, Kapital und Mehrsumme sind daher ausdrückbar als Bruchteile der Gesamtsumme; in unserm Beispiel bilden $^{10}/_{11}$ die Hauptsumme oder das Kapital, $^1/_{11}$ die Mehrsumme. Es ist daher begriffsloser Ausdruck des Kapitalverhältnisses, worin hier am Schluß seines Prozesses das realisierte Kapital in seinem Geldausdruck erscheint.

Allerdings gilt dies auch für W′ (= W + w). Aber mit dem Unterschied, daß W′, worin W und w auch nur proportionelle Wertteile derselben homogenen Warenmasse, hinweist auf seinen Ursprung P, dessen unmittelbares Produkt es ist, während in G′, einer unmittelbar aus der Zirkulation herstammenden Form, direkte Beziehung zu P verschwunden ist.

Der begriffslose Unterschied zwischen Haupt- und Zuwachssumme, der in G′ enthalten ist, soweit es das Resultat der Bewegung G ... G′ ausdrückt, verschwindet sofort, sobald es aktiv als Geldkapital wieder fungiert, also nicht umgekehrt als Geldausdruck des verwerteten industriellen Kapitals fixiert wird. Der Kreislauf des Geldkapitals kann nie mit G′ beginnen (obgleich G′ jetzt als G fungiert), sondern nur mit G; d. h. nie als Ausdruck des Kapitalverhältnisses, sondern nur als Vorschußform des Kapitalwerts. Sobald die 500 Pfd.St. von neuem als Kapital vorgeschossen werden, um sich von neuem zu verwerten, sind sie Ausgangspunkt statt Rückkehrpunkt. Statt eines Kapitals von 422 Pfd.St. ist jetzt eins von 500 Pfd.St. vorgeschossen, mehr Geld als früher, mehr Kapitalwert, aber das Verhältnis zwischen den zwei Bestandteilen ist weggefallen, ganz wie ursprünglich die Summe von 500 Pfd.St. statt der von 422 Pfd.St. hätte als Kapital fungieren können.

Es ist keine aktive Funktion des Geldkapitals, sich als G′ darzustellen; seine eigne Darstellung als G′ ist vielmehr eine Funktion von W′. Schon in der einfachen Warenzirkulation, 1) W_1 – G, 2) G – W_2, fungiert G erst aktiv im zweiten Akt G – W_2; seine Darstellung als G ist nur Resultat des ersten Akts, kraft dessen es erst als verwandelte Form von W_1 auftritt. Das in G′ enthaltene Kapitalverhältnis, die Beziehung eines seiner Teile als des Kapitalwerts auf den andern als dessen Wertinkrement, bekommt allerdings funktionelle Bedeutung, soweit, bei beständiger Wiederholung des Kreislaufs G . . . G′, G′ sich in zwei Zirkulationen spaltet, Kapitalzirkulation und Mehrwertzirkulation, also die beiden Teile nicht bloß quantitativ, sondern auch qualitativ verschiedne Funktionen vollziehn, G andre als g. Aber an sich betrachtet, schließt die Form G . . . G′ die Konsumtion des Kapitalisten nicht ein, sondern ausdrücklich nur die Selbstverwertung und die Akkumulation, soweit letztre zunächst in periodischem Anwachs des stets von neuem vorgeschoßnen Geldkapitals sich ausdrückt.

Obgleich begriffslose Form des Kapitals, ist G′ = G + g zugleich erst das Geldkapital in seiner realisierten Form, als Geld, welches Geld geheckt hat. Hier ist aber zu unterscheiden von der Funktion des Geldkapitals im ersten Stadium G – W $< {A \atop Pm}$. G in diesem ersten Stadium zirkuliert als Geld. Es fungiert als Geldkapital nur deshalb, weil es nur in seinem Geldzustand eine Geldfunktion verrichten, sich in die ihm als Waren gegenüberstehenden Elemente von P, in A und Pm umsetzen kann. In diesem Zirkulationsakt fungiert es nur als Geld; aber weil dieser Akt das erste Stadium des prozessierenden Kapitalwerts, ist er zugleich Funktion des Geldkapitals, kraft der spezifischen Gebrauchsform der Waren A und Pm, die gekauft werden. G′ dagegen, zusammengesetzt aus G, dem Kapitalwert, und g, dem durch diesen erzeugten Mehrwert, drückt verwerteten Kapitalwert aus, den Zweck und das Resultat, die Funktion des gesamten Kreislaufsprozesses des Kapitals. Daß es dies Resultat in Geldform, als realisiertes Geldkapital ausdrückt, entspringt nicht daraus, daß es Geldform des Kapitals, *Geld*kapital ist, sondern umgekehrt daraus, daß es Geld*kapital*, Kapital in Geldform ist, daß das Kapital in dieser Form den Prozeß eröffnet hat, in Geldform vorgeschossen worden ist. Die Rückverwandlung in die Geldform ist eine Funktion des Warenkapitals W′, wie wir gesehn, nicht des Geldkapitals. Was aber die Differenz von G′ gegenüber G betrifft, so ist sie (g) nur Geldform von w, dem Inkrement von W; G′ ist nur = G + g, weil W′ = W + w war. In W′ ist also diese Differenz und das Verhältnis des Kapitalwerts zu dem von ihm geheckten Mehrwert vorhanden und ausgedrückt, bevor beide in G′ verwandelt, in eine Geldsumme, worin beide Wertteile selbständig einander gegenübertreten und daher auch zu selbständigen und voneinander verschiednen Funktionen verwendbar sind.

G′ ist nur Resultat der Realisierung von W′. Beide, W′ wie G′, sind nur verschiedne Formen, Warenform und Geldform, des verwerteten Kapitalwerts, beide haben dies gemein, daß sie verwerteter Kapitalwert. Beide sind verwirklichtes Kapital, weil hier der Kapitalwert als solcher mitsamt dem Mehrwert als von ihm verschiedner, durch ihn erhaltner Frucht existiert, obgleich dies Verhältnis nur ausgedrückt ist in der begriffslosen Form des Verhältnisses zweier Teile einer Geldsumme oder eines Warenwerts. Aber als Ausdrücke des Kapitals in Beziehung zu und im Unterschied von dem durch es erzeugten Mehrwert, also als Ausdrücke von verwertetem Wert, sind G′ und W′ dasselbe und drücken dasselbe aus, nur in verschiedner Form; sie unterscheiden sich nicht als Geldkapital und Warenkapital, sondern als Geld und Ware. Sofern sie verwerteten Wert, als Kapital betätigtes Kapital darstellen, drücken sie nur das Resultat der Funktion des produktiven Kapitals aus, der einzigen Funktion, worin der Kapitalwert Wert heckt. Ihr Gemeinsames ist, daß sie beide, Geldkapital und Warenkapital, Existenzweisen des Kapitals sind. Das eine ist Kapital in Geldform, das andre in Warenform. Die sie unterscheidenden spezifischen Funktionen können daher nichts andres sein, als Unterschiede zwischen Geldfunktion und Warenfunktion. Das Warenkapital, als direktes Produkt des kapitalistischen Produktionsprozesses, erinnert an diesen seinen Ursprung und ist daher in seiner Form rationeller, minder begriffslos als das Geldkapital, in dem jede Spur dieses Prozesses erloschen ist, wie überhaupt im Geld alle besondre Gebrauchsform der Ware erlischt. Es ist daher nur, wo G′ selbst als Warenkapital fungiert, wo es unmittelbares Produkt eines Produktionsprozesses und nicht verwandelte Form dieses Produkts ist, daß seine bizarre Form verschwindet – also in der Produktion des Geldmaterials selbst. Für Goldproduktion z. B. wäre die Formel: $G - W <^{A}_{Pm} \ldots P \ldots G' \, (G+g)$, wo G′ als Warenprodukt figuriert, weil P mehr Gold liefert als für die Produktionselemente des Goldes im ersten G, dem Geldkapital, vorgeschossen war. Hier verschwindet also das Irrationelle des Ausdrucks $G \ldots G' \, (G + g)$, wo ein Teil einer Geldsumme als Mutter eines andern Teils derselben Geldsumme erscheint.

IV. Der Gesamt-Kreislauf

Wir haben gesehn, daß der Zirkulationsprozeß nach Ablauf seiner ersten Phase $G - W <^{A}_{Pm}$ unterbrochen wird durch P, wo die auf dem Markt gekauften Waren A und Pm nun als stoffliche und wertliche Bestandteile des produktiven Kapitals konsumiert werden; das Produkt dieser Konsumtion ist eine neue Ware, W′, stofflich und wertlich verändert. Der unterbrochene Zirkulationsprozeß, G – W, muß ergänzt werden durch W – G. Aber als

Träger dieser zweiten und abschließenden Phase der Zirkulation erscheint W', eine stofflich und wertlich von dem ersten W verschiedne Ware. Die Zirkulationsreihe stellt sich also dar als 1) $G - W_1$; 2) $W'_2 - G'$, wo in der zweiten Phase der ersten Ware W_1 eine andre von höherem Wert und verschiedner Gebrauchsform, W'_2, untergeschoben ist während der durch die Funktion von P verursachten Unterbrechung, der Produktion von W' aus den Elementen von W, den Daseinsformen des produktiven Kapitals P. Die erste Erscheinungsform dagegen, worin uns das Kapital (Buch I, Kap. IV, 1*) gegenübertrat, G – W – G' (aufgelöst: 1) $G - W_1$; 2) $W_1 - G'$) zeigt dieselbe Ware zweimal. Es ist beidemal dieselbe Ware, worin sich das Geld in der ersten Phase verwandelt, und welche sich in der zweiten Phase in mehr Geld rückverwandelt. Trotz dieser wesentlichen Verschiedenheit haben beide Zirkulationen das gemein, daß in ihrer ersten Phase Geld in Ware und in ihrer zweiten Ware in Geld verwandelt wird, das in der ersten Phase verausgabte Geld also in der zweiten wieder zurückfließt. Einerseits haben sie diesen Rückstrom des Geldes zu seinem Ausgangspunkt gemein, andrerseits aber auch den Überschuß des rückströmenden Geldes über das vorgeschoßne. Insofern erscheint auch G – W ... W' – G' in der allgemeinen Formel G – W – G' enthalten.

Es ergibt sich hier ferner, daß in den beiden der Zirkulation angehörigen Metamorphosen G – W und W' – G' sich jedesmal gleich große, gleichzeitig vorhandne Wertexistenzen gegenüberstehn und einander ersetzen. Die Wertveränderung gehört lediglich der Metamorphose P, dem Produktionsprozeß, der so als reale Metamorphose des Kapitals, gegenüber den bloß formellen Metamorphosen der Zirkulation, erscheint.

Betrachten wir nun die Gesamtbewegung G – W ... P ... W' – G', oder ihre explizite Form $G - W <^{A}_{Pm}$ ... P ... W' (W + w) – G' (G + g). Das Kapital erscheint hier als ein Wert, der eine Reihenfolge zusammenhängender, durch einander bedingter Verwandlungen durchläuft, eine Reihe von Metamorphosen, die ebensoviele Phasen oder Stadien eines Gesamtprozesses bilden. Zwei dieser Phasen gehören der Zirkulationssphäre an, eine der Produktionssphäre. In jeder dieser Phasen befindet sich der Kapitalwert in verschiedner Gestalt, der eine verschiedne, spezielle Funktion entspricht. Innerhalb dieser Bewegung erhält sich nicht nur der vorgeschoßne Wert, sondern er wächst, vermehrt seine Größe. Endlich, im Schlußstadium, kehrt er zur selben Form zurück, worin er beim Ausgang des Gesamtprozesses erschien. Dieser Gesamtprozeß ist daher Kreislaufsprozeß.

Die beiden Formen, die der Kapitalwert innerhalb seiner Zirkulationssta-

* [Siehe »Kapital«, Bd. 1, a. a. O., S. 119.]

dien annimmt, sind die von *Geldkapital* und *Warenkapital;* seine dem Produktionsstadium angehörige Form ist die von *produktivem Kapital.* Das Kapital, welches im Verlauf seines Gesamtkreislaufs diese Formen annimmt und wieder abstreift und in jeder die ihr entsprechende Funktion vollzieht, ist *industrielles Kapital* – industriell hier in dem Sinn, daß es jeden kapitalistisch betriebnen Produktionszweig umfaßt.

Geldkapital, Warenkapital, produktives Kapital bezeichnen hier also nicht selbständige Kapitalsorten, deren Funktionen den Inhalt gleichfalls selbständiger und voneinander getrennter Geschäftszweige bilden. Sie bezeichnen hier nur besondre Funktionsformen des industriellen Kapitals, das sie alle drei nacheinander annimmt.

Der Kreislauf des Kapitals geht nur normal vonstatten, solange seine verschiednen Phasen ohne Stockung ineinander übergehn. Stockt das Kapital in der ersten Phase G – W, so erstarrt das Geldkapital zum Schatz; wenn in der Produktionsphase, so liegen die Produktionsmittel funktionslos auf der einen Seite, während die Arbeitskraft auf der andern unbeschäftigt bleibt; wenn in der letzten Phase W′ – G′, so versperren unverkäuflich aufgehäufte Waren den Zirkulationsfluß.

Andrerseits liegt es in der Natur der Sache, daß der Kreislauf selbst die Fixierung des Kapitals, während bestimmter Fristen, in den einzelnen Kreisabschnitten bedingt. In jeder seiner Phasen ist das industrielle Kapital an eine bestimmte Form gebunden, als Geldkapital, produktives Kapital, Warenkapital. Nur nachdem es die seiner jedesmaligen Form entsprechende Funktion vollzogen hat, erhält es die Form, worin es eine neue Verwandlungsphase eingehn kann. Um dies klarzulegen, haben wir in unserm Beispiel angenommen, daß der Kapitalwert der im Produktionsstadium erzeugten Warenmasse gleich sei der Gesamtsumme des ursprünglich als Geld vorgeschoßnen Werts, mit andern Worten, daß der ganze als Geld vorgeschoßne Kapitalwert auf einmal aus dem einen Stadium in das jedesmal nächstfolgende tritt. Wir haben aber gesehn (Buch I, Kap. VI), daß ein Teil des konstanten Kapitals, die eigentlichen Arbeitsmittel (z. B. Maschinen) in einer größern oder geringern Anzahl von Wiederholungen derselben Produktionsprozesse stets von neuem dienen, ihren Wert daher auch nur stückweis an das Produkt abgeben. Wieweit dieser Umstand den Kreislaufsprozeß des Kapitals modifiziert, wird sich später zeigen. Hier genügt folgendes: In unserm Beispiel enthielt der Wert des produktiven Kapitals = 422 Pfd.St. nur den durchschnittlich berechneten Verschleiß der Fabrikgebäude, Maschinerie etc., also nur den Wertteil, den sie bei Verwandlung von 10 600 Pfund Baumwolle in 10 000 Pfund Garn auf letztres übertragen, auf das Produkt eines wöchentlichen Spinnprozesses von 60 Stunden. In den

Produktionsmitteln, in welche sich das vorgeschoßne konstante Kapital von 372 Pfd.St. verwandelt, figurierten daher auch die Arbeitsmittel, Gebäude, Maschinerie etc. so, als ob sie auf dem Markt gegen wöchentliche Ratenzahlung nur gemietet wären. Dies ändert jedoch absolut nichts am Sachverhalt. Wir brauchen das in der Woche produzierte Garnquantum von 10 000 Pfund nur mit der Anzahl der auf eine gewisse Reihe von Jahren berechneten Wochen zu multiplizieren, damit der ganze Wert der gekauften und in dieser Zeit aufgebrauchten Arbeitsmittel auf es übertragen wird. Es ist dann klar, daß das vorgeschoßne Geldkapital erst in diese Mittel verwandelt, also aus dem ersten Stadium G – W herausgetreten sein muß, bevor es als produktives Kapital P fungieren kann. Ebenso klar ist es in unserm Beispiel, daß die dem Garn während des Produktionsprozesses einverleibte Kapitalwertsumme von 422 Pfd.St. nicht als Wertbestandteil der 10 000 Pfund Garn in die Zirkulationsphase W′ – G′ eingehn kann, ehe es fertig ist. Das Garn kann nicht verkauft werden, ehe es gesponnen.

In der allgemeinen Formel wird das Produkt von P betrachtet als ein von den Elementen des produktiven Kapitals verschiednes materielles Ding, als ein Gegenstand, der eine vom Produktionsprozeß abgesonderte Existenz, eine von der der Produktionselemente verschiedne Gebrauchsform besitzt. Und wenn das Resultat des Produktionsprozesses als Ding auftritt, ist dies stets der Fall, selbst wo ein Teil des Produkts wieder als Element in die erneuerte Produktion eingeht. So dient Getreide als Aussaat zu seiner eignen Produktion; aber das Produkt besteht nur aus Getreide, hat also eine von den mitverwandten Elementen, der Arbeitskraft, den Instrumenten, dem Dünger, verschiedne Gestalt. Es gibt aber selbständige Industriezweige, wo das Produkt des Produktionsprozesses kein neues gegenständliches Produkt, keine Ware ist. Ökonomisch wichtig davon ist nur die Kommunikationsindustrie, sei sie eigentliche Transportindustrie für Waren und Menschen, sei sie Übertragung bloß von Mitteilungen, Briefen, Telegrammen etc. A. Tschuprow[6] sagt darüber: »Der Fabrikant kann zuerst Artikel produzieren und dann Konsumenten dafür suchen« [sein Produkt, nachdem es fertig aus dem Produktionsprozeß ausgestoßen, geht als von demselben getrennte Ware in die Zirkulation über]. »Produktion und Konsumtion erscheinen so als zwei, dem Raum und der Zeit nach getrennte Akte. In der Transportindustrie, die keine neuen Produkte schafft, sondern nur Menschen und Dinge versetzt, fallen diese beiden Akte zusammen; die Dienste« [die Ortsveränderung] »müssen in demselben Augenblick konsumiert werden,

---

6 А. Чупров, „Желѣзнодорожное хозяйство“, Москва 1875, стр. 69, 70

in dem sie produziert werden. Deshalb erstreckt sich der Rayon, aus dem die Eisenbahnen Kundschaft suchen können, auf höchstens 50 Werst« (53 km) »auf beiden Seiten.«

Das Resultat – ob Menschen oder Waren transportiert werden – ist ihr verändertes örtliches Dasein, z. B. daß das Garn sich jetzt in Indien befindet statt in England, wo es produziert worden.

Was aber die Transportindustrie verkauft, ist die Ortsveränderung selbst. Der hervorgebrachte Nutzeffekt ist untrennbar verbunden mit dem Transportprozeß, d. h. dem Produktionsprozeß der Transportindustrie. Menschen und Ware reisen mit dem Transportmittel, und sein Reisen, seine örtliche Bewegung, ist eben der durch es bewirkte Produktionsprozeß. Der Nutzeffekt ist nur konsumierbar während des Produktionsprozesses; er existiert nicht als ein von diesem Prozeß verschiednes Gebrauchsding, das erst nach seiner Produktion als Handelsartikel fungiert, als Ware zirkuliert. Der Tauschwert dieses Nutzeffekts ist aber bestimmt, wie der jeder andern Ware, durch den Wert der in ihm verbrauchten Produktionselemente (Arbeitskraft und Produktionsmittel) plus dem Mehrwert, den die Mehrarbeit der in der Transportindustrie beschäftigten Arbeiter geschaffen hat. Auch in Beziehung auf seine Konsumtion verhält sich dieser Nutzeffekt ganz wie andre Waren. Wird er individuell konsumiert, so verschwindet sein Wert mit der Konsumtion; wird er produktiv konsumiert, so daß er selbst ein Produktionsstadium der im Transport befindlichen Ware, so wird sein Wert als Zuschußwert auf die Ware selbst übertragen. Die Formel für die Transportindustrie wäre also $G - W < {A \atop Pm} \ldots P - G'$, da der Produktionsprozeß selbst, nicht ein von ihm trennbares Produkt, gezahlt und konsumiert wird. Sie hat also fast genau dieselbe Form wie die für die Produktion der edlen Metalle, nur daß G′ hier verwandelte Form des während des Produktionsprozesses hervorgebrachten Nutzeffekts, nicht Naturalform des während dieses Prozesses hervorgebrachten und aus ihm ausgestoßnen* Goldes oder Silbers ist.

Das industrielle Kapital ist die einzige Daseinsweise des Kapitals, worin nicht nur Aneignung von Mehrwert, resp. Mehrprodukt, sondern zugleich dessen Schöpfung Funktion des Kapitals ist. Es bedingt daher den kapitalistischen Charakter der Produktion; sein Dasein schließt das des Klassengegensatzes von Kapitalisten und Lohnarbeitern ein. Im Maß wie es sich der gesellschaftlichen Produktion bemächtigt, werden Technik und gesellschaftliche Organisation des Arbeitsprozesses umgewälzt, und damit der ökonomisch-geschichtliche Typus der Gesellschaft. Die andern Arten von

* [1. Auflage: abgestoßnen]

Kapital, die vor ihm inmitten vergangner oder untergehender gesellschaftlicher Produktionszustände erschienen, werden ihm nicht nur untergeordnet und im Mechanismus ihrer Funktionen ihm entsprechend verändert, sondern bewegen sich nur noch auf seiner Grundlage, leben und sterben, stehen und fallen daher mit dieser ihrer Grundlage. Geldkapital und Warenkapital, soweit sie mit ihren Funktionen als Träger eigner Geschäftszweige neben dem industriellen Kapital auftreten, sind nur noch durch die gesellschaftliche Teilung der Arbeit verselbständigte und einseitig ausgebildete Existenzweisen der verschiednen Funktionsformen, die das industrielle Kapital innerhalb der Zirkulationssphäre bald annimmt, bald abstreift.

Der Kreislauf G ... G′ verschlingt sich einerseits mit der allgemeinen Warenzirkulation, geht aus ihr hervor und in sie ein, und bildet einen Teil von ihr. Andrerseits bildet er eine eigne selbständige Bewegung des Kapitalwerts für den individuellen Kapitalisten, eine Bewegung, die teils innerhalb der allgemeinen Warenzirkulation vorgeht, teils außerhalb derselben, die aber stets ihren selbständigen Charakter bewahrt. Erstens dadurch, daß ihre beiden in der Zirkulationssphäre vorgehenden Phasen G – W und W′ – G′ als Phasen der Kapitalbewegung funktionell bestimmte Charaktere besitzen; in G – W ist W stofflich bestimmt als Arbeitskraft und Produktionsmittel; in W′ – G′ wird der Kapitalwert realisiert + dem Mehrwert. Zweitens umschließt P, der Produktionsprozeß, die produktive Konsumtion. Drittens macht die Rückkehr des Geldes zu ihrem Ausgangspunkt die Bewegung G ... G′ zu einer sich in sich selbst abschließenden Kreislaufbewegung.

Einerseits bildet also jedes individuelle Kapital in seinen beiden Zirkulationshälften G – W und W′ – G′ ein Agens der allgemeinen Warenzirkulation, worin es entweder als Geld oder als Ware fungiert oder verkettet ist, und so selbst ein Glied bildet in der allgemeinen Metamorphosenreihe der Warenwelt. Andrerseits beschreibt es innerhalb der allgemeinen Zirkulation seinen eignen selbständigen Kreislauf, worin die Produktionssphäre ein Durchgangsstadium bildet, und worin es zu seinem Ausgangspunkt in derselben Form zurückkehrt, in der es ihn verließ. Innerhalb seines eignen Kreislaufs, der seine reale Metamorphose im Produktionsprozeß einschließt, verändert es zugleich seine Wertgröße. Es kehrt zurück, nicht nur als Geldwert, sondern als vergrößerter, gewachsener Geldwert.

Betrachten wir schließlich G – W ... P ... W′ – G′ als spezielle Form des Kreislaufsprozesses des Kapitals neben den andern später zu untersuchenden Formen, so zeichnet es sich durch folgendes aus.

1. Es erscheint als *Kreislauf des Geldkapitals*, weil das industrielle Kapital in seiner Geldform, als Geldkapital, den Ausgangspunkt und den Rück-

kehrpunkt seines Gesamtprozesses bildet. Die Formel selbst drückt aus, daß das Geld hier nicht als Geld verausgabt, sondern nur vorgeschossen wird, also nur Geldform des Kapitals, Geldkapital ist. Sie drückt ferner aus, daß der Tauschwert, nicht der Gebrauchswert, der bestimmende Selbstzweck der Bewegung ist. Eben weil die Geldgestalt des Werts seine selbständige, handgreifliche Erscheinungsform ist, drückt die Zirkulationsform G ... G′, deren Ausgangspunkt und Schlußpunkt wirkliches Geld, das Geldmachen, das treibende Motiv der kapitalistischen Produktion, am handgreiflichsten aus. Der Produktionsprozeß erscheint nur als unvermeidliches Mittelglied, als notwendiges Übel zum Behuf des Geldmachens. [Alle Nationen kapitalistischer Produktionsweise werden daher periodisch von einem Schwindel ergriffen, worin sie ohne Vermittlung des Produktionsprozesses das Geldmachen vollziehen wollen.]

2. Das Produktionsstadium, die Funktion von P, bildet in diesem Kreislauf die Unterbrechung der zwei Phasen der Zirkulation G – W ... W′ – G′, die wieder nur Vermittlung der einfachen Zirkulation G – W – G′. Der Produktionsprozeß erscheint in der Form des Kreislaufsprozesses selbst, formell und ausdrücklich als das, was er in der kapitalistischen Produktionsweise ist, als bloßes Mittel zur Verwertung des vorgeschoßnen Werts, also die Bereicherung als solche als Selbstzweck der Produktion.

3. Weil die Reihenfolge der Phasen durch G – W eröffnet wird, ist das zweite Glied der Zirkulation W′ – G′; also Ausgangspunkt G, das zu verwertende Geldkapital, Schlußpunkt G′, das verwertete Geldkapital G + g, worin G als realisiertes Kapital neben seinem Sprößling g figuriert. Dies unterscheidet den Kreislauf G von den beiden andern Kreisläufen P und W′, und zwar in doppelter Weise. Einerseits durch die Geldform der beiden Extreme; Geld ist aber die selbständige handgreifliche Existenzform des Werts, der Wert des Produkts in seiner selbständigen Wertform, worin alle Spur des Gebrauchswerts der Waren ausgelöscht ist. Andrerseits wird die Form P ... P nicht notwendig zu P ... P′ (P + p), und in der Form W′ ... W′ ist überhaupt keine Wertdifferenz zwischen beiden Extremen sichtbar. – Der Formel G ... G′ ist es also charakteristisch, einerseits, daß der Kapitalwert den Ausgangspunkt und der verwertete Kapitalwert den Rückkehrpunkt bildet, so daß der Vorschuß des Kapitalwerts als Mittel, der verwertete Kapitalwert als Zweck der ganzen Operation erscheint; andrerseits, daß dies Verhältnis in Geldform ausgedrückt ist, der selbständigen Wertform, daher das Geldkapital als Geld heckendes Geld. Die Erzeugung von Mehrwert durch den Wert ist nicht nur als Alpha und Omega des Prozesses ausgedrückt, sondern ausdrücklich in der blinkenden Geldform.

4. Da G′, das realisierte Geldkapital als Resultat von W′ – G′, der er-

gänzenden und abschließenden Phase von G — W, sich absolut in derselben Form befindet, worin es seinen ersten Kreislauf eröffnet hat, kann es, sowie es aus demselben hervorgeht, denselben Kreislauf wieder eröffnen als vergrößertes (akkumuliertes) Geldkapital: $G' = G + g$; und es ist wenigstens nicht in der Form von G ... G' ausgedrückt, daß bei Wiederholung des Kreislaufs die Zirkulation von g sich von der von G trennt. In seiner einmaligen Gestalt betrachtet, formell, drückt der Kreislauf des Geldkapitals daher nur den Verwertungs- und Akkumulationsprozeß aus. Die Konsumtion ist darin nur als produktive Konsumtion ausgedrückt durch $G - W < \begin{smallmatrix}A\\Pm\end{smallmatrix}$, nur diese ist eingeschlossen in diesen Kreislauf des individuellen Kapitals. G — A ist A — G oder W — G von seiten des Arbeiters; ist also die erste Phase der Zirkulation, die seine individuelle Konsumtion vermittelt: A — G — W (Lebensmittel). Die zweite Phase G — W fällt nicht mehr in den Kreislauf des individuellen Kapitals; aber sie ist durch ihn eingeleitet, von ihm vorausgesetzt, da der Arbeiter, um sich stets als exploitierbarer Stoff des Kapitalisten auf dem Markt zu befinden, vor allen Dingen leben, also sich durch individuelle Konsumtion erhalten muß. Aber diese Konsumtion selbst ist hier nur vorausgesetzt als Bedingung der produktiven Konsumtion der Arbeitskraft durch das Kapital, also auch nur, soweit sich der Arbeiter durch seine individuelle Konsumtion als Arbeitskraft erhält und reproduziert. Die Pm, die eigentlichen Waren aber, die in den Kreislauf eingehn, bilden nur Speisematerial der produktiven Konsumtion. Der Akt A — G vermittelt die individuelle Konsumtion des Arbeiters, Verwandlung der Lebensmittel in sein Fleisch und Blut. Allerdings muß auch der Kapitalist da sein, also auch leben und konsumieren, um als Kapitalist zu fungieren. Dazu brauchte er in der Tat nur als Arbeiter zu konsumieren, und mehr ist daher in dieser Form des Zirkulationsprozesses nicht vorausgesetzt. Formell ausgedrückt ist selbst das nicht, da die Formel schließt mit G', also einem Resultat, das sofort wieder als vergrößertes Geldkapital fungieren kann.

In W' — G' ist der Verkauf von W' direkt enthalten; aber W' — G', Verkauf von der einen Seite, ist G — W, Kauf von der andern, und die Ware wird endgültig nur ihres Gebrauchswerts wegen gekauft, um (von Zwischenverkäufen abgesehn) in den Konsumtionsprozeß einzugehn, sei dieser nun individuell oder produktiv, je nach der Natur des gekauften Artikels. Aber diese Konsumtion geht nicht ein in den Kreislauf des individuellen Kapitals, dessen Produkt W' ist; dies Produkt wird eben als zu verkaufende Ware aus dem Kreislauf abgestoßen. Das W' ist ausdrücklich bestimmt zu fremder Konsumtion. Wir finden daher bei Dolmetschern des Merkantilsystems (dem die Formel G — W ... P ... W' — G' zugrunde liegt) sehr weitläufige Predigten darüber, daß der einzelne Kapitalist nur als Arbeiter konsumieren muß, wie die Kapitalistennation den andern dümmern Nationen das Verzehren ihrer Waren und überhaupt den Konsumtionsprozeß überlassen, dagegen die produktive Konsumtion zu ihrer Lebensaufgabe machen muß. Diese Predigten erinnern oft der Form und dem Inhalt nach an analoge asketische Ermahnungen der Kirchenväter.

Der Kreislaufprozeß des Kapitals ist also Einheit von Zirkulation und Produktion, schließt beide ein. Sofern die beiden Phasen G – W, W' – G' Zirkulationsvorgänge, bildet die Zirkulation des Kapitals Teil der allgemeinen Warenzirkulation. Aber als funktionell bestimmte Abschnitte, Stadien im Kreislauf des Kapitals, der nicht nur der Zirkulationssphäre, sondern auch der Produktionssphäre angehört, vollzieht das Kapital innerhalb der allgemeinen Warenzirkulation seinen eignen Kreislauf. Die allgemeine Warenzirkulation dient ihm im ersten Stadium dazu, die Gestalt anzunehmen, worin es als produktives Kapital fungieren kann; im zweiten, die Warenfunktion* abzustoßen, worin es seinen Kreislauf nicht erneuern kann; und zugleich ihm die Möglichkeit zu eröffnen, seinen eignen Kapitalkreislauf zu trennen von der Zirkulation des ihm angewachsnen Mehrwerts.

Der Kreislauf des Geldkapitals ist daher die einseitigste, darum schlagendste und charakteristischste Erscheinungsform des Kreislaufs des industriellen Kapitals, dessen Ziel und treibendes Motiv: Verwertung des Werts, Geldmachen und Akkumulation, in die Augen springend dargestellt wird (kaufen, um teurer zu verkaufen). Dadurch, daß die erste Phase G – W ist, tritt auch hervor die Herkunft der Bestandteile des produktiven Kapitals aus dem Warenmarkt, wie überhaupt die Bedingtheit des kapitalistischen Produktionsprozesses durch die Zirkulation, den Handel. Der Kreislauf des Geldkapitals ist nicht nur Warenproduktion; er kommt selbst nur durch die Zirkulation zustande, er setzt sie voraus. Es liegt dies schon darin, daß die der Zirkulation angehörige Form G als erste und reine Form des vorgeschoßnen Kapitalwerts erscheint, was in den beiden andern Kreislaufsformen nicht der Fall.

Der Kreislauf des Geldkapitals bleibt insofern stets der allgemeine Ausdruck des industriellen Kapitals, als er stets Verwertung des vorgeschoßnen Werts einschließt. In P . . . P tritt der Geldausdruck des Kapitals nur als Preis der Produktionselemente hervor, also nur als in Rechengeld ausgedrückter Wert, und wird in dieser Form festgehalten in der Buchhaltung.

Besondere Form des Kreislaufs des industriellen Kapitals wird G . . . G', soweit neu auftretendes Kapital zuerst als Geld vorgeschossen und in der-

* [1. Auflage: Warenform]

selben Form zurückgezogen wird, sei es beim Übertritt aus einem Geschäftszweig in den andern, sei es beim Rücktritt des industriellen Kapitals aus dem Geschäft. Es schließt dies ein die Kapitalfunktion des zuerst in Geldform vorgeschoßnen Mehrwerts, und tritt am schlagendsten hervor, wenn dieser in einem andern Geschäft fungiert als dem, woraus er herkommt. G ... G' kann erster Kreislauf eines Kapitals sein; es kann letzter sein; es kann als Form des gesellschaftlichen Gesamtkapitals gelten; es ist die Form von Kapital, das neu angelegt wird, sei es als in Geldform neu akkumuliertes Kapital, sei es als altes Kapital, das ganz in Geld verwandelt wird zur Übertragung aus einem Produktionszweig in den andern.

Als stets in allen Kreisläufen einbegriffne Form vollzieht das Geldkapital diesen Kreislauf gerade für den Teil des Kapitals, der den Mehrwert erzeugt, das variable Kapital. Die normale Form des Vorschusses des Arbeitslohns ist Zahlung in Geld; dieser Prozeß muß in kürzeren Terminen stets erneuert werden, weil der Arbeiter von der Hand in den Mund lebt. Dem Arbeiter muß der Kapitalist daher beständig als Geldkapitalist, und sein Kapital als Geldkapital gegenübertreten. Es kann hier nicht, wie beim Kauf der Produktionsmittel und Verkauf der produktiven Waren, direkte oder indirekte Ausgleichung stattfinden (so daß die größere Masse des Geldkapitals tatsächlich nur in Form von Waren, das Geld nur in der Form des Rechengelds, und schließlich bar nur für Ausgleichung der Bilanzen figuriert). Andrerseits wird ein Teil des aus dem variablen Kapital entspringenden Mehrwerts vom Kapitalisten verausgabt für seine Privatkonsumtion, die dem Kleinhandel angehört und, auf welchen Umwegen immer, bar, in der Geldform des Mehrwerts verausgabt wird. Wie groß oder klein dieser Teil des Mehrwerts sei, ändert nichts an der Sache. Fortwährend erscheint von neuem das variable Kapital als im Arbeitslohn angelegtes Geldkapital (G – A) und g als Mehrwert, der zur Bestreitung der Privatbedürfnisse des Kapitalisten verausgabt wird. Also G als vorgeschoßner variabler Kapitalwert und g als sein Zuwachs, beide in Geldform notwendig festgehalten, um in solcher verausgabt zu werden.

Die Formel G – W ... P ... W' – G', mit dem Resultat G' = G + g, schließt in ihrer Form eine Täuschung ein, trägt einen illusorischen Charakter, der aus dem Dasein des vorgeschoßnen und verwerteten Werts in seiner Äquivalentform, dem Geld, entspringt. Der Akzent liegt nicht auf Verwertung des Werts, sondern auf der *Geldform* dieses Prozesses, darauf, daß mehr Wert in Geldform schließlich aus der Zirkulation gezogen wird, als ihr ursprünglich vorgeschossen ward, also auf Vermehrung der dem Kapitalisten gehörigen Gold- und Silbermasse. Das sogenannte Monetärsystem ist bloß Ausdruck der begriffslosen Form G – W – G', einer Bewegung, die ausschließlich in der Zirkulation verläuft und daher die beiden Akte: 1) G – W, 2) W – G′ nur dadurch erklären kann, daß W im zweiten Akt über seinen Wert verkauft wird, daher mehr Geld der Zirkulation entzieht, als durch seinen Kauf in sie hineingeworfen ward. Dagegen G – W ... P ... W′ – G′, als ausschließliche Form fixiert, liegt dem entwickelteren Merkantilsystem zugrund, wo nicht nur Warenzirkulation, sondern auch Warenproduktion als notwendiges Element erscheint.

Der illusorische Charakter von G – W ... P ... W′ – G′, und die ihr entsprechende illusorische Deutung ist da, sobald diese Form als einmalige fixiert wird, nicht als fließende, beständig sich erneuernde; sobald sie daher nicht als eine der Formen des Kreislaufs, sondern als seine ausschließliche gilt. Sie weist aber selbst auf andre Formen hin.

Erstens setzt dieser ganze Kreislauf den kapitalistischen Charakter des Produktionsprozesses selbst voraus, und als Basis daher diesen Produktionsprozeß nebst dem spezifischen, durch ihn bedingten Gesellschaftszustand. $G - W = G - W < {A \atop Pm}$; aber G – A unterstellt den Lohnarbeiter, und daher die Produktionsmittel als Teil des produktiven Kapitals, daher den Arbeits- und Verwertungsprozeß, den Produktionsprozeß schon als Funktion des Kapitals.

Zweitens: Wird G ... G′ wiederholt, so erscheint die Rückkehr zur Geldform ebenso verschwindend, wie die Geldform im ersten Stadium. G – W verschwindet, um P Platz zu machen. Der beständige Wiedervorschuß in Geld, ebensosehr wie seine beständige Rückkehr als Geld, erscheinen selbst als nur im Kreislauf verschwindende Momente.

Drittens:

G – W ... P ... W′ – G′. G – W ... P ... W′ – G′. G – W ... P ... etc.

Schon bei der zweiten Wiederholung des Kreislaufs erscheint der Kreislauf P ... W′ – G′. G – W ... P, bevor der zweite Kreislauf von G vollendet ist, und alle ferneren Kreisläufe können so unter der Form P ... W′ – G – W ... P betrachtet werden, so daß G – W als erste Phase des ersten Kreislaufs nur die verschwindende Vorbereitung des sich stets wiederholenden Kreislaufs des produktiven Kapitals bildet, wie dies in der Tat der Fall bei zum ersten Mal in der Form von Geldkapital angelegtem, industriellem Kapital.

Andrerseits, bevor der zweite Kreislauf von P vollendet, ist der erste Kreislauf W′ – G′. G – W ... P ... W′ (abgekürzt W′ ... W′) beschrieben, der Kreislauf des Warenkapitals. So enthält die erste Form schon die beiden

andern und es verschwindet so die Geldform, soweit sie nicht bloßer Wertausdruck, sondern Wertausdruck in der Äquivalentform, in Geld.
Endlich: Nehmen wir ein neu auftretendes einzelnes Kapital, welches zum ersten Mal den Kreislauf G – W ... P ... W′ – G′ beschreibt, so ist G – W die Vorbereitungsphase, der Vorläufer des ersten Produktionsprozesses, den dies einzelne Kapital durchmacht. Diese Phase G – W ist daher nicht vorausgesetzt, sondern wird vielmehr durch den Produktionsprozeß gesetzt oder bedingt. Aber dies gilt nur für dies einzelne Kapital. Allgemeine Form des Kreislaufs des industriellen Kapitals ist der Kreislauf des Geldkapitals, soweit die kapitalistische Produktionsweise vorausgesetzt ist, also innerhalb eines durch die kapitalistische Produktion bestimmten Gesellschaftszustandes. Der kapitalistische Produktionsprozeß ist daher als ein prius vorausgesetzt, wenn nicht in dem ersten Kreislauf des Geldkapitals eines neu angelegten industriellen Kapitals, so außerhalb desselben; das beständige Dasein dieses Produktionsprozesses unterstellt den beständig erneuerten Kreislauf von P ... P. Innerhalb des ersten Stadiums $G - W <^{A}_{Pm}$ tritt diese Voraussetzung selbst schon auf, indem dies einerseits das Dasein der Lohnarbeiterklasse voraussetzt; indem andrerseits das, was erstes Stadium G – W für den Käufer der Produktionsmittel, W′ – G′ für ihren Verkäufer ist, also in W′ das Warenkapital, somit die Ware selbst als Resultat der kapitalistischen Produktion, und damit die Funktion des produktiven Kapitals voraussetzt.

Zweites Kapitel: DER KREISLAUF DES PRODUKTIVEN KAPITALS

Der Kreislauf des produktiven Kapitals hat die allgemeine Formel: P ... W′ – G′ – W ... P. Er bedeutet die periodisch erneuerte Funktion des produktiven Kapitals, also die Reproduktion, oder seinen Produktionsprozeß als Reproduktionsprozeß mit Bezug auf die Verwertung; nicht nur Produktion, sondern periodische Reproduktion von Mehrwert; die Funktion des in seiner produktiven Form befindlichen industriellen Kapitals, nicht als einmalige, sondern als periodisch wiederholte Funktion, so daß der Wiederbeginn durch den Ausgangspunkt selbst gegeben ist. Ein Teil von W′ kann unmittelbar (in gewissen Fällen, Anlagezweigen des industriellen Kapitals) wieder als Produktionsmittel in denselben Arbeitsprozeß eingehn, aus dem er als Ware herauskam; dadurch wird nur die Verwandlung seines Werts in wirkliches Geld oder Geldzeichen erspart, oder sie erhält nur selbständigen Ausdruck als Rechengeld. Dieser Wertteil geht nicht in die Zirkulation ein. Es gehn so Werte in den Produktionsprozeß ein, die nicht in den Zirkulationsprozeß eingehn. Dasselbe gilt von dem Teil von W', den der Kapitalist als Teil des Mehrprodukts in natura verzehrt. Dies ist jedoch für die kapitalistische Produktion unbedeutend; es kommt höchstens bei der Agrikultur in Betracht.

Zweierlei springt sofort bei dieser Form in die Augen.

Erstens. Während in der ersten Form G ... G' der Produktionsprozeß, die Funktion von P, die Zirkulation des Geldkapitals unterbricht und nur als Vermittler zwischen seinen beiden Phasen G – W und W' – G' erscheint, bildet hier der gesamte Zirkulationsprozeß des industriellen Kapitals, seine ganze Bewegung innerhalb der Zirkulationsphase, nur eine Unterbrechung und daher nur die Vermittlung zwischen dem produktiven Kapital, das als erstes Extrem den Kreislauf eröffnet und als letztes ihn in derselben Form, also in der Form seines Wiederbeginns, schließt. Die eigentliche Zirkulation erscheint nur als Vermittlung der periodisch erneuerten und durch die Erneuerung kontinuierlichen Reproduktion.

Zweitens: Die gesamte Zirkulation stellt sich dar in der entgegengesetzten Form von der, die sie im Kreislauf des Geldkapitals besitzt. Sie war dort: G – W – G (G – W. W – G), abgesehn von der Wertbestimmung; sie ist hier, wieder abgesehn von der Wertbestimmung, W – G – W (W – G. G – W), also die Form der einfachen Warenzirkulation.

I. Einfache Reproduktion

Betrachten wir also zunächst den zwischen den Extremen P ... P in der Zirkulationssphäre verlaufenden Prozeß W' – G' – W.

Der Ausgangspunkt dieser Zirkulation ist das Warenkapital: W' = W + w = P + w. Die Funktion des Warenkapitals W' – G' (die Realisierung des in ihm enthaltenen Kapitalwerts = P, der jetzt als Warenbestandteil W existiert, wie des in ihm enthaltnen Mehrwerts, der als Bestandteil derselben Warenmasse, mit dem Wert w, existiert) wurde in der ersten Form des Kreislaufs betrachtet. Aber dort bildete sie die zweite Phase der unterbrochnen Zirkulation und die Abschlußphase des ganzen Kreislaufs. Hier bildet sie die zweite Phase des Kreislaufs, aber die erste Phase der Zirkulation. Der erste Kreislauf endet mit G', und da G' ebensowohl wie das ursprüngliche G von neuem als Geldkapital den zweiten Kreislauf eröffnen kann, war es zunächst nicht nötig, weiter zuzusehn, ob die in G' enthaltnen G und g (der Mehrwert) ihre Bahn miteinander fortsetzen, oder ob sie verschiedne

Bahnen beschreiben. Dies wäre nur nötig geworden, hätten wir den ersten Kreislauf in seiner Erneuerung weiter verfolgt. Dieser Punkt muß aber im Kreislauf des produktiven Kapitals entschieden werden, da die Bestimmung schon seines ersten Kreislaufs davon abhängt, und weil W' – G' in ihm als erste Zirkulationsphase erscheint, welche durch G – W zu ergänzen ist. Es hängt von dieser Entscheidung ab, ob die Formel einfache Reproduktion oder Reproduktion auf erweiterter Stufenleiter darstellt. Je nach ihrer Entscheidung also ändert sich der Charakter des Kreislaufs.

Nehmen wir also zunächst die einfache Reproduktion des produktiven Kapitals, wobei wie im ersten Kapitel gleichbleibende Umstände und Kauf und Verkauf der Waren zu ihrem Wert vorausgesetzt sind. Der ganze Mehrwert geht unter dieser Annahme in die persönliche Konsumtion des Kapitalisten ein. Sobald die Verwandlung des Warenkapitals W' in Geld stattgefunden, zirkuliert der Teil der Geldsumme, der den Kapitalwert darstellt, fort im Kreislauf des industriellen Kapitals; der andre, der vergoldeter Mehrwert ist, geht ein in die allgemeine Warenzirkulation, ist vom Kapitalisten ausgehende Geldzirkulation, geht aber vor außerhalb der Zirkulation seines individuellen Kapitals.

In unserm Beispiel hatten wir ein Warenkapital W' von 10 000 Pfund Garn zum Wert von 500 Pfd.St.; 422 Pfd.St. davon sind der Wert des produktiven Kapitals, und setzen als Geldform von 8440 Pfund Garn die von W' begonnene Kapitalzirkulation fort, während der Mehrwert von 78 Pfd.St., Geldform von 1560 Pfund Garn, dem überschüssigen Teil des Warenprodukts, aus dieser Zirkulation heraustritt und eine getrennte Bahn innerhalb der allgemeinen Warenzirkulation beschreibt.

$$W' \begin{pmatrix} W \\ + \\ w \end{pmatrix} \begin{matrix} - \; - \\ - \, G' \\ - \; - \end{matrix} \begin{pmatrix} G \\ + \\ g \end{pmatrix} \begin{matrix} - W < \begin{smallmatrix} A \\ Pm \end{smallmatrix} \\ \\ - w \end{matrix}$$

g – w ist eine Reihe von Käufen vermittelst des Geldes, das der Kapitalist, sei es in eigentlichen Waren, sei es in Diensten für seine werte Person, resp. Familie, verausgabt. Diese Käufe sind zersplittert, finden zu verschiednen Terminen statt. Das Geld existiert also zeitweis in der Form eines für die laufende Konsumtion bestimmten Geldvorrats oder Schatzes, da in seiner Zirkulation unterbrochnes Geld sich in Schatzform befindet. Seine Funktion als Zirkulationsmittel, das auch seine vorübergehende Form als Schatz einbegreift, geht nicht in die Zirkulation des Kapitals in seiner Geldform G ein. Das Geld wird nicht vorgeschossen, sondern verausgabt.

Wir haben vorausgesetzt, daß das vorgeschossene Gesamtkapital stets ganz aus einer seiner Phasen in die andre übergeht, so auch hier, daß das Warenprodukt von P den Gesamtwert des produktiven Kapitals P = 422 Pfd.St. + dem während des Produktionsprozesses geschaffnen Mehrwert = 78 Pfd.St. trägt. In unserm Beispiel, wo wir es mit einem diskreten Warenprodukt zu tun haben, existiert der Mehrwert in der Form von 1560 Pfund Garn; ganz wie er auf 1 Pfund Garn berechnet in der Form von 2,496 Unzen Garn existiert. Wäre dagegen das Warenprodukt z. B. eine Maschine von 500 Pfd.St. und von derselben Wertzusammensetzung, so wäre zwar ein Wertteil dieser Maschine = 78 Pfd.St. Mehrwert, aber diese 78 Pfd.St. existierten nur in der Gesamtmaschine; sie ist nicht in Kapitalwert und Mehrwert teilbar, ohne sie selbst in Stücke zu zerschlagen und so mit ihrem Gebrauchswert auch ihren Wert zu vernichten. Die beiden Wertbestandteile können also nur ideell in Bestandteilen des Warenkörpers dargestellt werden, nicht als selbständige Elemente der Ware W', wie jedes Pfund Garn als trennbares, selbständiges Warenelement der 10 000 Pfund. Im ersten Fall muß die Gesamtware, das Warenkapital, die Maschine, ganz verkauft sein, bevor g seine besondre Zirkulation eingehn kann. Dagegen wenn der Kapitalist 8440 Pfund verkauft, würde der Verkauf der weitern 1560 Pfund eine vollständig getrennte Zirkulation des Mehrwerts in der Form w (1560 Pfund Garn) – g (78 Pfd.St.) = w (Konsumtionsartikel) darstellen. Die Wertelemente jedes einzelnen Quotums des Garnprodukts von 10 000 Pfund sind aber in Teilen des Produkts ebenso darstellbar wie im Gesamtprodukt. Wie dieses, 10 000 Pfund Garn, sich einteilen läßt in konstanten Kapitalwert (c), 7440 Pfund Garn zum Wert 372 Pfd.St., variablen Kapitalwert (v) von 1000 Pfund Garn zu 50 Pfd.St. und Mehrwert (m) von 1560 Pfund Garn zu 78 Pfd.St., so jedes Pfund Garn in c = 11,904 Unzen zum Wert von 8,928 d., v = 1,600 Unze Garn zum Wert von 1,200 d., m = 2,496 Unzen Garn zum Wert von 1,872 d. Der Kapitalist könnte auch bei sukzessivem Verkauf der 10 000 Pfund die in den sukzessiven Portionen enthaltnen Mehrwertselemente sukzessive verzehren, und dadurch ebenso sukzessive die Summe von c + v realisieren. Aber diese Operation unterstellt schließlich ebenfalls, daß die ganzen 10 000 Pfund verkauft, daß also auch durch Verkauf von 8440 Pfund der Wert von c und v ersetzt wird. (Buch I, Kap. VII, 2.)

Wie dem aber auch sei, durch W' – G' erhalten sowohl der in W' enthaltene Kapitalwert wie der Mehrwert eine trennbare Existenz, die Existenz verschiedner Geldsummen; in beiden Fällen ist G sowohl wie g wirklich verwandelte Form des Werts, der ursprünglich in W' nur als Preis der Ware eignen, nur ideellen Ausdruck besitzt.

w – g – w ist einfache Warenzirkulation, deren erste Phase w – g in der Zirkulation des Warenkapitals W' – G' einbegriffen ist, also in den Kreislauf des Kapitals; deren ergänzende Phase g – w* dagegen außerhalb dieses Kreislaufs fällt, als davon getrennter Vorgang der allgemeinen Warenzirkulation. Die Zirkulation von W und w, von Kapitalwert und Mehrwert, spaltet sich nach der Verwandlung von W′ in G′. Es folgt daher:

Erstens: Indem durch W′ – G′ = W′ – (G + g) das Warenkapital realisiert wird, wird die in W′ – G′ noch gemeinsame und von derselben Warenmasse getragne Bewegung von Kapitalwert und Mehrwert spaltbar, indem beide jetzt selbständige Formen als Geldsummen besitzen.

Zweitens: Findet diese Spaltung statt, indem g als Revenue des Kapitalisten verausgabt wird, während G als funktionelle Form des Kapitalwerts seine durch den Kreislauf bestimmte Bahn fortsetzt – so ist der erste Akt W′ – G′, im Zusammenhang mit den nachfolgenden Akten G – W und g – w, darstellbar als die zwei verschiednen Zirkulationen: W – G – W und w – g – w; beides, der allgemeinen Form nach, der gewöhnlichen Warenzirkulation angehörige Reihen.

Übrigens werden in der Praxis bei kontinuierlichen Warenkörpern, die sich nicht teilen lassen, die Wertbestandteile ideell für sich isoliert. Z. B. im Londoner Baugeschäft, das größtenteils auf Kredit betrieben wird, erhält der Bauunternehmer Vorschüsse, je nachdem der Bau des Hauses sich in verschiednen Stadien befindet. Keins dieser Stadien ist ein Haus, sondern nur ein wirklich existierender Bestandteil eines werdenden künftigen Hauses; also trotz seiner Wirklichkeit nur ideeller Bruchteil des ganzen Hauses, aber dennoch wirklich genug, um als Sicherheit für zusätzlichen Vorschuß zu dienen. (Siehe hierüber unter Kap. XII.)

Drittens: Trennt sich die in W und G noch gemeinschaftliche Bewegung von Kapitalwert und Mehrwert nur teilweise (so daß ein Teil des Mehrwerts nicht als Revenue verausgabt wird) oder gar nicht, so geht im Kapitalwert selbst eine Veränderung vor noch innerhalb seines Kreislaufs, vor Vollendung desselben. In unserm Beispiel war der Wert des produktiven Kapitals gleich 422 Pfd.St. Setzt es also G – W fort, z. B. als 480 Pfd.St. oder 500 Pfd. St., so durchmißt es die letztern Stadien des Kreislaufs als ein um 58 Pfd.St. oder 78 Pfd. St. größerer Wert denn der anfängliche war. Es kann dies zugleich verbunden sein mit Änderung seiner Wertzusammensetzung**. –

W′ – G′, das zweite Stadium der Zirkulation und das abschließende Stadium des Kreislaufs I (G . . . G′), ist in unserm Kreislauf zweites Stadium desselben und erstes der Warenzirkulation. Soweit die Zirkulation in Betracht kommt, muß es also ergänzt werden durch G′ – W′. Aber W′ – G′ hat nicht nur den Verwertungsprozeß (hier die Funktion von P, das erste

* [1. und 2. Auflage: w – g; nach dem Manuskript von Marx korrigiert, siehe Marx-Engels-Werke Bd. 24.] ** [1. Auflage: Wertkonstitution]

Stadium) bereits hinter sich, sondern sein Resultat, das Warenprodukt W', ist bereits realisiert. Der Verwertungsprozeß des Kapitals, sowie die Realisierung des Warenprodukts, worin sich der verwertete Kapitalwert darstellt, ist also beendet mit W' – G'.

Wir haben also einfache Reproduktion vorausgesetzt, d. h. daß g – w sich ganz trennt von G – W. Da beide Zirkulationen, w – g – w ebenso wie W – G – W, der allgemeinen Form nach der Warenzirkulation angehören (und daher auch keine Wertdifferenzen zwischen den Extremen zeigen), so ist es leicht, wie die Vulgärökonomie es tut, den kapitalistischen Produktionsprozeß aufzufassen als bloße Produktion von Waren, Gebrauchswerten zur Konsumtion irgendeiner Art bestimmt, die der Kapitalist nur produziert, um sie durch Waren von anderm Gebrauchswert zu ersetzen oder sie damit umzutauschen, wie es in der Vulgärökonomie fälschlich heißt.

W' tritt von vornherein als Warenkapital auf, und der Zweck des ganzen Prozesses, die Bereicherung (Verwertung) schließt eine mit der Größe des Mehrwerts (also auch des Kapitals) wachsende Konsumtion des Kapitalisten keineswegs aus, sondern erst recht ein.

In der Zirkulation der Revenue des Kapitalisten dient in der Tat die produzierte Ware w (oder der ihr ideell entsprechende Bruchteil des Warenprodukts W') nur dazu, sie zuerst in Geld und aus Geld in eine Reihe andrer, der Privatkonsumtion dienender Waren umzusetzen. Aber der kleine Umstand ist hierbei nicht zu übersehn, daß w Warenwert ist, der dem Kapitalisten nichts gekostet hat, Verkörperung von Mehrarbeit, daher es ursprünglich als Bestandteil des Warenkapitals W' auf die Bühne tritt. Dies w selbst ist also schon seiner Existenz nach gebunden an den Kreislauf des prozessierenden Kapitalwerts, und kommt dieser ins Stocken oder wird sonstwie gestört, so beschränkt sich nicht nur die Konsumtion von w, oder hört ganz auf, sondern damit zugleich der Absatz für die Warenreihe, welche den Ersatz für w bildet. Dasselbe ist der Fall, wenn W' – G' mißlingt oder nur ein Teil von W' verkäuflich ist.

Wir sahen, daß w – g – w, als Zirkulation der Revenue des Kapitalisten, nur in die Kapitalzirkulation eingeht, solange w Wertteil von W', dem Kapital in seiner Funktionsform von Warenkapital, ist: aber sobald verselbständigt durch g – w, also in der ganzen Form w – g – w, geht sie nicht in die Bewegung des vom Kapitalisten vorgeschoßnen Kapitals ein, obgleich sie aus derselben hervorgeht. Sie hängt damit soweit zusammen, als die Existenz des Kapitals die Existenz des Kapitalisten voraussetzt, und diese letztere ist bedingt durch seinen Verzehr von Mehrwert.

Innerhalb der allgemeinen Zirkulation fungiert W', z. B. Garn, nur als Ware; aber als Moment der Zirkulation des Kapitals fungiert es als *Waren-*

kapital, eine Gestalt, die der Kapitalwert abwechselnd annimmt und abstößt. Nach dem Verkauf des Garns an den Kaufmann ist es aus dem Kreislaufsprozeß desjenigen Kapitals, dessen Produkt es ist, entfernt, befindet sich aber trotzdem fortwährend als Ware im Umkreis der allgemeinen Zirkulation. Die Zirkulation derselben Warenmasse dauert fort, obgleich sie aufgehört hat, ein Moment im selbständigen Kreislauf des Kapitals des Spinners zu bilden. Die wirkliche definitive Metamorphose der vom Kapitalisten in die Zirkulation geworfnen Warenmasse, W – G, ihr schließliches Herausfallen in die Konsumtion kann daher zeitlich und räumlich durchaus getrennt sein von der Metamorphose, worin diese Warenmasse als sein Warenkapital fungiert. Dieselbe Metamorphose, die in der Zirkulation des Kapitals vollzogen ist, bleibt in der Sphäre der allgemeinen Zirkulation noch zu vollziehn.

Es ändert nichts an der Sache, wenn das Garn wieder in den Kreislauf eines andern industriellen Kapitals eingeht. Die allgemeine Zirkulation umfaßt ebensosehr die Verschlingung der Kreisläufe der verschiednen selbständigen Bruchstücke des gesellschaftlichen Kapitals, d. h. die Gesamtheit der einzelnen Kapitale, wie die Zirkulation der nicht als Kapital auf den Markt geworfnen, beziehungsweise der in die individuelle Konsumtion eingehenden Werte.*

Das Verhältnis zwischen dem Kreislauf des Kapitals, sofern er Teil der allgemeinen Zirkulation und sofern er Glieder eines selbständigen Kreislaufs bildet, zeigt sich ferner, wenn wir die Zirkulation von G' = G + g betrachten. G, als Geldkapital, setzt den Kreislauf des Kapitals fort. g, als Revenueausgabe (g – w), geht in die allgemeine Zirkulation ein, fliegt aber aus dem Kreislauf des Kapitals hinaus. Nur der Teil geht in letztren Kreislauf ein, der als zusätzliches Geldkapital fungiert. In w – g – w fungiert Geld nur als Münze; Zweck dieser Zirkulation ist die individuelle Konsumtion des Kapitalisten. Es charakterisiert den Kretinismus der Vulgärökonomie, daß sie diese Zirkulation, die nicht in den Kreislauf des Kapitals eingeht – die Zirkulation des als Revenue verzehrten Teils des Wertprodukts – für den charakteristischen Kreislauf des Kapitals ausgibt.

In der zweiten Phase, G – W, ist der Kapitalwert G = P (dem Wert des produktiven Kapitals, das den Kreislauf des industriellen Kapitals hier eröffnet) wieder vorhanden, entledigt vom Mehrwert, also in derselben Wertgröße, wie in dem ersten Stadium des Kreislaufs des Geldkapitals G – W. Trotz der verschiednen Stelle ist die Funktion des Geldkapitals, worin nun

---

* [1. Auflage fehlt: beziehungsweise der in die individuelle Konsumtion eingehenden]

das Warenkapital umgewandelt, dieselbe: seine Verwandlung in Pm und A, Produktionsmittel und Arbeitskraft.

Gleichzeitig mit w – g hat also der Kapitalwert in der Funktion des Warenkapitals W′ – G′ die Phase W – G durchlaufen und tritt nun in die ergänzende Phase $G - W < \begin{smallmatrix} A \\ Pm \end{smallmatrix}$; seine Gesamtzirkulation ist also $W - G - W < \begin{smallmatrix} A \\ Pm \end{smallmatrix}$.

Erstens: Das Geldkapital G trat in Form I (Kreislauf G ... G′) als ursprüngliche Form auf, worin der Kapitalwert vorgeschossen wird; es tritt hier von vornherein auf als Teil der Geldsumme, worin das Warenkapital in der ersten Zirkulationsphase W′ – G′ sich verwandelt hat, also von vornherein als durch Verkauf des Warenprodukts vermittelte Verwandlung von P, dem produktiven Kapital, in Geldform. Das Geldkapital existiert hier von vornherein als nicht ursprüngliche und nicht schließliche Form des Kapitalwerts, da nur durch abermalige Abstreifung der Geldform die die Phase W – G abschließende Phase G – W vollzogen werden kann. Der Teil von G – W, der zugleich G – A, erscheint daher auch nicht mehr als bloßer Geldvorschuß durch Ankauf von Arbeitskraft, sondern als Vorschuß, worin der Arbeitskraft dieselben 1000 Pfund Garn zum Wert von 50 Pfd.St., in Geldform vorgeschossen werden, die einen Teil des von der Arbeitskraft geschaffnen Warenwerts bilden. Das Geld, das dem Arbeiter hier vorgeschossen wird, ist nur verwandelte Äquivalentform eines Wertteils des von ihm selbst produzierten Warenwerts. Und schon darum ist der Akt G – W, soweit er G – A, keineswegs nur Ersatz von Ware in Geldform durch Ware in Gebrauchsform, sondern schließt andre, von der allgemeinen Warenzirkulation als solcher unabhängige Elemente ein.

G′ erscheint als verwandelte Form von W′, welches selbst Produkt der vergangnen Funktion von P, dem Produktionsprozeß, ist; die gesamte Geldsumme G′ daher als Geldausdruck vergangner Arbeit. In unserm Beispiel: 10 000 Pfund Garn = 500 Pfd.St., Produkt des Spinnprozesses; davon 7440 Pfund Garn = dem vorgeschoßnen konstanten Kapital c = 372 Pfd.St.; 1000 Pfund Garn = dem vorgeschoßnen variablen Kapital v = 50 Pfd.St., und 1560 Pfund Garn = dem Mehrwert m = 78 Pfd.St. Wird von G′ nur das ursprüngliche Kapital = 422 Pfd.St. von neuem vorgeschossen, unter sonst gleichbleibenden Verhältnissen, so erhält der Arbeiter in G – A nur einen Teil der in dieser Woche produzierten 10 000 Pfund Garn (den Geldwert von 1000 Pfund Garn) in der nächsten Woche vorgeschossen. Als Resultat von W – G ist das Geld stets Ausdruck vergangner Arbeit. Soweit der ergänzende Akt G – W sofort auf dem Warenmarkt sich vollzieht, also G gegen existierende, auf dem Markt befindliche Waren umgesetzt wird, ist es wieder Umsatz vergangner Arbeit, aus einer Form (Geld) in andre Form (Ware). Aber G – W ist in der Zeit von W – G verschieden. Es kann gleichzeitig sein, ausnahmsweise, wenn z. B. der Kapitalist, der G – W vollzieht, und der Kapitalist, für den dieser Akt W – G ist, sich ihre Waren wechselseitig zur selben Zeit überweisen und G dann nur die Bilanz ausgleicht. Die Zeitdifferenz zwischen der Exekution von W – G und der von G – W kann mehr oder minder beträchtlich sein. Obgleich als Resultat des Akts W – G, G vergangne Arbeit vorstellt, kann G für den Akt G – W die verwandelte Form von Waren vorstellen, die noch gar nicht auf dem Markt befindlich sind, sondern sich erst in Zukunft darauf befinden werden, da G – W erst vorzugehn braucht, nachdem W neu produziert ist. Ebensowohl kann G Waren vorstellen, die gleichzeitig mit dem W, dessen Geldausdruck es ist, produziert werden. Z. B. in dem Umsatz G – W (Ankauf von Produktionsmitteln) können die Kohlen gekauft werden, ehe sie aus der Grube gehoben sind. Soweit g als Geldakkumulation figuriert, nicht als Revenue verausgabt wird, kann es Baumwolle vorstellen, die erst nächstes Jahr produziert wird. Ebenso bei der Verausgabung von Revenue des Kapitalisten, g – w. Ebenso der Arbeitslohn A = 50 Pfd.St.; es ist dies Geld nicht nur Geldform der vergangnen Arbeit der Arbeiter, sondern zugleich Anweisung auf gleichzeitige oder zukünftige Arbeit, die sich erst realisiert, oder in Zukunft realisieren soll. Der Arbeiter mag damit einen Rock kaufen, der erst in nächster Woche gemacht wird. Namentlich ist dies der Fall mit Bezug auf die sehr große Zahl notwendiger Lebensmittel, die beinahe unmittelbar im Augenblick ihrer Produktion konsumiert werden müssen, sollen sie nicht verderben. So erhält der Arbeiter in dem Geld, worin er seinen Arbeitslohn ausbezahlt erhält, die verwandelte Form seiner eignen zukünftigen Arbeit oder der andrer Arbeiter. Mit einem Teil seiner vergangnen Arbeit gibt ihm der Kapitalist Anweisung auf seine eigne künftige Arbeit. Es ist seine eigne gleichzeitige oder künftige Arbeit, die den noch nicht vorhandnen Vorrat bildet, womit ihm seine vergangne Arbeit bezahlt wird. Hier verschwindet die Vorstellung der Vorratbildung ganz.

Zweitens: In der Zirkulation $W - G - W < \genfrac{}{}{0pt}{}{A}{Pm}$ wechselt dasselbe Geld zweimal die Stelle; der Kapitalist erhält es erst als Verkäufer und gibt es fort als Käufer; die Verwandlung von Ware in Geldform dient nur dazu, sie aus Geldform wieder in Warenform zu verwandeln; die Geldform des Kapitals, sein Dasein als Geldkapital, ist daher in dieser Bewegung nur verschwindendes Moment; oder das Geldkapital, soweit die Bewegung flüssig, erscheint nur als Zirkulationsmittel, wenn es als Kaufmittel dient; als eigentliches Zahlungsmittel erscheint es, wenn Kapitalisten gegenseitig voneinander kaufen, daher nur Zahlungsbilanz zu saldieren ist.

Drittens: Die Funktion des Geldkapitals, ob es als bloßes Zirkulationsmittel oder als Zahlungsmittel diene, vermittelt nur den Ersatz von W durch A und

Pm, d. h. den Ersatz des Garns, des Warenprodukts, worin das produktive Kapital resultiert (nach Abzug des als Revenue zu verwendenden Mehrwerts) durch seine Produktionselemente, also Rückverwandlung des Kapitalwerts aus seiner Form als Ware in die Bildungselemente dieser Ware; sie vermittelt also schließlich nur die Rückverwandlung des Warenkapitals in produktives Kapital.

Damit der Kreislauf sich normal vollzieht, muß W′ zu seinem Wert und in seiner Gesamtheit verkauft werden. Ferner schließt W – G – W nicht nur Ersatz einer Ware durch eine andre, sondern Ersatz in denselben Wertverhältnissen ein. Es ist unsre Annahme, daß dies hier geschieht. Tatsächlich aber variieren die Werte der Produktionsmittel; gerade der kapitalistischen Produktion ist fortwährender Wechsel der Wertverhältnisse eigen schon durch den beständigen Wechsel in der Produktivität der Arbeit, der die kapitalistische Produktion charakterisiert. Auf diesen später* zu erörternden Wertwechsel der Produktionsfaktoren weisen wir hier nur hin. Die Verwandlung der Produktionselemente in Warenprodukt, von P in W′, geht in der Produktionssphäre vor, die Rückverwandlung von W′ in P in der Zirkulationssphäre. Sie ist vermittelt durch die einfache Warenmetamorphose. Ihr Inhalt aber ist ein Moment des Reproduktionsprozesses als Ganzes betrachtet. W – G – W, als Zirkulationsform des Kapitals, schließt einen funktionell bestimmten Stoffwechsel ein. Der Umsatz W – G – W bedingt ferner, daß W = den Produktionselementen des Warenquantums W′, und daß diese ihre ursprünglichen Wertverhältnisse gegeneinander behaupten; es ist also unterstellt nicht nur, daß die Waren zu ihrem Werte gekauft werden, sondern auch, daß sie während des Kreislaufs keinen Wertwechsel erleiden; wo nicht, kann der Prozeß nicht normal verlaufen.

In G . . . G′ ist G die ursprüngliche Form des Kapitalwerts, die abgestreift wird, um wieder angenommen zu werden. In P . . . W′ – G′ – W . . . P ist G nur im Prozeß angenommene Form, die schon innerhalb desselben wieder abgestreift wird. Die Geldform erscheint hier nur als verschwindende selbständige Wertform des Kapitals; das Kapital als W′ ist ebenso ängstlich sie anzunehmen, wie als G′ sie abzustreifen, sobald es sich in sie verpuppt hat, um sich wieder in die Form des produktiven Kapitals umzusetzen. Solange es in der Geldgestalt verharrt, fungiert es nicht als Kapital, und verwertet sich daher nicht; das Kapital liegt brach. G wirkt hier als Zirkulationsmittel, aber als Zirkulationsmittel des Kapitals.** Der Schein der Selbständigkeit, den die Geldform des Kapitalwerts in der ersten Form seines Kreislaufs (des

---

* [Siehe vorliegende Ausgabe S. 266–273.] ** [Hier notiert Marx in seinem Manuskript: »Gegen Tooke«; siehe Marx-Engels-Werke Bd. 24.]

Geldkapitals) besitzt, verschwindet in dieser zweiten Form, welche somit die Kritik der Form I bildet, und sie auf eine nur besondre Form reduziert. Stößt die zweite Metamorphose G – W auf Hindernisse (fehlen z. B. die Produktionsmittel auf dem Markt), so ist der Kreislauf, der Fluß des Reproduktionsprozesses unterbrochen, ebensosehr als wenn das Kapital in der Form des Warenkapitals festliegt. Der Unterschied ist aber der: In Geldform kann es länger ausharren als in der vergänglichen Warenform. Es hört nicht auf Geld zu sein, wenn es nicht als Geldkapital fungiert; es hört aber auf Ware zu sein und überhaupt Gebrauchswert, wenn es zu lange in seiner Funktion als Warenkapital aufgehalten wird. Zweitens ist es in Geldform fähig, statt seiner ursprünglichen produktiven Kapitalform eine andre anzunehmen, während es als W′ überhaupt nicht vom Platze kommt.

W′ – G′ – W schließt nur für W′ seiner Form nach Zirkulationsakte ein, die Momente seiner Reproduktion sind; aber die wirkliche Reproduktion von W, worin sich W′ umsetzt, ist nötig zur Ausführung von W′ – G′ – W; diese ist aber bedingt durch Reproduktionsprozesse außerhalb des Reproduktionsprozesses des individuellen in W′ dargestellten Kapitals. –

In der Form I bereitet $G - W < \genfrac{}{}{0pt}{}{A}{Pm}$ nur die erste Verwandlung von Geldkapital in produktives Kapital vor; in der Form II die Rückverwandlung aus Warenkapital in produktives Kapital; also, soweit die Anlage des industriellen Kapitals dieselbe bleibt, Rückverwandlung des Warenkapitals in dieselben Produktionselemente, aus denen es hervorgegangen. Es erscheint daher hier, wie in Form I, als vorbereitende Phase des Produktionsprozesses, aber als Rückkehr zu demselben, Erneuerung desselben, daher als Vorläufer des Reproduktionsprozesses, also auch der Wiederholung des Verwertungsprozesses.

Es ist nun wieder zu bemerken, daß G – A nicht einfacher Warenaustausch ist, sondern Kauf einer Ware A, die der Produktion von Mehrwert dienen soll, wie G – Pm nur Prozedur, die zur Ausführung dieses Zwecks stofflich unerläßlich ist.

Mit Vollziehung von $G - W < \genfrac{}{}{0pt}{}{A}{Pm}$ ist G in produktives Kapital rückverwandelt, in P, und beginnt der Kreislauf von neuem.

Die explizite Form von P . . . W′ – G′ – W . . . P ist also:

$$P \ldots W' \begin{Bmatrix} W \\ + \\ w \end{Bmatrix} \begin{matrix} - \\ \\ - \end{matrix} \begin{Bmatrix} G \\ + \\ g \end{Bmatrix} \begin{matrix} -W < \genfrac{}{}{0pt}{}{A}{Pm} \ldots P \\ \\ -w \end{matrix}$$

Die Verwandlung von Geldkapital in produktives Kapital ist Warenkauf zur Warenproduktion. Nur soweit die Konsumtion diese produktive Konsumtion ist, fällt sie in den Kreislauf des Kapitals selbst; ihre Bedingung ist, daß vermittelst der so konsumierten Waren Mehrwert gemacht wird. Und dies ist etwas sehr Verschiednes von Produktion und selbst Warenproduktion, deren Zweck die Existenz der Produzenten ist; ein so durch Mehrwertsproduktion bedingter Ersatz von Ware durch Ware ist etwas ganz andres als Produktenaustausch – nur durch Geld vermittelt – an sich ist. So wird aber die Sache genommen von den Ökonomen zum Beweis, daß keine Überproduktion möglich ist.

Außer der produktiven Konsumtion von G, das in A und Pm verwandelt wird, enthält der Kreislauf das erste Glied von G – A, welches für den Arbeiter A – G = W – G ist. Von der Zirkulation des Arbeiters A – G – W, welche seine Konsumtion einschließt, fällt nur das erste Glied als Resultat von G – A in den Kreislauf des Kapitals. Der zweite Akt, nämlich G – W, fällt nicht in die Zirkulation des individuellen Kapitals, obgleich sie aus derselben hervorgeht. Das beständige Dasein der Arbeiterklasse ist aber für die Kapitalistenklasse nötig, daher auch die durch G – W vermittelte Konsumtion des Arbeiters.

Der Akt W′ – G′ unterstellt für die Fortsetzung des Kreislaufs des Kapitalwerts, wie für die Konsumtion des Mehrwerts durch den Kapitalisten, nur, daß W′ in Geld verwandelt, verkauft worden. Es wird natürlich nur gekauft, weil der Artikel ein Gebrauchswert, also zur Konsumtion irgendeiner Art, produktiven oder individuellen, tauglich. Wenn aber W′ weiter zirkuliert, z. B. in der Hand des Kaufmanns, der das Garn gekauft hat, so berührt das zunächst keineswegs die Fortsetzung des Kreislaufs des individuellen Kapitals, das das Garn produziert und an den Kaufmann verkauft hat. Der ganze Prozeß geht seinen Gang fort, und mit ihm auch die dadurch bedingte individuelle Konsumtion von Kapitalist und Arbeiter. Ein Punkt, wichtig bei Betrachtung der Krisen.

Sobald W′ nämlich verkauft, in Geld verwandelt ist, kann es in die realen Faktoren des Arbeitsprozesses und darum des Reproduktionsprozesses rückverwandelt werden. Ob W′ daher vom definitiven Konsumenten gekauft ist oder vom Kaufmann, der es wieder verkaufen will, ändert unmittelbar nichts an der Sache. Der Umfang der von der kapitalistischen Produktion erzeugten Warenmassen wird bestimmt durch die Stufenleiter dieser Produktion und das Bedürfnis der beständigen Ausdehnung dieser letztren, nicht durch einen prädestinierten Kreis von Nachfrage und Angebot, von zu befriedigenden Bedürfnissen. Die Massenproduktion kann für ihren unmittelbaren Käufer, außer andern industriellen Kapitalisten, nur den Großkaufmann haben. Innerhalb gewisser Grenzen kann der Reproduktionsprozeß auf derselben oder erweiterten Stufe vorgehn, obgleich die aus ihm ausgestoßnen Waren nicht wirklich in die individuelle oder produktive Konsumtion eingegangen sind. Die Konsumtion der Waren ist nicht eingeschlossen in den Kreislauf des Kapitals, aus dem sie hervorgegangen sind. Sobald das Garn z. B. verkauft ist, kann der Kreislauf des im Garn dargestellten Kapitalwerts von neuem beginnen, was auch immer zunächst aus dem verkauften Garn wird. Solange das Produkt verkauft wird, geht vom Standpunkt des kapitalistischen Produzenten alles seinen regelmäßigen Gang. Der Kreislauf des Kapitalwerts, den er repräsentiert, wird nicht unterbrochen. Und ist dieser Prozeß erweitert – was erweiterte produktive Konsumtion der Produktionsmittel einschließt –, so kann diese Reproduktion des Kapitals von erweiterter individueller Konsumtion (also Nachfrage) der Arbeiter begleitet sein, da er durch produktive Konsumtion eingeleitet und vermittelt ist. Es kann so die Produktion von Mehrwert und mit ihr auch die individuelle Konsumtion des Kapitalisten wachsen, der ganze Reproduktionsprozeß sich im blühendsten Zustand befinden und dennoch ein großer Teil der Waren nur scheinbar in die Konsumtion eingegangen sein, in Wirklichkeit aber unverkauft in den Händen von Wiederverkäufern lagern, tatsächlich sich also noch auf dem Markt befinden. Nun folgt Warenstrom auf Warenstrom, und es tritt endlich hervor, daß der frühere Strom nur scheinbar von der Konsumtion verschlungen ist. Die Warenkapitale machen sich wechselseitig ihren Platz auf dem Markt streitig. Die Nachrückenden, um zu verkaufen, verkaufen unter dem Preis. Die früheren Ströme sind noch nicht flüssig gemacht, während die Zahlungstermine dafür fällig werden. Ihre Inhaber müssen sich insolvent erklären, oder verkaufen zu jedem Preis, um zu zahlen. Dieser Verkauf hat absolut nichts zu tun mit dem wirklichen Stand der Nachfrage. Er hat nur zu tun mit der *Nachfrage nach Zahlung*, mit der absoluten Notwendigkeit, Ware in Geld zu verwandeln. Dann bricht die Krise los. Sie wird sichtbar nicht in der unmittelbaren Abnahme der konsumtiven Nachfrage, der Nachfrage für individuelle Konsumtion, sondern in der Abnahme des Austauschs von Kapital gegen Kapital, des Reproduktionsprozesses des Kapitals. –

Wenn die Waren Pm und A, worin sich G umgesetzt, um seine Funktion als Geldkapital, als zur Rückverwandlung in produktives Kapital bestimmter Kapitalwert, zu vollziehn – wenn diese Waren in verschiednen Terminen zu kaufen oder zu zahlen sind, G – W also eine Reihe nacheinander vorgehender Käufe und Zahlungen vorstellt, so vollzieht ein Teil von G den Akt G – W, während ein andrer Teil im Geldzustand verharrt, um erst zu einer durch die Bedingungen des Prozesses selbst bestimmten Zeit für gleichzeitige oder sukzessive Akte G – W zu dienen. Er ist der Zirkulation nur zeitweilig entzogen, um am bestimmten Zeitpunkt in Aktion zu treten, seine Funktion auszuüben. Diese Aufspeicherung desselben ist dann selbst eine durch seine Zirkulation und für die Zirkulation bestimmte Funktion. Sein Dasein als Kauf- und Zahlungsfonds, die Suspension seiner Bewegung, der Zustand seiner unterbrochnen Zirkulation, ist dann ein Zustand, worin das Geld eine seiner Funktionen als Geldkapital ausübt. Als Geldkapital; denn in diesem Fall ist das zeitweilig in Ruhe verharrende Geld selbst ein Teil des Geldkapitals G (von G' – g = G), des Wertteils des Warenkapitals, der = P, dem Wert des produktiven Kapitals, von dem der Kreislauf ausgeht. Andrerseits befindet sich alles der Zirkulation entzogne Geld in Schatzform. Die Schatzform des Geldes wird also hier Funktion des Geldkapitals, ganz wie in G – W die Funktion des Geldes als Kauf- oder Zahlungsmittel zur Funktion des Geldkapitals wird, und zwar weil der Kapitalwert hier in Geldform existiert, der Geldzustand hier ein durch den Zusammenhang des Kreislaufs vorgeschriebner Zustand des industriellen Kapitals in einem seiner Stadien ist. Aber es bewährt sich hier wieder zugleich, daß das Geldkapital innerhalb des Kreislaufs des industriellen Kapitals keine andren als Geldfunktionen verrichtet, und diese Geldfunktionen nur durch ihren Zusammenhang mit den andren Stadien dieses Kreislaufs zugleich die Bedeutung von Kapitalfunktionen haben.

Die Darstellung von G' als Verhältnis von g zu G, als Kapitalverhältnis, ist unmittelbar keine Funktion des Geldkapitals, sondern des Warenkapitals W', welches selbst wieder als Verhältnis von w und W nur das Resultat des Produktionsprozesses ausdrückt, der darin vorgegangnen Selbstverwertung des Kapitalwerts.

Stößt der Fortgang des Zirkulationsprozesses auf Hindernisse, so daß G durch äußre Umstände, Lage des Markts etc., seine Funktion G – W suspendieren muß und deswegen in seinem Geldzustand kürzer oder länger verharrt, so ist das wieder ein Schatzzustand des Geldes, der auch in der einfachen Warenzirkulation vorkommt, sobald der Übergang von W – G in G – W* durch äußre Umstände unterbrochen wird. Es ist unfreiwillige Schatzbildung. In unserm Fall hat das Geld so die Form von brachliegendem, latentem Geldkapital. Doch gehn wir zunächst nicht weiter darauf ein.

In beiden Fällen aber erscheint das Verharren des Geldkapitals in seinem Geldzustand als Resultat unterbrochner Bewegung, sei diese nun zweckgemäß oder zweckwidrig, freiwillig oder unfreiwillig, funktionsgemäß oder funktionswidrig.

* [1. Auflage: G – W in W – G]

II. Akkumulation und Reproduktion auf erweiterter Stufenleiter

Da die Proportionen, worin der Produktionsprozeß erweiterbar, nicht willkürlich, sondern technisch vorgeschrieben sind, so kann der realisierte Mehrwert, obgleich zur Kapitalisierung bestimmt, oft erst durch die Wiederholung verschiedner Kreisläufe zu dem Umfang heranwachsen (muß also bis dahin aufgehäuft werden), worin er wirklich als zuschüssiges Kapital fungieren oder in den Kreislauf des prozessierenden Kapitalwerts eingehn kann. Der Mehrwert erstarrt also zum Schatz und bildet in dieser Form latentes Geldkapital. Latent, weil es, solange es in der Geldform verharrt, nicht als Kapital wirken kann.[6][a] So erscheint hier die Schatzbildung als ein innerhalb des kapitalistischen Akkumulationsprozesses einbegriffnes, ihn begleitendes, aber zugleich wesentlich von ihm unterschiednes Moment. Denn durch die Bildung von latentem Geldkapital wird der Reproduktionsprozeß selbst nicht erweitert. Umgekehrt. Latentes Geldkapital wird hier gebildet, weil der kapitalistische Produzent die Stufenleiter seiner Produktion nicht unmittelbar erweitern kann. Verkauft er sein Mehrprodukt an einen Gold- oder Silberproduzenten, der neues Gold oder Silber in die Zirkulation hineinwirft, oder, was auf dasselbe hinauskommt, an einen Kaufmann, der für einen Teil des nationalen Mehrprodukts zuschüssiges Gold oder Silber vom Ausland importiert, so bildet sein latentes Geldkapital ein Inkrement des nationalen Gold- oder Silberschatzes. In allen andren Fällen haben z. B. die 78 Pfd.St., die in der Hand des Käufers Zirkulationsmittel waren, in der Hand des Kapitalisten nur die Schatzform angenommen; es hat also nur andre Verteilung des nationalen Gold- oder Silberschatzes stattgefunden.

Fungiert das Geld in den Transaktionen unsres Kapitalisten als Zahlungsmittel (in der Art, daß die Ware erst in kürzrem oder längrem Termin vom Käufer zu zahlen), so verwandelt sich das zur Kapitalisation bestimmte Mehrprodukt nicht in Geld, sondern in Schuldforderungen, Eigentumstitel auf ein Äquivalent, das der Käufer vielleicht schon im Besitz, vielleicht erst in Aussicht hat. Es geht nicht in den Reproduktionsprozeß des Kreislaufs ein, so wenig wie Geld, das in zinstragenden Papieren etc. angelegt, obgleich es in den Kreislauf andrer industrieller Einzelkapitale eingehn kann.

---

[6][a] Der Ausdruck »latent« ist der physikalischen Vorstellung von latenter Wärme entlehnt, die jetzt durch die Theorie von der Verwandlung der Energie ziemlich beseitigt ist. Daher gebrauchte Marx im dritten Abschnitt (spätere Redaktion) dafür den der Vorstellung von potentieller Energie entlehnten Ausdruck: »potentielles«, oder nach Analogie der virtuellen Geschwindigkeiten D'Alemberts: »virtuelles Kapital«. – F. E.

Der ganze Charakter der kapitalistischen Produktion ist bestimmt durch die Verwertung des vorgeschoßnen Kapitalwerts, also in erster Instanz durch Produktion von möglichst viel Mehrwert; zweitens aber (siehe Buch I, Kap. XXII) durch Produktion von Kapital, also durch Verwandlung von Mehrwert in Kapital. Die Akkumulation oder Produktion auf erweiterter Stufenleiter, die als Mittel zu stets ausgedehnterer Produktion von Mehrwert, daher Bereicherung des Kapitalisten, als persönlicher Zweck des letztren erscheint, und eingeschlossen ist in die allgemeine Tendenz der kapitalistischen Produktion, wird aber weiter, wie im ersten Buch gezeigt, durch ihre Entwicklung eine Notwendigkeit für jeden individuellen Kapitalisten. Die stete Vergrößrung seines Kapitals wird Bedingung der Erhaltung desselben. Doch haben wir nicht weiter auf das früher Entwickelte zurückzukommen.

Wir betrachteten zuerst die einfache Reproduktion, wobei unterstellt wurde, daß der ganze Mehrwert als Revenue verausgabt wird. In der Wirklichkeit muß unter normalen Verhältnissen immer ein Teil des Mehrwerts als Revenue verausgabt und ein andrer Teil kapitalisiert werden, wobei es ganz gleichgültig, ob innerhalb bestimmter Perioden produzierter Mehrwert bald ganz verzehrt, bald ganz kapitalisiert wird. Im Durchschnitt der Bewegung – und die allgemeine Formel kann nur diesen darstellen – findet beides statt. Um die Formel nicht zu komplizieren, ist es indes besser anzunehmen, daß der ganze Mehrwert akkumuliert wird. Die Formel P ... W′ – G′ – W′ $< {}^{A}_{Pm}$ ... P′ drückt aus: produktives Kapital, das auf größrer Stufenleiter und mit größrem Wert reproduziert wird, und als angewachsnes produktives Kapital seinen zweiten Kreislauf beginnt, oder, was dasselbe, seinen ersten Kreislauf erneuert. Sobald dieser zweite Kreislauf beginnt, haben wir wieder P als Ausgangspunkt; bloß ist P ein größres produktives Kapital als das erste P war. So, wenn in der Formel G ... G′ der zweite Kreislauf mit G′ beginnt, fungiert G′ als G, als vorgeschoßnes Geldkapital von bestimmter Größe; es ist größres Geldkapital als das, womit der erste Kreislauf eröffnet ward, aber alle Beziehung auf sein Angewachsensein durch Kapitalisierung von Mehrwert ist verschwunden, sobald es in der Funktion von vorgeschoßnem Geldkapital auftritt. Dieser Ursprung ist ausgelöscht in seiner Form als Geldkapital, das seinen Kreislauf beginnt. Ebenso mit P′, sobald es als Ausgangspunkt eines neues Kreislaufs fungiert.

Vergleichen wir P ... P′ mit G ... G′ oder dem ersten Kreislauf, so haben sie durchaus nicht dieselbe Bedeutung. G ... G′, für sich genommen als vereinzelter Kreislauf, drückt nur aus, daß G, das Geldkapital (oder das industrielle Kapital in seinem Kreislauf als Geldkapital), Geld heckendes Geld, Wert heckender Wert ist, Mehrwert setzt. Im Kreislauf von P dagegen ist der Verwertungsprozeß selbst mit Ablauf des ersten Stadiums, des Produktionsprozesses, bereits vollzogen, und nach Durchlaufen des zweiten Stadiums (des ersten Zirkulationsstadiums) W′ – G′ existieren Kapitalwert + Mehrwert bereits als realisiertes Geldkapital, als G′, welches als letztes Extrem im ersten Kreislauf erschien. Daß Mehrwert produziert worden, ist in der zuerst betrachteten Form von P ... P dargestellt (siehe explizite Formel S. 47*) durch w – g – w, das in seinem zweiten Stadium außerhalb der Kapitalzirkulation fällt und die Zirkulation des Mehrwerts als Revenue darstellt. In dieser Form, wo sich die ganze Bewegung in P ... P darstellt, also keine Wertdifferenz zwischen den beiden Endpunkten stattfindet, ist also die Verwertung des vorgeschoßnen Werts, die Erzeugung von Mehrwert, ebenso dargestellt wie in G ... G′; nur erscheint der Akt W′ – G′ als letztes Stadium in G ... G′, und als zweites des Kreislaufs, erstes der Zirkulation in P ... P.

In P ... P′ drückt P′ aus, nicht daß Mehrwert produziert, sondern daß der produzierte Mehrwert kapitalisiert, also Kapital akkumuliert worden ist, und daher P′, gegenüber P, aus dem ursprünglichen Kapitalwert plus dem Wert von durch dessen Bewegung akkumuliertem Kapital besteht.

G′, als bloßer Schluß von G ... G′, sowohl wie W′, wie es innerhalb aller dieser Kreisläufe erscheint, drücken für sich genommen nicht die Bewegung aus, sondern ihr Resultat: die in Warenform oder Geldform realisierte Verwertung des Kapitalwerts, und daher den Kapitalwert als G + g oder als W + w, als Verhältnis von Kapitalwert zu seinem Mehrwert, als seinem Abkömmling. Sie drücken dies Resultat aus als verschiedne Zirkulationsformen des verwerteten Kapitalwerts. Aber weder in der Form W′ noch in der Form G′ ist die stattgefundene Verwertung selbst eine Funktion, sei es des Geldkapitals, sei es des Warenkapitals. Als besondre, verschiedne Formen, Daseinsweisen, die besondren Funktionen des industriellen Kapitals entsprechen, kann Geldkapital nur Geldfunktionen, Warenkapital nur Warenfunktionen vollziehn, ist ihr Unterschied voneinander nur der von Geld und Ware. Ebenso kann das industrielle Kapital, in seiner Form als produktives Kapital, nur aus denselben Elementen bestehn, wie jeder andre produktbildende Arbeitsprozeß: einerseits gegenständlichen Arbeitsbedingungen (Produktionsmitteln), andrerseits sich produktiv (zweckgemäß) betätigender Arbeitskraft. Wie das industrielle Kapital innerhalb der Produktionssphäre nur in der vom Produktionsprozeß überhaupt, also auch dem nichtkapitalistischen Produktionsprozeß, entsprechenden Zusammen-

* [Siehe vorliegende Ausgabe S. 71.]

setzung existieren kann, so kann es in der Zirkulationssphäre nur existieren in den beiden ihr entsprechenden Formen von Ware und Geld. Wie aber die Summe der Produktionselemente von vornherein dadurch sich als produktives Kapital ankündigt, daß die Arbeitskraft fremde Arbeitskraft ist, die der Kapitalist gekauft hat von ihrem eignen Inhaber, ganz wie er seine Produktionsmittel von andren Wareninhabern gekauft; wie daher auch der Produktionsprozeß selbst als produktive Funktion des industriellen Kapitals auftritt, so Geld und Ware als Zirkulationsformen desselben industriellen Kapitals, also auch ihre Funktionen als seine Zirkulationsfunktionen, die die Funktionen des produktiven Kapitals entweder einleiten oder daraus entspringen. Nur durch ihren Zusammenhang als Funktionsformen, die das industrielle Kapital in den verschiednen Stadien seines Kreislaufprozesses zu verrichten hat, sind hier Geldfunktion und Warenfunktion zugleich Funktion von Geldkapital und Warenkapital. Es ist also verkehrt, die das Geld als Geld und die Ware als Ware charakterisierenden, spezifischen Eigenschaften und Funktionen aus ihrem Kapitalcharakter herleiten zu wollen, und ebenso verkehrt ist es, umgekehrt die Eigenschaften des produktiven Kapitals aus seiner Existenzweise in Produktionsmitteln abzuleiten.

Sobald G′ oder W′ fixiert werden als G + g, W + w, d. h. als Verhältnis des Kapitalwerts zum Mehrwert als seinem Sprößling, ist dies Verhältnis in beiden ausgedrückt, das eine Mal in Geldform, das andre Mal in Warenform, was an der Sache selbst nichts ändert. Dies Verhältnis entspringt daher weder aus Eigenschaften und Funktionen, die dem Geld als solchem, noch der Ware als solcher zukommen. In beiden Fällen ist die das Kapital charakterisierende Eigenschaft, Wert heckender Wert zu sein, nur als Resultat ausgedrückt. W′ ist stets das Produkt der Funktion von P, und G′ ist stets nur die im Kreislauf des industriellen Kapitals verwandelte Form von W′. Sobald daher das realisierte Geldkapital seine besondre Funktion als Geldkapital wieder beginnt, hört es auf, das in G′ = G + g enthaltne Kapitalverhältnis auszudrücken. Wenn G ... G′ durchlaufen ist, und G′ den Kreislauf von neuem beginnt, figuriert es nicht als G′, sondern als G, selbst wenn der ganze in G′ enthaltne Mehrwert kapitalisiert wird. Der zweite Kreislauf beginnt in unserm Fall mit einem Geldkapital von 500 Pfd.St., statt wie der erste mit 422 Pfd.St. Das Geldkapital, das den Kreislauf eröffnet, ist um 78 Pfd.St. größer als vorher; dieser Unterschied existiert in der Vergleichung des einen Kreislaufs mit dem andren; aber diese Vergleichung existiert nicht innerhalb jedes einzelnen Kreislaufs. Die als Geldkapital vorgeschoßnen 500 Pfd.St., wovon 78 Pfd.St. früher als Mehrwert existierten, spielen keine andre Rolle, als 500 Pfd.St., womit ein andrer Kapitalist seinen ersten Kreislauf eröffnet. Ebenso im Kreislauf des produktiven Kapitals. Das vergrößerte P′ tritt beim Wiederbeginn als P auf, so gut wie P in der einfachen Reproduktion P . . . P.

Im Stadium $G' - W' < \genfrac{}{}{0pt}{}{A}{Pm}$ ist die angewachsne Größe nur durch W′ angezeigt, aber nicht durch A′ und Pm′. Da W die Summe von A und Pm, ist schon durch W′ angezeigt, daß die Summe der in ihm enthaltnen A und Pm größer ist als das ursprüngliche P. Zweitens aber wäre die Bezeichnung A′ und Pm′ falsch, weil wir wissen, daß mit dem Wachstum des Kapitals eine Änderung seiner Wertzusammensetzung* verbunden ist, im Fortschritt derselben der Wert von Pm wächst, der von A stets relativ abnimmt, oft absolut.

III. Geldakkumulation

Ob g, der vergoldete Mehrwert, sofort wieder dem prozessierenden Kapitalwert zugeschlagen, und so, zusammen mit dem Kapital G, in der Größe G′ in den Kreislaufprozeß eingehn kann, hängt von Umständen ab, die unabhängig sind von dem bloßen Vorhandensein von g. Soll g als Geldkapital in einem, neben dem ersten Geschäft anzulegenden, zweiten selbständigen Geschäft dienen, so ist klar, daß es hierzu nur anwendbar, wenn es die zu solchem Geschäft erheischte Minimalgröße besitzt. Soll es zur Ausdehnung des ursprünglichen Geschäfts verwandt werden, so bedingen die Verhältnisse der stofflichen Faktoren von P und deren Wertverhältnisse ebenfalls eine bestimmte Minimalgröße für g. Alle in diesem Geschäft wirkenden Produktionsmittel haben nicht nur ein qualitatives, sondern ein bestimmtes quantitatives Verhältnis zueinander, einen proportionellen Umfang. Diese stofflichen und die von ihnen getragnen Wertverthältnisse der in das produktive Kapital eingehenden Faktoren bestimmen den Minimalumfang, den g besitzen muß, um in zuschüssige Produktionsmittel und Arbeitskraft, oder nur in erstere, als Zuwachs des produktiven Kapitals umsetzbar zu werden. So kann der Spinner nicht die Zahl seiner Spindeln vermehren, ohne gleichzeitig die entsprechenden Kratzen und Vorspinnstühle anzuschaffen, abgesehn von der vermehrten Ausgabe für Baumwolle und Arbeitslohn, die eine solche Geschäftsausdehnung bedingt. Um diese letztre auszuführen, muß also der Mehrwert schon eine ziemliche Summe ausmachen (1 Pfd.St. per Spindel Neuanschaffung wird gewöhnlich gerechnet). Solange g diesen Minimalumfang nicht besitzt, muß der Kreislauf des Kapitals sich mehrmals wiederholen, bis die Summe der sukzessive von ihm erzeugten g, mit G zusammen,

---

* [1. Auflage: Wertkonstitution]

also in $G' - W' < \begin{smallmatrix} A \\ Pm \end{smallmatrix}$ fungieren kann. Schon bloße Detailveränderungen, z. B. in der Spinnmaschinerie, soweit sie diese produktiver machen, erheischen größre Ausgabe in Spinnmaterial, Ausdehnung der Vorspinnmaschinerie etc. In der Zwischenzeit wird also g angehäuft und seine Anhäufung ist nicht seine eigne Funktion, sondern das Resultat wiederholter P . . . P. Seine eigne Funktion ist sein Verharren im Geldzustand, bis es aus den wiederholten Verwertungskreisläufen, also von außen, Zuschuß genug erhalten hat, um die zu seiner aktiven Funktion erheischte Minimalgröße zu erreichen, die Größe, in der allein es wirklich als Geldkapital, im gegebnen Fall als akkumulierter Teil des in Funktion begriffnen Geldkapitals G, mit in die Funktion dieses letztren eingehn kann. In der Zwischenzeit wird es angehäuft und existiert nur in der Form eines im Bildungsprozeß, im Wachstum begriffnen Schatzes. Geldakkumulation, Schatzbildung, erscheint hier also als ein Prozeß, der die wirkliche Akkumulation, die Ausdehnung der Stufenleiter, worauf das industrielle Kapital wirkt, vorübergehend begleitet. Vorübergehend, denn solange der Schatz in seinem Schatzzustande verharrt, fungiert er nicht als Kapital, nimmt nicht teil am Verwertungsprozeß, bleibt eine Geldsumme, die nur anwächst, weil ohne ihr Zutun vorhandnes Geld in denselben Kasten geworfen wird.

Die Form des Schatzes ist nur die Form von nicht in Zirkulation befindlichem Geld, von Geld, das in seiner Zirkulation unterbrochen ist und deshalb in seiner Geldform aufbewahrt wird. Was den Prozeß des Schatzbildens selbst betrifft, so ist er aller Warenproduktion gemein und spielt als Selbstzweck eine Rolle nur in den unentwickelten vorkapitalistischen Formen derselben. Hier aber erscheint der Schatz als Form des Geldkapitals und die Schatzbildung als ein Prozeß, der die Akkumulation des Kapitals vorübergehend begleitet, weil und sofern das Geld hier als *latentes Geldkapital* figuriert; weil die Schatzbildung, der Schatzzustand des in Geldform vorhandnen Mehrwerts ein außerhalb des Kreislaufs des Kapitals vorgehendes, funktionell bestimmtes Vorbereitungsstadium für die Verwandlung des Mehrwerts in wirklich fungierendes Kapital ist. Es ist also latentes Geldkapital durch diese seine Bestimmung, weshalb auch der Umfang, den es erreicht haben muß, um in den Prozeß einzutreten, durch die jedesmalige Wertzusammensetzung des produktiven Kapitals bestimmt ist. Solange es aber im Schatzzustande verharrt, fungiert es noch nicht als Geldkapital, ist noch brachliegendes Geldkapital; nicht wie vorher in seiner Funktion unterbrochnes, sondern noch nicht zu seiner Funktion fähiges.

Wir nehmen hier die Geldanhäufung in ihrer ursprünglichen realen Form, als wirklichen Geldschatz. Sie kann auch existieren in der Form von bloßen Guthaben, Schuldforderungen des Kapitalisten, der W' verkauft hat. Was die andren Formen betrifft, wo dies latente Geldkapital in der Zwischenzeit selbst in Gestalt von Geld heckendem Geld existiert, z. B. als zinstragendes Depositum in einer Bank, in Wechseln oder Wertpapieren irgendeiner Art, so gehören sie nicht hierher. Der in Geld realisierte Mehrwert verrichtet dann besondre Kapitalfunktionen außerhalb des Kreislaufs des industriellen Kapitals, dem er entsprungen; Funktionen, die erstens mit jenem Kreislauf als solchem nichts zu tun haben, zweitens aber von den Funktionen des industriellen Kapitals unterschiedne Kapitalfunktionen unterstellen, die hier noch nicht entwickelt sind.

IV. Reservefonds

In der eben betrachteten Form ist der Schatz, als welcher der Mehrwert existiert, Geldakkumulationsfonds, die Geldform, welche die Kapitalakkumulation vorübergehend besitzt, und insofern selbst Bedingung der letztren. Dieser Akkumulationsfonds kann aber auch besondre Nebendienste verrichten, d. h. in den Kreislaufprozeß des Kapitals eingehn, ohne daß dieser die Form P . . . P′ besitzt, also ohne daß die kapitalistische Reproduktion erweitert ist.

Verlängert sich der Prozeß W′ – G′ über sein normales Maß, ist also das Warenkapital anormal aufgehalten in seiner Verwandlung in Geldform; oder ist, wenn letztre vollzogen, z. B. der Preis der Produktionsmittel, worin das Geldkapital umgesetzt werden muß, gestiegen über den Stand, den er beim Beginn des Kreislaufs hatte, so kann der als Akkumulationsfonds fungierende Schatz verwandt werden, um die Stelle des Geldkapitals oder eines Teils desselben einzunehmen. Der Geldakkumulationsfonds dient so als Reservefonds, um Störungen des Kreislaufs auszugleichen.

Als solcher Reservefonds ist er verschieden von dem im Kreislauf P . . . P betrachteten Fonds von Kauf- oder Zahlungsmitteln. Die letztren sind ein Teil des fungierenden Geldkapitals (also Daseinsformen eines Teils des im Prozeß begriffnen Kapitalwerts überhaupt), dessen Teile nur in verschiednen Zeitterminen nacheinander in Funktion treten. Es bildet sich in der Kontinuität des Produktionsprozesses beständig Reservegeldkapital, da heute Zahlungen eingegangen, erst an einem spätern Termin wieder zu machen, heute größre Warenmassen verkauft, an spätern Tagen erst wieder größre Warenmassen zu kaufen sind; in diesen Intervallen existiert also beständig ein Teil des zirkulierenden Kapitals in Geldform. Dagegen ist der Reservefonds nicht ein Bestandteil des fungierenden Kapitals, näher Geldkapitals, sondern des in einem Vorstadium seiner Akkumulation begriffnen Kapitals, des noch nicht in aktives Kapital verwandelten Mehrwerts. Es versteht sich übrigens ganz von selbst, daß der Kapitalist in Nöten in keiner Weise nach den bestimmten Funktionen des in seiner Hand befindlichen Geldes fragt, sondern anwendet, was er hat, um den Kreislaufsprozeß seines Kapitals im Gang zu halten. Z. B. in unserm Beispiel G = 422 Pfd.St., G′ = 500 Pfd.St. Wenn ein Teil des Kapitals von 422 Pfd.St. als Fonds von Zahlungs- und Kaufmitteln, als Geldvorrat existiert, so ist er darauf berechnet, daß er bei gleichbleibenden Umständen ganz in den Kreislauf eintritt, hierfür aber auch genügt. Der Reservefonds aber ist ein Teil der 78 Pfd.St. Mehrwert; er kann nur in den Kreislaufsprozeß des Kapitals von 422 Pfd.St. Wert eintreten, soweit dieser Kreislauf unter nicht sich gleichbleibenden Umständen vollzogen wird; denn er ist ein Teil des Akkumulationsfonds und figuriert hier ohne Erweitrung der Stufenleiter der Reproduktion.

Der Geldakkumulationsfonds ist schon Dasein von latentem Geldkapital; also Verwandlung von Geld in Geldkapital.

Die allgemeine Formel des Kreislaufs des produktiven Kapitals, welche einfache und Reproduktion auf erweiterter Stufenleiter zusammenfaßt, ist:

$$P \ldots \overbrace{W' - G'}^{1}.\ \overbrace{G - W}^{2} < {A \atop Pm} \ldots P\ (P')$$

Ist P = P, so G in 2) = G′ – g; ist P = P′, so ist G in 2) größer als G′ – g; d. h. g ist ganz oder teilweise in Geldkapital verwandelt worden.

Der Kreislauf des produktiven Kapitals ist die Form, worin die klassische Ökonomie den Kreislaufsprozeß des industriellen Kapitals betrachtet.

Drittes Kapitel: DER KREISLAUF DES WARENKAPITALS

Die allgemeine Formel für den Kreislauf des Warenkapitals ist:

$$W' - G' - W \ldots P \ldots W'.$$

W′ erscheint nicht nur als Produkt, sondern auch als Voraussetzung der beiden früheren Kreisläufe, da, was G – W für das eine Kapital, schon W′ – G′ für das andre einschließt, sofern wenigstens ein Teil der Produktionsmittel selbst das Warenprodukt andrer in ihrem Kreislauf befindlichen individuellen Kapitale ist. In unserm Fall z. B. sind Kohle, Maschinen etc. das Warenkapital des Grubenexploiteurs, des kapitalistischen Maschinenbauers usw. Ferner ist schon in Kap. I, 4 gezeigt, daß schon bei der ersten Wiederholung von G ... G', schon ehe dieser zweite Kreislauf des Geldkapitals vollendet, nicht nur der Kreislauf P ... P, sondern auch der Kreislauf W' ... W' vorausgesetzt ist.

Findet Reproduktion auf erweiterter Stufenleiter statt, so ist das Schluß-W' größer als das Ausgangs-W' und soll deshalb hier mit W'' bezeichnet werden.

Der Unterschied der dritten Form von den zwei ersten zeigt sich darin, erstens, daß hier die Gesamtzirkulation mit ihren zwei entgegengesetzten Phasen den Kreislauf eröffnet, während in Form I die Zirkulation durch den Produktionsprozeß unterbrochen wird, in Form II die Gesamtzirkulation mit ihren zwei sich ergänzenden Phasen nur als Vermittlung des Reproduktionsprozesses erscheint und daher die vermittelnde Bewegung zwischen P ... P bildet. Bei G ... G' ist die Zirkulationsform G – W ... W' – G' = G – W – G*. Bei P ... P ist sie die umgekehrte W' – G'. G – W = W – G – W. In W' ... W' hat sie ebenfalls diese letztre Form.

Zweitens: In der Wiederholung der Kreisläufe I und II, auch wenn die Schlußpunkte G' und P' die Anfangspunkte des erneuerten Kreislaufs bilden, verschwindet die Form, in der sie erzeugt waren. G' = G + g, P' = P + p beginnt den neuen Prozeß wieder als G und P. In Form III aber muß der Ausgangspunkt W als W' bezeichnet werden, auch bei Erneuerung des Kreislaufs auf derselben Stufenleiter, und zwar aus folgendem Grund. In Form I, sobald G' als solches einen neuen Kreislauf eröffnet, fungiert es als Geldkapital G, Vorschuß des zu verwertenden Kapitalwerts in Geldform. Die Größe des vorgeschoßnen Geldkapitals, angewachsen durch die im ersten Kreislauf vollzogne Akkumulation, hat zugenommen. Aber ob 422 Pfd. St. oder 500 Pfd.St. die Größe des vorgeschoßnen Geldkapitals, ändert nichts daran, daß es als bloßer Kapitalwert erscheint. G' existiert nicht mehr** als verwertetes oder mit Mehrwert geschwängertes Kapital, als Kapitalverhältnis. Es soll sich ja erst im Prozeß verwerten. Dasselbe gilt für P ... P'; P' muß stets als P, als Kapitalwert, der Mehrwert produzieren soll, weiter fungieren und den Kreislauf erneuern. – Dagegen der Kreislauf des Warenkapitals eröffnet sich nicht mit dem Kapitalwert, sondern mit in Warenform vermehrtem Kapitalwert, schließt also von vornherein den Kreislauf nicht nur des in Warenform vorhandnen Kapitalwerts, sondern auch des Mehrwerts ein. Findet daher in dieser Form einfache Reproduktion statt, so tritt ein W' von gleicher Größe am Schlußpunkt wie am Ausgangspunkt ein.

---

* [1. Auflage: G – W – G']

** [1. Auflage: nicht nicht mehr]

Geht ein Teil des Mehrwerts in den Kapitalkreislauf ein, so erscheint zwar am Schluß statt W', W'', ein größres W', aber der nun folgende Kreislauf wird wieder eröffnet mit W', was nur ein größres W' ist als im vorigen Kreislauf und mit größrem akkumuliertem Kapitalwert, daher auch mit verhältnismäßig größrem neuerzeugtem Mehrwert seinen neuen Kreislauf beginnt. In allen Fällen eröffnet W' den Kreislauf stets als ein Warenkapital, welches = Kapitalwert + Mehrwert.

W' als W erscheint in dem Kreislauf eines einzelnen industriellen Kapitals nicht als Form dieses Kapitals, sondern als Form eines andren industriellen Kapitals, soweit die Produktionsmittel dessen Produkt sind. Der Akt G – W (d. h. G – Pm) des ersten Kapitals ist für dieses zweite Kapital W' – G'.

Im Zirkulationsvorgang $G - W < {A \atop Pm}$ verhalten sich A und Pm soweit identisch, als sie Waren sind in der Hand ihrer Verkäufer, hier der Arbeiter, die ihre Arbeitskraft, dort der Besitzer der Produktionsmittel, die diese verkaufen. Für den Käufer, dessen Geld hier als Geldkapital fungiert, fungieren sie nur als Waren, solange er sie noch nicht gekauft hat, solange sie also seinem in Geldform existierenden Kapital als Waren andrer gegenübertreten. Pm und A unterscheiden sich hier nur soweit, als Pm in der Hand seines Verkäufers = W', also Kapital sein kann, wenn Pm Warenform seines Kapitals ist, während A für den Arbeiter stets nur Ware ist und erst Kapital wird in der Hand des Käufers, als Bestandteil von P.

W' kann daher nie als bloßes W, als bloße Warenform des Kapitalwerts einen Kreislauf eröffnen. Als Warenkapital ist es immer ein Doppeltes. Unter dem Gesichtspunkt des Gebrauchswerts ist es das Produkt der Funktion von P, hier Garn, dessen als Waren aus der Zirkulation herkommende Elemente, A und Pm, nur* als Produktbildner dieses Produkts fungiert haben. Zweitens, unter dem Gesichtspunkt des Werts, ist es der Kapitalwert P plus dem in der Funktion von P erzeugten Mehrwert m.

Nur im Kreislauf von W' selbst kann und muß W = P = dem Kapitalwert sich trennen von dem Teil von W', worin Mehrwert existiert,** von dem Mehrprodukt, worin der Mehrwert steckt, ob beide nun tatsächlich trennbar, wie bei Garn, oder nicht, wie in der Maschine. Sie werden jedesmal trennbar, sobald W' in G' verwandelt.

Ist das gesamte Warenprodukt trennbar in selbständige homogene Teilprodukte, wie z. B. unsre 10 000 Pfund Garn, und kann daher der Akt W' – G' sich in einer Summe nacheinander vollzogner Verkäufe darstellen, so kann

---

* [1. und 2. Auflage: nun; nach dem Manuskript von Marx korrigiert, siehe Marx-Engels-Werke Bd. 24.] ** [1. Auflage heißt es weiter: also das Warenprodukt, worin der Kapitalwert existiert.]

der Kapitalwert in Warenform als W fungieren, sich von W' lostrennen, bevor der Mehrwert, also bevor W' als ganzes realisiert ist.

Von den 10 000 Pfund Garn zu 500 Pfd.St. ist der Wert von 8440 Pfund = 422 Pfd.St. = dem Kapitalwert, getrennt vom Mehrwert. Verkauft der Kapitalist erst 8440 Pfund Garn zu 422 Pfd.St., so stellen diese 8440 Pfund Garn W dar, den Kapitalwert in Warenform; das in W' außerdem enthaltne Mehrprodukt von 1560 Pfund Garn = Mehrwert von 78 Pfd.St. zirkulierte erst später; der Kapitalist könnte $W - G - W < \genfrac{}{}{0pt}{}{A}{Pm}$ vollziehn vor der Zirkulation des Mehrprodukts w – g – w.

Oder wenn er erst 7440 Pfund Garn zum Wert von 372 Pfd.St. und dann 1000 Pfund Garn zum Wert von 50 Pfd.St. verkaufte, so könnten mit dem ersten Teil von W die Produktionsmittel (der konstante Kapitalteil c) und mit dem zweiten Teil von W der variable Kapitalteil v, die Arbeitskraft ersetzt werden, und dann wie vorher.

Finden aber solche sukzessive Verkäufe statt und erlauben es die Bedingungen des Kreislaufs, so kann der Kapitalist, statt W' zu trennen in c+v+m, diese Trennung auch bei aliquoten Teilen von W' vornehmen.

Z. B. 7440 Pfund Garn = 372 Pfd.St., die als Teile von W' (10 000 Pfund Garn = 500 Pfd.St.) den konstanten Kapitalteil repräsentieren, sind selbst wieder zerfällbar in 5535,360 Pfund Garn zum Wert von 276,768 Pfd.St., die bloß den konstanten Teil, den Wert der in 7440 Pfund Garn verbrauchten Produktionsmittel ersetzen; 744 Pfund Garn zum Wert von 37,200 Pfd. St., die nur das variable Kapital ersetzen; 1160,640 Pfund Garn zum Wert von 58,032 Pfd.St., welche als Mehrprodukt Träger des Mehrwerts sind. Von den verkauften 7440 Pfund kann er also den in ihnen enthaltnen Kapitalwert ersetzen durch Verkauf von 6279,360 Pfund Garn zum Preis von 313,968 Pfd.St., und den Wert des Mehrprodukts 1160,640 Pfund = 58,032 Pfd.St. als Revenue verausgaben.

Ebenso kann er weiter 1000 Pfund Garn = 50 Pfd.St. = dem variablen Kapitalwert zerfällen und demgemäß verkaufen; 744 Pfund Garn zu 37,200 Pfd. St., konstanter Kapitalwert von 1000 Pfund Garn; 100 Pfund Garn zu 5,000 Pfd.St., variabler Kapitalteil von ditto; also 844 Pfund Garn zu 42,200 Pfd.St., Ersatz des in den 1000 Pfund Garn enthaltnen Kapitalwerts; endlich 156 Pfund Garn zum Wert von 7,800 Pfd.St., die das darin enthaltne Mehrprodukt darstellen und als solches verzehrt werden können.

Endlich kann er die noch übrigen 1560 Pfund Garn zum Wert von 78 Pfd. St., wenn der Verkauf gelingt, in der Weise zerfällen, daß der Verkauf von 1160,640 Pfund Garn zu 58,032 Pfd.St. den Wert der in den 1560 Pfund Garn enthaltnen Produktionsmittel, und 156 Pfund Garn zum Wert von 7,800 Pfd.St. den variablen Kapitalwert ersetzen; zusammen 1316,640 Pfund

Garn = 65,832 Pfd.St., Ersatz des gesamten Kapitalwerts; endlich das Mehrprodukt 243,360 Pfund = 12,168 Pfd.St. bleibt als Revenue zu verausgaben.

Wie jedes im Garn existierende Element c, v, m, wieder in dieselben Bestandteile zerlegbar ist, so auch jedes einzelne Pfund Garn zum Wert von 1 sh. = 12 d.

c =	0,744	Pfund Garn		=	8,928 d.
v =	0,100	„	„	=	1,200 „
m =	0,156	„	„	=	1,872 „
c + v + m =	1	„	„	=	12 d.

Addieren wir die Resultate der drei obigen Teilverkäufe zusammen, so kommt dasselbe Resultat heraus, wie beim Verkauf der 10 000 Pfund Garn auf einen Schlag.

Wir haben an konstantem Kapital:

beim 1. Verkauf:	5535,360	Pfund Garn		=	276,768 Pfd.St.
„ 2. „	744,000	„	„	=	37,200 „ „
„ 3. „	1160,640	„	„	=	58,032 „ „
zusammen	7440	„	„	=	372 Pfd.St.

An variablem Kapital:

beim 1. Verkauf:	744,000	Pfund Garn		=	37,200 Pfd.St.
„ 2. „	100,000	„	„	=	5,000 „ „
„ 3. „	156,000	„	„	=	7,800 „ „
zusammen	1000	Pfund Garn		=	50 Pfd.St.

An Mehrwert:

beim 1. Verkauf:	1160,640	Pfund Garn		=	58,032 Pfd.St.
„ 2. „	156,000	„	„	=	7,800 „ „
„ 3. „	243,360	„	„	=	12,168 „ „
zusammen	1560	Pfund Garn		=	78 Pfd.St.

Summa Summarum:

Konstantes Kapital:	7 440	Pfund Garn		=	372 Pfd.St.
Variables „	1 000	„	„	=	50 „ „
Mehrwert „	1 560	„	„	=	78 „ „
zusammen	10 000	Pfund Garn		=	500 Pfd.St.

W′ – G′ ist für sich nichts als ein Verkauf von 10 000 Pfund Garn. Die 10 000 Pfund Garn sind Ware wie alles andre Garn. Den Käufer interessiert der Preis von 1 sh. per Pfund, oder von 500 Pfd.St. für 10 000 Pfund. Läßt er sich bei dem Handel auf die Wertzusammensetzung* ein, dann nur mit der heimtückischen Absicht nachzuweisen, daß das Pfund unter 1 sh. verkauft werden könne und der Verkäufer dabei immer noch ein gutes Geschäft machen werde. Das Quantum aber, das er kauft, hängt von seinen Bedürfnissen ab; ist er z. B. Webereibesitzer, dann von der Zusammensetzung seines eignen in der Weberei fungierenden Kapitals, nicht von der des Spinners, von dem er kauft. Die Verhältnisse, worin W′ einerseits das in ihm aufgearbeitete Kapital (resp. dessen verschiedne Bestandteile) zu ersetzen, andrerseits als Mehrprodukt, sei es zur Verausgabung von Mehrwert, sei es zur Kapitalakkumulation, zu dienen hat, existieren nur im Kreislauf des Kapitals, dessen Warenform die 10 000 Pfund Garn sind. Sie haben mit dem Verkauf als solchem nichts zu tun. Hier ist außerdem unterstellt, daß W′ zu seinem Wert verkauft wird, es sich also nur um seine Verwandlung aus Warenform in Geldform handelt. Für W′, als funktionelle Form im Kreislauf dieses einzelnen Kapitals, woraus das produktive Kapital ersetzt werden muß, ist es natürlich entscheidend, ob und wieweit Preis und Wert beim Verkauf voneinander abweichen, aber damit haben wir hier bei Betrachtung der bloßen Formunterschiede nichts zu schaffen.

In Form I, G ... G′, erscheint der Produktionsprozeß in der Mitte zwischen den zwei sich ergänzenden und einander entgegengesetzten Phasen der Zirkulation des Kapitals; er ist vergangen, bevor die abschließende Phase W′ – G′ eintritt. Geld ist als Kapital vorgeschossen, zuerst in die Produktionselemente, aus diesen in Warenprodukt verwandelt und dies Warenprodukt wieder in Geld umgesetzt. Es ist ein fertig abgeschloßner Geschäftszyklus, dessen Resultat das zu allem und jedem verwendbare Geld. Der Neubeginn ist so nur der Möglichkeit nach gegeben. G ... P ... G′ kann ebensowohl der letzte Kreislauf sein, der beim Rücktritt aus dem Geschäft die Funktion eines individuellen Kapitals abschließt, wie erster Kreislauf eines neu in Funktion tretenden Kapitals. Die allgemeine Bewegung ist hier G ... G′, von Geld zu mehr Geld.

In Form II, P ... W′ – G′ – W ... P (P′), folgt der gesamte Zirkulationsprozeß auf das erste P und geht dem zweiten vorher; er erfolgt aber in entgegengesetzter Ordnung wie in Form I. Das erste P ist das produktive Kapital, und seine Funktion der Produktionsprozeß, als Vorbedingung des nachfolgenden Zirkulationsprozesses. Das abschließende P dagegen ist nicht

* [1. Auflage: Wertkonstitution]

der Produktionsprozeß; es ist nur das Wiederdasein des industriellen Kapitals in seiner Form als produktives Kapital. Und zwar ist es dies als Resultat der in der letzten Zirkulationsphase vollzognen Verwandlung des Kapitalwerts in A + Pm, in die subjektiven und objektiven Faktoren, welche in ihrer Vereinigung die Daseinsform des produktiven Kapitals bilden. Das Kapital, sei es P oder P′, ist am Schluß wieder in einer Form fertig vorhanden, worin es von neuem als produktives Kapital fungieren, den Produktionsprozeß vollziehn muß. Die allgemeine Form der Bewegung, P ... P, ist die Form der Reproduktion und zeigt nicht, wie G ... G′, die Verwertung als Zweck des Prozesses an. Sie macht es deshalb der klassischen Ökonomie um so leichter, von der bestimmten kapitalistischen Form des Produktionsprozesses abzusehn und die Produktion als solche als Zweck des Prozesses darzustellen, so daß möglichst viel und wohlfeil zu produzieren und das Produkt gegen möglichst vielseitige andre Produkte auszutauschen sei, teils zur Erneuerung der Produktion (G – W), teils zur Konsumtion (g – w). Wobei denn, da G und g hier nur als verschwindendes Zirkulationsmittel erscheinen, die Eigentümlichkeiten sowohl des Geldes wie des Geldkapitals übersehn werden können, und der ganze Prozeß einfach und natürlich erscheint, d. h. die Natürlichkeit des flachen Rationalismus besitzt. Beim Warenkapital wird ebenso der Profit gelegentlich vergessen, und figuriert es, sobald vom Produktionskreislauf als Ganzem die Rede, nur als Ware; sobald aber von den Wertbestandteilen die Rede, als Warenkapital. Die Akkumulation erscheint natürlich in derselben Weise wie die Produktion.

In Form III, W′ – G′ – W ... P ... W′, eröffnen die zwei Phasen des Zirkulationsprozesses den Kreislauf, und zwar in derselben Ordnung wie in Form II, P ... P; es folgt dann P, und zwar wie in Form I mit seiner Funktion, dem Produktionsprozeß; mit dem Resultat des letztren, W′, schließt der Kreislauf. Wie in Form II mit P, als bloßem Wiederdasein des produktiven Kapitals, schließt er hier mit W′, als Wiederdasein des Warenkapitals; wie in Form II das Kapital in seine Schlußform P den Prozeß wieder beginnen muß als Produktionsprozeß, so muß hier mit dem Wiedererscheinen des industriellen Kapitals, in der Form von Warenkapital, der Kreislauf sich von neuem eröffnen mit der Zirkulationsphase W′ – G′. Beide Formen des Kreislaufs sind unvollendet, weil sie nicht mit G′, dem in *Geld* rückverwandelten, verwerteten Kapitalwert abschließen. Beide müssen also weiter fortgesetzt werden und schließen daher die Reproduktion ein. Der Gesamtkreislauf in Form III ist W′ ... W′.

Was die dritte Form von den beiden ersten unterscheidet, ist, daß nur in diesem Kreislauf der verwertete Kapitalwert, nicht der ursprüngliche, erst zu verwertende Kapitalwert als Ausgangspunkt seiner Verwertung erscheint. W′ als Kapitalverhältnis ist hier der Ausgangspunkt und wirkt als solches determinierend auf den ganzen Kreislauf ein, indem es sowohl den Kreislauf des Kapitalwerts als den des Mehrwerts schon in seiner ersten Phase einschließt, und der Mehrwert, wenn auch nicht in jedem einzelnen Kreislauf, doch in ihrem Durchschnitt, zum Teil als Revenue verausgabt werden, die Zirkulation w–g–w durchlaufen, zum Teil als Element der Kapitalakkumulation fungieren muß.

In der Form W′ . . . W′ ist die Konsumtion des gesamten Warenprodukts als Bedingung des normalen Verlaufs des Kreislaufs des Kapitals selbst vorausgesetzt. Die individuelle Konsumtion des Arbeiters und die individuelle Konsumtion des nicht akkumulierten Teils des Mehrprodukts umschließt die gesamte individuelle Konsumtion. Es geht also die Konsumtion ihrer Gesamtheit nach – als individuelle und als produktive Konsumtion – als Bedingung in den Kreislauf W′ ein. Die produktive Konsumtion (worin der Sache nach die individuelle Konsumtion des Arbeiters eingeschlossen, da Arbeitskraft beständiges Produkt, innerhalb gewisser Grenzen, der individuellen Konsumtion des Arbeiters) geschieht durch jedes individuelle Kapital selbst. Die individuelle Konsumtion – außer soweit zur Existenz des individuellen Kapitalisten nötig – ist nur unterstellt als gesellschaftlicher Akt, keineswegs als Akt des individuellen Kapitalisten.

In den Formen I und II stellt sich die Gesamtbewegung dar als Bewegung des vorgeschoßnen Kapitalwerts. In der Form III bildet das verwertete Kapital, in Gestalt des gesamten Warenprodukts, den Ausgangspunkt und besitzt die Form des sich bewegenden Kapitals, Warenkapitals. Erst nach seiner Verwandlung in Geld zweigt diese Bewegung sich ab in Kapitalbewegung und Revenuebewegung. Die Verteilung des gesellschaftlichen Gesamtprodukts, wie die besondre Verteilung des Produkts für jedes individuelle Warenkapital, einerseits in individuellen Konsumtionsfonds, andrerseits in Reproduktionsfonds, ist in dieser Form in den Kreislauf des Kapitals eingeschlossen.

In G . . . G′ ist mögliche Erweitrung des Kreislaufs eingeschlossen, je nach dem Umfang des g, das in den erneuerten Kreislauf eingeht.

In P . . . P kann P mit demselben Wert, vielleicht mit geringrem, den neuen Kreislauf beginnen und dennoch Reproduktion auf erweiterter Stufenleiter darstellen; wenn z. B. Warenelemente sich infolge gesteigerter Produktivität der Arbeit verwohlfeilern. Umgekehrt kann im entgegengesetzten Fall das dem Wert nach gewachsne produktive Kapital Reproduktion auf stofflich verengerter Stufenleiter darstellen, wenn z. B. Produktionselemente verteuert. Dasselbe gilt für W′ . . . W′.

In W′ . . . W′ ist Kapital in Warenform der Produktion vorausgesetzt; es kehrt wieder als Voraussetzung innerhalb dieses Kreislaufs im zweiten W. Ist dies W noch nicht produziert oder reproduziert, so ist der Kreislauf gehemmt; dies W muß reproduziert werden, größtenteils als W′ eines andren industriellen Kapitals. In diesem Kreislauf existiert W′ als Ausgangspunkt, Durchgangspunkt, Schlußpunkt der Bewegung, ist daher stets da. Es ist beständige Bedingung des Reproduktionsprozesses.

W′ . . . W′ unterscheidet sich durch ein andres Moment von den Formen I und II. Alle drei Kreisläufe haben das gemein, daß die Form, worin das Kapital seinen Kreislaufsprozeß eröffnet, auch die Form ist, worin es ihn schließt, und damit sich wieder in der Anfangsform befindet, worin es denselben Kreislauf neu eröffnet. Die Anfangsform G, P, W′ ist stets die Form, worin der Kapitalwert (in III mit dem ihm angewachsnen Mehrwert) vorgeschossen wird, also seine mit Bezug auf den Kreislauf ursprüngliche Form; die Schlußform G′, P, W′ ist jedesmal verwandelte Form einer im Kreislauf vorhergehenden funktionellen Form, welche nicht die ursprüngliche Form ist.

So ist G′ in I verwandelte Form von W′, das Schluß-P in II verwandelte Form von G (und in I und II wird diese Verwandlung durch einen einfachen Vorgang der Warenzirkulation, durch formellen Stellenwechsel von Ware und Geld bewirkt); in III ist W′ verwandelte Form von P, dem produktiven Kapital. Aber hier in III betrifft erstens die Verwandlung nicht nur die funktionelle Form des Kapitals, sondern auch seine Wertgröße; zweitens aber ist die Verwandlung das Resultat nicht eines dem Zirkulationsprozeß angehörigen, bloß formellen Stellenwechsels, sondern der wirklichen Verwandlung, welche Gebrauchsform und Wert der Warenbestandteile des produktiven Kapitals im Produktionsprozeß durchgemacht haben.

Die Form des Anfangsextrems G, P, W′ ist dem jedesmaligen Kreislauf I, II, III vorausgesetzt; die im Schlußextrem wiederkehrende Form ist gesetzt und daher bedingt durch die Metamorphosenreihe des Kreislaufs selbst. W′, als Schlußpunkt eines individuellen industriellen Kapitalkreislaufs, setzt nur die nicht der Zirkulation angehörige Form P desselben industriellen Kapitals voraus, dessen Produkt es ist. G′, als Schlußpunkt in I, als verwandelte Form von W′ (W′ – G′), setzt G voraus in der Hand des Käufers, als außerhalb des Kreislaufs G . . . G′ existierend und durch Verkauf von W′ in ihn hineingezogen und zu seiner eignen Schlußform gemacht. So setzt in II das Schluß-P voraus A und Pm (W) als außerhalb existierend und durch G – W ihm als Schlußform inkorporiert. Aber abgesehn von dem letzten Extrem, setzt weder der Kreislauf des individuellen Geldkapitals das Dasein des Geldkapitals überhaupt, noch der Kreislauf des individuellen produktiven Kapitals das des produktiven Kapitals in ihrem Kreislauf voraus. In I kann G das erste Geldkapital, in II P das erste produktive Kapital sein, das auf der geschichtlichen Bühne auftritt, aber in III

$$W'\begin{cases} W - \\ -G' \\ w - \end{cases}\!\!\begin{cases} G - W < {}^{A}_{Pm} \dots P \dots W' \\ \\ g - w \end{cases}$$

ist W zweimal außerhalb des Kreislaufs vorausgesetzt. Einmal im Kreislauf $W' - G' - W < {}^{A}_{Pm}$. Dies W, soweit es aus Pm besteht, ist Ware in der Hand des Verkäufers; es ist selbst Warenkapital, soweit es Produkt eines kapitalistischen Produktionsprozesses; und selbst wenn das nicht, erscheint es als Warenkapital in der Hand des Kaufmanns. Das andre Mal in dem zweiten w in w–g–w, das ebenfalls als Ware vorhanden sein muß, um gekauft werden zu können. Jedenfalls, ob Warenkapital oder nicht, sind A und Pm Waren so gut wie W' und verhalten sich zueinander als Waren. Dasselbe gilt von dem zweiten w in w–g–w. Soweit also W' = W (A + Pm), hat es Waren zu seinen eignen Bildungselementen und muß durch gleiche Waren in der Zirkulation ersetzt werden; wie auch in w–g–w das zweite w durch andre gleiche Waren in der Zirkulation zu ersetzen ist.

Auf Grundlage der kapitalistischen Produktionsweise, als herrschender, muß außerdem alle Ware in der Hand des Verkäufers Warenkapital sein. Sie fährt fort es zu sein in der Hand des Kaufmanns, oder wird es in seiner Hand, wenn sie es noch nicht war. Oder aber sie muß Ware sein – z. B. eingeführte Artikel –, welche ursprüngliches Warenkapital ersetzt, ihm daher nur eine andre Daseinsform gegeben hat.

Die Warenelemente A und Pm, woraus das produktive Kapital* P besteht, besitzen als Daseinsformen von P nicht dieselbe Gestalt wie auf den verschiednen Warenmärkten, auf denen sie zusammengesucht werden. Sie sind jetzt vereinigt, und in ihrer Verbindung können sie als produktives Kapital fungieren.

Daß nur in dieser Form III, innerhalb des Kreislaufs selbst, W als Voraussetzung von W erscheint, kommt daher, daß der Ausgangspunkt das Kapital in Warenform ist. Der Kreislauf wird eröffnet durch Umsatz von W' (soweit es als Kapitalwert fungiert, ob durch Zusatz von Mehrwert vergrößert oder nicht) in die Waren, die seine Produktionselemente bilden. Dieser Umsatz aber umfaßt den ganzen Zirkulationsprozeß W – G – W (= A +

* [1. Auflage: Element]

Pm) und ist dessen Resultat. Hier steht also W auf beiden Extremen, aber das zweite Extrem, das seine Form W durch G – W von außen aus dem Warenmarkt erhält, ist nicht letztes Extrem des Kreislaufs, sondern nur seiner zwei ersten, den Zirkulationsprozeß umfassenden Stadien. Sein Resultat ist P, dessen Funktion dann eintritt, der Produktionsprozeß. Erst als dessen Resultat, also nicht als Resultat des Zirkulationsprozesses, erscheint W' als Schluß des Kreislaufs und in derselben Form wie das Anfangsextrem W'. Dagegen in G ... G', P ... P sind die Schlußextreme G' und P unmittelbare Resultate des Zirkulationsprozesses. Hier sind also nur am Schluß das eine Mal G', das andre Mal P in andrer Hand vorausgesetzt. Soweit der Kreislauf zwischen den Extremen vorgeht, erscheint weder G in dem einen Fall, noch P in dem andren – das Dasein von G, als fremdem Geld, von P, als fremdem Produktionsprozeß – als Voraussetzung dieser Kreisläufe. W' ... W' dagegen setzt W (= A + Pm) als fremde Waren in fremder Hand voraus, die durch den einleitenden Zirkulationsprozeß in den Kreislauf gezogen und in das produktive Kapital verwandelt werden, als Resultat von dessen Funktion nun W' wieder Schlußform des Kreislaufs wird.

Aber eben weil der Kreislauf W' ... W' innerhalb seiner Beschreibung andres industrielles Kapital in Form von W (= A + Pm) voraussetzt (und Pm umschließt verschiedenartige andre Kapitale, z. B. in unserm Fall Maschinen, Kohlen, Öl etc.), fordert er selbst dazu heraus, ihn zu betrachten nicht nur als *allgemeine* Form des Kreislaufs, d. h. als eine gesellschaftliche Form, worunter jedes einzelne industrielle Kapital (außer bei seiner ersten Anlage) betrachtet werden kann, daher nicht nur als eine allen individuellen industriellen Kapitalen gemeinsame Bewegungsform, sondern zugleich als Bewegungsform der Summe der individuellen Kapitale, also des Gesamtkapitals der Kapitalistenklasse, eine Bewegung, worin die jedes individuellen industriellen Kapitals nur als eine Teilbewegung erscheint, die mit der andren sich verschlingt und durch sie bedingt wird. Betrachten wir z. B. das jährliche Gesamtwarenprodukt eines Landes und analysieren die Bewegung, wodurch ein Teil desselben das produktive Kapital in allen individuellen Geschäften ersetzt, ein andrer Teil in die individuelle Konsumtion der verschiednen Klassen eingeht, so betrachten wir W' ... W' als Bewegungsform sowohl des gesellschaftlichen Kapitals, als des von diesem erzeugten Mehrwerts, resp. Mehrprodukts. Daß das gesellschaftliche Kapital = Summe der individuellen Kapitale (inkl. der Aktienkapitale resp. des Staatskapitals, soweit Regierungen produktive Lohnarbeit in Bergwerken, Eisenbahnen etc. anwenden, als industrielle Kapitalisten fungieren), und daß die Gesamtbewegung des gesellschaftlichen Kapitals = der algebraischen Summe der Bewegungen der individuellen Kapitale ist, schließt in keiner Weise aus, daß diese Bewegung als Bewegung des vereinzelten individuellen Kapitals andre Phänomene darbietet, als dieselbe Bewegung, wenn sie unter dem Gesichtspunkt eines Teils der Gesamtbewegung des gesellschaftlichen Kapitals, also in ihrem Zusammenhang mit den Bewegungen seiner andren Teile betrachtet wird, und daß sie zugleich Probleme löst, deren Lösung bei der Betrachtung des Kreislaufs eines einzelnen individuellen Kapitals vorausgesetzt werden muß, statt sich daraus zu ergeben.

W'... W' ist der einzige Kreislauf, worin der ursprünglich vorgeschossene Kapitalwert nur einen Teil des die Bewegung eröffnenden Extrems bildet und die Bewegung von vornherein sich so als Totalbewegung des industriellen Kapitals ankündigt; sowohl des Produktteils, der das produktive Kapital ersetzt, als des Produktteils, der Mehrprodukt bildet und der durchschnittlich teils als Revenue verausgabt wird, teils als Element der Akkumulation zu dienen hat. Soweit die Verausgabung von Mehrwert als Revenue in diesen Kreislauf eingeschlossen, soweit ist es auch die individuelle Konsumtion. Diese letztre ist aber auch ferner dadurch eingeschlossen, daß der Ausgangspunkt W, Ware, existiert als irgendein beliebiger Gebrauchsartikel; jeder kapitalistisch produzierte Artikel ist aber Warenkapital, gleichgültig ob seine Gebrauchsform ihn bestimmt für produktive oder für individuelle Konsumtion, oder für beide. G...G' zeigt nur hin auf die Wertseite, die Verwertung des vorgeschoßnen Kapitalwerts als Zweck des ganzen Prozesses; P ... P (P') auf den Produktionsprozeß des Kapitals als Reproduktionsprozeß mit gleichbleibender oder wachsender Größe des produktiven Kapitals (Akkumulation); W' ... W', während es schon in seinem Anfangsextrem sich als Gestalt der kapitalistischen Warenproduktion ankündigt, umschließt produktive und individuelle Konsumtion von vornherein; die produktive Konsumtion und die darin eingeschloßne Verwertung erscheint nur als Zweig seiner Bewegung. Endlich, da W' existieren kann in Gebrauchsform, die nicht wieder in irgendeinen Produktionsprozeß eingehn kann, so ist von vornherein angezeigt, daß die verschiednen in Produktteilen ausgedrückten Wertbestandteile von W' eine andre Stelle einnehmen müssen, je nachdem W'... W' als Form der Bewegung des gesellschaftlichen Gesamtkapitals oder als selbständige Bewegung eines individuellen industriellen Kapitals gilt. In allen diesen seinen Eigentümlichkeiten weist dieser Kreislauf über sich selbst hinaus als vereinzelten Kreislauf eines bloß individuellen Kapitals.

In Figur W'... W' erscheint die Bewegung des Warenkapitals, d. h. des kapitalistisch produzierten Gesamtprodukts, sowohl als Voraussetzung des selbständigen Kreislaufs des individuellen Kapitals, wie ihrerseits durch denselben bedingt. Wird diese Figur daher in ihrer Eigentümlichkeit aufgefaßt, so genügt es nicht mehr, sich dabei zu beruhigen, daß die Metamorphosen W′ – G′ und G – W einerseits funktionell bestimmte Abschnitte in der Metamorphose des Kapitals sind, andrerseits Glieder der allgemeinen Warenzirkulation. Es wird notwendig, die Verschlingungen der Metamorphosen eines individuellen Kapitals mit denen andrer individuellen Kapitale und mit dem für den individuellen Konsum bestimmten Teil des Gesamtprodukts klarzulegen. Bei Analyse des Kreislaufs des individuellen industriellen Kapitals legen wir daher vorzugsweise die beiden ersten Formen zugrunde.

Als Form eines einzelnen individuellen Kapitals erscheint der Kreislauf W′ ... W′ z. B. in der Agrikultur, wo von Ernte zu Ernte gerechnet wird. In Figur II wird von der Aussaat, in Figur III von der Ernte ausgegangen, oder wie die Physiokraten sagen, in der ersteren von den avances, in der letzteren von den reprises. Die Bewegung des Kapitalwerts erscheint in III von vornherein nur als Teil der Bewegung der allgemeinen Produktenmasse, während in I und II die Bewegung von W′ nur ein Moment in der Bewegung eines vereinzelten Kapitals bildet.

In Figur III bilden auf dem Markt befindliche Waren die beständige Voraussetzung des Produktions- und Reproduktionsprozesses. Fixiert man daher diese Figur, so scheinen alle Elemente des Produktionsprozesses aus der Warenzirkulation herzukommen und nur aus Waren zu bestehn. Diese einseitige Auffassung übersieht die von den Warenelementen unabhängigen Elemente des Produktionsprozesses.

Da in W′ ... W′ das Gesamtprodukt (der Gesamtwert) Ausgangspunkt ist, so zeigt sich hier, daß (abgesehn vom auswärtigen Handel) Reproduktion auf erweiterter Stufenleiter, bei sonst gleichbleibender Produktivität, nur stattfinden kann, wenn in dem zu kapitalisierenden Teil des Mehrprodukts die stofflichen Elemente des zusätzlichen produktiven Kapitals bereits enthalten sind; daß also, soweit die Produktion eines Jahres der des folgenden zur Voraussetzung dient, oder soweit dies gleichzeitig mit dem einfachen Reproduktionsprozeß innerhalb eines Jahres geschehn kann, Mehrprodukt sofort produziert wird in der Form, die es befähigt, als zuschüssiges Kapital zu fungieren. Vermehrte Produktivität kann nur den Kapitalstoff vermehren, ohne dessen Wert zu erhöhn; sie bildet aber damit zusätzliches Material für die Verwertung.

W′ ... W′ liegt dem Tableau économique Quesnays zugrunde, und es zeigt großen und richtigen Takt, daß er im Gegensatz zu G ... G′ (der isoliert festgehaltenen Form des Merkantilsystems) diese Form und nicht P ... P wählte.

Viertes Kapitel: DIE DREI FIGUREN DES KREISLAUFSPROZESSES

Die drei Figuren können dargestellt werden, wenn Ck für den Gesamtzirkulationsprozeß steht:

I) G – W . . . P . . . W′ – G′
II) P . . . Ck . . . P
III) Ck . . . P (W′).

Fassen wir alle drei Formen zusammen, so erscheinen alle Voraussetzungen des Prozesses als sein Resultat, als von ihm selbst produzierte Voraussetzung. Jedes Moment erscheint als Ausgangspunkt, Durchgangspunkt und Punkt der Rückkehr. Der Gesamtprozeß stellt sich dar als Einheit von Produktionsprozeß und Zirkulationsprozeß; der Produktionsprozeß wird Vermittler des Zirkulationsprozesses und umgekehrt.

Allen drei Kreisläufen ist gemeinsam: Verwertung des Werts als bestimmender Zweck, als treibendes Motiv. In I ist das in der Form ausgedrückt. Form II beginnt mit P, dem Verwertungsprozeß selbst. In III beginnt der Kreislauf mit dem verwerteten Wert und schließt mit neu verwertetem Wert, selbst wenn die Bewegung auf gleichbleibender Stufe wiederholt wird.

Soweit W – G für den Käufer G – W, und G – W für den Verkäufer W – G, stellt die Zirkulation des Kapitals nur die gewöhnliche Warenmetamorphose dar, und gelten die bei derselben (Buch I, Kap. III, 2) entwickelten Gesetze über die Masse des zirkulierenden Geldes. Wird aber nicht an dieser formellen Seite festgehalten, sondern der reale Zusammenhang der Metamorphosen der verschiednen individuellen Kapitale betrachtet, also in der Tat der Zusammenhang der Kreisläufe der individuellen Kapitale als der Teilbewegungen des Reproduktionsprozesses des gesellschaftlichen Gesamtkapitals, so kann dieser nicht aus dem bloßen Formwechsel von Geld und Ware erklärt werden.

In einem beständig rotierenden Kreis ist jeder Punkt zugleich Ausgangspunkt und Punkt der Rückkehr. Unterbrechen wir die Rotation, so ist nicht jeder Ausgangspunkt Punkt der Rückkehr. So haben wir gesehn, daß nicht nur jeder besondre Kreislauf den andern (implizite) voraussetzt, sondern auch, daß die Wiederholung des Kreislaufs in einer Form die Beschreibung des Kreislaufs in den andren Formen einbegreift. So stellt sich der ganze Unterschied als ein bloß formaler dar, oder auch als ein bloß subjektiver, nur für den Betrachter bestehender Unterschied.

Sofern jeder dieser Kreisläufe als besondre Form der Bewegung betrachtet wird, worin sich verschiedne individuelle industrielle Kapitale befinden, so existiert auch diese Verschiedenheit immer nur als eine individuelle. In Wirklichkeit aber befindet sich jedes individuelle industrielle Kapital in allen dreien zugleich. Die drei Kreisläufe, die Reproduktionsformen der drei Gestalten des Kapitals, vollziehn sich kontinuierlich nebeneinander. Ein Teil des Kapitalwerts z. B., der jetzt als Warenkapital fungiert, verwandelt sich in Geldkapital, aber gleichzeitig tritt ein andrer Teil aus dem Produktionsprozeß in die Zirkulation als neues Warenkapital. So wird die Kreisform W′ ... W′ beständig beschrieben; ebenso die beiden andren Formen. Die Reproduktion des Kapitals in jeder seiner Formen und jedem seiner Stadien ist ebenso kontinuierlich, wie die Metamorphose dieser Formen und der sukzessive Verlauf durch die drei Stadien. Hier ist also der gesamte Kreislauf wirkliche Einheit seiner drei Formen.

In unsrer Betrachtung wurde unterstellt, daß der Kapitalwert seiner gesamten Wertgröße nach ganz als Geldkapital oder als produktives Kapital oder als Warenkapital auftritt. So hatten wir z. B. die 422 Pfd.St. zuerst ganz als Geldkapital, dann ebenso ihrem ganzen Umfang nach in produktives Kapital verwandelt, endlich als Warenkapital: Garn zum Wert von 500 Pfd.St. (worin 78 Pfd.St. Mehrwert). Hier bilden die verschiednen Stadien ebensoviele Unterbrechungen. Solange z. B. die 422 Pfd.St. in Geldform verharren, d. h. bis die Käufe G – W (A + Pm) vollzogen, existiert und fungiert das gesamte Kapital nur als Geldkapital. Sobald es in produktives Kapital verwandelt, fungiert es weder als Geldkapital noch als Warenkapital. Sein gesamter Zirkulationsprozeß ist unterbrochen, wie andrerseits sein gesamter Produktionsprozeß unterbrochen ist, sobald es in einem der beiden Zirkulationsstadien fungiert, sei es als G oder W′. So würde sich also der Kreislauf P ... P nicht nur als periodische Erneuerung des produktiven Kapitals darstellen, sondern ebensosehr als Unterbrechung seiner Funktion, des Produktionsprozesses, bis der Zirkulationsprozeß zurückgelegt; statt kontinuierlich erfolgte die Produktion ruckweise und erneuerte sich nur nach Zeitabschnitten von zufälliger Dauer, je nachdem die beiden Stadien des Zirkulationsprozesses rascher oder langsamer absolviert werden. So z. B. bei einem chinesischen Handwerker, der bloß für Privatkunden arbeitet und dessen Produktionsprozeß aufhört, bis die Bestellung erneuert wird.

In der Tat gilt dies für jeden einzelnen, in Bewegung befindlichen Kapitalteil, und alle Teile des Kapitals machen der Reihe nach diese Bewegung durch. Z. B. die 10 000 Pfund Garn sind das Wochenprodukt eines Spinners. Diese 10 000 Pfund Garn treten ganz aus der Produktionssphäre hinaus in die Zirkulationssphäre; der in ihm enthaltne Kapitalwert muß ganz in Geldkapital verwandelt werden, und solange er in der Form von Geldkapital

verharrt, kann er nicht von neuem in den Produktionsprozeß eingehn; er muß vorher in die Zirkulation eintreten und in die Elemente des produktiven Kapitals A + Pm rückverwandelt werden. Der Kreislaufsprozeß des Kapitals ist beständige Unterbrechung, Verlassen eines Stadiums, Eintreten in das nächste; Abstreifen einer Form, Dasein in einer andren; jedes dieser Stadien bedingt nicht nur das andre, sondern schließt es zugleich aus.
Kontinuität ist aber das charakteristische Merkmal der kapitalistischen Produktion und durch ihre technische Grundlage bedingt, wenn auch nicht immer unbedingt erreichbar. Sehn wir also, wie die Sache in der Wirklichkeit zugeht. Während z. B. die 10 000 Pfund Garn als Warenkapital auf den Markt treten und ihre Verwandlung in Geld (sei dies nun Zahlungsmittel, Kaufmittel oder gar nur Rechengeld) vollziehn, tritt neue Baumwolle, Kohle etc. im Produktionsprozeß an ihre Stelle, hat also schon aus Geldform und Warenform sich wieder in die Form des produktiven Kapitals rückverwandelt und beginnt ihre Funktion als solches; während zur selben Zeit, wo die ersten 10 000 Pfund Garn in Geld umgesetzt werden, frühere 10 000 Pfund Garn schon das zweite Stadium ihrer Zirkulation beschreiben und sich aus Geld in die Elemente des produktiven Kapitals rückverwandeln. Alle Teile des Kapitals machen den Kreislaufsprozeß der Reihe nach durch, befinden sich gleichzeitig in verschiednen Stadien desselben. So befindet sich das industrielle Kapital in der Kontinuität seines Kreislaufs gleichzeitig in allen seinen Stadien und den ihnen entsprechenden verschiednen Funktionsformen. Für den Teil, der zum ersten Mal aus Warenkapital sich in Geld verwandelt, ist der Kreislauf W′ ... W′ eröffnet, während für das industrielle Kapital, als sich bewegendes Ganze, der Kreislauf W′ ... W′ durchlaufen ist. Mit der einen Hand wird Geld vorgeschossen, mit der andren eingenommen; die Eröffnung des Kreislaufs G ... G′ auf einem Punkt ist zugleich seine Rückkehr auf einem andren. Das gleiche gilt für das produktive Kapital.
Der wirkliche Kreislauf des industriellen Kapitals in seiner Kontinuität ist daher nicht nur Einheit von Zirkulations- und Produktionsprozeß, sondern Einheit aller seiner drei Kreisläufe. Solche Einheit kann er aber nur sein, sofern jeder verschiedne Teil des Kapitals sukzessive die einander folgenden Phasen des Kreislaufs durchmessen, aus einer Phase, einer Funktionsform in die andre übergehn kann, das industrielle Kapital, als Ganzes dieser Teile, sich also gleichzeitig in den verschiednen Phasen und Funktionen befindet, und so alle drei Kreisläufe gleichzeitig beschreibt. Das Nacheinander jedes Teils ist hier bedingt durch das Nebeneinander der Teile, d. h. durch die Teilung des Kapitals. So befindet sich in dem gegliederten Fabriksystem das Produkt ebenso fortwährend auf den verschiednen Stufen seines Bil-

dungsprozesses, wie im Übergang aus einer Produktionsphase in die andre. Da das individuelle industrielle Kapital eine bestimmte Größe darstellt, die abhängig ist von den Mitteln des Kapitalisten und die für jeden Industriezweig eine bestimmte Minimalgröße hat, so müssen bestimmte Verhältniszahlen bei seiner Teilung bestehn. Die Größe des vorhandnen Kapitals bedingt den Umfang des Produktionsprozesses, dieser den Umfang von Warenkapital und Geldkapital, soweit sie neben dem Produktionsprozeß fungieren. Das Nebeneinander, wodurch die Kontinuität der Produktion bedingt wird, existiert aber nur durch die Bewegung der Teile des Kapitals, worin sie nacheinander die verschiednen Stadien* beschreiben. Das Nebeneinander ist selbst nur Resultat des Nacheinander. Stockt z. B. W' – G' für einen Teil, ist die Ware unverkäuflich, so ist der Kreislauf dieses Teils unterbrochen und der Ersatz durch seine Produktionsmittel wird nicht vollzogen; die nachfolgenden Teile, die als W' aus dem Produktionsprozeß hervorgehn, finden ihren Funktionswechsel durch ihre Vorgänger gesperrt. Dauert dies einige Zeit fort, so wird die Produktion eingeschränkt und der ganze Prozeß zum Stillstand gebracht. Jede Stockung des Nacheinander bringt das Nebeneinander in Unordnung, jede Stockung in einem Stadium bewirkt größre oder geringre Stockung im gesamten Kreislauf nicht nur des stockenden Kapitals, sondern auch des gesamten individuellen Kapitals.

Die nächste Form, worin sich der Prozeß darstellt, ist die einer Sukzession von Phasen, so daß der Übergang des Kapitals in eine neue Phase durch sein Verlassen der andren bedingt ist. Jeder besondre Kreislauf hat daher auch eine der Funktionsformen des Kapitals zum Ausgangspunkt und Rückkehrpunkt. Andrerseits ist der Gesamtprozeß in der Tat die Einheit der drei Kreisläufe, die die verschiednen Formen sind, in denen die Kontinuität des Prozesses sich ausdrückt. Der Gesamtkreislauf stellt sich für jede Funktionsform des Kapitals als ihr spezifischer Kreislauf dar, und zwar bedingt jeder dieser Kreisläufe die Kontinuität des Gesamtprozesses; der Zirkellauf der einen funktionellen Form bedingt den andren**. Es ist eine notwendige Bedingung für den Gesamtproduktionsprozeß, besonders für das gesellschaftliche Kapital, daß er zugleich Reproduktionsprozeß, und daher Kreislauf jedes seiner Momente ist. Verschiedne Bruchteile des Kapitals durchlaufen sukzessiv die verschiednen Stadien und Funktionsformen. Jede Funktionsform, obgleich sich stets ein andrer Teil des Kapitals darin darstellt, durchläuft dadurch gleichzeitig mit den andren ihren eignen Kreislauf. Ein Teil des Kapitals, aber ein stets wechselnder, stets reproduziert, exi-

* [1. Auflage: die verschiednen Stadien des Kreislaufs]
** [1. Auflage: den der andren]

stiert als Warenkapital, das sich in Geld verwandelt; ein andrer als Geldkapital, das sich in produktives verwandelt; ein dritter als produktives Kapital, das sich in Warenkapital verwandelt. Das beständige Vorhandensein aller drei Formen ist vermittelt durch den Kreislauf des Gesamtkapitals durch eben diese drei Phasen.

Als Ganzes befindet sich das Kapital dann gleichzeitig, räumlich nebeneinander, in seinen verschiednen Phasen. Aber jeder Teil geht beständig der Reihe nach aus der einen Phase, aus der einen Funktionsform in die andre über, fungiert so der Reihe nach in allen. Die Formen sind so fließende Formen, deren Gleichzeitigkeit durch ihr Nacheinander vermittelt ist. Jede Form folgt der andren nach und geht ihr vorher, so daß die Rückkehr des einen Kapitalteils zu einer Form durch die Rückkehr des andren zu einer andren Form bedingt ist. Jeder Teil beschreibt fortwährend seinen eignen Umlauf, aber es ist stets ein andrer Teil des Kapitals, der sich in dieser Form befindet, und diese besondren Umläufe bilden nur gleichzeitige und sukzessive Momente des Gesamtverlaufs.*

Nur in der Einheit der drei Kreisläufe ist die Kontinuität des Gesamtprozesses verwirklicht statt der oben geschilderten Unterbrechung. Das gesellschaftliche Gesamtkapital besitzt stets diese Kontinuität und besitzt sein Prozeß stets die Einheit der drei Kreisläufe.

Für individuelle Kapitale wird die Kontinuität der Reproduktion stellenweise mehr oder minder unterbrochen. Erstens sind die Wertmassen häufig zu verschiednen Epochen in ungleichen Portionen auf die verschiednen Stadien und Funktionsformen verteilt. Zweitens können sich je nach dem Charakter der zu produzierenden Ware, also je nach der besondren Produktionssphäre, worin das Kapital angelegt ist, diese Portionen verschieden

---

* [In der 1. Auflage folgt hier der Absatz: Der prozessierende Kapitalwert durchläuft immer in einer zeitlichen Reihenfolge seine verschiednen Phasen, ob er nun jedesmal ganz nur in einer Form fungiere und sich in einem bestimmten Stadium aufhalte, um dann ganz in das nächstfolgende Stadium und die ihr entsprechende Form überzutreten, oder ob durch Verteilung des Kapitalwerts in die verschiednen Formen und Phasen Gleichzeitigkeit und räumliches Nebeneinander seiner verschiednen Formen und Prozesse stattfinde. Im letztren Fall ist es nur die zeitliche Aufeinanderfolge der Phasen, wodurch ihre Gleichzeitigkeit oder ihr räumliches Nebeneinander möglich wird. Bestimmte Wertteile des Kapitals machen hier sukzessive, nicht zur selben Zeit, die Reihenfolge durch, so daß während ein Teil ein Stadium verläßt, der andre darin eintritt; und also erstens der gesamte Kapitalwert, wenn auch stückweis, die ganze Reihenfolge zeitlich durchläuft; und zweitens die gleichzeitigen oder räumlich nebeneinander vorhandnen Prozesse der verschiednen Teile des Kapitalwerts durch die Sukzession der Prozesse des Gesamtkapitals und die jedes seiner Teile vermittelt werden und eine gleichzeitige prozessierende Einheit bilden.]

verteilen. Drittens kann die Kontinuität mehr oder weniger unterbrochen werden in Produktionszweigen, die von der Jahreszeit abhängen, sei es infolge von Naturbedingungen (Agrikultur, Heringsfang etc.), sei es infolge konventioneller Umstände, wie z. B. bei sogenannten Saisonarbeiten. Am regelmäßigsten und uniformsten verläuft der Prozeß in der Fabrik und im Bergbau. Aber diese Verschiedenheit der Produktionszweige bewirkt keine Verschiedenheit in den allgemeinen Formen des Kreislaufsprozesses.

Das Kapital als sich verwertender Wert umschließt nicht nur Klassenverhältnisse, einen bestimmten gesellschaftlichen Charakter, der auf dem Dasein der Arbeit als Lohnarbeit ruht. Es ist eine Bewegung, ein Kreislaufsprozeß durch verschiedne Stadien, der selbst wieder drei verschiedne Formen des Kreislaufsprozesses einschließt. Es kann daher nur als Bewegung und nicht als ruhendes Ding begriffen werden. Diejenigen, die die Verselbständigung des Werts als bloße Abstraktion betrachten, vergessen, daß die Bewegung des industriellen Kapitals diese Abstraktion in actu ist. Der Wert durchläuft hier verschiedne Formen, verschiedne Bewegungen, in denen er sich erhält und zugleich verwertet, vergrößert. Da wir es hier zunächst mit der bloßen Bewegungsform zu tun haben, werden die Revolutionen nicht berücksichtigt, die der Kapitalwert in seinem Kreislaufsprozeß erleiden kann; aber es ist klar, daß trotz aller Wertrevolutionen die kapitalistische Produktion nur solange existiert und fortexistieren kann, als der Kapitalwert verwertet wird, d. h. als verselbständigter Wert seinen Kreislaufsprozeß beschreibt, solange also die Wertrevolutionen in irgendeiner Art überwältigt und ausgeglichen werden. Die Bewegungen des Kapitals erscheinen als Aktionen des einzelnen industriellen Kapitalisten in der Weise, daß er als Waren- und Arbeitkäufer, Warenverkäufer und produktiver Kapitalist fungiert, durch seine Tätigkeit also den Kreislauf vermittelt. Erleidet der gesellschaftliche Kapitalwert eine Wertrevolution, so kann es vorkommen, daß sein individuelles Kapital ihr erliegt und untergeht, weil es die Bedingungen dieser Wertbewegung nicht erfüllen kann. Je akuter und häufiger die Wertrevolutionen werden, desto mehr macht sich die automatische, mit der Gewalt eines elementaren Naturprozesses wirkende Bewegung des verselbständigten Werts geltend gegenüber der Voraussicht und Berechnung des einzelnen Kapitalisten, desto mehr wird der Lauf der normalen Produktion untertan der anormalen Spekulation, desto größer wird die Gefahr für die Existenz der Einzelkapitale. Diese periodischen Wertrevolutionen bestätigen also, was sie angeblich widerlegen sollen: die Verselbständigung, die der Wert als Kapital erfährt und durch seine Bewegung forterhält und verschärft.

Diese Reihenfolge der Metamorphosen des prozessierenden Kapitals schließt fortwährende Vergleichung der im Kreislauf vollbrachten Veränderung der Wertgröße des Kapitals ein mit dem ursprünglichen Wert. Wenn die Verselbständigung des Werts gegenüber der wertbildenden Kraft, der Arbeitskraft, im Akt G – A (Kauf der Arbeitskraft) eingeleitet und während des Produktionsprozesses als Exploitation der Arbeitskraft verwirklicht wird, so erscheint diese Verselbständigung des Werts nicht wieder in diesem Kreislauf, worin Geld, Ware, Produktionselemente, nur abwechselnde Formen des prozessierenden Kapitalwerts sind, und die vergangne Wertgröße mit der gegenwärtigen veränderten des Kapitals sich vergleicht.

»Value«, sagt Bailey gegen die Verselbständigung des Werts, welche die kapitalistische Produktionsweise charakterisiert, und die er als Illusion gewisser Ökonomen traktiert, »value is a relation between cotemporary commodities, because such only admit of being exchanged with each other.« Dies sagt er gegen den Vergleich von Warenwerten in verschiednen Zeitepochen, ein Vergleich, der, den Geldwert einmal für jede Epoche fixiert, nur eine Vergleichung der in den verschiednen Epochen erforderlichen Ausgabe von Arbeit für Produktion derselben Sorte Waren bedeutet. Es entspringt dies seinem allgemeinen Mißverständnis, wonach Tauschwert = Wert, die Form des Werts der Wert selbst ist; Warenwerte also nicht mehr vergleichbar sind, sobald sie nicht aktiv als Tauschwerte fungieren, also nicht realiter gegeneinander ausgetauscht werden können. Er ahnt also nicht im geringsten, daß Wert nur als Kapitalwert oder Kapital fungiert, sofern er in den verschiednen Phasen seines Kreislaufs, die keineswegs cotemporary sind, sondern nacheinander fallen, mit sich selbst identisch bleibt und mit sich selbst verglichen wird.

Um die Formel des Kreislaufs rein zu betrachten, genügt es nicht zu unterstellen, daß die Waren zu ihrem Wert verkauft werden, sondern daß dies unter sonst gleichbleibenden Umständen geschieht. Nehmen wir z. B. die Form P ... P, abgesehn von allen technischen Revolutionen innerhalb des Produktionsprozesses, die das produktive Kapital eines bestimmten Kapitalisten entwerten können; abgesehn ebenfalls von allem Rückschlag eines Wechsels der Wertelemente des produktiven Kapitals auf den Wert des vorhandnen Warenkapitals, der gesteigert oder gesenkt werden kann, wenn Vorrat davon vorhanden. W', die 10 000 Pfund Garn, seien zu ihrem Wert von 500 Pfd.St. verkauft; 8440 Pfund = 422 Pfd.St. ersetzen den in W' enthaltnen Kapitalwert. Ist aber der Wert von Baumwolle, Kohle etc. gestiegen (da wir hier von bloßen Preisschwankungen absehn), so reichen vielleicht diese 422 Pfd.St. nicht hin, um die Elemente des produktiven Kapitals ganz zu ersetzen; es ist zuschüssiges Geldkapital nötig, Geldkapital wird gebunden. Umgekehrt, wenn jene Preise gefallen; Geldkapital wird freigesetzt. Ganz normal verläuft der Prozeß nur, wenn die Wertverhältnisse konstant bleiben; er verläuft faktisch, solange sich Störungen in der Wiederholung des Kreislaufs ausgleichen; je größer die Störungen, um so größres Geldkapital muß der industrielle Kapitalist besitzen, um die Ausgleichung abwarten zu können; und da im Fortgang der kapitalistischen Produktion sich die Stufenleiter jedes individuellen Produktionsprozesses, und mit ihm die Minimalgröße des vorzuschießenden Kapitals erweitert, so kommt jener Umstand zu den andren, die die Funktion des industriellen Kapitalisten mehr und mehr in ein Monopol großer Geldkapitalisten, vereinzelter oder assoziierter, verwandeln.

Es ist hier beiläufig zu bemerken: Tritt ein Wertwechsel der Produktionselemente ein, so zeigt sich ein Unterschied zwischen der Form G ... G' einerseits und P ... P und W' ... W'* andrerseits.

In G .. G', als der Formel des neu angelegten Kapitals, das zuerst als Geldkapital auftritt, wird ein Fall im Wert der Produktionsmittel, z. B. Rohmaterialien, Hilfsstoffe etc., geringre Auslage von Geldkapital erheischen, als vor dem Fall, um ein Geschäft von bestimmtem Umfang zu eröffnen, da der Umfang des Produktionsprozesses (bei gleichbleibender Entwicklung der Produktionskraft) von der Masse und dem Umfang der Produktionsmittel abhängt, die eine gegebne Menge Arbeitskraft bewältigen kann; aber weder von dem Wert dieser Produktionsmittel, noch von dem der Arbeitskraft (letztrer hat nur Einfluß auf die Größe der Verwertung). Umgekehrt. Findet eine Werterhöhung in den Produktionselementen** der Waren statt, welche die Elemente des produktiven Kapitals bilden, so ist mehr Geldkapital nötig, um ein Geschäft von gegebnem Umfang zu gründen. In beiden Fällen wird nur die Menge des neu anzulegenden Geldkapitals affiziert; im ersten wird Geldkapital überschüssig, im zweiten wird Geldkapital gebunden, wofern der Zuwachs neuer individueller industrieller Kapitale in gewohnter Weise in einem gegebnen Produktionszweig vorangeht.

Die Kreisläufe P ... P und W' ... W' stellen sich selbst nur soweit als G ... G' dar, als die Bewegung von P und W' zugleich Akkumulation ist, also zuschüssiges g, Geld, in Geldkapital verwandelt wird. Abgesehn hiervon, werden sie anders affiziert als G ... G' durch Wertwechsel der Elemente des produktiven Kapitals; wir sehn hier wieder ab von der Rückwirkung solches Wertwechsels auf die im Produktionsprozeß begriffnen Bestandteile des Kapitals. Es ist hier nicht die ursprüngliche Auslage, die direkt affiziert

* [1. Auflage: P ... P' und W ... W']

** [1. Auflage: Findet eine Werterhöhung in allen oder einzelnen Produktionselementen] wird, sondern ein in seinem Reproduktionsprozeß, nicht in seinem ersten Kreislauf, begriffnes industrielles Kapital; also W' ... $W <^{A}_{Pm}$, der Rückumsatz des Warenkapitals in seine Produktionselemente, soweit diese aus Waren bestehn. Beim Wertfall (resp. Preisfall) sind drei Fälle möglich: der Reproduktionsprozeß wird auf derselben Stufenleiter fortgesetzt; dann wird ein Teil des bisherigen Geldkapitals freigesetzt, und es findet Anhäufung von Geldkapital statt, ohne daß wirkliche Akkumulation (Produktion auf erweiterter Stufenleiter) oder die sie einleitende und begleitende Verwandlung von g (Mehrwert) in Akkumulationsfonds stattgefunden; oder der Reproduktionsprozeß wird auf größrer Stufenleiter erweitert, als sonst geschehn wäre, falls die technischen Proportionen dies erlauben; oder aber es findet größre Vorratbildung von Rohmaterialien etc. statt.

Umgekehrt bei Steigen des Werts der Ersatzelemente des Warenkapitals. Die Reproduktion findet dann nicht mehr in ihrem normalen Umfang statt (es wird z. B. kürzre Zeit gearbeitet); oder es muß zuschüssiges Geldkapital eintreten, um sie auf ihrem alten Umfang fortzusetzen (Bindung von Geldkapital); oder der Akkumulations-Geldfonds, wenn vorhanden, dient ganz oder teilweise, statt zur Erweitrung des Reproduktionsprozesses, zu seinem Betrieb auf der alten Stufenleiter. Es ist dies auch Bindung von Geldkapital, nur daß hier das zuschüssige Geldkapital nicht von außen her, vom Geldmarkt, sondern aus den Mitteln des industriellen Kapitalisten selbst herkommt.

Es können aber bei P ... P, W' ... W' modifizierende Umstände stattfinden. Hat unser Baumwollspinner z. B. großen Vorrat von Baumwolle (also großen Teil seines produktiven Kapitals in Form von Baumwollvorrat), so wird ein Teil seines produktiven Kapitals entwertet durch einen Fall der Baumwollpreise; sind letztre dagegen gestiegen, so findet Wertsteigerung dieses Teils seines produktiven Kapitals statt. Andrerseits, hat er große Massen in der Form des Warenkapitals fixiert, z. B. in Baumwollgarn, so wird beim Fall der Baumwolle ein Teil seines Warenkapitals, also überhaupt seines im Kreislauf befindlichen Kapitals, entwertet; umgekehrt beim Steigen der Baumwollpreise. Endlich in dem Prozeß $W' - G - W <^{A}_{Pm}$: wenn W' – G, Realisierung des Warenkapitals, stattgefunden hat vor dem Wertwechsel in den Elementen von W, so wird das Kapital nur in der im ersten Fall betrachteten Weise affiziert, nämlich im zweiten Zirkulationsakt $G - W <^{A}_{Pm}$; wenn aber vor Vollziehung von W' – G, so bewirkt bei sonst gleichbleibenden Umständen der Fall im Preis der Baumwolle entsprechenden Fall im Preis des Garns, und Preissteigerung im Preis der Baumwolle umgekehrt Preissteigerung des Garns. Die Wirkung auf die verschiednen, im selben Produktionszweig angelegten Einzelkapitale kann sehr verschieden sein nach den verschiednen Umständen, worin sie sich befinden können. – Freisetzung und Bindung von Geldkapital können ebenso aus Verschiedenheiten in der Zeitdauer des Zirkulationsprozesses, also auch der Zirkulationsgeschwindigkeit, entspringen. Dies gehört jedoch in die Betrachtung des Umschlags. Hier interessiert uns nur der reale Unterschied, der sich mit Bezug auf Wertwechsel der Elemente des produktiven Kapitals zwischen G . . . G′ und den beiden andren Formen des Kreislaufsprozesses zeigt.

In dem Zirkulationsabschnitt $G - W < \begin{smallmatrix} A \\ Pm \end{smallmatrix}$ wird in der Epoche bereits entwickelter, daher vorherrschender kapitalistischer Produktionsweise ein großer Teil der Waren, aus denen Pm, die Produktionsmittel, bestehn, selbst fremdes fungierendes Warenkapital sein. Es findet also vom Standpunkt des Verkäufers W′ – G′ statt, Verwandlung von Warenkapital in Geldkapital. Aber es gilt dies nicht absolut. Umgekehrt. Innerhalb seines Zirkulationsprozesses, wo das industrielle Kapital entweder als Geld oder als Ware fungiert, durchkreuzt sich der Kreislauf des industriellen Kapitals, sei es als Geldkapital oder als Warenkapital, mit der Warenzirkulation der verschiedensten sozialen Produktionsweisen, soweit letztre zugleich Warenproduktion ist. Ob die Ware das Produkt der auf Sklaverei gegründeten Produktion, oder von Bauern (Chinesen, indische Ryots), oder Gemeinwesen (holländisch Ostindien), oder der Staatsproduktion (wie solche, auf Leibeigenschaft gegründet, in früheren Epochen der russischen Geschichte vorkommt), oder halbwilder Jägervölker etc.: Als Waren und Geld treten sie gegenüber dem Geld und den Waren, worin sich das industrielle Kapital darstellt, und gehn ein ebensosehr in den Kreislauf desselben, wie in den des vom Warenkapital getragnen Mehrwerts, sofern letztrer als Revenue verausgabt wird; also in beide Zirkulationszweige des Warenkapitals. Der Charakter des Produktionsprozesses, aus dem sie herkommen, ist gleichgültig; als Waren fungieren sie auf dem Markt, als Waren gehn sie ein in den Kreislauf des industriellen Kapitals, wie in die Zirkulation des von ihm getragnen Mehrwerts. Es ist also der allseitige Charakter ihrer Herkunft, das Dasein des Markts als Weltmarkt, der den Zirkulationsprozeß des industriellen Kapitals auszeichnet. Was von fremden Waren gilt, gilt von fremdem Geld; wie das Warenkapital ihm gegenüber nur als Ware, so fungiert dies Geld ihm gegenüber nur als Geld; das Geld fungiert hier als Weltgeld.

Hier ist jedoch zweierlei zu bemerken.

Erstens. Die Waren (Pm), sobald der Akt G – Pm vollendet, hören auf, Waren zu sein und werden eine der Daseinsweisen des industriellen Kapitals in seiner Funktionsform als P, produktives Kapital. Damit aber ist ihre Herkunft ausgelöscht; sie existieren nur noch als Existenzformen des industriellen Kapitals, sind ihm einverleibt. Doch bleibt es dabei, daß zu ihrem Ersatz ihre Reproduktion nötig, und insofern ist die kapitalistische Produktionsweise bedingt durch außerhalb ihrer Entwicklungsstufe liegende Produktionsweisen. Ihre Tendenz aber ist, alle Produktion möglichst in Warenproduktion umzuwandeln; ihr Hauptmittel hierzu ist gerade dies Hereinziehn derselben in ihren Zirkulationsprozeß; und die entwickelte Warenproduktion selbst ist kapitalistische Warenproduktion. Das Eingreifen des industriellen Kapitals befördert überall diese Umwandlung, mit ihr aber auch die Verwandlung aller unmittelbaren Produzenten in Lohnarbeiter.

Zweitens. Die in den Zirkulationsprozeß des industriellen Kapitals eingehenden Waren (wozu auch die notwendigen Lebensmittel gehören, in die sich das variable Kapital nach seiner Auszahlung an die Arbeiter, behufs Reproduktion der Arbeitskraft umsetzt), welches immer ihre Herkunft, die gesellschaftliche Form des Produktionsprozesses, dem sie entstammen – treten dem industriellen Kapital selbst schon in der Form von Warenkapital gegenüber, in der Form von Warenhandlungs- oder Kaufmannskapital; dies aber umfaßt seiner Natur nach Waren aller Produktionsweisen.

Wie die kapitalistische Produktionsweise große Stufenleiter der Produktion voraussetzt, so auch notwendig große Stufenleiter des Verkaufs; also Verkauf an den Kaufmann, nicht an den einzelnen Konsumenten. Soweit dieser Konsument selbst produktiver Konsument, also industrieller Kapitalist, also soweit das industrielle Kapital eines Produktionszweigs dem andren Zweige Produktionsmittel liefert, findet (in Form von Bestellung etc.) auch direkter Verkauf eines industriellen Kapitalisten an viele andre statt. Jeder industrielle Kapitalist ist sofern direkter Verkäufer, selbst sein Kaufmann, was er übrigens auch im Verkauf an den Kaufmann ist.

Der Warenhandel als Funktion des Kaufmannskapitals ist vorausgesetzt und entwickelt sich immer mehr mit der Entwicklung der kapitalistischen Produktion. Wir unterstellen ihn also gelegentlich zur Illustration einzelner Seiten des kapitalistischen Zirkulationsprozesses; nehmen aber bei dessen allgemeiner Analyse direkten Verkauf ohne Zwischenkunft des Kaufmanns an, weil letztre verschiedne Momente der Bewegung verdeckt.

Man sehe Sismondi, der die Sache etwas naiv darstellt:

»Le commerce emploie un capital considérable qui paraît, au premier coup d'œil, ne point faire partie de celui dont nous avons détaillé la marche. La valeur des draps accumulés dans les magasins du marchand-drapier semble d'abord tout-à-fait étrangère à cette partie de la production annuelle que le riche donne au pauvre comme salaire pour le faire travailler. Ce capital n'a fait cependant que remplacer celui dont nous avons parlé. Pour saisir avec clarté le progrès de la richesse, nous l'avons prise à sa création, et nous l'avons suivie jusqu'à sa consommation. Alors le capital employé dans la manufacture des draps, par exemple, nous a paru toujours le même; échangé contre le revenu du consommateur, il ne s'est partagé qu'en deux parties: l'une a servi de revenu au fabricant comme produit, l'autre a servi de revenu aux ouvriers comme salaire, tandis qu'ils fabriquent de nouveau drap.

Mais on trouva bientôt que, pour l'avantage de tous, il valait mieux que les diverses parties de ce capital se remplaçassant l'une l'autre, et que, si cent mille écus suffisaient à faire toute la circulation entre le fabricant et le consommateur, ces cent mille écus se partageassent également entre le fabricant, le marchand en gros, et le marchand en détail. Le premier, avec le tiers seulement, fit le même ouvrage qu'il avait fait avec la totalité, parcequ'au moment où sa fabrication était achevée, il trouvait le marchand acheteur beaucoup plus tôt qu'il n'aurait trouvé le consommateur. Le capital du marchand en gros se trouvait de son côté beaucoup plus tôt remplacé par celui du marchand en détail ... La differénce entre les sommes des salaires avancés et le prix d'achat du dernier consommateur devait faire le profit des capitaux. Elle se répartit entre le fabricant, le marchand et le détaillant, depuis qu'ils eurent divisé entre eux leurs fonctions, et l'ouvrage accompli fut le même, quoiqu'il eût employé trois personnes et trois fractions de capitaux, au lieu d'une.« (»Nouveaux Principes«, I, p. 139, 140.) – »Tous« (die Kaufleute) »concouraient indirectement à la production; car celle-ci, ayant pour objet la consommation, ne peut être considérée comme accomplie que quand elle a mis la chose produite à la portée du consommateur.« (Ib., p. 137.)

Wir nehmen bei der Betrachtung der allgemeinen Formen des Kreislaufs und überhaupt in diesem ganzen zweiten Buch, Geld als metallisches Geld, mit Ausschluß von symbolischem Geld, bloßen Wertzeichen, die nur Spezialität gewisser Staaten bilden, und von Kreditgeld, das noch nicht entwickelt ist. Erstens ist das der historische Gang; Kreditgeld spielt keine oder nur unbedeutende Rolle in der ersten Epoche der kapitalistischen Produktion. Zweitens ist die Notwendigkeit dieses Gangs auch theoretisch dadurch bewiesen, daß alles, was bisher Kritisches über die Zirkulation des Kreditgelds von Tooke und andren entwickelt worden ist, sie zwang, immer wieder zu der Betrachtung zurückzukehren, wie sich die Sache auf Grundlage bloß metallischer Zirkulation darstellen würde. Man darf aber nicht vergessen, daß das Metallgeld ebensowohl als Kaufmittel wie als Zahlungsmittel fungieren kann. Der Vereinfachung wegen gilt es uns im allgemeinen in diesem Buch II nur in der ersten Funktionsform.

Der Zirkulationsprozeß des industriellen Kapitals, der nur einen Teil seines individuellen Kreislaufsprozesses bildet, ist bestimmt, soweit er nur eine Vorgangsreihe innerhalb der allgemeinen Warenzirkulation darstellt, durch die früher (Buch I, Kap. III) entwickelten allgemeinen Gesetze. Dieselbe Geldmasse z. B. von 500 Pfd.St. setzt nacheinander um so mehr industrielle Kapitale (oder auch individuelle Kapitale in ihrer Form als Warenkapitale) in Zirkulation, je größer die Umlaufsgeschwindigkeit des Geldes, je rascher also jedes einzelne Kapital die Reihe seiner Waren- oder Geldmetamorphosen durchläuft. Dieselbe Wertmasse von Kapital erheischt demnach um so weniger Geld zu ihrer Zirkulation, je mehr das Geld als Zahlungsmittel fungiert, je mehr also z. B. bei Ersatz eines Warenkapitals durch seine Produktionsmittel bloße Bilanzen zu zahlen sind, und je kürzer die Zahlungstermine, z. B. bei Zahlung des Arbeitslohns. Andrerseits, die Geschwindigkeit der Zirkulation und alle andren Umstände als gleichbleibend vorausgesetzt, ist die Masse des Geldes, das als Geldkapital zirkulieren muß, bestimmt durch die Preissumme der Waren (Preis multipliziert mit der Warenmasse), oder, Masse und Werte der Waren gegeben, durch den Wert des Geldes selbst.

Aber die Gesetze der allgemeinen Warenzirkulation gelten nur, soweit der Zirkulationsprozeß des Kapitals eine Reihe einfacher Zirkulationsvorgänge, nicht aber, soweit letztre funktionell bestimmte Abschnitte des Kreislaufs individueller industrieller Kapitale bilden.

Um dies klarzumachen, ist es am besten, den Zirkulationsprozeß in seinem ununterbrochnen Zusammenhang zu betrachten, wie er erscheint in den beiden Formen:

$$\text{II)}\; P \ldots W' \left\{ \begin{array}{l} W - \\ - G' \\ w - \end{array} \right. \left\{ \begin{array}{l} G - W < \begin{smallmatrix} A \\ Pm \end{smallmatrix} \ldots P\,(P') \\ \\ g - w \end{array} \right.$$

$$\text{III)}\quad W' \left\{ \begin{array}{l} W - \\ - G' \\ w - \end{array} \right. \left\{ \begin{array}{l} G - W < \begin{smallmatrix} A \\ Pm \end{smallmatrix} \ldots P \ldots W' \\ \\ g - w \end{array} \right.$$

Als Reihe von Zirkulationsvorgängen überhaupt stellt der Zirkulationsprozeß (ob als W – G – W oder als G – W – G) nur die beiden entgegengesetzten Reihen von Warenmetamorphosen dar, von denen jede einzelne Metamorphose wieder die entgegengesetzte Metamorphose auf Seite der fremden Ware oder des fremden Geldes einschließt, das sich ihr gegenüber befindet.

W – G von seiten des Warenbesitzers ist G – W von seiten des Käufers;

die erste Metamorphose der Ware in* W – G ist die zweite Metamorphose der als G auftretenden Ware; umgekehrt in G – W. Was also über die Verschlingung der Warenmetamorphose in dem einen Stadium mit der einer andren Ware im andren Stadium gezeigt worden, gilt für die Kapitalzirkulation, soweit der Kapitalist als Käufer und Verkäufer von Ware, sein Kapital daher als Geld fremder Ware, oder als Ware fremdem Geld gegenüber fungiert. Aber diese Verschlingung ist nicht zugleich Ausdruck für die Metamorphosenverschlingung der Kapitale.

Erstens kann G – W (Pm), wie wir gesehn, eine Verschlingung der Metamorphosen verschiedner individuellen Kapitale darstellen. Z. B. das Warenkapital des Baumwollspinners, Garn, wird zum Teil ersetzt durch Kohle. Ein Teil seines Kapitals befindet sich in Geldform, und wird daraus in Warenform umgesetzt, während das Kapital des kapitalistischen Kohlenproduzenten sich in Warenform befindet und daher in Geldform umgesetzt wird; derselbe Zirkulationsakt stellt hier entgegengesetzte Metamorphosen zweier (verschiednen Produktionszweigen angehörigen) industriellen Kapitale dar, also Verschlingung der Metamorphosenreihe dieser Kapitale. Wie wir jedoch gesehn, braucht das Pm, worin G sich umsetzt, nicht Warenkapital im kategorischen Sinn, d. h. keine Funktionsform von industriellem Kapital, nicht von einem Kapitalisten produziert zu sein. Es ist immer G – W auf der einen, W – G auf der andren Seite, nicht aber immer Verschlingung von Kapitalmetamorphosen. Ferner ist G – A, der Ankauf der Arbeitskraft, nie Verschlingung von Kapitalmetamorphosen, da die Arbeitskraft zwar Ware des Arbeiters ist, aber erst Kapital wird, sobald sie an den Kapitalisten verkauft ist. Andrerseits im Prozeß W′ – G′ braucht das G′ nicht verwandeltes** Warenkapital zu sein; es kann Versilberung sein der Ware Arbeitskraft (Arbeitslohn) oder eines vom selbständigen Arbeiter, Sklaven, Leibeignen, Gemeinwesen produzierten Produkts.

Zweitens aber gilt für die funktionell bestimmte Rolle, welche jede innerhalb des Zirkulationsprozesses eines individuellen Kapitals vorkommende Metamorphose spielt, keineswegs, daß sie im Kreislauf des andren Kapitals die entsprechende entgegengesetzte Metamorphose darstellt, wenn wir nämlich die gesamte Produktion des Weltmarkts als kapitalistisch betrieben voraussetzen. Z. B. im Kreislauf P ... P kann das G′ welches W′ versilbert, auf seiten des Käufers nur Versilberung seines Mehrwerts sein (wenn die Ware Konsumtionsartikel ist); oder in $G' - W' \left\langle \begin{array}{l} A \\ Pm \end{array} \right.$ (wo also das Kapital akkumuliert eingeht) kann es für den Verkäufer von Pm nur als Ersatz sei-

* [Fehlt in 1. Auflage]
** [1. Auflage: formelles]

nes Kapitalvorschusses eingehn, oder gar nicht wieder eingehn in seine Kapitalzirkulation, wenn es nämlich in die Revenueausgabe abzweigt.
Wie also die verschiednen Bestandteile des gesellschaftlichen Gesamtkapitals, wovon die Einzelkapitale nur selbständig fungierende Bestandteile sind, sich im Zirkulationsprozeß wechselseitig ersetzen – mit Bezug auf das Kapital sowohl als den Mehrwert –, ergibt sich nicht aus den einfachen Metamorphosenverschlingungen der Warenzirkulation, welche die Vorgänge der Kapitalzirkulation mit aller andren Warenzirkulation gemein haben, sondern erfordert andre Untersuchungsweise. Man hat sich dabei bisher mit Phrasen begnügt, die, näher analysiert, nichts enthalten als unbestimmte Vorstellungen, wie sie lediglich den aller Warenzirkulation angehörigen Verschlingungen von Metamorphosen entlehnt sind.

Eine der handgreiflichsten Eigentümlichkeiten des Kreislaufsprozesses des industriellen Kapitals, also auch der kapitalistischen Produktion, ist der Umstand, daß einerseits die Bildungselemente des produktiven Kapitals aus dem Warenmarkt herstammen und beständig aus demselben erneuert, als Waren gekauft werden müssen; andrerseits das Produkt des Arbeitsprozesses als Ware aus ihm hervorgeht, und beständig von neuem als Ware verkauft werden muß. Man vergleiche z. B. einen modernen Pächter von Nieder-Schottland mit einem altmodischen kontinentalen Kleinbauer. Der erstere verkauft sein ganzes Produkt und hat daher auch alle Elemente desselben, selbst die Aussaat, auf dem Markt zu ersetzen, der andere verzehrt den größten Teil seines Produkts direkt, kauft und verkauft möglichst wenig, verfertigt Werkzeuge, Kleidung etc., soweit möglich, selbst.
Man hat daraufhin Naturalwirtschaft, Geldwirtschaft und Kreditwirtschaft als die drei charakteristischen ökonomischen Bewegungsformen der gesellschaftlichen Produktion einander gegenübergestellt.
Erstens stellen diese drei Formen keine gleichwertigen Entwicklungsphasen dar. Die sogenannte Kreditwirtschaft ist selbst nur eine Form der Geldwirtschaft, soweit beide Bezeichnungen Verkehrsfunktionen oder Verkehrsweisen zwischen den Produzenten selbst ausdrücken. In der entwickelten kapitalistischen Produktion erscheint die Geldwirtschaft nur noch als Grundlage der Kreditwirtschaft. Geldwirtschaft und Kreditwirtschaft entsprechen so nur verschiednen Entwicklungsstufen der kapitalistischen Produktion, sind aber keineswegs verschiedne selbständige Verkehrsformen gegenüber der Naturalwirtschaft. Mit demselben Recht könnte man die sehr verschiednen Formen der Naturalwirtschaft als gleichwertig jenen beiden gegenüberstellen.
Zweitens: Da man in den Kategorien: Geldwirtschaft, Kreditwirtschaft, nicht

die Wirtschaft, d. h. den Produktionsprozeß selbst betont und als unterscheidendes Merkmal hervorhebt, sondern die der Wirtschaft entsprechende Verkehrsweise zwischen den verschiednen Produktionsagenten oder Produzenten, so müßte dasselbe bei der ersten Kategorie geschehn. Statt Naturalwirtschaft also Tauschwirtschaft. Vollständig abgeschloßne Naturalwirtschaft, z. B. der peruanische Inkastaat, fiele unter keine dieser Kategorien.
Drittens: Geldwirtschaft ist aller Warenproduktion gemein, und das Produkt erscheint als Ware in den verschiedensten gesellschaftlichen Produktionsorganismen. Es wäre also nur der Umfang, worin das Produkt als Handelsartikel, als Ware produziert wird, also auch seine eignen Bildungselemente wieder als Handelsartikel, als Waren in die Wirtschaft, aus der es herkommt, eingehn müssen, welche die kapitalistische Produktion charakterisierte.
In der Tat ist die kapitalistische Produktion die Warenproduktion als allgemeine Form der Produktion, aber sie ist es nur, und wird es stets mehr in ihrer Entwicklung, weil die Arbeit hier selbst als Ware erscheint, weil der Arbeiter die Arbeit, d. h. die Funktion seiner Arbeitskraft, verkauft, und zwar, wie wir annehmen, zu ihrem durch ihre Reproduktionskosten bestimmten Wert. Im Umfang, wie die Arbeit Lohnarbeit wird, wird der Produzent industrieller Kapitalist; daher die kapitalistische Produktion (also auch die Warenproduktion) erst in ihrem ganzen Umfang erscheint, wenn auch der unmittelbare ländliche Produzent Lohnarbeiter ist. In dem Verhältnis zwischen Kapitalist und Lohnarbeiter wird das Geldverhältnis, das Verhältnis von Käufer und Verkäufer, ein der Produktion selbst immanentes Verhältnis. Dies Verhältnis aber beruht der Grundlage nach auf dem gesellschaftlichen Charakter der Produktion, nicht der Verkehrsweise; dieser entspringt umgekehrt aus jenem. Es entspricht übrigens dem bürgerlichen Horizont, wo das Geschäftchenmachen den ganzen Kopf einnimmt, nicht im Charakter der Produktionsweise die Grundlage der ihr entsprechenden Verkehrsweise zu sehn, sondern umgekehrt.[7]

Der Kapitalist wirft weniger Wert in der Form von Geld in die Zirkulation hinein, als er aus ihr herauszieht, weil er mehr Wert in der Form von Ware hineinwirft, als er ihr in Form von Ware entzogen hat. Soweit er bloß als Personifikation des Kapitals fungiert, als industrieller Kapitalist, ist seine Zufuhr von Warenwert stets größer als seine Nachfrage nach Warenwert. Deckung seiner Zufuhr und seiner Nachfrage in dieser Beziehung wäre

---

[7] Bis hierher Manuskript V. – Das Folgende bis Schluß des Kapitels, ist eine, in einem Heft von 1877 oder 1878 unter Bücher-Auszügen sich befindende Note.

gleich Nichtverwertung seines Kapitals; es hätte nicht als produktives Kapital fungiert; das produktive Kapital hätte sich in Warenkapital verwandelt, das nicht mit Mehrwert geschwängert; es hätte während des Produktionsprozesses keinen Mehrwert in Warenform aus der Arbeitskraft gezogen, also überhaupt nicht als Kapital fungiert; er muß in der Tat »teurer verkaufen als er gekauft hat«, aber dies gelingt ihm eben nur, weil er vermittelst des kapitalistischen Produktionsprozesses die wohlfeilere, weil minderwertige Ware, die er gekauft hat, in eine mehrwertige, also teurere, verwandelt hat. Er verkauft teurer, nicht weil über den Wert seiner Ware, sondern weil Ware von einem Wert über der Wertsumme ihrer Produktionsingredienzien.

Die Rate, worin der Kapitalist sein Kapital verwertet, ist um so größer, je größer die Differenz zwischen seiner Zufuhr und seiner Nachfrage, d. h. je größer der Überschuß des Warenwerts, den er zugeführt, über den Warenwert, den er nachfragt. Statt des Deckens beider ist das möglichste Nichtdecken, das Überdecken seiner Nachfrage durch seine Zufuhr, sein Ziel.

Was von dem einzelnen Kapitalisten, gilt von der Kapitalistenklasse.

Soweit der Kapitalist bloß das industrielle Kapital personifiziert, besteht seine eigne Nachfrage nur in der Nachfrage nach Produktionsmitteln und Arbeitskraft. Seine Nachfrage nach Pm, ihrer Wertigkeit nach betrachtet, ist kleiner als sein vorgeschoßnes Kapital; er kauft Produktionsmittel zu geringrem Wert als dem Wert seines Kapitals, und daher von noch viel geringrem Wert als dem des Warenkapitals, das er zuführt.

Was seine Nachfrage nach Arbeitskraft anbetrifft, so ist sie ihrer Wertigkeit nach bestimmt durch das Verhältnis seines variablen Kapitals zu seinem Gesamtkapital, also = v:C, und ist daher in der kapitalistischen Produktion, der Proportion nach betrachtet, wachsend kleiner als seine Nachfrage nach Produktionsmitteln. Er ist in beständig zunehmendem Maß größrer Käufer für Pm als für A.

Sofern der Arbeiter seinen Lohn allzumeist in Lebensmittel umsetzt, und zum allergrößten Teil in notwendige Lebensmittel, ist die Nachfrage des Kapitalisten nach Arbeitskraft indirekt zugleich Nachfrage nach den in den Konsum der Arbeiterklasse eingehenden Konsumtionsmitteln. Aber diese Nachfrage ist = v und nicht ein Atom größer (wenn der Arbeiter von seinem Lohn spart – wir lassen alle Kreditverhältnisse hier notwendig außer Augen –, so heißt dies, daß er einen Teil seines Lohns in Schatz verwandelt und pro tanto nicht als Nachfragender, als Käufer auftritt). Die Maximalgrenze der Nachfrage des Kapitalisten ist = C = c + v, aber seine Zufuhr ist = c + v + m; ist also die Konstitution seines Warenkapitals $80_c + 20_v + 20_m$, so ist seine Nachfrage = $80_c + 20_v$, also der Wertigkeit nach betrachtet $^1/_5$ kleiner als seine Zufuhr. Je größer der Prozentsatz der von ihm produzierten Masse m (die Profitrate), um so kleiner wird seine Nachfrage im Verhältnis zu seiner Zufuhr. Obgleich die Nachfrage des Kapitalisten nach Arbeitskraft, und daher indirekt nach notwendigen Lebensmitteln, mit dem Fortschritt der Produktion fortschreitend kleiner wird als seine Nachfrage nach Produktionsmitteln, so ist andrerseits nicht zu vergessen, daß seine Nachfrage nach Pm stets kleiner ist als sein Kapital, tagaus, tagein gerechnet. Seine Nachfrage nach Produktionsmitteln muß also immer minderwertiger sein als das Warenprodukt des mit gleichem Kapital und unter sonst gleichen Umständen arbeitenden Kapitalisten, der ihm diese Produktionsmittel liefert. Daß das viele Kapitalisten sind und nicht einer, ändert nichts an der Sache. Gesetzt, sein Kapital sei 1000 Pfd.St., der konstante Teil desselben = 800 Pfd.St.; so ist seine Nachfrage an ihre Gesamtheit = 800 Pfd. St.; zusammen liefern sie per 1000 Pfd.St. (wie viel davon auf jeden einzelnen unter ihnen falle und welchen Teil auch das auf jeden fallende Quantum von seinem Gesamtkapital bilde), bei gleicher Profitrate, Produktionsmittel zum Werte von 1200 Pfd.St.; also seine Nachfrage deckt nur $^2/_3$ ihrer Zufuhr, während seine eigne Gesamtnachfrage nur = $^4/_5$ seiner eignen Zufuhr ist, der Wertgröße nach betrachtet.

Wir müssen jetzt noch beiläufig die Betrachtung des Umschlags vorausnehmen. Gesetzt, sein Gesamtkapital sei 5000 Pfd.St., wovon 4000 Pfd.St. fix und 1000 Pfd.St. zirkulierend; diese 1000 = $800_c + 200_v$ nach obiger Annahme. Sein zirkulierendes Kapital muß fünfmal im Jahre umschlagen, damit sein Gesamtkapital einmal im Jahre umschlage; sein Warenprodukt ist dann = 6000 Pfd.St., also um 1000 Pfd.St. größer als sein vorgeschoßnes Kapital, was wieder dasselbe Verhältnis von Mehrwert ergibt wie oben: $5000\,C : 1000_m = 100_{(c+v)} : 20_m$. Dieser Umschlag ändert also nichts am Verhältnis seiner Gesamtnachfrage zu seiner Gesamtzufuhr, die erstre bleibt $^1/_5$ kleiner als die letztre.

Sein fixes Kapital sei zu erneuern in 10 Jahren. Er amortisiert also jährlich $^1/_{10}$ = 400 Pfd.St. Dadurch hat er nur noch Wert von 3600 Pfd.St. in fixem Kapital + 400 Pfd.St. in Geld. Soweit Reparaturen nötig, und diese nicht über das Durchschnittsmaß gehn, sind sie nichts als Kapitalanlage, die er erst nachträglich macht. Wir können die Sache so betrachten, als habe er die Reparaturkosten gleich eingerechnet bei der Wertschätzung seines Anlagekapitals, soweit dies ins jährliche Warenprodukt eingeht, so daß sie einbegriffen sind in dem $^1/_{10}$ Amortisierung. (Ist in der Tat sein Reparaturbedürfnis unter dem Durchschnitt, so ist das ein Schnitt für ihn, ganz wie sein Schaden, wenn über. Dies gleicht sich aber aus für die ganze Klasse der in demselben Industriezweig beschäftigten Kapitalisten.) Jedenfalls, obgleich bei einmaligem Umschlag seines Gesamtkapitals im Jahr seine jährliche Nachfrage = 5000 Pfd.St. bleibt, gleich seinem ursprünglich vorgeschoßnen Kapitalwert, so nimmt sie zu mit Bezug auf den zirkulierenden Teil des Kapitals, während sie mit Bezug auf den fixen Teil desselben beständig abnimmt.

Kommen wir nun zur Reproduktion. Gesetzt, der Kapitalist verzehre den ganzen Mehrtwert g und setze nur die ursprüngliche Kapitalgröße C* wieder in produktives Kapital um. Jetzt ist die Nachfrage des Kapitalisten gleichwertig mit seiner Zufuhr. Aber nicht mit Bezug auf die Bewegung seines Kapitals; sondern als Kapitalist übt er nur Nachfrage aus nach 4/5 seiner Zufuhr (der Wertgröße nach); 1/5 verzehrt er als Nichtkapitalist, nicht in seiner Funktion als Kapitalist, sondern für sein Privatbedürfnis oder Vergnügen.

Seine Rechnung ist dann prozentig gerechnet:

als Kapitalist Nachfrage	= 100,	Zufuhr	=	120
als Lebemann "	= 20,	"	=	–
Summa Nachfrage	= 120,	Zufuhr	=	120.

Diese Voraussetzung ist gleich Voraussetzung der Nichtexistenz der kapitalistischen Produktion und daher der Nichtexistenz des industriellen Kapitalisten selbst. Denn der Kapitalismus ist schon in der Grundlage aufgehoben durch die Voraussetzung, daß der Genuß als treibendes Motiv wirkt, nicht die Bereicherung selbst.

Sie ist aber auch technisch unmöglich. Der Kapitalist muß nicht nur ein Reservekapital bilden gegen Preisschwankungen und um die günstigsten Konjunkturen für Kauf und Verkauf abwarten zu können; er muß Kapital akkumulieren, um damit die Produktion auszudehnen und die technischen Fortschritte seinem produktiven Organismus einzuverleiben.

Um Kapital zu akkumulieren, muß er zunächst einen Teil des Mehrwerts in Geldform, der ihm aus der Zirkulation zufloß, der Zirkulation entziehn, als Schatz anwachsen lassen, bis dieser die zur Ausdehnung des alten Geschäfts oder Eröffnung eines Nebengeschäfts erforderlichen Dimensionen angenommen hat. Solange die Schatzbildung dauert, vermehrt sie die Nachfrage des Kapitalisten nicht; das Geld ist immobilisiert, es entzieht dem Warenmarkt kein Äquivalent in Ware für das Geldäquivalent, das es ihm für zugeführte Ware entzogen hat.

Vom Kredit wird hier abgesehn; und zum Kredit gehört, wenn der Kapitalist z. B. das Geld, im Maß wie es sich aufhäuft, bei einer Bank auf laufende Rechnung gegen Zinsen deponiert.

* [1. Auflage: G]

Fünftes Kapitel: DIE UMLAUFSZEIT[8]

Die Bewegung des Kapitals durch die Produktionssphäre und die zwei Phasen der Zirkulationssphäre vollzieht sich, wie man gesehn, in einer zeitlichen Reihenfolge. Die Dauer seines Aufenthalts in der Produktionssphäre bildet seine Produktionszeit, die in der Zirkulationssphäre seine Zirkulations- oder Umlaufszeit. Die Gesamtzeit, worin es seinen Kreislauf beschreibt, ist daher gleich der Summe von Produktionszeit und Umlaufszeit.

Die Produktionszeit umschließt natürlich die Periode des Arbeitsprozesses, aber sie ist nicht von ihm umschlossen. Zunächst erinnert man sich, daß ein Teil des konstanten Kapitals in Arbeitsmitteln, wie Maschinen, Baulichkeiten usw., existiert, die bis an ihr Lebensende in denselben stets neu wiederholten Arbeitsprozessen dienen. Periodische Unterbrechung des Arbeitsprozesses, nachts z. B., unterbricht zwar die Funktion dieser Arbeitsmittel, aber nicht ihren Aufenthalt in der Produktionsstätte. Ihr gehören sie an, nicht nur während sie fungieren, sondern auch während sie nicht fungieren. Andrerseits muß der Kapitalist einen bestimmten Vorrat von Rohmaterial und Hilfsstoffen bereithalten, damit der Produktionsprozeß auf vorher bestimmter Stufenleiter während kürzrer oder längrer Abschnitte vorgehe, ohne von den Zufällen täglicher Zufuhr vom Markt abzuhängen. Dieser Vorrat von Rohstoffen usw. wird nur nach und nach produktiv konsumiert. Es findet daher Differenz statt zwischen seiner Produktionszeit[9] und seiner Funktionszeit. Die Produktionszeit der Produktionsmittel überhaupt umfaßt also 1. die Zeit, während deren sie als Produktionsmittel fungieren, also im Produktionsprozesse dienen, 2. die Pausen, während deren der Produktionsprozeß, also auch die Funktion der ihm einverleibten Produktionsmittel unterbrochen ist, 3. die Zeit, während deren sie zwar als Bedingungen des Prozesses bereitliegen, also schon produktives Kapital darstellen, aber noch nicht in den Produktionsprozeß eingegangen sind.

Die bisher betrachtete Differenz ist jedesmal Differenz zwischen der Aufenthaltszeit des produktiven Kapitals in der Produktionssphäre und derjenigen im Produktionsprozeß. Aber der Produktionsprozeß selbst kann Unterbrechungen des Arbeitsprozesses und daher der Arbeitszeit bedingen, Zwischenräume, worin der Arbeitsgegenstand der Einwirkung physischer

---

[8] Von hier an Manuskript IV.

[9] Produktionszeit, hier aktiv genommen: Die Produktionszeit der Produktionsmittel ist hier die Zeit, nicht in der sie produziert werden, sondern in der sie am Produktionsprozeß eines Warenprodukts sich beteiligen. – F. E.

Prozesse ohne weitre Zutat menschlicher Arbeit anheimgegeben wird. Der Produktionsprozeß, daher die Funktion der Produktionsmittel, dauert fort in diesem Fall, obgleich der Arbeitsprozeß, und daher die Funktion der Produktionsmittel als Arbeitsmittel, unterbrochen ist. So z. B. das Korn, das gesät ist, der Wein, der im Keller gärt, Arbeitsmaterial vieler Manufakturen, wie z. B. Gerbereien, das chemischen Prozessen anheimfällt. Die Produktionszeit ist hier größer als die Arbeitszeit. Die Differenz beider besteht in einem Überschuß der Produktionszeit über die Arbeitszeit. Dieser Überschuß beruht stets darauf, daß produktives Kapital sich *latent* in der Produktionssphäre befindet, ohne im Produktionsprozeß selbst zu fungieren, oder daß es im Produktionsprozeß fungiert, ohne sich im Arbeitsprozeß zu befinden.

Der Teil des latenten produktiven Kapitals, der nur als Bedingung für den Produktionsprozeß bereitliegt, wie Baumwolle, Kohle usw. in der Spinnerei, wirkt weder als Produkt- noch Wertbildner. Er ist brachliegendes Kapital, obgleich seine Brache eine Bedingung für den ununterbrochnen Fluß des Produktionsprozesses bildet. Die Baulichkeiten, Apparate etc., nötig um als Behälter des produktiven Vorrats (des latenten Kapitals) zu dienen, sind Bedingungen des Produktionsprozesses und bilden daher Bestandteile des vorgeschoßnen produktiven Kapitals. Sie erfüllen ihre Funktion als Bewahrer der produktiven Bestandteile im vorläufigen Stadium. Soweit Arbeitsprozesse in diesem Stadium nötig sind, verteuern sie das Rohmaterial etc., sind aber produktive Arbeiten und bilden Mehrwert, weil ein Teil dieser Arbeit, wie aller andren Lohnarbeit, nicht bezahlt wird. Die normalen Unterbrechungen des ganzen Produktionsprozesses, also die Intervalle, worin das produktive Kapital nicht fungiert, produzieren weder Wert noch Mehrwert. Daher das Bestreben, auch nachts arbeiten zu lassen. (Buch I, Kap. VIII, 4.) – Die Intervalle in der Arbeitszeit, die der Arbeitsgegenstand während des Produktionsprozesses selbst durchmachen muß, bilden weder Wert noch Mehrwert; aber fördern das Produkt, bilden einen Teil in dessen Leben, einen Prozeß, den es durchmachen muß. Der Wert der Apparate etc. wird auf das Produkt übertragen im Verhältnis zu der ganzen Zeit, während deren sie fungieren; das Produkt ist durch die Arbeit selbst in dies Stadium gesetzt, und der Gebrauch dieser Apparate ist ebensosehr Bedingung der Produktion, wie das Zerstäuben eines Teils der Baumwolle, der nicht ins Produkt eingeht, aber doch seinen Wert auf es überträgt. Der andre Teil des latenten Kapitals, wie die Baulichkeiten, Maschinen usw., d. h. die Arbeitsmittel, deren Funktion nur durch die regelmäßigen Pausen des Produktionsprozesses unterbrochen ist – unregelmäßige Unterbrechungen infolge von Einschränkung der Produktion, Krisen usw. sind reine Verluste –, setzt Wert zu, ohne in die Produktbildung einzugehn; der Gesamtwert, den er dem Produkt zusetzt, ist durch seine Durchschnittsdauer bestimmt; er verliert Wert, weil Gebrauchswert, sowohl in der Zeit, worin er fungiert, als auch in der Zeit, worin er nicht fungiert.

Endlich der Wert des konstanten Kapitalteils, der im Produktionsprozeß kontinuierlich, obgleich der Arbeitsprozeß unterbrochen ist, erscheint wieder im Resultat des Produktionsprozesses. Durch die Arbeit selbst sind die Produktionsmittel hier unter Bedingungen gestellt, innerhalb deren sie von selbst gewisse Naturprozesse durchlaufen, deren Resultat ein bestimmter Nutzeffekt oder eine veränderte Form ihres Gebrauchswerts. Die Arbeit überträgt den Wert der Produktionsmittel immer auf das Produkt, soweit sie dieselben wirklich zweckgemäß als Produktionsmittel verzehrt. Hieran wird nichts geändert, ob die Arbeit, zur Hervorbringung dieses Effekts, kontinuierlich vermittelst der Arbeitsmittel auf den Arbeitsgegenstand wirken muß, oder ob sie nur den Anstoß zu geben braucht, indem sie die Produktionsmittel unter Bedingungen stellt, wodurch ohne weitre Mittat der Arbeit die Produktionsmittel von selbst, infolge von Naturprozessen, die beabsichtigte Veränderung erleiden.

Welches immer der Grund des Überschusses der Produktionszeit über die Arbeitszeit – sei es, daß Produktionsmittel nur latentes produktives Kapital bilden, also sich noch in einer Vorstufe zum wirklichen Produktionsprozeß befinden, oder daß innerhalb des Produktionsprozesses durch dessen Pausen ihre eigne Funktion unterbrochen wird, oder daß endlich der Produktionsprozeß selbst Unterbrechungen des Arbeitsprozesses bedingt –, in keinem dieser Fälle fungieren die Produktionsmittel als Arbeitseinsauger. Saugen sie keine Arbeit ein, so auch keine Mehrarbeit. Es findet daher keine Verwertung des produktiven Kapitals statt, solange es sich in dem Teil seiner Produktionszeit befindet, der überschüssig über die Arbeitszeit ist, so unzertrennlich auch die Vollführung des Verwertungsprozesses von diesen seinen Pausen sein mag. Es ist klar, daß je mehr Produktionszeit und Arbeitszeit sich decken, um so größer die Produktivität und Verwertung eines gegebnen produktiven Kapitals in gegebnem Zeitraum. Daher die Tendenz der kapitalistischen Produktion, den Überschuß der Produktionszeit über die Arbeitszeit möglichst zu verkürzen. Obgleich aber die Produktionszeit des Kapitals von seiner Arbeitszeit abweichen mag, so umschließt sie stets dieselbe, und ist der Überschuß selbst Bedingung des Produktionsprozesses. Die Produktionszeit ist also stets die Zeit, während deren das Kapital Gebrauchswerte produziert und sich selbst verwertet, daher als produktives Kapital fungiert, obgleich sie Zeit einschließt, worin es entweder latent ist oder auch produziert, ohne sich zu verwerten.

Innerhalb der Zirkulationssphäre haust das Kapital als Warenkapital und Geldkapital. Seine beiden Zirkulationsprozesse bestehn darin, sich aus der Warenform in Geldform und aus Geldform in Warenform zu verwandeln. Der Umstand, daß die Verwandlung der Ware in Geld hier zugleich Realisation des der Ware einverleibten Mehrwerts, und daß die Verwandlung des Geldes in Ware zugleich Verwandlung oder Rückverwandlung des Kapitalwerts in die Gestalt seiner Produktionselemente ist, ändert durchaus nichts daran, daß diese Prozesse, als Zirkulationsprozesse, Prozesse der einfachen Warenmetamorphose sind.

Umlaufszeit und Produktionszeit schließen sich wechselseitig aus. Während seiner Umlaufszeit fungiert das Kapital nicht als produktives Kapital und produziert daher weder Ware noch Mehrwert. Betrachten wir den Kreislauf in der einfachsten Form, so daß der gesamte Kapitalwert jedesmal auf einen Schlag aus der einen Phase in die andre tritt, so ist handgreiflich, daß der Produktionsprozeß unterbrochen ist, also auch die Selbstverwertung des Kapitals, solange seine Umlaufszeit dauert, und daß je nach deren Länge die Erneuerung des Produktionsprozesses rascher oder träger sein wird. Durchlaufen dagegen die verschiednen Teile des Kapitals den Kreislauf nacheinander, so daß der Kreislauf des gesamten Kapitalwerts sich sukzessive im Kreislauf seiner verschiednen Portionen vollzieht, so ist klar, daß je länger der beständige Aufenthalt seiner aliquoten Teile in der Zirkulationssphäre, um so kleiner sein beständig in der Produktionssphäre fungierender Teil sein muß. Die Expansion und Kontraktion der Umlaufszeit wirkt daher als negative Schranke auf die Kontraktion oder Expansion der Produktionszeit oder des Umfangs, worin ein Kapital von gegebner Größe als produktives Kapital fungiert. Je mehr die Zirkulationsmetamorphosen des Kapitals nur ideell sind, d. h. je mehr die Umlaufszeit = o wird oder sich Null nähert, um so mehr fungiert das Kapital, um so größer wird seine Produktivität und Selbstverwertung. Arbeitet ein Kapitalist z. B. auf Bestellung, so daß er bei Lieferung des Produkts Zahlung erhält, und erfolgt die Zahlung in seinen eignen Produktionsmitteln, so nähert sich die Zirkulationszeit Null.
Die Umlaufszeit des Kapitals beschränkt also überhaupt seine Produktionszeit und daher seinen Verwertungsprozeß. Und zwar beschränkt sie denselben im Verhältnis zu ihrer Dauer. Diese kann aber sehr verschieden zu- oder abnehmen, und daher in sehr verschiednem Grad die Produktionszeit des Kapitals beschränken. Was aber die politische Ökonomie sieht, ist das, was *erscheint,* nämlich die Wirkung der Umlaufszeit auf den Verwertungsprozeß des Kapitals überhaupt. Sie faßt diese negative Wirkung als positive auf, weil ihre Folgen positiv sind. Sie haftet um so mehr an diesem Schein

fest, als er den Beweis zu liefern scheint, daß das Kapital eine, von seinem Produktionsprozeß und daher von der Exploitation der Arbeit unabhängige mystische Quelle der Selbstverwertung besitzt, die ihm aus der Zirkulationssphäre zufließt. Wir werden später sehn, wie selbst die wissenschaftliche Ökonomie sich durch diesen Schein täuschen läßt. Er wird, wie sich ebenfalls zeigen wird, befestigt durch verschiedne Phänomene: 1. die kapitalistische Berechnungsweise des Profits, worin der negative Grund als positiver fungiert, indem für Kapitale in verschiednen Anlagesphären, wo nur die Umlaufszeit verschieden, längre Umlaufszeit als Grund der Preiserhöhung wirkt, kurz, als einer der Gründe in der Ausgleichung der Profite. 2. Die Umlaufszeit bildet nur ein Moment der Umschlagszeit; letztre aber schließt die Produktionszeit resp. Reproduktionszeit ein. Was der letztren geschuldet, scheint der Umlaufszeit geschuldet. 3. Der Umsatz der Waren in variables Kapital (Arbeitslohn) ist bedingt durch ihre vorherige Verwandlung in Geld. Bei der Kapitalakkumulation geht also der Umsatz in zuschüssiges variables Kapital in der Zirkulationssphäre vor, oder während der Umlaufszeit. Die damit gegebene Akkumulation scheint daher der letztren geschuldet.

Innerhalb der Zirkulationssphäre durchläuft das Kapital – ob in der einen oder andren Reihenfolge – die zwei entgegengesetzten Phasen W – G und G – W. Seine Umlaufszeit zerfällt also auch in zwei Teile, die Zeit, die es braucht, um sich aus Ware in Geld, und die Zeit, die es braucht, um sich aus Geld in Ware zu verwandeln. Man weiß bereits aus der Analyse der einfachen Warenzirkulation (Buch I, Kap. III), daß W – G, der Verkauf, der schwierigste Teil seiner Metamorphose ist und daher, unter gewöhnlichen Umständen, von der Umlaufszeit den größren Teil bildet. Als Geld befindet sich der Wert in seiner stets umsetzbaren Form. Als Ware muß er erst durch Verwandlung in Geld diese Gestalt unmittelbarer Austauschbarkeit und daher stets schlagfertiger Wirksamkeit erhalten. Indes handelt es sich beim Zirkulationsprozeß des Kapitals in seiner Phase G – W um seine Verwandlung in Waren, die bestimmte Elemente des produktiven Kapitals in einer gegebnen Anlage bilden. Die Produktionsmittel sind vielleicht nicht auf dem Markt vorhanden, sondern müssen erst produziert werden, oder sie sind von entlegnen Märkten zu beziehn, oder es finden Ausfälle in ihrer gewöhnlichen Zufuhr statt, Preiswechsel usw., kurz, eine Masse von Umständen, die in dem einfachen Formwechsel G – W nicht erkennbar sind, aber auch für diesen Teil der Zirkulationsphase bald mehr, bald weniger Zeit beanspruchen. Wie W – G und G – W zeitlich, können sie auch räumlich getrennt sein, Kaufmarkt und Verkaufmarkt räumlich verschiedne Märkte sein. Bei Fabriken z. B. sind Einkäufer und Verkäufer sogar häufig getrennte

Personen. Die Zirkulation ist ebenso notwendig bei der Warenproduktion wie die Produktion selbst, also die Zirkulationsagenten ebenso nötig wie die Produktionsagenten. Der Reproduktionsprozeß schließt beide Funktionen des Kapitals ein, also auch die Notwendigkeit der Vertretung dieser Funktionen, sei es durch den Kapitalisten selbst, sei es durch Lohnarbeiter, Agenten desselben. Dies ist aber ebensowenig ein Grund, die Zirkulationsagenten mit den Produktionsagenten zu verwechseln, als es ein Grund ist, die Funktionen von Warenkapital und Geldkapital mit denen von produktivem Kapital zu verwechseln. Die Zirkulationsagenten müssen bezahlt werden durch die Produktionsagenten. Wenn aber Kapitalisten, die untereinander kaufen und verkaufen, durch diesen Akt weder Produkte noch Wert schaffen, so ändert sich das nicht, wenn der Umfang ihres Geschäfts sie befähigt und nötigt, diese Funktion auf andre abzuwälzen. In manchen Geschäften werden Einkäufer und Verkäufer durch Tantieme am Profit bezahlt. Die Phrase, daß sie durch die Konsumenten bezahlt werden, hilft nichts. Die Konsumenten können nur zahlen, soweit sie sich selbst als Agenten der Produktion ein Äquivalent in Waren produzieren oder sich solches von den Produktionsagenten aneignen, sei es auf Rechtstitel hin (als deren Associés usw.), sei es durch persönliche Dienste.

Es besteht ein Unterschied zwischen W – G und G – W, der nichts mit der Formverschiedenheit von Ware und Geld zu tun hat, sondern aus dem kapitalistischen Charakter der Produktion entspringt. An und für sich sind sowohl W – G als G – W bloße Übersetzungen von gegebnem Wert aus einer Form in die andre. Aber W′ – G′ ist zugleich Realisierung des in W′ enthaltnen Mehrwerts. Nicht so G – W. Daher ist der Verkauf wichtiger als der Kauf. G – W ist unter normalen Bedingungen notwendiger Akt für Verwertung des in G ausgedrückten Werts, aber es ist nicht Realisierung von Mehrwert; es ist Einleitung zu seiner Produktion, nicht Nachtrag dazu.

Für die Zirkulation des Warenkapitals W′ – G′ sind bestimmte Schranken durch die Existenzform der Waren selbst, ihr Dasein als Gebrauchswerte gezogen. Sie sind von Natur vergänglich. Gehn sie also innerhalb gewisser Frist nicht in die produktive oder individuelle Konsumtion ein, je nach ihrer Bestimmung, werden sie, in andren Worten, nicht in bestimmter Zeit verkauft, so verderben sie und verlieren mit ihrem Gebrauchswert die Eigenschaft, Träger des Tauschwerts zu sein. Der in ihnen enthaltene Kapitalwert, resp. der ihm angewachsne Mehrwert, geht verloren. Die Gebrauchswerte bleiben nur Träger des perennierenden und sich verwertenden Kapitalwerts, soweit sie beständig erneuert und reproduziert, durch neue Gebrauchswerte derselben oder andrer Art ersetzt werden. Ihr Verkauf in ihrer fertigen Warenform, also ihr durch denselben vermitteltes Eingehn in die produktive oder individuelle Konsumtion, ist aber die stets sich erneuernde Bedingung ihrer Reproduktion. Sie müssen innerhalb bestimmter Zeit ihre alte Gebrauchsform wechseln, um in einer neuen fortzuexistieren. Der Tauschwert erhält sich nur durch diese beständige Erneuerung seines Körpers. Die Gebrauchswerte verschiedner Waren verderben rascher oder langsamer; es kann also mehr oder weniger Zwischenzeit zwischen ihrer Produktion und ihrer Konsumtion verstreichen; sie können also, ohne zugrunde zu gehn, kürzer oder länger in der Zirkulationsphase W – G als Warenkapital ausharren, kürzre oder längre Umlaufszeit als Waren ertragen. Die Grenze der Umlaufszeit des Warenkapitals durch den Verderb des Warenkörpers selbst ist die absolute Grenze dieses Teils der Umlaufszeit oder der Umlaufszeit, die das Warenkapital qua Warenkapital beschreiben kann. Je vergänglicher eine Ware, je unmittelbarer nach ihrer Produktion sie daher verzehrt, also auch verkauft werden muß, desto geringrer Entfernung von ihrem Produktionsort ist sie fähig, desto enger also ihre räumliche Zirkulationssphäre, desto lokalerer Natur ihr Absatzmarkt. Je vergänglicher daher eine Ware, je größer durch ihre physische Beschaffenheit die absolute Schranke ihrer Umlaufszeit als Ware, desto weniger eignet sie sich zum Gegenstand der kapitalistischen Produktion. Letztrer kann sie nur anheimfallen an volkreichen Plätzen, oder im Maß, wie die lokalen Abstände durch Entwicklung der Transportmittel zusammenrücken. Die Konzentration der Produktion eines Artikels in wenigen Händen und an einem volkreichen Platz kann aber relativ großen Markt auch für solche Artikel schaffen, wie z. B. bei großen Bierbrauereien, Milchereien usw.

Sechstes Kapitel: DIE ZIRKULATIONSKOSTEN

I. Reine Zirkulationskosten

1. Kauf- und Verkaufszeit

Die Formverwandlungen des Kapitals aus Ware in Geld und aus Geld in Ware sind zugleich Händel des Kapitalisten, Akte des Kaufs und Verkaufs. Die Zeit, worin diese Formverwandlungen des Kapitals sich vollziehn, sind subjektiv, vom Standpunkt des Kapitalisten, Verkaufszeit und Kaufzeit, die Zeit, während deren er auf dem Markt als Verkäufer und Käufer fungiert. Wie die Umlaufszeit des Kapitals einen notwendigen Abschnitt seiner Reproduktionszeit bildet, so bildet die Zeit, während deren der Kapitalist kauft und verkauft, sich auf dem Markt herumtreibt, einen notwendigen Abschnitt seiner Funktionszeit als Kapitalist, d. h. als personifiziertes Kapital. Sie bildet Teil seiner Geschäftszeit.

[Da angenommen wurde, daß die Waren zu ihren Werten gekauft und verkauft werden, so handelt es sich bei diesen Vorgängen nur um die Umsetzung desselben Werts aus einer Form in die andre, aus Warenform in Geldform, und aus Geldform in Warenform – um eine Zustandsänderung. Werden die Waren zu ihren Werten verkauft, so bleibt die Wertgröße in der Hand sowohl des Käufers wie des Verkäufers unverändert; nur seine Daseinsform hat sich verändert. Werden die Waren nicht zu ihren Werten verkauft, so bleibt die Summe der umgesetzten Werte unverändert; was auf der einen Seite plus, ist auf der andern minus.

Die Metamorphosen W – G und G – W sind aber Händel, die zwischen Käufer und Verkäufer vorgehn; sie brauchen Zeit, um handelseinig zu werden, um so mehr, als hier ein Kampf vorgeht, worin jede Seite die andre zu übervorteilen sucht, und sich Geschäftsleute gegenüberstehn, so: »when Greek meets Greek then comes the tug of war«. Die Zustandsänderung kostet Zeit und Arbeitskraft, aber nicht um Wert zu schaffen, sondern um die Umsetzung des Werts aus einer Form in die andre hervorzubringen, wobei der wechselseitige Versuch, bei dieser Gelegenheit ein überschüssiges Quantum Wert sich anzueignen, nichts ändert. Diese Arbeit, vergrößert durch die beiderseitigen böswilligen Absichten, schafft so wenig Wert, wie die Arbeit, die bei einem gerichtlichen Prozeß stattfindet, die Wertgröße des streitigen Objekts vermehrt. Es verhält sich mit dieser Arbeit – die ein notwendiges Moment des kapitalistischen Produktionsprozesses in seiner Totalität, wo er auch die Zirkulation einschließt, oder von ihr eingeschlossen wird – wie etwa mit der Verbrennungsarbeit eines Stoffs, der zur Erzeugung von Wärme verwandt wird. Diese Verbrennungsarbeit erzeugt keine Wärme, obgleich sie ein notwendiges Moment des Verbrennungsprozesses ist. Um z. B. Kohle als Heizmaterial zu verbrauchen, muß ich sie mit Sauerstoff verbinden und dazu sie aus dem festen in den gasförmigen Zustand überführen (denn im Kohlensäuregas, dem Resultat der Verbrennung, ist die Kohle im Gaszustand), also eine physikalische Daseinsform- oder Zustandsveränderung bewirken. Die Lostrennung der Kohlenstoffmoleküle, die zu einem festen Ganzen verbunden sind, und die Zersprengung des Kohlenstoffmoleküls selbst in seine einzelnen Atome, muß der Neuverbindung vorhergehn, und dies kostet einen gewissen Kraftaufwand, der sich also nicht in Wärme verwandelt, sondern von dieser abgeht. Sind die Warenbesitzer daher keine Kapitalisten, sondern selbständige unmittelbare

Produzenten, so ist die zu Kauf und Verkauf verwendete Zeit ein Abzug von ihrer Arbeitszeit, und suchten sie daher stets (im Altertum wie im Mittelalter) solche Operationen auf Festtage zu verlegen.

Die Dimensionen, die der Warenumsatz in den Händen der Kapitalisten annimmt, können natürlich diese, keinen Wert schaffende, sondern nur Formwechsel des Werts vermittelnde Arbeit nicht in wertschaffende verwandeln. Ebensowenig kann das Mirakel dieser Transsubstantiation durch eine Transposition vorgehn, d. h. dadurch, daß die industriellen Kapitalisten, statt selbst jene »Verbrennungsarbeit« zu vollziehn, sie zum ausschließlichen Geschäft dritter von ihnen bezahlter Personen machen. Diese dritten Personen werden ihnen natürlich nicht aus Liebe für ihre beaux yeux ihre Arbeitskraft zur Verfügung stellen. Dem Rentenkollekteur eines Grundbesitzers oder dem Hausknecht einer Bank ist es ebenfalls gleichgültig, daß ihre Arbeit die Wertgröße weder der Rente, noch der zu einer andern Bank sackweise getragnen Goldstücke um einen* Deut vermehrt.][10]

Für den Kapitalisten, der andre für sich arbeiten läßt, wird Kauf und Verkauf eine Hauptfunktion. Da er das Produkt vieler auf größrem gesellschaftlichen Maßstab aneignet, so hat er es auch auf solchem zu verkaufen und später wieder aus Geld in die Produktionselemente zurückzuverwandeln. Nach wie vor schafft Kauf- und Verkaufszeit keinen Wert. Eine Illusion kommt herein durch die Funktion des Kaufmannskapitals. Aber, ohne hier noch näher darauf einzugehn, ist so viel von vornherein klar: Wenn durch Teilung der Arbeit eine Funktion, die an und für sich unproduktiv, aber ein notwendiges Moment der Reproduktion ist, aus einer Nebenverrichtung vieler in die ausschließliche Verrichtung weniger verwandelt wird, in ihr besondres Geschäft, so verwandelt sich nicht der Charakter der Funktion selbst. *Ein* Kaufmann (hier als bloßer Agent der Formverwandlung der Waren, als bloßer Käufer und Verkäufer betrachtet) mag durch seine Operationen die Kauf- und Verkaufszeit für *viele* Produzenten abkürzen. Er ist dann als eine Maschine zu betrachten, die nutzlosen Kraftaufwand vermindert oder Produktionszeit freisetzen hilft.[11]

---

[10] Das Eingeklammerte aus einer Note am Schluß von Ms. VIII.

[11] »Les frais de commerce, quoique nécessaires, doivent être regardés comme une dépense onéreuse.« (Quesnay, »Analyse du Tableau Économique«, in Daire, »Physiocrates«, Ie partie, Paris 1846, p. 71.) – Nach Quesnay ist der »profit«, den die Konkurrenz unter den Kaufleuten hervorbringt, nämlich daß sie dieselben nötigt, »a mettre leur rétribution ou leur gain au rabais . . . n'est sérieusement parlant qu'une *privation de perte* pour le vendeur de la première main et pour l'acheteur-consommateur. Or, une privation de perte sur les frais du commerce n'est pas un

---

* [1. Auflage: keinen]

Wir wollen, um die Sache zu vereinfachen (da wir erst später den Kaufmann als Kapitalisten und das Kaufmannskapital betrachten), annehmen, dieser Agent zum Kaufen und Verkaufen sei ein Mann, der seine Arbeit verkauft. Er verausgabt seine Arbeitskraft und seine Arbeitszeit in diesen Operationen W – G und G – W. Und er lebt daher davon, wie ein andrer z. B. vom Spinnen oder Pillendrehn. Er verrichtet eine notwendige Funktion, weil der Reproduktionsprozeß selbst unproduktive Funktionen einschließt. Er arbeitet so gut wie ein andrer, aber der Inhalt seiner Arbeit schafft weder Wert noch Produkt. Er selbst gehört zu den faux frais der Produktion. Sein Nutzen besteht nicht darin, eine unproduktive Funktion in eine produktive zu verwandeln, oder unproduktive Arbeit in produktive. Es wäre ein Wunder, wenn dergleichen Verwandlung durch solche Übertragung der Funktion bewerkstelligt werden könnte. Sein Nutzen besteht vielmehr darin, daß ein geringrer Teil der Arbeitskraft und der Arbeitszeit der Gesellschaft in dieser unproduktiven Funktion gebunden wird. Noch mehr. Wir wollen annehmen, er sei bloßer Lohnarbeiter, meinetwegen besser bezahlter. Welches immer seine Zahlung, als Lohnarbeiter arbeitet er einen Teil seiner Zeit umsonst. Er erhält vielleicht täglich das Wertprodukt von acht Arbeitsstunden und fungiert während zehn. Die zwei Stunden Mehrarbeit, die er verrichtet, produzieren ebensowenig Wert wie seine acht Stunden notwendige Arbeit, obgleich vermittelst dieser letztren ein Teil des gesellschaftlichen Produkts auf ihn übertragen wird. Erstens wird nach wie vor, gesellschaftlich betrachtet, eine Arbeitskraft während zehn Stunden in dieser bloßen Zirkulationsfunktion vernutzt. Sie ist für nichts andres verwendbar, nicht für produktive Arbeit. Zweitens aber zahlt die Gesellschaft diese zwei Stunden Mehrarbeit nicht, obgleich sie von dem Individuum, das sie verrichtet, verausgabt werden. Die Gesellschaft eignet sich dadurch kein überschüssiges Produkt oder Wert an. Aber die Zirkulationskosten, die er repräsentiert, vermindern sich um ein Fünftel, von zehn Stunden auf acht. Die Gesellschaft zahlt kein Äquivalent für ein Fünftel dieser aktiven Zirkulationszeit, deren Agent er ist. Ist es aber der Kapitalist, der diesen Agenten

---

produit réel ou un accroît de richesses obtenu par le commerce, considéré en lui-même simplement comme échange, indépendemment des frais de transport, ou envisagé conjointement avec les frais de transport.« (p. 145, 146). »Les frais du commerce sont toujours payés aux dépens des vendeurs des productions qui jouiraient de tout le prix qu'en payent les acheteurs, s'il n'y avait point de frais intermédiaires.« (p. 163). Die propriétaires und producteurs sind »salariants«, die Kaufleute sind »salariés« (p. 164, Quesnay, »Dialogues sur le Commerce et sur les Travaux des Artisans«*, in Daire, »Physiocrates«, Ie partie, Paris 1846).

---

* [1. und 2. Auflage: »Problèmes économiques«]

anwendet, so vermindern sich durch Nichtzahlung der zwei Stunden die Zirkulationskosten *seines* Kapitals, die einen Abzug von seiner Einnahme bilden. Für ihn ist es ein positiver Gewinn, weil sich die negative Schranke der Verwertung seines Kapitals enger zieht. Solange kleine selbständige Warenproduzenten einen Teil ihrer eignen Zeit in Kauf und Verkauf verausgaben, stellt sich dies nur dar entweder als Zeit, verausgabt in den Intervallen ihrer produktiven Funktion, oder als Abbruch an ihrer Produktionszeit.

Unter allen Umständen ist die hierauf verwandte Zeit eine Zirkulationskost, die den umgesetzten Werten nichts zuführt. Es ist die Kost, erforderlich, sie aus Warenform in Geldform zu übersetzen. Soweit der kapitalistische Warenproduzent als Zirkulationsagent erscheint, unterscheidet er sich vom unmittelbaren Warenproduzenten nur dadurch, daß er auf größrer Stufenleiter verkauft und kauft, und daher in größrem Umfang als Zirkulationsagent fungiert. Sobald der Umfang seines Geschäfts ihn aber zwingt oder befähigt, eigne Zirkulationsagenten als Lohnarbeiter zu kaufen (dingen), so ist das Phänomen der Sache nach nicht verändert. Arbeitskraft und Arbeitszeit muß zu gewissem Grad im Zirkulationsprozeß (soweit er bloße Formverwandlung) verausgabt werden. Aber dies erscheint jetzt als zusätzliche Kapitalauslage; ein Teil des variablen Kapitals muß ausgelegt werden im Ankauf dieser nur in der Zirkulation fungierenden Arbeitskräfte. Dieser Kapitalvorschuß schafft weder Produkt noch Wert. Er vermindert pro tanto den Umfang, worin das vorgeschoßne Kapital produktiv fungiert. Es ist dasselbe, als würde ein Teil des Produkts in eine Maschine verwandelt, welche den übrigen Teil des Produkts kauft und verkauft. Diese Maschine verursacht einen Abzug von Produkt. Sie wirkt nicht mit im Produktionsprozeß, obgleich sie die in der Zirkulation verausgabte Arbeitskraft etc. vermindern kann. Sie bildet bloß einen Teil der Zirkulationskosten.

2. Buchführung

Neben dem wirklichen Kaufen und Verkaufen wird Arbeitszeit verausgabt in der Buchführung, in die außerdem vergegenständlichte Arbeit eingeht, Feder, Tinte, Papier, Schreibpult, Bürokosten. Es wird also in dieser Funktion einerseits Arbeitskraft verausgabt, andrerseits Arbeitsmittel. Es verhält sich hiermit ganz wie mit der Kauf- und Verkaufszeit.

Als Einheit innerhalb seiner Kreisläufe, als prozessierender Wert, sei es nun innerhalb der Produktionssphäre, sei es innerhalb der beiden Phasen der Zirkulationssphäre, existiert das Kapital nur ideell in der Gestalt des Rechengelds, zunächst im Kopf des Warenproduzenten, resp. kapitalistischen Warenproduzenten. Durch die Buchführung, welche auch die Preisbestimmung oder die Berechnung der Warenpreise (Preiskalkulation) einbegreift, wird diese Bewegung fixiert und kontrolliert. Die Bewegung der Produktion und namentlich der Verwertung – wobei die Waren nur als Wertträger figurieren, als Namen von Dingen, deren ideelles Wertdasein in Rechengeld fixiert ist – erhält so ein symbolisches Abbild in der Vorstellung. Solange der einzelne Warenproduzent entweder nur in seinem Kopf Buch führt (wie z. B. der Bauer; erst die kapitalistische Agrikultur produziert den Buch führenden Pächter) oder nur nebenbei, außerhalb seiner Produktionszeit, ein Buch über seine Ausgaben, Einnahmen, Zahlungstermine usw. führt, solange ist es handgreiflich, daß diese seine Funktion und die Arbeitsmittel, die er etwa dabei verbraucht, wie Papier usw., zusätzlichen Verbrauch von Arbeitszeit und Arbeitsmitteln darstellen, die notwendig sind, aber einen Abzug bilden sowohl an der Zeit, die er produktiv verbrauchen kann, wie an den Arbeitsmitteln, die im wirklichen Produktionsprozeß fungieren, in die Produkt- und Wertbildung eingehn.[12] Die Natur der Funktion selbst verändert sich nicht, weder durch den Umfang, den sie dadurch erhält, daß sie in der Hand des kapitalistischen Warenproduzenten konzentriert wird und statt als Funktion vieler kleiner Warenproduzenten als die *eines* Kapitalisten, als Funktion innerhalb eines Produktionsprozesses auf großer Stufenleiter erscheint; noch durch ihre Losreißung von den produktiven Funktionen, von denen sie ein Beiwerk bildete, und durch ihre Verselbständigung als Funktion besondrer, ausschließlich mit ihr betrauter Agenten.

Die Teilung der Arbeit, die Verselbständigung einer Funktion, macht sie nicht produkt- und wertbildend, wenn sie es nicht an sich, also schon vor ihrer Verselbständigung ist. Legt ein Kapitalist sein Kapital neu an, so muß er einen Teil im Ankauf eines Buchhalters etc. und in Mitteln der Buchführung anlegen. Ist sein Kapital bereits in Funktion, in seinem beständigen

[12] Im Mittelalter finden wir die Buchführung für Agrikultur nur in den Klöstern. Jedoch sah man (Buch I, p. 343*), daß bereits in den uraltertümlichen indischen Gemeinwesen ein Buchhalter über die Agrikultur figuriert. Die Buchführung ist hier zur ausschließlichen Funktion eines Gemeindebeamten verselbständigt. Durch diese Teilung der Arbeit werden Zeit, Mühe und Ausgaben erspart, aber die Produktion und die Buchführung über die Produktion bleiben ebenso verschiedne Dinge wie die Schiffsladung und der Ladeschein. Im Buchhalter ist ein Teil der Arbeitskraft der Gemeinde der Produktion entzogen, und die Kosten seiner Funktion werden nicht durch seine eigne Arbeit ersetzt, sondern durch einen Abzug vom Gemeindeprodukt. Wie mit dem Buchhalter der indischen Gemeinde, verhält es sich mutatis mutandis mit dem Buchhalter des Kapitalisten. (Aus Manuskript II.)

* [Siehe »Kapital«, Bd. 1, a. a. O., S. 318.]

Reproduktionsprozeß begriffen, so muß er einen Teil des Warenprodukts, vermittelst Verwandlung in Geld, beständig rückverwandeln in Buchhalter, Kommis u. dergl. Dieser Teil des Kapitals ist dem Produktionsprozeß entzogen und gehört zu den Zirkulationskosten, Abzügen am Gesamtertrag. (Eingeschlossen die Arbeitskraft selbst, die ausschließlich auf diese Funktion verwendet wird.)

Es findet jedoch ein gewisser Unterschied statt zwischen den aus der Buchführung entspringenden Kosten, resp. unproduktiven Verausgabung von Arbeitszeit einerseits und denen der bloßen Kauf- und Verkaufszeit andrerseits. Die letztren entspringen nur aus der bestimmten gesellschaftlichen Form des Produktionsprozesses, daraus, daß er Produktionsprozeß von Ware ist. Die Buchführung als Kontrolle und ideelle Zusammenfassung des Prozesses wird um so notwendiger, je mehr der Prozeß auf gesellschaftlicher Stufenleiter vorgeht und den rein individuellen Charakter verliert; also notwendiger in der kapitalistischen Produktion als in der zersplitterten des Handwerks- und Bauernbetriebs, notwendiger bei gemeinschaftlicher Produktion als bei kapitalistischer. Die Kosten der Buchführung reduzieren sich aber mit der Konzentration der Produktion und je mehr sie sich in gesellschaftliche Buchführung verwandelt.

Es handelt sich hier nur um den allgemeinen Charakter der Zirkulationskosten, die aus der bloßen formellen Metamorphose entspringen. Es ist hier überflüssig, auf alle ihre Detailformen einzugehn. Wie aber der reinen Formverwandlung des Werts angehörige, also aus der bestimmten gesellschaftlichen Form des Produktionsprozesses entspringende Formen, die bei dem individuellen Warenproduzenten nur verschwindende und kaum bemerkbare Momente sind, neben seinen produktiven Funktionen herlaufen oder sich mit ihnen verschlingen – wie diese als massenhafte Zirkulationskosten die Augen frappieren können, sieht man beim bloßen Einnehmen und Ausgeben von Geld, sobald es als ausschließliche Funktion von Banken etc. oder des Kassierers in individuellen Geschäften, verselbständigt und auf großer Stufenleiter konzentriert ist. Was festzuhalten, ist, daß diese Zirkulationskosten durch die veränderte Gestalt ihren Charakter nicht ändern.

3. Geld

Ob ein Produkt als Ware oder nicht als Ware produziert wird, es ist stets stoffliche Gestalt von Reichtum, Gebrauchswert, bestimmt, in die individuelle oder produktive Konsumtion einzugehn. Als Ware existiert sein Wert ideell im Preise, der an seiner wirklichen Gebrauchsgestalt nichts ändert. Daß aber bestimmte Waren, wie Gold und Silber, als Geld fungieren und als solche ausschließlich den Zirkulationsprozeß behausen (auch als Schatz, Reserve etc. bleiben sie, obwohl latent, in der Zirkulationssphäre), ist ein reines Produkt der bestimmten gesellschaftlichen Form des Produktionsprozesses, der Produktionsprozeß von Waren ist. Da auf Grundlage der kapitalistischen Produktion Ware die allgemeine Gestalt des Produkts wird, und die größte Masse des Produkts als Ware produziert wird und daher die Geldform annehmen muß, da also die Warenmasse, der als Ware fungierende Teil des gesellschaftlichen Reichtums fortwährend wächst – so nimmt hier auch der Umfang der als Zirkulationsmittel, Zahlungsmittel, Reserve etc. fungierenden Golds und Silbers zu. Diese als Geld fungierenden Waren gehn weder in die individuelle noch in die produktive Konsumtion ein. Es ist gesellschaftliche Arbeit, in einer Form fixiert, worin sie als bloße Zirkulationsmaschine dient. Außerdem, daß ein Teil des gesellschaftlichen Reichtums in diese unproduktive Form gebannt ist, erheischt der Verschleiß des Geldes beständigen Ersatz desselben oder Umwandlung von mehr gesellschaftlicher Arbeit – in Produktform – in mehr Gold und Silber. Diese Ersatzkosten sind bei kapitalistisch entwickelten Nationen bedeutend, weil überhaupt der in Form des Gelds gebannte Teil des Reichtums umfangreich ist. Gold und Silber, als Geldwaren, bilden für die Gesellschaft Zirkulationskosten, die nur aus der gesellschaftlichen Form der Produktion entspringen. Es sind faux frais der Warenproduktion überhaupt, die mit der Entwicklung der Warenproduktion, und besonders der kapitalistischen Produktion, wachsen. Es ist ein Teil des gesellschaftlichen Reichtums, der dem Zirkulationsprozeß geopfert werden muß.[13]

II. Aufbewahrungskosten

Zirkulationskosten, die aus dem bloßen Formwechsel des Werts, aus der Zirkulation ideell betrachtet, hervorgehn, gehn nicht in den Wert der Waren ein. Die in ihnen verausgabten Kapitalteile bilden bloße Abzüge von dem produktiv verausgabten Kapital, soweit der Kapitalist betrachtet wird. Von andrer Natur sind die Zirkulationskosten, die wir jetzt betrachten. Sie können aus Produktionsprozessen entspringen, die nur in der Zirkulation fort-

---

[13] »The money circulating in a country is a certain portion of the capital of the country, absolutely withdrawn from productive purposes, in order to facilitate or increase the productiveness of the remainder; a certain amount of wealth is, therefore, as necessary in order to adopt gold as a circulating medium, as it is to make a machine, in order to facilitate any other production.« (»Economist«, vol. V, p. 520.)

gesetzt werden, deren produktiver Charakter also durch die Zirkulationsform nur versteckt ist. Sie können andrerseits, gesellschaftlich betrachtet, bloße Kosten, unproduktive Verausgabung, sei es lebendiger, sei es vergegenständlichter Arbeit sein, aber doch eben dadurch für den individuellen Kapitalisten wertbildend wirken, einen Zusatz zum Verkaufspreis seiner Ware bilden. Dies folgt schon daraus, daß diese Kosten in verschiednen Produktionssphären und stellenweise für verschiedne individuelle Kapitale innerhalb derselben Produktionssphäre verschieden sind. Durch ihren Zusatz zum Preis der Ware werden sie in dem Maß verteilt, worin sie auf die individuellen Kapitalisten fallen. Aber alle Arbeit, die Wert zusetzt, kann auch Mehrwert zusetzen und wird auf kapitalistischer Grundlage immer Mehrwert zusetzen, da der Wert, den sie bildet, von ihrer eignen Größe, der Mehrwert, den sie bildet, von dem Umfang abhängt, worin der Kapitalist sie bezahlt. Kosten also, die die Waren verteuern, ohne ihr Gebrauchswert zuzusetzen, für die Gesellschaft also zu den faux frais der Produktion gehören, können für den individuellen Kapitalisten Quelle der Bereicherung bilden. Andrerseits, soweit der Zusatz, den sie dem Preis der Ware hinzufügen, diese Zirkulationskosten nur gleichmäßig verteilt, hört ihr unproduktiver Charakter dadurch nicht auf. Z. B. Assekuranzgesellschaften verteilen die Verluste individueller Kapitalisten unter die Kapitalistenklasse. Dies verhindert jedoch nicht, daß die so ausgeglichnen Verluste nach wie vor, das gesellschaftliche Gesamtkapital betrachtet, Verluste sind.

1. Vorratbildung überhaupt

Während seines Daseins als Warenkapital oder seines Aufenthalts auf dem Markt, also solange es sich in dem Intervall befindet zwischen dem Produktionsprozeß, aus dem es herauskommt, und dem Konsumtionsprozeß, in den es eingeht, bildet das Produkt Warenvorrat. Als Ware auf dem Markt, und daher in der Gestalt des Vorrats, erscheint das Warenkapital doppelt in jedem Kreislauf, einmal als Warenprodukt des prozessierenden Kapitals selbst, dessen Kreislauf betrachtet wird; das andre Mal dagegen als Warenprodukt eines andren Kapitals, das sich auf dem Markt vorfinden muß, um gekauft und in produktives Kapital verwandelt zu werden. Allerdings ist es möglich, daß dies letztre Warenkapital erst auf Bestellung produziert wird. Dann findet Unterbrechung statt, solange bis es produziert ist. Der Fluß des Produktions- und Reproduktionsprozesses erheischt jedoch, daß eine Masse Waren (Produktionsmittel) sich beständig auf dem Markt vorfindet, also Vorrat bildet. Ebenso umfaßt das produktive Kapital den Ankauf der Arbeitskraft, und die Geldform ist hier nur die Wertform von Lebensmitteln, die der Arbeiter großenteils auf dem Markt vorfinden muß. Wir gehn im Fortgang dieses Paragraphen näher hierauf ein. Hier ist bereits dieser Punkt gewonnen. Stellen wir uns auf den Standpunkt des prozessierenden Kapitalwerts, der sich in Warenprodukt verwandelt hat und nun verkauft oder in Geld rückverwandelt werden muß, der also jetzt als Warenkapital auf dem Markt fungiert, so ist der Zustand, worin es Vorrat bildet, ein zweckwidriger unfreiwilliger Aufenthalt auf dem Markt. Je rascher verkauft, desto flüssiger der Reproduktionsprozeß. Der Aufenthalt in der Formverwandlung W′ – G′ hindert den realen Stoffwechsel, der im Kreislauf des Kapitals vorgehn muß, wie seine weitere Funktion als produktives Kapital. Andrerseits für G – W erscheint das beständige Vorhandensein der Ware auf dem Markt, der Warenvorrat, als Bedingung des Flusses des Reproduktionsprozesses wie der Anlage von neuem oder zusätzlichem Kapital.

Das Verharren des Warenkapitals als Warenvorrat auf dem Markt erheischt Baulichkeiten, Magazine, Reservoirs der Waren, Warenlager, also Auslage von konstantem Kapital; ebenso Zahlung von Arbeitskräften zur Einmagazinierung der Waren in ihre Reservoirs. Außerdem verderben die Waren und sind schädlichen elementaren Einflüssen ausgesetzt. Zum Schutz davor ist zusätzliches Kapital auszulegen, teils in Arbeitsmitteln, in gegenständlicher Form, teils in Arbeitskraft.[14]

Das Dasein des Kapitals in seiner Form als Warenkapital und daher als Warenvorrat verursacht also Kosten, die, da sie nicht der Produktionssphäre angehören, zu den Zirkulationskosten zählen. Diese Zirkulationskosten unterscheiden sich von den sub I aufgeführten dadurch, daß sie in gewissem Umfang in den Wert der Waren eingehn, also die Ware verteuern. Unter allen Umständen sind Kapital und Arbeitskraft, die zur Erhaltung und Aufbewahrung des Warenvorrats dienen, dem direkten Produktionsprozeß entzogen. Andrerseits müssen die hier angewandten Kapitale, Arbeitskraft eingerechnet, als Bestandteil des Kapitals, aus dem gesellschaftlichen Produkt ersetzt werden. Ihre Auslage wirkt daher wie eine Verminderung der Produktionskraft der Arbeit, so daß ein größres Quantum Kapital und Arbeit

---

[14] Corbet berechnet 1841 die Kosten der Weizen-Aufspeicherung für eine Saison von 9 Monaten auf $^1/_2$% Verlust an Quantität, 3% für Zins auf den Weizenpreis, 2% für Lagermiete, 1% Schütteln und Fuhrlohn, $^1/_2$% Ablieferungs-Arbeit, zusammen 7% oder, bei einem Weizenpreis von 50 sh., 3 sh. 6 d. per Quarter. (Th. Corbet, »An Inquiry into the Causes and Modes of the Wealth of Individuals etc.«, London 1841, [p. 140].) Nach den Aussagen von Liverpooler Kaufleuten vor der Eisenbahnkommission betrugen die (reinen) Unkosten der Getreide-Aufspeicherung 1865 monatlich 2 d. per Quarter oder 9–10 d. per Tonne. (»Royal Commission on Railways«, 1867, Evidence, p. 19, Nr. 331.)

erheischt ist, um einen bestimmten Nutzeffekt zu erzielen. Es sind *Unkosten.*

Soweit nun die durch die Bildung des Warenvorrats bedingten Zirkulationskosten nur aus der Zeitdauer der Verwandlung vorhandner Werte aus Warenform in Geldform, also nur aus der bestimmten gesellschaftlichen Form des Produktionsprozesses entspringen (nur daraus, daß das Produkt als Ware produziert wird und daher auch die Verwandlung in Geld durchmachen muß) – teilen sie ganz den Charakter der sub I aufgezählten Zirkulationskosten. Andrerseits wird der Wert der Waren hier nur konserviert, resp. vermehrt, weil der Gebrauchswert, das Produkt selbst, unter bestimmte gegenständliche Bedingungen versetzt wird, die Kapitalauslage kosten, und Operationen unterworfen wird, die zusätzliche Arbeit auf die Gebrauchswerte wirken lassen. Die Berechnung der Warenwerte, die Buchführung über diesen Prozeß, die Kauf- und Verkaufshändel dagegen wirken nicht auf den Gebrauchswert, worin der Warenwert existiert. Sie haben es nur mit seiner Form zu tun. Obgleich daher in dem vorausgesetzten Fall diese Unkosten der Vorratbildung (die hier unfreiwillig ist) bloß aus einem Aufenthalt der Formverwandlung und aus der Notwendigkeit derselben entspringen, so unterscheiden sie sich dennoch von den Unkosten sub I dadurch, daß ihr Gegenstand selbst nicht die Formverwandlung des Werts, sondern die Erhaltung des Werts ist, der in der Ware, als Produkt, Gebrauchswert, existiert und daher nur durch die Erhaltung des Produkts, des Gebrauchswerts selbst erhalten werden kann. Der Gebrauchswert wird hier weder erhöht noch vermehrt, im Gegenteil, er nimmt ab. Aber seine Abnahme wird beschränkt, und er wird erhalten. Auch der vorgeschoßne, in der Ware existierende Wert wird hier nicht erhöht. Aber neue Arbeit, vergegenständlichte und lebendige, wird hinzugesetzt.

Es ist nun weiter zu untersuchen, wieweit diese Unkosten aus dem eigentümlichen Charakter der Warenproduktion überhaupt und der Warenproduktion in ihrer allgemeinen, absoluten Form hervorgehn, d. h. der kapitalistischen Warenproduktion; wieweit sie andrerseits aller gesellschaftlichen Produktion gemeinsam sind und hier nur innerhalb der kapitalistischen Produktion eine besondre Gestalt annehmen, eine besondre Erscheinungsform.

A. Smith hat die fabelhafte Ansicht aufgestellt, daß die Vorratbildung ein der kapitalistischen Produktion eigentümliches Phänomen sei.[15] Neuere Ökonomen, z. B. Lalor, behaupten umgekehrt, daß sie mit der Entwicklung der kapitalistischen Produktion abnimmt. Sismondi betrachtet dies sogar als eine Schattenseite der letztren.

[15] Book II, Introduction.

In der Tat existiert der Vorrat in drei Formen: in der Form des produktiven Kapitals, in der Form des individuellen Konsumtionsfonds und in Form des Warenvorrats oder Warenkapitals. Der Vorrat in der einen Form nimmt relativ ab, wenn er in der andren Form zunimmt, obgleich er seiner absoluten Größe nach in allen drei Formen gleichzeitig wachsen mag.

Es ist von vornherein klar, daß, wo die Produktion direkt auf die Befriedigung des Selbstbedarfs gerichtet ist und nur zum geringern Teil für den Austausch oder Verkauf produziert wird, also das gesellschaftliche Produkt gar nicht oder nur zum kleinern Teil die Form der Ware annimmt, der Vorrat in der Form der Ware oder Warenvorrat nur einen geringen und verschwindenden Teil des Reichtums bildet. Der Konsumtionsfonds ist aber hier relativ groß, namentlich der eigentlichen Lebensmittel. Man hat nur altertümliche Bauernwirtschaft anzusehn. Ein überwiegender Teil des Produkts verwandelt sich hier unmittelbar, ohne Warenvorrat zu bilden – eben weil er in der Hand seines Besitzers bleibt – in vorrätige Produktionsmittel oder Lebensmittel. Er nimmt nicht die Form des Warenvorrats an, und eben deswegen existiert in Gesellschaften, die auf solcher Produktionsweise gegründet sind, nach A. Smith kein Vorrat. A. Smith verwechselt die Form des Vorrats mit dem Vorrat selbst und glaubt, daß die Gesellschaft bisher von der Hand in den Mund lebte oder sich auf den Zufall des folgenden Tages verließ.[16] Es ist ein kindisches Mißverständnis.

Vorrat in der Form des produktiven Kapitals existiert in der Form von Produktionsmitteln, die sich bereits im Produktionsprozeß befinden oder wenigstens in der Hand des Produzenten, also latent schon im Produktionsprozeß. Man hat früher gesehn, daß mit der Entwicklung der Produktivität der Arbeit, also auch mit der Entwicklung der kapitalistischen Produktionsweise – welche die gesellschaftliche Produktivkraft der Arbeit mehr ent-

---

[16] Statt daß, wie A. Smith wähnt, die Vorratbildung erst entspringt aus der Verwandlung des Produkts in Ware und des Konsumtionsvorrats in Warenvorrat, verursacht umgekehrt dieser Formwechsel während des Übergangs aus der Produktion für den Selbstbedarf in die Warenproduktion die heftigsten Krisen in der Ökonomie der Produzenten. In Indien erhielt sich z. B. bis auf die allerneueste Zeit »die Gewohnheit, das Getreide, wofür in Jahren des Überflusses wenig zu haben war, massenhaft aufzuspeichern«. (»Return. Bengal and Orissa Famine. H. of C. 1867«, I, p. 230, 231, Nr. 74.) Die durch den Amerikanischen Bürgerkrieg plötzlich gesteigerte Nachfrage nach Baumwolle, Jute etc. veranlaßte in vielen Teilen Indiens große Einschränkung des Reisbaus, Steigen der Reispreise und Verkauf der alten Reisvorräte der Produzenten. Dazu kam noch 1864–66 beispiellose Ausfuhr von Reis nach Australien, Madagaskar etc. Daher der akute Charakter der Hungersnot von 1866, die im Distrikt von Orissa allein eine Million Menschen wegraffte. (l. c. 174, 175, 213, 214 und III: »Papers relating to the Famine in Behar«, p. 32, 33, wo unter den Ursachen der Hungersnot der drain of old stock betont wird.) (Aus Manuskript II.)

wickelt als alle früheren Produktionsweisen –, die Masse der in der Form von Arbeitsmitteln dem Prozeß ein für allemal einverleibten und stets wiederholt, während längrer oder kürzrer Periode in ihm fungierenden Produktionsmittel (Gebäude, Maschinen etc.) beständig wächst, und daß ihr Wachstum sowohl Voraussetzung wie Wirkung der Entwicklung der gesellschaftlichen Produktivkraft der Arbeit ist. Das nicht nur absolute, sondern relative Wachstum des Reichtums in dieser Form (vergl. Buch I. Kap. XXIII, 2.) charakterisiert vor allem die kapitalistische Produktionsweise. Die stofflichen Existenzformen des konstanten Kapitals, die Produktionsmittel, bestehn aber nicht nur aus derartigen Arbeitsmitteln, sondern auch aus Arbeitsmaterial auf den verschiedensten Stufen der Verarbeitung und aus Hilfsstoffen. Mit der Stufenleiter der Produktion und der Steigerung der Produktivkraft der Arbeit durch Kooperation, Teilung, Maschinerie usw. wächst die Masse des Rohmaterials, der Hilfsstoffe etc., die in den täglichen Reproduktionsprozeß eingehn. Diese Elemente müssen in der Produktionsstätte bereitliegen. Der Umfang dieses in der Form von produktivem Kapital existierenden Vorrats wächst also absolut. Damit der Prozeß fließe – ganz davon abgesehn, ob dieser Vorrat täglich oder nur in bestimmten Terminen erneuert werden kann –, muß stets mehr Anhäufung von Rohstoff etc. in der Produktionsstätte bereitliegen, als z. B. täglich oder wöchentlich verbraucht wird. Die Kontinuität des Prozesses erheischt, daß das Dasein seiner Bedingungen weder abhänge von möglicher Unterbrechung bei täglichen Einkäufen, noch davon, daß das Warenprodukt täglich oder wöchentlich verkauft werde und daher nur unregelmäßig in seine Produktionselemente rückverwandelbar sei. Indes kann offenbar das produktive Kapital in sehr verschiednem Umfang latent sein oder Vorrat bilden. Es macht z. B. großen Unterschied, ob der Spinner Baumwolle oder Kohlen für drei Monate oder für einen parat liegen haben muß. Man sieht, daß dieser Vorrat relativ abnehmen kann, obgleich er absolut zunimmt.

Es hängt dies von verschiedenen Bedingungen ab, die alle im wesentlichen hinauskommen auf die größre Geschwindigkeit, Regelmäßigkeit und Sicherheit, womit die nötige Masse von Rohstoff stets so zugeführt werden kann, daß nie Unterbrechung entsteht. Je weniger diese Bedingungen erfüllt sind, je geringer also Sicherheit, Regelmäßigkeit und Geschwindigkeit der Zufuhr, desto größer muß der latente Teil des produktiven Kapitals, d. h. der noch seine Verarbeitung erwartende Vorrat von Rohstoffen usw. in der Hand des Produzenten sein. Diese Bedingungen stehn im umgekehrten Verhältnis zur Entwicklungshöhe der kapitalistischen Produktion und daher der Produktivkraft der gesellschaftlichen Arbeit. Also auch der Vorrat in dieser Form.

Indes ist das, was hier als Abnahme des Vorrats erscheint (z. B. bei Lalor), zum Teil nur Abnahme des Vorrats in der Form des Warenkapitals oder des eigentlichen Warenvorrats; also bloß Formwechsel desselben Vorrats. Ist z. B. die Masse Kohlen, die täglich im Lande selbst produziert wird, also Umfang und Energie der Kohlenproduktion, groß, so braucht der Spinner kein großes Kohlenlager, um die Kontinuität seiner Produktion zu sichern. Die beständige sichere Erneuerung der Kohlenzufuhr macht dies überflüssig. Zweitens: Die Geschwindigkeit, womit das Produkt eines Prozesses als Produktionsmittel in einen andren Prozeß übergehn kann, hängt ab von der Entwicklung der Transport- und Kommunikationsmittel. Die Wohlfeilheit des Transports spielt große Rolle dabei. Der beständig erneuerte Transport z. B. von Kohlen von der Grube zur Spinnerei wäre teurer als die Versorgung mit einer größren Kohlenmasse für längre Zeit bei relativ wohlfeilerm Transport. Diese beiden bisher betrachteten Umstände gehn aus dem Produktionsprozeß selbst hervor. Drittens wirkt ein die Entwicklung des Kreditsystems. Je weniger der Spinner für Erneuerung seiner Vorräte an Baumwolle, Kohle etc. vom unmittelbaren Verkauf seines Garns abhängt – und je entwickelter das Kreditsystem, je geringer ist diese unmittelbare Abhängigkeit –, desto kleiner kann die relative Größe dieser Vorräte sein, um eine von den Zufällen des Garnverkaufs unabhängige kontinuierliche Garnproduktion auf gegebener Stufenleiter zu sichern. Viertens aber bedürfen viele Rohstoffe, Halbfabrikate etc. längrer Zeitperioden zu ihrer Produktion, und namentlich gilt dies von allen Rohstoffen, die die Agrikultur liefert. Soll keine Unterbrechung des Produktionsprozesses stattfinden, so muß also ein bestimmter Vorrat derselben vorhanden sein für den ganzen Zeitabschnitt, worin Neuprodukt nicht die Stelle des alten ersetzen kann. Nimmt dieser Vorrat ab in der Hand des industriellen Kapitalisten, so beweist das nur, daß er in der Form des Warenvorrats in der Hand des Kaufmanns zunimmt. Die Entwicklung der Transportmittel z. B. gestattet, die im Importhafen liegende Baumwolle rasch von Liverpool nach Manchester überzuführen, so daß der Fabrikant, je nach Bedarf, in relativ kleinen Portionen seinen Baumwollvorrat erneuern kann. Aber dann liegt dieselbe Baumwolle in um so größren Massen als Warenvorrat in der Hand von Kaufleuten zu Liverpool. Es ist also bloßer Formwechsel des Vorrats, was Lalor und andre übersehn haben. Und das gesellschaftliche Kapital betrachtet, befindet sich hier nach wie vor dieselbe Produktmasse in der Form des Vorrats. Für ein einzelnes Land nimmt der Umfang, worin z. B. die für das Jahr nötige Masse bereit sein muß, ab mit der Entwicklung der Transportmittel. Gehn viele Dampf- und Segelschiffe zwischen Amerika und England, so vermehren sich die Gelegenheiten der Erneuerung des Baumwollvorrats für England und nimmt also die Masse des Baumwollvorrats ab, die durchschnittlich in England lagern muß. Ebenso wirkt die Entwicklung des Weltmarkts und daher die Vervielfachung der Bezugsquellen desselben Artikels. Der Artikel wird stückweis von verschiednen Ländern und in verschiednen Zeitterminen zugeführt.

2. Eigentlicher Warenvorrat

Man hat bereits gesehn: Auf Grundlage der kapitalistischen Produktion wird die Ware zur allgemeinen Form des Produkts, und je mehr jene sich nach Umfang und Tiefe entwickelt, desto mehr. Es existiert also – selbst bei gleichem Umfang der Produktion – ein ungleich größrer Teil des Produkts als Ware, im Vergleich, sei es zu frühern Produktionsweisen, sei es zur kapitalistischen Produktionsweise auf minder entwickeltem Grad. Alle Ware aber – also auch alles Warenkapital, welches nur Ware ist, aber Ware als Daseinsform des Kapitalwerts –, soweit sie aus ihrer Produktionssphäre nicht unmittelbar in die produktive oder individuelle Konsumtion eingeht, also im Intervall auf dem Markt sich befindet, bildet ein Element des Warenvorrats. An und für sich – bei gleichbleibendem Umfang der Produktion – wächst daher der Warenvorrat (d. h. diese Verselbständigung und Fixierung der Warenform des Produkts) mit der kapitalistischen Produktion. Man hat bereits gesehn, daß dies nur Formwechsel des Vorrats ist, d. h. daß auf der einen Seite der Vorrat in Warenform zunimmt, weil er auf der andren Seite in der Form von direktem Produktions- oder Konsumtionsvorrat abnimmt. Es ist nur eine veränderte gesellschaftliche Form des Vorrats. Wenn zugleich nicht nur die relative Größe des Warenvorrats im Verhältnis zum gesellschaftlichen Gesamtprodukt zunimmt, sondern auch seine absolute Größe, so, weil mit der kapitalistischen Produktion die Masse des Gesamtprodukts wächst.

Mit der Entwicklung der kapitalistischen Produktion wird die Stufenleiter der Produktion in stets geringrem Grad durch die unmittelbare Nachfrage nach dem Produkt bestimmt, und in stets größrem durch den Umfang des Kapitals, worüber der individuelle Kapitalist verfügt, durch den Verwertungstrieb seines Kapitals und die Notwendigkeit der Kontinuität und der Ausdehnung seines Produktionsprozesses. Damit wächst notwendig in jedem besondren Produktionszweig die Produktmasse, die sich als Ware auf dem Markt befindet oder nach Absatz sucht. Es wächst die in der Form des Warenkapitals kürzer oder länger fixierte Kapitalmasse. Es wächst daher der Warenvorrat.

Endlich wird der größte Teil der Gesellschaft in Lohnarbeiter verwandelt,

Leute, die aus der Hand in den Mund leben, ihren Lohn wöchentlich empfangen und täglich ausgeben, die also ihre Lebensmittel als Vorrat vorfinden müssen. So sehr die einzelnen Elemente dieses Vorrats fließen mögen, muß ein Teil derselben doch beständig stocken, damit der Vorrat stets in Fluß bleiben kann.

Alle diese Momente gehn hervor aus der Form der Produktion und der in ihr einbegriffenen Formverwandlung, die das Produkt im Zirkulationsprozeß durchlaufen muß.

Welches immer die gesellschaftliche Form des Produktenvorrats, seine Aufbewahrung erfordert Kosten: Baulichkeiten, Gefäße usw., welche die Behälter des Produkts bilden; ebenso Produktionsmittel und Arbeit, mehr oder weniger je nach der Natur des Produkts, die verausgabt werden müssen zur Abwehr störender Einflüsse. Je mehr die Vorräte gesellschaftlich konzentriert, desto relativ kleiner sind diese Kosten. Diese Auslagen bilden stets einen Teil gesellschaftlicher Arbeit, sei es in vergegenständlichter oder lebendiger Form – also in der kapitalistischen Form Kapitalauslagen –, die nicht in die Produktbildung selbst eingehn, also Abzüge vom Produkt. Sie sind notwendig, Unkosten des gesellschaftlichen Reichtums. Sie sind die Erhaltungskosten des gesellschaftlichen Produkts, ob seine Existenz als Element des Warenvorrats nun bloß der gesellschaftlichen Form der Produktion, also der Warenform und ihrer notwendigen Formverwandlung entspringe, oder ob wir den Warenvorrat nur als eine Spezialform des Produktenvorrats betrachten, der allen Gesellschaften gemeinsam, wenn auch nicht in der Form des *Waren*vorrats, dieser dem Zirkulationsprozeß angehörigen Form des Produktenvorrats.*

Es fragt sich nun, wieweit diese Kosten in den Wert der Waren eingehn.

Wenn der Kapitalist sein in Produktionsmitteln und Arbeitskraft vorgeschoßnes Kapital in Produkt verwandelt hat, in eine fertige zum Verkauf bestimmte Warenmasse, und diese bleibt unverkäuflich lagern, so stockt nicht nur der Verwertungsprozeß seines Kapitals während dieser Zeit. Die Ausgaben, welche die Erhaltung dieses Vorrats in Baulichkeiten, zusätzlicher Arbeit etc. erheischt, bilden positiven Verlust. Der schließliche Käufer würde ihn auslachen, wenn er sagte: Meine Ware war während sechs Monaten unverkaufbar, und ihre Erhaltung während dieser sechs Monate hat mir nicht nur soundso viel Kapital brachgelegt, sondern außerdem x Unkosten** verursacht. Tant pis pour vous, sagt der Käufer. Da neben Euch steht ein andrer Verkäufer, dessen Ware erst vorgestern fertig geworden ist. Eure

* [1. Auflage: angehörigen Form desselben.]

** [1. Auflage: x = Unkosten]

Ware ist ein Ladenhüter und wahrscheinlich mehr oder minder angenagt vom Zahn der Zeit. Ihr müßt also wohlfeiler verkaufen als Euer Rival. – Ob der Warenproduzent der wirkliche Produzent seiner Ware oder ihr kapitalistischer Produzent, in der Tat also nur Repräsentant ihrer wirklichen Produzenten, ändert nichts an den Lebensbedingungen der Ware. Er hat seine Sache in Geld zu verwandeln. Die Unkosten, die ihre Fixierung in ihrer Warenform ihm verursacht, gehören zu seinen individuellen Abenteuern, die den Käufer der Ware nichts angehn. Dieser zahlt ihm nicht die Zirkulationszeit seiner Ware. Selbst wenn der Kapitalist seine Ware absichtlich vom Markt zurückhält, in Zeiten wirklicher oder vermuteter Wertrevolution, so hängt es ab vom Eintreffen dieser Wertrevolution, von der Richtigkeit oder Unrichtigkeit seiner Spekulation, ob er die zusätzlichen Unkosten realisiert. Aber die Wertrevolution ist keine Folge seiner Unkosten. Soweit also die Vorratbildung Zirkulationsstockung, setzen die dadurch verursachten Kosten der Ware keinen Wert zu. Andrerseits kann kein Vorrat vorhanden sein ohne Aufenthalt in der Zirkulationssphäre, ohne Verharren, länger oder kürzer, des Kapitals in seiner Warenform; also kein Vorrat ohne Zirkulationsstockung, ganz wie kein Geld zirkulieren kann ohne Geldreserve-Bildung. Also ohne den Warenvorrat keine Warenzirkulation. Tritt diese Notwendigkeit dem Kapitalisten nicht in W' – G', so tritt sie ihm in G – W entgegen; nicht für sein Warenkapital, aber für das Warenkapital andrer Kapitalisten, die Produktionsmittel für ihn und Lebensmittel für seine Arbeiter produzieren.

Ob die Vorratbildung freiwillig oder unfreiwillig, d. h. ob der Warenproduzent absichtlich einen Vorrat hält oder ob seine Waren Vorrat bilden infolge des Widerstands, den die Umstände des Zirkulationsprozesses selbst ihrem Verkauf entgegenstellen, scheint an dem Wesen der Sache nichts ändern zu können. Doch ist zur Lösung dieser Frage nützlich zu wissen, was die freiwillige von der unfreiwilligen Vorratbildung unterscheidet. Die unfreiwillige Bildung des Vorrats entspringt aus, oder ist identisch mit einer Zirkulationsstockung, die vom Wissen des Warenproduzenten unabhängig ist und seinem Willen in die Quere kommt. Was charakterisiert die freiwillige Vorratbildung? Nach wie vor sucht der Verkäufer seine Ware so rasch wie möglich loszuschlagen. Er bietet stets das Produkt als Ware feil. Entzöge er es dem Verkauf, so bildete es nun mögliches (δυνάμει), kein effektives (ἐνεργείᾳ) Element des Warenvorrats. Die Ware als solche ist ihm nach wie vor nur Träger ihres Tauschwerts, und als solcher kann sie nur wirken durch und nach Abstreifung ihrer Warenform und Annahme der Geldform.

Der Warenvorrat muß einen gewissen Umfang haben, um während einer gegebnen Periode zu genügen für den Umfang der Nachfrage. Es wird dabei gerechnet auf beständige Ausdehnung des Kreises der Käufer. Um z. B. während eines Tags auszureichen, muß ein Teil der auf dem Markt befindlichen Waren beständig in der Warenform ausharren, während der andre fließt, sich in Geld verwandelt. Der Teil, der stockt, während der andre fließt, nimmt zwar beständig ab, wie der Umfang des Vorrats selbst abnimmt, bis er schließlich ganz verkauft ist. Die Warenstockung ist hier also berechnet als notwendige Bedingung des Verkaufs der Ware. Der Umfang muß ferner größer sein als der mittlere Verkauf oder der Umfang der mittleren Nachfrage. Die Überschüsse über dieselben könnten sonst nicht befriedigt werden. Andrerseits muß der Vorrat beständig erneuert werden, weil er sich beständig auflöst. Diese Erneuerung kann in letzter Instanz nur aus der Produktion herkommen, aus einer Zufuhr von Ware. Ob diese vom Ausland kommt oder nicht, ändert nichts an der Sache. Die Erneuerung hängt ab von den Perioden, die die Waren zu ihrer Reproduktion brauchen. Während dieser Zeit muß der Warenvorrat ausreichen. Daß er nicht in der Hand des ursprünglichen Produzenten bleibt, sondern durch verschiedne Reservoirs läuft, vom großen Kaufmann bis zum Detailverkäufer, ändert nur die Erscheinung, nicht die Sache selbst. Gesellschaftlich betrachtet, befindet sich nach wie vor ein Teil des Kapitals in der Form des Warenvorrats, solange die Ware nicht in die produktive oder individuelle Konsumtion eingegangen ist. Der Produzent selbst sucht einen seiner durchschnittlichen Nachfrage entsprechenden Lagerbestand zu haben, um nicht unmittelbar von der Produktion abzuhängen, und um sich einen beständigen Kreis von Kunden zu sichern. Den Produktionsperioden entsprechend bilden sich Kauftermine und bildet die Ware während längrer oder kürzrer Zeit Vorrat, bis sie durch neue Exemplare derselben Art ersetzt werden kann. Nur durch diese Vorratbildung ist die Beständigkeit und Kontinuität des Zirkulationsprozesses, und daher des Reproduktionsprozesses, der* den Zirkulationsprozeß einschließt, gesichert.

Man muß sich erinnern: W′ – G′ kann für den Produzenten von W vollzogen sein, obgleich W sich noch auf dem Markt befindet. Wollte der Produzent selbst seine eigne Ware auf Lager halten, bis sie an den definitiven Konsumenten verkauft ist, so müßte er ein doppeltes Kapital in Bewegung setzen, eins als Produzent der Ware, das andre als Kaufmann. Für die Ware selbst – betrachtet, sei es als einzelne Ware oder als Bestandteil des gesellschaftlichen Kapitals – ändert es nichts an der Sache, ob die Kosten der Vorratbildung auf ihren Produzenten fallen oder auf eine Reihe Kaufleute von A bis Z.

* [1. und 2. Auflage: die]

Soweit der Warenvorrat nichts ist als die Warenform des Vorrats, der auf gegebner Stufenleiter der gesellschaftlichen Produktion entweder als produktiver Vorrat (latenter Produktionsfonds) oder als Konsumtionsfonds (Reserve von Konsumtionsmitteln) existieren würde, wenn er nicht als Warenvorrat existierte, sind auch die Kosten, die die Erhaltung des Vorrats erheischt, also die Kosten der Vorratbildung – d. h. die hierauf verwandte vergegenständlichte oder lebendige Arbeit – bloß transponierte Kosten der Erhaltung, sei es des gesellschaftlichen Produktionsfonds, sei es des gesellschaftlichen Konsumtionsfonds. Die Erhöhung des Werts der Ware, die sie verursachen, verteilt diese Kosten nur pro rata* auf die verschiednen Waren, da dieselben für verschiedne Warensorten verschieden sind. Nach wie vor bleiben Kosten der Vorratbildung Abzüge von dem gesellschaftlichen Reichtum, obgleich sie eine Existenzbedingung desselben sind.

Nur soweit der Warenvorrat Bedingung der Warenzirkulation und selbst eine in der Warenzirkulation notwendig entstandne Form ist, soweit diese scheinbare Stagnation als Form des Flusses selbst, ganz wie Bildung von Geldreserve Bedingung der Geldzirkulation ist – nur soweit ist sie normal. Sobald dagegen die in ihren Zirkulationsreservoirs verweilenden Waren der nacheilenden Welle** der Produktion nicht Platz machen, die Reservoirs also überfüllt werden, dehnt sich der Warenvorrat aus infolge der Zirkulationsstockung, ganz wie die Schätze wachsen, wenn die Geldzirkulation stockt. Es ist dabei gleichgültig, ob diese Stockung in den Speichern des industriellen Kapitalisten oder in den Lagerhäusern des Kaufmanns stattfindet. Der Warenvorrat ist dann nicht Bedingung des ununterbrochnen Verkaufs, sondern Folge der Unverkäuflichkeit der Waren. Die Kosten bleiben dieselben, aber, da sie jetzt rein aus der Form entspringen, nämlich aus der Notwendigkeit, die Waren in Geld zu verwandeln, und der Schwierigkeit dieser Metamorphose, so gehn sie nicht ein in den Wert der Ware, sondern bilden Abzüge, Wertverlust in der Realisierung des Werts. Da die normale und die anormale Form des Vorrats sich der Form nach nicht unterscheiden, und beides Zirkulationsstockungen sind, so können die Phänomene verwechselt werden und um so mehr den Produktionsagenten selbst täuschen, als für den Produzenten der Zirkulationsprozeß seines Kapitals fließen kann, obgleich der Zirkulationsprozeß seiner Waren, die in die Hände der Kaufleute übergegangen sind, stockt. Schwillt der Umfang der Produktion und Konsumtion, so, bei sonst gleichbleibenden Umständen, der Umfang des Warenvorrats. Er wird ebenso rasch erneuert und absor-

* [1. Auflage: gleichmäßig]
** [1. Auflage: Wellen]

biert, aber sein Umfang ist größer. Der durch die Zirkulationsstockung schwellende Umfang des Warenvorrats kann also für ein Symptom der Erweitrung des Reproduktionsprozesses versehn werden, namentlich, sobald mit der Entwicklung des Kreditsystems die wirkliche Bewegung mystifiziert werden kann.

Die Kosten der Vorratbildung bestehn 1. aus quantitativer Abnahme der Produktmasse (z. B. bei Mehlvorrat); 2. Verderb der Qualität; 3. aus der vergegenständlichten und lebendigen Arbeit, welche die Erhaltung des Vorrats erheischt.

III. Transportkosten

Es ist nicht nötig, hier auf alle Details der Zirkulationskosten einzugehn, wie z. B. Verpackung, Sortierung etc. Das allgemeine Gesetz ist, daß *alle Zirkulationskosten, die nur aus der Formverwandlung der Ware entspringen, dieser letztren keinen Wert hinzusetzen.* Es sind bloß Kosten zur Realisierung des Werts oder zu seiner Übersetzung aus einer Form in die andre. Das in diesen Kosten ausgelegte Kapital (eingeschlossen die von ihm kommandierte Arbeit) gehört zu den faux frais der kapitalistischen Produktion. Der Ersatz derselben muß aus dem Mehrprodukt geschehn und bildet, die ganze Kapitalistenklasse betrachtet, einen Abzug vom Mehrwert oder Mehrprodukt, ganz wie für einen Arbeiter die Zeit, die er zum Einkauf seiner Lebensmittel braucht, verlorne Zeit ist. Die Transportkosten spielen aber eine zu wichtige Rolle, um sie hier nicht noch kurz zu betrachten.

Innerhalb des Kreislaufs des Kapitals und der Warenmetamorphose, welche einen Abschnitt desselben bildet, vollzieht sich der Stoffwechsel der gesellschaftlichen Arbeit. Dieser Stoffwechsel mag den Raumwechsel der Produkte bedingen, ihre wirkliche Bewegung von einem Ort zum andren. Zirkulation von Waren kann aber stattfinden ohne ihre physische Bewegung und Produktentransport ohne Warenzirkulation, und selbst ohne unmittelbaren Produktenaustausch. Ein Haus, welches A an B verkauft, zirkuliert als Ware, aber es geht nicht spazieren. Bewegliche Warenwerte, wie Baumwolle oder Roheisen, hocken auf demselben Warenlager, zur selben Zeit, wo sie Dutzende von Zirkulationsprozessen durchlaufen, gekauft und wieder verkauft werden von den Spekulanten.[17] Was sich hier wirklich bewegt, ist der Eigentumstitel an der Sache, nicht die Sache selbst. Andrerseits spielte z. B. im Reich der Inkas die Transportindustrie eine große Rolle, obgleich das

[17] Storch nennt letztres Circulation factice.

gesellschaftliche Produkt weder als Ware zirkulierte, noch auch vermittelst des Tauschhandels verteilt ward.

Wenn die Transportindustrie daher auf Grundlage der kapitalistischen Produktion als Ursache von Zirkulationskosten erscheint, so ändert diese besondre Erscheinungsform nichts an der Sache.

Produktmassen vermehren sich nicht durch ihren Transport. Auch die durch ihn etwa bewirkte Veränderung ihrer natürlichen Eigenschaften ist mit gewissen Ausnahmen kein beabsichtigter Nutzeffekt, sondern ein unvermeidliches Übel. Aber der Gebrauchswert von Dingen verwirklicht sich nur in ihrer Konsumtion, und ihre Konsumtion mag ihre Ortsveränderung nötig machen, also den zusätzlichen Produktionsprozeß der Transportindustrie. Das in dieser angelegte produktive Kapital setzt also den transportierten Produkten Wert zu, teils durch Wertübertragung von den Transportmitteln, teils durch Wertzusatz vermittelst der Transportarbeit. Dieser letztre Wertzusatz zerfällt, wie bei aller kapitalistischen Produktion, in Ersatz von Arbeitslohn und in Mehrwert.

Innerhalb jedes Produktionsprozesses spielt die Ortsveränderung des Arbeitsgegenstands und die dazu nötigen Arbeitsmittel und Arbeitskräfte – Baumwolle z. B., die aus dem Kardierraum in den Spinnraum rückt, Kohle, die aus dem Schacht auf die Oberfläche gehoben wird – große Rolle. Der Übergang des fertigen Produkts als fertige Ware aus einer selbständigen Produktionsstätte in die andre, räumlich davon entfernte, zeigt dasselbe Phänomen nur auf größrer Stufenleiter. Auf den Transport der Produkte aus einer Produktionsstätte in eine andre folgt noch der der fertigen Produkte aus der Produktionsstätte in die Konsumtionssphäre. Das Produkt ist erst fertig für die Konsumtion, sobald es diese Bewegung vollendet hat.

Es ist, wie früher gezeigt, allgemeines Gesetz der Warenproduktion: Die Produktivität der Arbeit und ihre Wertschöpfung stehn im umgekehrten Verhältnis. Wie von jeder andren, gilt dies von der Transportindustrie. Je kleiner die Arbeitsmenge, tote und lebendige, welche der Transport der Ware für gegebne Entfernung erheischt, desto größer die Produktivkraft der Arbeit, und umgekehrt.[18]

---

[18] Ricardo zitiert Say, der es als eine Segnung des Handels betrachtet, daß er durch die Transportkosten die Produkte verteuert oder ihren Wert erhöht. »Der Handel«, sagt Say, »befähigt uns, eine Ware an ihrem Ursprungsort zu erlangen und sie nach einem andren Konsumtionsort zu transportieren; er befähigt uns daher, den Wert der Ware zu vermehren um die ganze Differenz zwischen ihrem Preise am ersten Ort und dem am zweiten.« Ricardo bemerkt hierzu: »True, but how is the additional value given to it? By adding to the cost of production, first, the expenses of conveyance, secondly, the profit on the advances of capital made by the merchant. The commodity is only more valuable, for the same reason that

Die absolute Wertgröße, welche der Transport den Waren zusetzt, steht unter sonst gleichbleibenden Umständen im umgekehrten Verhältnis zur Produktivkraft der Transportindustrie und im direkten Verhältnis zu den zu durchlaufenden Entfernungen.

Der relative Wertteil, den die Transportkosten, unter sonst gleichbleibenden Umständen, dem Preis der Ware zusetzen, steht in direktem Verhältnis zu ihrer Raumgröße und ihrem Gewicht. Die modifizierenden Umstände sind jedoch zahlreich. Der Transport erheischt z. B. größre oder geringre Vorsichtsmaßregeln, daher größre oder geringre Ausgabe von Arbeit und Arbeitsmitteln, je nach der relativen Zerbrechlichkeit, Vergänglichkeit, Explodierbarkeit des Artikels. Hier entwickeln die Eisenbahnmagnaten größres Genie in phantastischer Speziesbildung als Botaniker oder Zoologen. Die Klassifikation der Güter auf englischen Eisenbahnen z. B. füllt Bände und beruht dem allgemeinen Prinzip nach auf der Tendenz, die buntverschiednen natürlichen Eigenschaften der Güter in ebenso zahlreiche Transportgebresten und obligate Prellereivorwände umzuwandeln. »Glas, welches früher 11 Pfd.St. per crate« (eine Packkiste von bestimmtem Rauminhalt) »wert war, ist jetzt infolge industrieller Fortschritte und der Abschaffung der Glassteuer nur 2 Pfd.St. wert, aber die Transportkosten stehn so hoch wie früher, und höher bei Kanaltransport. Früher wurden Glas und Glaswaren für Bleiarbeiten innerhalb 50 Meilen von Birmingham zu 10 sh. per Tonne verführt. Jetzt ist der Transportpreis auf das Dreifache erhöht unter dem Vorwand des Risikos von wegen Zerbrechlichkeit des Artikels. Wer aber nicht zahlt, was wirklich bricht, ist die Eisenbahndirektion.«[19]

Daß ferner der relative Wertteil, den die Transportkosten einem Artikel zusetzen, im umgekehrten Verhältnis zu seinem Wert steht, wird für die Eisenbahnmagnaten zum besondren Grund, einen Artikel im direkten Verhältnis zu seinem Wert zu besteuern. Die Klagen der Industriellen und Kaufleute über diesen Punkt kehren auf jeder Seite der Zeugenaussagen des angeführten Berichts wieder.

Die kapitalistische Produktionsweise vermindert die Transportkosten für die einzelne Ware durch die Entwicklung der Transport- und Kommunikationsmittel wie durch die Konzentration – die Größe der Stufenleiter – des Transports. Sie vermehrt den Teil der gesellschaftlichen Arbeit, lebendiger und vergegenständlichter, der im Warentransport verausgabt wird, zuerst

---

every other commodity may become more valuable, because more labour is expended on its production and conveyance before it is purchased by the consumer. This must not be mentioned as one of the advantages of commerce.« (Ricardo, »Principles of Pol. Econ.«, 3rd ed. London 1821, p. 309, 310.)

19 »Royal Commission on Railways«, p. 31, Nr. 630.

durch Verwandlung der großen Mehrzahl aller Produkte in Waren, und sodann durch die Ersetzung lokaler durch entfernte Märkte.
Das Zirkulieren, d. h. tatsächliche Umlaufen der Waren im Raum löst sich auf in den Transport der Ware. Die Transportindustrie bildet einerseits einen selbständigen Produktionszweig, und daher eine besondre Anlagesphäre des produktiven Kapitals. Andrerseits unterscheidet sie sich dadurch, daß sie als Fortdauer eines Produktionsprozesses *innerhalb* des Zirkulationsprozesses und *für* den Zirkulationsprozeß erscheint.

Zweiter Abschnitt: DER UMSCHLAG DES KAPITALS

Siebentes Kapitel: UMSCHLAGSZEIT UND UMSCHLAGSZAHL

Man hat gesehn: Die gesamte Zirkulationszeit eines gegebnen Kapitals ist gleich der Summe seiner Umlaufszeit und seiner Produktionszeit. Es ist der Zeitabschnitt von dem Augenblick des Vorschusses des Kapitalwerts in einer bestimmten Form bis zur Rückkehr des prozessierenden Kapitalwerts in derselben Form.

Der bestimmende Zweck der kapitalistischen Produktion ist stets Verwertung des vorgeschoßnen Werts, ob dieser Wert nun in seiner selbständigen Form, d. h. in der Geldform vorgeschossen sei, oder in Ware, so daß seine Wertform im Preis der vorgeschoßnen Waren nur ideelle Selbständigkeit besitzt. In beiden Fällen durchläuft dieser Kapitalwert während seines Kreislaufs verschiedne Existenzformen. Seine Identität mit sich selbst wird konstatiert in den Büchern des Kapitalisten oder in der Form des Rechengelds.

Ob wir die Form G ... G′ nehmen oder die Form P ... P, beide Formen schließen ein, 1. daß der vorgeschoßne Wert als Kapitalwert fungiert und sich verwertet hat; 2. daß er zu der Form, worin er seinen Prozeß begann, nach Beschreibung desselben zurückgekehrt ist. Die Verwertung des vorgeschoßnen Werts G und zugleich die Rückkehr des Kapitals zu dieser Form (der Geldform) ist handgreiflich sichtbar in G ... G′. Aber dasselbe findet in der zweiten Form statt. Denn der Ausgangspunkt von P ist das Vorhandensein der Produktionselemente, Waren von gegebnem Wert. Die Form schließt die Verwertung dieses Werts ein (W′ und G′) und die Rückkehr zu der ursprünglichen Form, denn im zweiten P besitzt der vorgeschoßne Wert wieder die Form der Produktionselemente, worin er ursprünglich vorgeschossen war.

Man hat früher gesehn: »Hat die Produktion kapitalistische Form, so die Reproduktion. Wie in der kapitalistischen Produktionsweise der Arbeitsprozeß nur als ein Mittel für den Verwertungsprozeß erscheint, so die Reproduktion nur als ein Mittel, den vorgeschoßnen Wert als Kapital zu reproduzieren, d. h. als sich verwertenden Wert.« (Buch I, Kap. XXI, S. 588.*)

Die drei Formen I) G ... G′, II) P ... P und III) W′ ... W′ unterscheiden

---

* [Siehe »Kapital«, Bd. 1, a. a. O., S. 513.]

sich dadurch: In Form II (P ... P) ist die Wiedererneuerung des Prozesses, der Reproduktionsprozeß, als wirklich, in Form I aber nur der Möglichkeit nach ausgedrückt*. Aber beide unterscheiden sich dadurch von Form III, daß der vorgeschoßne Kapitalwert – sei es als Geld, sei es in der Gestalt der stofflichen Produktionselemente – den Ausgangspunkt bildet und daher auch den Punkt der Rückkehr. In G ... G′ ist die Rückkehr G′ = G + g. Wird der Prozeß auf derselben Stufenleiter erneuert, so bildet G wieder den Ausgangspunkt und g geht nicht in ihn ein, sondern zeigt uns nur, daß G sich als Kapital verwertet und daher einen Mehrwert g erzeugt, aber von sich abgestoßen hat. In der Form P ... P bildet der in der Form der Produktionselemente P vorgeschoßne Kapitalwert ebenfalls den Ausgangspunkt. Die Form schließt seine Verwertung ein. Findet einfache Reproduktion statt, so fängt derselbe Kapitalwert, in derselben Form P, seinen Prozeß von neuem an. Findet Akkumulation statt, so eröffnet P′ (der Wertgröße nach = G′ = W′) jetzt als vergrößerter Kapitalwert den Prozeß. Aber er beginnt wieder mit dem vorgeschoßnen Kapitalwert in der anfänglichen Form, wenn auch mit größrem Kapitalwert als vorher. Dagegen in Form III beginnt der Kapitalwert nicht als vorgeschoßner den Prozeß, sondern als bereits verwerteter, als der gesamte in der Form von Waren befindliche Reichtum, wovon der vorgeschoßne Kapitalwert nur ein Teil. Die letztre Form ist wichtig für den dritten Abschnitt, wo die Bewegung der Einzelkapitale im Zusammenhang mit der Bewegung des gesellschaftlichen Gesamtkapitals aufgefaßt wird. Sie ist dagegen nicht zu benutzen für den Umschlag des Kapitals, der stets beginnt mit dem Vorschuß von Kapitalwert, sei es in Form von Geld oder Ware, und stets die Rückkehr des kreisenden Kapitalwerts bedingt in der Form, worin er vorgeschossen war. Von den Kreisläufen I und II ist der erstre festzuhalten, soweit hauptsächlich der Einfluß des Umschlags auf Mehrwertbildung ins Auge gefaßt wird; der zweite, soweit sein Einfluß auf Produktbildung.

So wenig die Ökonomen die verschiednen Formen der Kreisläufe geschieden, so wenig haben sie dieselben mit Bezug auf den Umschlag des Kapitals getrennt betrachtet. Gewöhnlich wird die Form G ... G′ genommen, weil sie den einzelnen Kapitalisten beherrscht und ihm bei seiner Rechnung dient, selbst wenn das Geld nur in der Gestalt des Rechengelds Ausgangspunkt bildet. Andre gehn von der Auslage in Form der Produktionselemente aus, bis Rückfluß erfolgt, wobei von der Form des Rückflusses, ob in Ware oder Geld, gar nicht die Rede. Z. B.: »Der ökonomische Zyklus, ... d. h. der

---

* [1. Auflage: ausdrückt]

ganze Verlauf der Produktion, von der Zeit, wo die Auslage gemacht wird, bis der Rückfluß erfolgt ist.« (Economic Cycle, ... the whole course of production, from the time that outlays are made till returns are received. In agriculture seedtime is its commencement, and harvesting its ending. – S.P. Newman, »Elements of Pol. Econ.«, Andover and New York, p. 81.) Andre beginnen mit W′ (III. Form): »Die Welt des Produktionsverkehrs kann angesehn werden als umlaufend in einem Kreise, den wir einen ökonomischen Zyklus nennen wollen, und worin sie je einen Umlauf vollbracht hat, sobald das Geschäft, nach Vollzug seiner sukzessiven Transaktionen, wieder ankommt bei dem Punkt, wovon es ausgegangen. Der Anfang kann datiert werden von dem Punkt, wo der Kapitalist die Eingänge erhalten hat, vermittelst deren ihm sein Kapital zurückfließt; von welchem Punkt an er von neuem dazu schreitet, seine Arbeiter anzuwerben und ihnen ihren Unterhalt, oder vielmehr die Macht, ihn anzuschaffen, in Arbeitslohn auszuteilen; von ihnen die Artikel fertiggestellt zu erhalten, in denen er macht; diese Artikel auf den Markt zu bringen und dort den Kreislauf dieser einen Reihe von Bewegungen zum Abschluß zu bringen, indem er verkauft und im Erlös der Ware eine Wiedererstattung seiner ganzen Kapitalauslage empfängt.« (Th. Chalmers, »On. Pol. Econ.«, 2nd ed., Glasgow 1832, p. 85.)

Sobald der gesamte Kapitalwert, den ein individueller Kapitalist in einem beliebigen Produktionszweig anlegt, den Kreislauf seiner Bewegung beschrieben hat, befindet er sich wieder in seiner Anfangsform und kann nun denselben Prozeß wiederholen. Er muß ihn wiederholen, soll der Wert sich als Kapitalwert verewigen und verwerten. Der einzelne Kreislauf bildet im Leben des Kapitals nur einen Abschnitt, der sich beständig wiederholt, also eine Periode. Am Abschluß der Periode G ... G′ befindet sich das Kapital wieder in der Form des Geldkapitals, das die Reihe der Formverwandlungen, worin sein Reproduktions- resp. Verwertungsprozeß einbegriffen ist, von neuem durchläuft. Beim Abschluß der Periode P ... P befindet das Kapital sich wieder in der Form der Produktionselemente, welche die Voraussetzung seines erneuerten Kreislaufs bilden. Der Kreislauf des Kapitals, nicht als vereinzelter Vorgang, sondern als periodischer Prozeß bestimmt, heißt sein Umschlag. Die Dauer dieses Umschlags ist gegeben durch die Summe seiner Produktionszeit und seiner Umlaufszeit. Diese Zeitsumme bildet die Umschlagszeit des Kapitals. Sie mißt daher den Zwischenraum zwischen einer Kreislaufperiode des gesamten Kapitalwerts und der nächstfolgenden; die Periodizität im Lebensprozeß des Kapitals, oder wenn man will, die Zeit der Erneuerung, Wiederholung des Verwertungs- resp. Produktionsprozesses desselben Kapitalwerts.

Abgesehn von den individuellen Abenteuern, die für ein einzelnes Kapital

die Umschlagszeit beschleunigen oder abkürzen mögen, ist die Umschlagszeit der Kapitale verschieden je nach ihren verschiednen Anlagesphären.
Wie der Arbeitstag die natürliche Maßeinheit für die Funktion der Arbeitskraft, bildet das Jahr die natürliche Maßeinheit für die Umschläge des prozessierenden Kapitals. Die Naturbasis dieser Maßeinheit liegt darin, daß die wichtigsten Erdfrüchte der gemäßigten Zone, welche das Mutterland der kapitalistischen Produktion ist, jährliche Produkte sind.
Nennen wir das Jahr als Maßeinheit der Umschlagszeit U, die Umschlagszeit eines bestimmten Kapitals u, die Anzahl seiner Umschläge n, so ist $n = \frac{U}{u}$. Beträgt also z. B. die Umschlagszeit u 3 Monate, so $n = {}^{12}/_{3} = 4$; das Kapital vollzieht 4 Umschläge im Jahr oder schlägt viermal um. Ist u = 18 Monate, so $n = {}^{12}/_{18} = {}^{2}/_{3}$ oder das Kapital legt in einem Jahr nur $^{2}/_{3}$ seiner Umschlagszeit zurück. Beträgt seine Umschlagszeit mehrere Jahre, so wird sie also nach Vielfachen eines Jahres berechnet.
Für den Kapitalisten ist die Umschlagszeit seines Kapitals die Zeit, während deren er sein Kapital vorschießen muß, um es zu verwerten und in der ursprünglichen Gestalt zurückzuerhalten.
Bevor wir den Einfluß des Umschlags auf den Produktions- und Verwertungsprozeß näher untersuchen, sind zwei neue Formen zu betrachten, die dem Kapital aus dem Zirkulationsprozeß anschließen und auf die Form seines Umschlags einwirken.

Achtes Kapitel: FIXES KAPITAL UND ZIRKULIERENDES KAPITAL

I. Die Formunterschiede

Man sah Buch I, Kap. VI*: Ein Teil des konstanten Kapitals behält die bestimmte Gebrauchsform, worin es in den Produktionsprozeß eingeht, gegenüber den Produkten, zu deren Bildung es beiträgt. Es verrichtet also während einer kürzern oder längern Periode in stets wiederholten Arbeitsprozessen stets wieder dieselben Funktionen. So z. B. Arbeitsgebäude, Maschinen etc., kurz alles, was wir unter der Bezeichnung *Arbeitsmittel* zusammenfassen. Dieser Teil des konstanten Kapitals gibt Wert an das Produkt ab im Verhältnis, worin er mit seinem eignen Gebrauchswert seinen eignen

* [Siehe »Kapital«, Bd. 1, a. a. O., S. 172.]

Tauschwert verliert. Diese Wertabgabe oder dies Übergehn des Werts eines solchen Produktionsmittels auf das Produkt, zu dessen Bildung es mitwirkt, wird bestimmt durch eine Durchschnittsrechnung; es wird gemessen durch die Durchschnittsdauer seiner Funktion von dem Augenblick, worin das Produktionsmittel in den Produktionsprozeß eingeht, bis zu dem Augenblick, wo es ganz abgenutzt, verstorben ist, und durch ein neues Exemplar derselben Art ersetzt oder reproduziert werden muß.

Das Eigentümliche dieses Teils des konstanten Kapitals – der eigentlichen Arbeitsmittel – ist also dies:

Ein Teil des Kapitals ist in der Form von konstantem Kapital, d. h. von Produktionsmitteln vorgeschossen worden, die nun als Faktoren des Arbeitsprozesses fungieren, solange die selbständige Gebrauchsgestalt ausdauert, mit der sie in denselben eintreten. Das fertige Produkt, also auch die Produktbildner, soweit sie in Produkt verwandelt worden, wird aus dem Produktionsprozeß abgestoßen, um als Ware aus der Produktionssphäre in die Zirkulationssphäre überzugehn. Die Arbeitsmittel dagegen verlassen nie die Produktionssphäre, nachdem sie einmal in dieselbe eingetreten sind. Ihre Funktion bannt sie darin fest. Ein Teil des vorgeschoßnen Kapitalwerts ist in diese, durch die Funktion der Arbeitsmittel im Prozeß bestimmte Form *fixiert.* Mit der Funktion und daher der Abnutzung des Arbeitsmittels geht ein Teil seines Werts auf das Produkt über, ein andrer bleibt fixiert im Arbeitsmittel und daher im Produktionsprozeß. Der so fixierte Wert nimmt beständig ab, bis das Arbeitsmittel ausgedient und daher auch sein Wert sich in einer längern oder kürzern Periode über eine Masse von Produkten verteilt hat, die aus einer Reihe beständig wiederholter Arbeitsprozesse hervorgehn. Solange es aber noch als Arbeitsmittel wirksam ist, also nicht durch ein neues Exemplar derselben Art ersetzt werden muß, bleibt stets konstanter Kapitalwert in ihm fixiert, während ein andrer Teil des ursprünglich in ihm fixierten Werts auf das Produkt übergeht und daher als Bestandteil des Warenvorrats zirkuliert. Je länger das Arbeitsmittel ausdauert, je langsamer es verschleißt, desto länger bleibt der konstante Kapitalwert in dieser Gebrauchsform fixiert. Welches aber immer der Grad seiner Dauerhaftigkeit, die Proportion, worin es Wert abgibt, steht immer im umgekehrten Verhältnis zu seiner gesamten Funktionszeit. Wenn von zwei Maschinen von gleichem Wert die eine in fünf Jahren verschleißt, die andre in zehn, so gibt die erste in gleichem Zeitraum doppelt soviel Wert ab wie die zweite.

Dieser im Arbeitsmittel fixierte Teil des Kapitalwerts zirkuliert so gut wie jeder andre. Wir haben überhaupt gesehn, daß der ganze Kapitalwert in beständiger Zirkulation begriffen und in diesem Sinn daher alles Kapital zirkulierendes Kapital ist. Aber die Zirkulation des hier betrachteten Kapitalteils ist eigentümlich. Erstens zirkuliert er nicht in seiner Gebrauchsform, sondern nur sein Wert zirkuliert, und zwar allmählich, bruchweis, im Maß, wie er von ihm auf das Produkt übergeht, das als Ware zirkuliert. Während seiner ganzen Funktionsdauer bleibt ein Teil seines Werts stets in ihm fixiert, selbständig gegenüber den Waren, die es produzieren hilft. Durch diese Eigentümlichkeit erhält dieser Teil des konstanten Kapitals die Form: *Fixes Kapital.* Alle andern stofflichen Bestandteile des im Produktionsprozeß vorgeschoßnen Kapitals dagegen bilden im Gegensatz dazu: *zirkulierendes* oder *flüssiges Kapital.*

Ein Teil der Produktionsmittel – solche Hilfsstoffe nämlich, die von den Arbeitsmitteln selbst während ihrer Funktion konsumiert werden, wie Kohle von der Dampfmaschine; oder die nur den Vorgang unterstützen, wie Leuchtgas etc. – gehn nicht stofflich in das Produkt ein. Nur ihr Wert bildet einen Teil des Produktwerts. In seiner eignen Zirkulation zirkuliert das Produkt ihren Wert. Dies haben sie gemein mit dem fixen Kapital. Aber in jedem Arbeitsprozeß, worin sie eingehn, werden sie ganz konsumiert und müssen also für jeden neuen Arbeitsprozeß ganz ersetzt werden durch neue Exemplare derselben Art. Sie bewahren nicht ihre selbständige Gebrauchsgestalt während ihrer Funktion. Es bleibt also auch während ihrer Funktion kein Teil des Kapitalwerts in ihrer alten Gebrauchsgestalt, ihrer Naturalform fixiert. Der Umstand, daß dieser Teil der Hilfsstoffe nicht stofflich in das Produkt, sondern nur seinem Wert nach als Wertteil in den Produktenwert eingeht, und das damit Zusammenhängende, daß die Funktion dieser Stoffe innerhalb der Produktionssphäre festgebannt ist, hat Ökonomen wie Ramsay (bei gleichzeitiger Verwechslung von fixem und konstantem Kapital) verleitet, die Kategorie des fixen Kapitals auf sie anzuwenden.

Der Teil der Produktionsmittel, der stofflich in das Produkt eingeht, also Rohstoff etc., erhält dadurch zum Teil Formen, worin er später als Genußmittel in die individuelle Konsumtion eingehn kann. Die eigentlichen Arbeitsmittel, die stofflichen Träger des fixen Kapitals, werden nur produktiv verzehrt und können nicht in die individuelle Konsumtion eingehn, weil sie nicht in das Produkt oder den Gebrauchswert eingehn, den sie bilden helfen, vielmehr ihm gegenüber ihre selbständige Gestalt bis zu ihrem völligen Verschleiß bewahren. Eine Ausnahme bilden Transportmittel. Der Nutzeffekt, den sie während ihrer produktiven Funktion, also während ihres Aufenthalts in der Produktionssphäre hervorbringen, die Ortsveränderung, geht gleichzeitig in die individuelle Konsumtion, z. B. des Reisenden, ein. Er zahlt den Gebrauch dann auch, wie er den Gebrauch andrer Konsumtionsmittel zahlt. Man hat gesehn, daß z. B. in der chemischen Fabrikation

Rohmaterial und Hilfsstoffe in einander verschwimmen.* So auch Arbeitsmittel und Hilfsstoff und Rohmaterial. So gehn im Ackerbau z. B. die in Bodenmeliorationen zugesetzten Stoffe zum Teil als Produktbildner in das Pflanzenprodukt ein. Andrerseits ist ihre Wirkung über eine längre Periode, z. B. 4–5 Jahre verteilt. Ein Teil derselben geht daher stofflich in das Produkt ein und überträgt damit zugleich seinen Wert auf das Produkt, während ein andrer Teil in seiner alten Gebrauchsform auch seinen Wert fixiert. Er dauert fort als Produktionsmittel und erhält daher die Form von fixem Kapital. Als Arbeitsvieh ist ein Ochse fixes Kapital. Wird er gegessen, so fungiert er als Arbeitsmittel, also auch nicht als fixes Kapital.

Die Bestimmung, die einem Teil des in Produktionsmitteln ausgelegten Kapitalwerts den Charakter des fixen Kapitals gibt, liegt ausschließlich in der eigentümlichen Weise, worin dieser Wert zirkuliert. Diese eigne Weise der Zirkulation entspringt aus der eignen Weise, worin das Arbeitsmittel seinen Wert an das Produkt abgibt, oder sich als Wertbildner während des Produktionsprozesses verhält. Und diese selbst wieder entspringt aus der besondren Art der Funktion der Arbeitsmittel im Arbeitsprozeß.

Man weiß, daß derselbe Gebrauchswert, der als Produkt aus dem einen Arbeitsprozeß herauskommt, als Produktionsmittel in den andren eingeht. Nur die Funktion eines Produkts als Arbeitsmittel im Produktionsprozeß macht es zu fixem Kapital. Soweit es dagegen selbst erst aus einem Prozesse herauskommt, ist es keineswegs fixes Kapital. Z. B. eine Maschine, als Produkt resp. Ware des Maschinenfabrikanten, gehört zu seinem Warenkapital. Fixes Kapital wird sie erst in der Hand ihres Käufers, des Kapitalisten, der sie produktiv anwendet.

Alle andren Umstände gleichgesetzt, wächst der Grad der Fixität mit der Dauerbarkeit des Arbeitsmittels. Von dieser Dauerbarkeit hängt nämlich die Größe der Differenz ab zwischen dem in Arbeitsmitteln fixierten Kapitalwert und dem Teil dieser Wertgröße, den es in wiederholten Arbeitsprozessen an das Produkt abgibt. Je langsamer diese Wertabgabe stattfindet – und Wert wird abgegeben vom Arbeitsmittel bei jeder Wiederholung desselben Arbeitsprozesses –, um so größer das fixierte Kapital, um so größer die Differenz zwischen dem im Produktionsprozeß angewandten und dem in ihm konsumierten Kapital. Sobald diese Differenz verschwunden ist, hat das Arbeitsmittel ausgelebt und mit seinem Gebrauchswert seinen Wert verloren. Es hat aufgehört, Wertträger zu sein. Da das Arbeitsmittel, wie jeder andre stoffliche Träger von konstantem Kapital, nur Wert an das Produkt abgibt in dem Maß, worin es mit seinem Gebrauchswert seinen Wert

* [Siehe »Kapital«, Bd. 1, a. a. O., S. 152.]

verliert, so ist es klar, daß je langsamer sein Gebrauchswert verloren geht, je länger es im Produktionsprozeß ausdauert, um so länger die Periode, worin konstanter Kapitalwert in ihm fixiert bleibt.

Verhält sich ein Produktionsmittel, welches kein Arbeitsmittel im eigentlichen Sinne ist, z. B. Hilfsstoff, Rohmaterial, Halbfabrikat etc., mit Bezug auf Wertabgabe und daher auf Zirkulationsweise seines Werts, wie die Arbeitsmittel, so ist es ebenfalls stofflicher Träger, Existenzform von fixem Kapital. Dies ist der Fall bei solchen schon erwähnten Bodenmeliorationen, welche dem Boden chemische Bestandteile zusetzen, deren Wirkung sich auf mehrere Produktionsperioden oder Jahre erstreckt. Hier existiert noch ein Teil des Werts neben dem Produkt in seiner selbständigen Gestalt fort oder in Gestalt von fixem Kapital, während ein andrer Wertteil an das Produkt abgegeben ist und daher mit ihm zirkuliert. In diesem Falle geht nicht nur ein Wertteil des fixen Kapitals in das Produkt ein, sondern auch der Gebrauchswert, die Substanz, worin dieser Wertteil existiert.

Abgesehn von dem Grundirrtum – der Verwechslung der Kategorien: fixes und zirkulierendes Kapital, mit den Kategorien: konstantes und variables Kapital –, beruht die Konfusion in der bisherigen Begriffsbestimmung bei den Ökonomen zunächst auf folgenden Punkten:

Man macht bestimmte Eigenschaften, die den Arbeitsmitteln stofflich zukommen, zu unmittelbaren Eigenschaften des fixen Kapitals, z. B. die physische Unbeweglichkeit, etwa eines Hauses. Es ist dann stets leicht nachzuweisen, daß andre Arbeitsmittel, die als solche auch fixes Kapital sind, die entgegengesetzte Eigenschaft haben, z. B. die physische Beweglichkeit, etwa eines Schiffs.

Oder man verwechselt die ökonomische Formbestimmtheit, die aus der Zirkulation des Werts hervorgeht, mit einer dinglichen Eigenschaft; als ob Dinge, die an sich überhaupt nicht Kapital sind, sondern es nur in bestimmten gesellschaftlichen Verhältnissen werden, *an sich* und von Natur schon Kapital in einer bestimmten Form, fixes oder zirkulierendes, sein könnten. Wir sahen Buch I, Kap. V*, daß die Produktionsmittel in jedem Arbeitsprozeß, einerlei unter welchen gesellschaftlichen Bedingungen er vorgeht, sich einteilen in Arbeitsmittel und Arbeitsgegenstand. Aber erst innerhalb der kapitalistischen Produktionsweise werden beide zu Kapital, und zwar zu »produktivem Kapital«, wie es im vorigen Abschnitt bestimmt. Damit spiegelt sich der in der Natur des Arbeitsprozesses begründete Unterschied von Arbeitsmittel und Arbeitsgegenstand wider in der neuen Form des Unterschieds von fixem Kapital und zirkulierendem Kapital. Erst hiermit

---

* [Siehe »Kapital«, Bd. 1, a. a. O., S. 148–151.]

wird ein Ding, das als Arbeitsmittel fungiert, fixes Kapital. Kann es seinen stofflichen Eigenschaften nach auch in andren Funktionen als der des Arbeitsmittels dienen, so ist es fixes Kapital oder nicht, je nach Verschiedenheit seiner Funktion. Vieh als Arbeitsvieh ist fixes Kapital; als Mastvieh ist es Rohmaterial, das schließlich als Produkt in die Zirkulation tritt, also nicht fixes, sondern zirkulierendes Kapital.

Das bloße längre Fixiertsein eines Produktionsmittels in wiederholten Arbeitsprozessen, die aber zusammenhängen, kontinuierlich sind und daher eine Produktionsperiode bilden – d. h. die gesamte Produktionszeit, die nötig ist, um das Produkt fertigzumachen –, bedingt ganz wie fixes Kapital längern oder kürzern Vorschuß für den Kapitalisten, macht aber nicht sein Kapital zu fixem Kapital. Samen z. B. ist kein fixes Kapital, sondern nur Rohmaterial, das während ungefähr eines Jahres im Produktionsprozeß fixiert ist. Alles Kapital, solange es als produktives Kapital fungiert, ist im Produktionsprozeß fixiert, also auch alle Elemente des produktiven Kapitals, welches immer ihre stoffliche Gestalt, ihre Funktion und die Zirkulationsweise ihres Werts. Ob, je nach der Art des Produktionsprozesses oder dem bezweckten Nutzeffekt, dies Fixiertsein länger oder kürzer dauert, bewirkt nicht den Unterschied von fixem und zirkulierendem Kapital.[20]

Ein Teil der Arbeitsmittel, worin die allgemeinen Arbeitsbedingungen eingeschlossen, wird entweder örtlich befestigt, sobald er als Arbeitsmittel in den Produktionsprozeß eintritt, resp. zur produktiven Funktion bereitgemacht wird, wie z. B. Maschinen. Oder er wird von vornherein in dieser stehenden, an den Ort gebundnen Form produziert, wie z. B. Bodenmeliorationen, Fabrikgebäude, Hochöfen, Kanäle, Eisenbahnen usw. Das fortwährende Gebundensein des Arbeitsmittels an den Produktionsprozeß, innerhalb dessen es fungieren soll, ist hier zugleich durch ihre sinnliche Existenzweise bedingt. Andrerseits kann ein Arbeitsmittel physisch beständig den Ort verändern, sich bewegen, und dennoch beständig sich im Produktionsprozeß befinden, wie eine Lokomotive, ein Schiff, Arbeitsvieh etc. Weder gibt ihm, in dem einen Fall, die Unbeweglichkeit den Charakter des fixen Kapitals, noch nimmt ihm, in dem andern, die Beweglichkeit diesen Charakter. Der Umstand jedoch, daß Arbeitsmittel lokal fixiert sind, mit ihren Wurzeln im Grund und Boden feststecken, weist diesem Teil des fixen Kapitals eine eigne Rolle in der Ökonomie der Nationen zu. Sie können nicht ins Ausland geschickt werden, nicht als Waren auf dem Weltmarkt

---

[20] Wegen der Schwierigkeit, welche die Bestimmung des fixen und zirkulierenden Kapitals macht, meint Herr Lorenz Stein, diese Unterscheidung sei nur für die leichtere Darstellung.

zirkulieren. Die Eigentumstitel an diesem fixen Kapital können wechseln, es kann gekauft und verkauft werden und sofern ideell zirkulieren. Diese Eigentumstitel können sogar auf fremden Märkten zirkulieren, z. B. in der Form von Aktien. Aber durch den Wechsel der Personen, welche Eigentümer dieser Art von fixem Kapital sind, wechselt nicht das Verhältnis des stehenden, materiell fixierten Teils des Reichtums in einem Land zu dem beweglichen Teil desselben.[21]

Die eigentümliche Zirkulation des fixen Kapitals ergibt einen eigentümlichen Umschlag. Der Wertteil, den es in seiner Naturalform durch Abnutzung verliert, zirkuliert als Wertteil des Produkts. Das Produkt verwandelt sich durch seine Zirkulation aus Ware in Geld; also auch der vom Produkt zirkulierte Wertteil des Arbeitsmittels, und zwar tropft sein Wert aus dem Zirkulationsprozeß als Geld nieder, in derselben Proportion, worin dies Arbeitsmittel aufhört, Wertträger im Produktionsprozeß zu sein. Sein Wert erhält also jetzt Doppelexistenz. Ein Teil desselben bleibt an seine, dem Produktionsprozeß angehörige Gebrauchs- oder Naturalform gebunden, ein andrer Teil löst sich von ihr ab als Geld. Im Verlauf seiner Funktion nimmt der in der Naturalform existierende Wertteil des Arbeitsmittels beständig ab, während sein in Geldform umgesetzter Wertteil beständig zunimmt, bis es schließlich ausgelebt hat und sein Gesamtwert, von seiner Leiche getrennt, in Geld verwandelt ist. Hier zeigt sich die Eigentümlichkeit im Umschlag dieses Elements des produktiven Kapitals. Die Verwandlung seines Werts in Geld geht gleichen Schritt mit der Geldverpuppung der Ware, die sein Wertträger ist. Aber seine Rückverwandlung aus Geldform in Gebrauchsform trennt sich von der Rückverwandlung der Ware in ihre sonstigen Produktionselemente und ist vielmehr bestimmt durch seine eigne Reproduktionsperiode, d. h. durch die Zeit, während deren das Arbeitsmittel sich verlebt hat und durch ein andres Exemplar derselben Art ersetzt werden muß. Beträgt die Funktionsdauer einer Maschine, sage zum Wert von 10 000 Pfd.St., z. B. 10 Jahre, so beträgt die Umschlagszeit des in ihr ursprünglich vorgeschoßnen Werts 10 Jahre. Vor Ablauf dieser Zeit ist sie nicht zu erneuern, sondern wirkt in ihrer Naturalform fort. Ihr Wert zirkuliert unterdes stückweis als Wertteil der Waren, zu deren kontinuierlicher Produktion sie dient, und wird so allmählich in Geld umgesetzt, bis er schließlich am Ende der 10 Jahre ganz in Geld verwandelt und aus Geld in eine Maschine rückverwandelt worden ist, also seinen Umschlag vollzogen hat. Bis zum Eintritt dieser Reproduktionszeit wird ihr Wert allmählich zunächst in der Form eines Geldreservefonds akkumuliert.

---

21 Bis hierher Manuskript IV. – Von hier an Manuskript II.

Die übrigen Elemente des produktiven Kapitals bestehn teils aus den in Hilfsstoffen und Rohstoffen existierenden Elementen des konstanten Kapitals, teils aus variablem, in Arbeitskraft ausgelegtem.

Die Analyse des Arbeits- und Verwertungsprozesses (Buch I, Kap. V) zeigte, daß diese verschiednen Bestandteile sich als Produktbildner und Wertbildner ganz verschieden verhalten. Der Wert des aus Hilfsstoffen und Rohstoffen bestehenden Teils des konstanten Kapitals – ganz wie der Wert seines aus Arbeitsmitteln bestehenden Teils – erscheint wieder im Wert des Produkts als nur übertragner Wert, während die Arbeitskraft vermittelst des Arbeitsprozesses dem Produkt ein Äquivalent ihres Werts zusetzt oder ihren Wert wirklich reproduziert. Ferner: Ein Teil der Hilfsstoffe, Heizkohlen, Leuchtgas usw. wird im Arbeitsprozeß aufgezehrt, ohne stofflich in das Produkt einzugehn, während ein andrer Teil derselben körperlich in das Produkt eingeht und das Material seiner Substanz bildet. Alle diese Verschiedenheiten sind jedoch gleichgültig für die Zirkulation und daher für die Umschlagsweise. Soweit Hilfs- und Rohstoffe ganz verzehrt werden in der Bildung ihres Produkts, übertragen sie ihren ganzen Wert auf das Produkt. Er wird daher auch ganz durch das Produkt zirkuliert, verwandelt sich in Geld und aus Geld zurück in die Produktionselemente der Ware. Sein Umschlag wird nicht unterbrochen, wie der des fixen Kapitals, sondern durchläuft fortwährend den ganzen Kreislauf seiner Formen, so daß diese Elemente des produktiven Kapitals beständig in natura erneuert werden.

Was den variablen, in Arbeitskraft ausgelegten Bestandteil des produktiven Kapitals betrifft: Die Arbeitskraft wird für eine bestimmte Zeitfrist gekauft. Sobald der Kapitalist sie gekauft und dem Produktionsprozeß einverleibt hat, bildet sie einen Bestandteil seines Kapitals, und zwar dessen variablen Bestandteil. Sie wirkt täglich während eines Zeitraums, worin sie nicht nur ihren ganzen Tageswert, sondern noch einen überschüssigen Mehrwert, von dem wir hier zunächst absehn, dem Produkt zusetzt. Nachdem die Arbeitskraft, für eine Woche z. B., gekauft ist und gewirkt hat, muß der Kauf beständig in den gewohnheitsmäßigen Terminen erneuert werden. Das Äquivalent ihres Werts, das die Arbeitskraft während ihrer Funktion dem Produkt zusetzt und das mit der Zirkulation des Produkts in Geld verwandelt wird, muß aus Geld beständig in Arbeitskraft rückverwandelt werden oder beständig den vollständigen Kreislauf seiner Formen beschreiben, d. h. umschlagen, wenn der Kreislauf der kontinuierlichen Produktion nicht unterbrochen werden soll.

Der in Arbeitskraft vorgeschoßne Wertteil des produktiven Kapitals geht also ganz auf das Produkt über (wir sehn hier fortwährend vom Mehrwert ab), beschreibt mit ihm die beiden der Zirkulationssphäre angehörigen Metamorphosen und bleibt durch diese beständige Erneuerung stets dem Produktionsprozeß einverleibt. Wie verschieden die Arbeitskraft sich also auch sonst, mit Bezug auf die Wertbildung, zu den *kein fixes* Kapital bildenden Bestandteilen des konstanten Kapitals verhält, diese Art des Umschlags ihres Werts hat sie mit ihnen gemein im Gegensatz zum fixen Kapital. Diese Bestandteile des produktiven Kapitals – die in Arbeitskraft und in nicht fixes Kapital bildenden Produktionsmitteln ausgelegten Wertteile desselben – stehn durch diesen ihren gemeinschaftlichen Charakter des Umschlags dem fixen Kapital als *zirkulierendes* oder *flüssiges* Kapital gegenüber.

Wie man früher sah*, ist das Geld, welches der Kapitalist dem Arbeiter für den Gebrauch der Arbeitskraft zahlt, in der Tat nur die allgemeine Äquivalentform für die notwendigen Lebensmittel des Arbeiters. Insofern besteht das variable Kapital stofflich aus Lebensmitteln. Aber hier, bei Betrachtung des Umschlags, handelt es sich um die Form. Was der Kapitalist kauft, sind nicht die Lebensmittel des Arbeiters, sondern seine Arbeitskraft selbst. Was den variablen Teil seines Kapitals bildet, sind nicht die Lebensmittel des Arbeiters, sondern seine sich betätigende Arbeitskraft. Was der Kapitalist produktiv im Arbeitsprozeß konsumiert, ist die Arbeitskraft selbst und nicht die Lebensmittel des Arbeiters. Es ist der Arbeiter selbst, der das für seine Arbeitskraft erhaltne Geld in Lebensmittel umsetzt, um sie in Arbeitskraft rückzuverwandeln, um sich am Leben zu erhalten, ganz wie z. B. der Kapitalist einen Teil des Mehrwerts der Ware, die er für Geld verkauft, in Lebensmittel für sich selbst umsetzt, ohne daß man deswegen sagen wird, daß der Käufer seiner Ware ihn in Lebensmitteln zahlt. Selbst wenn dem Arbeiter ein Teil seines Lohns in Lebensmitteln, in natura, gezahlt wird, so ist dies heutzutage eine zweite Transaktion. Er verkauft seine Arbeitskraft für einen bestimmten Preis, und es wird dabei akkordiert, daß er einen Teil dieses Preises in Lebensmitteln erhält. Es ändert dies nur die Form der Zahlung, aber nicht, daß das, was er wirklich verkauft, seine Arbeitskraft ist. Es ist eine zweite Transaktion, die nicht mehr zwischen Arbeiter und Kapitalist, sondern zwischen dem Arbeiter als Käufer von Ware und dem Kapitalisten als Verkäufer von Ware vorgeht; während in der ersten Transaktion der Arbeiter Verkäufer von Ware (seiner Arbeitskraft) und der Kapitalist ihr Käufer ist. Ganz wie wenn der Kapitalist seine Ware sich durch Ware, z. B. die Maschine, die er an die Eisenhütte verkauft, durch Eisen ersetzen läßt. Es sind also nicht die Lebensmittel des Arbeiters, welche die Bestimmtheit des flüssigen Kapitals im Gegensatz zum fixen Kapital erhal-

* [Siehe »Kapital«, Bd. 1, a. a. O., S. 137–147.]

ten. Es ist auch nicht seine Arbeitskraft, sondern es ist der in ihr ausgelegte Wertteil des produktiven Kapitals, der durch die Form seines Umschlags diesen Charakter gemeinschaftlich mit einigen, und im Gegensatz zu andren, Bestandteilen des konstanten Kapitalteils erhält.

Der Wert des flüssigen Kapitals – in Arbeitskraft und Produktionsmitteln – ist vorgeschossen nur für die Zeit, während welcher das Produkt fertiggemacht wird, je nach der Stufenleiter der Produktion, welche mit dem Umfang des fixen Kapitals gegeben ist. Dieser Wert geht ganz in das Produkt ein, kehrt also durch den Verkauf des Produkts ganz wieder aus der Zirkulation zurück und kann von neuem vorgeschossen werden. Die Arbeitskraft und die Produktionsmittel, worin der flüssige Kapitalbestandteil existiert, werden in dem Umfang, der für die Bildung und den Verkauf des fertigen Produkts nötig ist, der Zirkulation entzogen, aber sie müssen beständig durch Rückkauf, durch Rückverwandlung aus der Geldform in die Produktionselemente, ersetzt und erneuert werden. Sie werden in geringren Massen als die Elemente des fixen Kapitals auf einmal dem Markt entzogen, aber sie müssen ihm um so häufiger wieder entzogen werden, und der Vorschuß des in ihnen ausgelegten Kapitals erneuert sich in kürzren Perioden. Diese beständige Erneuerung ist vermittelt durch den beständigen Umsatz des Produkts, das ihren gesamten Wert zirkuliert. Sie beschreiben endlich fortwährend den ganzen Kreislauf der Metamorphosen, nicht nur ihrem Wert nach, sondern auch in ihrer stofflichen Form; sie werden beständig rückverwandelt aus Ware in die Produktionselemente derselben Ware.

Mit ihrem eignen Wert setzt die Arbeitskraft dem Produkt beständig Mehrwert zu, die Verkörperung unbezahlter Arbeit. Dieser wird also ebenso beständig vom fertigen Produkt zirkuliert und in Geld verwandelt, wie dessen übrige Wertelemente. Hier jedoch, wo es sich zunächst um den Umschlag des Kapitalwerts, nicht des gleichzeitig mit ihm umschlagenden Mehrwerts handelt, wird vorderhand von letztrem abgesehn.

Aus dem Bisherigen ergibt sich folgendes:

1. Die Formbestimmtheiten von fixem und flüssigem Kapital entspringen nur aus dem verschiednen Umschlag des im Produktionsprozeß fungierenden Kapitalwerts oder *produktiven Kapitals*. Diese Verschiedenheit des Umschlags entspringt ihrerseits aus der verschiednen Weise, worin die verschiednen Bestandteile des produktiven Kapitals ihren Wert auf das Produkt übertragen, aber nicht aus ihrem verschiednen Anteil an der Produktion des Produktwerts oder ihrem charakteristischen Verhalten im Verwertungsprozeß. Die Verschiedenheit der Abgabe des Werts an das Produkt endlich – und daher auch die verschiedne Weise, worin dieser Wert durch das Produkt zirkuliert und durch dessen Metamorphosen in seiner ur-

sprünglichen Naturalform erneuert wird – entspringt aus der Verschiedenheit der stofflichen Gestalten, worin das produktive Kapital existiert, und wovon ein Teil während der Bildung des einzelnen Produkts ganz konsumiert, ein andrer nur allmählich vernutzt wird. Es ist also nur das produktive Kapital, das sich in fixes und flüssiges spalten kann. Dagegen existiert dieser Gegensatz nicht für die beiden andren Daseinsweisen des industriellen Kapitals, also weder für das Warenkapital, noch für das Geldkapital, noch als Gegensatz beider gegen das produktive Kapital. Er existiert nur *für das produktive Kapital und innerhalb desselben.* Geldkapital und Warenkapital mögen noch so sehr als Kapital fungieren und noch so flüssig zirkulieren, sie können erst dann flüssiges Kapital im Gegensatz zu fixem werden, sobald sie sich in flüssige Bestandteile des produktiven Kapitals verwandelt. Weil aber diese beiden Formen des Kapitals die Zirkulationssphäre behausen, hat sich die Ökonomie seit A. Smith, wie wir sehn werden, verleiten lassen, sie mit dem flüssigen Teil des produktiven Kapitals unter der Kategorie: zirkulierendes Kapital zusammenzuwerfen. Sie sind in der Tat Zirkulationskapital im Gegensatz zum produktiven, aber sie sind nicht zirkulierendes Kapital im Gegensatz zum fixen.

2. Der Umschlag des fixen Kapitalbestandteils, also auch die dazu nötige Umschlagszeit, umfaßt mehrere Umschläge der flüssigen Kapitalbestandteile. In derselben Zeit, worin das fixe Kapital einmal umschlägt, schlägt das flüssige Kapital mehrmal um. Der eine Wertbestandteil des produktiven Kapitals erhält die Formbestimmtheit des fixen Kapitals nur, soweit das Produktionsmittel, worin er existiert, nicht in dem Zeitraum abgenutzt wird, worin das Produkt fertiggemacht und aus dem Produktionsprozeß als Ware abgestoßen wird. Ein Teil seines Werts muß in der alten fortdauernden Gebrauchsform gebunden bleiben, während ein andrer von dem fertigen Produkt zirkuliert wird, dessen Zirkulation dagegen gleichzeitig den Gesamtwert der flüssigen Kapitalbestandteile zirkuliert.

3. Der im fixen Kapital ausgelegte Wertteil des produktiven Kapitals ist ganz, auf einmal vorgeschossen worden, für die ganze Funktionsdauer desjenigen Teils der Produktionsmittel, woraus das fixe Kapital besteht. Dieser Wert wird also auf einmal vom Kapitalisten in die Zirkulation geworfen; er wird aber der Zirkulation nur stückweis und allmählich wieder entzogen durch die Realisierung der Wertteile, die das fixe Kapital den Waren stückweis zusetzt. Andrerseits: Die Produktionsmittel selbst, worin ein Bestandteil des produktiven Kapitals fixiert wird, werden auf einmal der Zirkulation entzogen, um dem Produktionsprozeß für ihre ganze Funktionsdauer einverleibt zu werden, aber sie bedürfen für dieselbe Zeit nicht des Ersatzes durch neue Exemplare derselben Art, nicht der Reproduktion. Sie fahren

während längrer oder kürzrer Zeit fort, zur Bildung der in Zirkulation geworfenen Waren beizutragen, ohne selbst der Zirkulation die Elemente ihrer eignen Erneuerung zu entziehn. Während dieser Zeit erheischen sie also auch ihrerseits keine Erneuerung des Vorschusses von seiten des Kapitalisten. Endlich: Der im fixen Kapital ausgelegte Kapitalwert durchläuft den Kreislauf seiner Formen während der Funktionsdauer der Produktionsmittel, worin er existiert, nicht stofflich, sondern nur für seinen Wert, und auch das nur teilweise und allmählich. D. h. ein Teil seines Werts wird fortwährend als Wertteil der Ware zirkuliert und in Geld verwandelt, ohne sich aus Geld in seine ursprüngliche Naturalform rückzuverwandeln. Diese Rückverwandlung des Gelds in die Naturalform des Produktionsmittels findet erst statt am Schluß seiner Funktionsperiode, wenn das Produktionsmittel gänzlich verbraucht ist.

4. Die Elemente des flüssigen Kapitals sind ebenso beständig im Produktionsprozeß – soll er kontinuierlich sein – fixiert wie die Elemente des fixen Kapitals. Aber die so fixierten Elemente des erstren werden beständig in natura erneuert (die Produktionsmittel durch neue Exemplare derselben Art, die Arbeitskraft durch stets erneuerten Kauf); während bei den Elementen des fixen Kapitals während ihrer Fortdauer weder sie selbst erneuert werden, noch ihr Kauf zu erneuern ist. Es befinden sich beständig Roh- und Hilfsstoffe im Produktionsprozeß, aber immer neue Exemplare derselben Art, nachdem die alten in der Bildung des fertigen Produkts verzehrt sind. Es findet sich ebenso beständig Arbeitskraft im Produktionsprozeß, aber nur durch beständige Erneuerung ihres Kaufs, und oft mit Wechsel der Personen. Dagegen fahren dieselben identischen Gebäude, Maschinen etc. fort, während wiederholter Umschläge des flüssigen Kapitals in denselben wiederholten Produktionsprozessen zu fungieren.

II. Bestandteile, Ersatz, Reparatur, Akkumulation des fixen Kapitals

In derselben Kapitalanlage haben die einzelnen Elemente des fixen Kapitals eine verschiedne Lebenszeit, daher auch verschiedne Umschlagszeiten. In einer Eisenbahn z. B. haben Schienen, Schwellen, Erdarbeiten, Bahnhofsgebäude, Brücken, Tunnels, Lokomotiven und Wagen verschiedne Funktionsdauer und Reproduktionszeit, also auch das in ihnen vorgeschoßne Kapital verschiedne Umschlagszeiten. Während einer langen Reihe von Jahren bedürfen die Gebäude, die Perrons, Wasserbehälter, Viadukte, Tunnels, Bodeneinschnitte und Dämme, kurz, alles, was im englischen Eisenbahnwesen als works of art bezeichnet wird, keiner Erneuerung. Die hauptsächlichsten

Gegenstände des Verschleißes sind der Schienenweg und das Transportmaterial (rolling stock).

Ursprünglich, bei der Errichtung der modernen Eisenbahnen, war es vorherrschende Meinung, genährt durch die ausgezeichnetsten praktischen Ingenieure, daß die Dauer einer Eisenbahn sekulär wäre und der Verschleiß der Schienen so durchaus unmerklich, daß er für alle finanziellen und praktischen Zwecke außer acht zu lassen sei; 100–150 Jahre wurden als Lebenszeit guter Schienen betrachtet. Es stellte sich aber bald heraus, daß die Lebensdauer einer Schiene, die natürlich von der Geschwindigkeit der Lokomotiven, dem Gewicht und der Anzahl der Züge, der Dicke der Schienen selbst und einer Masse andrer Nebenumstände abhängt, im Durchschnitt 20 Jahre nicht überschritt. In einzelnen Bahnhöfen, Zentren großes Verkehrs, verschleißen die Schienen sogar jedes Jahr. Gegen 1867 fing man an, Stahlschienen einzuführen, die ungefähr doppelt soviel kosteten wie Eisenschienen, dafür aber mehr als doppelt so lange dauern. Die Lebensdauer der Holzschwellen währte 12–15 Jahre. Bei dem Betriebsmaterial stellte sich ein bedeutend größrer Verschleiß heraus für Güterwagen als für Passagierwagen. Die Lebensdauer einer Lokomotive wurde 1867 auf 10–12 Jahre berechnet.

Der Verschleiß wird bewirkt erstlich durch den Gebrauch selbst. Im allgemeinen verschleißen die Schienen im Verhältnis zur Anzahl der Züge (R. C., Nr. 17 645)[22]. Bei vermehrter Geschwindigkeit wuchs der Verschleiß in einem höhern Verhältnis als dem des Quadrats der Geschwindigkeit: d. h. bei verdoppelter Geschwindigkeit der Züge stieg der Verschleiß um mehr als das Vierfache (R. C., Nr. 17 046.)

Ein fernerer Verschleiß tritt ein durch die Einwirkung von Naturkräften. So leiden Schwellen nicht nur durch wirklichen Verschleiß, sondern auch durch Fäulnis. »Die Unterhaltungskosten der Bahn hängen nicht so sehr ab von dem Verschleiß, den der Bahnverkehr mit sich führt, wie von der Qualität des Holzes, des Eisens und des Mauerwerks, die der Atmosphäre ausgesetzt sind. Ein einziger strenger Wintermonat wird dem Bahnkörper mehr Schaden tun als ein ganzes Jahr Bahnverkehr.« (R. P. Williams, »On the Maintenance of Permanent Way. Vortrag im Institute of Civil Engineers«, Herbst 1867.)

Endlich, wie überall in der großen Industrie, spielt auch hier der moralische Verschleiß seine Rolle: Nach Verlauf von zehn Jahren kann man gewöhnlich

---

[22] Die mit R. C. bezeichneten Zitate sind aus: »Royal Commission on Railways. Minutes of Evidence taken before the Commissioners. Presented to both Houses of Parliament«, London 1867. – Die Fragen und Antworten sind numeriert und die Nummern hier angeführt.

dasselbe Quantum Waggons und Lokomotiven für 30 000 Pfd.St. kaufen, das vorher 40 000 Pfd.St. kostete. Man muß so auf dies Material eine Depretiation von 25% des Marktpreises rechnen, selbst wenn keine Depretiation des Gebrauchswerts stattfindet. (Lardner, »Railway Economy«, [p. 120].)

»Röhren-Brücken werden in ihrer gegenwärtigen Form nicht erneuert werden.« (Weil man jetzt bessere Formen für solche Brücken hat.) »Gewöhnliche Reparaturen daran, Wegnahme und Ersatz einzelner Stücke sind nicht tunlich.« (W. B. Adams, »Roads and Rails«, London 1862, [p. 136].) Die Arbeitsmittel werden großenteils beständig umgewälzt durch den Fortschritt der Industrie. Sie werden daher nicht in ihrer ursprünglichen Form ersetzt, sondern in der umgewälzten Form. Einerseits bildet die Masse des fixen Kapitals, die in einer bestimmten Naturalform angelegt ist und innerhalb derselben eine bestimmte Durchschnittslebenszeit auszudauern hat, einen Grund der nur allmählichen Einführung neuer Maschinen etc., und daher ein Hindernis gegen die rasche allgemeine Einführung der verbesserten Arbeitsmittel. Andrerseits zwingt der Konkurrenzkampf, namentlich bei entscheidenden Umwälzungen, die alten Arbeitsmittel vor ihrem natürlichen Lebensende durch die neuen zu ersetzen. Es sind hauptsächlich Katastrophen, Krisen, die solche vorzeitige Erneuerung des Betriebsgeräts auf größrer gesellschaftlicher Stufenleiter erzwingen.

Der Verschleiß (abgesehn vom moralischen) ist der Wertteil, den das fixe Kapital allmählich durch seine Vernutzung an das Produkt abgibt, in dem Durchschnittsmaß, worin es seinen Gebrauchswert verliert.

Zum Teil ist diese Abnutzung so, daß das fixe Kapital eine gewisse durchschnittliche Lebenszeit besitzt; für diese wird es ganz vorgeschossen; nach Ablauf derselben muß es ganz ersetzt werden. Für die lebendigen Arbeitsmittel, z. B. Pferde, ist die Reproduktionszeit durch die Natur selbst vorgeschrieben. Ihre durchschnittliche Lebenszeit als Arbeitsmittel ist durch Naturgesetze bestimmt. Sobald dieser Termin abgelaufen, müssen die abgenutzten Exemplare durch neue ersetzt werden. Ein Pferd kann nicht stückweis, sondern nur durch ein andres Pferd ersetzt werden.

Andre Elemente des fixen Kapitals lassen periodische oder teilweise Erneuerung zu. Hier ist der teilweise oder periodische Ersatz zu unterscheiden von allmählicher Ausdehnung des Geschäftsbetriebs.

Das fixe Kapital besteht zum Teil aus gleichartigen Bestandteilen, die aber nicht gleich lange dauern, sondern in verschiednen Zeiträumen stückweise erneuert werden. So die Schienen auf Bahnhöfen, die öfter ersetzt werden müssen als auf dem übrigen Bahnkörper. Ebenso die Schwellen, von denen in den 50er Jahren auf den belgischen Eisenbahnen nach Lardner 8% jährlich, also im Laufe von 12 Jahren die sämtlichen Schwellen erneuert wurden. Das Verhältnis ist hier also dies: Es wird eine Summe z. B. für zehn Jahre in einer bestimmten Art des fixen Kapitals vorgeschossen. Diese Auslage wird auf einmal gemacht. Aber ein bestimmter Teil dieses fixen Kapitals, dessen Wert in den Wert des Produkts eingegangen und mit diesem in Geld umgesetzt ist, wird in jedem Jahr in natura ersetzt, während der andre Teil in seiner ursprünglichen Naturalform fortexistiert. Es ist die Auslage auf einmal und die nur stückweise Reproduktion in Naturalform, die dies Kapital als fixes vom flüssigen Kapital unterscheidet.

Andre Stücke des fixen Kapitals bestehn aus ungleichen Bestandteilen, die in ungleichen Zeiträumen abnutzen und daher ersetzt werden müssen. Dies findet namentlich bei Maschinen statt. Was wir eben bemerkt haben mit Bezug auf die verschiedne Lebenszeit der verschiednen Bestandteile eines fixen Kapitals, gilt hier mit Bezug auf die Lebenszeit verschiedner Bestandteile derselben Maschine, die als Stück dieses fixen Kapitals figuriert.

Mit Bezug auf allmähliche Ausdehnung des Geschäfts im Lauf der teilweisen Erneuerung bemerken wir folgendes. Obgleich, wie wir gesehn, das fixe Kapital fortfährt, in natura im Produktionsprozeß zu wirken, hat ein Teil seines Werts, je nach dem Durchschnittsverschleiß, mit dem Produkt zirkuliert, ist in Geld verwandelt worden, bildet Element des Geldreservefonds zum Ersatz des Kapitals für den Termin seiner Reproduktion in natura. Dieser so in Geld verwandelte Teil des fixen Kapitalwerts kann dazu dienen, das Geschäft zu erweitern oder Verbesserungen an den Maschinen anzubringen, welche deren Wirksamkeit vermehren. In kürzren oder längren Abschnitten findet so Reproduktion statt, und zwar – vom Standpunkt der Gesellschaft betrachtet – Reproduktion auf erweiterter Stufenleiter; extensiv, wenn das Produktionsfeld ausgedehnt; intensiv, wenn das Produktionsmittel wirksamer gemacht. Diese Reproduktion auf erweiterter Stufenleiter entspringt nicht aus Akkumulation – Verwandlung von Mehrwert in Kapital –, sondern aus Rückverwandlung des Werts, welcher sich abgezweigt, in Geldform losgelöst hat vom Körper des fixen Kapitals, in neues, entweder zuschüssiges oder doch wirksameres, fixes Kapital derselben Art. Es hängt natürlich teils von der spezifischen Natur des Geschäftsbetriebs ab, wieweit und in welchen Dimensionen er solches allmählichen Zuschusses fähig ist, also auch in welchen Dimensionen ein Reservefonds gesammelt sein muß, um in dieser Weise rückangelegt werden zu können, und in welchen Zeiträumen dies geschehn kann. Wieweit andrerseits Detailverbesserungen an vorhandner Maschinerie angebracht werden können, hängt natürlich von der Natur der Verbesserung und der Konstruktion der Maschine selbst ab. Wie sehr aber z. B. bei Eisenbahnanlagen dieser Punkt von vornherein ins

Auge gefaßt wird, beweist Adams: »Die ganze Konstruktion sollte sich nach dem Prinzip richten, das im Bienenkorb herrscht – Fähigkeit unbegrenzter Ausdehnung. Alle übersoliden und von vornherein symmetrischen Strukturen sind vom Übel, im Fall der Ausdehnung müssen sie niedergerissen werden.« (p. 123.)

Es hängt dies großenteils vom verfügbaren Raum ab. Bei einigen Gebäuden kann man Stockwerke in der Höhe zusetzen, bei andren ist Seitenausdehnung, also mehr Boden nötig. Innerhalb der kapitalistischen Produktion werden einerseits viele Mittel verschwendet, findet andrerseits viel zweckwidrige Seitenausdehnung dieser Art (zum Teil zum Schaden der Arbeitskraft) bei der allmählichen Ausdehnung des Geschäfts statt, weil nichts nach gesellschaftlichem Plan geschieht, sondern von den unendlich verschiednen Umständen, Mitteln etc. abhängt, womit der einzelne Kapitalist agiert. Hieraus entsteht große Verschwendung der Produktivkräfte.

Diese stückweise Wiederanlage des Geldreservefonds (d. h. des in Geld rückverwandelten Teils des fixen Kapitals) ist am leichtesten im Landbau. Ein räumlich gegebnes Produktionsfeld ist hier der größten allmählichen Absorption von Kapital fähig. Ebenso wo natürliche Reproduktion stattfindet, wie bei der Viehzucht.

Das fixe Kapital verursacht besondre Erhaltungskosten. Ein Teil der Erhaltung wird durch den Arbeitsprozeß selbst bewirkt; das fixe Kapital verdirbt, wenn es nicht im Arbeitsprozeß fungiert. (Siehe Buch I, Kap. VI, p. 196* und Kap. XIII, p. 423**: Verschleiß der Maschinerie, der aus ihrem Nichtgebrauch entspringt.) Das englische Gesetz betrachtet es daher auch ausdrücklich als Beschädigung (waste), wenn gepachtete Grundstücke nicht nach Landesgebrauch bebaut werden. (W. A. Holdsworth, Barrister at Law, »The Law of Landlord and Tenant«, London 1857, p. 96.) Diese Erhaltung, die aus dem Gebrauch im Arbeitsprozeß hervorgeht, ist eine Gratisnaturgabe der lebendigen Arbeit. Und zwar ist die erhaltende Kraft der Arbeit doppelter Art. Einerseits erhält sie den Wert der Arbeitsmaterialien, indem sie ihn auf das Produkt überträgt, andrerseits erhält sie den Wert der Arbeitsmittel, soweit sie nicht auch diesen auf das Produkt überträgt, durch Erhaltung ihres Gebrauchswerts, vermittelst ihrer Aktion im Produktionsprozeß.

Das fixe Kapital erfordert aber auch positive Arbeitsauslage zu seiner Instandhaltung. Die Maschinerie muß von Zeit zu Zeit gereinigt werden. Es handelt sich hier um zusätzliche Arbeit, ohne welche sie gebrauchsunfähig

---

* [Siehe »Kapital«, Bd. 1, a. a. O., S. 175/176.]

** [Ebenda, S. 362.]

wird; um bloße Abwehr schädlicher elementarer Einflüsse, die vom Produktionsprozeß unzertrennlich sind, also um Erhaltung im werkfähigen Zustand im wörtlichsten Sinn. Die normale Lebenszeit des fixen Kapitals ist selbstredend darauf berechnet, daß die Bedingungen erfüllt werden, unter denen es während dieser Zeit normal fungieren kann, ganz wie man unterstellt, daß, wenn ein Mensch im Durchschnitt 30 Jahre lebt, er sich auch wäscht. Es handelt sich hier auch nicht um Ersatz der in der Maschine enthaltnen Arbeit, sondern um beständige zusätzliche Arbeit, die ihr Gebrauch nötig macht. Es handelt sich nicht um Arbeit, die die Maschine tut, sondern die an ihr getan wird, worin sie nicht Produktionsagent ist, sondern Rohmaterial. Das in dieser Arbeit ausgelegte Kapital, obgleich es nicht in den eigentlichen Arbeitsprozeß eingeht, dem das Produkt seinen Ursprung verdankt, gehört zum flüssigen Kapital. Diese Arbeit muß beständig in der Produktion verausgabt, ihr Wert also auch beständig durch den Wert des Produkts ersetzt werden. Das in ihr ausgelegte Kapital gehört zu dem Teil des flüssigen Kapitals, der die allgemeinen Unkosten zu decken hat und nach einer jährlichen Durchschnittsrechnung auf das Wertprodukt zu verteilen ist. Wir haben gesehn*, daß in der eigentlichen Industrie diese Arbeit der Reinigung von den Arbeitern gratis in den Ruhepausen und eben deswegen auch oft während des Produktionsprozesses selbst vorgeht, wo sie die Quelle der meisten Unfälle wird. Diese Arbeit zählt nicht im Preis des Produkts. Der Konsument erhält sie sofern gratis. Andrerseits hat der Kapitalist so die Erhaltungskosten seiner Maschine umsonst. Der Arbeiter zahlt in eigner Person, und dies bildet eins der Selbsterhaltungs-Mysterien des Kapitals, die der Tat nach einen juristischen Anspruch des Arbeiters auf die Maschinerie bilden und ihn selbst vom bürgerlichen Rechtsstandpunkt aus zu ihrem Miteigentümer machen. In verschiednen Produktionszweigen jedoch, wo die Maschinerie zu ihrer Reinigung aus dem Produktionsprozeß entfernt werden muß, und die Reinigung daher nicht unter der Hand geschehn kann, wie z. B. bei Lokomotiven, zählt diese Erhaltungsarbeit unter den laufenden Kosten, also als Element des flüssigen Kapitals. Eine Lokomotive muß nach höchstens dreitägiger Arbeit in den Schuppen gebracht und dort gereinigt werden; der Kessel muß erst abkühlen, wenn er ohne Schädigung ausgewaschen werden soll. (R. C., Nr. 17 823.)

Die eigentlichen Reparaturen oder Flickarbeiten erheischen Auslage von Kapital und Arbeit, die nicht in dem ursprünglich vorgeschoßnen Kapital enthalten sind, also auch durch den allmählichen Wertersatz des fixen Kapitals jedenfalls nicht immer ersetzt und gedeckt werden können. Ist z. B. der

---

* [Siehe »Kapital«, Bd. 1, a. a. O., S. 375, Note 176.]

Wert des fixen Kapitals = 10 000 Pfd.St. und seine Gesamtlebenszeit = 10 Jahre, so ersetzen diese 10 000 Pfd.St., nach zehn Jahren ganz in Geld verwandelt, nur den Wert des ursprünglichen Anlagekapitals, aber sie ersetzen nicht das inzwischen in Reparaturen neu zugesetzte Kapital, resp. Arbeit. Es ist dies ein zuschüssiger Wertbestandteil, der auch nicht auf einmal vorgeschossen wird, sondern je nach Bedürfnis, und dessen verschiedne Vorschußzeiten der Natur der Sache nach zufällig sind. Solche spätere, dosenweise, zusätzliche Kapitalauslage in Arbeitsmitteln und Arbeitskraft erheischt alles fixe Kapital.

Die Beschädigungen, denen einzelne Teile der Maschinerie etc. ausgesetzt sind, sind der Natur der Sache nach zufällig, und so sind daher auch die dadurch ernötigten Reparaturen. Dennoch scheiden sich aus dieser Masse zwei Sorten von Reparaturarbeiten ab, die einen mehr oder minder festen Charakter haben und in verschiedne Perioden der Lebenszeit des fixen Kapitals fallen – Gebresten des Kindesalters und die viel zahlreicheren Gebresten des über die mittlere Lebenszeit hinausgerückten Alters. Eine Maschine z. B. mag mit noch so vollkommner Konstruktion in den Produktionsprozeß eintreten; bei dem wirklichen Gebrauch zeigen sich Mängel, die durch nachträgliche Arbeit korrigiert werden müssen. Andrerseits, je mehr sie über ihre mittlere Lebenszeit hinausgetreten, je mehr sich also der normale Verschleiß gehäuft hat, das Material, aus dem sie besteht, vernutzt und altersschwach geworden, desto zahlreicher und bedeutender werden die Reparaturarbeiten, nötig, um die Maschine bis zu Ende ihrer durchschnittlichen Lebensperiode in Atem zu erhalten; ganz wie ein alter Mann, um nicht vorzeitig zu sterben, mehr medizinische Ausgaben hat als ein jugendkräftiger. Trotz ihres zufälligen Charakters verteilen sich also die Reparaturarbeiten in ungleichen Massen auf die verschiednen Lebensperioden des fixen Kapitals.

Hieraus sowohl, wie aus dem sonst zufälligen Charakter der Reparaturarbeiten an der Maschine folgt:

Einerseits ist die wirkliche Ausgabe an Arbeitskraft und Arbeitsmitteln für Reparaturarbeiten zufällig, wie die Umstände selbst, welche diese Reparaturen ernötigen; der Umfang der nötigen Reparaturen ist verschieden verteilt auf die verschiednen Lebensperioden des fixen Kapitals. Andrerseits ist bei Schätzung der durchschnittlichen Lebensperiode des fixen Kapitals unterstellt, daß es beständig in werktätigem Zustand erhalten wird, teils durch Reinigung (wozu auch die Reinhaltung der Lokale gehört), teils durch Reparatur, so oft wie erheischt. Die Wertübertragung durch Verschleiß des fixen Kapitals ist auf dessen durchschnittliche Lebensperiode berechnet, aber diese durchschnittliche Lebensperiode selbst ist darauf berechnet, daß das zur Instandhaltung erheischte Zusatzkapital fortwährend vorgeschossen wird. Andrerseits ist es ebenso klar, daß der durch diese zuschüssige Ausgabe von Kapital und Arbeit zugesetzte Wert nicht in den Preis der Waren eingehn kann gleichzeitig mit der wirklichen Ausgabe. Ein Spinner z. B. kann diese Woche sein Garn nicht teurer verkaufen als vorige Woche, weil ihm diese Woche ein Rad gebrochen oder ein Riemen zerrissen ist. Die allgemeinen Kosten der Spinnerei haben sich in keiner Weise verändert durch diesen Unfall in einer einzelnen Fabrik. Hier, wie bei aller Wertbestimmung, bestimmt der Durchschnitt. Die Erfahrung zeigt den durchschnittlichen Umfang solcher Unfälle und der nötigen Erhaltungs- und Reparaturarbeiten während der durchschnittlichen Lebensperiode des in einem bestimmten Geschäftszweig angelegten fixen Kapitals. Diese Durchschnittsausgabe wird verteilt auf die Durchschnitts-Lebensperiode und wird in entsprechenden aliquoten Teilen auf den Preis des Produkts geschlagen und daher durch den Verkauf desselben ersetzt.

Das Zuschußkapital, das so ersetzt wird, gehört zum flüssigen Kapital, obgleich die Art der Auslage unregelmäßig ist. Da es von der höchsten Wichtigkeit ist, sofort jedes Gebresten der Maschinerie zu kurieren, so befindet sich bei jeder größern Fabrik ein den eigentlichen Fabrikarbeitern aggregiertes Personal, Ingenieur, Schreiner, Mechaniker, Schlosser usw. Ihr Lohn bildet Teil des variablen Kapitals, und der Wert ihrer Arbeit verteilt sich auf das Produkt. Andrerseits werden die in Produktionsmitteln erheischten Ausgaben nach jener Durchschnittsrechnung bestimmt und bilden nach dieser Rechnung fortwährend Wertteil des Produkts, obgleich sie faktisch in unregelmäßigen Perioden vorgeschossen werden und also auch in unregelmäßigen Perioden in das Produkt, resp. das fixe Kapital eingehn. Dies in eigentlichen Reparaturen ausgelegte Kapital bildet in mancher Hinsicht ein Kapital eigner Art, das weder unter flüssiges noch fixes Kapital zu rangieren ist, aber als unter die laufenden Ausgaben gehörig mehr zum erstern zählt.

Die Art der Buchführung ändert natürlich nichts an dem wirklichen Zusammenhang der Dinge, worüber Buch geführt wird. Es ist aber wichtig zu bemerken, daß es in vielen Geschäftszweigen Gewohnheit ist, die Reparaturkosten mit dem wirklichen Verschleiß des fixen Kapitals in folgender Art zusammenzurechnen. Das vorgeschoßne fixe Kapital sei 10 000 Pfd.St., seine Lebensperiode 15 Jahre; der jährliche Verschleiß ist dann $666^2/_3$ Pfd.St. Nun wird aber der Verschleiß auf nur zehn Jahre berechnet, d. h. dem Preis der produzierten Waren jährlich 1000 Pfd.St. zugeschlagen für Abnutzung des fixen Kapitals, statt $666^2/_3$ Pfd.St.; d. h., es werden $333^1/_3$ Pfd.St. für Reparaturarbeit etc. reserviert. Die Zahlen 10 und 15 sind nur beispielsweise genommen). Soviel ist also im Durchschnitt an Reparatur verausgabt worden, damit das fixe Kapital 15 Jahre dauert. Diese Rechnung verhindert natürlich nicht, daß das fixe Kapital und das in den Reparaturen ausgelegte Zusatzkapital verschiedne Kategorien bilden. Auf Grund dieser Rechnungsweise wurde z. B. angenommen, daß der niedrigste Kostenanschlag für die Erhaltung und den Ersatz von Dampfschiffen $15^{0}/_{0}$ jährlich sei, also Reproduktionszeit $= 6^{2}/_{3}$ Jahre. In den 60er Jahren vergütete die englische Regierung der Peninsular and Oriental Co. dafür $16^{0}/_{0}$ jährlich, was also einer Reproduktionszeit von $6^{1}/_{4}$* Jahr gleichkommt. Bei Eisenbahnen ist die Durchschnitts-Lebensdauer einer Lokomotive 10 Jahre, aber, Reparaturen eingerechnet, wird der Verschleiß angenommen zu $12^{1}/_{2}{}^{0}/_{0}$, was die Lebensdauer auf 8 Jahre reduziert. Bei Passagier- und Güterwagen wird $9^{0}/_{0}$ berechnet, also eine Lebenszeit von $11^{1}/_{9}$ Jahr angenommen.

Die Gesetzgebung hat überall bei Mietkontrakten von Häusern und andren Dingen, die für ihren Eigentümer fixes Kapital sind und als solches vermietet werden, den Unterschied anerkannt zwischen dem normalen Verschleiß, der durch die Zeit, den Einfluß der Elemente und die normale Vernutzung selbst herbeigeführt wird, und zwischen den gelegentlichen Reparaturen, die zur Instandhaltung während der normalen Lebensdauer des Hauses und seiner normalen Benutzung zeitweise erforderlich sind. In der Regel fallen die ersten auf den Eigentümer, die zweiten auf den Mieter. Die Reparaturen unterscheiden sich ferner in gewöhnliche und substantielle. Die letztren sind teilweise Erneuerung des fixen Kapitals in seiner Naturalform und fallen ebenfalls auf den Eigentümer, wo der Kontrakt nicht ausdrücklich das Gegenteil sagt. So z. B. nach englischem Recht:

»Ein Mieter von Jahr zu Jahr ist nur verpflichtet, die Baulichkeiten wind- und wasserdicht zu halten, solange dies geschehn kann ohne substantielle Reparaturen; und überhaupt nur solche Reparaturen zu besorgen, die als gewöhnlich bezeichnet werden können. Und selbst in dieser Beziehung muß das Alter und der allgemeine Zustand der betreffenden Teile des Gebäudes, zur Zeit als der Mieter es übernahm, im Auge behalten werden, denn er ist nicht verpflichtet, weder altes und verschlißnes Material durch neues zu ersetzen, noch die aus dem Zeitverlauf und dem regelmäßigen Gebrauch entstehende unvermeidliche Entwertung gutzumachen.« (Holdsworth, »Law of Landlord and Tenant«, p. 90, 91.)

Ganz verschieden, sowohl vom Ersatz des Verschleißes wie von den Arbeiten der Erhaltung und Reparatur ist die *Versicherung*, die sich auf Zerstörung durch außerordentliche Naturereignisse, Feuersbrunst, Überschwem-

---

* [1. und 2. Auflage: $6^{1}/_{3}$]

mungen etc. bezieht. Diese muß aus dem Mehrwert gutgemacht werden und bildet einen Abzug von demselben. Oder, vom Standpunkt der ganzen Gesellschaft betrachtet: Es muß eine beständige Überproduktion stattfinden, d. h. Produktion auf größrer Stufenleiter, als zu einfachem Ersatz und Reproduktion des vorhandnen Reichtums nötig – ganz abgesehn von Zunahme der Bevölkerung –, um die Produktionsmittel zur Verfügung zu haben, zur Ausgleichung der außerordentlichen Zerstörung, welche Zufälle und Naturkräfte anrichten.

In der Tat besteht nur der geringste Teil des zum Ersatz nötigen Kapitals in dem Geldreservefonds. Der wichtigste Teil besteht in der Ausdehnung der Produktionsleiter selbst, die teils wirkliche Erweiterung ist, teils zum normalen Umfang der Produktionszweige gehört, die das fixe Kapital produzieren. So ist z. B. eine Maschinenfabrik darauf eingerichtet, daß jährlich sowohl die Fabriken ihrer Kundschaft erweitert werden, wie auch daß beständig ein Teil davon ganzer oder teilweiser Reproduktion bedarf.

Bei der Bestimmung des Verschleißes, wie der Reparaturkosten, nach gesellschaftlichem Durchschnitt, ergeben sich notwendig große Ungleichheiten, selbst für gleich große und sonst unter denselben Umständen befindliche Kapitalanlagen in demselben Produktionszweig. In der Praxis dauert für den einen Kapitalisten die Maschine etc. über die Durchschnittsperiode hinaus, bei dem andern nicht so lange. Die Reparaturkosten des einen sind über, die des andren unter dem Durchschnitt usw. Der durch den Verschleiß, wie durch die Reparaturkosten, bestimmte Preiszuschlag der Ware ist aber derselbe und wird durch den Durchschnitt bestimmt. Der eine erhält also durch diesen Preiszusatz mehr, als er wirklich zusetzt, der andre weniger. Dies, wie alle andren Umstände, die bei gleicher Exploitation der Arbeitskraft den Gewinn verschiedner Kapitalisten in demselben Geschäftszweig verschieden machen, trägt dazu bei, die Einsicht in die wahre Natur des Mehrwerts zu erschweren.

Die Grenze zwischen eigentlicher Reparatur und Ersatz, zwischen Erhaltungskosten und Erneuerungskosten, ist eine mehr oder weniger fließende. Daher der ewige Streit, bei Eisenbahnen z. B., ob gewisse Ausgaben Reparatur oder Ersatz sind, ob sie aus laufender Ausgabe oder dem Grundkapital bestritten werden müssen. Übertragung von Reparaturausgaben auf Kapitalkonto, statt auf Revenuekonto, ist das bekannte Mittel, wodurch Eisenbahndirektionen ihre Dividenden künstlich in die Höhe schrauben. Jedoch hat auch hierfür die Erfahrung die wesentlichsten Anhaltspunkte bereits geliefert. Die nachträglichen Arbeiten während der ersten Lebensperiode der Eisenbahn z. B. sind »keine Reparaturen, sondern müssen angesehn werden als wesentlicher Bestandteil des Bahnbaus, und sind also dem

Kapitalkonto zu belasten, da sie nicht aus dem Verschleiß oder der normalen Wirkung des Verkehrs herrühren, sondern der ursprünglichen und unvermeidlichen Unvollkommenheit des Bahnbaus geschuldet sind«. (Lardner, l.c.p. 40.) »Dagegen ist es die einzig richtige Methode, die Revenue eines jeden Jahres zu belasten mit der Entwertung, die notwendigerweise eingetreten ist, damit diese Revenue verdient werden konnte, einerlei, ob die Summe wirklich ausgegeben ist oder nicht.« (Captain Fitzmaurice, »Committee of Inquiry on Caledonian Railway«, abgedruckt in »Money Market Review«, 1868.)

Praktisch unmöglich und zwecklos wird die Trennung von Ersatz und Erhaltung des fixen Kapitals in der Landwirtschaft, wenigstens soweit sie noch nicht mit Dampf arbeitet. »Bei einem vollständigen, jedoch nicht übertrieben starken Bestande des Gerät-Inventars« (Bedarf an Acker- und sonstigen Arbeits- und Wirtschaftsgeräten aller Art) »pflegt man im großen Durchschnitt die jährliche Abnutzung *und* Unterhaltung des Gerät-Inventars nach Verschiedenheit der vorliegenden Verhältnisse zu 15–25% vom Anschaffungskapital anzuschlagen.« (Kirchhof, »Handbuch der landwirthschaftlichen Betriebslehre«, Dessau 1852, p. 137.)

Bei dem Betriebsmaterial einer Eisenbahn ist Reparatur und Ersatz gar nicht zu trennen. »Wir erhalten unser Betriebsmaterial der Zahl nach aufrecht. Welche Anzahl von Lokomotiven wir auch haben, diese Zahl erhalten wir aufrecht. Wird eine im Lauf der Zeit unbrauchbar, so daß es vorteilhafter ist, eine neue zu bauen, so bauen wir sie auf Kosten der Revenue, wobei wir der Revenue natürlich den Wert der von der alten Maschine übrigen Materialien gutschreiben ... Es bleibt immer ziemlich viel übrig ... Die Räder, die Achsen, die Kessel etc., kurz, ein gutes Stück der alten Lokomotive bleibt übrig.« (T. Gooch, Chairman of Great Western Railway Co., R. C. Nr. 17 327, 17 329.) – »Reparieren heißt erneuern; für mich existiert das Wort ›Ersatz‹ nicht; ... hat eine Eisenbahngesellschaft einen Wagen oder eine Lokomotive einmal gekauft, so sollte sie sie so reparieren, daß sie in Ewigkeit fortlaufen können.« (17 784.) »Wir rechnen $8^1/_2$ d. für die englische Zugmeile an Lokomotivkosten. Aus diesen $8^1/_2$ d. erhalten wir die Lokomotiven für immer. Wir erneuern unsre Maschinen. Wenn Sie eine Maschine neu kaufen wollen, so geben Sie mehr Geld aus, als nötig ist ... An der alten Maschine finden sich immer ein paar Räder, eine Achse oder sonst ein Stück, das brauchbar ist, und das hilft eine Maschine wohlfeiler herstellen, die ebensogut ist wie eine ganz neue.« (17 790.) »Ich produziere jetzt jede Woche eine neue Lokomotive, d. h. die so gut wie neu ist, denn Kessel, Zylinder und Gestell sind neu.« (17 823. Archibald Sturrock, Locomotive Superintendent of Great Northern Railway, in R. C., 1867.)

Ebenso bei den Wagen: »Im Lauf der Zeit wird der Vorrat der Lokomotiven und Wagen fortwährend erneuert; das eine Mal werden neue Räder angesteckt, das andre Mal ein neues Gestell gemacht. Die Teile, auf denen die Bewegung beruht und die dem Verschleiß am meisten ausgesetzt sind, werden allmählich erneuert; die Maschinen und Wagen können dann einer solchen Reihe von Reparaturen unterworfen werden, daß in manchen von ihnen nicht eine Spur von dem alten Material übrig ist... Selbst wenn sie ganz reparaturunfähig werden, werden Stücke von den alten Wagen oder Lokomotiven hinein verarbeitet und verschwinden so nie gänzlich von der Bahn. Das bewegliche Kapital ist daher in fortwährender Reproduktion; was für den Bahnkörper zu einer bestimmten Zeit auf einmal stattfinden muß, wenn die ganze Bahn neu belegt wird, das findet beim Betriebsmaterial allmählich von Jahr zu Jahr statt. Seine Existenz ist perennierend, es ist in fortwährender Verjüngung begriffen.« (Lardner, p. 115, 116.)
Dieser Prozeß, wie hier von Lardner bei der Eisenbahn dargestellt, paßt nicht auf eine einzelne Fabrik, wohl aber als Bild der beständigen, partiellen, mit der Reparatur durcheinander laufenden Reproduktion des fixen Kapitals innerhalb eines ganzen Industriezweigs, oder überhaupt innerhalb der gesamten Produktion, auf gesellschaftlicher Stufenleiter betrachtet.
Hier ein Beweis, innerhalb wie weiter Grenzen geschickte Direktionen mit den Begriffen Reparatur und Ersatz wirtschaften können zur Erzielung von Dividenden. Nach dem oben zitierten Vortrag von R. P. Williams schrieben verschiedne englische Eisenbahngesellschaften im Durchschnitt einer Reihe von Jahren für Reparatur und Erhaltungskosten des Bahnkörpers und der Baulichkeiten folgende Summe auf Revenuekonto ab (per englische Meile der Bahnlänge jährlich):

London & North Western ...	370 Pfd.St.
Midland	225 Pfd.St.
London & South Western ...	257 Pfd.St.
Great Northern	360 Pfd.St.
Lancashire & Yorkshire	377 Pfd.St.
South Eastern	263 Pfd.St.
Brighton	266 Pfd.St.
Manchester & Sheffield	200 Pfd.St.

Diese Differenzen rühren nur zum allergeringsten Teil von Verschiedenheit der wirklichen Auslagen her; sie stammen fast ausschließlich aus verschiedner Berechnungsweise, je nachdem Ausgabeposten dem Kapitalkonto oder dem Revenuekonto zur Last gebracht werden. William sagt geradezu: »Die geringere Belastung wird angenommen, weil dies für eine gute Dividende nötig ist, und die größre Belastung wird gemacht, weil eine stärkere Revenue vorhanden ist, die das ertragen kann.«

In gewissen Fällen wird der Verschleiß, also auch sein Ersatz, eine praktisch verschwindende Größe, so daß allein die Reparaturkosten in Rechnung kommen. Was Lardner im folgenden von works of art bei Eisenbahnen sagt, gilt im allgemeinen für alle solche dauerhaften Werke, Kanäle, Docks, eiserne und steinerne Brücken etc. – »Der Verschleiß, der infolge der langsamen Wirkung der Zeit bei den solideren Werken eintritt, wirkt fast unmerklich während kürzerer Zeiträume; nach Verfluß eines langen Zeitraums, z. B. von Jahrhunderten, muß er jedoch die Erneuerung, ganz oder teilweise, selbst bei den solidesten Konstruktionen herbeiführen. Dieser unmerkliche Verschleiß, verglichen mit dem fühlbareren bei andren Teilen der Bahn, läßt sich vergleichen mit den sekulären und periodischen Ungleichheiten in der Bewegung der Weltkörper. Die Wirkung der Zeit auf die massiveren Konstruktionen einer Bahn, Brücken, Tunnel, Viadukte etc., liefert Beispiele von dem, was man einen sekulären Verschleiß nennen kann. Die schnellere und sichtbarere Entwertung, die in kürzern Zeiträumen durch Reparaturen oder Ersatz gutgemacht wird, ist den periodischen Ungleichheiten analog. In die jährlichen Reparaturkosten wird auch der Ersatz des zufälligen Schadens eingeschlossen, den die Außenseite auch der dauerhafteren Konstruktionen von Zeit zu Zeit erleidet; aber auch unabhängig von diesen Reparaturen geht das Alter nicht wirkungslos an ihnen vorbei, und wie entfernt sie auch immer sei, die Zeit muß kommen, in der ihr Zustand einen Neubau nötig macht. In finanzieller und ökonomischer Beziehung mag diese Zeit allerdings viel zu entfernt sein, um sie in praktische Rechnung zu ziehn.« (Lardner, l.c.p. 38, 39.)

Es gilt dies für alle solche Werke von sekulärer Dauer, bei welchen also nicht das in ihnen vorgeschoßne Kapital ihrem Verschleiß entsprechend allmählich zu ersetzen ist, sondern nur die jährlichen Durchschnittskosten der Erhaltung und Reparatur auf den Preis des Produkts zu übertragen sind.

Obgleich, wie wir gesehn, ein größrer Teil des zum Ersatz des Verschleißes des fixen Kapitals zurückfließenden Geldes jährlich, oder selbst in kürzern Zeiträumen, wieder in seine Naturalform rückverwandelt wird, ist dennoch für jeden einzelnen Kapitalisten ein Amortisationsfonds nötig für den Teil des fixen Kapitals, der nur nach Verlauf von Jahren auf einmal in seinen Reproduktionstermin tritt und dann ganz zu ersetzen ist. Ein bedeutender Bestandteil des fixen Kapitals schließt durch seine Beschaffenheit die stückweise Reproduktion aus. Außerdem, wo die Reproduktion stückweis in der Weise geschieht, daß in kürzern Intervallen dem entwerteten Bestand neuer zugefügt wird, ist je nach dem spezifischen Charakter des Produktionszweigs eine vorherige Geldakkumulation von größrem oder geringrem Umfang nötig, bevor dieser Ersatz stattfinden kann. Nicht jede beliebige Geldsumme reicht dazu hin, es wird eine Geldsumme von bestimmtem Umfang dazu erheischt.

Betrachten wir dies bloß unter der Voraussetzung der einfachen Geldzirkulation, ohne alle Rücksicht auf das erst später zu entwickelnde Kreditsystem, so ist der Mechanismus der Bewegung dieser: Im ersten Buch (Kap. III, 3a) wurde gezeigt, daß, wenn ein Teil des in einer Gesellschaft vorhandnen Geldes stets als Schatz brachliegt, während ein andrer als Zirkulationsmittel, resp. als unmittelbarer Reservefonds des direkt zirkulierenden Geldes fungiert, die Proportion beständig wechselt, worin sich die Gesamtmasse des Geldes auf Schatz und auf Zirkulationsmittel verteilt. In unserm Fall wird nun Geld, das als Schatz in der Hand eines größern Kapitalisten in größrem Umfang aufgehäuft sein muß, beim Einkauf des fixen Kapitals auf einmal in Zirkulation geworfen. Es verteilt sich selbst wieder in der Gesellschaft als Zirkulationsmittel und als Schatz. Durch den Amortisationsfonds, worin nach Maßgabe des Verschleißes des fixen Kapitals dessen Wert zu seinem Ausgangspunkt zurückfließt, bildet ein Teil des zirkulierenden Geldes wieder Schatz – für längre oder kürzre Zeit – in der Hand desselben Kapitalisten, dessen Schatz bei Ankauf des fixen Kapitals sich in Zirkulationsmittel verwandelt und von ihm entfernt hatte. Es ist eine beständig wechselnde Verteilung des in der Gesellschaft existierenden Schatzes, der abwechselnd als Zirkulationsmittel fungiert, und dann wieder als Schatz aus der Masse des zirkulierenden Geldes abgeschieden wird. Mit der Entwicklung des Kreditwesens, welche der Entwicklung der großen Industrie und der kapitalistischen Produktion notwendig parallel geht, fungiert dies Geld nicht als Schatz, sondern als Kapital, aber in der Hand nicht seines Eigentümers, sondern andrer Kapitalisten, denen es zur Verfügung gestellt ist.

Neuntes Kapitel: DER GESAMTUMSCHLAG DES VORGESCHOSSNEN KAPITALS. UMSCHLAGSZYKLEN

Wir haben gesehn, daß die fixen und flüssigen Bestandteile des produktiven Kapitals verschiedenartig und zu verschiednen Perioden umschlagen, ebenso daß die verschiednen Bestandteile des fixen Kapitals in demselben Geschäft je nach ihrer verschiednen Lebens-, daher Reproduktionszeit, wieder verschiedne Umschlagsperioden haben. (Über die wirkliche oder scheinbare

Verschiedenheit im Umschlag verschiedner Bestandteile des flüssigen Kapitals in demselben Geschäft, siehe am Schluß dieses Kapitels sub 6.)

1. Der Gesamtumschlag des vorgeschoßnen Kapitals ist der Durchschnittsumschlag seiner verschiednen Bestandteile; Berechnungsmodus weiter unten. Soweit es sich nur um verschiedne Zeitperioden handelt, ist natürlich nichts einfacher als ihren Durchschnitt zu ziehn; aber:

2. es findet hier nicht nur quantitativer, sondern qualitativer Unterschied statt.

Das in den Produktionsprozeß eingehende flüssige Kapital überträgt seinen ganzen Wert auf das Produkt und muß daher beständig, durch den Verkauf des Produkts, in natura ersetzt werden, soll der Produktionsprozeß ohne Unterbrechung vorsichgehn. Das in den Produktionsprozeß eingehende fixe Kapital überträgt nur Teil seines Werts (den Verschleiß) auf das Produkt und fährt trotz des Verschleißes fort, im Produktionsprozeß zu fungieren; es braucht daher nur in kürzern oder längern Intervallen, jedenfalls nicht so oft wie das flüssige Kapital, in natura ersetzt zu werden. Diese Ersatznotwendigkeit, der Reproduktionstermin, ist nicht nur quantitativ verschieden für die verschiednen Bestandteile des fixen Kapitals, sondern, wie wir gesehn haben, ein Teil des länger dauernden, vieljährigen fixen Kapitals kann jährlich oder in kürzern Intervallen ersetzt und dem alten fixen Kapital in natura hinzugefügt werden; bei fixem Kapital andrer Beschaffenheit kann der Ersatz nur nach Ende seiner Lebenszeit auf einmal stattfinden.

Es ist daher nötig, die Sonderumschläge der verschiednen Teile des fixen Kapitals auf gleichartige Form des Umschlags zu reduzieren, so daß sie nur noch quantitativ, der Umschlagsdauer nach, verschieden sind.

Diese qualitative Dieselbigkeit findet nicht statt, wenn wir P ... P – die Form des kontinuierlichen Produktionsprozesses – zum Ausgangspunkt nehmen. Denn bestimmte Elemente von P müssen beständig in natura ersetzt werden, andre nicht. Wohl aber gibt die Form G ... G' diese Dieselbigkeit des Umschlags. Nehmen wir z. B. eine Maschine zum Wert von 10 000 Pfd.St., die zehn Jahre dauert, wovon sich also jährlich $^1/_{10}$ = 1000 Pfd.St. in Geld rückverwandelt. Diese 1000 Pfd.St. haben sich im Lauf eines Jahres aus Geldkapital in produktives Kapital und Warenkapital und aus diesem in Geldkapital rückverwandelt. Sie sind zu ihrer ursprünglichen Geldform zurückgekehrt, wie das flüssige Kapital, wenn wir es unter dieser Form betrachten, und es ist dabei gleichgültig, ob das Geldkapital von 1000 Pfd.St. wieder am Ende des Jahres in die Naturalform einer Maschine rückverwandelt wird oder nicht. Bei der Berechnung des Gesamtumschlags des vorgeschoßnen produktiven Kapitals fixieren wir daher alle seine Elemente in der Geldform, so daß die Rückkehr zur Geldform den Umschlag schließt. Wir betrachten den Wert immer als in Geld vorgeschossen, selbst beim kontinuierlichen Produktionsprozeß, wo diese Geldform des Werts nur die des Rechengelds ist. So können wir dann den Durchschnitt ziehn.

3. Es folgt, daß selbst wenn der bei weitem größre Teil des vorgeschoßnen produktiven Kapitals aus fixem Kapital besteht, dessen Reproduktions-, also auch Umschlagszeit, einen vieljährigen Zyklus umfaßt, dennoch der während des Jahres umgeschlagene Kapitalwert infolge der wiederholten Umschläge des flüssigen Kapitals während des Jahres größer sein kann als der Gesamtwert des vorgeschoßnen Kapitals.

Das fixe Kapital sei = 80 000 Pfd.St., seine Reproduktionszeit = 10 Jahre, so daß 8000 Pfd.St. davon jährlich zu ihrer Geldform zurückkehren oder es $^1/_{10}$ seines Umschlags vollzieht. Das flüssige Kapital sei = 20 000 Pfd.St. und schlage fünfmal im Jahre um. Das Gesamtkapital ist dann = 100 000 Pfd.St. Das umgeschlagne fixe Kapital ist = 8000 Pfd.St.; das umgeschlagne flüssige Kapital = 5 × 20 000 = 100 000 Pfd.St. Also ist das während des Jahres umgeschlagne Kapital = 108 000 Pfd.St., größer um 8000 Pfd.St. als das vorgeschoßne Kapital. 1 + $^2/_{25}$ des Kapitals hat umgeschlagen.

4. Der *Wertumschlag* des vorgeschoßnen Kapitals trennt sich also von seiner wirklichen Reproduktionszeit oder der realen Umschlagszeit seiner Bestandteile. Ein Kapital von 4000 Pfd.St. schlage z. B. fünfmal im Jahre um. Das umgeschlagne Kapital ist dann 5 × 4000 = 20 000 Pfd.St. Was aber am Ende jedes Umschlags zurückkehrt, um wieder von neuem vorgeschossen zu werden, ist das ursprünglich vorgeschoßne Kapital von 4000 Pfd.St. Seine Größe wird nicht verändert durch die Anzahl der Umschlagsperioden, während deren es von neuem als Kapital fungiert. (Abgesehn vom Mehrwert.)

In dem Beispiel sub 3 also ist nach der Voraussetzung am Ende des Jahres in die Hand des Kapitalisten zurückgekehrt a) eine Wertsumme von 20 000 Pfd.St., die er von neuem in den flüssigen Bestandteilen* des Kapitals auslegt, und b) eine Summe von 8000 Pfd.St., die sich durch den Verschleiß vom Wert des vorgeschoßnen fixen Kapitals losgelöst hat; daneben existiert nach wie vor dasselbe fixe Kapital im Produktionsprozeß fort, aber mit dem verminderten Wert von 72 000 Pfd.St. statt 80 000 Pfd.St. Es bedürfte also noch neunjähriger Fortsetzung des Produktionsprozesses, bis das vorgeschoßne fixe Kapital sich ausgelebt und sowohl als Produktbildner wie Wertbildner ausfungiert hat und ersetzt werden muß. Der vorgeschoßne Kapitalwert hat also einen Zyklus von Umschlägen zu beschreiben, im gegebnen Fall z. B. einen Zyklus von zehn jährlichen Umschlägen – und zwar ist dieser Zyklus bestimmt durch die Lebenszeit, daher die Reproduktionszeit oder Umschlagszeit des angewandten fixen Kapitals.

* [1. Auflage: Bestandteil]

In demselben Maße also, worin sich mit der Entwicklung der kapitalistischen Produktionsweise der Wertumfang und die Lebensdauer des angewandten fixen Kapitals entwickelt, entwickelt sich das Leben der Industrie und des industriellen Kapitals in jeder besondren Anlage zu einem vieljährigen, sage im Durchschnitt zehnjährigen. Wenn einerseits die Entwicklung des fixen Kapitals dieses Leben ausdehnt, so wird es andrerseits abgekürzt durch die beständige Umwälzung der Produktionsmittel, die ebenfalls mit der Entwicklung der kapitalistischen Produktionsweise beständig zunimmt. Mit ihr daher auch der Wechsel der Produktionsmittel und die Notwendigkeit ihres beständigen Ersatzes infolge des moralischen Verschleißes, lange bevor sie physisch ausgelebt sind. Man kann annehmen, daß für die entscheidendsten Zweige der großen Industrie dieser Lebenszyklus jetzt im Durchschnitt ein zehnjähriger ist. Doch kommt es hier nicht auf die bestimmte Zahl an. Soviel ergibt sich: Durch diesen eine Reihe von Jahren umfassenden Zyklus von zusammenhängenden Umschlägen, in welchen das Kapital durch seinen fixen Bestandteil gebannt ist, ergibt sich eine materielle Grundlage der periodischen Krisen, worin das Geschäft aufeinanderfolgende Perioden der Abspannung, mittleren Lebendigkeit, Überstürzung, Krise durchmacht. Es sind zwar die Perioden, worin Kapital angelegt wird, sehr verschiedne und auseinanderfallende. Indessen bildet die Krise immer den Ausgangspunkt einer großen Neuanlage. Also auch – die ganze Gesellschaft betrachtet – mehr oder minder eine neue materielle Grundlage für den nächsten Umschlagszyklus.[22][a]

5. Über die Berechnungsweise des Umschlags lassen wir einen amerikanischen Ökonomen sprechen.

»In einigen Geschäftszweigen wird das ganze vorgeschoßne Kapital mehrere Mal innerhalb eines Jahres umgeschlagen oder zirkuliert; in einigen andren schlägt ein Teil mehr als einmal im Jahr um, ein andrer Teil nicht so häufig. Es ist die Durchschnittsperiode, die sein ganzes Kapital gebraucht, um durch seine Hand zu passieren oder um einmal umzuschlagen, wonach ein Kapitalist seinen Profit berechnen muß. Angenommen, jemand habe in einem bestimmten Geschäft die Hälfte seines Kapitals in Gebäuden und Maschinerie angelegt, welche einmal in zehn Jahren erneuert werden; ein Viertel in Werkzeugen etc., die in zwei Jahren erneuert werden; das letzte Viertel, ausgelegt in Arbeitslöhnen und Rohstoffen, wäre zweimal im Jahre

---

[22][a] »Die städtische Produktion ist an den Turnus der Tage gebunden, die ländliche hingegen an den Turnus der Jahre.« (Adam H. Müller, »Die Elemente der Staatskunst«, Berlin 1809, III., S. 178.) Dies ist die naive Vorstellung der Romantik von Industrie und Agrikultur.

umgeschlagen. Sein ganzes Kapital sei 50 000 Dollars. Dann wird seine Jahresauslage sein:

$$\frac{50\,000}{2} = 25\,000 \text{ Doll. in 10 Jahren} = 2\,500 \text{ Doll. in 1 Jahr}$$

$$\frac{50\,000}{4} = 12\,500 \text{ „ „ 2 „} = 6\,250 \text{ „ „ 1 „}$$

$$\frac{50\,000}{4} = 12\,500 \text{ „ „ } ^1/_2 \text{ „} = 25\,000 \text{ „ „ 1 „}$$

$$\text{in 1 Jahr} = 33\,750 \text{ Doll.}$$

Die Durchschnittszeit also, in der sein ganzes Kapital einmal umgeschlagen wird, ist 16 Monate ... Nehmen wir einen andern Fall: Ein Viertel des Gesamtkapitals von 50 000 Doll. zirkuliert in 10 Jahren; ein Viertel in 1 Jahr; die übrige Hälfte zweimal in 1 Jahr. Dann wird die jährliche Auslage sein:

$$\frac{12\,500}{10} = 1\,250 \text{ Doll.}$$

$$12\,500 = 12\,500 \text{ „}$$

$$25\,000 \times 2 = 50\,000 \text{ „}$$

$$\text{In 1 Jahr umgeschlagen} = 63\,750 \text{ Doll.«}$$

(Scrope, »Pol. Econ.«, edit. Alonzo Potter, New York 1841, p. 142, 143.)

6. Wirkliche und scheinbare Verschiedenheiten im Umschlag der verschiednen Teile des Kapitals. – Derselbe Scrope sagt an derselben Stelle [p. 141]: »Das Kapital, das ein Fabrikant, Landwirt oder Kaufmann in der Zahlung von Arbeitslöhnen auslegt, zirkuliert am schnellsten, da es vielleicht einmal in der Woche, wenn seine Leute wöchentlich bezahlt werden, durch die wöchentlichen Einkünfte aus seinen Verkäufen oder bezahlten Fakturen umgeschlagen wird. Das in Rohstoffen oder fertigen Vorräten ausgelegte zirkuliert weniger rasch; es mag zweimal oder viermal im Jahr umschlagen, je nach der Zeit, die zwischen dem Einkauf der einen und dem Verkauf der andern verbraucht wird, vorausgesetzt, daß er auf gleiche Kreditfrist kauft und verkauft. Das in Werkzeugen und Maschinen steckende Kapital zirkuliert noch langsamer, da es im Durchschnitt vielleicht nur einmal in fünf oder zehn Jahren umgeschlagen, d. h. konsumiert und erneuert wird; obwohl manche Werkzeuge schon in einer einzigen Reihe von Operationen aufgebraucht werden. Das in Gebäuden, z. B. Fabriken, Läden, Lagerhäusern, Scheunen, in Straßen, Bewässerungsanlagen etc. ausgelegte Kapital scheint überhaupt kaum zu zirkulieren. In der Tat aber werden auch diese

Anlagen vollständig ebensosehr wie die früher erwähnten aufgebraucht, während sie zur Produktion beitragen, und müssen reproduziert werden, damit der Produzent seine Operationen fortführen kann. Nur mit dem Unterschied, daß sie langsamer konsumiert und reproduziert werden als die übrigen ... Das in ihnen angelegte Kapital schlägt vielleicht erst in 20 oder 50 Jahren um.«

Scrope verwechselt hier den durch Zahlungstermine und Kreditverhältnisse für den individuellen Kapitalisten bewirkten Unterschied im Fluß bestimmter Teile des flüssigen Kapitals mit den aus der Natur des Kapitals hervorgehenden Umschlägen. Er sagt, der Arbeitslohn muß wöchentlich gezahlt werden durch die wöchentlichen Einkünfte aus den bezahlten Verkäufen oder Fakturen. Erstens ist hier zu bemerken, daß mit Bezug auf den Arbeitslohn selbst Unterschiede eintreten, je nach der Länge des Zahlungstermins, d. h. der Länge der Zeit, wofür der Arbeiter dem Kapitalisten Kredit zu geben hat; also je nachdem der Zahlungstermin des Lohns wöchentlich, monatlich, dreimonatlich, halbjährlich usw. Es gilt hier das früher entwikkelte Gesetz: »Die notwendige Masse des Zahlungsmittels (also des auf einen Schlag vorzuschießenden Geldkapitals) steht in geradem* Verhältnis zur Länge der Zahlungsperioden.« (Buch I, Kap. III, 3, b, Seite 124**.)

Zweitens: In das wöchentliche Produkt geht die Gesamtheit nicht nur des in seiner Produktion durch die Wochenarbeit zugesetzten Neuwerts ein, sondern ebenso der Wert der im Wochenprodukt aufgezehrten Roh- und Hilfsstoffe. Mit dem Produkt zirkuliert dieser in ihm enthaltne Wert. Durch den Verkauf dieses Produkts erhält er die Geldform und muß von neuem in dieselben Produktionselemente umgesetzt werden. Es gilt dies ebensowohl von der Arbeitskraft wie von Roh- und Hilfsstoffen. Aber man hat bereits gesehn (Kap. VI, II., 1.), daß die Kontinuität der Produktion einen Vorrat von Produktionsmitteln erheischt, verschieden für verschiedne Geschäftszweige, und im selben Geschäftszweig wieder verschieden für verschiedne Bestandteile dieses Elements des flüssigen Kapitals, z. B. für Kohle und Baumwolle. Obgleich daher diese Stoffe beständig in natura ersetzt werden müssen, brauchen sie nicht beständig neu gekauft zu werden. Wie oft sich der Kauf erneuert, hängt von der Größe des angelegten Vorrats ab, wie lange er vorhält, bis er erschöpft ist. Bei der Arbeitskraft findet solches Einlegen von Vorrat nicht statt. Die Rückverwandlung in Geld geht für den in Arbeit ausgelegten Kapitalteil Hand in Hand mit der des in Hilfs- und Rohstoff ausgelegten. Aber die Rückverwandlung des Geldes, einerseits in

---

* [1. und 2. Auflage: umgekehrten]

** [Siehe »Kapital«, Bd. 1, a. a. O., S. 114.]

Arbeitskraft, andrerseits in Rohstoffe, geht getrennt vor sich wegen der besondren Kauf- und Zahlungstermine dieser beiden Bestandteile, von denen der eine als produktiver Vorrat in längern Terminen gekauft wird, der andre, die Arbeitskraft, in kürzern, z. B. wöchentlich. Andrerseits muß der Kapitalist neben dem Produktionsvorrat einen Vorrat fertiger Waren halten. Abgesehn von Verkaufsschwierigkeiten etc. ist z. B. eine bestimmte Masse auf Bestellung zu produzieren. Während der letzte Teil derselben produziert wird, wartet der schon fertige auf dem Speicher bis zur Zeit, wo die Bestellung ganz ausgeführt werden kann. Andre Unterschiede im Umschlag des flüssigen Kapitals entstehn, sobald einzelne Elemente desselben länger als andre in einem vorläufigen Stadium des Produktionsprozesses (Austrocknung von Holz usw.) verharren müssen.
Das Kreditwesen, auf das Scrope hier Bezug nimmt, wie das Handelskapital, modifiziert den Umschlag für den einzelnen Kapitalisten. Auf gesellschaftlicher Stufenleiter modifiziert es ihn nur, soweit es nicht nur die Produktion, sondern auch die Konsumtion beschleunigt.

Zehntes Kapitel: THEORIEN ÜBER FIXES UND ZIRKULIERENDES KAPITAL. DIE PHYSIOKRATEN UND ADAM SMITH

Bei Quesnay erscheint der Unterschied von fixem und zirkulierendem Kapital als avances primitives und avances annuelles. Er stellt diesen Unterschied richtig dar als Unterschied innerhalb des produktiven, dem unmittelbaren Produktionsprozeß einverleibten Kapitals. Da ihm das in der Agrikultur angewandte Kapital, also das Kapital des Pächters, als das einzig wirklich produktive gilt, so ergeben sich diese Unterschiede auch nur für das Kapital des Pächters. Hieraus ergibt sich auch die jährliche Umschlagszeit des einen Teils des Kapitals und die mehr als jährliche (zehnjährige) des andern. Beiläufig übertragen die Physiokraten im Lauf der Entwicklung diese Unterschiede auch auf andre Sorten Kapital, auf das industrielle Kapital überhaupt. Für die Gesellschaft bleibt der Unterschied zwischen jährlichen und mehrjährigen Vorschüssen so wichtig, daß viele Ökonomen selbst nach A. Smith, zu dieser Bestimmung zurückkehren.
Der Unterschied zwischen beiden Arten von Vorschüssen entsteht erst, sobald vorgeschoßnes Geld in die Elemente des produktiven Kapitals verwandelt ist. Es ist ein Unterschied einzig und allein innerhalb des produktiven Kapitals. Es fällt Quesnay daher nicht ein, das Geld, sei es zu den ursprüng-

lichen, sei es zu den jährlichen Vorschüssen zu rechnen. Als Vorschüsse der Produktion – d. h. als produktives Kapital – stehn sie beide sowohl dem Geld wie den auf dem Markt befindlichen Waren gegenüber. Ferner reduziert sich der Unterschied dieser beiden Elemente des produktiven Kapitals bei Quesnay richtig auf die verschiedne Weise, worin sie in den Wert des fertigen Produkts eingehn, daher auf die verschiedne Weise, worin ihr Wert mit dem Produktenwert zirkuliert wird, und daher die verschiedne Weise ihres Ersatzes oder ihrer Reproduktion, indem der Wert des einen jährlich ganz, der des andren in längern Perioden stückweis ersetzt wird.[23]

Der einzige Fortschritt, den A. Smith macht, ist die Verallgemeinerung der Kategorien. Sie bezieht sich bei ihm nicht mehr auf seine spezielle Form des Kapitals, das Pächterkapital, sondern auf jede Form des produktiven Kapitals. Es folgt daher von selbst, daß an die Stelle des der Agrikultur entnommenen Unterschieds zwischen jährlichem und mehrjährigem Umschlag, der allgemeine Unterschied verschiedenzeitigen Umschlags tritt, so daß ein Umschlag des fixen Kapitals stets mehr als einen Umschlag des zirkulierenden Kapitals umfaßt, welches immer die Zeitdauer dieser Umschläge des zirkulierenden Kapitals sei, jährlich, mehr als jährlich oder weniger als jährlich. So verwandeln sich bei Smith die avances annuelles in zirkulierendes und die avances primitives in fixes Kapital. Auf diese Verallgemeinerung der Kategorien beschränkt sich aber sein Fortschritt. Die Ausführung fällt weit hinter Quesnay zurück.

Gleich die roh empirische Art, wie Smith die Untersuchung eröffnet, leitet die Unklarheit ein: »There are two different ways in which a capital may be employed so as to yield a revenue or profit to its employer.« (»Wealth of Nations«, Book II, chap. I, p. 185. Edit. Aberdeen 1848.)

[23] Vgl. für Quesnay die »Analyse du Tableau Économique« (»Physiocrates«, éd. Daire, I. Partie, Paris 1846). Es heißt dort z. B.: »Les avances annuelles consistent dans les dépenses qui se font annuellement pour le travail de la culture; ces avances doivent être distinguées des avances primitives, qui forment le fonds de l'établissement de la culture.« (p. 59.) – Bei den jüngren Physiokraten werden die avances schon mehrfach direkt als capital bezeichnet: »Capital ou avances«. Dupont de Nemours, »Maximes du Docteur Quesnay, ou résumé de ses principes d'économie sociale«* (Daire, I, p. 391.); ferner Le Trosne: »Au moyen de la durée plus ou moins grande des ouvrages de main-d'œuvre, une nation possède un fonds considérable de richesses, indépendant de sa réproduction annuelle, qui forme un *capital* accumulé de longue main, et originairement payé avec des productions, qui s'entretient et s'augmente toujours.« (Daire, II, p. 928, 929.) – Turgot braucht das Wort capital schon regelmäßiger für avances, und identifiziert noch mehr die avances der manufacturiers mit denen der Pächter. (Turgot, »Réflexions sur la Formation et la Distribution des Richesses«, 1766.)

* [1. und 2. Auflage: »Origine & Progrès d'une science nouvelle«, 1767]

Die Arten, worin Wert angelegt werden kann, um als Kapital zu fungieren, um seinem Eigner einen Mehrwert abzuwerfen, sind ebenso verschieden, ebenso mannigfach wie die Anlagesphären des Kapitals. Es ist eine Frage nach den verschiednen Produktionszweigen, worin Kapital angelegt werden kann. Die Frage, so formuliert, geht noch weiter. Sie schließt die Frage ein, wie Wert, auch wenn er nicht als produktives Kapital angelegt wird, als Kapital für seinen Eigner fungieren kann, z. B. als zinstragendes Kapital, Kaufmannskapital usw. Hier sind wir also schon himmelweit entfernt von dem wirklichen Gegenstand der Analyse, nämlich von der Frage: wie die Teilung des *produktiven* Kapitals in seine verschiednen Elemente, abgesehn von ihrer verschiednen Anlagesphäre, auf ihren Umschlag wirkt. A. Smith fährt dann gleich fort: »First, it may be employed in raising, manufacturing, or purchasing goods, and selling them again with a profit.«

A. Smith sagt uns hier nichts, als daß Kapital angewandt werden kann in der Agrikultur, der Manufaktur und dem Handel. Er spricht also nur von den verschiednen Anlagesphären des Kapitals und auch von solchen, worin, wie im Handel, das Kapital nicht dem unmittelbaren Produktionsprozeß einverleibt ist, also nicht als produktives Kapital fungiert. Damit verläßt er schon die Grundlage, worauf die Physiokraten die Unterschiede des produktiven Kapitals und ihren Einfluß auf den Umschlag darstellen. Ja, er nimmt sofort auch das Kaufmannskapital als Beispiel in einer Frage, wo es sich ausschließlich um Differenzen des *produktiven* Kapitals im Produkt- und Wertbildungsprozeß handelt, die selbst wieder Differenzen in seinem Umschlag und seiner Reproduktion erzeugen.

Er fährt fort: »The capital employed in this manner yields no revenue or profit to its employer while it either remains in his possession or continues in the same shape.« – The capital employed in this manner! Aber Smith spricht von Kapital, das in der Agrikultur, in der Industrie angelegt ist, und er sagt uns später, daß das so angelegte Kapital in fixes und zirkulierendes zerfällt! Die Anlage des Kapitals in dieser Art kann also das Kapital weder zu fixem noch zu zirkulierendem machen.

Oder meinte er, daß Kapital, angewandt, um Waren zu produzieren und diese Waren mit einem Profit zu verkaufen, nach seiner Verwandlung in Waren verkauft werden und durch den Verkauf erstens aus dem Besitz des Verkäufers in den des Käufers übergehn, zweitens aus seiner Naturalform als Ware in seine Geldform sich umsetzen muß, und daher dem Besitzer unnütz ist, solange es entweder in seinem Besitz oder – für ihn – in derselben Form bleibt? Aber dann kommt die Sache darauf hinaus: Derselbe Kapitalwert, der früher in der Form des produktiven Kapitals fungierte, in einer dem Produktionsprozeß angehörigen Form, fungiert jetzt als

Warenkapital und Geldkapital, in seinen dem Zirkulationsprozeß angehörigen Formen, ist also weder fixes noch flüssiges Kapital mehr. Und es gilt dies ebensowohl für die Wertelemente, welche durch Roh- und Hilfsstoffe, also durch flüssiges, wie für diejenigen, welche durch den Verbrauch der Arbeitsmittel, also durch fixes Kapital, zugefügt werden. Wir kommen auch so dem Unterschied von fixem und flüssigem Kapital keinen Schritt näher.
Weiter: »The goods of the merchant yield him no revenue or profit till he sells them for money, and the money yields him as little till it is again exchanged for goods. His capital is continually going from him in one shape, and returning to him in another, and it is only by means of such circulation, or successive exchanges, that it can yield him any profit. Such capitals, therefore, may very properly be called circulating capitals.«
Was A. Smith hier als zirkulierendes Kapital bestimmt, ist das, was ich *Zirkulationskapital* nennen will, Kapital, in der dem Zirkulationsprozeß, dem Formwechsel vermittelst des Austausches (Stoffwechsel und Händewechsel) angehörigen Form, also Warenkapital und Geldkapital, im Gegensatz zu seiner dem Produktionsprozeß angehörigen Form, der des produktiven Kapitals. Es sind dies keine besondren Arten, worin der industrielle Kapitalist sein Kapital teilt, sondern es sind verschiedne Formen, die derselbe vorgeschoßne Kapitalwert in seinem curriculum vitae nacheinander stets von neuem annimmt und abstreift. Dies wirft A. Smith – und das ist ein großer Rückschritt gegen die Physiokraten – zusammen mit den Formunterschieden, die innerhalb der Zirkulation des Kapitalwerts, in seinem Kreislauf durch seine sukzessiven Formen, entspringen während der Kapitalwert sich in der Form des *produktiven* Kapitals befindet; und zwar entspringen aus der verschiednen Weise, worin die verschiednen Elemente des produktiven Kapitals am Wertbildungsprozeß sich beteiligen und ihren Wert auf das Produkt übertragen. Wir werden die Folgen dieser Grundverwechslung zwischen dem produktiven und dem in der Zirkulationssphäre befindlichen Kapital (Warenkapital und Geldkapital) einerseits, und zwischen fixem und flüssigem Kapital andrerseits, weiter unten sehn. Der in fixem Kapital vorgeschoßne Kapitalwert wird ebensowohl durch das Produkt zirkuliert, wie der im flüssigen Kapital vorgeschoßne, und er verwandelt sich durch die Zirkulation des Warenkapitals ebensosehr in Geldkapital wie der andre. Der Unterschied entspringt nur daraus, daß sein Wert bruchweis zirkuliert und daher auch bruchweis, in kürzern oder längern Perioden ersetzt, in Naturalform reproduziert werden muß.
Daß A. Smith hier unter zirkulierendem Kapital nichts versteht als Zirkulationskapital, d. h. den Kapitalwert in seinen dem Zirkulationsprozeß angehörigen Formen (Warenkapital und Geldkapital), beweist das von ihm

mit besondrem Ungeschick gewählte Beispiel. Er nimmt als Beispiel eine Kapitalart, die gar nicht dem Produktionsprozeß angehört, sondern nur in der Zirkulationssphäre haust, nur aus Zirkulationskapital besteht, das Kaufmannskapital.

Wie abgeschmackt es ist, mit einem Beispiel zu beginnen, worin das Kapital überhaupt nicht als produktives Kapital figuriert, sagt er selbst gleich darauf: »The capital of a merchant is altogether a circulating capital.« Aber der Unterschied zwischen zirkulierendem und fixem Kapital soll ja, wie uns später gesagt wird, ein aus wesentlichen Unterschieden innerhalb des produktiven Kapitals selbst entspringender sein. Einerseits hat A. Smith den physiokratischen Unterschied im Kopf, andrerseits die Formunterschiede, die der Kapitalwert in seinem Kreislauf durchmacht. Und beides geht bunt durcheinander.

Wie aber ein Profit entstehn soll durch den Formwechsel von Geld und Ware, durch bloße Verwandlung des Werts aus einer dieser Formen in die andre, ist absolut nicht abzusehn. Auch wird die Erklärung absolut unmöglich, weil er hier beginnt mit dem Kaufmannskapital, das sich nur in der Zirkulationssphäre bewegt. Wir kommen hierauf zurück; hören wir zunächst, was er über das fixe Kapital sagt:

»Secondly, it« (capital) »may be employed in the improvement of land, in the purchase of useful machines and instruments of trade, or in such like things as yield a revenue or profit without changing masters, or circulating any further. Such capitals, therefore, may very properly be called fixed capitals. Different occupations require very different proportions between the fixed and circulating capitals employed in them ... Some part of the capital of every master artificer or manufacturer must be fixed in the instruments of his trade. This part, however, is very small in some, and very great in others ... The far greater part of the capital of all such master artificers« (wie Schneider, Schuster, Weber) »however is circulated, either in the wages of their workmen, or in the price of their materials, and to be repaid with a profit by the price of the work.«

Abgesehn von der kindlichen Bestimmung über die Quelle des Profits tritt das Schwache und Konfuse gleich darin hervor: Für einen Maschinenfabrikanten z. B. ist die Maschine Produkt, die als Warenkapital zirkuliert, also in A. Smiths Worten: »is parted with, changes masters, circulates further.« Die Maschine wäre also nach seiner eignen Bestimmung kein fixes, sondern zirkulierendes Kapital. Diese Konfusion entspringt wieder daraus, daß Smith den aus der verschiedenartigen Zirkulation der verschiednen Elemente des produktiven Kapitals entspringenden Unterschied von fixem und flüssigem Kapital verwechselt mit Formunterschieden, die dasselbe Kapital durchläuft, soweit es innerhalb des Produktionsprozesses als *produktives* Kapital fungiert, dagegen innerhalb der Zirkulationssphäre als Zirkulationskapital, d. h. als Warenkapital oder als Geldkapital. Je nach der Stelle, die sie im Lebensprozeß des Kapitals einnehmen, können dieselben Dinge daher bei A. Smith als fixes Kapital fungieren (als Arbeitsmittel, Elemente des produktiven Kapitals), und als »zirkulierendes« Kapital, Warenkapital (als Produkt, das aus der Produktionssphäre in die Zirkulationssphäre abgestoßen wird).

Aber A. Smith wechselt auf einmal den ganzen Einteilungsgrund und widerspricht dem, womit er ein paar Zeilen vorher die ganze Untersuchung eröffnet hatte. Es geschieht dies namentlich mit dem Satz: »There are two different ways in which a capital may be employed so as to yield a revenue or a profit to its employer«, nämlich als zirkulierendes oder als fixes Kapital. Danach waren dies also verschiedne Anwendungsweisen verschiedner voneinander unabhängiger Kapitale, wie Kapitale entweder z. B. in der Industrie oder in der Agrikultur angewandt werden können. – Jetzt aber heißt es: »Different occupations require very different proportions between the fixed and circulating capitals employed in them.« Fixes und zirkulierendes Kapital sind jetzt nicht mehr verschiedne, selbständige Kapitalanlagen, sondern verschiedne Portionen desselben produktiven Kapitals, die in verschiednen Anlagesphären verschiednen Anteil vom Gesamtwert dieses Kapitals bilden. Es sind also Unterschiede, die aus der sachgemäßen Teilung des *produktiven* Kapitals selbst entspringen, und die daher nur mit Bezug auf dieses gelten. Dem widerspricht aber wieder, daß das Handelskapital als bloß zirkulierendes Kapital dem fixen Kapital gegenübergestellt wird, denn Smith selbst sagt: »Das Kapital eines Kaufmanns ist ganz und gar zirkulierendes Kapital.« Es ist in der Tat ein nur innerhalb der Zirkulationssphäre fungierendes Kapital und steht als solches dem produktiven Kapital, dem dem Produktionsprozeß einverleibten Kapital überhaupt gegenüber, kann aber ebendeshalb nicht als flüssiger (zirkulierender) Bestandteil des produktiven Kapitals dem fixen Bestandteil des produktiven Kapitals gegenüberstehn.

Bei den Beispielen, die Smith gibt, bestimmt er als fixes Kapital die instruments of trade, als zirkulierendes Kapital den Kapitalanteil, ausgelegt in Arbeitslöhnen und Rohstoffen, Hilfsstoffe eingerechnet (repaid with a profit by the price of the work).

Also zunächst wird nur ausgegangen von den verschiednen Bestandteilen des Arbeitsprozesses, Arbeitskraft (Arbeit) und Rohstoffen auf der einen Seite, Arbeitsinstrumenten auf der andern. Diese aber sind Kapitalbestandteile, weil eine Wertsumme, die als Kapital fungieren soll, in ihnen ausgelegt ist. Sofern sind sie die stofflichen Elemente, Daseinsweisen des *produk-*

tiven, d. h. des im Produktionsprozeß fungierenden Kapitals. Warum heißt nun der eine Teil fix? Weil »some parts of the capital must be fixed in the instruments of trade.« Aber der andre Teil ist auch fixiert in Arbeitslohn und Rohstoffen. Maschinen indessen und »instruments of trade ... such like things ... yield a revenue or profit without changing masters, or circulating any further. Such capitals, therefore, may very properly be called fixed capitals«.

Nehmen wir z. B. den Bergbau. Rohmaterial wird hier gar nicht verwandt, indem der Arbeitsgegenstand, z. B. das Kupfer, ein Naturprodukt ist, das durch die Arbeit erst angeeignet werden soll. Das erst anzueignende Kupfer, das Produkt des Prozesses, das später als Ware, resp. Warenkapital, zirkuliert, bildet kein Element des produktiven Kapitals. Kein Teil seines Werts ist darin ausgelegt. Andrerseits die andren Elemente des Produktionsprozesses, Arbeitskraft und Hilfsstoffe, wie Kohle, Wasser usw., gehn ebensowenig stofflich in das Produkt ein, ganz wie ein Wertteil der Maschine etc. in das Produkt eingeht. Endlich bleibt der Arbeiter ebenso selbständig dem Produkt, dem Kupfer, gegenüber stehn, wie die Maschine. Nur der Wert, den er durch seine Arbeit produziert, ist jetzt Bestandteil des Kupferwerts. Also in diesem Beispiel wechselt kein einziger Bestandteil des produktiven Kapitals die Hände (masters), oder wird keiner derselben weiter zirkuliert, weil keiner derselben stofflich in das Produkt eingeht. Wo bleibt hier also das zirkulierende Kapital? Nach A. Smiths eigner Definition bestände das ganze in einem Kupferbergwerke zur Verwendung kommende Kapital nur aus fixem Kapital.

Nehmen wir dagegen eine andre Industrie, die Rohstoffe anwendet, welche die Substanz des Produkts bilden, ferner Hilfsstoffe, die leiblich, nicht nur dem Wert nach, wie etwa Heizkohle, in das Produkt eingehn. Mit dem Produkt, dem Garn z. B., wechselt auch der Rohstoff, die Baumwolle, woraus es besteht, die Hände und geht aus dem Produktionsprozeß in den Konsumtionsprozeß ein. Aber solange die Baumwolle als Element des produktiven Kapitals fungiert, verkauft der Eigner sie nicht, sondern bearbeitet sie, läßt Garn aus ihr machen. Er gibt sie nicht aus der Hand. Oder, um Smiths grobfalsch-trivialen Ausdruck zu brauchen, er macht keinen Profit by parting with it, by its changing masters, or by circulating it. Er läßt seine Materialien ebensowenig zirkulieren wie seine Maschinen. Sie sind fixiert im Produktionsprozeß, ganz so gut wie die Spinnmaschinen und Fabrikgebäude. Ja, es muß ebenso beständig ein Teil des produktiven Kapitals in der Form von Kohle, Baumwolle etc. fixiert sein, wie in der von Arbeitsmitteln. Der Unterschied ist nur der, daß die zur z. B. wöchentlichen Produktion von Garn nötige Baumwolle, Kohle etc. beständig in der Produktion des Wochenprodukts ganz konsumiert wird, daher durch neue Exemplare von Baumwolle, Kohle etc. ersetzt werden muß; also diese Elemente des produktiven Kapitals, obgleich sie der Art nach identisch bleiben, beständig aus neuen Exemplaren derselben Art bestehn, während dieselbe individuelle Spinnmaschine, dasselbe individuelle Fabrikgebäude fortfährt, ohne Ersatz durch ein neues Exemplar seiner Art, zu einer ganzen Reihe von Wochenproduktionen mitzuwirken. Als Elemente des produktiven Kapitals sind alle seine Bestandteile beständig im Produktionsprozeß fixiert, denn er kann nicht ohne sie vorgehn. Und alle Elemente des produktiven Kapitals, fixe wie flüssige, stehn gleichmäßig als produktives Kapital dem Zirkulationskapital, d. h. dem Warenkapital und Geldkapital gegenüber.

Ebenso verhält es sich mit der Arbeitskraft. Ein Teil des produktiven Kapitals muß beständig in ihr fixiert sein, und es sind dieselben identischen Arbeitskräfte, wie dieselben Maschinen, die überall auf längre Zeit von demselben Kapitalisten verwandt werden. Der Unterschied zwischen ihnen und den Maschinen besteht hier nicht darin, daß die Maschine ein für allemal gekauft ist (was auch nicht der Fall, wenn sie z. B. in Terminen abbezahlt wird), der Arbeiter nicht – sondern darin, daß die Arbeit, die dieser verausgabt, ganz in den Wert des Produkts eingeht, dagegen der Wert der Maschine nur bruchweis.

Smith verwechselt verschiedne Bestimmungen, wenn er vom zirkulierenden Kapital sagt im Gegensatz zum fixen: »The capital employed in this manner yields no revenue or profit to its employer, while it either remains in his possession or continues in the same shape.« Er stellt die nur formelle Metamorphose der Ware, die das Produkt, das Warenkapital, in der Zirkulationssphäre durchläuft und die den Händewechsel der Waren vermittelt, auf gleiche Stufe mit der körperlichen Metamorphose, welche die verschiednen Elemente des produktiven Kapitals während des Produktionsprozesses durchlaufen. Verwandlung von Ware in Geld und von Geld in Ware, Kauf und Verkauf, wirft er hier ohne weitres zusammen mit Verwandlung von Produktionselementen in Produkt. Sein Beispiel für das zirkulierende Kapital ist das Kaufmannskapital, das sich aus Ware in Geld, aus Geld in Ware verwandelt – der der Warenzirkulation angehörige Formwechsel W – G – W. Dieser Formwechsel innerhalb der Zirkulation hat aber für das fungierende industrielle Kapital die Bedeutung, daß die Waren, worin das Geld rückverwandelt wird, Produktionselemente (Arbeitsmittel und Arbeitskraft) sind, daß er also die Kontinuität seiner Funktion vermittelt, den Produktionsprozeß als kontinuierlichen oder als Reproduktionsprozeß. Dieser ganze Formwechsel geht in der *Zirkulation* vor; er ist es, der den wirklichen Übergang der Waren aus einer Hand in die andre vermittelt. Dagegen die

Metamorphosen, die das produktive Kapital innerhalb seines Produktionsprozesses durchläuft, sind dem *Arbeitsprozeß* angehörige Metamorphosen, notwendig, um die Produktionselemente in das bezweckte Produkt zu verwandeln. A. Smith hält sich daran, daß ein Teil der Produktionsmittel (die eigentlichen Arbeitsmittel) im Arbeitsprozeß dient (was er fälschlich ausdrückt: yield a profit to their master), indem er seine Naturalform nicht verändert, sich nur allmählich abnutzt; während ein andrer Teil, die Materialien, sich verändert, und gerade durch seine Veränderung seine Bestimmung als Produktionsmittel erfüllt. Dies verschiedne Verhalten der Elemente des produktiven Kapitals im Arbeitsprozeß bildet aber nur den Ausgangspunkt des Unterschieds zwischen fixem und nicht fixem Kapital, nicht diesen Unterschied selbst, was sich schon daraus ergibt, daß es für alle Produktionsweisen, kapitalistische und nichtkapitalistische, gleichmäßig besteht. Diesem verschiednen stofflichen Verhalten entspricht aber die *Wertabgabe* an das Produkt, der hinwieder der Wertersatz durch den Verkauf des Produkts entspricht; und erst dies bildet jenen Unterschied. Das Kapital ist also nicht fix, weil es in den Arbeitsmitteln fixiert ist, sondern weil ein Teil seines in Arbeitsmitteln ausgelegten Werts in denselben fixiert bleibt, während ein andrer Teil als Wertbestandteil des Produkts zirkuliert.

»If it« (the stock) »is employed in procuring future profit, it must procure this profit by staying with him« (the employer), »or by going from him. In the one case it is a fixed, in the other it is a circulating capital.« (p. 189.)

Zunächst fällt hier auf die roh empirische, aus der Anschauungsweise des gewöhnlichen Kapitalisten geschöpfte Vorstellung des Profits, die der bessern esoterischen Einsicht A. Smith's durchaus widerspricht. In dem Preis des Produkts ist der Preis sowohl der Materialien wie der Arbeitskraft ersetzt worden, aber ebenso der von den Arbeitsinstrumenten durch Verschleiß auf das Produkt übertragne Wertteil. Aus diesem Ersatz entquillt in keinem Fall der Profit. Ob ein zur Produktion des Produkts vorgeschoßner Wert ganz oder stückweis, auf einmal oder allmählich durch den Verkauf desselben ersetzt wird, kann nur die Art und die Zeit des Ersatzes ändern; in keinem Fall aber das beiden Gemeinschaftliche – den Wertersatz – in Schöpfung von Mehrwert verwandeln. Es liegt hier zugrunde die gewöhnliche Vorstellung, daß, weil der Mehrwert erst durch den Verkauf des Produkts, durch seine Zirkulation realisiert wird, er nur aus dem Verkauf, aus der Zirkulation entspringe. In der Tat ist die verschiedne Entstehungsweise des Profits hier nur falsche Phrase dafür, daß die verschiednen Elemente des produktiven Kapitals verschieden dienen, als produktive Elemente verschieden im Arbeitsprozeß wirken. Schließlich wird der Unterschied nicht aus dem Arbeits- resp. Verwertungsprozeß, aus der Funktion des produktiven

Kapitals selbst abgeleitet, sondern soll nur subjektiv gelten für den einzelnen Kapitalisten, dem der eine Kapitalteil in dieser, der andre in jener Weise nützlich sei.

Dagegen hatte Quesnay die Unterschiede aus dem Reproduktionsprozeß und seinen Notwendigkeiten selbst hergeleitet. Damit dieser Prozeß kontinuierlich sei, muß aus dem Wert des jährlichen Produkts der Wert der jährlichen Vorschüsse jährlich ganz ersetzt werden, dagegen der Wert des Anlagekapitals nur stückweis, so daß er erst in einer Reihe von z. B. zehn Jahren ganz ersetzt und daher ganz reproduziert (durch neue Exemplare derselben Art ersetzt) werden muß. A. Smith fällt also tief unter Quesnay zurück.

Es bleibt so bei A. Smith für die Bestimmung des fixen Kapitals durchaus nichts übrig, als daß es Arbeitsmittel sind, die ihre Gestalt nicht im Produktionsprozeß ändern und fortfahren, bis zu ihrer Abnutzung in der Produktion zu dienen, gegenüber den Produkten, zu deren Bildung sie mithelfen. Es wird vergessen, daß alle Elemente des produktiven Kapitals beständig in ihrer Naturalform (als Arbeitsmittel, Materialien und Arbeitskraft) dem Produkt und dem als Ware zirkulierenden Produkt gegenüberstehn, und daß der Unterschied des aus Materialien und Arbeitskraft bestehenden Teils von dem aus Arbeitsmitteln bestehenden Teil nur darin liegt, mit Bezug auf die Arbeitskraft: daß sie stets neu gekauft wird (nicht für ihre Dauer gekauft wird wie die Arbeitsmittel); in bezug auf die Materialien: daß nicht dieselben identischen, sondern stets neue Exemplare derselben Art im Arbeitsprozeß fungieren. Es wird zugleich der falsche Schein hervorgebracht, als ob der Wert des fixen Kapitals nicht auch zirkuliere, obgleich A. Smith natürlich den Verschleiß des fixen Kapitals als Teil des Produktenpreises früher entwickelt hat.

Bei dem zirkulierenden Kapital als Gegensatz zum fixen wird nicht hervorgehoben, daß es diesen Gegensatz nur hat als derjenige Bestandteil des produktiven Kapitals, der *ganz* aus dem Wert des Produkts ersetzt werden und dessen Metamorphosen daher ganz mitmachen muß, während dies bei dem fixen Kapital nicht der Fall. Es wird vielmehr zusammengeworfen mit den Gestalten, die das Kapital bei seinem Übergang aus der Produktionssphäre in die Zirkulationssphäre annimmt, als Warenkapital und Geldkapital. Aber beide Formen, Warenkapital und Geldkapital, sind Träger des Werts ebensowohl der fixen wie der flüssigen Bestandteile des produktiven Kapitals. Beide sind Zirkulationskapital, im Gegensatz zum produktiven, aber nicht zirkulierendes (flüssiges) Kapital im Gegensatz zum fixen.

Endlich: Durch die ganz schiefe Entwicklung vom Machen des Profits durch das fixe Kapital, indem es im Produktionsprozeß bleibt; durch das zirkulierende, indem es ihn verläßt und zirkuliert wird, – wird über die Dieselbigkeit der Form, die variables Kapital und der flüssige* Bestandteil des konstanten Kapitals im *Umschlag* haben, der wesentliche Unterschied derselben im *Verwertungsprozeß* und der Bildung des Mehrwerts versteckt, also das ganze Geheimnis der kapitalistischen Produktion noch mehr verdunkelt; durch die gemeinsame Bezeichnung: zirkulierendes Kapital, wird dieser wesentliche Unterschied aufgehoben; was dann die spätere Ökonomie noch weiter führte, indem nicht der Gegensatz von variablem und konstantem, sondern der von fixem und zirkulierendem Kapital als das Wesentliche und allein Unterscheidende festgehalten wurde.

Nachdem A. Smith fixes und zirkulierendes Kapital erst bezeichnet hat als zwei besondre Arten, Kapital anzulegen, die, jede für sich betrachtet, einen Profit abwerfen, sagt er: »No fixed capital can yield any revenue but by means of a circulating capital. The most useful machines and instruments of trade will produce nothing without the circulating capital which affords the materials they are employed upon, and the maintenance of the workmen who employ them.« (p. 188.)

Hier kommt es heraus, was die frühern Ausdrücke: yield a revenue, make a profit etc. bedeuten, daß nämlich beide Kapitalteile als Produktbildner dienen. A. Smith gibt nun folgendes Beispiel: »That part of the capital of the farmer which is employed in the implements of agriculture is a fixed, that which is employed in the wages and maintenance of his labouring servants is a circulating capital.« (Hier bezieht sich also der Unterschied von fixem und zirkulierendem Kapital richtig nur auf die verschiedne Zirkulation, den Umschlag verschiedner Bestandteile des produktiven Kapitals.) »He makes a profit of the one by keeping it in his own possession, and of the other by parting with it. The price or value of his labouring cattle is a fixed capital« (hier wieder das Richtige, daß es der Wert ist, worauf sich der Unterschied bezieht, nicht das stoffliche Element), »in the same manner as that of the instruments of husbandry; their maintenance« (des Arbeitsviehs) »is a circulating capital, in the same way as that of the labouring servants. The farmer makes his profit by keeping the labouring cattle, and by parting with their maintenance.« (Der Pächter behält das Futter des Viehs, verkauft es nicht. Er verbraucht es als Viehfutter, während er das Vieh selbst als Arbeitsinstrument verbraucht. Der Unterschied ist nur der: Das Viehfutter, das in die Erhaltung des Arbeitsviehs eingeht, wird ganz aufgezehrt und muß beständig durch neues Viehfutter aus dem Ackerbauprodukt oder seinem Verkauf ersetzt werden; das Vieh selbst wird nur ersetzt im Maß, wie jedes Stück der Reihe nach arbeitsunfähig wird.) »Both the price and the mainten-

* [1. und 2. Auflage: den flüssigen; nach der Druckvorlage von Engels korrigiert, siehe Marx-Engels-Werke Bd. 24.]

ance of the cattle which are bought in and fattened, not for labour but for sale, are a circulating capital. The farmer makes his profit by parting with them.« (Jeder Warenproduzent, also auch der kapitalistische, verkauft sein Produkt, das Resultat seines Produktionsprozesses, weswegen aber dies Produkt weder fixen noch flüssigen Bestandteil seines *produktiven* Kapitals bildet. Es besteht jetzt vielmehr in einer Form, worin es aus dem Produktionsprozeß ausgestoßen ist und als Warenkapital fungieren muß. Das Mastvieh fungiert im Produktionsprozeß als Rohmaterial, nicht als Instrument wie das Arbeitsvieh. Es geht daher als Substanz in das Produkt ein, und sein ganzer Wert geht in dasselbe ein, wie der der Hilfsstoffe [sein Futter]. Daher ist es flüssiger Teil des produktiven Kapitals, nicht weil das verkaufte Produkt – das Mastvieh – hier dieselbe Naturalform hat wie der Rohstoff, das noch nicht gemästete Vieh. Dies ist zufällig. Zugleich hätte aber Smith aus diesem Beispiel sehn können, daß es nicht die dingliche Gestalt des Produktionselements ist, was dem in ihm steckenden Wert die Bestimmung fix und flüssig gibt, sondern seine Funktion innerhalb des Produktionsprozesses.) »The whole value of the seed too is a fixed capital. Though it goes backwards and forwards between the ground and the granary, it never changes masters, and therefore it does not properly circulate. The farmer makes his profit not by its sale, but by its increase.«

Hier bricht die gänzliche Gedankenlosigkeit der Smith'schen Distinktion an den Tag. Nach ihm wäre die Aussaat fixes Kapital, wenn kein change of masters stattfände, d. h. wenn die Aussaat direkt aus dem jährlichen Produkt ersetzt, von ihm abgezogen wird. Es wäre dagegen zirkulierendes Kapital, wenn das ganze Produkt verkauft und aus einem Wertteil desselben fremdes Saatkorn gekauft worden. In dem einen Fall findet change of masters statt, in dem andern nicht. Smith verwechselt hier wieder flüssiges Kapital und Warenkapital. Das Produkt ist der stoffliche Träger des Warenkapitals. Aber natürlich nur der Teil desselben, der wirklich in Zirkulation tritt und nicht wieder direkt in den Produktionsprozeß eingeht, aus dem er als Produkt hervorkam.

Ob der Same direkt als Teil vom Produkt abgezogen, oder ob das ganze Produkt verkauft und ein Teil seines Werts im Ankauf von fremdem Samen umgesetzt wird, in beiden Fällen findet nur Ersatz statt und wird durch diesen Ersatz kein Profit gemacht. In dem einen Fall tritt der Same mit dem Rest des Produkts als Ware in Zirkulation, im andern Fall figuriert er nur in der Buchhaltung als Wertbestandteil des vorgeschoßnen Kapitals. Aber in beiden Fällen bleibt er flüssiger Bestandteil des produktiven Kapitals. Er*

* [1. und 2. Auflage: Es; nach der Druckvorlage von Engels korrigiert, siehe Marx-Engels-Werke Bd. 24.]

wird ganz aufgezehrt, um das Produkt fertig zu machen, und er muß ganz aus ihm ersetzt werden, um die Reproduktion zu ermöglichen.

»Rohmaterialien und Hilfsstoffe verlieren die selbständige Gestalt, womit sie in den Arbeitsprozeß als Gebrauchswerte eintraten. Anders mit den eigentlichen Arbeitsmitteln. Ein Instrument, eine Maschine, ein Fabrikgebäude, ein Gefäß usw. dienen im Arbeitsprozeß nur, solange sie ihre ursprüngliche Gestalt bewahren und morgen wieder in ebenderselben Form in den Arbeitsprozeß eingehn wie gestern. Wie sie während ihres Lebens, des Arbeitsprozesses, ihre selbständige Gestalt gegenüber dem Produkt bewahren, so auch nach dem Tode. Die Leichen von Maschinen, Werkstätten, Arbeitsgebäuden existieren immer noch selbständig, getrennt von den Produkten, die sie bilden halfen.« (Buch I, Kap. VI, S. 192.*)

Diese verschiednen Weisen, worin die Produktionsmittel zur Bildung des Produkts vernutzt werden, indem die einen dem Produkt gegenüber ihre selbständige Gestalt bewahren, die andern sie verändern oder ganz verlieren –, diesen, dem Arbeitsprozeß als solchem angehörigen Unterschied, der daher ebenso für Arbeitsprozesse zutrifft, die auf bloßen Selbstbedarf, z. B. der patriarchalischen Familie, gerichtet sind, ohne allen Austausch, ohne Warenproduktion – verfälscht A. Smith, indem er 1. die hier ganz ungehörige Bestimmung des Profits hineinbringt, daß die einen dem Eigner Profit bringen, indem sie ihre Gestalt beibehalten, die andren, indem sie sie verlieren; 2. indem er die Veränderungen eines Teils der Produktionselemente im Arbeitsprozeß zusammenwirft mit dem, dem Austausch der Produkte, der Warenzirkulation angehörigen Formwechsel (Kauf und Verkauf), der zugleich den Wechsel des Eigentums an den zirkulierenden Waren einschließt.

Der Umschlag unterstellt die Reproduktion als vermittelt durch Zirkulation, also durch Verkauf des Produkts, durch seine Verwandlung in Geld und Rückverwandlung aus Geld in seine Produktionselemente. Soweit aber ein Teil seines eignen Produkts dem kapitalistischen Produzenten selbst wieder direkt als Produktionsmittel dient, erscheint der Produzent als Verkäufer desselben an sich selbst, und so figuriert die Sache in seiner Buchhaltung. Dieser Teil der Reproduktion ist dann nicht durch Zirkulation vermittelt, sondern unmittelbar. Der Teil des Produkts, der so wieder als Produktionsmittel dient, ersetzt aber flüssiges Kapital, nicht fixes, soweit 1. sein Wert ganz in das Produkt eingeht und 2. es selbst in natura ganz durch ein neues Exemplar aus dem neuen Produkt ersetzt worden ist.

A. Smith sagt uns nun, woraus zirkulierendes und fixes Kapital besteht. Er

---

* [Siehe »Kapital«, Bd. 1, a. a. O., S. 172.]

zählt die Dinge, die stofflichen Elemente auf, welche fixes Kapital, und die, welche zirkulierendes bilden, als ob diese Bestimmtheit diesen Dingen stofflich, von Natur zukäme und nicht vielmehr aus ihrer bestimmten Funktion innerhalb des kapitalistischen Produktionsprozesses entspränge. Und doch macht er in demselben Kapitel (Book II, chap. I) die Bemerkung, daß, obgleich ein gewisses Ding, wie z. B. ein Wohnhaus, das für unmittelbare Konsumtion, reserviert ist, »may yield a revenue to its proprietor, and thereby serve *in the function of a capital* to him, it cannot yield any to the public, nor serve in the function of a capital to it, and the revenue of the whole body of the people can never be in the smallest degree increased by it«. (S. 186.) Hier spricht A. Smith also klar aus, daß die Kapitaleigenschaft den Dingen nicht als solchen und unter allen Umständen zukommt, sondern eine Funktion ist, mit der sie je nach Umständen bekleidet oder nicht bekleidet sind. Was aber vom Kapital überhaupt, das gilt auch von seinen Unterabteilungen.

Dieselben Dinge bilden Bestandteil des flüssigen oder des fixen Kapitals, je nachdem sie andre Funktion im Arbeitsprozeß vollziehn. Z. B. ein Vieh, als Arbeitsvieh (Arbeitsmittel) bildet stoffliche Existenzweise des fixen Kapitals, dagegen als Mastvieh (Rohmaterial) Bestandteil des zirkulierenden Kapitals des Pächters. Andrerseits kann dasselbe Ding bald als Bestandteil des produktiven Kapitals fungieren, bald zum unmittelbaren Konsumtionsfonds gehören. Ein Haus z. B., wenn als Arbeitslokal fungierend, ist fixer Bestandteil des produktiven Kapitals; wenn als Wohnhaus, gar keine Form des Kapitals qua Wohnhaus. Dieselben Arbeitsmittel können in vielen Fällen bald als Produktionsmittel, bald als Konsumtionsmittel fungieren.

Es war dies der eine der Irrtümer, die aus der Smith'schen Auffassung folgen: die Charaktere von fixem und zirkulierendem Kapital als den Dingen zukommende Charaktere zu fassen. Schon die Analyse des Arbeitsprozesses (Buch I, Kap. V*) zeigt, wie die Bestimmungen von Arbeitsmittel, Arbeitsmaterial, Produkt wechseln, je nach der verschiednen Rolle, die ein und dasselbe Ding im Prozeß einnimmt. Die Bestimmungen von fixem und nicht fixem Kapital sind aber ihrerseits aufgebaut auf die bestimmten Rollen, welche diese Elemente im Arbeitsprozeß und daher auch im Wertbildungsprozeß spielen.

Zweitens aber, bei Aufzählung der Dinge, woraus fixes und zirkulierendes Kapital bestehn, kommt ganz zum Ausbruch, daß Smith den nur in bezug auf das produktive Kapital (das Kapital in seiner produktiven Form) gültigen und Sinn habenden Unterschied von fixen und flüssigen Bestandteilen

* [Siehe »Kapital«, Bd. 1, a. a. O., S. 148–156.]

desselben zusammenwirft mit dem Unterschied zwischen produktivem Kapital und den dem Kapital in seinem Zirkulationsprozeß angehörigen Formen: Warenkapital und Geldkapital. Er sagt an derselben Stelle (p. 188): »The circulating capital consists ... of the provisions, materials, and finished work of all kinds that are in the hands of their respective dealers, and of the money that is necessary for circulating and distributing them etc.« In der Tat, wenn wir näher zusehn, so ist hier, im Gegensatz zum frühern, zirkulierendes Kapital wieder gleichgesetzt mit Warenkapital und Geldkapital, also mit zwei Formen des Kapitals, die gar nicht dem Produktionsprozeß angehören, die nicht zirkulierendes (flüssiges) Kapital im Gegensatz zum fixen, sondern Zirkulationskapital im Gegensatz zum produktiven Kapital bilden. Nur *neben* diesen figurieren dann wieder die in Materialien (Rohstoff oder Halbfabrikaten) vorgeschoßnen und wirklich dem Produktionsprozeß einverleibten Bestandteile des produktiven Kapitals. Er sagt: »... The third and last of the three portions into which the general stock of the society naturally divides itself, is the circulating capital, of which the characteristic is, that it affords a revenue only by circulating or changing masters. This is composed likewise of four parts: first, of the money ...« (Aber Geld ist nie eine Form des produktiven, des im Produktionsprozeß fungierenden Kapitals. Es ist stets nur eine der Formen, welche das Kapital innerhalb seines Zirkulationsprozesses annimmt.) – »secondly, of the stock of provisions which are in the possession of the butcher, the grazier, the farmer ... and from the sale of which the expect to derive a profit ... Fourthly and lastly, of the work which is made up and completed, but which is still in the hands of the merchant and manufacturer.« – Und: »thirdly, of the materials, whether altogether rude or more or less manufactured, of clothes, furniture, and building, which are not yet made up into any of those three shapes but which remain in the hands of the growers, the manufacturers, the mercers and drapers, the timber-merchants, the carpenters and joiners, the brickmakers etc.«

Nr. 2 und 4 enthalten nichts als Produkte, die als solche aus dem Produktionsprozeß abgestoßen sind und verkauft werden müssen; kurz, die nun als Waren, daher resp. als Warenkapital fungieren, also eine Form besitzen und eine Stelle im Prozeß einnehmen, worin sie kein Element des produktiven Kapitals bilden, welches immer ihre schließliche Bestimmung, d. h. ob sie der individuellen oder produktiven Konsumtion schließlich ihrem Zweck (Gebrauchswert) nach anheimfallen sollen. Diese Produkte in 2 sind Nahrungsmittel, in 4 alle andern fertigen Produkte, die also selbst wieder nur aus fertigen Arbeitsmitteln oder fertigen Genußmitteln (andern als den sub 2 enthaltnen Nahrungsmitteln) bestehn.

Daß Smith dabei auch vom Kaufmann spricht, zeigt seine Konfusion. Soweit der Produzent sein Produkt an den Kaufmann verkauft hat, bildet es überhaupt keine Form seines Kapitals mehr. Gesellschaftlich betrachtet ist es allerdings immer noch Warenkapital, wenn auch in andrer Hand als in der seines Produzenten; aber eben weil Warenkapital, weder fixes noch flüssiges Kapital.

In jeder nicht auf unmittelbaren Selbstbedarf gerichteten Produktion muß das Produkt als Ware zirkulieren, d. h. verkauft werden, nicht, um daraus einen Profit zu machen, sondern damit der Produzent überhaupt leben kann. Bei der kapitalistischen Produktion kommt hinzu, daß mit dem Verkauf der Ware auch der Mehrwert, der in ihr steckt, realisiert wird. Das Produkt tritt als Ware aus dem Produktionsprozeß heraus, ist also weder fixes noch flüssiges Element desselben.

Übrigens hebt Smith sich hier selbst auf. Die fertigen Produkte, welches immer ihre stoffliche Gestalt oder ihr Gebrauchswert, ihr Nutzeffekt, sind hier alle Warenkapital, also Kapital in einer dem Zirkulationsprozeß angehörigen Form. Als in dieser Form befindlich, bilden sie keine Bestandteile des etwaigen produktiven Kapitals ihres Eigners; was durchaus nicht verhindert, daß, sobald sie verkauft sind, sie in der Hand ihres Käufers Bestandteile von produktivem Kapital *werden*, sei es flüssige oder fixe. Es zeigt sich hier, daß dieselben Dinge, die zu einer Zeit als Warenkapital, im Gegensatz zum produktiven Kapital, auf dem Markt auftreten – sobald sie dem Markt entzogen sind, als flüssige oder fixe Bestandteile des produktiven Kapitals fungieren oder auch nicht fungieren können.

Das Produkt des Baumwollspinners – Garn – ist die Warenform seines Kapitals, Warenkapital für ihn. Es kann nicht wieder als Bestandteil seines produktiven Kapitals fungieren, weder als Arbeitsmaterial noch als Arbeitsmittel. Aber in der Hand des Webers, der es kauft, wird es dem produktiven Kapital desselben als einer seiner flüssigen Bestandteile einverleibt. Für den Spinner ist das Garn aber Träger des Werts eines Teils sowohl seines fixen als seines flüssigen Kapitals (vom Mehrwert abgesehn). So ist eine Maschine, als Produkt des Maschinenfabrikanten, Warenform seines Kapitals, Warenkapital für ihn; und solange sie in dieser Form verharrt, ist sie weder flüssiges noch fixes Kapital. Verkauft an einen sie verwendenden Fabrikanten, wird sie fixer Bestandteil eines produktiven Kapitals. Selbst wenn, seiner Gebrauchsform nach, das Produkt teilweis wieder als Produktionsmittel in den Prozeß eingehn kann, aus dem es herkam, wie z. B. Kohle in die Kohlenproduktion, so repräsentiert gerade der für den Verkauf bestimmte Teil des Kohlenprodukts weder flüssiges noch fixes Kapital, sondern Warenkapital.

Andrerseits kann das Produkt seiner Gebrauchsform nach durchaus unfähig sein, irgendein Element des produktiven Kapitals zu bilden, sei es als Arbeitsmaterial oder als Arbeitsmittel. Z. B. irgendein Lebensmittel. Nichtsdestoweniger ist es Warenkapital für seinen Produzenten, Wertträger sowohl des fixen wie des flüssigen Kapitals; und des einen oder des andern, je nachdem das in seiner Produktion angewandte Kapital ganz oder teilweise ersetzt werden muß, seinen Wert ganz oder teilweise auf es übertragen hat.

Bei Smith figuriert in Nr. 3 das Rohmaterial (Rohstoff, Halbfabrikat, Hilfsstoff) einerseits nicht als ein schon dem produktiven Kapital einverleibter Bestandteil, sondern in der Tat nur als eine besondre Sorte der Gebrauchswerte, aus denen das gesellschaftliche Produkt überhaupt besteht, der Warenmasse, neben den sub 2 und 4 aufgezählten andern stofflichen Bestandteilen, Lebensmitteln etc. Andrerseits werden sie allerdings als dem produktiven Kapital einverleibt, und daher auch als Elemente desselben in der Hand des Produzenten, aufgeführt. Die Konfusion zeigt sich darin, daß sie teils als in den Händen des Produzenten fungierend aufgefaßt werden (in the hands of the growers, the manufacturers etc.), andrerseits als in den Händen von Kaufleuten (mercers, drapers, timber-merchants), wo sie bloßes Warenkapital, nicht Bestandteile des produktiven Kapitals.

In der Tat vergißt A. Smith hier in der Aufzählung der Elemente des zirkulierenden Kapitals ganz den nur in bezug auf das produktive Kapital gültigen Unterschied von fixem und flüssigem Kapital. Er stellt vielmehr Warenkapital und Geldkapital, d. h. die beiden dem Zirkulationsprozeß angehörigen Formen des Kapitals, dem produktiven Kapital gegenüber, aber auch dies nur bewußtlos.

Auffallend ist endlich, daß A. Smith bei Aufzählung der Bestandteile des zirkulierenden Kapitals die Arbeitskraft vergißt. Und zwar geschieht dies aus doppeltem Grund.

Man hat eben gesehn, daß, abgesehn vom Geldkapital, das zirkulierende Kapital nur ein andrer Name für das Warenkapital ist. Aber soweit die Arbeitskraft auf dem Markt zirkuliert, ist sie nicht Kapital, keine Form des Warenkapitals. Sie ist überhaupt nicht Kapital; der Arbeiter ist kein Kapitalist, obgleich er eine Ware auf den Markt bringt, nämlich seine eigne Haut. Erst sobald die Arbeitskraft verkauft, dem Produktionsprozeß einverleibt ist, – also nachdem sie aufgehört hat, als Ware zu zirkulieren, wird sie Bestandteil des produktiven Kapitals: variables Kapital als Quelle des Mehrwerts, flüssiger Bestandteil des produktiven Kapitals in bezug auf den Umschlag des in ihr ausgelegten Kapitalwerts. Da Smith hier das flüssige Kapital mit Warenkapital verwechselt, kann er die Arbeitskraft nicht unterbringen unter seine Rubrik des zirkulierenden Kapitals. Das variable Kapital tritt daher hier auf in der Form der Waren, die der Arbeiter mit seinem Lohn kauft, der Lebensmittel. In dieser Form soll der in Arbeitslohn ausgelegte Kapitalwert zum zirkulierenden Kapital gehören. Was dem Produktionsprozeß einverleibt wird, ist die Arbeitskraft, der Arbeiter selbst, nicht die Lebensmittel, wodurch sich der Arbeiter erhält. Allerdings haben wir gesehn (Buch I, Kap. XXI), daß, gesellschaftlich betrachtet, auch die Reproduktion des Arbeiters selbst durch seinen individuellen Konsum zum Reproduktionsprozeß des gesellschaftlichen Kapitals gehört. Aber dies gilt nicht für den einzelnen in sich abgeschloßnen Produktionsprozeß, den wir hier betrachten. Die acquired and useful abilities (p. 187), die Smith unter der Rubrik des fixen Kapitals aufführt, bilden im Gegenteil Bestandteile des flüssigen Kapitals, sobald sie abilities des Lohnarbeiters sind und dieser seine Arbeit mitsamt ihren abilities verkauft hat.

Es ist ein großer Fehler Smith's, daß er den ganzen gesellschaftlichen Reichtum einteilt in 1. unmittelbaren Konsumtionsfonds, 2. fixes Kapital, 3. zirkulierendes Kapital. Hiernach wäre der Reichtum einzuteilen in 1. den Konsumtionsfonds, der keinen Teil des fungierenden gesellschaftlichen Kapitals bildet, obgleich Teile desselben beständig als Kapital fungieren *können;* und 2. in Kapital. Ein Teil des Reichtums fungiert hiernach als Kapital, der andre Teil als Nichtkapital oder Konsumtionsfonds. Und es erscheint hier als eine unumgängliche Notwendigkeit für alles Kapital, entweder fix zu sein oder flüssig, etwa wie es für ein Säugetier eine Naturnotwendigkeit ist, entweder männlich zu sein oder weiblich. Wir haben aber gesehn, daß der Gegensatz von fix und flüssig nur anwendbar ist auf die Elemente des *produktiven* Kapitals, daß es also neben diesen noch eine sehr bedeutende Menge Kapital – Warenkapital und Geldkapital – gibt, die sich in einer Form befindet, in der sie weder fix noch flüssig *sein kann.*

Da mit Ausnahme des Teils der Produkte, der in Naturalform von den einzelnen kapitalistischen Produzenten selbst, direkt ohne Verkauf oder Einkauf, wieder als Produktionsmittel vernutzt wird, die ganze Masse der gesellschaftlichen Produktion – auf kapitalistischer Grundlage – als Warenkapital auf dem Markt zirkuliert, so ist es klar, daß aus dem Warenkapital sowohl die fixen und flüssigen Elemente des produktiven Kapitals, wie auch alle Elemente des Konsumtionsfonds herausgezogen werden; was in der Tat nichts andres heißt, als daß Produktionsmittel wie Konsumtionsmittel auf Basis der kapitalistischen Produktion zunächst als Warenkapital auftreten, wenn sie auch die Bestimmung haben, später als Konsumtions- oder Produktionsmittel zu dienen; wie die Arbeitskraft selbst als Ware, wenn auch nicht als Warenkapital, auf dem Markt vorgefunden wird.

Daher folgende neue Verwirrung bei A. Smith. Er sagt:
»Of these four parts« (des circulating capital, d. h. des Kapitals in seinen dem Zirkulationsprozeß angehörigen Formen von Warenkapital und Geldkapital – zwei Teile, die sich dadurch in vier verwandeln, daß Smith die Bestandteile des Warenkapitals wieder stofflich unterscheidet) »three – provisions, materials, and finished work, are either annually or in a longer or shorter period, regularly withdrawn from it, and placed either in the fixed capital, or in the stock reserved for immediate consumption. Every fixed capital is both originally derived from, and requires to be continually supported by, a circulating capital. All useful machines and instruments of trade are originally derived from a circulating capital, which furnishes the materials of which they are made and the maintenance of the workmen who make them. They require, too, a capital of the same kind to keep them in constant repair.« (p. 188.)
Mit Ausnahme stets des direkt von ihren Produzenten wieder als Produktionsmittel verbrauchten Teils des Produkts, gilt für die kapitalistische Produktion der allgemeine Satz: Alle Produkte kommen als Waren auf den Markt und zirkulieren daher für den Kapitalisten als Warenform seines Kapitals, als Warenkapital, ob diese Produkte nun ihrer Naturalform, ihrem Gebrauchswert nach, als Elemente des produktiven Kapitals (des Produktionsprozesses) fungieren müssen oder können, als Produktionsmittel, und daher als fixe oder flüssige Elemente des produktiven Kapitals; oder ob sie nur als Mittel der individuellen, nicht der produktiven Konsumtion dienen können. Alle Produkte werden als Waren auf den Markt geworfen; alle Produktions- und Konsumtionsmittel, alle Elemente der produktiven und individuellen Konsumtion müssen daher durch Kauf als Waren wieder dem Markt entzogen werden. Diese Trivialität (truism) ist natürlich richtig. Es gilt dies daher auch sowohl für die fixen wie für die flüssigen Elemente des produktiven Kapitals, für Arbeitsmittel wie für Arbeitsmaterial in allen Formen. (Dabei ist noch vergessen, daß es Elemente des produktiven Kapitals gibt, die von Natur vorhanden, keine Produkte sind.) Die Maschine wird sowohl auf dem Markt gekauft, wie die Baumwolle. Aber es folgt daraus keineswegs – dies folgt nur aus der Smith'schen Verwechslung von Zirkulationskapital mit zirkulierendem oder flüssigem, d. h. nicht fixem Kapital –, daß jedes fixe Kapital ursprünglich aus einem flüssigen herstammt. Und zudem hebt Smith sich selbst auf. Die Maschinen bilden als Ware nach ihm selbst Teil von Nr. 4 des zirkulierenden Kapitals. Daß sie aus dem zirkulierenden Kapital herstammen, heißt also nur, daß sie als Warenkapital fungierten, bevor sie als Maschinen fungierten, daß sie aber stofflich aus sich selbst herstammen; ebenso wie die Baumwolle als flüssiges Element

des Spinnerkapitals aus der Baumwolle auf dem Markt herstammt. Wenn aber Smith, in seiner weitern Ausführung, das fixe Kapital deswegen aus dem flüssigen herleitet, weil Arbeit und Rohmaterial nötig ist, um Maschinen zu machen, so sind erstens noch Arbeitsmittel, also fixes Kapital, nötig, um Maschinen zu machen, und es ist zweitens ebenfalls fixes Kapital nötig, Maschinerie etc., um Rohmaterialien zu machen, da das produktive Kapital stets Arbeitsmittel einschließt, aber nicht stets Arbeitsmaterial. Er selbst sagt gleich darauf: »Lands, mines, and fisheries, require all both a fixed and circulating capital to cultivate them;« (er gibt also zu, daß nicht nur flüssiges, sondern auch fixes Kapital nötig zur Produktion von Rohmaterial) »and« (hier neue Verkehrtheit) »their produce replaces with a profit, not only those capitals, but *all the others in society*« (p. 188.) Dies ist total verkehrt. Ihr Produkt liefert das Rohmaterial, die Hilfsstoffe etc., für alle andern Industriezweige. Aber ihr Wert ersetzt nicht den Wert aller andern gesellschaftlichen Kapitale; er ersetzt nur ihren eignen Kapitalwert (+ Mehrwert). Hier geht bei A. Smith wieder die Erinnerung an die Physiokraten durch.

Gesellschaftlich betrachtet ist es richtig, daß der Teil des Warenkapitals, der aus Produkten besteht, die nur als Arbeitsmittel dienen können, früher oder später – wenn sie nicht überhaupt nutzlos produziert sein sollen, nicht unverkäuflich sind – auch als Arbeitsmittel fungieren, d. h. auf Basis der kapitalistischen Produktion, sobald sie aufgehört haben, Waren zu sein, wirkliche, wie vorher schon voraussichtliche, Elemente des fixen Teils des gesellschaftlichen produktiven Kapitals bilden müssen.

Hier findet ein Unterschied statt, der aus der Naturalform des Produkts entspringt.

Eine Spinnmaschine z. B. hat keinen Gebrauchswert, wenn sie nicht zum Spinnen vernutzt wird, also nicht als Produktionselement, also, vom kapitalistischen Standpunkt, als fixer Bestandteil eines produktiven Kapitals fungiert. Aber die Spinnmaschine ist beweglich. Sie kann aus dem Land, worin sie produziert ist, exportiert und im fremden Land, sei es gegen Rohstoffe etc., sei es gegen Champagner, direkt oder indirekt verkauft werden. In dem Land, worin sie produziert wurde, hat sie dann nur als Warenkapital fungiert, nie aber, auch nicht nach ihrem Verkauf, als fixes Kapital.

Dagegen Produkte, die durch Einverleibung mit dem Boden lokalisiert sind, und daher auch nur lokal vernutzt werden können, z. B. Fabrikgebäude, Eisenbahnen, Brücken, Tunnels, Docks usw., Bodenverbesserungen usw., können nicht körperlich, mit Haut und Haaren, exportiert werden. Sie sind nicht beweglich. Entweder sind sie nutzlos, oder sie müssen, sobald sie verkauft sind, als fixes Kapital fungieren in dem Land, worin sie produziert sind. Für ihren kapitalistischen Produzenten, der auf Spekulation Fabriken baut oder Ländereien verbessert, um sie zu verkaufen, sind diese Dinge Form seines Warenkapitals, also nach A. Smith Form des zirkulierenden Kapitals. Aber gesellschaftlich betrachtet, müssen diese Dinge – sollen sie nicht nutzlos sein – schließlich im Land selbst in einem durch ihre eigne Lokalität fixierten Produktionsprozeß als fixes Kapital fungieren; woraus keineswegs folgt, daß unbewegliche Dinge als solche ohne weiteres fixes Kapital sind; sie können als Wohnhäuser etc. dem Konsumtionsfonds angehören und also überhaupt nicht zum gesellschaftlichen Kapital gehören, obgleich sie ein Element des gesellschaftlichen Reichtums bilden, wovon das Kapital nur ein Teil. Der Produzent dieser Dinge, um uns Smithisch auszudrücken, macht einen Profit durch ihren Verkauf. Also zirkulierendes Kapital! Ihr Nutzanwender, ihr definitiver Käufer, kann sie nur benutzen, indem er sie im Produktionsprozeß verwendet. Also fixes Kapital!

Eigentumstitel, an einer Eisenbahn z. B., können täglich die Hände wechseln, und ihre Besitzer durch den Verkauf dieser Titel sogar im Auslande – so daß die Eigentumstitel exportierbar, obgleich nicht die Eisenbahn selbst – einen Profit machen. Aber nichtsdestoweniger müssen diese Dinge im Lande selbst, wo sie lokalisiert sind, entweder brachliegen oder als fixer Bestandteil eines produktiven Kapitals fungieren. Ebenso kann Fabrikant A Profit machen durch Verkauf seiner Fabrik an Fabrikant B, was aber die Fabrik nicht hindert, nach wie vor als fixes Kapital zu fungieren.

Wenn daher die lokal fixierten, vom Boden unzertrennlichen Arbeitsmittel, obgleich sie für ihren Produzenten als Warenkapital fungieren mögen und keine Elemente *seines* fixen Kapitals bilden (dies besteht für ihn aus den Arbeitsmitteln, die er zum Bau von Gebäuden, Eisenbahnen etc. braucht), dennoch notwendig voraussichtlich als fixes Kapital im Land selbst fungieren müssen, so folgt daraus keineswegs umgekehrt, daß das fixe Kapital notwendig aus unbeweglichen Dingen besteht. Ein Schiff und eine Lokomotive wirken nur durch ihre Bewegung; und doch fungieren sie, nicht für ihren Produzenten, aber für ihren Anwender als fixes Kapital. Andrerseits sind Dinge, die wirklichst im Produktionsprozeß fixiert sind, in ihm leben und sterben und ihn nie, nachdem sie in ihn eingetreten, wieder verlassen, flüssige Bestandteile des produktiven Kapitals. Z. B. die Kohle, die zum Betrieb der Maschine im Produktionsprozeß, das Gas, das zur Beleuchtung im Fabrikgebäude verzehrt wird usw. Sie sind flüssig, nicht weil sie leiblich mit dem Produkt den Produktionsprozeß verlassen und als Ware zirkulieren, sondern weil ihr Wert ganz in den Wert der Ware eingeht, den sie produzieren helfen, also auch ganz aus dem Verkauf der Ware ersetzt werden muß.

In der letztzitierten Stelle A. Smith's ist noch die Phrase zu bemerken: »A circulating capital which furnishes ... the maintenance of the workmen who make them« (Maschinen etc.).

Bei den Physiokraten figuriert der in Arbeitslohn vorgeschoßne Kapitalteil richtig unter den avances annuelles im Gegensatz zu den avances primitives. Andrerseits erscheint bei ihnen als Bestandteil des vom Pächter angewandten produktiven Kapitals nicht die Arbeitskraft selbst, sondern die den Landarbeitern gegebnen Lebensmittel (the maintenance of the workmen, wie Smith sagt). Dies hängt genau mit ihrer spezifischen Doktrin zusammen. Der Wertteil, den die Arbeit dem Produkt zusetzt (ganz wie der Wertteil, den Rohmaterial, Arbeitsinstrumente etc., kurz die stofflichen Bestandteile des konstanten Kapitals dem Produkt zusetzen), ist nämlich bei ihnen nur gleich dem Wert der den Arbeitern gezahlten und zur Erhaltung ihrer Funktion als Arbeitskräfte notwendig zu verzehrenden Lebensmittel. Den Unterschied von konstantem Kapital und variablem Kapital zu entdekken, ist ihnen durch ihre Doktrin selbst versagt. Ist es die Arbeit, welche den Mehrwert produziert (außer der Reproduktion ihres eignen Preises), so produziert sie ihn in der Industrie so gut wie im Ackerbau. Da sie ihn aber nach dem System nur in dem einen Produktionszweig, dem Ackerbau, produziert, so entspringt er nicht aus ihr, sondern aus der besondren Tätigkeit (Mithilfe) der Natur in diesem Zweige. Und nur deswegen heißt ihnen die Ackerbauarbeit produktive Arbeit, im Unterschied von den andern Arbeitsarten.

A. Smith bestimmt die Lebensmittel der Arbeiter als zirkulierendes Kapital im Gegensatz zum fixen

1. weil er das flüssige Kapital im Gegensatz zum fixen verwechselt mit den der Zirkulationssphäre angehörigen Formen des Kapitals, mit dem Zirkulationskapital; eine Verwechslung, die sich nach ihm kritiklos fortgeerbt hat. Er verwechselt daher das Warenkapital mit dem flüssigen Bestandteil des produktiven Kapitals, und da versteht es sich von selbst, daß, wo das gesellschaftliche Produkt die Form der Ware annimmt, die Lebensmittel der Arbeiter, wie die der Nichtarbeiter, die Materialien, wie die Arbeitsmittel selbst, aus dem Warenkapital geliefert werden müssen.

2. Aber auch die physiokratische Vorstellung läuft bei Smith unter, obgleich sie dem esoterischen – wirklich wissenschaftlichen – Teil seiner eignen Entwicklung widerspricht.

Das vorgeschoßne Kapital wird überhaupt umgesetzt in produktives Kapital, d. h. es nimmt die Gestalt von Produktionselementen an, die selbst

Produkt früherer Arbeit sind. (Darunter die Arbeitskraft.) Nur in dieser Form kann es innerhalb des Produktionsprozesses fungieren. Setzt man nun statt der Arbeitskraft selbst, worin sich der variable Teil des Kapitals umgesetzt hat, die Lebensmittel des Arbeiters, so ist es klar, daß diese Lebensmittel als solche sich in Beziehung auf Wertbildung nicht von den andern Elementen des produktiven Kapitals unterscheiden, von den Rohmaterialien und von den Lebensmitteln des Arbeitsviehs, womit Smith, nach Vorgang der Physiokraten, sie daher auch in einer vorher zitierten Stelle auf eine Stufe stellt. Die Lebensmittel können nicht selbst ihren Wert verwerten oder ihm einen Mehrwert zusetzen. Ihr Wert, wie der der andren Elemente des produktiven Kapitals, kann nur im Wert des Produkts wieder erscheinen. Sie können ihm nicht mehr Wert zusetzen, als sie selbst besitzen. Sie unterscheiden sich, wie Rohmaterial, Halbfabrikat etc., nur dadurch vom fixen Kapital, das aus Arbeitsmitteln besteht, daß sie (für den Kapitalisten wenigstens, der sie zahlt) ganz verzehrt werden in dem Produkt, in dessen Bildung sie eingehn, ihr Wert daher ganz ersetzt werden muß, was bei dem fixen Kapital nur allmählich, stückweis geschieht. Der in Arbeitskraft (resp. den Lebensmitteln des Arbeiters) vorgeschoßne Teil des produktiven Kapitals unterscheidet sich jetzt also nur stofflich, nicht mit Bezug auf den Arbeits- und Verwertungsprozeß, von den übrigen stofflichen Elementen des produktiven Kapitals. Er unterscheidet sich nur als mit einem Teil der objektiven Produktbildner (materials sagt Smith allgemein) in die Kategorie des zirkulierenden Kapitals fallend, im Gegensatz zu einem andern Teil der objektiven Produktbildner, der unter die Kategorie des fixen Kapitals fällt.

Daß der in Arbeitslohn ausgelegte Teil des Kapitals zum flüssigen Teil des produktiven Kapitals gehört, die Flüssigkeit gemein hat, im Gegensatz zum fixen Bestandteil des produktiven Kapitals, mit einem Teil der gegenständlichen Produktbildner, den Rohstoffen etc., hat absolut nichts zu tun mit der Rolle, welche dieser variable Teil des Kapitals, im Gegensatz zum konstanten, im Verwertungsprozeß spielt. Es bezieht sich nur darauf, wie dieser Teil des vorgeschoßnen Kapitalwerts aus dem Wert des Produkts vermittelst der Zirkulation ersetzt, erneuert, also reproduziert werden muß. Der Kauf und Wiederkauf der Arbeitskraft gehört dem Zirkulationsprozeß an. Aber erst innerhalb des Produktionsprozesses verwandelt sich der in Arbeitskraft ausgelegte Wert (nicht für den Arbeiter, sondern für den Kapitalisten) aus einer bestimmten, konstanten, in eine variable Größe, und wird dadurch überhaupt erst der vorgeschoßne Wert in Kapitalwert, in Kapital, in sich verwertenden Wert verwandelt. Dadurch aber, daß wie bei Smith nicht der in Arbeitskraft ausgelegte Wert als flüssiger Bestandteil des produktiven

Kapitals bestimmt wird, sondern der in den Lebensmitteln des Arbeiters ausgelegte Wert, wird das Begreifen des Unterschieds von variablem und konstantem Kapital, also das Begreifen des kapitalistischen Produktionsprozesses überhaupt, unmöglich gemacht. Die Bestimmung dieses Kapitalteils, variables Kapital zu sein im Gegensatz zu dem in gegenständlichen Produktbildnern ausgelegten konstanten Kapital, wird begraben unter der Bestimmung, daß der in Arbeitskraft ausgelegte Kapitalteil mit Bezug auf den Umschlag zum flüssigen Teil des produktiven Kapitals gehört. Das Begräbnis wird vollständig gemacht, indem an Stelle der Arbeitskraft die Lebensmittel des Arbeiters als Element des produktiven Kapitals aufgezählt werden. Ob der Wert der Arbeitskraft in Geld oder direkt in Lebensmitteln vorgeschossen wird, ist gleichgültig. Obgleich natürlich das Letztre auf Basis der kapitalistischen Produktion nur Ausnahme sein kann.[24]

Dadurch, daß so die Bestimmung des zirkulierenden Kapitals durch A. Smith als das entscheidende für den in Arbeitskraft ausgelegten Kapitalwert fixiert wurde – diese physiokratische Bestimmung ohne die Voraussetzung der Physiokraten –, hat Smith bei seinen Nachfolgern glücklich die Erkenntnis des in Arbeitskraft ausgelegten Kapitalteils als variablen unmöglich gemacht. Die tiefern und richtigen Entwicklungen, die er anderswo selbst gegeben, siegten nicht, wohl aber dieser sein Verstoß. Ja, spätere Schriftsteller sind weiter gegangen, sie haben es nicht nur zur entscheidenden Bestimmung des in Arbeitskraft ausgelegten Kapitalteils gemacht, zirkulierendes – im Gegensatz zu fixem – Kapital zu sein; sie haben es zur wesentlichen Bestimmung des zirkulierenden Kapitals gemacht, in Lebensmitteln für die Arbeiter ausgelegt zu werden. Daran schloß sich naturgemäß die Lehre von dem aus notwendigen Lebensmitteln bestehenden Arbeitsfonds* als einer gegebnen Größe, welche einerseits die Grenzen des Anteils der Arbeiter am gesellschaftlichen Produkt physisch beschränkt, andrerseits aber auch im Ankauf von Arbeitskraft seinem ganzen Umfang nach verausgabt werden muß.

---

[24] Wie sehr A. Smith sich selbst den Weg versperrt hat zum Verständnis der Rolle der Arbeitskraft im Verwertungsprozeß, beweist folgender Satz, der die Arbeit der Arbeiter nach physiokratischer Weise mit der des Arbeitsviehs auf gleiche Stufe stellt: ... »Not only his« (the farmer's) »labouring servants but his labouring cattle are productive labourers.« (Book II, chap. V, p. 243.)

---

* [Siehe »Kapital«, Bd. 1, a. a. O., S. 559–561.]

Elftes Kapitel: THEORIEN ÜBER FIXES UND ZIRKULIERENDES KAPITAL. RICARDO

Ricardo führt den Unterschied zwischen fixem und zirkulierendem Kapital nur auf, um die Ausnahmen der Wertregel darzustellen, nämlich solche Fälle, wo die Rate des Arbeitslohns auf die Preise wirkt. Darauf kommen wir erst in Buch III zu sprechen.

Die ursprüngliche Unklarheit zeigt sich aber von vornherein in der gleichgültigen Nebeneinanderstellung: »Dieser Unterschied im Grad der Dauerhaftigkeit des fixen Kapitals, und dieser Wechsel in den Verhältnissen, worin beide Kapitalarten kombiniert sein können.«[25]

Fragen wir nun, welches die beiden Kapitalarten sind, so hören wir: »Ebenfalls die Verhältnisse, worin das Kapital, das die Arbeit unterhalten soll, und das Kapital, das in Werkzeugen, Maschinerie und Gebäuden ausgelegt ist, verschieden kombiniert sein können.«[26] Also fixes Kapital = Arbeitsmittel, und zirkulierendes Kapital = Kapital, das in Arbeit ausgelegt ist. Kapital, das die Arbeit unterhalten soll, ist schon ein abgeschmackter, aus A. Smith herübergenommener Ausdruck. Das zirkulierende Kapital wird hier einerseits zusammengeworfen mit dem variablen Kapital, d. h. mit dem in Arbeit ausgelegten Teil des produktiven Kapitals. Andrerseits aber, weil der Gegensatz nicht aus dem Verwertungsprozeß geschöpft ist – konstantes und variables Kapital –, sondern aus dem Zirkulationsprozeß (die alte Smith'sche Konfusion), kommen doppelt falsche Bestimmungen heraus.

Erstens: Die Differenzen im Grad der Dauerhaftigkeit des fixen Kapitals und die Verschiedenheiten der Kapitalzusammensetzung aus konstantem und variablem Kapital werden als gleichwertig gefaßt. Der letztre Unterschied aber bestimmt den Unterschied in der Produktion des Mehrwerts; der erste dagegen, soweit der Verwertungsprozeß in Betracht kommt, bezieht sich nur auf die Art und Weise, wie ein gegebner Wert vom Produktionsmittel auf das Produkt übertragen wird; soweit der Zirkulationsprozeß in Betracht kommt, betrifft er nur die Periode der Erneuerung des ausgelegten Kapitals, oder anders betrachtet, die Zeit, für welche es vorge-

---

[25] »This difference in the degree of durability of fixed capital, *and* this variety in the proportions in which the two sorts of capital may be combined.« – »Principles«, p. 25.

[26] »The proportions, too, in which the capital that is to support labour, and the capital that is invested in tools, machinery, and buildings, may be variously combined.« – l. c.

schossen ist. Wenn man, statt das innere Getriebe des kapitalistischen Produktionsprozesses zu durchschauen, sich auf den Standpunkt der fertigen Phänomene stellt, so fallen diese Unterschiede in der Tat zusammen. Bei der Verteilung des gesellschaftlichen Mehrwerts unter die in verschiednen Betriebszweigen angelegten Kapitale wirken Differenzen in den verschiednen Zeiträumen, wofür Kapital vorgeschossen wird (also z. B. die verschiedne Lebensdauer bei fixem Kapital), und verschiedne organische Zusammensetzungen des Kapitals (also auch die verschiedne Zirkulation von konstantem und variablem Kapital) gleichmäßig mit bei Ausgleichung der allgemeinen Profitrate und bei Verwandlung der Werte in Produktionspreise.
Zweitens: Vom Standpunkt des Zirkulationsprozesses stehn auf der einen Seite die Arbeitsmittel: fixes Kapital, auf der andern Seite Arbeitsmaterial und Arbeitslohn: flüssiges Kapital. Dagegen vom Standpunkt des Arbeits- und Verwertungsprozesses steht auf der einen Seite: Produktionsmittel (Arbeitsmittel und Arbeitsmaterial), konstantes Kapital; auf der andern Seite Arbeitskraft, variables Kapital. Für die organische Zusammensetzung (Buch I, Kap. XXIII, 2, p. 647*) des Kapitals ist es ganz gleichgültig, ob dasselbe Wertquantum konstantes Kapital aus viel Arbeitsmitteln und wenig Arbeitsmaterial oder aus viel Arbeitsmaterial und wenig Arbeitsmitteln besteht, während alles abhängt vom Verhältnis des in Produktionsmitteln ausgelegten zu dem in Arbeitskraft ausgelegten Kapital. Umgekehrt: Vom Standpunkt des Zirkulationsprozesses, des Unterschieds von fixem und zirkulierendem Kapital, ist es ebenso gleichgültig, in welchen Verhältnissen ein gegebnes Wertquantum zirkulierenden Kapitals sich in Arbeitsmaterial und Arbeitslohn teilt. Von dem einen Standpunkt rangiert das Arbeitsmaterial in derselben Kategorie mit den Arbeitsmitteln, im Gegensatz zu dem in Arbeitskraft ausgelegten Kapitalwert. Von dem andern Standpunkt rangiert der in Arbeitskraft ausgelegte Kapitalteil zusammen mit dem in Arbeitsmaterial ausgelegten, im Gegensatz zu dem in Arbeitsmitteln ausgelegten Kapitalteil.
Daher erscheint bei Ricardo der in Arbeitsmaterial (Roh- und Hilfsstoffen) ausgelegte Wertteil des Kapitals auf keiner Seite. Er verschwindet ganz. Er paßt nämlich nicht auf die Seite des fixen Kapitals, weil er in seiner Zirkulationsweise ganz mit dem in Arbeitskraft ausgelegten Kapitalteil zusammenfällt. Und er darf andrerseits nicht auf Seite des zirkulierenden Kapitals gestellt werden, weil damit die von A. Smith übertragne und stillschweigend durchlaufende Gleichstellung des Gegensatzes: fixes und zirkulierendes Kapital, mit dem Gegensatz: konstantes und variables Kapital, sich

* [Siehe »Kapital«, Bd. 1, a. a. O., S. 562, Fußnote der Redaktion.]

selbst aufhöbe. Ricardo hat zu viel logischen Instinkt, um das nicht zu fühlen, und daher verschwindet ihm dieser Kapitalteil ganz und gar.

Es ist hier zu bemerken, daß der Kapitalist das in Arbeitslohn ausgelegte Kapital in verschiednen Terminen, in der Sprachweise der politischen Ökonomie, vorschießt, je nachdem er diesen Lohn z. B. wöchentlich, monatlich oder dreimonatlich zahlt. In der Tat verhält sich die Sache umgekehrt. Der Arbeiter schießt dem Kapitalisten seine Arbeit auf eine Woche, einen Monat, drei Monate vor, je nachdem er wöchentlich, monatlich oder dreimonatlich bezahlt wird. *Kaufte* der Kapitalist die Arbeitskraft, statt sie zu bezahlen, zahlte er also dem Arbeiter den Arbeitslohn per Tag, Woche, Monat und drei Monate voraus, so könnte von einem Vorschuß für diese Termine gesprochen werden. Da er aber zahlt, nachdem die Arbeit Tage, Wochen, Monate gedauert *hat*, statt sie zu kaufen und zu zahlen für den Termin, den sie dauern *soll*, so ist das Ganze ein kapitalistisches Quidproquo, und der Vorschuß, der dem Kapitalisten vom Arbeiter in Arbeit gegeben wird, wird in einen Vorschuß verwandelt, den der Kapitalist in Geld dem Arbeiter gibt. Es ändert durchaus nichts an der Sache, daß der Kapitalist das Produkt selbst oder dessen Wert – je nach der verschiednen Zeitdauer, die seine Herstellung erfordert, oder auch nach der verschiednen für seine Zirkulation erforderlichen Zeitdauer – nur in kürzern oder längern Terminen (zusammen mit dem ihm einverleibten Mehrwert) aus der Zirkulation zurückerhält oder realisiert. Was der Käufer einer Ware mit derselben anfangen will, ist dem Verkäufer durchaus gleichgültig. Der Kapitalist erhält eine Maschine nicht wohlfeiler, weil er ihren ganzen Wert auf einmal vorschießen muß, während ihm derselbe Wert nur allmählich und stückweis aus der Zirkulation zurückströmt; noch zahlt er die Baumwolle deswegen teurer, weil ihr Wert ganz in den Wert des aus ihr verfertigten Produkts eingeht und daher ganz und auf einmal durch den Verkauf des Produkts ersetzt wird.

Kehren wir zu Ricardo zurück.

1. Das Charakteristische des variablen Kapitals ist, daß ein bestimmter, gegebner (also als solcher konstanter) Kapitalteil, eine gegebne Wertsumme (angenommen gleich dem Wert der Arbeitskraft, obgleich es hier gleichgültig ist, ob der Arbeitslohn gleich, größer oder kleiner als der Wert der Arbeitskraft), ausgetauscht wird gegen eine sich verwertende, wertschaffende Kraft – die Arbeitskraft, welche nicht nur ihren vom Kapitalisten bezahlten Wert reproduziert, sondern zugleich einen Mehrwert produziert, einen vorher nicht vorhandnen und durch kein Äquivalent erkauften Wert. Diese charakteristische Eigenschaft des in Arbeitslohn ausgelegten Kapitalteils, die es als variables Kapital von dem konstanten Kapital toto coelo unterscheidet, verschwindet, sobald der in Arbeitslohn ausgelegte Kapitalteil bloß

vom Standpunkt des Zirkulationsprozesses betrachtet wird und so als zirkulierendes Kapital erscheint gegenüber dem in Arbeitsmitteln ausgelegten fixen Kapital. Es geht dies schon daraus hervor, daß es dann unter einer Rubrik – der des zirkulierenden Kapitals – zusammen mit einem Bestandteil des konstanten Kapitals, dem in Arbeitsmaterial ausgelegten, gegenübergestellt wird einem andern Bestandteil des konstanten Kapitals, dem in Arbeitsmitteln ausgelegten. Vom Mehrwert, also gerade von dem Umstand, der die ausgelegte Wertsumme in Kapital verwandelt, wird dabei ganz abgesehn. Ebenso wird davon abgesehn, daß der Wertteil, den das in Arbeitslohn ausgelegte Kapital dem Produkt zusetzt, neu produziert (also auch wirklich reproduziert ist), während der Wertteil, den das Rohmaterial dem Produkt zusetzt, nicht neu produziert, nicht wirklich reproduziert, sondern nur im Produktwert erhalten, konserviert ist, und daher als Wertbestandteil des Produkts nur wiedererscheint. Der Unterschied, wie er sich vom Gesichtspunkt des Gegensatzes von flüssigem und fixem Kapital jetzt darstellt, besteht nur darin: der Wert der zur Produktion einer Ware angewandten Arbeitsmittel geht nur teilweis in den Wert der Ware ein und wird daher durch den Verkauf der Ware auch nur teilweis ersetzt, wird daher überhaupt nur stückweis und allmählich ersetzt. Andrerseits: der Wert der zur Produktion einer Ware verwandten Arbeitskraft und Arbeitsgegenstände (Rohstoffe etc.) geht ganz in die Ware ein und wird daher ganz durch ihren Verkauf ersetzt. Insofern stellt sich mit Bezug auf den Zirkulationsprozeß der eine Teil des Kapitals als fix, der andre als flüssig oder zirkulierend dar. Es handelt sich in beiden Fällen um eine Übertragung gegebner, vorgeschoßner Werte auf das Produkt und um ihren Wiederersatz durch den Verkauf des Produkts. Der Unterschied besteht jetzt nur darin, ob die Wertübertragung, und daher der Wertersatz, stückweis und allmählich oder auf einmal vor sich geht. Damit ist der alles entscheidende Unterschied zwischen variablem und konstantem Kapital ausgelöscht, also das ganze Geheimnis der Mehrwertbildung und der kapitalistischen Produktion, die Umstände, die gewisse Werte und die Dinge, worin sie sich darstellen, in Kapital verwandeln, ausgelöscht. Alle Bestandteile des Kapitals unterscheiden sich nur noch durch die Zirkulationsweise (und die Zirkulation der Ware hat es natürlich nur mit bereits vorhandnen, gegebnen Werten zu tun); und eine besondre Zirkulationsweise ist dem in Arbeitslohn ausgelegten Kapital gemeinsam mit dem in Rohmaterialien, Halbfabrikaten, Hilfsstoffen ausgelegten Kapitalteil im Gegensatz zu dem in Arbeitsmitteln ausgelegten Kapitalteil.

Man begreift daher, warum die bürgerliche politische Ökonomie A. Smith's Konfusion der Kategorien »konstantes und variables Kapital« mit den Kategorien »fixes und zirkulierendes Kapital« instinktmäßig festhielt und kritiklos ein Jahrhundert durch von Generation zu Generation nachplapperte. Der im Arbeitslohn ausgelegte Kapitalteil unterscheidet sich bei ihr gar nicht mehr von dem in Rohstoff ausgelegten Kapitalteil, und unterscheidet sich nur formell – ob er stückweis oder ganz durch das Produkt zirkuliert wird – vom konstanten Kapital. Damit ist die Grundlage für das Verständnis der wirklichen Bewegung der kapitalistischen Produktion, und daher der kapitalistischen Exploitation, mit einem Schlage verschüttet. Es handelt sich nur um das Wiedererscheinen vorgeschoßner Werte.

Bei Ricardo ist die unkritische Aufnahme der Smith'schen Konfusion störender, nicht nur als bei den spätern Apologetikern, bei denen die Begriffskonfusion vielmehr das Nichtstörende ist, sondern als bei A. Smith selbst, weil Ricardo im Gegensatz zu diesem konsequenter und schärfer Wert und Mehrwert entwickelt, in der Tat den esoterischen A. Smith gegen den exoterischen A. Smith behauptet.

Bei den Physiokraten findet sich nichts von dieser Konfusion. Der Unterschied zwischen avances annuelles und avances primitives bezieht sich nur auf die verschiednen Reproduktionsperioden der verschiednen Bestandteile des Kapitals, speziell des agrikolen Kapitals; während ihre Ansichten von der Produktion des Mehrwerts einen von diesen Unterscheidungen unabhängigen Teil ihrer Theorie bilden, und zwar das, was sie als Pointe der Theorie herauswenden. Die Bildung des Mehrwerts wird nicht aus dem Kapital als solchem erklärt, sondern nur einer bestimmten Produktionssphäre des Kapitals, der Agrikultur, vindiziert.

2. Das Wesentliche bei der Bestimmung des variablen Kapitals – und daher für die Verwandlung irgendeiner beliebigen Wertsumme in Kapital – ist, daß der Kapitalist eine bestimmte, gegebne (und in diesem Sinn konstante) Wertgröße austauscht gegen wertschöpferische Kraft; eine Wertgröße gegen Wertproduktion, Selbstverwertung. Ob der Kapitalist den Arbeiter in Geld oder in Lebensmitteln zahlt, ändert an dieser wesentlichen Bestimmung nichts. Es ändert nur die Existenzweise des von ihm vorgeschoßnen Werts, der das eine Mal in der Form von Geld existiert, womit der Arbeiter sich selbst auf dem Markt seine Lebensmittel kauft, das andre Mal in der Form von Lebensmitteln, die er direkt verzehrt. Die entwickelte kapitalistische Produktion unterstellt in der Tat, daß der Arbeiter in Geld gezahlt wird, wie sie überhaupt den durch den Zirkulationsprozeß vermittelten Produktionsprozeß, also die Geldwirtschaft, unterstellt. Aber die Schöpfung des Mehrwerts – daher die Kapitalisierung der vorgeschoßnen Wertsumme – entspringt weder aus der Geldform noch aus der Naturalform des Arbeitslohns oder des im Ankauf der Arbeitskraft ausgelegten Kapitals. Sie ent-

springt aus dem Austausch von Wert gegen wertschaffende Kraft, aus der Umsetzung einer konstanten in eine variable Größe. –

Die größre oder geringre Fixität der Arbeitsmittel hängt ab von dem Grad ihrer Dauerhaftigkeit, also von einer physischen Eigenschaft. Je nach dem Grad ihrer Dauerhaftigkeit werden sie, unter sonst gleichbleibenden Umständen, rascher oder langsamer verschleißen, also länger oder kürzer als fixes Kapital fungieren. Aber es ist keineswegs bloß diese physische Eigenschaft der Dauerhaftigkeit, infolge deren sie als fixes Kapital fungieren. Der Rohstoff in Metallfabriken ist ebenso dauerhaft wie die Maschinen, womit fabriziert wird, und dauerhafter als manche Bestandteile dieser Maschinen, Leder, Holz etc. Nichtsdestoweniger bildet das als Rohstoff dienende Metall einen Teil des zirkulierenden Kapitals, und das vielleicht aus demselben Metall aufgebaute, fungierende Arbeitsmittel einen Teil des fixen Kapitals. Es ist also nicht die stoffliche physische Natur, nicht seine größre oder geringre Vergänglichkeit, wodurch dasselbe Metall das eine Mal der Rubrik des fixen und das andre Mal der Rubrik des zirkulierenden Kapitals untergeordnet wird. Dieser Unterschied entspringt vielmehr aus der Rolle, die es im Produktionsprozeß spielt, das eine Mal als Arbeitsgegenstand, das andre Mal als Arbeitsmittel.

Die Funktion des Arbeitsmittels im Produktionsprozeß erheischt im Durchschnitt, daß es während längrer oder kürzrer Periode stets von neuem in wiederholten Arbeitsprozessen dient. Durch seine Funktion ist daher eine größre oder geringre Dauerhaftigkeit seines Stoffs vorgeschrieben. Aber die Dauerhaftigkeit des Stoffs, aus dem es gemacht wird, macht es nicht an und für sich zum fixen Kapital. Derselbe Stoff, wenn Rohmaterial, wird zirkulierendes Kapital, und bei den Ökonomen, die den Unterschied von Warenkapital und produktivem Kapital mit dem Unterschied von zirkulierendem und fixem Kapital verwechseln, ist derselbe Stoff, dieselbe Maschine, zirkulierendes Kapital als Produkt, fixes Kapital als Arbeitsmittel.

Obgleich nun nicht der dauerhafte Stoff, aus dem das Arbeitsmittel gemacht ist, es zum fixen Kapital macht, so erheischt doch seine Rolle als Arbeitsmittel, daß es aus einem relativ dauerhaften Material bestehe. Die Dauerhaftigkeit seines Stoffs ist also eine Bedingung seiner Funktion als Arbeitsmittel, daher auch materielle Grundlage der Zirkulationsweise, die es zum fixen Kapital macht. Unter sonst gleichbleibenden Umständen drückt die größre oder geringre Vergänglichkeit seines Stoffs ihm in niedrigrem oder höherem Grad den Stempel der Fixität auf, ist also sehr wesentlich verwachsen mit seiner Qualität als fixes Kapital.

Wird der in Arbeitskraft ausgelegte Kapitalteil nun ausschließlich unter dem Gesichtspunkt von zirkulierendem Kapital betrachtet, also im Gegensatz zum fixen Kapital; werden daher auch die Unterschiede von konstantem und variablem Kapital mit den Unterschieden von fixem und zirkulierendem Kapital zusammengeworfen, so ist es natürlich, wie die stoffliche Realität des Arbeitsmittels eine wesentliche Grundlage seines Charakters als fixes Kapital bildet, so nun im Gegensatz zu demselben aus der stofflichen Realität des in Arbeitskraft ausgelegten Kapitals seinen Charakter als zirkulierendes Kapital herzuleiten, und dann wieder das zirkulierende Kapital zu bestimmen durch die stoffliche Realität des variablen Kapitals. Der wirkliche Stoff des in Arbeitslohn ausgelegten Kapitals ist die Arbeit selbst, die sich betätigende, wertschaffende Arbeitskraft, lebendige Arbeit, die der Kapitalist gegen tote, vergegenständlichte Arbeit austauscht und seinem Kapital einverleibt hat, wodurch erst der in seiner Hand befindliche Wert sich in einen sich selbst verwertenden Wert verwandelt. Aber diese Selbstverwertungskraft verkauft der Kapitalist nicht. Sie bildet stets nur Bestandteil seines produktiven Kapitals, wie seine Arbeitsmittel, nie seines Warenkapitals, wie z. B. das fertige Produkt, das er verkauft. Innerhalb des Produktionsprozesses, als Bestandteile des produktiven Kapitals, stehn die Arbeitsmittel der Arbeitskraft nicht als fixes Kapital gegenüber, ebensowenig wie Arbeitsmaterial und Hilfsstoffe als zirkulierendes Kapital mit ihr zusammenfallen; beiden steht die Arbeitskraft als persönlicher Faktor gegenüber, während jene die sachlichen Faktoren sind – dies vom Standpunkt des Arbeitsprozesses. Beide stehn der Arbeitskraft, dem variablen Kapital, als konstantes Kapital gegenüber – dies vom Standpunkt des Verwertungsprozesses. Oder, wenn hier von einer stofflichen Verschiedenheit, soweit sie auf den Zirkulationsprozeß einwirkt, die Rede sein soll, ist es nur diese: aus der Natur des Werts, der nichts ist als vergegenständlichte Arbeit, und aus der Natur der sich betätigenden Arbeitskraft, die nichts ist als sich vergegenständlichende Arbeit, folgt, daß die Arbeitskraft während ihrer Funktionsdauer beständig Wert und Mehrwert schafft; daß das, was auf ihrer Seite sich als Bewegung, als Wertschöpfung, sich auf Seite ihres Produkts in ruhender Form, als geschaffner Wert darstellt. Hat die Arbeitskraft gewirkt, so besteht das Kapital nicht länger aus Arbeitskraft auf der einen Seite, aus Produktionsmitteln auf der andern. Der Kapitalwert, der in Arbeitskraft ausgelegt war, ist jetzt Wert, der (+ Mehrwert) dem Produkt zugesetzt worden. Um den Prozeß zu wiederholen, muß das Produkt verkauft und mit dem aus ihm gelösten Geld beständig von neuem die Arbeitskraft gekauft und dem produktiven Kapital einverleibt werden. Dies gibt dann dem in Arbeitskraft ausgelegten Kapitalteil, ebenso wie dem in Arbeitsmaterial usw. ausgelegten, den Charakter von zirkulierendem Kapital im Gegensatz zu dem in den Arbeitsmitteln fixiert bleibenden Kapital.

Wird dagegen die sekundäre und ihm mit einem Teil des konstanten Kapitals (den Roh- und Hilfsstoffen) gemeinsame Bestimmung des zirkulierenden Kapitals zur wesentlichen Bestimmung des in Arbeitskraft ausgelegten Kapitalteils gemacht – nämlich daß der in ihm ausgelegte Wert sich ganz auf das Produkt überträgt, in dessen Produktion es konsumiert wird, und nicht allmählich und stückweis, wie beim fixen Kapital, daß er daher auch ganz durch den Verkauf des Produkts ersetzt werden muß –, so muß auch der in Arbeitslohn ausgelegte Kapitalteil stofflich nicht aus sich betätigender Arbeitskraft bestehn, sondern aus den stofflichen Elementen, die der Arbeiter mit seinem Lohn kauft, also aus dem Teil des gesellschaftlichen Warenkapitals, der in den Konsum des Arbeiters eingeht – aus Lebensmitteln. Das fixe Kapital besteht dann aus den langsamer vergänglichen und daher langsamer zu ersetzenden Arbeitsmitteln, das in Arbeitskraft ausgelegte Kapital aus den rascher zu ersetzenden Lebensmitteln.

Die Grenzen der raschern oder langsamern Vergänglichkeit verwischen sich jedoch.

»Die Nahrung und Kleidung, die der Arbeiter konsumiert, die Gebäude, worin er arbeitet, die Werkzeuge, die bei seiner Arbeit mitwirken, sind alle vergänglicher Natur. Es besteht aber ein gewaltiger Unterschied in der Zeit, während welcher diese verschiednen Kapitale vorhalten; eine Dampfmaschine dauert länger als ein Schiff, ein Schiff länger als die Kleidung des Arbeiters, die Kleidung des Arbeiters wieder länger als die Nahrung, die er verzehrt.«[27]

Wobei Ricardo vergißt das Haus, worin der Arbeiter wohnt, seine Möbel, seine Konsumtionswerkzeuge, wie Messer, Gabeln, Gefäße etc., die alle denselben Charakter der Dauerhaftigkeit besitzen, wie die Arbeitsmittel. Dieselben Dinge, dieselben Klassen von Dingen erscheinen hier als Konsumtionsmittel, dort als Arbeitsmittel.

Der Unterschied, wie Ricardo ihn ausspricht, ist dieser: »Je nachdem Kapital rasch vergänglich ist und oft reproduziert werden muß, oder je nachdem es langsam konsumiert wird, klassifiziert man es unter das zirkulierende oder unter das fixe Kapital.«[28]

---

[27] »The food and clothing consumed by the labourer, the buildings in which he works, the implements with which his labour is assisted, are all of a perishable nature. There is, however, a vast difference in the time for which these different capitals will endure: a steam-engine will last longer than a ship, a ship than the clothing of the labourer, and the clothing of the labourer longer than the food which he consumes.« – Ricardo, etc., p. 26.

[28] »According as capital is rapidly perishable and requires to be frequently reproduced, or is of slow consumption, it is classed under the heads of circulating, or fixed capital.«

Dazu macht er die Note: »Eine unwesentliche Einteilung, in welcher zudem die Scheidelinie nicht genau gezogen werden kann.«[29]

So sind wir wieder glücklich bei den Physiokraten angekommen, wo der Unterschied zwischen avances annuelles und avances primitives ein Unterschied war in der Zeit der Konsumtion und daher auch in der verschiednen Reproduktionszeit des angewandten Kapitals. Nur, was bei ihnen ein für die gesellschaftliche Produktion wichtiges Phänomen ausdrückt und im Tableau économique auch im Zusammenhang mit dem Zirkulationsprozeß dargestellt ist, wird hier zu einer subjektiven, und wie Ricardo selbst sagt, überflüssigen Unterscheidung.

Sobald der in Arbeit ausgelegte Kapitalteil sich nur durch seine Reproduktionsperiode und daher seinen Zirkulationstermin von dem in Arbeitsmitteln ausgelegten Kapitalteil unterscheidet, sobald der eine Teil aus Lebensmitteln besteht, wie der andre aus Arbeitsmitteln, so daß die erstern sich von den letztern* nur durch raschern Grad der Vergänglichkeit unterscheiden, wie erstere ja selbst verschiedne Grade der Vergänglichkeit besitzen – ist natürlich alle differentia spezifica zwischen dem in Arbeitskraft und dem in Produktionsmitteln ausgelegten Kapital ausgelöscht.

Dies widerspricht ganz Ricardos Lehre vom Wert, sowie seiner Profittheorie, die tatsächlich Mehrwertstheorie ist. Er betrachtet überhaupt den Unterschied von fixem und zirkulierendem Kapital nur insoweit verschiedne Proportionen von beiden, bei gleich großen Kapitalen, in verschiednen Geschäftszweigen, das Gesetz des Werts beeinflussen, und zwar, inwieweit eine Erhöhung oder Senkung des Arbeitslohns infolge dieser Umstände die Preise affiziert. Doch selbst innerhalb dieser beschränkten Untersuchung begeht er, infolge der Verwechslung von fixem und zirkulierendem Kapital mit konstantem und variablem, die größten Irrtümer und geht in der Tat von einer ganz falschen Basis der Untersuchung aus. Es werden also 1., soweit der in Arbeitskraft ausgelegte Wertteil des Kapitals unter die Rubrik des zirkulierenden Kapitals zu subsumieren ist, die Bestimmungen des zirkulierenden Kapitals selbst falsch entwickelt und speziell die Umstände, die den in Arbeit ausgelegten Kapitalteil unter diese Rubrik subsumieren.

2. Es findet Verwechslung statt zwischen der Bestimmung, wonach der in Arbeit ausgelegte Kapitalteil variabel, und derjenigen, wonach er zirkulierend im Gegensatz zum fixen Kapital ist.

Es ist von vornherein klar, daß die Bestimmung des in Arbeitskraft ausge-

[29] »A division not essential, and in which the line of demarcation cannot be accurately drawn.«

* [1. und 2. Auflage: letztern sich von den erstern]

legten Kapitals als zirkulierend oder flüssig eine sekundäre Bestimmung ist, worin seine differentia specifica im Produktionsprozeß ausgelöscht ist; denn in dieser Bestimmung sind einerseits die in Arbeit und die in Rohstoffen etc. ausgelegten Kapitale gleichwertig; eine Rubrik, die einen Teil des konstanten Kapitals identifiziert mit dem variablen Kapital, hat es nicht mit der differentia specifica des variablen Kapitals im Gegensatz zum konstanten zu tun. Andrerseits werden zwar die in Arbeit und die in Arbeitsmitteln ausgelegten Kapitalteile einander entgegengesetzt, aber keineswegs mit Bezug darauf, daß sie in ganz verschiedner Weise in die Produktion des Werts eingehn, sondern mit Bezug darauf, daß von beiden ihr gegebner Wert auf das Produkt übertragen wird, nur in verschiednen Zeiträumen.
Es handelt sich in allen diesen Fällen darum, *wie* ein gegebner Wert, der im Produktionsprozeß der Ware ausgelegt wird, sei es Arbeitslohn, Preis des Rohstoffs oder Preis der Arbeitsmittel, auf das Produkt übertragen, daher durch das Produkt zirkuliert und durch seinen Verkauf zu seinem Ausgangspunkt zurückgeführt oder ersetzt wird. Der einzige Unterschied besteht hier in dem »*wie*«, in der besondren Art und Weise der Übertragung und daher auch der Zirkulation dieses Werts.
Ob der in jedem Fall kontraktlich vorher bestimmte Preis der Arbeitskraft in Geld oder Lebensmitteln gezahlt wird, ändert nichts an seinem Charakter, ein bestimmter gegebner Preis zu sein. Indes ist bei dem in Geld gezahlten Arbeitslohn evident, daß nicht das Geld selbst in den Produktionsprozeß eingeht, in derselben Weise, wie nicht nur der Wert, sondern auch der Stoff der Produktionsmittel in den Produktionsprozeß eingeht. Werden dagegen die Lebensmittel, die der Arbeiter mit seinem Lohn kauft, direkt als stoffliche Gestalt des zirkulierenden Kapitals mit den Rohstoffen etc. unter eine Rubrik und den Arbeitsmitteln entgegengestellt, so gibt dies der Sache einen andern Schein. Wenn der Wert dieser Dinge, der Produktionsmittel, im Arbeitsprozeß auf das Produkt übertragen wird, so erscheint der Wert jener andern Dinge, der Lebensmittel, in der Arbeitskraft, die sie verzehrt, wieder und wird durch Betätigung derselben ebenfalls auf das Produkt übertragen. Es handelt sich in allem diesem gleichmäßig um das bloße Wiedererscheinen der während der Produktion vorgeschoßnen Werte im Produkt. (Die Physiokraten nahmen dies ernsthaft und leugneten daher, daß die industrielle Arbeit Mehrwert schaffe.) So in der bereits zitierten Stelle* von Wayland: »Es kommt nicht darauf an, in welcher Form das Kapital wieder erscheint ... die verschiednen Arten der Nahrung, Kleidung und Wohnung, die für das Dasein und Wohlbefinden des Menschen nötig

---

* [Siehe »Kapital«, Bd. 1, a. a. O., S. 176, Note 25 (Übersetzung S. 739).]

sind, werden auch verändert. Sie werden im Lauf der Zeit verzehrt, und ihr Wert erscheint wieder etc.« (»Elements of Pol. Econ.«, p. 31, 32). Die der Produktion in Gestalt von Produktionsmitteln und Lebensmitteln vorgeschoßnen Kapitalwerte erscheinen hier gleichmäßig im Wert des Produkts wieder. Damit ist denn die Verwandlung des kapitalistischen Produktionsprozesses in ein vollständiges Mysterium glücklich vollbracht und der Ursprung des im Produkt vorhandnen Mehrwerts gänzlich dem Blick entrückt.

Ferner vollendet sich damit der der bürgerlichen Ökonomie eigentümliche Fetischismus, der den gesellschaftlichen, ökonomischen Charakter, welchen Dinge im gesellschaftlichen Produktionsprozeß aufgeprägt erhalten, in einen natürlichen, aus der stofflichen Natur dieser Dinge entspringenden Charakter verwandelt. Z. B. Arbeitsmittel sind fixes Kapital – eine scholastische Bestimmung, die zu Widersprüchen und Konfusion führt. Ganz wie beim Arbeitsprozeß (Buch I, Kap. V) nachgewiesen wurde, daß es ganz von der jedesmaligen Rolle abhängt, welche die gegenständlichen Bestandteile in einem bestimmten Arbeitsprozeß spielen, von ihrer Funktion, ob sie als Arbeitsmittel, Arbeitsmaterial oder Produkt fungieren, – ganz ebenso sind Arbeitsmittel nur da fixes Kapital, wo der Produktionsprozeß überhaupt kapitalistischer Produktionsprozeß und daher die Produktionsmittel überhaupt Kapital sind, die ökonomische Bestimmtheit, den gesellschaftlichen Charakter von Kapital besitzen; und zweitens sind sie fixes Kapital nur, wenn sie ihren Wert in einer besondern Weise auf das Produkt übertragen. Wenn nicht, bleiben sie Arbeitsmittel, ohne fixes Kapital zu sein. Ebenso Hilfsstoffe, wie Dünger, wenn sie in derselben besondern Art Wert abgeben, wie der größte Teil der Arbeitsmittel, werden fixes Kapital, obgleich sie keine Arbeitsmittel sind. Es handelt sich hier nicht um Definitionen, unter welchen die Dinge subsumiert werden. Es handelt sich um bestimmte Funktionen, welche in bestimmten Kategorien ausgedrückt werden. Gilt es für eine den Lebensmitteln an sich, unter allen Umständen zukommende Eigenschaft, in Arbeitslohn ausgelegtes Kapital zu sein, so wird es auch Charakter dieses »zirkulierenden« Kapitals, »die Arbeit zu erhalten«, to support labour [Ricardo, p. 25]. Wären die Lebensmittel nicht »Kapital«, so würden sie also nicht die Arbeitskraft erhalten; während ihr Kapitalcharakter ihnen gerade die Eigenschaft gibt, das *Kapital* zu erhalten durch fremde Arbeit.

Sind Lebensmittel an sich zirkulierendes Kapital – nachdem dieses verwandelt in Arbeitslohn –, so ergibt sich ferner, daß die Größe des Arbeitslohns abhängt von dem Verhältnis der Arbeiterzahl zu der gegebnen Masse des zirkulierenden Kapitals – ein beliebter ökonomischer Satz –, während in der Tat die Masse der Lebensmittel, die der Arbeiter dem Markt entzieht, und die Masse der Lebensmittel, worüber der Kapitalist zu seinem Konsum verfügt, abhängt vom Verhältnis des Mehrwerts zum Preis der Arbeit. Ricardo, wie Barton[29[a]], verwechselt überall das Verhältnis des variablen Kapitals zum konstanten mit dem Verhältnis des zirkulierenden Kapitals zum fixen. Wir werden später sehn, wie dies seine Untersuchung über die Profitrate verfälscht.

Ricardo setzt ferner die Unterschiede, die im Umschlag aus andren Gründen entspringen als aus dem Unterschied von fixem und zirkulierendem Kapital, mit diesem gleich: »Es ist ferner zu bemerken, daß das zirkulierende Kapital in sehr ungleichen Zeiträumen zirkulieren oder seinem Anwender zurückfließen kann. Der von einem Pächter zur Aussaat gekaufte Weizen ist ein fixes Kapital verglichen mit dem von einem Bäcker zur Verwandlung in Brot gekauften Weizen. Der eine läßt ihn im Boden, und kann erst nach einem Jahr einen Rückfluß erhalten; der andre kann ihn zu Mehl vermahlen lassen und als Brot an seine Kunden verkaufen, so daß er innerhalb einer Woche sein Kapital wieder frei hat, um dieselbe Operation von neuem oder irgendeine andre damit zu beginnen.«[30]

Hier ist charakteristisch, daß Weizen, obgleich er als Saatkorn, nicht als Lebensmittel, sondern als Rohmaterial dient, erstens zirkulierendes Kapital ist, weil an sich Lebensmittel, und zweitens fixes Kapital, weil sein Rückfluß sich über ein Jahr erstreckt. Es ist aber nicht nur der langsamere oder schnellere Rückfluß, der ein Produktionsmittel zu fixem Kapital macht, sondern die bestimmte Art und Weise der Wertabgabe an das Produkt.

Die von A. Smith angerichtete Konfusion hat zu folgenden Resultaten geführt:

1. Der Unterschied zwischen fixem und flüssigem Kapital wird verwechselt mit dem Unterschied von produktivem Kapital und Warenkapital. So ist z. B. dieselbe Maschine zirkulierendes Kapital, wenn sie sich als Ware auf

---

29[a] »Observations on the Circumstances which influence the Condition of the Labouring Classes of Society.« London 1817. Eine einschlägige Stelle ist zitiert Buch I, S. 655*, Note 79.

30 »It is also to be observed that the circulating capital may circulate, or be returned to its employer, in very unequal times. The wheat bought by a farmer to sow is comparatively a fixed capital to the wheat purchased by a baker to make into loaves. The one leaves it in the ground, and can obtain no return for a year; the other can get it ground into flour, sell it as bread to his customers, and have his capital free, to renew the same, or commence any other employment in a week.« (p. 26, 27.)

---

* [Siehe »Kapital«, Bd. 1, a. a. O., S. 581, Note 79.]

dem Markt befindet, und fixes Kapital, wenn sie dem Produktionsprozeß einverleibt ist. Dabei ist absolut nicht abzusehn, warum eine bestimmte Art Kapital mehr fix oder mehr zirkulierend sein soll als die andre.

2. Alles zirkulierende Kapital wird identifiziert mit in Arbeitslohn ausgelegtem oder auszulegendem Kapital. So bei J. St. Mill u. a.

3. Der Unterschied zwischen variablem und konstantem Kapital, der schon bei Barton, Ricardo u. a. mit dem von zirkulierendem und fixem verwechselt, wird endlich ganz auf diesen reduziert, wie z. B. bei Ramsay, wo alle Produktionsmittel, Rohstoffe etc. sowohl wie Arbeitsmittel, fixes Kapital und nur das in Arbeitslohn ausgelegte Kapital zirkulierendes Kapital ist. Weil aber die Reduktion in dieser Form geschieht, wird der wirkliche Unterschied von konstantem und variablem Kapital nicht begriffen.

4. Bei den neuesten englischen, besonders schottischen Ökonomen, die alles vom unsäglich bornierten Standpunkt des Bankierkommis betrachten, wie Macleod, Patterson u. a., verwandelt sich der Unterschied von fixem und zirkulierendem Kapital in den von money at call und money not at call* (Depositengeld, das ohne Kündigung oder nur nach vorheriger Kündigung zurückgezogen werden kann).

Zwölftes Kapitel: DIE ARBEITSPERIODE

Nehmen wir zwei Geschäftszweige, worin gleich großer Arbeitstag, sage zehnstündiger Arbeitsprozeß, z. B. Baumwollspinnerei und Fabrikation von Lokomotiven. In dem einen Zweig wird täglich, wöchentlich ein bestimmtes Quantum fertiges Produkt geliefert, Baumwollengarn; in dem andren muß der Arbeitsprozeß vielleicht während drei Monaten wiederholt werden, um ein fertiges Produkt, eine Lokomotive, herzustellen. In dem einen Fall ist das Produkt diskreter Natur, und täglich oder wöchentlich beginnt dieselbe Arbeit von neuem. In dem andern Fall ist der Arbeitsprozeß kontinuierlich, erstreckt sich über eine längere Anzahl täglicher Arbeitsprozesse, die in ihrer Verbindung, in der Kontinuität ihrer Operation erst nach längrer Frist ein fertiges Produkt liefern. Obgleich die Dauer des täglichen Arbeitsprozesses hier dieselbe ist, findet ein sehr bedeutender Unterschied statt in der Dauer des Produktionsakts, d. h. in der Dauer der wiederholten Arbeitsprozesse, die erheischt sind, um das Produkt fertig zu liefern, es als

* [1. Auflage: money on call and money not on call]

Ware auf den Markt zu schicken, also es aus produktivem Kapital in Warenkapital zu verwandeln. Der Unterschied zwischen fixem und zirkulierendem Kapital hat hiermit nichts zu tun. Der angegebne Unterschied würde bestehn, selbst wenn in beiden Geschäftszweigen genau dieselben Proportionen von fixem und zirkulierendem Kapital angewandt würden.

Diese Unterschiede in der Dauer des Produktionsakts finden statt, nicht nur zwischen verschiednen Produktionssphären, sondern auch innerhalb derselben Produktionssphäre, je nach dem Umfang des zu liefernden Produkts. Ein gewöhnliches Wohnhaus wird in kürzrer Zeit gebaut als eine größre Fabrik und erfordert daher eine geringre Zahl kontinuierlicher Arbeitsprozesse. Wenn der Bau einer Lokomotive drei Monate, kostet der eines Panzerschiffes ein oder mehrere Jahre. Die Getreideproduktion nimmt beinahe ein Jahr in Anspruch, die Produktion von Hornvieh mehrere Jahre, die Holzzucht kann von 12 bis 100 Jahre umfassen; ein Landweg vielleicht in einigen Monaten gebaut werden, wo eine Eisenbahn Jahre erfordert; ein gewöhnlicher Teppich vielleicht eine Woche, Gobelins Jahre etc. Die Unterschiede in der Dauer des Produktionsakts sind also unendlich mannigfaltig.

Der Unterschied in der Dauer des Produktionsakts muß offenbar einen Unterschied in der Geschwindigkeit des Umschlags bei gleichgroßer Kapitalauslage erzeugen, also in den Zeiträumen, für welche ein gegebnes Kapital vorgeschossen ist. Gesetzt, die Maschinenspinnerei und die Lokomotivenfabrik wendeten gleichgroßes Kapital an, die Teilung zwischen konstantem und variablem Kapital sei dieselbe, auch die zwischen den fixen und flüssigen Bestandteilen des Kapitals, endlich sei der Arbeitstag gleich groß und seine Teilung zwischen notwendiger Arbeit und Mehrarbeit dieselbe. Um ferner alle aus dem Zirkulationsprozeß entspringenden und diesem Fall äußerlichen Umstände zu beseitigen, wollen wir annehmen, daß beide, Garn und Lokomotive, auf Bestellung fabriziert und bei Lieferung des fertigen Produkts bezahlt werden. Nach Ende der Woche, bei Ablieferung des fertigen Garns, erhält der Spinnfabrikant (wir sehn hier vom Mehrwert ab) das ausgelegte zirkulierende Kapital zurück und ebenso den Verschleiß des fixen Kapitals, der im Garnwert steckt. Er kann also mit demselben Kapital denselben Kreislauf von neuem wiederholen. Es hat seinen Umschlag vollbracht. Der Lokomotivfabrikant dagegen muß während der drei Monate Woche für Woche immer neues Kapital in Arbeitslohn und Rohmaterial auslegen, und erst nach drei Monaten, nach Ablieferung der Lokomotive, befindet sich das während dieser Zeit in einem und demselben Produktionsakt, zur Herstellung einer und derselben Ware, nach und nach ausgelegte zirkulierende Kapital wieder in einer Form, worin es seinen Kreislauf von neuem beginnen kann; ebenso wird ihm der Verschleiß der Maschinerie während dieser drei Monate erst jetzt ersetzt. Die Auslage des einen ist die für eine Woche, die des andren ist die Wochenauslage multipliziert mit 12. Alle andren Umstände gleich vorausgesetzt, muß der eine zwölfmal mehr zirkulierendes Kapital zur Verfügung haben als der andre.

Daß die wöchentlich vorgeschoßnen Kapitale gleich sind, ist hier jedoch ein gleichgültiger Umstand. Welches immer die Größe des vorgeschoßnen Kapitals, in dem einen Fall ist es nur für eine Woche, in dem andren für zwölf Wochen vorgeschossen, bevor von neuem damit operiert, dieselbe Operation damit wiederholt oder eine andersartige damit begonnen werden kann.

Der Unterschied in der Geschwindigkeit des Umschlags oder der Zeitlänge, für welche das einzelne Kapital vorgeschossen werden muß, bevor derselbe Kapitalwert wieder zu einem neuen Arbeits- oder Verwertungsprozeß dienen kann, entspringt hier daraus:

Nehmen wir an, der Bau der Lokomotive oder irgendeiner Maschine koste 100 Arbeitstage. Mit Bezug auf die in Spinnerei und Maschinenbau beschäftigten Arbeiter bilden die 100 Arbeitstage gleichmäßig eine diskontinuierliche (diskrete) Größe, nach der Unterstellung aus 100 aufeinanderfolgenden, separaten zehnstündigen Arbeitsprozessen bestehend. Aber mit Bezug auf das Produkt – die Maschine – bilden die 100 Arbeitstage eine kontinuierliche Größe, einen Arbeitstag von 1000 Arbeitsstunden, einen einzigen zusammenhängenden Produktionsakt. Einen solchen Arbeitstag, der durch die Aufeinanderfolge mehr oder minder zahlreicher zusammenhängender Arbeitstage gebildet ist, nenne ich eine *Arbeitsperiode.* Sprechen wir vom Arbeitstag, so meinen wir die Länge der Arbeitszeit, während deren der Arbeiter seine Arbeitskraft täglich verausgaben, täglich arbeiten muß. Sprechen wir dagegen von der Arbeitsperiode, so bedeutet das die Zahl zusammenhängender Arbeitstage, die in einem bestimmten Geschäftszweig erheischt ist, um ein fertiges Produkt zu liefern. Das Produkt jedes Arbeitstags ist hier nur ein Teilprodukt, welches Tag für Tag weiter ausgeführt wird und erst am Schluß der längern oder kürzern Periode der Arbeitszeit seine fertige Gestalt erhält, ein fertiger Gebrauchswert ist.

Unterbrechungen, Störungen des gesellschaftlichen Produktionsprozesses, z. B. infolge von Krisen, wirken daher sehr verschieden auf Arbeitsprodukte, die diskreter Natur sind, und auf solche, die zu ihrer Produktion eine längere, zusammenhängende Periode erheischen. Auf die heutige Produktion einer bestimmten Masse von Garn, Kohle usw. folgt in dem einen Fall morgen keine neue Produktion von Garn, Kohle usw. Anders aber mit Schiffen, Gebäuden, Eisenbahnen usw. Nicht nur die Arbeit wird unterbrochen, ein zusammenhängender Produktionsakt wird unterbrochen. Wird das Werk nicht weitergeführt, so sind die bereits in seiner Produktion verzehrten Produktionsmittel und Arbeit nutzlos verausgabt. Selbst wenn es wieder aufgenommen wird, hat in der Zwischenzeit stets Deterioration stattgefunden.

Während der ganzen Dauer der Arbeitsperiode häuft sich schichtweis der Wertteil, den das fixe Kapital täglich an das Produkt bis zu dessen Reife abgibt.* Und hier zeigt sich zugleich der Unterschied von fixem und zirkulierendem Kapital in seiner praktischen Wichtigkeit. Das fixe Kapital ist für längre Zeitdauer dem Produktionsprozeß vorgeschossen, es braucht nicht vor Ablauf dieser vielleicht mehrjährigen Frist erneuert zu werden. Der Umstand, ob die Dampfmaschine ihren Wert stückweis täglich auf Garn, das Produkt eines diskreten Arbeitsprozesses, oder während drei Monaten auf eine Lokomotive, das Produkt eines kontinuierlichen Produktionsakts, abgibt, ändert durchaus nichts an der Auslage des für den Ankauf der Dampfmaschine nötigen Kapitals. In dem einen Fall strömt ihr Wert in kleinen Dosen zurück, z. B. wöchentlich, im andern in größren Massen, z. B. dreimonatlich. Aber in beiden Fällen findet die Erneuerung der Dampfmaschine vielleicht erst nach 20 Jahren statt. Solange jede einzelne Periode, innerhalb deren ihr Wert durch Verkauf des Produkts stückweis zurückfließt, kürzer ist als ihre eigne Existenzperiode, fährt dieselbe Dampfmaschine fort, während mehrerer Arbeitsperioden im Produktionsprozeß zu fungieren.

Anders verhält es sich dagegen mit den zirkulierenden Bestandteilen des vorgeschoßnen Kapitals. Die für diese Woche gekaufte Arbeitskraft ist verausgabt während dieser Woche und hat sich im Produkt vergegenständlicht. Sie muß Ende dieser Woche bezahlt werden. Und diese Kapitalauslage in Arbeitskraft wiederholt sich wöchentlich während der drei Monate, ohne daß die Verausgabung dieses Kapitalteils in der einen Woche den Kapitalisten befähige, den Ankauf der Arbeit in der nächsten Woche zu bestreiten. Es muß wöchentlich neues zuschüssiges Kapital in Zahlung von Arbeitskraft verausgabt werden und, wenn wir von allen Kreditverhältnissen absehn, muß der Kapitalist fähig sein, für die Zeit von drei Monaten Arbeitslohn auszulegen, obgleich er ihn nur in wöchentlichen Dosen zahlt. Ebenso mit dem andern Teil des zirkulierenden Kapitals, den Roh- und Hilfsstoffen. Eine Schicht von Arbeit nach der andern lagert sich auf dem Produkt ab. Nicht nur der Wert der verausgabten Arbeitskraft, sondern auch Mehrwert wird beständig während des Arbeitsprozesses auf das Produkt übertragen, aber auf unfertiges Produkt, das noch nicht die Gestalt der fertigen Ware

* [1. Auflage: den das fixe Kapital täglich bis zu seiner Reife an das Produkt abgibt.]

hat, also noch nicht zirkulationsfähig ist. Dasselbe gilt von dem in Roh- und Hilfsstoffen schichtweis auf das Produkt übertragnen Kapitalwert.

Je nach der längern oder kürzern Dauer der Arbeitsperiode, welche die spezifische Natur des Produkts oder des zu erreichenden Nutzeffekts zu ihrer Herstellung beansprucht, ist eine beständige, zuschüssige Ausgabe von zirkulierendem Kapital (Arbeitslohn, Roh- und Hilfsstoffen) erfordert, wovon kein Teil sich in einer zirkulationsfähigen Form befindet und daher zur Erneuerung derselben Operation dienen könnte; jeder Teil vielmehr sukzessive als Bestandteil des werdenden Produkts innerhalb der Produktionssphäre festgelegt, in Form von produktivem Kapital gebunden ist. Die Umschlagszeit ist aber gleich der Summe der Produktionszeit und der Zirkulationszeit des Kapitals. Eine Verlängerung der Produktionszeit vermindert also ebensosehr die Umschlagsgeschwindigkeit wie eine Verlängerung der Zirkulationszeit. In dem vorliegenden Fall ist aber Doppeltes zu bemerken: Erstens: der verlängerte Aufenthalt in der Produktionssphäre. Das z. B. in der ersten Woche in Arbeit, Rohmaterial etc. vorgeschoßne Kapital, ebenso wie die vom fixen Kapital an das Produkt abgegebnen Wertteile, bleiben für den ganzen Termin von drei Monaten in die Produktionssphäre gebannt und können, als einem erst werdenden, noch unfertigen Produkt einverleibt, nicht als Ware in die Zirkulation treten.

Zweitens: Da die für den Produktionsakt nötige Arbeitsperiode drei Monate dauert, in der Tat nur einen zusammenhängenden Arbeitsprozeß bildet, so muß beständig wöchentlich eine neue Dose von zirkulierendem Kapital den vorhergehenden zugefügt werden. Die Masse des nacheinander vorgeschoßnen, zusätzlichen Kapitals wächst also mit der Länge der Arbeitsperiode.

Wir haben unterstellt, daß in der Spinnerei und Maschinenfabrikation gleichgroße Kapitale angelegt sind, daß diese Kapitale in gleichgroßen Proportionen in konstantes und variables Kapital, ditto in fixes und zirkulierendes geteilt sind, daß die Arbeitstage gleich lang sind, kurz, daß alle Umstände dieselben sind, außer der Dauer der Arbeitsperiode. In der ersten Woche ist die Auslage für beide gleichgroß, aber das Produkt des Spinners kann verkauft und mit dem Erlös neue Arbeitskraft und neue Rohstoffe etc. gekauft, kurz, die Produktion auf derselben Stufenleiter fortgeführt werden. Der Maschinenfabrikant dagegen kann das in der ersten Woche verausgabte, zirkulierende Kapital erst nach drei Monaten, nach Fertigstellung seines Produkts, in Geld rückverwandeln und damit von neuem operieren. Es ist also erstens Differenz im Rückfluß desselben ausgelegten Kapitalquantums. Zweitens aber: Während der drei Monate ist gleichgroßes produktives Kapital in der Spinnerei und dem Maschinenbau angewandt, aber die Größe der Kapitalauslage ist für den Spinner und den Maschinenbauer durchaus verschieden, weil in dem einen Fall dasselbe Kapital sich rasch erneuert und dieselbe Operation daher von neuem wiederholen kann; in dem andern sich relativ nur langsam erneuert und daher bis zum Termin seiner Erneuerung beständig neue Kapitalquanta den alten hinzugefügt werden müssen. Es ist also sowohl die Zeitlänge verschieden, worin sich bestimmte Portionen des Kapitals erneuern, oder die Länge der Vorschußzeit, wie auch die Masse des Kapitals (obgleich das täglich oder wöchentlich angewandte Kapital dasselbe ist), die je nach der Länge des Arbeitsprozesses vorgeschossen werden muß. Der Umstand ist deswegen zu merken, weil die Länge des Vorschusses wachsen kann, wie in den im folgenden Kapitel zu betrachtenden Fällen, ohne daß deswegen die Masse des vorzuschießenden Kapitals im Verhältnis zu dieser Zeitlänge wächst. Das Kapital muß länger vorgeschossen werden, und eine größre Menge Kapital ist in der Form von produktivem Kapital gebunden.

Auf den unentwickelteren Stufen der kapitalistischen Produktion werden Unternehmungen, die eine lange Arbeitsperiode, also große Kapitalauslage für längre Zeit bedingen, namentlich wenn nur auf großer Stufenleiter ausführbar, entweder gar nicht kapitalistisch betrieben, wie z. B. Straßen, Kanäle etc. auf Gemeinde- oder Staatskosten (in ältren Zeiten meist durch Zwangsarbeit, soweit die Arbeitskraft in Betracht kommt). Oder solche Produkte, deren Herstellung eine längre Arbeitsperiode bedingt, werden nur zum geringsten Teil durch das Vermögen des Kapitalisten selbst fabriziert. Z. B. beim Hausbau zahlt die Privatperson, für welche das Haus gebaut wird, portionsweis Vorschüsse an den Bauunternehmer. Sie zahlt daher in der Tat das Haus stückweis, im Maß, wie sein Produktionsprozeß vorangeht. In der entwickelten kapitalistischen Ära dagegen, wo einerseits massenhafte Kapitale in den Händen einzelner konzentriert sind, andrerseits neben den Einzelkapitalisten der assoziierte Kapitalist (Aktiengesellschaften) tritt und gleichzeitig das Kreditwesen entwickelt ist, baut ein kapitalistischer Bauunternehmer nur noch ausnahmsweis auf Bestellung für einzelne Privatpersonen. Er macht ein Geschäft daraus, Häuserreihen und Stadtviertel für den Markt zu bauen, wie einzelne Kapitalisten ein Geschäft daraus machen, Eisenbahnen als Kontraktoren zu bauen.

Wie die kapitalistische Produktion den Häuserbau in London umgewälzt hat, darüber geben uns die Aussagen eines Bauunternehmers vor dem Bankkomitee von 1857 Auskunft. In seiner Jugend, sagte er, wurden Häuser meistens auf Bestellung gebaut und der Betrag während des Baues ratenweise an den Unternehmer bezahlt bei Vollendung gewisser Stadien des Baues. Auf Spekulation wurde nur wenig gebaut; die Unternehmer ließen sich hierauf hauptsächlich nur ein, um ihre Arbeiter regelmäßig beschäftigt und damit zusammenzuhalten. Seit den letzten 40 Jahren hat sich das alles geändert. Auf Bestellung wird nur noch sehr wenig gebaut. Wer ein neues Haus braucht, sucht sich eins aus von den auf Spekulation gebauten oder noch im Bau begriffnen. Der Unternehmer arbeitet nicht mehr für den Kunden, sondern für den Markt; ganz wie jeder andre Industrielle ist er gezwungen, fertige Ware im Markt zu haben. Während früher ein Unternehmer vielleicht drei oder vier Häuser gleichzeitig auf Spekulation im Bau hatte, muß er jetzt ein ausgedehntes Grundstück kaufen (d. h. in kontinentaler Ausdrucksweise auf meist 99 Jahre mieten), bis zu 100 oder 200 Häuser darauf errichten und sich so auf eine Unternehmung einlassen, die sein Vermögen um das zwanzig- bis fünfzigfache übersteigt. Die Fonds werden beschafft durch Aufnahme von Hypotheken, und das Geld dem Unternehmer zur Verfügung gestellt im Maß, wie der Bau der einzelnen Häuser fortschreitet. Kommt dann eine Krisis, die die Einzahlung der Vorschußraten zum Stocken bringt, so scheitert gewöhnlich die ganze Unternehmung; im besten Fall bleiben die Häuser unvollendet bis auf beßre Zeiten, im schlimmsten kommen sie unter den Hammer und werden zum halben Preis losgeschlagen. Ohne Spekulationsbau, und das auf großer Stufenleiter, kann heute kein Unternehmer mehr vorankommen. Der Profit aus dem Bauen selbst ist äußerst gering; sein Hauptgewinn besteht in Steigerung der Grundrente, in geschickter Auswahl und Ausnutzung des Bauterrains. Auf diesem Wege der die Nachfrage nach Häusern antizipierenden Spekulation sind fast ganz Belgravia und Tyburnia und die zahllosen Tausende von Villen um London gebaut worden. (Abgekürzt aus »Report from the Select Committee on Bank Acts«. Part I, 1857, Evidence, Fragen 5413–18, 5435–36.)

Die Ausführung von Werken von bedeutend langer Arbeitsperiode und großer Stufenleiter fällt erst vollständig der kapitalistischen Produktion anheim, wenn die Konzentration des Kapitals bereits sehr bedeutend ist, andrerseits die Entwicklung des Kreditsystems dem Kapitalisten das bequeme Auskunftsmittel bietet, fremdes statt sein eignes Kapital vorzuschießen und daher auch zu riskieren. Es versteht sich jedoch von selbst, daß der Umstand, ob das der Produktion vorgeschoßne Kapital seinem Anwender gehört oder nicht gehört, auf Umschlagsgeschwindigkeit und Umschlagszeit keinen Einfluß hat.

Die Umstände, welche das Produkt des einzelnen Arbeitstags vergrößern, wie Kooperation, Teilung der Arbeit, Anwendung der Maschinerie, verkürzen zugleich die Arbeitsperiode bei zusammenhängenden Produktionsakten. So verkürzt Maschinerie die Bauzeit von Häusern, Brücken etc.; die Mäh- und Dreschmaschine etc. verkürzen die Arbeitsperiode, erheischt, um das gereifte Korn in fertige Ware zu verwandeln. Verbesserter Schiffs-

bau verkürzt mit vermehrter Geschwindigkeit die Umschlagszeit des in der Schiffahrt ausgelegten Kapitals. Diese Verbesserungen, welche die Arbeitsperiode und daher die Zeit verkürzen, für welche zirkulierendes Kapital vorgeschossen werden muß, sind jedoch meist verbunden mit vermehrter Auslage von fixem Kapital. Andrerseits kann die Arbeitsperiode in bestimmten Zweigen verkürzt werden durch bloße Ausdehnung der Kooperation; die Fertigstellung einer Eisenbahn wird dadurch verkürzt, daß große Arbeiterarmeen auf die Beine gestellt werden und das Werk daher vielseitig im Raum angegriffen wird. Die Umschlagszeit wird hier verkürzt durch Wachstum des vorgeschoßnen Kapitals. Mehr Produktionsmittel und mehr Arbeitskraft müssen unter dem Kommando des Kapitalisten vereint sein.
Wenn die Verkürzung der Arbeitsperiode daher meist mit Vergrößerung des für die kürzre Zeit vorgeschoßnen Kapitals verbunden ist, so daß, im Maß wie die Vorschußzeit sich verkürzt, die Masse, worin das Kapital vorgeschossen wird, sich vergrößert – so ist hier zu erinnern, daß, abgesehn von der vorhandnen Masse des gesellschaftlichen Kapitals, es darauf ankommt, in welchem Grade die Produktions- und Lebensmittel, resp. die Verfügung darüber, zersplittert oder in den Händen individueller Kapitalisten vereinigt sind, also welchen Umfang die Konzentration der Kapitale bereits erreicht hat. Insofern der Kredit die Konzentration von Kapital in einer Hand vermittelt, beschleunigt und steigert, trägt er dazu bei, die Arbeitsperiode, und damit die Umschlagszeit, abzukürzen.
In Produktionszweigen, wo die Arbeitsperiode, sei sie nun kontinuierlich oder unterbrochen, durch bestimmte Naturbedingungen vorgeschrieben ist, kann keine Verkürzung durch die oben angegebnen Mittel stattfinden. »Der Ausdruck: rascherer Umschlag, kann nicht auf Kornernten angewandt werden, da nur ein Umschlag im Jahr möglich ist. Was den Viehstand angeht, wollen wir einfach fragen: Wie ist der Umschlag zwei- und dreijähriger Schafe und vier- und fünfjähriger Ochsen zu beschleunigen?« (W. Walter Good: »Political, Agricultural, and Commercial Fallacies«, London 1866, p. 325.)
Die Notwendigkeit, früher Geld flüssig zu haben (z. B. um fixe Leistungen wie Steuern, Grundrente etc. zu zahlen), löst diese Frage dadurch, daß Vieh z. B. verkauft und geschlachtet wird, bevor es das ökonomische Normalalter erreicht hat, zum großen Schaden der Agrikultur; es bewirkt dies auch schließlich ein Steigen der Fleischpreise. »Die Leute, welche früher hauptsächlich Vieh züchteten, um die Weidegründe der Midland counties im Sommer und die Ställe der östlichen Grafschaften im Winter damit zu versorgen ... sind durch die Schwankungen und Senkungen der Kornpreise so heruntergebracht worden, daß sie froh sind, aus den hohen Preisen von

Butter und Käse Vorteil ziehn zu können; die erstre bringen sie wöchentlich auf den Markt, um laufende Ausgaben zu decken; gegen den letztren nehmen sie Vorschüsse von einem Faktor, der den Käse abholt, sobald er transportfähig ist, und der natürlich seinen eignen Preis macht. Aus diesem Grund, und da die Landwirtschaft durch die Grundsätze der politischen Ökonomie regiert wird, werden die Kälber, die früher von den milchwirtschaftenden Gegenden zur Aufzucht nach Süden kamen, jetzt massenweise geopfert, oft, wenn sie erst acht bis zehn Tage alt sind, in den Schlachthäusern von Birmingham, Manchester, Liverpool und andern benachbarten Großstädten. Wäre dagegen das Malz unbesteuert, so hätten nicht nur die Pächter mehr Profit gemacht, und so ihr Jungvieh behalten können, bis es älter und schwerer wurde, sondern das Malz hätte auch statt Milch zur Aufzucht von Kälbern gedient bei Leuten, die keine Kühe halten; und der jetzige erschreckende Mangel an Jungvieh wäre großenteils vermieden worden. Empfiehlt man diesen kleinen Leuten jetzt, die Kälber aufzuziehn, so sagen sie: Wir wissen sehr wohl, daß die Aufzucht mit Milch sich lohnen würde, aber erstens müßten wir Geld auslegen, und das können wir nicht, und zweitens müßten wir lange warten, bis wir unser Geld wiederbekommen, während wir es in der Milchwirtschaft sogleich zurückerhalten.« (Ibid., p. 11, 12.)

Wenn die Verlängrung des Umschlags solche Folgen schon bei kleinern englischen Pächtern hat, so ist leicht zu begreifen, welche Störungen sie bei den Kleinbauern des Kontinents hervorrufen muß.

Entsprechend der Dauer der Arbeitsperiode, also auch der Zeitperiode bis zur Fertigstellung der zirkulationsfähigen Ware, häuft sich der Wertteil, den das fixe Kapital schichtweis an das Produkt abgibt, und verzögert sich der Rückfluß dieses Wertteils. Aber diese Verzögrung verursacht nicht erneuerte Auslage in fixem Kapital. Die Maschine fährt fort, im Produktionsprozeß zu wirken, ob der Ersatz ihres Verschleißes langsamer oder rascher in Geldform zurückströmt. Anders verhält es sich mit dem zirkulierenden Kapital. Nicht nur muß im Verhältnis zur Dauer der Arbeitsperiode, Kapital auf längre Zeit festgelegt, es muß auch beständig neues Kapital in Arbeitslohn, Roh- und Hilfsstoffen vorgeschossen werden.* Verzögerter Rückfluß wirkt daher verschieden auf beide. Der Rückfluß mag langsamer oder rascher sein, das fixe Kapital fährt fort zu wirken. Das zirkulierende Kapital

* [1. Auflage folgt hier: Es zeigt sich hier, daß die Unterschiede von fixem und flüssigem Kapital aus der Rolle entspringen, welche die verschiednen Faktoren im Arbeitsprozeß spielen, indem die einen in wiederholten Arbeitsprozessen fortwirken, die andren beständig erneuert werden, diese also beständig durch die Zirkulation ganz ersetzt werden müssen, jene nicht.]

dagegen wird funktionsunfähig bei verzögertem Rückfluß, wenn es in der Form von unverkauftem oder unfertigem, noch nicht verkäuflichem Produkt festliegt und kein Zuschußkapital vorhanden ist, um es in natura zu erneuern. – »Während der Bauer verhungert, gedeiht sein Vieh. Es hatte ziemlich geregnet, und das Grasfutter stand üppig. Der indische Bauer wird verhungern neben einem fetten Ochsen. Die Vorschriften des Aberglaubens erscheinen grausam gegenüber dem Einzelnen, aber sie sind erhaltend für die Gesellschaft; die Erhaltung des Arbeitsviehs sichert den Fortgang des Ackerbaus, und damit die Quellen künftigen Lebensunterhalts und Reichtums. Es mag hart und traurig lauten, aber es ist so: In Indien ist ein Mensch leichter zu ersetzen als ein Ochse.« (»Return, East India. Madras and Orissa Famine«, Nr. 4, p. 44.) Man vergleiche hiermit den Satz des »Manava-Dharma-Sastra«, Cap. X, § 62: »Hingebung des Lebens ohne Belohnung, um einen Priester oder eine Kuh zu erhalten ... kann die Seligkeit dieser niedrig gebornen Stämme sichern.«

Es ist natürlich unmöglich, ein fünfjähriges Tier vor dem Ende von fünf Jahren zu liefern. Was aber innerhalb gewisser Grenzen möglich, das ist, durch veränderte Behandlungsweise Tiere in kürzrer Zeit für ihre Bestimmung fertigzumachen. Dies wurde namentlich geleistet durch Bakewell. Früher waren englische Schafe, wie die französischen noch 1855, vor dem vierten oder fünften Jahre nicht schlachtfertig. Nach Bakewells System kann schon ein einjähriges Schaf gemästet werden, und in jedem Fall ist es vor Ablauf des zweiten Jahres vollständig ausgewachsen. Durch sorgfältige Zuchtwahl reduzierte Bakewell, Pächter von Dishley Grange, das Knochenskelett der Schafe auf das zu ihrer Existenz notwendige Minimum. Seine Schafe hießen die New Leicesters. »Der Züchter kann jetzt drei Schafe auf den Markt liefern in derselben Zeit, in der er früher eins fertigstellte, und das in breiterer, runderer, größerer Entwicklung der am meisten Fleisch gebenden Teile. Fast ihr ganzes Gewicht ist pures Fleisch.« (Lavergne, »The Rural Economy of England etc.«, 1855, p. 20.)

Die Methoden, welche die Arbeitsperiode abkürzen, sind in verschiednen Industriezweigen nur in sehr verschiednem Grad anwendbar und gleichen nicht die Unterschiede in der Zeitlänge der verschiednen Arbeitsperioden aus. Um bei unsrem Beispiel zu bleiben, so mag durch Anwendung neuer Werkzeugmaschinen die zur Herstellung einer Lokomotive nötige Arbeitsperiode absolut verkürzt werden. Wird aber durch verbesserte Prozesse in der Spinnerei das täglich oder wöchentlich gelieferte fertige Produkt ungleich rascher vermehrt, so hat die Länge der Arbeitsperiode in der Maschinenfabrikation dennoch relativ zugenommen, im Vergleich mit der Spinnerei.

Dreizehntes Kapitel: DIE PRODUKTIONSZEIT

Die Arbeitszeit ist immer Produktionszeit, d. h. Zeit, während deren das Kapital in die Produktionssphäre gebannt ist. Aber umgekehrt ist nicht alle Zeit, während deren das Kapital sich im Produktionsprozeß befindet, deswegen notwendig auch Arbeitszeit.

Es handelt sich hier nicht um Unterbrechungen des Arbeitsprozesses, welche durch die Naturschranken der Arbeitskraft selbst bedingt sind, obgleich sich gezeigt hat, wie sehr der bloße Umstand, daß das fixe Kapital, Fabrikgebäude, Maschinerie usw., während der Pausen des Arbeitsprozesses brachliegt, eins der Motive wurde zur unnatürlichen Verlängrung des Arbeitsprozesses und zur Tag- und Nachtarbeit.* Es handelt sich hier von einer, von der Länge des Arbeitsprozesses unabhängigen, durch die Natur des Produkts und seiner Herstellung selbst bedingten Unterbrechung, während deren der Arbeitsgegenstand kürzer oder länger dauernden Naturprozessen unterworfen ist, physikalische, chemische, physiologische Veränderungen durchmachen muß, während deren der Arbeitsprozeß ganz oder teilweise suspendiert ist.

So muß gekelterter Wein erst eine Zeitlang die Gärung durchmachen und dann wieder eine Zeitlang liegen, um einen bestimmten Grad der Vollkommenheit zu erreichen. In vielen Industriezweigen muß das Produkt eine Trocknung durchmachen, wie in der Töpferei, oder gewissen Umständen ausgesetzt sein, um seine chemische Beschaffenheit zu ändern, wie in der Bleicherei. Winterkorn braucht vielleicht neun Monate zur Reife. Zwischen Saat- und Erntezeit ist der Arbeitsprozeß fast ganz unterbrochen. In der Holzzucht, nachdem die Aussaat und die dabei nötigen Vorarbeiten beendet, braucht der Same vielleicht 100 Jahre, um in fertiges Produkt verwandelt zu werden; während dieser ganzen Zeit braucht er relativ nur sehr unbedeutende Einwirkung von Arbeit.

In allen diesen Fällen wird während eines großen Teils der Produktionszeit nur stellenweis zuschüssige Arbeit zugesetzt. Das im vorigen Kapitel beschriebne Verhältnis, wo dem bereits im Produktionsprozeß festgelegten Kapital zuschüssiges Kapital und Arbeit zugesetzt werden muß, findet hier nur mit längern oder kürzern Unterbrechungen statt.

In allen diesen Fällen besteht also die Produktionszeit des vorgeschoßnen Kapitals aus zwei Perioden: Einer Periode, worin das Kapital sich im Arbeitsprozeß befindet; einer zweiten Periode, worin seine Existenzform –

* [Siehe »Kapital«, Bd. 1, a. a. O., S. 221–228.]

die von unfertigem Produkt – dem Walten von Naturprozessen überlassen ist, ohne sich im Arbeitsprozeß zu befinden. Ob diese beiden Zeiträume sich stellenweis durchkreuzen und zwischeneinanderschieben, ändert nichts an der Sache. Arbeitsperiode und Produktionsperiode decken sich hier nicht. Die Produktionsperiode ist größer als die Arbeitsperiode. Aber erst nach Zurücklegung der Produktionsperiode ist das Produkt fertig, reif, also aus der Form von produktivem Kapital verwandelbar in die von Warenkapital. Je nach der Länge der, nicht aus Arbeitszeit bestehenden Produktionszeit verlängert sich also auch seine Umschlagsperiode. Soweit die über die Arbeitszeit überschüssige Produktionszeit nicht durch ein für allemal gegebne Naturgesetze bestimmt ist, wie beim Reifen des Korns, dem Wuchs der Eiche usw., kann die Umschlagsperiode oft mehr oder minder verkürzt werden durch künstliche Abkürzung der Produktionszeit. So durch Einführung der chemischen Bleicherei statt der Wiesenbleicherei, durch wirksamere Trockenapparate in Trocknungsprozessen. So in der Gerberei, wo das Eindringen der Gerbsäure in die Häute nach der alten Methode 6 bis 18 Monate wegnahm, nach der neuen, worin die Luftpumpe angewandt wird, nur anderthalb bis zwei Monate. (J. G. Courcelle-Seneuil, »Traité théorique et pratique des entreprises industrielles etc.«, Paris 1857, 2. éd. [p. 49].) Das großartigste Beispiel von künstlicher Abkürzung der durch Naturprozesse ausgefüllten bloßen Produktionszeit liefert die Geschichte der Eisenproduktion und namentlich die Verwandlung von Roheisen in Stahl in den letzten 100 Jahren, von dem um 1780 entdeckten Puddling bis zu dem modernen Bessemer-Prozeß und den seitdem eingeführten neuesten Verfahrungsweisen. Die Produktionszeit ist enorm abgekürzt worden, aber in demselben Maß auch die Anlage von fixem Kapital vergrößert.

Ein eigentümliches Beispiel für die Abweichung der Produktionszeit von der Arbeitszeit liefert die amerikanische Fabrikation von Schuhleisten. Hier entsteht ein bedeutender Teil der Unkosten daraus, daß das Holz bis zu 18 Monaten zur Austrocknung lagern muß, damit der fertige Leisten sich nachher nicht zieht, seine Form verändert. Während dieser Zeit macht das Holz keinen andern Arbeitsprozeß durch. Die Umschlagsperiode des angelegten Kapitals ist daher nicht nur bestimmt durch die zur Leistenfabrikation selbst erheischte Zeit, sondern auch durch die Zeit, während deren es im austrocknenden Holz brachliegt. Es befindet sich 18 Monate im Produktionsprozeß, bevor es in den eigentlichen Arbeitsprozeß eintreten kann. Dies Beispiel zeigt zugleich, wie die Umschlagszeiten verschiedner Teile des zirkulierenden Gesamtkapitals verschieden sein können infolge von Umständen, die nicht innerhalb der Zirkulationssphäre, sondern aus dem Produktionsprozeß entspringen.

Besonders deutlich tritt der Unterschied von Produktionszeit und Arbeitszeit hervor in der Landwirtschaft. In unsern gemäßigten Klimaten trägt das Land einmal jährlich Korn. Die Abkürzung oder Verlängrung der Produktionsperiode (für Wintersaat durchschnittlich neun Monate) ist selbst wieder vom Wechsel guter oder schlechter Jahre abhängig, daher nicht genau vorher bestimmbar und kontrollierbar wie in der eigentlichen Industrie. Nur Nebenprodukte, Milch, Käse etc., sind fortlaufend in kürzern Perioden produzierbar und verkaufbar. Dagegen stellt sich die Arbeitszeit wie folgt: »Die Zahl der Arbeitstage wird in den verschiednen Gegenden von Deutschland mit Rücksicht auf die klimatischen und übrigen einwirkenden Verhältnisse für die drei Hauptarbeitsperioden anzunehmen sein: Für die Frühjahrsperiode von Mitte März oder Anfang April bis Mitte Mai auf 50–60; für die Sommerperiode von Anfang Juni bis Ende August auf 65–80; und für die Herbstperiode von Anfang September bis Ende Oktober oder Mitte oder Ende November auf 55–75 Arbeitstage. Für den Winter sind bloß die darin zu verrichtenden Arbeiten, wie Dünger-, Holz-, Markt-, Baufuhren usw. zu bemerken.« (F. Kirchhof, »Handbuch der landwirthschaftlichen Betriebslehre«, Dessau 1852, S. 160.)

Je ungünstiger daher das Klima, desto mehr drängt sich die Arbeitsperiode der Landwirtschaft, und daher die Auslage in Kapital und Arbeit, auf kurzem Zeitraum zusammen. Z. B. Rußland. Dort ist in einigen nördlichen Gegenden Feldarbeit nur möglich während 130–150 Tagen im Jahr. Man begreift, welchen Verlust Rußland erleiden würde, wenn 50 aus den 65 Millionen seiner europäischen Bevölkrung ohne Beschäftigung blieben während der sechs oder acht Wintermonate, wo alle Feldarbeit aufhören muß. Außer den 200 000 Bauern, welche in den 10 500 Fabriken Rußlands arbeiten, haben sich überall auf den Dörfern eigne Hausindustrien entwickelt. So gibt es Dörfer, worin alle Bauern seit Generationen Weber, Gerber, Schuhmacher, Schlosser, Messerschmiede etc. sind; besonders ist dies der Fall in den Gouvernements Moskau, Wladimir, Kaluga, Kostroma und Petersburg. Beiläufig wird diese Hausindustrie schon mehr und mehr in den Dienst der kapitalistischen Produktion gepreßt; den Webern z. B. Kette und Einschlag von Kaufleuten direkt oder durch Vermittlung von Faktoren geliefert. (Abgekürzt nach: »Reports by H. M. Secretaries of Embassy and Legation, on the Manufactures, Commerce etc.«, Nr. 8, 1865, p. 86, 87.) Man sieht hier, wie das Auseinanderfallen von Produktionsperiode und Arbeitsperiode, welche letztre nur einen Teil der erstren bildet, die natürliche Grundlage der Vereinigung der Agrikultur mit ländlicher Nebenindustrie bildet, wie andrerseits letztre wieder Anhaltspunkt wird für den Kapitalisten, der sich zunächst als Kaufmann dazwischendrängt. Indem die kapitalistische Produktion dann später die Scheidung zwischen Manufaktur und Agrikultur vollzieht, wird der Landarbeiter immer mehr von bloß zufälliger Nebenbeschäftigung abhängig und seine Lage dadurch verschlechtert. Für das Kapital, wie man später sehn wird, gleichen sich alle Verschiedenheiten im Umschlag aus. Für den Arbeiter nicht.

Während in den meisten Zweigen der eigentlichen Industrie, des Bergbaus, des Transports usw. der Betrieb ein gleichmäßiger ist, gleichmäßige Arbeitszeit jahraus, jahrein gearbeitet wird und, von Preisschwankungen, Geschäftsstörungen etc. als von anormalen Unterbrechungen abgesehn, die Auslagen für das in den täglichen Zirkulationsprozeß eingehende Kapital sich gleichmäßig verteilen; während ebenfalls, bei sonst gleichbleibenden Marktverhältnissen, auch der Rückfluß des zirkulierenden Kapitals oder seine Erneuerung das Jahr hindurch in gleichmäßige Perioden sich verteilt – findet in den Kapitalauslagen, wo die Arbeitszeit nur einen Teil der Produktionszeit bildet, im Laufe* der verschiednen Perioden des Jahrs die größte Ungleichmäßigkeit in der Auslage von zirkulierendem Kapital statt, indes der Rückfluß nur auf einmal zu der durch Naturbedingungen fixierten Zeit erfolgt. Bei gleicher Stufenleiter des Geschäfts, d. h. bei gleicher Größe des vorgeschoßnen zirkulierenden Kapitals, muß es daher in größren Massen auf einmal und auf längre Zeit vorgeschossen werden als in den Geschäften mit kontinuierlichen Arbeitsperioden. Die Lebensdauer des fixen Kapitals unterscheidet sich hier auch bedeutender von der Zeit, worin es wirklich produktiv fungiert. Mit der Differenz von Arbeitszeit und Produktionszeit wird natürlich auch die Gebrauchszeit des angewandten fixen Kapitals auf längre oder kürzre Zeit fortwährend unterbrochen, wie z. B. im Ackerbau bei Arbeitsvieh, Geräten und Maschinen. Soweit dies fixe Kapital aus Arbeitstieren besteht, erheischt es fortwährend dieselben oder fast dieselben Ausgaben in Futter etc. wie während der Zeit, worin es arbeitet. Bei toten Arbeitsmitteln verursacht auch der Nichtgebrauch eine gewisse Entwertung. Es findet also überhaupt Verteuerung des Produkts statt, indem die Wertabgabe an das Produkt sich berechnet nicht nach der Zeit, worin das fixe Kapital fungiert, sondern nach der Zeit, worin es Wert verliert. In diesen Produktionszweigen bildet das Brachliegen des fixen Kapitals, ob noch mit laufenden Kosten verbunden oder nicht, ebenso eine Bedingung seiner normalen Anwendung wie z. B. der Verlust eines gewissen Quantums von Baumwolle bei der Spinnerei; und ebenso zählt bei jedem Arbeitsprozeß die unter den normalen technischen Bedingungen unproduktiv, aber unvermeidlich, verausgabte Arbeitskraft geradesogut wie die produktive. Jede

* [1. Auflage: während]

Verbeßrung, die unproduktive Verausgabung von Arbeitsmitteln, Rohstoff und Arbeitskraft vermindert, vermindert auch den Wert des Produkts.
In der Landwirtschaft vereinigt sich beides, die längre Dauer der Arbeitsperiode und die große Differenz zwischen Arbeitszeit und Produktionszeit. Hodgskin bemerkt darüber richtig: »Der Unterschied in der Zeit«, [obgleich er hier nicht zwischen Arbeitszeit und Produktionszeit unterscheidet] »die erforderlich ist, um die Produkte der Landwirtschaft fertigzumachen, und der von andern Arbeitszweigen, ist die Hauptursache der großen Abhängigkeit der Landwirte. Sie können ihre Waren nicht in kürzrer Zeit zu Markte bringen als in einem Jahr. Während dieses ganzen Zeitraums müssen sie borgen vom Schuhmacher, Schneider, Schmied, Wagenmacher und den verschiednen andren Produzenten, von denen sie Produkte brauchen, und welche Produkte in wenig Tagen oder Wochen fertig werden. Infolge dieses natürlichen Umstands, und infolge der raschern Reichtumsvermehrung in den andern Arbeitszweigen, sind die Grundbesitzer, die den Boden des ganzen Reichs monopolisiert haben, obgleich sie außerdem sich das Monopol der Gesetzgebung angeeignet haben, dennoch unfähig, sich und ihre Diener, die Pächter, vor dem Schicksal zu retten, die abhängigsten Leute im Lande zu werden.« (Thomas Hodgskin, »Popular Political Economy«, London 1827, p. 147, Note.)
Alle Methoden, wodurch teilweis die Ausgaben in Arbeitslohn und Arbeitsmitteln in der Agrikultur gleichmäßiger über das ganze Jahr verteilt werden, teilweis der Umschlag verkürzt wird, indem verschiedenartigere Produkte erzeugt und so verschiedne Ernten während des Jahres möglich werden, erheischen Vergrößrung des in der Produktion vorgeschoßnen, in Arbeitslohn, Dünger, Samen etc. ausgelegten zirkulierenden Kapitals. So beim Übergang von der Dreifelderwirtschaft mit Brache zur Fruchtwechselwirtschaft ohne Brache. So bei den cultures dérobées in Flandern. »Man nimmt die Wurzelgewächse in culture dérobée; dasselbe Feld trägt zuerst Getreide, Flachs, Raps, für die Bedürfnisse der Menschen, und nach der Ernte werden Wurzelkräuter gesät zur Erhaltung des Viehs. Dies System, wobei das Hornvieh fortwährend im Stall bleiben kann, ergibt eine beträchtliche Anhäufung von Dünger und wird so der Angelpunkt der Wechselwirtschaft. Mehr als ein Drittel der bebauten Oberfläche wird in den Sandgegenden auf die cultures dérobées verwandt; es ist gerade so, als ob man die Ausdehnung des bebauten Landes um ein Drittel vermehrt hätte.« Neben Wurzelgewächsen wird hierzu auch Klee und andre Futterkräuter verwandt. »Der Ackerbau, so auf einen Punkt getrieben, wo er in Gartenbau übergeht, erfordert begreiflicherweise ein verhältnismäßig beträchtliches Anlagekapital. In England rechnet man 250 Franken Anlagekapital auf

die Hektare. In Flandern werden unsre Bauern ein Anlagekapital von 500 Franken per Hektare wahrscheinlich viel zu niedrig finden.« (»Essais sur l'Économie Rurale de la Belgique«, par Émile de Laveleye. Bruxelles 1863, p. 59, 60, 63.)

Nehmen wir schließlich die Holzzucht. – »Die Holzproduktion unterscheidet sich von den meisten übrigen Produktionen wesentlich dadurch, daß bei ihr die Naturkraft selbständig wirkt und bei natürlicher Verjüngung der Menschen- und Kapitalkraft nicht bedarf. Übrigens ist auch selbst da, wo die Wälder künstlich verjüngt werden, der Aufwand von Menschen- und Kapitalkraft neben dem Wirken der Naturkräfte nur gering. Außerdem findet der Wald noch auf Bodenarten und in Lagen Gedeihen, wo das Getreide nicht mehr fortkommt oder dessen Produktion doch nicht mehr lohnt. Der Waldbau erfordert aber auch, zu einer regelmäßigen Wirtschaft, einen größren Flächenraum als die Getreidekultur, indem bei kleinren Parzellen keine forstwirtschaftliche Schlagführung ausführbar ist, die Nebennutzungen meist verlorengehn, der Forstschutz schwerer zu handhaben ist usw. Der Produktionsprozeß ist aber auch an so lange Zeiträume gebunden, daß er über die Pläne einer Privatwirtschaft, einzeln sogar über die Zeit eines Menschenlebens hinausgeht. Das für Erwerbung des Waldbodens* angelegte Kapital« [bei Gemeinproduktion fällt dieses Kapital fort und ist die Frage nur, wieviel Boden die Gemeinde für Waldproduktion dem Acker- und Weideboden entziehen kann] »trägt nämlich erst nach langer Zeit lohnende Früchte und schlägt nur teilweise, vollständig aber erst bei manchen Holzarten in Fristen** bis zu 150 Jahren um. Außerdem erfordert die nachhaltige Holzproduktion selbst einen Vorrat lebendigen Holzes, welcher das zehn- bis vierzigfache der jährlichen Nutzung beträgt. Wer daher nicht noch andres Einkommen hat und bedeutende Waldstrecken besitzt, kann keine regelmäßige Waldwirtschaft führen.« (Kirchhof, p. 58.)

Die lange Produktionszeit (die einen relativ nur geringen Umfang der Arbeitszeit einschließt), daher die Länge ihrer Umschlagsperioden, macht die Waldzucht zu einem ungünstigen Privat- und daher kapitalistischen Betriebszweig, welcher letztre wesentlich Privatbetrieb ist, auch wenn statt des einzelnen Kapitalisten der assoziierte Kapitalist auftritt. Die Entwicklung der Kultur und Industrie überhaupt hat sich von jeher so tätig in der Zerstörung der Waldungen gezeigt, daß dagegen alles, was sie umgekehrt zu deren Erhaltung und Produktion getan hat, eine vollständig verschwindende Größe ist.

---

* [1. und 2. Auflage: Landbodens]
** [1. und 2. Auflage: Forsten]

Besonders bemerkenswert in dem Zitat von Kirchhof ist folgende Stelle: »Außerdem erfordert die nachhaltige Holzproduktion selbst einen Vorrat lebendigen Holzes, welcher das zehn- bis vierzigfache der jährlichen Nutzung beträgt.« Also einmaliger Umschlag in zehn bis vierzig und mehr Jahren.*

Ebenso bei der Viehzucht. Ein Teil der Herde (Viehvorrat) bleibt im Produktionsprozeß, während ein andrer Teil derselben als jährliches Produkt verkauft wird. Nur ein Teil des Kapitals schlägt hier jährlich um, ganz wie bei dem fixen Kapital, Maschinerie, Arbeitsvieh etc. Obgleich dies Kapital für längre Zeit im Produktionsprozeß fixiertes Kapital ist, und so den Umschlag des Gesamtkapitals verlängert, bildet es nicht fixes Kapital im kategorischen Sinn.

Was hier Vorrat genannt wird – ein bestimmtes Quantum lebendigen Holzes oder Viehs – befindet sich relativ im Produktionsprozeß (zugleich als Arbeitsmittel und als Arbeitsmaterial); nach den Naturbedingungen seiner Reproduktion, bei geregelter Wirtschaft, muß sich stets ein bedeutender Teil in dieser Form befinden.

Ähnlich auf den Umschlag wirkt eine andre Art des Vorrats, die nur potentielles produktives Kapital bildet, aber infolge der Natur der Wirtschaft in größren oder geringren Massen angehäuft sein, daher für längre Zeit der Produktion vorgeschossen sein muß, obgleich sie nur nach und nach in den aktiven Produktionsprozeß eingeht. Dazu gehört z. B. der Dünger, bevor er aufs Feld geführt wird, ebenso Korn, Heu etc. und solche Lebensmittelvorräte, die in die Produktion des Viehs eingehn. »Ein beträchtlicher Teil des Betriebskapitals ist in den Vorräten der Wirtschaft enthalten. Diese können aber in ihrem Wert mehr oder weniger verlieren, sobald die für ihre gute Erhaltung erforderlichen Vorsichtsmaßregeln nicht gehörig in Anwendung gebracht werden; ja es kann durch Mangel an Aufsicht selbst ein Teil der Produktenvorräte für die Wirtschaft gänzlich verlorengehn. Es wird daher in dieser Beziehung vorzugsweis eine sorgfältige Aufsicht über die Scheunen, Futter- und Getreideböden und Keller erforderlich, sowie die Vorratsräume stets gehörig zu verschließen, außerdem aber reinlich zu halten, auszulüften sind usw.; das Getreide und andre zur Aufbewahrung gebrachte Früchte müssen von Zeit zu Zeit gehörig gewendet, Kartoffeln und Rüben sowohl gegen Frost als gegen Wasser und Fäulnis** geschützt werden.« (Kirchhof, p. 292.) »Bei Berechnung des eignen Bedarfs, besonders für die Viehhaltung, wobei die Verteilung nach Maßgabe des Erzeugnisses und des

---

* [Dieser Satz fehlt in der 1. Auflage.]

** [1. und 2. Auflage: Feuer]

Zwecks vorzunehmen ist, muß man nicht nur auf die Deckung des Bedürfnisses, sondern außerdem auch noch darauf Rücksicht nehmen, daß für unvorhergesehne Fälle auch noch ein verhältnismäßiger Vorrat übrigbleibe. Sobald sich nun hierbei ergibt, daß der Bedarf durch das eigne Erzeugnis nicht vollständig gedeckt werden kann, so hat man zunächst in Betracht zu ziehn, ob man nicht durch andre Erzeugnisse (Ersatzmittel) diesen Mangel decken oder doch solche statt der fehlenden wohlfeiler anschaffen könne. Wenn z. B. sich ein Mangel an Heu herausstellen sollte, so läßt sich dieser durch Wurzelwerk mit Strohzusatz decken. Überhaupt muß man hierbei den Sachwert und den Marktpreis der verschiednen Erzeugnisse stets im Auge behalten und die Bestimmungen für die Konsumtion darnach treffen; ist z. B. der Hafer teurer, während Erbsen und Roggen verhältnismäßig niedrig stehn, so wird man mit Vorteil einen Teil des Hafers bei Pferden durch Erbsen oder Roggen ersetzen und den hierdurch erübrigten Hafer verkaufen.« (Ibidem, p. 300.)

Es ist früher bei Betrachtung der Vorratbildung* bereits bemerkt worden, daß ein bestimmtes größres oder kleinres Quantum von potentiellem produktivem Kapital erfordert ist, d. h. von für die Produktion bestimmten Produktionsmitteln, die in größren oder kleinren Massen vorrätig sein müssen, um nach und nach in den Produktionsprozeß einzugehn. Es ist dabei bemerkt worden, daß bei einer gegebnen Geschäftsunternehmung oder einem Kapitalbetrieb von bestimmtem Umfang die Größe dieses Produktionsvorrats abhängt von der größren oder geringren Schwierigkeit seiner Erneuerung, relativer Nähe der Bezugsmärkte, Entwicklung der Transport- und Kommunikationsmittel etc. Alle diese Umstände wirken ein auf das Minimum von Kapital, das in der Form von produktivem Vorrat vorhanden sein muß, also auf die Zeitlänge, wofür Kapitalvorschüsse zu machen, und auf den Umfang der auf einmal vorzuschießenden Kapitalmasse. Dieser Umfang, der also auch auf den Umschlag wirkt, wird bedingt durch die längre oder kürzre Zeit, für welche zirkulierendes Kapital in der Form von produktivem Vorrat als bloß potentielles produktives Kapital festliegt. Andrerseits, soweit diese Stauung von größrer oder geringrer Möglichkeit des raschen Ersatzes, von Marktverhältnissen usw. abhängt, entspringt sie selbst wieder aus der Umlaufszeit, aus Umständen, die der Zirkulationssphäre angehören. »Ferner müssen alle solche Inventarienstücke oder Zutaten, wie Handarbeitsgeräte, Siebe, Körbe, Stricke, Wagenschmiere, Nägel usw., um so mehr zum augenblicklichen Ersatze im Vorrat vorhanden sein, je weniger man die Gelegenheit in der Nähe hat, solche schnell anschaffen zu können. Endlich

---

* [Siehe vorliegende Ausgabe S. 128–134.]

soll jährlich das ganze Gerätinventar im Winter sorgfältig nachgesehn und für die hierbei sich notwendig machende Ergänzung und Instandsetzung sofort gesorgt werden. Ob man sich nun aber im allgemeinen größre oder kleinre Vorräte zum Bedarf des Inventars halten soll, wird hauptsächlich durch die Lokalverhältnisse bestimmt. Wo Handwerksleute und Kaufläden nicht in der Nähe sind, da muß man auf größre Vorräte halten als dort, wo man solche im Orte oder doch sehr nahe findet. Wenn man aber unter sonst gleichen Verhältnissen die bedürfenden Vorräte in größren Mengen auf einmal anschafft, gewinnt man in der Regel den Vorteil des billigen Einkaufs, wenn man nur sonst hierzu einen geeigneten Zeitpunkt gewählt hat; freilich entzieht man hierdurch aber auch dem umlaufenden Betriebskapital eine um so größre Summe auf einmal, welche nicht immer gut aus dem Wirtschaftsbetriebe entbehrt werden kann.« (Kirchhof, p. 301.)

Die Differenz von Produktions- und Arbeitszeit läßt, wie wir gesehn, sehr verschiedne Fälle zu. Das zirkulierende Kapital kann sich in der Produktionszeit befinden, ehe es in den eigentlichen Arbeitsprozeß eingeht (Leistenfabrikation); oder es befindet sich in Produktionszeit, nachdem es den eigentlichen Arbeitsprozeß durchgemacht hat (Wein, Saatkorn); oder die Produktionszeit wird stellenweis durch Arbeitszeit durchbrochen (Feldbau, Holzzucht); ein großer Teil von zirkulationsfähigem Produkt bleibt dem aktiven Produktionsprozeß einverleibt, während ein viel geringrer Teil in die jährliche Zirkulation eingeht (Holz- und Viehzucht); die größre oder geringre Zeitlänge, für welche zirkulierendes Kapital in der Form von potentiellem produktivem Kapital, also auch die größre oder geringre Masse, worin dies Kapital auf einmal ausgelegt werden muß, entspringt teils aus der Art des Produktionsprozesses (Agrikultur) und hängt teils von der Nähe von Märkten etc., kurz, von Umständen ab, die der Zirkulationssphäre angehören.

Man wird später sehn (Buch III), welche widersinnige Theorien bei MacCulloch, James Mill etc. der Versuch veranlaßt hat, die von der Arbeitszeit abweichende Produktionszeit mit der erstren zu identifizieren, ein Versuch, selbst wieder entspringend aus falscher Anwendung der Werttheorie.

Der Umschlagszyklus, den wir vorher betrachtet, ist gegeben durch die Dauer des dem Produktionsprozeß vorgeschoßnen fixen Kapitals. Da dieser eine größre oder geringre Reihe von Jahren umfaßt, so auch eine Reihe jährlicher, resp. während des Jahres wiederholter Umschläge des fixen Kapitals. In der Agrikultur entsteht ein solcher Umschlagszyklus aus dem System der Fruchtfolge. »Die Dauer der Pachtzeit darf jedenfalls nicht kürzer angenommen werden, als die Umlaufszeit der eingeführten Fruchtfolge aussagt*, daher bei der Dreifelderwirtschaft immer mit 3, 6, 9 gerechnet wird. Bei angenommener Dreifelderwirtschaft mit reiner Brache wird aber der Acker in sechs Jahren nur viermal bebaut, und in den Baujahren mit Winter- und Sommergetreide, und erfordert oder erlaubt es die Beschaffenheit des Bodens, auch mit Weizen und Roggen, Gerste und Hafer gewechselt. Jede Getreideart vervielfältigt sich nun auf demselben Boden mehr oder weniger als die andre, jede hat einen andren Wert und wird auch für einen andren Preis verkauft. Deshalb fällt der Ertrag des Ackers in jedem Baujahre anders aus, auch anders in der ersten Hälfte des Umlaufs« (in den ersten drei Jahren), »anders in der zweiten. Selbst der durchschnittliche Ertrag in der Umlaufszeit ist nicht in der einen wie in der andern gleich groß, indem die Fruchtbarkeit nicht allein von der Güte des Bodens, sondern auch von der Jahreswitterung, sowie die Preise von mancherlei Verhältnissen abhängen. Berechnet man nun den Ertrag** des Ackers nach mittlern Fruchtjahren der ganzen Umlaufszeit auf sechs Jahre und nach den Durchschnittspreisen derselben, so hat man den Gesamtertrag auf ein Jahr sowohl in der einen als in der andern Umlaufszeit gefunden. Dies ist jedoch nicht der Fall, wenn der Ertrag nur für die Hälfte der Umlaufszeit, also für drei Jahre berechnet wird, indem alsdann der Gesamtertrag ungleich ausfallen würde. Hieraus geht hervor, daß die Dauer der Pachtzeit bei der Dreifelderwirtschaft mindestens auf sechs Jahre bestimmt werden muß. Weit wünschenswerter aber für Pächter und Verpächter bleibt es aber immer, wenn die Pachtzeit ein Vielfaches der Pachtzeit« [sic!] »ausmacht, und also bei der Dreifelderwirtschaft anstatt auf 6 auf 12, 18 und noch mehr Jahre, bei Siebenfelderwirtschaft aber anstatt auf 7 auf 14, 28 Jahre gestellt ist.« (Kirchhof, p. 117, 118.)

[Hier steht im Manuskript: »Die englische Fruchtwechselwirtschaft. Hier Note zu machen.«]

Vierzehntes Kapitel: DIE UMLAUFSZEIT

Alle bisher betrachteten Umstände, welche die Umlaufsperioden verschiedner, in verschiednen Geschäftszweigen angelegter Kapitale differenzieren, daher auch die Zeiten, während deren Kapital vorgeschossen werden muß,

---

* [1. und 2. Auflage: Fruchtfolgeaussaat]

** [1. und 2. Auflage: Betrag]

entspringen innerhalb des Produktionsprozesses selbst, wie der Unterschied von fixem und flüssigem Kapital, der Unterschied in den Arbeitsperioden usw. Die Umschlagszeit des Kapitals ist jedoch gleich der Summe seiner Produktionszeit und seiner Umlaufs- oder Zirkulationszeit. Es versteht sich daher von selbst, daß verschiedne Länge der Umlaufszeit die Umschlagszeit und daher die Länge der Umschlagsperiode verschieden macht. Am handgreiflichsten wird dies sichtbar, entweder wenn man zwei verschiedne Kapitalanlagen vergleicht, worin alle andren den Umschlag modifizierenden Umstände gleich und nur die Umlaufszeiten verschieden sind, oder wenn man ein gegebnes Kapital nimmt mit gegebner Zusammensetzung aus fixem und flüssigem Kapital, gegebner Arbeitsperiode etc., und nur die Umlaufszeiten hypothetisch variieren läßt.

Der eine Abschnitt der Umlaufszeit – und der relativ entscheidendste – besteht aus der Verkaufszeit, der Epoche, worin das Kapital sich im Zustand von Warenkapital befindet. Je nach der relativen Größe dieser Frist verlängert oder verkürzt sich die Umlaufszeit und daher die Umschlagsperiode überhaupt. Es kann auch infolge von Aufbewahrungskosten etc. zuschüssige Auslage von Kapital notwendig werden. Von vornherein ist klar, daß die für den Verkauf ihrer fertigen Waren erforderliche Zeit sehr verschieden sein kann für die einzelnen Kapitalisten in einem und demselben Geschäftszweig; also nicht nur für die Kapitalmassen, die in verschiednen Produktionszweigen angelegt sind, sondern auch für die verschiednen selbständigen Kapitale, die in der Tat nur verselbständigte Stücke des in derselben Produktionssphäre angelegten Gesamtkapitals bilden. Unter sonst gleichbleibenden Umständen wird die Verkaufsperiode für dasselbe individuelle Kapital mit den allgemeinen Schwankungen der Marktverhältnisse oder mit ihren Schwankungen in dem besondren Geschäftszweig wechseln. Hierbei halten wir uns jetzt nicht länger auf. Wir konstatieren nur die einfache Tatsache: Alle Umstände, welche überhaupt Verschiedenheit in den Umschlagsperioden der in verschiednen Geschäftszweigen angelegten Kapitale erzeugen, haben, wenn sie individuell wirken (wenn z. B. der eine Kapitalist Gelegenheit hat, rascher zu verkaufen als sein Konkurrent, wenn der eine mehr Methoden anwendet, welche die Arbeitsperioden verkürzen, als der andre etc.), ebenfalls Verschiedenheit im Umschlag der verschiednen, in demselben Geschäftszweig hausenden Einzelkapitale zur Folge.

Eine stetig wirkende Ursache in der Differenzierung der Verkaufszeit, und daher der Umschlagszeit überhaupt, ist die Entfernung des Markts, wo die Ware verkauft wird, von ihrem Produktionsplatz.* Während der gan-

* [1. und 2. Auflage: Verkaufsplatz.]

zen Zeit seiner Reise zum Markt befindet sich das Kapital gebannt in den Zustand des Warenkapitals; wenn auf Ordre produziert wird, bis zum Moment der Ablieferung; wenn nicht auf Ordre produziert, kommt zur Zeit der Reise zum Markt noch die Zeit hinzu, wo die Ware sich auf dem Markt zum Verkauf befindet. Verbeßrung der Kommunikations- und Transportmittel kürzt die Wandrungsperiode der Waren absolut ab, hebt aber nicht die aus der Wandrung entspringende relative Differenz in der Umlaufszeit verschiedner Warenkapitale auf, oder auch verschiedner Stücke desselben Warenkapitals, die nach verschiednen Märkten wandern. Die verbesserten Segelschiffe und Dampfschiffe z. B., welche die Reise verkürzen, verkürzen sie ebensowohl für nahe gelegne wie ferne Häfen. Die relative Differenz bleibt, obwohl oft vermindert. Die relativen Differenzen können aber infolge der Entwicklung der Transport- und Kommunikationsmittel verschoben werden in einer Weise, die nicht den natürlichen Entfernungen entspricht. Z. B. eine Eisenbahn, die von dem Produktionsplatz nach einem inländischen Hauptzentrum der Bevölkrung führt, mag die Entfernung nach einem näher gelegnen Punkt des Inlands, wohin keine Eisenbahn führt, absolut oder relativ verlängern im Vergleich zu dem natürlich entferntern; ebenso mag infolge desselben Umstands die relative Entfernung der Produktionsplätze von den größern Absatzmärkten selbst verschoben werden, woraus sich der Verfall alter und das Aufkommen neuer Produktionszentren mit veränderten Transport- und Kommunikationsmitteln erklärt. (Hierzu kommt noch die größre relative Wohlfeilheit des Transports für längre als für kürzre Distanzen.) Gleichzeitig mit der Entwicklung der Transportmittel wird nicht nur die Geschwindigkeit der Raumbewegung beschleunigt und damit die räumliche Entfernung zeitlich verkürzt. Es entwickelt sich nicht nur die Masse der Kommunikationsmittel, so daß z. B. viele Schiffe gleichzeitig nach demselben Hafen abgehn, mehrere Züge gleichzeitig auf verschiednen Eisenbahnen zwischen denselben zwei Punkten fahren, sondern es gehn z. B. in der Woche an verschiednen sukzessiven Tagen Frachtschiffe von Liverpool nach New York oder zu verschiednen Tagesstunden Warenzüge von Manchester nach London. Die absolute Geschwindigkeit – also dieser Teil der Umlaufszeit – wird durch diesen letztren Umstand, bei gegebner Leistung der Transportmittel, zwar nicht alteriert. Aber sukzessive Quanta Waren können in kürzer aufeinanderfolgenden Zeiträumen die Reise antreten und so sukzessive auf den Markt kommen, ohne sich bis zur wirklichen Versendung in größren Massen als potentielles Warenkapital aufzuhäufen. Es verteilt sich daher auch der Rückfluß über kürzre sukzessive Zeitperioden, so daß beständig ein Teil in Geldkapital verwandelt ist, während der andre als Warenkapital zirkuliert. Durch diese Verteilung des Rückflusses auf mehrere sukzessive Perioden wird die Gesamt-Umlaufszeit abgekürzt und daher auch der Umschlag. Zunächst entwickelt sich die größre oder geringre Häufigkeit, worin die Transportmittel fungieren, z. B. die Anzahl der Züge einer Eisenbahn, einerseits mit dem Grade, worin ein Produktionsplatz mehr produziert, ein größres Produktionszentrum wird, und nach der Richtung auf den bereits vorhandnen Absatzmarkt hin, also nach den großen Produktions- und Bevölkrungszentren, nach Exporthäfen usw. Andrerseits bewirkt aber umgekehrt diese besondre Verkehrsleichtigkeit und der dadurch beschleunigte Umschlag des Kapitals (soweit er von der Umlaufszeit bedingt wird) eine beschleunigte Konzentration einerseits des Produktionszentrums, andrerseits seines Marktplatzes. Mit der so beschleunigten Konzentration von Menschen- und Kapitalmassen an gegebnen Punkten schreitet fort die Konzentration dieser Kapitalmassen in wenigen Händen. Zugleich findet wieder Verschiebung und Deplacement statt infolge der mit den veränderten Kommunikationsmitteln veränderten relativen Lage von Produktions- und Marktplätzen. Ein Produktionsplatz, der durch seine Lage an Landstraße oder Kanal besondren Positionsvorteil besaß, befindet sich jetzt an der Seite einer einzigen Zweigbahn, die nur in relativ großen Intervallen fungiert, während ein andrer Punkt, der ganz von den Hauptverkehrswegen ablag, nun am Kreuzpunkt mehrerer Bahnen liegt. Der zweite Ort kommt auf, der erste verkommt. Es wird also durch die Verändrung in den Transportmitteln eine örtliche Verschiedenheit in der Umlaufszeit der Waren, der Gelegenheiten einzukaufen, zu verkaufen usw. erzeugt, oder die schon existierende örtliche Verschiedenheit wird anders verteilt. Die Wichtigkeit dieses Umstandes für den Umschlag des Kapitals zeigt sich in den Streitereien der kaufmännischen und industriellen Repräsentanten der verschiednen Plätze mit den Eisenbahndirektionen. (Siehe z. B. das oben* zitierte Blaubuch des Railway Committee.)

Alle Produktionszweige, die der Natur ihres Produkts nach hauptsächlich auf lokalen Absatz angewiesen sind, wie Brauereien, entwickeln sich daher in der größten Dimension in Hauptzentren der Bevölkrung. Der raschere Umschlag des Kapitals gleicht hier zum Teil die Verteurung mancher Produktionsbedingungen, des Bauplatzes etc., aus.

Wenn einerseits mit dem Fortschritt der kapitalistischen Produktion die Entwicklung der Transport- und Kommunikationsmittel die Umlaufszeit für ein gegebnes Quantum Waren abkürzt, so führt derselbe Fortschritt und die mit der Entwicklung der Transport- und Kommunikationsmittel gegebne Möglichkeit – umgekehrt die Notwendigkeit herbei, für immer entfern-

* [Siehe vorliegende Ausgabe S. 141.]

tere Märkte, mit einem Wort, für den Weltmarkt zu arbeiten. Die Masse der auf Reise befindlichen und nach entfernten Punkten reisenden Waren wächst enorm, und daher absolut und relativ auch der Teil des gesellschaftlichen Kapitals, der sich beständig für längre Fristen im Stadium des Warenkapitals, innerhalb der Umlaufszeit befindet. Damit wächst gleichzeitig auch der Teil des gesellschaftlichen Reichtums, der, statt als direktes Produktionsmittel zu dienen, in Transport- und Kommunikationsmitteln und in dem für ihren Betrieb erheischten fixen und zirkulierenden Kapital ausgelegt wird.

Die bloße relative Länge der Reise der Ware vom Produktions- zum Absatz-Ort bewirkt eine Differenz nicht nur in dem ersten Teil der Umlaufszeit, der Verkaufszeit, sondern auch in dem zweiten Teil, der Rückverwandlung des Geldes in die Elemente des produktiven Kapitals, der Kaufzeit. Z. B. die Ware wird nach Indien geschickt. Dies dauert z. B. vier Monate. Wir wollen die Verkaufszeit = 0 setzen, d. h. die Ware sei auf Bestellung gesandt und werde bei Abliefrung an den Agenten des Produzenten gezahlt. Die Rücksendung des Geldes (die Form, in der es zurückgesandt wird, ist hier gleichgültig) dauert wieder vier Monate. So dauert es im ganzen acht Monate, bevor dasselbe Kapital wieder als produktives Kapital fungieren, dieselbe Operation damit erneuert werden kann. Die so hervorgebrachten Verschiedenheiten im Umschlag bilden eine der materiellen Grundlagen der verschiednen Kredittermine, wie denn der überseeische Handel z. B. in Venedig und Genua überhaupt eine der Quellen des eigentlichen Kreditwesens bildet. »Die Krisis von 1847 befähigte das Bank- und Handelsgeschäft jener Zeit, die indische und chinesische Usance« (für die Laufzeit von Wechseln zwischen dort und Europa) »von zehn Monate nach Dato auf 6 Monate nach Sicht zu reduzieren, und der Verlauf von 20 Jahren mit seiner Beschleunigung der Fahrt und Einrichtung von Telegraphen macht jetzt eine fernere Reduktion nötig von sechs Monaten nach Sicht auf vier Monate nach Dato als ersten Schritt zu vier Monate nach Sicht. Die Reise eines Segelschiffs um das Kap von Kalkutta nach London dauert durchschnittlich unter 90 Tagen. Eine Usance von vier Monaten nach Sicht würde einer Laufzeit von sage 150 Tagen gleichkommen. Die gegenwärtige Usance von sechs Monaten nach Sicht kommt einer Laufzeit von sage 210 Tagen gleich.« (»London Economist«, 16. Juni 1866.) – Dagegen: »Die Brasilische Usance steht noch immer auf zwei und drei Monate nach Sicht, Wechsel von Antwerpen« (auf London) »werden drei Monate nach Dato gezogen, und selbst Manchester und Bradford ziehn auf London auf drei Monate und längre Daten. Durch stillschweigende Übereinkunft wird dem Kaufmann so eine hinreichende Gelegenheit gegeben, seine Ware zu realisieren, zwar nicht vor, aber doch bis zu der Zeit, wo die dagegen gezognen Wechsel verfallen. Daher ist die Usance indischer Wechsel nicht übermäßig. Indische Produkte, die in London meistens auf drei Monate Ziel verkauft werden, können nicht, wenn man einige Zeit für den Verkauf einrechnet, in viel kürzrer Zeit als fünf Monaten realisiert werden, während andre fünf Monate durchschnittlich verfließen zwischen dem Einkauf in Indien und der Ablieferung im englischen Lagerhaus. Hier haben wir eine Periode von zehn Monaten, während die gegen die Waren gezognen Wechsel nicht über sieben Monate laufen.« (Ibid., 30. Juni 1866.) »Am 2. Juli 1866 notifizierten fünf große Londoner Banken, die hauptsächlich mit Indien und China verkehren, sowie das Pariser Comptoir d'Escompte, daß vom 1. Januar 1867 ihre Zweigbanken und Agenturen im Orient nur solche Wechsel kaufen und verkaufen würden, die nicht über vier Monate nach Sicht gezogen wären.« (Ibidem, 7. Juli 1866.) Diese Herabsetzung mißglückte jedoch und mußte wieder aufgegeben werden. (Seitdem hat der Suezkanal dies alles revolutioniert.)

Es versteht sich, daß mit der längern Umlaufszeit der Waren das Risiko eines Preiswechsels auf dem Verkaufsmarkt steigt, da die Periode wächst, innerhalb deren Preiswechsel stattfinden können.

Eine Verschiedenheit in der Umlaufszeit, teils individuell zwischen verschiednen Einzelkapitalen desselben Geschäftszweigs, teils zwischen verschiednen Geschäftszweigen nach den verschiednen Usancen, da wo nicht gleich bar bezahlt wird, entspringt aus den verschiednen Terminen der Zahlung bei Ein- und Verkauf. Wir halten uns bei diesem für das Kreditwesen wichtigen Punkt hier nicht weiter auf.

Aus dem Umfang der Liefrungskontrakte, und dieser wächst mit Umfang und Stufenleiter der kapitalistischen Produktion, entspringen ebenfalls Unterschiede in der Umschlagszeit. Der Liefrungskontrakt als Transaktion zwischen Käufer und Verkäufer ist eine dem Markt, der Zirkulationssphäre, angehörige Operation. Die hieraus entspringenden Unterschiede in der Umschlagszeit entspringen also aus der Zirkulationssphäre, schlagen aber unmittelbar auf die Produktionssphäre zurück, und zwar abgesehn von allen Zahlungsterminen und Kreditverhältnissen, also auch bei barer Zahlung. Kohle, Baumwolle, Garn usw. sind z. B. diskrete Produkte. Jeder Tag liefert sein Quantum fertiges Produkt. Übernimmt nun aber der Spinner oder der Grubenbesitzer Liefrungen von Produktenmassen, welche eine, sage vier- oder sechswöchentliche Periode nacheinanderfolgender Arbeitstage erheischen, so ist das mit Bezug auf die Zeitlänge, wofür Kapital vorzuschießen ist, ganz dasselbe, als ob eine kontinuierliche Arbeitsperiode von vier oder sechs Wochen in diesem Arbeitsprozeß eingeführt wäre. Es wird hier natürlich vorausgesetzt, daß die ganze bestellte Masse Produkt auf einmal zu liefern ist oder doch erst gezahlt wird, nachdem sie ganz geliefert. So hat denn, einzeln betrachtet, jeder Tag sein bestimmtes Quantum fertiges Produkt geliefert. Aber diese fertige Masse ist immer nur ein Teil der kontraktlich zu liefernden Masse. Befindet sich in diesem Fall der bereits fertige Teil der bestellten Waren nicht weiter im Produktionsprozeß, so liegt er doch als nur potentielles Kapital auf dem Lagerhaus.

Kommen wir nun zur zweiten Epoche der Umlaufszeit: der Kaufzeit oder der Epoche, während deren das Kapital sich aus Geldform in die Elemente des produktiven Kapitals rückverwandelt. Während dieser Epoche muß es kürzre oder längre Zeit in seinem Zustand als Geldkapital verharren, also ein gewisser Teil des vorgeschoßnen Gesamtkapitals sich fortwährend im Zustand des Geldkapitals befinden, obgleich dieser Teil aus beständig wechselnden Elementen besteht. Es muß z. B. in einem bestimmten Geschäft von dem vorgeschoßnen Gesamtkapital n × 100 Pfd.St. in der Form von Geldkapital vorhanden sein, so daß, während alle Bestandteile dieser n × 100 Pfd.St. sich fortwährend in produktives Kapital verwandeln, diese Summe dennoch durch den Zufluß aus der Zirkulation, aus dem realisierten Warenkapital sich ebenso beständig wieder ergänzt. Ein bestimmter Wertteil des vorgeschoßnen Kapitals befindet sich also beständig im Zustand von Geldkapital, also in einer nicht seiner Produktionssphäre, sondern seiner Zirkulationssphäre angehörigen Form.

Man hat bereits gesehn, daß die durch Entfernung des Markts bewirkte Verlängrung der Zeit, in der das Kapital in die Form des Warenkapitals gebannt ist, direkt verspäteten Rückfluß des Geldes bewirkt, also auch die Verwandlung des Kapitals aus Geldkapital in produktives Kapital verzögert.

Man hat ferner gesehn (Kap. VI), wie mit Bezug auf den Einkauf der Waren die Kaufzeit, die größre oder geringre Entfernung von den Hauptbezugsquellen des Rohmaterials es nötig macht, für längre Perioden Rohmaterial einzukaufen und in der Form von produktivem Vorrat, latentem oder potentiellem produktivem Kapital, verwendbar zu halten; daß sie also die Masse des Kapitals, das auf einmal vorgeschossen werden muß, und die Zeit, für die es vorgeschossen werden muß, bei sonst gleicher Stufenleiter der Produktion vergrößert.

Ähnlich wirken in verschiednen Geschäftszweigen die Perioden – kürzre oder längre –, worin größre Massen Rohmaterial auf den Markt geworfen werden. So finden z. B. in London alle drei Monate große Wollversteigerungen statt, die den Wollmarkt beherrschen; während der Baumwollmarkt von Ernte zu Ernte im ganzen kontinuierlich, wenn auch nicht immer gleichmäßig, erneuert wird. Solche Perioden bestimmen die Haupteinkaufstermine dieser Rohstoffe und wirken namentlich auch auf die spekulativen, längre oder kürzre Vorschüsse in diesen Produktionselementen bedingenden Einkäufe, ganz wie die Natur der produzierten Waren auf die spekulative, absichtliche, längre oder kürzre Zurückhaltung des Produkts in der Form von potentiellem Warenkapital wirkt. »Der Landwirt muß also auch bis zu einem gewissen Grade Spekulant sein und daher nach Maßgabe der Zeitverhältnisse mit dem Verkauf seiner Produkte zurückhalten...« Folgen einige allgemeine Regeln. »Indessen kommt doch bei dem Absatz der Produkte das meiste auf die Person, auf das Produkt selbst und auf die Lokalität an. Wer bei Geschick und Glück (!) mit hinreichendem Betriebskapital versehn ist, wird nicht zu tadeln sein, wenn er seine gewonnene Fruchternte bei ungewöhnlich niedrigem Preise einmal ein Jahr liegen läßt; wem es dagegen an Betriebskapital oder überhaupt (!) an Spekulationsgeist fehlt, der wird die laufenden Durchschnittspreise zu erreichen suchen und also absetzen müssen, sobald und sooft er dazu Gelegenheit hat. Wolle länger als ein Jahr liegen zu lassen, wird fast immer nur Schaden bringen; während Getreidefrüchte und Ölsaat ein paar Jahre ohne Nachteil für Beschaffenheit und Güte aufbewahrt werden können. Solche Produkte, welche für gewöhnlich einem großen Steigen und Fallen in kurzen Zeiträumen unterworfen sind, wie z. B. Ölsaat, Hopfen, Karden und dergl., läßt man mit Recht in den Jahren liegen, wo der Preis weit unter den Produktionspreisen steht. Am wenigsten darf man mit dem Verkauf von solchen Gegenständen zögern, welche tägliche Unterhaltungskosten verursachen, wie ausgemästetes Vieh, oder welche dem Verderben unterliegen, wie Obst, Kartoffeln usw. In manchen Gegenden hat ein Produkt zu gewissen Jahreszeiten im Durchschnitt seinen niedrigsten, zu andern Zeiten dagegen seinen höchsten Preis; so steht z. B. das Getreide um Martini im Durchschnitt an manchen Orten niedriger im Preise als zwischen Weihnachten und Ostern. Ferner sind manche Produkte in manchen Gegenden nur zu gewissen Zeiten allein gut zu verkaufen, wie das z. B. mit der Wolle auf den Wollmärkten in solchen Gegenden der Fall ist, wo außerdem der Wollhandel gewöhnlich stockt usw.« (Kirchhof, p. 302.)

Bei Betrachtung der zweiten Hälfte der Umlaufszeit, worin das Geld in die Elemente des produktiven Kapitals zurückverwandelt wird, kommt in Betracht nicht nur dieser Umsatz selbst, für sich genommen; nicht nur die Zeit, worin das Geld zurückfließt, je nach der Entfernung des Markts, auf dem das Produkt verkauft wird; es kommt auch vor allem in Betracht der Umfang, worin ein Teil des vorgeschoßnen Kapitals sich beständig in Geldform im Zustand von Geldkapital befinden muß.

Abgesehn von aller Spekulation hängt der Umfang der Einkäufe derjenigen Waren, die beständig als produktiver Vorrat vorhanden sein müssen, ab von den Zeiten der Erneuerung dieses Vorrats, also von Umständen, die wieder von Marktverhältnissen abhängig, daher für verschiedne Rohstoffe etc. verschieden sind; es muß hier also von Zeit zu Zeit Geld in größren Mengen auf einmal vorgeschossen werden. Es fließt, je nach dem Umschlag des Kapitals, rascher oder langsamer, stets aber bruchweis zurück. Ein Teil davon wird ebenso beständig wieder in kürzern Zeiträumen ausgegeben, nämlich der in Arbeitslohn rückverwandelte Teil. Ein andrer Teil aber, der in Rohmaterial etc. rückzuverwandelnde, ist für längre Zeiträume aufzuhäufen, als Reservefonds, sei es für Ankauf, sei es für Zahlung. Er existiert daher in der Form des Geldkapitals, obgleich der Umfang wechselt, worin er als solches existiert.

Wir werden im nächsten Kapitel sehn, wie andre Umstände, ob sie nun aus dem Produktions- oder Zirkulationsprozeß entspringen, dies Vorhandensein einer bestimmten Portion des vorgeschoßnen Kapitals in Geldform ernötigen. Allgemein aber ist zu bemerken, daß die Ökonomen sehr geneigt sind zu vergessen, daß ein Teil des im Geschäft nötigen Kapitals beständig nicht nur die drei Formen von Geldkapital, produktivem Kapital und Warenkapital wechselweis durchläuft, sondern daß verschiedne Portionen desselben beständig nebeneinander diese Formen besitzen, wenn auch die relative Größe dieser Portionen beständig wechselt. Namentlich ist es der beständig als Geldkapital vorhandne Teil, den die Ökonomen vergessen, obgleich gerade dieser Umstand zum Verständnis der bürgerlichen Wirtschaft sehr nötig ist und daher auch in der Praxis als solcher sich geltend macht.

Fünfzehntes Kapitel: WIRKUNG DER UMSCHLAGSZEIT AUF DIE GRÖSSE DES KAPITALVORSCHUSSES

In diesem und dem nächstfolgenden sechzehnten Kapitel behandeln wir den Einfluß der Umschlagszeit auf die Verwertung des Kapitals.

Nehmen wir das Warenkapital, welches das Produkt einer Arbeitsperiode ist, z. B. von neun Wochen. Sehn wir einstweilen ab sowohl von dem Wertteil des Produkts, der ihm durch den Durchschnittsverschleiß des fixen Kapitals zugesetzt ist, wie von dem während des Produktionsprozesses ihm zugesetzten Mehrwert, so ist der Wert dieses Produkts gleich dem Wert des zu seiner Produktion vorgeschoßnen flüssigen Kapitals, d. h. des Arbeitslohns und der in seiner Produktion aufgezehrten Roh- und Hilfsstoffe. Dieser Wert sei = 900 Pfd.St., so daß die Wochenauslage 100 Pfd.St. beträgt. Die periodische Produktionszeit, welche hier mit der Arbeitsperiode zusammenfällt, beträgt also 9 Wochen. Es ist dabei gleichgültig, ob man annimmt, es handle sich hier um eine Arbeitsperiode für ein kontinuierliches Produkt oder um eine kontinuierliche Arbeitsperiode für ein diskretes Produkt, sofern nur das Quantum von diskretem Produkt, welches auf einmal zu Markte geschafft wird, 9 Wochen Arbeit kostet. Die Umlaufszeit daure 3 Wochen. Die ganze Umschlagsperiode daure also 12 Wochen. Nach Verlauf von 9 Wochen ist das vorgeschoßne produktive Kapital in Warenkapital verwandelt, aber es haust nun drei Wochen in der Zirkulationsperiode. Der neue Produktionstermin kann also erst wieder beginnen Anfang der 13. Woche, und die Produktion wäre für drei Wochen stillgesetzt oder für ein Viertel der ganzen Umschlagsperiode. Es ist wieder gleichgültig, ob man voraussetzt, es daure im Durchschnitt so lange bis die Ware verkauft ist oder es sei diese Zeit durch die Entfernung des Markts bedingt oder durch die Zahlungstermine für die verkaufte Ware. Während je 3 Monaten stände die Produktion 3 Wochen still, also während des Jahres $4 \times 3 = 12$ Wochen = 3 Monaten = $^1/_4$ der jährlichen Umschlagsperiode. Soll die Produktion daher kontinuierlich sein und Woche aus, Woche ein auf demselben Maßstab betrieben werden, so ist nur zweierlei möglich.

Entweder muß der Maßstab der Produktion verkürzt werden, so daß also die 900 Pfd.St. reichen, um die Arbeit in Gang zu halten, sowohl während der Arbeitsperiode wie während der Umlaufszeit des ersten Umschlags. Mit der 10. Woche wird dann eine zweite Arbeitsperiode, also auch Umschlagsperiode, eröffnet, bevor die erste Umschlagsperiode beendet ist, denn die Umschlagsperiode ist zwölfwöchentlich, die Arbeitsperiode neunwöchentlich. 900 Pfd.St. auf 12 Wochen verteilt gibt 75 Pfd.St. wöchentlich. Zunächst ist klar, daß eine solche verkürzte Stufenleiter des Geschäfts veränderte Dimensionen des fixen Kapitals, also überhaupt eine verkürzte Geschäftsanlage voraussetzt. Zweitens ist es fraglich, ob diese Verkürzung überhaupt stattfinden kann, da der Entwicklung der Produktion in den verschiednen Geschäften gemäß ein Normalminimum der Kapitalanlage besteht, unterhalb dessen das einzelne Geschäft konkurrenzunfähig wird. Dies Normalminimum selbst wächst beständig mit der kapitalistischen Entwicklung der Produktion, ist also kein fixes. Zwischen dem jedesmal gegebnen Normalminimum und dem sich stets ausdehnenden Normalmaximum finden aber zahlreiche Zwischenstufen statt – eine Mitte, die sehr verschiedne Grade der Kapitalanlage zuläßt. Innerhalb der Grenzen dieser Mitte kann daher auch Verkürzung stattfinden, deren Grenze das jedesmalige Normalminimum selbst ist. – Bei Hemmung der Produktion, Überfüllung der Märkte, Teurung des Rohstoffs etc. findet Beschränkung der normalen Auslage von zirkulierendem Kapital bei gegebner Grundlage des fixen Kapitals statt durch Beschränkung der Arbeitszeit, indem z. B. nur halbe Tage gearbeitet wird; wie ebenso in Zeiten der Prosperität auf gegebner Grundlage des fixen Kapitals anormale Ausdehnung des zirkulierenden Kapitals stattfindet, teils durch Verlängrung der Arbeitszeit, teils durch Intensifikation derselben. Bei Geschäften, die von vornherein auf solche Schwankungen berechnet sind, hilft man sich teils durch die obigen Mittel, teils durch die gleichzeitige Anwendung einer größeren Arbeiteranzahl, verbunden mit Anwendung von Reserve-Fixkapital, z. B. Reservelokomotiven bei der Eisenbahn etc. Solche anormalen Schwankungen bleiben aber hier, wo wir normale Verhältnisse voraussetzen, außer Betracht.

Um die Produktion kontinuierlich zu machen, ist also hier die Ausgabe desselben zirkulierenden Kapitals über eine größre Zeitlänge verteilt, über 12 Wochen statt über 9. In jedem gegebnen Zeitabschnitt fungiert also ein verkürztes produktives Kapital; der flüssige Teil des produktiven Kapitals ist verkürzt von 100 auf 75 oder um ein Viertel. Die Gesamtsumme, um welche das während der Arbeitsperiode von 9 Wochen fungierende produktive Kapital verkürzt wird, ist $= 9 \times 25 = 225$ Pfd.St., oder $^1/_4$ von 900 Pfd.St. Aber das Verhältnis der Umlaufszeit zur Umschlagsperiode ist ebenfalls $^3/_{12} = {}^1/_4$. Es folgt daher: Soll die Produktion nicht unterbrochen werden während der Umlaufszeit des in Warenkapital verwandelten produktiven Kapitals, soll sie vielmehr gleichzeitig und kontinuierlich Woche für Woche fortgesetzt werden, und ist hierfür kein besondres zirkulierendes Kapital gegeben, so kann dies nur erreicht werden durch Vermindrung des Produktionsbetriebs, durch Verkürzung des flüssigen Bestandteils des fungierenden produktiven Kapitals. Der so für die Produktion während der Umlaufszeit freigesetzte flüssige Kapitalteil verhält sich zum vorgeschoßnen flüssigen Gesamtkapital wie die Umlaufszeit zur Umschlagsperiode. Es gilt dies, wie bereits bemerkt, nur für Produktionszweige, in denen der Arbeitsprozeß Woche ein, Woche aus, auf derselben Stufenleiter ausgeführt wird, wo also nicht zu verschiednen Arbeitsperioden wechselnde Kapitalsummen auszulegen sind, wie in der Agrikultur.

Nehmen wir aber umgekehrt an, die Anlage des Geschäfts schließe eine Verkürzung der Stufenleiter der Produktion und daher auch des wöchentlich vorzuschießenden flüssigen Kapitals aus, so kann die Kontinuität der Produktion nur erreicht werden durch ein zuschüssiges flüssiges Kapital, im obigen Fall von 300 Pfd.St. Während der Umschlagsperiode von 12 Wochen werden sukzessive 1200 Pfd.St. vorgeschossen, davon 300 der vierte

Teil, wie 3 Wochen von 12. Nach der Arbeitsperiode von 9 Wochen ist der Kapitalwert von 900 Pfd.St. aus der Form von produktivem Kapital in die Form von Warenkapital verwandelt. Seine Arbeitsperiode ist beschlossen, aber sie kann nicht mit demselben Kapital erneuert werden. Während der drei Wochen, worin es die Zirkulationssphäre behaust, als Warenkapital fungiert, befindet es sich mit Bezug auf den Produktionsprozeß in demselben Zustand, als wenn es überhaupt nicht existierte. Es wird hier von allen Kreditverhältnissen abgesehn und daher unterstellt, daß der Kapitalist nur mit eignem Kapital wirtschaftet. Während aber das für die erste Arbeitsperiode vorgeschoßne Kapital, nach vollbrachtem Produktionsprozeß, sich während 3 Wochen im Zirkulationsprozeß aufhält, fungiert ein zuschüssig ausgelegtes Kapital von 300 Pfd.St., so daß die Kontinuität der Produktion nicht unterbrochen wird.

Es ist nun hierbei folgendes zu bemerken:

Erstens: Die Arbeitsperiode des zuerst vorgeschoßnen Kapitals von 900 Pfd.St. ist beendet nach 9 Wochen, und es fließt zurück nicht vor 3 Wochen, also erst im Beginn der 13. Woche. Aber eine neue Arbeitsperiode wird sofort wieder eröffnet mit dem zuschüssigen Kapital von 300 Pfd.St. Eben dadurch ist die Kontinuität der Produktion hergestellt.

Zweitens: Die Funktionen des ursprünglichen Kapitals von 900 Pfd.St. und des am Schluß der ersten Arbeitsperiode von 9 Wochen neu zugeschoßnen Kapitals von 300 Pfd.St., das die zweite Arbeitsperiode nach Schluß der ersten ohne Unterbrechung eröffnet, sind in der ersten Umschlagsperiode genau geschieden, oder können es wenigstens sein, während sie dagegen im Verlauf der zweiten Umschlagsperiode einander durchkreuzen.

Stellen wir uns die Sache sinnlich vor:

Erste Umschlagsperiode von 12 Wochen. Erste Arbeitsperiode von 9 Wochen; der Umschlag des hierin vorgeschoßnen Kapitals wird vollendet im Anfang der 13. Woche. Während der letzten 3 Wochen fungiert das zusätzliche Kapital von 300 Pfd.St. und eröffnet die zweite Arbeitsperiode von 9 Wochen.

Zweite Umschlagsperiode. Anfang der 13. Woche sind 900 Pfd.St. zurückgeflossen und fähig, einen neuen Umschlag zu beginnen. Aber die zweite Arbeitsperiode ist bereits durch die zuschüssigen 300 Pfd.St. in der 10. Woche eröffnet worden; im Beginn der 13. Woche ist durch dasselbe bereits ein Drittel der Arbeitsperiode vollendet, 300 Pfd.St. aus produktivem Kapital in Produkt verwandelt. Da nur noch 6 Wochen zur Beendigung der zweiten Arbeitsperiode nötig, können nur zwei Drittel des zurückgefloßnen Kapitals von 900 Pfd.St. nämlich nur 600 Pfd.St., in den Produktionsprozeß der zweiten Arbeitsperiode eingehn. 300 Pfd.St. sind freigesetzt von den ursprünglichen 900 Pfd.St., um dieselbe Rolle zu spielen, welche das zugeschoßne Kapital von 300 Pfd.St. in der ersten Arbeitsperiode spielte. Ende der 6. Woche der zweiten Umschlagsperiode ist die zweite Arbeitsperiode absolviert. Das in ihr ausgelegte Kapital von 900 Pfd.St. fließt zurück nach 3 Wochen, also Ende der 9. Woche der zweiten zwölfwöchentlichen Umschlagsperiode. Während der 3 Wochen seiner Umlaufszeit tritt ein das freigesetzte Kapital von 300 Pfd.St. Damit beginnt die dritte Arbeitsperiode eines Kapitals von 900 Pfd.St. in der 7. Woche der zweiten Umschlagsperiode oder der 19. Jahreswoche.

Dritte Umschlagsperiode. Ende der 9. Woche der zweiten Umschlagsperiode neuer Rückfluß von 900 Pfd.St. Aber die dritte Arbeitsperiode hat bereits begonnen in der 7. Woche der vorigen Umschlagsperiode, und 6 Wochen sind bereits zurückgelegt. Sie dauert also nur noch 3 Wochen. Von den zurückgefloßnen 900 Pfd.St. gehn also nur 300 Pfd.St. in den Produktionsprozeß ein. Die vierte Arbeitsperiode füllt die übrigen 9 Wochen dieser Umschlagsperiode aus, und so beginnt mit der 37. Woche des Jahres gleichzeitig die vierte Umschlagsperiode und die fünfte Arbeitsperiode.

Um den Fall für die Berechnung zu vereinfachen, wollen wir annehmen: Arbeitsperiode 5 Wochen, Umlaufszeit 5 Wochen, also Umschlagsperiode von 10 Wochen; das Jahr zu 50 Wochen gerechnet, Kapitalauslage per Woche 100 Pfd.St. Die Arbeitsperiode erfordert also ein flüssiges Kapital von 500 Pfd.St., und die Umlaufszeit ein zuschüssiges Kapital von fernern 500 Pfd.St. Arbeitsperioden und Umschlagszeiten stellen sich dann wie folgt:

Arbeitsperiode	Woche	Pfd.St. Ware	retourniert
1.	1.– 5.	500	Ende der 10. Woche
2.	6.–10.	500	„ „ 15. „
3.	11.–15.	500	„ „ 20. „
4.	16.–20.	500	„ „ 25. „
5.	21.–25.*	500	„ „ 30. „
			usw.

Wenn die Umlaufszeit = 0, die Umschlagsperiode also gleich der Arbeitsperiode, so ist die Anzahl der Umschläge gleich der Anzahl der Arbeitsperioden im Jahr. Bei fünfwöchentlicher Arbeitsperiode also $^{50}/_{5}$ Wochen = 10, und der Wert des umgeschlagnen Kapitals wäre $=500 \times 10=5000$. In der Tabelle, wo eine Umlaufszeit von 5 Wochen angenommen, werden jährlich ebenfalls Waren zum Wert von 5000 Pfd.St. produziert, wovon aber $^{1}/_{10}$ =

* [1. Auflage: 25.–30.]

500 Pfd.St. sich stets in Gestalt von Warenkapital befindet und erst nach 5 Wochen zurückfließt. Am Ende des Jahrs hat dann das Produkt der zehnten Arbeitsperiode (46.–50. Arbeitswoche) seine Umschlagszeit nur zur Hälfte vollendet, indem deren Umlaufszeit in die ersten 5 Wochen des nächsten Jahres fällt.

Wir wollen noch ein drittes Beispiel nehmen: Arbeitsperiode 6 Wochen, Umlaufszeit 3 Wochen, wöchentlicher Vorschuß im Arbeitsprozeß 100 Pfd.St.

1. Arbeitsperiode: 1.–6. Woche. Am Ende der 6. Woche ein Warenkapital von 600 Pfd.St., retourniert Ende der 9. Woche.
2. Arbeitsperiode: 7.–12. Woche. Während der 7.–12. Woche 300 Pfd.St. zuschüssiges Kapital vorgeschossen. Ende der 9. Woche Rückfluß von 600 Pfd.St. Davon 10.–12. Woche vorgeschossen 300 Pfd.St.; am Ende der 12. Woche also flüssig 300 Pfd.St., in Warenkapital vorhanden 600 Pfd.St., retourniert am Ende der 15. Woche.
3. Arbeitsperiode: 13.–18. Woche. 13.–15. Woche Vorschuß der obigen 300 Pfd.St., dann Rückfluß von 600 Pfd.St., wovon 300 Pfd.St. vorgeschossen für 16.–18. Woche. Am Ende der 18. Woche 300 Pfd.St. flüssig in Geld; 600 Pfd.St. in Warenkapital vorhanden, das Ende der 21. Woche zurückfließt. (Siehe die eingehendere Darstellung dieses Falls unter II weiter unten.)

Es werden also in 9 Arbeitsperioden (= 54 Wochen) 600 × 9 = 5400 Pfd. St. Ware produziert. Am Ende der neunten Arbeitsperiode besitzt der Kapitalist 300 Pfd.St. in Geld und 600 Pfd.St. in Waren, die ihre Umlaufszeit noch nicht zurückgelegt hat.

Bei Vergleichung dieser drei Beispiele finden wir erstens, daß nur beim zweiten Beispiel eine sukzessive Ablösung des Kapitals I von 500 Pfd.St. und des Zuschußkapitals II von ebenfalls 500 Pfd.St. stattfindet, so daß diese zwei Kapitalteile sich getrennt voneinander bewegen, und zwar nur deswegen, weil hier die ganz ausnahmsweise Unterstellung gemacht ist, daß Arbeitsperiode und Umlaufszeit zwei gleiche Hälften der Umschlagsperiode bilden. In allen andern Fällen, welches auch immer die Ungleichheit zwischen den beiden Perioden der Umschlagsperiode sei, durchkreuzen sich die Bewegungen der beiden Kapitale, wie in Beispiel I und III, schon von der zweiten Umschlagsperiode an. Es bildet dann das zuschüssige Kapital II zusammen mit einem Teil des Kapitals I das in der zweiten Umschlagsperiode fungierende Kapital, während der Rest des Kapitals I für die ursprüngliche Funktion des Kapitals II freigesetzt wird. Das während der Umlaufszeit des Warenkapitals tätige Kapital ist hier nicht identisch mit dem ursprünglich für diesen Zweck vorgeschoßnen Kapital II, aber es ist ihm gleich an Wert und bildet dieselbe Aliquote des vorgeschoßnen Gesamtkapitals.

Zweitens: Das Kapital, welches während der Arbeitsperiode fungiert hat, liegt während der Umlaufszeit brach. Im zweiten Beispiel fungiert das Kapital während 5 Wochen Arbeitsperiode und liegt brach während 5 Wochen Umlaufszeit. Die gesamte Zeit also, während deren Kapital I hier im Verlauf des Jahres brachliegt, beträgt ein halbes Jahr. Für diese Zeit tritt dann das Zuschußkapital II ein, das also im vorliegenden Fall seinerseits auch ein halbes Jahr brachliegt. Aber das zuschüssige Kapital, erforderlich, um die Kontinuität der Produktion während der Umlaufszeit zu bewirken, ist nicht bestimmt durch den Gesamtumfang, resp. durch die Summe der Umlaufszeiten innerhalb des Jahres, sondern nur durch das Verhältnis der Umlaufszeit zur Umschlagsperiode. (Es ist hier natürlich vorausgesetzt, daß sämtliche Umschläge unter denselben Bedingungen vorgehn.) Es sind daher im Beispiel II 500 Pfd.St. Zusatzkapital nötig, nicht 2500 Pfd.St. Es rührt dies einfach daher, daß das Zusatzkapital ebensogut in den Umschlag eintritt, wie das ursprünglich vorgeschoßne, und also ganz wie dieses durch die Zahl seiner Umschläge seine Masse ersetzt.

Drittens: Ob die Produktionszeit länger ist als die Arbeitszeit, ändert an den hier betrachteten Umständen nichts. Es werden dadurch allerdings die Gesamt-Umschlagsperioden verlängert, aber wegen dieses verlängerten Umschlags wird kein zuschüssiges Kapital für den Arbeitsprozeß erheischt. Das zuschüssige Kapital hat nur den Zweck, die durch die Umlaufszeit entstehenden Lücken im Arbeitsprozeß auszufüllen; es soll also die Produktion nur vor Störungen schützen, die aus der Umlaufszeit entspringen; Störungen, die aus den eignen Bedingungen der Produktion entstehn, sind auf andre, hier nicht zu betrachtende Weise, auszugleichen. Es gibt dagegen Geschäfte, in denen nur stoßweis, auf Bestellung gearbeitet wird, wo also zwischen den Arbeitsperioden Unterbrechungen eintreten können. Bei solchen fällt die Notwendigkeit des zusätzlichen Kapitals pro tanto weg. Andrerseits ist in den meisten Fällen von Saison-Arbeit auch eine gewisse Grenze für die Zeit des Rückflusses gegeben. Dieselbe Arbeit kann mit demselben Kapital nächstes Jahr nicht erneuert werden, wenn inzwischen die Zirkulationszeit dieses Kapitals nicht abgelaufen. Dagegen kann die Umlaufszeit auch kürzer sein als der Abstand von einer Produktionsperiode bis zur nächsten. In diesem Fall liegt das Kapital brach, wenn es nicht in der Zwischenzeit anderweitig angewandt wird.

Viertens: Das für eine Arbeitsperiode vorgeschoßne Kapital, z. B. die 600 Pfd.St. im Beispiel III, werden teils in Roh- und Hilfsstoffen ausgelegt, in produktivem Vorrat für die Arbeitsperiode, in konstantem zirkulierendem Kapital, teils in variablem zirkulierendem Kapital, in Zahlung der Arbeit selbst. Der in konstantem zirkulierendem Kapital ausgelegte Teil mag nicht für dieselbe Zeitlänge in der Form von produktivem Vorrat existieren, z. B. das Rohmaterial nicht für die ganze Arbeitsperiode daliegen, die Kohlen nur alle zwei Wochen beschafft werden. Indes – da hier Kredit noch ausgeschlossen – muß dieser Teil des Kapitals, soweit er nicht in Form von produktivem Vorrat disponibel ist, in der Form von Geld disponibel bleiben, um nach Bedarf in produktiven Vorrat verwandelt zu werden. Es ändert dies nichts an der Größe des für sechs Wochen vorgeschoßnen konstanten zirkulierenden Kapitalwerts. Dagegen – abgesehn von dem Geldvorrat für unvorhergesehene Ausgaben, dem eigentlichen Reservefonds zur Ausgleichung von Störungen – wird der Arbeitslohn in kürzern Perioden, meist wöchentlich gezahlt. Falls also nicht der Kapitalist den Arbeiter zwingt, ihm längre Vorschüsse seiner Arbeit zu machen, muß das für Arbeitslohn nötige Kapital in Geldform vorhanden sein. Beim Rückfluß des Kapitals muß also ein Teil in Geldform festgehalten werden zur Zahlung der Arbeit, während der andre Teil in produktiven Vorrat verwandelt werden kann.

Das Zuschußkapital teilt sich ein ganz wie das ursprüngliche. Was es aber von Kapital I unterscheidet, ist, daß es (von Kreditverhältnissen abgesehn), um für seine eigne Arbeitsperiode disponibel zu sein, vorgeschossen sein muß schon während der ganzen Dauer der ersten Arbeitsperiode von Kapital I, in die es nicht eingeht. Während dieser Zeit kann es, teilweise wenigstens, schon in konstantes zirkulierendes Kapital verwandelt werden, das für die ganze Umschlagsperiode vorgeschossen ist. Wieweit es diese Form annimmt oder wieweit es in der Form von zuschüssigem Geldkapital verharrt, bis zum Moment, wo diese Verwandlung notwendig wird, wird abhängen teils von den besondren Produktionsbedingungen bestimmter Geschäftszweige, teils von Lokalumständen, teils von Preisschwankungen der Rohstoffe etc. Das gesellschaftliche Gesamtkapital betrachtet, wird sich stets ein mehr oder minder bedeutender Teil dieses zuschüssigen Kapitals für längre Zeit im Zustand des Geldkapitals befinden. Was dagegen den in Arbeitslohn vorzuschießenden Teil des Kapitals II betrifft, so wird er stets erst allmählich in Arbeitskraft verwandelt im Maß, wie kleinre Arbeitsperioden ablaufen und bezahlt werden. Dieser Teil des Kapitals II ist also für die ganze Dauer der Arbeitsperiode in der Form des Geldkapitals vorhanden, bis er durch Verwandlung in Arbeitskraft in die Funktion des produktiven Kapitals eingeht.

Dies Hereinkommen des zur Verwandlung der Umlaufszeit von Kapital I in Produktionszeit erheischten Zuschußkapitals vermehrt also nicht nur die Größe des vorgeschoßnen Kapitals und die Länge der Zeit, wofür das Gesamtkapital notwendig vorgeschossen wird, sondern es vermehrt auch spezifisch den Teil des vorgeschoßnen Kapitals, der als Geldvorrat existiert, also sich im Zustand von Geldkapital befindet und die Form von potentiellem Geldkapital besitzt.

Dies findet ebenso statt – sowohl, was den Vorschuß in der Form von produktivem Vorrat wie in der Form von Geldvorrat betrifft –, wenn die durch die Umlaufszeit erheischte Spaltung des Kapitals in zwei Teile: Kapital für die erste Arbeitsperiode und Ersatzkapital für die Umlaufszeit, nicht durch Vergrößrung des ausgelegten Kapitals, sondern durch Vermindrung der Stufenleiter der Produktion hervorgebracht ist. Im Verhältnis zur Stufenleiter der Produktion wächst hier eher noch die Zunahme des in Geldform gebannten Kapitals.

Was durch diese Verteilung des Kapitals ursprünglich produktives und Zuschußkapital überhaupt erreicht ist, ist die ununterbrochne Aufeinanderfolge der Arbeitsperioden, die beständige Funktion eines gleichgroßen Teils des vorgeschoßnen Kapitals als produktives Kapital.

Sehn wir uns Beispiel II an. Das beständig im Produktionsprozeß befindliche Kapital ist 500 Pfd.St. Da die Arbeitsperiode = 5 Wochen, arbeitet es während 50 Wochen (als Jahr angenommen) zehnmal. Das Produkt beträgt daher auch, abgesehn vom Mehrwert, 10 × 500 = 5000 Pfd.St. Vom Standpunkt des unmittelbar und ununterbrochen im Produktionsprozeß arbeitenden Kapitals – eines Kapitalwerts von 500 Pfd.St. – erscheint also die Umlaufszeit als gänzlich ausgelöscht. Die Umschlagsperiode fällt zusammen mit der Arbeitsperiode; die Umlaufszeit ist = 0 gesetzt.

Wäre dagegen das Kapital von 500 Pfd.St. in seiner produktiven Tätigkeit regelmäßig durch die Umlaufszeit von 5 Wochen gehemmt, so daß es erst wieder produktionsfähig wäre nach Beendigung der ganzen Umschlagsperiode von 10 Wochen, so hätten wir in den 50 Jahreswochen 5 zehnwöchentliche Umschläge; darin 5 fünfwöchentliche Produktionsperioden, also zusammen 25 Produktionswochen mit einem Gesamtprodukt von 5 × 500 = 2500 Pfd.St.; 5 fünfwöchentliche Umlaufszeiten, also Gesamt-Umlaufszeit ebenfalls 25 Wochen. Sagen wir hier: Das Kapital von 500 Pfd. St. hat fünfmal im Jahre umgeschlagen, so ist sichtbar und klar, daß während der Hälfte jeder Umschlagsperiode dies Kapital von 500 Pfd.St. gar nicht als produktives Kapital fungiert hat und daß, alles zusammengerechnet, es nur während eines halben Jahres fungiert hat, während des andern Halbjahrs aber gar nicht.

In unserm Beispiel tritt für die Dauer dieser fünf Umlaufszeiten das Ersatzkapital von 500 Pfd.St. ein, und dadurch wird der Umschlag von 2500 auf 5000 Pfd.St. erhöht. Aber das vorgeschoßne Kapital ist nun auch 1000 Pfd.St. statt 500 Pfd.St. 5000 dividiert durch 1000 ist gleich 5. Also statt der zehn

Umschläge fünf. So wird denn auch in der Tat gerechnet. Aber indem es dann heißt, das Kapital von 1000 Pfd.St. hat fünfmal im Jahr umgeschlagen, verschwindet in den hohlen Kapitalistenschädeln die Erinnerung an die Umlaufszeit, und eine konfuse Vorstellung bildet sich, als ob dies Kapital während der sukzessiven fünf Umschläge beständig im Produktionsprozeß fungiert habe. Sagen wir aber, dies Kapital von 1000 Pfd.St. hat fünfmal umgeschlagen, so ist darin sowohl Umlaufszeit wie Produktionszeit eingeschlossen. In der Tat, wären wirklich 1000 Pfd.St. im Produktionsprozeß fortwährend tätig gewesen, so müßte das Produkt unter unsern Voraussetzungen 10 000 Pfd.St. statt 5000 sein. Um aber 1000 Pfd.St. fortwährend im Produktionsprozeß zu haben, müßten dann auch 2000 Pfd.St. überhaupt vorgeschossen sein. Die Ökonomen, bei denen überhaupt nichts Klares über den Mechanismus des Umschlags zu finden, übersehn fortwährend dies Hauptmoment, daß stets nur ein Teil des industriellen Kapitals tatsächlich im Produktionsprozeß engagiert sein kann, wenn die Produktion ununterbrochen vorangehn soll. Während der eine Teil sich in der Produktionsperiode, muß stets ein andrer Teil sich in der Zirkulationsperiode befinden. Oder mit andern Worten, der eine Teil kann nur als produktives Kapital fungieren unter der Bedingung, daß ein andrer Teil in der Form von Waren- oder Geldkapital der eigentlichen Produktion entzogen bleibt. Indem dies übersehn wird, wird überhaupt die Bedeutung und Rolle des Geldkapitals übersehn.

Wir haben jetzt zu untersuchen, welche Verschiedenheit im Umschlag sich herausstellt, je nachdem die beiden Abschnitte der Umschlagsperiode – Arbeitsperiode und Zirkulationsperiode – einander gleich sind, oder die Arbeitsperiode größer oder kleiner als die Zirkulationsperiode ist, und ferner, wie dies auf die Bindung von Kapital in der Form Geldkapital wirkt.

Wir nehmen an, daß das wöchentlich vorzuschießende Kapital in allen Fällen 100 Pfd.St. und die Umschlagsperiode 9 Wochen sei, also das für jede Umschlagsperiode vorzuschießende Kapital = 900 Pfd.St.

I. *Arbeitsperiode gleich der Zirkulationsperiode*

Dieser Fall, obgleich in der Wirklichkeit nur zufällige Ausnahme, muß als Ausgangspunkt für die Betrachtung dienen, weil hier die Verhältnisse sich am einfachsten und handgreiflichsten darstellen.

Die zwei Kapitale (Kapital I, das für die erste Arbeitsperiode vorgeschossen, und Zusatzkapital II, das während der Zirkulationsperiode von Kapital I fungiert) lösen sich in ihren Bewegungen ab, ohne sich zu durchkreuzen.

Mit Ausnahme der ersten Periode ist daher auch jedes der beiden Kapitale nur für seine eigne Umschlagsperiode vorgeschossen. Die Umschlagsperiode sei, wie in den folgenden Beispielen, 9 Wochen, Arbeitsperiode und Umlaufsperiode also je 4½ Woche. Dann haben wir folgendes Jahresschema:

Tabelle I

Kapital I

	Umschlagsperioden Woche	Arbeitsperioden Woche	Vorschuß Pfd.St.	Zirkulationsperioden Woche
I.	1.– 9.	1.– 4½.	450	4½.– 9.
II.	10.– 18.	10.–13½.	450	13½.– 18.
III.	19.– 27.	19.–22½.	450	22½.– 27.
IV.	28.– 36.	28.–31½.	450	31½.– 36.
V.	37.– 45.	37.–40½.	450	40½.– 45.
VI.	46.–(54.)	46.–49½.	450	49½.–(54.)[31]

Kapital II

	Umschlagsperioden Woche	Arbeitsperioden Woche	Vorschuß Pfd.St.	Zirkulationsperioden Woche
I.	4½.– 13½.	4½.– 9.	450	10. –13½.
II.	13½.– 22½.	13½.– 18.	450	19. –22½.
III.	22½.– 31½.	22½.– 27.	450	28. –31½.
IV.	31½.– 40½.	31½.– 36.	450	37. –40½.
V.	40½.– 49½.	40½.– 45.	450	46. –49½.
VI.	49½.–(58½.)	49½.–(54.)	450	(55*.–58½.)

Innerhalb der 51** Wochen, die wir hier als Jahr annehmen, hat Kapital I sechs volle Arbeitsperioden absolviert, also für 6×450 = 2700 Pfd.St., und Kapital II in fünf vollen Arbeitsperioden für 5×450 = 2250 Pfd.St. Waren produziert. Dazu hat Kapital II in den letzten 1½ Wochen des Jahrs (Mitte der 50. bis Ende der 51. Woche) noch für 150 Pfd.St. produziert – Gesamtprodukt in 51 Wochen: 5100 Pfd.St. In bezug auf unmittelbare Produktion von Mehrwert, der nur während der Arbeitsperiode produziert wird, hätte

[31] Die in das zweite Umschlagsjahr fallenden Wochen sind in Klammern gesetzt.

* [1. Auflage: 54]

** [1. und 2. Auflage: 50]

das Gesamtkapital von 900 Pfd.St. also $5^2/_3$mal umgeschlagen ($5^2/_3 \times 900 = 5100$ Pfd.St.). Aber wenn wir den wirklichen Umschlag betrachten, so hat Kapital I $5^2/_3$mal umgeschlagen, da es am Ende der 51. Woche noch 3 Wochen seiner sechsten Umschlagsperiode zu absolvieren hat; $5^2/_3 \times 450 = 2550$ Pfd.St.; und Kapital II $5^1/_6$mal, da es erst $1^1/_2$ Woche seiner sechsten Umschlagsperiode vollendet hat, also noch $7^1/_2$ Woche davon ins nächste Jahr fallen; $5^1/_6 \times 450 = 2325$ Pfd.St.; wirklicher Gesamtumschlag = 4875 Pfd.St.

Betrachten wir Kapital I und Kapital II als zwei gegeneinander ganz selbständige Kapitale. In ihren Bewegungen sind sie ganz selbständig; diese Bewegungen ergänzen sich nur, weil ihre Arbeits- und Zirkulationsperioden einander direkt ablösen. Sie können als zwei ganz unabhängige, verschiednen Kapitalisten gehörige Kapitale betrachtet werden.

Das Kapital I hat fünf vollständige und zwei Drittel seiner sechsten Umschlagsperiode zurückgelegt. Es befindet sich am Ende des Jahres in der Form von Warenkapital, dem zu seiner normalen Realisierung noch 3 Wochen erforderlich sind. Während dieser Zeit kann es nicht in den Produktionsprozeß eingehn. Es fungiert als Warenkapital: es zirkuliert. Von seiner letzten Umschlagsperiode hat es nur $^2/_3$ zurückgelegt. Dies wird so ausgedrückt: es hat nur $^2/_3$mal umgeschlagen, nur $^2/_3$ seines Gesamtwerts haben einen vollständigen Umschlag zurückgelegt. Wir sagen: 450 Pfd.St. legen ihren Umschlag in 9 Wochen zurück, also 300 Pfd.St. in 6 Wochen. Bei dieser Ausdrucksweise werden die organischen Verhältnisse zwischen den beiden spezifisch verschiednen Bestandteilen der Umschlagszeit vernachlässigt. Der exakte Sinn davon, daß das vorgeschoßne Kapital von 450 Pfd.St. $5^2/_3$ Umschläge gemacht, ist nur, daß es fünf Umschläge ganz und vom sechsten nur $^2/_3$ zurückgelegt hat. Dagegen hat der Ausdruck, daß das umgeschlagne Kapital = $5^2/_3$mal das vorgeschoßne Kapital, also im obigen Fall = $5^2/_3 \times 450$ Pfd.St. = 2550 Pfd.St., das Richtige, daß, wenn dies Kapital von 450 Pfd.St. nicht ergänzt wäre durch ein andres Kapital von 450 Pfd.St., in der Tat ein Teil davon sich im Produktionsprozeß, ein andrer im Zirkulationsprozeß befinden müßte. Soll die Umschlagszeit in der Masse des umgeschlagnen Kapitals ausgedrückt werden, so kann sie immer nur in einer Masse von vorhandnem Wert (in der Tat von fertigem Produkt) ausgedrückt werden. Der Umstand, daß das vorgeschoßne Kapital sich nicht in einem Zustand befindet, worin es den Produktionsprozeß von neuem eröffnen kann, drückt sich darin aus, daß nur ein Teil davon sich im produktionsfähigen Zustand befindet, oder daß, um sich im Zustand kontinuierlicher Produktion zu befinden, das Kapital geteilt werden müßte in einen Teil, der sich beständig in der Produktionsperiode und einen andern Teil, der sich beständig in der Zirkulationsperiode befände, je nach dem Verhältnis dieser Perioden zueinander. Es ist dasselbe Gesetz, das die Masse des beständig fungierenden produktiven Kapitals bestimmt durch das Verhältnis der Umlaufszeit zur Umschlagszeit.

Von Kapital II sind Ende der 51. Jahreswoche, die wir hier als Jahresschluß annehmen, vorgeschossen 150 Pfd.St. in der Produktion von unfertigem Produkt. Ein fernerer Teil befindet sich in der Form von flüssigem konstantem Kapital – Rohstoff etc. –, d. h. in einer Form, worin es als produktives Kapital im Produktionsprozeß fungieren kann. Aber ein dritter Teil befindet sich in Geldform, nämlich zum mindesten der Betrag des Arbeitslohns für den Rest der Arbeitsperiode (3 Wochen), der aber erst Ende jeder Woche bezahlt wird. Obgleich nun dieser Teil des Kapitals am Anfang des neuen Jahrs, also eines neuen Umschlagszyklus, sich nicht in der Form von produktivem Kapital befindet, sondern in der von Geldkapital, in der es nicht in den Produktionsprozeß eingehn kann, so befindet sich dennoch bei Eröffnung des neuen Umschlags flüssiges variables Kapital, d. h. lebendige Arbeitskraft, im Produktionsprozeß tätig. Diese Erscheinung kommt daher, daß die Arbeitskraft zwar am Anfang der Arbeitsperiode, sage per Woche, gekauft und verbraucht, aber erst Ende der Woche gezahlt wird. Das Geld wirkt hier als Zahlungsmittel. Es befindet sich daher einerseits als Geld noch in der Hand des Kapitalisten, während andrerseits die Arbeitskraft, die Ware, worin es umgesetzt wird, sich schon im Produktionsprozeß tätig befindet, derselbe Kapitalwert hier also doppelt erscheint.

Betrachten wir bloß die Arbeitsperioden, so hat

Kapital I produziert	$6 \times 450 = 2700$ Pfd.St.
„ II „	$5^1/_3 \times 450 = 2400$ „ „
also zusammen	$5^2/_3 \times 900 = 5100$ Pfd.St.

Das vorgeschoßne Gesamtkapital von 900 Pfd.St. hat also $5^2/_3$mal im Jahr als produktives Kapital fungiert. Ob stets 450 Pfd.St. im Produktionsprozeß und stets 450 Pfd.St. im Zirkulationsprozeß abwechselnd, oder ob 900 Pfd. St. während je $4^1/_2$ Wochen im Produktionsprozeß und während der folgenden $4^1/_2$ Wochen im Zirkulationsprozeß fungieren, ist für die Produktion von Mehrwert einerlei.

Betrachten wir dagegen die Umschlagsperioden, so hat

Kapital I $5^2/_3 \times 450 = 2550$ Pfd.St.
„ II $5^1/_6 \times 450 = 2325$ „ „
also das Gesamtkapital $5^5/_{12} \times 900 = 4875$ Pfd.St.

umgeschlagen. Denn der Umschlag des Gesamtkapitals ist gleich der Summe der von I und II umgeschlagnen Beträge, dividiert durch die Summe von I und II.

Es ist zu bemerken, daß Kapital I und II, wenn sie selbständig gegeneinander wären, doch nur verschiedne selbständige Teile des in derselben Produktionssphäre vorgeschoßnen gesellschaftlichen Kapitals bilden würden. Bestände also das gesellschaftliche Kapital innerhalb dieser Produktionssphäre *nur* aus I und II, so würde für den Umschlag des gesellschaftlichen Kapitals in dieser Sphäre dieselbe Rechnung gelten, die hier für die beiden Bestandteile I und II desselben Privatkapitals gilt. Weiter ausgedehnt kann jeder in einer besondern Produktionssphäre angelegte Teil des gesamten Gesellschaftskapitals so berechnet werden. Schließlich aber ist die Umschlagszahl des gesamten gesellschaftlichen Kapitals gleich der Summe des in den verschiednen Produktionssphären umgeschlagnen Kapitals, dividiert durch die Summe des in diesen Produktionssphären vorgeschoßnen Kapitals.

Es ist ferner zu bemerken, daß, wie hier in demselben Privatgeschäft die Kapitale I und II, genau genommen, verschiedne Umschlagsjahre haben (indem der Umschlagszyklus von Kapital II $4^1/_2$ Woche später beginnt als der von Kapital I, das Jahr von I daher $4^1/_2$ Woche früher abläuft als das von II), so auch die verschiednen Privatkapitale in derselben Produktionssphäre ihre Geschäfte in ganz verschiednen Zeitabschnitten beginnen und ihren Jahresumschlag daher auch zu verschiednen Zeiten im Jahr vollenden. Dieselbe Durchschnittsrechnung, die wir oben für I und II anwandten, reicht auch hier aus, um die Umschlagsjahre der verschiednen selbständigen Teile des gesellschaftlichen Kapitals auf ein einheitliches Umschlagsjahr zu reduzieren.

II. Arbeitsperiode größer als Zirkulationsperiode

Es durchkreuzen sich die Arbeits- und Umschlagsperioden der Kapitale I und II, statt einander abzulösen. Gleichzeitig findet hier Freisetzung von Kapital statt, was bei dem bisher betrachteten Fall nicht vorkam.

Es ändert dies aber nichts daran, daß nach wie vor 1. die Zahl der Arbeitsperioden des vorgeschoßnen Gesamtkapitals gleich ist der Summe des Werts des Jahresprodukts beider vorgeschoßnen Kapitalteile, dividiert durch das vorgeschoßne Gesamtkapital, und 2. die Umschlagszahl des Gesamtkapitals gleich ist der Summe der beiden umgeschlagnen Beträge, dividiert durch die Summe der beiden vorgeschoßnen Kapitale. Wir müssen auch hier beide Kapitalteile so betrachten, als vollzögen sie voneinander ganz unabhängige Umschlagsbewegungen.

Wir nehmen also wieder an, daß wöchentlich 100 Pfd.St. im Arbeitsprozeß vorzuschießen sind. Die Arbeitsperiode daure 6 Wochen, beanspruche also jedesmal 600 Pfd.St. Vorschuß (Kapital I). Die Zirkulationsperiode 3 Wochen; also Umschlagsperiode, wie oben, 9 Wochen. Ein Kapital II von 300 Pfd.St. trete ein während der dreiwöchentlichen Zirkulationsperiode von Kapital I. Betrachten wir beide als voneinander unabhängige Kapitale, so stellt sich das Schema des Jahresumschlags wie folgt:

Tabelle II

Kapital I, 600 Pfd.St.

	Umschlagsperioden Woche	Arbeitsperioden Woche	Vorschuß Pfd.St.	Zirkulationsperioden Woche
I.	1.– 9.	1.– 6.	600	7.– 9.
II.	10.– 18.	10.–15.	600	16.–18.
III.	19.– 27.	19.–24.	600	25.–27.
IV.	28.– 36.	28.–33.	600	34.–36.
V.	37.– 45.	37.–42.	600	43.–45.
VI.	46.–(54.)	46.–51.	600	(52.–54.)

Zusatzkapital II, 300 Pfd.St.

	Umschlagsperioden Woche	Arbeitsperioden Woche	Vorschuß Pfd.St.	Zirkulationsperioden Woche
I.	7.–15.	7.– 9.	300	10.–15.
II.	16.–24.	16.–18.	300	19.–24.
III.	25.–33.	25.–27.	300	28.–33.
IV.	34.–42.	34.–36.	300	37.–42.
V.	43.–51.	43.–45.	300	46.–51.

Der Produktionsprozeß geht das ganze Jahr durch ununterbrochen auf derselben Stufenleiter vor sich. Die beiden Kapitale I und II bleiben vollständig getrennt. Aber, um sie so getrennt darzustellen, mußten wir ihre wirklichen Kreuzungen und Verschlingungen zerreißen und dadurch auch die Umschlagszahl ändern. Nach obiger Tabelle nämlich schlüge

Kapital I $5^2/_3 \times 600 = 3400$ Pfd.St. um und
„ II $5 \times 300 = 1500$ „ „

also das Gesamtkapital $5^4/_9 \times 900 = 4900$ Pfd.St. um.

Dies stimmt aber nicht, weil, wie wir sehn werden, die wirklichen Produktions- und Zirkulationsperioden nicht absolut zusammenfallen mit denen des obigen Schemas, worin es hauptsächlich darauf ankam, die beiden Kapitale I und II als voneinander unabhängige erscheinen zu lassen.

In Wirklichheit nämlich hat Kapital II keine von der des Kapital I getrennte, besondre Arbeits- und Zirkulationsperiode. Die Arbeitsperiode ist 6 Wochen, die Zirkulationsperiode 3 Wochen. Da Kapital II nur = 300 Pfd.St., kann es nur Teil einer Arbeitsperiode ausfüllen. Dies ist der Fall. Ende der 6. Woche tritt ein Produktenwert von 600 Pfd.St. in Zirkulation und fließt Ende der 9. Woche in Geld zurück. Damit tritt Anfang der 7. Woche das Kapital II in Tätigkeit und deckt die Bedürfnisse der nächsten Arbeitsperiode für die 7.–9. Woche. Nun aber ist nach unsrer Annahme Ende der 9. Woche die Arbeitsperiode nur halb abgemacht. Es tritt also Anfang der 10. Woche das soeben zurückgeflossene Kapital I von 600 Pfd.St. wieder in Tätigkeit und füllt mit 300 Pfd.St. die für die 10.–12. Woche nötigen Vorschüsse aus. Damit ist die zweite Arbeitsperiode erledigt. Es befindet sich ein Produktenwert von 600 Pfd.St. in Zirkulation und wird Ende der 15. Woche zurückfließen; daneben aber sind 300 Pfd.St., der Betrag des ursprünglichen Kapitals II, freigesetzt und können in der ersten Hälfte der folgenden Arbeitsperiode, also in der 13.–15. Woche, fungieren. Nach deren Ablauf fließen dann wieder die 600 Pfd.St. zurück; 300 Pfd.St. davon reichen bis zum Schluß der Arbeitsperiode, 300 Pfd.St. bleiben für die folgende freigesetzt. Die Sache verläuft also wie folgt:

I. Umschlagsperiode: 1.–9. Woche.
  1. Arbeitsperiode: 1.–6. Woche. Kapital I, 600 Pfd.St., fungiert.
  1. Zirkulationsperiode: 7.–9. Woche. Ende der 9. Woche fließen 600 Pfd. St. zurück.

II. Umschlagsperiode: 7.–15. Woche.
  2. Arbeitsperiode: 7.–12. Woche.
    Erste Hälfte: 7.–9. Woche. Kapital II, 300 Pfd.St., fungieren. Ende der 9. Woche fließen 600 Pfd.St. in Geld zurück (Kapital I).
    Zweite Hälfte: 10.–12. Woche. 300 Pfd.St. von Kapital I fungieren. Die andern 300 Pfd.St. von Kapital I bleiben freigesetzt.
  2. Zirkulationsperiode: 13.–15. Woche.
    Ende der 15. Woche fließen 600 Pfd.St. (halb aus Kapital I, halb aus Kapital II gebildet) in Geld zurück.

III. Umschlagsperiode: 13.–21. Woche.
  3. Arbeitsperiode: 13.–18. Woche.
    Erste Hälfte: 13.–15. Woche. Die freigesetzten 300 Pfd.St. treten in Funktion. Ende der 15. Woche fließen 600 Pfd.St. in Geld zurück.
    Zweite Hälfte: 16.–18. Woche. Von den zurückgefloßnen 600 Pfd.St.

fungieren 300 Pfd.St., die andern 300 Pfd.St. bleiben wieder freigesetzt.

3. Zirkulationsperiode: 19.–21. Woche, an deren Schluß wieder 600 Pfd. St. in Geld zurückfließen; in diesen 600 Pfd.St. sind Kapital I und Kapital II jetzt ununterscheidbar verschmolzen.

Auf diese Weise ergeben sich acht volle Umschlagsperioden eines Kapitals von 600 Pfd.St. (I: 1.–9. Woche; II: 7.–15; III: 13.–21.; IV: 19.–27.; V: 25.–33.; VI: 31.–39.; VII: 37.–45.; VIII: 43.–51. Woche) bis Ende der 51. Woche. Da aber die 49.–51. Woche auf die achte Zirkulationsperiode fallen, müssen während derselben die 300 Pfd.St. freigesetztes Kapital eintreten und die Produktion im Gang halten. Damit stellt sich der Umschlag am Ende des Jahres wie folgt: 600 Pfd.St. haben ihren Kreislauf achtmal vollendet, macht 4800 Pfd.St. Dazu kommt das Produkt der letzten 3 Wochen (49.–51.), das aber erst ein Drittel seines Kreislaufs von 9 Wochen zurückgelegt hat, also in der Umschlagssumme nur für ein Drittel seines Betrags, mit 100 Pfd.St. zählt. Wenn also das Jahresprodukt von 51 Wochen = 5100 Pfd.St., so ist das umschlagne Kapital nur 4800 + 100 = 4900 Pfd.St.; das vorgeschoßne Gesamtkapital von 900 Pfd.St. hat also $5^4/_9$mal umgeschlagen, also um eine Kleinigkeit mehr als unter Fall I.

In dem vorliegenden Beispiel war ein Fall unterstellt, wo die Arbeitszeit = $^2/_3$, die Umlaufszeit = $^1/_3$ der Umschlagsperiode, also die Arbeitszeit ein einfaches Multipel der Umlaufszeit ist. Es fragt sich, ob die oben konstatierte Freisetzung von Kapital auch stattfindet, wenn dies nicht der Fall.

Nehmen wir Arbeitsperiode = 5 Wochen, Umlaufszeit = 4 Wochen, Kapitalvorschuß per Woche 100 Pfd.St.

I. Umschlagsperiode: 1.–9. Woche.

1. Arbeitsperiode: 1.–5. Woche. Kapital I = 500 Pfd.St. fungiert.

1. Zirkulationsperiode: 6.–9. Woche. Ende der 9. Woche fließen 500 Pfd. St. in Geld zurück.

II. Umschlagsperiode: 6.–14. Woche.

2. Arbeitsperiode: 6.–10. Woche.

Erster Abschnitt: 6.–9. Woche. Kapital II = 400 Pfd.St. fungiert. Ende der 9. Woche fließt Kapital I = 500 Pfd.St. in Geld zurück.

Zweiter Abschnitt: 10. Woche. Von den zurückgefloßnen 500 Pfd.St. fungieren 100 Pfd.St. Die übrigen 400 Pfd.St. bleiben freigesetzt für die folgende Arbeitsperiode.

2. Zirkulationsperiode: 11.–14. Woche. Am Ende der 14. Woche fließen 500 Pfd.St. in Geld zurück.

Bis zu Ende der 14. Woche (11.–14.) fungieren die oben freigesetzten 400 Pfd.St.; 100 Pfd.St. aus den alsdann zurückgefloßnen 500 Pfd.St. komplettieren den Bedarf für die dritte Arbeitsperiode (11.–15. Woche), so daß wiederum 400 Pfd.St. für die vierte Arbeitsperiode freigesetzt werden. Dasselbe Phänomen wiederholt sich in jeder Arbeitsperiode; bei ihrem Beginn findet sie 400 Pfd.St. vor, die für die ersten 4 Wochen reichen. Ende der 4. Woche fließen 500 Pfd.St. in Geld zurück, von denen nur 100 Pfd.St. für die letzte Woche benötigt sind, die übrigen 400 Pfd.St. für die nächste Arbeitsperiode freigesetzt bleiben.

Nehmen wir ferner eine Arbeitsperiode von 7 Wochen, mit Kapital I von 700 Pfd.St.; eine Umlaufszeit von 2 Wochen mit Kapital II von 200 Pfd.St. Dann dauert die erste Umschlagsperiode von 1.–9. Woche, davon erste Arbeitsperiode 1.–7. Woche, mit Vorschuß von 700 Pfd.St., und erste Zirkulationsperiode 8.–9. Woche. Ende der 9. Woche fließen die 700 Pfd.St. in Geld zurück.

Die zweite Umschlagsperiode 8.–16. Woche umschließt die zweite Arbeitsperiode 8.–14. Woche. Davon ist der Bedarf für 8. und 9. Woche gedeckt durch Kapital II. Ende der 9. Woche fließen obige 700 Pfd.St. zurück; davon werden verbraucht bis Schluß der Arbeitsperiode (10.–14. Woche) 500 Pfd.St. Bleiben 200 Pfd.St. freigesetzt für die nächstfolgende Arbeitsperiode. Die zweite Umlaufsperiode dauert 15.–16. Woche; Ende der 16. Woche fließen wieder 700 Pfd.St. zurück. Von nun an wiederholt sich in jeder Arbeitsperiode dieselbe Erscheinung. Der Kapitalbedarf der ersten beiden Wochen ist gedeckt durch die am Schluß der vorigen Arbeitsperiode freigesetzten 200 Pfd.St.; Ende der 2. Woche fließen 700 zurück; die Arbeitsperiode zählt aber nur noch 5 Wochen, so daß sie nur 500 Pfd.St. verbrauchen kann; es bleiben also stets 200 Pfd.St. freigesetzt für die nächste Arbeitsperiode.

Es stellt sich also heraus, daß in unserm Fall, wo die Arbeitsperiode größer angenommen als die Umlaufsperiode, unter allen Umständen am Schluß einer jeden Arbeitsperiode sich ein Geldkapital freigesetzt findet, welches von gleicher Größe ist wie das für die Zirkulationsperiode vorgeschoßne Kapital II. In unsern drei Beispielen war Kapital II im ersten = 300 Pfd.St., im zweiten = 400 Pfd.St., im dritten = 200 Pfd.St.; dementsprechend war das am Schluß der Arbeitsperiode freigesetzte Kapital je 300, 400, 200 Pfd.St.

III. Arbeitsperiode kleiner als Umlaufsperiode

Wir nehmen zunächst wieder an eine Umschlagsperiode von 9 Wochen; davon Arbeitsperiode 3 Wochen, für welche disponibel Kapital I = 300 Pfd.

St. Die Umlaufsperiode sei 6 Wochen. Für diese 6 Wochen ist ein Zusatzkapital von 600 Pfd.St. nötig, das wir aber wieder in zwei Kapitale von je 300 Pfd.St. einteilen können, wovon jedes eine Arbeitsperiode ausfüllt. Wir haben dann drei Kapitale von je 300 Pfd.St., wovon immer 300 Pfd.St. in der Produktion beschäftigt sind, während 600 Pfd.St. umlaufen.

Tabelle III

Kapital I:

	Umschlagsperioden Woche	Arbeitsperioden Woche	Umlaufsperioden Woche
I.	1.– 9.	1.– 3.	4.– 9.
II.	10.– 18.	10.–12.	13.– 18.
III.	19.– 27.	19.–21.	22.– 27.
IV.	28.– 36.	28.–30.	31.– 36.
V.	37.– 45.	37.–39.	40.– 45.
VI.	46.–(54.)	46.–48.	49.–(54.)

Kapital II:

	Umschlagsperioden Woche	Arbeitsperioden Woche	Umlaufsperioden Woche
I.	4.– 12.	4.– 6.	7.–12.
II.	13.– 21.	13.–15.	16.–21.
III.	22.– 30.	22.–24.	25.–30.
IV.	31.– 39.	31.–33.	34.–39.
V.	40.– 48.	40.–42.	43.–48.
VI.	49.–(57.)	49.–51.	(52.–57.)

Kapital III:

	Umschlagsperioden Woche	Arbeitsperioden Woche	Umlaufsperioden Woche
I.	7.–15.	7.– 9.	10.–15.
II.	16.–24.	16.–18.	19.–24.
III.	25.–33.	25.–27.	28.–33.
IV.	34.–42.	34.–36.	37.–42.
V.	43.–51.	43.–45.	46.–51.

Wir haben hier das genaue Gegenbild von Fall I, nur mit dem Unterschied, daß jetzt drei Kapitale einander ablösen statt zwei. Eine Durchkreuzung oder Verschlingung der Kapitale findet nicht statt; jedes einzelne kann bis zum Jahresschluß getrennt verfolgt werden. Ebensowenig wie bei Fall I findet also eine Freisetzung von Kapital am Schluß einer Arbeitsperiode statt. Kapital I ist ganz ausgelegt Ende der 3. Woche, fließt ganz zurück Ende der 9., und tritt wieder in Funktion Anfang der 10. Woche. Ähnlich mit Kapital II und III. Die regelmäßige und vollständige Ablösung schließt jede Freisetzung aus.

Der Gesamtumschlag berechnet sich folgendermaßen:

Kapital	I	300 Pfd.St.	$5^2/_3 \times$	= 1700 Pfd.St.
„	II	300 „ „	$5^1/_3 \times$	= 1600 „ „
„	III	300 „ „	$5 \times$	= 1500 „ „
Gesamtkapital		900 Pfd.St.	$5^1/_3 \times$	= 4800 Pfd.St.

Nehmen wir jetzt auch ein Beispiel, wo die Umlaufsperiode nicht ein genaues Vielfaches der Arbeitsperiode bietet; z. B. Arbeitsperiode 4 Wochen, Zirkulationsperiode 5 Wochen; die entsprechenden Kapitalbeträge wären also Kapital I = 400 PfdSt., Kapital II = 400 Pfd.St., Kapital III = 100 Pfd. St. Wir geben nur die ersten drei Umschläge.

Tabelle IV

Kapital I:

	Umschlagsperioden Woche	Arbeitsperioden Woche	Umlaufsperioden Woche
I.	1.– 9.	1.– 4.	5.– 9.
II.	9.–17.	9.10.–12.	13.–17.
III.	17.–25.	17.18.–20.	21.–25.

Kapital II:

	Umschlagsperioden Woche	Arbeitsperioden Woche	Umlaufsperioden Woche
I.	5.–13.	5.– 8.	9.–13.
II.	13.–21.	13.14.–16.	17.–21.
III.	21.–29.	21.22.–24.*	25.–29.

* [1. und 2. Auflage: 29.]

Kapital III:

	Umschlagsperioden Woche	Arbeitsperioden Woche	Umlaufsperioden Woche
I.	9.–17.	9.	10.–17.
II.	17.–25.	17.	18.–25.
III.	25.–33.	25.	26.–33.

Es findet hier insofern Verschlingung der Kapitale statt, als die Arbeitsperiode von Kapital III, das keine selbständige Arbeitsperiode hat, weil es nur für eine Woche reicht, zusammenfällt mit der ersten Arbeitswoche von Kapital I. Dafür aber findet sich am Schluß der Arbeitsperiode, sowohl von Kapital I wie von Kapital II, ein dem Kapital III gleicher Betrag von 100 Pfd.St. freigesetzt. Wenn nämlich Kapital III die erste Woche der zweiten und aller folgenden Arbeitsperioden von Kapital I ausfüllt und am Schluß dieser ersten Woche das ganze Kapital I, 400 Pfd.St., zurückströmt, so bleibt für den Rest der Arbeitsperiode von Kapital I nur eine Zeit von 3 Wochen und eine entsprechende Kapitalauslage von 300 Pfd.St. Die so freigesetzten 100 Pfd.St. genügen dann für die erste Woche der sich unmittelbar anschließenden Arbeitsperiode von Kapital II; am Schluß dieser Woche fließt das ganze Kapital II mit 400 Pfd.St. zurück; da aber die angebrochne Arbeitsperiode nur noch 300 Pfd.St. absorbieren kann, so bleiben an deren Schluß wieder 100 Pfd.St. freigesetzt; und so weiter. Es findet also Freisetzung von Kapital am Schlusse der Arbeitsperiode statt, sobald die Umlaufszeit nicht ein einfaches Multipel der Arbeitsperiode bildet; und zwar ist dies freigesetzte Kapital gleich dem Kapitalteil, welcher den Überschuß der Zirkulationsperiode über eine Arbeitsperiode oder über ein Multipel von Arbeitsperioden auszufüllen hat.
In allen untersuchten Fällen wurde angenommen, daß sowohl Arbeitsperiode wie Umlaufszeit das ganze Jahr hindurch in dem beliebigen, hier betrachteten Geschäft dieselben bleiben. Diese Voraussetzung war nötig, wollten wir den Einfluß der Umlaufszeit auf Umschlag und Kapitalvorschuß feststellen. Daß sie in der Wirklichkeit nicht in dieser Unbedingtheit und oft gar nicht gilt, ändert an der Sache nichts.
Wir haben in diesem ganzen Abschnitt nur die Umschläge des zirkulierenden Kapitals betrachtet, nicht die des fixen. Aus dem einfachen Grund, weil die behandelte Frage nichts mit dem fixen Kapital zu tun hat. Die im Produktionsprozeß angewandten Arbeitsmittel etc. bilden nur fixes Kapital, soweit ihre Gebrauchszeit länger dauert als die Umschlagsperiode des flüssigen Kapitals; soweit die Zeit, während deren diese Arbeitsmittel fortfah-

ren, in beständig wiederholten Arbeitsprozessen zu dienen, größer ist als die Umschlagsperiode des flüssigen Kapitals, also = n Umschlagsperioden des flüssigen Kapitals ist. Ob die Gesamtzeit, welche durch diese n Umschlagsperioden des flüssigen Kapitals gebildet wird, länger oder kürzer ist, der Teil des produktiven Kapitals, der für diese Zeit in fixem Kapital vorgeschossen war, wird innerhalb derselben nicht von neuem vorgeschossen. Er fährt fort, in seiner alten Gebrauchsform zu fungieren. Der Unterschied ist nur der: je nach der verschiednen Länge der einzelnen *Arbeitsperiode* jeder Umschlagsperiode des flüssigen Kapitals gibt das fixe Kapital größern oder geringern Teil seines Originalwerts an das Produkt dieser Arbeitsperiode ab, und je nach der Dauer der Zirkulationszeit einer jeden Umschlagsperiode fließt dieser an das Produkt abgegebne Wertteil des fixen Kapitals rascher oder langsamer in Geldform zurück. Die Natur des Gegenstands, den wir in diesem Abschnitt behandeln – der Umschlag des zirkulierenden Teils des produktiven Kapitals –, geht aus der Natur dieses Kapitalteils selbst hervor. Das in einer Arbeitsperiode angewandte flüssige Kapital kann nicht in einer neuen Arbeitsperiode angewandt werden, bevor es seinen Umschlag vollendet, sich in Warenkapital, aus diesem in Geldkapital und aus diesem wieder in produktives Kapital verwandelt hat. Um daher die erste Arbeitsperiode sofort durch eine zweite zu kontinuieren, muß von neuem Kapital vorgeschossen und in die flüssigen Elemente des produktiven Kapitals verwandelt werden, und zwar in hinreichender Quantität, um die durch die Zirkulationsperiode des für die erste Arbeitsperiode vorgeschoßnen flüssigen Kapitals entstehende Lücke auszufüllen. Daher der Einfluß der Länge der Arbeitsperiode des flüssigen Kapitals auf die Betriebsstufenleiter des Arbeitsprozesses und auf die Teilung des vorgeschoßnen Kapitals, resp. auf Zuschuß von neuen Kapitalportionen. Dies aber ist es gerade, was wir in diesem Abschnitt zu betrachten hatten.

IV. Resultate

Aus der bisherigen Untersuchung ergibt sich:

A. Die verschiednen Portionen, worin das Kapital geteilt werden muß, damit ein Teil desselben sich beständig in der Arbeitsperiode befinden kann, während andre Teile sich in der Zirkulationsperiode befinden – lösen sich ab, wie verschiedne selbständige Privatkapitale, in zwei Fällen. 1. Wenn die Arbeitsperiode gleich der Zirkulationsperiode, die Umschlagsperiode also in zwei gleiche Abschnitte geteilt ist. 2. Wenn die Zirkulationsperiode länger ist als die Arbeitsperiode, aber zugleich ein einfaches Multipel der

Arbeitsperiode bildet, so daß eine Zirkulationsperiode = n Arbeitsperioden, wo n eine ganze Zahl sein muß. In diesen Fällen wird kein Teil des sukzessiv vorgeschoßnen Kapitals freigesetzt.

B. Dagegen in allen Fällen, wo 1. die Zirkulationsperiode größer als die Arbeitsperiode, ohne ein einfaches Multipel derselben zu bilden, und 2. wo die Arbeitsperiode größer als die Zirkulationsperiode, wird ein Teil des flüssigen Gesamtkapitals vom zweiten Umschlag an beständig und periodisch am Schluß jeder Arbeitsperiode freigesetzt. Und zwar ist dieses freigesetzte Kapital gleich dem für die Zirkulationsperiode vorgeschoßnen Teil des Gesamtkapitals, wenn die Arbeitsperiode größer als die Zirkulationsperiode; und gleich dem Kapitalteil, welcher den Überschuß der Zirkulationsperiode über eine Arbeitsperiode oder über ein Multipel von Arbeitsperioden auszufüllen hat, wenn die Zirkulationsperiode größer ist als die Arbeitsperiode.

C. Es folgt daraus, daß für das gesellschaftliche Gesamtkapital, nach seinem flüssigen Teil betrachtet, die Freisetzung von Kapital die Regel, die bloße Ablösung der sukzessive im Produktionsprozeß fungierenden Kapitalteile die Ausnahme bilden muß. Denn die Gleichheit von Arbeitsperiode und Zirkulationsperiode, oder die Gleichheit der Zirkulationsperiode mit einem einfachen Multipel der Arbeitsperiode, diese regelmäßige Proportionalität der zwei Bestandteile der Umschlagsperiode hat mit der Natur der Sache durchaus nichts zu tun und kann daher im ganzen und großen nur ausnahmsweise stattfinden.

Ein sehr bedeutender Teil des jährlich mehrmals umschlagenden gesellschaftlichen zirkulierenden Kapitals wird sich also während des jährlichen Umschlagszyklus periodisch in der Form von freigesetztem Kapital befinden.

Es ist ferner klar, daß alle andern Umstände gleichbleibend gesetzt, die Größe dieses freigesetzten Kapitals mit dem Umfang des Arbeitsprozesses oder mit der Stufenleiter der Produktion, also überhaupt mit der Entwicklung der kapitalistischen Produktion wächst. In dem Falle sub B.2., weil das vorgeschoßne Gesamtkapital wächst; in B.1., weil mit der Entwicklung der kapitalistischen Produktion die Länge der Zirkulationsperiode wächst, also auch die Umschlagsperiode in den Fällen, wo die Arbeitsperiode ohne regelmäßiges Verhältnis der beiden Perioden.

Im ersten Fall hatten wir z. B. 100 Pfd.St. wöchentlich auszulegen. Für sechswöchentliche Arbeitsperiode 600 Pfd.St., für dreiwöchentliche Zirkulationsperiode 300 Pfd.St., zusammen 900 Pfd.St. Hier werden beständig 300 Pfd. St. freigesetzt. Werden dagegen 300 Pfd.St. wöchentlich ausgelegt, so haben wir für die Arbeitsperiode 1800 Pfd.St., für die Zirkulationsperiode 900 Pfd. St.; also auch 900 Pfd.St. statt 300 Pfd.St. periodisch freigesetzt.

D. Das Gesamtkapital von z. B. 900 Pfd.St. muß in zwei Teile geteilt werden, wie oben 600 Pfd.St. für die Arbeitsperiode und 300 Pfd.St. für die Zirkulationsperiode. Der Teil, der wirklich im Arbeitsprozeß ausgelegt, wird dadurch um ein Drittel vermindert, von 900 Pfd.St. auf 600 Pfd.St., und daher die Produktionsleiter um ein Drittel reduziert. Andrerseits fungieren die 300 Pfd.St. nur, um die Arbeitsperiode kontinuierlich zu machen, so daß in jeder Woche des Jahres 100 Pfd.St. im Arbeitsprozeß ausgelegt werden können.

Abstrakt genommen ist es dasselbe, ob 600 Pfd.St. während $6 \times 8 = 48$ Wochen arbeiten (Produkt = 4800 Pfd.St.), oder ob das ganze Kapital von 900 Pfd.St. während 6 Wochen im Arbeitsprozeß ausgelegt wird und dann während der Zirkulationsperiode von 3 Wochen brachliegt; im letztern Fall würde es im Lauf der 48 Wochen $5^1/_3 \times 6 = 32$ Wochen arbeiten (Produkt $= 5^1/_3 \times 900 = 4800$ Pfd.St.) und 16 Wochen brachliegen. Aber abgesehn vom größern Verderb des fixen Kapitals während der Brache von 16 Wochen und der Verteurung der Arbeit, die während des ganzen Jahres bezahlt werden muß, obgleich sie nur einen Teil desselben wirkt, ist eine solche regelmäßige Unterbrechung des Produktionsprozesses mit dem Betrieb der modernen großen Industrie überhaupt unvereinbar. Diese Kontinuität ist selbst eine Produktivkraft der Arbeit.

Sehn wir uns nun das freigesetzte, in der Tat suspendierte Kapital näher an, so zeigt sich, daß ein bedeutender Teil desselben stets die Form von Geldkapital besitzen muß. Bleiben wir bei dem Beispiel: Arbeitsperiode 6 Wochen, Zirkulationsperiode 3 Wochen, Auslage per Woche 100 Pfd.St. In der Mitte der zweiten Arbeitsperiode, Ende der 9. Woche, fließen 600 Pfd.St. zurück, von denen nur 300 Pfd.St. während des Rests der Arbeitsperiode anzulegen sind. Ende der zweiten Arbeitsperiode werden also 300 Pfd.St. davon freigesetzt. In welchem Zustand befinden sich diese 300 Pfd.St.? Wir wollen annehmen, daß $^1/_3$ für Arbeitslohn, $^2/_3$ für Roh- und Hilfsstoffe auszulegen sind. Von den zurückgeflossnen 600 Pfd.St. befinden sich also 200 Pfd.St. für Arbeitslohn in Geldform und 400 Pfd.St. in der Form von produktivem Vorrat, in der Form von Elementen des konstanten flüssigen produktiven Kapitals. Da aber für die zweite Hälfte der Arbeitsperiode II nur die Hälfte dieses produktiven Vorrats erheischt ist, befindet sich die andre Hälfte während 3 Wochen in der Form von überschüssigem, d. h. von über eine Arbeitsperiode überschüssigem produktivem Vorrat. Der Kapitalist weiß aber, daß er von diesem Teil (= 400 Pfd.St.) des zurückfließenden Kapitals nur die Hälfte = 200 Pfd.St. für die laufende Arbeitsperiode braucht. Es wird also von den Marktverhältnissen abhängen, ob er diese 200 Pfd.St. sofort wieder ganz oder nur zum Teil in überschüssigen produktiven Vorrat

verwandeln oder sie ganz oder teilweise in Erwartung günstigerer Marktverhältnisse als Geldkapital festhalten wird. Andrerseits versteht sich von selbst, daß der in Arbeitslohn auszulegende Teil = 200 Pfd.St. in Geldform festgehalten wird. Der Kapitalist kann die Arbeitskraft nicht wie das Rohmaterial im Warenlager deponieren, nachdem er sie gekauft hat. Er muß sie dem Produktionsprozeß einverleiben und zahlt sie Ende der Woche. Von dem freigesetzten Kapital von 300 Pfd.St. werden also jedenfalls diese 100 Pfd.St. die Form von freigesetztem, d. h. nicht für die Arbeitsperiode nötigem Geldkapital besitzen. Das in Form von Geldkapital freigesetzte Kapital muß also mindestens gleich sein dem variablen, in Arbeitslohn ausgelegten Kapitalteil; im Maximum kann es das ganze freigesetzte Kapital umfassen. In der Wirklichkeit schwankt es beständig zwischen diesem Minimum und Maximum.
Das so durch den bloßen Mechanismus der Umschlagsbewegung freigesetzte Geldkapital (neben dem durch den sukzessiven Rückfluß des fixen Kapitals und dem in jedem Arbeitsprozeß für variables Kapital nötigem Geldkapital) muß eine bedeutende Rolle spielen, sobald sich das Kreditsystem entwickelt, und muß zugleich eine der Grundlagen desselben bilden.
Nehmen wir in unserm Beispiel an, die Zirkulationszeit verkürze sich von 3 Wochen auf 2. Dies sei nicht normal, sondern etwa Folge guter Geschäftszeit, verkürzter Zahlungstermine etc. Das Kapital von 600 Pfd.St., das während der Arbeitsperiode ausgelegt worden, fließt eine Woche früher als nötig zurück, es ist also für diese Woche freigesetzt. Es werden ferner, wie vorher, in der Mitte der Arbeitsperiode 300 Pfd.St. freigesetzt (Teil jener 600 Pfd.St.), aber für 4 Wochen statt für 3. Es befinden sich also auf dem Geldmarkt während einer Woche 600 Pfd.St. und während 4 statt 3 Wochen 300 Pfd.St. Da dies nicht nur einen Kapitalisten betrifft, sondern viele und zu verschiednen Perioden in verschiednen Geschäftszweigen sich ereignet, so erscheint hiermit mehr disponibles Geldkapital auf dem Markt. Dauert dieser Zustand länger, so wird die Produktion erweitert werden, wo dies zulässig; Kapitalisten, die mit geborgtem Kapital arbeiten, werden weniger Nachfrage auf dem Geldmarkt ausüben, was diesen ebensosehr erleichtert wie vermehrtes Angebot; oder endlich die Summen, die für den Mechanismus überschüssig geworden sind, werden definitiv auf den Geldmarkt hinausgeworfen.
Infolge der Kontraktion der Umlaufszeit* von 3 auf 2 Wochen, und daher der Umschlagsperiode von 9 auf 8 Wochen, wird $^1/_9$ des vorgeschoßnen Gesamtkapitals überflüssig; die sechswöchentliche Arbeitsperiode kann nun mit 800 Pfd.St. ebenso beständig in Gang gehalten werden wie früher mit

* [1. und 2. Auflage: Umschlagszeit]

900 Pfd.St. Ein Wertteil des Warenkapitals = 100 Pfd.St., einmal in Geld rückverwandelt, verharrt daher in diesem Zustand als Geldkapital, ohne weiter als Teil des für den Produktionsprozeß vorgeschoßnen Kapitals zu fungieren. Während die Produktion auf gleichbleibender Stufenleiter und zu sonst gleichbleibenden Bedingungen, wie Preisen etc., fortgeführt wird, vermindert sich die Wertsumme des vorgeschoßnen Kapitals von 900 Pfd. St. auf 800 Pfd.St.; der Rest von 100 Pfd.St. des ursprünglich vorgeschoßnen Werts wird ausgeschieden in der Form von Geldkapital. Als solches tritt es in den Geldmarkt ein und bildet zuschüssigen Teil der hier fungierenden Kapitale.

Man ersieht hieraus, wie eine Plethora von Geldkapital entstehn kann – und zwar nicht nur in dem Sinn, daß das Angebot von Geldkapital größer ist als die Nachfrage; dies ist immer nur eine relative Plethora, die z. B. stattfindet in der »melancholischen Periode«, welche nach Ende der Krise den neuen Zyklus eröffnet. Sondern in dem Sinn, daß für die Betreibung des gesamten gesellschaftlichen Reproduktionsprozesses (welcher den Zirkulationsprozeß einschließt) ein bestimmter Teil des vorgeschoßnen Kapitalwerts überflüssig und daher in der Form von Geldkapital ausgeschieden ist; eine Plethora, entstanden bei gleichbleibender Stufenleiter der Produktion und gleichbleibenden Preisen durch bloße Kontraktion der Umschlagsperiode. Es hat die Masse – größere oder kleinere – des in Zirkulation befindlichen Geldes hierauf nicht den geringsten Einfluß gehabt.

Nehmen wir umgekehrt an, die Zirkulationsperiode verlängre sich, sage von 3 Wochen zu 5. Dann findet schon beim nächsten Umschlag der Rückfluß des vorgeschoßnen Kapitals um 2 Wochen zu spät statt. Der letzte Teil des Produktionsprozesses dieser Arbeitsperiode kann nicht weitergeführt werden durch den Mechanismus des Umschlags des vorgeschoßnen Kapitals selbst. Bei längrer Dauer dieses Zustandes könnte, wie im vorigen Fall Erweiterung, so hier Kontraktion des Produktionsprozesses – des Umfangs, auf dem er betrieben – eintreten. Um aber den Prozeß auf derselben Stufenleiter fortzuführen, müßte das vorgeschoßne Kapital für die ganze Dauer dieser Verlängrung der Zirkulationsperiode um $^2/_9$ = 200 Pfd.St. vermehrt werden. Dies Zusatzkapital kann nur dem Geldmarkt entnommen werden. Gilt die Verlängerung der Zirkulationsperiode für einen oder mehrere große Geschäftszweige, so kann sie daher einen Druck auf den Geldmarkt herbeiführen, wenn nicht diese Wirkung durch Gegenwirkung von andrer Seite aufgehoben wird. Auch in diesem Fall ist sichtbar und handgreiflich, daß dieser Druck, wie vorher jene Plethora, nicht das geringste zu tun hatte mit einer Änderung weder in den Preisen der Waren noch in der Masse der vorhandnen Zirkulationsmittel.

[Die Fertigstellung dieses Kapitels für den Druck hat nicht geringe Schwierigkeiten gemacht. So sattelfest Marx als Algebraiker war, so ungeläufig blieb ihm das Rechnen mit Zahlen, namentlich das kaufmännische, trotzdem ein dickes Konvolut Hefte existiert, worin er sämtliche kaufmännische Rechnungsarten selbst in vielen Exempeln durchgerechnet hat. Aber Kenntnis der einzelnen Rechnungsarten und Übung im alltäglichen praktischen Rechnen des Kaufmanns sind keineswegs dasselbe, und so verwickelte er sich in den Umschlagsberechnungen derart, daß neben Unvollendetem schließlich manches Unrichtige und Widersprechende herauskam. Ich habe in den oben abgedruckten Tabellen nur das Einfachste und arithmetisch Richtige beibehalten, und zwar hauptsächlich aus folgendem Grund. Die unsichern Resultate dieser mühsamen Rechnerei haben Marx veranlaßt, einem – nach meiner Ansicht – tatsächlich wenig wichtigen Umstand eine unverdiente Wichtigkeit beizulegen. Ich meine das, was er »Freisetzung« von Geldkapital nennt. Der wirkliche Sachverhalt, unter den oben angenommenen Voraussetzungen, ist dieser:

Einerlei, welches das Größenverhältnis von Arbeitsperiode und Umlaufszeit, also das von Kapital I zu Kapital II, – nach Ablauf des ersten Umschlags kehrt dem Kapitalisten, in regelmäßigen Intervallen von der Länge der Arbeitsperiode, das für je eine Arbeitsperiode nötige Kapital – also eine Summe gleich Kapital I – in Geldform zurück.

Ist die Arbeitsperiode = 5 Wochen, Umlaufszeit = 4 Wochen, Kapital I = 500 Pfd.St., so fließt jedesmal eine Geldsumme von 500 Pfd.St. zurück: Ende der 9., der 14., der 19., der 24., der 29. Woche usw.

Ist die Arbeitsperiode = 6 Wochen, Umlaufszeit = 3 Wochen, Kapital I = 600 Pfd.St., so fließen je 600 Pfd.St. zurück: Ende der 9., der 15., der 21., der 27., der 33. Woche usw.

Endlich ist die Arbeitsperiode = 4 Wochen, Umlaufszeit = 5 Wochen, Kapital I = 400 Pfd.St., so erfolgt Rückfluß von je 400 Pfd.St.: Ende der 9., der 13., der 17., der 21., der 25. Woche usw.

Ob und wieviel von diesem zurückgefloßnen Geld für die laufende Arbeitsperiode überschüssig, also freigesetzt ist, macht keinen Unterschied. Es wird vorausgesetzt, daß die Produktion ununterbrochen auf dem laufenden Maßstab vorangeht, und damit dies erfolge, muß das Geld vorhanden sein, also rückfließen, ob »freigesetzt« oder nicht. Wird die Produktion unterbrochen, so hört auch die Freisetzung auf.

Mit andern Worten: Es erfolgt allerdings Freisetzung von Geld, also Bildung von latentem, nur potentiellem Kapital in Geldform; aber unter allen Umständen und nicht nur unter den im Text näher präzisierten speziellen Bedingungen; und sie erfolgt auf größerm als auf dem im Text angenommenen Maßstab. Mit Beziehung auf das zirkulierende Kapital I befindet sich der industrielle Kapitalist am Ende jedes Umschlags ganz in der Lage wie bei Errichtung des Geschäfts: er hat es wieder ganz und auf einmal in der Hand, während er es nur allmählich wieder in produktives Kapital verwandeln kann.

Worauf es im Text ankommt, ist der Nachweis, daß einerseits ein beträchtlicher Teil des industriellen Kapitals stets in Geldform vorhanden sein, andrerseits ein noch beträchtlicherer zeitweilig Geldform annehmen muß. Dieser Nachweis wird durch diese meine zusätzlichen Bemerkungen höchstens verstärkt. – F. E.]

V. Wirkung von Preiswechsel

Wir haben eben unterstellt gleichbleibende Preise, gleichbleibende Stufenleiter der Produktion auf der einen Seite, Kontraktion oder Expansion der Zirkulationszeit auf der andern. Unterstellen wir jetzt dagegen gleichbleibende Größe der Umschlagsperiode, gleichbleibende Stufenleiter der Produktion, aber auf der andern Seite Preiswechsel, d. h. Fall oder Steigen im Preis von Rohmaterialien, Hilfsstoffen und Arbeit oder der beiden ersten dieser Elemente. Gesetzt, der Preis von Roh- und Hilfsstoffen, sowie der Arbeitslohn, falle um die Hälfte. Es wären dann also in unserm Beispiel wöchentlich 50 Pfd.St. statt 100 Pfd.St. und für die neunwöchentliche Umschlagsperiode 450 Pfd.St. statt 900 Pfd.St. vorgeschoßnes Kapital nötig. 450 Pfd. St. des vorgeschoßnen Kapitalwerts werden ausgeschieden zunächst als Geldkapital, aber der Produktionsprozeß auf derselben Stufenleiter und mit derselben Umschlagsperiode und der frühern Teilung derselben werde fortgesetzt. Auch die jährliche Produktmasse bleibt dieselbe, aber ihr Wert ist um die Hälfte gefallen. Weder eine Beschleunigung im Umlauf, noch eine Änderung in der Masse des zirkulierenden Geldes hat diesen Wechsel hervorgebracht, der auch von einem Wechsel in Angebot und Nachfrage von Geldkapital begleitet ist. Umgekehrt. Der Fall im Wert, resp. Preis, der Elemente des produktiven Kapitals um die Hälfte hätte zuerst die Wirkung, daß ein um die Hälfte verminderter Kapitalwert für das nach wie vor auf gleicher Stufenleiter fortgeführte Geschäft X vorgeschossen, also auch nur die Hälfte Geld von seiten des Geschäfts X auf den Markt zu werfen wäre, da das Geschäft X diesen Kapitalwert zunächst in der Form von Geld, d. h. als Geldkapital vorschießt. Die in Zirkulation geworfne Geldmasse hätte abgenommen, weil die Preise der Produktionselemente gefallen. Dies wäre die erste Wirkung.

Zweitens aber: Die Hälfte des ursprünglich vorgeschoßnen Kapitalwerts von 900 Pfd.St. = 450 Pfd.St., die a) abwechselnd die Form von Geldkapital, produktivem Kapital und Warenkapital durchlief, b) sich gleichzeitig beständig nebeneinander zum Teil in der Form von Geldkapital, zum Teil in der von produktivem Kapital und zum Teil in der von Warenkapital befand, würde ausgeschieden aus dem Kreislauf des Geschäfts X und daher als zuschüssiges Geldkapital auf den Geldmarkt treten, als zuschüssiger Bestandteil auf ihn wirken. Diese freigesetzten 450 Pfd.St. Geld wirken als Geldkapital, nicht weil sie zur Betreibung des Geschäfts X überschüssig gewordnes Geld sind, sondern weil sie Bestandteil des Original-Kapitalwerts sind, daher als Kapital fortwirken und nicht als bloßes Zirkulationsmittel verausgabt werden sollen. Die nächste Form, sie als Kapital wirken zu lassen, ist, sie als Geldkapital auf den Geldmarkt zu werfen. Andrerseits könnte auch die Stufenleiter der Produktion (abgesehn vom fixen Kapital) verdoppelt werden. Mit demselben vorgeschoßnen Kapital von 900 Pfd.St. würde dann ein Produktionsprozeß von doppeltem Umfang betrieben. Stiegen andrerseits die Preise der flüssigen Elemente des produktiven Kapitals um die Hälfte, so wären statt 100 Pfd.St. wöchentlich 150 Pfd.St. nötig, also statt 900 Pfd.St. vielmehr 1350 Pfd.St. 450 Pfd.St. zuschüssiges Kapital wäre nötig, um das Geschäft auf derselben Stufenleiter zu betreiben, und dies würde pro tanto, je nach dem Stand des Geldmarkts, einen größern oder geringern Druck auf ihn ausüben. Wäre alles auf ihm disponible Kapital schon verlangt, so entstände erhöhte Konkurrenz um disponibles Kapital. Läge ein Teil desselben brach, so würde er pro tanto in Aktivität gerufen.

Aber es kann auch drittens, bei gegebner Stufenleiter der Produktion, gleichbleibender Umschlagsgeschwindigkeit und gleichbleibendem Preise der Elemente des flüssigen produktiven Kapitals, der Preis der Produkte des Geschäfts X fallen oder steigen. Fällt der Preis der vom Geschäft X gelieferten Waren, so sinkt der Preis seines Warenkapitals von 600 Pfd.St., die es beständig in Zirkulation warf, z. B. auf 500 Pfd.St. Ein Sechstel vom Wert des vorgeschoßnen Kapitals fließt also nicht aus dem Zirkulationsprozeß zurück (der im Warenkapital steckende Mehrwert bleibt hier außer Frage); es geht in demselben verloren. Aber da der Wert, resp. Preis, der Produktionselemente derselbe bleibt, reicht dieser Rückfluß von 500 Pfd.St. nur hin, um $^5/_6$ des beständig im Produktionsprozeß beschäftigten Kapitals von 600 Pfd.St. zu ersetzen. Es müßten also 100 Pfd.St. zuschüssiges Geldkapital verausgabt werden, um die Produktion auf derselben Stufenleiter fortzusetzen.

Umgekehrt: Stiege der Preis der Produkte des Geschäfts X, so der Preis des

Warenkapitals von 600 Pfd.St. auf z. B. 700 Pfd.St. Ein Siebentel seines Preises = 100 Pfd.St. kommt nicht aus dem Produktionsprozeß her, ist nicht in ihm vorgeschossen worden, sondern fließt aus dem Zirkulationsprozeß her. Es sind aber nur 600 Pfd.St. nötig, um die produktiven Elemente zu ersetzen; also Freisetzung von 100 Pfd.St.

Die Untersuchung der Ursachen, warum im ersten Fall die Umschlagsperiode sich abkürzt oder verlängert, im zweiten Fall die Preise von Rohmaterial und Arbeit, im dritten Fall die Preise der gelieferten Produkte steigen oder fallen, gehört nicht in den Kreis der bisherigen Untersuchung.

Was aber wohl hierher gehört ist dies:

I. Fall. Gleichbleibende Produktionsleiter, gleichbleibende Preise der Produktionselemente und Produkte, Wechsel in der Zirkulations- und daher der Umschlagsperiode.

Nach Voraussetzung unsers Beispiels wird durch Verkürzung der Zirkulationsperiode $^1/_9$ weniger vorgeschoßnes Gesamtkapital nötig, das letztre daher von 900 Pfd.St. auf 800 Pfd.St. reduziert und 100 Pfd.St. Geldkapital ausgeschieden.

Das Geschäft X liefert nach wie vor dasselbe sechswöchentliche Produkt mit demselben Wert von 600 Pfd.St., und da das ganze Jahr hindurch ununterbrochen gearbeitet wird, liefert es in 51 Wochen dieselbe Masse Produkt zum Wert von 5100 Pfd.St. Also in bezug auf die Massen und den Preis des Produkts, den das Geschäft in die Zirkulation wirft, besteht keine Verändrung, auch nicht in bezug auf die Termine, in welchen es das Produkt auf den Markt wirft. Aber es sind 100 Pfd.St. ausgeschieden, weil durch Verkürzung der Zirkulationsperiode der Prozeß mit nur 800 Pfd.St. Vorschußkapital gesättigt ist, statt vorher mit 900 Pfd.St. Die 100 Pfd.St. ausgeschiednes Kapital existieren in der Form von Geldkapital. Sie repräsentieren aber keineswegs den Teil des vorgeschoßnen Kapitals, der beständig in der Form von Geldkapital fungieren müßte. Unterstellen wir, von dem vorgeschoßnen flüssigen Kapital I = 600 Pfd.St. würden $^4/_5$ beständig in Produktionsmaterialien ausgelegt, = 480 Pfd.St., und $^1/_5$ = 120 Pfd.St. in Arbeitslohn. Also wöchentlich 80 Pfd.St. in Produktionsstoffen, 20 Pfd.St. in Arbeitslohn. Kapital II = 300 Pfd.St. muß also ebenfalls geteilt werden in $^4/_5$ = 240 Pfd.St. für Produktionsstoffe und $^1/_5$ = 60 Pfd.St. für Arbeitslohn. Das in Arbeitslohn ausgelegte Kapital muß stets in Geldform vorgeschossen werden. Sobald das Warenprodukt zum Wertbetrag von 600 Pfd. St. in Geldform rückverwandelt, verkauft ist, können davon 480 Pfd.St. in Produktionsstoffe (in produktiven Vorrat) verwandelt werden, aber 120 Pfd.St. behalten ihre Geldform, um zur Zahlung des Arbeitslohns für 6 Wochen zu dienen. Diese 120 Pfd.St. sind das Minimum des zurückfließenden Kapitals von 600 Pfd.St., welches stets in der Form von Geldkapital erneuert und ersetzt werden, und daher stets als in Geldform fungierender Teil des vorgeschoßnen Kapitals vorhanden sein muß.

Wenn nun von dem periodisch für drei Wochen freigesetzten, und ebenfalls in 240 Pfd.St. produktiven Vorrat und 60 Pfd.St. Arbeitslohn spaltbaren, 300 Pfd.St. durch Verkürzung der Umlaufszeit 100 Pfd.St. in der Form von Geldkapital ausgeschieden, ganz aus dem Mechanismus des Umschlags herausgeworfen werden – wo kommt das Geld für diese 100 Pfd.St. Geldkapital her? Nur zum fünften Teil bestehn sie aus periodisch innerhalb der Umschläge freigesetztem Geldkapital. Aber $^4/_5$ = 80 Pfd.St. sind bereits ersetzt durch zuschüssigen Produktionsvorrat zu demselben Wert. In welcher Weise wird dieser zuschüssige Produktionsvorrat in Geld verwandelt, und wo kommt das Geld zu diesem Umsatz her?

Ist die Verkürzung der Umlaufszeit einmal eingetreten, so werden von den obigen 600 Pfd.St. statt 480 Pfd.St. nur 400 Pfd.St. in Produktionsvorrat rückverwandelt. Die übrigen 80 Pfd.St. werden in ihrer Geldform festgehalten und bilden mit den obigen 20 Pfd.St. für Arbeitslohn die 100 Pfd. St. ausgeschiednes Kapital. Obgleich diese 100 Pfd.St. vermittelst des Kaufs der 600 Pfd.St. Warenkapital aus der Zirkulation herkommen und ihr jetzt entzogen werden, indem sie nicht wieder in Arbeitslohn und Produktionselementen ausgelegt werden, so ist nicht zu vergessen, daß sie in Geldform wieder in derselben Form sind, worin sie ursprünglich in die Zirkulation geworfen wurden. Anfänglich wurden 900 Pfd.St. Geld in Produktionsvorrat und Arbeitslohn ausgelegt. Um denselben Produktionsprozeß auszuführen, sind jetzt nur noch 800 Pfd.St. nötig. Die hiermit in Geldform ausgeschiednen 100 Pfd.St. bilden jetzt ein neues, Anlage suchendes Geldkapital, einen neuen Bestandteil des Geldmarkts. Sie befanden sich zwar periodisch schon früher in der Form von freigesetztem Geldkapital und von zuschüssigem Produktivkapital, aber diese latenten Zustände selbst waren Bedingung für die Ausführung, weil für die Kontinuität, des Produktionsprozesses. Jetzt sind sie nicht mehr dazu nötig und bilden deswegen neues Geldkapital und einen Bestandteil des Geldmarkts, obgleich sie durchaus weder ein zuschüssiges Element des vorhandnen gesellschaftlichen Geldvorrats bilden (denn sie existierten beim Beginn des Geschäfts und wurden durch es in die Zirkulation geworfen) noch einen neuakkumulierten Schatz. Diese 100 Pfd.St. sind jetzt in der Tat der Zirkulation entzogen, soweit sie ein Teil des vorgeschoßnen Geldkapitals sind, der nicht mehr in demselben Geschäft angewandt wird. Aber diese Entziehung ist nur möglich, weil die Verwandlung des Warenkapitals in Geld und dieses Geldes in produktives Kapital, W' – G – W, um eine Woche beschleunigt, also auch der Umlauf des in diesem Prozeß tätigen Geldes beschleunigt ist. Sie sind ihr entzogen, weil sie nicht mehr zum Umschlag des Kapitals X nötig.

Es ist hier angenommen, daß das vorgeschoßne Kapital seinem Anwender gehört. Wäre es geborgt, so änderte das nichts. Mit der Verkürzung der Umlaufszeit hätte er statt 900 Pfd.St. nur noch 800 Pfd.St. geborgtes Kapital nötig. 100 Pfd.St. dem Borger zurückgegeben, bilden nach wie vor 100 Pfd.St. neues Geldkapital, nur in der Hand von Y statt in der Hand von X. Erhält ferner Kapitalist X seine Produktionsstoffe zum Wert von 480 Pfd.St. auf Kredit, so daß er nur 120 Pfd.St. in Geld für Arbeitslohn selbst vorzuschießen hat, so würde er jetzt für 80 Pfd.St. weniger Produktionsstoffe auf Kredit zu beziehn haben, diese also überschüssiges Warenkapital für den Kredit gebenden Kapitalisten bilden, während Kapitalist X 20 Pfd.St. in Geld ausgeschieden hätte.

Der zuschüssige Produktionsvorrat ist jetzt reduziert um $^1/_3$. Er war, als $^4/_5$ von 300 Pfd.St., dem zuschüssigen Kapital II, = 240 Pfd.St., er ist jetzt nur = 160 Pfd.St.; d. h. zuschüssiger Vorrat für 2 Wochen statt für 3. Er wird jetzt alle 2 Wochen erneuert statt alle 3, aber auch nur für 2 Wochen statt für 3. Die Einkäufe, z. B. auf dem Baumwollmarkt, wiederholen sich so häufiger und in kleinern Portionen. Dieselbe Portion Baumwolle wird dem Markt entzogen, denn die Masse des Produkts bleibt gleich. Aber die Entziehung verteilt sich anders in der Zeit und über mehr Zeit. Nehmen wir z. B. an, es handle sich um 3 Monate und um 2; der Jahreskonsum an Baumwolle sei 1200 Ballen. Im ersten Fall werden verkauft:

1. Januar	300 Ballen, bleiben auf Lager	900 Ballen
1. April	300 „ „ „ „	600 „
1. Juli	300 „ „ „ „	300 „
1. Oktober	300 „ „ „ „	0 „

Dagegen im zweiten Fall:

1. Januar	verkauft 200, auf Lager	1000 Ballen
1. März	„ 200, „ „	800 „
1. Mai	„ 200, „ „	600 „
1. Juli	„ 200, „ „	400 „
1. September	„ 200, „ „	200 „
1. November	„ 200, „ „	0 „

Also fließt das in Baumwolle angelegte Geld erst einen Monat später vollständig zurück, im November statt im Oktober. Wenn also durch die Verkürzung der Umlaufszeit, und damit des Umschlags, $^1/_9$ des vorgeschoßnen Kapitals = 100 Pfd.St. ausgeschieden wird in der Form von Geldkapital, und wenn diese 100 Pfd.St. sich zusammensetzten aus 20 Pfd.St. periodisch überschüssigem Geldkapital für Zahlung des Wochenlohns und aus 80 Pfd.St., die als periodisch überschüssiger Produktionsvorrat für eine Woche existierten – so entspricht, mit Bezug auf diese 80 Pfd.St., dem verringerten überschüssigen Produktionsvorrat auf Seite des Fabrikanten der vergrößerte Warenvorrat auf Seite des Baumwollhändlers. Dieselbe Baumwolle liegt ebensoviel länger auf seinem Lager als Ware, als sie kürzer auf dem Lager des Fabrikanten als Produktionsvorrat liegt.

Bisher nahmen wir an, die Verkürzung der Umlaufszeit im Geschäft X rühre daher, daß X seine Ware rascher verkauft oder bezahlt erhält, resp. bei Kredit der Zahlungstermin verkürzt wird. Diese Verkürzung ist also abgeleitet aus einer Verkürzung des Verkaufs der Ware, der Verwandlung von Warenkapital in Geldkapital, W' – G, der ersten Phase des Zirkulationsprozesses. Sie könnte auch entspringen aus der zweiten Phase G – W und daher aus gleichzeitiger Ändrung, sei es in der Arbeitsperiode, sei es in der Umlaufszeit der Kapitale Y, Z etc., die dem Kapitalisten X die Produktionselemente seines flüssigen Kapitals liefern.

Z. B. wenn Baumwolle, Kohle etc. bei dem alten Transport 3 Wochen auf Reisen sind von ihrem Produktions- oder Stapelplatz bis zum Sitz der Produktionsstätte des Kapitalisten X, so muß das Minimum des Produktionsvorrats von X bis zur Ankunft neuer Vorräte wenigstens für 3 Wochen reichen. Solange Baumwolle und Kohle sich auf Reisen befinden, können sie nicht als Produktionsmittel dienen. Sie bilden jetzt vielmehr einen Arbeitsgegenstand der Transportindustrie und des darin beschäftigten Kapitals und in seiner Zirkulation befindliches Warenkapital für den Kohlenproduzenten oder den Baumwollenverkäufer. Bei verbessertem Transport reduziere sich die Reise auf 2 Wochen. So kann der Produktionsvorrat aus einem dreiwöchentlichen sich in einen zweiwöchentlichen verwandeln. Damit wird das hierfür vorgeschoßne Zuschußkapital von 80 Pfd.St. freigesetzt und ebenso das von 20 Pfd.St. für Arbeitslohn, weil das umgeschlagne Kapital von 600 Pfd.St. eine Woche früher zurückfließt.

Andrerseits, wenn z. B. die Arbeitsperiode des Kapitals, das den Rohstoff liefert, sich verkürzt (wovon Beispiele in den vorigen Kapiteln gegeben), also auch die Möglichkeit, den Rohstoff zu erneuern, kann der produktive Vorrat sich vermindern, der Zeitraum von einer Erneuerungsperiode bis zur andern sich verkürzen.

Wenn umgekehrt die Umlaufszeit und daher die Umschlagsperiode sich verlängert, so ist Vorschuß von zuschüssigem Kapital nötig. Aus der Tasche des Kapitalisten selbst, wenn er zuschüssiges Kapital besitzt. Dies wird dann aber in irgendeiner Form angelegt sein, als Teil des Geldmarkts;

um es disponibel zu machen, muß es aus der alten Form losgeschält, z. B. Aktien verkauft, Depositen entzogen werden, so daß auch hier indirekte Wirkung auf den Geldmarkt eintritt. Oder er muß es aufnehmen. Was den für Arbeitslohn nötigen Teil des zuschüssigen Kapitals betrifft, so ist er unter normalen Umständen stets als Geldkapital vorzuschießen, und hierfür übt der Kapitalist X seinen Anteil direkten Drucks auf den Geldmarkt aus. Für den in Produktionsstoffen anzulegenden Teil ist dies nur dann unerläßlich, wenn er sie bar zahlen muß. Kann er sie auf Kredit erhalten, so übt dies keinen direkten Einfluß auf den Geldmarkt, da das zuschüssige Kapital dann direkt als Produktionsvorrat und nicht in erster Instanz als Geldkapital vorgeschossen wird. Sofern sein Kreditgeber etwa den von X erhaltnen Wechsel wieder direkt auf den Geldmarkt wirft, ihn diskontieren läßt etc., würde dies indirekt, durch zweite Hand auf den Geldmarkt wirken. Benutzt er aber diesen Wechsel, um damit z. B. eine später abzutragende Schuld zu decken, so wirkt dies zuschüssig vorgeschoßne Kapital weder direkt noch indirekt auf den Geldmarkt.

II. Fall. Preiswechsel der Produktionsstoffe, alle andren Umstände unverändert.

Wir nahmen eben an, daß das Gesamtkapital von 900 Pfd.St. ausgelegt wird zu $^4/_5$ = 720 Pfd.St. in Produktionsstoffen und zu $^1/_5$ = 180 Pfd.St. in Arbeitslohn.
Fallen die Produktionsstoffe um die Hälfte, so erfordern sie für die sechswöchentliche Arbeitsperiode nur 240 Pfd.St. statt 480 Pfd.St. und für das Zusatzkapital Nr. II nur 120 Pfd.St. statt 240 Pfd.St. Kapital I wird also reduziert von 600 Pfd.St. auf 240 + 120 = 360 Pfd.St. und Kapital II von 300 Pfd. St. auf 120 + 60 = 180 Pfd.St. Das Gesamtkapital von 900 Pfd. St. auf 360 + 180 = 540 Pfd.St. Es werden also ausgeschieden 360 Pfd.St. Dies ausgeschiedne und jetzt unbeschäftigte, daher auf dem Geldmarkt Anlage suchende Kapital, Geldkapital, ist nichts als ein Stück des ursprünglich als Geldkapital vorgeschoßnen Kapitals von 900 Pfd.St., das durch den Preisfall der Produktionselemente, worin es periodisch rückverwandelt, überflüssig geworden ist, soll das Geschäft nicht erweitert, sondern auf der alten Stufenleiter fortgesetzt werden. Wäre dieser Preisfall nicht zufälligen Umständen geschuldet (besonders reicher Ernte, Überzufuhr etc.), sondern einer Vermehrung der Produktivkraft in dem Zweig, der den Rohstoff liefert, so wäre dies Geldkapital ein absoluter Zuschuß zum Geldmarkt, überhaupt zu dem in der Form von Geldkapital disponiblen Kapital, weil es keinen integrierenden Bestandteil des bereits angewandten Kapitals mehr bildete.

III. Fall. Preiswechsel im Marktpreis des Produkts selbst.

Hier geht bei Fall des Preises ein Teil des Kapitals verloren und muß daher durch neuen Vorschuß von Geldkapital ersetzt werden. Dieser Verlust des Verkäufers mag wiedergewonnen werden durch den Käufer. Direkt, wenn das Produkt nur durch zufällige Konjunkturen in seinem Marktpreis gefallen und nachher wieder auf seinen normalen Preis steigt. Indirekt, wenn der Preiswechsel durch Wertwechsel hervorgebracht ist, der auf das alte Produkt reagiert, und wenn dies Produkt wieder als Produktionselement in eine andre Produktionssphäre eingeht und hier pro tanto Kapital freisetzt. In beiden Fällen kann das für X verlorne Kapital, für dessen Ersatz er auf den Geldmarkt drückt, von seinen Geschäftsfreunden als neues zuschüssiges Kapital zugeführt sein. Es findet dann nur Übertragung statt.
Steigt umgekehrt der Preis des Produkts, so wird ein Kapitalteil, der nicht vorgeschossen war, aus der Zirkulation angeeignet. Es ist kein organischer Teil des im Produktionsprozeß vorgeschoßnen Kapitals und bildet daher, wenn die Produktion nicht ausgedehnt wird, ausgeschiednes Geldkapital. Da hier angenommen, daß die Preise der Elemente des Produkts gegeben waren, bevor es als Warenkapital auf den Markt trat, so könnte hier ein wirklicher Wertwechsel die Preiserhöhung verursacht haben, soweit er retroaktiv wirkte, z. B. die Rohmaterialien nachträglich gestiegen wären. In diesem Falle gewänne der Kapitalist X an seinem als Warenkapital zirkulierenden Produkt und an seinem vorhandnen Produktionsvorrat. Dieser Gewinn würde ihm ein Zuschußkapital liefern, das bei den neuen, erhöhten Preisen der Produktionselemente zum Fortbetrieb seines Geschäfts jetzt nötig wird. Oder aber die Preiserhöhung ist nur vorübergehend. Was dann auf Seite des Kapitalisten X als zuschüssiges Kapital nötig wird, fällt auf andrer Seite als freigesetztes aus, soweit sein Produkt ein Produktionselement für andre Geschäftszweige bildet. Was der eine verloren, hat der andre gewonnen.

Sechzehntes Kapitel: DER UMSCHLAG DES VARIABLEN KAPITALS

I. Die Jahresrate des Mehrwerts

Unterstellen wir ein zirkulierendes Kapital von 2500 Pfd.St., und zwar $^4/_5$ = 2000 Pfd.St. konstantes Kapital (Produktionsstoffe) und $^1/_5$ = 500 Pfd. St. variables, in Arbeitslohn ausgelegtes Kapital.

Die Umschlagsperiode sei = 5 Wochen; die Arbeitsperiode = 4 Wochen, die Zirkulationsperiode = 1 Woche. Dann ist Kapital I = 2000 Pfd.St., bestehend aus 1600 Pfd.St. konstantem Kapital und 400 Pfd.St. variablem Kapital; Kapital II = 500 Pfd.St., davon 400 Pfd.St. konstant und 100 Pfd. St. variabel. In jeder Arbeitswoche wird ein Kapital von 500 Pfd.St. ausgelegt. In einem Jahr von 50 Wochen wird ein Jahresprodukt von 50 × 500 = 25 000 Pfd.St. hergestellt. Das beständig in einer Arbeitsperiode angewandte Kapital I von 2000 Pfd.St. schlägt also $12^1/_2$ mal um. $12^1/_2 \times 2000$ = 25 000 Pfd.St. Von diesen 25 000 Pfd.St. sind $^4/_5$ = 20 000 Pfd.St. konstantes, in Produktionsmitteln ausgelegtes Kapital und $^1/_5$ = 5000 Pfd.St. variables, in Arbeitslohn ausgelegtes Kapital. Dagegen schlägt das Gesamtkapital von 2500 Pfd.St. $\frac{25\,000}{2\,500}$ = 10mal um.

Das während der Produktion verausgabte variable zirkulierende Kapital kann nur von neuem im Zirkulationsprozeß dienen, soweit das Produkt, worin sein Wert reproduziert ist, verkauft, aus Warenkapital in Geldkapital verwandelt ist, um von neuem in Zahlung von Arbeitskraft ausgelegt zu werden. Aber ebenso verhält es sich mit dem in der Produktion ausgelegten konstanten zirkulierenden Kapital (den Produktionsstoffen), deren Wert als Wertteil im Produkt wieder erscheint. Was diese beiden Teile – der variable und der konstante Teil des zirkulierenden Kapitals – gemein haben, und was sie unterscheidet vom fixen Kapital, ist nicht, daß ihr auf das Produkt übertragner Wert durch das Warenkapital zirkuliert wird, d. h. durch die Zirkulation des Produkts als Ware zirkuliert. Ein Wertteil des Produkts, und daher des als Ware zirkulierenden Produkts, des Warenkapitals, besteht immer aus dem Verschleiß des fixen Kapitals oder dem Wertteil des fixen Kapitals, den es während der Produktion auf das Produkt übertragen hat. Aber der Unterschied ist: Das fixe Kapital fährt fort, in seiner alten Gebrauchsgestalt im Produktionsprozeß zu fungieren während eines längern oder kürzern Zyklus von Umschlagsperioden des zirkulierenden Kapitals (= zirkulierendem konstantem + zirkulierendem variablem Kapital); während jeder einzelne Umschlag den Ersatz des gesamten, aus der Produktionssphäre – in der Gestalt von Warenkapital – in die Zirkulationssphäre eingetretnen zirkulierenden Kapitals zur Bedingung hat. Die erste Phase der Zirkulation W′ – G′ haben flüssiges konstantes und flüssiges variables Kapital gemein. In der zweiten Phase trennen sie sich. Das Geld, worin die Ware rückverwandelt ist, wird zu einem Teil in Produktionsvorrat umgesetzt (zirkulierendes konstantes Kapital). Je nach den verschiednen Kaufterminen der Bestandteile desselben mag ein Teil früher, der andre später aus Geld in Produktionsstoffe umgesetzt werden, schließlich aber geht er ganz darin auf. Ein andrer Teil des aus dem Verkauf der Ware gelösten Geldes bleibt liegen als Geldvorrat, um nach und nach in Zahlung der dem Produktionsprozeß einverleibten Arbeitskraft verausgabt zu werden. Er bildet das zirkulierende variable Kapital. Nichtsdestoweniger kommt der ganze Ersatz des einen oder andern Teils jedesmal aus dem Umschlag des Kapitals, seiner Verwandlung in Produkt, aus Produkt in Ware, aus Ware in Geld her. Dies ist der Grund, warum im vorigen Kapitel, ohne Rücksicht auf das fixe Kapital, der Umschlag des zirkulierenden Kapitals – konstanten und variablen – besonders und gemeinsam behandelt worden ist.

Für die Frage, die wir jetzt zu behandeln haben, müssen wir einen Schritt weiter gehn und den variablen Teil des zirkulierenden Kapitals so behandeln, als ob er ausschließlich das zirkulierende Kapital bilde. D. h., wir sehn ab von dem konstanten zirkulierenden Kapital, das zusammen mit ihm umschlägt.

Es sind vorgeschossen 2500 Pfd.St., und der Wert des Jahresprodukts ist = 25 000 Pfd.St. Aber der variable Teil des zirkulierenden Kapitals ist 500 Pfd.St.; daher das in 25 000 Pfd.St. enthaltne variable Kapital gleich $\frac{25\,000}{5} = 5000$ Pfd.St. Dividieren wir die 5000 Pfd.St. durch 500, so erhalten wir die Umschlagszahl 10, ganz wie beim Gesamtkapital von 2500 Pfd.St. Diese Durchschnittsrechnung, wonach der Wert des Jahresprodukts dividiert wird durch den Wert des vorgeschoßnen Kapitals und nicht durch den Wert des beständig in einer Arbeitsperiode angewandten Teils dieses Kapitals (also hier nicht durch 400, sondern 500, nicht durch Kapital I, sondern durch Kapital I + Kapital II) ist hier, wo es sich nur um Produktion des Mehrwerts handelt, absolut exakt. Man wird später sehn, daß sie unter andrem Gesichtspunkt nicht ganz exakt ist, wie überhaupt diese Durchschnittsrechnung nicht ganz exakt ist. D. h., sie genügt für die praktischen Zwecke des Kapitalisten, aber sie drückt nicht alle realen Umstände des Umschlags exakt oder angemessen aus.

Wir haben bisher von einem Wertteil des Warenkapitals ganz abgesehn, nämlich von dem in ihm steckenden Mehrwert, der während des Produktionsprozesses produziert und dem Produkt einverleibt worden ist. Hierauf haben wir jetzt unser Augenmerk zu richten.

Gesetzt, das wöchentlich ausgelegte variable Kapital von 100 Pfd.St. produziert einen Mehrwert von 100% = 100 Pfd.St., so produziert das in der Umschlagsperiode von 5 Wochen ausgelegte variable Kapital von 500 Pfd.St. einen Mehrwert von 500 Pfd.St., d. h. eine Hälfte des Arbeitstags besteht aus Mehrarbeit.

Wenn aber 500 Pfd.St. variables Kapital 500 Pfd.St., so produzieren 5000 einen Mehrwert von 10 × 500 = 5000 Pfd.St. Das vorgeschoßne variable Kapital ist aber = 500 Pfd.St. Das Verhältnis der während des Jahres produzierten Gesamtmasse von Mehrwert zu der Wertsumme des vorgeschoßnen variablen Kapitals nennen wir die Jahresrate des Mehrwerts. Diese ist also im vorliegenden Fall $= \frac{5000}{500} = 1000\%$. Analysieren wir diese Rate näher, so zeigt sich, daß sie gleich ist der Rate des Mehrwerts, die das vorgeschoßne variable Kapital während einer Umschlagsperiode produziert, multipliziert mit der Anzahl der Umschläge des variablen Kapitals (die mit der Anzahl der Umschläge des ganzen zirkulierenden Kapitals zusammenfällt).

Das während einer Umschlagsperiode vorgeschoßne variable Kapital ist im vorliegenden Fall = 500 Pfd.St.; der darin erzeugte Mehrwert ebenfalls = 500 Pfd.St. Die Rate des Mehrwerts während einer Umschlagsperiode ist daher $= \frac{500\ m}{500\ v} = 100\%$. Diese 100% multipliziert mit 10, der Anzahl der Umschläge im Jahr, gibt $\frac{5000\ m}{500\ v} = 1000\%$.

Dies gilt für die Jahresrate des Mehrwerts. Was aber die Masse des Mehrwerts anbetrifft, die während einer bestimmten Umschlagsperiode erzielt wird, so ist diese Masse gleich dem Wert des während dieser Periode vorgeschoßnen variablen Kapitals, hier = 500 Pfd.St., multipliziert mit der Rate des Mehrwerts, hier also $500 \times \frac{100}{100} = 500 \times 1 = 500$ Pfd.St. Wäre das vorgeschoßne Kapital = 1500 Pfd.St. bei gleicher Rate des Mehrwerts, so die Masse des Mehrwerts $= 1500 \times \frac{100}{100} = 1500$ Pfd.St.

Das variable Kapital von 500 Pfd.St., welches zehnmal im Jahr umschlägt, innerhalb des Jahres einen Mehrwert von 5000 Pfd.St. produziert, für welches die Jahresrate des Mehrwerts also = 1000% ist, wollen wir Kapital A nennen.

Unterstellen wir nun, daß ein andres variables Kapital B von 5000 Pfd.St. für ein ganzes Jahr (d. h. hier für 50 Wochen) vorgeschossen wird, und daher nur einmal im Jahr umschlägt. Wir unterstellen dabei ferner, daß Ende des Jahres das Produkt am selben Tag bezahlt wird, wo es fertig, also das Geldkapital, worin es verwandelt, am selben Tag zurückfließt. Die Zirkulationsperiode ist also hier = 0, die Umschlagsperiode = der Arbeitsperiode, nämlich = 1 Jahr. Wie im vorigen Fall befindet sich im Arbeitsprozeß jede Woche ein variables Kapital von 100 Pfd.St., daher in 50 Wochen von 5000 Pfd.St. Die Rate des Mehrwerts sei ferner dieselbe = 100%, d. h. bei gleicher Länge des Arbeitstags bestehe die Hälfte aus Mehrarbeit

Betrachten wir 5 Wochen, so ist das angelegte variable Kapital = 500 Pfd.St., Rate des Mehrwerts = 100%, die während der 5 Wochen erzeugte Masse des Mehrwerts also = 500 Pfd.St. Die Masse der Arbeitskraft, die hier exploitiert wird, und der Exploitationsgrad derselben, sind hier nach der Voraussetzung exakt gleich denen von Kapital A.

In je einer Woche erzeugt das angelegte variable Kapital von 100 Pfd. St. einen Mehrwert von 100 Pfd.St., in 50 Wochen daher das angelegte Kapital von 50 × 100 = 5000 Pfd.St., einen Mehrwert von 5000 Pfd.St. Die Masse des jährlich produzierten Mehrwerts ist dieselbe wie im vorigen Fall = 5000 Pfd.St., aber die Jahresrate des Mehrwerts ist durchaus verschieden. Sie ist gleich dem während des Jahres produzierten Mehrwert, dividiert durch das vorgeschoßne variable Kapital: $\frac{5000\ m}{5000\ v}$ = 100%, während sie vorher für Kapital A = 1000% war.

Bei Kapital A wie bei Kapital B haben wir wöchentlich 100 Pfd.St. variables Kapital verausgabt; der Verwertungsgrad oder die Rate des Mehrwerts ist ebenso dieselbe = 100%; die Größe des variablen Kapitals ist auch dieselbe = 100 Pfd.St. Es wird dieselbe Masse Arbeitskraft exploitiert, die Größe und der Grad der Exploitation sind in beiden Fällen dieselben, die Arbeitstage sind gleich, und gleich geteilt in notwendige Arbeit und Mehrarbeit. Die während des Jahres angewandte variable Kapitalsumme ist gleich groß, = 5000 Pfd.St., setzt dieselbe Masse von Arbeit in Bewegung und extrahiert aus der von den beiden gleichen Kapitalen in Bewegung gesetzten Arbeitskraft dieselbe Masse Mehrwert, 5000 Pfd.St. Dennoch ist in der Jahresrate des Mehrwerts von A und B eine Differenz von 900%.

Dies Phänomen sieht allerdings danach aus, als hinge die Rate des Mehrwerts nicht nur ab von der Masse und dem Exploitationsgrad der vom variablen Kapital in Bewegung gesetzten Arbeitskraft, sondern außerdem von, aus dem Zirkulationsprozeß entspringenden, unerklärlichen Einflüssen; und in der Tat ist dies Phänomen so gedeutet worden und hat, wenn auch nicht in dieser seiner reinen, sondern in seiner komplizierteren und versteckteren Form (der der jährlichen Profitrate) eine völlige Deroute in der Ricardo'schen Schule seit Anfang der 20er Jahre hervorgerufen.

Das Wunderliche des Phänomens verschwindet sofort, wenn wir nicht nur scheinbar, sondern wirklich Kapital A und Kapital B unter exakt dieselben Umstände stellen. Dieselben Umstände finden nur statt, wenn das variable Kapital B in demselben Zeitraum seinem ganzen Umfang nach zur Zahlung von Arbeitskraft verausgabt wird wie Kapital A.

Die 5000 Pfd.St. Kapital B werden dann ausgelegt in 5 Wochen, per Woche 1000 Pfd.St. gibt für das Jahr eine Auslage von 50 000 Pfd.St. Der Mehrwert ist dann ebenfalls unter unserer Voraussetzung = 50 000 Pfd.St. Das umgeschlagne Kapital = 50 000 Pfd.St., dividiert durch das vorgeschoßne Kapital = 5000 Pfd.St. ergibt die Anzahl der Umschläge = 10. Die Rate des Mehrwerts $= \frac{5000\ m}{5000\ v} = 100\%$, multipliziert mit der Zahl der Umschläge = 10, ergibt die Jahresrate des Mehrwerts $= \frac{50000\ m}{5000\ v} = \frac{10}{1} =$ 1000%. Jetzt sind also die Jahresraten des Mehrwerts für A und B gleich, nämlich 1000%, aber die Massen des Mehrwerts sind: für B 50 000 Pfd.St., für A 5000 Pfd.St.; die Massen des produzierten Mehrwerts verhalten sich jetzt wie die vorgeschoßnen Kapitalwerte B und A, nämlich wie 5000:500 = 10:1. Dafür hat aber auch Kapital B zehnmal soviel Arbeitskraft in derselben Zeit in Bewegung gesetzt wie Kapital A.

Es ist nur das im Arbeitsprozeß wirklich angewandte Kapital, welches den Mehrwert erzeugt und für welches alle über den Mehrwert gegebnen Gesetze gelten, also auch das Gesetz, daß bei gegebner Rate die Masse des Mehrwerts durch die relative Größe des variablen Kapitals bestimmt ist.*

Der Arbeitsprozeß selbst ist gemessen durch die Zeit. Länge des Arbeitstags gegeben (wie hier, wo wir alle Umstände zwischen Kapital A und Kapital B gleichsetzen, um die Differenz in der Jahresrate des Mehrwerts in klares Licht zu stellen), besteht die Arbeitswoche aus bestimmter Zahl Arbeitstage. Oder wir können irgendeine Arbeitsperiode, z. B. hier fünfwöchentliche, als einen einzigen Arbeitstag, von 300 Stunden z. B., betrachten, wenn der Arbeitstag = 10 Stunden und die Woche = 6 Arbeitstage. Ferner aber müssen wir diese Zahl multiplizieren mit der Anzahl der Arbeiter, die jeden Tag gleichzeitig in demselben Arbeitsprozesse gemeinsam angewandt werden. Wäre diese Zahl z. B. 10, so der Wochenbetrag = 60 × 10 = 600 Stunden und eine fünfwöchentliche Arbeitsperiode = 600×5 = 3000 Stunden. Gleichgroße variable Kapitale sind also angewandt bei gleichgroßer Rate des Mehrwerts und bei gleicher Länge des Arbeitstags, wenn gleichgroße Massen Arbeitskraft (eine Arbeitskraft vom selben Preis multipliziert mit derselben Anzahl) in demselben Zeittermin in Bewegung gesetzt werden.

Kehren wir nun zu unsern ursprünglichen Beispielen zurück. In beiden Fällen A und B werden gleichgroße variable Kapitale, 100 Pfd.St. per Woche, während jeder Woche des Jahres angewandt. Die angewandten, im Arbeitsprozeß wirklich fungierenden variablen Kapitale sind daher gleich, aber die vorgeschoßnen variablen Kapitale sind durchaus ungleich. Sub A sind für je 5 Wochen 500 Pfd.St. vorgeschossen, von denen in jeder Woche 100 Pfd. St. angewandt werden. Sub B sind für die erste fünfwöchentliche Periode

* [Siehe »Kapital«, Bd. 1, a. a. O., S. 267–275.]

5000 Pfd.St. vorzuschießen, von denen aber nur 100 Pfd.St. per Woche, in den 5 Wochen daher nur 500 Pfd.St. = 1/10 des vorgeschoßnen Kapital angewandt werden. In der zweiten fünfwöchentlichen Periode sind 4500 Pfd.St. vorzuschießen, aber nur 500 Pfd.St. angewandt usw. Das für eine bestimmte Zeitperiode vorgeschoßne variable Kapital verwandelt sich nur in angewandtes, also wirklich fungierendes und wirkendes variables Kapital in dem Maß, wie es wirklich in die vom Arbeitsprozeß erfüllten Abschnitte jener Zeitperiode eintritt, im Arbeitsprozeß wirklich fungiert. In der Zwischenzeit, worin ein Teil davon vorgeschossen ist, um erst in einem spätern Zeitabschnitt angewandt zu werden, ist dieser Teil so gut wie nicht vorhanden für den Arbeitsprozeß und hat daher keinen Einfluß weder auf Wert- noch Mehrwertbildung. Z. B. beim Kapital A von 500 Pfd.St. Es ist für 5 Wochen vorgeschossen, aber jede Woche gehn nur 100 Pfd.St. davon sukzessiv in den Arbeitsprozeß ein. In der ersten Woche wird 1/5 davon angewandt; 4/5 sind vorgeschossen, ohne angewandt zu werden, obgleich sie für die Arbeitsprozesse der 4 folgenden Wochen vorrätig und daher vorgeschossen sein müssen.

Die Umstände, welche das Verhältnis zwischen dem vorgeschoßnen und angewandten variablen Kapital differenzieren, wirken auf die Produktion von Mehrwert – bei gegebner Rate des Mehrwerts – nur insofern und nur dadurch ein, daß sie das Quantum variablen Kapitals differenzieren, welches in einer bestimmten Zeitperiode, z. B. in 1 Woche, 5 Wochen etc., wirklich angewandt werden kann. Das vorgeschoßne variable Kapital fungiert nur als variables Kapital, soweit wie und während der Zeit, worin es wirklich angewandt wird; nicht während der Zeit, worin es vorrätig vorgeschossen bleibt, ohne angewandt zu werden. Alle Umstände aber, welche das Verhältnis zwischen vorgeschoßnem und angewandtem variablem Kapital differenzieren, fassen sich zusammen in der Differenz der Umschlagsperioden (bestimmt durch Differenz, sei es der Arbeitsperiode, sei es der Zirkulationsperiode, sei es beider). Das Gesetz der Mehrwertsproduktion ist, daß bei gleicher Rate des Mehrwerts gleiche Massen von fungierendem variablem Kapital gleiche Massen Mehrwert erzeugen. Werden also von den Kapitalen A und B in gleichen Zeitabschnitten bei gleicher Mehrwertsrate gleiche Massen variables Kapital angewandt, so müssen sie in denselben Zeiträumen gleiche Massen Mehrwert erzeugen, wie verschieden immer das Verhältnis dieses in bestimmtem Zeitraum angewandten variablen Kapitals zu dem während desselben Zeitraums vorgeschoßnen variablen Kapital sei, wie verschieden daher auch das Verhältnis der erzeugten Mehrwertmassen, nicht zu dem angewandten, sondern zu dem überhaupt vorgeschoßnen variablen Kapital sei. Die Verschiedenheit dieses Verhältnisses, statt den über die Produktion des Mehrwerts entwickelten Gesetzen zu widersprechen, bestätigt sie vielmehr und ist eine unerläßliche Konsequenz derselben.

Betrachten wir den ersten fünfwöchentlichen Produktionsabschnitt von Kapital B. Ende der 5. Woche sind 500 Pfd.St. angewandt und aufgezehrt. Das Wertprodukt ist = 1000 Pfd.St., also $\frac{500\ m}{500\ v} = 100\%$. Ganz wie bei Kapital A. Daß bei Kapital A der Mehrwert nebst dem vorgeschoßnen Kapital realisiert ist, bei B nicht, geht uns hier noch nichts an, wo es sich nur noch um die Produktion des Mehrwerts und um sein Verhältnis zu dem während seiner Produktion vorgeschoßnen variablen Kapital handelt. Berechnen wir dagegen das Verhältnis des Mehrwerts in B nicht zu dem während seiner Produktion angewandten und daher aufgezehrten Teil des vorgeschoßnen Kapitals von 5000 Pfd.St., sondern zu diesem vorgeschoßnen Gesamtkapital selbst, so erhalten wir $\frac{500\ m}{5000\ v} = \frac{1}{10} = 10\%$. Also für Kapital B 10% und für Kapital A 100%, d. h. zehnmal mehr. Würde hier gesagt: Diese Differenz in der Rate des Mehrwerts für gleichgroße Kapitale, die ein gleiches Quantum Arbeit in Bewegung gesetzt haben, und zwar Arbeit, die sich zu gleichen Teilen in bezahlte und unbezahlte Arbeit scheidet, widerspricht den Gesetzen über die Produktion des Mehrwerts – so wäre die Antwort einfach und durch den bloßen Anblick der faktischen Verhältnisse gegeben: Sub A drückt ihr die wirkliche Rate des Mehrwerts aus, d. h. das Verhältnis des während 5 Wochen von einem variablen Kapital von 500 Pfd.St. produzierten Mehrwerts zu diesem variablen Kapital von 500 Pfd.St. Sub B dagegen wird in einer Art gerechnet, die nichts zu tun hat weder mit der Produktion des Mehrwerts noch mit der ihr entsprechenden Bestimmung der Rate des Mehrwerts. Die 500 Pfd.St. Mehrwert, die mit einem variablen Kapital von 500 Pfd.St. produziert worden sind, werden nämlich nicht berechnet mit Bezug auf die 500 Pfd.St. variables Kapital, das während ihrer Produktion vorgeschossen wird, sondern auf ein Kapital von 5000 Pfd.St., wovon $^9/_{10}$, 4500 Pfd.St., mit der Produktion dieses Mehrwerts von 500 Pfd.St. gar nichts zu tun haben, vielmehr erst allmählich im Verlauf der folgenden 45 Wochen fungieren sollen, also gar nicht existieren für die Produktion der ersten 5 Wochen, um die es sich hier allein handelt. In diesem Fall also bildet die Differenz in der Rate des Mehrwerts von A und B gar kein Problem.

Vergleichen wir nun die Jahresraten des Mehrwerts für die Kapitale B und A. Für Kapital B haben wir $\frac{5000\ m}{5000\ v} = 100\%$; für Kapital A $\frac{5000\ m}{500\ v} = 1000\%$. Aber das Verhältnis der Mehrwertsraten ist dasselbe wie vorher. Dort hatten wir:

$\frac{\text{Rate des Mehrwerts von Kapital B}}{\text{Rate des Mehrwerts von Kapital A}} = \frac{10\%}{100\%}$, und jetzt haben wir:

$$\frac{\text{Jahresrate des Mehrwerts von Kapital B}}{\text{Jahresrate des Mehrwerts von Kapital A}} = \frac{100\%}{1000\%},$$

aber $\frac{10\%}{100\%} = \frac{100\%}{1000\%}$, also dasselbe Verhältnis wie oben.

Jedoch hat sich das Problem jetzt umgedreht. Die Jahresrate des Kapitals B: $\frac{5000\,m}{5000\,v} = 100\%$ bietet durchaus keine Abweichung – auch nicht mehr den Schein einer Abweichung – von den uns bekannten Gesetzen über die Produktion und die ihr entsprechende Rate des Mehrwerts dar. Es sind 5000_v während des Jahres vorgeschossen und produktiv konsumiert worden, sie haben 5000_m produziert. Die Rate des Mehrwerts ist also der obige Bruch $\frac{5000\,m}{5000\,v} = 100\%$. Die Jahresrate stimmt mit der wirklichen Rate des Mehrwerts. Es ist also diesmal nicht, wie vorher, Kapital B, sondern Kapital A, das die Anomalie darbietet, die zu erklären ist.

Wir haben hier die Rate des Mehrwerts $\frac{5000\,m}{500\,v} = 1000\%$. Aber wenn im ersten Fall 500_m, das Produkt von 5 Wochen, berechnet wurde auf ein vorgeschoßnes Kapital von 5000 Pfd.St., wovon $^9/_{10}$ nicht in seiner Produktion verwandt waren, so jetzt 5000_m berechnet auf 500_v, d.h. nur auf $^1/_{10}$ des variablen Kapitals, das wirklich in der Produktion von 5000_m verwandt worden; denn die 5000_m sind das Produkt eines während 50 Wochen produktiv konsumierten variablen Kapitals von 5000, nicht eines während einer einzigen fünfwöchentlichen Periode verbrauchten Kapitals von 500 Pfd.St. Im ersten Fall wurde der während 5 Wochen produzierte Mehrwert berechnet auf ein Kapital, das für 50 Wochen vorgeschossen ist, also zehnmal größer als das während der 5 Wochen verbrauchte. Jetzt wird der während 50 Wochen produzierte Mehrwert berechnet auf ein Kapital, das für 5 Wochen vorgeschossen, also zehnmal kleiner ist, als das während der 50 Wochen verbrauchte.

Das Kapital A von 500 Pfd.St. wird nie länger als für 5 Wochen vorgeschossen. Am Ende derselben ist es zurückgeflossen und kann denselben Prozeß im Lauf des Jahres durch zehnmaligen Umschlag 10mal erneuern. Es folgt daraus zweierlei.

Erstens: Das sub A vorgeschoßne Kapital ist nur fünfmal größer als der beständig im Produktionsprozeß einer Woche angewandte Kapitalteil. Kapital B dagegen, das nur einmal in 50 Wochen umschlägt, also auch für 50 Wochen vorgeschossen sein muß, ist 50mal größer als der Teil desselben, der beständig in einer Woche angewandt werden kann. Der Umschlag modifiziert daher das Verhältnis zwischen dem für den Produktionsprozeß während des Jahres vorgeschoßnen und dem für eine bestimmte Produktionsperiode, z. B. Woche, beständig anwendbaren Kapital. Und dies gibt uns den ersten Fall, wo der Mehrwert von 5 Wochen nicht auf das während dieser 5 Wochen angewandte Kapital berechnet wird, sondern auf das während 50 Wochen angewandte, zehnmal größre.

Zweitens: Die Umschlagsperiode des Kapitals A von 5 Wochen bildet nur $^1/_{10}$ des Jahres, das Jahr umfaßt daher 10 solcher Umschlagsperioden, in welchen Kapital A von 500 Pfd.St. stets von neuem angewandt wird. Das angewandte Kapital ist hier gleich dem für 5 Wochen vorgeschoßnen Kapital, multipliziert mit der Zahl der Umschlagsperioden im Jahr. Das während des Jahres angewandte Kapital ist $= 500 \times 10 = 5000$ Pfd.St. Das während des Jahres vorgeschoßne Kapital $= \frac{5000}{10} = 500$ Pfd.St. In der Tat, obgleich die 500 Pfd.St. stets von neuem angewandt werden, werden nie mehr als dieselben 500 Pfd.St. alle 5 Wochen vorgeschossen. Andrerseits, bei Kapital B, werden während 5 Wochen zwar nur 500 Pfd.St. angewandt und für diese 5 Wochen vorgeschossen. Aber da die Umschlagsperioden hier = 50 Wochen, so ist das während des Jahres angewandte Kapital gleich dem, nicht für je 5 Wochen, sondern für 50 Wochen vorgeschoßnen Kapital. Die jährlich produzierte Masse des Mehrwerts richtet sich aber, bei gegebner Rate des Mehrwerts, nach dem während des Jahres angewandten und nicht nach dem während des Jahres vorgeschoßnen Kapital. Sie ist also für dies einmal umschlagende Kapital von 5000 Pfd.St. nicht größer als für das zehnmal umschlagende Kapital von 500 Pfd.St., und sie ist nur deshalb so groß, weil das einmal im Jahr umschlagende Kapital selbst zehnmal größer ist als das zehnmal im Jahr umschlagende.

Das während des Jahres umgeschlagne variable Kapital – also der Teil des jährlichen Produkts oder auch der jährlichen Verausgabung, der gleich diesem Teil – ist das im Lauf des Jahrs wirklich angewandte, produktiv verzehrte variable Kapital. Es folgt daher, daß, wenn das jährlich umgeschlagne variable Kapital A und das jährlich umgeschlagne variable Kapital B gleichgroß und sie unter gleichen Verwertungsbedingungen angewandt sind, die Rate des Mehrwerts also für beide dieselbe ist, auch die jährlich produzierte Masse Mehrwert für beide dieselbe sein muß; also auch – da die angewandten Kapitalmassen dieselben – die aufs Jahr berechnete Rate des Mehrwerts, soweit sie ausgedrückt wird durch: $\frac{\text{Jährlich produzierte Masse Mehrwert}}{\text{Jährlich umgeschlagnes variables Kapital}}$

Oder allgemein ausgedrückt: Welches immer die relative Größe der umgeschlagnen variablen Kapitale, die Rate ihres im Jahreslauf produzierten

Mehrwerts ist bestimmt durch die Rate des Mehrwerts, wozu die respektiven Kapitale in durchschnittlichen Perioden (z. B. im wöchentlichen oder auch Tagesdurchschnitt) gearbeitet haben.

Dies ist die einzige Konsequenz, welche aus den Gesetzen über die Produktion des Mehrwerts und über die Bestimmung der Rate des Mehrwerts folgt.

Sehen wir nun weiter zu, was das Verhältnis: $\frac{\text{Jährlich umgeschlagnes Kapital}}{\text{Vorgeschoßnes Kapital}}$ (wobei wir, wie gesagt, nur das variable Kapital in Betracht ziehn) ausdrückt. Die Division ergibt die Anzahl der Umschläge des in einem Jahr vorgeschoßnen Kapitals.

Für Kapital A haben wir: $\frac{\text{5000 Pfd.St. jährlich umgeschlagnes Kapital}}{\text{500 Pfd.St. vorgeschoßnes Kapital}}$; für Kapital B: $\frac{\text{5000 Pfd.St. jährlich umgeschlagnes Kapital}}{\text{5000 Pfd.St. vorgeschoßnes Kapital}}$.

In beiden Verhältnissen drückt der Zähler aus das vorgeschoßne Kapital multipliziert mit der Umschlags*zahl*; für A 500×10, für B 5000×1. Oder aber multipliziert mit der umgekehrten auf ein Jahr berechneten Umschlags*zeit*. Die Umschlagszeit für A ist $1/10$ Jahr; die umgekehrte Umschlagszeit ist $\frac{10}{1}$ Jahr, also $500 \times \frac{10}{1} = 5000$; für B $5000 \times \frac{1}{1} = 5000$. Der Nenner drückt aus das umgeschlagne Kapital multipliziert mit der umgekehrten Umschlags*zahl*; für A $5000 \times \frac{1}{10}$, für B $5000 \times \frac{1}{1}$.

Die respektiven Massen Arbeit (Summe der bezahlten und unbezahlten Arbeit), die durch die beiden jährlich umgeschlagnen variablen Kapitale in Bewegung gesetzt sind, sind hier gleich, weil die umgeschlagnen Kapitale selbst gleich sind und ihre Rate der Verwertung ebenfalls gleich.

Das Verhältnis des jährlich umgeschlagnen zum vorgeschoßnen variablen Kapital zeigt an 1. das Verhältnis, worin das vorzuschießende Kapital zu dem in einer bestimmten Arbeitsperiode angewandten variablen Kapital steht. Ist die Umschlagszahl = 10, wie sub A, und das Jahr zu 50 Wochen angenommen, so ist die Umschlagszeit = 5 Wochen. Für diese 5 Wochen muß variables Kapital vorgeschossen werden, und das für 5 Wochen vorgeschoßne Kapital muß fünfmal so groß sein wie das während einer Woche angewandte variable Kapital. D. h. nur $1/5$ des vorgeschoßnen Kapitals (hier 500 Pfd.St.) kann im Lauf einer Woche angewandt werden. Beim Kapital B dagegen, wo die Umschlagszahl $= \frac{1}{1}$, ist die Umschlagszeit = 1 Jahr = 50 Wochen. Das Verhältnis des vorgeschoßnen Kapitals zum wöchentlich angewandten ist also 50:1. Wäre es für B dasselbe wie für A, so müßte B wöchentlich 1000 Pfd.St. anlegen statt 100. – 2. Es folgt, daß von B ein zehnmal so großes Kapital (5000 Pfd.St.) angewandt worden ist wie von A, um dieselbe Masse variables Kapital, also auch bei gegebner Rate des Mehrwerts dieselbe Masse Arbeit (bezahlte und unbezahlte) in Bewegung zu setzen, also auch dieselbe Masse Mehrwert während des Jahrs zu produzieren. Die wirkliche Rate des Mehrwerts drückt nichts aus als das Verhältnis des in einem bestimmten Zeitraum angewandten variablen Kapitals zu dem in demselben Zeitraum produzierten Mehrwert; oder die Masse unbezahlter Arbeit, die das während dieses Zeitraums angewandte variable Kapital in Bewegung setzt. Sie hat absolut nichts zu tun mit dem Teil des variablen Kapitals, der vorgeschossen ist während der Zeit, wo er nicht angewandt wird, und daher ebensowenig zu tun mit dem für verschiedne Kapitale durch die Umschlagsperiode modifizierten und differenzierten Verhältnis zwischen ihrem während eines bestimmten Zeitraums vorgeschoßnen und ihrem während desselben Zeitraums angewandten Teil.

Es folgt vielmehr aus dem bereits Entwickelten, daß die Jahresrate des Mehrwerts nur in einem einzigen Fall zusammenfällt mit der wirklichen Rate des Mehrwerts, die den Exploitationsgrad der Arbeit ausdrückt; wenn nämlich das vorgeschoßne Kapital nur einmal im Jahr umschlägt, daher das vorgeschoßne Kapital gleich ist dem während des Jahrs umgeschlagnen Kapital, daher das Verhältnis der während des Jahrs produzierten Mehrwertmasse zu dem behufs dieser Produktion während des Jahrs angewandten Kapital zusammenfällt und identisch ist mit dem Verhältnis der während des Jahrs produzierten Mehrwertsmasse zu dem während des Jahrs vorgeschoßnen Kapital.

A) Die Jahresrate des Mehrwerts ist gleich

$$\frac{\text{Masse des während des Jahrs produzierten Mehrwerts}}{\text{Vorgeschoßnes variables Kapital}}.$$

Aber die Masse des während des Jahrs produzierten Mehrwerts ist gleich der wirklichen Rate des Mehrwerts, multipliziert mit dem zu seiner Produktion angewandten variablen Kapital. Das zur Produktion der jährlichen Mehrwertsmasse angewandte Kapital ist gleich dem vorgeschoßnen Kapital, multipliziert mit der Anzahl seiner Umschläge, die wir n nennen wollen. Die Formel A verwandelt sich daher in:

B) Die Jahresrate des Mehrwerts ist gleich

$$\frac{\text{Wirkliche Rate des Mehrwerts} \times \text{dem vorgeschoßnen variablen Kapital} \times n}{\text{Vorgeschoßnes variables Kapital}}.$$

Z. B. für Kapital B $= \frac{100\% \times 5000 \times 1}{5000}$ oder 100%. Nur wenn n = 1, d. h. wenn das vorgeschoßne variable Kapital nur einmal im Jahr umschlägt, also gleich dem im Jahr angewandten oder umgeschlagnen Kapital ist, ist die Jahresrate des Mehrwerts gleich der wirklichen Rate des Mehrwerts. Nennen wir die Jahresrate des Mehrwerts M′, die wirkliche Rate des Mehrwerts m′, das vorgeschoßne variable Kapital v, die Umschlagszahl n, so ist: $M' = \frac{m' v n}{v} = m'n$; also $M' = m'n$, und nur $= m'$, wenn $n = 1$, also $M' = m' \times 1 = m'$.

Es folgt ferner: Die jährliche Rate des Mehrwerts ist immer $= m'n$, d. h. gleich der wirklichen Rate des Mehrwerts, produziert in einer Umschlagsperiode durch das während der Periode verzehrte variable Kapital, multipliziert mit der Zahl der Umschläge dieses variablen Kapitals während des Jahrs, oder multipliziert (was dasselbe ist) mit seiner auf das Jahr als Einheit berechneten umgekehrten Umschlags*zeit*. (Schlägt das variable Kapital zehnmal im Jahr um, so ist seine Umschlagszeit $= ^1/_{10}$ Jahr; seine umgekehrte Umschlagszeit also $= \frac{10}{1} = 10$.)

Es folgt weiter: $M' = m'$, wenn $n = 1$. M′ ist größer als m′, wenn n größer ist als 1; d. h., wenn das vorgeschoßne Kapital mehr als einmal im Jahr umschlägt oder das umgeschlagne Kapital größer ist als das vorgeschoßne.

Endlich, M′ ist kleiner als m′, wenn n kleiner ist als 1; d. h., wenn das während des Jahrs umgeschlagne Kapital nur ein Teil des vorgeschoßnen Kapitals ist, die Umschlagsperiode also länger als ein Jahr dauert.

Verweilen wir einen Augenblick bei dem letzten Fall.

Wir behalten alle Voraussetzungen unsers frühern Beispiels bei, nur sei die Umschlagsperiode auf 55 Wochen verlängert. Der Arbeitsprozeß erfordert wöchentlich 100 Pfd.St. variables Kapital, also 5500 Pfd.St. für die Umschlagsperiode, und produziert wöchentlich 100_m; m′ ist also wie bisher 100%. Die Umschlagzahl n ist hier $= \frac{50}{55} = \frac{10}{11}$, weil die Umschlagszeit $1 + ^1/_{10}$ Jahr (das Jahr zu 50 Wochen), $= \frac{11}{10}$ Jahr.

$$M' = \frac{100\% \times 5500 \times \frac{10}{11}}{5500} = 100 \times \frac{10}{11} = \frac{1000}{11} = 90\frac{10}{11}\,\%,$$ also kleiner als 100%. In der Tat, wäre die Jahresrate des Mehrwerts 100%, so müßten 5500_v in einem Jahre produzieren 5500_m, während es dazu $\frac{11}{10}$ Jahre braucht. Die 5500_v produzieren während des Jahrs nur 5000_m, also die Jahresrate des Mehrwerts $= \frac{5000\ m}{5500\ v} = 90\frac{10}{11}\,\%$.

Die Jahresrate des Mehrwerts, oder die Vergleichung zwischen dem während des Jahrs produzierten Mehrwert und dem überhaupt *vorgeschoßnen* variablen Kapital (im Unterschied zu dem während des Jahrs *umgeschlagnen* variablen Kapital), ist daher keine bloß subjektive, sondern die wirkliche Bewegung des Kapitals bringt selbst diese Gegeneinanderstellung hervor. Für den Besitzer des Kapitals A ist Ende des Jahrs sein vorgeschoßnes variables Kapital zurückgeflossen = 500 Pfd.St., und außerdem 5000 Pfd.St. Mehrwert. Nicht die Kapitalmasse, die er während des Jahrs angewandt hat, sondern die periodisch zu ihm zurückfließt, drückt die Größe seines vorgeschoßnen Kapitals aus. Ob das Kapital Ende des Jahrs zum Teil als Produktionsvorrat, zum Teil als Waren- oder Geldkapital existiert, und in welchem Verhältnis es in diese verschiednen Portionen geteilt ist, tut nichts zur vorliegenden Frage. Für den Besitzer des Kapitals B sind zurückgeflossen 5000 Pfd.St., sein vorgeschoßnes Kapital, dazu 5000 Pfd.St. Mehrwert. Für den Besitzer des Kapitals C (des zuletzt betrachteten von 5500 Pfd.St.) sind 5000 Pfd.St. Mehrwert während des Jahrs produziert (5000 Pfd.St. ausgelegt und Mehrwertsrate 100%), aber sein vorgeschoßnes Kapital ist noch nicht zurückgeflossen, und ebensowenig sein produzierter Mehrwert.

$M' = m'n$ drückt aus, daß die während einer Umschlagsperiode für das angewandte variable Kapital gültige Rate des Mehrwerts:

$$\frac{\text{Während einer Umschlagsperiode erzeugte Masse von Mehrwert}}{\text{Während einer Umschlagsperiode angewandtes variables Kapital}},$$

zu multiplizieren ist mit der Anzahl der Umschlagsperioden oder der Reproduktionsperioden des vorgeschoßnen variablen Kapitals, der Anzahl der Perioden, worin es seinen Kreislauf erneuert.

Man sah bereits Buch I, Kap. IV (Verwandlung von Geld in Kapital) und dann Buch I, Kap. XXI (Einfache Reproduktion), daß der Kapitalwert überhaupt vorgeschossen ist, nicht ausgegeben, indem dieser Wert, nachdem er die verschiednen Phasen seines Kreislaufs durchgemacht, wieder zu seinem Ausgangspunkt zurückkehrt, und zwar bereichert durch Mehrwert. Dies charakterisiert ihn als vorgeschoßnen. Die Zeit, die verstreicht von seinem Ausgangspunkt bis zu seinem Rückkehrpunkt, ist die Zeit, wofür er vorgeschossen ist. Der ganze Kreislauf, den der Kapitalwert durchläuft, gemessen durch die Zeit von seinem Vorschuß zu seinem Rückfluß, bildet seinen Umschlag und die Dauer dieses Umschlags eine Umschlagsperiode. Ist diese Periode abgelaufen, der Kreislauf beendigt, so kann derselbe Kapitalwert denselben Kreislauf von neuem beginnen, also auch von neuem sich verwerten, Mehrwert erzeugen. Schlägt das variable Kapital, wie sub A, zehnmal im Jahre um, so wird im Lauf des Jahrs mit demselben Kapitalvorschuß zehnmal die einer Umschlagsperiode entsprechende Masse von Mehrwert erzeugt.

Man muß sich die Natur des Vorschusses vom Standpunkt der kapitalistischen Gesellschaft klarmachen.

Kapital A, das zehnmal umschlägt während des Jahrs, ist zehnmal während des Jahrs vorgeschossen. Es ist für jede neue Umschlagsperiode neu vorgeschossen. Aber zugleich schießt A während des Jahrs nie mehr als denselben Kapitalwert von 500 Pfd.St. vor und verfügt in der Tat für den von uns betrachteten Produktionsprozeß nie über mehr als 500 Pfd.St. Sobald diese 500 Pfd.St. einen Kreislauf vollendet, läßt A sie denselben Kreislauf von neuem beginnen; wie das Kapital seiner Natur nach den Kapitalcharakter gerade nur dadurch bewahrt, daß es stets in wiederholten Produktionsprozessen als Kapital fungiert. Es wird auch nie länger vorgeschossen als für 5 Wochen. Dauert der Umschlag länger, so reicht es nicht. Verkürzt er sich, so wird ein Teil überschüssig. Es sind nicht zehn Kapitale von 500 Pfd.St. vorgeschossen, sondern *ein* Kapital von 500 Pfd.St. wird in sukzessiven Zeitabschnitten zehnmal vorgeschossen. Die Jahresrate des Mehrwerts wird daher nicht auf ein zehnmal vorgeschoßnes Kapital von 500 oder auf 5000 Pfd.St. berechnet, sondern auf ein einmal vorgeschoßnes von 500 Pfd.St.; ganz wie wenn 1 Taler zehnmal zirkuliert, er immer nur einen einzigen in Zirkulation befindlichen Taler vorstellt, obgleich er die Funktion von 10 Talern verrichtet. Aber in der Hand, worin er sich bei jedem Händewechsel befindet, bleibt er nach wie vor derselbe identische Wert von 1 Taler.

Ebenso zeigt das Kapital A bei seinem jedesmaligen Rückfluß und auch bei seinem Rückfluß am Ende des Jahrs, daß sein Besitzer immer nur mit demselben Kapitalwert von 500 Pfd.St. operiert. Es fließt daher in seine Hand auch jedesmal nur 500 Pfd.St. zurück. Sein vorgeschoßnes Kapital ist daher nie mehr als 500 Pfd.St. Das vorgeschoßne Kapital von 500 Pfd.St. bildet daher den Nenner des Bruchs, der die Jahresrate des Mehrwerts ausdrückt. Wir hatten dafür oben die Formel: $M' = \frac{m'\,v\,n}{v} = m'n$. Da die wirkliche Mehrwertsrate $m' = \frac{m}{v}$, gleich der Masse des Mehrwerts, dividiert durch das sie produziert habende variable Kapital ist, können wir in $m'\,n$ den Wert von m', also $\frac{m}{v}$ setzen, und erhalten dann die andre Formel: $M' = \frac{m\,n}{v}$

Aber durch seinen zehnmaligen Umschlag, und daher durch die zehnmalige Erneuerung seines Vorschusses, verrichtet das Kapital von 500 Pfd.St. die Funktion eines zehnmal größren Kapitals, eines Kapitals von 5000 Pfd.St., ganz wie 500 Talerstücke, die zehnmal im Jahre umlaufen, dieselbe Funktion vollziehn wie 5000, die nur einmal umlaufen.

II. Der Umschlag des variablen Einzelkapitals

»Welches immer die gesellschaftliche Form des Produktionsprozesses, er muß kontinuierlich sein oder periodisch stets von neuem dieselben Stadien durchlaufen ... In seinem stetigen Zusammenhang und dem beständigen Fluß seiner Erneuerung betrachtet, ist jeder gesellschaftliche Produktionsprozeß daher zugleich Reproduktionsprozeß ... Als periodisches Inkrement des Kapitalwerts oder periodische Frucht des Kapitals erhält der Mehrwert die Form einer aus dem Kapital entspringenden *Revenue.*« (Buch I, Kap. XXI, S. 588, 589.*)

Wir haben 10 fünfwöchentliche Umschlagsperioden des Kapitals A; in der ersten Umschlagsperiode werden 500 Pfd.St. variables Kapital vorgeschossen; d. h., jede Woche werden 100 Pfd.St. in Arbeitskraft umgesetzt, so daß am Ende der ersten Umschlagsperiode 500 Pfd.St. in Arbeitskraft verausgabt worden sind. Diese 500 Pfd.St., ursprünglich Teil des vorgeschoßnen Gesamtkapitals, haben aufgehört, Kapital zu sein. Sie sind in Arbeitslohn wegbezahlt. Die Arbeiter zahlen sie ihrerseits weg in Ankauf ihrer Lebensmittel, verzehren also Lebensmittel zum Wert von 500 Pfd.St. Eine Warenmasse zu diesem Wertbetrag ist also vernichtet (was der Arbeiter etwa als Geld etc. aufspart, ist ebenfalls nicht Kapital). Diese Warenmasse ist unproduktiv verzehrt für den Arbeiter, außer soweit sie seine Arbeitskraft, also ein unentbehrliches Instrument des Kapitalisten, wirkungsfähig erhält. – Zweitens aber sind diese 500 Pfd.St. für den Kapitalisten in Arbeitskraft für denselben Wert (resp. Preis) umgesetzt. Die Arbeitskraft wird von ihm im Arbeitsprozeß produktiv konsumiert. Am Ende der 5 Wochen ist ein Wertprodukt da von 1000 Pfd.St. Die Hälfte davon, 500 Pfd.St., ist der reproduzierte Wert des in Zahlung von Arbeitskraft verausgabten variablen Kapitals. Die andre Hälfte, 500 Pfd.St., ist neu produzierter Mehrwert. Aber die fünfwöchentliche Arbeitskraft, durch Umsatz in welche ein Teil des Kapitals sich in variables Kapital verwandelte, ist ebenfalls verausgabt, verzehrt, wenn auch produktiv. Die gestern tätige Arbeit ist nicht dieselbe Arbeit, die heute tätig ist. Ihr Wert, plus dem von ihr geschaffnen Mehrwert, existiert jetzt als Wert eines von der Arbeitskraft selbst unterschiednen Dings, des Produkts. Dadurch jedoch, daß das Produkt in Geld verwandelt wird, kann der Wertteil desselben, der gleich dem Wert des vorgeschoßnen variablen Kapitals ist, von neuem gegen Arbeitskraft umgesetzt werden und daher von neuem als variables Kapital fungieren. Der Umstand, daß mit dem nicht nur reproduzierten, sondern auch in

* [Siehe »Kapital«, Bd. 1, a. a. O., S. 512, 513.]

Geldform rückverwandelten Kapitalwert dieselben Arbeiter, d. h. dieselben Träger der Arbeitskraft, beschäftigt werden, ist gleichgültig. Es ist möglich, daß der Kapitalist in der zweiten Umschlagsperiode neue Arbeiter statt der alten anwendet.

Es wird also in der Tat in den 10 fünfwöchentlichen Umschlagsperioden sukzessive ein Kapital von 5000 Pfd.St. und nicht von 500 Pfd.St. in Arbeitslohn verausgabt, welcher Arbeitslohn wieder von den Arbeitern in Lebensmitteln verausgabt wird. Das so vorgeschoßne Kapital von 5000 Pfd.St. ist verzehrt. Es existiert nicht mehr. Andrerseits wird Arbeitskraft zum Wert, nicht von 500, sondern von 5000 Pfd.St. sukzessive dem Produktionsprozeß einverleibt und reproduziert nicht nur ihren eignen Wert = 5000 Pfd.St., sondern produzieren im Überschuß einen Mehrwert von 5000 Pfd.St. Das variable Kapital von 500 Pfd.St., welches in der zweiten Umschlagsperiode vorgeschossen wird, ist nicht das identische Kapital von 500 Pfd.St., das in der ersten Umschlagsperiode vorgeschossen. Dies ist verzehrt, in Arbeitslohn verausgabt. Aber es ist *ersetzt* durch ein neues variables Kapital von 500 Pfd.St., welches in der ersten Umschlagsperiode in Warenform produziert und in Geldform rückverwandelt wurde. Dies neue Geldkapital von 500 Pfd.St. ist also die Geldform der in der ersten Umschlagsperiode neu produzierten Warenmasse. Der Umstand, daß sich wieder in der Hand des Kapitalisten eine identische Geldsumme von 500 Pfd.St. befindet, d. h. abgesehn vom Mehrwert gerade so viel Geldkapital als er ursprünglich vorschoß, verdeckt den Umstand, daß er mit einem neu produzierten Kapital operiert. (Was die andern Wertbestandteile des Warenkapitals angeht, welche die konstanten Kapitalteile ersetzen, so ist ihr Wert nicht neu produziert, sondern nur die Form verändert, worin dieser Wert existiert.) – Nehmen wir die dritte Umschlagsperiode. Hier ist es augenscheinlich, daß das zum dritten Mal vorgeschoßne Kapital von 500 Pfd.St. nicht ein altes, sondern ein neu produziertes Kapital ist, denn es ist die Geldform der in der zweiten Umschlagsperiode und nicht in der ersten Umschlagsperiode produzierten Warenmasse, d. h. des Teils dieser Warenmasse, dessen Wert gleich dem Wert des vorgeschoßnen variablen Kapitals ist. Die in der ersten Umschlagsperiode produzierte Warenmasse ist verkauft. Ihr Wertteil, der gleich dem variablen Wertteil des vorgeschoßnen Kapitals, wurde in die neue Arbeitskraft der zweiten Umschlagsperiode umgesetzt und produzierte eine neue Warenmasse, die wieder verkauft wurde und wovon ein Wertteil das in der dritten Umschlagsperiode vorgeschoßne Kapital von 500 Pfd. St. bildet.

Und so während der zehn Umschlagsperioden. Während derselben werden alle fünf Wochen neu produzierte Warenmassen (deren Wert, soweit er variables Kapital ersetzt, ebenfalls neu produziert ist, nicht nur wieder erscheint, wie bei dem konstanten zirkulierenden Kapitalteil) auf den Markt geworfen, um stets neue Arbeitskraft dem Produktionsprozeß einzuverleiben.

Was also durch den zehnmaligen Umschlag des vorgeschoßnen variablen Kapitals von 500 Pfd.St. erreicht wird, ist nicht, daß dies Kapital von 500 Pfd.St. zehnmal produktiv konsumiert werden kann oder daß ein für 5 Wochen reichendes variables Kapital während 50 Wochen angewandt werden kann. Es werden vielmehr 10 × 500 Pfd.St. variables Kapital in den 50 Wochen angewandt, und das Kapital von 500 Pfd.St. reicht immer nur für 5 Wochen aus und muß nach Ende der 5 Wochen durch ein neu produziertes Kapital von 500 Pfd.St. ersetzt werden. Dies findet statt ebensogut für Kapital A wie für Kapital B. Aber hier beginnt der Unterschied.

Am Ende des ersten Zeitabschnitts von 5 Wochen ist von B wie von A ein variables Kapital von 500 Pfd.St. vorgeschossen und verausgabt. Von B wie von A ist sein Wert in Arbeitskraft umgesetzt und ersetzt worden durch den Teil des von dieser Arbeitskraft neu erzeugten Werts des Produkts, der gleich ist dem Wert des vorgeschoßnen variablen Kapitals von 500 Pfd.St. Für B wie für A hat die Arbeitskraft nicht nur den Wert des verausgabten variablen Kapitals von 500 Pfd.St. durch einen Neuwert zum selben Betrag ersetzt, sondern einen Mehrwert – und nach der Voraussetzung von derselben Größe – zugefügt.

Aber bei B befindet sich das Wertprodukt, welches das vorgeschoßne variable Kapital ersetzt und seinem Wert einen Mehrwert zufügt, nicht in der Form, worin es von neuem als produktives Kapital, resp. variables Kapital fungieren kann. Für A befindet es sich in dieser Form. Und bis zu Ende des Jahres besitzt B das in den ersten 5 Wochen und dann sukzessive in je 5 Wochen verausgabte variable Kapital, obgleich ersetzt durch neu produzierten Wert plus Mehrwert, nicht in der Form, worin es von neuem als produktives Kapital, resp. variables Kapital fungieren kann. Sein *Wert* ist zwar durch einen Neuwert ersetzt, also erneuert, aber seine Wert*form* (hier die absolute Wertform, seine Geldform) ist nicht erneuert.

Für den zweiten Zeitraum von 5 Wochen (und so sukzessive für je 5 Wochen während des Jahrs) müssen also ebensowohl fernere 500 Pfd.St. vorrätig sein wie für den ersten Zeitraum. Also müssen, von Kreditverhältnissen abgesehn, am Anfang des Jahrs 5000 Pfd.St. vorrätig, als latentes vorgeschoßnes Geldkapital da sein, obgleich sie erst während des Jahrs nach und nach wirklich verausgabt, in Arbeitskraft umgesetzt werden.

Bei A dagegen, weil der Kreislauf, der Umschlag des vorgeschoßnen Kapitals vollendet, befindet sich der Wertersatz schon nach Ablauf der ersten 5

Wochen in der Form, worin er neue Arbeitskraft für 5 Wochen in Bewegung setzen kann: in seiner ursprünglichen Geldform.

Sub A wie sub B wird in der zweiten Periode von 5 Wochen neue Arbeitskraft verzehrt und ein neues Kapital von 500 Pfd.St. in Zahlung dieser Arbeitskraft verausgabt. Die mit den ersten 500 Pfd.St. bezahlten Lebensmittel der Arbeiter sind weg, in allen Fällen ist der Wert dafür verschwunden aus der Hand des Kapitalisten. Mit den zweiten 500 Pfd.St. wird neue Arbeitskraft gekauft, neue Lebensmittel dem Markt entzogen. Kurz, es wird ein neues Kapital von 500 Pfd.St. verausgabt, nicht das alte. Aber sub A ist dies neue Kapital von 500 Pfd.St. die Geldform des neu produzierten Wertersatzes der früher verausgabten 500 Pfd.St. Sub B befindet sich dieser Wertersatz in einer Form, worin er nicht als variables Kapital fungieren kann. Er ist da, aber nicht in der Form von variablem Kapital. Es muß daher zur Fortsetzung des Produktionsprozesses für die nächsten 5 Wochen ein zuschüssiges Kapital von 500 Pfd.St. in der hier unumgänglichen Geldform vorhanden sein und vorgeschossen werden. So wird von A wie von B während 50 Wochen gleichviel variables Kapital verausgabt, gleichviel Arbeitskraft gezahlt und verbraucht. Aber von B muß sie gezahlt werden mit einem vorgeschoßnen Kapital gleich ihrem Gesamtwert = 5000 Pfd.St. Von A wird sie sukzessiv gezahlt durch die stets erneute Geldform des während je 5 Wochen produzierten Wertersatzes des für je 5 Wochen vorgeschoßnen Kapitals von 500 Pfd.St. Es wird also hier nie ein größres Geldkapital vorgeschossen als für 5 Wochen, d. h. nie ein größres als das für die ersten 5 Wochen vorgeschoßne von 500 Pfd.St. Diese 500 Pfd.St. reichen für das ganze Jahr. Es ist daher klar, daß bei gleichem Exploitationsgrad der Arbeit, gleicher wirklicher Rate des Mehrwerts, die Jahresraten von A und B sich umgekehrt verhalten müssen wie die Größen der variablen Geldkapitale, die vorgeschossen werden mußten, um während des Jahrs dieselbe Masse Arbeitskraft in Bewegung zu setzen.

A: $\frac{5000\ m}{500\ v} = 1000\%$, und B: $\frac{5000\ m}{5000\ v} = 100\%$. Aber $500_v : 5000_v = 1 : 10 = 100\% : 1000\%$.

Der Unterschied entspringt aus der Verschiedenheit der Umschlagsperioden, d. h. der Perioden, worin der Wertersatz des in einem bestimmten Zeitraum angewandten variablen Kapitals von neuem als Kapital fungieren kann, also als neues Kapital. Bei B wie bei A findet derselbe Wertersatz für das während derselben Perioden angewandte variable Kapital statt. Es findet auch derselbe Zuwachs von Mehrwert während derselben Perioden statt. Aber bei B ist alle 5 Wochen zwar ein Wertersatz von 500 Pfd.St., plus 500 Pfd.St. Mehrwert da, dieser Wertersatz bildet jedoch noch kein neues

Kapital, weil er sich nicht in der Geldform befindet. Bei A ist nicht nur der alte Kapitalwert durch einen neuen ersetzt, sondern er ist in seiner Geldform wiederhergestellt, daher als neues funktionsfähiges Kapital ersetzt. Die frühere oder spätere Verwandlung des Wertersatzes in Geld und daher in die Form, worin das variable Kapital vorgeschossen wird, ist offenbar ein für die Produktion des Mehrwerts selbst ganz gleichgültiger Umstand. Diese hängt von der Größe des angewandten variablen Kapitals und dem Exploitationsgrad der Arbeit ab. Jener Umstand aber modifiziert die Größe des Geldkapitals, das vorgeschossen werden muß, um während des Jahrs ein bestimmtes Quantum Arbeitskraft in Bewegung zu setzen, und bestimmt daher die Jahresrate des Mehrwerts.

III. Der Umschlag des variablen Kapitals, gesellschaftlich betrachtet

Betrachten wir die Sache einen Augenblick vom gesellschaftlichen Standpunkt. Ein Arbeiter koste 1 Pfd.St. per Woche, der Arbeitstag sei = 10 Stunden. Sub A wie sub B sind während des Jahrs 100 Arbeiter beschäftigt (100 Pfd.St. per Woche für 100 Arbeiter macht für 5 Wochen 500 Pfd. St. und für 50 Wochen 5000 Pfd.St.), und diese arbeiten per Woche von 6 Tagen jeder 60 Arbeitsstunden. Also 100 Arbeiter per Woche tun 6000 Arbeitsstunden und in 50 Wochen 300 000 Arbeitsstunden. Diese Arbeitskraft ist von A wie von B mit Beschlag belegt und kann also von der Gesellschaft für nichts andres verausgabt werden. Insoweit ist die Sache also gesellschaftlich dieselbe bei A wie bei B. Ferner: Bei A wie bei B erhalten die je 100 Arbeiter einen Lohn per Jahr von 5000 Pfd.St. (die 200 zusammen also 10 000 Pfd.St.) und entziehn für diese Summe der Gesellschaft Lebensmittel. Soweit ist die Sache gesellschaftlich wieder dieselbe sub A wie sub B. Da die Arbeiter in beiden Fällen wöchentlich bezahlt werden, entziehn sie auch der Gesellschaft wöchentlich Lebensmittel, wofür sie ebenfalls in beiden Fällen das Geldäquivalent wöchentlich in Zirkulation werfen. Aber hier beginnt der Unterschied.

Erstens. Das Geld, welches der Arbeiter sub A in Zirkulation wirft, ist nicht nur, wie für den Arbeiter sub B, die Geldform für den Wert seiner Arbeitskraft (in der Tat Zahlungsmittel für bereits geleistete Arbeit); es ist schon von der zweiten Umschlagsperiode nach Eröffnung des Geschäfts an gerechnet, die Geldform *seines eignen Wertprodukts* (= Preis der Arbeitskraft plus Mehrwert) der ersten Umschlagsperiode, womit seine Arbeit während der zweiten Umschlagsperiode bezahlt wird. Sub B ist dies nicht der Fall. Mit Bezug auf den Arbeiter ist hier das Geld zwar ein Zahlungsmittel für bereits von ihm geleistete Arbeit, aber diese geleistete Arbeit wird nicht bezahlt mit ihrem eignen vergoldeten Wertprodukt (der Geldform des von ihr selbst produzierten Werts). Dies kann erst eintreten vom zweiten Jahr an, wo der Arbeiter sub B bezahlt wird mit seinem vergoldeten Wertprodukt des vergangnen Jahrs.

Je kürzer die Umschlagsperiode des Kapitals – in je kürzern Zeiträumen daher seine Reproduktionstermine sich innerhalb des Jahrs erneuern –, um so rascher verwandelt sich der ursprünglich in Geldform vom Kapitalisten vorgeschoßne variable Teil seines Kapitals in die Geldform des vom Arbeiter zum Ersatz dieses variablen Kapitals geschaffnen Wertprodukts (das außerdem Mehrwert einschließt); desto kürzer ist also die Zeit, wofür der Kapitalist Geld aus seinem eignen Fonds vorschießen muß, desto kleiner ist, im Verhältnis zu gegebnem Umfang der Produktionsleiter, das Kapital, das er überhaupt vorschießt; und desto größer ist im Verhältnis die Masse Mehrwert, die er bei gegebner Rate des Mehrwerts während des Jahrs herausschlägt, weil er um so öfter den Arbeiter mit der Geldform seines eignen Wertprodukts stets von neuem kaufen und seine Arbeit in Bewegung setzen kann.

Bei gegebner Stufenleiter der Produktion verringert sich im Verhältnis zur Kürze der Umschlagsperiode die absolute Größe des vorgeschoßnen variablen Geldkapitals (wie des zirkulierenden Kapitals überhaupt) und wächst die Jahresrate des Mehrwerts. Bei gegebner Größe des vorgeschoßnen Kapitals wächst die Stufenleiter der Produktion, daher bei gegebner Rate des Mehrwerts die absolute Masse des in einer Umschlagsperiode erzeugten Mehrwerts, gleichzeitig mit der durch die Verkürzung der Reproduktionsperioden bewirkten Steigerung in der Jahresrate des Mehrwerts. Es hat sich überhaupt aus der bisherigen Untersuchung ergeben, daß je nach den verschiednen Größen der Umschlagsperiode Geldkapital von sehr verschiednem Umfang vorzuschießen ist, um dieselbe Masse produktives zirkulierendes Kapital und dieselbe Arbeitsmasse bei demselben Exploitationsgrad der Arbeit in Bewegung zu setzen.

Zweitens – und dies hängt mit dem ersten Unterschied zusammen – zahlt der Arbeiter sub B wie sub A die Lebensmittel, die er kauft, mit dem variablen Kapital, das sich in seiner Hand in Zirkulationsmittel verwandelt hat. Er entzieht z. B. nicht nur Weizen vom Markt, sondern ersetzt ihn auch durch ein Äquivalent in Geld. Da aber das Geld, womit der Arbeiter sub B seine Lebensmittel zahlt und dem Markt entzieht, nicht die Geldform eines von ihm während des Jahrs auf den Markt geworfnen Wertprodukts ist, wie beim Arbeiter sub A, so liefert er dem Verkäufer seiner Lebensmittel zwar Geld, aber keine Ware – sei es Produktionsmittel, sei es Lebensmittel –, die dieser mit dem gelösten Geld kaufen könne, was dagegen sub A der Fall ist. Es werden daher dem Markt Arbeitskraft, Lebensmittel für diese Arbeitskraft, fixes Kapital in der Form der sub B angewandten Arbeitsmittel und Produktionsstoffe entzogen, und zu ihrem Ersatz wird ein Äquivalent in Geld in den Markt geworfen; aber es wird während des Jahrs kein Produkt in den Markt geworfen, um die ihm entzognen stofflichen Elemente des produktiven Kapitals zu ersetzen. Denken wir die Gesellschaft nicht kapitalistisch, sondern kommunistisch, so fällt zunächst das Geldkapital ganz fort, also auch die Verkleidungen der Transaktionen, die durch es hineinkommen. Die Sache reduziert sich einfach darauf, daß die Gesellschaft im voraus berechnen muß, wieviel Arbeit, Produktionsmittel und Lebensmittel sie ohne irgendwelchen Abbruch auf Geschäftszweige verwenden kann, die, wie Bau von Eisenbahnen z. B., für längre Zeit, ein Jahr oder mehr, weder Produktionsmittel noch Lebensmittel, noch irgendeinen Nutzeffekt liefern, aber wohl Arbeit, Produktionsmittel und Lebensmittel der jährlichen Gesamtproduktion entziehn. In der kapitalistischen Gesellschaft dagegen, wo der gesellschaftliche Verstand sich immer erst post festum geltend macht, können und müssen so beständig große Störungen eintreten. Einerseits Druck auf den Geldmarkt, während umgekehrt die Leichtigkeit des Geldmarkts ihrerseits solche Unternehmungen in Masse hervorruft, also gerade die Umstände, welche später den Druck auf den Geldmarkt hervorrufen. Der Geldmarkt wird gedrückt, da Vorschuß von Geldkapital auf großer Stufenleiter hier beständig während langen Zeitraums nötig ist. Ganz abgesehn davon, daß Industrielle und Kaufleute das für den Betrieb ihres Geschäfts nötige Geldkapital in Eisenbahnspekulationen etc. werfen und durch Anleihen auf dem Geldmarkt ersetzen. – Andrerseits: Druck auf das disponible produktive Kapital der Gesellschaft. Da beständig Elemente des produktiven Kapitals dem Markt entzogen werden und für dieselben nur ein Geldäquivalent in den Markt geworfen wird, so steigt die zahlungsfähige Nachfrage, ohne aus sich selbst irgendein Element der Zufuhr zu liefern. Daher Steigen der Preise, sowohl der Lebensmittel wie der Produktionsstoffe. Es kommt hinzu, daß während dieser Zeit regelmäßig geschwindelt wird, große Übertragung von Kapital stattfindet. Eine Bande von Spekulanten, Kontraktoren, Ingenieuren, Advokaten etc. bereichert sich. Sie verursachen starke konsumtive Nachfrage auf dem Markt, daneben steigen die Arbeitslöhne. Mit Bezug auf Nahrungsmittel wird dadurch allerdings auch der Landwirtschaft ein Sporn gegeben. Da jedoch diese Nahrungsmittel nicht plötzlich, innerhalb des Jahres zu vermehren sind, wächst ihre Einfuhr, wie überhaupt die Einfuhr der exotischen Nahrungsmittel (Kaffee, Zucker, Wein etc.) und der Luxusgegenstände. Daher Übereinfuhr und Spekulation in diesem Teil des Importgeschäfts. Andrerseits in den Industriezweigen, worin die Produktion rasch vermehrt werden kann (eigentliche Manufaktur, Bergbau etc.), bewirkt das Steigen der Preise plötzliche Ausdehnung, der bald der Zusammenbruch folgt. Dieselbe Wirkung findet statt auf dem Arbeitsmarkt, um große Massen der latenten relativen Übervölkerung, und selbst der beschäftigten Arbeiter, für die neuen Geschäftszweige heranzuziehn. Überhaupt entziehn solche Unternehmungen auf großer Stufenleiter, wie Eisenbahnen, dem Arbeitsmarkt ein bestimmtes Quantum Kräfte, das nur aus gewissen Zweigen, wie Landwirtschaft etc., herkommen kann, wo ausschließlich starke Burschen gebraucht werden. Dies findet noch statt, selbst nachdem die neuen Unternehmungen schon stehender Betriebszweig geworden sind und daher die für sie nötige wandernde Arbeiterklasse bereits gebildet ist. Sobald z. B. der Eisenbahnbau momentan auf einer größern als der Durchschnitts-Stufenleiter betrieben wird. Ein Teil der Arbeiter-Reservearmee wird absorbiert, deren Druck den Lohn niedriger hielt. Die Löhne steigen allgemein, selbst in den bisher gut beschäftigten Teilen des Arbeitsmarkts. Dies dauert solange, bis der unvermeidliche Krach die Reservearmee von Arbeitern wieder freisetzt und die Löhne wieder auf ihr Minimum und darunter herabgedrückt werden.[32]

Soweit die größre oder geringre Länge der Umschlagsperiode abhängt von der Arbeitsperiode im eigentlichen Sinn, d. h. der Periode, nötig, um das Produkt für den Markt fertigzumachen, beruht sie auf den jedesmal gegebnen sachlichen Produktionsbedingungen der verschiednen Kapitalanlagen, die innerhalb der Agrikultur mehr den Charakter von Naturbedingungen der Produktion besitzen, in der Manufaktur und dem größten Teil der extraktiven Industrie mit der gesellschaftlichen Entwicklung des Produktionsprozesses selbst wechseln.

Soweit die Länge der Arbeitsperiode auf der Größe der Lieferungen beruht (dem quantitativen Umfang, worin das Produkt als Ware in der Regel auf

---

[32] Im Manuskript ist hier die folgende Notiz für künftige Ausführung eingeschaltet: »Widerspruch in der kapitalistischen Produktionsweise: Die Arbeiter als Käufer von Ware sind wichtig für den Markt. Aber als Verkäufer ihrer Ware – der Arbeitskraft – hat die kapitalistische Gesellschaft die Tendenz, sie auf das Minimum des Preises zu beschränken. – Fernerer Widerspruch: Die Epochen, worin die kapitalistische Produktion alle ihre Potenzen anstrengt, erweisen sich regelmäßig als Epochen der Überproduktion; weil die Produktionspotenzen nie so weit angewandt werden können, daß dadurch mehr Wert nicht nur produziert, sondern realisiert werden kann; der Verkauf der Waren, die Realisation des Warenkapitals, also auch des Mehrwerts, ist aber begrenzt, nicht durch die konsumtiven Bedürfnisse der Gesellschaft überhaupt, sondern durch die konsumtiven Bedürfnisse einer Gesellschaft, wovon die große Mehrzahl stets arm ist und stets arm bleiben muß. Dies gehört jedoch erst in den nächsten Abschnitt.«

den Markt geworfen wird), hat dies konventionellen Charakter. Aber die Konvention selbst hat zur materiellen Basis die Stufenleiter der Produktion und ist daher nur im einzelnen betrachtet zufällig.

Soweit endlich die Länge der Umschlagsperiode von der Länge der Zirkulationsperiode abhängt, ist diese zum Teil zwar bedingt durch den beständigen Wechsel in den Marktkonjunkturen, die größre oder geringre Leichtigkeit zu verkaufen und die dieser entspringende Notwendigkeit, das Produkt teilweise auf nähern oder entferntern Markt zu werfen. Abgesehn vom Umfang der Nachfrage überhaupt, spielt die Bewegung der Preise hier eine Hauptrolle, indem der Verkauf bei fallenden Preisen absichtlich beschränkt wird, während die Produktion vorangeht; umgekehrt bei steigenden Preisen, wo Produktion und Verkauf Schritt halten oder im voraus verkauft werden kann. Jedoch ist als eigentliche materielle Basis zu betrachten die wirkliche Entfernung des Produktionssitzes vom Absatzmarkt.

Es wird z. B. englisches Baumwollgewebe oder Garn nach Indien verkauft. Der Exportkaufmann zahle den englischen Baumwollfabrikanten (der Exportkaufmann tut dies nur willig bei gutem Stand des Geldmarkts. Sobald der Fabrikant selbst durch Kreditoperationen sein Geldkapital ersetzt, steht's schon schief). Der Exporteur verkauft seine Baumwollware später auf dem indischen Markt, von wo ihm sein vorgeschoßnes Kapital remittiert wird. Bis zu diesem Rückfluß verhält sich die Sache ganz wie in dem Fall, wo die Länge der Arbeitsperiode Vorschuß von neuem Geldkapital nötig macht, um den Produktionsprozeß auf gegebner Stufenleiter in Gang zu halten. Das Geldkapital, womit der Fabrikant seine Arbeiter zahlt und ebenso die übrigen Elemente seines zirkulierenden Kapitals erneuert, sind nicht die Geldform der von ihm produzierten Garne. Dies kann erst der Fall sein, sobald der Wert dieses Garns in Geld oder Produkt nach England zurückgeflossen ist. Sie sind zuschüssiges Geldkapital wie vorher. Der Unterschied ist nur, daß statt des Fabrikanten der Kaufmann es vorschießt, dem es vielleicht selbst wieder durch Kreditoperationen vermittelt ist. Ebenso ist nicht, bevor dies Geld in den Markt geworfen wird oder gleichzeitig mit ihm, ein zuschüssiges Produkt in den englischen Markt geworfen worden, das mit diesem Geld gekauft werden und in die produktive oder individuelle Konsumtion eingehn kann. Tritt dieser Zustand für längre Zeit und auf größrer Stufenleiter ein, so muß er dieselben Folgen bewirken wie vorher die verlängerte Arbeitsperiode.

Es ist nun möglich, daß in Indien selbst wieder das Garn auf Kredit verkauft wird. Mit diesem Kredit wird in Indien Produkt gekauft und als Retour nach England geschickt oder Wechsel für den Betrag remittiert. Verlängert sich dieser Zustand, so tritt ein Druck auf den indischen Geldmarkt ein, dessen Rückschlag auf England hier eine Krise hervorrufen mag. Die Krise ihrerseits, selbst wenn verbunden mit Export edler Metalle nach Indien, ruft in letztrem Lande eine neue Krise hervor, wegen des Bankrotts englischer Geschäftshäuser und ihrer indischen Zweighäuser, denen von den indischen Banken Kredit gegeben war. So entsteht eine gleichzeitige Krise sowohl auf dem Markt, *gegen* den, wie auf dem Markt, *für* den die Handelsbilanz ist. Dies Phänomen kann noch komplizierter sein. England hat z. B. Silberbarren nach Indien geschickt, aber die englischen Gläubiger von Indien treiben jetzt ihre Forderungen dort ein, und Indien wird kurz nachher seine Silberbarren nach England zurückzuschicken haben.

Es ist möglich, daß der Exporthandel nach Indien und der Importhandel von Indien sich ungefähr ausgleichen, obgleich der letztre (ausgenommen besondre Umstände, wie Baumwollteurung etc.) seinem Umfang nach durch den erstern bestimmt und stimuliert sein wird. Die Handelsbilanz zwischen England und Indien kann ausgeglichen scheinen oder nur schwache Schwankungen nach der einen oder andern Seite aufweisen. Sobald aber die Krise in England ausbricht, zeigt sich, daß unverkaufte Baumwollwaren in Indien lagern (sich also nicht aus Warenkapital in Geldkapital verwandelt haben – Überproduktion nach dieser Seite) und daß andrerseits in England nicht nur unverkaufte Vorräte indischer Produkte liegen, sondern daß ein großer Teil der verkauften und verzehrten Vorräte noch gar nicht bezahlt ist. Was daher als Krise auf dem Geldmarkt erscheint, drückt in der Tat Anomalien im Produktions- und Reproduktionsprozeß selbst aus.

Drittens: In bezug auf das angewandte zirkulierende Kapital selbst (variables wie konstantes) macht die Länge der Umschlagsperiode, soweit sie aus der Länge der Arbeitsperiode hervorgeht, diesen Unterschied: Bei mehreren Umschlägen während des Jahrs kann ein Element des variablen oder konstanten zirkulierenden Kapitals durch sein eignes Produkt geliefert werden, wie bei Kohlenproduktion, Kleiderkonfektion etc. Im andern Fall nicht, wenigstens nicht während des Jahrs.

Siebzehntes Kapitel: DIE ZIRKULATION DES MEHRWERTS

Wir haben hier* gesehn, daß die Verschiedenheit in der Umschlagsperiode eine Verschiedenheit in der Jahresrate des Mehrwerts erzeugt, selbst bei gleichbleibender Masse des jährlich erzeugten Mehrwerts.

* [1. Auflage: bisher]

Aber es findet ferner notwendig Verschiedenheit statt in der Kapitalisation des Mehrwerts, der *Akkumulation,* und insofern auch in der, bei gleichbleibender Rate des Mehrwerts, während des Jahrs erzeugten Mehrwertsmasse.

Wir bemerken nun zunächst, daß das Kapital A (im Beispiel des vorigen Kapitels) eine laufende periodische Revenue hat, also, mit Ausnahme der Umschlagsperiode bei Beginn des Geschäfts, seinen eignen Verzehr innerhalb des Jahrs aus seiner Produktion von Mehrwert bestreitet und nicht aus eignem Fonds vorzuschießen hat. Dies letztre findet dagegen bei B statt. Er produziert zwar während derselben Zeitabschnitte ebensoviel Mehrwert wie A, aber der Mehrwert ist nicht realisiert und kann daher weder individuell verzehrt werden noch produktiv. Soweit der individuelle Verzehr in Betracht kommt, wird der Mehrwert antizipiert. Fonds dafür muß vorgeschossen werden.

Ein Teil des produktiven Kapitals, der schwer zu rangieren ist, nämlich das zur Reparatur und Instandhaltung des fixen Kapitals nötige Zuschußkapital, stellt sich jetzt auch unter neuem Licht dar.

Bei A wird dieser Kapitalteil – ganz oder großenteils – nicht vorgeschossen bei Beginn der Produktion. Er braucht weder disponibel noch selbst vorhanden zu sein. Er entspringt aus dem Geschäft selbst durch unmittelbare Verwandlung von Mehrwert in Kapital, d. h. seine direkte Anwendung als Kapital. Ein Teil des periodisch innerhalb des Jahrs nicht nur erzeugten, sondern auch realisierten Mehrwerts kann die für Reparatur etc. nötigen Ausgaben bestreiten. Ein Teil des zur Führung des Geschäfts auf seiner ursprünglichen Stufenleiter nötigen Kapitals wird so während des Geschäfts vom Geschäft selbst erzeugt durch Kapitalisierung eines Teils des Mehrwerts. Dies ist für den Kapitalisten B unmöglich. Der fragliche Kapitalteil muß bei ihm einen Teil des ursprünglich vorgeschoßnen Kapitals bilden. In beiden Fällen wird dieser Kapitalteil in den Büchern des Kapitalisten als vorgeschoßnes Kapital figurieren, was er auch ist, da er nach unsrer Annahme einen Teil des zur Führung des Geschäfts auf gegebner Stufenleiter notwendigen produktiven Kapitals bildet. Aber es macht einen gewaltigen Unterschied, aus welchem Fonds er vorgeschossen wird. Bei B ist er wirklich Teil des ursprünglich vorzuschießenden oder disponibel zu haltenden Kapitals. Bei A dagegen ist er als Kapital angewandter Teil des Mehrwerts. Dieser letztre Fall zeigt uns, wie nicht nur das akkumulierte Kapital, sondern auch ein Teil des ursprünglich vorgeschoßnen Kapitals bloß kapitalisierter Mehrwert sein kann.

Sobald die Entwicklung des Kredits dazwischenkommt, verwickelt sich das Verhältnis von ursprünglich vorgeschoßnem Kapital und kapitalisiertem

Mehrwert noch mehr. Z. B. A borgt Teil des produktiven Kapitals, womit er das Geschäft anfängt oder während des Jahrs fortführt, beim Bankier C. Er hat von vornherein kein eignes hinreichendes Kapital für Führung des Geschäfts. Bankier C leiht ihm eine Summe, die bloß aus bei ihm deponiertem Mehrwert der Industriellen D, E, F etc. besteht. Vom Standpunkt des A handelt es sich noch nicht um akkumuliertes Kapital. In der Tat aber ist für D, E, F etc. der A nichts als ein Agent, der den von ihnen angeeigneten Mehrwert kapitalisiert.

Wir haben Buch I, Kap. XXII gesehn, daß die Akkumulation, die Verwandlung von Mehrwert in Kapital, ihrem realen Gehalt nach Reproduktionsprozeß auf erweiterter Stufenleiter ist, ob diese Erweiterung extensiv in Gestalt der Zufügung neuer Fabriken zu den alten oder in der intensiven Ausdehnung der bisherigen Stufenleiter des Betriebs sich ausdrücke.

Die Erweiterung der Produktionsleiter kann in kleinern Dosen vor sich gehn, indem ein Teil des Mehrwerts zu Verbesserungen angewandt wird, die entweder nur die Produktivkraft der angewandten Arbeit erhöhn oder zugleich erlauben, sie intensiver auszubeuten. Oder auch, wo der Arbeitstag nicht gesetzlich beschränkt ist, genügt eine zuschüssige Ausgabe von zirkulierendem Kapital (in Produktionsstoffen und in Arbeitslohn), um die Produktionsleiter zu erweitern, ohne Ausdehnung des fixen Kapitals, dessen tägliche Gebrauchszeit so nur verlängert, während seine Umschlagsperiode entsprechend verkürzt wird. Oder der kapitalisierte Mehrwert mag, bei günstigen Marktkonjunkturen, Spekulationen in Rohstoff erlauben, Operationen, wozu das ursprünglich vorgeschoßne Kapital nicht hingereicht hätte usw.

Indes ist es klar, daß dort, wo die größre Anzahl der Umschlagsperioden eine häufigere Realisation des Mehrwerts innerhalb des Jahrs mit sich bringt, Perioden eintreten werden, in denen weder der Arbeitstag zu verlängern noch Einzelverbeßrungen anzubringen sind; während andrerseits Ausdehnung des ganzen Geschäfts auf proportioneller Stufenleiter teils durch die ganze Anlage des Geschäfts, die Baulichkeiten z. B., teils durch Ausdehnung des Arbeitsfonds, wie in der Landwirtschaft, nur innerhalb gewisser weiterer oder engerer Schranken möglich ist und zudem einen Umfang von zuschüssigem Kapital erheischt, wie er nur durch mehrjährige Akkumulation des Mehrwerts geliefert werden kann.

Neben der wirklichen Akkumulation oder Verwandlung des Mehrwerts in produktives Kapital (und entsprechender Reproduktion auf erweiterter Stufenleiter) läuft also Geldakkumulation, Zusammenscharren eines Teils des Mehrwerts als latentes Geldkapital, das erst später, sobald es gewissen Umfang erreicht, als zuschüssiges aktives Kapital fungieren soll.

So stellt sich die Sache vom Standpunkt des einzelnen Kapitalisten dar. Mit der Entwicklung der kapitalistischen Produktion entwickelt sich jedoch gleichzeitig das Kreditsystem. Das Geldkapital, das der Kapitalist noch nicht in seinem eignen Geschäft anwenden kann, wird von andren angewandt, von denen er Zinsen dafür erhält. Es fungiert für ihn als Geldkapital im spezifischen Sinn, als eine vom produktiven Kapital unterschiedne Sorte Kapital. Aber es wirkt als Kapital in andrer Hand. Es ist klar, daß mit der häufigern Realisation des Mehrwerts und der steigenden Stufenleiter, worauf er produziert wird, die Proportion wächst, worin neues Geldkapital oder Geld als Kapital auf den Geldmarkt geworfen und von hier aus wenigstens großenteils wieder für erweiterte Produktion absorbiert wird.

Die einfachste Form, worin sich dies zuschüssige latente Geldkapital darstellen kann, ist die des Schatzes. Es ist möglich, daß dieser Schatz zuschüssiges Gold oder Silber ist, erhalten direkt oder indirekt im Austausch mit den edle Metalle produzierenden Ländern. Und nur in dieser Weise wächst der Geldschatz innerhalb eines Landes absolut. Es ist andrerseits möglich – und dies ist die Mehrzahl der Fälle –, daß dieser Schatz nichts andres ist als der inländischen Zirkulation entzognes Geld, welches die Form des Schatzes in der Hand einzelner Kapitalisten angenommen hat. Es ist ferner möglich, daß dies latente Geldkapital bloß in Wertzeichen besteht – wir sehn hier noch vom Kreditgeld ab – oder auch in bloßen, durch legale Dokumente konstatierten Ansprüchen (Rechtstiteln) der Kapitalisten auf dritte Personen. In allen diesen Fällen, welches immer die Daseinsform dieses zuschüssigen Geldkapitals, repräsentiert es, soweit es Kapital in spe ist, durchaus nichts als zuschüssige und in Reserve gehaltne Rechtstitel von Kapitalisten auf zukünftige, zuschüssige jährliche Produktion der Gesellschaft.

»Die Masse des wirklich akkumulierten Reichtums, nach seiner Größe betrachtet, ... ist so durchaus unbedeutend im Vergleich mit den Produktivkräften der Gesellschaft, der er angehört, was auch ihre Zivilisationsstufe sei; oder auch nur im Vergleich zu der wirklichen Konsumtion dieser selben Gesellschaft während nur weniger Jahre; so unbedeutend, daß die Hauptaufmerksamkeit der Gesetzgeber und der politischen Ökonomen gerichtet sein sollte auf die Produktivkräfte und ihre künftige freie Entwicklung, nicht aber, wie bisher, auf den bloßen akkumulierten Reichtum, der das Auge frappiert. Der bei weitem größte Teil des sogenannten akkumulierten Reichtums ist nur nominell und besteht nicht aus wirklichen Gegenständen, Schiffen, Häusern, Baumwollenwaren, Landmeliorationen, sondern aus bloßen Rechtstiteln, Ansprüchen auf die künftigen jährlichen produktiven Kräfte der Gesellschaft, Rechtstiteln, erzeugt und verewigt durch die Auskunftsmittel oder Institutionen der Unsicherheit... Der

Gebrauch solcher Artikel (Akkumulationen physischer Dinge oder wirklicher Reichtum) als bloßes Mittel, ihren Besitzern den Reichtum anzueignen, den die zukünftigen Produktivkräfte der Gesellschaft erst schaffen sollen, dieser Gebrauch würde ihnen durch die Naturgesetze der Verteilung ohne Anwendung von Gewalt allmählich entzogen werden; unterstützt durch genossenschaftliche Arbeit (co-operative labour) würde er ihnen in wenigen Jahren entzogen werden.« (William Thompson, »Inquiry into the Principles of the Distribution of Wealth«, London 1850, p. 453. – Dies Buch erschien zuerst 1824.)

»Es wird wenig bedacht, von den meisten nicht einmal vermutet, in einem wie äußerst kleinen Verhältnis, sei es nach Masse oder Wirkungskraft, die tatsächlichen Akkumulationen der Gesellschaft stehn zu den menschlichen Produktivkräften, ja selbst zu der gewöhnlichen Konsumtion einer einzigen Menschengeneration während nur weniger Jahre. Der Grund ist augenscheinlich, aber die Wirkung ist sehr schädlich. Der Reichtum, der jährlich verzehrt wird, verschwindet mit seinem Gebrauch; er steht vor dem Auge nur für einen Augenblick, und macht Eindruck nur während man ihn genießt oder verbraucht. Aber der nur langsam verzehrbare Teil des Reichtums, Möbel, Maschinen, Gebäude, von unsrer Kindheit bis zum Alter stehn sie vor unserm Auge, dauernde Denkmäler der menschlichen Anstrengung. Kraft des Besitzes dieses fixen, dauernden, nur langsam verzehrten Teils des öffentlichen Reichtums – des Bodens und der Rohstoffe, an denen, der Werkzeuge, mit denen gearbeitet wird, der Häuser, die während der Arbeit Obdach geben –, kraft dieses Besitzes beherrschen die Eigentümer dieser Gegenstände zu ihrem eignen Vorteil die jährlichen Produktivkräfte aller wirklich produktiven Arbeiter der Gesellschaft, so unbedeutend jene Gegenstände auch sein mögen im Verhältnis zu den stets wiederkehrenden Produkten dieser Arbeit. Die Bevölkerung von Britannien und Irland ist 20 Millionen; der Durchschnittsverbrauch jedes einzelnen, Mann, Weib und Kind, ist wahrscheinlich ungefähr 20 Pfd.St., zusammen ein Reichtum von ungefähr 400 Millionen Pfd.St., das jährlich verzehrte Arbeitsprodukt. Der Gesamtbetrag des akkumulierten Kapitals dieser Länder übersteigt nicht, nach der Abschätzung, 1200 Millionen oder das dreifache jährliche Arbeitsprodukt; bei gleicher Teilung 60 Pfd.St. Kapital auf den Kopf. Wir haben es hier mehr mit dem Verhältnis zu tun als mit den mehr oder minder genauen absoluten Beträgen dieser Schätzungssummen. Die Zinsen dieses Gesamtkapitals würden hinreichen, um die Gesamtbevölkerung in ihrer gegenwärtigen Lebenshaltung ungefähr zwei Monate in einem Jahr zu erhalten, und das gesamte akkumulierte Kapital selbst (könnten Käufer gefunden werden) würde sie ohne Arbeit unterhalten für ganze drei Jahre! Am Ende welcher Zeit, ohne Häuser, Kleider oder Nahrung, sie verhungern müßten oder aber die Sklaven werden derer, die sie während der drei Jahre unterhalten haben. Wie drei Jahre sich verhalten zur Lebenszeit Einer gesunden Generation, sage zu 40 Jahren, so verhält sich die Größe und Bedeutung des wirklichen Reichtums, das akkumulierte Kapital selbst des reichsten Landes, zu ihrer Produktivkraft, zu den produktiven Kräften einer einzigen Menschengeneration; nicht zu dem, was sie produzieren könnten unter verständigen Anordnungen gleicher Sicherheit, und besonders bei genossenschaftlicher Arbeit, sondern zu dem, was sie wirklich absolut produzieren unter den mangelhaften und entmutigenden Ausfluchtsmitteln der Unsicherheit! ... Und um diese scheinbar gewaltige Masse des vorhandnen Kapitals oder vielmehr das vermittelst ihrer erworbne Kommando und Monopol über die Produkte der jährlichen Arbeit in seinem gegenwärtigen Zustand erzwungner Teilung zu erhalten und zu verewigen, soll die ganze schauderhafte Maschinerie, die Laster, Verbrechen und Leiden der Unsicherheit verewigt werden. Nichts kann akkumuliert werden, ohne daß die notwendigen Bedürfnisse zuerst befriedigt sind, und der große Strom menschlicher Neigungen fließt dem Genusse nach; daher der verhältnismäßig unbedeutende Betrag des wirklichen Reichtums der Gesellschaft in jedem gegebnen Augenblick. Es ist ein ewiger Kreislauf von Produktion und Konsumtion. In dieser ungeheuren Masse jährlicher Produktion und Konsumtion würde die Handvoll wirklicher Akkumulation kaum entbehrt werden; und doch ist das Hauptaugenmerk gerichtet worden nicht auf jene Masse Produktivkraft, sondern auf diese Handvoll Akkumulation. Aber diese Handvoll ist mit Beschlag belegt worden durch einige wenige und verwandelt worden in das Werkzeug zur Aneignung der beständig jährlich wiederkehrenden Produkte der Arbeit der großen Masse. Daher die entscheidende Wichtigkeit eines solchen Werkzeugs für diese wenigen ... Ungefähr ein Drittel des nationalen Jahresprodukts wird jetzt unter dem Namen öffentlicher Lasten den Produzenten entzogen und unproduktiv konsumiert durch Leute, die kein Äquivalent dafür geben, d. h. keins, was den Produzenten als solches gilt ... Das Auge der Menge blickt erstaunt auf die akkumulierten Massen, besonders wenn sie in den Händen einiger weniger konzentriert sind. Aber die jährlich produzierten Massen, wie die ewigen und unzählbaren Wogen eines mächtigen Stroms, rollen vorbei und verlieren sich im vergeßnen Ozean der Konsumtion. Und doch bedingt diese ewige Konsumtion nicht allein alle Genüsse, sondern die Existenz des ganzen Menschengeschlechts. Die Menge und Verteilung dieses Jahresprodukts sollte vor allem zum Gegenstand der Erwägung gemacht werden. Die wirkliche Akkumulation ist von durchaus sekundärer Bedeutung und erhält auch diese Bedeutung fast ausschließlich durch ihren Einfluß auf die Verteilung des Jahresprodukts ... Die wirkliche Akkumulation und Verteilung wird hier« (in Thompson's Schrift) »stets betrachtet mit Bezug und Unterordnung zur Produktivkraft. In fast allen andren Systemen ist die Produktivkraft betrachtet worden mit Bezug und Unterordnung zur Akkumulation und zur Verewigung der bestehenden Verteilungsweise. Verglichen mit der Erhaltung dieser bestehenden Verteilungsweise wird das stets wiederkehrende Elend oder Wohlergehn des ganzen Menschengeschlechts nicht eines Blicks würdig gehalten. Die Ergebnisse der Gewalt, des Betrugs und des Zufalls verewigen, das hat man Sicherheit genannt; und der Erhaltung dieser erlognen Sicherheit sind alle Produktivkräfte des Menschengeschlechts erbarmungslos zum Opfer gebracht worden.« (Ibidem, p. 440–443).

Für die Reproduktion sind nur zwei normale Fälle möglich, abgesehn von Störungen, welche selbst die Reproduktion auf gegebner Stufenleiter hemmen.
Entweder es findet Reproduktion auf einfacher Stufenleiter statt.
Oder es findet Kapitalisierung von Mehrwert statt, Akkumulation.

I. Einfache Reproduktion

Bei einfacher Reproduktion wird der jährlich oder mit mehreren Umschlägen innerhalb des Jahrs periodisch produzierte und realisierte Mehrwert individuell, d. h. unproduktiv, konsumiert von seinen Eignern, den Kapitalisten.
Der Umstand, daß der Produktenwert zum Teil aus Mehrwert besteht, zum andren Teil aus dem Wertteil, gebildet durch das in ihm reproduzierte variable Kapital plus dem in ihm aufgezehrten konstanten Kapital, ändert absolut nichts, weder an dem Quantum noch dem Wert des Gesamtprodukts, welches als Warenkapital beständig in die Zirkulation eingeht und ihr ebenso beständig entzogen wird, um der produktiven oder individuellen Konsumtion anheimzufallen, d. h. um als Produktionsmittel oder als Konsumtionsmittel zu dienen. Von dem konstanten Kapital abgesehn, wird nur die Verteilung des jährlichen Produkts zwischen Arbeitern und Kapitalisten dadurch affiziert.
Selbst die einfache Reproduktion unterstellt, muß daher ein Teil des Mehrwerts beständig in Geld und nicht in Produkt existieren, weil er sonst nicht behufs der Konsumtion aus Geld in Produkt verwandelt werden kann. Diese Verwandlung des Mehrwerts aus seiner ursprünglichen Warenform in Geld ist hier weiter zu untersuchen. Zur Vereinfachung der Sache wird die

einfachste Form des Problems unterstellt, nämlich die ausschließliche Zirkulation von Metallgeld, von Geld, welches wirkliches Äquivalent ist.
Nach den für die einfache Warenzirkulation entwickelten Gesetzen (Buch I, Kap. III*) muß die Masse des im Lande vorhandenen Metallgelds nicht nur hinreichen, um die Waren zu zirkulieren. Sie muß hinreichen für die Schwankungen des Geldumlaufs, die teils entspringen aus Fluktuationen in der Geschwindigkeit der Zirkulation, teils aus dem Preiswechsel der Waren, teils aus den verschiednen und wechselnden Proportionen, worin das Geld als Zahlungsmittel oder als eigentliches Zirkulationsmittel fungiert. Das Verhältnis, worin die vorhandne Geldmasse sich in Schatz und umlaufendes Geld spaltet, wechselt beständig, aber die Masse des Geldes ist stets gleich der Summe des als Schatz und als umlaufendes Geld vorhandnen Gelds. Diese Geldmasse (Masse edlen Metalls) ist ein nach und nach akkumulierter Schatz der Gesellschaft. Soweit ein Teil dieses Schatzes sich durch Verschleiß verzehrt, muß er jährlich, wie jedes andre Produkt, neu ersetzt werden. Dies geschieht in der Wirklichkeit durch direkten oder indirekten Austausch eines Teils des jährlichen Landesprodukts mit dem Produkt der Gold und Silber produzierenden Länder. Dieser internationale Charakter der Transaktion verhüllt indes ihren einfachen Verlauf. Um das Problem daher auf seinen einfachsten und durchsichtigsten Ausdruck zu reduzieren, muß vorausgesetzt werden, daß Gold- und Silberproduktion im Lande selbst stattfindet, also Gold- und Silberproduktion einen Teil der gesellschaftlichen Gesamtproduktion innerhalb jedes Landes bildet.
Abgesehn von dem für Luxusartikel produzierten Gold oder Silber muß das Minimum ihrer jährlichen Produktion gleich sein dem durch die jährliche Geldzirkulation bewirkten Verschleiß der Geldmetalle. Ferner: Wächst die Wertsumme der jährlich produzierten und zirkulierten Warenmasse, so muß auch die jährliche Gold- und Silberproduktion wachsen, soweit die gewachsne Wertsumme der zirkulierenden Waren und die für ihre Zirkulation (und entsprechende Schatzbildung) erforderliche Geldmasse nicht kompensiert wird durch größre Geschwindigkeit des Geldumlaufs und durch umfangreichre Funktion des Gelds als Zahlungsmittel, d. h. durch größre gegenseitige Saldierung der Käufe und Verkäufe ohne Dazwischenkunft von wirklichem Geld.
Ein Teil der gesellschaftlichen Arbeitskraft und ein Teil der gesellschaftlichen Produktionsmittel muß also in der Produktion von Gold und Silber jährlich verausgabt werden.
Die Kapitalisten, welche die Gold- und Silberproduktion betreiben – und

* [Siehe »Kapital«, Bd. 1, a. a. O., S. 112–115.]

wie hier bei Voraussetzung einfacher Reproduktion angenommen –, nur betreiben innerhalb der Schranken des jährlichen Durchschnittsverschleißes und des dadurch verursachten jährlichen Durchschnittskonsums von Gold und Silber, werfen ihren Mehrwert, den sie nach der Unterstellung jährlich konsumieren, ohne etwas davon zu kapitalisieren, direkt in die Zirkulation in der Geldform, die für sie die Naturalform, nicht wie in den andern Produktionszweigen die verwandelte Form des Produkts ist.

Ferner: Was den Arbeitslohn betrifft – die Geldform, worin das variable Kapital vorgeschossen wird –, so wird er hier ebenfalls ersetzt nicht durch Verkauf des Produkts, seine Verwandlung in Geld, sondern durch ein Produkt, dessen Naturalform von vornherein die Geldform ist.

Endlich findet dies auch mit dem Teil des Edelmetall-Produkts statt, der gleich dem Wert des periodisch aufgezehrten konstanten Kapitals ist, sowohl des konstanten zirkulierenden, wie des während des Jahrs verzehrten konstanten fixen Kapitals.

Betrachten wir den Kreislauf, resp. Umschlag des in der Edelmetall-Produktion angelegten Kapitals zunächst unter der Form G – W ... P ... G′. Soweit in G – W das W nicht nur aus Arbeitskraft und Produktionsmitteln besteht, sondern auch aus fixem Kapital, wovon nur ein Wertteil in P aufgebraucht wird, ist klar, daß G′ – das Produkt – eine Geldsumme ist gleich dem in Arbeitslohn ausgelegten variablen Kapital plus dem in Produktionsmitteln ausgelegten zirkulierenden konstanten Kapital plus dem Wertteil des verschlißnen fixen Kapitals plus dem Mehrwert. Wäre die Summe geringer, bei unverändertem allgemeinen Wert des Goldes, so wäre die Minenanlage unproduktiv, oder – wenn dies allgemein der Fall – würde in Zukunft der Wert des Goldes, verglichen mit den Waren, deren Wert nicht verändert, steigen; d. h., die Preise der Waren würden fallen, es würde also in Zukunft die in G – W ausgelegte Geldsumme kleiner sein.

Betrachten wir zunächst nur den zirkulierenden Teil des in G, dem Ausgangspunkt von G – W ... P ... G′, vorgeschoßnen Kapitals, so wird eine bestimmte Geldsumme vorgeschossen, in Zirkulation geworfen zur Zahlung von Arbeitskraft und zum Kauf von Produktionsstoffen. Aber sie wird durch den Kreislauf *dieses* Kapitals der Zirkulation nicht wieder entzogen, um von neuem hineingeworfen zu werden. Das Produkt in seiner Naturalform ist schon Geld, es braucht also nicht erst durch Austausch, durch einen Zirkulationsprozeß, in Geld verwandelt zu werden. Es tritt aus dem Produktionsprozeß in die Zirkulationssphäre nicht in der Form von Warenkapital, das sich in Geldkapital, sondern als Geldkapital, das sich in produktives Kapital rückverwandeln, d. h. von neuem Arbeitskraft und Produktionsstoffe kaufen soll. Die Geldform des zirkulierenden, in Arbeitskraft und Produktionsmitteln verzehrten Kapitals wird ersetzt nicht durch den Verkauf des Produkts, sondern durch die Naturalform des Produkts selbst, also nicht durch Wiederentziehn seines Werts aus der Zirkulation in Geldform, sondern durch zuschüssiges, neu produziertes Geld.

Nehmen wir an, dies zirkulierende Kapital sei = 500 Pfd.St., die Umschlagsperiode = 5 Wochen, Arbeitsperiode = 4 Wochen, Zirkulationsperiode nur = 1 Woche. Es muß von vornherein für 5 Wochen Geld teils in Produktionsvorrat vorgeschossen werden, teils vorrätig sein, um nach und nach in Arbeitslohn weggezahlt zu werden. Anfang der 6. Woche sind 400 Pfd.St. zurückgeflossen und 100 Pfd.St. freigesetzt. Dies wiederholt sich beständig. Hier, wie früher, werden während gewisser Zeit des Umschlags 100 Pfd.St. beständig in der freigesetzten Form sich befinden. Aber sie bestehn aus zuschüssigem neuproduziertem Geld, ganz wie die andern 400 Pfd.St. Wir hatten hier 10 Umschläge im Jahr, und das produzierte Jahresprodukt ist = 5000 Pfd.St. Gold. (Die Zirkulationsperiode entsteht hier nicht durch die Zeit, welche die Verwandlung der Ware in Geld, sondern welche die Verwandlung von Geld in die Produktionselemente kostet.)

Bei jedem andren Kapital von 500 Pfd.St., welches unter denselben Bedingungen umschlägt, ist die beständig erneuerte Geldform die verwandelte Form des produzierten Warenkapitals, welches alle 4 Wochen in die Zirkulation geworfen wird und das durch seinen Verkauf – also durch periodische Entziehung des Geldquantums, als das es ursprünglich in den Prozeß eintrat – diese Geldform stets von neuem wieder erhält. Hier dagegen wird in jeder Umschlagsperiode eine neue zuschüssige Geldmasse von 500 Pfd.St. aus dem Produktionsprozeß selbst in die Zirkulation geworfen, um ihr beständig Produktionsstoffe und Arbeitskraft zu entziehn. Dies in die Zirkulation geworfne Geld wird ihr durch den Kreislauf dieses Kapitals nicht wieder entzogen, sondern noch durch beständig neuproduzierte Goldmassen vermehrt.

Betrachten wir den variablen Teil dieses zirkulierenden Kapitals und setzen wir ihn, wie oben, = 100 Pfd.St., so wären in der gewöhnlichen Warenproduktion diese 100 Pfd.St. bei zehnmaligem Umschlag hinreichend, um beständig die Arbeitskraft zu zahlen. Hier, in der Geldproduktion reicht dieselbe Summe; aber die 100 Pfd.St. Rückfluß, womit die Arbeitskraft in je 5 Wochen bezahlt wird, sind nicht verwandelte Form ihres Produkts, sondern sind ein Teil ihres stets erneuten Produkts selbst. Der Goldproduzent zahlt seine Arbeiter direkt mit einem Teil des von ihnen selbst produzierten Goldes. Die so in Arbeitskraft jährlich ausgelegten und von den Arbeitern in die Zirkulation geworfenen 1000 Pfd.St. kehren daher nicht durch die Zirkulation zu ihrem Ausgangspunkt zurück.

Was ferner das fixe Kapital betrifft, so erheischt es bei erster Anlage des Geschäfts die Verausgabung eines größren Geldkapitals, das also in die Zirkulation geworfen wird. Wie alles fixe Kapital, fließt es nur stückweis im Lauf von Jahren zurück. Aber es fließt zurück als unmittelbares Stück des Produkts, des Goldes, nicht durch Verkauf des Produkts und seine dadurch vollzogne Vergoldung. Es erhält also allmählich seine Geldform nicht durch Entziehung von Geld aus der Zirkulation, sondern durch Anhäufen eines entsprechenden Teils des Produkts. Das so wieder hergestellte Geldkapital ist nicht eine Geldsumme, allmählich der Zirkulation entzogen zur Ausgleichung der ursprünglich für das fixe Kapital in sie geworfnen Geldsumme. Es ist eine zuschüssige Masse Geld.

Endlich, was den Mehrwert betrifft, so ist er ebenfalls gleich einem Teil des neuen Goldprodukts, das in jeder neuen Umschlagsperiode in Zirkulation geworfen wird, um nach unsrer Unterstellung unproduktiv verausgabt, für Lebensmittel und Luxusgegenstände weggezahlt zu werden.

Nach der Voraussetzung aber ersetzt diese ganze jährliche Goldproduktion – wodurch beständig Arbeitskraft und Produktionsstoffe, aber kein Geld dem Markt entzogen und beständig zuschüssiges Geld ihm zugeführt wird – nur das während des Jahrs verschlißne Geld, hält also nur die gesellschaftliche Geldmasse vollzählig, die beständig, wenn auch in wechselnden Portionen, in den zwei Formen von Schatz und im Umlauf befindlichem Geld existiert.

Nach dem Gesetz der Warenzirkulation muß die Geldmasse gleich sein der für die Zirkulation erheischten Geldmasse plus einem in Schatzform befindlichen Geldquantum, welches je nach Kontraktion oder Expansion der Zirkulation zu- oder abnimmt, namentlich aber auch für die Bildung der nötigen Reservefonds von Zahlungsmitteln dient. Was in Geld gezahlt werden muß – soweit keine Ausgleichung der Zahlungen stattfindet –, ist der Wert der Waren. Daß ein Teil dieses Werts aus Mehrwert besteht, d. h. dem Verkäufer der Waren nichts gekostet hat, ändert absolut nichts an der Sache. Gesetzt, die Produzenten seien alle selbständige Besitzer ihrer Produktionsmittel, es finde also Zirkulation statt zwischen den unmittelbaren Produzenten selbst. Abgesehn von dem konstanten Teil ihres Kapitals, könnte man dann ihr jährliches Mehrprodukt, zur Analogie mit dem kapitalistischen Zustand, in zwei Teile teilen: den einen a, der bloß ihre notwendigen Lebensmittel ersetzt, den andern b, den sie zum Teil in Luxusprodukten verzehren, zum Teil zur Erweiterung der Produktion anwenden. a vertritt dann das variable Kapital, b den Mehrwert. Aber diese Einteilung bliebe ohne allen Einfluß auf die Größe der zur Zirkulation ihres Gesamtprodukts erheischten Geldmasse. Bei sonst gleichbleibenden Umständen wäre der Wert der zirkulierenden Warenmasse derselbe, daher auch die für ihn erheischte Geldmasse. Auch müßten sie dieselben Geldreserven bei gleicher Teilung der Umschlagsperioden haben, d. h. denselben Teil ihres Kapitals beständig in Geldform, da nach wie vor, nach der Unterstellung, ihre Produktion Warenproduktion wäre. Der Umstand also, daß ein Teil des Warenwerts aus Mehrwert besteht, ändert absolut nichts an der Masse des zum Betrieb des Geschäfts notwendigen Geldes.

Ein Gegner Tookes, der sich an die Form G – W – G′ hält, fragt ihn, wie es denn der Kapitalist anfange, um beständig der Zirkulation mehr Geld zu entziehn, als er in sie hineinwirft. Man verstehe wohl. Es handelt sich hier nicht um die *Bildung* des Mehrwerts. Diese, die das einzige Geheimnis ausmacht, versteht sich vom kapitalistischen Standpunkt von selbst. Die angewandte Wertsumme wäre ja nicht Kapital, wenn sie nicht mit einem Mehrwert sich bereicherte. Da sie also der Voraussetzung nach Kapital ist, versteht sich der Mehrwert von selbst.

Die Frage ist also nicht: Wo kommt der Mehrwert her? Sondern: Wo kommt das Geld her, um ihn zu versilbern?

Aber in der bürgerlichen Ökonomie versteht sich die Existenz des Mehrwerts von selbst. Sie ist also nicht nur unterstellt, sondern mit ihr ist auch ferner unterstellt, daß ein Teil der in die Zirkulation geworfnen Warenmasse aus Mehrprodukt besteht, also einen Wert darstellt, den der Kapitalist nicht mit seinem Kapital in die Zirkulation warf; daß der Kapitalist also mit seinem Produkt einen Überschuß über sein Kapital in die Zirkulation wirft und ihr diesen Überschuß auch wieder entzieht.

Das Warenkapital, das der Kapitalist in die Zirkulation wirft, ist von größerm Wert (woher das kommt, wird nicht erklärt oder begriffen, aber c'est un fait vom Standpunkt dieser selbigen) als das produktive Kapital, das er in Arbeitskraft plus Produktionsmitteln der Zirkulation entzogen hat. Unter dieser Voraussetzung ist daher klar, warum nicht nur Kapitalist A, sondern auch B, C, D etc. der Zirkulation durch Austausch seiner Ware beständig mehr Wert entziehn kann als den Wert seines ursprünglich und stets aufs neue vorgeschoßnen Kapitals. A, B, C, D etc. werfen beständig einen größren Warenwert – diese Operation ist so vielseitig wie die selbständig fungierenden Kapitale – in der Form von Warenkapital in die Zirkulation, als sie ihr unter der Form von produktivem Kapital entziehn. Sie haben also beständig sich in eine Wertsumme zu teilen (d. h. jeder seinerseits der Zirkulation ein produktives Kapital zu entziehn) gleich der Wertsumme ihrer resp. vorgeschoßnen produktiven Kapitale; und ebenso beständig sich in eine Wertsumme zu teilen, die sie ebenso allseitig in Warenform, als respektiven Überschuß des Warenwerts über den Wert seiner Produktionselemente, in die Zirkulation werfen.

Aber das Warenkapital, vor seiner Rückverwandlung in produktives Kapital und vor der Verausgabung des in ihm steckenden Mehrwerts, muß versilbert werden. Wo kommt das Geld dazu her? Diese Frage erscheint auf den ersten Blick schwierig, und weder Tooke noch ein andrer hat sie bisher beantwortet.

Das in der Form von Geldkapital vorgeschoßne zirkulierende Kapital von 500 Pfd.St., welches immer seine Umschlagsperiode, sei das zirkulierende Gesamtkapital der Gesellschaft, d. h. der Kapitalistenklasse. Der Mehrwert sei 100 Pfd.St. Wie kann nun die ganze Kapitalistenklasse beständig 600 Pfd.St. aus der Zirkulation herausziehn, wenn sie beständig nur 500 Pfd.St. hineinwirft?

Nachdem das Geldkapital von 500 Pfd.St. in produktives Kapital verwandelt, verwandelt dieses sich innerhalb des Produktionsprozesses in Warenwert von 600 Pfd.St., und es befindet sich in Zirkulation nicht nur ein Warenwert von 500 Pfd.St., gleich dem ursprünglich vorgeschoßnen Geldkapital, sondern ein neuproduzierter Mehrwert von 100 Pfd.St.

Dieser zuschüssige Mehrwert von 100 Pfd.St. ist in Warenform in die Zirkulation geworfen. Darüber besteht kein Zweifel. Aber durch dieselbe Operation ist nicht das zuschüssige Geld für die Zirkulation dieses zuschüssigen Warenwerts gegeben.

Man muß nun die Schwierigkeit nicht durch plausible Ausflüchte zu umgehn suchen.

Zum Beispiel: Was das konstante zirkulierende Kapital betrifft, so ist klar, daß nicht alle es gleichzeitig auslegen. Während Kapitalist A seine Ware verkauft, also für ihn vorgeschoßnes Kapital Geldform annimmt, nimmt für den Käufer B umgekehrt sein in Geldform vorhandnes Kapital die Form seiner Produktionsmittel an, die gerade A produziert. Durch denselben Akt, wodurch A seinem produzierten Warenkapital die Geldform wiedergibt, gibt B dem seinigen die produktive Form wieder, verwandelt es aus Geldform in Produktionsmittel und Arbeitskraft; dieselbe Geldsumme fungiert in dem doppelseitigen Prozeß wie in jedem einfachen Kauf W – G. Andrerseits, wenn A das Geld wieder in Produktionsmittel verwandelt, kauft er von C, und dieser zahlt damit B etc. So wäre dann der Hergang erklärt. Aber:

Alle in bezug auf das Quantum des zirkulierenden Geldes bei der Warenzirkulation (Buch I, Kap. III) aufgestellten Gesetze werden in keiner Art durch den kapitalistischen Charakter des Produktionsprozesses geändert.

Wenn also gesagt wird, das in Geldform vorzuschießende zirkulierende

Kapital der Gesellschaft beträgt 500 Pfd.St., so ist dabei schon in Berechnung* gebracht, daß dies einerseits die Summe ist, die gleichzeitig vorgeschossen war, daß aber andrerseits diese Summe mehr produktives Kapital in Bewegung setzt als 500 Pfd.St., weil sie abwechselnd als Geldfonds verschiedner produktiven Kapitale dient. Diese Erklärungsweise setzt also schon das Geld als vorhanden voraus, dessen Dasein sie erklären soll. –
Es könnte ferner gesagt werden: Kapitalist A produziert Artikel, die Kapitalist B individuell, unproduktiv konsumiert. Das Geld von B versilbert also das Warenkapital von A, und so dient dieselbe Geldsumme zur Versilbrung des Mehrwerts von B und des zirkulierenden konstanten Kapitals von A. Hier ist aber die Lösung der Frage, die beantwortet werden soll, noch direkter unterstellt. Nämlich, wo kriegt B dies Geld zur Bestreitung seiner Revenue her? Wie hat er selbst diesen Mehrwertteil seines Produkts versilbert? –
Ferner könnte gesagt werden, der Teil des zirkulierenden variablen Kapitals, den A seinen Arbeitern beständig vorschießt, strömt ihm beständig aus der Zirkulation zurück; und nur ein abwechselnder Teil davon liegt beständig bei ihm selbst für Zahlung des Arbeitslohns fest. Zwischen der Ausgabe und dem Rückstrom verfließt jedoch eine gewisse Zeit, während deren das in Arbeitslohn ausgezahlte Geld unter andrem auch zur Versilberung von Mehrwert dienen kann. – Aber wir wissen erstens, daß je größer diese Zeit, um so größer auch die Masse des Geldvorrats sein muß, die der Kapitalist A beständig in petto halten muß. Zweitens gibt der Arbeiter das Geld aus, kauft Waren damit, versilbert daher den in diesen Waren steckenden Mehrwert pro tanto. Also dient dasselbe Geld, das in der Form des variablen Kapitals vorgeschossen wird, pro tanto auch dazu, Mehrwert zu versilbern. Ohne hier noch tiefer auf diese Frage einzugehn, hier nur so viel: daß die Konsumtion der ganzen Kapitalistenklasse und der von ihr abhängigen unproduktiven Personen gleichzeitig Schritt hält mit der für die Arbeiterklasse; also, gleichzeitig mit dem von den Arbeitern in Zirkulation geworfnen Geld, von den Kapitalisten Geld in die Zirkulation geworfen werden muß, um ihren Mehrwert als Revenue zu verausgaben; also für denselben der Zirkulation Geld entzogen sein muß. Die eben gegebne Erklärung würde nur das so nötige Quantum verringern, nicht beseitigen. –
Endlich könnte gesagt werden: Es wird doch beständig ein großes Quantum Geld in Zirkulation geworfen bei der ersten Anlage des fixen Kapitals, das der Zirkulation nur allmählich, stückweis, im Lauf von Jahren, von dem wieder entzogen wird, der es hineinwarf. Kann diese Summe nicht hin-

* [1. Auflage: Rechnung]

reichen, um den Mehrwert zu versilbern? – Hierauf ist zu antworten, daß vielleicht in der Summe von 500 Pfd.St. (die auch Schatzbildung für nötige Reservefonds einschließt) schon die Anwendung dieser Summe als fixes Kapital, wenn nicht durch den, der sie hineinwarf, so doch durch jemand anders, einbegriffen ist. Außerdem ist bei der Summe, die für Beschaffung der als fixes Kapital dienenden Produkte ausgegeben wird, schon unterstellt, daß auch der in diesen Waren steckende Mehrwert gezahlt ist, und es frägt sich eben, wo dies Geld herkommt. –

Die allgemeine Antwort ist bereits gegeben: Wenn eine Warenmasse von x × 1000 Pfd.St. zu zirkulieren, so ändert es absolut nichts am Quantum der zu dieser Zirkulation nötigen Geldsumme, ob der Wert dieser Warenmasse Mehrwert enthält oder nicht, ob die Warenmasse kapitalistisch produziert ist oder nicht. *Das Problem selbst existiert also nicht.* Bei sonst gegebnen Bedingungen, Umlaufsgeschwindigkeit des Geldes etc., ist eine bestimmte Geldsumme erheischt, um den Warenwert von x × 1000 Pfd.St. zu zirkulieren, ganz unabhängig von dem Umstand, wie viel oder wie wenig von diesem Wert den unmittelbaren Produzenten dieser Waren zufällt. Soweit hier ein Problem existiert, fällt es zusammen mit dem allgemeinen Problem: woher die zur Zirkulation der Waren in einem Lande nötige Geldsumme kommt.

Indes existiert allerdings, vom Standpunkt der kapitalistischen Produktion, der *Schein* eines besondren Problems. Es ist nämlich hier der Kapitalist, welcher als der Ausgangspunkt erscheint, von dem das Geld in die Zirkulation geworfen wird. Das Geld, das der Arbeiter zur Zahlung seiner Lebensmittel ausgibt, existiert vorher als Geldform des variablen Kapitals und wird daher ursprünglich vom Kapitalisten in Zirkulation geworfen als Kauf- oder Zahlungsmittel von Arbeitskraft. Außerdem wirft der Kapitalist das Geld in Zirkulation, das für ihn ursprünglich die Geldform seines konstanten fixen und flüssigen Kapitals bildet; er gibt es aus als Kauf- oder Zahlungsmittel für Arbeitsmittel und Produktionsstoffe. Aber über dies hinaus erscheint der Kapitalist nicht weiter als Ausgangspunkt der in der Zirkulation befindlichen Geldmasse. Nun aber existieren nur zwei Ausgangspunkte: der Kapitalist und der Arbeiter. Alle dritten Personenrubriken müssen entweder für Dienstleistungen Geld von diesen beiden Klassen erhalten oder, soweit sie es ohne Gegenleistung erhalten, sind sie Mitbesitzer des Mehrwerts in der Form von Rente, Zins etc. Daß der Mehrwert nicht ganz in der Tasche des industriellen Kapitalisten bleibt, sondern von ihm mit andern Personen geteilt werden muß, hat mit der vorliegenden Frage nichts zu tun. Es fragt sich, wie er seinen Mehrwert versilbert, nicht wie das dafür gelöste Silber sich später verteilt. Es ist also für unsern Fall der Kapitalist noch als einziger Besitzer des Mehrwerts zu betrachten. Was aber den Arbeiter betrifft, so ist bereits gesagt, daß er nur sekundärer Ausgangspunkt, der Kapitalist aber der primäre Ausgangspunkt des vom Arbeiter in die Zirkulation geworfnen Gelds ist. Das zuerst als variables Kapital vorgeschoßne Geld vollzieht bereits seinen zweiten Umlauf, wenn der Arbeiter es zur Zahlung von Lebensmitteln ausgibt.

Die Kapitalistenklasse bleibt also der einzige Ausgangspunkt der Geldzirkulation. Wenn sie zur Zahlung von Produktionsmitteln 400 Pfd.St., zur Zahlung der Arbeitskraft 100 Pfd.St. braucht, so wirft sie 500 Pfd.St. in Zirkulation. Aber der in dem Produkt steckende Mehrwert, bei Mehrwertsrate von 100%, ist gleich einem Wert von 100 Pfd.St. Wie kann sie 600 Pfd. St. aus der Zirkulation beständig herausziehn, wenn sie beständig nur 500 Pfd.St. hineinwirft? Aus nichts wird nichts. Die Gesamtklasse der Kapitalisten kann nichts aus der Zirkulation herausziehn, was nicht vorher hineingeworfen war.

Es wird hier abgesehn davon, daß die Geldsumme von 400 Pfd.St. vielleicht hinreicht, um bei zehnmaligem Umschlag Produktionsmittel zum Wert von 4000 Pfd.St. und Arbeit zum Wert von 1000 Pfd.St. zu zirkulieren, und die übrigen 100 Pfd.St. für die Zirkulation des Mehrwerts von 1000 Pfd.St. ebenfalls genügen. Dies Verhältnis der Geldsumme zu dem von ihr zirkulierten Warenwert tut nichts zur Sache. Das Problem bleibt dasselbe. Fänden nicht verschiedne Umläufe derselben Geldstücke statt, so wären 5000 Pfd.St. als Kapital in Zirkulation zu werfen, und 1000 Pfd.St. wären nötig, um den Mehrwert zu versilbern. Es fragt sich, wo dies letztre Geld herkommt, ob nun 1000 oder 100 Pfd.St. Jedenfalls ist es ein Überschuß über das in Zirkulation geworfne Geldkapital.

In der Tat, so paradox es auf den ersten Blick scheint, die Kapitalistenklasse selbst wirft das Geld in Zirkulation, das zur Realisierung des in den Waren steckenden Mehrwerts dient. Aber notabene: sie wirft es hinein nicht als vorgeschoßnes Geld, also nicht als Kapital. Sie verausgabt es als Kaufmittel für ihre individuelle Konsumtion. Es ist also nicht von ihr vorgeschossen, obgleich sie der Ausgangspunkt seiner Zirkulation ist.

Nehmen wir einen einzelnen Kapitalisten, der sein Geschäft eröffnet, z. B. einen Pächter. Während des ersten Jahrs schießt er ein Geldkapital, sage von 5000 Pfd.St. vor, in Zahlung von Produktionsmitteln (4000 Pfd.St.) und von Arbeitskraft (1000 Pfd.St.). Die Mehrwertsrate sei 100%, der von ihm angeeignete Mehrwert = 1000 Pfd.St. Die obigen 5000 Pfd.St. schließen alles Geld ein, was er als Geldkapital vorschießt. Aber der Mann muß auch leben, und er nimmt kein Geld ein vor Ende des Jahrs. Sein Konsum betrage 1000 Pfd.St. Diese muß er besitzen. Er sagt zwar, daß er sich diese

1000 Pfd.St. vorschießen muß während des ersten Jahrs. Doch heißt dies Vorschießen – das hier nur subjektiven Sinn hat – weiter nichts, als daß er das erste Jahr seine individuelle Konsumtion aus eigner Tasche, statt aus der Gratisproduktion seiner Arbeiter bestreiten muß. Er schießt dies Geld nicht vor als Kapital. Er verausgabt es, zahlt es fort für ein Äquivalent in Lebensmitteln, die er verzehrt. Dieser Wert ist von ihm in Geld verausgabt, in die Zirkulation geworfen und in Warenwerten ihr entzogen worden. Diese Warenwerte hat er verzehrt. Er hat also aufgehört, in irgendeinem Verhältnis zu ihrem Wert zu stehn. Das Geld, womit er ihn gezahlt, existiert als Element des zirkulierenden Geldes. Aber den Wert dieses Geldes hat er der Zirkulation in Produkten entzogen, und mit den Produkten, worin er existierte, ist auch ihr Wert vernichtet. Er ist alle geworden. Am Ende des Jahres nun wirft er in die Zirkulation einen Warenwert von 6000 Pfd.St. und verkauft ihn. Damit fließt für ihn zurück: 1. sein vorgeschoßnes Geldkapital von 5000 Pfd.St.; 2. der versilberte Mehrwert von 1000 Pfd.St. Er hat 5000 Pfd.St. als Kapital vorgeschossen, in die Zirkulation geworfen, und er entzieht ihr 6000 Pfd.St., 5000 Pfd.St. für Kapital und 1000 Pfd.St. für Mehrwert. Die letztren 1000 Pfd.St. sind versilbert mit dem Geld, das er selbst nicht als Kapitalist, sondern als Konsument in die Zirkulation geworfen, nicht vorgeschossen, sondern verausgabt hat. Sie kehren jetzt zu ihm zurück als Geldform des von ihm produzierten Mehrwerts. Und von nun an wiederholt sich diese Operation jährlich. Aber vom zweiten Jahr an sind die 1000 Pfd.St., die er verausgabt, beständig die verwandelte Form, die Geldform des von ihm produzierten Mehrwerts. Er verausgabt sie jährlich, und sie fließen ihm ebenso jährlich zurück.

Schlüge sein Kapital öfter im Jahre um, so änderte das nichts an der Sache, wohl aber an der Länge der Zeit und daher an der Größe der Summe, die er über sein vorgeschoßnes Geldkapital hinaus für seine individuelle Konsumtion in Zirkulation zu werfen hätte.

Dies Geld wird vom Kapitalisten nicht als Kapital in Zirkulation geworfen. Wohl aber gehört es zum Charakter des Kapitalisten, daß er fähig ist, bis zum Rückfluß von Mehrwert von den in seinem Besitz befindlichen Mitteln zu leben.

In diesem Fall war angenommen, daß die Geldsumme, die der Kapitalist bis zum ersten Rückfluß seines Kapitals zur Bestreitung seiner individuellen Konsumtion in Zirkulation wirft, exakt gleich ist dem von ihm produzierten und daher zu versilbernden Mehrwert. Dies ist offenbar, mit Bezug auf den einzelnen Kapitalisten, eine willkürliche Annahme. Aber sie muß richtig sein für die gesamte Kapitalistenklasse, bei Unterstellung einfacher Reproduktion. Sie drückt nur dasselbe aus, was diese Unterstellung besagt, nämlich daß der ganze Mehrwert, aber auch nur dieser, also kein Bruchteil des ursprünglichen Kapitalstocks, unproduktiv verzehrt wird.

Es war oben unterstellt, daß die Gesamtproduktion an edlen Metallen (= 500 Pfd.St. gesetzt) nur hinreicht, um den Geldverschleiß zu ersetzen. Die Gold produzierenden Kapitalisten besitzen ihr ganzes Produkt in Gold, sowohl den Teil desselben, der konstantes Kapital, wie den, der variables Kapital ersetzt, wie auch den aus Mehrwert bestehenden. Ein Teil des gesellschaftlichen Mehrwerts besteht also aus Gold, nicht aus Produkt, das sich erst innerhalb der Zirkulation vergoldet. Er besteht von vornherein aus Gold und wird in die Zirkulation geworfen, um ihr Produkte zu entziehn. Dasselbe gilt hier vom Arbeitslohn, dem variablen Kapital, und vom Ersatz des vorgeschoßnen konstanten Kapitals. Wenn also ein Teil der Kapitalistenklasse einen Warenwert in die Zirkulation wirft, größer (um den Mehrwert) als das von ihnen vorgeschoßne Geldkapital, so wirft ein andrer Teil der Kapitalisten einen größren Geldwert (größer um den Mehrwert) in die Zirkulation als der Warenwert, den sie der Zirkulation zur Produktion des Goldes beständig entziehn. Wenn ein Teil der Kapitalisten beständig mehr Geld aus der Zirkulation auspumpt, als er einschießt, so pumpt der Gold produzierende Teil beständig mehr Geld ein, als er ihr in Produktionsmitteln entzieht.

Obgleich nun von diesem Produkt von 500 Pfd.St. Gold ein Teil Mehrwert der Goldproduzenten ist, so ist die ganze Summe doch nur bestimmt zum Ersatz des für die Zirkulation der Waren nötigen Geldes; wieviel davon den Mehrwert der Waren versilbert, wieviel ihre andren Wertbestandteile, ist dabei gleichgültig.

Wenn man die Goldproduktion aus dem Land heraus in andre Länder verlegt, so ändert das absolut nichts an der Sache. Ein Teil der gesellschaftlichen Arbeitskraft und der gesellschaftlichen Produktionsmittel im Land A ist in ein Produkt verwandelt, z. B. Leinwand zum Wert von 500 Pfd.St., die nach dem Land B ausgeführt wird, um dort Gold zu kaufen. Das so im Land A verwandte produktive Kapital wirft ebensowenig Ware, im Unterschied von Geld, auf den Markt des Landes A, als wenn es direkt in der Goldproduktion verwandt wäre. Dies Produkt von A stellt sich in 500 Pfd.St. Gold dar und tritt nur als Geld in die Zirkulation des Landes A. Der Teil des gesellschaftlichen Mehrwerts, den dies Produkt enthält, existiert direkt in Geld und für das Land A nie anders als in der Form von Geld. Obgleich für die Kapitalisten, welche das Geld produzieren, nur ein Teil des Produkts Mehrwert, ein andrer den Kapitalersatz darstellt, so hängt dagegen die Frage, wie viel von diesem Gold, außer dem zirkulierenden konstanten Kapital, variables Kapital ersetzt und wie viel Mehrwert darstellt, ausschließlich ab von den resp. Verhältnissen, die Arbeitslohn und Mehrwert vom Wert der zirkulierenden Waren bilden. Der Teil, der Mehrwert bildet, verteilt sich unter die verschiednen Mitglieder der Kapitalistenklasse. Obgleich er beständig für die individuelle Konsumtion von ihnen ausgegeben und durch Verkauf neuen Produkts wieder eingenommen wird – gerade dieser Kauf und Verkauf macht überhaupt nur das zur Vergoldung des Mehrwerts nötige Geld unter ihnen selbst zirkulieren –, so befindet sich doch, wenn auch in wechselnden Portionen, ein Teil des gesellschaftlichen Mehrwerts in der Form von Geld in der Tasche der Kapitalisten, ganz wie sich ein Teil des Arbeitslohns wenigstens während eines Teils der Woche in der Form von Geld in den Taschen der Arbeiter aufhält. Und dieser Teil ist nicht beschränkt durch den Teil des Goldprodukts*, der ursprünglich den Mehrwert der Gold produzierenden Kapitalisten bildet, sondern, wie gesagt, durch die Proportion, worin obiges Produkt von 500 Pfd.St. sich zwischen Kapitalisten und Arbeiter überhaupt verteilt und worin der zu zirkulierende Warenwert** aus Mehrwert und den andren Bestandteilen des Werts besteht.

Indes besteht der Teil des Mehrwerts, der nicht in andren Waren existiert, sondern neben diesen andren Waren in Geld, nur soweit aus einem Teil des jährlich produzierten Goldes, als ein Teil der jährlichen Goldproduktion zur Realisierung des Mehrwerts zirkuliert. Der andre Teil des Gelds, der sich fortwährend in wechselnden Portionen als Geldform ihres Mehrwerts in den Händen der Kapitalistenklasse befindet, ist nicht Element des jährlich produzierten Goldes, sondern der früher im Land akkumulierten Geldmassen.

Nach unsrer Unterstellung reicht die jährliche Goldproduktion von 500 Pfd.St. nur gerade hin, um das jährlich verschlißne Geld zu ersetzen. Halten wir daher nur diese 500 Pfd.St. im Auge, und abstrahieren wir von dem Teil der jährlich produzierten Warenmasse, zu deren Zirkulation früher akkumuliertes Geld dient, so findet der in Warenform produzierte Mehrwert schon deswegen Geld zu seiner Vergoldung in der Zirkulation vor, weil auf der andern Seite Mehrwert jährlich in der Form von Gold produziert wird. Dasselbe gilt von den andern Teilen des Goldprodukts von 500 Pfd.St., die das vorgeschoßne Geldkapital ersetzen.

Es ist hier nun zweierlei zu bemerken.

Es folgt erstens: Der von den Kapitalisten in Geld ausgegebne Mehrwert, sowohl wie das von ihnen in Geld vorgeschoßne variable und sonstige pro-

* [1. und 2. Auflage: Geldprodukts; nach der Druckvorlage von Engels korrigiert, siehe Marx-Engels-Werke Bd. 24.]

** [1. und 2. Auflage: Warenvorrat; nach der Druckvorlage von Engels korrigiert, siehe Marx-Engels-Werke Bd. 24.]

duktive Kapital ist in der Tat Produkt der Arbeiter, nämlich der in der Goldproduktion beschäftigten Arbeiter. Sie produzieren neu sowohl den Teil des Goldprodukts, der ihnen als Arbeitslohn »vorgeschossen« wird, wie den Teil des Goldprodukts, worin sich der Mehrwert der kapitalistischen Goldproduzenten unmittelbar darstellt. Was endlich den Teil des Goldprodukts betrifft, der nur den zu seiner Produktion vorgeschoßnen konstanten Kapitalwert ersetzt, so erscheint er nur in Goldform* (überhaupt in einem Produkt) wieder durch die jährliche Arbeit der Arbeiter. Bei Beginn des Geschäfts wurde er ursprünglich vom Kapitalisten weggegeben in Geld, welches nicht neu produziert, sondern Teil der umlaufenden gesellschaftlichen Geldmasse bildete. Soweit er dagegen durch neues Produkt, zuschüssiges Gold, ersetzt wird, ist er das jährliche Produkt des Arbeiters. Der Vorschuß von seiten des Kapitalisten erscheint auch hier nur als eine Form, die daher stammt, daß der Arbeiter weder Besitzer seiner eignen Produktionsmittel ist, noch während der Produktion über die von andren Arbeitern produzierten Lebensmittel verfügt.

Zweitens aber, was die von diesem jährlichen Ersatz von 500 Pfd.St. unabhängig existierende, teils in Schatzform, teils in Form von umlaufendem Geld befindliche Geldmasse betrifft, so muß es sich mit ihr gerade so verhalten, d. h. ursprünglich verhalten haben, wie es sich mit diesen 500 Pfd.St. noch jährlich verhält. Auf diesen Punkt kommen wir am Schluß dieses Unterabschnitts zurück. Vorher noch einige andre Bemerkungen.

Man hat bei Betrachtung des Umschlags gesehn, daß, unter sonst gleichbleibenden Umständen, mit dem Wechsel in der Größe der Umschlagsperioden wechselnde Massen Geldkapital nötig sind, um die Produktion auf derselben Stufenleiter auszuführen. Die Elastizität der Geldzirkulation muß also groß genug sein, um sich diesem Wechsel von Ausdehnung und Zusammenziehung anzupassen.

Nimmt man ferner sonst gleichbleibende Umstände an – auch unveränderte Größe, Intensität und Produktivität des Arbeitstags –, aber *veränderte Teilung des Wertprodukts* zwischen Arbeitslohn und Mehrwert, so daß entweder der erstre steigt und der letztre fällt, oder umgekehrt, so wird dadurch die Masse des umlaufenden Gelds nicht berührt. Dieser Wechsel kann vorgehn ohne irgendwelche Expansion oder Kontraktion der im Umlauf befindlichen Geldmasse. Betrachten wir namentlich den Fall, wo der Arbeitslohn allgemein stiege und daher – unter den vorausgesetzten Bedingungen – die Rate des Mehrwerts allgemein fiele, außerdem, ebenfalls

* [1. und 2. Auflage: Geldform; nach der Druckvorlage von Engels korrigiert, siehe Marx-Engels-Werke Bd. 24.]

nach Unterstellung, kein Wechsel im Wert der zirkulierenden Warenmasse stattfinde. In diesem Fall wächst allerdings das Geldkapital, das als variables Kapital vorgeschossen werden muß, also die Geldmasse, die in dieser Funktion dient. Aber um gerade soviel, wie die zur Funktion von variablem Kapital erforderliche Geldmasse wächst, um gerade soviel nimmt der Mehrwert ab, also auch die zu seiner Realisierung nötige Geldmasse. Die Summe der zur Realisierung des Warenwerts nötigen Geldmasse wird davon ebensowenig berührt wie dieser Warenwert selbst. Der Kostenpreis der Ware steigt für den einzelnen Kapitalisten, aber ihr gesellschaftlicher Produktionspreis bleibt unverändert. Was verändert wird, ist das Verhältnis, worin, abgesehn vom konstanten Wertteil, der Produktionspreis der Waren sich in Arbeitslohn und Profit teilt.

Aber, sagt man, größre Auslage von variablem Geldkapital (der Wert des Gelds ist natürlich als gleichbleibend vorausgesetzt), heißt soviel als größre Masse von Geldmitteln in der Hand der Arbeiter. Hieraus folgt größre Nachfrage nach Waren von seiten der Arbeiter. Weitre Folge ist Steigen im Preis der Waren. – Oder man sagt: Steigt der Arbeitslohn, so erhöhn die Kapitalisten die Preise ihrer Ware. – In beiden Fällen verursacht das allgemeine Steigen des Arbeitslohns Steigen der Warenpreise. Daher muß eine größre Geldmasse nötig sein, um die Waren zu zirkulieren, ob man das Steigen der Preise nun in der einen oder andren Weise erklärt.

Antwort auf die erste Fassung: Infolge steigenden Arbeitslohns wird namentlich die Nachfrage der Arbeiter nach notwendigen Lebensmitteln wachsen. In einem geringren Grad wird ihre Nachfrage nach Luxusartikeln zunehmen oder sich Nachfrage einstellen für Artikel, die früher nicht in den Bereich ihrer Konsumtion fielen. Die plötzliche und auf größrer Stufenleiter gesteigerte Nachfrage nach notwendigen Lebensmitteln wird unbedingt momentan ihren Preis steigern. Folge davon: Ein größrer Teil des gesellschaftlichen Kapitals wird in Produktion von notwendigen Lebensmitteln, ein geringrer in der Produktion von Luxusmitteln verwandt, da letztre im Preise fallen, wegen des verminderten Mehrwerts und daher der verminderten Nachfrage der Kapitalisten für dieselben. Soweit die Arbeiter dagegen selbst Luxusmittel kaufen, wirkt die Erhöhung ihres Lohns – innerhalb dieses Umfangs – nicht auf Steigerung des Preises von notwendigen Lebensmitteln, sondern deplaciert nur die Käufer von Luxuswaren. Mehr Luxuswaren als bisher gehn ein in den Konsum der Arbeiter und verhältnismäßig weniger in den Konsum der Kapitalisten. Voilà tout. Nach einigen Oszillationen zirkuliert eine Warenmasse vom selben Wert wie vorher. – Was die momentanen Oszillationen betrifft, so werden sie kein andres Resultat haben, als unbeschäftigtes Geldkapital in die inländische Zirkulation zu werfen, das bisher in spekulativen Unternehmungen an der Börse oder im Auslande Beschäftigung suchte.

Antwort auf die zweite Fassung: Wenn es in der Hand der kapitalistischen Produzenten stände, beliebig die Preise ihrer Waren zu erhöhn, so könnten und würden sie das tun auch ohne Steigen des Arbeitslohns. Der Arbeitslohn würde nie steigen bei sinkenden Warenpreisen. Die Kapitalistenklasse würde sich nie den Trade-Unions widersetzen, da sie stets und unter allen Umständen tun könnte, was sie jetzt ausnahmsweis unter bestimmten, besondren, sozusagen lokalen Umständen wirklich tut – nämlich jede Erhöhung des Arbeitslohns benutzen, um die Warenpreise in viel höherem Grade zu erhöhn, also größern Profit einzustecken.

Die Behauptung, daß die Kapitalisten die Preise der Luxusmittel erhöhn können, weil die Nachfrage danach abnimmt (infolge der verminderten Nachfrage der Kapitalisten, deren Kaufmittel dafür abgenommen haben), wäre eine ganz originelle Anwendung des Gesetzes von Nachfrage und Angebot. Soweit nicht bloß Deplacement der Käufer dafür eintritt, Arbeiter statt Kapitalisten – und soweit dies Deplacement stattfindet, wirkt die Nachfrage der Arbeiter nicht auf Preissteigerung der notwendigen Lebensmittel, denn den Teil des Lohnzuschusses, den die Arbeiter für Luxusmittel verausgaben, können sie nicht für notwendige Lebensmittel verausgaben –, fallen die Preise der Luxusmittel infolge der verminderten Nachfrage. Infolgedessen wird Kapital aus ihrer Produktion zurückgezogen, bis ihre Zufuhr auf das Maß reduziert ist, das ihrer veränderten Rolle im gesellschaftlichen Produktionsprozeß entspricht. Mit dieser verringerten Produktion steigen sie, bei sonst unverändertem Wert, wieder auf ihre normalen Preise. Solange diese Kontraktion oder dieser Ausgleichungsprozeß stattfindet, wird ebenso beständig, bei steigenden Preisen der Lebensmittel, der Produktion dieser letztern ebensoviel Kapital zugeführt, als dem andren Zweig der Produktion entzogen wird, bis die Nachfrage gesättigt ist. Dann tritt wieder Gleichgewicht ein, und das Ende des ganzen Prozesses ist, daß das gesellschaftliche Kapital, und daher auch das Geldkapital, zwischen der Produktion von notwendigen Lebensmitteln und der von Luxusmitteln in veränderter Proportion geteilt ist.

Der ganze Einwurf ist ein Schreckschuß der Kapitalisten und ihrer ökonomischen Sykophanten.

Die Tatsachen, die den Vorwand zu diesem Schreckschuß liefern, sind dreierlei Art.

1. Es ist ein allgemeines Gesetz der Geldzirkulation, daß, wenn die Preissumme der zirkulierenden Waren steigt – ob diese Vermehrung der Preissumme nun für dieselbe Warenmasse oder für eine vergrößerte stattfin-

det –, bei sonst gleichbleibenden Umständen die Masse des zirkulierenden Geldes wächst. Es wird nun die Wirkung mit der Ursache verwechselt. Der Arbeitslohn steigt (wenn auch selten und nur ausnahmsweis verhältnismäßig) mit dem steigenden Preis der notwendigen Lebensmittel. Sein Steigen ist Folge, nicht Ursache des Steigens der Warenpreise.

2. Bei einem partiellen oder lokalen Steigen des Arbeitslohns – d. h. Steigen in nur einzelnen Produktionszweigen – kann dadurch eine lokale Preissteigerung der Produkte dieser Zweige erfolgen. Aber selbst dies hängt von vielen Umständen ab. Z. B. daß der Arbeitslohn hier nicht abnorm gedrückt und daher die Profitrate nicht abnorm hoch war, daß der Markt für diese Waren sich nicht verengt durch die Preissteigerung (also für ihre Preissteigerung nicht vorherige Kontraktion ihrer Zufuhr nötig ist) etc.

3. Bei allgemeiner Erhöhung des Arbeitslohns steigt der Preis der produzierten Waren in Industriezweigen, wo das variable Kapital vorherrscht, fällt dafür aber in solchen, wo das konstante resp. fixe Kapital vorherrscht.

Es zeigte sich bei der einfachen Warenzirkulation (Buch I, Kap. III, 2), daß, wenn auch innerhalb der Zirkulation jedes bestimmten Warenquantums seine Geldform nur verschwindend ist, doch das bei der Metamorphose einer Ware in der Hand des einen verschwindende Geld notwendig seinen Platz in der eines andern nimmt, also nicht nur in erster Instanz Waren allseitig ausgetauscht werden oder sich ersetzen, sondern auch dieser Ersatz vermittelt und begleitet ist von allseitigem Niederschlag von Geld. »Der Ersatz von Ware durch Ware läßt zugleich an dritter Hand die Geldware hängen. Die Zirkulation schwitzt beständig Geld aus.« (Buch I, S. 92.*) Dasselbe identische Faktum drückt sich auf Grundlage der kapitalistischen Warenproduktion so aus, daß beständig ein Teil des Kapitals in der Form von Geldkapital existiert und beständig ein Teil des Mehrwerts sich ebenfalls in Geldform in den Händen seiner Besitzer befindet.

Hiervon abgesehn ist der *Kreislauf des Geldes* – d. h. der *Rückfluß* des Geldes zu seinem Ausgangspunkt –, soweit er ein Moment des Umschlags des Kapitals bildet, ein ganz verschiednes, ja selbst entgegengesetztes Phänomen zum *Umlauf des Geldes*[33], der seine stete *Entfernung* vom Aus-

[33] Wenn die Physiokraten noch beide Phänomene durcheinanderwerfen, so sind sie doch die ersten, die den Rückfluß des Geldes zu seinem Ausgangspunkt als wesentliche Form der Zirkulation des Kapitals, als Form der die Reproduktion vermittelnden Zirkulation hervorheben. »Jetez les yeux sur le Tableau Économique, vous verrez que la classe productive donne l'argent avec lequel les autres classes viennent lui acheter des productions, et qu'elles lui rentrent cet argent en revenant

* [Siehe »Kapital«, Bd. 1, a. a. O., S. 87.]

gangspunkt durch eine Reihe von Händen ausdrückt. (Buch I, S. 94.**) Dennoch schließt beschleunigter Umschlag eo ipso beschleunigten Umlauf ein.

Zunächst was das variable Kapital angeht: Schlägt z. B. ein Geldkapital von 500 Pfd.St. in der Form von variablem Kapital zehnmal im Jahr um, so ist klar, daß dieser aliquote Teil der zirkulierenden Geldmasse seine zehnfache Wertsumme = 5000 Pfd.St. zirkuliert. Es läuft zehnmal im Jahr um zwischen Kapitalist und Arbeiter. Der Arbeiter wird bezahlt und zahlt zehnmal im Jahr mit demselben aliquoten Teil der zirkulierenden Geldmasse. Schlüge bei gleicher Stufenleiter der Produktion dies variable Kapital einmal im Jahr um, so fände nur einmaliger Umlauf von 5000 Pfd.St. statt.

Ferner: Der konstante Teil des zirkulierenden Kapitals sei = 1000 Pfd.St. Schlägt das Kapital zehnmal um, so verkauft der Kapitalist zehnmal im Jahr seine Ware, also auch den konstanten zirkulierenden Teil ihres Werts. Derselbe aliquote Teil der zirkulierenden Geldmasse (= 1000 Pfd.St.) geht zehnmal im Jahr aus der Hand seiner Besitzer in die des Kapitalisten über. Dies sind zehn Stellenwechsel dieses Geldes aus einer Hand in die andre. Zweitens: Der Kapitalist kauft zehnmal im Jahr Produktionsmittel; dies sind wieder zehn Umläufe des Gelds aus einer Hand in die andre. Mit Geld zum Betrag von 1000 Pfd.St. ist Ware für 10 000 Pfd.St. vom industriellen Kapitalisten verkauft und wieder Ware für 10 000 Pfd.St. eingekauft. Durch zwanzigmaligen Umlauf der 1000 Pfd.St. Geld ist ein Warenvorrat von 20 000 Pfd.St. zirkuliert.

Endlich läuft bei beschleunigtem Umschlag auch der Geldteil rascher um, der den Mehrwert realisiert.

Dagegen schließt nicht umgekehrt ein raschrer Geldumlauf notwendig einen raschren Kapitalumschlag und daher auch Geldumschlag ein, d. h. nicht notwendig Verkürzung und raschre Erneuerung des Reproduktionsprozesses.

---

l'année suivante faire chez elle les mêmes achats ... Vous ne voyez donc ici d'autre cercle que celui de la dépense suivie de la réproduction, et de la réproduction suivie de la dépense; cercle qui est parcouru par la circulation de l'argent qui mesure la dépense et la réproduction.« (Quesnay, »Dialogues sur le Commerce et sur les Travaux des Artisans«*, in Daire, »Physiocr.«, I, p. 208, 209.) – »C'est cette avance et cette rentrée continuelle des capitaux qu'on doit appeler la circulation de l'argent, cette circulation utile et féconde qui anime tous les travaux de la société, qui entretient le mouvement et la vie dans le corps politique et qu'on a grande raison de comparer à la circulation du sang dans le corps animal.« (Turgot, »Réflexions etc.«, »Œuvres«, éd. Daire, I, p. 45.)

---

* [1. und 2. Auflage: »Problèmes économiques«]
** [Siehe »Kapital«, Bd. 1, a. a. O., S. 88/89.]

Raschrer Geldumlauf findet jedesmal statt, sobald eine größre Masse Transaktionen mit derselben Geldmasse vollzogen werden. Dies kann auch bei gleichen Reproduktionsperioden des Kapitals der Fall sein, infolge veränderter technischer Veranstaltungen für den Geldumlauf. Ferner: Es kann sich die Masse von Transaktionen vermehren, in denen Geld umläuft, ohne wirklichen Warenumsatz auszudrücken (Differenzgeschäfte an der Börse usw.). Andrerseits können Geldumläufe ganz wegfallen. Z. B. wo der Landwirt selbst Grundbesitzer ist, findet kein Geldumlauf statt zwischen dem Pächter und Grundbesitzer; wo der industrielle Kapitalist selbst Eigentümer des Kapitals, findet kein Umlauf statt zwischen ihm und dem Kreditgeber.

Was die ursprüngliche Bildung eines Geldschatzes in einem Lande betrifft sowie die Aneignung desselben durch wenige, so ist es unnötig, hier weiter darauf einzugehn.

Die kapitalistische Produktionsweise – wie ihre Basis die Lohnarbeit ist, so auch die Zahlung des Arbeiters in Geld und überhaupt die Verwandlung von Naturalleistungen in Geldleistungen – kann sich erst in größrem Umfang und tiefrer Durchbildung dort entwickeln, wo im Lande eine Geldmasse, hinreichend für die Zirkulation und die durch sie bedingte Schatzbildung (Reservefonds etc.), vorhanden ist. Dies ist historische Voraussetzung, obgleich die Sache nicht so zu verstehn, daß erst eine hinreichende Schatzmasse gebildet wird und dann die kapitalistische Produktion beginnt. Sondern sie entwickelt sich gleichzeitig mit der Entwicklung ihrer Bedingungen, und eine dieser Bedingungen ist eine genügende Zufuhr von edlen Metallen. Daher die vermehrte Zufuhr der edlen Metalle seit dem 16. Jahrhundert ein wesentliches Moment in der Entwicklungsgeschichte der kapitalistischen Produktion bildet. Soweit es sich aber um die nötige weitere Zufuhr von Geldmaterial auf der Basis der kapitalistischen Produktionsweise handelt, so wird auf der einen Seite Mehrwert in Produkt in die Zirkulation geworfen ohne das zu seiner Versilbrung nötige Geld und auf der andren Seite Mehrwert in Gold ohne vorherige Verwandlung von Produkt in Geld.

Die zuschüssigen Waren, die sich in Geld zu verwandeln haben, finden die nötige Geldsumme vor, weil auf der andren Seite, nicht durch den Austausch, sondern durch die Produktion selbst zuschüssiges Gold (und Silber) in die Zirkulation geworfen wird, das sich in Waren zu verwandeln hat.

II. Akkumulation und erweiterte Reproduktion

Soweit die Akkumulation in der Form von Reproduktion auf erweiterter Stufenleiter stattfindet, ist es klar, daß sie kein neues Problem mit Bezug auf die Geldzirkulation bietet.

Was zunächst das zuschüssige Geldkapital betrifft, erheischt zur Funktion des wachsenden produktiven Kapitals, so wird es geliefert durch den Teil des realisierten Mehrwerts, der als Geldkapital, statt als Geldform der Revenue, von den Kapitalisten in Zirkulation geworfen wird. Das Geld ist bereits in der Hand der Kapitalisten. Bloß seine Anwendung ist verschieden.

Nun wird aber infolge des zuschüssigen produktiven Kapitals, als sein Produkt, eine zuschüssige Warenmasse in Zirkulation geworfen. Mit dieser zuschüssigen Warenmasse wurde zugleich ein Teil des zu ihrer Realisation nötigen zuschüssigen Gelds in Zirkulation geworfen, soweit nämlich der Wert dieser Warenmasse gleich ist dem Wert des in ihrer Produktion verzehrten produktiven Kapitals. Diese zuschüssige Geldmasse ist gerade als zuschüssiges Geldkapital vorgeschossen worden und fließt daher zum Kapitalisten zurück durch den Umschlag seines Kapitals. Hier tritt wieder dieselbe Frage auf wie oben. Wo kommt das zuschüssige Geld her, um den jetzt in Warenform vorhandnen zuschüssigen Mehrwert zu realisieren?

Die allgemeine Antwort ist wieder dieselbe. Die Preissumme der zirkulierenden Warenmasse ist vermehrt, nicht, weil die Preise einer gegebnen Warenmasse gestiegen, sondern weil die Masse der jetzt zirkulierenden Waren größer ist als die der früher zirkulierenden Waren, ohne daß dies durch einen Fall der Preise ausgeglichen wäre. Das zur Zirkulation dieser größern Warenmasse von größrem Wert erforderte zuschüssige Geld muß beschafft werden entweder durch erhöhte Ökonomisierung der zirkulierenden Geldmasse – sei es durch Ausgleichung der Zahlungen etc., sei es durch Mittel, welche den Umlauf derselben Geldstücke beschleunigen – oder aber durch Verwandlung von Geld aus der Schatzform in die zirkulierende Form. Letztres schließt nicht nur ein, daß brachliegendes Geldkapital in Funktion tritt als Kauf- oder Zahlungsmittel; oder auch, daß bereits als Reservefonds fungierendes Geldkapital, während es seinem Eigner die Funktion des Reservefonds vollzieht, für die Gesellschaft aktiv zirkuliert (wie bei Depositen in Banken, die beständig ausgeliehen werden), also doppelte Funktion vollzieht –, sondern auch, daß die stagnierenden Reservefonds von Münze ökonomisiert werden.

»Damit das Geld als Münze beständig fließt, muß die Münze beständig zu Geld gerinnen. Der beständige Umlauf der Münze ist bedingt durch ihre beständige Stockung in größern oder kleinern Portionen, in allseitig innerhalb der Zirkulation ebensowohl entspringenden als sie bedingenden Reservefonds von Münze, deren Bildung, Verteilung, Auflösung und Wiederbildung stets wechselt, deren Dasein beständig verschwindet, deren Verschwinden beständig da ist. A. Smith hat diese unaufhörliche Verwandlung der Münze in Geld und des Geldes in Münze so ausgedrückt, daß jeder Warenbesitzer neben der besondren Ware, die er verkauft, eine gewisse Summe der allgemeinen Ware, womit er kauft, stets vorrätig haben müsse. Wir sahen, daß in der Zirkulation W – G – W das zweite Glied G – W sich beständig in eine Reihe Käufe zersplittert, die sich nicht auf einmal, sondern sukzessiv in der Zeit vollzien, so daß eine Portion von G als Münze umläuft, während die andre als Geld ruht. Das Geld ist hier in der Tat nur suspendierte Münze, und die einzelnen Bestandteile der umlaufenden Münzmasse erscheinen stets wechselnd, bald in der einen, bald in der andren Form. Diese erste Verwandlung des Zirkulationsmittels in Geld stellt daher ein nur technisches Moment des Geldumlaufs selbst dar.« (Karl Marx, »Zur Kritik der Politischen Oekonomie«, 1859, S. 105, 106. – »Münze« im Gegensatz zu Geld wird hier gebraucht zur Bezeichnung des Geldes in seiner Funktion als bloßes Zirkulationsmittel im Gegensatz zu seinen übrigen Funktionen.)

Soweit alle diese Mittel nicht hinreichen, muß zuschüssige Goldproduktion stattfinden, oder, was auf dasselbe herauskommt, ein Teil des zuschüssigen Produkts wird gegen Gold – das Produkt der Länder der Edelmetallproduktion – direkt oder indirekt ausgetauscht.

Die ganze Summe der Arbeitskraft und der gesellschaftlichen Produktionsmittel, die in der jährlichen Produktion von Gold und Silber als Instrumente der Zirkulation verausgabt wird, bildet einen schweren Posten der faux frais der kapitalistischen, überhaupt der auf Warenproduktion gegründeten Produktionsweise. Sie entzieht der gesellschaftlichen Ausnutzung eine entsprechende Summe möglicher, zuschüssiger Mittel der Produktion und Konsumtion, d. h. des wirklichen Reichtums. Soweit bei gleichbleibender gegebner Stufenleiter der Produktion oder bei gegebnem Grad ihrer Ausdehnung die Kosten dieser teuren Zirkulationsmaschinerie vermindert werden, soweit wird dadurch die Produktivkraft der gesellschaftlichen Arbeit gesteigert. Soweit also die mit dem Kreditwesen sich entwickelnden Aushilfsmittel diese Wirkung haben, vermehren sie direkt den kapitalistischen Reichtum, sei es, daß ein großer Teil des gesellschaftlichen Produktions- und Arbeitsprozesses dadurch ohne alle Intervention von wirklichem Geld vollzogen, sei es, daß die Funktionsfähigkeit der wirklich fungierenden Geldmasse gesteigert wird.

Es erledigt sich damit auch die abgeschmackte Frage, ob die kapitalistische

Produktion in ihrem jetzigen Umfang ohne das Kreditwesen (selbst nur von *diesem* Standpunkt betrachtet) möglich wäre, d. h. mit bloß metallischer Zirkulation. Es ist dies offenbar nicht der Fall. Sie hätte vielmehr Schranken gefunden an dem Umfang der Edelmetallproduktion. Andrerseits muß man sich keine mystischen Vorstellungen machen über die produktive Kraft des Kreditwesens, soweit es Geldkapital zur Verfügung stellt oder flüssig macht. Die weitre Entwicklung hierüber gehört nicht hierher.

Es ist nun der Fall zu betrachten, wo nicht wirkliche Akkumulation, d. h. unmittelbare Erweitrung der Produktionsleiter stattfindet, sondern ein Teil des realisierten Mehrwerts für längre oder kürzre Zeit als Geldreservefonds aufgehäuft wird, um später in produktives Kapital verwandelt zu werden.

Soweit das sich so akkumulierende Geld zuschüssig, ist die Sache selbstverständlich. Es kann nur Teil des aus den Gold produzierenden Ländern zugeführten überschüssigen Goldes sein. Es ist dabei zu merken, daß das nationale Produkt, wogegen dies Gold eingeführt, nicht länger im Lande existiert. Es ist ins Ausland weggegeben gegen Gold.

Wird dagegen unterstellt, daß nach wie vor dieselbe Masse Geld im Land, so ist das aufgehäufte und sich aufhäufende Geld aus der Zirkulation hergeflossen; bloß seine Funktion ist verwandelt. Aus zirkulierendem Geld ist es in sich allmählich bildendes, latentes Geldkapital verwandelt.

Das Geld, das hier aufgehäuft wird, ist die Geldform von verkaufter Ware, und zwar von dem Teile ihres Werts, der für ihren Besitzer Mehrwert darstellt. (Das Kreditwesen wird hier als nicht existierend vorausgesetzt.) Der Kapitalist, der dies Geld aufgehäuft, hat pro tanto verkauft, ohne zu kaufen.

Stellt man sich diesen Vorgang partiell vor, so ist nichts daran zu erklären. Ein Teil der Kapitalisten behält einen Teil des aus dem Verkauf seines Produkts gelösten Geldes, ohne dafür Produkt dem Markt zu entziehn. Ein andrer Teil dagegen verwandelt, mit Ausnahme des beständig rekurrierenden, für den Produktionsbetrieb nötigen Geldkapitals, sein Geld ganz in Produkt. Ein Teil des als Träger von Mehrwert auf den Markt geworfnen Produkts besteht aus Produktionsmitteln oder aus den realen Elementen des variablen Kapitals, notwendigen Lebensmitteln. Es kann also sofort zur Erweiterung der Produktion dienen. Denn es ist keineswegs unterstellt, daß ein Teil der Kapitalisten Geldkapital aufhäuft, während der andre seinen Mehrwert ganz verzehrt, sondern nur, daß der eine Teil seine Akkumulation in Geldform vollzieht, latentes Geldkapital bildet, während der andre wirklich akkumuliert, d. h. die Produktionsleiter erweitert, sein produktives Kapital wirklich ausdehnt. Die vorhandne Geldmasse bleibt hinreichend für die Bedürfnisse der Zirkulation, selbst wenn abwechselnd ein Teil der Kapitalisten Geld aufhäuft, während der andre die Produktionsleiter erweitert, und umgekehrt. Die Geldaufhäufung auf der einen Seite kann zudem auch ohne bares Geld durch bloße Aufhäufung von Schuldforderungen vor sich gehn.

Aber die Schwierigkeit kommt dann, wenn wir nicht partielle, sondern allgemeine Akkumulation von Geldkapital in der Kapitalistenklasse voraussetzen. Außer dieser Klasse gibt es nach unsrer Unterstellung – allgemeine und ausschließliche Herrschaft der kapitalistischen Produktion – überhaupt keine andre Klasse als die Arbeiterklasse. Alles, was die Arbeiterklasse kauft, ist gleich der Summe ihres Arbeitslohns, gleich der Summe des von der gesamten Kapitalistenklasse vorgeschoßnen variablen Kapitals. Dies Geld strömt der letztren zurück durch den Verkauf ihres Produkts an die Arbeiterklasse. Ihr variables Kapital erhält dadurch wieder seine Geldform. Die Summe des variablen Kapitals sei $= x \times 100$ Pfd.St., d. h. die Summe nicht des im Jahre vorgeschoßnen, sondern angewandten variablen Kapitals; mit wie viel oder wenig Geld, je nach Umschlagsgeschwindigkeit, dieser variable Kapitalwert während des Jahrs vorgeschossen wird, ändert an der jetzt betrachteten Frage nichts. Mit diesen $x \times 100$ Pfd.St. Kapital kauft die Kapitalistenklasse eine gewisse Masse Arbeitskraft, oder zahlt Lohn an eine gewisse Zahl Arbeiter – erste Transaktion. Die Arbeiter kaufen mit derselben Summe ein Quantum Waren von den Kapitalisten, damit fließt die Summe von $x \times 100$ Pfd.St. in die Hände der Kapitalisten zurück – zweite Transaktion. Und dies wiederholt sich beständig. Die Summe von $x \times 100$ Pfd.St. kann also nie die Arbeiterklasse befähigen, den Teil des Produkts zu kaufen, worin sich das konstante Kapital, geschweige den Teil, worin sich der Mehrwert der Kapitalistenklasse darstellt. Die Arbeiter können mit den $x \times 100$ Pfd.St. immer nur einen Wertteil des gesellschaftlichen Produkts kaufen, der gleich ist dem Wertteil, worin sich der Wert des vorgeschoßnen variablen Kapitals darstellt.

Abgesehn von dem Fall, worin diese allseitige Geldakkumulation nichts ausdrückt als die Verteilung des zuschüssig eingeführten Edelmetalls, in welcher Proportion immer, unter die verschiednen einzelnen Kapitalisten –, wie soll da also die gesamte Kapitalistenklasse Geld akkumulieren?

Sie müßten alle einen Teil ihres Produkts verkaufen, ohne wieder zu kaufen. Daß sie alle einen bestimmten Geldfonds besitzen, den sie als Zirkulationsmittel für ihre Konsumtion in Zirkulation werfen, und wovon jedem wieder ein gewisser Teil aus der Zirkulation zurückfließt, ist durchaus nichts Mysteriöses. Aber dieser Geldfonds besteht dann gerade als Zirkulationsfonds durch die Versilberung des Mehrwerts, keineswegs aber als latentes Geldkapital.

Betrachtet man die Sache, wie sie sich in der Wirklichkeit ereignet, so besteht das latente Geldkapital, das zu spätrem Gebrauch aufgehäuft wird:

1. Aus Depositen in Banken; und es ist eine verhältnismäßig geringe Geldsumme, worüber die Bank wirklich verfügt. Es ist hier nur nominell Geldkapital aufgehäuft. Was wirklich aufgehäuft ist, sind Geldfordrungen, die nur deswegen versilberbar sind (soweit sie je versilbert werden), weil ein Gleichgewicht zwischen dem zurückgeforderten und dem eingelegten Geld stattfindet. Was sich als Geld in den Händen der Bank befindet, ist relativ nur eine kleine Summe.

2. Aus Staatspapieren. Diese sind überhaupt kein Kapital, sondern bloße Schuldforderungen auf das jährliche Produkt der Nation.

3. Aus Aktien. Soweit kein Schwindel, sind sie Besitztitel auf einer Korporation gehöriges wirkliches Kapital und Anweisung auf den daraus jährlich fließenden Mehrwert.

In allen diesen Fällen besteht keine Aufhäufung von Geld, sondern, was auf der einen Seite als Aufhäufung von Geldkapital, erscheint auf der andren als beständige, wirkliche Verausgabung von Geld. Ob das Geld von dem verausgabt wird, dem es gehört, oder von andren, seinen Schuldnern, ändert nichts an der Sache.

Auf Grundlage der kapitalistischen Produktion ist die Schatzbildung als solche nie Zweck, sondern Resultat entweder einer Stockung der Zirkulation – indem größre Geldmassen als gewöhnlich die Schatzform annehmen – oder der durch den Umschlag bedingten Anhäufungen, oder endlich: der Schatz ist nur Bildung von Geldkapital, einstweilen in latenter Form, bestimmt, als produktives Kapital zu fungieren.

Wenn daher auf der einen Seite ein Teil des in Geld realisierten Mehrwerts der Zirkulation entzogen und als Schatz aufgehäuft wird, so wird gleichzeitig beständig ein andrer Teil des Mehrwerts in produktives Kapital verwandelt. Mit Ausnahme der Verteilung zuschüssigen Edelmetalls unter die Kapitalistenklasse findet die Aufhäufung in Geldform nie gleichzeitig an allen Punkten statt.

Von dem Teil des jährlichen Produkts, der Mehrwert in Warenform darstellt, gilt ganz dasselbe, was von dem andren Teil des jährlichen Produkts. Zu seiner Zirkulation ist eine gewisse Geldsumme erheischt. Diese Geldsumme gehört ebensowohl der Kapitalistenklasse wie die jährlich produzierte Warenmasse, die Mehrwert darstellt. Sie wird ursprünglich von der Kapitalistenklasse selbst in Zirkulation geworfen. Sie verteilt sich beständig von neuem unter sie durch die Zirkulation selbst. Wie bei der Zirkulation der Münze überhaupt, stockt ein Teil dieser Masse an beständig wechselnden Punkten, während ein andrer Teil beständig zirkuliert. Ob ein Teil dieser Anhäufung absichtlich ist, um Geldkapital zu bilden, ändert an der Sache nichts.

Es ist hier abgesehn worden von den Abenteuern der Zirkulation, wodurch ein Kapitalist ein Stück vom Mehrwert und selbst vom Kapital des andern an sich reißt und daher eine einseitige Akkumulation und Zentralisation sowohl für Geldkapital wie produktives Kapital eintritt. So kann z. B. Teil des erbeuteten Mehrwerts, den A als Geldkapital aufhäuft, ein Stück vom Mehrwert des B sein, das nicht zu ihm zurückfließt.

Dritter Abschnitt: DIE REPRODUKTION UND ZIRKULATION DES GESELLSCHAFTLICHEN GESAMTKAPITALS

Achtzehntes Kapitel[34]: EINLEITUNG

I. Gegenstand der Untersuchung

Der unmittelbare Produktionsprozeß des Kapitals ist sein Arbeits- und Verwertungsprozeß, der Prozeß, dessen Resultat das Warenprodukt und dessen bestimmendes Motiv die Produktion von Mehrwert.
Der Reproduktionsprozeß des Kapitals umfaßt ebensowohl diesen unmittelbaren Produktionsprozeß wie die beiden Phasen des eigentlichen Zirkulationsprozesses, d. h. den gesamten Kreislauf, der als periodischer Prozeß – Prozeß, der sich in bestimmten Perioden stets von neuem wiederholt – den Umschlag des Kapitals bildet.
Ob wir nun den Kreislauf in der Form G... G' oder in der Form P... P betrachten, der unmittelbare Produktionsprozeß P bildet stets selbst nur ein Glied dieses Kreislaufs. In der einen Form erscheint er als Vermittlung des Zirkulationsprozesses, in der andren Form erscheint der Zirkulationsprozeß als seine Vermittlung. Seine beständige Erneuerung, die beständige Wiederdarstellung des Kapitals als produktives Kapital ist beidemal bedingt durch seine Verwandlungen im Zirkulationsprozeß. Andrerseits ist der beständig erneuerte Produktionsprozeß die Bedingung der Verwandlungen, die das Kapital in der Zirkulationssphäre stets von neuem durchmacht, seiner abwechselnden Darstellung als Geldkapital und Warenkapital.
Jedes einzelne Kapital bildet jedoch nur ein verselbständigtes, sozusagen mit individuellem Leben begabtes Bruchstück des gesellschaftlichen Gesamtkapitals, wie jeder einzelne Kapitalist nur ein individuelles Element der Kapitalistenklasse. Die Bewegung des gesellschaftlichen Kapitals besteht aus der Totalität der Bewegungen seiner verselbständigten Bruchstücke, der Umschläge der individuellen Kapitale. Wie die Metamorphose der einzelnen Ware ein Glied der Metamorphosenreihe der Warenwelt – der Warenzirkulation – ist, so die Metamorphose des individuellen Kapitals, sein Umschlag, ein Glied im Kreislauf des gesellschaftlichen Kapitals.
Dieser Gesamtprozeß umschließt ebensowohl die produktive Konsumtion

[34] Aus Manuskript II.

(den unmittelbaren Produktionsprozeß) nebst den Formverwandlungen (stofflich betrachtet, Austauschen), die ihn vermitteln, wie die individuelle Konsumtion mit den sie vermittelnden Formverwandlungen oder Austauschen. Sie umschließt einerseits den Umsatz von variablem Kapital in Arbeitskraft und daher die Einverleibung der Arbeitskraft in den kapitalistischen Produktionsprozeß. Hier tritt der Arbeiter als Verkäufer seiner Ware, der Arbeitskraft, auf und der Kapitalist als Käufer derselben. Andrerseits aber ist im Verkauf der Waren eingeschlossen der Kauf derselben durch die Arbeiterklasse, also deren individuelle Konsumtion. Hier tritt die Arbeiterklasse als Käufer auf und die Kapitalisten als Warenverkäufer an die Arbeiter.

Die Zirkulation des Warenkapitals schließt die Zirkulation des Mehrwerts ein, also auch die Käufe und Verkäufe, wodurch die Kapitalisten ihre individuelle Konsumtion, die Konsumtion des Mehrwerts vermitteln.

Der Kreislauf der individuellen Kapitale in ihrer Zusammenfassung zum gesellschaftlichen Kapital, also in seiner Totalität betrachtet, umfaßt also nicht nur die Zirkulation des Kapitals, sondern auch die allgemeine Warenzirkulation. Die letztre kann primitiv nur aus zwei Bestandteilen bestehn: 1. dem eignen Kreislauf des Kapitals und 2. dem Kreislauf der Waren, die in die individuelle Konsumtion eingehn, also der Waren, worin der Arbeiter seinen Lohn und der Kapitalist seinen Mehrwert (oder Teil seines Mehrwerts) verausgabt. Allerdings umfaßt der Kreislauf des Kapitals auch die Zirkulation des Mehrwerts, soweit dieser Teil des Warenkapitals bildet, und ebenso die Verwandlung von variablem Kapital in Arbeitskraft, die Zahlung des Arbeitslohns. Aber die Verausgabung dieses Mehrwerts und Arbeitslohns in Waren bildet kein Glied der Kapitalzirkulation, obwohl wenigstens die Verausgabung des Arbeitslohns diese Zirkulation bedingt.

Im I. Buch wurde der kapitalistische Produktionsprozeß sowohl als vereinzelter Vorgang wie als Reproduktionsprozeß analysiert: die Produktion des Mehrwerts und die Produktion des Kapitals selbst. Der Form- und Stoffwechsel, den das Kapital innerhalb der Zirkulationssphäre durchmacht, wurde unterstellt, ohne weiter dabei zu verweilen. Es wurde also unterstellt, daß der Kapitalist einerseits das Produkt zu seinem Wert verkauft, andrerseits innerhalb der Zirkulationssphäre die sachlichen Produktionsmittel vorfindet, um den Prozeß von neuem zu beginnen oder kontinuierlich fortzuführen. Der einzige Akt innerhalb der Zirkulationssphäre, wobei wir uns dort aufzuhalten hatten, war der Kauf und Verkauf der Arbeitskraft als Grundbedingung der kapitalistischen Produktion.

Im ersten Abschnitt dieses II. Buchs wurden die verschiednen Formen betrachtet, die das Kapital in seinem Kreislauf annimmt, und die verschiednen

Formen dieses Kreislaufs selbst. Zu der im I. Buch betrachteten Arbeitszeit kommt jetzt die Zirkulationszeit hinzu.

Im zweiten Abschnitt wurde der Kreislauf als periodischer, d. h. als Umschlag betrachtet. Es wurde einerseits gezeigt, wie die verschiednen Bestandteile des Kapitals (fixes und zirkulierendes) den Kreislauf der Formen in verschiednen Zeiträumen vollbringen und in verschiedner Weise; es wurden andrerseits die Umstände untersucht, wodurch verschiedne Länge der Arbeitsperiode und Zirkulationsperiode bedingt wird. Es zeigte sich der Einfluß der Kreislaufsperiode und des verschiednen Verhältnisses ihrer Bestandteile auf den Umfang des Produktionsprozesses selbst wie auf die Jahresrate des Mehrwerts. In der Tat, wenn im ersten Abschnitt hauptsächlich betrachtet wurden die sukzessiven Formen, die das Kapital in seinem Kreislauf beständig annimmt und abstreift, so im zweiten Abschnitt, wie innerhalb dieses Flusses und Sukzession von Formen ein Kapital von gegebner Größe sich gleichzeitig, wenn auch in wechselndem Umfang, in die verschiednen Formen von produktivem Kapital, Geldkapital und Warenkapital teilt, so daß sie nicht nur miteinander abwechseln, sondern verschiedne Teile des gesamten Kapitalwerts beständig in diesen verschiednen Zuständen sich nebeneinander befinden und fungieren. Das Geldkapital namentlich stellte sich dar in einer Eigentümlichkeit, die sich nicht in Buch I zeigte. Es wurden bestimmte Gesetze gefunden, nach denen verschieden große Bestandteile eines gegebnen Kapitals, je nach den Bedingungen des Umschlags, beständig in der Form von Geldkapital vorgeschossen und erneuert werden müssen, um ein produktives Kapital von gegebnem Umfang beständig in Funktion zu halten.

Es handelte sich aber im ersten wie im zweiten Abschnitt immer nur um ein individuelles Kapital, um die Bewegung eines verselbständigten Teils des gesellschaftlichen Kapitals.

Die Kreisläufe der individuellen Kapitale verschlingen sich aber ineinander, setzen sich voraus und bedingen einander und bilden gerade in dieser Verschlingung die Bewegung des gesellschaftlichen Gesamtkapitals. Wie bei der einfachen Warenzirkulation die Gesamtmetamorphose einer Ware als Glied der Metamorphosenreihe der Warenwelt erschien, so jetzt die Metamorphose des individuellen Kapitals als Glied der Metamorphosenreihe des gesellschaftlichen Kapitals. Wenn aber die einfache Warenzirkulation keineswegs notwendig die Zirkulation des Kapitals einschloß – da sie auf Grundlage nichtkapitalistischer Produktion vorgehn kann –, so schließt, wie bereits bemerkt, der Kreislauf des gesellschaftlichen Gesamtkapitals auch die nicht in den Kreislauf des einzelnen Kapitals fallende Warenzirkulation ein, d. h. die Zirkulation der Waren, die nicht Kapital bilden.

Es ist nun der Zirkulationsprozeß (der in seiner Gesamtheit Form des Reproduktionsprozesses) der individuellen Kapitale als Bestandteile des gesellschaftlichen Gesamtkapitals, also der Zirkulationsprozeß dieses gesellschaftlichen Gesamtkapitals zu betrachten.

II. Die Rolle des Geldkapitals

[Obgleich das Folgende erst in den spätern Teil dieses Abschnittes gehört, so wollen wir es gleich untersuchen, nämlich: das Geldkapital als Bestandteil des gesellschaftlichen Gesamtkapitals betrachtet.]

Bei Betrachtung des Umschlags des individuellen Kapitals hat sich das Geldkapital von zwei Seiten gezeigt.

Erstens: Es bildet die Form, worin jedes individuelle Kapital auf die Bühne tritt, seinen Prozeß als Kapital eröffnet. Es erscheint daher als primus motor, anstoßgebend dem ganzen Prozeß.

Zweitens: Je nach der verschiednen Länge der Umschlagsperiode und dem verschiednen Verhältnis ihrer beiden Bestandteile – Arbeitsperiode und Zirkulationsperiode – ist der Bestandteil des vorgeschoßnen Kapitalwerts, der beständig in Geldform vorgeschossen und erneuert werden muß, verschieden im Verhältnis zu dem produktiven Kapital, das er in Bewegung setzt, d. h. im Verhältnis zur kontinuierlichen Produktionsleiter. Welches aber immer dies Verhältnis sei, unter allen Umständen ist der Teil des prozessierenden Kapitalwerts, der beständig als produktives Kapital fungieren kann, beschränkt durch den Teil des vorgeschoßnen Kapitalwerts, der beständig neben dem produktiven Kapital in Geldform existieren muß. Es handelt sich hier nur um den normalen Umschlag, einen abstrakten Durchschnitt. Es ist dabei abgesehn von zuschüssigem Geldkapital zur Ausgleichung von Zirkulationsstockungen.

Zum ersten Punkt. Die Warenproduktion unterstellt die Warenzirkulation, und die Warenzirkulation unterstellt die Darstellung der Ware als Geld, die Geldzirkulation; die Verdopplung der Ware in Ware und Geld ist ein Gesetz der Darstellung des Produkts als Ware. Ebenso unterstellt die kapitalistische Warenproduktion – gesellschaftlich sowohl wie individuell betrachtet – das Kapital in Geldform oder das Geldkapital als primus motor für jedes neu beginnende Geschäft und als kontinuierlichen Motor. Das zirkulierende Kapital speziell unterstellt das in kürzern Zeiträumen beständig wiederholte Auftreten des Geldkapitals als Motor. Der ganze vorgeschoßne Kapitalwert, d. h. alle Bestandteile des Kapitals, die aus Waren bestehn, Arbeitskraft, Arbeitsmittel und Produktionsstoffe müssen beständig mit Geld gekauft und wieder gekauft werden. Was hier für das individuelle Kapital, gilt für das gesellschaftliche Kapital, das nur in der Form vieler individuellen Kapitale fungiert. Aber wie schon im Buch I gezeigt, folgt daraus keineswegs, daß das Funktionsfeld des Kapitals, die Stufenleiter der Produktion, selbst auf kapitalistischer Grundlage, ihren *absoluten* Schranken nach abhängt von dem Umfang des fungierenden Geldkapitals.

Dem Kapital sind Produktionselemente einverleibt, deren Dehnung, innerhalb gewisser Grenzen, von der Größe des vorgeschoßnen Geldkapitals unabhängig ist. Bei gleicher Zahlung der Arbeitskraft kann sie extensiv oder intensiv stärker ausgebeutet werden. Wird das Geldkapital mit dieser stärkern Ausbeutung vermehrt (d. h. der Arbeitslohn erhöht), so nicht verhältnismäßig, also pro tanto gar nicht.

Der produktiv ausgebeutete Naturstoff – der kein Wertelement des Kapitals bildet –, Erde, Meer, Erze, Waldungen usw., wird mit größrer Spannung derselben Anzahl von Arbeitskräften intensiv oder extensiv stärker ausgebeutet, ohne vermehrten Vorschuß von Geldkapital. Die realen Elemente des produktiven Kapitals werden so vermehrt, ohne Notwendigkeit eines Zuschusses von Geldkapital. Soweit dieser nötig wird für zuschüssige Hilfsstoffe, wird das Geldkapital, worin der Kapitalwert vorgeschossen wird, nicht verhältnismäßig zur Erweiterung der Wirksamkeit des produktiven Kapitals vermehrt, also pro tanto gar nicht.

Dieselben Arbeitsmittel, also dasselbe fixe Kapital, kann sowohl in der Verlängrung seiner täglichen Gebrauchszeit wie in der Intensität seiner Anwendung wirksamer vernutzt werden ohne zuschüssige Geldauslage für fixes Kapital. Es findet dann nur raschrer Umschlag des fixen Kapitals statt, aber auch die Elemente seiner Reproduktion werden rascher geliefert.

Von dem Naturstoff abgesehn, können Naturkräfte, die nichts kosten, als Agenten dem Produktionsprozeß mit stärkrer oder schwächrer Wirksamkeit einverleibt werden. Der Grad ihrer Wirksamkeit hängt von Methoden und wissenschaftlichen Fortschritten ab, die dem Kapitalisten nichts kosten. Dasselbe gilt von der gesellschaftlichen Kombination der Arbeitskraft im Produktionsprozeß und von der gehäuften Geschicklichkeit der individuellen Arbeiter. Carey rechnet heraus, daß der Grundeigentümer nie genug erhält, weil ihm nicht alles Kapital, resp. Arbeit gezahlt wird, die seit Menschengedenken in den Boden gesteckt worden, um ihm seine jetzige Produktionsfähigkeit zu geben. (Von der Produktionsfähigkeit, die ihm genommen wird, ist natürlich nicht die Rede.) Danach müßte der einzelne Arbeiter gezahlt werden nach der Arbeit, die es das ganze Menschengeschlecht gekostet hat, um aus einem Wilden einen modernen Mechaniker herauszuarbeiten. Man sollte umgekehrt meinen: Berechnet man alle unbezahlte, aber durch Grundeigentümer und Kapitalisten versilberte Arbeit, die im Boden steckt, so ist das sämtliche in den Boden gesteckte Kapital aber und abermals mit Wucherzinsen zurückgezahlt, also das Grundeigentum längst von der Gesellschaft aber und abermals zurückgekauft worden.

Die Erhöhung der Produktivkräfte der Arbeit, soweit sie keine zuschüssige Auslage von Kapitalwerten voraussetzt, erhöht zwar in erster Instanz nur die Masse des Produkts, nicht seinen Wert; außer soweit sie befähigt, mehr konstantes Kapital mit derselben Arbeit zu reproduzieren, also seinen Wert zu erhalten. Aber sie bildet zugleich neuen Kapitalstoff, also die Basis vermehrter Akkumulation des Kapitals.

Soweit die Organisation der gesellschaftlichen Arbeit selbst, daher die Erhöhung der gesellschaftlichen Produktivkraft der Arbeit, verlangt, daß auf großer Stufenleiter produziert und daher Geldkapital vom Einzelkapitalisten in großen Massen vorgeschossen wird, ist bereits in Buch I* gezeigt, daß dies zum Teil durch Zentralisation der Kapitale in wenigen Händen geschieht, ohne daß der Umfang der fungierenden Kapitalwerte und daher auch der Umfang des Geldkapitals, worin sie vorgeschossen werden, absolut zu wachsen braucht. Die Größe der Einzelkapitale kann durch Zentralisation in wenigen Händen wachsen, ohne daß ihre gesellschaftliche Summe wächst. Es ist nur veränderte Teilung der Einzelkapitale.

Es ist endlich im vorigen Abschnitt gezeigt worden, daß Verkürzung der Umschlagsperiode erlaubt, entweder mit weniger Geldkapital dasselbe produktive Kapital oder mit demselben Geldkapital mehr produktives Kapital in Bewegung zu setzen.

Dies alles hat offenbar jedoch mit der eigentlichen Frage des Geldkapitals nichts zu tun. Es zeigt nur, daß das vorgeschoßne Kapital – eine gegebne Wertsumme, die in ihrer freien Form, in ihrer Wertform, aus einer gewissen Geldsumme besteht – nach seiner Verwandlung in produktives Kapital produktive Potenzen einschließt, deren Schranken nicht durch seine Wertschranken gegeben sind, sondern die innerhalb eines gewissen Spielraums extensiv oder intensiv verschieden wirken können. Die Preise der Produktionselemente – der Produktionsmittel und der Arbeitskraft – gegeben, ist die Größe des Geldkapitals bestimmt, die nötig ist, um ein bestimmtes Quantum dieser als Waren vorhandnen Produktionselemente zu kaufen. Oder die Wertgröße des vorzuschießenden Kapitals ist bestimmt. Aber der Umfang, worin dies Kapital als Wert- und Produktbildner wirkt, ist elastisch und variabel.

Zum zweiten Punkt. Daß der Teil der gesellschaftlichen Arbeit und Pro-

* [Siehe »Kapital«, Bd. 1, a. a. O., S. 573–578, 704/705.]

duktionsmittel, der jährlich zur Produktion oder zum Ankauf von Geld verausgabt werden muß, um verschlißne Münze zu ersetzen, pro tanto ein Abbruch am Umfang der gesellschaftlichen Produktion ist, ist selbstverständlich. Was aber den Geldwert angeht, der teils als Umlaufsmittel, teils als Schatz fungiert, so ist er einmal da, erworben, er ist da neben der Arbeitskraft, den produzierten Produktionsmitteln und den natürlichen Quellen des Reichtums. Er kann nicht als Schranke derselben betrachtet werden. Durch seine Verwandlung in Produktionselemente, durch Austausch mit andren Völkern, könnte die Produktionsleiter erweitert werden. Dies unterstellt jedoch, daß das Geld nach wie vor seine Rolle als Weltgeld spielt.

Je nach der Größe der Umschlagsperiode ist größre oder geringre Masse von Geldkapital nötig, um das produktive Kapital in Bewegung zu setzen. Ebenso haben wir gesehn, daß die Teilung der Umschlagsperiode in Arbeitszeit und Zirkulationszeit eine Vermehrung des in Geldform latenten oder suspendierten Kapitals bedingt.

Soweit die Umschlagsperiode durch die Länge der Arbeitsperiode bestimmt wird, wird sie bestimmt, unter sonst gleichbleibenden Bedingungen, durch die materielle Natur des Produktionsprozesses, also nicht durch den spezifischen gesellschaftlichen Charakter dieses Produktionsprozesses. Auf Basis der kapitalistischen Produktion jedoch bedingen ausgedehntere Operationen von längrer Dauer größre Vorschüsse von Geldkapital für längre Zeit. Die Produktion in solchen Sphären ist also abhängig von den Grenzen, innerhalb deren der einzelne Kapitalist über Geldkapital verfügt. Diese Schranke wird durchbrochen durch Kreditwesen und damit zusammenhängende Assoziation, z. B. Aktiengesellschaften. Störungen im Geldmarkt setzen daher solche Geschäfte still, während diese selben Geschäfte ihrerseits Störungen im Geldmarkt hervorrufen.

Auf Basis gesellschaftlicher Produktion ist zu bestimmen der Maßstab, worin diese Operationen, die während längrer Zeit Arbeitskraft und Produktionsmittel entziehn, ohne während dieser Zeit ein Produkt als Nutzeffekt zu liefern, ausgeführt werden können, ohne die Produktionszweige zu schädigen, die kontinuierlich oder mehrmals während des Jahrs nicht nur Arbeitskraft und Produktionsmittel entziehn, sondern auch Lebensmittel und Produktionsmittel liefern. Bei gesellschaftlicher ebenso wie bei kapitalistischer Produktion werden nach wie vor die Arbeiter in Geschäftszweigen von kürzern Arbeitsperioden nur für kürzre Zeit Produkte entziehn, ohne Produkte wieder zu geben; während die Geschäftszweige mit langen Arbeitsperioden für längre Zeit fortwährend entziehn, bevor sie zurückgeben. Dieser Umstand entspringt also aus den sachlichen Bedingungen des betreffenden Arbeitsprozesses, nicht aus seiner gesellschaftlichen Form.

Das Geldkapital fällt bei gesellschaftlicher Produktion fort. Die Gesellschaft verteilt Arbeitskraft und Produktionsmittel in die verschiednen Geschäftszweige. Die Produzenten mögen meinetwegen papierne Anweisungen erhalten, wofür sie den gesellschaftlichen Konsumtionsvorräten ein ihrer Arbeitszeit entsprechendes Quantum entziehn. Diese Anweisungen sind kein Geld. Sie zirkulieren nicht.

Man sieht, daß soweit das Bedürfnis für Geldkapital aus der Länge der Arbeitsperiode entspringt, dies durch zwei Umstände bedingt wird: *Erstens,* daß überhaupt Geld die Form ist, worin jedes individuelle Kapital (vom Kredit abgesehn) auftreten muß, um sich in produktives Kapital zu verwandeln; dies geht hervor aus dem Wesen der kapitalistischen Produktion, überhaupt der Warenproduktion. – *Zweitens,* die Größe des nötigen Geldvorschusses entspringt aus dem Umstand, daß während längrer Zeit beständig Arbeitskraft und Produktionsmittel der Gesellschaft entzogen werden, ohne daß ihr während dieser Zeit ein in Geld rückverwandelbares Produkt zurückgegeben wird. Der erste Umstand, daß das vorzuschießende Kapital in Geldform vorgeschossen werden muß, wird nicht aufgehoben durch die Form dieses Geldes selbst, ob es Metallgeld, Kreditgeld, Wertzeichen etc. Der zweite Umstand wird in keiner Weise dadurch affiziert, durch welches Geldmedium oder durch welche Form der Produktion Arbeit, Lebensmittel und Produktionsmittel entzogen werden, ohne ein Äquivalent in die Zirkulation zurückzuwerfen.

Neunzehntes Kapitel[35]: FRÜHERE DARSTELLUNGEN DES GEGENSTANDES

I. Die Physiokraten

Quesnays Tableau économique zeigt in wenigen großen Zügen, wie ein dem Werte nach bestimmtes Jahresergebnis der nationalen Produktion sich so durch die Zirkulation verteilt, daß, unter sonst gleichbleibenden Umständen, dessen einfache Reproduktion vorgehn kann, d. h. Reproduktion auf derselben Stufenleiter. Den Ausgangspunkt der Produktionsperiode bildet sachgemäß die letztjährige Ernte. Die zahllosen individuellen Zirkulationsakte sind sofort zusammengefaßt in ihrer charakteristisch-gesellschaftlichen

---

[35] Hier beginnt Manuskript VIII.

Massenbewegung – der Zirkulation zwischen großen, funktionell bestimmten ökonomischen Gesellschaftsklassen. Was uns hier interessiert: Ein Teil des Gesamtprodukts – wie jeder andre Teil desselben als Gebrauchsgegenstand neues Resultat der verfloßnen Jahresarbeit – ist zugleich nur Träger von altem, in selber Naturalform wiedererscheinendem Kapitalwert. Er zirkuliert nicht, sondern verbleibt in den Händen seiner Produzenten, der Pächterklasse, um dort seinen Kapitaldienst wieder zu beginnen. In diesen konstanten Kapitalteil des Jahresprodukts schließt Quesnay auch ungehörige Elemente ein, aber er trifft die Hauptsache, dank den Schranken seines Horizonts, worin Agrikultur die einzige Mehrwert produzierende Anlagesphäre der menschlichen Arbeit ist, also dem kapitalistischen Standpunkt gemäß die allein wirklich produktive. Der ökonomische Reproduktionsprozeß, was immer sein spezifisch gesellschaftlicher Charakter, verschlingt sich auf diesem Gebiet (der Agrikultur) stets mit einem natürlichen Reproduktionsprozeß. Die handgreiflichen Bedingungen des letztern klären auf über die des erstern und halten Gedankenwirren fern, welche nur das Blendwerk der Zirkulation hervorruft.

Die Etikette eines Systems unterscheidet sich von der andrer Artikel u. a. dadurch, daß sie nicht nur den Käufer prellt, sondern oft auch den Verkäufer. Quesnay selbst und seine nächsten Schüler glaubten an ihr feudales Aushängeschild. So bis zur Stunde unsre Schulgelehrten. In der Tat aber ist das physiokratische System die erste systematische Fassung der kapitalistischen Produktion. Der Repräsentant des industriellen Kapitals – die Pächterklasse – leitet die ganze ökonomische Bewegung. Der Ackerbau wird kapitalistisch betrieben, d. h. als Unternehmung des kapitalistischen Pächters auf großer Stufenleiter; der unmittelbare Bebauer des Bodens ist Lohnarbeiter. Die Produktion erzeugt nicht nur die Gebrauchsartikel, sondern auch ihren Wert; ihr treibendes Motiv aber ist Gewinnung von Mehrwert, dessen Geburtsstätte die Produktions-, nicht die Zirkulationssphäre. Unter den drei Klassen, die als Träger des durch die Zirkulation vermittelten gesellschaftlichen Reproduktionsprozesses figurieren, unterscheidet sich der unmittelbare Ausbeuter der »produktiven« Arbeit, der Produzent des Mehrwerts, der kapitalistische Pächter, von dessen bloßen Aneignern.

Der kapitalistische Charakter des physiokratischen Systems rief schon während seiner Blüteperiode die Opposition hervor, einerseits von Linguet und Mably, andrerseits der Verteidiger des freien kleinen Grundbesitzes.

A. Smith's Rückschritt[36] in Analyse des Reproduktionsprozesses ist um so

[36] »Kapital«, Band I, 2. Ausg., p. 612, Note 32.*

* [Siehe »Kapital«, Bd. 1, a. a. O., S. 539, Note 32.]

auffallender, als er sonst nicht nur richtige Analysen Quesnays weiter verarbeitet, z. B. dessen »avances primitives« und »avances annuelles« verallgemeinert in »fixes« und »zirkulierendes« Kapital[37], sondern stellenweis ganz und gar in physiokratische Irrtümer zurückfällt. Um z. B. nachzuweisen, daß der Pächter größern Wert produziert als irgendeine andre Kapitalistensorte, sagt er: »Kein gleiches Kapital setzt eine größre Menge produktiver Arbeit in Bewegung als das des Pächters. Nicht nur sein Arbeitsgesinde, auch sein Arbeitsvieh besteht aus produktiven Arbeitern.« [Angenehmes Kompliment für das Arbeitsgesinde!] »Im Ackerbau *arbeitet* auch die Natur neben dem Menschen; und obgleich *ihre Arbeit keine Auslage kostet*, so hat ihr Produkt doch seinen *Wert, ebensogut wie das der kostspieligsten Arbeiter*. Die wichtigsten Operationen des Ackerbaus scheinen darauf gerichtet, die Fruchtbarkeit der Natur nicht so sehr zu vermehren – obgleich sie das auch tun – als sie auf die Produktion der dem Menschen nützlichsten Pflanzen hinzulenken. Ein mit Dornen und Ranken überwachsnes Feld liefert oft genug eine ebenso große Menge Pflanzenwuchs wie das bestbebaute Weinstück oder Kornfeld. Bepflanzung und Kultur wirken oft mehr zur Regulierung als zur Belebung der aktiven Fruchtbarkeit der Natur; und nachdem jene alle ihre Arbeit erschöpft, bleibt für diese stets noch ein großes Stück Werk zu tun. Die Arbeiter und das Arbeitsvieh (!), die im Ackerbau beschäftigt werden, bewirken also nicht nur, wie die Arbeiter in den Manufakturen, die Reproduktion eines Werts, der gleich ist ihrer eignen Konsumtion oder* dem sie beschäftigenden Kapital nebst dem Profit des Kapitalisten, sondern die eines weit größern Werts. Über das Kapital des Pächters und all seinen Profit hinaus bewirken sie auch noch regelmäßig die Reproduktion der Rente des Grundbesitzers. Die Rente kann betrachtet werden als das Produkt der Naturkräfte, deren Gebrauch der Grundbesitzer dem Pächter leiht. Sie ist größer oder geringer, je nach dem angenommenen Höhegrad dieser Kräfte, in andren Worten, je nach der angenommenen, natürlichen oder künstlich bewirkten Fruchtbarkeit des Bodens. Sie ist das Werk der Natur, welches übrigbleibt nach Abzug oder Ersatz alles dessen, was als Menschenwerk betrachtet werden kann. Sie ist selten weniger als ein Viertel und oft mehr als ein Drittel des Gesamtprodukts. Keine gleiche

[37] Auch hierbei hatten ihm einige Physiokraten den Weg bereitet, vor allem Turgot. Dieser gebraucht schon häufiger als Quesnay und die übrigen Physiokraten das Wort capital für avances, und identifiziert noch mehr die avances oder capitaux der Manufakturisten mit denen der Pächter. Z. B. »Comme eux« (les entrepreneurs-manufacturiers), »ils« (les fermiers, d. h. die kapitalistischen Pächter) »doivent recueillir, outre la rentrée des capitaux etc.« (Turgot, »Œuvres«, éd. Daire. Paris 1844. Tome I, p. 40.)

* [1. und 2. Auflage: und]

Menge produktiver Arbeit, angewandt in der Manufaktur, kann je eine so große Reproduktion bewirken. In der Manufaktur tut die Natur nichts, der Mensch alles; und die Reproduktion muß immer proportionell sein der Stärke der Agenten, die sie durchführen. Daher setzt das im Ackerbau angelegte Kapital nicht nur eine größre Menge produktiver Arbeit in Bewegung als irgendwelches gleichgroße in der Manufaktur angewandte Kapital; sondern es fügt auch, im Verhältnis zu der von ihm beschäftigten Menge produktiver Arbeit, dem Jahresprodukt des Bodens und der Arbeit eines Landes, dem wirklichen Reichtum und Einkommen seiner Bewohner einen weit größern Wert hinzu als jenes.« (B. II, ch.5, p. 242, 243.)

A. Smith sagt B. II, ch. 1: »Der ganze Wert der Aussaat ist ebenfalls im eigentlichen Sinn ein fixes Kapital.« Hier also Kapital = Kapitalwert; er existiert in »fixer« Form. »Obgleich die Aussaat zwischen dem Boden und der Scheune hin und her geht, wechselt sie doch nie den Eigentümer und zirkuliert daher nicht wirklich. Der Pächter macht seinen Profit nicht durch ihren Verkauf, sondern durch ihren Zuwachs.« (p. 186.) Die Borniertheit liegt hier darin, daß Smith nicht, wie schon Quesnay, Wiedererscheinung des Werts von konstantem Kapital in erneuter Form, also wichtiges Moment des Reproduktionsprozesses sieht, sondern nur eine Illustration mehr, und noch dazu eine falsche, für seine Differenz von zirkulierendem und fixem Kapital. – In der Smith'schen Übersetzung von »avances primitives« und »avances annuelles« in »fixed capital« und »circulating capital« besteht der Fortschritt in dem Wort »Kapital«, dessen Begriff verallgemeinert wird, unabhängig von der besondren Rücksicht auf die »agrikole« Anwendungssphäre der Physiokraten; der Rückschritt darin, daß »fix« und »zirkulierend« als die entscheidenden Unterschiede aufgefaßt und festgehalten werden.

II. Adam Smith

1. Smiths allgemeine Gesichtspunkte

A. Smith sagt B. I, ch. 6, p. 42: »In jeder Gesellschaft löst sich der Preis jeder Ware schließlich auf in einen oder den andern dieser drei Teile« (Arbeitslohn, Profit, Bodenrente) »oder in alle drei; und in jeder fortgeschrittnen Gesellschaft gehn sie alle drei, mehr oder weniger, als Bestandteile in den Preis des weitaus größten Teils der Waren ein«[38]; oder, wie es weiter

[38] Damit der Leser sich nicht täusche über die Phrase: »Der Preis des weitaus größten Teils der Waren«, zeigt folgendes, wie A. Smith selbst diese Bezeichnung erklärt: Z. B. in den Preis von Seefisch geht keine Rente ein, sondern nur Arbeits-

heißt, p. 43: »Arbeitslohn, Profit und Bodenrente sind die *drei Urquellen* alles Einkommens sowohl wie *alles Tauschwerts.*« Wir werden weiter unten diese Lehre A. Smith's über die »Bestandteile des Preises der Waren«, resp. »alles Tauschwerts«, näher untersuchen. – Weiter heißt es: »Da dies gilt mit Bezug auf jede besondre Ware einzeln genommen, muß es auch gelten für alle Waren in ihrer Gesamtheit, wie sie das *ganze jährliche Produkt* des Bodens und der Arbeit eines jeden Landes ausmachen. Der *gesamte Preis oder Tauschwert* dieses jährlichen Produkts muß *sich auflösen* in dieselben drei Teile und *verteilt werden* unter die verschiednen Bewohner des Landes, entweder als *Lohn* ihrer Arbeit oder als *Profit* ihres Kapitals, oder als *Rente* ihres Grundbesitzes.« (B. II, ch. 2, p. 190.)

Nachdem A. Smith so den Preis sowohl aller Waren einzeln genommen wie »den ganzen Preis oder Tauschwert ... des jährlichen Produkts des Bodens und der Arbeit eines jeden Landes« aufgelöst hat in drei Quellen von Revenuen für Lohnarbeiter, Kapitalist und Grundeigentümer, in Arbeitslohn, Profit und Bodenrente, muß er doch auf einem Umweg ein viertes Element hereinschmuggeln, nämlich das Element des Kapitals. Dies geschieht durch die Distinktion zwischen Roh- und Reineinkommen: »Das *Brutto*-Einkommen sämtlicher Einwohner eines großen Landes begreift in sich das *gesamte Jahresprodukt* ihres Bodens und ihrer Arbeit; das *Netto*-Einkommen den *Teil*, der ihnen zur Verfügung bleibt nach *Abzug der Erhaltungskosten* erstens ihres *fixen* und zweitens ihres *flüssigen Kapitals*; oder den Teil, den sie, ohne ihr Kapital anzugreifen, in ihren Konsumtionsvorrat stellen oder zu ihrem Unterhalt, Komfort und Vergnügen verausgaben können. Ihr wirklicher Reichtum steht ebenfalls im Verhältnis, nicht zu ihrem Brutto-, sondern zu ihrem Netto-Einkommen.« (Ib. p. 190).

Wir bemerken hierzu:

1. A. Smith behandelt hier ausdrücklich nur die einfache Reproduktion, nicht die auf erweiterter Stufenleiter oder die Akkumulation; er spricht nur von den Ausgaben für Erhaltung (maintaining) des fungierenden Kapitals. Die »Netto«-Revenue ist gleich dem Teil des jährlichen Produkts, sei es der Gesellschaft, sei es des individuellen Kapitalisten, der in den »Konsumtionsfonds« eingehn kann, aber der Umfang dieses Fonds darf nicht das fungierende Kapital angreifen (encroach upon capital). Ein Wertteil des in-

---

lohn und Profit; in den Preis von Scotch pebbles geht nur Arbeitslohn ein, nämlich: »In einigen Teilen von Schottland machen arme Leute es sich zum Geschäft, am Seestrand die bunten Steinchen zu sammeln, die unter dem Namen schottische Kiesel bekannt sind. Der Preis, den ihnen die Steinschneider dafür zahlen, besteht nur aus ihrem Arbeitslohn, da weder Bodenrente noch Profit irgendeinen Teil davon ausmacht.«

dividuellen wie des gesellschaftlichen Produkts löst sich also weder in Arbeitslohn noch in Profit oder Bodenrente auf, sondern in Kapital.

2. A. Smith flüchtet aus seiner eignen Theorie vermittelst eines Wortspiels, der Unterscheidung zwischen gross und net revenue, Roh- und Reineinkommen. Der individuelle Kapitalist wie die ganze Kapitalistenklasse, oder die sogenannte Nation, nimmt ein an Stelle des in der Produktion verbrauchten Kapitals ein Warenprodukt, dessen Wert – darstellbar in proportionellen Teilen dieses Produkts selbst – einerseits den aufgewandten Kapitalwert ersetzt, daher Einkommen bildet und noch wörtlicher Revenue (revenu, Partizip von revenir, wiederkommen), aber notabene Kapitalrevenue oder Kapitaleinnahme; andrerseits Wertbestandteile, die »verteilt werden unter die verschiednen Bewohner des Landes entweder als Lohn ihrer Arbeit oder als Profit ihres Kapitals oder als Rente ihres Grundbesitzes« – was man im gewöhnlichen Leben unter Einkommen versteht. Der Wert des ganzen Produkts, sei es für den individuellen Kapitalisten, sei es für das ganze Land, bildet darnach Einkommen für irgend jemand; aber einerseits Kapitaleinkommen, andrerseits von diesem verschiedne »Revenue«. Was also bei Analyse des Werts der Ware in seine Bestandteile entfernt wird, wird durch eine Hintertür – die Zweideutigkeit des Worts »Revenue« wieder eingeführt. Es können aber nur solche Wertbestandteile des Produkts »eingenommen« werden, die bereits in ihm existieren. Wenn *Kapital* als Revenue einkommen soll, so muß Kapital vorher verausgabt worden sein.

A. Smith sagt ferner: »Die niedrigste gewöhnliche Profitrate muß immer etwas mehr ausmachen als das, was hinreicht zur Entschädigung für die gelegentlichen Verluste, denen jede Kapitalverwendung ausgesetzt ist. Es ist dieser Überschuß allein, der den reinen oder Nettoprofit darstellt.« [Welcher Kapitalist versteht unter Profit notwendige Kapitalauslagen?] »Was man Bruttoprofit nennt, umfaßt häufig nicht nur diesen Überschuß, sondern auch den für solche außergewöhnliche Verluste zurückbehaltnen Teil.« (B. I, ch. 9, p. 72.) Dies heißt aber weiter nichts, als daß ein Teil des Mehrwerts, betrachtet als Teil des Bruttoprofits, einen Assekuranzfonds für die Produktion bilden muß. Diesen Assekuranzfonds schafft ein Teil der Surplusarbeit, die insofern Kapital direkt produziert, d. h. den für die Reproduktion bestimmten Fonds. Was die Auslage für die »Erhaltung« des fixen Kapitals etc. angeht (siehe die oben zitierten Stellen), so bildet der Ersatz des konsumierten fixen Kapitals durch neues keine neue Kapitalanlage, sondern ist nur die Erneuerung des alten Kapitalwerts in neuer Form. Was aber die Reparatur des fixen Kapitals betrifft, die A. Smith ebenfalls zu den Erhaltungskosten rechnet, so gehört seine Kost mit zum Preis des vorgeschoßnen Kapitals. Daß der Kapitalist statt diesen auf einmal anlegen zu müssen, ihn erst allmählich und je nach Bedürfnis während der Funktion des Kapitals anlegt und aus schon eingestecktem Profit anlegen kann, ändert nichts an der Quelle dieses Profits. Der Wertbestandteil, woraus er entspringt, beweist nur, daß der Arbeiter Surplusarbeit liefert, wie für den Assekuranzfonds so für den Reparaturfonds.*

A. Smith erzählt uns nun, daß von der Netto-Revenue, d. h. der Revenue im spezifischen Sinne, das ganze fixe Kapital auszuschließen, aber auch der ganze Teil des zirkulierenden Kapitals, den die Erhaltung und die Reparatur des fixen Kapitals, wie seine Erneuerung erheischt, in der Tat alles Kapital, das sich nicht in einer für den Konsumtionsfonds bestimmten Naturalform befindet.

»Die ganze Auslage für Erhaltung des fixen Kapitals muß offenbar von der Netto-Revenue der Gesellschaft ausgeschlossen werden. Weder die Rohstoffe, mit denen die nützlichen Maschinen und Industriewerkzeuge instand gehalten werden müssen, noch das Produkt der zur Umwandlung dieser Rohstoffe in die verlangte Gestalt erforderlichen Arbeit kann je einen Teil dieser Revenue bilden. Der *Preis* dieser Arbeit kann allerdings einen Teil jener Revenue bilden, da die so beschäftigten Arbeiter den ganzen Wert ihres Lohns in ihrem unmittelbaren Konsumtionsvorrat anlegen können. Aber bei andern Arten Arbeit geht sowohl der *Preis*« [d. h. der für diese Arbeit bezahlte Lohn] »wie das *Produkt*« [worin sich diese Arbeit verkörpert] »in diesen Konsumtionsvorrat ein; der Preis in den der Arbeiter, das Produkt in den andrer Leute, deren Unterhalt, Komfort und Vergnügen durch die Arbeit dieser Arbeiter erhöht wird.« (B. II, ch. 2, p. 190, 191.)

A. Smith stößt hier auf eine sehr wichtige Unterscheidung zwischen den Arbeitern, die in der Produktion von *Produktionsmitteln,* und denen, die in der unmittelbaren Produktion von *Konsumtionsmitteln* wirken. Der Wert des Warenprodukts der erstern enthält einen Bestandteil gleich der Summe der Arbeitslöhne, d. h. dem Wert des im Ankauf von Arbeitskraft angelegten Kapitalteils; dieser Wertteil existiert körperlich als eine gewisse Quote der von diesen Arbeitern produzierten Produktionsmittel. Das für ihren Arbeitslohn erhaltne Geld bildet für sie Revenue, aber weder für sie selbst noch für andre hat ihre Arbeit Produkte hergestellt, die konsumabel sind. Diese Produkte bilden also selbst kein Element des Teils des jährlichen Pro-

---

* [In der 1. Auflage folgt hier der Absatz: A. Smith's Erklärung des fixen Kapitals kommt in der Tat darauf hinaus, daß es der Teil des vorgeschoßnen industriellen Kapitals ist, der im Produktionsprozeß fixiert ist, oder wie er p. 187 sagt: »Einkommen oder Profit liefert ohne zu zirkulieren oder den Eigentümer zu wechseln«, oder nach p. 185 der Teil, der »in seinem [des Verwenders] Besitz bleibt oder in derselben Form verharrt.«]

dukts, der bestimmt ist, den gesellschaftlichen Konsumtionsfonds zu liefern, worin allein »Netto-Revenue« realisierbar ist. A. Smith vergißt hier zuzusetzen, daß was für die Arbeitslöhne, ebenso gültig ist für den Wertbestandteil der Produktionsmittel, der als Mehrwert unter den Kategorien von Profit und Rente die Revenue (in erster Hand) des industriellen Kapitalisten bildet. Auch diese Wertbestandteile existieren in Produktionsmitteln, Nicht-Konsumablem; erst nach ihrer Versilberung können sie ein ihrem Preis gemäßes Quantum der von der zweiten Sorte Arbeiter produzierten Konsumtionsmittel heben und in den individuellen Konsumtionsfonds ihrer Besitzer übertragen. Um so mehr aber hätte A. Smith sehn müssen, daß der Wertteil der jährlich erzeugten Produktionsmittel, welcher gleich ist dem Wert der innerhalb dieser Produktionssphäre fungierenden Produktionsmittel – der Produktionsmittel, womit Produktionsmittel gemacht werden –, also ein Wertteil gleich dem Wert des hier angewandten konstanten Kapitals, absolut ausgeschlossen ist, nicht nur durch die Naturalform, worin er existiert, sondern durch seine Kapitalfunktion, von jedem Revenue bildenden Wertbestandteil.

Mit Bezug auf die zweite Sorte Arbeiter – die unmittelbar Konsumtionsmittel produzieren – sind A. Smith's Bestimmungen nicht ganz exakt. Er sagt nämlich, daß in diesen Arten Arbeit beide, der Preis der Arbeit und das Produkt, eingehn in (go to) den unmittelbaren Konsumtionsfonds; »der *Preis*« (d. h. das als Arbeitslohn erhaltne Geld) »in den Konsumtionsstock der *Arbeiter* und das *Produkt* in den *andrer Leute* (that of other people), deren Unterhalt, Komfort und Vergnügen erhöht werden durch die Arbeit dieser Arbeiter«. Aber der Arbeiter kann nicht leben von dem »*Preis*« seiner Arbeit, dem Geld, worin sein Arbeitslohn ausgezahlt wird; er realisiert dies Geld, indem er damit Konsumtionsmittel kauft; diese können z. T. aus Warensorten bestehn, die er selbst produziert hat. Andrerseits kann sein eignes Produkt ein solches sein, welches nur in die Konsumtion der Arbeitsausbeuter eingeht.

Nachdem A. Smith das fixe Kapital so gänzlich ausgeschlossen von der »Netto-Revenue« eines Landes, fährt er fort:

»Obgleich so die ganze Auslage für Erhaltung des fixen Kapitals notwendig von der Netto-Revenue der Gesellschaft ausgeschlossen ist, so ist doch nicht dasselbe der Fall mit der Auslage für Erhaltung des zirkulierenden Kapitals. Von den vier Teilen, woraus dies letztre Kapital besteht: Geld, Lebensmittel, Rohstoffe und fertige Produkte, werden die drei letztren, wie schon gesagt, regelmäßig aus ihm herausgenommen und entweder in das fixe Kapital der Gesellschaft versetzt oder aber in den für unmittelbare Konsumtion bestimmten Vorrat. Derjenige Teil der konsumierbaren Artikel, der nicht zur

Erhaltung des erstern« [des fixen Kapitals] »verwandt wird, geht allzumal in den letztren« [den für unmittelbare Konsumtion bestimmten Vorrat] »und bildet einen Teil des Netto-Einkommens der Gesellschaft. Die Erhaltung dieser drei Teile des zirkulierenden Kapitals verringert daher die Netto-Revenue der Gesellschaft um keinen andern Teil des Jahresprodukts außer demjenigen, der nötig ist zur Erhaltung des fixen Kapitals.« (B. II, ch. 2, p. 191, 192.)

Dies ist nur die Tautologie, daß der Teil des zirkulierenden Kapitals, der nicht für die Produktion von Produktionsmitteln dient, eingeht in die von Konsumtionsmitteln, also in den Teil des jährlichen Produkts, der bestimmt ist, den Konsumtionsfonds der Gesellschaft zu bilden. Aber wichtig ist, was gleich darauf folgt:

»Das zirkulierende Kapital einer Gesellschaft ist in dieser Beziehung verschieden von dem eines einzelnen. Das eines einzelnen ist gänzlich ausgeschlossen von seiner Netto-Revenue und kann nie einen Teil derselben bilden; sie kann ausschließlich nur aus seinem Profit bestehn. Aber obwohl das zirkulierende Kapital jedes einzelnen einen Teil des zirkulierenden Kapitals der Gesellschaft ausmacht, zu der er gehört, so ist es doch deshalb keineswegs unbedingt ausgeschlossen von der Netto-Revenue der Gesellschaft und kann einen Teil davon bilden. Obgleich die sämtlichen Waren im Laden eines Kleinhändlers durchaus nicht in den für seine eigne unmittelbare Konsumtion bestimmten Vorrat gestellt werden dürfen, so können sie doch in den Konsumtionsfonds andrer Leute gehören, die, vermittelst einer durch andre Fonds erzielten Revenue, ihm ihren Wert samt seinem Profit regelmäßig ersetzen, ohne daß daraus eine Vermindrung weder seines noch ihres Kapitals entsteht.« (ibidem.)

Wir hören hier also:

1. Wie das fixe Kapital und das zu dessen Reproduktion (Funktion vergißt er) und Erhaltung nötige zirkulierende Kapital, so ist auch das in der Produktion von Konsumtionsmitteln tätige zirkulierende Kapital jedes individuellen Kapitalisten total ausgeschlossen von *seiner* Netto-Eevenue, die nur in seinen Profiten bestehn kann. Also ist der sein Kapital ersetzende Teil seines Warenprodukts nicht auflösbar in Wertbestandteile, die Revenue für ihn bilden.

2. Das zirkulierende Kapital jedes individuellen Kapitalisten bildet einen Teil des zirkulierenden Kapitals der Gesellschaft, ganz wie jedes individuelle fixe Kapital.

3. Das zirkulierende Kapital der Gesellschaft, obgleich nur die Summe der individuellen zirkulierenden Kapitale, besitzt einen vom zirkulierenden Kapital jedes individuellen Kapitalisten verschiednen Charakter. Das letztre

kann niemals einen Teil *seiner Revenue* bilden; ein Stück des ersten (nämlich das aus Konsumtionsmitteln bestehende) kann dagegen zugleich einen Teil der *Revenue der Gesellschaft* bilden, oder wie er vorhin sagte, es muß nicht notwendig die Netto-Revenue der Gesellschaft um einen Teil des Jahresprodukts verringern. In der Tat besteht das, was A. Smith hier zirkulierendes Kapital nennt, in dem jährlich produzierten Warenkapital, welches die Konsumtionsmittel produzierenden Kapitalisten jährlich in Zirkulation werfen. Dies ihr ganzes jährliches Warenprodukt besteht aus konsumierbaren Artikeln und bildet daher den Fonds, worin sich die Netto-Revenuen (inkl. der Arbeitslöhne) der Gesellschaft realisieren oder verausgaben. Statt die Waren im Laden des Kleinhändlers als Beispiel zu wählen, hätte A. Smith die in den Warenlagern der industriellen Kapitalisten lagernden Gütermassen wählen müssen.

Hätte A. Smith nun die Gedankenblöcke zusammengefaßt, die sich ihm aufgedrungen, vorher bei Betrachtung der Reproduktion dessen, was er fixes, jetzt bei der dessen, was er zirkulierendes Kapital nennt, so wäre er zu folgendem Resultat gekommen:

I. Das gesellschaftliche Jahresprodukt besteht aus zwei Abteilungen; die erste umfaßt die Produktionsmittel, die zweite die Konsumtionsmittel; beide sind getrennt zu behandeln.

II. Der Gesamtwert des aus *Produktionsmitteln* bestehenden Teils des Jahresprodukts verteilt sich wie folgt: Ein Wertteil ist nur der Wert der in der Herstellung dieser Produktionsmittel verzehrten Produktionsmittel, also nur in erneuter Form wiedererscheinender Kapitalwert; ein zweiter Teil ist gleich dem Wert des in Arbeitskraft ausgelegten Kapitals oder gleich der Summe der Arbeitslöhne, ausgezahlt von den Kapitalisten dieser Produktionssphäre. Ein dritter Wertteil endlich bildet die Quelle der Profite, inkl. Bodenrenten, der industriellen Kapitalisten dieser Kategorie.

Der erste Bestandteil, nach A. Smith der reproduzierte fixe Kapitalteil sämtlicher in dieser ersten Abteilung beschäftigten individuellen Kapitale, ist »offenbar ausgeschlossen und kann nie einen Teil bilden von der Netto-Revenue«, sei es des individuellen Kapitalisten, sei es der Gesellschaft. Er fungiert stets als Kapital, nie als Revenue. Sofern unterscheidet sich das »fixe Kapital« jedes individuellen Kapitalisten in nichts von dem fixen Kapital der Gesellschaft. Aber die andern Wertteile des in Produktionsmitteln bestehenden jährlichen Produkts der Gesellschaft – Wertteile, die also auch existieren in aliquoten Teilen dieser Gesamtmasse von Produktionsmitteln – bilden zwar zugleich *Revenuen für alle in dieser Produktion beteiligten Agenten,* Löhne für die Arbeiter, Profite und Renten für die Kapitalisten. Aber sie bilden nicht Revenue, sondern *Kapital für die Gesell-*

schaft, obgleich das jährliche Produkt der Gesellschaft nur aus der Summe der Produkte der ihr angehörenden individuellen Kapitalisten besteht. Sie können meist schon ihrer Natur nach nur fungieren als Produktionsmittel, und selbst die, die nötigenfalls als Konsumtionsmittel fungieren könnten, sind bestimmt, als Roh- oder Hilfsmaterial neuer Produktion zu dienen. Sie fungieren als solches – also als Kapital –, aber nicht in den Händen ihrer Erzeuger, sondern in denen ihrer Verwender, nämlich:
III. der Kapitalisten der zweiten Abteilung, der unmittelbaren Produzenten von *Konsumtionsmitteln*. Sie ersetzen diesen das in der Produktion der Konsumtionsmittel verbrauchte Kapital (soweit letztres nicht in Arbeitskraft umgesetzt, also in der Summe der Arbeitslöhne für die Arbeiter dieser zweiten Abteilung besteht), während dies verbrauchte Kapital, das sich nun in der Form von Konsumtionsmitteln in den Händen der sie produzierenden Kapitalisten befindet, seinerseits – also vom gesellschaftlichen Standpunkt – den *Konsumtionsfonds bildet, worin die Kapitalisten und Arbeiter der ersten Abteilung ihre Revenue realisieren.*
Hätte A. Smith die Analyse so weit verfolgt, es fehlte nur noch wenig an der Auflösung des ganzen Problems. Er war der Sache nah auf dem Sprung, da er bereits bemerkt hatte, daß bestimmte Wertteile *einer* Sorte (Produktionsmittel) der Warenkapitale, aus denen das jährliche Gesamtprodukt der Gesellschaft besteht, zwar Revenue für die in ihrer Produktion beschäftigten individuellen Arbeiter und Kapitalisten bilden, aber keinen Bestandteil der Revenue der Gesellschaft; während ein Wertteil der *andern* Sorte (Konsumtionsmittel) zwar Kapitalwert für ihre individuellen Eigner, die in dieser Anlagesphäre beschäftigten Kapitalisten bildet, aber dennoch nur einen Teil der gesellschaftlichen Revenue.
Soviel geht aber schon aus dem Bisherigen hervor:
Erstens: Obgleich das gesellschaftliche Kapital nur gleich der Summe der individuellen Kapitale, und daher auch das jährliche Warenprodukt (oder Warenkapital) der Gesellschaft gleich der Summe der Warenprodukte dieser individuellen Kapitale; obgleich daher die Analyse des Warenwerts in seine Bestandteile, die für jedes individuelle Warenkapital gilt, auch für das der ganzen Gesellschaft gelten muß und im Endresultat wirklich gilt, so ist die Erscheinungsform, worin sie sich im gesamten gesellschaftlichen Reproduktionsprozeß darstellen, eine *verschiedne*.
Zweitens: Selbst auf dem Boden der einfachen Reproduktion findet nicht nur Produktion von Arbeitslohn (variablem Kapital) und Mehrwert statt, sondern direkte Produktion von neuem konstanten Kapitalwert; obgleich der Arbeitstag nur aus zwei Teilen besteht, dem einen, worin der Arbeiter das variable Kapital ersetzt, in der Tat ein Äquivalent für den Ankauf sei-

ner Arbeitskraft produziert, und dem zweiten, worin er Mehrwert produziert (Profit, Rente etc.). – Nämlich die tägliche Arbeit, die in der Reproduktion der Produktionsmittel verausgabt wird – und deren Wert in Arbeitslohn und Mehrwert zerfällt –, realisiert sich in neuen Produktionsmitteln, die den in der Produktion der Konsumtionsmittel verausgabten konstanten Kapitalteil ersetzen.

Die Hauptschwierigkeiten, wovon im Bisherigen schon der größte Teil gelöst, bieten sich bei der Betrachtung, nicht der Akkumulation, sondern der einfachen Reproduktion. Daher wird, sowohl bei A. Smith (B. II) wie früher bei Quesnay (Tableau économique), von der einfachen Reproduktion ausgegangen, sobald es sich um die Bewegung des jährlichen Produkts der Gesellschaft und seine durch die Zirkulation vermittelte Reproduktion handelt.

2. Smiths Auflösung des Tauschwerts v + m

A. Smiths Dogma, daß der Preis oder der Tauschwert (exchangeable value) jeder einzelnen Ware – also auch aller Waren zusammen, aus denen das jährliche Produkt der Gesellschaft besteht (er setzt überall mit Recht kapitalistische Produktion voraus) – sich zusammensetzt aus den drei Bestandteilen (component parts) oder sich auflöst in (resolves itself into): Arbeitslohn, Profit und Rente, kann darauf reduziert werden, daß der Warenwert = v + m, d. h. gleich dem Wert des vorgeschoßnen variablen Kapitals plus dem Mehrwert. Und zwar können wir diese Reduktion von Profit und Rente auf eine gemeinsame Einheit, die wir m nennen, vornehmen mit ausdrücklicher Erlaubnis A. Smith's, wie die nachfolgenden Zitate zeigen, in denen wir zunächst alle Nebenpunkte vernachlässigen, also namentlich alle scheinbare oder wirkliche Abweichung von dem Dogma, daß der Warenwert ausschließlich aus den Elementen bestehe, die wir als v + m bezeichnen.

In der Manufaktur: »Der Wert, den die Arbeiter den Materialien hinzufügen, löst sich auf ... in zwei Teile, wovon der eine ihren Arbeitslohn bezahlt, der andre den Profit ihres Beschäftigers auf das ganze von ihm in Material und Lohn vorgeschoßne Kapital.« (Buch I, ch. 6, p. 40, 41.) – »Obgleich der Manufakturist« [der Manufakturarbeiter] »seinen Lohn von seinem Meister vorgeschossen erhält, kostet er diesen doch in Wirklichkeit nichts, da in der Regel der Wert dieses Lohns, zusammen mit einem Profit, festgehalten (reserved) wird in dem vermehrten Wert des Gegenstands, auf den seine Arbeit verwandt worden.« (B. II, ch. 3, p. 221.) Der Teil des Kapitals (stock), der ausgelegt wird »im Unterhalt produktiver Arbeit ... nachdem er ihm« [dem Beschäftiger] »in der Funktion eines Kapitals gedient hat ... bildet eine Revenue für sie« [die Arbeiter]. (B. II, ch. 3, p. 223.)

A. Smith im eben zitierten Kapitel sagt ausdrücklich: »Das ganze Jahresprodukt des Bodens und der Arbeit jedes Landes ... spaltet sich von selbst (naturally) in zwei Teile. Einer derselben, und oft der größte, ist an erster Stelle bestimmt, ein Kapital zu ersetzen und die Lebensmittel, Rohstoffe und fertigen Produkte zu erneuern, die aus einem Kapital entnommen worden; der andre ist bestimmt, eine Revenue zu bilden, sei es für den Eigentümer dieses Kapitals, als sein *Kapitalprofit*, sei es für jemand anders, als Rente seines *Grundbesitzes*.« (p. 222.) Nur ein Teil des Kapitals, wie wir vorhin von A. Smith gehört, bildet zugleich Revenue für jemand, nämlich der im Ankauf von produktiver Arbeit angelegte. Dieser – das variable Kapital – verrichtet zuerst in der Hand des Beschäftigers und für ihn »die Funktion eines Kapitals«, und sodann »bildet er eine Revenue« für den produktiven Arbeiter selbst. Der Kapitalist verwandelt einen Teil seines Kapitalwerts in Arbeitskraft und eben dadurch in variables Kapital; nur durch diese Verwandlung fungiert nicht nur dieser Teil des Kapitals, sondern sein Gesamtkapital als industrielles Kapital. Der Arbeiter – der Verkäufer der Arbeitskraft – erhält in Form des Arbeitslohns den Wert derselben. In seinen Händen ist die Arbeitskraft nur verkäufliche Ware, Ware, von deren Verkauf er lebt, die daher die einzige Quelle seiner Revenue bildet; als variables Kapital fungiert die Arbeitskraft nur in den Händen ihres Käufers, des Kapitalisten, und den Kaufpreis selbst schießt der Kapitalist nur scheinbar vor, da sein Wert ihm vorher bereits durch den Arbeiter geliefert ist.

Nachdem uns A. Smith so gezeigt, daß der Wert des Produkts in der Manufaktur = v + m (wo m = Profit des Kapitalisten), sagt er uns, daß in der Agrikultur die Arbeiter außer »der Reproduktion eines Werts, der gleich ist ihrer eignen Konsumtion oder* dem sie beschäftigenden« [variablen] »Kapital nebst dem Profit des Kapitalisten« – außerdem »über das Kapital des Pächters und all seinen *Profit* hinaus auch noch regelmäßig die Reproduktion der *Rente* des Grundbesitzers bewirken«. (B. II, ch. 5, p. 243.) Daß die Rente in die Hände des Grundbesitzers geht, ist für die Frage, die wir betrachten, ganz gleichgültig. Bevor sie in seine Hände geht, muß sie in den Händen des Pächters sich befinden, d. h. in denen des industriellen Kapitalisten. Sie muß einen Wertbestandteil des Produkts bilden, bevor sie Revenue für irgendwen wird. Rente wie Profit sind also bei A. Smith selbst nur Bestandteile des Mehrwerts, die der produktive Arbeiter beständig reproduziert zugleich mit seinem eignen Arbeitslohn, d. h. mit dem Wert des va-

* [1. und 2. Auflage: und]

riablen Kapitals. Rente wie Profit sind also Teil des Mehrwerts m, und somit löst sich bei A. Smith der Preis aller Waren auf in v + m.

Das Dogma, daß der Preis aller Waren (also auch des jährlichen Warenprodukts) sich auflöst in Arbeitslohn plus Profit plus Grundrente, nimmt in dem zwischendurch laufenden esoterischen Teil von Smith's Werk selbst die Form an, daß der Wert jeder Ware, also auch des jährlichen Warenprodukts der Gesellschaft, = v + m, = dem in Arbeitskraft ausgelegten und vom Arbeiter stets reproduzierten Kapitalwert plus dem von den Arbeitern durch ihre Arbeit zugesetzten Mehrwert.

Dies Endergebnis bei A. Smith offenbart uns zugleich – siehe weiter unten – die Quelle seiner einseitigen Analyse der Bestandteile, worin der Warenwert zerfällbar. Mit der Größenbestimmung jedes einzelnen dieser Bestandteile und der Grenze ihrer Wertsumme hat aber der Umstand nichts zu tun, daß sie zugleich verschiedne Revenuequellen für verschiedne in der Produktion fungierende Klassen bilden.

Wenn A. Smith sagt: »Arbeitslohn, Profit und Bodenrente sind die drei Urquellen alles Einkommens sowohl wie alles Tauschwerts. Jede andre Revenue ist in letzter Instanz von einer derselben abgeleitet« (B. I, ch. 6, p. 43), so sind hier allerlei Quidproquo zusammengehäuft.

1. Alle nicht direkt in der Reproduktion, mit oder ohne Arbeit, figurierenden Gesellschaftsglieder können ihren Anteil am jährlichen Warenprodukt – also ihre Konsumtionsmittel – in erster Hand nur beziehn aus den Händen der Klassen, denen das Produkt in erster Hand zufällt – produktiven Arbeitern, industriellen Kapitalisten und Grundbesitzern. Insofern sind ihre Revenuen materialiter abgeleitet von Arbeitslohn (der produktiven Arbeiter), Profit und Bodenrente und erscheinen daher jenen Originalrevenuen gegenüber als abgeleitete. Andrerseits jedoch beziehn die Empfänger dieser in diesem Sinn abgeleiteten Revenuen dieselben, vermittelst ihrer gesellschaftlichen Funktion als König, Pfaff, Professor, Hure, Kriegsknecht etc., und sie können also diese ihre Funktionen als die Originalquellen ihrer Revenue betrachten.

2. – und hier kulminiert der närrische Schnitzer A. Smith's: Nachdem er damit begonnen hat, die Wertbestandteile der Ware und die Summe des Wertprodukts, das in ihnen verkörpert ist, richtig zu bestimmen und dann nachzuweisen, wie diese Bestandteile ebensoviele verschiedne Revenuequellen bilden[39]; nachdem er so aus dem Wert die Revenuen abgeleitet hat, verfährt

---

[39] Ich gebe diesen Satz wörtlich, wie er im Manuskript steht, obwohl er in seinem jetzigen Zusammenhang sowohl dem Vorhergehenden wie dem unmittelbar Folgenden zu widersprechen scheint. Dieser scheinbare Widerspruch löst sich weiter unten in Nr. 4: Kapital und Revenue bei A. Smith. – F. E.

er dann – und das bleibt ihm die vorherrschende Vorstellung – umgekehrt und läßt die Revenuen, aus »Bestandteilen« (component parts), zu »*Urquellen* alles Tauschwerts« werden, womit der Vulgärökonomie Tür und Tor weit geöffnet war. (Siehe unsern Roscher.)

3. Der konstante Kapitalteil

Sehn wir nun, wie A. Smith den konstanten Wertteil des Kapitals aus dem Warenwert wegzuhexen sucht.
»In dem Preis des Korns z. B. zahlt ein Teil die Rente des Grundbesitzers.« Der Ursprung dieses Wertbestandteils hat ebensowenig mit dem Umstand zu schaffen, daß er dem Grundbesitzer gezahlt wird und für ihn Revenue unter der Form der Rente bildet, wie der Ursprung der andern Wertbestandteile damit zu schaffen hat, daß sie als Profit und Arbeitslohn Revenuequellen bilden.
»Ein andrer Teil zahlt den Lohn und Unterhalt der Arbeiter« [und des Arbeitsviehs! setzt er hinzu], »die in seiner Produktion beschäftigt waren, und der dritte Teil zahlt den Profit des Pächters. Diese drei Teile scheinen« [seem, in der Tat *scheinen* sie] »entweder unmittelbar oder in letzter Instanz den ganzen Preis des Korns auszumachen.«[40] Dieser ganze Preis, d. h. seine Größenbestimmung, ist absolut unabhängig von seiner Verteilung unter drei Sorten von Personen. »Ein vierter Teil mag notwendig scheinen, um das Kapital des Pächters zu ersetzen oder um den Verschleiß seines Arbeitsviehs und seiner andern Ackergeräte zu ersetzen. Aber es muß in Betracht gezogen werden, daß der Preis irgendwelches Ackergeräts, z. B. eines Arbeitspferds, selbst wieder aus obigen drei Teilen sich zusammensetzt: der Rente des Bodens, auf dem es gezüchtet, der Arbeit der Züchtung und dem Profit des Pächters, der beides, die Rente dieses Bodens und den Lohn dieser Arbeit, vorschießt. Obwohl daher der Preis des Korns sowohl den Preis wie die Unterhaltungskosten des Pferdes ersetzen mag, so löst sich doch der ganze Preis immer noch, unmittelbar oder in letzter Instanz, auf in dieselben drei Teile: Bodenrente, Arbeit« [er meint Arbeitslohn] »und Profit.« (B. I, ch. 6, p. 42.)
Das ist wörtlich alles, was A. Smith zur Begründung seiner erstaunlichen Doktrin vorbringt. Sein Beweis besteht einfach in der Wiederholung dersel-

---

40 Wir sehn hier ganz davon ab, daß Adam besonders unglücklich in seinem Beispiel war. Der Wert des Korns wird nur dadurch in Arbeitslohn, Profit und Rente aufgelöst, daß die vom Arbeitsvieh verzehrten Nahrungsmittel als Lohn des Arbeitsviehs und das Arbeitsvieh als Lohnarbeiter dargestellt wird, daher seinerseits der Lohnarbeiter auch als Arbeitsvieh. (Zusatz aus Manuskript II.)

ben Behauptung. Er gibt beispielsweise zu, daß der Preis des Korns nicht nur besteht aus v + m, sondern ebenfalls aus dem Preis der in der Kornproduktion verzehrten Produktionsmittel, also aus einem Kapitalwert, den der Pächter nicht in Arbeitskraft angelegt hat. Aber, sagt er, die Preise aller dieser Produktionsmittel selbst zerfallen, wie der Kornpreis, auch in v + m; nur vergißt A. Smith hinzuzusetzen: außerdem in den Preis der in ihrer eignen Erzeugung verzehrten Produktionsmittel. Er verweist von einem Produktionszweig auf den andern und von dem andern wieder auf einen dritten. Daß der ganze Preis der Waren sich »unmittelbar« oder »in letzter Instanz« (ultimately) in v + m auflöst, wäre nur dann keine hohle Ausflucht, wenn nachgewiesen worden, daß die Warenprodukte, deren Preis sich unmittelbar auflöst in c (Preis verzehrter Produktionsmittel) + v + m, schließlich kompensiert werden durch Warenprodukte, welche jene »verzehrten Produktionsmittel« ihrem ganzen Umfang nach ersetzen und die ihrerseits dagegen hergestellt werden durch bloße Auslage von variablem, d. h. in Arbeitskraft ausgelegtem Kapital. Der Preis der letztren wäre dann unmittelbar = v + m. Daher auch der Preis der erstern, c + v + m, wo c als konstanter Kapitalteil figuriert, schließlich auflösbar in v + m. A. Smith glaubte selbst nicht, solchen Nachweis geliefert zu haben durch sein Beispiel mit den Scotch pebbles-Sammlern, die aber nach ihm 1. keinen Mehrwert irgendeiner Art liefern, sondern nur ihren eignen Arbeitslohn produzieren; 2. keine Produktionsmittel anwenden (wohl doch auch in Form von Körben, Säcken und andern Gefäßen zum Wegtragen der Steinchen).

Wir haben bereits vorhin gesehn, daß A. Smith selbst seine eigne Theorie später über den Haufen wirft, ohne sich indes seiner Widersprüche bewußt zu werden. Ihre Quelle ist jedoch zu suchen gerade in seinen wissenschaftlichen Ausgangspunkten. Das in Arbeit umgesetzte Kapital produziert einen größern Wert als seinen eignen. Wie? Indem, sagt A. Smith, die Arbeiter während des Produktionsprozesses den von ihnen bearbeiteten Dingen einen Wert einprägen, der außer dem Äquivalent für ihren eignen Kaufpreis einen nicht ihnen, sondern ihren Anwendern zufallenden Mehrwert bildet (Profit und Rente). Das ist aber auch alles, was sie leisten und leisten können. Was von der industriellen Arbeit eines Tages, das gilt von der durch die ganze Kapitalistenklasse während eines Jahres in Bewegung gesetzten Arbeit. Die Gesamtmasse des jährlichen gesellschaftlichen Wertprodukts kann daher nur zerfällbar sein in v + m, in ein Äquivalent, wodurch die Arbeiter den in ihrem eignen Kaufpreis verausgabten Kapitalwert ersetzen, und in den zusätzlichen Wert, den sie darüber hinaus ihrem Anwender liefern müssen. Diese beiden Wertelemente der Waren aber bilden zugleich Revenuequellen für die verschiednen in der Reproduktion beteiligten Klassen: das erste den Arbeitslohn, die Revenue der Arbeiter; das zweite den Mehrwert, wovon der industrielle Kapitalist einen Teil in Form des Profits für sich behält, einen andern abtritt als Rente, die Revenue des Grundeigentümers. Wo sollte also ein weitrer Wertbestandteil herkommen, da das jährliche Wertprodukt keine andren Elemente enthält außer v + m? Wir stehn hier auf dem Boden der einfachen Reproduktion. Da die ganze jährliche Arbeitssumme sich auflöst in Arbeit, nötig zur Reproduktion des in Arbeitskraft ausgelegten Kapitalwerts, und in Arbeit, nötig zur Schöpfung eines Mehrwerts, wo sollte da überhaupt noch die Arbeit zur Produktion eines nicht in Arbeitskraft ausgelegten Kapitalwerts herkommen?

Die Sache liegt folgendermaßen:

1. A. Smith bestimmt den Wert einer Ware durch die Masse Arbeit, die der Lohnarbeiter dem Arbeitsgegenstand zusetzt (adds). Er sagt wörtlich: »den Materialien«, da er von Manufaktur handelt, die selbst schon Arbeitsprodukte verarbeitet; dies ändert aber nichts an der Sache. Der Wert, den der Arbeiter einem Dinge zusetzt (und dies »adds« ist der Ausdruck Adams) ist ganz unabhängig davon, ob dieser Gegenstand, dem Wert zugesetzt wird, *vor* diesem Zusatz schon selbst Wert hat oder nicht. Der Arbeiter schafft also in Warenform ein Wertprodukt; dies ist nach A. Smith einesteils Äquivalent seines Arbeitslohns, und dieser Teil ist also bestimmt durch den Wertumfang seines Arbeitslohns; je nachdem dieser größer oder kleiner, hat er mehr Arbeit zuzusetzen, um einen Wert gleich dem seines Arbeitslohns zu produzieren oder zu reproduzieren. Andernteils aber setzt der Arbeiter über die so gezogne Grenze hinaus weitre Arbeit zu, die Mehrwert für den ihn beschäftigenden Kapitalisten bildet. Ob dieser Mehrwert ganz in den Händen des Kapitalisten bleibt oder stückweis an dritte Personen von ihm abzutreten ist, ändert absolut nichts weder an der qualitativen (daß es überhaupt Mehrwert ist) noch an der quantitativen (der Größen-) Bestimmung des vom Lohnarbeiter zugesetzten Mehrwerts. Es ist Wert wie jeder andre Wertteil des Produkts, unterscheidet sich aber dadurch, daß der Arbeiter kein Äquivalent dafür erhalten hat noch nachher erhält, dieser Wert vielmehr vom Kapitalisten ohne Äquivalent angeeignet wird. Der Gesamtwert der Ware ist bestimmt durch das Quantum Arbeit, das der Arbeiter in ihrer Produktion verausgabt hat; ein Teil dieses Gesamtwerts ist dadurch bestimmt, daß er gleich dem Wert des Arbeitslohns ist, also Äquivalent für denselben. Der zweite Teil, der Mehrwert, ist daher notwendig ebenfalls bestimmt, nämlich gleich dem Gesamtwert des Produkts minus dem Wertteil desselben, der Äquivalent des Arbeitslohns ist; also

gleich dem Überschuß des in Herstellung der Ware geschaffnen Wertprodukts über den darin enthaltnen Wertteil, der gleich dem Äquivalent für seinen Arbeitslohn.

2. Was für die Ware, produziert in einem einzelnen industriellen Geschäft durch jeden einzelnen Arbeiter, gilt vom Jahresprodukt aller Geschäftszweige zusammen. Was von der Tagesarbeit eines individuellen produktiven Arbeiters, gilt von der durch die ganze produktive Arbeiterklasse flüssig gemachten Jahresarbeit. Sie »fixiert« (Smith'scher Ausdruck) im Jahresprodukt einen Gesamtwert, bestimmt durch das Quantum der verausgabten Jahresarbeit, und dieser Gesamtwert zerfällt in einen Teil, bestimmt durch dasjenige Stück der Jahresarbeit, worin die Arbeiterklasse ein Äquivalent ihres Jahreslohns schafft, in der Tat diesen Lohn selbst; und in einen andern Teil, bestimmt durch die zusätzliche Jahresarbeit, worin der Arbeiter einen Mehrwert für die Kapitalistenklasse schafft. Das im Jahresprodukt enthaltne jährliche Wertprodukt besteht also nur aus zwei Elementen, dem Äquivalent des von der Arbeiterklasse erhaltnen Jahreslohns und dem jährlich für die Kapitalistenklasse gelieferten Mehrwert. Der Jahreslohn bildet aber die Revenue der Arbeiterklasse, die Jahressumme des Mehrwerts die Revenue der Kapitalistenklasse; beide stellen also (und dieser Gesichtspunkt ist richtig bei Darstellung der einfachen Reproduktion) die relativen Anteile am jährlichen Konsumtionsfonds dar und realisieren sich in ihm. Und so bleibt nirgends Platz für den konstanten Kapitalwert, für die Reproduktion des in Form von Produktionsmitteln fungierenden Kapitals. Daß aber alle Teile des Warenwerts, die als Revenue fungieren, zusammenfallen mit dem für den gesellschaftlichen Konsumtionsfonds bestimmten jährlichen Arbeitsprodukt, sagt A. Smith ausdrücklich in der Einleitung seines Werks: »Worin die Revenue des Volks überhaupt bestanden hat oder was die Natur des Fonds war, welcher ... ihre jährliche Konsumtion geliefert hat (supplied), dies zu erklären ist der Zweck dieser vier ersten Bücher.« (p. 12.) Und gleich im ersten Satz der Einleitung heißt es: »Die jährliche Arbeit jeder Nation ist der Fonds, welcher sie ursprünglich versieht mit all den Lebensmitteln, die sie im Lauf des Jahres verzehrt und die stets bestehn entweder aus dem unmittelbaren Produkt dieser Arbeit oder in den mit diesem Produkt von andern Nationen gekauften Gegenständen.« (p. 11.)

Der erste Fehler A. Smith's besteht nun darin, daß er den jährlichen *Produktenwert* gleichsetzt dem jährlichen *Wertprodukt*. Das letztre ist *nur* Produkt der Arbeit des vergangnen Jahrs; der erstere schließt außerdem alle Wertelemente ein, die zur Herstellung des Jahresprodukts verbraucht, aber *im vorhergehenden und zum Teil in noch früher verfloßnen Jahren produziert wurden:* Produktionsmittel, deren Wert nur *wiederer-*

scheint –, die, was ihren Wert betrifft, weder produziert noch reproduziert worden sind durch während des letzten Jahrs verausgabte Arbeit. Durch diese Verwechslung manipuliert A. Smith den konstanten Wertteil des Jahresprodukts hinweg. Die Verwechslung selbst beruht auf einem andern Irrtum in seiner Fundamentalauffassung: er unterscheidet nicht den zwiespältigen Charakter der Arbeit selbst: der Arbeit, soweit sie als Verausgabung von Arbeitskraft Wert und soweit sie als konkrete, nützliche Arbeit Gebrauchsgegenstände (Gebrauchswert) schafft. Die Gesamtsumme der jährlich hergestellten Waren, also das *ganze Jahresprodukt*, ist Produkt der im letzten Jahr wirkenden *nützlichen* Arbeit; nur dadurch, daß gesellschaftlich angewandte Arbeit in einem vielverzweigten System nützlicher Arbeitsarten verausgabt wurde, sind alle diese Waren da; nur dadurch ist in ihrem Gesamtwert der Wert der in ihrer Produktion verzehrten Produktionsmittel erhalten, in neuer Naturalform wieder erscheinend. Das gesamte *Jahresprodukt* ist also Resultat der während des Jahrs verausgabten *nützlichen* Arbeit; aber vom jährlichen *Produktenwert* ist nur ein Teil während des Jahrs geschaffen worden; dieser Teil ist das jährliche *Wertprodukt*, worin sich die Summe der während des Jahres selbst flüssiggemachten Arbeit darstellt.

Wenn also A. Smith in der soeben zitierten Stelle sagt: »Die jährliche Arbeit jeder Nation ist der Fonds, welcher sie ursprünglich versieht mit all den Lebensmitteln, die sie im Lauf des Jahrs verzehrt etc.«, so stellt er sich einseitig auf den Standpunkt der bloß nützlichen Arbeit, die allerdings alle diese Lebensmittel in ihre verzehrbare Form gebracht hat. Er vergißt aber dabei, daß dies unmöglich war ohne Mithilfe der aus frühern Jahren überlieferten Arbeitsmittel und Arbeitsgegenstände und daß daher die »jährliche Arbeit«, soweit sie Wert bildete, keineswegs den ganzen Wert des durch sie fertiggestellten Produkts geschaffen hat; daß das Wertprodukt kleiner ist als der Produktenwert.

Wenn man A. Smith keinen Vorwurf machen kann, in dieser Analyse nur so weit gegangen zu sein als alle seine Nachfolger (obgleich sich ein Ansatz zum Richtigen schon bei den Physiokraten vorfand), so verläuft er sich dagegen weiter in einem Chaos, und zwar hauptsächlich, weil seine »esoterische« Auffassung des Warenwerts überhaupt fortwährend durchkreuzt wird von exoterischen, die in der Breite bei ihm vorwiegen, während sein wissenschaftlicher Instinkt von Zeit zu Zeit den esoterischen Standpunkt wieder erscheinen läßt.

4. Kapital und Revenue bei A. Smith

Der Wertteil jeder Ware (und daher auch des Jahresprodukts), der nur ein Äquivalent des Arbeitslohns bildet, ist gleich dem vom Kapitalisten im Arbeitslohn vorgeschoßnen Kapital, d. h. gleich dem variablen Bestandteil seines vorgeschoßnen Gesamtkapitals. Diesen Bestandteil des vorgeschoßnen Kapitalwerts erhält der Kapitalist wieder durch einen neuproduzierten Wertbestandteil der von den Lohnarbeitern gelieferten Ware. Ob das variable Kapital vorgeschossen wird in dem Sinn, daß der Kapitalist in Geld den dem Arbeiter zufallenden Anteil eines Produkts zahlt, das noch nicht zum Verkauf fertig, oder das zwar fertig, aber noch nicht vom Kapitalisten verkauft ist, oder ob er ihn mit Geld zahlt, das er bereits erhalten durch Verkauf der vom Arbeiter gelieferten Ware, oder ob er durch Kredit dies Geld antizipiert hat – in allen diesen Fällen verausgabt der Kapitalist variables Kapital, das als Geld den Arbeitern zufließt, und besitzt er andrerseits das Äquivalent dieses Kapitalwerts in dem Wertteil seiner Waren, wodurch der Arbeiter den ihm selbst zufallenden Anteil an dem Gesamtwert derselben neu produziert, wodurch er in andren Worten den Wert seines eignen Arbeitslohns produziert hat. Statt ihm diesen Wertteil in der Naturalform seines eignen Produkts zu geben, zahlt ihm der Kapitalist selben in Geld aus. Für den Kapitalisten besteht also jetzt der variable Bestandteil seines vorgeschoßnen Kapitalwerts in Warenform, während der Arbeiter das Äquivalent für seine verkaufte Arbeitskraft in Geldform erhalten hat. Während also der durch Ankauf der Arbeitskraft in variables Kapital umgesetzte Teil des vom Kapitalisten vorgeschoßnen Kapitals innerhalb des Produktionsprozesses selbst als sich betätigende Arbeitskraft fungiert und durch die Verausgabung dieser Kraft als Neuwert in Warenform von neuem produziert, d. h. reproduziert wird – also Reproduktion, d. h. Neuproduktion von vorgeschoßnem Kapitalwert! –, verausgabt der Arbeiter den Wert, resp. Preis seiner verkauften Arbeitskraft in Lebensmitteln, in Mitteln der Reproduktion seiner Arbeitskraft. Eine dem variablen Kapital gleiche Geldsumme bildet seine Einnahme, daher seine Revenue, die nur solange dauert, als er seine Arbeitskraft an den Kapitalisten verkaufen kann. Die Ware des Lohnarbeiters – seine Arbeitskraft selbst – fungiert nur als Ware, soweit sie dem Kapital des Kapitalisten einverleibt wird, als Kapital fungiert; andrerseits fungiert das als Geldkapital im Ankauf von Arbeitskraft verausgabte Kapital des Kapitalisten als Revenue in der Hand des Verkäufers der Arbeitskraft, des Lohnarbeiters.

Es verschlingen sich hier verschiedne Zirkulations- und Produktionsprozesse, die A. Smith nicht auseinanderhält.

Erstens. Dem *Zirkulations*prozeß angehörige Akte: Der Arbeiter verkauft seine Ware – die Arbeitskraft – an den Kapitalisten; das Geld, womit der Kapitalist sie kauft, ist für ihn zur Verwertung angelegtes Geld, also Geldkapital; es ist nicht verausgabt, sondern vorgeschossen. (Dies ist der wirkliche Sinn des »Vorschusses« – avance der Physiokraten –, ganz unabhängig davon, wo der Kapitalist das Geld selbst hernimmt. Vorgeschossen ist für den Kapitalisten jeder Wert, den er zum Zweck des Produktionsprozesses zahlt, ob dies nun vorher oder post festum geschehe; er ist dem Produktionsprozeß selbst vorgeschossen.) Hier ereignet sich nur, was bei jedem Warenverkauf: der Verkäufer gibt einen Gebrauchswert fort (hier die Arbeitskraft) und erhält dessen Wert (realisiert dessen Preis) in Geld; der Käufer gibt sein Geld weg und erhält dafür die Ware selbst – hier die Arbeitskraft.

Zweitens: Im *Produktions*prozeß bildet jetzt die gekaufte Arbeitskraft einen Teil des fungierenden Kapitals, und der Arbeiter selbst fungiert hier nur als eine besondre Naturalform dieses Kapitals, unterschieden von den in der Naturalform von Produktionsmitteln bestehenden Elementen desselben. Während des Prozesses setzt der Arbeiter den von ihm in Produkt verwandelten Produktionsmitteln einen Wert zu, durch Verausgabung seiner Arbeitskraft gleich dem Wert seiner Arbeitskraft (abgesehn vom Mehrwert); er reproduziert also für den Kapitalisten in Warenform den von letztrem ihm in Arbeitslohn vorgeschoßnen oder vorzuschießenden Teil seines Kapitals; produziert ihm ein Äquivalent des letztren; er produziert also für den Kapitalisten das Kapital, das dieser von neuem im Ankauf von Arbeitskraft »vorschießen« kann.

Drittens: Bei Verkauf der Ware ersetzt also ein Teil ihres Verkaufspreises dem Kapitalisten das von ihm vorgeschoßne variable Kapital, befähigt daher sowohl ihn, von neuem Arbeitskraft zu kaufen, wie den Arbeiter, sie von neuem zu verkaufen.

Bei allen Warenkäufen und -verkäufen – soweit nur diese Transaktionen selbst betrachtet werden – ist es vollständig gleichgültig, was in der Hand des Verkäufers aus dem für seine Ware gelösten Geld und was in der Hand des Käufers aus dem von ihm gekauften Gebrauchsartikel wird. Es ist also, soweit der bloße Zirkulationsprozeß in Betracht kommt, auch völlig gleichgültig, daß die vom Kapitalisten gekaufte Arbeitskraft für ihn Kapitalwert reproduziert und daß andrerseits das als Kaufpreis der Arbeitskraft gelöste Geld für den Arbeiter Revenue bildet. Die Wertgröße des Handelsartikels des Arbeiters, seiner Arbeitskraft, wird weder dadurch affiziert, daß sie »Revenue« für ihn bildet, noch dadurch, daß der Gebrauch seines Handelsartikels durch den Käufer diesem Käufer Kapitalwert reproduziert.

Weil der Wert der Arbeitskraft – d. h. der adäquate Verkaufspreis dieser Ware – durch die zu ihrer Reproduktion nötige Arbeitsmenge bestimmt ist, diese Arbeitsmenge selbst aber hier bestimmt ist durch die zur Produktion der nötigen Lebensmittel des Arbeiters, also zur Erhaltung seines Lebens erheischte Arbeitsmenge, wird der Arbeitslohn zur Revenue, wovon der Arbeiter zu leben hat.

Es ist total falsch, was A. Smith sagt (p. 223): »*Der Teil des Kapitals,* der angelegt wird im Unterhalt produktiver Arbeit ... nachdem er ihm« [dem Kapitalisten] »in der Funktion eines Kapitals gedient hat, ... bildet eine Revenue für sie« [die Arbeiter]. Das *Geld,* womit der Kapitalist die von ihm gekaufte Arbeitskraft zahlt, »dient ihm in der Funktion eines Kapitals«, soweit er dadurch die Arbeitskraft den dinglichen Bestandteilen seines Kapitals einverleibt und damit überhaupt sein Kapital erst in den Stand setzt, als produktives Kapital zu fungieren. Unterscheiden wir: Die Arbeitskraft ist *Ware,* nicht Kapital, in der Hand des Arbeiters, und sie konstituiert für ihn eine Revenue, soweit er deren Verkauf beständig wiederholen kann; sie fungiert als Kapital *nach* dem Verkauf in der Hand des Kapitalisten, während des Produktionsprozesses selbst. Was hier zweimal dient, ist die Arbeitskraft; als Ware, die zu ihrem Wert verkauft wird, in der Hand des Arbeiters; als Wert und Gebrauchswert produzierende Kraft in der Hand des Kapitalisten, der sie gekauft hat. Aber das Geld, was der Arbeiter vom Kapitalisten erhält, erhält er erst, nachdem er ihm den Gebrauch seiner Arbeitskraft gegeben hat, nachdem selbe bereits im Werte des Arbeitsprodukts realisiert ist. Der Kapitalist hat diesen Wert in seiner Hand, bevor er ihn zahlt. Es ist also nicht das Geld, das zweimal fungiert: erst als Geldform des variablen Kapitals, dann als Arbeitslohn. Sondern es ist die Arbeitskraft, die zweimal fungiert hat; erst als *Ware* beim Verkauf der Arbeitskraft (das Geld wirkt bei Stipulierung des zu zahlenden Lohns bloß als ideelles Wertmaß, wobei es noch gar nicht in der Hand des Kapitalisten zu sein braucht); zweitens im Produktionsprozeß, wo sie als *Kapital,* d. h. als Gebrauchswert und Wert schaffendes Element in der Hand des Kapitalisten fungiert. Sie hat bereits in Warenform das dem Arbeiter zu zahlende Äquivalent geliefert, bevor der Kapitalist es dem Arbeiter in Geldform zahlt. Der Arbeiter schafft also selbst den Zahlungsfonds, aus dem ihn der Kapitalist zahlt. Aber das ist nicht alles.

Das Geld, das der Arbeiter erhält, wird von ihm verausgabt, um seine Arbeitskraft zu erhalten, also – Kapitalistenklasse und Arbeiterklasse in ihrer Gesamtheit betrachtet – um dem Kapitalisten das Werkzeug zu erhalten, wodurch er allein Kapitalist bleiben kann.

Der beständige Kauf und Verkauf der Arbeitskraft verewigt also einerseits die Arbeitskraft als Element des Kapitals, wodurch es als Schöpfer von Waren, Gebrauchsartikeln, die einen Wert haben, erscheint, wodurch ferner der Kapitalteil, der die Arbeitskraft kauft, durch ihr eignes Produkt beständig hergestellt wird, der Arbeiter selbst also beständig den Kapitalfonds schafft, aus dem er bezahlt wird. Andrerseits wird der beständige Verkauf der Arbeitskraft zur stets sich erneuernden Lebenserhaltungsquelle des Arbeiters, und erscheint also seine Arbeitskraft als das Vermögen, wodurch er die Revenue bezieht, von der er lebt. Revenue meint hier nichts als durch beständig wiederholten Verkauf einer Ware (der Arbeitskraft) bewirkte Aneignung von Werten, wobei letztre selbst nur zur beständigen Reproduktion der zu verkaufenden Ware dienen. Und sofern hat A. Smith recht zu sagen, daß der Wertteil des vom Arbeiter selbst geschaffnen Produkts, wofür ihm der Kapitalist ein Äquivalent in Form des Arbeitslohns zahlt, Quelle von Revenue für den Arbeiter wird. Dies ändert aber ebensowenig an der Natur oder Größe dieses Wertteils der Ware, als es am Wert der Produktionsmittel ändert, daß sie als Kapitalwerte fungieren, oder an der Natur und Größe einer geraden Linie, daß sie als Basis eines Dreiecks oder als Durchmesser einer Ellipse fungiert. Der Wert der Arbeitskraft bleibt gerade so unabhängig bestimmt wie der jener Produktionsmittel. Weder *besteht* dieser Wertteil der Ware *aus* Revenue als einem ihn konstituierenden selbständigen Faktor, noch *löst sich* dieser Wertteil *auf* in Revenue. Weil dieser vom Arbeiter beständig reproduzierte Neuwert für ihn Quelle von Revenue bildet, bildet nicht umgekehrt seine Revenue einen Bestandteil des von ihm produzierten Neuwerts. Die Größe des ihm bezahlten Anteils an dem von ihm geschaffnen Neuwert bestimmt den Wertumfang seiner Revenue, nicht umgekehrt. Daß dieser Teil des Neuwerts für ihn Revenue bildet, zeigt bloß, was aus ihm wird, den Charakter seiner Anwendung, und hat mit seiner Bildung so wenig zu schaffen wie mit jeder andren Wertbildung. Nehme ich jede Woche zehn Taler ein, so ändert der Umstand dieser wöchentlichen Einnahme nichts, weder an der Wert*natur* der zehn Taler noch an ihrer Wert*größe*. Wie bei jeder andren Ware ist bei der Arbeitskraft ihr Wert bestimmt durch die zu ihrer Reproduktion notwendige Arbeitsmenge; daß diese Arbeitsmenge durch den Wert der notwendigen Lebensmittel des Arbeiters bestimmt, also gleich ist der zur Reproduktion seiner Lebensbedingungen selbst notwendigen Arbeit, ist dieser Ware (der Arbeitskraft) eigentümlich, aber nicht eigentümlicher, als daß der Wert von Lastvieh durch den Wert der zu seiner Erhaltung notwendigen Lebensmittel bestimmt ist, also durch die Masse menschlicher Arbeit, nötig, um letztre zu produzieren.

Es ist aber die Kategorie »Revenue«, die hier das ganze Unheil bei A. Smith anrichtet. Die verschiednen Sorten von Revenuen bilden bei ihm die »component parts«, die Bestandteile des jährlich produzierten, neuhergestellten Warenwerts, während umgekehrt die zwei Teile, worin dieser Warenwert *für den Kapitalisten* zerfällt – das Äquivalent seines bei Ankauf der Arbeit in Geldform vorgeschoßnen variablen Kapials, und der andre Wertteil, der ihm auch gehört, ihm aber nichts gekostet hat, der Mehrwert –, Revenuequellen bilden. Das Äquivalent des variablen Kapitals wird von neuem in Arbeitskraft vorgeschossen und bildet sofern eine Revenue für den Arbeiter in Form seines Arbeitslohns; der andre Teil – der Mehrwert –, da er dem Kapitalisten keinen Kapitalvorschuß zu ersetzen hat, kann von ihm in Konsumtionsmitteln (notwendigen und Luxus) verausgabt, als Revenue verzehrt werden, statt Kapitalwert irgendeiner Art zu bilden. Die Voraussetzung dieser Revenue ist der Warenwert selbst, und seine Bestandteile unterscheiden sich für den Kapitalisten nur soweit sie entweder Äquivalent *für* oder Überschuß *über* den von ihm vorgeschoßnen variablen Kapitalwert bilden. Beide bestehn aus nichts als während der Warenproduktion verausgabter, in Arbeit flüssig gemachter Arbeitskraft. Sie bestehn aus Ausgabe, nicht aus Einkommen oder Revenue – aus Arbeitsausgabe.

Nach diesem Quidproquo, wo die Revenue die Quelle von Warenwert wird, statt der Warenwert die Quelle von Revenue, erscheint nun der Warenwert als »zusammengesetzt« aus den verschiednen Sorten Revenuen; sie sind unabhängig voneinander bestimmt, und durch die Addition des Wertumfangs dieser Revenuen wird der Gesamtwert der Ware bestimmt. Aber nun fragt es sich, wie wird der Wert jeder dieser Revenuen bestimmt, aus denen der Warenwert entspringen soll? Bei dem Arbeitslohn geschieht dies, denn der Arbeitslohn ist der Wert seiner Ware, der Arbeitskraft, und dieser bestimmbar (wie der jeder andren Ware) durch die zur Reproduktion dieser Ware nötige Arbeit. Aber der Mehrwert, oder bei A. Smith vielmehr seine beiden Formen, Profit und Grundrente, wie sind sie bestimmbar? Hier bleibts bei leerem Geschwätz. Bald stellt A. Smith Arbeitslohn und Mehrwert (resp. Arbeitslohn und Profit) als Bestandteile dar, aus denen der Warenwert, resp. Preis sich zusammensetzt, bald, und oft fast im selben Atemzug, als Teile, worin sich der Warenpreis »auflöst« (resolves itself); was aber umgekehrt heißt, daß der Warenwert das zuerst Gegebne ist und daß verschiedne Teile dieses gegebnen Werts verschiednen im Produktionsprozeß beteiligten Personen in der Form verschiedner Revenuen zufallen. Dies ist keineswegs identisch mit der Zusammensetzung des Werts aus diesen drei »Bestandteilen«. Wenn ich die Größe dreier verschiednen geraden Linien selbständig bestimme und dann aus diesen drei Linien als »Bestandteilen« eine vierte gerade Linie bilde, die gleich der Größe ihrer Summe ist, so ist das keineswegs dieselbe Prozedur, als wenn ich andrerseits eine gegebne gerade Linie vor mir habe und diese zu irgendwelchem Behuf in drei verschiedne Teile teile, gewissermaßen »auflöse«. Die Größe der Linie im ersten Fall wechselt durchweg mit der Größe der drei Linien, deren Summe sie bildet; die Größe der drei Linienteile im letzten Fall ist von vornherein dadurch begrenzt, daß sie Teile einer Linie von gegebner Größe bilden.

In der Tat aber, soweit wir an dem Richtigen von A. Smith's Darstellung festhalten, daß der im jährlichen Warenprodukt der Gesellschaft (wie in jeder einzelnen Ware oder wie im Tages-, Wochenprodukt etc.) enthaltne, *durch die Jahresarbeit neu geschaffne Wert* gleich ist dem Wert des vorgeschoßnen variablen Kapitals (also dem wieder zu Ankauf von Arbeitskraft bestimmten Wertteil) plus dem Mehrwert, den der Kapitalist realisieren kann – bei einfacher Reproduktion und sonst gleichbleibenden Umständen – in Mitteln seiner individuellen Konsumtion; wenn wir ferner daran festhalten, daß A. Smith zusammenwirft die Arbeit, soweit sie Wert schafft, Verausgabung von Arbeitskraft ist – und die Arbeit, soweit sie Gebrauchswert schafft, d. h. in nützlicher, zweckmäßiger Form verausgabt wird –, so kommt die ganze Vorstellung darauf hinaus: Der Wert jeder Ware ist das Produkt der Arbeit; also auch der Wert des Produkts der Jahresarbeit oder der Wert des jährlichen gesellschaftlichen Warenprodukts. Da alle Arbeit aber sich auflöst in 1. notwendige Arbeitszeit, worin der Arbeiter bloß ein Äquivalent reproduziert für das in Ankauf seiner Arbeitskraft vorgeschoßne Kapital, und 2. Mehrarbeit, wodurch er einen Wert für den Kapitalisten liefert, wofür dieser kein Äquivalent zahlt, also Mehrwert; so kann sich aller Warenwert nur in diese zwei verschiednen Bestandteile auflösen und bildet also schließlich als Arbeitslohn die Revenue der Arbeiterklasse, als Mehrwert die der Kapitalistenklasse. Was aber den konstanten Kapitalwert angeht, d. h. den Wert der in der Produktion des Jahresprodukts aufgezehrten Produktionsmittel, so kann zwar nicht gesagt werden (außer der Phrase, daß der Kapitalist dem Käufer ihn anrechnet bei Verkauf seiner Ware), wie dieser Wert in den Wert des neuen Produkts hineinkommt, aber schließlich – ultimately – kann dieser Wertteil, da die Produktionsmittel selbst Produkt der Arbeit sind, doch selbst wieder nur bestehn aus Äquivalent des variablen Kapitals und aus Mehrwert; aus Produkt von notwendiger Arbeit und von Mehrarbeit. Wenn die Werte dieser Produktionsmittel in der Hand ihrer Anwender als Kapitalwerte fungieren, so hindert das nicht, daß sie »ursprünglich«, und wenn man ihnen auf den Grund geht, in einer andren Hand – wenn auch früher – in dieselben beiden Wertteile zerfällbar waren, also in zwei verschiedne Revenuequellen.

Ein richtiger Punkt hierin ist: daß in der Bewegung des gesellschaftlichen

Kapitals – d. h. der Gesamtheit der individuellen Kapitale – die Sache sich anders darstellt, als sie sich für jedes individuelle Kapital, besonders betrachtet, also vom Standpunkt jedes einzelnen Kapitalisten darstellt. Für letztren löst sich der Warenwert auf 1. in ein konstantes Element (viertes, wie Smith sagt) und 2. in die Summe von Arbeitslohn und Mehrwert, resp. Arbeitslohn, Profit und Grundrente. Vom gesellschaftlichen Standpunkt aus verschwindet dagegen Smith's viertes Element, der konstante Kapitalwert.

5. Zusammenfassung

Die abgeschmackte Formel, daß die drei Revenuen, Arbeitslohn, Profit, Rente, drei »Bestandteile« des Warenwerts bilden, entspringt bei A. Smith aus der plausibleren, daß der Warenwert resolves itself, sich auflöst, in diese drei Bestandteile. Auch dies ist falsch, selbst vorausgesetzt, der Warenwert sei nur teilbar in das Äquivalent der verbrauchten Arbeitskraft und den von letztrer geschaffnen Mehrwert. Aber der Irrtum ruht hier wieder auf einer tiefern, wahren Grundlage. Die kapitalistische Produktion beruht darauf, daß der produktive Arbeiter seine eigne Arbeitskraft, als seine Ware, dem Kapitalisten verkauft, in dessen Händen sie dann bloß als ein Element seines produktiven Kapitals fungiert. Diese, der Zirkulation angehörige Transaktion – Verkauf und Kauf der Arbeitskraft –, leitet nicht nur den Produktionsprozeß ein, sondern bestimmt implizite seinen spezifischen Charakter. Die Produktion eines Gebrauchswerts und selbst die einer Ware (denn diese kann auch seitens unabhängiger produktiver Arbeiter vorgehn) ist hier nur Mittel für die Produktion von absolutem und relativem Mehrwert für den Kapitalisten. Wir haben daher bei Analyse des Produktionsprozesses gesehn, wie die Produktion von absolutem und relativem Mehrwert 1. die Dauer des täglichen Arbeitsprozesses, 2. die ganze gesellschaftliche und technische Gestaltung des kapitalistischen Produktionsprozesses bestimmt. Innerhalb dieses selbst verwirklicht sich die Unterscheidung zwischen bloßer Erhaltung von Wert (des konstanten Kapitalwerts), wirklicher Reproduktion von vorgeschoßnem Wert (Äquivalent der Arbeitskraft) und Produktion von Mehrwert, d. h. von Wert, wofür der Kapitalist kein Äquivalent weder vorher vorgeschossen hat noch post festum vorschießt.

Die Aneignung von Mehrwert – einem Wert, der überschüssig ist über das Äquivalent des vom Kapitalisten vorgeschoßnen Werts –, obgleich eingeleitet durch den Kauf und Verkauf der Arbeitskraft, ist ein innerhalb des Produktionsprozesses selbst sich vollziehender Akt und bildet ein wesentliches Moment desselben.

Der einleitende Akt, der einen Zirkulationsakt bildet: der Kauf und Verkauf der Arbeitskraft, beruht selbst wieder auf einer der Distribution der gesellschaftlichen *Produkte* vorausgegangnen und vorausgesetzten Distribution der Produktions*elemente*, nämlich der Scheidung der Arbeitskraft als Ware des Arbeiters von den Produktionsmitteln als Eigentum von Nichtarbeitern.

Zugleich aber ändert diese Aneignung von Mehrwert oder diese Scheidung der Wertproduktion in Reproduktion von vorgeschoßnem Wert und Produktion von kein Äquivalent ersetzendem Neuwert (Mehrwert) durchaus nichts an der Substanz des Werts selbst und der Natur der Wertproduktion. Die Substanz des Werts ist und bleibt nichts außer verausgabter Arbeitskraft – Arbeit, unabhängig von dem besondren nützlichen Charakter dieser Arbeit –, und die Wertproduktion ist nichts als der Prozeß dieser Verausgabung. So gibt der Leibeigne während sechs Tagen Arbeitskraft aus, arbeitet während sechs Tagen, und macht es für die Tatsache dieser Verausgabung als solcher keinen Unterschied, daß er z. B. drei dieser Arbeitstage für sich auf seinem eignen Feld und drei andre für seinen Gutsherrn auf dessen Feld verrichtet. Seine freiwillige Arbeit für sich und seine Zwangsarbeit für seinen Herrn sind gleichmäßig Arbeit; soweit sie als Arbeit mit Bezug auf die von ihr geschaffnen Werte oder auch nützlichen Produkte betrachtet wird, findet kein Unterschied in seiner sechstägigen Arbeit statt. Der Unterschied bezieht sich nur auf die verschiednen Verhältnisse, wodurch die Verausgabung seiner Arbeitskraft während der beiden Hälften der sechstägigen Arbeitszeit veranlaßt wird. Ebenso verhält es sich mit der notwendigen und der Mehrarbeit des Lohnarbeiters.

Der Produktionsprozeß erlischt in der Ware. Daß in ihrer Herstellung Arbeitskraft verausgabt worden ist, erscheint jetzt als dingliche Eigenschaft der Ware, daß sie Wert besitzt; die Größe dieses Werts ist gemessen durch die Größe der verausgabten Arbeit; in ein weiteres löst sich der Warenwert nicht auf und besteht aus nichts andrem. Wenn ich eine gerade Linie von bestimmter Größe gezogen habe, so habe ich zuerst durch die Art der Zeichnung, die nach gewissen von mir unabhängigen Regeln (Gesetzen) geschieht, eine gerade Linie »produziert« (zwar nur symbolisch, was ich vorher weiß). Teile ich diese Linie in drei Abschnitte (die wieder einem bestimmten Problem entsprechen mögen), so bleibt jeder dieser drei Stücke nach wie vor gerade Linie, und die ganze Linie, deren Teile sie sind, wird durch diese Teilung nicht in etwas von gerader Linie Unterschiednes, z. B. eine Kurve irgendeiner Art aufgelöst. Ebensowenig kann ich die Linie von gegebner Größe so teilen, daß die Summe dieser Teile größer als die ungeteilte Linie selbst wird; die Größe der ungeteilten Linie ist also auch nicht bestimmt durch beliebig bestimmte Größen der Teillinien. Umgekehrt, die relativen Größen der letztren sind von vornherein begrenzt durch die Grenzen der Linie, deren Teile sie sind.

Die vom Kapitalisten hergestellte Ware unterscheidet sich soweit in nichts von der durch einen selbständigen Arbeiter oder von Arbeitergemeinden oder von Sklaven hergestellten Ware. Jedoch gehört in unserm Fall das ganze Arbeitsprodukt wie sein ganzer Wert dem Kapitalisten. Wie jeder andre Produzent hat er die Ware erst durch den Verkauf in Geld zu verwandeln, um weiter damit manipulieren zu können; er muß sie in die Form von allgemeinem Äquivalent umsetzen. –

Betrachten wir das Warenprodukt, bevor es in Geld verwandelt wird. Es gehört ganz dem Kapitalisten. Es ist andrerseits als nützliches Arbeitsprodukt – als Gebrauchswert – ganz und gar das Produkt des vergangnen Arbeitsprozesses; nicht so sein Wert. Ein Teil dieses Werts ist nur in neuer Form wiedererscheinender Wert der in der Produktion der Ware verausgabten Produktionsmittel; dieser Wert ist nicht produziert worden während des Produktionsprozesses dieser Ware; denn diesen Wert besaßen die Produktionsmittel vor dem Produktionsprozeß, unabhängig von ihm; als seine Träger gingen sie ein in diesen Prozeß; was sich erneuert und verändert hat, ist nur seine Erscheinungsform. Dieser Teil des Warenwerts bildet für den Kapitalisten ein Äquivalent für den während der Warenproduktion verzehrten Teil seines vorgeschoßnen konstanten Kapitalwerts. Er existierte vorher in der Form von Produktionsmitteln; er existiert jetzt als Bestandteil des Werts der neuproduzierten Ware. Sobald letztre versilbert ist, muß dieser nun in Geld existierende Wert wieder verwandelt werden in Produktionsmittel, in seine ursprüngliche durch den Produktionsprozeß und seine Funktion in selbem bestimmte Form. Am Wertcharakter einer Ware wird nichts geändert durch die Kapitalfunktion dieses Werts. –

Ein zweiter Wertteil der Ware ist der Wert der Arbeitskraft, die der Lohnarbeiter an den Kapitalisten verkauft. Er ist bestimmt wie der Wert der Produktionsmittel, unabhängig von dem Produktionsprozeß, in den die Arbeitskraft eingehn soll, und wird fixiert in einem Zirkulationsakt, dem Kauf und Verkauf der Arbeitskraft, bevor diese in den Produktionsprozeß eingeht. Durch seine Funktion – die Verausgabung seiner Arbeitskraft – produziert der Lohnarbeiter einen Warenwert gleich dem Wert, den ihm der Kapitalist für den Gebrauch seiner Arbeitskraft zu zahlen hat. Er gibt dem Kapitalisten diesen Wert in Ware, der zahlt ihm denselben in Geld. Daß dieser Teil des Warenwerts für den Kapitalisten nur ein Äquivalent für sein im Arbeitslohn vorzuschießendes variables Kapital ist, ändert durchaus nichts an der Tatsache, daß er ein während des Produktionsprozesses neugeschaffner Warenwert ist, der aus gar nichts andrem besteht als woraus der Mehrwert – nämlich aus verfloßner Verausgabung von Arbeitskraft. Ebensowenig wird diese Tatsache dadurch affiziert, daß der vom Kapitalisten in Form von Lohn an den Arbeiter gezahlte Wert der Arbeitskraft für den Arbeiter die Form von Revenue annimmt und daß hierdurch nicht nur die Arbeitskraft fortwährend reproduziert wird, sondern auch die Klasse der Lohnarbeiter als solche, und damit die Grundlage der gesamten kapitalistischen Produktion.

Die Summe dieser beiden Wertteile macht aber nicht den ganzen Warenwert aus. Es bleibt ein Überschuß über beide: der Mehrwert. Dieser ist, ebenso wie der das in Arbeitslohn vorgeschoßne variable Kapital ersetzende Wertteil, ein während des Produktionsprozesses vom Arbeiter neugeschaffner Wert – festgeronnene Arbeit. Nur kostet er dem Eigner des ganzen Produkts, dem Kapitalisten, nichts. Dieser letztre Umstand erlaubt in der Tat dem Kapitalisten, ihn ganz als Revenue zu verzehren, falls er nicht Teile davon an andre Anteilhaber abzutreten hat – wie Bodenrente an den Grundeigentümer, in welchem Fall dann diese Teile die Revenuen solcher dritten Personen bilden. Dieser selbe Umstand war auch das treibende Motiv, weswegen unser Kapitalist sich überhaupt mit der Warenproduktion befaßt hat. Aber weder seine ursprüngliche wohlmeinende Absicht, Mehrwert zu ergattern, noch die nachträgliche Verausgabung desselben als Revenue durch ihn und andre affizieren den Mehrwert als solchen. Sie ändern nichts daran, daß er festgeronnene unbezahlte Arbeit ist, und ebenfalls nichts an seiner Größe, die durch ganz andre Bedingungen bestimmt wird.

Wollte aber einmal A. Smith, wie er es tut, schon bei Betrachtung des Warenwerts sich damit beschäftigen, welche Rolle verschiednen Teilen desselben im Gesamt-Reproduktionsprozeß zufällt, so war klar, daß, wenn besondre Teile als Revenue fungieren, andre ebenso beständig als Kapital fungieren – und deswegen nach seiner Logik auch als konstituierende Teile des Warenwerts oder Teile, worin dieser sich auflöst, hätten bezeichnet werden müssen.

A. Smith identifiziert Warenproduktion überhaupt mit kapitalistischer Warenproduktion; die Produktionsmittel sind von vornherein »Kapital«, die Arbeit von vornherein Lohnarbeit, und daher ist »die Zahl der nützlichen und produktiven Arbeiter überall ... im Verhältnis zu der Größe des zu ihrer Beschäftigung angewandten Kapitals« (»to the quantity of capital stock which is employed in setting them to work«. Introduction, p. 12). Mit einem Wort, die verschiednen Faktoren des Arbeitsprozesses – gegenständliche und persönliche – erscheinen von vornherein in den Charaktermasken der kapitalistischen Produktionsperiode. Die Analyse des Warenwerts fällt daher auch unmittelbar zusammen mit der Rücksicht, wieweit dieser Wert einerseits bloßes Äquivalent für ausgelegtes Kapital, wieweit er* andrerseits »freien«, keinen vorgeschoßnen Kapitalwert ersetzenden Wert bildet oder Mehrwert. Die von diesem Standpunkt aus miteinander verglichnen Stücke des Warenwerts verwandeln sich so unterderhand in seine selbständigen »Bestandteile« und schließlich in »Quellen alles Werts«. Eine fernere Konsequenz ist die Komposition des Warenwerts aus oder abwechselnd seine »Auflösung in« Revenuen verschiedner Sorten, so daß die Revenuen nicht aus Warenwert, sondern der Warenwert aus »Revenuen« besteht. So wenig es aber an der Natur eines Warenwerts qua Warenwert oder des Geldes qua Geld ändert, daß sie als Kapitalwert fungieren, so wenig an einem Warenwert, daß er später als Revenue für diesen oder jenen fungiert. Die Ware, mit der A. Smith es zu tun hat, ist von vornherein Warenkapital (das, außer dem in der Produktion der Ware verzehrten Kapitalwert, den Mehrwert einschließt), also die kapitalistisch produzierte Ware, das Resultat des kapitalistischen Produktionsprozesses. Dieser hätte also vorher analysiert werden müssen, also auch der in ihm eingeschloßne Verwertungs- und Wertbildungsprozeß. Da dessen Voraussetzung selbst wieder die Warenzirkulation ist, so erheischt seine Darstellung also auch eine davon unabhängige und vorhergehende Analyse der Ware. Selbst soweit A. Smith »esoterisch« vorübergehend das Richtige trifft, nimmt er stets auf die Wertproduktion nur Rücksicht bei Gelegenheit der Warenanalyse, d. h. der Analyse des Warenkapitals.

III. Die Späteren[41]

Ricardo reproduziert ziemlich wörtlich A. Smith's Theorie: »Man muß darüber einverstanden sein, daß alle Produkte eines Landes konsumiert werden, aber es macht den denkbar größten Unterschied, ob sie konsumiert werden durch solche, die einen andern Wert reproduzieren, oder durch solche, die dies nicht tun. Wenn wir sagen, Revenue wird aufgespart und zum Kapital geschlagen, so meinen wir damit, daß der zum Kapital geschlagne Teil der Revenue durch produktive Arbeiter konsumiert wird, statt durch unproduktive.« (»Principles«, p. 163.)
In der Tat hat Ricardo A. Smith's Theorie über die Auflösung des Warenpreises in Arbeitslohn und Mehrwert (oder variables Kapital und Mehr-

41 Von hier an bis Ende des Kapitels Zusatz aus Manuskript II.

* [1. und 2. Auflage: es]

wert) völlig akzeptiert. Worüber er mit ihm streitet ist 1. über die Bestandteile des Mehrwerts: er eliminiert die Grundrente als notwendiges Element desselben; 2. Ricardo *zerfällt* den Warenpreis in diese Bestandteile. Die Wertgröße ist also das Prius. Die Summe der Bestandteile ist als gegebne Größe vorausgesetzt, von ihr wird ausgegangen, nicht wie A. Smith oft umgekehrt und im Gegensatz zu seiner eignen tiefern Einsicht tut, die Wertgröße der Ware post festum durch Addition der Bestandteile hervorgebracht.

Ramsay bemerkt gegen Ricardo: »Ricardo vergißt, daß das ganze Produkt nicht nur zwischen Arbeitslohn und Profit sich verteilt, sondern daß auch ein Teil nötig ist zum Ersatz des fixen Kapitals.« (»An Essay on the Distribution of Wealth«, Edinburgh 1836, p. 174.) Ramsay versteht unter fixem Kapital dasselbe, was ich unter konstantem verstehe: »Fixes Kapital existiert in einer Form, in der es zwar zur Herstellung der in Arbeit begriffnen Ware beiträgt, aber nicht zum Unterhalt der Arbeiter.« (p. 59.)

A. Smith sträubte sich gegen die notwendige Konsequenz seiner Auflösung des Warenwerts, also auch des Werts des gesellschaftlichen Jahresprodukts, in Arbeitslohn und Mehrwert, also in bloße Revenue: die Konsequenz, daß alsdann das ganze Jahresprodukt verzehrt werden könne. Es sind nie die originellen Denker, welche die absurden Konsequenzen ziehn. Sie überlassen das den Says und MacCullochs.

Say macht sich die Sache in der Tat leicht genug. Was für den einen Kapitalvorschuß, ist für den andern Revenue und Nettoprodukt oder war es; der Unterschied zwischen Brutto- und Nettoprodukt ist rein subjektiv, und »so hat sich der Gesamtwert aller Produkte in der Gesellschaft als Revenue verteilt«. (Say, »Traité d'Écon. Pol.«, 1817, II, p. 64.) »Der Gesamtwert eines jeden Produkts setzt sich zusammen aus den Profiten der Grundbesitzer, der Kapitalisten und der Gewerbfleißigen« [der Arbeitslohn figuriert hier als profits des industrieux], »die zu seiner Herstellung beigetragen haben. Dies macht, daß die Revenue der Gesellschaft gleich ist dem *produzierten Bruttowert,* nicht wie die Sekte der Ökonomisten« [die Physiokraten] »meinten, nur gleich dem Nettoprodukt des Bodens.« (p. 63.) Diese Entdeckung Says hat u. a. auch Proudhon sich angeeignet.

Storch, der ebenfalls A. Smith's Doktrin im Prinzip akzeptiert, findet jedoch, daß Says Nutzanwendung nicht haltbar ist. »Wenn man zugibt, daß die Revenue einer Nation ihrem Bruttoprodukt gleich ist, d. h. kein Kapital« [soll heißen kein konstantes Kapital] »in Abzug zu bringen ist, so muß man auch zugeben, daß diese Nation den ganzen Wert ihres jährlichen Produkts unproduktiv verzehren kann, ohne ihrer künftigen Revenue den geringsten Abbruch zu tun ... Die Produkte, die das« [konstante] »Kapital einer Nation ausmachen, sind nicht konsumabel.« (Storch, »Considérations sur la nature du revenu national«, Paris 1824, p. 147, 150.)

Wie aber die Existenz dieses konstanten Kapitalteils mit der von ihm angenommenen Smith'schen Preisanalyse stimmt, wonach der Warenwert nur Arbeitslohn und Mehrwert, aber keinen konstanten Kapitalteil enthält, hat Storch vergessen zu sagen. Es wird ihm nur vermittelst Say klar, daß diese Preisanalyse zu absurden Resultaten führt, und sein eignes letztes Wort hierüber lautet: »daß es unmöglich ist, den notwendigen Preis in seine einfachsten Elemente aufzulösen«. (»Cours d'Écon. Pol.«, Pétersbourg 1815, II, p. 141.)

Sismondi, der sich besonders mit dem Verhältnis von Kapital und Revenue zu schaffen und in der Tat die besondre Fassung dieses Verhältnisses zur differentia specifica seiner »Nouveaux Principes« macht, hat nicht *ein* wissenschaftliches Wort gesagt, nicht ein Atom zur Klärung des Problems beigetragen.

Barton, Ramsay und Cherbuliez machen Versuche, über die Smith'sche Fassung hinauszugehn. Sie scheitern, weil sie von vornherein das Problem einseitig stellen, indem sie den Unterschied von konstantem und variablem Kapitalwert nicht klar abschälen von dem Unterschied von fixem und zirkulierendem Kapital.

Auch John Stuart Mill reproduziert mit gewohnter Wichtigtuerei die von A. Smith auf seine Nachfolger vererbte Doktrin.

Resultat: Die Smith'sche Gedankenwirre existiert fort bis zur Stunde, und sein Dogma bildet orthodoxen Glaubensartikel der politischen Ökonomie.

Zwanzigstes Kapitel: EINFACHE REPRODUKTION

I. Stellung der Frage

Betrachten[42] wir die jährliche Funktion des gesellschaftlichen Kapitals – also des Gesamtkapitals, wovon die individuellen Kapitale nur Bruchstücke bilden, deren Bewegung sowohl ihre individuelle Bewegung ist, wie gleichzeitig integrierendes Glied der Bewegung des Gesamtkapitals – in ihrem Resultat, d. h. betrachten wir das Warenprodukt, welches die Gesellschaft während des Jahrs liefert, so muß sich zeigen, wie der Reproduktionsprozeß

[42] Aus Manuskript II.

des gesellschaftlichen Kapitals vonstatten geht, welche Charaktere diesen Reproduktionsprozeß vom Reproduktionsprozeß eines individuellen Kapitals unterscheiden und welche Charaktere beiden gemeinsam sind. Das Jahresprodukt umschließt sowohl die Teile des gesellschaftlichen Produkts, welche Kapital ersetzen, die gesellschaftliche Reproduktion, wie die Teile, welche dem Konsumtionsfonds anheimfallen, durch Arbeiter und Kapitalisten verzehrt werden, also sowohl die produktive wie die individuelle Konsumtion. Sie umschließt ebensowohl die Reproduktion (d. h. Erhaltung) der Kapitalistenklasse und der Arbeiterklasse, daher auch die Reproduktion des kapitalistischen Charakters des gesamten Produktionsprozesses.

Es ist offenbar die Zirkulationsfigur $W' - \begin{cases} G-W \ldots P \ldots W' \\ g-w \end{cases}$, die wir zu analysieren haben, und zwar spielt die Konsumtion notwendig eine Rolle darin; denn der Ausgangspunkt $W' = W + w$, das Warenkapital, schließt sowohl den konstanten und variablen Kapitalwert ein wie den Mehrwert. Seine Bewegung umfaßt daher ebensowohl die individuelle Konsumtion wie die produktive. Bei den Kreisläufen G – W ... P ... W' – G' und P ... W' – G' – W ... P ist die Bewegung des *Kapitals* Ausgangs- und Endpunkt: was zwar auch die Konsumtion einschließt, da die Ware, das Produkt, verkauft werden muß. Dies aber als geschehn vorausgesetzt, ist es gleichgültig für die Bewegung des Einzelkapitals, was weiter aus dieser Ware wird. Dagegen sind bei der Bewegung von W' ... W' die Bedingungen der gesellschaftlichen Reproduktion gerade daraus erkennbar, daß nachgewiesen werden muß, was aus jedem Wertteil dieses Gesamtprodukts W' wird. Der gesamte Reproduktionsprozeß schließt hier den durch die Zirkulation vermittelten Konsumtionsprozeß ebensosehr ein wie den Reproduktionsprozeß des Kapitals selbst.

Und zwar ist der Reproduktionsprozeß für unsern vorliegenden Zweck zu betrachten vom Standpunkt sowohl des Wert- wie des Stoffersatzes der einzelnen Bestandteile von W'. Wir können uns jetzt nicht mehr begnügen, wie bei Analyse des Produktenwerts des einzelnen Kapitals, mit der *Voraussetzung*, daß der einzelne Kapitalist die Bestandteile seines Kapitals durch Verkauf seines Warenprodukts erst in Geld umsetzen und dann durch Wiederkauf der Produktionselemente auf dem Warenmarkt in produktives Kapital rückverwandeln kann. Jene Produktionselemente, soweit sie sachlicher Natur, bilden ebensowohl einen Bestandteil des gesellschaftlichen Kapitals wie das individuelle fertige Produkt, das sich gegen sie austauscht und sich durch sie ersetzt. Andrerseits bildet die Bewegung des Teils des gesellschaftlichen Warenprodukts, das vom Arbeiter in Verausgabung seines Arbeitslohns und vom Kapitalisten in Verausgabung des Mehrwerts verzehrt wird, nicht nur ein integrierendes Glied der Bewegung des Gesamtprodukts, sondern sie verschlingt sich mit der Bewegung der individuellen Kapitale, und ihr Vorgang kann daher nicht dadurch erklärt werden, daß man ihn einfach voraussetzt.

Die Frage, wie sie unmittelbar vorliegt, ist die: Wie wird das in der Produktion verzehrte *Kapital* seinem Wert nach aus dem jährlichen Produkt ersetzt, und wie verschlingt sich die Bewegung dieses Ersatzes mit der Konsumtion des Mehrwerts durch die Kapitalisten und des Arbeitslohns durch die Arbeiter? Es handelt sich also zunächst um die Reproduktion auf einfacher Stufenleiter. Ferner wird unterstellt nicht nur, daß die Produkte ihrem Wert nach sich austauschen, sondern auch, daß keine Wertrevolution in den Bestandteilen des produktiven Kapitals vorgehe. Soweit die Preise von den Werten abweichen, kann dieser Umstand übrigens auf die Bewegung des gesellschaftlichen Kapitals keinen Einfluß ausüben. Es tauschen sich nach wie vor im ganzen dieselben Massen Produkte aus, obgleich die einzelnen Kapitalisten dabei in Wertverhältnissen beteiligt sind, die nicht mehr proportionell wären ihren respektiven Vorschüssen und den von jedem von ihnen einzeln produzierten Mehrwertmassen. Was aber Wertrevolutionen angeht, so ändern sie nichts an den Verhältnissen zwischen den Wertbestandteilen des jährlichen Gesamtprodukts, soweit sie allgemein und gleichmäßig verteilt sind. Soweit sie dagegen partiell und nicht gleichmäßig verteilt sind, stellen sie Störungen dar, welche *erstens* als solche nur verstanden werden können, soweit sie als *Abweichungen* von gleichbleibenden Wertverhältnissen betrachtet werden; *zweitens* aber, wenn das Gesetz nachgewiesen, wonach ein Wertteil des jährlichen Produkts konstantes, ein andrer variables Kapital ersetzt, so würde eine Revolution, sei es im Wert des konstanten, sei es des variablen Kapitals, an diesem Gesetz nichts ändern. Sie würde nur die relative Größe der Wertteile ändern, die in der einen oder andern Qualität fungieren, weil an die Stelle der usprünglichen Werte andre Werte getreten wären.

Solange wir die Wertproduktion und den Produktenwert des Kapitals individuell betrachteten, war die Naturalform des Warenprodukts für die Analyse ganz gleichgültig, ob sie z. B. aus Maschinen bestand oder aus Korn oder aus Spiegeln. Es war dies immer Beispiel, und jeder beliebige Produktionszweig konnte gleichmäßig zur Illustration dienen. Womit wir es zu tun hatten, war der unmittelbare Produktionsprozeß selbst, der auf jedem Punkt als Prozeß eines individuellen Kapitals sich darstellt. Soweit die Reproduktion des Kapitals in Betracht kam, genügte es zu unterstellen, daß innerhalb der Zirkulationssphäre der Teil des Warenprodukts, welcher Kapitalwert darstellt, die Gelegenheit findet, sich in seine Produktionselemente und daher in seine Gestalt als produktives Kapital rückzuverwandeln; ganz wie es genügte zu unterstellen, daß Arbeiter und Kapitalist auf dem Markte die Waren vorfinden, worin sie Arbeitslohn und Mehrwert verausgaben. Diese nur formelle Manier der Darstellung genügt nicht mehr bei Betrachtung des gesellschaftlichen Gesamtkapitals und seines Produktenwerts. Die Rückverwandlung eines Teils des Produktenwerts in Kapital, das Eingehn eines andern Teils in die individuelle Konsumtion der Kapitalisten- wie der Arbeiterklasse bildet eine Bewegung innerhalb des Produktenwerts selbst, worin das Gesamtkapital resultiert hat; und diese Bewegung ist nicht nur Wertersatz, sondern Stoffersatz, und ist daher ebensosehr bedingt durch das gegenseitige Verhältnis der Wertbestandteile des gesellschaftlichen Produkts wie durch ihren Gebrauchswert, ihre stoffliche Gestalt.

Die[43] einfache Reproduktion auf gleichbleibender Stufenleiter erscheint insoweit als eine Abstraktion, als einerseits auf kapitalistischer Basis Abwesenheit aller Akkumulation oder Reproduktion auf erweiterter Stufenleiter eine befremdliche Annahme ist, andrerseits die Verhältnisse, worin produziert wird, nicht absolut gleichbleiben (und dies ist vorausgesetzt) in verschiednen Jahren. Die Voraussetzung ist, daß ein gesellschaftliches Kapital von gegebnem Wert, wie im vorigen Jahr so in diesem, dieselbe Masse Warenwerte wieder liefert und dasselbe Quantum Bedürfnisse befriedigt, obgleich die Formen der Waren sich im Reproduktionsprozeß ändern mögen. Indes, soweit Akkumulation stattfindet, bildet die einfache Reproduktion stets einen Teil derselben, kann also für sich betrachtet werden, und ist ein realer Faktor der Akkumulation. Der Wert des jährlichen Produkts kann abnehmen, obgleich die Masse der Gebrauchswerte gleichbleibt; der Wert kann derselbe bleiben, obgleich die Masse der Gebrauchswerte abnimmt; Wertmasse und Masse der reproduzierten Gebrauchswerte können gleichzeitig abnehmen. Alles dies kommt darauf hinaus, daß die Reproduktion entweder unter günstigern Umständen als vorher stattfindet oder unter erschwerenden, welche letztre in eine unvollkommne Reproduktion – mangelhafte – resultieren können. Alles dies kann nur die quantitative Seite der verschiednen Elemente der Reproduktion berühren, nicht aber die Rolle, die sie als reproduzierendes Kapital oder als reproduzierte Revenue in dem Gesamtprozeß spielen.

---

[43] Aus Manuskript VIII.

II. Die zwei Abteilungen der gesellschaftlichen Produktion[44]

Das Gesamtprodukt, also auch die Gesamtproduktion, der Gesellschaft zerfällt in zwei große Abteilungen:
I. Produktionsmittel, Waren, welche eine Form besitzen, worin sie in die produktive Konsumtion eingehn müssen oder wenigstens eingehn können.
II. Konsumtionsmittel, Waren, welche eine Form besitzen, worin sie in die individuelle Konsumtion der Kapitalisten- und Arbeiterklasse eingehn.
In jeder dieser Abteilungen bilden sämtliche verschiedne ihr angehörige Produktionszweige einen einzigen großen Produktionszweig, die einen den der Produktionsmittel, die andern den der Konsumtionsmittel. Das in jedem der beiden Produktionszweige angewandte gesamte Kapital bildet eine besondre große Abteilung des gesellschaftlichen Kapitals.
In jeder Abteilung zerfällt das Kapital in zwei Bestandteile:
1. *Variables Kapital.* Dies, dem *Wert* nach betrachtet, ist gleich dem Wert der in diesem Produktionszweig angewandten gesellschaftlichen Arbeitskraft, also gleich der Summe der dafür gezahlten Arbeitslöhne. Dem Stoff nach betrachtet, besteht es aus der sich betätigenden Arbeitskraft selbst, d. h. aus der von diesem Kapitalwert in Bewegung gesetzten lebendigen Arbeit.
2. *Konstantes Kapital,* d. h. den Wert aller zur Produktion in diesem Zweig angewandten Produktionsmittel. Diese zerfallen ihrerseits wieder in *fixes* Kapital: Maschinen, Arbeitswerkzeuge, Baulichkeiten, Arbeitsvieh etc.; und in *zirkulierendes* konstantes Kapital: Produktionsmaterialien, wie Roh- und Hilfsstoffe, Halbfabrikate etc.
Der Wert des mit Hilfe dieses Kapitals in jeder der beiden Abteilungen erzeugten gesamten Jahresprodukts zerfällt in einen Wertteil, der das in der Produktion aufgezehrte und seinem Wert nach auf das Produkt nur übertragne konstante Kapital c darstellt, und in den durch die gesamte Jahresarbeit zugesetzten Wertteil. Dieser letztre zerfällt wieder in den Ersatz des vorgeschoßnen variablen Kapitals v und in den Überschuß darüber, der den Mehrwert m bildet. Wie der Wert jeder einzelnen Ware, so zerfällt also auch der des gesamten Jahresprodukts jeder Abteilung in $c + v + m$.
Der Wertteil c, der das in der Produktion *verzehrte* konstante Kapital darstellt, deckt sich nicht mit dem Wert des in der Produktion *angewandten* konstanten Kapitals. Die Produktionsstoffe sind zwar ganz verzehrt, und ihr Wert ist daher ganz auf das Produkt übertragen. Aber nur ein Teil des angewandten *fixen* Kapitals ist ganz verzehrt, sein Wert daher auf das Produkt

---

44 Im wesentlichen aus Manuskript II. Das Schema aus Manuskript VIII.

übergegangen. Ein andrer Teil des fixen Kapitals, Maschinen, Gebäude etc., existiert und fungiert fort, nach wie vor, wenn auch mit durch den Jahresverschleiß vermindertem Wert. Dieser fortfungierende Teil des fixen Kapitals existiert nicht für uns, wenn wir den Produktenwert betrachten. Er bildet einen, von diesem neuproduzierten Warenwert unabhängigen, neben ihm vorhandnen Teil des Kapitalwerts. Dies zeigte sich bereits bei Betrachtung des Produktenwerts eines Einzelkapitals (Buch I, Kap. VI, S. 192*). Hier müssen wir jedoch vorläufig von der dort angewandten Betrachtungsweise abstrahieren. Wir sahen bei Betrachtung des Produktenwerts des Einzelkapitals, daß der dem fixen Kapital durch Verschleiß entzogne Wert sich auf das während der Verschleißzeit erzeugte Warenprodukt überträgt, einerlei ob ein Teil dieses fixen Kapitals während dieser Zeit in natura aus diesem übertragnen Wert ersetzt wird oder nicht. Dagegen sind wir hier, bei Betrachtung des gesellschaftlichen Gesamtprodukts und seines Werts, genötigt, wenigstens vorläufig von dem durch Verschleiß von fixem Kapital während des Jahrs auf das Jahresprodukt übertragnem Wertteil zu abstrahieren, soweit dies fixe Kapital nicht während des Jahrs auch wieder in natura ersetzt worden ist. In einem spätern Abschnitt dieses Kapitels werden wir dann diesen Punkt getrennt erörtern.

Für unsre Untersuchung der einfachen Reproduktion wollen wir folgendes Schema zugrunde legen, worin c = konstantes Kapital, v = variables Kapital, m = Mehrwert ist und das Verwertungsverhältnis $\frac{m}{v}$ zu 100% angenommen wird. Die Zahlen mögen Millionen Mark, Franken oder Pfund Sterling bedeuten.

I. Produktion von Produktionsmitteln:
 Kapital...... $4000_c + 1000_v = 5000$.
 Warenprodukt $4000_c + 1000_v + 1000_m = 6000$,
existierend in Produktionsmitteln.

II. Produktion von Konsumtionsmitteln:
 Kapital...... $2000_c + 500_v = 2500$.
 Warenprodukt $2000_c + 500_v + 500_m = 3000$,
existierend in Konsumtionsmitteln.

Rekapituliert, jährliches Gesamtwarenprodukt:
 I. $4000_c + 1000_v + 1000_m = 6000$ Produktionsmittel.
 II. $2000_c + 500_v + 500_m = 3000$ Konsumtionsmittel.

Gesamtwert = 9000, wovon das in seiner Naturalform fortfungierende fixe Kapital nach der Voraussetzung ausgeschlossen ist.

Wenn wir nun die auf Grundlage einfacher Reproduktion, wo also der gan-

* [Siehe »Kapital«, Bd. 1, a. a. O., S. 171, 172.]

ze Mehrwert unproduktiv konsumiert wird, notwendigen Umsätze untersuchen und dabei zunächst die sie vermittelnde Geldzirkulation unbeachtet lassen, so ergeben sich uns von vornherein drei große Anhaltspunkte.

1. Die 500_v, Arbeitslohn der Arbeiter, und die 500_m, Mehrwert der Kapitalisten der Abteilung II, müssen in Konsumtionsmitteln verausgabt werden. Aber ihr Wert existiert in den Konsumtionsmitteln zum Wert von 1000*, die in den Händen der Kapitalisten, Abteilung II, die vorgeschoßnen 500_v ersetzen und die 500_m repräsentieren. Arbeitslohn und Mehrwert der Abteilung II werden also innerhalb Abteilung II gegen Produkt von II umgesetzt. Damit verschwinden aus dem Gesamtprodukt $(500_v + 500_m)$ II $= 1000$ in Konsumtionsmitteln.

2. Die $1000_v + 1000_m$ der Abteilung I müssen ebenfalls in Konsumtionsmitteln verausgabt werden, also in Produkt von Abteilung II. Sie müssen sich also austauschen gegen den von diesem Produkt noch übrigen, dem Belauf nach gleichen, konstanten Kapitalteil 2000_c. Dafür erhält Abteilung II einen gleichen Betrag von Produktionsmitteln, Produkt von I, worin der Wert der $1000_v + 1000_m$ von I verkörpert. Damit verschwinden aus der Rechnung 2000 II_c und $(1000_v + 1000_m)$ I.

3. Es bleiben noch 4000 I_c. Diese bestehn in Produktionsmitteln, die nur in Abteilung I vernutzt werden können, zum Ersatz ihres verzehrten konstanten Kapitals dienen, und daher durch gegenseitigen Austausch zwischen den einzelnen Kapitalisten von I ebenso ihre Erledigung finden wie die $(500_v + 500_m)$ II durch Austausch zwischen den Arbeitern und Kapitalisten, resp. zwischen den einzelnen Kapitalisten von II.

Dies einstweilen nur zum bessern Verständnis des Nachfolgenden.

III. Der Umsatz zwischen den beiden Abteilungen: I (v + m) gegen II c[45]

Wir beginnen mit dem großen Austausch zwischen beiden Klassen. $(1000_v + 1000_m)$ I – diese Werte, die in den Händen ihrer Produzenten in der Naturalform von Produktionsmitteln bestehn, tauschen sich aus gegen 2000 II_c, gegen Werte, die unter der Naturalform von Konsumtionsmitteln bestehn. Die Kapitalistenklasse II hat dadurch ihr konstantes Kapital $= 2000$ aus der Form von Konsumtionsmitteln wieder in die von Produktions-

45 Von hier an wieder Manuskript VIII.

* [Marx-Engels-Werke Bd. 24: 1000_v]

mitteln der Konsumtionsmittel umgesetzt, in eine Form, worin es von neuem als Faktor des Arbeitsprozesses und für die Verwertung als konstanter Kapitalwert fungieren kann. Andrerseits ist dadurch das Äquivalent für die Arbeitskraft in I (1000 I_v) und der Mehrwert der Kapitalisten I (1000 I_m) realisiert in Konsumtionsmitteln; beide sind aus ihrer Naturalform von Produktionsmitteln umgesetzt in eine Naturalform, worin sie als Revenue verzehrt werden können.

Dieser wechselseitige Umsatz kommt aber zustande durch eine Geldzirkulation, die ihn ebensosehr vermittelt, wie sie sein Verständnis erschwert, die aber entscheidend wichtig ist, weil der variable Kapitalteil immer von neuem in Geldform auftreten muß, als Geldkapital, das sich aus Geldform in Arbeitskraft umsetzt. Das variable Kapital muß in allen auf der ganzen Peripherie der Gesellschaft gleichzeitig nebeneinander betriebnen Geschäftszweigen, einerlei ob sie der Kategorie I oder II angehören, in Geldform vorgeschossen werden. Der Kapitalist kauft die Arbeitskraft ehe sie in den Produktionsprozeß eintritt, zahlt sie aber erst in verabredeten Terminen, nachdem sie schon verausgabt ist in der Produktion von Gebrauchswert. Wie der übrige Wertteil des Produkts, gehört ihm auch der Teil desselben, der nur ein Äquivalent für das in Zahlung der Arbeitskraft verausgabte Geld ist, der den variablen Kapitalwert repräsentierende Wertteil des Produkts. In diesem Wertteil selbst hat der Arbeiter ihm das Äquivalent für seinen Arbeitslohn bereits geliefert. Es ist aber die Rückverwandlung der Ware in Geld, ihr Verkauf, die dem Kapitalisten sein variables Kapital wieder herstellt als Geldkapital, das er von neuem in Ankauf der Arbeitskraft vorschießen kann.

In Abteilung I hat der Gesamtkapitalist also 1000 Pfd.St. (ich sage Pfd.St., bloß um zu bezeichnen, daß es Wert in *Geldform* ist) = 1000_v an die Arbeiter gezahlt für den bereits als v-Teil existierenden Wertteil des Produkts I, d. h. der von ihnen produzierten Produktionsmittel. Die Arbeiter kaufen mit diesen 1000 Pfd.St. für selben Wert Konsumtionsmittel von den Kapitalisten II und verwandeln so eine Hälfte des konstanten Kapitals II in Geld; die Kapitalisten II ihrerseits kaufen mit diesen 1000 Pfd.St. Produktionsmittel zum Wert von 1000 von den Kapitalisten I; damit ist für diese letztern der variable Kapitalwert = 1000_v, der als Teil ihres Produkts in der Naturalform von Produktionsmitteln bestand, wieder in Geld verwandelt und kann jetzt in der Hand der Kapitalisten I von neuem als Geldkapital fungieren, das in Arbeitskraft, also in das wesentlichste Element des produktiven Kapitals, umgesetzt wird. Auf diesem Weg strömt ihnen ihr variables Kapital in Geldform zurück, infolge der Realisation eines Teiles ihres Warenkapitals.

Was aber das Geld betrifft, das nötig ist für den Umsatz des m-Teils des Warenkapitals I gegen die zweite Hälfte des konstanten Kapitalteils II, so kann es auf verschiedne Weise vorgeschossen werden. In der Wirklichkeit umschließt diese Zirkulation eine zahllose Masse einzelner Käufe und Verkäufe der Kapitalindividuen beider Kategorien, wobei aber unter allen Umständen das Geld von diesen Kapitalisten herrühren muß, da wir bereits mit der von den Arbeitern in Zirkulation geworfnen Geldmasse abgerechnet. Es kann bald ein Kapitalist der Kategorie II aus seinem neben dem produktiven Kapital vorhandnen Geldkapital sich Produktionsmittel bei Kapitalisten der Kategorie I kaufen, bald umgekehrt ein Kapitalist der Kategorie I aus für persönliche Ausgabe, nicht Kapitalausgabe, bestimmtem Geldfonds Konsumtionsmittel bei Kapitalisten der Kategorie II kaufen. Gewisse Geldvorräte – sei es für Kapitalvorschuß, sei es für Verausgabung von Revenue – müssen, wie schon oben in Abschnitt I und II gezeigt, unter allen Umständen neben dem produktiven Kapital in den Händen des Kapitalisten als vorhanden vorausgesetzt werden. Unterstellen wir – die Proportion ist dabei ganz gleichgültig für unsern Zweck – die Hälfte des Geldes werde von den Kapitalisten II für den Ersatz ihres konstanten Kapitals im Ankauf von Produktionsmitteln vorgeschossen, die andre Hälfte von den Kapitalisten I für Konsumtion verausgabt, so: Abteilung II schießt 500 Pfd.St. vor und kauft damit von I Produktionsmittel, hat damit (inklusive der obigen, von den Arbeitern I herrührenden 1000 Pfd.St.) $^3/_4$ ihres konstanten Kapitals in natura ersetzt; Abteilung I kauft mit den so erhaltnen 500 Pfd.St. Konsumtionsmittel von II und hat damit für die Hälfte des aus m bestehenden Teils ihres Warenkapitals die Zirkulation w – g – w beschrieben, dies ihr Produkt realisiert in Konsumtionsfonds. Durch diesen zweiten Prozeß kehren die 500 Pfd.St. in die Hände von II zurück als Geldkapital, das es neben seinem produktiven Kapital besitzt. Andrerseits antizipiert I für die Hälfte des noch als Produkt bei ihm lagernden Teils m seines Warenkapitals – vor dem Verkauf desselben – Geldausgabe zum Betrag von 500 Pfd.St. für Ankauf von Konsumtionsmitteln II. Mit denselben 500 Pfd.St. kauft II Produktionsmittel von I und hat damit sein ganzes konstantes Kapital (1000 + 500 + 500 = 2000) in natura ersetzt, während I seinen ganzen Mehrwert in Konsumtionsmitteln realisiert hat. Im ganzen hätte ein Umsatz von Waren zum Belauf von 4000 Pfd.St. stattgefunden mit einer Geldzirkulation von 2000 Pfd.St., eine Größe der letztren, die nur herauskommt, weil das gesamte Jahresprodukt als auf einmal in wenige großen Quoten umgesetzt dargestellt wird. Das Wichtige hierbei ist nur der Umstand, daß II nicht nur sein in Form von Konsumtionsmitteln reproduziertes konstantes Kapital wieder in die Form von Produktionsmitteln umgesetzt, sondern außerdem die 500 Pfd.St., die es im Ankauf von Produktionsmitteln der Zirkulation vorgeschossen, ihm zurückkehren; und daß ebenso I nicht nur sein variables Kapital, das es in Form von Produktionsmitteln reproduziert, wieder in Geldform besitzt, als Geldkapital, das von neuem direkt in Arbeitskraft umsetzbar ist, sondern daß ihm außerdem die 500 Pfd.St. zurückströmen, die es, vor Verkauf des Mehrwertteils seines Kapitals, antizipierend im Ankauf von Konsumtionsmitteln verausgabt. Sie strömen ihm aber zurück, nicht durch die stattgehabte Verausgabung, sondern durch den nachfolgenden Verkauf eines seinen halben Mehrwert tragenden Teils seines Warenprodukts.

In beiden Fällen wird nicht nur das konstante Kapital von II wieder umgesetzt aus der Produktform in die Naturalform von Produktionsmitteln, worin es allein als Kapital fungieren kann; und ebenso wird nicht nur der variable Kapitalteil von I in Geldform und der Mehrwertteil der Produktionsmittel I in konsumable, als Revenue verzehrbare Form umgesetzt. Sondern außerdem strömen an II die 500 Pfd.St. Geldkapital zurück, die es im Ankauf von Produktionsmitteln vorgeschossen, bevor es den entsprechenden, sie kompensierenden Wertteil des konstanten Kapitals – vorhanden in Form von Konsumtionsmitteln – verkauft hat; und ferner an I die 500 Pfd.St., die es im Ankauf von Konsumtionsmitteln antizipando verausgabt hat. Wenn an II das auf Rechnung des konstanten Teils seines Warenprodukts vorgeschoßne und an I das auf Rechnung eines Mehrwertteils seines Warenprodukts vorgeschoßne Geld zurückströmt, so nur, weil die eine Klasse Kapitalisten außer dem in Warenform II existierenden konstanten Kapital, die andre außer dem in Warenform I existierenden Mehrwert noch je 500 Pfd.St. Geld in Zirkulation geworfen. Sie haben sich schließlich wechselseitig vollständig bezahlt durch den Austausch ihrer resp. Warenäquivalente. Das Geld, das sie über die Wertbeträge ihrer Waren hinaus in Zirkulation geworfen, als Mittel dieses Warenumsatzes, kehrt jedem von ihnen aus der Zirkulation zurück, pro rata der Quote davon, die jedes von beiden in Zirkulation geworfen. Sie sind dadurch um keinen Deut reicher geworden. II besaß ein konstantes Kapital = 2000 in Form von Konsumtionsmitteln + 500 in Geld; es besitzt jetzt 2000 in Produktionsmitteln und 500 in Geld wie vorher; ebenso I besitzt, wie vorher, einen Mehrwert von 1000 (aus Waren, Produktionsmitteln, jetzt verwandelt in Konsumtionsfonds) + 500 in Geld, wie vorher. – Es folgt allgemein: Von dem Geld, das die industriellen Kapitalisten in Zirkulation werfen zur Vermittlung ihrer eignen Warenzirkulation, sei es nun auf Konto des konstanten Wertteils der Ware oder des in den Waren existierenden Mehrwerts, soweit er als

Revenue verausgabt wird, kehrt so viel zurück in die Hände der respektiven Kapitalisten, als sie für die Geldzirkulation vorgeschossen.

Was die Rückverwandlung des variablen Kapitals der Klasse I in Geldform betrifft, so existiert es für die Kapitalisten I, nachdem sie es in Arbeitslohn ausgelegt haben, zunächst in der Warenform, worin es ihnen die Arbeiter geliefert haben. Sie haben es in Geldform diesen letztren als den Preis ihrer Arbeitskraft ausgezahlt. Sie haben sofern den Wertbestandteil ihres Warenprodukts bezahlt, der gleich diesem in Geld ausgelegten variablen Kapital. Dafür sind sie Eigner auch dieses Teils des Warenprodukts. Aber der von ihnen angewandte Teil der Arbeiterklasse ist kein Käufer der von ihm selbst produzierten Produktionsmittel; er ist Käufer der von II produzierten Konsumtionsmittel. Das bei der Zahlung der Arbeitskraft in Geld vorgeschoßne variable Kapital kehrt also nicht direkt an die Kapitalisten I zurück. Es geht durch die Käufe der Arbeiter über in die Hände der kapitalistischen Produzenten der dem Arbeiterkreis notwendigen und überhaupt zugänglichen Waren, also in die Hände der Kapitalisten II, und erst indem diese das Geld zum Ankauf von Produktionsmitteln verwenden – erst auf diesem Umweg kehrt es zurück in die Hände der Kapitalisten I.

Es ergibt sich, daß bei einfacher Reproduktion die Wertsumme v + m des Warenkapitals I (also auch ein entsprechender proportioneller Teil des Gesamtwarenprodukts I) gleich sein muß dem ebenfalls als proportioneller Teil des gesamten Warenprodukts der Klasse II ausgeschiednen konstanten Kapital II_c; oder $I_{(v+m)} = II_c$.

IV. Der Umsatz innerhalb Abteilung II. Notwendige Lebensmittel und Luxusmittel

Vom Wert des Warenprodukts der Abteilung II sind nun noch zu untersuchen die Bestandteile v + m. Ihre Betrachtung hat nichts zu tun mit der wichtigsten Frage, die uns hier beschäftigt: inwiefern nämlich die Zerfällung des Werts jedes individuellen kapitalistischen Warenprodukts in c + v + m, wenn auch durch verschiedne Erscheinungsform vermittelt, ebenfalls gilt für den Wert des jährlichen Gesamtprodukts. Diese Frage wird gelöst durch den Umsatz von $I_{(v+m)}$ gegen II_c einerseits, durch die für später vorbehaltne Untersuchung der Reproduktion von I_c im jährlichen Warenprodukt I andrerseits. Da $II_{(v+m)}$ in der Naturalform von Konsumtionsartikeln existiert, da das den Arbeitern in Zahlung der Arbeitskraft vorgeschoßne variable Kapital von selben im ganzen und großen in Konsumtionsmitteln verausgabt werden muß, und da der Wertteil m der Waren, bei Voraussetzung der einfachen Reproduktion, faktisch in Konsumtionsmitteln als Revenue verausgabt wird, so ist prima facie klar, daß die Arbeiter II mit dem von den Kapitalisten II erhaltnen Arbeitslohn einen Teil ihres eignen Produkts – entsprechend dem Umfang des als Arbeitslohn erhaltnen Geldwerts – wiederkaufen. Dadurch verwandelt die Kapitalistenklasse II ihr in Zahlung der Arbeitskraft vorgeschoßnes Geldkapital zurück in Geldform; es ist ganz dasselbe, als hätten sie die Arbeiter in bloßen Wertmarken gezahlt. Sobald die Arbeiter diese Wertmarken realisieren durch Kauf eines Teils des von ihnen produzierten und den Kapitalisten gehörigen Warenprodukts, würden diese Wertmarken in die Hände der Kapitalisten zurückkehren, bloß daß hier die Marke Wert nicht nur vorstellt, sondern in ihrer goldnen oder silbernen Leiblichkeit besitzt. Diese Sorte Rückfluß des in Geldform vorgeschoßnen variablen Kapitals durch den Prozeß, worin die Arbeiterklasse als Käufer und die Kapitalistenklasse als Verkäufer erscheint, werden wir später näher untersuchen. Hier aber handelt es sich um einen andern Punkt, der bei diesem Rückfluß des variablen Kapitals zu seinem Ausgangspunkt zu erörtern ist.

Die Kategorie II der jährlichen Warenproduktion besteht aus den mannigfaltigsten Industriezweigen, die aber – mit Bezug auf ihre Produkte – in zwei große Unterabteilungen zerfällt werden können:

a) Konsumtionsmittel, die in den Konsum der Arbeiterklasse eingehn und, soweit sie notwendige Lebensmittel, wenn auch oft der Qualität und dem Wert nach verschieden von denen der Arbeiter, auch einen Teil der Konsumtion der Kapitalistenklasse bilden. Diese ganze Unterabteilung können wir für unsern Zweck zusammenfassen unter der Rubrik: *Notwendige* Konsumtionsmittel, wobei es ganz gleichgültig, ob ein solches Produkt, wie z. B. Tabak, vom physiologischen Standpunkt aus ein notwendiges Konsumtionsmittel ist oder nicht; genug, daß es gewohnheitsmäßig ein solches.

b) *Luxus*-Konsumtionsmittel, die nur in den Konsum der Kapitalistenklasse eingehn, also nur gegen verausgabten Mehrwert umgesetzt werden können, der dem Arbeiter nie zufällt. Bei der ersten Rubrik ist klar, daß das in der Produktion der ihr angehörigen Warensorten vorgeschoßne variable Kapital in Geldform direkt zurückfließen muß an den Teil der Kapitalistenklasse II (also an die Kapitalisten IIa), welche diese notwendigen Lebensmittel produziert. Sie verkaufen sie an ihre eignen Arbeiter zum Betrag des diesen in Arbeitslohn ausgezahlten variablen Kapitals. Dieser Rückfluß ist *direkt* mit Bezug auf diese ganze Unterabteilung a der Kapitalistenklasse II, so zahlreich auch die Transaktionen zwischen den Kapitalisten der verschiednen beteiligten Industriezweige sein mögen, wodurch dies rückfließende variable Kapital pro rata verteilt wird. Es sind Zirkulationsprozesse, deren Zirkulationsmittel direkt geliefert werden durch das von den Arbeitern ausgegebne Geld. Anders verhält es sich aber mit Unterabteilung II b. Der ganze Teil des Wertprodukts, mit dem wir es hier zu tun haben, $IIb_{(v+m)}$ besteht unter der Naturalform von Luxusartikeln, d. h. Artikeln, die die Arbeiterklasse ebensowenig kaufen kann wie den unter Form von Produktionsmitteln bestehenden Warenwert I_v; obgleich diese Luxusmittel wie jene Produktionsmittel Produkte dieser Arbeiter. Der Rückfluß, wodurch das in dieser Unterabteilung vorgeschoßne variable Kapital den kapitalistischen Produzenten in seiner Geldform wiederkehrt, kann also nicht direkt, sondern muß vermittelt sein, ähnlich wie sub I_v.

Nehmen wir z. B. an wie oben für die gesamte Klasse II: v = 500; m = 500; aber das variable Kapital und der ihm entsprechende Mehrwert seien verteilt wie folgt:

Unterabteilung a: Notwendige Lebensmittel: v = 400, m = 400; also eine Warenmasse in notwendigen Konsumtionsmitteln zum Wert von $400_v + 400_m = 800$, oder II a $(400_v + 400_m)$.

Unterabteilung b: Luxusmittel zum Wert von $100_v + 100_m = 200$, oder II b $(100_v + 100_m)$.

Die Arbeiter von II b haben in Zahlung für ihre Arbeitskraft 100 erhalten in Geld, sage 100 Pfd.St.; sie kaufen damit von den Kapitalisten IIa Konsumtionsmittel zum Betrag von 100. Diese Kapitalistenklasse kauft damit für 100 der Ware II b, womit den Kapitalisten II b ihr variables Kapital in Geldform zurückströmt.

In II a existieren bereits 400_v wieder in Geldform in der Hand der Kapitalisten durch Austausch mit ihren eignen Arbeitern; von dem den Mehrwert darstellenden Teil ihres Produkts ist außerdem der vierte Teil an die Arbeiter II b abgetreten und dafür II b (100_v) in Luxuswaren bezogen worden.

Wenn wir nun gleiche verhältnismäßige Teilung der Revenueausgabe in notwendige Lebensmittel und Luxusmittel bei den Kapitalisten IIa und IIb voraussetzen – annehmen, daß beide je $^3/_5$ in notwendigen Lebensmitteln, $^2/_5$ in Luxusmitteln ausgeben, so werden die Kapitalisten der Unterklasse IIa ihre Mehrwertsrevenue von 400_m auslegen zu $^3/_5$ in ihren eignen Produkten, notwendigen Lebensmitteln, also 240; und zu $^2/_5 = 160$ in Luxusmitteln. Die Kapitalisten der Unterklasse IIb werden ihren Mehrwert $= 100_m$ ebenso verteilen: $^3/_5 = 60$ auf notwendige und $^2/_5 = 40$ auf Luxusmittel: diese letztren innerhalb ihrer eignen Unterklasse produziert und umgesetzt.

Die 160 Luxusmittel, die $(IIa)_m$ erhält, fließen den Kapitalisten IIa zu wie folgt: Von den (IIa) 400_m wurden, wie wir sahen, 100 in Form von notwendigen Lebensmitteln ausgetauscht gegen gleichen Betrag von $(IIb)_v$, die in Luxusmitteln existieren, und weitere 60 in notwendigen Lebensmitteln gegen (IIb) 60_m in Luxusmitteln. Die Gesamtrechnung steht dann so:

IIa: $400_v + 400_m$; IIb: $100_v + 100_m$.

1. 400_v (a) werden aufgegessen von den Arbeitern IIa, von deren Produkt (notwendigen Lebensmitteln) sie einen Teil bilden; die Arbeiter kaufen sie von den kapitalistischen Produzenten ihrer eignen Abteilung. Diesen kehrt damit 400 Pfd.St. Geld zurück, ihr selbigen Arbeitern in Arbeitslohn gezahlter variabler Kapitalwert von 400; womit sie Arbeitskraft von neuem kaufen können.

2. Ein Teil der 400_m (a), gleich den 100_v (b), also $^1/_4$ des Mehrwerts (a), wird realisiert in Luxusartikeln wie folgt: Die Arbeiter (b) erhielten von den Kapitalisten ihrer Abteilung (b) in Arbeitslohn 100 Pfd.St.; sie kaufen damit $^1/_4$ von m (a), d. h. Waren, die in notwendigen Lebensmitteln bestehn; die Kapitalisten von a kaufen mit diesem Geld zum selben Wertbelauf Luxusartikel $= 100_v$ (b), d. h. eine Hälfte der ganzen Luxusproduktion. Damit kehrt den Kapitalisten b ihr variables Kapital in Geldform zurück, und sie können durch Erneuerung des Ankaufs der Arbeitskraft ihre Reproduktion von neuem beginnen, da das ganze konstante Kapital der Gesamtklasse II schon ersetzt ist durch den Austausch von $I_{(v+m)}$ gegen II_c. Die Arbeitskraft der Luxusarbeiter ist also nur dadurch neu verkäuflich, daß der als Äquivalent für ihren Arbeitslohn geschaffne Teil ihres eignen Produkts, von den Kapitalisten IIa in ihren Konsumtionsfonds gezogen, vermöbelt wird. (Dasselbe gilt für den Verkauf der Arbeitskraft sub I; da das II_c, wogegen sich $I_{(v+m)}$ austauscht, sowohl aus Luxusmitteln wie notwendigen Lebensmitteln besteht und was durch $I_{(v+m)}$ erneuert wird, sowohl die Produktionsmittel der Luxus- wie der notwendigen Lebensmittel ausmacht.)

3. Wir kommen zum Austausch zwischen a und b, soweit er nur Austausch der Kapitalisten der beiden Unterabteilungen. Durch das Bisherige ist erledigt das variable Kapital (400_v) und ein Teil des Mehrwerts (100_m) in a und das variable Kapital (100_v) in b. Wir nahmen ferner an als Durchschnittsverhältnis der kapitalistischen Revenue-Ausgabe in beiden Klassen $^2/_5$ für Luxus und $^3/_5$ für notwendige Lebensbedürfnisse. Außer den bereits für Luxus ausgegebnen 100 entfällt daher auf die ganze Unterklasse a noch 60 für Luxus und im selben Verhältnis, d. h. 40, auf b.

$(IIa)_m$ wird also verteilt auf 240 für Lebensmittel und 160 für Luxusmittel $= 240 + 160 = 400_m$ (IIa).

$(IIb)_m$ verteilt sich in 60 für Lebensmittel und 40 für Luxus: $60 + 40 = 100_m$ (IIb). Die letzten 40 konsumiert diese Klasse aus ihrem eignen Produkt ($^2/_5$ ihres Mehrwerts); die 60 für Lebensmittel erhält sie dadurch, daß sie 60 ihres Mehrprodukts für 60_m (a) austauscht.

Wir haben also für die ganze Kapitalistenklasse II (wobei v + m bei Unterabteilung a in notwendigen Lebensmitteln existiert, bei b in Luxusmitteln): IIa $(400_v + 400_m)$ + IIb $(100_v + 100_m) = 1000$; durch die Bewegung so realisiert: $500_v(a + b)$ [realisiert in $400_v(a)$ und $100_m(a)$] + $500_m(a + b)$ [realisiert in $300_m(a) + 100_v(b) + 100_m(b)$] = 1000.
Für a und b, jedes für sich betrachtet, erhalten wir die Realisation:

$$\text{a)}\ \frac{v}{400_v(a)} + \frac{m}{240_m(a) + 100_v(b) + 600_m(b)} = 800$$

$$\text{b)}\ \frac{v}{100_m(a)} + \frac{m}{60_m(a) + 40_m(b)} \quad \cdots\cdots \quad \frac{= 200}{1000}$$

Halten wir der Einfachheit halber dasselbe Verhältnis zwischen variablem und konstantem Kapital fest (was beiläufig durchaus nicht nötig), so kommt auf $400_v(a)$ ein konstantes Kapital = 1600 und auf $100_v(b)$ ein konstantes Kapital = 400, und wir haben für II folgende zwei Abteilungen a und b:

$$\text{IIa)}\ 1600_c + 400_v + 400_m = 2400$$
$$\text{IIb)}\ 400_c + 100_v + 100_m = 600$$

und zusammen:

$$2000_c + 500_v + 500_m = 3000.$$

Dementsprechend sind von den 2000 II_c in Konsumtionsmitteln, die ausgetauscht werden gegen 2000 $I_{(v+m)}$, 1600 umgesetzt in Produktionsmittel von notwendigen Lebensmitteln und 400 in Produktionsmittel von Luxusmitteln.
Die 2000 $I_{(v+m)}$ würden also selbst zerfallen in $(800_v + 800_m)$ I für a = 1600 Produktionsmittel notwendiger Lebensmittel und $(200_v + 200_m)$ I für b = 400 Produktionsmittel für Luxusmittel.
Ein bedeutender Teil nicht nur der eigentlichen Arbeitsmittel, sondern auch der Roh- und Hilfsstoffe etc. für beide Abteilungen ist gleichartig. Was aber die Umsetzungen der verschiednen Wertteile des gesamten Produkts $I_{(v+m)}$ betrifft, so wäre diese Teilung ganz gleichgültig. Sowohl die obigen 800 I_v wie 200 I_v werden dadurch realisiert, daß der Arbeitslohn in Konsumtionsmitteln 1000 II_c verausgabt wird, also das für selben vorgeschoßne Geldkapital gleichmäßig sich bei der Rückkehr verteilt unter die kapitalistischen Produzenten I, ihnen pro rata ihr vorgeschoßnes variables Kapital wieder in Geld ersetzt: andrerseits, was die Realisation der 1000 I_m betrifft, so werden auch hier die Kapitalisten gleichmäßig (proportionell zur Größe ihres m) aus der gesamten zweiten Hälfte von II_c = 1000, 600 IIa und

400 IIb in Konsumtionsmitteln ziehn; also diejenigen, welche das konstante Kapital von IIa ersetzen:
480 (3/5) aus 600_c (IIa) und 320 (2/5) aus 400_c (IIb) = 800;
die das konstante Kapital von IIb ersetzen:
120 (3/5) aus 600_c (IIa) und 80 (2/5) aus 400_c (IIb) = 200.
Summa = 1000.
Was hier willkürlich ist, sowohl für I wie für II, ist das Verhältnis des variablen Kapitals zum konstanten wie die Dieselbigkeit dieses Verhältnisses für I und II und für ihre Unterabteilungen. Was diese Dieselbigkeit angeht, so ist sie nur der Vereinfachung wegen hier angenommen, und die Annahme verschiedner Verhältnisse würde absolut nichts ändern an den Bedingungen des Problems und an seiner Lösung. Was sich aber als notwendiges Resultat ergibt, bei Voraussetzung einfacher Reproduktion, ist:
1. Daß das unter Naturalform von Produktionsmitteln geschaffne neue Wertprodukt der Jahresarbeit (zerfällbar in v + m) gleich sei dem konstanten Kapitalwert c des durch den andern Teil der Jahresarbeit hergestellten Produktenwerts, reproduziert in Form von Konsumtionsmitteln. Wäre es geringer als II_c, so könnte II sein konstantes Kapital nicht ganz ersetzen; wäre es größer, so bliebe ein Überschuß unbenutzt liegen. In beiden Fällen wäre die Voraussetzung: einfache Reproduktion, verletzt.
2. Daß bei dem unter Form von Konsumtionsmitteln reproduzierten Jahresprodukt das in Geldform vorgeschoßne variable Kapital v von dessen Empfängern, soweit sie Luxusarbeiter sind, nur realisierbar ist in dem Teil der notwendigen Lebensmittel, der den kapitalistischen Produzenten derselben ihren Mehrwert prima facie verkörpert: daß also das v, ausgelegt in der Luxusproduktion, gleich ist einem seinem Wertumfang entsprechenden Teil von m, produziert unter der Form von notwendigen Lebensmitteln, also kleiner sein muß als dieses gesamte m – nämlich $(IIa)_m$ –, und daß nur durch die Realisierung jenes v in diesem Teil von m den kapitalistischen Produzenten der Luxusartikel ihr vorgeschoßnes variables Kapital in Geldform zurückkehrt. Es ist dies ein ganz analoges Phänomen wie die Realisierung von $I_{(v+m)}$ in II_c; nur daß im zweiten Fall $(IIb)_v$ sich realisiert in einem ihm dem Wertumfang nach gleichen *Teil* von $(IIa)_m$. Diese Verhältnisse bleiben qualitativ maßgebend bei jeder Verteilung des jährlichen Gesamtprodukts, soweit es in den Prozeß der jährlichen durch Zirkulation vermittelten Reproduktion wirklich eingeht. $I_{(v+m)}$ kann nur realisiert werden in II_c, wie II_c in seiner Funktion als Bestandteil des produktiven Kapitals nur erneubar durch diese Realisation; ebenso ist $(IIb)_v$ nur realisierbar in einem Teil von $(IIa)_m$, und $(IIb)_v$ nur so wieder rückverwandelbar in seine Form als Geldkapital. Selbstredend gilt dies nur, soweit alles dies

wirklich ein Resultat des Reproduktionsprozesses selbst ist, also soweit nicht z. B. die Kapitalisten IIb Geldkapital für v durch Kredit anderweitig aufnehmen. Quantitativ dagegen können die Umsetzungen der verschiednen Teile des Jahresprodukts nur so proportionell stattfinden wie oben dargestellt, soweit Stufenleiter und Wertverhältnisse der Produktion stationär bleiben und soweit diese strengen Verhältnisse nicht alteriert werden durch den auswärtigen Handel.

Wenn man nun nach A. Smith'scher Weise sagte, $I_{(v + m)}$ lösen sich auf in II_c, und II_c löst sich auf in $I_{(v + m)}$, oder, wie er öfter und noch abgeschmackter zu sagen pflegt, $I_{(v + m)}$ bilden Bestandteile des Preises (resp. Werts, er sagt value in exchange) von II_c, und II_c bildet den ganzen Bestandteil des Werts $I_{(v + m)}$, so könnte und müßte man ebenfalls sagen $(IIb)_v$ löst sich auf in $(IIa)_m$, oder $(IIa)_m$ in $(IIb)_v$, oder $(IIb)_v$ bildet einen Bestandteil des Mehrwerts IIa, und vice versa: der Mehrwert löste sich so auf in Arbeitslohn, resp. variables Kapital, und das variable Kapital bildete einen »Bestandteil« des Mehrwerts. Diese Abgeschmacktheit findet sich soweit in der Tat bei A. Smith, da bei ihm der Arbeitslohn bestimmt ist durch den Wert der notwendigen Lebensmittel, diese Warenwerte dahingegen wieder durch den Wert des in ihnen enthaltnen Arbeitslohns (variablen Kapitals) und Mehrwerts. Er ist so absorbiert durch die Bruchstücke, worin das Wertprodukt eines Arbeitstags auf kapitalistischer Basis zerfällbar – nämlich in $v + m$ –, daß er ganz darüber vergißt, daß es beim einfachen Warenaustausch ganz gleichgültig, ob die in verschiedner Naturalform existierenden Äquivalente aus bezahlter oder unbezahlter Arbeit bestehn, da sie in beiden Fällen gleichviel Arbeit zu ihrer Produktion kosten; und daß es ebenso gleichgültig ist, ob die Ware des A ein Produktionsmittel und die des B ein Konsumtionsmittel, ob nach dem Verkauf die eine Ware als Kapitalbestandteil zu fungieren hat, die andre dagegen in den Konsumtionsfonds eingeht und secundum Adam als Revenue verzehrt wird. Der Gebrauch, den der individuelle Käufer von seiner Ware macht, fällt nicht in den Warenaustausch, in die Zirkulationssphäre, und berührt nicht den Wert der Ware. Dies wird in keiner Weise dadurch anders, daß bei Analyse der Zirkulation des jährlichen gesellschaftlichen Gesamtprodukts die bestimmte Gebrauchsbestimmung, das Moment der Konsumtion der verschiednen Bestandteile jenes Produkts in Betracht kommen muß.

Bei obig konstatierter Umsetzung von $(IIb)_v$ gegen einen gleichwertigen Teil von $(IIa)_m$ und bei den weitern Umsetzungen zwischen $(IIa)_m$ und $(IIb)_m$ ist keineswegs vorausgesetzt, daß, seien es die einzelnen Kapitalisten von IIa und IIb, seien es ihre respektiven Gesamtheiten, sie im selben Verhältnis ihren Mehrwert zwischen notwendigen Konsumtionsgegenständen und Luxusmitteln teilen. Einer mag mehr in dieser Konsumtion, ein andrer mehr in jener verausgaben. Auf dem Boden der einfachen Reproduktion ist nur vorausgesetzt, daß eine Wertsumme, gleich dem ganzen Mehrwert, in Konsumtionsfonds realisiert wird. Die Grenzen sind also gegeben. Innerhalb jeder Abteilung mag der eine mehr in a, der andre mehr in b leisten; dies kann sich aber wechselseitig kompensieren, so daß die Kapitalistenklassen a und b, als ganze genommen, sich je im selben Verhältnis an beiden beteiligen. Die Wertverhältnisse – der proportionelle Anteil am Gesamtwert des Produkts II für die zwei Sorten Produzenten a und b – also auch ein bestimmtes quantitatives Verhältnis zwischen den Produktionszweigen, welche jene Produkte liefern – sind aber notwendig gegeben in jedem konkreten Fall; nur das Verhältnis, das beispielsweise figuriert, ist ein hypothetisches; wird ein andres angenommen, so ändert dies nichts an den qualitativen Momenten; nur die quantitativen Bestimmungen würden sich ändern. Tritt aber durch irgendwelche Umstände eine wirkliche Veränderung in der proportionellen Größe von a und b ein, so würden sich auch die Bedingungen der einfachen Reproduktion entsprechend ändern.

Aus dem Umstand, daß $(IIb)_v$ realisiert wird in einem äquivalenten Teil von $(IIa)_m$, folgt, daß im Verhältnis, wie der Luxusteil des jährlichen Produkts wächst, wie also ein steigendes Quotum der Arbeitskraft absorbiert wird in der Luxusproduktion – daß im selben Verhältnis die Rückverwandlung des in $(IIb)_v$ vorgeschoßnen variablen Kapitals in Geldkapital, das von neuem als Geldform des variablen Kapitals fungiert, und damit die Existenz und Reproduktion des in IIb beschäftigten Teils der Arbeiterklasse – ihre Zufuhr notwendiger Konsumtionsmittel – bedingt wird durch die Verschwendung der Kapitalistenklasse, den Umsatz eines bedeutenden Teils ihres Mehrwerts in Luxusartikel.
Jede Krise vermindert die Luxuskonsumtion momentan; sie verlangsamt, verzögert die Rückverwandlung des $(IIb)_v$ in Geldkapital, läßt sie nur teilweis zu und wirft damit einen Teil der Luxusarbeiter aufs Pflaster, während sie andrerseits den Verkauf der notwendigen Konsumtionsmittel eben dadurch auch ins Stocken bringt und verringert. Ganz abgesehn von den gleichzeitig abgedankten, unproduktiven Arbeitern, die für ihre Dienste einen Teil der Luxusausgabe der Kapitalisten empfangen* (diese Arbeiter selbst sind pro tanto Luxusartikel) und die sich sehr stark beteiligen namentlich auch an der Konsumtion notwendiger Lebensmittel etc. Umgekehrt in der Prosperitätsperiode, und namentlich während der Zeit ihrer

* [1. Auflage: der Ausgabe der Kapitalisten in Luxus bilden]

Schwindelblüte – wo schon aus andren Gründen der relative, in Waren ausgedrückte Wert des Geldes fällt (ohne wirkliche sonstige Wertrevolution), also der Preis der Waren, unabhängig von ihrem eignen Wert, steigt. Nicht nur steigt die Konsumtion notwendiger Lebensmittel; die Arbeiterklasse (in die nun ihre ganze Reservearmee aktiv eingetreten) nimmt auch momentanen Anteil an der Konsumtion ihr sonst unzugänglicher Luxusartikel, außerdem auch an der Klasse der notwendigen Konsumtionsartikel, die sonst zum größten Teil »notwendige« Konsumtionsmittel nur für die Kapitalistenklasse bildet, was seinerseits eine Steigerung der Preise hervorruft.

Es ist eine reine Tautologie zu sagen, daß die Krisen aus Mangel an zahlungsfähiger Konsumtion oder an zahlungsfähigen Konsumenten hervorgehn. Andre Konsumarten als zahlende kennt das kapitalistische System nicht, ausgenommen die sub forma pauperis oder die des »Spitzbuben«. Daß Waren unverkäuflich sind, heißt nichts, als daß sich keine zahlungsfähigen Käufer für sie fanden, also Konsumenten (sei es nun, daß die Waren in letzter Instanz zum Behuf produktiver oder individueller Konsumtion gekauft werden). Will man aber dieser Tautologie einen Schein tiefrer Begründung dadurch geben, daß man sagt, die Arbeiterklasse erhalte einen zu geringen Teil ihres eignen Produkts, und dem Übelstand werde mithin abgeholfen, sobald sie größern Anteil davon empfängt, ihr Arbeitslohn folglich wächst, so ist nur zu bemerken, daß die Krisen jedesmal gerade vorbereitet werden durch eine Periode, worin der Arbeitslohn allgemein steigt und die Arbeiterklasse realiter größern Anteil an dem für Konsumtion bestimmten Teil des jährlichen Produkts erhält. Jene Periode müßte – von dem Gesichtspunkt dieser Ritter vom gesunden und »einfachen« (!) Menschenverstand – umgekehrt die Krise entfernen. Es scheint also, daß die kapitalistische Produktion vom guten oder bösen Willen unabhängige Bedingungen einschließt, die jene relative Prosperität der Arbeiterklasse nur momentan zulassen, und zwar immer nur als Sturmvogel einer Krise.[46]

Man sah vorhin, wie das proportionelle Verhältnis zwischen der Produktion notwendiger Konsumtionsmittel und der Produktion von Luxus die Teilung von $II_{(v + m)}$ zwischen IIa und IIb bedingte – also auch die von II_c zwischen $(IIa)_c$ und $(IIb)_c$. Sie greift also den Charakter und die quantitativen Verhältnisse der Produktion bis an die Wurzel an und ist ein wesentlich bestimmendes Moment ihrer Gesamtgestaltung.

Die einfache Reproduktion ist der Sache nach auf die Konsumtion als Zweck gerichtet, obgleich die Ergatterung von Mehrwert als treibendes Motiv der

---

[46] Ad notam für etwaige Anhänger der Rodbertus'schen Krisentheorie. F. E.

individuellen Kapitalisten erscheint; aber der Mehrwert – welches immer seine proportionelle Größe – soll schließlich hier dienen nur für die individuelle Konsumtion des Kapitalisten.
Soweit die einfache Reproduktion Teil und bedeutendster Teil auch jeder jährlichen Reproduktion auf erweiterter Stufenleiter, bleibt dies Motiv in Begleitung von und im Gegensatz zu dem Motiv der Bereicherung als solcher. Die Sache erscheint in Wirklichkeit verwickelter, weil Teilnehmer (partners) an der Beute – dem Mehrwert des Kapitalisten – als von ihm unabhängige Konsumenten auftreten.

V. Die Vermittlung der Umsätze durch die Geldzirkulation

Soweit bisher entwickelt, verlief die Zirkulation zwischen den verschiednen Klassen von Produzenten nach folgendem Schema.
1. Zwischen Klasse I und Klasse II:
I. $4000_c + \underline{1000_v + 1000_m}$
II. . . . . 2000_c . . . . . $+ 500_v + 500_m$.
Abgemacht ist also die Zirkulation von $II_c = 2000$, das umgesetzt ist gegen I $(1000_v + 1000_m)$.
Es bleibt – da wir 4000 I_c einstweilen beiseite lassen – noch die Zirkulation von v + m innerhalb Klasse II. Nun teilen sich $II_{(v+m)}$ zwischen die Unterklassen IIa und IIb wie folgt:
2. II. $500_v + 500_m = a\,(400_v + 400_m) + b\,(100_v + 100_m)$.
Die 400_v (a) zirkulieren innerhalb ihrer eignen Unterklasse; die damit bezahlten Arbeiter kaufen dafür von ihnen selbst produzierte notwendige Lebensmittel von ihren Anwendern, den Kapitalisten IIa.
Da die Kapitalisten beider Unterklassen ihren Mehrwert je zu $^3/_5$ in Produkten von IIa (nowendigen Lebensmitteln) und zu $^2/_5$ in Produkten von IIb (Luxusmitteln) verausgaben, so werden $^3/_5$ des Mehrwerts a, also 240, innerhalb der Unterklasse IIa selbst verzehrt; ebenso $^2/_5$ des Mehrwerts b (der in Luxusmitteln produziert und vorhanden ist) innerhalb der Unterklasse IIb.
Es bleiben zwischen IIa und IIb also noch auszutauschen:
auf Seite IIa: 160_m,
auf Seite IIb: $100_v + 60_m$. Diese gehn ineinander auf. Die Arbeiter IIb kaufen für ihre in Geldlohn erhaltnen 100 von IIa notwendige Lebensmittel im Betrag von 100. Die Kapitalisten IIb kaufen zum Betrag von $^3/_5$ ihres Mehrwerts = 60 ebenfalls ihre notwendigen Lebensmittel von IIa. Die Kapitalisten IIa erhalten damit das nötige Geld, um die, oben angenommenen,

$^2/_5$ ihres Mehrwerts = 160_m in den von IIb produzierten Luxuswaren anzulegen (100_v, die in den Händen der Kapitalisten IIb als den gezahlten Arbeitslohn ersetzendes Produkt lagern, und 60_m). Das Schema hierfür ist also:

$$\begin{array}{ll} 3.\ \text{IIa.}\ (400_v) + (240_m) & \underline{+\ 160_m} \\ \quad \text{b.} \ldots\ldots\ldots\ldots\ldots\ldots & 100_v + 60_m + (40_m), \end{array}$$

wo die eingeklammerten Posten diejenigen sind, die nur innerhalb ihrer eignen Unterklasse zirkulieren und verzehrt werden.

Der direkte Rückfluß des in variablem Kapital vorgeschoßnen Geldkapitals, der nur stattfindet für die Kapitalistenabteilung IIa, die notwendige Lebensmittel produziert, ist nur eine durch spezielle Bedingungen modifizierte Erscheinung des früher erwähnten allgemeinen Gesetzes, daß den Warenproduzenten, die der Zirkulation Geld vorschießen, selbes zurückkehrt bei normalem Verlauf der Warenzirkulation. Woraus beiläufig folgt, daß, wenn hinter dem Warenproduzenten überhaupt ein Geldkapitalist steht, der wieder dem industriellen Kapitalisten Geldkapital (in dem strengsten Sinne des Worts, also Kapitalwert in Geldform) vorschießt, der eigentliche Rückflußpunkt dieses Geldes die Tasche dieses Geldkapitalisten ist. In dieser Weise, obgleich das Geld durch alle Hände mehr oder weniger zirkuliert, gehört die Masse des zirkulierenden Geldes der in Form von Banken etc. organisierten und konzentrierten Abteilung des Geldkapitals; die Art, wie diese ihr Kapital vorschießt, bedingt den beständigen finalen Rückfluß in Geldform zu ihr, obgleich dies wieder vermittelt ist durch die Rückverwandlung des industriellen Kapitals in Geldkapital.

Zur Warenzirkulation ist immer zweierlei nötig: Waren, die in Zirkulation geworfen werden, und Geld, das in Zirkulation geworfen wird. »Der Zirkulationsprozeß erlischt ... nicht, wie der unmittelbare Produktenaustausch, in dem Stellen- oder Händewechsel der Gebrauchswerte. Das Geld verschwindet nicht, weil es schließlich aus der Metamorphosenreihe einer Ware herausfällt. Es schlägt immer nieder auf eine durch die Waren geräumte Zirkulationsstelle« etc. (Buch I. Kap. III, p. 92*)

Z. B. in der Zirkulation zwischen II_c und $\text{I}_{(v+m)}$ nehmen wir an, daß für diese Zirkulation 500 Pfd.St. in Geld von II vorgeschossen werden. Bei der unendlichen Zahl Zirkulationsprozesse, worin sich die Zirkulation zwischen großen gesellschaftlichen Gruppen von Produzenten auflöst, wird bald einer aus dieser, bald einer aus jener Gruppe zuerst als Käufer auftreten – also Geld in Zirkulation werfen. Es ist das, ganz abgesehn von individuellen Umständen, schon bedingt durch die Verschiedenheit der Produktionsperio-

* [Siehe »Kapital«, Bd. 1, a. a. O., S. 87.]

den und daher der Umschläge der verschiednen Warenkapitale. Also II kauft mit 500 Pfd.St. zum selben Wertbetrag Produktionsmittel von I, dieses aber kauft von II Konsumtionsmittel für 500 Pfd.St.; das Geld fließt also zurück zu II; letztres wird in keiner Weise bereichert durch diesen Rückfluß. Es warf erst für 500 Pfd.St. Geld in Zirkulation und zog zum selben Wertbetrag Waren aus ihr heraus, es verkauft dann für 500 Pfd.St. Waren und zieht zum selben Wertbetrag Geld aus ihr heraus; so fließen die 500 Pfd.St. zurück. In der Tat hat II so in Zirkulation geworfen für 500 Pfd.St. Geld und für 500 Pfd.St. Waren = 1000 Pfd.St.; es zieht aus der Zirkulation heraus für 500 Pfd.St. Waren und für 500 Pfd.St. Geld. Die Zirkulation braucht für den Umsatz von 500 Pfd.St. Waren (I) und 500 Pfd.St. Waren (II) nur 500 Pfd.St. Geld; wer das Geld also vorgeschossen beim Kauf fremder Ware, erhält es wieder beim Verkauf eigner. Hätte daher I zuerst von II gekauft Ware für 500 Pfd.St., und später an II verkaufte Ware für 500 Pfd.St., so würden die 500 Pfd.St. zu I statt zu II zurückkehren.

In Klasse I kehrt das in Arbeitslohn angelegte Geld, d. h. das in Geldform vorgeschoßne variable Kapital in dieser Form nicht direkt, sondern indirekt zurück, auf einem Umweg. In II dagegen kehren die 500 Pfd.St. Arbeitslohn direkt von den Arbeitern an die Kapitalisten zurück, wie diese Rückkehr immer direkt ist, wo Kauf und Verkauf zwischen denselben Personen sich so wiederholt, daß sie abwechselnd einander als Käufer und Verkäufer von Waren beständig gegenübertreten. Der Kapitalist II zahlt die Arbeitskraft in Geld; er verleibt dadurch die Arbeitskraft seinem Kapital ein und tritt nur durch diesen Zirkulationsvorgang, der für ihn nur Verwandlung von Geldkapital in produktives Kapital ist, als industrieller Kapitalist dem Arbeiter als seinem Lohnarbeiter gegenüber. Dann aber tritt der Arbeiter, der in erster Instanz Verkäufer, Händler in eigner Arbeitskraft war, in zweiter Instanz als Käufer, als Geldbesitzer, dem Kapitalisten als dem Warenverkäufer gegenüber; damit fließt diesem das in Arbeitslohn ausgelegte Geld zurück. Soweit der Verkauf dieser Waren nicht Prellerei etc. einschließt, sondern Äquivalente in Ware und Geld ausgetauscht werden, ist derselbe nicht ein Prozeß, wodurch der Kapitalist sich bereichert. Er zahlt den Arbeiter nicht zweimal, erst in Geld und dann in Ware; sein Geld kehrt zu ihm zurück, sobald der Arbeiter es in Ware bei ihm auslöst.

Das in variables Kapital verwandelte Geldkapital – also das in Arbeitslohn vorgeschoßne Geld – spielt aber eine Hauptrolle in der Geldzirkulation selbst, weil – da die Arbeiterklasse von der Hand in den Mund leben muß, also den industriellen Kapitalisten keine langen Kredite geben kann – auf zahllosen örtlich verschiednen Punkten der Gesellschaft gleichzeitig variables Kapital in Geld vorgeschossen werden muß in gewissen kurzen Terminen, wie Woche etc. – in relativ rasch sich wiederholenden Zeitabschnitten (je kürzer diese Abschnitte, desto kleiner kann relativ die durch diesen Kanal auf einmal in Zirkulation geworfne gesamte Geldumme sein) –, welches auch immer die verschiednen Umschlagsperioden der Kapitale in verschiednen Industriezweigen sein mögen. In jedem Land kapitalistischer Produktion bildet das so vorgeschoßne Geldkapital einen proportionell entscheidenden Anteil an der Gesamtzirkulation, um so mehr, da dasselbe Geld – vor seinem Rückfluß zum Ausgangspunkt – in den mannigfachsten Kanälen sich umtreibt und als Zirkulationsmittel für eine Unzahl andrer Geschäfte fungiert.

Betrachten wir jetzt die Zirkulation zwischen $\text{I}_{(v+m)}$ und II_c von einem andern Gesichtspunkt aus.

Die Kapitalisten I schießen 1000 Pfd.St. in Zahlung von Arbeitslohn vor, womit die Arbeiter für 1000 Pfd.St. Lebensmittel kaufen von den Kapitalisten II und diese wieder für dasselbe Geld Produktionsmittel von den Kapitalisten I. Letztren ist ihr variables Kapital in Geldform nun zurückgekehrt, während die Kapitalisten II die Hälfte ihres konstanten Kapitals aus der Form von Warenkapital in produktives Kapital rückverwandelt haben. Die Kapitalisten II schießen weitere 500 Pfd.St. Geld vor, um Produktionsmittel bei I zu heben; die Kapitalisten I verausgaben das Geld in Konsumtionsmitteln von II; diese 500 Pfd.St. fließen so den Kapitalisten II zurück; sie schießen sie von neuem vor, um das letzte Viertel ihres in Ware verwandelten konstanten Kapitals rückzuverwandeln in seine produktive Naturalform. Dies Geld strömt wieder zu I zurück und hebt von neuem bei II Konsumtionsmittel zu gleichem Betrage; damit fließen die 500 Pfd.St. zurück an II; dessen Kapitalisten sind jetzt wie vorhin im Besitz von 500 Pfd.St. Geld und 2000 Pfd.St. konstantem Kapital, das aber aus der Form von Warenkapital in produktives Kapital neu umgesetzt worden ist. Mit 1500 Pfd.St. Geld ist eine Warenmasse von 5000 Pfd.St. zirkuliert worden; nämlich 1. I zahlt an die Arbeiter 1000 Pfd.St. für Arbeitskraft zum gleichen Wertbelauf; 2. die Arbeiter kaufen mit selben 1000 Pfd.St. Lebensmittel von II; 3. II kauft mit demselben Geld Produktionsmittel von I, dem damit 1000 Pfd.St. variables Kapital in Geldform wiederhergestellt ist; 4. II kauft mit 500 Pfd.St. Produktionsmittel von I; 5. I kauft mit selben 500 Pfd.St. Konsumtionsmittel von II; 6. II kauft mit selben 500 Pfd.St. Produktionsmittel von I; 7. I kauft mit selben 500 Pfd.St. Lebensmittel von II. An II sind 500 Pfd.St. zurückgeflossen, die es außer seinen 2000 Pfd.St. in Ware in Zirkulation warf und für die es der Zirkulation kein Äquivalent in Ware entzogen.[47]

Die Umsetzung verläuft also wie folgt:

1. I zahlt 1000 Pfd.St. Geld für Arbeitskraft, also für Ware = 1000 Pfd.St.
2. Die Arbeiter kaufen mit ihrem Arbeitslohn zum Geldbetrag von 1000 Pfd.St. Konsumtionsmittel von II; also Ware = 1000 Pfd.St.
3. II kauft für die von den Arbeitern gelösten 1000 Pfd.St. zum selben Wert Produktionsmittel von I; also Ware = 1000 Pfd.St.

Damit sind 1000 Pfd.St. Geld als Geldform des variablen Kapitals an I zurückgeflossen.

4. II kauft für 500 Pfd.St. Produktionsmittel von I; also Ware = 500 Pfd.St.
5. I kauft für selbe 500 Pfd.St. Konsumtionsmittel von II; also Ware = 500 Pfd.St.
6. II kauft für selbe 500 Pfd.St. Produktionsmittel von I; also Ware = 500 Pfd.St.
7. I kauft für selbe 500 Pfd.St. Konsumtionsmittel von II; also Ware = 500 Pfd.St.

Summe des umgesetzten Warenwerts = 5000 Pfd.St.

Die 500 Pfd.St., die II im Kauf vorgeschossen, sind zu ihm zurückgekehrt.

Resultat ist:

1. I besitzt variables Kapital in Geldform zum Belauf von 1000 Pfd.St., die es ursprünglich der Zirkulation vorschoß; es hat außerdem verausgabt für seine individuelle Konsumtion 1000 Pfd.St. – in seinem eignen Warenprodukt; d. h., es hat das Geld verausgabt, das es für den Verkauf von Produktionsmitteln zum Wertbetrag von 1000 Pfd.St. einnahm.

Andrerseits ist die Naturalform, worin sich das in Geldform existierende variable Kapital umsetzen muß – d. h. die Arbeitskraft –, durch den Konsum erhalten, reproduziert und wieder vorhanden als derjenige einzige Handelsartikel ihrer Besitzer, den diese verkaufen müssen, wenn sie leben wollen. Es ist also auch reproduziert das Verhältnis von Lohnarbeitern und Kapitalisten.

2. Das konstante Kapital von II ist in natura ersetzt, und die von selbem II der Zirkulation vorgeschoßnen 500 Pfd.St. sind ihm zurückgekehrt.

Für die Arbeiter I ist die Zirkulation die einfache von W – G – W. $\frac{1}{W}$

[47] Die Darstellung weicht hier etwas ab von der oben (S. 394*) gegebnen. Dort warf auch I eine unabhängige Summe von 500 in die Zirkulation. Hier liefert II allein das zuschüssige Geldmaterial für die Zirkulation. Dies ändert jedoch nichts am Schlußergebnis. – F. E.

* [Siehe vorliegende Ausgabe, S. 374.]

(Arbeitskraft) – $\underset{G}{\overset{2}{\smile}}$ (1000 Pfd.St., Geldform des variablen Kapitals I) – $\underset{W}{\overset{3}{\smile}}$ (notwendige Lebensmittel zum Betrage von 1000 Pfd.St.); diese 1000 Pfd.St. versilbern bis zum selben Wertbetrag das in Form von Ware – Lebensmitteln – existierende konstante Kapital II.

Für die Kapitalisten II ist der Prozeß: W – G, Verwandlung eines Teils ihres Warenprodukts in Geldform, woraus es rückverwandelt wird in Bestandteile des produktiven Kapitals – nämlich in einen Teil der ihnen notwendigen Produktionsmittel.

Bei dem Vorschuß von G (500 Pfd.St.), den die Kapitalisten II machen zum Ankauf der andren Teile der Produktionsmittel, ist die Geldform des noch in Warenform (Konsumtionsmitteln) existierenden Teils von II_c antizipiert; im Akt G – W, wo II mit G kauft und W von I verkauft wird, verwandelt sich das Geld (II) in einen Teil des produktiven Kapitals, während W (I) den Akt W – G durchmacht, sich in Geld verwandelt, das aber keinen Bestandteil des Kapitalwerts für I vorstellt, sondern versilberten Mehrwert, der nur in Konsumtionsmitteln verausgabt wird.

In der Zirkulation G – W ... P ... W' – G' ist der erste Akt G – W des einen Kapitalisten der letzte W' – G' eines andern (oder Teil davon); ob dies W, wodurch G in produktives Kapital umgesetzt wird, für den Verkäufer von W (der also dies W in Geld umsetzt) konstanten Kapitalbestandteil, variablen Kapitalbestandteil oder Mehrwert vorstellt, ist für die Warenzirkulation selbst durchaus gleichgültig.

Was die Klasse I in bezug auf den Bestandteil v + m ihres Warenprodukts angeht, so zieht sie mehr Geld aus der Zirkulation heraus, als sie hineingeworfen hat. Erstens kehren ihr die 1000 Pfd.St. variables Kapital zurück; zweitens verkauft sie (siehe oben, Umsetzung Nr. 4) für 500 Pfd.St. Produktionsmittel: damit ist die Hälfte ihres Mehrwerts versilbert; dann (Umsetzung Nr. 6) verkauft sie wieder für 500 Pfd.St. Produktionsmittel, die zweite Hälfte Mehrwerts, und damit ist der ganze Mehrwert in Geldform der Zirkulation entzogen worden; also sukzessive 1. variables Kapital in Geld rückverwandelt = 1000 Pfd.St.; 2. die Hälfte des Mehrwerts versilbert = 500 Pfd.St.; 3. die andre Hälfte des Mehrwerts = 500 Pfd.St.; also Summa: $1000_v + 1000_m$ versilbert = 2000 Pfd.St. Obgleich I (abgesehn von den später zu betrachtenden Umsätzen, die die Reproduktion von I_c vermitteln) nur 1000 Pfd.St. in Zirkulation warf, hat es ihr doppelt soviel entzogen. Natürlich verschwindet das versilberte (in G verwandelte) m sofort wieder in andre Hand (II) dadurch, daß dies Geld in Konsumtionsmitteln vermöbelt wird. Die Kapitalisten von I haben nur soviel in *Geld* entzogen, als sie an Wert in *Ware* hineinwarfen; daß dieser Wert Mehrwert ist, d. h. den Kapitalisten nichts kostet, ändert absolut nichts am Wert dieser Waren selbst; ist also, soweit es sich um Wertumsatz in der Warenzirkulation handelt, vollständig gleichgültig. Die Versilberung des Mehrwerts ist natürlich verschwindend, wie alle andern Formen, die das vorgeschoßne Kapital in seinen Umsetzungen durchläuft. Sie dauert gerade nur so lange wie der Zwischenraum zwischen Verwandlung der Ware I in Geld und der darauffolgenden Verwandlung des Geldes I in Ware II.

Wären die Umschläge kürzer angenommen – oder, vom Standpunkt einfacher Warenzirkulation aus betrachtet, die Anzahl der Umläufe des zirkulierenden Geldes rascher –, so wäre noch weniger Geld hinreichend, um die umgesetzten Warenwerte zu zirkulieren; die Summe ist stets bestimmt – wenn die Anzahl der sukzessiven Umsätze gegeben – durch die Preissumme, resp. Wertsumme, der zirkulierenden Waren. Welche Proportion dieser Wertsumme aus Mehrwert einerseits und Kapitalwert andrerseits besteht, ist dabei durchaus gleichgültig.

Würde in unserm Beispiel der Arbeitslohn I viermal des Jahres ausgezahlt, so $4 \times 250 = 1000$. Es würden also 250 Pfd.St. in Geld hinreichen für die Zirkulation $I_v - {}^1/_2\ II_c$ und für die Zirkulation zwischen dem variablen Kapital I_v und der Arbeitskraft I. Ebenso wären, wenn die Zirkulation zwischen I_m und II_c in vier Umschlägen erfolgt, nur 250 Pfd.St. dazu nötig, also im ganzen eine Geldsumme, resp. ein Geldkapital von 500 Pfd.St. für Zirkulation von Waren zum Betrag von 5000 Pfd.St. Der Mehrwert würde dann, statt zweimal sukzessive zur Hälfte, jetzt viermal sukzessive zu ${}^1/_4$ versilbert.

Wenn statt II, in Umsetzung Nr. 4, I als Käufer auftritt, also 500 Pfd.St. Geld in Konsumtionsmitteln von selbem Wertumfang verausgabt, so kauft dann II in Umsetzung Nr. 5 Produktionsmittel mit denselben 500 Pfd.St.; 6. I kauft Konsumtionsmittel mit selben 500 Pfd.St.; 7. II kauft mit selben 500 Pfd.St. Produktionsmittel; die 500 Pfd.St. kehren also schließlich zu I, wie vorhin zu II, zurück. Der Mehrwert wird hier versilbert durch von seinen kapitalistischen Produzenten selbst in ihrer Privatkonsumtion verausgabtes Geld, das antizipierte Revenue vorstellt, antizipierte Einnahme aus dem in der noch zu verkaufenden Ware steckenden Mehrwert. Die Versilberung des Mehrwerts findet nicht statt durch den Rückfluß der 500 Pfd. St.; denn neben den 1000 Pfd.St. in Ware I_v hat I, am Schluß von Umsetzung Nr. 4, 500 Pfd.St. in Geld in die Zirkulation geworfen, und dies war zuschüssig, nicht – soviel wir wissen – Erlös verkaufter Ware. Fließt dies Geld an I zurück, so hat I damit nur sein zuschüssiges Geld zurückerhalten, nicht seinen Mehrwert versilbert. Die Versilberung des Mehrwerts

von I findet nur statt durch den Verkauf der Waren I_m, worin er steckt, und dauert jedesmal nur so lang, als das durch Verkauf der Ware eingelöste Geld nicht von neuem in Konsumtionsmitteln verausgabt ist.
I kauft mit zuschüssigem Geld (500 Pfd.St.) von II Konsumtionsmittel; dies Geld ist verausgabt von I, es hat dafür Äquivalent in Ware II; das Geld fließt zum ersten Mal zurück dadurch, daß II von I für 500 Pfd.St. Ware kauft; es fließt also zurück als Äquivalent der von I verkauften Ware, aber diese Ware kostet I nichts, bildet also Mehrwert für I, und so *versilbert das von ihm selbst in Zirkulation geworfne Geld seinen eignen Mehrwert;* ebenso bei seinem zweiten Kauf (Nr. 6) hat I sein Äquivalent in Ware II erhalten. Gesetzt, II kaufe nun nicht (Nr. 7) Produktionsmittel von I, so hätte I in der Tat für 1000 Pfd.St. Konsumtionsmittel gezahlt – seinen ganzen Mehrwert als Revenue verzehrt –, nämlich 500 in seinen Waren I (Produktionsmitteln) und 500 in Geld; es hätte dagegen noch für 500 Pfd.St. in seinen Waren I (Produktionsmitteln) auf Lager und wäre dagegen 500 Pfd.St. in Geld losgeworden.
Dahingegen hätte II drei Viertel seines konstanten Kapitals aus der Form von Warenkapital in produktives Kapital rückverwandelt; ein Viertel dagegen in der Form von Geldkapital (500 Pfd.St.), in der Tat von brachliegendem Geld oder seine Funktion unterbrechendem und abwartendem Geld. Dauerte diese Situation länger, so müßte II die Stufenleiter der Reproduktion um ein Viertel reduzieren. – Die 500 in Produktionsmitteln aber, die I auf dem Hals hat, sind nicht in Warenform existierender Mehrwert; sie sind an der Stelle der vorgeschoßnen 500 Pfd.St. Geld da, die I besaß neben seinem Mehrwert von 1000 Pfd.St. in Warenform. Als Geld befinden sie sich in stets realisierbarer Form; als Ware sind sie momentan unverkäuflich. Soviel ist klar, daß einfache Reproduktion – wo jedes Element des produktiven Kapitals in II wie in I ersetzt werden muß – hier nur möglich bleibt, wenn die 500 Goldvögel zurückkehren zu I, das sie zuerst ausfliegen ließ.
Gibt ein Kapitalist (hier haben wir nur noch industrielle Kapitalisten vor uns, zugleich Repräsentanten aller andern) Geld aus in Konsumtionsmitteln, so ist es für ihn alle geworden, den Weg alles Fleisches gegangen. Fließt es wieder zu ihm zurück, so kann das nur geschehn, soweit er es für Waren – also durch sein Warenkapital – aus der Zirkulation herausfischt. Wie der Wert seines ganzen jährlichen Warenprodukts (das für ihn = Warenkapital), so ist der jedes Elements desselben, d.h. der Wert jeder einzelnen Ware, für ihn zerfällbar in konstanten Kapitalwert, variablen Kapitalwert und Mehrwert. Die Versilbrung jeder einzelnen der Waren (die als Elemente das Warenprodukt bilden) ist also zugleich Versilbrung eines gewissen Quotums des im ganzen Warenprodukt steckenden Mehrwerts. Es

ist also im gegebnen Fall wörtlich richtig, daß der Kapitalist selbst das Geld in die Zirkulation warf – und zwar bei Verausgabung desselben in Konsumtionsmitteln –, womit sein Mehrwert versilbert, alias realisiert wird. Es handelt sich dabei natürlich nicht um identische Geldstücke, sondern um einen Betrag in klingendem Geld, gleich dem (oder gleicher Teil von dem), den er zur Bestreitung persönlicher Bedürfnisse in die Zirkulation geworfen. In der Praxis geschieht dies in doppelter Weise: Ist das Geschäft erst innerhalb des laufenden Jahrs eröffnet worden, so dauert es gute Weile, im besten Fall einige Monate, bevor der Kapitalist aus der Geschäftseinnahme selbst Geld für seinen persönlichen Konsum ausgeben kann. Er suspendiert deswegen keinen Augenblick seine Konsumtion. Er schießt sich selbst (ob aus eigner oder per Kredit aus fremder Tasche, ist hier ganz gleichgültiger Umstand) Geld auf erst zu ergatternden Mehrwert vor; damit aber auch zirkulierendes Medium zur Realisation später zu realisierenden Mehrwerts. Ist das Geschäft dagegen schon länger im regelmäßigen Gang, so verteilen sich Zahlungen und Einnahmen auf verschiedne Termine während des Jahrs. Eins aber geht ununterbrochen fort, die Konsumtion des Kapitalisten, die antizipiert und deren Umfang berechnet wird nach gewisser Proportion zu der gewohnten oder veranschlagten Einnahme. Mit jeder Portion verkaufter Ware wird auch ein Teil des jährlich zu machenden Mehrwerts realisiert. Würde aber während des ganzen Jahrs nur soviel der produzierten Ware verkauft, wie nötig, um die in ihr enthaltnen konstanten und variablen Kapitalwerte zu ersetzen; oder fielen die Preise so, daß beim Verkauf des ganzen jährlichen Warenprodukts nur der in ihm enthaltne vorgeschoßne Kapitalwert realisiert würde, so träte der antizipatorische Charakter des auf künftigen Mehrwert hin verausgabten Geldes klar hervor. Macht unser Kapitalist Fallite, so untersuchen seine Gläubiger und das Gericht, ob seine antizipierten Privatausgaben in richtiger Proportion zum Umfang seines Geschäfts und der selben gewöhnlich oder normal entsprechenden Mehrwerteinnahme stehn.

Mit Bezug auf die ganze Kapitalistenklasse erscheint aber der Satz, daß sie das Geld zur Realisation ihres Mehrwerts (resp. auch zur Zirkulation ihres Kapitals, konstanten und variablen) selbst in die Zirkulaton werfen muß, nicht nur nicht paradox, sondern als notwendige Bedingung des ganzen Mechanismus: denn hier gibt es nur zwei Klassen: die Arbeiterklasse, die nur über ihre Arbeitskraft verfügt; die Kapitalistenklasse, die im Monopolbesitz der gesellschaftlichen Produktionsmittel wie des Geldes ist. Das Paradoxe läge darin, wenn die Arbeiterklasse in erster Instanz das zur Realisation des in den Waren steckenden Mehrwerts notwendige Geld aus eignen Mitteln vorschösse. Der einzelne Kapitalist verrichtet diesen Vorschuß aber immer nur in der Form, daß er als Käufer agiert. Geld *verausgabt* im Ankauf von Konsumtionsmitteln oder Geld *vorschießt* im Ankauf von Elementen seines produktiven Kapitals, sei es von Arbeitskraft, sei es von Produktionsmitteln. Er gibt das Geld immer nur weg gegen ein Äquivalent. Er schießt der Zirkulation nur Geld vor in derselben Art, wie er ihr Ware vorschießt. Er agiert beidemal als Ausgangspunkt ihrer Zirkulation.

Der wirkliche Hergang wird durch zwei Umstände verdunkelt.

1. Die Erscheinung des *Handelskapitals* (dessen erste Form immer Geld, da der Kaufmann als solcher kein »Produkt« oder »Ware« herstellt) und des *Geldkapitals*, als Gegenstandes der Manipulation einer besondern Sorte von Kapitalisten, in dem Zirkulationsprozeß des industriellen Kapitals.

2. Die Spaltung des Mehrwerts – der in erster Hand immer in Hand des industriellen Kapitalisten sich befinden muß – in verschiedne Kategorien, als deren Träger neben dem industriellen Kapitalisten der Grundbesitzer (für Bodenrente), der Wucherer (für Zins) etc. erscheinen, ditto die Regierung und ihre Beamten, Rentiers etc. Diese Burschen erscheinen als Käufer gegenüber dem industriellen Kapitalisten und insoweit als Versilbrer seiner Waren; pro parte werfen auch sie »Geld« in die Zirkulation, und er erhält es von ihnen. Wobei stets vergessen wird, aus welcher Quelle sie es ursprünglich erhielten und stets wieder von neuem erhalten.

VI. Das konstante Kapital der Abteilung I[48]

Es bleibt noch zu untersuchen das konstante Kapital der Abteilung I = 4000 I_c. Dieser Wert ist gleich dem im Warenprodukt I wiedererscheinenden Wert der in der Produktion dieser Warenmasse verzehrten Produktionsmittel. Dieser wiedererscheinende Wert, der nicht in dem Produktionsprozeß I produziert, sondern das Jahr vorher als konstanter Wert in ihn eintrat, als gegebner Wert seiner Produktionsmittel, existiert jetzt in dem ganzen Teil der Warenmasse I, die nicht von der Kategorie II absorbiert ist; und zwar ist der Wert dieser Warenmasse, die so in der Hand der Kapitalisten I bleibt, = $^2/_3$ des Werts ihres ganzen jährlichen Warenprodukts. Bei dem einzelnen Kapitalisten, der ein besondres Produktionsmittel produziert, konnten wir sagen: Er verkauft sein Warenprodukt, er verwandelt es in Geld. Indem er es in Geld verwandelt, hat er auch den konstanten Wertteil seines Produkts in Geld rückverwandelt. Mit diesem in Geld verwandelten Wertteil kauft er dann von andren Warenverkäufern seine Produktionsmittel wieder ein oder verwandelt den konstanten Wertteil seines Produkts

---

48 Von hier an aus Manuskript II.

in eine Naturalform, worin er von neuem als produktives konstantes Kapital fungieren kann. Jetzt dagegen wird diese Voraussetzung unmöglich. Die Kapitalistenklasse I umschließt die Gesamtheit der Kapitalisten, die Produktionsmittel produzieren. Außerdem ist das Warenprodukt von 4000, das in ihrer Hand geblieben, ein Teil des gesellschaftlichen Produkts, der gegen keinen andern auszutauschen ist, denn es existiert kein solcher andrer Teil des Jahresprodukts mehr. Mit Ausnahme dieser 4000 ist bereits über den ganzen Rest disponiert; ein Teil ist durch den gesellschaftlichen Konsumtionsfonds absorbiert, und ein andrer Teil hat das konstante Kapital der Abteilung II zu ersetzen, die bereits alles ausgetauscht hat, worüber sie im Austausch mit Abteilung I verfügen kann.

Die Schwierigkeit löst sich sehr einfach, wenn man erwägt, daß das ganze Warenprodukt I seiner Naturalform nach aus Produktionsmitteln besteht, d. h. aus den stofflichen Elementen des konstanten Kapitals selbst. Es zeigt sich hier dasselbe Phänomen wie vorhin sub II, nur unter einem andern Aspekt. Sub II bestand das ganze Warenprodukt in Konsumtionsmitteln; ein Teil desselben, gemessen durch den in diesem Warenprodukt enthaltnen Arbeitslohn plus Mehrwert, konnte daher von seinen eignen Produzenten verzehrt werden. Hier sub I besteht das ganze Warenprodukt aus Produktionsmitteln, Baulichkeiten, Maschinerie, Gefäßen, Roh- und Hilfsstoffen etc. Ein Teil derselben, derjenige, welcher das in dieser Sphäre angewandte konstante Kapital ersetzt, kann daher in seiner Naturalform sofort von neuem als Bestandteil des produktiven Kapitals fungieren. Soweit er in Zirkulation tritt, zirkuliert er innerhalb der Klasse I. Sub II wird ein Teil des Warenprodukts in natura von seinen eignen Produzenten individuell, sub I dagegen wird ein Teil des Produkts in natura von seinen kapitalistischen Produzenten produktiv konsumiert.

In dem Teil des Warenprodukts I = 4000_c erscheint der in dieser Kategorie konsumierte konstante Kapitalwert wieder, und zwar in einer Naturalform, worin er sofort wieder als produktives konstantes Kapital fungieren kann. Sub II geht der Teil des Warenprodukts von 3000, dessen Wert gleich Arbeitslohn plus Mehrwert (= 1000), direkt in die individuelle Konsumtion der Kapitalisten und Arbeiter von II ein, während dagegen der konstante Kapitalwert dieses Warenprodukts (= 2000) nicht wieder in die produktive Konsumtion der Kapitalisten II eingehn kann, sondern durch Austausch mit I zu ersetzen ist.

Sub I dagegen geht der Teil seines Warenprodukts von 6000, dessen Wert gleich Arbeitslohn plus Mehrwert (= 2000), nicht in die individuelle Konsumtion seiner Produzenten ein und kann es auch seiner Naturalform nach nicht. Er muß vielmehr erst mit II ausgetauscht werden. Der konstante

Wertteil dieses Produkts = 4000 befindet sich umgekehrt in einer Naturalform, worin er – die ganze Kapitalistenklasse I betrachtet – direkt wieder als deren konstantes Kapital fungieren kann. In andren Worten: Das ganze Produkt der Abteilung I besteht aus Gebrauchswerten, die ihrer Naturalform nach – bei kapitalistischer Produktionsweise – nur als Element des konstanten Kapitals dienen können. Von diesem Produkt zum Wert von 6000 ersetzt also ein Drittel (2000) das konstante Kapital der Abteilung II und die übrigen $^{2}/_{3}$ das konstante Kapital der Abteilung I.

Das konstante Kapital I besteht in einer Masse verschiedner Kapitalgruppen, die in den verschiednen Produktionszweigen von Produktionsmitteln angelegt sind, so viel in Eisenhütten, so viel in Kohlengruben etc. Jede dieser Kapitalgruppen oder jedes dieser gesellschaftlichen Gruppenkapitale setzt sich wieder zusammen aus einer größern oder geringern Masse selbständig fungierender Einzelkapitale. Erstens zerfällt das Kapital der Gesellschaft, z. B. 7500 (was Millionen usw. bedeuten kann) in verschiedne Kapitalgruppen; das gesellschaftliche Kapital von 7500 ist zerfällt in besondre Teile, wovon jeder in einem besondren Produktionszweig angelegt; der in jedem besondren Produktionszweig angelegte Teil des gesellschaftlichen Kapitalwerts besteht der Naturalform nach teils in den Produktionsmitteln jeder besondren Produktionssphäre, teils aus der für ihren Betrieb nötigen und entsprechend qualifizierten Arbeitskraft, verschieden modifiziert durch die Teilung der Arbeit, je nach der spezifischen Arbeitsart*, die sie in jeder einzelnen Produktionssphäre zu leisten hat. Der in jedem besondren Produktionszweig angelegte Teil des gesellschaftlichen Kapitals besteht wieder aus der Summe der in ihm angelegten, selbständig fungierenden Einzelkapitale. Dies gilt selbstredend für beide Abteilungen, für I wie für II.

Was nun sub I den in Form seines Warenprodukts wiedererscheinenden konstanten Kapitalwert angeht, so geht er zum Teil in die besondre Produktionssphäre (oder selbst in den individuellen Geschäftsbetrieb), woraus er als Produkt herauskommt, auch wieder als Produktionsmittel ein; z. B. Korn in die Kornproduktion, Kohle in die Kohlenproduktion, Eisen in Form von Maschinen in die Eisenproduktion usw.

Soweit jedoch die Teilprodukte, woraus der konstante Kapitalwert von I besteht, nicht wieder direkt in ihre besondre oder individuelle Produktionssphäre eingehn, wechseln sie nur den Platz. Sie gehn in Naturalform ein in eine andre Produktionssphäre der Abteilung I, während das Produkt andrer Produktionssphären der Abteilung I sie in natura ersetzt. Es ist bloßer Stellenwechsel dieser Produkte. Sie gehn alle wieder ein als Faktoren, die kon-

* [2. Auflage: Arbeitskraft; nach der 1. Auflage geändert.]

stantes Kapital in I ersetzen, nur statt in einer Gruppe von I in einer andern. Soweit hier Austausch zwischen den einzelnen Kapitalisten von I stattfindet, ist es Austausch einer Naturalform von konstantem Kapital gegen eine andre Naturalform von konstantem Kapital, einer Sorte Produktionsmittel gegen andre Sorten Produktionsmittel. Es ist Austausch der verschiednen individuellen konstanten Kapitalteile von I untereinander. Die Produkte werden, soweit sie nicht direkt als Produktionsmittel in ihren eignen Produktionszweigen dienen, aus ihrer Produktionsstätte in eine andre entfernt und ersetzen sich so wechselseitig. In andren Worten (ähnlich wie sub II für den Mehrwert geschehn): jeder Kapitalist sub I zieht im Verhältnis, worin er Miteigentümer an diesem konstanten Kapital von 4000, die ihm nötigen entsprechenden Produktionsmittel aus dieser Warenmasse heraus. Wäre die Produktion gesellschaftlich statt kapitalistisch, so ist klar, daß diese Produkte der Abteilung I unter die Produktionszweige dieser Abteilung, zum Behuf der Reproduktion, nicht minder beständig wieder als Produktionsmittel verteilt würden, ein Teil direkt in der Produktionssphäre bliebe, wo er als Produkt herauskam, ein andrer Teil dagegen nach andren Produktionsstätten entfernt würde, und so ein beständiges Hin und Her zwischen den verschiednen Produktionsstätten dieser Abteilung stattfände.

VII. Variables Kapital und Mehrwert in beiden Abteilungen

Der Gesamtwert der jährlich produzierten Konsumtionsmittel ist also gleich dem während des Jahrs reproduzierten variablen Kapitalwert II plus dem neuproduzierten Mehrwert II (d. h. gleich dem sub II während des Jahrs produzierten Wert) plus dem während des Jahrs reproduzierten variablen Kapitalwert I und dem neuproduzierten Mehrwert I (also plus dem sub I während des Jahrs produzierten Wert).

Unter Voraussetzung einfacher Reproduktion ist also der Gesamtwert der jährlich produzierten Konsumtionsmittel gleich dem jährlichen Wertprodukt, d. h. gleich dem ganzen durch die gesellschaftliche Arbeit während des Jahrs produzierten Wert, und muß es sein, da bei einfacher Reproduktion dieser ganze Wert verzehrt wird.

Der totale gesellschaftliche Arbeitstag zerfällt in zwei Teile: 1. notwendige Arbeit; sie schafft im Lauf des Jahrs einen Wert von 1500_v, 2. Mehrarbeit; sie schafft einen zuschüssigen Wert oder Mehrwert von 1500_m. Die Summe dieser Werte = 3000, ist gleich dem Wert der jährlich produzierten Konsumtionsmittel von 3000. Der Totalwert der während des Jahrs produzierten Konsumtionsmittel ist also gleich dem Totalwert, den der totale gesellschaftliche Arbeitstag während des Jahrs produziert, gleich dem Wert des gesellschaftlichen variablen Kapitals plus dem gesellschaftlichen Mehrwert, gleich dem totalen jährlichen Neuprodukt.

Aber wir wissen, daß, obgleich diese beiden Wertgrößen sich decken, deswegen keineswegs der Totalwert der Waren II, der Konsumtionsmittel, in dieser Abteilung der gesellschaftlichen Produktion produziert worden ist. Sie decken sich, weil der sub II wiedererscheinende konstante Kapitalwert gleich ist dem sub I neuproduzierten Wert (variablem Kapitalwert plus Mehrwert); daher $I_{(v+m)}$ den Teil des Produkts von II kaufen kann, der für seine Produzenten (in Abteilung II) konstanten Kapitalwert darstellt. Es zeigt sich daher, warum, obgleich für die Kapitalisten II der Wert ihres Produkts zerfällt in $c + v + m$, gesellschaftlich betrachtet der Wert dieses Produkts zerfällbar ist in $v + m$. Dies ist nämlich nur der Fall, weil II_c hier gleich $I_{(v+m)}$ und diese beiden Bestandteile des gesellschaftlichen Produkts durch ihren Austausch ihre Naturalformen miteinander austauschen, daher nach diesem Umsatz II_c wieder in Produktionsmitteln, $I_{(v+m)}$ dagegen in Konsumtionsmitteln existiert.

Und es ist dieser Umstand, der A. Smith veranlaßt hat zu behaupten, der Wert des jährlichen Produkts löse sich in $v + m$ auf. Es gilt dies 1. nur für den aus Konsumtionsmitteln bestehenden Teil des jährlichen Produkts, und 2. gilt es nicht in dem Sinn, daß dieser Totalwert in II produziert wird und sein Produktenwert daher gleich ist dem sub II vorgeschoßnen variablen Kapitalwert plus dem sub II produzierten Mehrwert. Sondern nur in dem Sinn, daß $II_{(c+v+m)} = II_{(v+m)} + I_{(v+m)}$ oder weil $II_c = I_{(v+m)}$.

Es folgt ferner:

Obgleich der gesellschaftliche Arbeitstag (d. h. die während des ganzen Jahrs von der gesamten Arbeiterklasse verausgabte Arbeit), wie jeder individuelle Arbeitstag, nur in zwei Teile zerfällt, nämlich in notwendige Arbeit plus Mehrarbeit, obgleich daher der von diesem Arbeitstag produzierte Wert ebenfalls nur in zwei Teile zerfällt, nämlich in den variablen Kapitalwert, d. h. den Wertteil, womit der Arbeiter seine eignen Reproduktionsmittel kauft, und den Mehrwert, den der Kapitalist zu seiner eignen individuellen Konsumtion verausgaben kann –, so wird dennoch, gesellschaftlich betrachtet, ein Teil des gesellschaftlichen Arbeitstages ausschließlich verausgabt in *Produktion von frischem konstantem Kapital*, nämlich von Produkten, die ausschließlich bestimmt sind, im Arbeitsprozeß als Produktionsmittel und daher in dem ihn begleitenden Verwertungsprozeß als konstantes Kapital zu fungieren. Nach unsrer Voraussetzung stellt sich der ganze gesellschaftliche Arbeitstag dar in einem Geldwert von 3000, wovon

nur $^1/_3$ = 1000 in der Abteilung II produziert wird, welche Konsumtionsmittel produziert, d. h. die Waren, worin sich der gesamte variable Kapitalwert und der gesamte Mehrwert der Gesellschaft schließlich realisiert. Nach dieser Voraussetzung werden also $^2/_3$ des gesellschaftlichen Arbeitstags in der Produktion von neuem konstantem Kapital verwandt. Obgleich vom Standpunkt der individuellen Kapitalisten und Arbeiter der Abteilung I diese $^2/_3$ des gesellschaftlichen Arbeitstags bloß zur Produktion von variablem Kapitalwert plus Mehrwert dienen, ganz wie das letzte Drittel des gesellschaftlichen Arbeitstags in Abteilung II, so produzieren dennoch diese $^2/_3$ des gesellschaftlichen Arbeitstags, gesellschaftlich betrachtet – und ebenso dem Gebrauchswert des Produkts nach betrachtet –, nur Ersatz von im Prozeß der produktiven Konsumtion begriffnem oder aufgezehrtem konstantem Kapital. Auch individuell betrachtet, produzieren diese $^2/_3$ des Arbeitstags zwar einen Totalwert, der nur gleich dem variablen Kapitalwert plus dem Mehrwert für seine Produzenten, aber sie produzieren keine Gebrauchswerte solcher Art, daß Arbeitslohn oder Mehrwert darin verausgabt werden könnten; ihr Produkt ist ein Produktionsmittel.
Zunächst ist zu bemerken, daß kein Teil des gesellschaftlichen Arbeitstags, sei es sub I oder sub II, dazu dient, den Wert des in diesen zwei großen Produktionssphären angewandten, in ihnen fungierenden konstanten Kapitals zu produzieren. Sie produzieren nur zusätzlichen Wert, 2000 $I_{(v+m)}$ + 1000 $II_{(v+m)}$, zusätzlich zu dem konstanten Kapitalwert = 4000 I_c + 2000 II_c. Der Neuwert, der in der Form von Produktionsmitteln produziert wurde, ist noch nicht konstantes Kapital. Er hat nur die Bestimmung, künftig als solches zu fungieren.
Das gesamte Produkt von II – die Konsumtionsmittel – ist seinem Gebrauchswert nach, konkret, in seiner Naturalform betrachtet, Produkt des von II geleisteten Drittels des gesellschaftlichen Arbeitstags, es ist Produkt der Arbeiten in ihrer konkreten Form als Weberarbeit, Bäckerarbeit usw., die in dieser Abteilung verwandt worden, dieser Arbeit, soweit sie als das subjektive Element des Arbeitsprozesses fungiert. Was dagegen den konstanten Wertteil dieses Produkts II angeht, so erscheint er nur wieder in einem neuen Gebrauchswert, in einer neuen Naturalform, der Form von Konsumtionsmitteln, während er früher in der Form von Produktionsmitteln bestand. Sein Wert ist durch den Arbeitsprozeß von seiner alten Naturalform auf seine neue Naturalform übertragen worden. Aber der *Wert* dieser $^2/_3$ des Produktenwerts = 2000 ist nicht in dem diesjährigen Verwertungsprozeß von II produziert worden.
Ganz wie vom Standpunkt des Arbeitsprozesses betrachtet, das Produkt II das Resultat neu fungierender lebendiger Arbeit und ihr gegebner, voraus-

gesetzter Produktionsmittel ist, in denen sie sich als in ihren gegenständlichen Bedingungen verwirklicht, so ist vom Standpunkt des Verwertungsprozesses der Produktenwert II = 3000 zusammengesetzt aus dem durch das neu zugesetzte 1/3 des gesellschaftlichen Arbeitstags produzierten Neuwert ($500_v + 500_m = 1000$) und aus einem konstanten Wert, worin 2/3 eines vergangnen, vor dem hier betrachteten Produktionsprozeß II verfloßnen gesellschaftlichen Arbeitstags vergegenständlicht sind. Dieser Wertteil des Produkts II stellt sich dar in einem Teil des Produkts selbst. Es existiert in einem Quantum Konsumtionsmittel zum Wert von 2000 = 2/3 eines gesellschaftlichen Arbeitstags. Es ist dies die neue Gebrauchsform, worin er wiedererscheint. Der Austausch von einem Teil der Konsumtionsmittel = 2000 II_c gegen Produktionsmittel I = I (1000_v + 1000_m) ist also in der Tat Austausch von 2/3 Gesamtarbeitstag, die keinen Teil der diesjährigen Arbeit bilden, sondern vor diesem Jahr verflossen sind, mit 2/3 des diesjährigen, in diesem Jahr neu zugesetzten Arbeitstags. 2/3 des gesellschaftlichen Arbeitstags dieses Jahrs könnten nicht in der Produktion von konstantem Kapital verwandt werden und doch zugleich variablen Kapitalwert plus Mehrwert für ihre eignen Produzenten bilden, wenn sie sich nicht mit einem Wertteil der jährlich konsumierten Konsumtionsmittel auszutauschen hätten, worin 2/3 eines vor diesem Jahr, nicht innerhalb desselben verausgabten und realisierten Arbeitstags steckten. Es ist Austausch von 2/3 Arbeitstag dieses Jahrs gegen 2/3 Arbeitstag, die vor diesem Jahr verausgabt worden, Austausch zwischen diesjähriger und vorjähriger Arbeitszeit. Dies also erklärt uns das Rätsel, warum das Wertprodukt des ganzen gesellschaftlichen Arbeitstags sich auflösen kann in variablen Kapitalwert plus Mehrwert, obgleich 2/3 dieses Arbeitstags nicht verausgabt worden in der Produktion von Gegenständen, worin variables Kapital oder Mehrwert sich realisieren können, sondern vielmehr in der Produktion von Produktionsmitteln zum Ersatz des während des Jahrs verbrauchten Kapitals. Es erklärt sich einfach daraus, daß 2/3 des Produktenwerts II, worin Kapitalisten und Arbeiter I den von ihnen produzierten variablen Kapitalwert plus Mehrwert realisieren (und die 2/9 des gesamten jährlichen Produktenwerts ausmachen), dem Wert nach betrachtet, das Produkt von 2/3 eines vor diesem Jahr vergangenen gesellschaftlichen Arbeitstags sind.

Die Summe des gesellschaftlichen Produkts I und II, Produktionsmittel und Konsumtionsmittel, sind zwar ihrem Gebrauchswert nach, konkret, in ihrer Naturalform betrachtet, das Produkt der diesjährigen Arbeit, aber nur soweit diese Arbeit selbst als nützliche, konkrete Arbeit, nicht soweit sie als Verausgabung von Arbeitskraft, als wertbildende Arbeit betrachtet wird. Und auch das erste nur in dem Sinn, daß die Produktionsmittel nur durch die ihnen zugesetzte, mit ihnen hantierende lebendige Arbeit sich in neues Produkt, in das diesjährige Produkt verwandelt haben. Dagegen hätte sich aber auch umgekehrt die diesjährige Arbeit ohne von ihr unabhängige Produktionsmittel, ohne Arbeitsmittel und Produktionsstoffe, nicht in Produkt verwandeln können.

VIII. Das konstante Kapital in beiden Abteilungen

Was den Gesamtproduktenwert von 9000 angeht und die Kategorien, worin er zerfällt wird, so bietet dessen Analyse keine größre Schwierigkeit als die des Produktenwerts eines Einzelkapitals, sie ist vielmehr identisch damit. In dem ganzen gesellschaftlichen Jahresprodukt sind hier drei einjährige gesellschaftliche Arbeitstage enthalten. Der Wertausdruck jedes dieser Arbeitstage ist = 3000; daher der Wertausdruck des Totalprodukts = $3 \times 3000 = 9000$. Ferner ist von dieser Arbeitszeit *vor* dem einjährigen Produktionsprozeß, dessen Produkt wir analysieren, vorgegangen: In Abteilung I $^4/_3$ Arbeitstag (Wertprodukt 4000) und in Abteilung II $^2/_3$ Arbeitstag (Wertprodukt 2000). Zusammen 2 gesellschaftliche Arbeitstage, deren Wertprodukt = 6000. Daher figurieren $4000\ I_c + 2000\ II_c = 6000_c$ als der im ganzen Produktenwert der Gesellschaft wiedererscheinende Wert der Produktionsmittel oder konstante Kapitalwert.

Ferner ist von dem neu zugesetzten gesellschaftlichen Jahresarbeitstag in Abteilung I $^1/_3$ notwendige Arbeit oder Arbeit, die den Wert des variablen Kapitals $1000\ I_v$ ersetzt und den Preis der sub I angewandten Arbeit zahlt. Ebenso in II ist $^1/_6$ des gesellschaftlichen Arbeitstags notwendige Arbeit mit einem Wertbetrag von 500. Also $1000\ I_v + 500\ II_v = 1500_v$, der Wertausdruck des halben gesellschaftlichen Arbeitstags, ist der Wertausdruck der aus notwendiger Arbeit bestehenden ersten Hälfte des in diesem Jahre zugesetzten Gesamtarbeitstags.

Endlich sub I ist $^1/_3$ Gesamtarbeitstag, Wertprodukt = 1000, Mehrarbeit; sub II ist $^1/_6$ Arbeitstag, Wertprodukt = 500, Mehrarbeit; sie machen zusammen die andre Hälfte des zugesetzten Gesamtarbeitstags aus. Daher der produzierte Gesamtmehrwert = $1000\ I_m + 500\ II_m = 1500_m$.

Also:

Konstanter Kapitalteil des gesellschaftlichen Produktenwerts (c):

- 2 vor dem Produktionsprozeß verausgabte Arbeitstage, Wertausdruck = 6000.

Während des Jahres verausgabte notwendige Arbeit (v):

Ein halber in der Jahresproduktion verausgabter Arbeitstag, Wertausdruck = 1500.

Während des Jahres verausgabte Mehrarbeit (m):

Ein halber in der Jahresproduktion verausgabter Arbeitstag, Wertausdruck = 1500.

Wertprodukt der Jahresarbeit (v + m) = 3000.

Gesamtproduktenwert (c + v + m) = 9000.

Die Schwierigkeit besteht also nicht in der Analyse des gesellschaftlichen Produktenwerts selbst. Sie entspringt bei Vergleichung der *Wert*bestandteile des gesellschaftlichen Produkts mit seinen *sachlichen* Bestandteilen. Der konstante, nur wiedererscheinende Wertteil ist gleich dem Wert des Teils dieses Produkts, der aus *Produktions*mitteln besteht, und ist verkörpert in diesem Teil.

Das neue Wertprodukt des Jahres = v + m ist gleich dem Wert des Teils dieses Produkts, das aus *Konsumtionsmitteln* besteht und ist verkörpert in ihm. Aber, mit hier gleichgültigen Ausnahmen, sind Produktionsmittel und Konsumtionsmittel total verschiedne Sorten von Waren, Produkte von ganz verschiedner Natural- oder Gebrauchsform, also auch Produkte total verschiedner konkreter Arbeitsarten. Die Arbeit, welche Maschinen zur Produktion von Lebensmitteln anwendet, ist ganz verschieden von der Arbeit, welche Maschinen macht. Der ganze jährliche Gesamtarbeitstag, dessen Wertausdruck = 3000, scheint verausgabt in der Produktion von Konsumtionsmitteln = 3000, in denen kein konstanter Wertteil wiedererscheint, da diese $3000 = 1500_v + 1500_m$ sich nur in variablen Kapitalwert + Mehrwert auflösen. Andrerseits erscheint der konstante Kapitalwert = 6000 wieder in einer von den Konsumtionsmitteln ganz verschiednen Produktenart, den Produktionsmitteln, während doch kein Teil des gesellschaftlichen Arbeitstags in der Produktion dieser neuen Produkte verausgabt scheint; dieser ganze Arbeitstag scheint vielmehr nur aus den Arbeitsweisen zu bestehn, die nicht in Produktionsmitteln, sondern in Konsumtionsmitteln resultieren. Das Geheimnis ist bereits gelöst. Das Wertprodukt der Jahresarbeit ist gleich dem Produktenwert der Abteilung II, dem Totalwert der neuproduzierten Konsumtionsmittel. Aber dieser Produktenwert ist größer um $^2/_3$ als der innerhalb der Produktion von Konsumtionsmitteln (Abteilung II) verausgabte Teil der Jahresarbeit. Nur $^1/_3$ der Jahresarbeit ist in ihrer Produktion verausgabt. $^2/_3$ dieser Jahresarbeit sind in der Produktion von Produktionsmitteln verausgabt, also in Abteilung I. Das während dieser Zeit sub I erzeugte Wertprodukt, gleich dem sub I produzierten variablen Kapitalwert plus Mehrwert, ist gleich dem sub II in Konsumtionsmitteln wiedererscheinenden konstanten Kapitalwert von II. Sie können sich daher wechselseitig austauschen und in natura ersetzen. Der Totalwert der Konsumtionsmittel II ist daher gleich der Summe des neuen Wertprodukts sub I + II, oder $II_{(c+v+m)} = I_{(v+m)} + II_{(v+m)}$, also gleich der Summe des von der Jahresarbeit in Form von v + m produzierten Neuwerts.

Andrerseits ist der Totalwert der Produktionsmittel (I) gleich der Summe des in der Form von Produktionsmitteln (I) und des in der Form von Konsumtionsmitteln (II) wiedererscheinenden konstanten Kapitalwerts, also gleich der Summe des im Totalprodukt der Gesellschaft wiedererscheinenden konstanten Kapitalwerts. Dieser Totalwert ist gleich dem Wertausdruck von $^4/_3$ vor dem Produktionsprozeß sub I und $^2/_3$ vor dem Produktionsprozeß sub II vergangnen Arbeitstagen, also zusammen von zwei Gesamtarbeitstagen.

Die Schwierigkeit kommt also bei dem gesellschaftlichen Jahresprodukt daher, daß der konstante Wertteil in einer ganz andren Produktenart – Produktionsmitteln – sich darstellt als der diesem konstanten Wertteil zugesetzte Neuwert v + m, der sich in Konsumtionsmitteln darstellt. So hat es den Schein, als fänden sich – dem Wert nach betrachtet – $^2/_3$ der aufgezehrten Produktenmasse in einer neuen Form wieder, als Neuprodukt, ohne daß irgendeine Arbeit von der Gesellschaft in ihrer Produktion verausgabt wäre. Dies findet bei dem Einzelkapital nicht statt. Jeder individuelle Kapitalist wendet eine bestimmte konkrete Arbeitsart an, welche die ihr eigentümlichen Produktionsmittel in ein Produkt verwandelt. Z. B. der Kapitalist sei Maschinenbauer, das während des Jahrs verausgabte konstante Kapital = 6000_c, das variable = 1500_v, der Mehrwert = 1500_m; das Produkt = 9000, wir wollen sagen ein Produkt von 18 Maschinen, wovon jede = 500. Das ganze Produkt besteht hier in derselben Form, der von Maschinen. (Produziert er mehrere Sorten, so wird jede für sich berechnet.) Das ganze Warenprodukt ist Produkt der während des Jahrs im Maschinenbau verausgabten Arbeit, Kombination derselben konkreten Arbeitsart mit denselben Produktionsmitteln. Die verschiednen Teile des Produktenwerts stellen sich daher in derselben Naturalform dar: in 12 Maschinen stecken 6000_c, in 3 Maschinen 1500_v, in 3 Maschinen 1500_m. Es ist hier klar, daß der Wert der 12 Maschinen = 6000_c ist, nicht weil in diesen 12 Maschinen bloß vor dem Maschinenbau vergangne und nicht in ihm verausgabte Arbeit verkörpert. Der Wert der Produktionsmittel für 18 Maschinen hat sich nicht von selbst in 12 Maschinen verwandelt, aber der Wert dieser 12 Maschinen (der selbst aus $4000_c + 1000_v + 1000_m$ besteht) ist gleich dem Totalwert des in den 18 Maschinen enthaltnen konstanten Kapitalwerts. Der Maschinenbauer muß daher von den 18 Maschinen 12 verkaufen, um sein verausgabtes konstantes Kapital, das er zur Reproduktion von 18 neuen Maschinen nötig hat, zu ersetzen. Dagegen wäre die Sache unerklärlich, wenn, obgleich die angewandte Arbeit bloß aus Maschinenbau besteht, als ihr Resultat sich ergäben: einerseits 6 Maschinen = $1500_v + 1500_m$, andrerseits Eisen, Kupfer, Schrauben, Riemen etc. zum Wertbetrag von 6000_c, d. h. die Produktionsmittel der Maschinen in ihrer Naturalform, die der einzelne, Maschinen bauende Kapitalist bekanntlich nicht selbst produziert, sondern sich durch den Zirkulationsprozeß ersetzen muß. Und dennoch scheint, auf den ersten Blick, sich die Reproduktion des gesellschaftlichen Jahresprodukts in so widersinniger Weise zu vollziehn.

Das Produkt des individuellen Kapitals, d. h. jedes selbständig fungierenden, mit eignem Leben begabten Bruchstücks des gesellschaftlichen Kapitals, hat irgendeine beliebige Naturalform. Die einzige Bedingung ist, daß es wirklich eine Gebrauchsform hat, einen Gebrauchswert, der es zu einem zirkulationsfähigen Glied der Warenwelt stempelt. Es ist ganz gleichgültig und zufällig, ob es als Produktionsmittel wieder in denselben Produktionsprozeß eingehn kann, aus dem es als Produkt herauskommt, also ob der Teil seines Produktenwerts, worin sich der konstante Kapitalteil darstellt, eine Naturalform besitzt, worin er tatsächlich wieder als konstantes Kapital fungieren kann. Wenn nicht, wird dieser Teil des Produktenwerts durch Verkauf und Einkauf wieder in die Form seiner sachlichen Produktionselemente verwandelt und dadurch das konstante Kapital in seiner funktionsfähigen Naturalform reproduziert.

Anders verhält es sich mit dem Produkt des gesellschaftlichen Gesamtkapitals. Alle sachlichen Elemente der Reproduktion müssen in ihrer Naturalform Teile dieses Produkts selbst bilden. Der aufgezehrte konstante Kapitalteil kann durch die Gesamtproduktion nur ersetzt werden, soweit im Produkt der gesamte wiedererscheinende konstante Kapitalteil in der Naturalform neuer Produktionsmittel wiedererscheint, die wirklich als konstantes Kapital fungieren können. Einfache Reproduktion vorausgesetzt, muß daher der Wert des Teils des Produkts, der aus Produktionsmitteln besteht, gleich dem konstanten Wertteil des gesellschaftlichen Kapitals sein.

Ferner: Individuell betrachtet, produziert der Kapitalist in seinem Produktenwert durch die neu zugesetzte Arbeit nur sein variables Kapital plus Mehrwert, während der konstante Wertteil durch den konkreten Charakter der neu zugesetzten Arbeit auf das Produkt übertragen ist.

Gesellschaftlich betrachtet, produziert der Teil des gesellschaftlichen Arbeitstags, der Produktionsmittel produziert, ihnen daher sowohl Neuwert zusetzt als den Wert der in ihrer Produktion verzehrten Produktionsmittel auf sie überträgt, nichts als neues *konstantes Kapital*, bestimmt, das in der Form der alten Produktionsmittel aufgezehrte zu ersetzen, sowohl das sub I wie sub II konsumierte konstante Kapital. Er produziert nur Produkt, bestimmt, der produktiven Konsumtion anheimzufallen. Der ganze Wert dieses Produkts ist also nur Wert, der als konstantes Kapital von neuem fungieren, der nur konstantes Kapital in seiner Naturalform zurückkaufen kann, der sich daher, gesellschaftlich betrachtet, weder in variables Kapital noch in Mehrwert auflöst. – Andrerseits produziert der Teil des gesellschaftlichen Arbeitstags, der Konsumtionsmittel produziert, keinen Teil des gesellschaftlichen Ersatzkapitals. Er produziert nur Produkte, die in ihrer Naturalform bestimmt sind, den Wert des variablen Kapitals und den Mehrwert sub I und sub II zu realisieren.

Wenn man von gesellschaftlicher Betrachtungsweise spricht, also das gesellschaftliche Gesamtprodukt betrachtet, welches sowohl die Reproduktion des gesellschaftlichen Kapitals wie die individuelle Konsumtion einschließt, so muß man nicht in die von Proudhon der bürgerlichen Ökonomie nachgemachte Manier verfallen und die Sache so betrachten, als wenn eine Gesellschaft kapitalistischer Produktionsweise, en bloc, als Totalität betrachtet, diesen ihren spezifischen, historisch ökonomischen Charakter verlöre. Umgekehrt. Man hat es dann mit dem Gesamtkapitalisten zu tun. Das Gesamtkapital erscheint als das Aktienkapital aller einzelnen Kapitalisten zusammen. Diese Aktiengesellschaft hat das mit vielen andern Aktiengesellschaften gemein, daß jeder weiß, was er hineinsetzt, aber *nicht*, was er herauszieht.

IX. Rückblick auf A. Smith, Storch und Ramsay

Der Gesamtwert des gesellschaftlichen Produkts beträgt $9000 = 6000_c + 1500_v + 1500_m$, mit andren Worten: 6000 reproduzieren den Wert der Produktionsmittel und 3000 den Wert der Konsumtionsmittel. Der Wert der gesellschaftlichen Revenue $(v + m)$ beträgt also nur $^1/_3$ des Gesamtproduktenwerts, und nur zum Wertbetrag dieses Drittels kann die Gesamtheit der Konsumenten, Arbeiter wie Kapitalisten, Waren, Produkte, dem gesellschaftlichen Gesamtprodukt entziehn und ihrem Konsumtionsfonds einverleiben. Dagegen sind $6000 = {^2/_3}$ des Produktenwerts Wert des konstanten Kapitals, das in natura ersetzt werden muß. Produktionsmittel zu diesem Betrag müssen also dem Produktionsfonds wieder einverleibt werden. Dies ist es, was Storch als notwendig einsieht, ohne es beweisen zu können: »Il est clair que la valeur du produit annuel se distribue partie en capitaux et partie en profits, et que chacune de ces parties de la valeur du produit annuel va régulièrement acheter les produits dont la nation a besoin, tant pour entretenir son capital que pour remplacer son fonds consommable...

les produits qui constituent le *capital* d'une nation, *ne sont point consommables.*« (Storch, »Considérations sur la nature du revenu national«, Paris 1824, p. 134, 135, 150.)

A. Smith jedoch hat dieses fabelhafte Dogma aufgestellt, das ihm bis heute geglaubt wird, nicht nur in der bereits erwähnten Form, wonach der gesamte gesellschaftliche Produktenwert sich in Revenue auflöst, in Arbeitslohn plus Mehrwert, oder wie er es ausdrückt, in Arbeitslohn plus Profit (Zins) plus Grundrente. Sondern auch in der noch populäreren Form, daß die *Konsumenten* in letzter Instanz (ultimately) den *ganzen Produktenwert* den Produzenten zahlen müssen. Dies ist bis heute einer der bestbeglaubigten Gemeinplätze oder vielmehr ewigen Wahrheiten der sogenannten Wissenschaft der politischen Ökonomie. Dies wird in folgender plausiblen Weise veranschaulicht. Nimm irgendeinen Artikel, z. B. leinene Hemden. Erst hat der Spinner von Leinengarn dem Flachsbauer den ganzen Wert des Flachses zu zahlen, also Flachssamen, Düngmittel, Arbeitsviehfutter etc., nebst dem Wertteil, den das fixe Kapital des Flachsbauers, wie Baulichkeiten, Ackergeräte usw., an dies Produkt abgibt; den in der Produktion des Flachses gezahlten Arbeitslohn; den Mehrwert (Profit, Grundrente), der im Flachs steckt; endlich die Frachtkosten des Flachses von seiner Produktionsstätte zur Spinnerei. Dann hat der Weber dem Spinner des Leinengarns nicht nur diesen Preis des Flachses zurückzuerstatten, sondern auch den Wertteil der Maschinerie, Baulichkeiten etc., kurz des fixen Kapitals, der auf den Flachs übertragen wird, ferner alle während des Spinnprozesses verzehrten Hilfsstoffe, Arbeitslohn der Spinner, Mehrwert etc., und so gehts weiter mit dem Bleicher, den Transportkosten der fertigen Leinwand, endlich dem Hemdenfabrikanten, der den ganzen Preis aller frühern Produzenten bezahlt hat, die ihm nur sein Rohmaterial geliefert haben. In seiner Hand findet nun fernerer Wertzusatz statt, durch Wert teils des konstanten Kapitals, das in der Form von Arbeitsmitteln, Hilfsstoffen etc. in der Hemdenfabrikation verzehrt wird, teils durch die darin verausgabte Arbeit, die den Wert des Arbeitslohns der Hemdenmacher plus dem Mehrwert des Hemdenfabrikanten zusetzt. Dies ganze Hemdenprodukt koste nun schließlich 100 Pfd.St., und dies sei der Anteil am ganzen jährlichen Produktenwert, den die Gesellschaft in Hemden verausgabt. Die Konsumenten der Hemden zahlen die 100 Pfd.St., also den Wert aller in den Hemden enthaltnen Produktionsmittel wie den Arbeitslohn plus Mehrwert des Flachsbauers, Spinners, Webers, Bleichers, Hemdenfabrikanten sowie sämtlicher Transporteure. Dies ist vollständig richtig. Es ist in der Tat das, was jedes Kind sieht. Aber dann heißt es weiter: So verhält es sich mit dem Wert aller andern Waren. Es sollte heißen: So verhält es sich mit dem Wert *aller*

Konsumtionsmittel, mit dem Wert des gesellschaftlichen Produktenteils, der in den Konsumtionsfonds eingeht, also mit dem Teil des gesellschaftlichen Produktenwerts, der als Revenue verausgabt werden kann. Die Wertsumme aller dieser Waren ist allerdings gleich dem Wert aller in ihnen aufgezehrten Produktionsmittel (konstanten Kapitalteile) plus dem Wert, den die letzt zugefügte Arbeit geschaffen hat (Arbeitslohn plus Mehrwert). Die Gesamtheit der Konsumenten kann also diese ganze Wertsumme zahlen, weil zwar der Wert jeder einzelnen Ware aus c + v + m besteht, aber die Wertsumme aller in den Konsumtionsfonds eingehenden Waren zusammengenommen, dem Maximum nach, nur gleich sein kann dem Teil des gesellschaftlichen Produktenwerts, der sich in v + m auflöst, d. h. gleich dem Wert, den die während des Jahrs verausgabte Arbeit den vorgefundnen Produktionsmitteln – dem konstanten Kapitalwert – zugesetzt hat. Was aber den konstanten Kapitalwert angeht, so haben wir gesehn, daß er aus der gesellschaftlichen Produktenmasse auf doppelte Weise ersetzt wird. Erstens durch Austausch der Kapitalisten II, die Konsumtionsmittel produzieren, mit den Kapitalisten I, welche die Produktionsmittel dafür produzieren. Und hier ist die Quelle der Phrase, daß, was für den einen Kapital, für den andern Revenue ist. Aber so verhält sich die Sache nicht. Die 2000 II_c, die in Konsumtionsmitteln zum Wert von 2000 existieren, bilden für die Kapitalistenklasse II konstanten Kapitalwert. Sie können ihn also nicht selbst konsumieren, obgleich das Produkt nach seiner Naturalform konsumiert werden muß. Andrerseits sind 2000 $I_{(v+m)}$ der von der Kapitalisten- und Arbeiterklasse I produzierte Arbeitslohn plus Mehrwert. Sie existieren in der Naturalform von Produktionsmitteln, von Dingen, in denen ihr eigner Wert nicht konsumiert werden kann. Wir haben hier also eine Wertsumme von 4000, von denen vor wie nach dem Austausch die Hälfte nur konstantes Kapital ersetzt und die Hälfte nur Revenue bildet. – Zweitens aber wird das konstante Kapital der Abteilung I in natura ersetzt, teils durch Austausch unter den Kapitalisten I, teils durch Ersatz in natura in jedem einzelnen Geschäft.

Die Phrase, daß der ganze jährliche Produktenwert schließlich von den Konsumenten bezahlt werden muß, wäre nur dann richtig, wenn man unter Konsumenten zwei ganz verschiedne Sorten einbegriffe, individuelle Konsumenten und produktive Konsumenten. Aber daß ein Teil des Produkts *produktiv* konsumiert werden muß, heißt ja weiter nichts, als daß er als *Kapital fungieren* muß und nicht als *Revenue verzehrt* werden kann.

Wenn wir den Wert des Gesamtprodukts = 9000 einteilen in 6000_c + $1500_v + 1500_m$ und die $3000_{(v+m)}$ nur in ihrer Eigenschaft als Revenue betrachten, so scheint umgekehrt das variable Kapital zu verschwinden und

das Kapital, gesellschaftlich betrachtet, nur aus konstantem Kapital zu bestehn. Denn was ursprünglich als 1500_v erschien, hat sich in einen Teil der gesellschaftlichen Revenue, in Arbeitslohn, Revenue der Arbeiterklasse, aufgelöst, und sein Kapitalcharakter ist damit verschwunden. In der Tat wird diese Folgerung von Ramsay gezogen. Nach ihm besteht, gesellschaftlich betrachtet, das Kapital nur aus fixem Kapital, aber unter fixem Kapital versteht er konstantes Kapital, die in Produktionsmitteln bestehende Wertmasse, seien diese Produktionsmittel nun Arbeitsmittel oder Arbeitsmaterial, wie Rohstoff, Halbfabrikat, Hilfsstoff etc. Er nennt das variable Kapital zirkulierendes: »Circulating capital consists only of subsistence and other necessaries advanced to the workmen, previous to the completion of the produce of their labour ... Fixed capital alone, not circulating, is properly speaking a source of national wealth ... Circulating capital is not an immediate agent in production, nor essential to it at all, but merely a convenience rendered necessary by the deplorable poverty of the mass of the people ... Fixed capital alone constitutes an element of cost of production in a national point of view.« (Ramsay, l. c. p. 23–26 passim.) Ramsay erklärt fixes Kapital, worunter er konstantes versteht, näher wie folgt: »The length of time during which any portion of the product of that labour« (nämlich labour bestowed on any commodity) »has existed as fixed capital, i. e. in a form in which, though assisting to raise the future commodity, *it does not maintain labourers«* (p. 59).
Hier sieht man wieder das Unheil, das A. Smith angerichtet, indem der Unterschied von konstantem und variablem Kapital bei ihm ertränkt ist in dem Unterschied von fixem und zirkulierendem Kapital. Das konstante Kapital Ramsays besteht aus Arbeitsmitteln, sein zirkulierendes aus Lebensmitteln; beide sind Waren von gegebnem Wert; die einen können so wenig einen Mehrwert produzieren wie die andern.

X. Kapital und Revenue: Variables Kapital und Arbeitslohn[49]

Die ganze jährliche Reproduktion, das ganze Produkt dieses Jahrs ist Produkt der diesjährigen nützlichen Arbeit. Aber der Wert dieses Gesamtprodukts ist größer als der Wertteil desselben, worin sich die Jahresarbeit, als während dieses Jahrs verausgabte Arbeitskraft verkörpert. Das *Wertprodukt* dieses Jahrs, der während desselben in Warenform neugeschaffne Wert, ist kleiner als der *Produktenwert,* der Gesamtwert der während des

---

49 Von hier an Manuskript VIII.

ganzen Jahres hergestellten Warenmasse. Die Differenz, die wir erhalten, wenn wir vom Gesamtwert des jährlichen Produkts den Wert abziehn, der ihm durch die laufende Jahresarbeit zugesetzt wurde, ist nicht wirklich reproduzierter Wert, sondern nur in neuer Daseinsform wiedererscheinender Wert; Wert, auf das Jahresprodukt übertragen von vor ihm existierendem Wert, der je nach der Dauer der konstanten Kapitalbestandteile, die im diesjährigen gesellschaftlichen Arbeitsprozeß mitgewirkt, von früherm oder späterm Datum sein kann, der von dem Wert eines Produktionsmittels herrühren kann, welches im vorigen Jahr oder in einer Reihe früherer Jahre zur Welt kam. Es ist unter allen Umständen Wert, übertragen von vorjährigen Produktionsmitteln auf das Produkt des laufenden Jahrs.

Nehmen wir unser Schema, so haben wir nach Umsatz der bisher betrachteten Elemente zwischen I und II und innerhalb II:

I. $4000_c + 1000_v + 1000_m$ (letztre 2000 realisiert in Konsumtionsmitteln II_c) = 6000.

II. 2000_c (reproduziert durch Umsatz mit $I_{(v+m)}$) $+ 500_v + 500_m = 3000$.

Wertsumme = 9000.

Während des Jahrs neuproduzierter Wert steckt nur in den v und m. Die Summe des Wertprodukts dieses Jahrs ist also gleich der Summe der v + m, $= 2000\,I_{(v+m)} + 1000\,II_{(v+m)} = 3000$. Alle übrigen Wertteile des Produktenwerts dieses Jahres sind nur übertragner Wert, vom Wert früherer, in der jährlichen Produktion verzehrter Produktionsmittel. Außer dem Wert von 3000 hat die laufende Jahresarbeit nichts an Wert produziert; es ist ihr ganzes jährliches Wertprodukt.

Nun aber ersetzen, wie wir sahn, die 2000 $I_{(v+m)}$ der Klasse II ihre 2000 II_c in Naturalform von Produktionsmitteln. Zwei Drittel der Jahresarbeit, verausgabt in Kategorie I, haben also neu produziert das konstante Kapital II, sowohl seinen ganzen Wert wie seine Naturalform. Gesellschaftlich betrachtet haben also zwei Drittel der während des Jahrs verausgabten Arbeit neuen konstanten Kapitalwert geschaffen, realisiert in der der Abteilung II angemeßnen Naturalform. Der größre Teil der gesellschaftlichen Jahresarbeit ist also verausgabt worden in Produktion von neuem konstantem Kapital (in Produktionsmitteln existierendem Kapitalwert) zum Ersatz des in der Produktion von Konsumtionsmitteln verausgabten konstanten Kapitalwerts. Was hier die kapitalistische Gesellschaft vom Wilden unterscheidet, ist nicht, wie Senior[50] meint, daß es das Privilegium und die Eigenheit des

---

50 »Wenn der Wilde Bogen fabriziert, so übt er eine Industrie aus, aber er praktiziert nicht die Abstinenz.« (Senior, »Principes fondamentaux de l'Écon. Pol.«, trad. Arrivabene, Paris 1836, p. 342, 343.) – »Je mehr die Gesellschaft fortschrei-

Wilden sei, seine Arbeit zu verausgaben in gewisser Zeit, die ihm keine in Revenue, d. h. in Konsumtionsmittel auflösbare (umsetzbare) Früchte verschafft, sondern der Unterschied besteht darin:

a) Die kapitalistische Gesellschaft verwendet mehr ihrer disponiblen Jahresarbeit in Produktion von Produktionsmitteln (ergo von konstantem Kapital), die weder unter der Form von Arbeitslohn noch von Mehrwert in Revenue auflösbar sind, sondern nur als Kapital fungieren können.

b) Wenn der Wilde Bogen, Pfeile, Steinhämmer, Äxte, Körbe etc. macht, so weiß er ganz genau, daß er die so verwandte Zeit nicht auf Herstellung von Konsumtionsmitteln verwendet hat, daß er also seinen Bedarf an Produktionsmitteln gedeckt hat und weiter nichts. Außerdem begeht der Wilde eine schwere ökonomische Sünde durch seine völlige Gleichgültigkeit gegen Zeitaufwand und verwendet z. B. manchmal, wie Tyler erzählt, einen ganzen Monat zur Verfertigung eines Pfeils.[51]

Die laufende Vorstellung, wodurch ein Teil der politischen Ökonomen sich die theoretische Schwierigkeit, d. h. das Verständnis des realen Zusammenhangs, vom Hals zu schaffen sucht – daß, was für den einen Kapital, für den andren Revenue ist, und umgekehrt –, ist teilweise richtig und wird ganz falsch (enthält also ein völliges Mißverständnis des ganzen Umsetzungsprozesses, der mit der jährlichen Reproduktion vorgeht, also auch ein Mißverständnis über die tatsächliche Grundlage des teilweis Richtigen), sobald sie allgemein aufgestellt wird.

Wir stellen jetzt die tatsächlichen Verhältnisse zusammen, worauf die teilweise Richtigkeit dieser Vorstellung beruht, wobei sich zugleich die falsche Auffassung dieser Verhältnisse zeigen wird.

1. Das variable Kapital fungiert als Kapital in der Hand des Kapitalisten und fungiert als Revenue in der Hand des Lohnarbeiters.

Das variable Kapital existiert zunächst in der Hand des Kapitalisten als *Geldkapital;* es fungiert als *Geldkapital,* indem er damit Arbeitskraft kauft. Solange es in seiner Hand in Geldform verharrt, ist es nichts als in Geldform existierender gegebner Wert, also eine konstante und keine variable Größe. Es ist nur potentiell variables Kapital – eben durch seine Umsatzfähigkeit in Arbeitskraft. Wirkliches variables Kapital wird es nur nach Abstreifung seiner Geldform, nachdem es in Arbeitskraft umgesetzt worden

---

tet, desto mehr Abstinenz erfordert sie.« (Ibid., p. 342.) – Vergl. »Das Kapital«, Buch I, Kap. XXII, 3, p. 619.*

[51] E. B. Tyler, »Forschungen über die Urgeschichte der Menschheit«, übersetzt von H. Müller, Leipzig, ohne Datum, S. 240.

---

* [Siehe »Kapital«, Bd. 1, a. a. O., S. 545.]

und diese als Bestandteil des produktiven Kapitals im kapitalistischen Prozeß fungiert.

Das *Geld*, das zuerst als Geldform des variablen Kapitals für den Kapitalisten fungierte, fungiert nun in der Hand des Arbeiters als Geldform seines Arbeitslohns, den er in Lebensmittel umsetzt; also als Geldform der *Revenue*, die er aus dem stets wiederholten Verkauf seiner Arbeitskraft bezieht.

Hier haben wir nur die einfache Tatsache, daß das *Geld* des Käufers, hier des Kapitalisten, aus seiner Hand in die Hand des Verkäufers, hier des Verkäufers der Arbeitskraft, des Arbeiters, geht. Es ist nicht das variable *Kapital*, das doppelt fungiert, als Kapital für den Kapitalisten und als Revenue für den Arbeiter, sondern es ist dasselbe *Geld*, das erst in der Hand des Kapitalisten als Geldform seines variablen Kapitals, daher als potentielles variables Kapital existiert, und das, sobald der Kapitalist es umgesetzt in Arbeitskraft, in der Hand des Arbeiters als Äquivalent für verkaufte Arbeitskraft dient. Daß aber dasselbe Geld in der Hand des Verkäufers einer andren Nutzanwendung dient als in der Hand des Käufers, ist allem Kauf und Verkauf von Waren angehöriges Phänomen.

Apologetische Ökonomen stellen die Sache falsch dar, wie sich am besten zeigt, wenn wir nur den Zirkulationsakt G – A (= G – W), Umsatz von Geld in Arbeitskraft auf Seite des kapitalistischen Käufers, A – G (= W – G), Umsatz der Ware Arbeitskraft in Geld auf Seite des Verkäufers, des Arbeiters, ausschließlich im Auge halten, ohne uns vorläufig um das weiter Folgende zu bekümmern. Sie sagen: dasselbe Geld realisiert hier zwei Kapitale; der Käufer – Kapitalist – setzt sein Geldkapital in lebendige Arbeitskraft um, die er seinem produktiven Kapital einverleibt, andrerseits der Verkäufer – Arbeiter – setzt seine Ware – die Arbeitskraft – in Geld um, das er als Revenue verausgabt, wodurch er eben befähigt wird, seine Arbeitskraft stets von neuem wieder zu verkaufen und so zu erhalten; seine Arbeitskraft ist also selbst sein Kapital in Warenform, woraus ihm beständig seine Revenue quillt. In der Tat ist die Arbeitskraft sein Vermögen (stets sich erneuerndes, reproduktives), nicht sein Kapital. Sie ist die einzige Ware, die er beständig verkaufen kann und muß, um zu leben, und die als Kapital (variables) nur erst in der Hand des Käufers, des Kapitalisten, wirkt. Daß ein Mann beständig gezwungen ist, stets wieder von neuem seine Arbeitskraft, d. h. sich selbst, an eine dritte Person zu verkaufen, beweist nach jenen Ökonomen, daß er ein Kapitalist ist, weil er beständig »Ware« (sich selbst) zu verkaufen hat. In diesem Sinn wird auch der Sklave Kapitalist, obgleich er von einer dritten Person ein für allemal als Ware verkauft wird; denn die Natur dieser Ware – des Arbeitssklaven – bringt es mit sich, daß ihr Käufer sie nicht nur jeden Tag von neuem arbeiten läßt, sondern ihr auch die Lebensmittel gibt, vermöge deren sie stets von neuem wieder arbeiten kann. – (Vergleiche hierüber Sismondi und Say in den Briefen an Malthus.)

2. In dem Umsatz von 1000 I_v + 1000 I_m gegen 2000 II_c wird also das, was konstantes Kapital für die einen (2000 II_c), variables Kapital und Mehrwert, also überhaupt Revenue, für die andren; und das, was variables Kapital und Mehrwert (2000 $I_{(v+m)}$), also überhaupt Revenue für die einen, wird konstantes Kapital für die andren.

Betrachten wir zunächst den Umsatz von I_v gegen II_c, und zwar zuerst vom Standpunkt des Arbeiters.

Der Gesamtarbeiter von I hat seine Arbeitskraft verkauft an den Gesamtkapitalisten von I für 1000; er erhält diesen Wert in Geld ausgezahlt in der Form des Arbeitslohns. Mit diesem Geld kauft er von II Konsumtionsmittel zum selben Wertbetrag. Der Kapitalist II steht ihm nur als Warenverkäufer und als nichts andres gegenüber, auch wenn der Arbeiter von seinem eignen Kapitalisten kauft, wie z. B. oben (S. 400*), im Umsatz der 500 II_v. Die Zirkulationsform, die seine Ware, die Arbeitskraft, durchmacht, ist die der einfachen, auf bloße Befriedigung von Bedürfnissen, auf Konsumtion gerichtete Warenzirkulation W (Arbeitskraft) – G – W (Konsumtionsmittel, Ware II). Resultat dieses Zirkulationsvorgangs ist: daß der Arbeiter sich als Arbeitskraft für den Kapitalisten I erhalten hat, und um sich weiter als solche zu erhalten, muß er stets von neuem den Prozeß A (W) – G – W wiederholen. Sein Arbeitslohn realisiert sich in Konsumtionsmitteln, er wird als Revenue verausgabt und, die Arbeiterklasse im ganzen genommen, wieder beständig als Revenue verausgabt.

Betrachten wir nun denselben Umsatz I_v gegen II_c vom Standpunkt des Kapitalisten. Das ganze Warenprodukt von II besteht aus Konsumtionsmitteln; also aus Dingen, bestimmt, in die jährliche Konsumtion einzugehn, also zur Realisierung von Revenue zu dienen für irgend jemand, im hier betrachteten Fall für den Gesamtarbeiter I. Für den Gesamtkapitalisten II aber ist ein Teil seines Warenprodukts, = 2000, jetzt die in Ware verwandelte Form des konstanten Kapitalwerts seines produktiven Kapitals, welches aus dieser Warenform wieder rückverwandelt werden muß in die Naturalform, worin es von neuem als konstanter Teil des produktiven Kapitals wirken kann. Was Kapitalist II bis jetzt erreicht hat, ist, daß er die Hälfte (= 1000) seines in Warenform (Konsumtionsmitteln) reproduzierten konstanten Kapitalwerts durch den Verkauf an den Arbeiter I in Geldform

---

* [Siehe vorliegende Ausgabe S. 379.]

rückverwandelt hat. Es ist also auch nicht das variable Kapital I_v, das sich umgesetzt hat in diese erste Hälfte des konstanten Kapitalwerts II_c, sondern das Geld, das für I als Geldkapital fungierte im Umsatz gegen Arbeitskraft, war so in den Besitz des Verkäufers der Arbeitskraft gekommen, für den es kein Kapital, sondern Revenue in Geldform darstellt, d. h. verausgabt wird als Kaufmittel von Konsumtionsmitteln. Das Geld = 1000, das den Kapitalisten II von den Arbeitern I zugeflossen, kann andrerseits nicht als konstantes Element des produktiven Kapitals II fungieren. Es ist nur noch die Geldform seines Warenkapitals, noch umzusetzen in fixe oder zirkulierende Bestandteile von konstantem Kapital. II kauft also mit dem von den Arbeitern I, den Käufern seiner Ware, gelösten Geld für 1000 Produktionsmittel von I. Damit ist der konstante Kapitalwert II zur Hälfte des Gesamtbetrags erneuert in der Naturalform, worin es wieder als Element des produktiven Kapitals II fungieren kann. Die Zirkulationsform war dabei W – G – W: Konsumtionsmittel zum Wert von 1000 – Geld = 1000 – Produktionsmittel zum Wert von 1000.

Aber W – G – W ist hier Kapitalbewegung. W, verkauft an die Arbeiter, verwandelt sich in G, und dies G wird umgesetzt in Produktionsmittel; es ist Rückverwandlung aus Ware in die stofflichen Bildungselemente dieser Ware. Andrerseits, wie Kapitalist II gegen I nur als Warenkäufer, fungiert Kapitalist I gegen II hier nur als Warenverkäufer. I hat ursprünglich mit 1000 Geld, bestimmt, als variables Kapital zu fungieren, Arbeitskraft zum Wert von 1000 gekauft; er hat also ein Äquivalent für seine in Geldform weggegebnen 1000_v erhalten; das Geld gehört jetzt dem Arbeiter, der es verausgabt in Käufen von II; I kann dies Geld, das so in die Kasse von II geflossen, nur rückerhalten, indem er es durch Verkauf von Waren zum selben Wertbetrag wieder herausfischt.

Erst hatte I eine bestimmte Geldsumme = 1000, bestimmt, als variabler Kapitalteil zu fungieren; sie fungiert als solcher durch ihren Umsatz in Arbeitskraft zum selben Wertbetrag. Der Arbeiter hat ihm aber als Resultat des Produktionsprozesses geliefert eine Warenmasse (Produktionsmittel) zum Wert von 6000, wovon $^1/_6$ oder 1000 ihrem Wert nach ein Äquivalent des in Geld vorgeschoßnen variablen Kapitalteils. So wenig wie früher in seiner Geldform, fungiert der variable Kapitalwert jetzt in seiner Warenform als variables Kapital; dies kann er nur nach erfolgtem Umsatz in lebendige Arbeitskraft, und nur solange diese im Produktionsprozeß fungiert. Als Geld war der variable Kapitalwert nur potentielles variables Kapital. Aber er befand sich in einer Form, worin er direkt in Arbeitskraft umsetzbar. Als Ware ist dieser selbe variable Kapitalwert nur noch potentieller Geldwert; er wird erst wieder in der ursprünglichen Geldform hergestellt durch den Verkauf der Ware, hier also dadurch, daß II für 1000 Ware kauft von I. Die Zirkulationsbewegung ist hier: 1000_v (Geld) – Arbeitskraft zum Wert von 1000 – 1000 in Ware (Äquivalent des variablen Kapitals) – 1000_v (Geld); also G – W ... W – G (= G – A ... W – G). Der zwischen W ... W fallende Produktionsprozeß selbst gehört der Zirkulationssphäre nicht an; er erscheint nicht im Umsatz der verschiednen Elemente der jährlichen Reproduktion gegeneinander, obgleich dieser Umsatz die Reproduktion aller Elemente des produktiven Kapitals einschließt, sowohl seiner konstanten wie des variablen Elements, der Arbeitskraft. Alle Träger dieses Umsatzes erscheinen nur als Käufer oder Verkäufer oder als beides; die Arbeiter erscheinen darin nur als Warenkäufer; die Kapitalisten abwechselnd als Käufer und Verkäufer; und innerhalb bestimmter Grenzen nur als einseitig Warenkäufer oder als einseitig Warenverkäufer.

Resultat: Daß I den variablen Wertteil seines Kapitals wieder in der Geldform besitzt, woraus allein er direkt in Arbeitskraft umsetzbar ist, d. h. ihn wieder besitzt in der einzigen Form, worin er wirklich als variables Element seines produktiven Kapitals vorgeschossen werden kann. Andrerseits, um wieder als Warenkäufer auftreten zu können, muß der Arbeiter jetzt vorher wieder als Warenverkäufer, als Verkäufer seiner Arbeitskraft auftreten.

Mit Bezug auf das variable Kapital der Kategorie II (500 II_v) tritt der Zirkulationsprozeß zwischen Kapitalisten und Arbeitern derselben Produktionsklasse in unvermittelter Form auf, sofern wir ihn betrachten als vorgehend zwischen dem Gesamtkapitalisten II und dem Gesamtarbeiter II. Der Gesamtkapitalist II schießt 500_v vor im Ankauf von Arbeitskraft zum selben Wertbetrag; der Gesamtkapitalist ist hier Käufer, der Gesamtarbeiter Verkäufer. Dann tritt der Arbeiter mit dem für seine Arbeitskraft gelösten Geld als Käufer eines Teils der von ihm selbst produzierten Waren auf. Hier ist der Kapitalist also Verkäufer. Der Arbeiter hat dem Kapitalisten das ihm im Ankauf seiner Arbeitskraft gezahlte Geld ersetzt durch einen Teil des produzierten Warenkapitals II, nämlich 500_v in Ware; der Kapitalist besitzt jetzt in Warenform dasselbe v, das er vor dem Umsatz in Arbeitskraft in Geldform besaß; der Arbeiter andrerseits hat den Wert seiner Arbeitskraft in Geld realisiert und realisiert dies Geld jetzt wieder, indem er es zur Bestreitung seiner Konsumtion als Revenue verausgabt in Ankauf eines Teils der von ihm selbst produzierten Konsumtionsmittel. Es ist dies Austausch der Revenue des Arbeiters in Geld gegen den von ihm selbst in Warenform reproduzierten Warenbestandteil 500_v des Kapitalisten. So kehrt dies Geld zum Kapitalisten II als Geldform seines variablen Kapitals zurück. Äquivalenter Revenuewert in Geldform ersetzt hier variablen Kapitalwert in Warenform.

Der Kapitalist bereichert sich nicht dadurch, daß er das Geld, das er dem Arbeiter bei Ankauf der Arbeitskraft zahlt, ihm wieder entzieht durch Verkauf einer äquivalenten Warenmasse an den Arbeiter. Er würde Arbeiter in der Tat zweimal zahlen, wenn er ihm erst 500 zahlte im Ankauf seiner Arbeitskraft und ihm außerdem noch die Warenmasse im Wert von 500 umsonst gäbe, die er den Arbeiter hat produzieren lassen. Umgekehrt, produzierte ihm der Arbeiter weiter nichts als ein Äquivalent in Ware von 500 für den Preis seiner Arbeitskraft von 500, so wäre der Kapitalist nach der Operation gerade auf demselben Punkt wie vor derselben. Aber der Arbeiter hat ein Produkt von 3000 reproduziert; er hat den konstanten Wertteil des Produkts, d. h. den Wert der darin verbrauchten Produktionsmittel = 2000 erhalten durch ihre Verwandlung in neues Produkt; er hat diesem gegebnen Wert außerdem einen Wert von $1000_{(v+m)}$ zugefügt. (Die Vorstellung, als wenn der Kapitalist sich bereichre in dem Sinn, daß er Mehrwert gewinne durch den Rückfluß der 500 in Geld, entwickelt Destutt de Tracy, worüber des breitern Abschnitt XIII dieses Kapitels.)

Durch den Kauf der Konsumtionsmittel zum Wert von 500 seitens des Arbeiters II kehrt dem Kapitalisten II der Wert von 500 II_v, den er eben noch in Ware besaß, wieder zurück in Geld, in der Form, worin er ihn ursprünglich vorschoß. Unmittelbares Resultat der Transaktion, wie bei jedem andern Warenverkauf, ist der Umsatz gegebnen Werts aus Warenform in Geldform. Auch der dadurch vermittelte Rückfluß des Geldes zu seinem Ausgangspunkt ist nichts Spezifisches. Hätte Kapitalist II für 500 in Geld Ware von Kapitalist I gekauft und dann seinerseits Ware zum Betrag von 500 an I verkauft, so wären ihm ebenfalls 500 in Geld zurückgeströmt. Die 500 Geld hätten nur zum Umsatz einer Warenmasse von 1000 gedient und wären nach dem frühern allgemeinen Gesetz an den zurückgeflossen, der das Geld zum Umsatz dieser Warenmasse in Zirkulation geworfen.

Aber die 500 Geld, die zu Kapitalist II zurückgeflossen, sind zugleich erneutes potentielles variables Kapital in Geldform. Warum dies? Geld, also auch Geldkapital, ist potentielles variables Kapital nur, weil und sofern es umsetzbar in Arbeitskraft. Die Rückkehr der 500 Pfd.St. Geld zu Kapitalist II ist begleitet von der Rückkehr der Arbeitskraft II auf den Markt. Die Rückkehr beider auf entgegengesetzten Polen – also auch die Wiedererscheinung der 500 Geld, nicht nur als Geld, sondern auch als variables Kapital in Geldform – ist bedingt durch eine und dieselbe Prozedur. Das Geld = 500 fließt an Kapitalist II zurück, weil er an Arbeiter II Konsumtionsmittel zum Betrag von 500 verkauft hat, also weil der Arbeiter seinen Arbeitslohn verausgabt, dadurch sich nebst Familie und damit auch seine Arbeitskraft erhalten hat. Um weiterzuleben und weiter als Warenverkäufer auftreten zu können, muß er von neuem seine Arbeitskraft verkaufen. Die Rückkehr der 500 in Geld zum Kapitalisten II ist also gleichzeitig Rückkehr, resp. Verbleiben, der Arbeitskraft als durch die 500 Geld kaufbare Ware und damit Rückkehr der 500 Geld als potentielles variables Kapital.

Mit Bezug auf die Luxusmittel produzierende Kategorie IIb verhält es sich mit ihrem v – $(IIb)_v$ – dann wie mit I_v. Das Geld, das den Kapitalisten IIb ihr variables Kapital in Geldform erneuert, strömt ihnen zu auf dem Umweg durch die Hand der Kapitalisten IIa. Aber dennoch macht es einen Unterschied, ob die Arbeiter ihre Lebensmittel direkt von den kapitalistischen Produzenten kaufen, denen sie ihre Arbeitskraft verkaufen, oder ob sie von einer andren Kategorie Kapitalisten kaufen, vermittelst deren den erstren das Geld nur auf einem Umweg zurückströmt. Da die Arbeiterklasse von der Hand in den Mund lebt, kauft sie, solange sie kaufen kann. Anders beim Kapitalisten, z. B. bei dem Umsatz von 1000 II_c gegen 1000 I_v. Der Kapitalist lebt nicht von der Hand in den Mund. Möglichste Verwertung seines Kapitals ist sein treibendes Motiv. Treten daher Umstände irgendeiner Art ein, die es dem Kapitalisten II vorteilhafter erscheinen lassen, statt unmittelbar sein konstantes Kapital zu erneuern, es teilweise wenigstens in Geldform längre Zeit festzuhalten, so verzögert sich der Rückfluß der 1000 II_c (in Geld) zu I; also auch die Wiederherstellung von 1000_v in Geldform, und Kapitalist I kann nur auf derselben Stufenleiter fortarbeiten, wenn er Reservegeld zur Verfügung hat, wie überhaupt Reservekapital in Geld nötig ist, um ununterbrochen, ohne Rücksicht auf raschern oder* langsamern Rückfluß des variablen Kapitalwerts in Geld, fortarbeiten zu können.

Hat man den Umsatz der verschiednen Elemente der laufenden jährlichen Reproduktion zu untersuchen, so auch das Resultat der vergangnen Jahresarbeit, der Arbeit des bereits zum Abschluß gekommnen Jahrs. Der Produktionsprozeß, der in diesem jährlichen Produkt resultierte, liegt hinter uns, ist vergangen, aufgegangen in seinem Produkt, um so mehr also auch der Zirkulationsprozeß, der dem Produktionsprozeß vorhergeht oder ihm parallel läuft, der Umsatz von potentiellem in wirkliches variables Kapital, d. h. der Kauf und Verkauf von Arbeitskraft. Der Arbeitsmarkt bildet keinen Teil mehr des Warenmarkts, den man hier vor sich hat. Der Arbeiter hat hier bereits nicht nur seine Arbeitskraft verkauft, sondern außer dem Mehrwert ein Äquivalent des Preises seiner Arbeitskraft in Ware ge-

* [1. und 2. Auflage: und; nach der Druckvorlage von Engels korrigiert, siehe Marx-Engels-Werke Bd. 24.]

liefert; er hat andrerseits seinen Arbeitslohn in der Tasche und figuriert während des Umsatzes nur als Käufer von Ware (Konsumtionsmitteln). Andrerseits muß aber das jährliche Produkt alle Elemente der Reproduktion enthalten, alle Elemente des produktiven Kapitals wiederherstellen, vor allem also sein wichtigstes Element, das variable Kapital. Und wir haben in der Tat gesehn, daß mit Bezug auf variables Kapital als Resultat des Umsatzes sich darstellt: als Warenkäufer, durch Verausgabung seines Arbeitslohns und durch den Konsum der gekauften Ware erhält und reproduziert der Arbeiter seine Arbeitskraft als die einzige Ware, die er zu verkaufen hat: wie das in Ankauf dieser Arbeitskraft vom Kapitalisten vorgeschoßne Geld zu diesem zurückkehrt, kehrt auch die Arbeitskraft, als gegen es umsetzbare Ware, auf den Arbeitsmarkt zurück; als Resultat, hier speziell bei 1000 I_v, erhalten wir: 1000_v in Geld auf seiten der Kapitalisten I – demgegenüber: Arbeitskraft zum Wert von 1000 auf seiten der Arbeiter I, so daß der ganze Reproduktionsprozeß I von neuem beginnen kann. Dies ist das eine Resultat des Umsatzprozesses.

Andrerseits hat die Verausgabung des Arbeitslohns der Arbeiter I Konsumtionsmittel zum Belauf von 1000_c von II gehoben, diese somit aus Warenform in Geldform verwandelt; aus dieser Geldform hat II sie rückverwandelt in die Naturalform seines konstanten Kapitals, durch Kauf von Waren = 1000_v von I, dem dadurch sein variabler Kapitalwert wieder in Geldform zurückfließt.

Das variable Kapital I macht drei Verwandlungen durch, die im Umsatz des jährlichen Produkts gar nicht oder nur andeutungsweise erscheinen.

1. Die erste Form, 1000 I_v in Geld, das in Arbeitskraft zum selben Wertbetrag umgesetzt wird. Dieser Umsatz erscheint nicht selbst im Warenumsatz zwischen I und II, aber sein Resultat erscheint darin, daß die Arbeiterklasse I mit 1000 Geld dem Warenverkäufer II gegenübertritt, ganz wie die Arbeiterklasse II mit 500 Geld dem Warenverkäufer von 500 II_v in Warenform.

2. Die zweite Form, die einzige, worin das variable Kapital wirklich variiert, als variables fungiert, wo wertschöpferische Kraft an Stelle von dafür eingetauschtem, gegebnem Wert erscheint, gehört ausschließlich dem Produktionsprozeß an, der hinter uns liegt.

3. Die dritte Form, worin das variable Kapital sich als solches bewährt hat im Resultat des Produktionsprozesses, ist das jährliche Wertprodukt, also bei I = $1000_v + 1000_m = 2000\ I_{(v+m)}$. An Stelle seines ursprünglichen Werts = 1000 in Geld ist ein doppelt so großer Wert = 2000 in Ware getreten. Der variable Kapitalwert = 1000 in Ware bildet daher auch nur die Hälfte des durch das variable Kapital als Element des produktiven Kapitals

geschaffnen Wertprodukts. Die 1000 I_v in Ware sind exaktes Äquivalent des in 1000_v Geld von I ursprünglich vorgeschoßnen, seiner Bestimmung nach variablen Teils des Gesamtkapitals; in Warenform sind sie aber nur potentiell Geld (werden es wirklich erst durch ihren Verkauf), also noch weniger direkt variables Geldkapital. Schließlich werden sie dies durch den Verkauf der Ware 1000 I_v an II_c und durch das baldige Wiedererscheinen der Arbeitskraft als käuflicher Ware, als Material, worin sich 1000_v Geld umsetzen kann.

Während aller dieser Wandlungen hält Kapitalist I beständig das variable Kapital in seiner Hand; 1. anfänglich als Geldkapital; 2. sodann als Element seines produktiven Kapitals; 3. noch später als Wertteil seines Warenkapitals, also in Warenwert; 4. endlich wieder in Geld, dem die Arbeitskraft, worin es umsetzbar, wieder gegenübersteht. Während des Arbeitsprozesses hat der Kapitalist das variable Kapital in seiner Hand als sich betätigende, Wert schaffende Arbeitskraft, aber nicht als Wert von gegebner Größe; da er jedoch den Arbeiter stets nur zahlt, nachdem seine Kraft schon bestimmte kürzre oder längre Zeit gewirkt hat, so hat er auch den von ihr geschaffnen Ersatzwert für sie selbst plus Mehrwert bereits in seiner Hand, bevor er zahlt.

Da das variable Kapital stets in irgendeiner Form in der Hand des Kapitalisten bleibt, kann in keiner Weise gesagt werden, daß es sich in Revenue für irgend jemand umsetzt. 1000 I_v in Ware setzt sich vielmehr um in Geld durch seinen Verkauf an II, dem es die Hälfte seines konstanten Kapitals in natura ersetzt.

Was sich in Revenue auflöst, ist nicht das variable Kapital I, 1000_v in Geld; dies Geld hat aufgehört, als Geldform des variablen Kapitals I zu fungieren, sobald es in Arbeitskraft umgesetzt ist, wie das Geld jedes andern Warenverkäufers aufgehört hat, irgend ihm gehöriges zu repräsentieren, sobald er es in Ware eines Verkäufers umgesetzt hat. Die Umsätze, die das als Arbeitslohn bezogne Geld in der Hand der Arbeiterklasse durchmacht, sind keine Umsätze des variablen Kapitals, sondern des in Geld verwandelten Werts ihrer Arbeitskraft; ganz ebenso wie der Umsatz des vom Arbeiter geschaffnen Wertprodukts (2000 $I_{(v+m)}$) nur der Umsatz einer den Kapitalisten gehörigen Ware ist, der den Arbeiter nichts angeht. Der Kapitalist aber – und noch mehr sein theoretischer Dolmetscher, der politische Ökonom – kann sich nur schwer der Einbildung entschlagen, daß das dem Arbeiter ausgezahlte Geld immer noch sein, des Kapitalisten Geld ist. Ist der Kapitalist Goldproduzent, so erscheint direkt der variable Wertteil – d. h. das Äquivalent in Ware, das ihm den Kaufpreis der Arbeit ersetzt – selbst in Geldform, kann also auch ohne den Umweg eines Rückflusses von neuem als variables Geldkapital fungieren. Was aber den Arbeiter in II betrifft – soweit wir absehn vom Luxusarbeiter –, so existiert 500_v selbst in Waren, die für die Konsumtion des Arbeiters bestimmt sind, die er, als Gesamtarbeiter betrachtet, direkt wieder kauft von demselben Gesamtkapitalisten, an den er seine Arbeitskraft verkauft hat. Der variable Wertteil des Kapitals II besteht seiner Naturalform nach in Konsumtionsmitteln, größtenteils bestimmt für den Verzehr der Arbeiterklasse. Aber es ist nicht das variable Kapital, das in dieser Form vom Arbeiter verausgabt wird; es ist der Arbeitslohn, das Geld des Arbeiters, das gerade durch seine Realisation in diesen Konsumtionsmitteln das variable Kapital 500 II_v für den Kapitalisten wieder in seiner Geldform herstellt. Das variable Kapital II_v ist reproduziert in Konsumtionsmitteln, wie das konstante Kapital 2000 II_c; so wenig wie das eine löst sich das andre in Revenue auf. Was sich in Revenue auflöst, ist in beiden Fällen der Arbeitslohn.

Daß aber durch die Verausgabung des Arbeitslohns als Revenue im einen Fall 1000 II_c, ebenso auf diesem Umweg 1000 I_v und ditto 500 II_v, also konstantes Kapital und variables (bei diesem teils durch direkten, teils durch indirekten Rückfluß) wieder als Geldkapital hergestellt wird, ist eine wichtige Tatsache im Umsatz des jährlichen Produkts.

XI. Ersatz des fixen Kapitals

Eine große Schwierigkeit bei Darstellung der Umsätze der jährlichen Reproduktion ist die folgende. Nehmen wir die einfachste Form, worin sich die Sache darstellt, so haben wir:

(I.) $4000_c + 1000_v + 1000_m +$

(II). $2000_c + 500_v + 500_m = 9000$,

was sich schließlich auflöst in:

$4000\ I_c + 2000\ II_c + 1000\ I_v + 500\ II_v + 1000\ I_m + 500\ II_m = 6000_c + 1500_v + 1500_m = 9000$. Ein Wertteil des konstanten Kapitals, soweit dies nämlich besteht aus eigentlichen Arbeitsmitteln (als distinkte Abteilung der Produktionsmittel), ist übertragen von den Arbeitsmitteln auf das Arbeitsprodukt (die Ware); diese Arbeitsmittel fahren fort, als Elemente des produktiven Kapitals zu fungieren, und zwar in ihrer alten Naturalform; es ist ihr Verschleiß, der Wertverlust, den sie nach und nach erleiden während ihrer in bestimmter Periode fortdauernden Funktion, der als Wertelement der vermittelst derselben produzierten Waren wiedererscheint, vom Arbeitsinstrument auf das Arbeitsprodukt übertragen wird. Mit Bezug auf die jährliche Reproduktion kommen hier also von vornherein nur solche Bestandteile des fixen Kapitals in Betracht, deren Leben länger als ein Jahr währt. Sterben sie ganz ab innerhalb des Jahrs, so sind sie auch ganz durch die jährliche Reproduktion zu ersetzen und zu erneuern, und der in Frage kommende Punkt betrifft sie daher von vornherein nicht. Bei Maschinen und andren länger währenden Formen des fixen Kapitals kann es vorkommen – und kommt häufiger vor –, daß gewisse Teilorgane derselben innerhalb des Jahres mit Haut und Haar zu ersetzen sind, obgleich der ganze Gebäude- oder Maschinenkörper langlebig. Diese Teilorgane fallen in dieselbe Kategorie der innerhalb des Jahres zu ersetzenden Elemente des fixen Kapitals. Dies Wertelement der Waren ist in keiner Weise zu verwechseln mit den Reparaturkosten. Wird die Ware verkauft, so wird dies Wertelement versilbert, in Geld verwandelt wie die andren; nach seiner Verwandlung in Geld aber erscheint sein Unterschied von den andren Wertelementen. Die in der Produktion der Waren verzehrten Rohmaterialien und Hilfsstoffe müssen in natura ersetzt werden, damit die Reproduktion der Waren beginne (überhaupt der Produktionsprozeß der Waren ein kontinuierlicher sei); die in ihnen verausgabte Arbeitskraft muß ebenso durch frische Arbeitskraft ersetzt werden. Das aus der Ware gelöste Geld muß also beständig in diese Elemente des produktiven Kapitals wieder umgesetzt werden, aus Geldform in Warenform. Es ändert nichts an der Sache, daß z. B. Rohmaterialien und Hilfsstoffe in gewissen Terminen in größrer Masse – so daß sie Produktionsvorräte bilden – gekauft werden, daß also während gewisser Frist diese Produktionsmittel nicht neugekauft zu werden brauchen, also auch – solange sie vorhalten – das aus dem Warenverkauf eingehende Geld – soweit es für diesen Zweck dient – sich ansammeln kann und dieser Teil des konstanten Kapitals daher zeitweilig als in seiner aktiven Funktion suspendiertes Geldkapital erscheint. Es ist kein Revenuekapital; es ist produktives Kapital, das in Geldform suspendiert ist. Die Erneuerung der Produktionsmittel muß beständig stattfinden, obgleich die Form dieser Erneuerung – mit Bezug auf die Zirkulation – verschieden sein kann. Der Neukauf, die Zirkulations-Operation, wodurch sie erneuert, ersetzt werden, kann in längren Terminen vorgehn: dann große Geldanlage auf einmal, kompensiert durch entsprechenden Produktionsvorrat; oder in kurz aufeinanderfolgenden Terminen: dann rasch aufeinanderfolgende kleinere Dosen von Geldausgabe, kleine Produktionsvorräte. Dies ändert nichts an der Sache selbst. Ebenso mit der Arbeitskraft. Wo die Produktion kontinuierlich auf selber Stufenleiter das Jahr durch ausgeführt: beständiger Ersatz der aufgezehrten Arbeitskraft durch neue; wo die Arbeit saisonmäßig oder verschiedne Portionen Arbeit in verschiednen

Perioden, wie in der Agrikultur, angewandt werden: dementsprechender Ankauf bald kleinrer, bald größrer Masse Arbeitskraft. Dagegen wird das aus dem Warenverkauf gelöste Geld, soweit es den Warenwertteil vergoldet, der gleich ist dem Verschleiß von fixem Kapital, nicht wieder rückverwandelt in den Bestandteil des produktiven Kapitals, dessen Wertverlust es ersetzt. Es schlägt nieder neben dem produktiven Kapital und verharrt in seiner Geldform. Dieser Geldniederschlag wiederholt sich, bis die aus einer größern oder geringern Anzahl von Jahren bestehende Reproduktionsepoche abgelaufen ist, während deren das fixe Element des konstanten Kapitals unter seiner alten Naturalform fortfährt, im Produktionsprozeß zu fungieren. Sobald das fixe Element, Baulichkeiten, Maschinerie etc., ausgelebt hat, nicht länger im Produktionsprozeß fungieren kann, existiert sein Wert neben ihm, vollständig ersetzt in Geld – der Summe der Geldniederschläge, der Werte, die vom fixen Kapital allmählich übertragen worden auf die Waren, in deren Produktion es mitgewirkt, und die durch den Verkauf der Waren in Geldform übergegangen. Dies Geld dient dann dazu, das fixe Kapital (oder Elemente desselben, da die verschiednen Elemente desselben verschiedne Lebensdauer haben) in natura zu ersetzen und so diesen Bestandteil des produktiven Kapitals wirklich zu erneuern. Dies Geld ist also Geldform eines Teils des konstanten Kapitalwerts, des fixen Teils desselben. Diese Schatzbildung ist also selbst ein Element des kapitalistischen Reproduktionsprozesses, Reproduktion und Aufspeicherung – in Geldform – des Werts des fixen Kapitals oder seiner einzelnen Elemente, bis zu der Zeit, wo das fixe Kapital ausgelebt und folglich seinen ganzen Wert an die produzierten Waren abgegeben hat und nun in natura ersetzt werden muß. Dies Geld verliert aber nur seine Schatzform und tritt daher erst aktiv wieder ein in den durch die Zirkulation vermittelten Reproduktionsprozeß des Kapitals, sobald es rückverwandelt wird in neue Elemente des fixen Kapitals, um die abgestorbnen zu ersetzen.

Sowenig wie die einfache Warenzirkulation identisch ist mit bloßem Produktenaustausch, sowenig kann sich der Umsatz des jährlichen Warenprodukts in bloßen, unvermittelten, gegenseitigen Austausch seiner verschiednen Bestandteile auflösen. Das Geld spielt eine spezifische Rolle darin, die namentlich auch in der Weise der Reproduktion des fixen Kapitalwerts sich ausdrückt. (Es ist nachher zu untersuchen, wie sich das anders darstellen würde, vorausgesetzt, die Produktion sei gemeinsam und besitze nicht die Form der Warenproduktion.)

Kehren wir nun zu dem Grundschema zurück, so hatten wir für Klasse II: $2000_c + 500_v + 500_m$. Die sämtlichen im Lauf des Jahres produzierten Konsumtionsmittel sind hier gleich Wert von 3000; und jedes der verschiednen Warenelemente, woraus die Warensumme besteht, zerfällt seinem Wert nach in $^2/_{3c} + {}^1/_{6v} + {}^1/_{6m}$, oder prozentig in $66^2/_{3c} + 16^2/_{3v} + 16^2/_{3m}$. Die verschiednen Warensorten der Klasse II mögen konstantes Kapital in verschiedner Proportion enthalten; ebenso mag der fixe Teil des konstanten Kapitals bei ihnen verschieden sein; ebenso die Lebensdauer der fixen Kapitalteile, also auch der jährliche Verschleiß oder der Wertteil, den sie pro rata übertragen auf die Waren, in deren Produktion sie beteiligt sind. Dies ist hier gleichgültig. Mit Bezug auf den gesellschaftlichen Reproduktionsprozeß handelt es sich nur um den Umsatz zwischen den Klassen II und I. II und I treten sich hier nur in ihren gesellschaftlichen Massenverhältnissen gegenüber; die proportionelle Größe des Wertteils c des Warenprodukts II (in der jetzt behandelten Frage allein maßgebend) ist daher das Durchschnittsverhältnis, wenn alle Produktionszweige, die unter II subsumiert sind, zusammengefaßt werden.

Jede der Warensorten (und es sind zum großen Teil dieselben Warensorten), deren Gesamtwert rubriziert ist unter: $2000_c + 500_v + 500_m$, ist so gleichmäßig dem Wert nach $= 66^2/_3\,\%_c + 16^2/_3\,\%_v + 16^2/_3\,\%_m$. Dies gilt sowohl von je 100 der unter c, als unter v, als unter m figurierenden Waren. Die Waren, worin die 2000_c verkörpert sind, sind dem Wert nach wieder zerfällbar in:

1. $1333^1/_{3c} + 333^1/_{3v} + 333^1/_{3m} = 2000_c$,

ebenso 500_v in:

2. $333^1/_{3c} + 83^1/_{3v} + 83^1/_{3m} = 500_v$,

endlich 500_m in:

3. $333^1/_{3c} + 83^1/_{3v} + 83^1/_{3m} = 500_m$.

Addieren wir nun in 1, 2 und 3 die c zusammen, so haben wir $1333^1/_{3c} + 333^1/_{3c} + 333^1/_{3c} = 2000$. Ebenso $333^1/_{3v} + 83^1/_3 + 83^1/_{3v} = 500$, und desgleichen unter m; die Gesamtaddition ergibt den Totalwert von 3000 wie oben.

Der ganze in der Warenmasse II zum Wert von 3000 enthaltne konstante Kapitalwert ist also enthalten in 2000_c, und weder 500_v noch 500_m enthalten ein Atom davon. Dasselbe gilt für v und m ihrerseits.

In andren Worten: Das ganze Quotum der Warenmasse II, das konstanten Kapitalwert darstellt und daher wieder umsetzbar ist, sei es in dessen Natural-, sei es in dessen Geldform – existiert in 2000_c. Alles auf den Umsatz des konstanten Werts der Waren II Bezügliche ist also beschränkt auf die Bewegung von 2000 II_c; und dieser Umsatz kann nur vorgehn mit I ($1000_v + 1000_m$).

Ebenso ist für Klasse I alles auf den Umsatz des ihr angehörigen konstanten Kapitalwerts Bezügliche zu beschränken auf die Betrachtung von 4000 I_c.

1. Ersatz des Verschleiß-Wertteils in Geldform

Nehmen wir nun zunächst:

$$\begin{array}{l} \text{I. } 4000_c + \underbrace{1000_v + 1000_m} \\ \text{II.} \ldots\ldots\ldots \quad 2000_c \quad + 500_v + 500_m, \end{array}$$

so würde der Umsatz der Waren 2000 II_c gegen Waren vom selben Wert I ($1000_v + 1000_m$) voraussetzen, daß 2000 II_c sich allzusamt in natura wieder umgesetzt in die von I produzierten Naturalbestandteile des konstanten Kapitals II; aber der Warenwert von 2000, worin letztres existiert, enthält ein Element für Wertverlust von fixem Kapital, das nicht sofort in natura zu ersetzen, sondern in Geld zu verwandeln, das als Totalsumme nach und nach sich anhäuft, bis der Termin der Erneuerung des fixen Kapitels in seiner Naturalform fällig geworden. Jedes Jahr ist das Todesjahr für fixes Kapital, das in diesem oder jenem Einzelgeschäft oder auch diesem oder jenem Industriezweig zu ersetzen; im selben individuellen Kapital ist dieser oder jener Teil des fixen Kapitals (da dessen Teile von verschiedner Lebensdauer) zu ersetzen. Betrachten wir die jährliche Reproduktion – wenn auch auf einfacher Stufenleiter, d. h. abstrahierend von aller Akkumulation –, so beginnen wir nicht ab ovo; es ist ein Jahr im Fluß vieler, es ist nicht das erste Geburtsjahr der kapitalistischen Produktion. Die verschiednen Kapitale, die in den mannigfachen Produktionszweigen der Klasse II angelegt, sind also von verschiednem Lebensalter, und wie jährlich in diesen Produktionszweigen fungierende Personen sterben, so erreichen jährlich Massen fixer Kapitale in diesem Jahr ihr Lebensend und müssen aus akkumuliertem Geldfonds in natura erneuert werden. Sofern ist im Umsatz 2000 II_c gegen 2000 $I_{(v+m)}$ der Umsatz von 2000 II_c aus seiner Warenform (als Konsumtionsmittel) in Naturalelemente eingeschlossen, die nicht nur aus Roh- und Hilfsmaterialien, sondern ebenso aus Naturalelementen des fixen Kapitals, Maschinen, Werkzeugen, Baulichkeiten etc. bestehn. Der Verschleiß, der im Wert von 2000 II_c in *Geld* zu ersetzen, ist daher durchaus nicht entsprechend dem Umfang des fungierenden fixen Kapitals, da jährlich ein Teil desselben *in natura* ersetzt werden muß; was aber voraussetzt, daß in frühern Jahren das zu diesem Umsatz nötige Geld sich aufgehäuft in den Händen von Kapitalisten der Klasse II. Eben diese Voraussetzung gilt aber für das laufende Jahr ebensowohl, wie sie für die frühern angenommen wird.

In dem Umsatz zwischen I ($1000_v + 1000_m$) und 2000 II_c ist zunächst zu bemerken, daß die Wertsumme $I_{(v+m)}$ kein konstantes Wertelement enthält, also auch kein Wertelement für zu ersetzenden Verschleiß, d. h. für Wert, der von fixem Bestandteil des konstanten Kapitals auf die Waren übertragen worden, in deren Naturalform v + m existieren. Dies Element existiert dagegen in II_c, und es ist gerade ein Teil dieses dem fixen Kapital geschuldeten Wertelements, der nicht unmittelbar aus Geldform in Naturalform sich zu verwandeln, sondern zunächst in Geldform zu verharren hat. Es drängt sich daher sofort bei dem Umsatz von I (1000_v + 1000_m) gegen 2000 II_c die Schwierigkeit auf, daß die Produktionsmittel I, in deren Naturalform die $2000_{(v+m)}$ existieren, zu ihrem ganzen Wertbetrag von 2000 gegen Äquivalent in Konsumtionsmitteln II umzusetzen sind, dahingegen andrerseits die Konsumtionsmittel 2000 II_c nicht zu ihrem vollen Wertbetrag in die Produktionsmittel I (1000_v + 1000_m) umgesetzt werden können, weil ein aliquoter Teil ihres Werts – gleich dem zu ersetzenden Verschleiß oder Wertverlust des fixen Kapitals – sich zunächst in Geld niederschlagen muß, das innerhalb der laufenden jährlichen Reproduktionsperiode, die allein betrachtet wird, nicht wieder als Zirkulationsmittel fungiert. Das Geld aber, wodurch das Verschleißelement versilbert wird, das im Warenwert 2000 II_c steckt, dies Geld kann nur von I herkommen, da II sich nicht selbst zu bezahlen hat, sondern sich bezahlt eben durch Verkauf seiner Ware, und da der Voraussetzung nach $I_{(v+m)}$ die ganze Warensumme 2000 II_c kauft; die Klasse I muß also durch diesen Kauf jenen Verschleiß für II versilbern. Aber nach dem früher entwickelten Gesetz kehrt der Zirkulation vorgeschoßnes Geld an den kapitalistischen Produzenten zurück, der später gleiches Quantum in Ware in die Zirkulation wirft. I kann beim Ankauf von II_c offenbar nicht für 2000 Waren und überdem noch eine überschüssige Geldsumme ein für allemal (ohne daß selbe durch die Operation des Umsatzes zu ihm zurückkehrt) an II geben. Es würde sonst die Warenmasse II_c über ihrem Wert kaufen. Wenn II in der Tat I (1000_v + 1000_m) im Umsatz für seine 2000_c eintauscht, so hat es weiter nichts von I zu fordern, und das während dieses Umsatzes zirkulierende Geld kehrt zurück zu I oder II, abhängig davon, wer von beiden es in Zirkulation geworfen, d. h., wer von beiden zuerst als Käufer aufgetreten ist. Zugleich hätte in diesem Fall II sein Warenkapital dem ganzen Wertumfang nach in die Naturalform von Produktionsmitteln rückverwandelt, während die Voraussetzung ist, daß es einen aliquoten Teil desselben, nach ihrem Verkauf, nicht während der laufenden jährlichen Reproduktionsperiode aus Geld wieder rückverwandelt in die Naturalform fixer Bestandteile seines konstanten Kapitals. Es könnte also an II nur dann eine Bilanz in Geld zufließen, wenn II zwar für 2000 an I verkaufte, aber für weniger als 2000 von I kaufte, z. B. nur 1800; dann hätte I den Saldo gutzumachen durch 200 in Geld, das nicht zu ihm zurückflösse, weil es dies der Zirkulation vorgeschoßne Geld ihr nicht wieder entzogen hätte durch Hineinwurf von Waren = 200 in die Zirkulation. In diesem Fall hätten wir einen Geldfonds für II auf Rechnung seines Verschleißes an fixem Kapital; wir hätten aber auf der andern Seite, auf I, eine Überproduktion von Produktionsmitteln zum Belauf von 200, und damit wäre die ganze Basis des Schemas zerronnen, nämlich Reproduktion auf gleichbleibender Stufenleiter, wo also völlige Proportionalität zwischen den verschiednen Produktionssystemen vorausgesetzt ist. Die eine Schwierigkeit wäre nur beseitigt durch eine viel unangenehmere.

Da dies Problem eigne Schwierigkeiten bietet und bisher überhaupt nicht von den politischen Ökonomen behandelt worden ist, so wollen wir der Reihe nach alle möglichen (wenigstens scheinbar möglichen) Lösungen oder vielmehr Stellungen des Problems selbst betrachten.

Zunächst hatten wir soeben unterstellt, daß II an I verkauft 2000, aber nur kauft für 1800 Waren von I. In dem Warenwert 2000 II_c steckte 200 für Verschleißersatz, der in Geld aufzuschatzen; so zerfiele der Wert 2000 II_c in 1800, die auszutauschen gegen Produktionsmittel I, und in 200 Verschleißersatz, die in Geld (nach dem Verkauf der 2000_c an I) festzuhalten. Oder mit Bezug auf seinen Wert wäre 2000 $II_c = 1800_c + 200_c$ (d), wo d = déchet [Verschleiß].

Wir hätten dann zu betrachten

$$\text{den Umsatz} \quad \begin{array}{l} \text{I. } \underbrace{1000_v + 1000_m} \\ \text{II. } \quad 1800_c \quad + 200_c\,(d). \end{array}$$

I kauft mit 1000 Pfd.St., welche den Arbeitern in Zahlung ihrer Arbeitskraft in Arbeitslohn zugeflossen, für 1000 II_c Konsumtionsmittel; II kauft mit selben 1000 Pfd.St. für 1000 I_v Produktionsmittel. Den Kapitalisten I fließt damit ihr variables Kapital in Geldform zurück, und können sie damit nächstes Jahr Arbeitskraft zum selben Wertbetrag kaufen, d. h. den variablen Teil ihres produktiven Kapitals in natura ersetzen. – II kauft ferner mit vorgeschoßnen 400 Pfd.St. Produktionsmittel I_m, und I_m kauft mit denselben 400 Pfd.St. Konsumtionsmittel II_c. Die von II der Zirkulation vorgeschoßnen 400 Pfd.St. sind so an die Kapitalisten II zurückgekehrt, aber nur als Äquivalent für verkaufte Ware. I kauft für vorgeschoßne 400 Pfd.St. Konsumtionsmittel; II kauft von I für 400 Pfd.St. Produktionsmittel, womit diese 400 Pfd.St. zu I zurückströmen. Die Rechnung bis dahin ist nun folgende:

I wirft in Zirkulation $1000_v + 800_m$ in Ware; wirft ferner in Zirkulation in Geld: 1000 Pfd.St. in Arbeitslohn und 400 Pfd.St. zum Umsatz mit II. Nach vollendetem Umsatz hat I: 1000_v in Geld, 800_m umgesetzt in 800 II_c (Konsumtionsmittel) und 400 Pfd.St. in Geld.

II wirft in Zirkulation 1800_c in Ware (Konsumtionsmittel) und 400 Pfd.St. in Geld; nach vollendetem Umsatz hat es: 1800 in Ware I (Produktionsmittel) und 400 Pfd.St. in Geld.

Wir haben jetzt noch auf Seite I 200_m (in Produktionsmitteln), auf Seite II 200_c (d) (in Konsumtionsmitteln).

Nach der Voraussetzung kauft I mit 200 Pfd.St. die Konsumtionsmittel c (d) zum Wertbetrag von 200; diese 200 Pfd.St. aber hält II fest, da 200_c (d) Verschleiß repräsentiert, also nicht direkt wieder in Produktionsmittel umzusetzen ist. Also 200 I_m sind unverkaufbar; $^1/_5$* des zu ersetzenden Mehrwerts I ist unrealisierbar, nicht aus seiner Naturalform von Produktionsmitteln umsetzbar in die von Konsumtionsmitteln.

Dies widerspricht nicht nur der Voraussetzung der Reproduktion auf einfacher Stufenleiter; es ist an und für sich keine Hypothese, um die Versilberung von 200_c (d) zu erklären; es heißt vielmehr, daß sie nicht erklärlich ist. Da nicht nachzuweisen, wie 200_c (d) zu versilbern sei, wird unterstellt, daß I die Gefälligkeit hat, es zu versilbern, gerade weil I nicht im Stande, seinen eignen Rest von 200_m zu versilbern. Dies als eine normale Operation des Umsatzmechanismus aufzufassen, ist ganz dasselbe, als unterstellte man, daß jährlich 200 Pfd.St. vom Himmel regnen, um regelmäßig die 200_c (d) zu versilbern.

Die Abgeschmacktheit solcher Hypothesen springt jedoch nicht unmittelbar ins Auge, wenn I_m, statt wie hier in seiner primitiven Daseinsweise aufzutreten – nämlich als Bestandteil des Werts von Produktionsmitteln, also als Bestandteil des Werts von Waren, die ihre kapitalistischen Produzenten durch Verkauf in Geld realisieren müssen –, in der Hand der Anteilhaber der Kapitalisten erscheint, z. B. als Grundrente in der Hand von Grundeigentümern oder als Zins in der Hand von Geldverleihern. Ist aber der Teil des Mehrwerts der Waren, den der industrielle Kapitalist als Grundrente oder Zins an andre Miteigentümer des Mehrwerts abzutreten hat, auf die Dauer nicht realisierbar durch den Verkauf der Waren selbst, so hat es auch mit der Zahlung von Rente oder Zins ein Ende, und können daher Grundeigentümer oder Zinsbezieher durch deren Verausgabung nicht als dei ex machina dienen zu beliebiger Versilberung bestimmter Teile der jährlichen Reproduktion. Ebenso verhält es sich mit den Ausgaben sämtlicher sog. unproduktiven Arbeiter, Staatsbeamte, Ärzte, Advokaten etc., und was sonst in der Form des »großen Publikums« den politischen Ökonomen »Dienste« leistet, um von ihnen Unerklärtes zu erklären.

Ebensowenig ist damit geholfen, wenn statt des direkten Umsatzes zwischen

* [1. und 2. Auflage: $^1/_{10}$]

I und II – zwischen den zwei großen Abteilungen der kapitalistischen Produzenten selbst – der Kaufmann als Vermittler beigezogen wird und mit seinem »Geld« über alle Schwierigkeiten weghilft. Im gegebnen Fall z. B. muß 200 I_m schließlich und endgültig abgesetzt werden an die industriellen Kapitalisten von II. Es mag durch die Hände einer Reihe von Kaufleuten laufen, der letzte befindet sich – gemäß der Hypothese – in demselben Fall gegenüber II, worin sich die kapitalistischen Produzenten von I bei Beginn befanden, d. h. sie können die 200 I_m nicht verkaufen an II; und die festgerittne Kaufsumme kann denselben Prozeß mit I nicht erneuern.

Man sieht hier, wie, abgesehn von unserm eigentlichen Zweck, die Betrachtung des Reproduktionsprozesses in seiner Fundamentalform – worin alle verdunkelnden Zwischenschieber beseitigt – durchaus nötig ist, um die falschen Ausflüchte loszuwerden, die den Schein »wissenschaftlicher« Erklärung liefern, wenn der gesellschaftliche Reproduktionsprozeß sofort in seiner verwickelten konkreten Form zum Gegenstand der Analyse gemacht wird.

Das Gesetz, daß beim normalen Verlauf der Reproduktion (sei es auf einfacher, sei es auf erweiterter Stufenleiter) das von dem kapitalistischen Produzenten der Zirkulation vorgeschoßne Geld zu seinem Ausgangspunkt zurückkehren muß (wobei es gleichgültig, ob das Geld ihnen gehört oder gepumpt ist), schließt also ein für allemal die Hypothese aus, daß 200 II_c (d) versilbert werde durch von I vorgeschoßnes Geld.

2. Ersatz des fixen Kapitals in natura

Nach Beseitigung der eben betrachteten Hypothese bleiben nur noch solche Möglichkeiten, die außer dem Ersatz des Verschleißteils in Geld auch noch die Vollziehung des Ersatzes des gänzlich abgestorbnen fixen Kapitals in natura einschließen.

Wir hatten vorhin vorausgesetzt:

a) daß 1000 Pfd.St., gezahlt in Arbeitslohn von I, von den Arbeitern verausgabt werden in II_c zum selben Wertbetrag, d. h., daß sie damit Konsumtionsmittel kaufen.

Daß hier die 1000 Pfd.St. von I vorgeschossen werden in Geld, ist nur Konstatierung von Tatsache. Der Arbeitslohn ist in Geld auszuzahlen von den respektiven kapitalistischen Produzenten; dies Geld wird dann von den Arbeitern in Lebensmitteln verausgabt und dient den Verkäufern der Lebensmittel ihrerseits wieder als Zirkulationsmittel bei Umsatz ihres konstanten Kapitals aus Warenkapital in produktives Kapital. Es läuft zwar durch viele Kanäle durch (Krämer, Hausbesitzer, Steuereinnehmer, unproduktive Arbeiter wie Ärzte etc., die der Arbeiter selbst braucht) und fließt daher nur zum Teil direkt aus den Händen der Arbeiter I in die der Kapitalistenklasse II. Der Fluß mag mehr oder minder stocken, daher neue Geldreserve nötig sein auf seiten der Kapitalisten. Alles dies kommt bei dieser Fundamentalform nicht in Betracht.

b) War vorausgesetzt, daß einmal I weitere 400 Pfd.St. in Geld vorschießt zum Ankauf von II, das ihm zurückfließt, wie ein andres Mal II 400 Pfd.St. vorschießt zum Ankauf von I, die ihm zurückfließen. Diese Voraussetzung muß gemacht werden, da umgekehrt die Annahme willkürlich wäre, daß einseitig die Kapitalistenklasse I oder aber die Kapitalistenklasse II das zum Warenumsatz nötige Geld der Zirkulation vorschießt. Da nun im vorigen Unterabschnitt 1. gezeigt wurde, daß die Hypothese als abgeschmackt verwerflich, wonach I zuschüssiges Geld in die Zirkulation würfe, um 200 II_c (d) zu versilbern, so bliebe offenbar nur die scheinbar noch abgeschmacktere Hypothese übrig, daß II selbst das Geld in die Zirkulation wirft, womit der Wertbestandteil Ware versilbert wird, welcher den Verschleiß von fixem Kapital zu ersetzen hat. Z. B. der Wertteil, den die Spinnmaschine des Herrn X in der Produktion verliert, erscheint als Wertteil des Nähgarns wieder; was seine Spinnmaschine auf der einen Seite an Wert oder Verschleiß einbüßt, soll sich auf der andren Seite als Geld bei ihm aufsammeln. X möge nun z. B. für 200 Pfd.St. Baumwolle kaufen von Y und so der Zirkulation 200 Pfd.St. in Geld vorschießen; Y kauft von ihm mit denselben 200 Pfd. St. Garn, und diese 200 Pfd.St. dienen nun dem X als Fonds zum Ersatz von Verschleiß der Spinnmaschine. Dies käme nur darauf hinaus, daß X, abgesehn von seiner Produktion und deren Produkt und dessen Verkauf, 200 Pfd.St. in petto hält, um sich selbst für den Wertverlust der Spinnmaschine zu zahlen, d. h. daß er außer dem Wertverlust seiner Spinnmaschine von 200 Pfd.St. noch andre 200 Pfd.St. in Geld jährlich aus seiner Tasche zusetzen muß, um schließlich im Stand zu sein, eine neue Spinnmaschine zu kaufen.

Die Abgeschmacktheit ist aber nur scheinbar. Die Klasse II besteht aus Kapitalisten, deren fixes Kapital sich in ganz verschiednen Terminen seiner Reproduktion befindet. Für die einen ist es bei dem Termin angelangt, wo es ganz in natura zu ersetzen ist. Für die andren befindet es sich mehr oder minder entfernt von diesem Stadium; allen Gliedern der letztren Abteilung ist das gemein, daß ihr fixes Kapital nicht wirklich reproduziert, d. h. nicht in natura erneuert oder durch neues Exemplar derselben Art ersetzt wird, sondern daß sein Wert sukzessiv in Geld angesammelt wird. Der erstre Teil befindet sich ganz (resp. teilweise, was hier gleichgültig) in derselben Situation wie bei Errichtung seines Geschäfts, wo er mit einem Geldkapital auf den Markt trat, um dies einerseits in (fixes und zirkulierendes) konstantes Kapital zu verwandeln, andrerseits aber in Arbeitskraft, in variables Kapital. Wie damals hat er jetzt dies Geldkapital wieder der Zirkulation vorzuschießen, also den Wert des konstanten fixen Kapitals ebensogut wie den des zirkulierenden und des variablen Kapitals.

Wenn also vorausgesetzt wird, daß von den 400 Pfd.St., die die Kapitalistenklasse II zum Umsatz mit I in Zirkulation wirft, die Hälfte von solchen Kapitalisten in II herrührt, die nicht nur durch ihre Waren ihre zum zirkulierenden Kapital gehörenden Produktionsmittel, sondern auch durch ihr Geld ihr fixes Kapital in natura erneuern müssen, während die andre Hälfte der Kapitalisten II mit ihrem Geld nur den zirkulierenden Teil ihres konstanten Kapitals in natura ersetzt, nicht aber ihr fixes Kapital in natura erneuert, so liegt durchaus nichts Widerspruchsvolles darin, daß die zurückfließenden 400 Pfd.St. (zurückfließend, sobald I dafür Konsumtionsmittel kauft) sich nun verschieden verteilen zwischen diesen zwei Abteilungen von II. Sie fließen zurück zur Klasse II, aber sie fließen nicht in dieselben Hände zurück, sondern verteilen sich verschieden innerhalb dieser Klasse, gehn von einem Teil derselben auf den andern über.

Der eine Teil von II hat, außer dem durch seine Waren schließlich gedeckten Teil von Produktionsmitteln, 200 Pfd.St. Geld umgesetzt in neue fixe Kapitalelemente in natura. Sein so verausgabtes Geld – wie beim Anfang des Geschäfts – fließt ihm erst sukzessive in Reihen von Jahren aus der Zirkulation zurück als Verschleiß-Wertbestandteil der mit diesem fixen Kapital zu produzierenden Waren.

Der andre Teil von II hat dagegen für 200 Pfd.St. keine Waren von I bezogen, sondern dieser zahlt ihn mit dem Geld, womit der erste Teil von II fixe Kapitalelemente gekauft. Der eine Teil von II besitzt seinen fixen Kapitalwert wieder in erneuter Naturalform, der andre ist noch damit beschäftigt, ihn in Geldform anzusammeln, zum spätern Ersatz seines fixen Kapitals in natura.

Der Status, von dem wir auszugehn haben, nach den frühern Umsetzungen, ist der Rest der beiderseits umzusetzenden Waren: bei I – 400_m, bei II – 400_c.[52] Wir nehmen an, daß II 400 in Geld vorschießt zum Umsatz dieser Waren zum Betrag von 800. Eine Hälfte der 400 (= 200) muß unter allen Umständen ausgelegt werden von dem Teil von II_c, der 200 in Geld als Verschleißwert aufgehäuft und der diesen jetzt wieder rückzuwandeln hat in die Naturalform seines fixen Kapitals.

Ganz wie konstanter Kapitalwert, variabler Kapitalwert und Mehrwert –

52 Die Zahlen stimmen wieder nicht mit der frühern Annahme. Dies ist indes gleichgültig, da es nur auf die Verhältnisse ankommt. – F. E.

worin der Wert des Warenkapitals von II wie von I zerfällbar – in besondren proportionellen Quoten der Waren II, resp. I, selbst darstellbar sind, so innerhalb des konstanten Kapitalwerts selbst wieder der Wertteil, der noch nicht in die Naturalform des fixen Kapitals umzusetzen, sondern einstweilen noch in Geldform allmählich aufzuschatzen ist. Ein bestimmtes Quantum Waren II (in unserm Fall also die Hälfte des Rests = 200) ist hier nur noch Träger dieses Verschleißwerts, der sich durch den Umsatz in Geld niederzuschlagen hat. (Der erste Teil der Kapitalisten II, der fixes Kapital in natura erneuert, mag mit dem Verschleißteil der Warenmasse, von der hier nur noch der Rest figuriert, einen Teil seines Verschleißwerts bereits so realisiert haben; bleibt aber 200 Geld so noch für ihn zu realisieren.)

Was nun die zweite Hälfte (= 200) der von II bei dieser Restoperation in Zirkulation geworfnen 400 Pfd.St. betrifft, so kauft sie von I zirkulierende Bestandteile des konstanten Kapitals. Ein Teil dieser 200 Pfd.St. mag von beiden Teilen von II oder nur von dem in Zirkulation geworfen werden, der den fixen Wertbestandteil nicht in natura erneuert.

Mit den 400 Pfd.St. werden also von I herausgehoben 1. Waren zum Belauf von 200 Pfd.St., die nur aus Elementen des fixen Kapitals bestehn, 2. Waren zum Belauf von 200 Pfd.St., die nur Naturalelemente des zirkulierenden Teils des konstanten Kapitals von II ersetzen. I hat nun sein ganzes jährliches Warenprodukt, soweit dies an II zu verkaufen ist, verkauft: der Wert eines Fünftels davon aber, 400 Pfd.St., existiert jetzt in seiner Hand unter Geldform. Dies Geld ist aber versilberter Mehrwert, der als Revenue in Konsumtionsmitteln verausgabt werden muß. I kauft also mit den 400 den ganzen Warenwert von II = 400. Das Geld fließt also zu II zurück, indem es dessen Ware hebt.

Wir wollen nun drei Fälle annehmen: Wir nennen dabei den Teil der Kapitalisten II, der fixes Kapital in natura ersetzt: »Teil 1«, und denjenigen, der Verschleißwert von fixem Kapital in Geldform aufspeichert: »Teil 2«. Die drei Fälle sind folgende: a) daß von den 400, die in Waren sub II noch als Rest bestehn, ein Quotum für Teil 1 und Teil 2 (sage je 1/2) gewisse Quota zirkulierender Teile des konstanten Kapitals zu ersetzen hat; b) daß Teil 1 bereits seine ganze Ware verkauft, also Teil 2 noch 400 zu verkaufen hat; c) daß Teil 2 alles verkauft hat außer den 200, die Verschleißwert tragen.

Wir erhalten dann folgende Teilungen:

a) Von dem Warenwert = 400_c, den II noch in Händen hat, besitzt Teil 1 100 und Teil 2 300; von diesen 300 repräsentieren 200 den Verschleiß. In diesem Fall hat von den 400 Pfd.St. Geld, die I jetzt zurückschickt, um die Waren II zu heben, Teil 1 ursprünglich ausgelegt 300, nämlich 200 in Geld, wofür es fixe Kapitalelemente in natura aus I gezogen, und 100 in Geld zur

Vermittlung seines Warenaustauschs mit I; dagegen hat Teil 2 von den 400 nur 1/4, also 100, vorgeschossen, ebenfalls zur Vermittlung seines Warenumsatzes mit I.

Von den 400 Geld hat Teil 1 also 300 vorgeschossen und Teil 2 100.

Es fließen aber zurück von diesen 400:

An Teil 1: 100, also nur 1/3 des von ihm vorgeschoßnen Geldes. Er besitzt aber für die andern 2/3 erneuertes fixes Kapital zum Wert von 200. Für dieses fixe Kapitalelement zum Wert von 200 hat er Geld an I gegeben, aber keine nachträgliche Ware. Er tritt, mit Bezug auf sie, gegenüber I nur als Käufer auf, nicht nachträglich wieder als Verkäufer. Dies Geld kann daher nicht an Teil 1 zurückfließen; sonst hätte er die fixen Kapitalelemente von I geschenkt erhalten. – Mit Bezug auf das letzte Drittel des von ihm vorgeschoßnen Geldes trat Teil 1 erst als Käufer auf von zirkulierenden Bestandteilen seines konstanten Kapitals. Mit demselben Geld kauft I von ihm den Rest seiner Ware zum Wert von 100. Das Geld fließt also zu ihm (Teil 1 von II) zurück, weil er als Warenverkäufer auftritt, gleich nachdem er vorher als Käufer aufgetreten. Flösse es nicht zurück, so hätte II (Teil 1) an I, für Waren zum Belauf von 100, erst 100 in Geld und dann noch obendrein 100 in Ware gegeben, ihm also seine Ware geschenkt.

Dagegen fließt an Teil 2, der 100 in Geld ausgelegt, 300 in Geld zurück; 100, weil er erst als Käufer 100 Geld in Zirkulation warf und diese als Verkäufer zurückerhält; 200, weil er nur als Verkäufer von Waren zum Wertbetrag von 200 fungiert, nicht aber als Käufer. Das Geld kann also nicht an I zurückfließen. Der fixe Kapitalverschleiß ist also saldiert durch das von II (Teil 1) im Ankauf von fixen Kapitalelementen in Zirkulation geworfne Geld; aber es kommt in die Hand von Teil 2 nicht als das Geld des Teil 1, sondern als der Klasse I gehörendes Geld.

b) Unter dieser Voraussetzung verteilt sich der Rest von II_c so, daß Teil 1 200 in Geld und Teil 2 400 in Waren besitzt.

Teil 1 hat seine Ware alle verkauft, aber 200 in Geld sind verwandelte Form des fixen Bestandteils seines konstanten Kapitals, den er in natura zu erneuern hat. Er tritt also hier nur als Käufer auf und erhält statt seines Geldes Ware I in Naturalelementen des fixen Kapitals zum selben Wertbetrag. Teil 2 hat als Maximum (wenn für den Warenumsatz zwischen I und II kein Geld von I vorgeschossen wird) nur 200 Pfd.St. in Zirkulation zu werfen, da er für die Hälfte seines Warenwerts nur Verkäufer an I, nicht Käufer von I ist.

Es retournieren ihm aus der Zirkulation 400 Pfd.St.; 200, weil er sie vorgeschossen als Käufer und sie zurückerhält als Verkäufer von 200 Ware; 200, weil er Ware zum Wert von 200 an I verkauft, ohne dafür Warenäquivalent von I wieder herauszuziehn. –

c) Teil 1 besitzt 200 in Geld und 200_c in Ware; Teil 2 200_c (d) in Waren. Teil 2 hat unter dieser Voraussetzung nichts in Geld vorzuschießen, weil er, I gegenüber, überhaupt nicht mehr als Käufer, sondern nur noch als Verkäufer fungiert, also abzuwarten hat, bis von ihm gekauft wird.

Teil 1 schießt 400 Pfd.St. in Geld vor, 200 zum gegenseitigen Warenumsatz mit I, 200 als bloßer Käufer von I. Mit diesen letzten 200 Pfd.St. Geld kauft er die fixen Kapitalelemente.

I kauft mit 200 Pfd.St. Geld für 200 Ware von Teil 1, dem damit seine für diesen Warenumsatz vorgeschoßnen 200 Pfd.St. Geld zurückfließen; und I kauft mit den andren 200 Pfd.St. – die er ebenfalls von Teil 1 erhalten – für 200 Waren von Teil 2, dem damit sein fixer Kapitalverschleiß in Geld niederschlägt.

Die Sache würde in keiner Weise verändert unter der Voraussetzung, daß im Fall c) statt II (Teil 1) Klasse I die 200 Geld zum Umsatz der existierenden Waren vorschießt. Kauft I dann zuerst für 200 Ware von II, Teil 2 – es ist vorausgesetzt, daß dieser nur noch diesen Warenrest zu verkaufen hat –, so kehren die 200 Pfd.St. nicht an I zurück, da II, Teil 2, nicht wieder als Käufer auftritt; aber II, Teil 1, hat dann für 200 Pfd.St. Geld, um zu kaufen und ditto noch 200 Waren umzusetzen, also im ganzen 400 einzutauschen von I. 200 Pfd.St. Geld kehren dann zu I zurück von II, Teil 1. Legt I sie wieder aus, um die 200 Ware zu kaufen von II, Teil 1, so kehren sie ihm zurück, sobald II, Teil 1, die zweite Hälfte der 400 Ware von I löst. Teil 1 (II) hat 200 Pfd.St. Geld als bloßer Käufer von Elementen des fixen Kapitals ausgelegt; sie kehren ihm daher nicht zurück, sondern dienen dazu, die 200_c Restwaren von II, Teil 2, zu versilbern, während an I das für Warenumsatz ausgelegte Geld, 200 Pfd.St., zurückgeflossen, nicht via II, Teil 2, sondern via II, Teil 1. Für seine Ware von 400 ist ihm Warenäquivalent zum Belauf von 400 zurückgekehrt; die für den Umsatz der 800 Ware von ihm vorgeschoßnen 200 Pfd.St. Geld sind ihm ditto zurückgekehrt – und so ist alles in Ordnung.

Die Schwierigkeit, die sich ergab bei der Umsetzung:

$$\text{I. } \underbrace{1000_v + 1000_m}$$ wurde reduziert auf die Schwierigkeit bei

$$\text{II. } 2000_c$$

Umsetzung der Reste:

I. . . . . . 400_m

II. (1) 200 Geld + 200_c Ware + (2) 200_c Ware, oder, um die Sache noch klarer zu machen:

I. $200_m + 200_m$.

II. (1) 200 Geld + 200_c Ware + (2) 200_c Ware.

Da in II, Teil 1, 200_c Ware sich umgesetzt gegen 200 I_m (Ware), und da alles Geld, was bei diesem Umsatz von 400 Waren zwischen I und II zirkuliert, zurückfließt zu dem, der es vorgeschossen hat, I oder II, so ist dies Geld, als Element des Umsatzes zwischen I und II, in der Tat kein Element des Problems, das uns hier beschäftigt. Oder anders dargestellt: Unterstellen wir, daß in dem Umsatz zwischen 200 I_m (Ware) und 200 II_c (Ware von II, Teil 1) das Geld als Zahlungsmittel fungiert, nicht als Kaufmittel und daher auch nicht als »Zirkulationsmittel« im engsten Sinn, so ist klar, da die Waren 200 I_m und 200 II_c (Teil 1) von gleichem Wertbetrag, daß* Produktionsmittel vom Wert von 200 sich austauschen gegen Konsumtionsmittel zum Wert von 200, daß* das Geld hier nur ideell fungiert und kein Geld zur Zahlung von Bilanz von dieser oder jener Seite wirklich in Zirkulation zu werfen ist*. Das Problem tritt also erst rein hervor, wenn wir die Ware 200 I_m und ihr Äquivalent, die Ware 200 II_c (Teil 1), auf beiden Seiten I und II wegstreichen.

Nach Beseitigung dieser beiden Warenbeträge von gleichem Wert (I und II), die sich wechselseitig saldieren, bleibt also der Rest des Umsatzes, worin das Problem rein hervortritt, nämlich:

I. 200_m Ware.

II. (1) 200_c Geld + (2) 200_c Ware.

Hier ist klar: II, Teil 1, kauft mit 200 Geld die Bestandteile seines fixen Kapitals 200 I_m; damit ist das fixe Kapital von II, Teil 1, in natura erneuert, und der Mehrwert von I, im Wert von 200, ist aus Warenform (Produktionsmitteln, und zwar Elementen von fixem Kapital) in Geldform verwandelt. Mit diesem Geld kauft I Konsumtionsmittel von II, Teil 2, und das Resultat ist für II, daß für Teil 1 ein fixer Bestandteil seines konstanten Kapitals in natura erneuert ist; und daß für Teil 2 ein andrer Bestandteil (welcher Verschleiß von fixem Kapital ersetzt) in Geld niedergeschlagen; und dies dauert jährlich fort, bis auch dieser Bestandteil in natura zu erneuern.

Die Vorbedingung ist hier offenbar, daß dieser fixe Bestandteil des konstanten Kapitals II, der seinem ganzen Wert nach in Geld rückverwandelt und daher jedes Jahr in natura zu erneuern ist (Teil 1) gleich sei dem Jahresverschleiß des andern fixen Bestandteils des konstanten Kapitals II, der noch in seiner alten Naturalform fortfungiert, und dessen Verschleiß der Wertverlust, den es auf die Waren überträgt, in deren Produktion er wirkt, zunächst in Geld zu ersetzen ist. Ein solches Gleichgewicht erschiene danach als Gesetz der Reproduktion auf gleichbleibender Stufenleiter; was in and-

* [Fehlt in 1. Auflage.]

ren Worten heißt, daß in der die Produktionsmittel produzierenden Klasse I die proportionelle Teilung der Arbeit unverändert bleiben muß, soweit sie einerseits zirkulierende und andrerseits fixe Bestandteile des konstanten Kapitals der Abteilung II liefert.

Bevor wir dies näher untersuchen, ist erst zu sehn, wie die Sache sich stellt, wenn der Restbetrag von II_c (1) nicht gleich dem Rest von II_c (2); er kann größer sein oder kleiner. Setzen wir nacheinander beide Fälle.

Erster Fall:

I. 200_m.
II. (1) 220_c (in Geld) + (2) 200_c (in Ware).

Hier kauft II_c (1) mit 200 Pfd.St. Geld die Waren 200 I_m, und I kauft mit demselben Geld die Waren 200 II_c (2), also den Bestandteil des fixen Kapitals, der in Geld niederzuschlagen ist; dieser ist damit versilbert. Aber 20 II_c (1) in Geld ist nicht rückverwandelbar in fixes Kapital in natura.

Diesem Übelstand scheint abhelfbar, indem wir den Rest von I_m statt auf 200 auf 220 setzen, so daß von den 2000 I statt 1800 nur 1780 durch frühern Umsatz erledigt sind. In diesem Fall also:

I. 220_m.
II (1) 220_c (in Geld) + (2) 200_c (in Ware).

II_c, Teil 1, kauft mit 220 Pfd.St. Geld die 220 I_m, und I kauft sodann mit 200 Pfd.St. die 200 II_c (2) in Ware. Aber dann bleiben 20 PfdSt. in Geld auf Seite I*, ein Stück Mehrwert, das es nur in Geld festhalten, nicht in Konsumtionsmitteln verausgaben kann. Die Schwierigkeit ist damit nur verlegt, von II_c (Teil 1) auf I_m.

Nehmen wir nun andrerseits an, II_c, Teil 1, sei kleiner als II_c (Teil 2), also:

Zweiter Fall:

I. 200_m (in Ware).
II. (1) 180_c (in Geld) + (2) 200_c (in Ware).

II (Teil 1) kauft für 180 Pfd.St. Geld Waren 180 I_m; I kauft mit diesem Geld Waren zum gleichen Wert von II (Teil 2), also 180 II_c (2); es bleiben 20 I_m unverkaufbar auf einer Seite und ebenso 20 II_c (2) auf der andern; Waren zum Wert von 40 unverwandelbar in Geld.

Es würde uns nichts nutzen, den Rest I = 180 zu setzen; es würde dann zwar kein Überschuß in I bleiben, aber nach wie vor ein Überschuß von 20 in II_c (Teil 2) unverkaufbar, nicht in Geld verwandelbar.

---

* [1. Auflage: auf Seite von I]

Im ersten Fall, wo II (1) größer als II (2), bleibt auf Seite von II_c (1) ein Überschuß in Geld, nicht rückverwandelbar in fixes Kapital, oder wenn der Rest $I_m = II_c$ (1) gesetzt wird, derselbe Überschuß in Geld auf Seite von I_m, nicht verwandelbar in Konsumtionsmittel.

Im zweiten Fall, wo II_c (1) kleiner als II_c (2), bleibt ein Defizit in Geld auf Seite von 200 I_m und II_c (2) und gleicher Überschuß von Ware auf beiden Seiten, oder wenn der Rest $I_m = II_c$ (1)* gesetzt wird, ein Defizit in Geld und Überschuß in Ware auf Seite von II_c (2).

Setzen wir die Reste I_m stets gleich II_c (1) – da die Aufträge die Produktion bestimmen und es an der Reproduktion nichts ändert, wenn dies Jahr mehr fixe Kapitalbestandteile, nächstes mehr zirkulierende Kapitalbestandteile des konstanten Kapitals II von** I produziert werden –, so wäre im ersten Fall I_m rückverwandelbar in Konsumtionsmittel, nur wenn I damit einen Teil des Mehrwerts von II kaufte, dieser also, statt verzehrt zu werden, von II*** als Geld aufgehäuft würde; im zweiten Fall wäre nur abzuhelfen, wenn I selbst das Geld ausgäbe, also die von uns verworfne Hypothese.

Ist II_c (1) größer als II_c (2), so ist Einfuhr fremder Ware nötig zur Realisierung des Geldüberschusses in I_m. Ist II_c (1) kleiner als II_c (2), so umgekehrt Ausfuhr von Ware II (Konsumtionsmittel) zur Realisierung des Verschleißteils II_c in Produktionsmitteln. In beiden Fällen ist also auswärtiger Handel nötig.

Gesetzt auch, es sei für Betrachtung der Reproduktion auf gleichbleibender Stufenleiter anzunehmen, daß die Produktivität aller Industriezweige, also auch die proportionellen Wertverhältnisse ihrer Warenprodukte konstant bleiben, so würden dennoch die beiden letzterwähnten Fälle, wo II_c (1) größer oder kleiner als II_c (2), immer Interesse bietend für die Produktion auf erweiterter Stufenleiter, wo sie unbedingt eintreten können.

3. Resultate

Mit Bezug auf den Ersatz des fixen Kapitals ist allgemein zu bemerken:

Wenn – alle andren Umstände, also nicht nur die Stufenleiter der Produktion, sondern namentlich auch die Produktivität der Arbeit als gleichbleibend vorausgesetzt – ein größrer Teil des fixen Elements von II_c abstirbt als das Jahr vorher, also auch ein größrer Teil in natura zu erneuern ist, so muß der Teil des fixen Kapitals, der erst auf dem Weg seines Absterbens

---

* [1. und 2. Auflage: II_c (2)]

** [1. und 2. Auflage: und; nach der Druckvorlage von Engels korrigiert, siehe Marx-Engels-Werke Bd. 24.] *** [1. und 2. Auflage: I] und bis zu seinem Todestermin einstweilen in Geld zu ersetzen ist, in derselben Proportion abnehmen, da nach der Voraussetzung die Summe (auch die Wertsumme) des in II fungierenden fixen Kapitalteils dieselbe bleibt. Es führt dies aber folgende Umstände mit sich. *Erstens:* Besteht ein größrer Teil des Warenkapitals I aus Elementen des fixen Kapitals von II_c, so ein um soviel geringrer Teil aus zirkulierenden Bestandteilen von II_c, da die Gesamtproduktion von I für II_c unverändert bleibt. Wächst ein Teil derselben, so nimmt der andre ab und umgekehrt. Andrerseits bleibt aber auch die Gesamtproduktion der Klasse II von derselben Größe. Wie ist dies aber möglich bei Abnahme ihrer Rohstoffe. Halbfabrikate, Hilfsstoffe? (d. h. der zirkulierenden Elemente des konstanten Kapitals II). *Zweitens:* Ein größrer Teil des unter Geldform wiederhergestellten fixen Kapitals II_c strömt zu I, um aus Geldform in Naturalform rückverwandelt zu werden. Es strömt also an I mehr Geld zu, außer dem zwischen I und II zum bloßen Warenumsatz zirkulierenden Geld; mehr Geld, das nicht wechselseitigen Warenumsatz vermittelt, sondern nur einseitig in Funktion von Kaufmittel auftritt. Zugleich aber hätte die Warenmasse von II_c, die Träger des Wertersatzes von Verschleiß ist, proportionell abgenommen, also die Warenmasse II, die nicht gegen Ware von I, sondern nur gegen Geld von I umgesetzt werden muß. Es wäre mehr Geld von II an I als bloßes Kaufmittel zugeströmt, und es wäre weniger Ware von II da, welcher gegenüber I als bloßer Käufer zu fungieren hätte. Ein größrer Teil von I_m – denn I_v ist bereits in Ware II umgesetzt – wäre also nicht in Ware II umsetzbar, sondern festhaftend in Geldform.

Der umgekehrte Fall, wo in einem Jahr die Reproduktion der Sterbefälle des fixen Kapitals II geringer und dagegen der Verschleißteil größer, braucht hiernach nicht weiter durchgegangen zu werden.

Und so wäre Krise da – Produktionskrise – trotz Reproduktion auf gleichbleibender Stufenleiter.

Mit einem Wort: Wird bei einfacher Reproduktion und gleichbleibenden Umständen, also namentlich gleichbleibender Produktivkraft, Gesamtgröße und Intensität der Arbeit – nicht eine konstante Proportion vorausgesetzt zwischen absterbendem (zu erneuerndem) und in alter Naturalform fortwirkendem (bloß für Ersatz seines Verschleißes den Produkten Wert zusetzendem) fixem Kapital –, so bliebe in einem Fall die Masse von zu reproduzierenden zirkulierenden Bestandteilen dieselbe, aber die Masse von zu reproduzierenden fixen Bestandteilen wäre gewachsen; es müßte also die Gesamtproduktion I wachsen, oder es wäre, selbst abgesehn von den Geldverhältnissen, Defizit der Reproduktion da.

Im andern Fall: Nähme die proportionelle Größe des in natura zu reprodu-

zierenden fixen Kapitals II ab, also im selben Verhältnis der nur noch in Geld zu ersetzende Bestandteil des fixen Kapitals II zu, so bliebe die Masse der von I reproduzierten zirkulierenden Bestandteile des konstanten Kapitals II unverändert, die des zu reproduzierenden fixen dagegen hätte abgenommen. Also entweder Abnahme der Gesamtproduktion I oder aber Überschuß (wie vorher Defizit) und nicht zu versilbernder Überschuß.
Dieselbe Arbeit kann zwar im ersten Fall mit zunehmender Produktivität, Ausdehnung oder Intensität, größres Produkt liefern, und so wäre das Defizit im ersten Fall zu decken; solcher Wechsel würde aber nicht ohne Deplacierung von Arbeit und Kapital aus einem Produktionszweig von I in den andern stattgreifen, und jede solche Deplacierung würde momentane Störungen hervorrufen. Zweitens aber würde (soweit Ausdehnung und Intensivierung der Arbeit zunehmen) I mehr Wert gegen weniger Wert von II auszutauschen haben, also eine Depretiation des Produkts von I stattfinden.
Umgekehrt im zweiten Fall, wo I seine Produktion kontrahieren muß, was Krise für die darin beschäftigten Arbeiter und Kapitalisten bedeutet, oder Überschuß liefert, was wieder Krise. An und für sich sind solche Überschüsse kein Übel, sondern ein Vorteil; sind aber Übel in der kapitalistischen Produktion.
Der auswärtige Handel könnte in beiden Fällen aushelfen, im ersten Fall, um die in Geldform festgehaltne Ware I in Konsumtionsmittel umzusetzen, im zweiten Fall, um den Überschuß in Ware abzusetzen. Aber der auswärtige Handel, soweit er nicht bloß Elemente (auch dem Wert nach) ersetzt, verlegt nur die Widersprüche auf ausgedehntere Sphäre, eröffnet ihnen größren Spielkreis.
Ist die kapitalistische Form der Reproduktion einmal beseitigt, so kommt die Sache darauf hinaus, daß die Größe des absterbenden und daher in natura zu ersetzenden Teils des fixen Kapitals (hier des in der Erzeugung der Konsumtionsmittel fungierenden) in verschiednen sukzessiven Jahren wechselt. Ist er in einem Jahr sehr groß (über die Durchschnittssterblichkeit, wie bei den Menschen), so im folgenden sicher um so geringer. Die zur jährlichen Produktion der Konsumtionsmittel nötige Masse von Rohstoffen, Halbfabrikaten und Hilfsstoffen – sonst gleichbleibende Umstände vorausgesetzt – nimmt deswegen nicht ab; die Gesamtproduktion der Produktionsmittel müßte also im einen Fall zunehmen, im andren abnehmen. Diesem kann nur abgeholfen werden durch fortwährende relative Überproduktion; einerseits ein gewisses Quantum fixes Kapital, das mehr produziert wird, als direkt nötig ist; andrerseits und namentlich Vorrat von Rohstoff etc., der über die unmittelbaren jährlichen Bedürfnisse hinausgeht (dies gilt ganz be-

sonders von Lebensmitteln). Solche Art Überproduktion ist gleich mit Kontrolle der Gesellschaft über die gegenständlichen Mittel ihrer eignen Reproduktion. Innerhalb der kapitalistischen Gesellschaft aber ist sie ein anarchisches Element.

Dies Beispiel vom fixen Kapital – bei gleichbleibender Stufenleiter der Reproduktion – ist schlagend. Mißverhältnis* in der Produktion von fixem und zirkulierendem Kapital ist einer der Lieblingsgründe der Ökonomen, um die Krisen zu erklären. Daß solches Mißverhältnis bei bloßer *Erhaltung* des fixen Kapitals entspringen kann und muß – ist ihnen etwas Neues; daß sie entspringen kann und muß bei Voraussetzung einer idealen Normalproduktion, bei einfacher Reproduktion des bereits fungierenden gesellschaftlichen Kapitals.

XII. Die Reproduktion des Geldmaterials

Es ist bisher ein Moment ganz außer acht gelassen worden, nämlich die jährliche Reproduktion von Gold und Silber. Als bloßes Material zu Luxusartikeln, Vergoldung etc. wären sie hier ebensowenig speziell zu erwähnen wie irgendwelche andren Produkte. Dagegen spielen sie wichtige Rolle als Geldmaterial und daher potentialiter Geld. Als Geldmaterial nehmen wir hier der Vereinfachung wegen nur Gold.

Die gesamte jährliche Goldproduktion betrug nach ältren Angaben 800 000 bis 900 000 Pfund = rund 1100 oder 1250 Millionen Mark. Nach Soetbeer[53] dagegen nur 170 675 Kilogramm im Wert von rund 476 Millionen Mark im Durchschnitt der Jahre 1871–75. Davon lieferten: Australien rund 167, Vereinigte Staaten 166, Rußland 93 Millionen Mark. Der Rest verteilt sich auf verschiedne Länder in Beträgen von weniger als je 10 Millionen Mark. Die jährliche Silberproduktion, während derselben Periode, betrug etwas unter 2 Millionen Kilogramm im Wert von 354½ Millionen Mark, davon lieferte in runder Zahl Mexiko 108, die Vereinigten Staaten 102, Südamerika 67, Deutschland 26 Millionen usw.

Von Ländern vorherrschender kapitalistischer Produktion sind nur die Vereinigten Staaten Gold- und Silberproduzenten; die europäischen kapitalistischen Länder erhalten fast all ihr Gold und bei weitem den größten Teil ihres Silbers von Australien, Vereinigten Staaten, Mexiko, Südamerika und Rußland.

[53] Ad. Soetbeer, »Edelmetall-Produktion«, Gotha 1879, [S. 112]

* [2. Auflage: Mißverständnis; nach der 1. Auflage korrigiert.]

Wir verlegen aber die Goldminen in das Land der kapitalistischen Produktion, dessen jährliche Reproduktion wir hier analysieren, und zwar aus folgendem Grund:

Kapitalistische Produktion existiert überhaupt nicht ohne auswärtigen Handel. Wird aber normale jährliche Reproduktion auf einer gegebnen Stufenleiter unterstellt, so ist damit auch unterstellt, daß der auswärtige Handel nur durch Artikel von andrer Gebrauchs- oder Naturalform einheimische Artikel ersetzt, ohne die Wertverhältnisse zu affizieren, also auch nicht die Wertverhältnisse, worin die zwei Kategorien: Produktionsmittel und Konsumtionsmittel, sich gegeneinander umsetzen, und ebensowenig die Verhältnisse von konstantem Kapital, variablem Kapital und Mehrwert, worin der Wert des Produkts jeder dieser Kategorien zerfällbar. Die Hereinziehung des auswärtigen Handels bei Analyse des jährlich reproduzierten Produktenwerts kann also nur verwirren, ohne irgendein neues Moment, sei es des Problems, sei es seiner Lösung zu liefern. Es ist also ganz davon zu abstrahieren; also ist hier auch das Gold als direktes Element der jährlichen Reproduktion, nicht als von außen durch Austausch eingeführtes Warenelement zu behandeln.

Die Produktion von Gold gehört, wie die Metallproduktion überhaupt, zur Klasse I, der Kategorie, die die Produktion von Produktionsmitteln umfaßt. Wir wollen annehmen, das jährliche Goldprodukt sei $=30$ (der Bequemlichkeit wegen, tatsächlich viel zu hoch gefaßt gegen die Zahlen unsres Schema); es sei dieser Wert zerfällbar in $20_c + 5_v + 5_m$; 20_c ist auszutauschen gegen andre Elemente von I_c, und dies ist später zu betrachten*; aber die $5_v + 5_m$ (I) sind umzusetzen gegen Elemente von II_c, d. h. Konsumtionsmittel.

Was die 5_v betrifft, so beginnt zunächst jedes Gold produzierende Geschäft damit, die Arbeitskraft zu kaufen; nicht mit selbst produziertem Gold, sondern mit einem Quotum des im Lande vorrätigen Gelds. Die Arbeiter beziehn für diese 5_v Konsumtionsmittel aus II heraus, und dies kauft mit diesem Geld Produktionsmittel von I. Sage, II kaufe von I für 2 Gold als Warenmaterial etc. (Bestandteil seines konstanten Kapitals), so fließen 2_v zurück zu den Goldproduzenten I in Geld, das der Zirkulation schon früher angehörte. Wenn II weiter nichts an Material von I kauft, so kauft I von II, indem es sein Gold als Geld in die Zirkulation wirft, da Gold jede Ware kaufen kann. Der Unterschied ist nur, daß I hier nicht als Verkäufer, sondern nur als Käufer auftritt. Die Goldgräber von I können ihre Ware stets absetzen, sie befindet sich stets in unmittelbar austauschbarer Form.

Nehmen wir an, ein Garnspinner habe 5_v an seine Arbeiter bezahlt, diese

---

* [Siehe vorliegende Ausgabe S. 441, Note 55.]

liefern ihm – abgesehn vom Mehrwert – dafür ein Gespinst in Produkt = 5; die Arbeiter kaufen für 5 von II_c, dies kauft für 5 in Geld Garn von I, und so fließt 5_v zurück in Geld an den Garnspinner. In dem supponierten Fall dagegen schießt I g (wie wir die Goldproduzenten bezeichnen wollen) 5_v an seine Arbeiter in Geld vor, das schon früher der Zirkulation angehörte; diese geben das Geld aus in Lebensmitteln; es kehren aber von den 5 nur 2 aus II zu I g zurück. Aber I g kann ganz so gut wie der Garnspinner den Reproduktionsprozeß von neuem beginnen; denn seine Arbeiter haben ihm in Gold 5 geliefert, wovon es 2 verkauft hat, 3 in Gold besitzt, also nur zu münzen[54] oder in Banknoten zu verwandeln hat, damit direkt, ohne weitre Vermittlung von II, sein ganzes variables Kapital wieder in Geldform in seiner Hand sei.

Schon bei diesem ersten Prozeß der jährlichen Reproduktion ist aber eine Veränderung in der Masse der wirklich oder virtuell der Zirkulation angehörigen Geldmasse vorgegangen. Wir haben angenommen, II_c habe 2_v (Ig) als Material gekauft, 3 sei von I g innerhalb II wieder ausgelegt als Geldform des variablen Kapitals. Es sind also aus der mittelst der neuen Goldproduktion* gelieferten Geldmasse 3 innerhalb II geblieben und nicht zurückgeströmt zu I. Nach der Voraussetzung hat II seinen Bedarf in Goldmaterial befriedigt. Die 3 bleiben als Goldschatz in seinen Händen. Da sie keine Elemente seines konstanten Kapitals bilden können und da ferner II schon vorher hinreichendes Geldkapital zum Ankauf der Arbeitskraft hatte; da ferner, mit Ausnahme des Verschleißelements, dies zuschüssige 3 g keine Funktion zu verrichten hat innerhalb II_c, gegen einen Teil, wovon es ausgetauscht (es könnte nur dazu dienen, das Verschleißelement pro tanto zu decken, wenn II_c (1) kleiner als II_c (2), was zufällig); andrerseits aber, eben mit Ausnahme des Verschleißelements, das ganze Warenprodukt II_c gegen Produktionsmittel $I_{(v+m)}$ umzusetzen ist – so muß dies Geld ganz aus II_c übertragen werden in II_m, ob dies nun in notwendigen Lebensmitteln oder in Luxusmitteln existiere, und dagegen entsprechender Warenwert übertragen werden aus II_m in II_c. Resultat: Ein Teil des Mehrwerts wird als Geldschatz aufgespeichert.

Beim zweiten Reproduktionsjahr, wenn dieselbe Proportion des jährlich produzierten Golds fortfährt, als Material vernutzt zu werden, wird wieder 2 an I g zurückfließen und 3 in natura ersetzt, d. h. wieder in II als Schatz freigesetzt sein usw.

54 »Eine beträchtliche Menge von Naturgold (gold bullion) . . . wird von den Goldgräbern direkt in die Münze von San Francisco gebracht.« – »Reports of H. M. Secretaries of Embassy and Legation«, 1879, Part III, p. 337.

* [2. Auflage: Geldproduktion; nach der 1. Auflage korrigiert.]

Mit Bezug auf das variable Kapital überhaupt: Der Kapitalist I g hat wie jeder andre dies Kapital beständig in Geld zum Ankauf der Arbeit vorzuschießen. Mit Bezug auf dies v hat nicht er, sondern seine Arbeiter zu kaufen von II; es kann also nie der Fall eintreten, daß er als Käufer auftritt, also Gold ohne die Initiative des II in selbes wirft. Soweit aber II von ihm Material kauft, sein konstantes Kapital II_c in Goldmaterial umsetzen muß, fließt ihm Teil von $(Ig)_v$ von II zurück auf dieselbe Weise wie den andren Kapitalisten von I; und soweit dies nicht der Fall, ersetzt er sein v in Gold direkt aus seinem Produkt. In dem Verhältnis aber, worin ihm das als Geld vorgeschoßne v nicht von II zurückfließt, wird in II ein Teil der schon vorhandnen Zirkulation (von I ihm zugefloßnes und nicht an I retourniertes Geld) in Schatz verwandelt und dafür ein Teil seines Mehrwerts nicht in Konsumtionsmitteln verausgabt. Da beständig neue Goldminen in Angriff genommen oder alte wieder eröffnet werden, so bildet eine bestimmte Proportion des von I g in v auszulegenden Geldes stets Teil der vor der neuen Goldproduktion vorhandnen Geldmasse, die von I g vermittelst ihrer Arbeiter in II hineingeworfen wird, und, soweit sie nicht aus II zu I g zurückgekehrt, bildet sie dort Element der Schatzbildung.

Was aber $(Ig)_m$ angeht, so kann I g hier stets als Käufer auftreten; es wirft sein m als Gold in die Zirkulation und zieht dafür Konsumtionsmittel II_c heraus; hier wird das Gold zum Teil als Material vernutzt, fungiert daher als wirkliches Element des konstanten Bestandteils c des produktiven Kapitals II; und soweit dies nicht der Fall, wird es wieder Element der Schatzbildung als in Geld verharrender Teil von II_m. Es zeigt sich – auch abgesehn von dem später zu betrachtenden I_c[55] –, wie selbst bei einfacher Reproduktion, wenn hier auch Akkumulation im eigentlichen Sinn des Worts, d. h. Reproduktion auf erweiterter Stufenleiter, ausgeschlossen, dagegen Geldaufspeicherung oder Schatzbildung notwendig eingeschlossen ist. Und da sich dies jährlich neu wiederholt, so erklärt sich damit die Voraussetzung, von welcher bei Betrachtung der kapitalistischen Produktion ausgegangen wird: daß sich bei Beginn der Reproduktion eine dem Warenumsatz entsprechende Masse von Geldmitteln in den Händen der Kapitalistenklassen I und II befindet. Solche Aufspeicherung findet statt selbst nach Abzug des durch Verschleiß des zirkulierenden Geldes verlorengehenden Goldes.

Es versteht sich von selbst, daß je fortgeschrittner das Lebensalter der kapitalistischen Produktion, um so größer die allerseits aufgehäufte Geldmasse, um so kleiner also die Proportion, die die jährliche neue Goldproduktion die-

---

55 Die Untersuchung über den Austausch von neuproduziertem Gold innerhalb des konstanten Kapitals der Abteilung I findet sich im Manuskript nicht. – F. E.

ser Masse zufügt, obgleich dieser Zuschuß seiner absoluten Quantität nach bedeutend sein kann. Im allgemeinen wollen wir nur noch einmal zurückkommen auf den gegen Tooke gemachten Einwurf*: wie ist es möglich, daß jeder Kapitalist in Geld einen Mehrwert aus dem jährlichen Produkt herauszieht, d. h. mehr Geld herauszieht aus der Zirkulation, als er hineinwirft, da in letzter Instanz die Kapitalistenklasse selbst als die Quelle betrachtet werden muß, die überhaupt das Geld in die Zirkulation wirft?

Wir bemerken hierauf, unter Zusammenfassung des schon früher (Kap. XVII) Entwickelten:

1. Die einzige hier erforderliche Voraussetzung: daß überhaupt Geld genug vorhanden sei, um die verschiednen Elemente der jährlichen Reproduktionsmasse umzusetzen –, wird in keiner Weise dadurch berührt, daß ein Teil des Warenwerts aus Mehrwert besteht. Gesetzt, die ganze Produktion gehöre den Arbeitern selbst, ihre Mehrarbeit sei also nur Mehrarbeit für sie selbst, nicht für die Kapitalisten, so wäre die Masse des zirkulierenden Warenwerts dieselbe und erheischte bei sonst gleichbleibenden Umständen dieselbe Geldmasse zu ihrer Zirkulation. Es fragt sich also in beiden Fällen nur: Wo kommt das Geld her, um diesen Gesamtwarenwert umzusetzen? – Und in keiner Weise: Wo kommt das Geld zur Versilberung des Mehrwerts her? Allerdings, um noch einmal darauf zurückzukommen, besteht jede einzelne Ware aus c + v + m, und es ist also zur Zirkulation der gesamten Warenmasse einerseits eine bestimmte Geldsumme nötig zur Zirkulation des Kapitals c + v und andrerseits eine andre Geldsumme zur Zirkulation der Revenue der Kapitalisten, des Mehrwerts m. Wie für die einzelnen Kapitalisten, so für die ganze Klasse ist das Geld, worin sie Kapital vorschießt, verschieden von dem Geld, worin sie Revenue verausgabt. Woher kommt dies letztre Geld? Einfach daher, daß von der in der Hand der Kapitalistenklasse befindlichen Geldmasse, also im ganzen und großen von der innerhalb der Gesellschaft befindlichen gesamten Geldmasse, ein Teil die Revenue der Kapitalisten zirkuliert. Man sah schon oben, wie jeder ein neues Geschäft einrichtende Kapitalist das Geld, das er zu seiner Erhaltung in Konsumtionsmitteln verausgabt, wieder zurückfischt als zur Versilberung seines Mehrwerts dienendes Geld, sobald das Geschäft einmal im Gang. Aber allgemein gesprochen kommt die ganze Schwierigkeit aus zwei Quellen her:

Erstens: Betrachten wir bloß die Zirkulation und den Umschlag des Kapitals, also auch den Kapitalisten nur als Personifikation des Kapitals – nicht als kapitalistischen Konsumenten und Lebemann –, so sehn wir ihn zwar

---

* [Siehe vorliegende Ausgabe S. 308.]

beständig Mehrwert in die Zirkulation werfen als Bestandteil seines Warenkapitals, aber wir sehn nie das Geld als Form der Revenue in seiner Hand; wir sehn ihn nie Geld zum Verzehr des Mehrwerts in die Zirkulation werfen.

Zweitens: Wirft die Kapitalistenklasse eine gewisse Geldsumme in Gestalt von Revenue in Zirkulation, so scheint es, als zahle sie ein Äquivalent für diesen Teil des jährlichen Gesamtprodukts und höre dieser somit auf, Mehrwert darzustellen. Das Mehrprodukt aber, worin sich der Mehrwert darstellt, kostet der Kapitalistenklasse nichts. Als Klasse besitzt und genießt sie es umsonst, und daran kann die Geldzirkulation nichts ändern. Die Veränderung, die diese vermittelt, besteht einfach darin, daß jeder Kapitalist, statt sein Mehrprodukt in natura zu verzehren, was meist gar nicht angeht, Waren aller Art bis zum Belauf des von ihm angeeigneten Mehrwerts aus dem Gesamtstock des jährlichen gesellschaftlichen Mehrprodukts herauszieht und sich aneignet. Aber der Mechanismus der Zirkulation hat gezeigt, daß wenn die Kapitalistenklasse Geld zur Verausgabung von Revenue in die Zirkulation hineinwirft, sie selbiges Geld auch wieder der Zirkulation entzieht und also denselben Prozeß stets von neuem beginnen kann; daß sie also als Kapitalistenklasse betrachtet, nach wie vor im Besitz dieser zur Versilberung des Mehrwerts nötigen Geldsumme bleibt. Wenn also nicht nur der Mehrwert, in Form von Waren, vom Kapitalisten für seinen Konsumtionsfonds dem Warenmarkt entzogen wird, sondern zugleich das Geld, womit er diese Waren kauft, an ihn zurückfließt, so hat er offenbar die Waren ohne Äquivalent der Zirkulation entzogen. Sie kosten ihm nichts, obgleich er sie mit Geld zahlt. Wenn ich mit einem Pfund Sterling Waren kaufe und mir der Verkäufer der Ware das Pfund zurückgibt für Mehrprodukt, das mich nichts gekostet hat, habe ich offenbar die Waren umsonst erhalten. Die beständige Wiederholung dieser Operation ändert nichts daran, daß ich beständig Waren entziehe und beständig im Besitz des Pfundes bleibe, obgleich ich mich desselben zum Bezug der Waren vorübergehend entäußere. Der Kapitalist erhält beständig dies Geld zurück als Versilberung von Mehrwert, der ihm nichts gekostet hat.

Wir sahn, daß bei A. Smith der gesamte gesellschaftliche Produktenwert sich auflöst in Revenue, in v + m, daß also der konstante Kapitalwert gleich Null gesetzt wird. Es folgt daher notwendig, daß das zur Zirkulation der jährlichen Revenue erforderliche Geld auch hinreichend ist zur Zirkulation des gesamten jährlichen Produkts; daß also, in unserm Fall, das zur Zirkulation der Konsumtionsmittel zum Wert von 3000 nötige Geld hinreicht zur Zirkulation des gesamten Jahresprodukts zum Wert von 9000. Dies ist in der Tat A. Smith's Ansicht, und sie wird von Th. Tooke wiederholt. Diese falsche Vorstellung vom Verhältnis der zur Versilberung der Revenue erforderlichen Geldmasse zur Geldmasse, welche das gesamte gesellschaftliche Produkt zirkuliert, ist ein notwendiges Resultat der nicht begriffnen, gedankenlos vorgestellten Art und Weise, wie die verschiednen stofflichen und Wertelemente des jährlichen Gesamtprodukts sich reproduzieren und jährlich ersetzt werden. Sie ist daher bereits widerlegt.

Hören wir Smith und Tooke selbst.

Smith sagt, Book II, ch. 2: »Die Zirkulation jedes Landes kann in zwei Teile geschieden werden: die Zirkulation der Händler untereinander und die Zirkulation zwischen Händlern und Konsumenten. Wenn auch dieselben Geldstücke, Papier oder Metall, bald in der einen, bald in der andern Zirkulation verwandt werden mögen, so gehn doch beide fortwährend gleichzeitig nebeneinander vor, und jede von beiden bedarf daher einer bestimmten Geldmasse dieser oder jener Art, um in Gang zu bleiben. Der Wert der zwischen den verschiednen Händlern zirkulierten Waren kann nie den Wert der zwischen den Händlern und den Konsumenten zirkulierten Waren übersteigen; denn was die Händler auch immer kaufen, muß doch schließlich an die Konsumenten verkauft werden. Da die Zirkulation zwischen den Händlern en gros geschieht, erfordert sie im allgemeinen eine ziemlich große Summe für jeden einzelnen Umsatz. Die Zirkulation zwischen Händlern und Konsumenten dagegen geschieht meist en détail und erfordert oft nur sehr kleine Geldbeträge; ein Schilling oder selbst ein halber Penny genügt manchmal. Aber kleine Summen zirkulieren weit rascher als große ... Obgleich die jährlichen Käufe aller Konsumenten daher denen aller Händler an Wert mindestens« [dies »mindestens« ist gut!] »gleich sind, so können sie doch in der Regel mit einer weit geringern Geldmasse erledigt werden« usw.

Zu dieser Stelle Adam's bemerkt Th. Tooke (»An Inquiry into the Currency Principle«, London 1844, p. 34–36 passim): »Es kann kein Zweifel bestehn, daß dieser hier gemachte Unterschied der Sache nach richtig ist ... Der Austausch zwischen Händlern und Konsumenten schließt auch die Zahlung des Arbeitslohns ein, der die Haupteinnahme (the principal means) der Konsumenten ausmacht... Alle Umsätze von Händler zu Händler, d. h. alle Verkäufe vom Produzenten oder Importeur an, durch alle Abstufungen von Zwischenprozessen der Manufaktur usw. bis herab zum Detailhändler oder Exportkaufmann, sind auflösbar in Bewegungen von Kapitalübertragung. Kapitalübertragungen setzen aber nicht notwendig voraus, und führen in der Tat auch nicht wirklich mit sich, in der großen Masse der Umsätze, eine wirkliche Abtretung von Banknoten oder Münze – ich meine eine materielle, nicht fingierte Abtretung – zur Zeit der Übertragung ... Der Gesamtbetrag der Umsätze zwischen Händlern und Händlern muß in letzter Instanz bestimmt und begrenzt sein durch den Betrag der Umsätze zwischen Händlern und Konsumenten.«

Stände der letzte Satz vereinzelt, so könnte man glauben, Tooke konstatiere bloß, daß ein Verhältnis stattfinde zwischen den Umsätzen von Händler zu Händler und denen von Händler zu Konsument, in andern Worten, zwischen dem Wert der jährlichen Gesamtrevenue und dem Wert des Kapitals, womit sie produziert wird. Dies ist jedoch nicht der Fall. Er bekennt sich ausdrücklich zur Auffassung A. Smith's. Eine besondre Kritik seiner Zirkulationstheorie ist daher überflüssig.

2. Jedes industrielle Kapital wirft bei seinem Beginn auf einmal Geld in Zirkulation für seinen ganzen fixen Bestandteil, den es nur allmählich in einer Reihe von Jahren durch Verkauf seines jährlichen Produkts wieder herauszieht. Es wirft also zunächst mehr Geld in die Zirkulation hinein, als es ihr entzieht. Dies wiederholt sich jedesmal bei Erneuerung des Gesamtkapitals in natura; es wiederholt sich jedes Jahr für eine bestimmte Anzahl Geschäfte, deren fixes Kapital in natura zu erneuern; es wiederholt sich stückweis bei jeder Reparatur, bei jeder nur bruchweisen Erneuerung des fixen Kapitals. Wird also von der einen Seite der Zirkulation mehr Geld entzogen als hineingeworfen, so von der andern Seite umgekehrt.

In allen Industriezweigen, deren Produktionsperiode (als verschieden von der Arbeitsperiode) längre Zeit umfaßt, wird während derselben von den kapitalistischen Produzenten beständig Geld in die Zirkulation geworfen, teils in Zahlung der angewandten Arbeitskraft, teils in Ankauf der zu verbrauchenden Produktionsmittel; es werden so Produktionsmittel direkt, Konsumtionsmittel teils indirekt, durch die ihren Arbeitslohn verausgabenden Arbeiter, teils direkt durch die ihren Verzehr keineswegs suspendierenden Kapitalisten selbst, dem Warenmarkt entzogen, ohne daß diese Kapitalisten zunächst gleichzeitig ein Äquivalent in Waren in den Markt würfen. Während dieser Periode dient das von ihnen in Zirkulation geworfne Geld zur Versilberung von Warenwert, inkl. des darin enthaltnen Mehrwerts. Sehr bedeutend wird dies Moment in entwickelter kapitalistischer Produktion bei langatmigen Unternehmungen, ausgeführt von Aktiengesellschaften etc., wie Anlage von Eisenbahnen, Kanälen, Docks, großen städtischen Bauten, Eisenschiffsbau, Drainierung von Land auf großem Umfang etc.

3. Während die andern Kapitalisten, abgesehn von der Auslage in fixem Kapital, mehr Geld aus der Zirkulation herausziehn, als sie beim Kauf der Arbeitskraft und der zirkulierenden Elemente hineingeworfen, wird von den Gold und Silber produzierenden Kapitalisten, abgesehn von dem Edel-

metall, das als Rohstoff dient, nur Geld in die Zirkulation geworfen, während ihr nur Waren entzogen werden. Das konstante Kapital, mit Ausnahme des Verschleißteils, der größre Teil des variablen und der ganze Mehrwert, mit Ausnahme des etwa in ihren eignen Händen sich aufhäufenden Schatzes, wird als Geld in die Zirkulation geworfen.

4. Einerseits zirkulieren zwar allerlei Dinge als Waren, die nicht innerhalb des Jahres produziert worden, Grundstücke, Häuser etc., ferner Produkte, deren Produktionsperiode sich über mehr als ein Jahr erstreckt, Vieh, Holz, Wein usw. Für diese und andre Phänomene ist es wichtig festzuhalten, daß außer der für die unmittelbare Zirkulation erheischten Geldsumme sich stets ein gewisses Quantum in latentem, nicht fungierendem Zustand vorfindet, das bei gegebnem Anstoß in Funktion treten kann. Auch zirkuliert der Wert solcher Produkte oft stückweis und allmählich, wie der Wert von Häusern in der Miete einer Reihe von Jahren.

Andrerseits werden nicht alle Bewegungen des Reproduktionsprozesses durch Geldzirkulation vermittelt. Der gesamte Produktionsprozeß, sobald seine Elemente einmal angeschafft, ist davon ausgeschlossen. Ferner alles Produkt, das der Produzent direkt selbst wieder konsumiert – sei es individuell, sei es produktiv, wozu auch Naturalverpflegung ländlicher Arbeiter gehört.

Die Geldmasse also, welche das jährliche Produkt zirkuliert, ist in der Gesellschaft vorhanden, nach und nach akkumuliert worden. Sie gehört nicht zum Wertprodukt dieses Jahrs, mit Ausnahme etwa des Ersatzgolds für verschlißne Münzen.

Es ist bei dieser Darstellung vorausgesetzt exklusive Zirkulation von Edelmetallgeld und bei dieser wieder die einfachste Form barer Käufe und Verkäufe; obwohl auf Basis bloßer Metallzirkulation das Geld auch als Zahlungsmittel fungieren kann und historisch wirklich so fungiert hat und auf dieser Basis ein Kreditwesen und bestimmte Seiten seines Mechanismus sich entwickelt haben.

Diese Voraussetzung wird gemacht nicht bloß aus methodischen Rücksichten, deren Gewicht sich schon darin zeigt, daß sowohl Tooke und seine Schule wie ihre Gegner in ihren Kontroversen beständig gezwungen waren, bei Erörterung der Banknotenzirkulation wieder rückzugreifen zur Hypothese rein metallischer Zirkulation. Sie waren gezwungen, dies post festum zu tun, taten es aber dann sehr oberflächlich, und zwar notwendig, weil der Ausgangspunkt so nur die Rolle eines Inzidentpunkts in der Analyse spielt. Aber die einfachste Betrachtung der in ihrer *naturwüchsigen* Form dargestellten Geldzirkulation – und diese ist hier immanentes Moment des jährlichen Reproduktionsprozesses – zeigt:

a) Entwickelte kapitalistische Produktion vorausgesetzt, also Herrschaft des Lohnarbeitssystems, spielt offenbar das Geldkapital eine Hauptrolle, soweit es die Form ist, in der das variable Kapital vorgeschossen wird. Im Maß, wie sich das Lohnarbeitssystem entwickelt, verwandelt sich alles Produkt in Ware, muß daher auch – mit einigen wichtigen Ausnahmen – allzusamt die Verwandlung in Geld als eine Phase seiner Bewegung durchlaufen. Die Masse des zirkulierenden Geldes muß zu dieser Versilberung der Waren hinreichen, und der größte Teil dieser Masse wird geliefert in Form des Arbeitslohns, des Geldes, das als Geldform des variablen Kapitals in Zahlung der Arbeitskraft von industriellen Kapitalisten vorgeschossen, in den Händen der Arbeiter – seiner großen Masse nach – nur als Zirkulationsmittel (Kaufmittel) fungiert. Es ist dies ganz im Gegensatz zur Naturalwirtschaft, wie sie vorwiegt auf Basis jedes Hörigkeitssystems (Leibeigenschaft eingeschlossen) und noch mehr auf der mehr oder weniger primitiver Gemeinwesen, ob diese nun mit Hörigkeits- oder Sklavereiverhältnissen versetzt seien oder nicht.
Im Sklavensystem spielt das Geldkapital, das im Ankauf der Arbeitskraft ausgelegt wird, die Rolle von Geldform des fixen Kapitals, das nur allmählich ersetzt wird, nach Ablauf der aktiven Lebensperiode des Sklaven. Bei den Athenern wird daher der Gewinn, den ein Sklavenbesitzer direkt durch industrielle Verwendung seines Sklaven oder indirekt durch Vermietung desselben an andre industrielle Verwender (z. B. für Bergwerksarbeit) zieht, auch nur betrachtet als Zins (nebst Amortisation) des vorgeschoßnen Geldkapitals, ganz wie in der kapitalistischen Produktion der industrielle Kapitalist ein Stück des Mehrwerts plus dem Verschleiß des fixen Kapitals als Zins und Ersatz seines fixen Kapitals in Rechnung setzt; wie dies auch Regel ist bei den fixes Kapital (Häuser, Maschinen etc.) vermietenden Kapitalisten. Bloße Haussklaven, sei es, daß sie zur Leistung notwendiger Dienste oder bloß zur Luxusparade dienen, kommen hier nicht in Betracht, sie entsprechen unsrer dienenden Klasse. Aber auch das Sklavensystem – sofern es in Agrikultur, Manufaktur, Schiffsbetrieb etc. die herrschende Form der produktiven Arbeit ist, wie in den entwickelten Staaten Griechenlands und in Rom – behält ein Element der Naturalwirtschaft bei. Der Sklavenmarkt selbst erhält beständig Zufuhr seiner Arbeitskraft-Ware durch Krieg, Seeraub etc., und dieser Raub ist seinerseits nicht durch einen Zirkulationsprozeß vermittelt, sondern Naturalaneignung fremder Arbeitskraft durch direkten physischen Zwang. Selbst in den Vereinigten Staaten, nachdem das Zwischengebiet zwischen den Lohnarbeits-Staaten des Nordens und den Sklaven-Staaten des Südens sich in ein Sklavenzuchtgebiet für den Süden verwandelt, wo also der auf den Sklavenmarkt geworfne

Sklave selbst ein Element der jährlichen Reproduktion geworden, genügte das für längre Zeit nicht, sondern wurde noch möglichst lange afrikanischer Sklavenhandel zur Füllung des Markts fortgetrieben.

b) Die auf Basis der kapitalistischen Produktion sich naturwüchsig vollziehenden Ab- und Rückströmungen des Geldes bei Umsatz des jährlichen Produkts; die einmaligen Vorschüsse von fixen Kapitalen, ihrem ganzen Wertumfang nach, und das sukzessive, über jahrelange Perioden sich verbreitende Herausziehn ihres Werts aus der Zirkulation, also ihre allmähliche Rekonstitution in Geldform durch jährliche Schatzbildung, eine Schatzbildung, ihrem Wesen nach total verschieden von der ihr parallel gehenden, auf jährlich neuer Goldproduktion beruhenden Schatzbildung; die verschiedne Länge der Zeit, worin je nach der Länge der Produktionsperioden der Waren Geld vorgeschossen, also auch vorher schon stets von neuem aufgeschatzt werden muß, bevor es durch Verkauf der Ware aus der Zirkulation zurückgezogen werden kann; die verschiedne Länge der Vorschußzeit, die schon allein aus der verschiednen Entfernung des Produktionsorts vom Absatzmarkt entsteht; ebenso die Verschiedenheit in Größe und Periode des Rückflusses je nach dem Stand, resp. der relativen Größe der Produktionsvorräte in verschiednen Geschäften und bei den verschiednen einzelnen Kapitalisten desselben Geschäftszweigs, also die Termine der Einkäufe von Elementen des konstanten Kapitals – alles das während des Reproduktionsjahrs: alle diese verschiednen Momente der naturwüchsigen Bewegung brauchen sich bloß durch Erfahrung bemerklich und auffallend gemacht zu haben, um planmäßig sowohl zu den mechanischen Hilfsmitteln des Kreditsystems den Anlaß zu geben wie auch zu der wirklichen Auffischung der vorhandnen verleihbaren Kapitale.

Es kommt hierzu noch der Unterschied der Geschäfte, deren Produktion unter sonst normalen Verhältnissen kontinuierlich auf derselben Stufenleiter vor sich geht, und solcher, die in verschiednen Perioden des Jahrs Arbeitskraft in verschiednem Umfang anwenden, wie die Landwirtschaft.

XIII. Destutt de Tracy's Reproduktionstheorie[56]

Als Beispiel der konfusen und zugleich renommistischen Gedankenlosigkeit politischer Ökonomen, bei Betrachtung der gesellschaftlichen Reproduktion, diene der große Logiker Destutt de Tracy (vergl. Buch I, p. 147, Note 30*),

[56] Aus Manuskript II.

* [Siehe »Kapital«, Bd. 1, a. a. O., S. 134, Note 30.]

den selbst Ricardo ernsthaft nahm und a very distinguished writer nennt. (»Principles«, p. 333.)
Dieser distinguierte Schriftsteller gibt folgende Aufschlüsse über den gesamten gesellschaftlichen Reproduktions- und Zirkulationsprozeß:
»Man wird mich fragen, wie diese Industrieunternehmer so große Profite machen und von wem sie sie ziehn können. Ich antworte, daß sie dies tun, indem sie alles, was sie produzieren, teurer verkaufen, als es ihnen zu produzieren gekostet; und daß sie es verkaufen
1. aneinander für den ganzen Teil ihrer Konsumtion, bestimmt zur Befriedigung ihrer Bedürfnisse, welche sie bezahlen mit einem Teil ihrer Profite;
2. an die Lohnarbeiter, sowohl an die, welche sie besolden, wie die, welche die müßigen Kapitalisten besolden; von welchen Lohnarbeitern sie auf diesem Wege ihren ganzen Lohn zurückerhalten, ausgenommen etwa deren kleine Ersparnisse;
3. an die müßigen Kapitalisten, welche sie bezahlen mit dem Teil ihrer Revenue, den sie nicht schon abgegeben haben an die von ihnen direkt beschäftigten Lohnarbeiter; so daß die ganze Rente, welche sie ihnen jährlich zahlen, ihnen auf dem einen oder andern dieser Wege wieder zurückfließt.« (Destutt de Tracy, »Traité de la volonté et de ses effets«, Paris 1826, p. 239.)
Also die Kapitalisten bereichern sich erstens, indem sie im Umsatz des Teils des Mehrwerts, den sie ihrer Privatkonsumtion widmen oder als Revenue verzehren, sich alle wechselseitig übervorteilen. Also, wenn dieser Teil ihres Mehrwerts, resp. ihrer Profite, = 400 Pfd.St. ist, so werden aus diesen 400 Pfd.St. etwa 500 Pfd.St. dadurch, daß jeder Beteiligte der 400 Pfd.St. dem andern seinen Teil um 25% zu teuer verkauft. Da alle dasselbe tun, so ist das Resultat dasselbe, als hätten sie sich wechselseitig zum richtigen Wert verkauft. Nur brauchen sie zur Zirkulation eines Warenwerts von 400 Pfd.St. eine Geldmasse von 500 Pfd.St., und dies scheint eher eine Methode, sich zu verarmen als sich zu bereichern, indem sie einen großen Teil ihres Gesamtvermögens in der nutzlosen Form von Zirkulationsmitteln unproduktiv aufbewahren müssen. Das Ganze kommt darauf hinaus, daß die Kapitalistenklasse trotz der allseitigen nominellen Preiserhöhung ihrer Waren nur einen Warenstock von 400 Pfd.St. Wert unter sich zu ihrer Privatkonsumtion zu verteilen haben, daß sie aber sich das wechselseitige Vergnügen machen, 400 Pfd.St. Warenwert zu zirkulieren mit einer Geldmasse, die für 500 Pfd.St. Warenwert erheischt ist.
Ganz abgesehn davon, daß hier »ein Teil ihrer Profite« und also überhaupt ein Warenvorrat, worin Profit sich darstellt, unterstellt ist. Destutt will uns aber gerade erklären, wo dieser Profit herkommt. Die Geldmasse, die nötig

ist, um ihn zu zirkulieren, ist eine ganz untergeordnete Frage. Die Warenmasse, worin der Profit sich darstellt, scheint davon herzustammen, daß die Kapitalisten diese Warenmasse nicht nur einander verkaufen, was bereits sehr schön und tief ist, sondern sich alle einander zu teuer verkaufen. Wir kennen jetzt also eine Quelle der Bereicherung der Kapitalisten. Sie kommt hinaus auf das Geheimnis des »Entspektor Bräsig«, daß die große Armut von der großen pauvreté herkommt.

2. Dieselben Kapitalisten verkaufen ferner »an die Lohnarbeiter, sowohl an die, welche sie selbst besolden, wie an die, welche die müßigen Kapitalisten besolden; von welchen Lohnarbeitern sie auf diese Weise ihren ganzen Lohn zurückerhalten, ausgenommen deren kleine Ersparnisse«.

Der Rückfluß des Geldkapitals, in Form von welchem die Kapitalisten den Lohn dem Arbeiter vorgeschossen haben, zu den Kapitalisten, macht nach Herrn Destutt die zweite Quelle der Bereicherung solcher Kapitalisten aus.

Wenn also die Kapitalistenklasse z. B. 100 Pfd.St. den Arbeitern in Lohn gezahlt und dann dieselben Arbeiter von derselben Kapitalistenklasse Ware zum selben Wert von 100 Pfd.St. kaufen und daher die Summe von 100 Pfd.St., welche die Kapitalisten als Käufer von Arbeitskraft vorgeschossen, ihnen beim Verkauf von Waren zu 100 Pfd.St. an die Arbeiter zurückfließt, so *bereichern* sich dadurch die Kapitalisten. Es scheint, vom Standpunkt des gewöhnlichen Menschenverstands, daß die Kapitalisten sich vermittelst dieser Prozedur wieder im Besitz von 100 Pfd.St. befinden, die sie vor der Prozedur besaßen. Bei Beginn der Prozedur besitzen sie 100 Pfd.St. Geld, sie kaufen für diese 100 Pfd.St. Arbeitskraft. Für diese 100 Pfd.St. Geld produziert die gekaufte Arbeit Waren von einem Wert, soviel wir bis jetzt wissen, von 100 Pfd.St. Durch Verkauf der 100 Pfd.St. Waren an die Arbeiter erhalten die Kapitalisten 100 Pfd.St. Geld zurück. Die Kapitalisten besitzen also wieder 100 Pfd.St. Geld, die Arbeiter aber für 100 Pfd.St. Ware, die sie selbst produziert haben. Wie sich die Kapitalisten dabei bereichern sollen, ist nicht abzusehn. Wenn die 100 Pfd.St. Geld ihnen nicht zurückflössen, so hätten sie den Arbeitern erstens 100 Pfd.St. Geld für ihre Arbeit zahlen und zweitens ihnen das Produkt dieser Arbeit, für 100 Pfd.St. Konsumtionsmittel, umsonst geben müssen. Der Rückfluß könnte also höchstens erklären, warum die Kapitalisten durch die Operation nicht ärmer, keineswegs aber, warum sie dadurch reicher geworden.

Eine andre Frage ist allerdings, wie die Kapitalisten die 100 Pfd.St. Geld besitzen, und warum die Arbeiter, statt selbst für eigne Rechnung Waren zu produzieren, gezwungen sind, ihre Arbeitskraft gegen diese 100 Pfd.St. auszutauschen. Aber dies ist etwas, was sich für einen Denker vom Kaliber Destutt's von selbst versteht.

Destutt ist selbst nicht ganz befriedigt mit dieser Lösung. Er hatte uns ja nicht gesagt, daß man sich dadurch bereichert, daß man eine Geldsumme von 100 Pfd.St. ausgibt und dann eine Geldsumme von 100 Pfd.St. wieder einnimmt, also nicht durch den Rückfluß von 100 Pfd.St., der ja nur zeigt, warum die 100 Pfd.St. Geld nicht verlorengehn. Er hatte uns gesagt, daß die Kapitalisten sich bereichern, »indem sie alles, was sie produzieren, teurer verkaufen, als es ihnen zu kaufen gekostet hat«.

Also müssen sich auch die Kapitalisten in ihrer Transaktion mit den Arbeitern dadurch bereichern, daß sie denselben zu teuer verkaufen. Vortrefflich! »Sie zahlen Arbeitslohn ... und alles das fließt ihnen zurück durch die Ausgaben aller dieser Leute, die ihnen« [die Produkte] »teurer bezahlen als sie ihnen« [den Kapitalisten] »vermittelst dieses Arbeitslohns gekostet haben.« (p. 240.) Also die Kapitalisten zahlen 100 Pfd.St. Lohn an die Arbeiter, und dann verkaufen sie den Arbeitern ihr eignes Produkt zu 120 Pfd. St., so daß ihnen nicht nur die 100 Pfd.St. zurückfließen, sondern noch 20 Pfd.St. gewonnen werden? Dies ist unmöglich. Die Arbeiter können nur mit dem Geld zahlen, das sie in Form von Arbeitslohn erhalten haben. Wenn sie 100 Pfd.St. Lohn von den Kapitalisten erhalten, können sie nur für 100 Pfd.St. kaufen und nicht für 120 Pfd.St. Also auf diese Weise ginge die Sache nicht. Es gibt aber noch einen andern Weg. Die Arbeiter kaufen von den Kapitalisten Waren für 100 Pfd.St., erhalten aber in der Tat nur Ware zum Wert von 80 Pfd.St. Sie sind daher unbedingt um 20 Pfd.St. geprellt. Und der Kapitalist hat sich unbedingt um 20 Pfd.St. bereichert, weil er die Arbeitskraft tatsächlich 20% unter ihrem Wert gezahlt oder einen Abzug vom nominellen Arbeitslohn zum Belauf von 20% auf einem Umweg gemacht hat.

Die Kapitalistenklasse würde dasselbe Ziel erreichen, wenn sie von vornherein den Arbeitern nur 80 Pfd.St. Lohn zahlte und ihnen hinterher für diese 80 Pfd.St. Geld in der Tat 80 Pfd.St. Warenwert lieferte. Dies scheint – die ganze Klasse betrachtet – der normale Weg, da nach Herrn Destutt selbst die Arbeiterklasse »genügenden Lohn« (p. 219) erhalten muß, da dieser Lohn wenigstens hinreichen muß, um ihre Existenz und Werktätigkeit zu erhalten, »sich die genaueste Subsistenz zu verschaffen«. (p. 180.) Erhalten die Arbeiter nicht diese hinreichenden Löhne, so ist dies nach demselben Destutt »der Tod der Industrie« (p. 208), also wie es scheint, kein Bereicherungsmittel für die Kapitalisten. Welches aber immer die Höhe der Löhne sei, welche die Kapitalistenklasse der Arbeiterklasse zahlt, so haben sie einen bestimmten Wert, z. B. 80 Pfd.St. Zahlt also die Kapitalistenklasse 80 Pfd.St. an die Arbeiter, so hat sie ihnen 80 Pfd.St. Warenwert für diese 80 Pfd.St. zu liefern, und der Rückfluß der 80 Pfd.St. bereichert sie nicht.

Zahlt sie ihnen in Geld 100 Pfd.St. und verkauft ihnen für 100 Pfd.St. einen Warenwert für 80 Pfd.St., so zahlte sie ihnen in Geld 25% mehr als ihren normalen Lohn und lieferte ihnen dafür in Waren 25% weniger.

Mit andern Worten: der Fonds, woher die Kapitalistenklasse überhaupt ihren Profit zieht, würde gebildet durch Abzug vom normalen Arbeitslohn, durch Zahlung der Arbeitskraft unter ihrem Wert, d. h. unter dem Wert der Lebensmittel, die zu ihrer normalen Reproduktion als Lohnarbeiter notwendig sind. Würde also der normale Arbeitslohn gezahlt, was nach Destutt geschehn soll, so existierte kein Fonds von Profit, weder für die Industriellen noch für die müßigen Kapitalisten.

Herr Destutt hätte also das ganze Geheimnis, wie sich die Kapitalistenklasse bereichert, darauf reduzieren müssen: durch Abzug am Arbeitslohn. Die andern Fonds des Mehrwerts, wovon er sub 1 und sub 3 spricht, existierten dann nicht.

In allen Ländern also, wo der Geldlohn der Arbeiter reduziert ist auf den Wert der zu ihrer Subsistenz als Klasse nötigen Konsumtionsmittel, existierte kein Konsumtionsfonds und kein Akkumulationsfonds für die Kapitalisten, also auch kein Existenzfonds der Kapitalistenklasse, also auch keine Kapitalistenklasse. Und zwar wäre dies nach Destutt der Fall in allen reichen entwickelten Ländern alter Zivilisation, denn hier »in unsern altgewurzelten Gesellschaften ist der Fonds, aus dem der Lohn bestritten wird ... eine beinahe konstante Größe«. (p. 202.)

Auch beim Abbruch am Lohn kommt die Bereicherung der Kapitalisten nicht daher, daß sie erst dem Arbeiter 100 Pfd.St. in Geld zahlen und ihm nachher 80 Pfd.St. in Waren für diese 100 Pfd.St. Geld liefern – also in der Tat 80 Pfd.St. Ware durch die um 25% zu große Geldsumme von 100 Pfd.St. zirkulieren, sondern daher, daß der Kapitalist vom Produkt des Arbeiters sich außer dem Mehrwert – dem Teil des Produkts, worin sich Mehrwert darstellt – auch noch 25% von dem Teil des Produkts aneignet, das dem Arbeiter in der Form von Arbeitslohn anheimfallen sollte. In der albernen Weise, wie Destutt die Sache auffaßt, würde die Kapitalistenklasse absolut nichts gewinnen. Sie zahlt 100 Pfd.St. für Arbeitslohn und gibt dem Arbeiter für diese 100 Pfd.St. von seinem eignen Produkt 80 Pfd.St. Warenwert zurück. Aber bei der nächsten Operation muß sie wieder für dieselbe Prozedur 100 Pfd.St. vorschießen. Sie macht sich also nur das nutzlose Vergnügen, 100 Pfd.St. Geld vorzuschießen und 80 Pfd.St. Ware dafür zu liefern, statt 80 Pfd.St. Geld vorzuschießen und 80 Pfd.St. Ware dafür zu liefern. D. h., sie schießt beständig nutzlos ein um 25% zu großes Geldkapital für die Zirkulation ihres variablen Kapitals vor, was eine ganz eigentümliche Methode der Bereicherung ist.

3. Die Kapitalistenklasse verkauft endlich »an die müßigen Kapitalisten, welche sie bezahlen mit dem Teil ihrer Revenue, den sie nicht schon abgegeben haben an die von ihnen direkt beschäftigten Lohnarbeiter; so daß die ganze Rente, welche sie jenen« (den Müßigen) »jährlich zahlt, ihr auf dem einen oder andern dieser Wege wieder zurückfließt«.

Wir haben vorher gesehn, daß die industriellen Kapitalisten »mit einem Teil ihrer Profite den ganzen Teil ihrer Konsumtion, bestimmt zur Befriedigung ihrer Bedürfnisse, bezahlen«. Gesetzt also, ihre Profite seien = 200 Pfd.St. 100 Pfd.St. z. B. verzehren sie für ihre individuelle Konsumtion. Aber die andre Hälfte = 100 Pfd.St. gehört nicht ihnen, sondern den müßigen Kapitalisten, d. h. den Grundrentlern und den auf Zins leihenden Kapitalisten. Sie haben also 100 Pfd.St. Geld an diese Gesellschaft zu zahlen. Wir wollen nun sagen, von diesem Geld brauchen diese letztren 80 Pfd.St. zu ihrer eignen Konsumtion und 20 Pfd.St. zum Kauf von Bedienten etc. Sie kaufen also mit den 80 Pfd.St. Konsumtionsmittel von den industriellen Kapitalisten. Damit strömen diesen, während sich für 80 Pfd.St. Produkt von ihnen entfernt, 80 Pfd.St. Geld zurück oder 4/5 von den 100 Pfd.St., die sie an die müßigen Kapitalisten unter den Namen Rente, Zins etc. gezahlt haben. Ferner die Bedientenklasse, die direkten Lohnarbeiter der müßigen Kapitalisten, haben von ihren Herrschaften 20 Pfd.St. erhalten. Sie kaufen damit ebenfalls von den industriellen Kapitalisten für 20 Pfd.St. Konsumtionsmittel. Damit strömen diesen, während sich für 20 Pfd.St. Produkt von ihnen entfernt, 20 Pfd.St. Geld zurück oder das letzte Fünftel von den 100 Pfd.St. Geld, die sie an die müßigen Kapitalisten als Rente, Zins etc. gezahlt haben.

Am Ende der Transaktion sind den industriellen Kapitalisten die 100 Pfd. St. Geld, die sie zur Zahlung von Rente, Zins etc. an die müßigen Kapitalisten abgetreten, zurückgeströmt, während die Hälfte ihres Mehrprodukts = 100 Pfd.St. aus ihren Händen in den Konsumtionsfonds der müßigen Kapitalisten übergegangen ist.

Es ist also für die Frage, um die es sich hier handelt, offenbar ganz überflüssig, die Teilung der 100 Pfd.St. zwischen den müßigen Kapitalisten und ihren direkten Lohnarbeitern irgendwie ins Spiel zu bringen. Die Sache ist einfach: Ihre Renten, Zinsen, kurz der Anteil, der ihnen vom Mehrwert = 200 Pfd.St. zukommt, wird ihnen von den industriellen Kapitalisten in Geld gezahlt, in 100 Pfd.St. Mit diesen 100 Pfd.St. kaufen sie direkt oder indirekt Konsumtionsmittel von den industriellen Kapitalisten. Sie zahlen ihnen also zurück 100 Pfd.St. Geld und entziehn ihnen für 100 Pfd.St. Konsumtionsmittel.

Damit hat der Rückfluß der von den industriellen Kapitalisten an die müßigen Kapitalisten gezahlten 100 Pfd.St. Geld stattgefunden. Ist dieser Geldrückfluß, wie Destutt schwärmt, ein Mittel der Bereicherung für die industriellen Kapitalisten? Vor der Transaktion hatten sie eine Wertsumme von 200 Pfd.St.; 100 Pfd.St. in Geld und 100 Pfd.St. in Konsumtionsmitteln. Nach der Transaktion besitzen sie nur die Hälfte der ursprünglichen Wertsumme. Sie haben wieder die 100 Pfd.St. in Geld, aber sie haben verloren die 100 Pfd.St. in Konsumtionsmitteln, die in die Hände der müßigen Kapitalisten übergegangen sind. Sie sind also um 100 Pfd.St. ärmer statt um 100 Pfd.St. reicher. Hätten sie statt des Umwegs, erst 100 Pfd.St. Geld zu zahlen und dann diese 100 Pfd.St. Geld zurückzuerhalten in Zahlung von 100 Pfd.St. Konsumtionsmittel, direkt Rente, Zins etc. in der Naturalform ihres Produkts gezahlt, so strömten ihnen keine 100 Pfd.St. Geld aus der Zirkulation zurück, weil sie keine 100 Pfd.St. Geld in sie hineingeworfen hätten. Auf dem Weg der Naturalzahlung hätte sich die Sache einfach so dargestellt, daß sie von dem Mehrprodukt zum Wert von 200 Pfd.St. die Hälfte für sich behalten und die andre Hälfte ohne Äquivalent an die müßigen Kapitalisten weggegeben. Selbst Destutt hätte dies nicht für ein Mittel der Bereicherung zu erklären sich versucht fühlen können.

Das Land und das Kapital, das die industriellen Kapitalisten von den müßigen Kapitalisten geliehen und wofür sie ihnen einen Teil des Mehrwerts in Form von Grundrente, Zins etc. zu zahlen haben, war ihnen natürlich profitlich, denn es war eine der Bedingungen der Produktion sowohl des Produkts überhaupt wie des Teils des Produkts, der Mehrprodukt bildet oder worin sich der Mehrwert darstellt. Dieser Profit fließt aus der Benutzung des geliehenen Landes und Kapitals, aber nicht aus dem Preis, der dafür bezahlt wird. Dieser Preis konstituiert vielmehr einen Abzug davon. Oder es müßte behauptet werden, die industriellen Kapitalisten würden nicht reicher, sondern ärmer, wenn sie die andre Hälfte des Mehrwerts für sich selber behalten könnten, statt sie wegzugeben. Aber zu solcher Konfusion führt es, wenn man Zirkulationserscheinungen, wie Geldrückfluß, zusammenwirft mit der Verteilung des Produkts, welche durch solche Zirkulationsphänomene nur vermittelt ist.

Und doch ist derselbe Destutt so pfiffig zu bemerken: »Woher kommen die Revenuen dieser müßigen Leute? Kommen sie nicht aus der Rente, die ihnen aus ihrem Profit diejenigen zahlen, die die Kapitale der erstern arbeiten machen, d. h. diejenigen, die mit den Fonds der erstern eine Arbeit besolden, die mehr produziert als sie kostet, in einem Worte, die Industriellen? Auf diese muß man also immer zurückgehn, um die Quelle alles Reichtums zu finden. Sie sind es, die in Wirklichkeit die von den erstren beschäftigten Lohnarbeiter ernähren.« (p. 246.)

Also jetzt ist die Zahlung dieser Rente etc. Abbruch an dem Profit der Industriellen. Vorhin war es Mittel für sie, sich zu bereichern.
Aber ein Trost ist unserm Destutt doch geblieben. Diese braven Industriellen treiben es mit den müßigen Industriellen, wie sie es untereinander und gegen die Arbeiter getrieben haben. Sie verkaufen ihnen alle Waren zu teuer, z. B. um 20%. Nun ist zweierlei möglich. Die Müßigen haben außer den 100 Pfd.St., die sie jährlich von den Industriellen erhalten, noch andre Geldmittel, oder sie haben sie nicht. Im ersten Fall verkaufen die Industriellen ihnen Ware und Werte von 100 Pfd.St. zum Preis sage von 120 Pfd.St. Es strömen ihnen also beim Verkauf ihrer Waren nicht nur die 100 Pfd.St. zurück, die sie an die Müßigen gezahlt, sondern außerdem noch 20 Pfd.St., die wirklich Neuwert für sie bilden. Wie steht nun die Rechnung? Sie haben für 100 Pfd.St. Ware umsonst weggegeben, denn die 100 Pfd.St. Geld, womit sie zum Teil bezahlt, waren ihr eignes Geld. Ihre eigne Ware ist ihnen also mit ihrem eignen Geld bezahlt worden. Also 100 Pfd.St. Verlust. Aber sie haben außerdem 20 Pfd.St. für Überschuß des Preises über den Wert erhalten. Also 20 Pfd.St. Gewinn; dazu 100 Pfd.St. Verlust macht 80 Pfd.St. Verlust, wird nie ein Plus, bleibt immer ein Minus. Die an den Müßigen verübte Prellerei hat den Verlust der Industriellen vermindert, aber deswegen nicht Verlust von Reichtum für sie in Bereicherungsmittel verwandelt. Diese Methode kann aber auf die Länge nicht gehn, da die Müßigen unmöglich jährlich 120 Pfd.St. Geld zahlen können, wenn sie jährlich nur 100 Pfd.St. Geld einnehmen.
Also die andre Methode: Die Industriellen verkaufen Waren von 80 Pfd.St. Wert für die 100 Pfd.St. Geld, die sie den Müßigen bezahlt haben. In diesem Fall geben sie vor wie nach 80 Pfd.St. umsonst weg, in der Form von Rente, Zins etc. Durch diese Prellerei haben sie den Tribut an die Müßigen vermindert, aber er existiert nach wie vor, und die Müßigen sind im Stand, nach derselben Theorie, wonach die Preise von dem guten Willen der Verkäufer abhängen, künftig 120 Pfd.St. Rente, Zins etc. für ihr Land und Kapital zu verlangen statt wie bisher 100 Pfd.St.
Diese glänzende Entwicklung ist ganz des tiefen Denkers würdig, der auf der einen Seite dem A. Smith abschreibt, daß »Arbeit die Quelle alles Reichtums ist« (p. 242), daß die industriellen Kapitalisten »ihr Kapital anwenden, um Arbeit zu bezahlen, die es mit Profit reproduziert« (p. 246), und auf der andern Seite schließt, daß diese industriellen Kapitalisten »alle übrigen Menschen ernähren, allein das öffentliche Vermögen vermehren und alle unsre Mittel des Genusses schaffen« (p. 242), daß nicht die Kapitalisten von den Arbeitern, sondern die Arbeiter von den Kapitalisten ernährt werden, und zwar aus dem brillanten Grund, weil das Geld, womit die Arbeiter ge-

zahlt werden, nicht in ihrer Hand bleibt, sondern beständig zu den Kapitalisten zurückkehrt in Zahlung der von den Arbeitern produzierten Waren. »Sie empfangen nur mit einer Hand und geben mit der andern zurück. Ihre Konsumtion muß also angesehn werden als erzeugt durch diejenigen, die sie besolden.« (p. 235.)

Nach dieser erschöpfenden Darstellung der gesellschaftlichen Reproduktion und Konsumtion, wie sie vermittelt ist durch die Geldzirkulation, fährt Destutt fort: »Das ist es, was dies perpetuum mobile des Reichtums vervollständigt, eine Bewegung, die, obwohl schlecht verstanden« [mal connu – sicher!], »mit Recht Zirkulation genannt worden ist; denn sie ist in der Tat ein Kreislauf und kommt immer zurück zu ihrem Ausgangspunkt. Dieser Punkt ist derjenige, wo die Produktion sich vollzieht.« (p. 239, 240.)

Destutt, that very distinguished writer, membre de l'Institut de France et de la Société Philosophique de Philadelphie, und in der Tat gewissermaßen ein Lumen unter den Vulgärökonomen, ersucht den Leser schließlich, die wundervolle Klarheit zu bewundern, womit er den Verlauf des gesellschaftlichen Prozesses dargestellt, den Lichtstrom, den er über den Gegenstand ausgegossen, und ist sogar herablassend genug, dem Leser mitzuteilen, wo all dies Licht herkommt. Dies muß im Original gegeben werden: »On remarquera, j'espère, combien cette manière de considérer la consommation de nos richesses est concordante avec tout ce que nous avons dit à propos de leur production et de leur distribution, et en même temps *quelle clarté elle répand sur toute la marche de la société.* D'où viennent cet accord et cette *lucidité?* De ce que nous avons rencontré la vérité. Cela rappelle l'effet de ces miroirs où les objets se peignent nettement et dans leurs justes proportions, quand on est placé dans leur vrai point-de-vue, et où tout paraît confus et désuni, quand on en est trop près ou trop loin.« (p. 242, 243.)

Voilà le crétinisme bourgeois dans toute sa béatitude!

Einundzwanzigstes Kapitel[57]: AKKUMULATION UND ERWEITERTE REPRODUKTION

Es wurde in Buch I gezeigt, wie die Akkumulation für den einzelnen Kapitalisten verläuft. Durch die Versilberung des Warenkapitals wird auch das

---

57 Von hier bis zum Schluß Manuskript VIII.

Mehrprodukt versilbert, in dem sich der Mehrwert darstellt. Diesen so in Geld verwandelten Mehrwert rückverwandelt der Kapitalist in zuschüssige Naturalelemente seines produktiven Kapitals. Im nächsten Kreislauf der Produktion liefert das vergrößerte Kapital ein vergrößertes Produkt. Was aber beim individuellen Kapital, muß auch erscheinen in der jährlichen Gesamtreproduktion, ganz wie wir gesehn bei Betrachtung der einfachen Reproduktion, daß der sukzessive Niederschlag – beim individuellen Kapital – seiner verbrauchten fixen Bestandteile in Geld, das aufgeschatzt wird, sich auch in der jährlichen gesellschaftlichen Reproduktion ausdrückt.

Wenn ein individuelles Kapital $= 400_c + 100_v$ ist, der jährliche Mehrwert $= 100$, so ist das Warenprodukt $= 400_c + 100_v + 100_m$. Diese 600 werden in Geld verwandelt. Von diesem Geld werden wieder 400_c umgesetzt in Naturalform von konstantem Kapital, 100_v in Arbeitskraft, und – falls der gesamte Mehrwert akkumuliert wird – außerdem 100_m verwandelt in zuschüssiges konstantes Kapital, durch Umsatz in Naturalelemente des produktiven Kapitals. Es ist dabei unterstellt: 1. daß diese Summe unter den gegebnen technischen Bedingungen genügend ist, sei es zur Ausdehnung des fungierenden konstanten Kapitals, sei es zur Anlage eines neuen industriellen Geschäfts. Es kann aber auch sein, daß die Verwandlung von Mehrwert in Geld und die Aufschatzung dieses Geldes für viel längre Zeit nötig ist, bevor dieser Prozeß statthaben, also wirkliche Akkumulation, Erweitrung der Produktion eintreten kann. 2. Es ist vorausgesetzt, daß in der Tat schon vorher Produktion auf erweiterter Stufenleiter eingetreten; denn um das Geld (den in Geld aufgeschatzten Mehrwert) in Elemente des produktiven Kapitals verwandeln zu können, müssen diese Elemente als Waren auf dem Markte kaufbar sein; es macht dabei auch keinen Unterschied, wenn sie nicht als fertige Ware gekauft, sondern auf Bestellung angefertigt werden. Bezahlt werden sie erst, nachdem sie da sind, und jedenfalls nachdem mit Bezug auf sie wirkliche Reproduktion auf erweiterter Stufenleiter, Ausdehnung der bisher normalen Produktion, bereits stattgefunden hat. Sie mußten potentiell, d. h. in ihren Elementen da sein, da es doch nur des Anstoßes der Bestellung, d. h. eines dem Dasein der Ware vorausgehenden Kaufs derselben und ihres antizipierten Verkaufs bedarf, damit ihre Produktion wirklich stattfinde. Das Geld auf der einen Seite ruft dann die erweiterte Reproduktion auf der andern ins Leben, weil deren Möglichkeit *ohne* das Geld da ist; denn Geld an sich selbst ist kein Element der wirklichen Reproduktion.

Wenn Kapitalist A z. B. während eines Jahrs oder einer größren Anzahl von Jahren die sukzessive von ihm produzierten Mengen von Warenprodukt verkauft, so verwandelt er auch damit den Teil des Warenprodukts, der

Träger des Mehrwerts ist – das Mehrprodukt –, also den von ihm in Warenform produzierten Mehrwert selbst sukzessive in Geld, speichert dies nach und nach auf und bildet sich so potentielles neues Geldkapital; potentiell wegen seiner Fähigkeit und Bestimmung, in Elemente von produktivem Kapital umgesetzt zu werden. Tatsächlich aber vollzieht er nur einfache Schatzbildung, die kein Element der wirklichen Reproduktion ist. Seine Tätigkeit besteht dabei zunächst nur im sukzessiven Entziehn von zirkulierendem Geld aus der Zirkulation, wobei natürlich nicht ausgeschlossen ist, daß das zirkulierende Geld, das er so unter Schloß und Riegel sperrt, eben selbst noch – vor seinem Eintritt in die Zirkulation – Teil eines andern Schatzes war. Dieser Schatz des A, der potentiell neues Geldkapital ist, ist kein zusätzlicher gesellschaftlicher Reichtum, ebensowenig wie wenn es in Konsumtionsmitteln verausgabt würde. Aber Geld, das dem Umlauf entzogen, also vorher in ihm vorhanden war, mag vorher schon einmal als Schatzbestandteil gelagert haben oder Geldform von Arbeitslohn gewesen sein, Produktionsmittel oder andre Ware versilbert, konstante Kapitalteile oder Revenue eines Kapitalisten zirkuliert haben. Es ist ebensowenig neuer Reichtum, als Geld, vom Standpunkt der einfachen Warenzirkulation aus betrachtet, Träger nicht nur seines vorhandnen, sondern seines zehnfachen Werts ist, weil es zehnmal im Tag umgeschlagen, zehn verschiedne Warenwerte realisiert hat. Die Waren sind ohne es da, und es selbst bleibt, was es ist (oder wird noch geringer durch Verschleiß) in einem Umschlag oder in zehn. Nur in der Goldproduktion – soweit das Goldprodukt Mehrprodukt enthält, Träger von Mehrwert – ist neuer Reichtum (potentielles Geld) geschaffen, und nur soweit das ganze neue Goldprodukt* in Zirkulation tritt, vermehrt es das Geldmaterial potentieller neuer Geldkapitale.

Obgleich kein zuschüssiger neuer gesellschaftlicher Reichtum, stellt dieser in Geldform aufgeschatzte Mehrwert neues potentielles Geldkapital vor, wegen der Funktion, für die es aufgespeichert wird. (Wir werden später sehn, daß neues Geldkapital auch auf andrem Weg, als durch allmähliche Vergoldung von Mehrwert entspringen kann.)

Geld wird der Zirkulation entzogen und als Schatz aufgespeichert durch Verkauf der Ware ohne nachfolgenden Kauf. Wird diese Operation also als allgemein vorsichgehend aufgefaßt, so scheint nicht abzusehn, wo die Käufer herkommen sollen, da in diesem Prozeß – und er muß allgemein aufgefaßt werden, indem jedes individuelle Kapital sich in Akkumulationsprozedur befinden kann – jeder verkaufen will, um aufzuschatzen, keiner kaufen.

Stellte man sich den Zirkulationsprozeß zwischen den verschiednen Teilen

---

* [2. Auflage: Geldprodukt; nach der 1. Auflage korrigiert.]

der jährlichen Reproduktion als in gerader Linie verlaufend vor – was falsch, da er mit wenigen Ausnahmen allzumal aus gegeneinander rückläufigen Bewegungen besteht –, so müßte man mit dem Gold- (resp. Silber-) Produzenten beginnen, der kauft, ohne zu verkaufen, und voraussetzen, daß alle andren an ihn verkaufen. Dann ginge das gesamte jährliche gesellschaftliche Mehrprodukt (der Träger des gesamten Mehrwerts) an ihn über, und sämtliche andre Kapitalisten verteilen pro rata unter sich sein von Natur in Geld existierendes Mehrprodukt, die Naturalvergoldung seines Mehrwerts; denn der Teil des Produkts des Goldproduzenten, der sein fungierendes Kapital zu ersetzen hat, ist schon gebunden und darüber verfügt. Der in Gold produzierte Mehrwert des Goldproduzenten wäre dann der einzige Fonds, aus dem alle übrigen Kapitalisten die Materie für Vergoldung ihres jährlichen Mehrprodukts ziehn. Er müßte also der Wertgröße nach gleich sein dem ganzen gesellschaftlichen jährlichen Mehrwert, der erst in die Form von Schatz sich verpuppen muß. So abgeschmackt diese Voraussetzungen, so hülfen sie zu weiter nichts, als die Möglichkeit einer allgemeinen gleichzeitigen Schatzbildung zu erklären, womit die Reproduktion selbst, außer auf Seite der Goldproduzenten, um keinen Schritt weiter wäre. Bevor wir diese scheinbare Schwierigkeit lösen, ist zu unterscheiden: Akkumulation in Abteilung I (Produktion von Produktionsmitteln) und in Abteilung II (Produktion von Konsumtionsmitteln). Wir beginnen mit I.

I. Akkumulation in Abteilung I

1. Schatzbildung

Es ist klar, daß sowohl die Kapitalanlagen in den zahlreichen Industriezweigen, woraus Klasse I besteht, wie die verschiednen individuellen Kapitalanlagen innerhalb jedes dieser Industriezweige, je nach ihrem Lebensalter, d. h. ihrer schon verfloßnen Funktionsdauer, ganz abgesehn von ihrem Umfang, technischen Bedingungen, Marktverhältnissen usw., sich auf verschiednen Stufen des Prozesses der sukzessiven Verwandlung von Mehrwert in potentielles Geldkapital befinden, ob dies Geldkapital nun zur Erweiterung ihres fungierenden Kapitals dienen soll oder zur Anlage neuer industrieller Geschäfte – den zwei Formen der Erweiterung der Produktion. Ein Teil der Kapitalisten verwandelt daher beständig sein zu entsprechender Größe angewachsnes potentielles Geldkapital in produktives Kapital, d. h. kauft mit dem durch Vergoldung von Mehrwert aufgeschatzten Geld Produktionsmittel, zuschüssige Elemente von konstantem Kapital; während ein andrer Teil noch beschäftigt ist mit der Aufschatzung seines potentiellen Geldkapitals. Kapitalisten, diesen beiden Kategorien angehörig, treten sich also gegenüber, die einen als Käufer, die andern als Verkäufer, und jeder der beiden in dieser exklusiven Rolle.

A verkaufe z. B. 600 (= $400_c + 100_v + 100_m$) an B (der mehr als einen Käufer repräsentieren mag). Er hat für 600 Waren verkauft, gegen 600 in Geld, wovon 100 Mehrwert darstellen, die er der Zirkulation entzieht, sie aufschatzt als Geld; aber diese 100 Geld sind nur die Geldform des Mehrprodukts, das der Träger eines Werts von 100 war. Die Schatzbildung ist überhaupt keine Produktion, also von vornherein auch kein Inkrement der Produktion. Die Aktion des Kapitalisten dabei besteht nur darin, daß er das durch Verkauf des Mehrprodukts von 100 ergatterte Geld der Zirkulation entzieht, festhält und mit Beschlag belegt. Diese Operation findet nicht nur statt auf seiten des A, sondern auf zahlreichen Punkten der Zirkulationsperipherie von andren A′, A″, A‴, Kapitalisten, die alle ebenso emsig an dieser Sorte Schatzbildung arbeiten. Diese zahlreichen Punkte, wo Geld der Zirkulation entzogen wird und sich in zahlreichen individuellen Schätzen, resp. potentiellen Geldkapitalen aufhäuft, scheinen ebenso viele Hindernisse der Zirkulation, weil sie das Geld immobilisieren und es seiner Zirkulationsfähigkeit für längre oder kürzre Zeit berauben. Es ist aber zu erwägen, daß bei einfacher Warenzirkulation, lange bevor diese auf kapitalistischer Warenproduktion begründet wird, Schatzbildung stattfindet; das in der Gesellschaft vorhandne Geldquantum ist immer größer als der in aktiver Zirkulation befindliche Teil desselben, obgleich dieser je nach Umständen anschwillt oder abnimmt. Diese selben Schätze und dieselbe Schatzbildung finden wir hier wieder, aber jetzt als ein dem kapitalistischen Produktionsprozeß immanentes Moment.

Man begreift das Vergnügen, wenn innerhalb des Kreditwesens alle diese potentiellen Kapitale durch ihre Konzentration in Händen von Banken usw. zu disponiblem Kapital, »loanable capital«, Geldkapital werden, und zwar nicht mehr zu passivem und als Zukunftsmusik, sondern zu aktivem, wucherndem (hier wuchern im Sinn des Wachsens).

A vollbringt diese Schatzbildung aber nur, sofern er – mit Bezug auf sein Mehrprodukt – nur als Verkäufer, nicht hintennach als Käufer auftritt. Seine sukzessive Produktion von Mehrprodukt – dem Träger seines zu vergoldenden Mehrwerts – ist also die Voraussetzung seiner Schatzbildung. Im gegebnen Fall, wo die Zirkulation nur innerhalb Kategorie I betrachtet wird, ist die Naturalform des Mehrprodukts, wie die des Gesamtprodukts, von dem es einen Teil bildet, Naturalform eines Elements des konstanten Kapitals I, d. h. gehört in die Kategorie der Produktionsmittel von Produk-

tionsmitteln. Was daraus wird, d. h. zu welcher Funktion es dient, in der Hand der Käufer B, B', B'' etc., werden wir gleich sehn.
Was aber hier zunächst festzuhalten, ist dies: Obgleich A Geld für seinen Mehrwert der Zirkulation entzieht und es aufschatzt, wirft er andrerseits Ware in sie hinein, ohne ihr* andre Ware dafür zu entziehn, wodurch B, B', B'' etc. ihrerseits befähigt werden, Geld hineinzuwerfen und dafür nur Ware ihr zu entziehn. Im gegebnen Fall geht diese Ware, ihrer Naturalform wie ihrer Bestimmung nach, als fixes oder flüssiges Element in das konstante Kapital von B, B' etc. ein. Über letztres mehr, sobald wir es mit dem Käufer des Mehrprodukts, dem B, B' etc. zu schaffen haben werden.

Bemerken wir hier nebenbei: Wie vorher, bei Betrachtung der einfachen Reproduktion, finden wir hier wieder, daß der Umsatz der verschiednen Bestandteile des jährlichen Produkts, d. h. ihre Zirkulation (die zugleich Reproduktion des Kapitals, und zwar seine Wiederherstellung in seinen verschiednen Bestimmtheiten, konstantes, variables, fixes, zirkulierendes, Geldkapital, Warenkapital umfassen muß) keineswegs bloßen Kauf von Ware voraussetzt, der sich durch nachfolgenden Verkauf, oder Verkauf, der sich durch nachfolgenden Kauf ergänzt, so daß tatsächlich nur Umsatz von Ware gegen Ware stattfände, wie die politische Ökonomie, namentlich die Freihandelsschule seit den Physiokraten und Adam Smith, annimmt. Wir wissen, daß das fixe Kapital, nachdem die Auslage dafür einmal gemacht, während seiner ganzen Funktionszeit nicht erneuert wird, sondern in der alten Form fortwirkt, während sein Wert sich allmählich in Geld niederschlägt. Wir sahen nun, daß die periodische Erneuerung des fixen Kapitals II_c (welcher gesamte Kapitalwert II_c sich umsetzt in Elemente zum Wert von $I_{(v+m)}$) voraussetzt einerseits *bloßen Kauf* des fixen Teils von II_c, der sich aus Geldform in Naturalform rückverwandelt und welchem entspricht bloßer Verkauf von I_m; andrerseits voraussetzt *bloßen Verkauf* von seiten II_c, Verkauf des fixen (Verschleiß-) Wertteils desselben, der sich in Geld niederschlägt und welchem entspricht bloßer Kauf von I_m. Damit sich hier der Umsatz normal vollziehe, ist vorauszusetzen, daß bloßer Kauf seitens II_c dem Wertumfang nach gleich sei dem bloßen Verkauf seitens II_c, und ebenso, daß der bloße Verkauf von I_m an II_c, Teil 1, gleich sei seinem bloßen Kauf von II_c, Teil 2. (S. 440**.) Sonst wird die einfache Reproduktion gestört; bloßer Kauf hier muß gedeckt werden durch bloßen Verkauf dort. Ebenso ist hier vorauszusetzen, daß der bloße Verkauf des schatzbil-

* [1. und 2. Auflage: ihre; nach der Druckvorlage von Engels korrigiert, siehe Marx-Engels-Werke Bd. 24.] ** [Siehe vorliegende Ausgabe S. 433.]

denden Teils A, A', A'' von I_m im Gleichgewicht stehe mit dem bloßen Kauf des Teils B, B', B'' in I_m, der seinen Schatz in Elemente von zusätzlichem produktivem Kapital verwandelt.

Soweit das Gleichgewicht dadurch hergestellt wird, daß der Käufer nachher und für den gleichen Wertbetrag als Verkäufer auftritt und umgekehrt, findet Rückfluß des Geldes statt an die Seite, die es beim Kauf vorgeschossen, die zuerst verkauft hat, ehe sie wieder kaufte. Das wirkliche Gleichgewicht, mit Bezug auf den Warenumsatz selbst, den Umsatz der verschiednen Teile des jährlichen Produkts, ist aber bedingt durch gleichen Wertbetrag der gegeneinander umgesetzten Waren.

Soweit aber bloß einseitige Umsätze stattfinden, Masse bloßer Käufe einerseits, Masse bloßer Verkäufe andrerseits – und wir haben gesehn, daß der normale Umsatz des jährlichen Produkts auf kapitalistischer Grundlage diese einseitigen Metamorphosen bedingt –, ist das Gleichgewicht nur vorhanden unter der Annahme, daß der Wertbetrag der einseitigen Käufe und der Wertbetrag der einseitigen Verkäufe sich decken. Die Tatsache, daß die Warenproduktion die allgemeine Form der kapitalistischen Produktion ist, schließt bereits die Rolle ein, die das Geld, nicht nur als Zirkulationsmittel, sondern als Geldkapital in derselben spielt, und erzeugt gewisse, dieser Produktionsweise eigentümliche Bedingungen des normalen Umsatzes, also des normalen Verlaufs der Reproduktion, sei es auf einfacher, sei es auf erweiterter Stufenleiter, die in ebenso viele Bedingungen des anormalen Verlaufs, Möglichkeiten von Krisen umschlagen, da das Gleichgewicht – bei der naturwüchsigen Gestaltung dieser Produktion – selbst ein Zufall ist.

Wir haben ebenso gesehn, daß bei dem Umsatz von I_v gegen entsprechenden Wertbetrag von II_c zwar für II_c schließlich Ersatz von Ware II durch gleichen Wertbetrag von Ware I stattfindet, daß also seitens des Gesamtkapitalisten II hier Verkauf der eignen Ware nachträglich sich ergänzt durch Kauf von Ware I zum selben Wertbetrag. Dieser Ersatz findet statt; es findet aber nicht statt ein Austausch seitens der Kapitalisten I und II in diesem Umsatz ihrer wechselseitigen Waren. II_c verkauft seine Ware an die Arbeiterklasse von I, diese tritt ihm einseitig als Warenkäufer, es tritt ihr einseitig als Warenverkäufer gegenüber; mit dem hierdurch gelösten Geld tritt II_c einseitig als Warenkäufer dem Gesamtkapitalisten I gegenüber, dieser ihm bis zum Betrag von I_v einseitig als Warenverkäufer. Nur durch diesen Warenverkauf reproduziert I schließlich sein variables Kapital wieder in Form von Geldkapital. Tritt das Kapital von I dem von II einseitig als Warenverkäufer bis zum Betrag von I_v gegenüber, so seiner Arbeiterklasse gegenüber als Warenkäufer im Ankauf ihrer Arbeitskraft; und tritt die Arbeiterklasse I dem Kapitalisten II einseitig als Warenkäufer gegenüber

(nämlich als Käufer von Lebensmitteln) so dem Kapitalisten I einseitig als Warenverkäufer, nämlich als Verkäufer ihrer Arbeitskraft.
Das fortwährende Angebot der Arbeitskraft von seiten der Arbeiterklasse in I, die Rückverwandlung eines Teils des Warenkapitals I in Geldform des variablen Kapitals, der Ersatz eines Teils des Warenkapitals II durch Naturalelemente des konstanten Kapitals II_c – alle diese notwendigen Voraussetzungen bedingen sich wechselseitig, werden aber vermittelt durch einen sehr komplizierten Prozeß, der drei unabhängig voneinander vorgehende, aber sich miteinander verschlingende Zirkulationsprozesse einschließt. Die Kompliziertheit des Prozesses selbst bietet ebensoviel Anlässe zu anormalem Verlauf.

2. Das zusätzliche konstante Kapital

Das Mehrprodukt, der Träger des Mehrwerts, kostet den Aneignern desselben, den Kapitalisten I nichts. Sie haben in keinerlei Art Geld oder Waren vorzuschießen, um es zu erhalten. Vorschuß (avance) ist schon bei den Physiokraten die allgemeine Form von Wert, verwirklicht in Elementen von produktivem Kapital. Was sie also vorschießen, ist nichts als ihr konstantes und variables Kapital. Der Arbeiter erhält ihnen nicht nur durch seine Arbeit ihr konstantes Kapital; er ersetzt ihnen nicht nur den variablen Kapitalwert durch einen entsprechenden neugeschaffnen Wertteil in Form von Ware; durch seine Mehrarbeit liefert er ihnen außerdem einen in Form von Mehrprodukt existierenden Mehrwert. Durch den sukzessiven Verkauf dieses Mehrprodukts bilden sie den Schatz, zuschüssiges potentielles Geldkapital. Im hier betrachteten Fall besteht dies Mehrprodukt von vornherein aus Produktionsmitteln von Produktionsmitteln. Erst in der Hand von B, B', B'' etc. (I) fungiert dies Mehrprodukt als zuschüssiges konstantes Kapital; aber es ist dies virtualiter schon, bevor es verkauft wird, schon in der Hand der Schatzbildner A, A', A'' (I). Wenn wir bloß den Wertumfang der Reproduktion seitens I betrachten, so befinden wir uns noch innerhalb der Grenzen der einfachen Reproduktion, denn kein zusätzliches Kapital ist in Bewegung gesetzt worden, um dies virtualiter zuschüssige konstante Kapital (das Mehrprodukt) zu schaffen, auch keine größre Mehrarbeit, als die auf Grundlage der einfachen Reproduktion verausgabte. Der Unterschied liegt hier nur in der Form der angewandten Mehrarbeit, der konkreten Natur ihrer besondren nützlichen Weise. Sie ist verausgabt worden in Produktionsmitteln für I_c statt für II_c, in Produktionsmitteln für Produktionsmittel statt in Produktionsmitteln für Konsumtionsmittel. Bei der einfachen Reproduktion wurde vorausgesetzt, daß der ganze Mehrwert I verausgabt wird als Revenue, also in Waren II; er bestand also nur aus solchen Produktionsmitteln, die das konstante Kapital II_c in seiner Naturalform wieder zu ersetzen haben. Damit also der Übergang von der einfachen zur erweiterten Reproduktion vor sich gehe, muß die Produktion in Abteilung I im Stande sein, weniger Elemente des konstanten Kapitals für II, aber um ebensoviel mehr für I herzustellen. Erleichtert wird dieser Übergang, der sich nicht immer ohne Schwierigkeit vollziehn wird, durch die Tatsache, daß eine Anzahl Produkte von I als Produktionsmittel in beiden Abteilungen dienen können.

Es folgt also, daß – bloß dem Wertumfang nach betrachtet – innerhalb der einfachen Reproduktion das materielle Substrat der erweiterten Reproduktion produziert wird. Es ist einfach direkt in Produktion von Produktionsmitteln, in Schöpfung von virtuellem zuschüssigem Kapital I verausgabte Mehrarbeit der Arbeiterklasse I. Die Bildung von virtuellem zusätzlichem Geldkapital seitens A, A', A'' (I) – durch sukzessiven Verkauf ihres Mehrprodukts, das ohne alle kapitalistische Geldausgabe gebildet – ist also hier die bloße Geldform von zuschüssig produzierten Produktionsmitteln I.

Produktion von virtuellem zusätzlichem Kapital drückt also in unserm Fall (denn wie wir sehn werden, kann es sich auch ganz anders bilden) nichts aus als ein Phänomen des Produktionsprozesses selbst, Produktion, in einer bestimmten Form, von Elementen des produktiven Kapitals.

Produktion auf großer Stufenleiter von zuschüssigem virtuellem Geldkapital – auf zahlreichen Punkten der Zirkulationsperipherie – ist also nichts als Resultat und Ausdruck vielseitiger Produktion von virtuell zusätzlichem produktivem Kapital, dessen Entstehung selbst keine zusätzlichen Geldausausgaben seitens der industriellen Kapitalisten voraussetzt.

Die sukzessive Verwandlung dieses virtuell zusätzlichen produktiven Kapitals in virtuelles Geldkapital (Schatz) seitens A, A', A'' etc. (I), die durch den sukzessiven Verkauf ihres Mehrprodukts bedingt ist – also durch wiederholten einseitigen Warenverkauf ohne ergänzenden Kauf –, vollzieht sich in wiederholter Entziehung von Geld aus der Zirkulation und ihr entsprechende Schatzbildung. Diese Schatzbildung – ausgenommen den Fall, wo der Goldproduzent der Käufer – unterstellt in keiner Weise zusätzlichen Edelmetall-Reichtum, sondern nur veränderte Funktion von bisher umlaufendem Geld. Eben fungierte es als Zirkulationsmittel, jetzt fungiert es als Schatz, als sich bildendes, virtuell neues Geldkapital. Bildung von zusätzlichem Geldkapital und Masse des in einem Lande befindlichen edlen Metalls stehn also in keiner ursächlichen Verbindung miteinander.

Es folgt daher ferner: Je größer das bereits in einem Lande fungierende produktive Kapital (eingerechnet die ihm inkorporierte Arbeitskraft, die Erzeugerin des Mehrprodukts), je entwickelter die Produktivkraft der Arbeit und damit auch die technischen Mittel rascher Ausweitung der Produktion von Produktionsmitteln – je größer daher auch die Masse des Mehrprodukts nach seinem Wert wie nach der Masse der Gebrauchswerte, worin er sich darstellt –, desto größer ist

1. das virtuell zusätzliche produktive Kapital in der Form von Mehrprodukt in der Hand von A, A', A'' etc. und

2. die Masse dieses in Geld verwandelten Mehrprodukts, also des virtuell zuschüssigen Geldkapitals in den Händen von A, A', A''. Wenn also Fullarton z. B. nichts von der Überproduktion im gewöhnlichen Sinn wissen will, wohl aber von Überproduktion von Kapital, nämlich Geldkapital, so beweist dies wieder, wie absolut wenig selbst die besten bürgerlichen Ökonomen vom Mechanismus ihres Systems verstehn.

Wenn das Mehrprodukt, direkt produziert und angeeignet durch die Kapitalisten A, A', A'' (I), die reale Basis der Kapitalakkumulation, d. h. der erweiterten Reproduktion ist, obgleich es aktuell erst in dieser Eigenschaft fungiert in den Händen von B, B', B'' etc. (I) – so ist es dagegen in seiner Geldverpuppung – als Schatz und bloß sich nach und nach bildendes virtuelles Geldkapital – absolut unproduktiv, läuft dem Produktionsprozeß in dieser Form parallel, liegt aber außerhalb desselben. Es ist ein Bleigewicht (dead weight) der kapitalistischen Produktion. Die Sucht, diesen als virtuelles Geldkapital sich aufschatzenden Mehrwert sowohl zum Profit wie zur Revenue brauchbar zu machen, findet im Kreditsystem und in den »Papierchens« das Ziel ihres Strebens. Das Geldkapital erhält dadurch in einer andern Form den enormsten Einfluß auf den Verlauf und die gewaltige Entwicklung des kapitalistischen Produktionssystems.

Das in virtuelles Geldkapital umgesetzte Mehrprodukt wird seiner Masse nach um so größer sein, je größer die Gesamtsumme des bereits fungierenden Kapitals war, aus dessen Funktion es hervorgegangen. Bei der absoluten Vergrößerung des Umfangs des jährlich reproduzierten virtuellen Geldkapitals ist aber auch dessen Segmentation leichter, so daß es rascher in einem besondren Geschäft angelegt wird, sei es in der Hand desselben Kapitalisten, sei es in andern Händen (z. B. Familiengliedern, bei Erbteilungen etc.). Segmentation von Geldkapital meint hier, daß es ganz von Stammkapital losgetrennt wird, um als neues Geldkapital in einem neuen selbständigen Geschäft angelegt zu werden.

Wenn die Verkäufer des Mehrprodukts A, A', A'' etc. (I) selbes erhalten haben als direktes Ergebnis des Produktionsprozesses, der, außer dem auch bei einfacher Reproduktion erheischten Vorschuß in konstantem und variablem Kapital, keine weitren Zirkulationsakte voraussetzt, wenn sie ferner damit die reale Basis der Reproduktion auf erweiterter Stufenleiter liefern, in der Tat virtuell zusätzliches Kapital fabrizieren, so verhalten sich dagegen die B, B', B'' etc. (I) verschieden. 1. Erst in ihrer Hand wird das Mehrprodukt der A, A', A'' etc. aktuell fungieren als zusätzliches konstantes Kapital (das andre Element des produktiven Kapitals, die zusätzliche Arbeitskraft, also das zusätzliche variable Kapital, lassen wir einstweilen außer acht); 2. damit es in ihre Hände komme, ist ein Zirkulationsakt erforderlich, sie haben das Mehrprodukt zu kaufen.

Ad 1. ist hier zu bemerken, daß ein großer Teil des Mehrprodukts (virtuell zusätzlichen konstanten Kapitals), produziert durch A, A', A'' (I), zwar in diesem Jahr produziert wird, aber erst im nächsten Jahr oder noch später aktuell in den Händen von B, B', B'' (I) als industrielles Kapital fungieren kann; ad 2. fragt sich, wo kommt das zu dem Zirkulationsprozeß nötige Geld her?

Soweit die Produkte, die B, B', B'' etc. (I) produzieren, selbst wieder in natura in ihren Prozeß eingehn, versteht es sich von selbst, daß pro tanto ein Teil ihres eignen Mehrprodukts direkt (ohne Zirkulationsvermittlung) übertragen wird in ihr produktives Kapital und hier eingeht als zuschüssiges Element des konstanten Kapitals. Pro tanto sind sie aber auch keine Vergolder des Mehrprodukts von A, A' etc. (I). Hiervon abgesehn, wo kommt das Geld her? Wir wissen, daß sie ihren Schatz gebildet wie A, A' etc. durch Verkauf ihrer respektiven Mehrprodukte und nun ans Ziel gelangt sind, wo ihr als Schatz aufgehäuftes, nur virtuelles Geldkapital nun effektiv als zusätzliches Geldkapital fungieren soll. Aber damit drehn wir uns nur im Zirkel. Die Frage ist immer noch, wo das Geld herkomme, das die B's (I) früher der Zirkulation entzogen und aufgehäuft?

Wir wissen jedoch schon aus der Betrachtung der einfachen Reproduktion, daß sich eine gewisse Geldmasse in den Händen der Kapitalisten I und II befinden muß, um ihr Mehrprodukt umzusetzen. Dort kehrte das Geld, das nur zur Verausgabung als Revenue in Konsumtionsmitteln diente, zu den Kapitalisten zurück, im Maß, wie sie es vorgeschossen zum Umsatz ihrer respektiven Waren; hier erscheint dasselbe Geld wieder, aber mit veränderter Funktion. Die A's und die B's (I) liefern sich abwechselnd das Geld zur Verwandlung von Mehrprodukt in zusätzliches virtuelles Geldkapital und werfen abwechselnd das neugebildete Geldkapital als Kaufmittel in die Zirkulation zurück.

Das einzige, was hierbei vorausgesetzt, ist, daß die im Land befindliche Geldmasse (Umlaufsgeschwindigkeit etc. als gleich gesetzt) hinreicht sowohl für aktive Zirkulation wie für Reserveschatz* – also dieselbe Voraussetzung, die, wie wir sahn, auch bei einfacher Warenzirkulation erfüllt sein muß. Nur die Funktion der Schätze ist hier verschieden. Auch muß die vorhandne Geldmasse größer sein, 1. weil bei der kapitalistischen Produktion alles Produkt (mit Ausnahme des neuproduzierten Edelmetalls und der vom Produzenten selbst verbrauchten wenigen Produkte) als Ware produziert wird, also Geldverpuppung durchmachen muß; 2. weil auf kapitalistischer Basis die Masse des Warenkapitals und dessen Wertumfang nicht nur absolut größer ist, sondern mit ungleich größrer Geschwindigkeit wächst; 3. ein immer ausgedehnteres variables Kapital sich stets in Geldkapital umsetzen muß; 4. weil mit der Erweiterung der Produktion die Bildung neuer Geldkapitale Schritt hält, also auch das Material ihrer Schatzform da sein muß. – Gilt dies schlechthin für die erste Phase der kapitalistischen Produktion, wo auch das Kreditsystem von vorzugsweis metallischer Zirkulation begleitet ist, so gilt es selbst soweit für die entwickeltste Phase des Kreditsystems, als dessen Basis die Metallzirkulation bleibt. Einerseits kann hier die zuschüssige Produktion der edlen Metalle, soweit sie abwechselnd reichlich oder spärlich, störende Einflüsse auf die Warenpreise ausüben, nicht nur in längren, sondern innerhalb sehr kurzer Perioden; andrerseits ist der ganze Kreditmechanismus beständig damit beschäftigt, die wirkliche Metallzirkulation durch allerhand Operationen, Methoden, technische Einrichtungen, auf ein relativ stets abnehmendes Minimum zu beschränken – womit auch die Künstlichkeit der ganzen Maschinerie und die Chancen für Störungen ihres normalen Ganges im selben Verhältnis zunehmen.

Es können die verschiednen B, B′, B″ etc. (I), deren virtuelles neues Geldkapital als aktives in Operation tritt, wechselseitig ihre Produkte (Teile ihres Mehrprodukts) voneinander zu kaufen und aneinander zu verkaufen haben. Pro tanto fließt das der Zirkulation des Mehrprodukts vorgeschoßne Geld – bei normalem Verlauf – an die verschiednen B's zurück, in derselben Proportion, worin sie solches zur Zirkulation ihrer respektiven Waren vorgeschossen haben. Zirkuliert das Geld als Zahlungsmittel, so sind hier nur Bilanzen zu zahlen, soweit sich die wechselseitigen Käufe und Verkäufe nicht decken. Es ist aber wichtig, überall, wie es hier geschieht, zunächst die metallische Zirkulation in ihrer einfachsten, ursprünglichsten Form vorauszusetzen, weil sich damit Fluß und Rückfluß, Ausgleichung von Bilanzen, kurz alle Momente, die im Kreditsystem als bewußt geregelte Verläufe erscheinen, als unabhängig vom Kreditsystem vorhanden darstellen, die Sache in naturwüchsiger Form erscheint, statt in der spätren reflektierten.

* [In der 1. Auflage fehlt: wie für Reserveschatz]

3. Das zusätzliche variable Kapital

Jetzt haben wir, da es sich bisher nur um zusätzliches konstantes Kapital gehandelt, uns zu wenden zur Betrachtung des zusätzlichen variablen Kapitals. Es ist in Buch I weitläufig auseinandergesetzt, wie Arbeitskraft auf Basis der kapitalistischen Produktion immer vorrätig ist und wie, wenn nötig, ohne Vergrößrung der beschäftigten Anzahl Arbeiter oder Masse Arbeitskraft mehr Arbeit flüssig gemacht werden kann. Es ist daher vorderhand nicht nötig, weiter hierauf einzugehn, vielmehr anzunehmen, daß der in variables Kapital verwandelbare Teil des neugebildeten Geldkapitals immer die Arbeitskraft vorfindet, worin es sich verwandeln soll. Es ist ebenfalls in Buch I auseinandergesetzt worden, wie ein gegebnes Kapital, ohne Akkumulation, innerhalb gewisser Grenzen seinen Produktionsumfang erweitern kann. Hier aber handelt es sich um Kapitalakkumulation im spezifischen Sinn, so daß die Erweiterung der Produktion bedingt ist durch Verwandlung von Mehrwert in zuschüssiges Kapital, also auch durch erweiterte Kapitalbasis der Produktion.

Der Goldproduzent kann einen Teil seines goldnen Mehrwerts als virtuelles Geldkapital akkumulieren; sobald es den nötigen Umfang erreicht, kann er es direkt in neues variables Kapital umsetzen, ohne daß er dazu erst sein Mehrprodukt verkaufen muß; ebenso kann er es umsetzen in Elemente des konstanten Kapitals. Doch muß er im letztren Fall diese sachlichen Elemente seines konstanten Kapitals vorfinden; sei es, wie bei der bisherigen Darstellung angenommen wurde, daß jeder Produzent auf Lager arbeitet und dann seine fertige Ware auf den Markt bringt, sei es, daß er auf Bestellung arbeitet. Die reale Erweiterung der Produktion, d. h. das Mehrprodukt, ist in beiden Fällen vorausgesetzt, das eine Mal als wirklich vorhanden, das andre Mal als virtuell vorhanden, lieferbar.

II. Akkumulation in Abteilung II

Wir haben bisher vorausgesetzt, daß die A, A', A'' (I) ihr Mehrprodukt verkaufen an die B, B', B'' etc., die derselben Abteilung I angehören. Gesetzt aber, A (I) vergolde sein Mehrprodukt durch Verkauf an einen B aus Abteilung II. Dies kann nur dadurch geschehn, daß, nachdem A (I) an B (II) Produktionsmittel verkauft, er nicht hinterher Konsumtionsmittel kauft; also nur durch einseitigen Verkauf seinerseits. Sofern nun II_c aus Form von Warenkapital in die Naturalform von produktivem konstantem Kapital nur umsetzbar dadurch, daß nicht nur I_v, sondern auch wenigstens ein Teil von I_m sich umsetzt gegen einen Teil von II_c, welches II_c in Form von Konsumtionsmitteln existiert; nun aber A sein I_m dadurch vergoldet, daß dieser Umsatz nicht vollzogen wird, unser A vielmehr das im Verkauf seines I_m von II gelöste Geld der Zirkulation entzieht, statt es in Kauf von Konsumtionsmitteln II_c umzusetzen – so findet zwar auf Seite des A (I) Bildung von zusätzlichem virtuellem Geldkapital statt; aber auf der andren Seite liegt ein dem Wertumfang nach gleicher Teil des konstanten Kapitals von B (II) fest in der Form von Warenkapital, ohne sich in die Naturalform von produktivem, konstantem Kapital umsetzen zu können. In andern Worten: Ein Teil der Waren des B (II), und zwar prima facie ein Teil, ohne dessen Verkauf er sein konstantes Kapital nicht ganz in produktive Form rückverwandeln kann, ist unverkäuflich geworden; mit Bezug auf ihn findet daher Überproduktion statt, welche ebenfalls mit Bezug auf ihn die Reproduktion – selbst auf gleichbleibender Stufenleiter – hemmt.

In diesem Fall ist also das zusätzliche virtuelle Geldkapital auf seiten von A (I) zwar vergoldete Form von Mehrprodukt (Mehrwert); aber Mehrprodukt (Mehrwert) als solches betrachtet ist hier Phänomen einfacher Reproduktion, noch nicht Reproduktion auf erweiterter Stufenleiter. $I_{(v+m)}$, wo dies jedenfalls von einem Teil von m gilt, muß sich umsetzen schließlich gegen II_c, damit die Reproduktion von II_c auf gleichbleibender Stufenleiter vor sich gehe. A (I), durch den Verkauf seines Mehrprodukts an B (II), hat diesem einen entsprechenden Wertteil konstanten Kapitals in Naturalform geliefert, aber zugleich durch Entziehung des Geldes aus der Zirkulation – durch unterlaßne Vervollständigung seines Verkaufs mittelst nachfolgendem Kauf – einen dem Wert nach gleichen Warenteil des B (II) unverkäuflich gemacht. Fassen wir also die gesamte gesellschaftliche Reproduktion ins Auge – die gleichmäßig die Kapitalisten I und II umschließt –, so drückt die Verwandlung des Mehrprodukts von A (I) in virtuelles Geldkapital die Nicht-Rückverwandelbarkeit eines dem Wertumfang nach gleichen Warenkapitals von B (II) in produktives (konstantes) Kapital aus; also nicht virtuell Produktion auf erweiterter Stufenleiter, sondern Hemmung der einfachen Reproduktion, also Defizit in der einfachen Reproduktion. Da die Bildung und der Verkauf des Mehrprodukts von A (I) selbst normale Phänomene der einfachen Reproduktion sind, so haben wir hier auf Grundlage schon der einfachen Reproduktion folgende einander bedingende Phänomene: Bildung von virtuell zuschüssigem Geldkapital bei Klasse I (daher Unterkonsumtion vom Standpunkt von II); Festsetzung von Warenvorräten bei Klasse II, die nicht rückverwandelbar in produktives Kapital (also relative Überproduktion bei II); überschüssiges Geldkapital bei I und Defizit in der Reproduktion bei II.

Ohne bei diesem Punkt länger zu verweilen, bemerken wir nur: Es ist bei Darstellung der einfachen Reproduktion vorausgesetzt worden, daß der ganze Mehrwert I und II als Revenue verausgabt wird. In der Tat aber wird ein Teil des Mehrwerts als Revenue verausgabt, ein andrer Teil in Kapital verwandelt. Wirkliche Akkumulation findet nur unter dieser Voraussetzung statt. Daß die Akkumulation sich auf Kosten der Konsumtion vollziehe, ist – so allgemein gefaßt – selbst eine Illusion, die dem Wesen der kapitalistischen Produktion widerspricht, indem sie voraussetzt, daß ihr Zweck und treibendes Motiv die Konsumtion sei, nicht aber die Ergatterung von Mehrwert und seine Kapitalisation, d. h. Akkumulation.

Betrachten wir nun die Akkumulation in Abteilung II etwas näher.
Die erste Schwierigkeit mit Bezug auf II_c, d. h. seine Rückverwandlung aus einem Bestandteil des Warenkapitals II in die Naturalform von konstantem Kapital II, betrifft die einfache Reproduktion. Nehmen wir das frühere Schema:
$(1000_v + 1000_m)$ I setzen sich um gegen:
$2000\ II_c$.

Wird nun z. B. die Hälfte des Mehrprodukts I, also $\frac{1000}{2}$m oder 500 I_m wieder selbst als konstantes Kapital der Abteilung I einverleibt, so kann dieser in I rückbehaltne Teil des Mehrprodukts keinen Teil von II_c ersetzen. Statt in Konsumtionsmittel umgesetzt zu werden (und hier in dieser Abteilung der Zirkulation zwischen I und II findet – im Unterschied von dem durch die Arbeiter I vermittelten Ersatz von 1000 II_c durch 1000 I_v – wirklicher wechselseitiger Austausch, also doppelseitiger Stellenwechsel der Waren statt), soll es als zusätzliches Produktionsmittel in I selbst dienen. Es kann diese Funktion nicht gleichzeitig in I und II verrichten. Der Kapitalist kann den Wert seines Mehrprodukts nicht in Konsumtionsmitteln verausgaben und gleichzeitig das Mehrprodukt selbst produktiv konsumieren, d. h. seinem produktiven Kapital einverleiben. Statt 2000 $I_{(v+m)}$ sind also nur 1500, nämlich $(1000_v + 500_m)$ I umsetzbar in 2000 II_c; es sind also 500 II_c aus ihrer Warenform nicht rückverwandelbar in produktives (konsantes) Kapital II. Es fände also in II eine Überproduktion statt, ihrem Umfang nach genau entsprechend dem Umfang der in I vorgegangnen Erweiterung der Produktion. Die Überproduktion von II würde vielleicht so sehr auf I reagieren, daß selbst der Rückfluß der von den Arbeitern I in Konsumtionsmittel II verausgabten 1000 nur teilweis stattfände, diese 1000 also nicht in Form von variablem Geldkapital in die Hände der Kapitalisten I zurückkehrten. Diese letztren fänden sich so gehemmt selbst in der Reproduktion auf gleichbleibender Stufenleiter, und zwar durch den bloßen Versuch, sie zu erweitern. Und dabei ist zu erwägen, daß in I tatsächlich nur einfache Reproduktion stattgefunden und daß nur die Elemente, wie sie sich im Schema finden, zum Behuf einer Erweiterung in der Zukunft, sage im nächsten Jahr, verschieden gruppiert sind.

Man könnte diese Schwierigkeit zu umgehn versuchen – so: die 500 II_c, die auf Lager der Kapitalisten liegen und die nicht unmittelbar in produktives Kapital umsetzbar sind, sind so weit entfernt, Überproduktion zu sein, daß sie umgekehrt ein notwendiges Element der Reproduktion darstellen, welches wir bisher vernachlässigt haben. Man sah, daß Geldvorrat sich an vielen Punkten aufhäufen, also der Zirkulation entzogen werden muß, teils um die Bildung von neuem Geldkapital innerhalb I selbst zu ermöglichen, teils um den Wert des sich allmählich verzehrenden fixen Kapitals transitorisch in Geldform festzuhalten. Da aber bei der Darstellung des Schemas alles Geld und alle Waren sich von vornherein ausschließlich in den Händen der Kapitalisten I und II befinden, weder Kaufmann noch Geldhändler, noch Bankier, noch bloß konsumierende und nicht direkt in der Warenproduktion beteiligte Klassen hier existieren – so ist ebenfalls die beständige Bildung von Warenlagern, hier in den Händen ihrer respektiven Produzenten selbst, unentbehrlich, um die Maschinerie der Reproduktion in Gang zu halten. Die 500 II_c, die auf Lager der Kapitalisten II liegen, stellen also den Warenvorrat an Konsumtionsmitteln dar, der die Kontinuität des in die Reproduktion eingeschloßnen Konsumtionsprozesses vermittelt, hier also den Übergang eines Jahrs ins andre. Der Konsumtionsfonds, der hier noch in den Händen seiner Verkäufer und zugleich Produzenten befindlich ist, kann nicht dieses Jahr auf Null herabsinken, um nächstes Jahr mit Null zu beginnen, so wenig dies beim Übergang vom heutigen Tag zum folgenden der Fall sein kann. Da beständige Neubildung solcher Warenlager, wenn auch in wechselndem Umfang, statthaben muß, so müssen unsre kapitalistischen Produzenten II ein Geldreservekapital haben, das sie befähigt, mit ihrem Produktionsprozeß fortzufahren, obgleich ein Teil ihres produktiven Kapitals vorübergehend festliegt in Warenform. Sie verbinden ja der Voraussetzung nach das ganze Kaufmannsgeschäft mit dem Produktionsgeschäft; sie müssen also auch über das zusätzliche Geldkapital verfügen, das, bei Verselbständigung der einzelnen Funktionen des Reproduktionsprozesses unter verschiedne Sorten von Kapitalisten, sich in den Händen der Kaufleute befindet.

Es ist hierauf zu erwidern: 1. solche Vorratbildung und ihre Notwendigkeit gilt für alle Kapitalisten, sowohl I wie II. Als bloße Warenverkäufer betrachtet, unterscheiden sie sich nur dadurch, daß sie Waren verschiedner Sorten verkaufen. Der Vorrat in Waren II unterstellt einen frühern Vorrat in Waren I. Vernachlässigen wir diesen Vorrat auf der einen Seite, so müssen wir es auch auf der andern. Ziehn wir ihn aber auf beiden Seiten in Betracht, so wird am Problem nichts geändert. – 2. Wie dies Jahr auf Seite II mit einem Warenvorrat für nächstes abschließt, so hat es begonnen mit einem Warenvorrat auf derselben Seite, überliefert vom vorigen Jahr. Bei Analyse der jährlichen Reproduktion – auf ihren abstraktesten Ausdruck reduziert – müssen wir ihn also beidemal streichen. Indem wir diesem Jahr seine ganze Produktion lassen, also auch das, was es als Warenvorrat an nächstes Jahr abgibt, nehmen wir ihm aber auch andrerseits den Warenvorrat, den es vom vorigen Jahr bekommen, und haben damit in der Tat das Gesamtprodukt eines Durchschnittsjahrs als Gegenstand der Analyse vor uns. – 3. Der einfache Umstand, daß die Schwierigkeit, die umgangen werden soll, uns nicht aufstieß bei Betrachtung der einfachen Reproduktion, beweist, daß es sich um ein spezifisches Phänomen handelt, das nur der verschiednen Gruppierung (mit Bezug auf Reproduktion) der Elemente I geschuldet ist, einer veränderten Gruppierung, ohne welche überhaupt keine Reproduktion auf erweiterter Stufenleiter stattfinden könnte.

III. Schematische Darstellung der Akkumulation

Wir betrachten nun die Reproduktion nach folgendem Schema:

$$\text{Schema a)}\quad \left.\begin{array}{l}\text{I. } 4000_c + 1000_v + 1000_m = 6000\\ \text{II. } 1500_c + 376_v + 376_m = 2252\end{array}\right\}\ \text{Summa} = 8252.$$

Man bemerkt zunächst, daß die Gesamtsumme des jährlichen gesellschaftlichen Produkts = 8252 kleiner ist als im ersten Schema, wo sie = 9000 war. Wir könnten ebensogut eine viel größre Summe nehmen, sie meinetwegen verzehnfachen. Eine kleinre Summe als in Schema I ist gewählt, gerade um augenfällig zu machen, daß die Reproduktion auf erweiterter Stufenleiter (die hier nur als mit größrer Kapitalanlage betriebne Produktion gefaßt wird) mit der absoluten Größe des Produkts nichts zu tun hat, daß sie für eine gegebne Warenmasse nur ein verschiednes Arrangement oder verschiedne Funktionsbestimmung der verschiednen Elemente des gegebnen Produkts voraussetzt, dem Wertumfang nach also zunächst nur einfache Reproduktion ist. Nicht die Quantität, sondern die qualitative Bestimmung der gegebnen Elemente der einfachen Reproduktion ändert sich, und diese Änderung ist die materielle Voraussetzung der später folgenden Reproduktion auf erweiterter Stufenleiter.[58]

[58] Dies macht ein für allemal ein Ende dem Zwist über die Akkumulation des

Wir könnten das Schema verschieden darstellen bei verschiednen Verhältnissen zwischen variablem und konstantem Kapital; z. B. so:

$$\text{Schema b)}\ \left.\begin{array}{l}\text{I. } 4000_c + 875_v + 875_m = 5750 \\ \text{II. } 1750_c + 376_v + 376_m = 2502\end{array}\right\} \text{Summa} = 8252.$$

So erschiene es als arrangiert für Reproduktion auf einfacher Stufenleiter, so daß der Mehrwert ganz als Revenue verausgabt und nicht akkumuliert würde. In beiden Fällen, unter a) wie unter b) haben wir ein jährliches Produkt vom selben Wertumfang, nur das eine Mal sub b) mit solcher Funktionsgruppierung seiner Elemente, daß die Reproduktion auf derselben Stufenleiter wieder beginnt, während sie sub a) die materielle Basis der Reproduktion auf erweiterter Stufenleiter bildet. Sub b) nämlich setzen sich $(875_v + 875_m)$ I = 1750 $I_{(v+m)}$ ohne Überschuß um gegen 1750 II_c, während sub a) $(1000_v + 1000_m)$ I = 2000 $I_{(v+m)}$ im Umsatz mit 1500 II_c einen Überschuß von 500 I_m für die Akkumulation bei Klasse I übrig lassen.

Nun zur nähern Analyse des Schema a). Unterstellen wir, daß sowohl in I wie in II eine Hälfte des Mehrwerts, statt als Revenue ausgegeben zu werden, akkumuliert, d. h. in Element von zuschüssigem Kapital verwandelt wird. Da die Hälfte von 1000 I_m = 500 in einer oder der andern Form akkumuliert, als zuschüssiges Geldkapital angelegt, d. h. in zuschüssiges produktives Kapital verwandelt werden soll, so werden nur $(1000_v + 500_m)$ I als Revenue verausgabt. Als normale Größe von II_c figuriert daher hier auch nur 1500. Der Umsatz zwischen 1500 $I_{(v+m)}$ und 1500 II_c ist nicht weiter zu untersuchen, da er als Prozeß der einfachen Reproduktion bereits dargestellt; ebensowenig kommt 4000 I_c in Betracht, da sein Rearrangement für die neubeginnende Reproduktion (die diesmal auf erweiterter Stufenleiter stattfindet) ebenfalls als Prozeß der einfachen Reproduktion erörtert wurde.

Was also hier allein zu untersuchen bleibt, ist: 500 I_m und $(376_v + 376_m)$ II, soweit einerseits die innern Verhältnisse sowohl von I wie von II in Betracht kommen, andrerseits die Bewegung zwischen den beiden. Da vorausgesetzt ist, daß in II ebenfalls die Hälfte des Mehrwerts akkumuliert werden soll, so sind hier in Kapital zu verwandeln 188, davon 1/4 in variables = 47, sage der rundren Zahl wegen 48; bleibt in konstantes zu verwandeln 140.

Wir stoßen hier auf ein neues Problem, dessen bloße Existenz der laufen-

Kapitals zwischen James Mill und S. Bailey, der in Buch I (Kapitel XXII, 5, S. 634, Note 65*) von andrem Standpunkt erörtert wurde, nämlich dem Streit über die Ausdehnbarkeit der Wirkung des industriellen Kapitals bei gleichbleibender Größe desselben. Hierauf später zurückzukommen.

* [Siehe »Kapital«, Bd. 1, a. a. O., S. 560, Note 65.]

den Einsicht, daß Waren einer Art sich gegen Waren andrer Art, ditto Waren gegen Geld und dasselbige Geld wieder gegen Ware andrer Art auszutauschen pflegt, wunderlich erscheinen muß. Die 140 II_m können nur dadurch in produktives Kapital verwandelt werden, daß sie ersetzt werden durch einen Teil der Waren I_m zum selben Wertbetrag. Es versteht sich von selbst, daß der mit II_m umzusetzende Teil von I_m aus Produktionsmitteln bestehn muß, die entweder sowohl in die Produktion von I wie in die von II oder aber ausschließlich nur in die von II eingehn können. Dieser Ersatz kann nur geschehn durch einseitigen Kauf seitens II, da das ganze noch zu betrachtende Mehrprodukt 500 I_m zur Akkumulation innerhalb I dienen soll, also nicht ausgetauscht werden kann gegen Waren II; in andern Worten, von I nicht gleichzeitig akkumuliert und aufgegessen werden kann. II muß 140 I_m also mit barem Geld kaufen, ohne daß dies Geld zu ihm zurückflösse durch nachfolgenden Verkauf seiner Ware an I. Und zwar ist dies ein beständig, bei jeder jährlichen Neuproduktion, soweit sie Reproduktion auf erweiterter Stufenleiter, sich wiederholender Prozeß. Wo springt dafür die Geldquelle in II?

II scheint im Gegenteil für die die wirkliche Akkumulation begleitende und bei kapitalistischer Produktion sie bedingende Bildung von neuem Geldkapital, die faktisch zunächst als einfache Schatzbildung sich darstellt, ein durchaus unergiebiges Feld.

Zunächst haben wir 376 II_v; das Geldkapital von 376, vorgeschossen in Arbeitskraft, kehrt durch den Ankauf in Waren II beständig als variables Kapital in Geldform zu dem Kapitalisten II zurück. Diese beständig sich wiederholende Entfernung vom und Rückkehr zum Ausgangspunkt – der Tasche des Kapitalisten – vermehrt das in diesem Kreislauf sich herumtreibende Geld in keiner Weise. Dies also ist keine Quelle von Geldakkumulation; dies Geld kann dieser Zirkulation auch nicht entzogen werden, um aufgeschatztes, virtuell neues Geldkapital zu bilden.

Aber halt! Ist hier nicht ein Profitchen zu machen?

Wir müssen nicht vergessen, daß die Klasse II den Vorzug vor Klasse I besitzt, daß die Arbeiter, die sie anwendet, die von ihnen selbst produzierten Waren von ihr wieder zu kaufen haben. Klasse II ist Käufer der Arbeitskraft und zugleich Verkäufer von Waren an die Besitzer der von ihr angewandten Arbeitskraft. Klasse II kann also:

1. und das hat sie mit den Kapitalisten der Klasse I gemein, einfach den Lohn unter seine normale Durchschnittshöhe herabdrücken. Dadurch wird ein Teil des als Geldform des variablen Kapitals fungierenden Geldes freigesetzt, und dies könnte bei beständiger Wiederholung desselben Prozesses eine normale Quelle der Schatzbildung, also auch der Bildung von virtuell

zuschüssigem Geldkapital in Klasse II werden. Mit zufälligem Schwindelprofit haben wir es natürlich hier, wo es sich von normaler Kapitalbildung handelt, nicht zu schaffen. Es darf aber nicht vergessen werden, daß der wirklich gezahlte normale Arbeitslohn (der ceteris paribus die Größe des variablen Kapitals bestimmt) keineswegs aus Güte der Kapitalisten gezahlt wird, sondern unter gegebnen Verhältnissen gezahlt werden muß. Damit ist diese Erklärungsweise beseitigt. Wenn wir 376_v als das von Klasse II zu verausgabende variable Kapital voraussetzen, dürfen wir, um ein neu aufstoßendes Problem zu erklären, nicht plötzlich die Hypothese unterschieben, daß sie etwa nur 350_v vorschießt und nicht 376_v.

2. Andrerseits aber hat die Klasse II, als Gesamtheit betrachtet, wie gesagt, den Vorzug vor Klasse I, daß sie zugleich Käufer der Arbeitskraft und ebenso Wiederverkäufer ihrer Ware an ihre eignen Arbeiter ist. Und wie dies ausgebeutet werden kann – wie nominell der normale Arbeitslohn gezahlt werden*, in der Tat aber ein Teil davon ohne entsprechendes Warenäquivalent wieder zurückgeschnappt, alias zurückgestohlen werden kann; wie dies teils vermittelst des Trucksystems, teils vermittelst Fälschung (wenn auch vielleicht legal nicht faßbarer) des zirkulierenden Mediums fertig gebracht werden kann –, davon liegen in jedem industriellen Land die handgreiflichsten Data vor. Z. B. in England und in den Vereinigten Staaten. (Bei dieser Gelegenheit dies an artigen Exempeln etwas auszuspinnen.) Es ist dies dieselbe Operation wie sub 1., nur verkleidet und auf einem Umweg exekutiert. Sie ist also hier ebensosehr zurückzuweisen wie jene. Es handelt sich hier um wirklich, nicht nominell gezahlten Arbeitslohn.

Man sieht, bei der objektiven Analyse des kapitalistischen Mechanismus sind gewisse, demselben noch extraordinär anklebende Schandflecken nicht als Ausflüchte zur Beseitigung theoretischer Schwierigkeiten zu verwerten. Aber sonderbarerweise schreit die große Mehrzahl meiner bürgerlichen Kritiker, als ob ich z. B. in Buch I des »Kapitals« durch die Annahme, daß der Kapitalist den wirklichen Wert der Arbeitskraft zahlt, was er großenteils nicht tut, selbigen Kapitalisten ein Unrecht angetan hätte! (Hier kann Schäffle mit der mir beigelegten Großmut zitiert werden.)

Mit 376 II_v ist also zu dem erwähnten Zweck nichts anzustellen.

Aber noch bedenklicher scheint's mit dem 376 II_m zu stehn. Hier stehn sich nur Kapitalisten derselben Klasse gegenüber, die die von ihnen produzierten Konsumtionsmittel wechselseitig aneinander verkaufen und voneinander kaufen. Das zu diesem Umsatz nötige Geld fungiert nur als Zirkulationsmittel und muß bei normalem Verlauf zu den Beteiligten zurückfließen,

* [1. Auflage: werden kann]

in dem Maß, wie sie es der Zirkulation vorgeschossen haben, um stets von neuem dieselbe Bahn zu durchlaufen.

Entziehung dieses Geldes aus der Zirkulation zur Bildung von virtuell zusätzlichem Geldkapital scheint nur auf zweierlei Weg möglich. Entweder ein Teil der Kapitalisten II beschwindelt den andern und bringt so Geldraub zu Weg. Zur Bildung von neuem Geldkapital ist, wie wir wissen, keine vorläufige Erweiterung des umlaufenden Mediums nötig; es ist nichts nötig, als daß das Geld von gewissen Seiten her der Zirkulation entzogen und als Schatz aufgespeichert wird. Daß das Geld gestohlen sein kann und daher Bildung von zusätzlichem Geldkapital unter einem Teil der Kapitalisten II verbunden sein kann mit positivem Geldverlust eines andern Teils, würde nichts zur Sache tun. Der beschwindelte Teil der Kapitalisten II würde etwas weniger flott leben müssen, das wäre aber auch alles.

Oder aber, ein in notwendigen Lebensmitteln sich darstellender Teil von II_m wird direkt in neues variables Kapital innerhalb Abteilung II verwandelt. Wie dies geschieht, wird am Schluß dieses Kapitels (unter Nr. IV) untersucht werden.

1. Erstes Beispiel

A) Schema einfacher Reproduktion

$$\left.\begin{array}{l} \text{I. } 4000_c + 1000_v + 1000_m = 6000 \\ \text{II. } 2000_c + \ \ 500_v + \ \ 500_m = 3000 \end{array}\right\} \text{Summa} = 9000$$

B) Ausgangsschema für Reproduktion auf erweiterter Stufenleiter*

$$\left.\begin{array}{l} \text{I. } 4000_c + 1000_v + 1000_m = 6000 \\ \text{II. } 1500_c + \ \ 750_v + \ \ 750_m = 3000 \end{array}\right\} \text{Summa} = 9000$$

Angenommen, daß in Schema B die Hälfte des Mehrwerts von I akkumuliert wird, also 500, so erhalten wir zunächst $(1000_v + 500_m)$ I oder 1500 $I_{(v+m)}$ zu ersetzen durch 1500 II_c; es bleibt dann in I: $4000_c + 500_m$, welche letztre zu akkumulieren. Die Ersetzung von $(1000_v + 500_m)$ I durch 1500 II_c ist ein Prozeß der einfachen Reproduktion und schon bei letztrer erläutert. Nehmen wir an, daß von den 500 I_m 400 in konstantes Kapital zu verwandeln, 100 in variables. Der Umsatz innerhalb I der 400_m, die so kapitalisiert werden sollen, ist bereits erörtert; sie können also ohne weitres annexiert werden an I_c, und wir erhalten dann für I:

$4400_c + 1000_v + 100_m$ (die in 100_v umzusetzen sind).

* [1. und 2. Auflage: Akkumulation]

Seinerseits kauft II zum Zweck der Akkumulation von I die 100 I_m (in Produktionsmitteln existierend), die nun zuschüssiges konstantes Kapital von II bilden, während die 100 Geld, die es dafür zahlt, in Geldform des zuschüssigen variablen Kapitals von I verwandelt werden. Wir haben dann für I ein Kapital von $4400_c + 1100_v$ (die letztren in Geld) $= 5500$.

II hat jetzt für konstantes Kapital 1600_c; es muß zu deren Bearbeitung weitre 50_v in Geld für Ankauf neuer Arbeitskraft zuschießen, so daß sein variables Kapital von 750 auf 800 wächst. Diese Ausdehnung des konstanten wie variablen Kapitals von II um zusammen 150 wird bestritten aus seinem Mehrwert; von den 750 II_m bleiben also nur 600_m als Konsumtionsfonds der Kapitalisten II, deren Jahresprodukt sich nun verteilt wie folgt:

II. $1600_c + 800_v + 600_m$ (Konsumtionsfonds) $= 3000$.

Die in Konsumtionsmitteln produzierten 150_m, die hier in $(100_c + 50_v)$ II umgesetzt, gehn in ihrer Naturalform ganz in die Konsumtion der Arbeiter ein: 100 werden verzehrt von den Arbeitern I (100 I_v) und 50 von den Arbeitern II (50 II_v), wie oben auseinandergesetzt. In der Tat muß in II, wo sein Gesamtprodukt in einer für die Akkumulation nötigen Form zubereitet wird, ein um 100* größrer Teil des Mehrwerts in Form von *notwendigen* Konsumtionsmitteln reproduziert werden. Beginnt wirklich die Reproduktion auf erweiterter Stufenleiter, so fließen die 100 variables Geldkapital von I durch die Hände seiner Arbeiterklasse zurück an II; welches dagegen 100_m in Warenvorrat an I überträgt und zugleich 50 in Warenvorrat an seine eigne Arbeiterklasse.

Das zum Zweck der Akkumulation veränderte Arrangement steht nun wie folgt:

$$\begin{array}{l} \text{I. } 4400_c + 1100_v + 500 \text{ Konsumtionsfonds} = 6000 \\ \text{II. } 1600_c + 800_v + 600 \text{ Konsumtionsfonds} = 3000 \\ \hline \text{Summa } 9000 \text{ wie oben.} \end{array}$$

Davon sind Kapital:

$$\left.\begin{array}{l} \text{I. } 4400_c + 1100_v \text{ (Geld)} = 5500 \\ \text{II. } 1600_c + 800_v \text{ (Geld)} = 2400 \end{array}\right\} = 7900,$$

während die Produktion begann mit:

$$\left.\begin{array}{l} \text{I. } 4000_c + 1000_v = 5000 \\ \text{II. } 1500_c + 750_v = 2250 \end{array}\right\} = 7250.$$

Geht die wirkliche Akkumulation nun auf dieser Basis vor sich, d. h., wird mit diesem vermehrten Kapital nun wirklich produziert, so erhalten wir am Ende des nächsten Jahres:

---

* [1. Auflage: 150]

$$\left.\begin{array}{l}\text{I. } 4400_c + 1100_v + 1100_m = 6600 \\ \text{II. } 1600_c + 800_v + 800_m = 3200\end{array}\right\} = 9800.$$

Es werde nun sub I in derselben Proportion fortakkumuliert; also 550_m als Revenue verausgabt, 550_m akkumuliert. Zunächst werden dann 1100 I_v ersetzt durch 1100 II_c*, ferner sind noch 550 I_m zu realisieren in einem gleichen Betrag von Waren II; also zusammen 1650 $I_{(v+m)}$. Aber das zu ersetzende konstante Kapital von II ist nur = 1600, die übrigen 50 müssen also ergänzt werden aus 800 II_m. Wenn wir hier zunächst vom Geld absehn, so haben wir als Resultat dieser Transaktion:

I. $4400_c + 550_m$ (welche zu kapitalisieren sind); daneben in Konsumtionsfonds der Kapitalisten und Arbeiter 1650 $_{(v+m)}$, realisiert in Waren II_c.

II. 1650_c (nämlich 50 zugefügt nach Obigem aus II_m) + $800_v + 750_m$ (Konsumtionsfonds der Kapitalisten).

Wenn aber das alte Verhältnis von v zu c in II bleibt, so müssen für 50_c weitre 25_v ausgelegt werden; diese sind zu nehmen von den 750_m; wir erhalten also:

II. $1650_c + 825_v + 725_m$.

Sub I ist zu kapitalisieren 550_m; wenn das frühere Verhältnis bleibt, so bilden davon 440 konstantes Kapital und 110 variables Kapital. Diese 110 sind eventuell zu schöpfen aus 725 II_m, d. h. Konsumtionsmittel zum Wert von 110 werden von den Arbeitern I verzehrt statt von Kapitalisten II, diese letztren also gezwungen, diese 110_m, die sie nicht verzehren können, zu kapitalisieren. Dies läßt von den 725 II_m übrig 615 II_m. Wenn aber so II diese 110 in zusätzliches konstantes Kapital verwandelt, so braucht es ein ferneres zusätzliches variables Kapital von 55; dies muß wieder von seinem Mehrwert gestellt werden; abgezogen von 615 II_m läßt es übrig 560 für Konsumtion der Kapitalisten II, und wir erhalten nun, nach Vollziehung aller aktuellen und potentiellen Übertragungen, an Kapitalwert:

$$\begin{array}{ll}\text{I.} & (4400_c + 440_c) + (1100_v + 110_v) = 4840_c + 1210_v = 6050 \\ \text{II.} & (1600_c + 50_c + 110_c) + (800_v + 25_v + 55_v) \\ & \qquad = 1760_c + 880_v = 2640 \\ \hline & \qquad\qquad 8690.\end{array}$$

Soll die Sache normal abgehn, so muß die Akkumulation in II sich rascher vollziehn als in I, weil der Teil von $I_{(v+m)}$, der in Waren II_c umzusetzen ist, sonst rascher wächst als II_c, gegen das allein er sich umsetzen kann.

Wird die Reproduktion auf dieser Grundlage und bei sonst gleichbleibenden Umständen fortgesetzt, so erhalten wir am Schluß des folgenden Jahrs:

* [1. und 2. Auflage: 1100 I_c; nach der Druckvorlage von Engels korrigiert, siehe Marx-Engels-Werke Bd. 24.]

$$\left.\begin{array}{ll}\text{I.} & 4840_c + 1210_v + 1210_m = 7260 \\ \text{II.} & 1760_c + 880_v + 880_m = 3520\end{array}\right\} = 10780.$$

Bei gleichbleibender Teilungsrate des Mehrwerts ist zunächst als Revenue zu verausgaben von I: 1210_v und die Hälfte von m = 605, zusammen = 1815. Dieser Konsumtionsfonds ist wieder größer um 55 als II_c. Die 55 sind abzuziehn von 880_m*, bleiben 825. 55 II_m in II_c verwandelt, setzt fernern Abzug von II_m voraus für entsprechendes variables Kapital = $27^1/_2$; bleibt zu verzehren $797^1/_2$ II_m.

Es sind jetzt zu kapitalisieren in I: 605_m; davon konstant 484 und variabel 121; letztre sind abzuziehn von II_m, das jetzt noch = $797^1/_2$, läßt $676^1/_2$ II_m. II verwandelt also weitre 121 in konstantes Kapital und braucht dafür weitres variables Kapital = $60^1/_2$; dies geht ebenfalls von $676^1/_2$ ab; bleiben 616 zu verzehren.

Wir haben dann an Kapital:

$$\begin{array}{lll}\text{I.} & \text{Konstant} & 4840 + 484 = 5324. \\ & \text{Variabel} & 1210 + 121 = 1331. \\ \text{II.} & \text{Konstant} & 1760 + 55 + 121 = 1936. \\ & \text{Variabel} & 880 + 27^1/_2 + 60^1/_2 = 968.\end{array}$$

$$\text{Zusammen: } \left.\begin{array}{ll}\text{I.} & 5324_c + 1331_v = 6655 \\ \text{II.} & 1936_c + 968_v = 2904\end{array}\right\} = 9559$$

und Ende des Jahrs an Produkt:

$$\left.\begin{array}{ll}\text{I.} & 5324_c + 1331_v + 1331_m = 7986 \\ \text{II.} & 1936_c + 968_v + 968_m = 3872\end{array}\right\} = 11858.$$

Mit Wiederholung derselben Rechnung und Abrundung der Brüche erhalten wir am Schluß des folgenden Jahrs ein Produkt von:

$$\left.\begin{array}{ll}\text{I.} & 5856_c + 1464_v + 1464_m = 8784 \\ \text{II.} & 2129_c + 1065_v + 1065_m = 4259\end{array}\right\} = 13043.$$

Und am Schlusse des nächstfolgenden Jahres:

$$\left.\begin{array}{ll}\text{I.} & 6442_c + 1610_v + 1610_m = 9662 \\ \text{II.} & 2342_c + 1172_v + 1172_m = 4686\end{array}\right\} = 14348.$$

Im Verlauf von fünfjähriger** Reproduktion auf erweiterter Stufenleiter ist das Gesamtkapital von I und II gestiegen von 5500_c*** + 1750_v = 7250+

* [1. Auflage: 880 II_m]
** [1. und 2. Auflage irrtümlich: vierjähriger]
*** [1. und 2. Auflage irrtümlich: 5400_c]
+ [1. und 2. Auflage irrtümlich: 7150]

auf $8784_c + 2782_v = 11\,566$, also im Verhältnis von 100 : 160. Der Gesamtmehrwert war ursprünglich 1750, er ist 2782. Der verzehrte Mehrwert war anfangs 500 für I und 600* für II, zusammen = 1100**; er war im letzten Jahr 732 für I und 745*** für II, zusammen = 1477+. Er ist also gewachsen im Verhältnis von 100 : 134++.

2. Zweites Beispiel

Nehmen wir nun das jährliche Produkt von 9000, das sich allzusamt als Warenkapital in der Hand der industriellen Kapitalistenklasse befindet, in einer Form, wo das allgemeine Durchschnittsverhältnis des variablen und konstanten Kapitals das von 1:5 ist. Es setzt dies voraus: schon bedeutende Entwicklung der kapitalistischen Produktion und, dementsprechend, der Produktivkraft der gesellschaftlichen Arbeit; bedeutende, schon vorhergegangne Erweitrung der Produktionsleiter; endlich Entwicklung aller der Umstände, die eine relative Übervölkerung in der Arbeiterklasse produzieren. Das Jahresprodukt wird sich dann, nach Abrundung der Brüche, verteilen wie folgt:

$$\left.\begin{array}{l}\text{I. } 5000_c + 1000_v + 1000_m = 7000 \\ \text{II. } 1430_c + \;\; 285_v + \;\; 285_m = 2000\end{array}\right\} = 9000.$$

Gesetzt jetzt, die Kapitalistenklasse I konsumiere den halben Mehrwert = 500 und akkumuliere die andre Hälfte. Dann wären $(1000_v + 500_m)$ I = 1500 umzusetzen in 1500 II_c. Da hier II_c nur = 1430, so ist vom Mehrwert 70 zuzusetzen; dies von 285 II_m abgezogen läßt 215 II_m. Wir erhalten also:

I. $5000_c + 500_m$ (zu kapitalisieren) $+ 1500_{(v+m)}$ in Konsumtionsfonds der Kapitalisten und Arbeiter.

II. $1430_c + 70_m$ (zu kapitalisieren) $+ 285_v + 215_m$.

Da hier 70 II_m direkt annexiert werden an II_c, so ist erheischt, um dies zuschüssige konstante Kapital in Bewegung zu setzen, ein variables Kapital von $\frac{70}{5} = 14$; diese 14 gehn also weiter ab von 215 II_m; bleibt 201 II_m, und wir haben:

II. $(1430_c + 70_c) + (285_v + 14_v) + 201_m$.

Der Umsatz von 1500 $I_{(v + \frac{1}{2} m)}$ gegen 1500 II_c ist ein Prozeß der einfachen Reproduktion+++ und sofern abgemacht. Indes sind hier noch einige Eigen-

---

* [1. und 2. Auflage irrtümlich: 535]
** [1. und 2. Auflage irrtümlich: 1035]
*** [1. und 2. Auflage irrtümlich: 958]
+ [1. und 2. Auflage irrtümlich: 1690]
++ [1. und 2. Auflage irrtümlich: 163]
+++ [1. und 2. Auflage: Akkumulation]

tümlichkeiten zu bemerken, die daraus entstehn, daß bei der akkumulierenden Reproduktion $I_{(v + 1/2 m)}$ nicht durch II_c allein ersetzt wird, sondern durch II_c plus einem Teil von II_m.

Daß, Akkumulation vorausgesetzt, $I_{(v + m)}$ größer ist als II_c und nicht gleich II_c, wie in der einfachen Reproduktion, versteht sich von selbst; denn 1. inkorporiert I einen Teil seines Mehrprodukts in sein eignes produktives Kapital und verwandelt davon $^5/_6$ in konstantes Kapital, kann diese $^5/_6$ also nicht gleichzeitig ersetzen durch Konsumtionsmittel II; 2. I hat aus seinem Mehrprodukt für das zur Akkumulation innerhalb II nötige konstante Kapital den Stoff zu liefern, ganz wie II an I den Stoff zu liefern hat für das variable Kapital, das den von I selbst als konstantes Mehrkapital angewandten Teil seines Mehrprodukts in Bewegung setzen soll. Wir wissen: das wirkliche variable Kapital besteht aus Arbeitskraft, also auch das zusätzliche. Es ist nicht der Kapitalist I, der etwa von II notwendige Lebensmittel auf Vorrat kauft oder aufhäuft für die von ihm zu verwendende zusätzliche Arbeitskraft, wie es der Sklavenhalter tun mußte. Es sind die Arbeiter selbst, die mit II handeln. Dies verhindert aber nicht, daß vom Standpunkt des Kapitalisten aus die Konsumtionsmittel zuschüssiger Arbeitskraft nur Produktions- und Erhaltungsmittel seiner eventuell zuschüssigen Arbeitskraft, also die Naturalform seines variablen Kapitals sind. Seine eigne nächste Operation, hier die von I, besteht nur darin, daß er das nötige neue Geldkapital aufspeichert, das zum Kauf zuschüssiger Arbeitskraft nötig. Sobald er diese inkorporiert, wird das Geld Kaufmittel der Waren II für diese Arbeitskraft, muß also ihre Konsumtionsmittel vorfinden.

Nebenbei. Der Herr Kapitalist, wie seine Presse, ist oft unzufrieden mit der Art, wie die Arbeitskraft ihr Geld verausgabt, und mit den Waren II, worin sie selbes realisiert. Bei dieser Gelegenheit philosophiert, kulturschwatzt und philanthropisiert er, wie z. B. Herr Drummond, englischer Gesandtschaftssekretär in Washington: »The Nation« [ein Blatt] habe letzten Oktober 1879 einen interessanten Artikel gebracht, worin es unter andrem heiße: »Die Arbeiter haben in der Kultur nicht Schritt gehalten mit dem Fortschritt der Erfindungen; es sind ihnen Massen von Gegenständen zugänglich geworden, die sie nicht zu gebrauchen wissen und für die sie also keinen Markt schaffen.« [Jeder Kapitalist wünscht natürlich, daß der Arbeiter seine Ware kaufen soll.] »Es liegt kein Grund vor, warum der Arbeiter sich nicht ebensoviel Komforts wünschen sollte wie der Geistliche, Advokat und Arzt, der denselben Betrag erwirbt wie er.« [Diese Sorte Advokaten, Geistliche und Ärzte müssen es in der Tat bei dem Wunsch vieler Komforts gewähren lassen!] »Aber er tut es nicht. Die Frage ist noch immer, wie er als Konsument durch ein rationelles und gesundes Verfahren höher zu

stellen ist; keine leichte Frage, da sein ganzer Ehrgeiz nicht über eine Verkürzung seiner Arbeitsstunden hinausgeht, und der Demagog ihn hierzu viel mehr aufreizt als zur Erhebung seiner Lage durch Verbeßrung seiner geistigen und moralischen Fähigkeiten.« (»Reports of H.M.'s Secretaries of Embassy and Legation on the Manufactures, Commerce etc. of the Countries in which they reside«, London 1879, p. 404.)
Lange Arbeitsstunden scheinen das Geheimnis des rationellen und gesunden Verfahrens, welches die Lage des Arbeiters durch Verbeßrung seiner geistigen und moralischen Fähigkeiten heben und ihn zu einem rationellen Konsumenten machen soll. Um ein rationeller Konsument der Ware der Kapitalisten zu werden, muß er vor allem – aber der Demagog hindert ihn daran! – damit beginnen, seine eigne Arbeitskraft irrationell und gesundheitswidrig von seinem eignen Kapitalisten konsumieren zu lassen. Was der Kapitalist unter rationellem Konsum versteht, zeigt sich dort, wo er so herablassend ist, sich direkt in den Konsumtionshandel seiner Arbeiter einzulassen – im Trucksystem, wovon auch das Wohnungsliefern an die Arbeiter, so daß sein Kapitalist zugleich sein Hausvermieter, ein Zweig unter vielen ist.
Derselbe Drummond, dessen schöne Seele für die kapitalistischen Hebungsversuche der Arbeiterklasse schwärmt, erzählt in demselben Bericht unter andrem über die Baumwollmusterfabriken der Lowell und Lawrence Mills. Die Kost- und Logierhäuser für die Fabrikmädchen gehören der Aktiengesellschaft, die die Fabrikbesitzerin ist; die Vorsteherinnen dieser Häuser stehn im Dienst dieser selben Gesellschaft, die ihnen Verhaltungsregeln vorschreibt; kein Mädchen darf nach 10 Uhr nachts nach Haus kommen. Aber nun die Perle: Eine Spezialpolizei der Gesellschaft patrouilliert die Gegend ab, um die Übertretung dieser Hausordnung zu verhindern. Nach 10 Uhr abends wird kein Mädchen weder aus- noch eingelassen. Kein Mädchen darf anderswo logieren als auf dem der Gesellschaft gehörigen Terrain, auf dem jedes Haus ihr ungefähr 10 Doll. Wochenmiete einbringt; und nun sehn wir in voller Glorie den rationellen Konsumenten: »Da sich jedoch das allgegenwärtige Piano in vielen der besten Logierhäuser für Arbeiterinnen vorfindet, spielt Musik, Gesang und Tanz eine bedeutende Rolle wenigstens bei denen, die nach zehnstündiger stetiger Arbeit am Webstuhl mehr Abwechslung nach der Monotonie nötig haben als wirkliches Ausruhn.« (p. 412.) Das Hauptgeheimnis aber, wie aus dem Arbeiter ein rationeller Konsument zu machen, kommt erst. Herr Drummond besucht die Messerwarenfabrik von Turner's Falls (Connecticut River), und Herr Oakman, der Schatzmeister der Aktiengesellschaft, nachdem er ihm erzählt, daß namentlich die amerikanische Tischmesserware die englische in der Qualität schlägt,

fährt fort: »Auch in den Preisen werden wir England schlagen; wir sind ihm voraus in der Qualität schon jetzt, das ist anerkannt; aber wir müssen niedrigere Preise haben, und die bekommen wir, sowie wir unsern Stahl wohlfeiler erhalten und unsre Arbeit heruntergebracht haben!« (p. 427.) Herabsetzung des Arbeitslohns und lange Arbeitsstunden, das ist der Kern des rationellen und gesunden Verfahrens, das den Arbeiter erheben soll zur Würde eines rationellen Konsumenten, damit er einen Markt schaffe für die Masse von Gegenständen, die die Kultur und der Fortschritt der Erfindung ihm zugänglich gemacht haben.

Wie also I das zusätzliche konstante Kapital von II aus seinem Mehrprodukt zu liefern hat, so liefert II in diesem Sinn das zuschüssige variable Kapital für I. II akkumuliert für I und für sich selbst, soweit das variable Kapital in Betracht kommt, indem es einen größern Teil seiner Gesamtproduktion, also auch namentlich seines Mehrprodukts, in Form von notwendigen Konsumtionsmitteln reproduziert.

$I_{(v+m)}$ muß bei Produktion auf wachsender Kapitalbasis sein $= II_c$ plus dem Teil des Mehrprodukts, der als Kapital wieder inkorporiert wird, plus dem zuschüssigen Teil von konstantem Kapital, nötig zur Erweiterung der Produktion in II; und das Minimum dieser Erweiterung ist das, ohne welches die wirkliche Akkumulation, d. h. die wirkliche Produktionsausdehnung in I selbst nicht ausführbar ist.

Kommen wir nun zu dem oben zuletzt betrachteten Fall zurück, so hat er die Eigentümlichkeit, daß II_c kleiner als $I_{(v + \frac{1}{2} m)}$, als der in Konsumtionsmitteln als Revenue verausgabte Teil des Produkts von I, so daß, um die 1500 $I_{(v+m)}$ umzusetzen, sofort ein Teil des Mehrprodukts II = 70 dadurch realisiert wird. Was $II_c = 1430$ betrifft, so muß es, bei sonst gleichbleibenden Umständen, ersetzt werden aus $I_{(v+m)}$ zum selben Wertbetrag, damit einfache Reproduktion in II stattfinden könne, und ist insoweit hier nicht weiter zu betrachten. Anders mit den ergänzenden 70 II_m. Was für I bloßer Ersatz von Revenue durch Konsumtionsmittel, bloß auf die Konsumtion gerichteter Warenaustausch, ist für II hier nicht – wie innerhalb der einfachen Reproduktion – bloße Rückverwandlung seines konstanten Kapitals aus der Form von Warenkapital in seine Naturalform, sondern direkter Akkumulationsprozeß, Verwandlung eines Teils seines Mehrprodukts aus der Form von Konsumtionsmitteln in die von konstantem Kapital. Kauft I mit 70 Pfd.St. Geld (Geldreserve zum Umsatz von Mehrwert) die 70 II_m, und kauft II nicht dafür 70 I_m, sondern akkumuliert die 70 Pfd.St. als Geldkapital, so ist letztres zwar immer Ausdruck von zuschüssigem Produkt (eben des Mehrprodukts von II, wovon es Aliquote), obgleich nicht von einem in die Produktion wieder eingehenden Produkt; aber dann wäre diese Geldakkumulation auf Seite II zugleich Ausdruck von unverkaufbaren 70 I_m in Produktionsmitteln. Es fände also relative Überproduktion in I statt, entsprechend dieser gleichzeitigen Nichterweiterung der Reproduktion auf Seite II.

Aber abgesehn hiervon: Während der Zeit, worin die 70 Geld, die von I kamen, noch nicht oder nur teilweis durch Ankauf von 70 I_m seitens II zu I zurückgekehrt, figuriert 70 in Geld ganz oder teilweis als zusätzliches virtuelles Geldkapital in der Hand von II. Dies gilt von jedem Umsatz zwischen I und II, bevor wechselseitige Ersetzung der beiderseitigen Waren den Rückfluß des Geldes zu seinem Ausgangspunkt bewirkt hat. Aber das Geld, bei normalem Verlauf der Dinge, figuriert hier nur vorübergehend in dieser Rolle. Im Kreditsystem nun, wo jedes momentan zusätzlich freigesetzte Geld sofort aktiv als zusätzliches Geldkapital fungieren soll, kann solches nur vorübergehend freie Geldkapital festgeritten werden, z. B. zu neuen Unternehmungen sub I dienen, während es daselbst noch festliegendes Zusatzprodukt in andren Unternehmungen flüssig zu machen hätte. Es ist ferner zu bemerken, daß die Annexation von 70 I_m an das konstante Kapital II zugleich Erweiterung des variablen Kapitals II erheischt zum Betrag von 14. Dies setzt voraus – ähnlich wie in I bei direkter Inkorporation von Mehrprodukt I_m in Kapital I_c –, daß die Reproduktion in II schon vor sich geht mit der Tendenz auf fernere Kapitalisation; daß sie also Erweiterung des Teils des Mehrprodukts einschließt, der aus notwendigen Lebensmitteln besteht.

Das Produkt von 9000 im zweiten Beispiel muß zum Zweck der Reproduktion, wie wir sahn, folgende Verteilung annehmen, wenn 500 I_m kapitalisiert werden sollen. Wir ziehn dabei bloß die Waren in Betracht und vernachlässigen die Geldzirkulation.

I. $5000_c + 500_m$ (zu kapitalisieren) $+ 1500_{(v+m)}$ Konsumtionsfonds $= 7000$ in Waren.

II. $1500_c + 299_v + 201_m = 2000$ in Waren. Gesamtsumme 9000 in Warenprodukt.

Die Kapitalisation geht nun vor sich wie folgt:

In I teilen sich die 500_m, die kapitalisiert werden, in $^5/_6 = 417_c + ^1/_6 = 83_v$. Die 83_v entziehn einen gleichen Betrag von II_m, der Elemente des konstanten Kapitals kauft, also zu II_c geschlagen wird. Eine Vermehrung von II_c um 83 bedingt eine Vermehrung von II_v um $^1/_5$ von $83 = 17$. Wir haben also nach dem Umsatz:

I. $(5000_c + 417_m)_c + (1000_v + 83_m)_v = 5417_c + 1083_v = 6500$
II. $(1500_c + 83_m)_c + (299_v + 17_m)_v = 1583_c + 316_v = 1899$
Zusammen: 8399.

Das Kapital in I ist gewachsen von 6000 auf 6500, also um $^1/_{12}$. In II von 1715 auf 1899, also um nicht ganz $^1/_9$.
Die Reproduktion auf dieser Grundlage im zweiten Jahr ergibt am Jahresschluß an Kapital:

I. $(5417_c + 452_m)_c + (1083_v + 90_m)_v = 5869_c + 1173_v = 7042.$
II. $(1583_c + 42_m + 90_m)_c + (316_v + 8_m + 18_m)_v = 1715_c + 342_v = 2057$

und am Ende des dritten Jahres an Produkt:

I. $5869_c + 1173_v + 1173_m$.
II. $1715_c + 342_v + 342_m$.

Akkumuliert hier I wie bisher die Hälfte des Mehrwerts, so ergibt $I_{(v + ½ m)}$ $1173_v + 587_{(½m)} = 1760$, ist also größer als das gesamte 1715 II_c, und zwar um 45. Diese müssen also wieder durch Übernahme eines gleichen Betrags von Produktionsmitteln auf II_c ausgeglichen werden. II_c wächst also um 45, was einen Zuwachs von $^1/_5 = 9$ in II_v bedingt. Ferner teilen sich die kapitalisierten 587 I_m zu $^5/_6$ und $^1/_6$ in 489_c und 98_v; diese 98 bedingen in II einen neuen Zuschlag zum konstanten Kapital von 98 und dieser wieder eine Vermehrung des variablen Kapitals von II um $^1/_5 = 20$. Wir haben dann:

I. $(5869_c + 489_m)_c + (1173_v + 98_m)_v = 6358_c + 1271_v = 7629$
II. $(1715_c + 45_m + 98_m)_c + (342_v + 9_m + 20_m)_v = 1858_c + 371_v = 2229$
Total Kapital = 9858.

In drei Jahren wachsender Reproduktion ist also das Gesamtkapital von I gewachsen von 6000 auf 7629, das von II von 1715 auf 2229, das gesellschaftliche Gesamtkapital von 7715 auf 9858.

3. Umsatz von II_c bei Akkumulation

Im Austausch von $I_{(v + m)}$ mit II_c finden also verschiedne Fälle statt.
Bei der einfachen Reproduktion müssen beide gleich sein und einander ersetzen, da sonst, wie oben gesehn, die einfache Reproduktion nicht ohne Störung vor sich gehn kann.
Bei der Akkumulation kommt vor allem die Akkumulationsrate in Betracht. In den bisherigen Fällen nahmen wir an, daß die Akkumulationsrate in I = $^1/_2$ m I war und ebenfalls, daß sie in den verschiednen Jahren konstant blieb. Wir ließen nur die Proportion wechseln, nach welcher dies akkumu-

lierte Kapital sich in variables und konstantes teilt. Dabei ergaben sich drei Fälle:

1. $I_{(v + \frac{1}{2} m)} = II_c$, welches also kleiner ist als $I_{(v + m)}$. Dies muß es immer sein, sonst akkumulierte I nicht.

2. $I_{(v + \frac{1}{2} m)}$ ist größer als II_c. In diesem Fall wird der Ersatz dadurch bewirkt, daß zu II_c ein entsprechender Teil von II_m hinzugefügt wird, so daß diese Summe $= I_{(v + \frac{1}{2} m)}$. Hier ist der Umsatz, für II nicht einfache Reproduktion seines konstanten Kapitals, sondern schon Akkumulation, Vermehrung desselben um den Teil seines Mehrprodukts, den es austauscht gegen Produktionsmittel I; diese Vermehrung schließt zugleich ein, daß II außerdem sein variables Kapital aus seinem eignen Mehrprodukt entsprechend vergrößert.

3. $I_{(v + \frac{1}{2} m)}$ ist kleiner als II_c. In diesem Fall hat II durch den Umsatz sein konstantes Kapital nicht vollständig reproduziert, muß also das Defizit durch Kauf von I ersetzen. Dies ernötigt aber keine weitre Akkumulation von variablem Kapital II, da sein konstantes Kapital der Größe nach durch diese Operation erst vollständig reproduziert wird. Andrerseits hat durch diesen Umsatz der Teil der Kapitalisten von I, der nur zusätzliches Geldkapital aufhäuft, schon einen Teil dieser Sorte Akkumulation vollbracht.

Die Voraussetzung der einfachen Reproduktion, daß $I_{(v + m)} = II_c$ sei, ist nicht nur unverträglich mit der kapitalistischen Produktion, was übrigens nicht ausschließt, daß im industriellen Zyklus von 10–11 Jahren ein Jahr oft geringre Gesamtproduktion hat als das vorhergehende, also nicht einmal einfache Reproduktion stattfindet im Verhältnis zum vorhergehenden Jahr. Sondern auch, bei dem natürlichen jährlichen Wachstum der Bevölkerung könnte einfache Reproduktion nur insofern stattfinden, als von den 1500, die den Gesamtmehrwert repräsentieren, eine entsprechend größre Zahl unproduktiver Dienstleute mitzehrten. Akkumulation von Kapital, also wirkliche kapitalistische Produktion, wäre dagegen hierbei unmöglich. Die Tatsache der kapitalistischen Akkumulation schließt demnach aus, daß $II_c = I_{(v + m)}$. Dennoch könnte selbst bei kapitalistischer Akkumulation der Fall eintreten, daß, infolge des Gangs der in der frühern Reihe von Produktionsperioden vollzognen Akkumulationsprozesse, II_c nicht nur gleich, sondern selbst größer würde als $I_{(v + m)}$. Dies wäre eine Überproduktion in II und nur auszugleichen durch einen großen Krach, infolgedessen Kapital von II auf I sich übertrüge. – Es ändert auch nichts an dem Verhältnis von $I_{(v + m)}$ zu II_c, wenn ein Teil des konstanten Kapitals von II sich selbst reproduziert, wie z. B. in der Agrikultur die Anwendung von selbst erzeugtem Samen. Dieser Teil von II_c kommt mit Bezug auf den Umsatz zwischen I und II ebensowenig in Betracht, wie I_c dabei in Betracht kommt. Es ändert auch nichts an der Sache, wenn ein Teil der Produkte von II seinerseits fähig ist, als Produktionsmittel in I einzugehn. Sie werden gedeckt durch einen Teil der von I gelieferten Produktionsmittel, und dieser Teil ist von vornherein auf beiden Seiten in Abzug zu bringen, wenn wir den Austausch zwischen den beiden großen Klassen der gesellschaftlichen Produktion, den Produzenten von Produktionsmitteln und den Produzenten von Konsumtionsmitteln, rein und ungetrübt untersuchen wollen.

Also bei kapitalistischer Produktion kann $I_{(v + m)}$ nicht gleich II_c sein, oder beide können sich nicht im Umsatz gegeneinander decken. Dagegen kann, wenn $I\frac{m}{x}$ der Teil von I_m ist, der als Revenue von den Kapitalisten I ausgegeben wird, $I\left(v + \frac{m}{x}\right)$ gleich, größer oder kleiner sein als II_c; $I\left(v + \frac{m}{x}\right)$ muß aber immer kleiner sein als $II_{(c + m)}$, und zwar um so viel kleiner als der Teil von II_m, den die Kapitalistenklasse II unter allen Umständen selbst verzehren muß.

Es ist zu bemerken, daß bei dieser Darstellung der Akkumulation der Wert des konstanten Kapitals, sofern es Wertteil des Warenkapitals ist, zu dessen Produktion es mitwirkt, nicht exakt dargestellt ist. Der fixe Teil des neuakkumulierten konstanten Kapitals geht nur allmählich und periodisch, je nach der Natur dieser fixen Elemente verschieden, in das Warenkapital ein; dies besteht daher da, wo Rohstoff und Halbfabrikat etc. massenhaft in die Warenproduktion eingeht, zum größren Teil aus Ersatz der zirkulierenden konstanten Bestandteile und des variablen Kapitals. (Des Umschlags der zirkulierenden Bestandteile wegen kann doch so verfahren werden; es ist damit angenommen, daß innerhalb des Jahres der zirkulierende Teil zusammen mit dem an ihn abgegebnen Wertteil des fixen Kapitals so oft umschlägt, daß die Gesamtsumme der gelieferten Waren gleich dem Wert des gesamten in die jährliche Produktion eingehenden Kapitals.) Wo aber für den Maschinenbetrieb nur Hilfsstoffe eingehn, kein Rohmaterial, muß das Arbeitselement = v als größrer Bestandteil in Warenkapital wieder erscheinen. Während in der Profitrate der Mehrwert berechnet wird auf das Gesamtkapital, unabhängig davon, ob die fixen Bestandteile viel oder wenig Wert periodisch an das Produkt abgeben, ist für den Wert jedes periodisch erzeugten Warenkapitals der fixe Teil des konstanten Kapitals nur soweit mit einzurechnen, als er durch Verbrauch im Durchschnitt Wert an das Produkt selbst abgibt.

IV. Nachträgliches

Die ursprüngliche Geldquelle für II ist v + m der Goldproduktion I, ausgetauscht gegen einen Teil von II_c; nur soweit der Goldproduzent Mehrwert aufhäuft oder in Produktionsmittel I verwandelt, also seine Produktion ausdehnt, geht sein v + m nicht in II ein; andrerseits, soweit Akkumulation von Geld, seitens des Goldproduzenten selbst, schließlich zur erweiterten Reproduktion führt, geht ein nicht als Revenue ausgegebner Teil des Mehrwerts der Goldproduktion für zuschüssiges variables Kapital des Goldproduzenten in II ein, fördert hier neue Schatzbildung oder gibt neue Mittel von I zu kaufen, ohne direkt wieder an es zu verkaufen. Von dem aus diesem $I_{(v+m)}$ der Goldproduktion stammenden Geld geht der Teil des Goldes ab, den gewisse Produktionszweige von II als Rohmaterial etc., kurz als Ersatzelement ihres konstanten Kapitals brauchen. Element zur vorläufigen – zum Zweck künftiger erweiterter Reproduktion erfolgenden – Schatzbildung im Umsatz zwischen I und II ist: für I nur, wenn ein Teil von I_m an II einseitig, ohne Gegenkauf verkauft wird und hier für zusätzliches konstantes Kapital II dient; für II, wenn dasselbe der Fall ist seitens I für zuschüssiges variables Kapital; ferner, wenn ein Teil des von I als Revenue ausgegebnen Mehrwerts nicht gedeckt wird durch II_c, also damit ein Teil von II_m gekauft und dadurch in Geld verwandelt wird. Ist $I\left(v+\frac{m}{x}\right)$ größer als II_c, so braucht II_c zu seiner einfachen Reproduktion nicht durch Ware aus I zu ersetzen, was I von II_m weggezehrt hat. Es fragt sich, wieweit innerhalb des Austausches der Kapitalisten II unter sich – ein Austausch, der nur aus gegenseitigem Austausch von II_m bestehn kann – Schatzbildung stattfinden kann. Wir wissen, daß innerhalb II direkte Akkumulation dadurch stattfindet, daß ein Teil von II_m direkt in variables Kapital (gerade wie in I ein Teil von I_m direkt in konstantes Kapital) verwandelt wird. Bei den verschiednen Altersklassen der Akkumulation innerhalb der verschiednen Geschäftszweige von II, und innerhalb jedes einzelnen Geschäftszweigs für die einzelnen Kapitalisten, erklärt sich die Sache, mutatis mutandis, ganz wie sub I. Die einen befinden sich noch im Stadium der Schatzbildung, verkaufen, ohne zu kaufen, die andern auf dem Punkt wirklicher Erweiterung der Reproduktion, kaufen, ohne zu verkaufen. Das zuschüssige variable Geldkapital wird zwar zunächst ausgelegt in zuschüssiger Arbeitskraft; diese kauft aber Lebensmittel von den schatzbildenden Inhabern der zuschüssigen, in den Arbeiterkonsum eingehenden Konsumtionsmittel. Von letztren kehrt pro rata ihrer Schatzbildung das Geld nicht an seinen Ausgangspunkt zurück, sie häufen es auf.

TEXTE-ANHANG

RUDOLF HICKEL: LESEANLEITUNG ZU DEN MARXSCHEN REPRODUKTIONSSCHEMATA*

»Akkumuliert, Akkumuliert! Das ist Moses und die Propheten«

»Die Ausführungen«, vermerkt Engels zum II. Band des »Kapitals« in einem Schreiben vom 13. November 1885 an den russischen Übersetzer Danielson, »haben ein so außerordentlich hohes Niveau, daß sich der gewöhnliche Leser nicht die Mühe nehmen wird, sie ganz durchzudenken und bis in die letzten Konsequenzen zu verfolgen.«[1]
Dieser Satz ist über den »gewöhnlichen Leser« hinaus für die politische Rezeptionsgeschichte der Reproduktionsschemata im II. Band mehr als eine lapidare Anmerkung geworden. Mit dem »Streit um die Marxschen Reproduktionsschemata«[2], der sowohl für die politische Diskussion im vorrevolutionären Rußland[3] als auch in der Auseinandersetzung innerhalb der deutschen Sozialdemokratie Anfang dieses Jahrhunderts relevant geworden ist, wird vor allem deutlich, daß der methodische Stellenwert dieser »abstrakten Formeln« innerhalb der Marxschen Analyse des Kapitals im allgemeinen und einzelnen je nach politischer Opportunität unterschiedlich eingeschätzt wurde. In der Rezeptionsgeschichte der Schemata zeigt sich überaus deutlich, wie eine »Etappe der Analyse« eklektisch zur Erklärung realer Entwicklungstrends und daraus abgeleiteter Strategien herangezogen wurde. Mit der Autorität des sog. »reinen« Analytikers Karl Marx wurden, inhaltlich weit von Authentizität entfernt, die unterschiedlichsten Strategien politisch begründet.
Um auf der einen Seite ein richtiges Verständnis vom methodisch-reellen Stellenwert der »abstrakten Formeln« des II. Bandes auch im Hinblick auf die aktuellen Analogisierungsversuche mit der neueren, bürgerlichen Kreislauf- und Wachstumstheorie zu gewinnen und auf der anderen Seite eine historisch adäquate Einschätzung des »Streits« zu ermöglichen, soll in der nachfolgenden Leseanleitung die Analyse der Reproduktionsschemata schrittweise entfaltet werden. Dabei wird die Darstellungsweise von Marx in nächster Nähe zum eigentlichen Text rekonstruiert.

---

* Für wertvolle Hinweise danke ich Eckhardt Riehle.

1 Vgl. unsere Ausgabe S. 520.

2 Vgl. S. 521 unserer Ausgabe.

3 Vgl. die Darstellung von Rosa Luxemburg S. 586 unserer Ausgabe.

I) Produktion und Reproduktion der »einzelnen Kapitale im allgemeinen«

An den Anfang der Analyse der kapitalistischen Wirtschaft stellt Marx mit der Entfaltung des allgemeinen Begriffs vom Kapital gegenüber einer unbegriffenen »Stilisierung« der konkret-reellen Bewegung des Einzelkapitals die Darstellung des »unmittelbaren Produktionsprozesses«, der den eigentlichen Kerngedanken kapitalistischer Produktion enthüllt.
Der Kapitalist, Eigentümer von »produzierten Produktionsmitteln«, kombiniert die geronnene Arbeit« (konstantes Kapital, c) mit der »lebendigen Arbeit« (variables Kapital, v); dieser Produktionsprozeß führt zu einem Wertprodukt, das neben dem eingesetzten konstanten Kapital (entsprechend seiner Wertabgabe) variables Kapital und den aus der Diskrepanz zwischen Gebrauchs- und Tauschwert der Arbeit ausgebeuteten Mehrwert (m) als Wertbestandteile enthält: $c + v + m = W$. Vom Einzelkapital werden Tauschwerte produziert, für die der stoffliche Charakter – die Naturalform der Ware – nur Träger dieses gesellschaftlichen Verhältnisses ist. Damit ist die allen Einzelkapitalien gemeinsame Eigenschaft des »Kapital im allgemeinen« freigelegt: die Verwertungseigenschaft. »Mehrwertheckerei«, d. i. Produktion um der Produktion Willen, setzt sich mit dem in der »ursprünglichen Akkumulation« vollzogenen Scheidungsprozeß zwischen dem doppelt-freien Lohnarbeiter und dem Produktionsmittelbesitzer als gesellschaftliches Prinzip total durch. Das Prinzip der kapitalistischen Produktion abstrahiert reell von der konkreten Nützlichkeit der produzierten Warenwerte. Insoweit ist das »Kapital im Allgemeinen im *Unterschied* von den besondren reellen Kapitalien selbst eine *reelle* Existenz«[1] – abstrakt-reelle Existenz.
Kapital ist nach Marx »mehrwertheckender Wert«; es stellt einen »prozessierenden Wert« dar. Der eigentliche Zweck des Kapitals, sich als »mehrwertheckender Wert« permanent zu erhalten und zu vermehren, kann nur durch den »Kapitalumschlag« erreicht werden. Kapitalumschlag ist ständiger Wechsel der äußeren Form des Kapitals, ist seine Metamorphose. Die Zirkulationssphäre sichert den Kapitalumschlag und damit die Reproduktion der Werte sowie der stofflich-technologischen Struktur des Arbeitsprozesses. Der Produktionsprozeß entfaltet sich insoweit notwendigerweise in der Zirkulationssphäre; der Reproduktionsprozeß ist die Klammer für das dialektische Verhältnis von Produktion und Zirkulation:
Der »vermittelte« Zusammenhang von Produktions- und Zirkulationssphäre ist in Abb. 1 schematisiert. Die Metamorphose des Kapitals wird in diesem Fall für das Geldkapital dargestellt. Die Darstellung hätte sich

---

[1] Karl Marx, »Grundrisse zur Kritik der politischen Ökonomie«, Berlin 1953, S. 353.

ebenso für die jeweilige Zirkulationsformel des »produktiven Kapitals« (P . . .P) oder des »Warenkapitals« (W . . .W′) vornehmen lassen. »Geld«-, »Waren«-, und »Produktives Kapital« sind Formen, »die das Kapital in seinem Kreislauf beständig annimmt und abstreift«. Diese Indifferenz zeigt, daß Zirkulationsformeln immer nur »begriffloser Ausdruck der Kapitalverhältnisse« sind, die den Produktionsprozeß nur als »Resultat« ausdrücken können.[1]

II) Produktion und Reproduktion des gesellschaftlichen Kapitals

Nachdem Produktion und Reproduktion der einzelnen »Kapitale im Allgemeinen« angedeutet wurden, muß die Analyse zur Bewegung des »gesellschaftlichen Gesamtkapitals im idealen Durchschnitt« voranschreiten, denn: »Jedes einzelne Kapital bildet jedoch nur ein verselbständigtes, sozusagen mit individuellem Leben begabtes Bruchstück des gesellschaftlichen Gesamtkapitals, wie jeder einzelne Kapitalist nur ein individuelles Element der Kapitalistenklasse. Die Bewegung des gesellschaftlichen Kapitals besteht aus der Totalität der Bewegungen seiner verselbständigten Bruchstücke, der Umschläge der individuellen Kapitale. Wie die Metamorphose der einzelnen Ware ein Glied der Metamorphosenreihe der Warenwelt – der Warenzirkulation – ist, so die Metamorphose des individuellen Kapitals, sein Umschlag, ein Glied im Kreislauf des gesellschaftlichen Kapitals.«[2]
Dieser Übergang vom individuellen »Kapital im Allgemeinen« zum gesellschaftlichen Gesamtkapital kann nicht aus einer geradlinigen Aggregation »der Umschläge der individuellen Kapitale« stilisierend gewonnen werden. Vielmehr kommt es methodisch darauf an, einerseits die allgemeinen Phänomene der Bewegung des Einzelkapitals in der Bewegung des Gesamtkapitals zu verallgemeinern, zum anderen den spezifisch anderen Charakter dieser Gesamtbewegung zu erkennen. Im Übergang vom »Kapital im Allgemeinen« zur konkret-reellen Bewegung der »vielen Einzelkapitale« ist das gesellschaftliche Gesamtkapital selbst noch als ein Allgemeines betrachtet: »Betrachte ich das Gesamtkapital« – so Marx – »einer Nation z. B. im Unterschied von der Gesamtarbeit . . ., oder betrachte ich das Kapital als die allgemeine Basis einer Klasse im Unterschied zu einer anderen Klasse, so betrachte ich es im allgemeinen«.[3] Die im Gesamtkapital vollzogene

---

[1] Vgl. unsere Ausgabe S. 328.
[2] Vgl. unsere Ausgabe S. 328.
[3] Karl Marx, Grundrisse der Kritik der Politischen Ökonomie, Berlin 1953, S. 316

Abb. I Der Zusammenhang zwischen Produktions-Zirkulationssphäre

Metamorphose des Kapitals	*1. Stadium:* »Der Kapitalist erscheint auf dem Warenmarkt und Arbeitsmarkt als Käufer; sein Geld wird in Ware umgesetzt oder macht den Zirkulationsakt G – W durch.« 1) GELDKAPITAL	*2. Stadium:* »Produktive Konsumtion der gekauften Waren durch den Kapitalisten. Er wirkt als kapitalistischer Warenproduzent; sein Kapital macht den Produktionsprozeß durch. Das Resultat ist: Ware von mehr Wert als dem ihrer Produktionselemente.« 2) PRODUKTIVES KAPITAL	*3. Stadium:* »Der Kapitalist kehrt zum Markt zurück als Verkäufer; seine Ware wird in Geld umgesetzt oder macht den Zirkulationsakt W – G durch.« 3) WARENKAPITAL
ZIRKULATIONSSPHÄRE Zirkulationsprozeß	→ Geld ——→ Ware	→ Produktionsmittel (c) → Arbeitskräfte (v) W' → G'	→ Konsum der Kap. → Reinvestitionen + Akkumulation: Erneuter Umlauf G + Pm / Ak | P | → W'' → G''
PRODUKTIONSSPHÄRE	»Der unmittelbare Produktionsprozeß des Kapitals ist sein Arbeits- und Verwertungsprozeß, der Prozeß, dessen Resultat das Warenprodukt und dessen bestimmendes Motiv die Produktion von Mehrwert.« 4)	Produktion c + v + m	

1) S. 29 2) S. 29 3) S. 29 4) S. 328

Abstraktion hat auf dieser Stufe aber auch Realität. Rosdolsky ist zuzustimmen, wenn er festhält: »... was der Reproduktionsprozeß des gesellschaftlichen Kapitals begrifflich voraussetzt, ist nur die Existenz von Austauschbeziehungen zwischen den zwei Abteilungen der gesellschaftlichen Produktion- der Produktionsmittel- und der Konsumtionalmittelindustrie (die man sich wohl als nur durch zwei besondere Kapitale repräsentiert denken kann), nicht aber die Konkurrenz im eigentlichen Sinne«.[1] Jedoch, »mit der Zweiheit ist dann die Mehrheit überhaupt gegeben«.[2] Gesamtkapital setzt abstrakt Bedingungen der Notwendigkeit seiner Reproduktion, deren zufällige, krisenhafte Durchsetzung als »Mehrheit« von Kapitalien auf dieser Ebene der Darstellung nur Möglichkeit bleibt.

»Betrachten wir die jährliche Funktion des gesellschaftlichen Kapitals – also des Gesamtkapitals, wovon die individuellen Kapitale nur Bruchstücke bilden, deren Bewegung sowohl ihre individuelle Bewegung ist, wie gleichzeitig integrierendes Glied der Bewegung des Gesamtkapitals – in ihrem Resultat, d. h., betrachten wir das Warenprodukt, welches die Gesellschaft während des Jahrs liefert, so muß sich zeigen, wie der Reproduktionsprozeß des gesellschaftlichen Kapitals vonstatten geht, welche Charaktere diesen Reproduktionsprozeß vom Reproduktionsprozeß eines individuellen Kapitals unterscheiden, und welche Charaktere beiden gemeinsam sind. Das Jahresprodukt umschließt sowohl die Teile des gesellschaftlichen Produkts, welche Kapital ersetzen, die gesellschaftliche Reproduktion, wie die Teile, welche dem Konsumtionsfonds einheimfallen, durch Arbeiter und Kapitalisten verzehrt werden, also sowohl die produktive wie die individuelle Konsumtion. Sie umschließt sowohl die Reproduktion (d. h. Erhaltung) der Kapitalistenklasse und der Arbeiterklasse, daher auch die Reproduktion des kapitalistischen Charakters des gesamten Produktionsprozesses.«[3]

Methodisch wird der Übergang zur Ebene gesellschaftlicher Verallgemeinerung durch die Aufhebung der Voraussetzungen bei der Reproduktion der allgemeinen, »individuellen Kapitale« ermöglicht. Die in den Voraussetzungen der Zirkulation des Einzelkapitals eingefangenen typischen Merkmale der gesamtgesellschaftlichen Reproduktion werden jetzt thematisiert, d. h. freigelegt. Die im »Motiv nach Mehrwert« als objektiver Zweck der kapitalistischen Produktion gesetzte »Mehrwertheckerei« hat für den

---

1 Roman Rosdolsky, Zur Entstehungsgeschichte des Marxschen ›Kapital‹, Band I, Frankfurt 1968, S. 93.
2 Karl Marx, »Grundrisse«, a. a. O., S. 353.
3 Vgl. unsere Ausgabe S. 366/367.

allgemeinen Begriff des Kapitals die Abstraktion von der »gesellschaftlichen Potenz des Gebrauchswerts« produzierter Warenwerte auf dieser Stufe materiell-methodisch erzwungen. Daher war die Voraussetzung der Rückverwandlung des »individuellen Kapitals« in die dem Arbeitsprozeß entsprechenden »Produktionselemente« bei dieser Darstellung geradezu erforderlich. Bei der Reproduktion des Gesamtkapitals, bei der die in Einheit erscheinenden Momente der Produktion und Zirkulation in ihrer Zerrissenheit im Vordergrund stehen, muß jedoch die stofflich-strukturelle Reproduktion der Werte allgemein zur Darstellung gelangen. Die Realisation des gesellschaftlichen Produkts läßt den bisher verborgenen Widerspruch von Gebrauchs- und Tauschwert in der Ware auf der allgemeinen Ebene der Darstellung seiner Bewegungsform finden.

»Wir können uns jetzt nicht mehr begnügen, wie bei Analyse des Produktenwerts des einzelnen Kapitals, mit der Voraussetzung, daß der einzelne Kapitalist die Bestandteile seines Kapitals durch Verkauf seines Warenprodukts erst in Geld umsetzt und dann durch Wiederkauf der Produktionselemente auf dem Warenmarkt in produktives Kapital rückverwandeln kann. Jene Produktionselemente, soweit sie sachlicher Natur, bilden ebensowohl einen Bestandteil des gesellschaftlichen Kapitals, wie das individuelle fertige Produkt, das sich gegen sie austauscht und sich durch sie ersetzt. Andrerseits bildet die Bewegung des Teils des gesellschaftlichen Warenprodukts, das vom Arbeiter in Verausgabung seines Arbeitslohns und vom Kapitalisten in Verausgabung des Mehrwerts verzehrt wird, nicht nur ein integrierendes Glied der Bewegung des Gesamtprodukts, sondern sie verschlingt sich mit der Bewegung der individuellen Kapitale, und ihr Vorgang kann daher nicht dadurch erklärt werden, daß man ihn einfach voraussetzt.«[1]

Zentrales Problem für die Bewegung des Gesamtkapitals ist die abstrakt-reelle Notwendigkeit des Wertersatzes ebenso wie des Stoffersatzes. Damit diese Bewegung »störungsfrei« verläuft, bedarf es des Gelingens des »gesellschaftlichen Stoffwechsels«. Dieser realisiert sich im Austausch der »stofflichen« Waren zwischen den Produktionsabteilungen. Auf dieser Betrachtungsebene bedarf es nicht nur eines Fonds von Werten, sondern auch eines realisierbaren Gebrauchswerts der Werte. Die produzierten Werte müssen demzufolge Gebrauchswert haben, d. h. stofflich zum Austausch befähigt sein. Die Antimonie von Gebrauchs- und Tauschwert, die für die Produktion und Reproduktion des individuellen »Kapitals im Allgemeinen« vernachlässigt werden konnte, tritt für die Betrachtung der Bewegung des Gesamtkapitals

---

[1] Vgl. unsere Ausgabe S. 367/368.

in den Mittelpunkt. Tauschwert ist immer an Gebrauchswert gebunden; In der Reproduktion des Gesamtkapitals wird in der Ware enthaltene dialektische Einheit zum Problem.

Eine geeignete Schematisierung für die Darstellung sowie eine mögliche Form für die Bewegung dieser Antinomie zu finden, ist das vorrangige Anliegen der Reproduktionsschemata. Wie die Bewegung des Gesamtkapitals, die eben nicht nur Wertersatz sondern auch Stoffersatz inkorporieren muß, vonstatten geht, stellt die zentrale Problemstellung in der Marxschen Konstruktion der Reproduktionsschemata dar.

Die Schemata der Reproduktion werden auf einem, dem allgemeinen Begriff des Kapitals entsprechenden Abstraktionsniveau angelegt, das die gemeinsamen Elemente dieses Stoffwechsels und Wertersatzes freilegt und damit Möglichkeiten einer Bewegung des Widerspruchs zwischen Tausch- und Gebrauchswert auf die Durchsetzung der Reproduktion des Gesamtkapitals hin aufzeigt. Marx bedient sich hierbei der »Macht der Abstraktion«, die die Erscheinungsformen auf ihr Wesen zurückführt. So wie die abstrakte Untersuchung des Mehrwerts etwa der Untersuchung seiner spezifischen Erscheinungsformen als Profit, Rente und Zins vorangestellt wird, so entwickelt Marx hier die abstrakte Form der Reproduktion, bevor er die Erscheinungsformen der kapitalistischen Entwicklung in ihrer Wirklichkeit analysiert. Die Abstraktion ist insoweit nicht willkürlich oder unhistorisch, als sie den Widerspruch von Gebrauchs- und Tauschwert als Kernproblem kapitalistischer Wirtschaft aus den komplizierten, realen und unvermittelten Erscheinungsformen herausdestilliert. Diese Analyse stellt lediglich eine »Etappe« dar; sie ist weit entfernt von der Darstellung realer Entwicklungstendenzen des Kapitalismus. Eine derartige Einsicht verhindert die Verwechselung der gleichgewichtigen Proportionen im Schema mit einer fälschlicherweise daraus abgeleiteten Gleichgewichtstendenz des Kapitalismus[1]. Erst »durch vermittelnde Mitglieder« erfolgt das Voranschreiten zu realen Erscheinungsformen. Dann erst wird sich zeigen, daß die *Notwendigkeit* der Reproduktion der Wertgrößen in bestimmter »Naturalform« (konsumtiver und produktiver Verwendbarkeit) sich nur »naturwüchsig« als ein *zufälliges Moment* in der Konkurrenz der »vielen Einzelkapitale« durchzusetzen vermag, Mit dieser methodischen Einordnung der Schemata kann zur Analyse ihrer beiden Formen übergegangen werden. Auf dem Hintergrund der inhaltlich-methodischen Bestimmung dieser Marxschen Absicht ergibt sich auch nicht mehr die Gefahr einer mechanistischen, in falsche Unmittelbarkeit gesetzte Interpretation der Reproduktionsprozesse, von der die derzeitige

---

[1] Vgl. Textauszug S. 760–764 unserer Ausgabe.

bürgerliche Nationalökonomie ebenso gekennzeichnet ist, wie die »neoharmonische« Auslegung der Vulgärmarxisten.

III) Die »Reproduktion auf einfacher Stufenleiter«

Bei der »Reproduktion auf einfacher Stufenleiter« steht die folgende Frage im Mittelpunkt:
»Wie wird das in der Produktion verzehrte Kapital seinem Wert nach aus dem jährlichen Produkt ersetzt, und wie verschlingt sich die Bewegung dieses Ersatzes mit der Konsumtion des Mehrwerts durch die Kapitalisten, und des Arbeitslohns durch die Arbeiter? Es handelt sich also zunächst um die Reproduktion auf einfacher Stufenleiter. Ferner wird unterstellt nicht nur, daß die Produkte ihrem Wert nach sich austauschen, sondern auch daß keine Wertrevolution in den Bestandteilen des produktiven Kapitals vorgehe.«[1]
Im Modell der ›einfachen Reproduktion‹ wird der Mehrwert vom Kapitalisten konsumiert. Der typisch kapitalistische Vorgang der Akkumulation, d. h. Kapitalisierung von Mehrwert, wird hierbei vernachlässigt. Es handelt sich damit um eine stationäre Wirtschaft. Diese Abstraktion ist nicht willkürlich. ›Einfache Reproduktion‹ ist als Kreislauf in jeder Phase ein abstrakt-reelles Moment der Akkumulation. Damit wird deutlich, daß dieser Typ gesellschaftlicher Reproduktion am Anfang steht. Die Darstellung gibt die ›einfachste‹ Einsicht in das gesamtgesellschaftliche Stoff- und Wertersatzproblem. Die Abstraktion legt den wesentlichen Kern frei, von dem aus die »Reproduktion auf erweiteter Stufenleiter« entwickelt werden kann.
»Die einfache Reproduktion auf gleichbleibender Stufenleiter erscheint insoweit als eine Abstraktion, als einerseits auf kapitalistischer Basis Abwesenheit aller Akkumulation oder Reproduktion auf erweiterter Stufenleiter eine befremdliche Annahme ist, andrerseits die Verhältnisse, worin produziert wird, nicht absolut gleichbleiben (und dies ist vorausgesetzt) in verschiednen Jahren. Die Voraussetzung ist, daß ein gesellschaftliches Kapital von gegebenem Wert, wie im vorigen Jahr so in diesem, dieselbe Masse Warenwerte wieder liefert und dasselbe Quantum Bedürfnisse befriedigt, obgleich die Formen der Waren sich im Reproduktionsprozeß ändern mögen. Indes, soweit Akkumulation stattfindet, bildet die einfache Reproduktion stets einen Teil derselben, kann also für sich betrachtet werden, und ist ein realer Faktor der Akkumulation.«[2]

---

[1] Vgl. unsere Ausgabe S. 368.
[2] Vgl. unsere Ausgabe S. 369.

Das Grundproblem der Bewegung des Gesamtkapitals kristallisiert Marx dadurch heraus, daß er den »gesellschaftlichen Stoffwechsel« in der Struktur zweier Produktionsabteilungen, die typische Aggregate darstellen, entfaltet. Das Gesamtkapital ist damit »bruchstückhaft« in zwei, stofflich unterschiedene Kapitalien zerlegt.

»Das Gesamtprodukt, also auch die Gesamtproduktion, der Gesellschaft zerfällt in zwei große Abteilungen:

I. Produktionsmittel, Waren, welche eine Form besitzen, worin sie in die produktive Konsumtion eingehn müssen oder wenigstens eingehn können.

II. Konsumtionsmittel, Waren, welche eine Form besitzen, worin sie in die individuelle Konsumtion der Kapitalisten- und Arbeiterklasse eingehn.

In jeder dieser Abteilungen bilden sämtliche verschiedne, ihr angehörige Produktionszweige einen einzigen großen Produktionszweig, die einen den der Produktionsmittel, die andern den der Konsumtionsmittel. Das in jedem der beiden Produktionszweige angewandte gesamte Kapital bildet eine besondre große Abteilung des gesellschaftlichen Kapitals.«[1]

Dieser »Abteilungsordnung« (Burchardt) haftet weder »Willkür«[2] noch irgendeine »Starrheit«[3] an. Sie geht von zwei Warentypen aus, bei denen der eigentliche Kern des volkswirtschaftlichen Austauschproblems freigelegt werden kann: Die Produzenten von Produktionsmitteln werden in der Abteilung I (»Produktionsmittel-Abteilung«), die der Konsummittel in der Abteilung II (»Konsummittel-Abteilung«) zusammengefaßt. Es ist selbstverständlich, daß von dieser Darstellung aus weitere Abteilungen bzw. Sektoren eingeführt werden können[4]. Für die allgemeine Fragestellung der Reproduktion ergeben sich jedoch grundsätzlich keine neuen Erkenntnisse. Mit den beiden Aggregaten, die die gesamte Volkswirtschaft charakterisieren, läßt sich das Problem des Ausgleichs der Warenumsätze zwischen den Abteilungen typisch aufzeigen. Die strikte Annahme, nach der nur die jeweils produzierten Waren zwischen den Abteilungen ausgetauscht werden dürfen, vermittelt auf höchster Abstraktionsebene das Problem des »gesellschaftlichen Stoffwechsels« im Prozeß des Austauschs[5]. Ist einmal die grundsätzliche Einsicht in die Fragestellung gewonnen, so kann ohne Schwierigkeiten zu einer zunehmenden Konkretisierung »aufgestiegen« werden.

---

[1] Vgl. unsere Ausgabe S. 370.
[2] Vgl. Textauszug S. 524 unserer Ausgabe.
[3] Vgl. Textauszug S. 526 unsererAusgabe.
[4] Vgl. Textauszug S. 642 unserer Ausgabe.
[5] Diese Annahme wurde in der Analyse von Otto Bauer aufgegeben. Vgl. Textauszug S. 773 unserer Ausgabe.

Für jede Abteilung wird der Produktionsprozeß dargestellt. Die jeweilige Struktur des konstanten und variablen Kapitals ergibt die »Kooperationsordnung«. Die produzierten Tauschwerte der einen Abteilung materialisieren sich in Produktionsmitteln, die der anderen in Konsummitteln. Die Entstehung des Mehrwerts läßt sich nur noch formal über die Mehrwertrate (m:v) rekonstruieren; der eigentliche Vorgang der Entstehung ist nicht mehr Gegenstand bei der Betrachtung der Reproduktion des gesellschaftlichen Gesamtkapitals.

Die Kombination von konstantem und variablem Kapital wird über die »organische Zusammensetzung des Kapitals« (c:v) zum Ausdruck gebracht. Die jeweilige »organische Zusammensetzung des Kapitals« bringt die ›Produktionsstruktur‹, die jeweiligen Mehrwertraten die ›Ausbeutungsstruktur‹ zum Ausdruck. Für die Reproduktion ist die Konstanz dieser Strukturen eine grundlegende Annahme.

»In jeder Abteilung zerfällt das Kapital in zwei Bestandteile:

I. Variables Kapital. Dies, dem Wert nach betrachtet, ist gleich dem Wert der in diesem Produktionszweig angewandten gesellschaftlichen Arbeitskraft, also gleich der Summe der dafür gezahlten Arbeitslöhne. Dem Stoff nach betrachtet, besteht es aus der sich betätigenden Arbeitskraft selbst, d. h. aus der von diesem Kapitalwert in Bewegung gesetzten lebendigen Arbeit.

2. Konstantes Kapital, d. h. den Wert aller zur Produktion in diesem Zweig angewandten Produktionsmittel. Diese zerfallen ihrerseits wieder in fixes Kapital: Maschinen, Arbeitswerkzeuge, Baulichkeiten, Arbeitsvieh etc.; und in zirkulierendes konstantes Kapital: Produktionsmaterialien, wie Roh- und Hilfsstoffe, Halbfabrikate etc.[1]«

Nach der Klärung dieser Voraussetzung ist die Konstruktion der »Fundamentalform« problemlos. Die Notwendigkeit der Reproduktion des Gesamtkapitals als Problem des »störungsfreien« Austauschs in den Abteilungen (intrasektoral) und zwischen den Abteilungen (intersektoral) wird innerhalb des Schemas mit den zwei Abteilungen entwickelt.

»Für unsre Untersuchung der einfachen Reproduktion wollen wir folgendes Schema zugrunde legen, worin c = konstantes Kapital, v = variables Kapital, m = Mehrwert ist und das Verwertungsverhältnis $\frac{m}{v}$ zu 100% angenommen wird. Die Zahlen mögen Millionen Mark, Franken oder Pfund Sterling bedeuten.

---

[1] Vgl. unsere Ausgabe S. 370/371.

I. Produktion von Produktionsmitteln:
Kapital $4000_c + 1000_v = 5000$,
Warenprodukt $4000_c + 1000_v + 1000_m = 6000$,
existierend in Produktionsmitteln.
II. Produktion von Konsumtionsmitteln:
Kapital $2000_c + 500_v = 2500$,
Warenprodukt $2000_c + 500_v + 500_m = 3000$,
existierend in Konsumtionsmitteln.
Rekapituliert, jährliches Gesamtwarenprodukt:
I. $4000_c + 1000_v + 1000_m = 6000$ Produktionsmittel,
II. $2000_c + 500_v + 500_m = 3000$ Konsumtionsmittel.
Gesamtwert = 9000, wovon das in seiner Naturalform fortfungierende fixe Kapital nach der Voraussetzung ausgeschlossen ist.«[1]

Im weiteren Verlauf werden die intersektoralen Umsätze analysiert. Die jeweilige stofflich-strukturelle Abhängigkeit der Abteilungen kommt in den intersektoralen Tauschbeziehungen zum Ausdruck. Hier wird vor allem deutlich, daß die Bindung der in den beiden Abteilungen produzierten Tauschwerte an die »gesellschaftliche Potenz der Gebrauchswerte« relevant ist.

»Wenn wir nun die auf Grundlage einfacher Reproduktion, wo also der ganze Mehrwert unproduktiv konsumiert wird, notwendigen Umsätze untersuchen, und dabei zunächst die sie vermittelnde Geldzirkulation unbeachtet lassen, so ergeben sich uns von vornherein drei große Anhaltspunkte.

1. Die 500_v, Arbeitslohn der Arbeiter, und die 500_m, Mehrwert der Kapitalisten der Abteilung II, müssen in Konsumtionsmitteln verausgabt werden. Aber ihr Wert existiert in den Konsumtionsmitteln zum Wert von 1000, die in den Händen der Kapitalisten, Abteilung II, die vorgeschossenen 500_v ersetzt und die 500_m repräsentieren. Arbeitslohn und Mehrwert der Abteilung II werden also innerhalb Abteilung II gegen Produkt von II umgesetzt. Damit verschwinden aus dem Gesamtprodukt $(500_v + 500_m)$ II = 1000 in Konsumtionsmitteln.

2. Die $1000_v + 1000_m$ der Abteilung I müssen ebenfalls in Konsumtionsmitteln verausgabt werden, also in Produkt von Abteilung II. Sie müssen sich also austauschen gegen den von diesem Produkt noch übrigen, dem Betrag nach gleichen, konstanten Kapitalteil 2000_c. Dafür erhält Abteilung II einen gleichen Betrag von Produktionsmitteln, Produkt von I, worin der

[1] Vgl. unsere Ausgabe S. 371.

Wert der $1000_v + 1000_m$ von I verkörpert. Damit verschwinden aus der Rechnung 2000 II_c und $(1000_v + 1000_m)$ I.

3. Es bleiben noch 4000 I_c. Diese bestehn in Produktionsmitteln, die nur in Abteilung I vernutzt werden können, zum Ersatz ihres verzehrten konstanten Kapitals dienen, und daher durch gegenseitigen Austausch zwischen den einzelnen Kapitalisten von I ebenso ihre Erledigung finden, wie die $(500_v + 500_m)$ II durch Austausch zwischen den Arbeitern und Kapitalisten, resp. zwischen den einzelnen Kapitalisten von II.[1]«

Damit sind die Arten der Umsätze für die ›einfache Reproduktion‹ beschrieben.

Der zweite Umsatztyp (2.) stellt als Vermittlung von Produktion und Zirkulation die ökonomische Klammer zwischen den beiden Abteilungen her. Mit dieser Beziehung wird die strukturelle Geschlossenheit der ›einfachen Reproduktion‹ gesichert. Sie garantiert, daß weder Mangel noch Überfluß an Gebrauchswerten besteht. Die Konsumtion der Kapitalisten und die Alimentierung der Arbeiter in Abteilung I erfolgt durch ein Tauschgeschäft

Abb. 2 Kreislauf bei »einfacher Reproduktion«

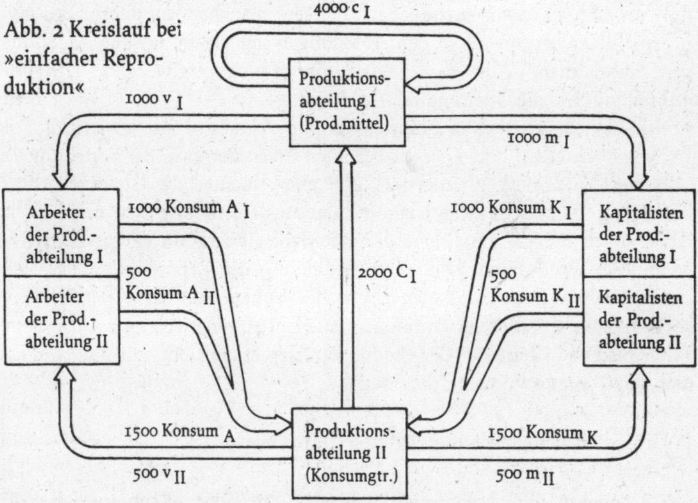

[1] Vgl. unsere Ausgabe S. 371/372.

mit der Abteilung II. Damit ist die gesellschaftliche Bedingung für die Notwendigkeit der ›einfachen Reproduktion‹ des Gesamtkapitals illustriert.
Die ›einfache Reproduktion‹ (»Reproduktion auf einfacher Stufenleiter«), innerhalb derer die quantitative Zusammensetzung der Gebrauchswerte und damit der Bedürfnisse unverändert bleibt, läßt sich als Kreislaufsystem zwischen den beiden Aggregaten, Abteilung I und Abteilung II, darstellen (vgl. Abb. 2).
Die Pfeile charakterisieren die den realen Umsätzen entsprechenden Geldströme. Die numerischen Werte entsprechen dem von Marx gewählten Beispiel der ›einfachen Reproduktion‹. Marx hat in einem Brief an Engels eine ähnliche Darstellung angefertigt[1]. Das von ihm viel bewunderte historische Vorbild stellt dabei das »Tableau économique« nach François Quesnay dar. Die schematische Ähnlichkeit zwischen Marx und Quesnay darf jedoch nicht über die grundlegend unterschiedlichen Inhalte hinwegtäuschen.
Aus dem Kreislaufschema geht jeweils der Eingang (input) in die und der Ausgang (output) aus den Abteilungen hervor. In der Darstellung sind die monetären Ströme schematisiert worden; reale Ströme hätten ebensogut dargestellt werden können. Soll eine störungsfreie, stationäre Reproduktion der Gesamtwirtschaft gesichert werden, d. h. soll weder Mangel noch Überfluß an Gebrauchswerten bestehen, müssen sich die den Reproduktionsprozeß bildenden Ströme in den Abteilungen mit denen aus den Abteilungen ausgleichen. Aus der Kreislaufdarstellung ergibt sich am Pol »Abteilung II« die Gleichgewichtsbedingung: $c_{II} = v_{I} + m_{I}$. Nach dem Kreislaufaxiom gleichen sich Eingänge und Ausgänge am jeweiligen Pol (Abteilungen etwa) aus. Dies ist bei allen Polen der Fall. Bei Abteilung II fällt nach Saldierung gleichartiger Zu- und Abgänge die Gleichgewichtsbedingung als ökonomische Klammer des Austauschs zwischen den beiden Abteilungen heraus. Sie sichert die materielle Realisation der gesamtwirtschaftlichen Produktion. Daß diese Bedingung der Reproduktion des Gesamtkapitals auf der konkreten Ebene der Konkurrenz der vielen Einzelkapitale zum »planlosen«, zufälligen Moment degeneriert, entspringt dem »anarchischen« Charakter der Produktion, der Proportionalität nur planlos und damit »naturwüchsig« durchsetzt.

IV) Die »Reproduktion auf erweiterter Stufenleiter«

Der Übergang zur ›erweiterten Reproduktion‹ oder »Reproduktion auf

[1] Vgl. Briefauszug S. 515 unserer Ausgabe.

progressiver Stufenleiter« fügt sich an das ›einfache Reproduktionsschema‹ fugenlos an. Die methodischen Voraussetzungen sind prinzipiell dieselben. Die Bewegung des Widerspruchs von Gebrauchs- und Tauschwert als im Verwertungsprozeß des Kapitals reproduzierte stoffliche Struktur des Arbeitsprozesses wird jetzt am dynamischen Prozeß einer Wirtschaft dargestellt.

»Der Kreislauf der einfachen Reproduktion verändert sich und verwandelt sich, nach Sismondis Ausdruck, in eine Spirale«[1].

Um im Bild zu bleiben: die Bewegung in der Ebene, die im Kreislaufbild für die ›einfache Reproduktion‹ dargestellt wurde, führt hier gleichzeitig zu einer Bewegung – entsprechend der Spirale – in den Raum. In jedem Moment der Dynamik kann ein Kreislaufbild in die Ebene projiziert werden (vgl. Abb. 3, Seite 000). Der stationäre Kreislauf ist im Akkumulationsschema als Moment enthalten.

Wurde bisher der Mehrwert durch die Kapitalisten in vollem Umfang konsumiert, so wird jetzt ein Teil des Mehrwerts akkumuliert, d. h. der zusätzlichen Produktion zur Verfügung gestellt.

»Anwendung von Mehrwert als Kapital oder Rückverwandlung von Mehrwert in Kapital heißt Akkumulation des Kapitals«[2].

Das ist das dominante Ziel kapitalistischer Produktion. Ausgangspunkt für den Akkumulationsprozeß als allgemeines Bewegungsgesetz des Gesamtkapitals bildet die Darstellung der Akkumulation des einzelnen Kapitals »im idealen Durchschnitt«.

»Es wurde in Buch I gezeigt, wie die Akkumulation für den einzelnen Kapitalisten verläuft. Durch die Versilberung des Warenkapitals wird auch das Mehrprodukt versilbert, in dem sich der Mehrwert darstellt. Diesen so in Geld verwandelten Mehrwert rückverwandelt der Kapitalist in zuschüssige Naturalelemente seines produktiven Kapitals. Im nächsten Kreislauf der Produktion liefert das vergrößerte Kapital ein vergrößertes Produkt. Was aber beim individuellen Kapital, muß auch erscheinen in der jährlichen Gesamtproduktion, ganz wie wir gesehn bei Betrachtung der einfachen Reproduktion, daß der sukzessive Niederschlag – beim individuellen Kapital – seiner verbrauchten fixen Bestandteile in Geld, das aufgeschatzt wird, sich auch in der jährlichen gesellschaftlichen Reproduktion ausdrückt.

Wenn ein individuelles Kapital = $400_c + 100_v$ ist, der jährliche Mehrwert = 100, so ist das Warenprodukt = $400_c + 100_v + 100_m$. Diese 600 werden in Geld verwandelt. Von diesem Geld werden wieder 400_c

[1] Siehe »Kapitel«, Bd. 1, a. a. O., S. 528.

[2] Siehe »Kapitel«, Bd. 1, a. a. O., S. 526.

umgesetzt in Naturalform von konstantem Kapital, 100_v in Arbeitskraft, und – falls der gesamte Mehrwert akkumuliert wird – außerdem 100_m verwandelt in zuschüssiges konstantes Kapital, durch Umsatz in Naturalelemente des produktiven Kapitals. Es ist dabei unterstellt: I. daß diese Summe unter den gegebnen technischen Bedingungen genügend ist, sei es zur Ausdehnung des fungierenden konstanten Kapitals, sei es zur Anlage eines neuen industriellen Geschäfts. Es kann aber auch sein, daß die Verwandlung von Mehrwert in Geld und die Aufschatzung dieses Geldes für viel längre Zeit nötig ist, bevor dieser Prozeß statthaben, also wirkliche Akkumulation, Erweitrung der Produktion eintreten kann. 2. Es ist vorausgesetzt, daß in der Tat schon vorher Produktion auf erweiterter Stufenleiter eingetreten; denn um das Geld (den in Geld aufgeschatzten Mehrwert) in Elemente des produktiven Kapitals verwandeln zu können, müssen diese Elemente als Waren auf dem Markte kaufbar sein; es macht dabei auch keinen Unterschied, wenn sie nicht als fertige Waren gekauft, sondern auf Bestellung angefertigt werden. Bezahlt werden sie erst, nachdem sie da sind, und jedenfalls nachdem mit Bezug auf sie wirkliche Reproduktion auf erweiterter Stufenleiter, Ausdehnung der bisher normalen Produktion, bereits stattgefunden hat. Sie mußten potentiell, d. h. in ihren Elementen, da sein, da es doch nur des Anstoßes der Bestellung, d. h. eines dem Dasein der Ware vorausgehenden Kaufs, derselben und ihres antizipierten Verkaufs bedarf, damit ihre Produktion wirklich stattfinde. Das Geld auf der einen Seite ruft dann die erweiterte Reproduktion auf der andern ins Leben, weil deren Möglichkeit ohne das Geld da ist; denn Geld an sich selbst ist kein Element der wirklichen Reproduktion.«[1]

In der kapitalistischen Gesellschaft kommt es darauf an, die abstrakt-reellen Bedingungen zu finden, die eine störungsfreie Akkumulation ermöglichen, damit die Tauschwerte auch dem Gebrauch zugeführt werden, um gleichzeitig zu beantworten, warum sich die abstrakte Notwendigkeit ›erweiterter Reproduktion‹ nicht konkret durchsetzt.

Störungsfreie Akkumulation entspricht der Realisierung des gesellschaftlichen Produkts. Wiederum bedient sich Marx der zwei Abteilungen, in deren Austauschbeziehungen er jetzt für die wachsende Wirtschaft Entstehung und Erneuerung sowie Erweiterung von Tauschwerten in ihrer gebrauchswertmäßigen stofflichen Realisation darstellt.

»B Ausgangsschema für Reproduktion auf erweiterter Stufenleiter

---

[1] Vgl. unsere Ausgabe S. 456/457.

$$\left.\begin{array}{l} \text{I. } 4000_c + 1000_v + 1000_m = 6000 \\ \text{II. } 1500_c + 750_v + 750_m = 3000 \end{array}\right\} \text{Summa} = 9000\text{«}^{1}$$

Für die Interpretation des Akkumulationsprozesses ist es wichtig, anzumerken, daß die in der Anfangsphase vorgegebene Produktionsstruktur (jeweilige »organische Zusammensetzung des Kapitals« in Abteilung I und II) und Ausbeutungsstruktur (Mehrwertraten) während des Akkumulationsprozesses konstant bleiben. Auf der Ebene der Darstellung der Bedingungen der Notwendigkeit der erweiterten Reproduktion des Gesamtkapitals gibt es keine Veränderung der »organischen Zusammensetzung des Kapitals«, d. h. keinen technischen Fortschritt, der sich in einer veränderten »Kooperationsordnung« von c und v in den Abteilungen ausdrückt. Die Interpretation dieses Akkumulationsmodells auf dem Hintergrund sich verändernder Kapitalstruktur ist in dieser »Etappe« der dialektischen Darstellungsweise unzulässig. Die Funktionsweise der Akkumulation kann nicht mit dem technischen Fortschritt begründet werden[2].

Die Wirkungen des Akkumulationsprozesses analysiert Marx von einer Investitionsinitiative in Abteilung I aus. Ebensogut hätte er auch von Abteilung II her den Akkumulationsprozeß einleiten können.

»Angenommen, daß in Schema B die Hälfte des Mehrwerts von I akkumuliert wird, also 500, so erhalten wir zunächst ($1000_v + 500_m$) I oder 1500 I $_{(v+m)}$ zu ersetzen durch 1500 II_c, es bleibt dann in I : $4000_c + 500_m$, welche letztre zu akkumulieren. Die Ersetzung von ($1000_v + 500_m$) I durch 1500 II_c ist ein Prozeß der einfachen Reproduktion und schon bei letztrer erläutert.«[3]

Die für die Realisation der Akkumulation notwendigen Umsätze interpretiert Marx im Reproduktionsschema, das durch die stoffliche Besonderheit zweier Kapitalien konstituierbar wird. Die Bedingungen für die Notwendigkeit des Gelingens des Stoffwechsels ist in diesem Fall komplizierter geworden.

Über ein verändertes »Arrangement« in den beiden Abteilungen wird schließlich jeweils eine erhöhte Menge von Produktionswerten ausgewiesen.

»Nehmen wir an, daß von den 500 I_m 400 in konstantes Kapital zu verwandeln, 100 in variables. Der Umsatz innerhalb I der 400_m, die so kapitalisiert werden sollen, ist bereits erörtert; sie können also ohne weiteres

---

[1] Vgl. unsere Ausgabe S. 476.

[2] Vgl. das Vorgehen von Lenin und Bauer; S. 679 und 772 unserer Ausgabe.

[3] Vgl. unsere Ausgabe S. 476.

annexiert werden an I_c, und wir erhalten dann dafür I : $4400_c + 1000_v + 100_m$ (die in 100_v umzusetzen sind).

Seinerseits kauft II zum Zweck der Akkumulation von I die 100 I_m (in Produktionsmitteln existierend), die nun zuschüssiges konstantes Kapital von II bilden, während die 100 Geld, die es dafür zahlt, in Geldform des zuschüssigen variablen Kapitals von I verwandelt werden. Wir haben dann für I ein Kapital von $4400_c + 1100_v$ (die letztren in Geld) = 5500.

II hat jetzt für konstantes Kapital 1600_c; es muß zu deren Bearbeitung weitre 50_v in Geld für Ankauf neuer Arbeitskraft zuschießen, so daß sein variables Kapital von 750 auf 800 wächst. Diese Ausdehnung des konstanten wie variablen Kapitals von II um zusammen 150 wird bestritten aus seinem Mehrwert; von den 750 II_m bleiben also nur 600_m als Konsumtionsfonds der Kapitalisten II, deren Jahresprodukt sich nun verteilt wie folgt:

II. $1600_c + 800_v + 600_m$ (Konsumtionsfonds) = 3000. Die in Konsumtionsmitteln produzierten 150_m, die hier in $(100_c + 50_v)$ II umgesetzt, gehn in ihrer Naturalform ganz in die Konsumtion der Arbeiter ein: 100 werden verzehrt von den Arbeitern I (100 I_v) und 50 von den Arbeitern II (50 II_v), wie oben auseinandergesetzt. In der Tat muß in II, wo sein Gesamtprodukt in einer für die Akkumulation nötigen Form zubereitet wird, größrer Teil des Mehrwerts in Form von notwendigen Konsumtionsmitteln reproduziert werden. Beginnt wirklich die Reproduktion auf erweiterter Stufenleiter, so fließen die 100 variables Geldkapital von I durch die Hände seiner Arbeiterklasse zurück an II; welches dagegen 100_m in Warenvorrat an I überträgt und zugleich 50 in Warenvorrat an seine eigne Arbeiterklasse.

Das zum Zweck der Akkumulation veränderte Arrangement steht nun wie folgt:

I. $4400_c + 1100_v$ + 500 Konsumtionsfonds = 6000
II. $1600_c + 800_v$ + 600 Konsumtionsfonds = 3000

Summa 9000
wie oben.

Davon sind Kapital (vermehrt gegenüber der Ausgangsproduktion, R. H.):

$$\left.\begin{array}{l} \text{I. } 4400_c + 1100_v \text{ (Geld)} = 5500 \\ \text{II. } 1600_c + 800_v \text{ (Geld)} = 2400 \end{array}\right\} = 7900, \ldots$$

Geht die wirkliche Akkumulation nun auf dieser Basis vor sich, d. h. wird mit diesem vermehrten Kapital nun wirklich produziert, so erhalten wir am Ende des nächsten Jahres:

$$\left.\begin{array}{l} \text{I. } 4400_c + 1100_v + 1100_m = 6600 \\ \text{II. } 1600_c + 800_v + 800_m = 3200 \end{array}\right\} = 9800.«[1]$$

Die beiden Phasen der Akkumulation (Produktionsphase und eigentliche Akkumulationsphase) sind entsprechend dem obigen Zahlenbeispiel in der verkürzten, grafischen Schreibweise des Kreislaufmodells für einen Moment festgehalten worden (vgl. Abb. 3).

Die strukturelle Ähnlichkeit zwischen der ›einfachen‹ und ›erweiterten Reproduktion‹ kann den Abb. 2 und 3 entnommen werden.

Der so beschriebene Prozeß der Akkumulation kann für weitere Perioden fortgesetzt werden. Erneut wird ein Teil des Mehrwerts zur Akkumulation in variables und konstantes Kapital der Abteilung I investiert. Die Alimentierung der zusätzlich erforderlichen Arbeitskräfte erfolgt über einen Warenaustausch zwischen Abteilung I und II. Abteilung II erweitert die Investitionen in variables und konstantes Kapital und produziert so die notwendigen, zusätzlichen Konsummittel. Bleiben Produktionsstruktur und Ausbeutungsstruktur sowie Akkumulationsstruktur (Anteil des akkumulierten Mehrwerts am gesamten Mehrwert in jeder Abteilung) konstant, so ergibt sich ein gleichgewichtiges Wachstum der Konsum- und Produktionsmittel-

Abb. 3 Kreislauf bei »erweiterter Reproduktion«[2]

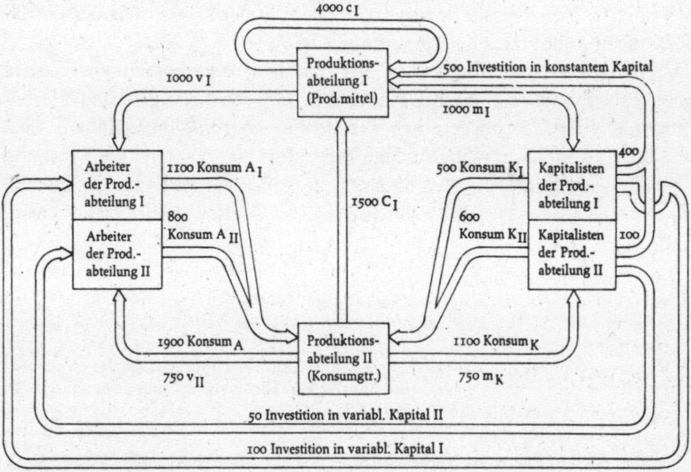

[1] Vgl. unsere Ausgabe S. 476–478.

[2] Vgl. die Darstellungsart bei Alfred E. Ott, Einführung in die dynamische Wirtschaftstheorie, Göttingen 1963, S. 210.

industrie. Dies ist gemeint, wenn im »Streit um die Marxschen Reproduktionsschemata« von der proportionierten Expansion des Kapitalismus die Rede ist[1]. Bedingungen, die die Notwendigkeit »erweiterter Reproduktion« des gesellschaftlichen Gesamtkapitals garantieren, lassen sich in strukturellen Bewegungsrelationen mathematisch schreiben. Inwieweit sich diese in der Realität nur noch momenthaft durchsetzen, bleibt der Darstellung des Übergangs zur reellen Existenz des Einzelkapitals in der bisher nicht betrachteten Darstellung der Konkurrenz überlassen. Es wird mithin keine neue Einsicht gewonnen, wenn die allgemeinen Voraussetzungen zur Interpretation der Durchsetzung der Notwendigkeit des Gesamtkapitals in den Reproduktionsschemata laufend geändert werden. So hat etwa unlängst Ott nachgewiesen, daß steigende »organische Zusammensetzung des Kapitals« und/oder steigende Mehrwertrate zu Bedingungen führen, die »störungsfreie« Entwicklung zulassen.[2] Diese Analyse, die vom Modellcharakter der Reproduktionsschemata als ›operationalisierte‹ Realität ausgeht, mißversteht den methodischen Gang der Darstellung gründlich. Durch Aufhebung und Änderung von Voraussetzungen in den Schemata kann nicht der Schritt zur unmittelbaren Wirklichkeit gefunden werden. Vielmehr muß im schrittweisen »Aufsteigen zum Konkreten« gezeigt werden, inwieweit sich die in den Bedingungen der Reproduktion eingefangene Notwendigkeit nicht als unmittelbare Realität durchsetzt, sondern in der Konkurrenz der Einzelkapitale nur noch momenthaft vermittelt ist.

Die mathematische Schreibweise der Marxschen Reproduktionsschemata läßt trotz formal-struktureller Ähnlichkeit mit den Kreislauf- und Wachstumsmodellen[3] der bürgerlichen Ökonomie aufgrund unvereinbarer methodischer Differenzen ein Analogisieren nicht zu. Während die Marxsche »Fundamentalform« die Bedingungen des die kapitalistische Gesellschaft in abstrakt-reeller Totalität durchsetzenden Kapitalverhältnisses schema-

---

[1] Vgl. S. 521 unserer Ausgabe.

[2] Vgl. A. E. Ott, »Zur Verallgemeinerung der Marxschen Wachstumstheorie«, in: Festschrift für W. G. Waffenschmitt zur Vollendung des 85. Lebensjahres«, Meisenheim 1972.

[3] Vgl. etwa Sigurd Klatt, »Wachstumstheoretische Beziehungen in der Akkumulationstheorie von Karl Marx«. In: Jahrbücher für Nationalökonomie und Statistik, Band 172 (1960) S. 240 ff.

Alfred E. Ott, Einführung, a. a. O.

Wilhelm Krelle, »Marx als Wachstumstheoretiker«. In: Ifo-Studien 1970. Hierbei handelt es sich um einen exemplarischen Beitrag zur bürgerlich-ökonomischen Marx-Rezeption. Die kapitalistischen Entwicklungsgesetze des ersten Bandes »Das Kapital« (21–23 Kapt.), die durch Entwicklung des Grundwiderspruchs gekennzeichnet sind, werden der Theorie des »gleichgewichtigen, proportionierten

tisiert, stehen die bürgerlichen Wachstumsmodelle in ›stilisierter‹ Unmittelbarkeit zur Realität, die immer nur als eine »chaotische Vorstellung des Ganzen«[1] in der unmittelbaren Form der Alltagsvorstellungen begriffen wird. Mit den Reproduktionsschemata wird die allgemeine »Fundamentalform« formuliert, innerhalb derer sich die kategorial entfaltbare Realität bewegen muß. In der zu vermittelnden Realität der Reproduktion des Gesamtkapitals über die Konkurrenz der »bruchstückhaften« individuellen Kapitale werden die Gleichgewichtsbedingungen zum zufälligen Moment an der Oberfläche der bürgerlichen Gesellschaft, während die in den Reproduktionsschemata angelegte ›Krise in potentia‹ zur bestimmenden, reellen Notwendigkeit wird. Wäre die abstrakt-reelle Form des gesellschaftlichen Gesamtkapitals bereits unmittelbare Realität und damit die gleichgewichtige, proportionelle Entwicklung der Wirtschaft einlösbar, dann müßten sich die gesellschaftlichen Bedingungen, die in ihrer Zerrissenheit diese methodische Differenz setzen, auf gesellschaftliche Verfügung und Planbarkeit der Produktionsmittel hin, grundlegend verändert haben, d. h. die »Kontrolle der Gesellschaft über die gegenständlichen Mittel ihrer eigenen Reproduktion«[2] müßte gewährleistet sein.
Das Analogisieren zwischen den bürgerlichen Wachstumsmodellen und den Marxschen Reproduktionsschemata erweist sich aber auch aufgrund des unterschiedlichen Kapitalbegriffs als obsolet. Während in den Wachstumsmodellen Kapital – »produziertes Produktionsmittel« – als stofflicher Produktionsfaktor eingeführt wird, kommt es in der marxistischen Interpretation auf den Doppelcharakter des Kapitalbegriffs an: als gesellschaftliches Verhältnis der Verfügung zerlegt er sich in die stofflichen Elemente »geronnene Arbeit« (konstantes Kapital) sowie »lebendige Arbeit« (variables Kapital). Die Privatheit des Eigentums bewegt damit allemal nur angeeignete, in Produktionsmittel geronnene bzw. lebendige Arbeit. Von hierher wird die konfuse Handhabung des variablen Kapitals bei den Analogisierungsversuchen erklärbar. Abgesehen von der methodischen Differenz, die für die Marxsche Analyse der Reproduktionsschemata ›stilisierende‹ Unmittelbarkeit nicht zuläßt, wird mit diesen die Form analysiert innerhalb

---

Wachtstums« im zweiten Band (vor allem 21. Kapitel) gegenübergestellt. Lediglich der zweite Ansatz, der die Möglichkeit gleichgewichtiger Entwicklung im Kapitalismus auszuweisen scheint, wird als historischer Vorläufer der zweisektoralen Wachstumstheorie honoriert. Der logisch-kategoriale Zusammenhang zwischen den beiden Aussagen bleibt aufgrund mangelnder Kenntnis des dialektischen Materialismus unbegriffen und wird durch positivistische Sezierererei ersetzt.

[1] Vgl. S. XXIX unserer Ausgabe, Band I.

[2] Vgl. S. 438 unserer Ausgabe.

derer sich das historisch-spezifische gesellschaftliche Verhältnis kapitalistischer Produktion bewegt.

V) Abschließende Bemerkung

Die Reproduktionsschemata von Marx stellen mithin lediglich eine »Etappe« in der kategorialen Analyse der kapitalistischen Verhältnisse dar. Sie »erklären« weder die konkreten – reell wirkenden Verhältnisse in empirischer Unmittelbarkeit, noch können sie als Planungsmodell innerhalb kapitalistischer Strukturen interpretiert werden. Ihre Logik entfaltet sich als die des gesellschaftlichen Gesamtkapitals auf der das Wesentliche der Bewegung des Gesamtkapitals freilegenden Abstraktionsebene. Es zeigt sich hierin die abstrakte Notwendigkeit, die Form der Antionomie von Gebrauchs- und Tauschwert für die Realisation des gesellschaftlichen Produkts, sowie die Bewegung des Widerspruchs, der in den Bedingungen ›einfacher‹ und ›erweiterter‹ Reproduktion seine nur abstrakt gewinnbare, ›störungsfreie‹ Entfaltung findet, darzustellen. Mit dem vorzüglichen Instrument der Reproduktionsschemata, die die Bedingungen gleichgewichtiger Entwicklung als Notwendigkeit der Reproduktion des Gesamtkapitals verdeutlichen, kann jedoch noch lange nicht eine Gleichgewichtstendenz – d. h. Ungültigkeit von Krisen und zusammenbruchähnlichen Tendenzen – des Kapitalismus ›bewiesen‹ werden.

Proportionierte, gleichgewichtige Entwicklung innerhalb der Reproduktionsschemata ist die im Gesamtkapital angelegte Notwendigkeit, die sich in der Realität erst noch durchsetzen muß. Wie sie sich durchsetzt, wird durch die Struktur der »indirekten Vergesellschaftung« im Kapitalismus bestimmt.

»Die Tatsache, daß die Warenproduktion die allgemeine Form der kapitalistischen Produktion ist, schließt bereits die Rolle ein, die das Geld ... als Geldkapital in derselben spielt, und erzeugt gewisse, dieser Produktionsweise eigentümliche Bedingungen des normalen Umsatzes, also des normalen Verlaufs der Reproduktion, sei es auf einfacher, sei es auf erweiteter Stufenleiter, die in ebenso viele Bedingungen des anormalen Verlaufs, Möglichkeiten von Krisen umschlagen, da das Gleichgewicht – bei der naturwüchsigen Gestaltung dieser Produktion – selbst ein Zufall ist«.[1]

Von den abstrakt bestimmten Bedingungen der Notwendigkeit der Reproduktion des Gesamtkapitals in der Reproduktionsschemata sind »noch eine Menge, Momente, Bedingungen, Möglichkeiten der Krise« zu bedenken, »die erst bei der Betrachtung der konkreten Verhältnisse, namentlich der

---

[1] Vgl. S. 462 unserer Ausgabe.

Konkurrenz der Kapitalien und des Kredits betrachtet werden können.«[1]
Die Darstellung der Reproduktionsschemata läßt viele im Gesamtkapital »keimhaft« angelegten Widersprüche, die im Sinne aufsteigender Konkretion entfaltet werden müssen, unentwickelt: den Übergang von Werten zu Preisen, in dem sich der Schritt zu der Bewegung der in der Konkurrenz vermittelten Einzelkapitale ergibt; die zunehmende Vergesellschaftung, die über den »tendenziellen Fall der Profirate« sich widersprüchig durchsetzt und die »organische Zusammensetzung des Kapitals« ebenso wie die Mehrwertrate verändert, bleibt in den Reproduktionsschemata unentfaltet; die in der zunehmenden Vergesellschaftung sich verändernde qualitative Rolle des Staats als »ideellem Gesamtkapitalisten« (Engels) bleibt ebenso unbenannt wie die imperialistische Reproduktion des Gesamtkapitals. Erst mit dem III. Band des »Kapitals« werden die »vermittelnden Mitglieder« kategorial entwickelt, die das »Aufsteigen vom Abstrakten zum Konkreten« einlösen. Damit sind dann kategorial die gesellschaftlichen Verhältnisse in ihrer Realität angesprochen, die die Beantwortung der klassischen Frage von Marx ermöglichen: Warum erst im Kapitalismus »die allgemeine Möglichkeit der Krise zur Wirklichkeit wird.«[2]
Aus den Reproduktionsschemata eine unvermittelte Krisentheorie zu schließen, wie es etwa die »Proportionalitätstheoretiker« im »Streit um die Reproduktionsschemata« getan haben, heißt den Übergang vom allgemeinen Begriff des Kapitals als gesellschaftliches Gesamtkapital zu seiner erscheinenden Realität im Einzelkapital methodisch-real gründlich mißverstehen.
Wer die Marxschen Reproduktionsschemata verstanden hat, weiß die Bedingungen für eine ausgeglichene, proportionierte Entwicklung zu beschreiben, die sich als Notwendigkeit in der Reproduktion des gesellschaftlichen Gesamtkapitals darstellen; er weiß aber auch aus der materiell-methodischen Differenz von Erscheinung und Wesen kapitalistischer Vergesellschaftung, daß die Widersprüche der kapitalistischen Gesellschaft mit diesen »abstrakten Formeln« nicht wegharmonisiert werden können, sondern hierin vielmehr die Form ihrer Bewegung finden. Die Bedingungen ›störungsfreier‹ Entwicklung der Gesellschaft werden dann erst unmittelbar reell planbar und damit in der Form der Reproduktionsschemata unvermittelt, widerspruchsfrei darstellbar, wenn die »Kontrolle der Gesellschaft über die gegenständlichen Mittel ihrer eigenen Reproduktion«[3] Realität geworden ist.

---

1 Karl Marx, »Theorien über den Mehrwert«, Bd. II, MEW (26. 2.) Berlin 1967, S. 529.
2 Ibid, II, S. 510.
3 Vgl. S. 438 unserer Ausgabe.

KARL MARX UND FRIEDRICH ENGELS: BRIEFE ZUM 2. BAND DES »KAPITAL«

Marx an Engels [in Manchester]

[...] London, 6. Juli 1863

Das einliegende *»Tableau Économique«**, das ich an die Stelle des Tab[leau] des Quesnay setze, sieh Dir, wenn es Dir in dieser Hitze möglich, etwas sorglich an und teile mir Deine etwaigen Bedenken mit. Es umfaßt den gesamten Reproduktionsprozeß.

Du weißt, daß *A. Smith* den *»natural«* oder *»necessary price«* zusammensetzt aus Salär, Profit (Zins), Rente – also ganz in *Revenue* auflöst. Dieser Unsinn ist auf Ricardo übergegangen, obgleich er Rente, als bloß akzidentell, aus dem Katalog ausschließt. Fast *alle* Ökonomen haben das von Smith akzeptiert, und die es bekämpfen, fallen in andern Blödsinn.

Smith selbst fühlt den Unsinn, das *Gesamtprodukt* für die Gesellschaft in *bloße Revenue* (die jährlich verzehrt werden kann) aufzulösen, während er für *jeden einzelnen* Zweig der Produktion den Preis in *Kapital* (Rohstoff, Maschinerie, etc.) und *Revenue* (Arbeitslohn, Profit, Rente) auflöst. Danach müßte die Gesellschaft jedes Jahr de novo *ohne Kapital* anfangen.

Was nun meine Tabelle angeht, die als *Zusammenfassung* in einem der letzten Kapitel meiner Schrift figuriert, so ist dabei folgendes zum Verständnis nötig:

1. Die Zahlen gleichgültig, bedeuten Millionen.

2. Unter *Lebensmittel* ist hier *alles* zu verstehn, was in den *Konsumtionsfonds* jährlich eingeht (oder *ohne Akkumulation*, die von der Tabelle *ausgeschlossen* ist, in den Konsumtionsfonds eingehn könnte).

In der Klasse I (Lebensmittel) besteht das *ganze Produkt* (700) aus *Lebensmitteln*, die also der Natur der Sache nach *nicht* in das *konstante Kapital* (Rohmaterial und Maschinerie, Baulichkeiten etc.) eingehn. Ebenso besteht in der Klasse II das *ganze Produkt* aus Waren, die *konstantes Kapital* bilden, i. e. als Rohmaterial und Maschinerie wieder in den Reproduktionsprozeß eingehn.

3. Wo die Linien *aufsteigen* ist *punktierte*, wo sie *niedersteigen*, *grade* Linie.

4. *Konstantes Kapital* ist der Teil des Kapitals, der aus Rohstoff und Maschinerie besteht. *Variables Kapital*, der sich gegen Arbeit austauscht.

* [Unsere Ausgabe S. 515]

5. In der Agrikultur z. B. etc. bildet ein Teil desselben Produkts (z. B. Weizen) Lebensmittel, während ein andrer Teil (Weizen z. B.) wieder in seiner Naturalform (als *Samen* z. B.) als Rohstoff in die Reproduktion eingeht. Dies ändert aber nichts an der Sache. Da solche Produktionszweige der einen Eigenschaft nach in Klasse II, der andern nach in Klasse I figurieren.
6. Der Witz der ganzen Geschichte also der:
Kategorie I. Lebensmittel. Arbeitsmaterial und Maschinerie (d. h. der Teil *derselben*, der als *Dechet* in das jährliche Produkt eingeht; der nicht konsumierte Teil der Maschinerie etc. figuriert überhaupt *nicht* in der Tabelle) = 400 £ z. B. Das gegen Arbeit ausgetauschte variable Kapital = 100, reproduziert sich als 300, indem 100 den Arbeitslohn im Produkt ersetzt, 200 den Mehrwert *(unbezahlte Surplusarbeit)* darstellt. Das Produkt = 700, wovon 400 den Wert des konstanten Kapitals vorstellt, das aber ganz in das Produkt übergegangen ist, also ersetzt werden muß.
Es ist bei diesem Verhältnis von variablem Kapital und Mehrwert angenommen, daß der Arbeiter $^1/_3$ des Arbeitstags für sich, $^2/_3$ für his natural superiors arbeitet.
100 (variables Kapital) wird also, wie durch punktierte Linie angedeutet, in Geld als Arbeitslohn ausgezahlt; der Arbeiter kauft mit diesen 100 (angezeigt durch die niedersteigende Linie) *Produkt* dieser Klasse, i. e. Lebensmittel für 100. Das Geld fließt so an die Kapitalistenklasse I zurück.
Der Mehrwert von 200 in seiner allgemeinen Form = *Profit*, der sich aber spaltet in *industriellen Profit* (*kommerziellen* eingeschlossen), ferner in *Zins*, den der industrielle Kapitalist in Geld zahlt, und in Rente, die er ebenfalls in Geld zahlt. Dies für industriellen Profit, Zins, Rente gezahlte Geld strömt zurück (durch die niedersteigenden Linien angedeutet), indem dafür Produkt der Klasse I gekauft wird. Das sämtliche innerhalb Klasse I von dem industriellen Kapitalisten ausgelegte Geld strömt also zu ihm zurück, während 300 von dem Produkt 700 aufgezehrt wird von den Arbeitern, entrepreneurs, monied men und landlords. Bleibt in der Klasse I *Überschuß* an Produkt (in Lebensmitteln) von 400 und Defizit an konstantem Kapital von 400.
Kategorie II. Maschinerie und Rohstoff.
Da das *ganze Produkt dieser Kategorie*, nicht nur der Teil des Produkts, der das konstante Kapital ersetzt, sondern auch der, der Äquivalent des Arbeitslohns und den Mehrwert vorstellt, besteht aus *Rohstoffen* und *Maschinerie*, kann die Revenue dieser Kategorie nicht in ihrem eignen Produkt, sondern nur im Produkt der Kategorie I realisiert werden. Akkumulation beiseite gelassen, wie es hier geschieht, kann aber Kategorie I von Kategorie II nur so viel kaufen, als sie zum Ersatz ihres konstanten Kapitals braucht,

während Kategorie II nur den Teil ihres Produkts, der Arbeitslohn und Mehrwert *(Revenue)* vorstellt, in dem Produkt der Kategorie I auslegen kann. Die Arbeiter der Kategorie II legen also ihr Geld, = $133^1/_3$, aus im Produkt der Kategorie II. Dasselbe findet statt mit dem Mehrwert der Kategorie II, der sich wie sub I in industriellen Profit, Zins und Rente spaltet. Es fließen also 400 in Geld dem industriellen Kapitalisten der Kategorie I von der Kategorie II zu; die dafür an diese ihren Rest an Produkt = 400 abläßt.

Mit diesen 400 Geld kauft Klasse I das zum Ersatz ihres konstanten Kapitals = 400 Nötige von Kategorie II, der also in dieser Art das in Arbeitslohn und Konsum (der industriellen Kapitalisten selbst, der monied men und der landlords) verausgabte Geld wieder zuströmt. Von ihrem Gesamtprodukt bleibt der Kategorie II daher $533^1/_3$, womit sie ihr eignes aufgearbeitetes konstantes Kapital ersetzt.

Die Bewegung teils innerhalb der Kategorie I, teils zwischen Kategorie I und II, zeigt zugleich, wie den respektiven industriellen Kapitalisten beider Kategorien das Geld zuströmt, womit sie von neuem Arbeitslohn, Zins und Grundrente zahlen.

Kategorie III stellt die Gesamtreproduktion dar.

Das Gesamtprodukt von Kategorie II erscheint hier als konstantes Kapital der ganzen Gesellschaft und das Gesamtprodukt der Kategorie I als der Teil des Produkts, der das variable Kapital (den Fonds des Arbeitslohns) und die Revenuen der Klassen, die sich in den Mehrwert teilen, ersetzt.

[...]

Marx an Engels [in Manchester]

[...] London, 24. Aug. 1867

Bei dem Schluß des 2. Buchs *(Zirkulationsprozeß)*, den ich *jetzt* schreibe, muß ich Dich wieder, wie vor vielen Jahren, über einen Punkt angehn!

Das fixe Kapital ist erst in natura zu ersetzen nach sage z. B. 10 Jahren. In der Zwischenzeit retourniert sein Wert partiell und gradatim mit dem Verkauf der damit produzierten Waren. Dieser progressive return für das Kapital fixe ist zu seiner Ersetzung (von repairs und dgl. abgesehn) erst nötig, sobald es in seiner stofflichen Form, z. B. als Maschine, tot ist. In der *Zwischenzeit* hat aber der Kapitalist in der Hand diese successive returns.

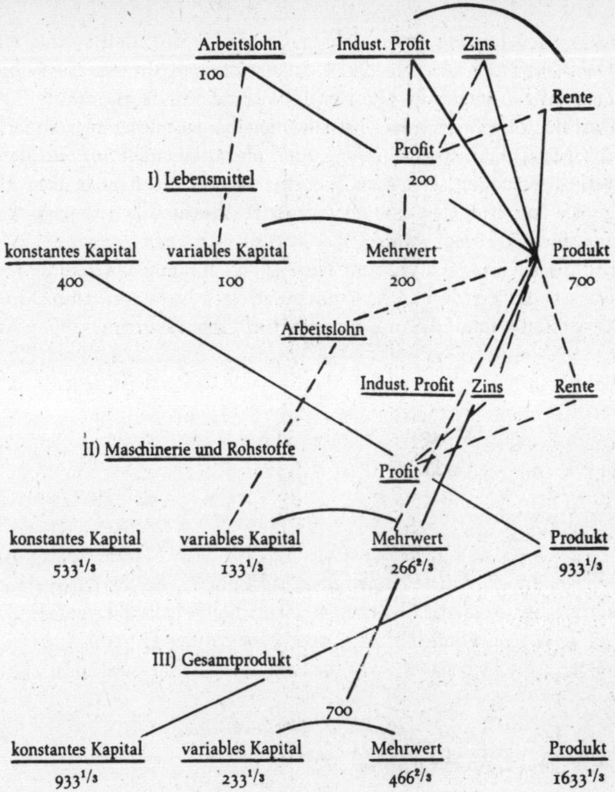

Tableau Économique des Dr. Quesnay

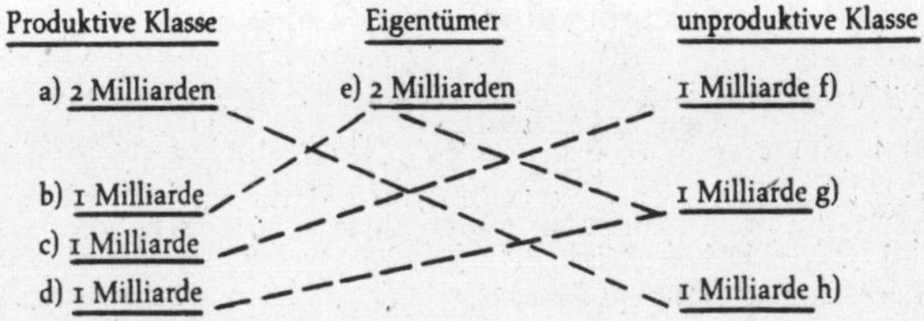

insgesamt 2 Milliarden.

Jährliche Vorschüsse 2 Milliarden
Insgesamt 5 Milliarden

Ich schrieb Dir vor vielen Jahren, es scheine mir, daß sich so ein *Akkumulationsfonds* bilde, da der Kapitalist das retournierte Geld doch *in der Zwischenzeit anwende*, bevor er das Capital fixe damit *ersetzt*. Du sprachst Dich in einem Brief, somewhat superficially, gegen dies aus. Ich fand *später*, daß MacCulloch diesen *sinking fund* als *Akkumulationsfonds* darstellt. In der Überzeugung, daß MacC[ulloch] nie was Richtiges denken kann, ließ ich die Sache fallen. Seine *apologetische* Absicht dabei ist schon von Malthusianern widerlegt worden, aber *auch sie geben den fact zu.*
Du, als Fabrikant, mußt nun wissen, was Ihr mit den returns für capital fixe *vor* der Zeit, wo es *in natura* zu ersetzen ist, macht. Und Du mußt mir diesen Punkt (ohne Theorie, *rein praktisch*) beantworten.
[...]

Engels an Marx [in London]

[...] Manchester, 27. Aug. 1867

Inliegend zwei Aufstellungen über Maschinerie, welche Dir die Sache ganz klarmachen werden. Die Regel ist, man schreibt jedes Jahr auf den Originalbetrag ab, gewöhnlich $7^1/_2$%, doch habe ich der Einfachheit der Rechnung halber 10% beibehalten, was für manche Maschine auch nicht zu viel. Also z. B.

1860	Jan. 1. Angeschafft	£ 1000
1861	Jan. 1. Abschrift 10%	„ 100
		£ 900
	Neu angeschafft	„ 200
		£ 1100
1862	Jan. 1. Abschrift 10% £ 1200 (£ 1000 + £ 200)	„ 120
		£ 980
	Neu angeschafft	„ 200
		£ 1180
1863	Jan. 1. Abschrift 10% £ 1000 + £ 200 + £ 200	„ 140
	usw.	£ 1040*

In Aufstellung Nr. 1 nehme ich nun an, daß der Fabrikant sein [Geld] zum Zweck der Abschrift *auf Zinsen* legt; am Tage, wo er die alte Maschi-

* [Im Original: 1020]

nerie neu ersetzen muß, hat er statt £ 1000 £ 1252,11. Aufstellung Nr. 2 setzt voraus, daß er das Geld gleich, jedes Jahr, in neue Maschinerie steckt. Wie die letzte Kolonne beweist, wo der Wert der sämtlichen Anschaffungen, wie er sich am letzten Tage der 10 Jahre stellt, hat er dann allerdings nicht mehr an *Wert* als £ 1000 in Maschinerie (und er kann nicht mehr haben, da er ja eben nur den verschlissenen *Wert* hineingesteckt hat und der *Gesamt*wert der Maschinerie durch den Prozeß also nicht wachsen kann), aber er hat von Jahr zu Jahr seine Fabrik ausgedehnt und im Durchschnitt der 11 Jahre mit Maschinerie, die in der Anlage £ 1449 gekostet hat, gearbeitet, also bedeutend mehr produziert und verdient als bei den ursprünglichen £ 1000. Nehmen wir an, daß er ein Spinner ist und jedes £ eine Spindel nebst Vorspinnmaschine repräsentiert, so hat er im Durchschnitt mit 1449 statt mit 1000 Spindeln gesponnen und tritt, nach Absterben der ursprünglich 1000 Spindeln, am 1. Januar 1866 die neue Periode an mit 1357 inzwischen angeschafften Spindeln, wozu aus der Abschrift pro 1865 noch 236 kommen, also mit 1593 Spindeln. Vermittelst des Abschreibevorschusses ist er also befähigt gewesen, aus der alten Maschinerie heraus und ohne einen farthing seines *eigentlichen Profits* in die Neuanlage zu stecken, die Maschinerie um 60% zu *vermehren.*

Bei beiden Aufstellungen sind Reparaturen außer acht gelassen. Bei 10% Abschrift sollte die Maschine ihre eignen Reparaturkosten decken, d. h. diese darin einbegriffen sein. Sie ändern auch nichts an der Sache, da sie entweder in den 10% einbegriffen sind, oder aber die Lebensdauer der Maschinerie entsprechend verlängern, was aufs gleiche hinauskommt.

[. . .]

I. Der Fabrikant legt den Erneuerungsfonds auf Zinsen à 5% an

1856 am 1. Jan. angeschafft Maschinerie für	£ 1000	
1857 Jan. 1 Abgeschrieben 10% für Verschleiß		£ 100
1858 Jan. 1 „ 10% „ „ . .	£ 100	
Zinsen von £ 100	„ 5	„ 105
		£ 205
1859 Jan. 1 Zinsen von £ 205	£ 10.5	
Abgeschrieben 10%	„ 100	„ 110.5
		£ 315.5
1860 Jan. 1 Zinsen von £ 315.5	£ 15.15	
Abschrift 10%	„ 100	„ 115.15
		£ 431

1861 Jan. 1	Zinsen von £ 431	£ 21.11	
	Abschrift 10%	„ 100	£ 121.11
			£ 552.11
1862 Jan. 1	Zinsen von £ 552.11	£ 27.13	
	Abschrift 10%	„ 100	„ 127.13
			£ 680.4
1863 Jan. 1	Zinsen von £ 680.4	£ 34	
	Abschrift 10%	„ 100	„ 134
			£ 814.4
1864 Jan. 1	Zinsen von £ 814.4	£ 40.14	
	Abschrift 10%	„ 100	„ 140.14
			£ 954.18
1865 Jan. 1	Zinsen von £ 954.18	£ 42.15	
	Abschrift 10%	„ 100	„ 142.15
			£ 1097.13
1866 Jan. 1	Zinsen von £ 1097.13	£ 54.18	
	Abschrift 10%	„ 100	„ 154.18
	Resultat am Ende der 10 Jahre		£ 1252.11

oder am 1. Januar 1866: statt der verschlissenen £ *1000* in Maschinerie £ *1252.11* in barem Gelde.

II. Der Erneuerungsfonds wird jedes Jahr neu in Maschinerie angelegt.

			Neuanlage	Verschleiß pro cent	Wert am 1. Jan. 66
1856 am 1. Jan. angeschafft Maschinerie			£ 1000	100%	£ –
1857 1. Jan. Abschrift 10% neu angelegt			£ 100	90%	£ 10
1858 1. Jan. Abschr. 10%	£ 1000	£ 100			
	„ 100	„ 10	„ 110	80%	„ 22
			£ 210		
1859 1. Jan. Abschr. 10%	£ 1000	£ 100			
	„ 210	„ 21	„ 121	70%	„ 36
			£ 331		
1860 1. Jan. Abschr. 10%	£ 1000	£ 100			
	„ 331	„ 33	„ 133	60%	„ 53
			£ 464		

			Neuanlage	Verschleiß pro cent	Wert am 1. Jan. 66
1861 1. Jan. Abschr. 10%	£ 1000	£ 100			
	„ 464	„ 46	£ 146	50%	£ 73
			£ 610		
1862 1. Jan. Abschr. 10%	£ 1000	£ 100			
	„ 610	„ 61	„ 161	40%	„ 97
			£ 771		
1863 1. Jan. Abschr. 10%	£ 1000	£ 100			
	„ 771	„ 77	„ 177	30%	„ 124
			£ 948		
1864 1. Jan. Abschr. 10%	£ 1000	£ 100			
	„ 948	„ 95	„ 195	20%	„ 156
			£ 1143		
1865 1. Jan. Abschr. 10%	£ 1000	£ 100			
	„ 1143	„ 114	„ 214	10%	„ 193
			£ 1357		
1866 1. Jan. Abschr. 10%	£ 1000	£ 100			
	„ 1357	„ 136	„ 236	0%	„ 236
Nomineller Wert der neuen Maschinerie			£ 1593		
Reeller Wert der neuen Maschinerie					£ 1000

à 1 £ per Spindel hat er gearbeitet:

1856 mit	1000 Spindeln	Transport .	9486 Spindeln
1857 „	1100 „	1863 mit	1948 „
1858 „	1210 „	1864 „	2143 „
1859 „	1331 „	1865 „	2357 „
1860 „	1464 „	In 11 Jahren . .	15 934 Spindeln
1861 „	1610 „		
1862 „	1771 „	Durchschnittlich .	1449 Spindeln
Transport	9486 Spindeln		

und fängt 1866 an mit

1357
236
1593 Spindeln.

Engels an Nikolai Franzewitsch Danielson [in Petersburg]*

[...] London, 13. Nov. 1885

Ich zweifelte nicht daran, daß der 2. Band Ihnen das gleiche Vergnügen wie mir bereiten würde. Die Ausführungen, die er enthält, haben ein so außerordentlich hohes Niveau, daß sich der gewöhnliche Leser nicht die Mühe nehmen wird, sie ganz durchzudenken und bis in die letzten Konsequenzen zu verfolgen. Das erleben wir jetzt in Deutschland, wo die gesamte historische Wissenschaft, einschließlich der politischen Ökonomie, so tief gesunken ist, daß sie kaum noch tiefer sinken kann. Unsere Katheder-Sozialisten sind theoretisch nie mehr gewesen als ganz unbedeutende philantropische Vulgärökonomen, und jetzt sind sie auf dem Niveau simpler Apologeten des Bismarckschen Staatssozialismus angelangt. Für sie wird der 2. Band immer ein Buch mit sieben Siegeln bleiben. Es ist ein gut Teil, Hegel würde sagen: Ironie der Weltgeschichte, daß die deutsche historische Wissenschaft durch die Erhebung Deutschlands zur ersten europäischen Macht wieder auf den gleichen jämmerlichen Stand reduziert werden sollte, auf den sie durch die tiefste politische Erniedrigung Deutschlands nach dem Dreißigjährigen Krieg gebracht wurde. Aber so ist es. Und so beglotzt die deutsche »Wissenschaft« diesen neuen Band, ohne ihn verstehen zu können. Lediglich eine gesunde Angst vor den Konsequenzen hindert sie, ihn öffentlich zu kritisieren, daher hüllt sie das offizielle ökonomische Schrifttum in vorsichtiges Schweigen. Der 3. Band wird sie jedoch zwingen, Rede zu stehen.

[...]

---

* [Text aus: Die Briefe von Karl Marx und Friedrich Engels an Danielson (Nikolaj-on), hrsg. von Kurt Mandelbaum, Leipzig 1929 (= Neudrucke marxistischer Seltenheiten, III).]

ROMAN ROSDOLSKY: DER STREIT UM DIE MARXSCHEN REPRODUKTIONSSCHEMATA*

Der Zweck dieser Arbeit war vor allem methodologischer Natur. Der Verfasser ging von der Annahme aus, daß die bisherige Forschung sich allzu einseitig auf den Stoff des ökonomischen Werkes von Marx konzentrierte, und viel zu wenig Interesse für seine spezifische Untersuchungsmethode an den Tag legte.** Er versuchte deshalb zu zeigen, wie sehr man gerade in dieser Hinsicht aus dem Marxschen »Rohentwurf« lernen kann. Wenn dem aber so ist, dann müßten die aus dem Studium dieses Werkes gewonnenen methodologischen Erkenntnisse neues Licht auch auf die alten Streitfragen der marxistischen Ökonomie und vor allem auf die viel diskutierte Frage der Reproduktionsschemata des II. Bandes des »Kapital« und auf das sogenannte Realisierungsproblem werfen. Und eben in diesem Sinne soll der nachfolgende Versuch aufgefaßt werden.

I. Einleitendes

1. Notiz über die formelle Seite der Reproduktionsschemata des II. Bandes

Um das Verständnis der nachfolgenden Darstellung zu erleichtern, wollen wir zunächst auf die Form, d. h. auf die ziffernmäßige Gestaltung der Reproduktionsschemata des II. Bandes kurz eingehen.

Um die Bedingungen für die Reproduktion des gesellschaftlichen Gesamtkapitals zu illustrieren, teilt Marx die gesellschaftliche Produktion in zwei große Abteilungen, von denen die Abteilung I Produktionsmittel, Abteilung II aber Konsumtionsmittel erzeugt. Der Produktenwert jeder Abteilung zerfällt in $c+v+m$, worunter das in einem Produktionsvorgang verbrauchte konstante Kapital, das in Arbeitslöhnen verausgabte variable Kapital, und endlich der in diesem Produktionsvorgang erzeugte Mehrwert zu verstehen ist. Er untersucht dann, in welchem Umfange sich die Wertbe-

** Solchergestalt verfiel oft diese Forschung in die Betrachtungsweise der bürgerlichen Ökonomen, denen Marx ihre »brutale Interessiertheit für den Stoff« und das mangelnde Interesse »für die Auffassung der Formunterschiede der ökonomischen Verhältnisse« vorwarf.

* [Text aus: Roman Rosdolsky, Zur Entstehungsgeschichte des Marxschen »Kapital«, Band II, Frankfurt/M. 1969[2], S. 524–596.]

standteile des Produkts beider Abteilungen gegenseitig austauschen müssen, damit zum nächsten Produktionsvorgang fortgeschritten werden kann. Worum es sich zunächst handelt, sind die Bedingungen, die die einfache Reproduktion (d. h. die Reproduktion in gleichbleibendem Umfang) möglich machen. Marx entwirft zu diesem Behufe das folgende Diagramm:

$$\begin{array}{ll} \text{I} & 4000\,c + 1000\,v + 1000\,m = 6000 \\ \text{II} & 2000\,c + 500\,v + 500\,m = 3000 \end{array}$$

Da unter den Bedingungen der einfachen Reproduktion die Abteilung I ebensoviel konstantes Kapital braucht, wie sie in der vorhergehenden Produktionsperiode vernutzte, und zwar 4000 c, kann sie diese 4000 Einheiten durch ihre eigene Erzeugung decken, ohne hierfür zu irgendwelchem Austausche mit der Abteilung II Zuflucht nehmen zu müssen.

Ähnlich kann die Abteilung II, deren Erzeugnisse aus Konsumartikeln bestehen, 500 v und 500 m, die sie für den persönlichen Verbrauch der Arbeiter und der Kapitalisten der eignen Abteilung verwendet, direkt zu diesem Zwecke benutzen, ohne Austausch mit der Abteilung I. Was aber zwischen den beiden Abteilungen ausgetauscht werden muß, ist der Teil des Produkts der II. Abteilung, dessen Wert ihrem konstanten Kapital entspricht, und der Teil des Produkts der Abteilung I, der dem variablen Kapital und dem Mehrwert dieser Abteilung gleichkommt. Deshalb ist die allgemeine Gleichgewichtsformel der einfachen Reproduktion des gesellschaftlichen Kapitals offenbar diese:

$$c\,\text{II} = v\,\text{I} + m\,\text{I},$$

d. h. das von der II. Abteilung verbrauchte konstante Kapital muß ebenso groß sein wie das variable Kapital plus dem Mehrwert der I. Abteilung.

Die obige Formel kann indes nicht auf die Verhältnisse der erweiterten Reproduktion angewandt werden, also dann, wenn ein Teil des Mehrwerts, statt von den Kapitalisten konsumiert zu werden, akkumuliert, d. h. dem konstanten und dem variablen Kapital beider Abteilungen zugesetzt wird. Wenn wir mit *Bucharin* den zu konsumierenden Teil des Mehrwerts mit α, die in der nachfolgenden Produktionsperiode dem konstanten Kapital zuzufügende Portion des Mehrwerts als β c, und die dem variablen Kapital zuzufügende Portion als β v bezeichnen, dann muß die vorige Gleichgewichtsformel, um den Bedingungen der erweiterten Reproduktion zu entsprechen, folgendermaßen modifiziert werden:

$$c\,\text{II} + \beta\,c\,\text{II} = v\,\text{I} + \alpha\,\text{I} + \beta\,v\,\text{I}$$ [1],

[1] Diese Formel findet man in Bucharins Buch: »Der Imperialismus und die Akkumulation des Kapitals«, S. 11.

und eben das ist die allgemeine Formel, die den Marxschen Reproduktionsschemata im 21. Kap. des II. Bandes des »Kapital« zugrunde liegt.
Wir finden nämlich in diesem Kapitel zwei Diagramme, die Marx zufolge den Akkumulationsprozeß auf zwei verschiedenen Stadien der kapitalistischen Entwicklung[2] illustrieren sollen. Das erste Diagramm (in *Bucharins* Zeichen ausgedrückt, und bei Abrundung der Marxschen Bruchzahlen) sieht folgendermaßen aus:

		c	v	m		
				α	βc	βv
1. Jahr	I	4000 +	1000 +	500 +	400 +	100
	II	1500 +	750 +	600 +	100 +	50
2. Jahr	I	4400 +	1100 +	550 +	440 +	110
	II	1600 +	800 +	560 +	160 +	80
3. Jahr	I	4840 +	1210 +	605 +	484 +	121
	II	1760 +	880 +	616 +	176 +	88
4. Jahr	I	5324 +	1331 +	666 +	532 +	133
	II	1936 +	968 +	677 +	194 +	97

und so weiter.

Das zweite Diagramm, das einer fortgeschritteneren Stufe der kapitalistischen Entwicklung entspricht, geht von einer höheren organischen Zusammensetzung des Kapitals aus, – zudem ist im Gegensatz zum ersten Diagramm die Kapitalzusammensetzung in beiden Abteilungen die gleiche (nämlich 5 c : 1 v). Die Reproduktion verläuft im zweiten Diagramm wie folgt:

	c	v	m		
			α	βc	βv
1. Jahr	5000 +	1000 +	500 +	417 +	83
	1430 +	285 +	101 +	153 +	31
2. Jahr	5417 +	1083 +	542 +	452 +	90
	1583 +	316 +	158 +	132 +	26
3. Jahr	5869 +	1173 +	587 +	489 +	98
	1715 +	342 +	171 +	143 +	28
4. Jahr	6358 +	1271 +	636 +	530 +	106
	1858 +	370 +	185 +	155 +	30

und so fort.

Beide Diagramme wurden von *Rosa Luxemburg* scharf angegriffen. Gegen

---

[2] »Das Kapital«, II, S. 520. [Unsere Ausgabe S. 476]

das erste führt sie an, daß Marx »die von klarer Gesetzmäßigkeit diktierten Akkumulationsverhältnisse in Abteilung I« nur durch eine »völlig willkürliche Konstruktion der Verhältnisse in Abteilung II« erkaufen könne, indem er diese Abteilung ohne jede »ersichtliche Regel« und nur »in sprunghafter Weise« akkumulieren und konsumieren lasse.[3] *Rosa Luxemburg* gibt zwar zu, daß im zweiten Marxschen Diagramm die Akkumulation in beiden Abteilungen gleichmäßig vor sich geht, so daß nun keine »willkürlichen Verschiebungen bei der Einteilung des Mehrwerts in II« mehr stattfinden. Sie glaubt aber doch behaupten zu können, daß auch in diesem Falle »die Akkumulation in der Abteilung II vollkommen abhängig und beherrscht ist von der Akkumulation in I, . . . daß die ganze Akkumulationsbewegung von I eingeleitet und aktiv betätigt, von II passiv mitgemacht wird.«[4]

Was den zweiten Einwand betrifft (dessen Gültigkeit merkwürdigerweise im marxistischen Lager nie bestritten wurde), so hat *Joan Robinson* ihn überzeugend widerlegt, indem sie nachwies, daß »die Arithmetik völlig neutral in bezug auf die beiden Abteilungen sei«, und daß der Anstoß zur Akkumulation von beiden Abteilungen gleichmäßig ausgehen könne.[5]

Aber auch im ersten Marxschen Diagramm ist die Akkumulation in der zweiten Abteilung keineswegs so »schwankend« und »sprunghaft«, wie es *Rosa Luxemburg* schien und wie ihr bisher allgemein geglaubt wurde. Denn, wenn man vom ersten Jahr absieht, so zeigt es sich, daß die Abteilung I in diesem Diagramm ständig 50% und Abteilung II ständig 30% des Mehrwerts akkumuliert. Und das ist natürlich kein Zufall, sondern ergibt sich mit Notwendigkeit aus dem Unterschied der organischen Zusammensetzung des Kapitals in beiden Abteilungen. Es kann nämlich algebraisch gezeigt werden[6], daß – wenn die Mehrwertsrate in beiden Abteilungen dieselbe ist und sich im Verlauf der Reproduktion nicht ändert – die Gleichgewichtsformel der erweiterten Reproduktion

$$c\,\mathrm{II} + \beta\, c\,\mathrm{II} = v\,\mathrm{I} + \alpha\,\mathrm{I} + \beta\, v\,\mathrm{I}$$

eine strikte Korrelation zwischen der Akkumulationsrate und der Kapitalzusammensetzung in beiden Abteilungen erfordert. Wenn wir mit Marx annehmen, daß die organische Zusammensetzung des Kapitals und die

[3] Rosa Luxemburg, »Die Akkumulation des Kapitals«, 1923, S. 80–81. [Unsere Ausgabe S. 721]

[4] Ibid., S. 84. [Unsere Ausgabe S. 724, 725]

[5] Joan Robinson, »Einleitung« zu der englischen Ausgabe der Luxemburgschen »Akkumulation des Kapitals«, S. 19.

[6] Ich verdanke den mathematischen Nachweis dieses Zusammenhanges meinem Freunde, dem Statistiker H. Chester in Detroit.

Akkumulationsrate in aufeinanderfolgenden Produktionsperioden dieselbe bleibt, dann müssen sich die Akkumulationsraten in beiden Abteilungen umgekehrt proportional zu den Raten der organischen Zusammensetzung verhalten, oder in einer Formel ausgedrückt:

$$\frac{\beta\,\mathrm{I}}{\mathrm{m\,I}} : \frac{\beta\,\mathrm{II}}{\mathrm{m\,II}} = \frac{\mathrm{v\,II}}{\mathrm{c\,II}+\mathrm{v\,II}} : \frac{\mathrm{v\,I}}{\mathrm{c\,I}+\mathrm{v\,I}}$$

So war in Marx' erstem Diagramm die Relation zwischen den Akkumulationsraten beider Abteilungen 50% (Abt. I) : 30% (Abt. II). Die Relation von v : c + v war 1/3 in der Abteilung II und 1/5 in der Abteilung I. Da 5 : 3 = 1/3 : 1/5, sind die erforderlichen Gleichgewichtsbedingungen der Reproduktion gegeben.

Aber genug von *Rosa Luxemburgs* »mathematischem« Irrtum. Sie wurde dazu wahrscheinlich durch die Form der Marxschen Rechenexempel verleitet, die tatsächlich etwas schwerfällig und verwirrend erscheinen. Und zwar liegt das Verwirrende darin, daß in beiden Diagrammen die Akkumulation des Anfangsjahres nicht der Regel folgt, wonach sich die Akkumulation der weiteren Jahre richtet. Warum aber Marx diese Darstellungsform gewählt hat, läßt sich nur vermuten; vielleicht hat es sich nur um den ersten tastenden Versuch gehandelt, zu dessen Korrektur er keine Zeit mehr fand.

Sonderbarerweise hat die schwerfällige Form der Marxschen Diagramme auch *Rosa Luxemburgs* strengsten Kritiker, *Bucharin*, irregeleitet. Wie schon erwähnt, war es *Bucharin*, der als erster die allgemeine Gleichgewichtsrelation der erweiterten Reproduktion $\mathrm{c\,II} + \beta\,\mathrm{c\,II} = \mathrm{v\,I} + \alpha\,\mathrm{I} + \beta\,\mathrm{v\,I}$ formulierte. Aus dieser Formel aber leitete er zwei andere, durchaus falsche Formeln ab, nämlich: $\mathrm{c\,II} = \mathrm{v\,I} + \alpha\,\mathrm{I}$, und $\beta\,\mathrm{v\,I} = \beta\,\mathrm{c\,II}$.[7] Es ist allerdings richtig, daß im *Anfangsjahr* des ersten Marxschen Diagramms $\mathrm{c\,II} = \mathrm{v\,I} + \alpha\,\mathrm{I}$ und auch $\beta\,\mathrm{v\,I} = \beta\,\mathrm{c\,II}$. Aber dem ist nur so, weil Marx nicht unmittelbar die richtige Proportion zwischen c I und c II herausfinden konnte. In allen nachfolgenden Jahren des ersten und in allen Jahren des zweiten Diagramm aber ist notwendigerweise c II kleiner als $\mathrm{v\,I} + \alpha\,\mathrm{I}$, und $\beta\,\mathrm{c\,II}$ größer als $\beta\,\mathrm{v\,I}$. – In andren Worten: *Bucharin* vergaß völlig, daß die erweiterte Reproduktion des gesellschaftlichen Gesamtkapitals nicht nur zum Wachstum von c und v, sondern auch von α, d. h. zum Wachstum der individuellen Konsumtion der Kapitalisten führen muß. Dennoch blieb dieser elementare Fehler fast zwei Jahrzehnte lang unbeachtet[8], und *Bu-*

7 Bucharin, op. cit., S. 11–12.

8 Erst P. M. Sweezy bemerkte ihn in seiner 1942 erschienenen »Theory of Capitalist Development« (S. 164).

charin galt allgemein als der autoritativste Verteidiger der Marx-»Orthodoxie« gegen *Rosa Luxemburgs* Angriffe »auf jenen Teil der Marxschen Analyse, worin uns der unvergleichliche Meister das vollkommenste Produkt seines Genius überliefert hatte«[9] ... – Dessenungeachtet ist *Bucharins* allgemeine Gleichgewichtsformel sehr nützlich, obwohl auch er (wie die meisten Kritiker *Rosa Luxemburgs)* die bloße Formulierung des Problems für dessen Lösung versieht.

2. *Über die »Wirklichkeitsnähe« der Marxschen Reproduktionsschemata*

Soviel über die Form der Marxschen Reproduktionsschemata. Was aber ihren Inhalt anbelangt, so müssen wir uns zuallererst über die Frage klarwerden, ob und inwiefern Marx mit Hilfe dieser Schemata die Vorgänge in der konkreten kapitalistischen Wirklichkeit schildern wollte.

Merkwürdigerweise haben nur wenige Marxisten versucht, sich über diese Frage Rechenschaft abzulegen. Wenn man nämlich die Diskussionen über die Reproduktionsschemata verfolgt, die sich um das 1912 erschienene Buch *Rosa Luxemburgs* entspannen, so stößt man sogleich auf ein seltsames Paradoxon: Natürlich wußten die austromarxistischen Gegner *Rosa Luxemburgs (Kautsky, Bauer, Eckstein, Hilferding* und andere) nur allzu gut, daß die Marxschen Schemata auf der höchsten Stufe der Abstraktion konzipiert wurden und daß sie deshalb von vielen entscheidenden Merkmalen der kapitalistischen Wirklichkeit absahen: so z. B. von nichtkapitalistischen Klassen und Erdteilen, vom Außenhandel, von der Durchschnittsprofitrate, von den Werten abweichenden Produktionspreisen usw. Und dennoch wollten alle diese Autoren in eben diesen Schemata einen konkreten Beweis für die unbegrenzte ökonomische Lebensfähigkeit der kapitalistischen Wirtschaftsweise sehen!

Beginnen wir mit dem Begründer der austromarxistischen Schule, *Karl Kautsky*. In seinem opus magnum, »*Materialistische Geschichtsauffassung*«, wendet er sich scharf gegen *Rosa Luxemburgs* »Hypothese«, der Kapitalismus müsse aus ökonomischen Gründen zusammenbrechen; damit, be-

---

[9] Bucharin, op. cit. – Der heutige Leser der Bucharinschen Abhandlung fühlt sich unangenehm betroffen von dem heftigen und zuweilen auch frivolen Ton seiner Polemik gegen Rosa Luxemburg, die wenige Jahre früher faschistischen Mördern zum Opfer gefallen war. Indes war dieser Ton vor allem dem Umstand zuzuschreiben, daß Bucharins Schrift nicht so sehr durch wissenschaftliche als durch politische Interessen diktiert war. Es galt, den damals noch sehr starken Einfluß des »Luxemburgismus« in den führenden Kreisen der Kommunistischen Partei Deutschlands zu brechen, und zu diesem Zweck schien jedes Mittel gut genug.

hauptet er, befinde sich *Rosa Luxemburg* »im Gegensatz zu Marx, der im zweiten Bande des ›Kapital‹, d. h. in den Reproduktionsschemata, das Gegenteil dartat«.[10]

Zu dieser Deutung der Reproduktionsschemata gelangte *Kautsky* allerdings erst nach dem I. Weltkrieg. Seine Schüler aber vertraten ähnliche Auffassungen schon viel früher. Wie wir noch sehen werden, lief *Rudolf Hilferdings* Auslegung der Marxschen Schemata im Jahre 1909 (im *»Finanzkapital«)* darauf hinaus, daß diesen Schemata zufolge die kapitalistische Produktion – richtige Proportionen zwischen den einzelnen Produktionszweigen gegeben – »ins Unendliche ausgedehnt werden« könne »ohne zur Überproduktion von Waren zu führen«.[11] Und auf der Wiener Tagung des Vereins für Sozialpolitik im Jahre 1926 erinnerte *Hilferding* seine akademische Zuhörerschaft daran, daß er schon immer ein Gegner der »Zusammenbruchstheorie« gewesen sei: »Ich glaube«, erklärte er, »ich finde mich mit dieser Auffassung in vollständiger Übereinstimmung mit den Lehren Karl Marx', dem man fälschlich immer eine Zusammenbruchstheorie zuschreibt. Gerade der zweite Band des ›*Kapital*‹ zeigt, wie innerhalb des kapitalistischen Systems die Produktion auf immer erweiterter Stufenleiter möglich ist. Ich habe mir oft gedacht«, fügte er scherzhaft hinzu, »es ist nicht so schlimm, daß dieser zweite Band so wenig gelesen wird, denn es könnte unter Umständen ein Hohelied des Kapitalismus aus ihm herausgelesen werden.«[12]

Wir sehen: Auch *Hilferding* will aus den Reproduktionsschemata des II. Bandes eine direkte Widerlegung der »Zusammenbruchstheorie« herleiten, – auch er verwechselt eine rechnerische Illustration mit einem theoretischen Beweis, und obendrein die Sphäre des »Abstrakten« mit jener des »Konkreten«! – Nicht anders aber verfährt in seiner Kritik *Otto Bauer*. Er will zwar der Verfasserin der »Akkumulation« zugestehen, daß »die Zahlen, die Marx im zweiten Bande des ›Kapital‹ zur Darstellung des Reproduktionsprozesses verwendet, ... willkürlich gewählt und nicht frei von Widersprüchen« seien. »Aber weil Marx seinen Gedankengang nicht einwandfrei dargestellt hat, muß dieser Gedankengang selbst doch nicht falsch sein.« Zu diesem Behufe entwirft *Bauer* sein eigenes, »von Willkür befreites« Reproduktionsschema, und behauptet nun immer wieder, daß eben diese von ihm konstruierten Zahlen die Richtigkeit seiner Deutung der Marx-

---

10 Karl Kautsky, »Materialistische Geschichtsauffassung«, II, S. 546–547.

11 Vgl. S. 561 dieses Kapitels.

12 Zitiert von H. Grossmann in seinem »Akkumulations- und Zusammenbruchsgesetz des kapitalistischen Systems«, S. 57–58. [Vgl. Textauszüge S. 760 unserer Ausgabe]

schen Reproduktionstheorie im Sinne der grenzenlosen Ausdehnungsfähigkeit der kapitalistischen Produktionsweise »zeigen« oder »beweisen«[13].

Und der schwächste von *Rosa Luxemburgs* Gegnern, *G. Eckstein*, bringt es sogar zustande, in einem und demselben Aufsatz, und zuweilen selbst in demselben Satze, zwei Gesichtspunkte – den rein theoretischen und den empirischen – zu vermengen. So lesen wir zu Beginn seiner Abhandlung: »... Will man das Problem der Krisen[14] studieren, so muß man vor allem die Frage stellen, wie sich denn die Wirklichkeit der kapitalistischen Akkumulation zu den Marxschen Gleichgewichtsschemata verhält, die ja nur die *Möglichkeit* des Gleichgewichts zeigen.«

Aber schon auf der nächsten Seite schreibt er: »Die Marxschen Schemata zeigen, wie die kapitalistische Produktion vor sich gehen müßte, wenn sie im Gleichgewicht bleiben soll, – sie zeigen, wie groß tatsächlich das gesellschaftliche Bedürfnis nach den verschiedenen Produktenarten ist.«

Und auf der folgenden Seite: »Die kapitalistische Produktionsweise wird von dem Streben nach Profit geleitet. Es ist also die Frage, ob die Marxschen Schemata zeigen, wie dieser Profit für die Kapitalisten realisiert wird. Das ist aber durchaus der Fall ... Wer die Produkte kauft, das zeigen eben die Schemata.«[15]

Die angeführten Beispiele genügen. Sie zeigen wohl, wie recht *H. Grossmann* hatte, als er schrieb: »Die Neo-Harmoniker verherrlichen das Gleichgewichtsschema, nicht weil es ein vorzügliches methodologisches Instrument der Analyse ist, sondern weil sie – die Untersuchungsmethode mit den zu untersuchenden Erscheinungen verwechselnd – aus dem Gleichgewichtsschema die Gleichgewichtstendenz des Kapitalismus herauszulesen glaubten.«[16]

Wie ist aber dieser Irrtum der Austromarxisten zu erklären? Wie konnten sie sich einer so elementaren Verwechslung schuldig machen?

Es genügt wohl nicht zu sagen, daß in diesem Falle der »Wunsch der Vater des Gedankens« gewesen und daß die Austromarxisten, die bis über die Ohren in der reformistischen Praxis steckten, sich instinktiv gegen die Vorstellung eines ökonomischen Zusammenbruches der bestehenden Gesellschaftsordnung wehrten (ebenso wie ihnen auch die historische Notwendigkeit des Zusammenbruchs der österreichisch-ungarischen Monarchie und

---

[13] Siehe: O. Bauer, »Die Akkumulation des Kapitals«, »Die Neue Zeit«, 1913, S. 836 und 866. [Unsere Ausgabe S. 773, 783]

[14] Wie wir sehen, verwechselte Eckstein das Problem der Reproduktion des gesellschaftlichen Kapitals mit dem Krisenproblem.

[15] Siehe den Abdruck der Ecksteinschen Buchbesprechung im »Anhang« zu Rosa Luxemburgs Buch, 1923, S. 487, 488 und 489. [Vgl. Textauszüge S. 756 bei uns]

[16] H. Grossmann, op. cit., S. 95. [Vgl. Textauszüge S. 760 unserer Ausgabe]

des Niederganges der Zentralmächte als undenkbar erschien). Gewiß spielte dieses unbewußte Motiv eine hervorragende Rolle. Doch muß ihr Irrtum, wie uns scheint, auch ihrem mangelnden Verständnis für Marxens ökonomische Methodologie zugeschrieben werden.

Wenn man nämlich diese Methodologie im Sinne der positivistischen Wissenschaft deutet (d. h. wenn man sie ihres wesentlich dialektischen Charakters entkleidet), dann ist es freilich nicht leicht, Marxens ökonomische Methode von dem begrifflichen Verfahren der »akademischen Theorie« zu unterscheiden, die zuerst bestimmte individuelle und partikulare Züge der ökonomischen Erscheinungen eliminiert (Methode der »Abstraktion«), um nachher dieselben Züge stufenweise wieder dem Bilde einzufügen (Methode der »sukzessiven Konkretisierung« oder der »Approximation«). Da jedoch diese individuellen und partikularen Züge nur äußerlich, d. h. ohne jegliche dialektische Vermittlungen eliminiert und wieder eingeführt werden, kann leicht die Illusion entstehen, daß es keine qualitative »Brücke« zwischen dem »Abstrakten« und dem »Konkreten« gebe.[17] Man kann dann wohl der Ansicht sein, daß das theoretische Modell in der Tat (obwohl in vereinfachender Form) alle wesentlichen Elemente des untersuchten konkreten Objekts enthalte – wie etwa eine von einer großen Höhe aufgenommene Fotografie alle grundlegenden Elemente einer Landschaft zeigt, obwohl darauf nur Bergketten, große Flüsse, Wälder etc. sichtbar sind. Wenn man aber die Wechselwirkung vom »Abstrakten« und »Konkreten« in dieser Weise auffaßt, dann muß der notwendige »Widerspruch zwischen dem allgemeinen Gesetz und weiter entwickelten konkreten Verhältnissen«[18] übersehen werden, dann verfällt man in die Illusion, daß das abstrakte Bild einfach, ohne jegliche »Vermittlungen« die konkreten Verhältnisse widerspiegelt. Und eben das war unseres Erachtens die methodologische Quelle des Irrtums der austromarxistischen Kritiker *Rosa Luxemburgs:* Sie vergaßen, daß die abstrakten Formeln des II. Bandes des »Kapital« bloß eine »*Etappe* der Analyse« darstellen[19], und daher nicht unmittelbar auf die konkrete kapitalistische Wirklichkeit angewandt werden können, sondern dazu erst vieler »Mittelglieder« bedürfen. Mit anderen Worten: Die Austromarxisten vermengten zwei verschiedene Phasen der

[17] »Das verständige endliche Erkennen verfährt so . . ., daß es von dem Konkreten das, was es bei dem abstrahierenden Erzeugen jenes Allgemeinen weggelassen, nun ebenso äußerlich wieder aufnimmt. Die absolute« (dialektische) »Methode dagegen verhält sich nicht als äußerliche Reflexion, sondern nimmt das Bestimmte aus ihrem Gegenstande selbst, da sie selbst dessen immanentes Prinzip und Seele ist.« (Hegel, »Wissenschaft der Logik«, II, S. 491.)

[18] »Theorien«, III, [MEW Bd. 26/3], S. 83.

[19] Vgl. die auf der S. 504 dieser Arbeit [Rosdolsky, Zur Entstehungsgeschichte, a. a. O.,] zitierte Ansicht Trotzkys.

Marxschen Analyse, und mußten daher auf Irrwege geraten. So hat sich denn ihre Mißachtung der Marxschen Dialektik an ihnen gerächt.

3. *Was ist die Grundvoraussetzung der Marxschen Reproduktionsschemata?*

Wir hoben schon im Kapitel 3 dieser Arbeit hervor, wie die Kategorie des Gebrauchswerts auch in die gesellschaftlichen Reproduktionsverhältnisse hineinspielt. Marx sagt darüber gleich zu Beginn seiner Untersuchung des Reproduktionsprozesses im II. Band: »Solange wir die Warenproduktion und den Produktenwert des Kapitals individuell betrachteten, war die Naturalform des Warenprodukts für die Analyse ganz gleichgültig, ob sie z. B. aus Maschinen bestand oder aus Korn oder aus Spiegeln. Es war dies immer Beispiel, und jeder beliebige Produktionszweig konnte gleichmäßig zur Illustration dienen ... Soweit die Reproduktion des Kapitals in Betracht kam, genügte es zu unterstellen, daß innerhalb der Zirkulationssphäre der Teil des Warenprodukts, welcher Kapitalwert darstellt, die Gelegenheit findet, sich in seine Produktionselemente, und daher in seine Gestalt als produktives Kapital rückzuverwandeln; ganz wie es genügte zu unterstellen, daß Arbeiter und Kapitalist auf dem Markte die Waren vorfinden, worin sie Arbeitslohn und Mehrwert verausgaben.« Indes: »Diese nur formelle Manier der Darstellung genügt nicht mehr bei Betrachtung des gesellschaftlichen Gesamtkapitals und seines Produktenwertes. Die Rückverwandlung eines Teils des Produktenwerts in Kapital, das Eingehn eines andern Teils in die individuelle Konsumtion der Kapitalisten- wie der Arbeiterklasse bildet eine Bewegung innerhalb des Produktenwerts selbst, worin das Gesamtkapital resultiert hat; und diese Bewegung ist nicht nur Wertersatz, sondern Stoffersatz, und ist daher ebensosehr bedingt durch das gegenseitige Verhältnis der Wertbestandteile des gesellschaftlichen Produkts, wie durch ihren Gebrauchswert, ihre stoffliche Gestalt.«[20]
Wir zitierten diese, in der endgültigen Redaktion des III. Bandes nicht fortgesetzte Stelle[21] deshalb so ausführlich, weil wir darin eine Anleitung zum besseren Verständnis der Marxschen Reproduktionsschemata erblicken. Was Marx hier im Auge hat, ist offenbar der im Verlauf unsrer Arbeit oft erwähnte Gegensatz von Gebrauchswert und Tauschwert, dem wir schon bei der Analyse des Wertes und des Geldes begegneten, der aber das gesamte System der bürgerlichen Ökonomie durchdringt. Marxens Untersuchung

---

[20] »Das Kapital«, II, S. 393. [Unsere Ausgabe S. 368, 369]

[21] Auf diese, dem als »Manuskript II« bezeichneten Marxschen Manuskript zum Band II entnommene Stelle folgt in der Engelsschen Redaktion unmittelbar eine Stelle aus einem andren Manuskript (»Manuskript VIII«).

des Produktions- und Zirkulationsprozesses des Einzelkapitals konnte allerdings den Eindruck erwecken, daß es in der kapitalistischen Produktion lediglich auf die Wert- und Mehrwertbildung ankomme. Jetzt aber, bei der Betrachtung der Reproduktion des gesellschaftlichen Kapitals, stellt es sich heraus, daß diese Wert- und Mehrwertbildung auf eine in der bisherigen Analyse nicht berücksichtigte Schranke stößt – auf die Schranke des »Gebrauchswerts auf gesellschaftlicher Potenz.«[22] Um ihr Kapital zu reproduzieren, muß die »Gesellschaft«, d. h. der »totale Kapitalist«, nicht nur über einen Fonds von Werten verfügen, sondern auch diese Werte in einer bestimmten Gebrauchsgestalt vorfinden, – in der Gestalt von Maschinen, von Rohstoffen, von Lebensmitteln – und all das in den durch die technischen Erfordernisse der Produktion bestimmten Proportionen. Die Wert- und Mehrwertbildung ist hier also schon aus technischen Gründen an den »gesellschaftlichen Stoffwechsel« gebunden, auch wenn wir von der Notwendigkeit, die erzeugten Waren abzusetzen, für sie Käufer zu finden, absehen.

Bedeutet das aber etwa, daß letzten Endes die kapitalistische Wirtschaftsverfassung doch die Befriedigung der produktiven und konsumtiven Bedürfnisse der Gesellschaft zum Zwecke habe? – Mitnichten. Der hervorstechendste Charakterzug dieser Wirtschaftsverfassung ist und bleibt ihr unersättlicher Drang nach immer wachsenden Profiten. Hier werden daher nur solche »Güter«, nur solche Gebrauchswerte erzeugt, die zugleich auch Werte sind; und hier werden die materiellen menschlichen Bedürfnisse nur insofern befriedigt, inwiefern ihre Befriedigung für die Erhöhung des Mehrwerts unentbehrlich erscheint. So haben z. B. die Schöpfer alles gesellschaftlichen Reichtums, die Arbeiter, große (und glücklicherweise immer wachsende) Bedürfnisse; sie können aber diese Bedürfnisse nur befriedigen, wenn ihre Arbeitskraft eine auf dem Markte verkaufbare Ware ist, und die letztere kann nur verkauft werden, wenn sie sich zugleich als Mehrwert schöpfend erweist ... Ähnlich verhält es sich mit den sogenannten »objektiven Faktoren«: Sogar die vollkommensten Maschinen und Produktionsverfahren werden nur angewandt, wenn sie die Rate des Profits zu erhöhen versprechen. Und schließlich ist auch der »Gesamtkapitalist« selbst in seinen Bequemlichkeiten und Genüssen durch die Notwendigkeit der beständigen Akkumulation des Kapitals beschränkt. Wenn deshalb auch vom Gesichtspunkt des gesellschaftlichen Reproduktionsprozesses die Kategorie des Wertes als durch die des Gebrauchswerts bedingt erscheint, so ist die letztere dennoch in der kapitalistischen Ökonomie gänzlich dem Werte und der

---

[22] »Das Kapital«, III, [MEW Bd. 25], S. 649.

Wertbildung unterworfen. Und eben diese Antinomie von einander widersprechenden Zielen, dies beständige Wechselspiel der Kategorien des Wertes und des Gebrauchwerts – die doch miteinander in Einklang gebracht werden müssen! – darf nicht aus den Augen gelassen werden, wenn wir von der Reproduktion des gesellschaftlichen Gesamtkapitals, wie sie Marx untersucht, sprechen.

Freilich kann die grundsätzliche Möglichkeit der Lösung dieser Antinomie nur an Hand eines sehr abstrakten und sehr einfachen Modells dargetan werden; und eben ein solches Modell liefern die Marxschen Reproduktionsschemata, die die gesamte gesellschaftliche Produktion in zwei große Abteilungen – die der Produktionsmittel- und die der Konsumtionsmittelindustrien – einteilen und die beide Abteilungen füreinander arbeiten lassen. Um den Produktionsprozeß wiederholen zu können, muß jede der beiden Abteilungen vor allem für den Wertersatz ihrer Produktionselemente Sorge tragen; sie kann es aber nur, wenn sie einen Teil dieser Produktionselemente von der andren Abteilung in einer stofflich geeigneten Form bezieht. Andrerseits aber kann jede Abteilung nur in den Besitz der von ihr benötigten Gebrauchswerte kommen, wenn sie sie von der anderen Abteilung durch den Austausch von Wertäquivalenten erhält. Diese gegenseitige Abhängigkeit von gesellschaftlichem »Wertersatz« und »Stoffersatz« kommt in den Reproduktionsschemata klar zum Ausdruck; die Schemata aber können diese Abhängigkeit nur zeigen, indem sie die beiden Abteilungen streng voneinander separieren und ihre wechselseitigen Beziehungen ausschließlich auf den Austausch von Warenäquivalenten beschränken. Die angebliche »Starrheit« der Grundvoraussetzungen der Schemata entspricht daher genau der Aufgabe, die sie zunächst lösen sollten; und wenn mehrere Theoretiker (*Tugan-Baranowsky, O. Bauer* und andere) Versuche unternahmen, die Marxschen Schemata durch Einführung weniger strikter Bedingungen zu »verbessern« und sie so der konkreten Wirklichkeit anzunähern, so bewiesen sie damit nur, wie wenig sie den Sinn und den Aufbau dieser Schemata begriffen.

Hier könnte allerdings eingewandt werden: Welchen Zweck hat es überhaupt, die Möglichkeit der Lösung des Konflikts zwischen dem Gebrauchswert und dem Wert, wie er sich im gesellschaftlichen Reproduktionsprozeß offenbart, an einem theoretischen Modell darzulegen, wenn diese Lösung in der kapitalistischen Praxis sich tausendfach und millionenfach durch die Anpassung der Preise der Waren an den gesellschaftlichen Bedarf, durch die Bankerotte einzelner Unternehmer etc. durchsetzt? – Gewiß; die kapitalistische Praxis zeigt uns aber auch das Phänomen der Wirtschaftskrisen, worin sich eben die periodisch wiederkehrende Unmöglichkeit der Lösung des Konflikts zeigt und worin es »die Widersprüche und Gegensätze der bürgerlichen Produktion zum Eklat bringen«[23]. Von diesem Gesichtspunkt aber ist die Frage, inwieweit die Antinomie von Gebrauchswert und Tauschwert in der kapitalistischen Wirtschaftsordnung grundsätzlich überwunden werden kann, gewiß von theoretischem Interesse, und die Reproduktionsschemata des II. Bandes, die der Beantwortung dieser Frage galten, können ausgezeichnete Dienste leisten.

4. Die Reproduktionsschemata und das Realisierungsproblem

Soviel über die Grundvoraussetzung der Reproduktionsschemata des II. Bandes: daß nämlich die Austauschbeziehungen zwischen den beiden großen Abteilungen der gesellschaftlichen Produktion sich sowohl wert- als auch gebrauchswertmäßig im Einklange miteinander befinden müssen, wenn die Gleichgewichtsbedingungen der Reproduktion des gesellschaftlichen Gesamtkapitals eingehalten werden sollen. (Es ist nötig, diese conditio sine qua non der Schemata zu unterstreichen, weil sie in der marxistischen Literatur leider nur allzu oft übersehen wurde.)

Natürlich ist das nicht die einzige Seite, die sich bei der Betrachtung der Reproduktionsschemata darbietet, und nicht die einzige Aufgabe, die sich Marx durch die Aufstellung dieser Schemata stellte! Was er vielmehr bezweckte, war – dem Vorbilde *Quesnays* folgend –, ein neues »*Tableau Économique*« zu entwerfen, das »die zahllosen individuellen Zirkulationsakte« auf der Oberfläche der bürgerlichen Gesellschaft »in ihrer charakteristisch-gesellschaftlichen Massenbewegung«, also in der »Zirkulation zwischen großen, funktionell bestimmten Gesellschaftsklassen« zusammenfassen sollte.[24] Auch für die Reproduktionsschemata des II. Bandes gilt also, was Marx über *Quesnays* »*Tableau*« sagt: auch sie setzen es sich zum Ziele, »den ganzen Produktionsprozeß des Kapitals als Reproduktionsprozeß darzustellen« (wobei die Zirkulation als eine bloße Form des Reproduktionsprozesses erscheint) – zugleich aber in diesen Reproduktionsprozeß nicht nur »den Ursprung der Revenue und den Austausch zwischen Kapital und Revenue«, sondern auch »das Verhältnis der reproduktiven Konsumtion zur definitiven« und »die Zirkulation zwischen Konsumenten und Produzenten« einzuschließen.[25] Nur daß Marxens wissenschaftliches Vorhaben ungleich komplizierter und schwieriger erscheint als das *Quesnays!* Fürs erste fiel in *Quesnays* Augen der Wert noch mit dem Gebrauchswert zusam-

[23] »Theorien«, II, [MEW Bd. 26, 2], S. 500.
[24] »Das Kapital«, II, S. 359. [Unsere Ausgabe S. 335, 336]
[25] »Theorien«, I, [MEW Bd. 26, 1], S. 319.

men[26], so daß für ihn die fundamentale Frage der Antinomie von Gebrauchswert und Tauschwert noch gar nicht bestehen konnte. Und fürs zweite handelte es sich bei *Quesnay* bloß um die einfache Reproduktion, während für Marx notwendigerweise die Frage der erweiterten Reproduktion des gesellschaftlichen Gesamtkapitals im Mittelpunkt des Interesses steht. Demgemäß sollen Marx' Reproduktionsschemata nicht nur zeigen, wie sich alle Bestandteile des jährlichen Produktenwerts der Gesellschaft (c + v + m) wechselseitig ersetzen, sondern auch, wie ein Teil des jeweilig produzierten Mehrwerts der Erweiterung der kapitalistischen Produktion gewidmet werden kann – was natürlich den regelmäßigen Austausch dieser Wertbestandteile, ihre Realisierung auf dem Markte voraussetzt. Und in diesem Sinne können die Reproduktionsschemata des II. Bandes auch als eine (provisorische) Lösung des sogenannten Realisierungsproblems angesehen werden.

Die Geschichte der politischen Ökonomie verzeichnet im großen und ganzen drei Lösungen des Realisierungsproblems.

Die erste Lösung geht auf *J. Mill, D. Ricardo* und *J. B. Say* zurück. Alle diese Ökonomen vermeinten das Problem der Realisierung des Mehrwerts dadurch lösen zu können, daß sie die kapitalistische Produktion der einfachen Warenproduktion gleichsetzten, die letztere aber naiverweise auf den bloßen Produktenaustausch reduzierten. Da jede Produktion – lehren sie – ihre eigene Nachfrage schaffe, und da Produkte letzten Endes immer für Produkte ausgetauscht werden, gibt es ein »metaphysisches Gleichgewicht« von Verkäufern und Käufern. Daher können schließlich alle Waren auf dem Markt abgesetzt werden – wenn sie nur in richtigen Quantitäten, in richtigen Proportionen produziert werden. Man kann deshalb wohl sagen, daß für die genannten Ökonomen das Realisierungsproblem eigentlich nicht existierte, daß dies Problem sich in ihren Augen auf das Problem der Proportionalität der einzelnen Zweige der gesellschaftlichen Produktion reduzierte.

Ganz anders war die Stellungnahme des zeitgenössischen Kritikers der klassischen Schule, *Sismondi. Sismondi* war der erste der bürgerlichen Ökonomen, der des spezifisch historischen Charakters der kapitalistischen Wirtschaftsweise gewahr wurde. Er sah daher in den auf dem Markt erscheinenden Waren nicht einfach »Produkte«, sondern Produkte des Kapitals.

---

[26] Der Physiokraten »Darstellungsweise ist natürlich notwendig bestimmt durch ihre allgemeine Auffassung des Werts, der bei ihnen eine bestimmte gesellschaftliche Daseinsweise der menschlichen Tätigkeit (Arbeit) ist, sondern aus Stoff besteht, aus Erde, Natur und den verschiedenen Modifikationen dieses Stoffs.« (Ibid., S. 14.)

Das heißt: der Eigner des Kapitals erhält bei ihrer Produktion einen Wertzuwachs (mieux valeur) nicht deshalb, »weil das Produkt seines Unternehmens mehr einträgt als die Produktionskosten betrugen, sondern weil er nicht die vollen Produktionskosten bezahlt, weil er dem Arbeiter keinen genügenden Lohn für seine Arbeit gibt«.[27] Es ist eben dieser Wertzuwachs, dieses »Mehrprodukt«, das die Quelle der Akkumulation des Kapitals bildet. Wie kann aber das Mehrprodukt verkauft werden, wenn die Arbeiter, die es erzeugt haben, nur den Teil des Produkts zurückkaufen können, der dem Lohn für ihre Arbeit entspricht, und wenn andrerseits die Kapitalisten selbst nicht das ganze Mehrprodukt konsumieren, da ein Teil davon kapitalisiert werden muß? – *Sismondi* erblickte darin eine unüberwindliche Schwierigkeit; er war der Ansicht, daß die Realisierung des Mehrprodukts letzten Endes unmöglich sei – es sei denn, daß man es im Auslande absetze und auf diese Weise verwerte.

Was war aber Marxens Lösung des Problems? Diese Lösung kann als eine einzigartige Synthese von *Ricardos* und *Sismondis* Auffassungen angesehen werden. Marx leugnete durchaus nicht, daß die Realisierung des Mehrwerts eines der dornigsten Probleme der bürgerlichen Ökonomie darstellt. Er wies jedoch kategorisch *Sismondis* Zweifel an der Möglichkeit der Realisierung zurück. Ihm zufolge schafft die kapitalistische Produktion in der Tat ihren eignen Markt und »löst« in diesem Sinn auch die Schwierigkeit der Mehrwertrealisierung. Sie löst sie aber nicht, indem sie diese Schwierigkeit überhaupt aufhebt, sondern nur, indem sie »die Form schafft«, worin sie sich »bewegen kann«, d. h. indem sie die Schwierigkeit der Realisierung »auf eine ausgedehntere Sphäre verlegt«, ihr »einen größeren Spielkreis eröffnet«.[28] (»Dies ist«, lesen wir im »Kapital«, »überhaupt die Methode, wodurch sich wirkliche Widersprüche lösen.«[29]) Die dialektische Lösung des Realisierungsproblems kann daher nur im Vorwärtsschreiten der kapitalistischen Produktionsweise, in der beständigen Ausdehnung ihres inneren

---

[27] Siehe: J. C. L. Simonde de Sismondi, »Nouveaux Principes de l'Economie Politique«, Band I, Buch 2, Kap. IV (»Wie entsteht der Profit des Kapitals«), S. 92.

[28] »Das Kapital«, II, S. 464. [Unsere Ausgabe S. 437]

[29] Ibid., I, S. 118. [Siehe unsere Ausgabe »Kapital«, Bd. I, a. a. O., S. 79.] – Vgl. ibid., III, [MEW Bd. 25], S. 260: »Die kapitalistische Produktion strebt beständig, diese ihr immanenten Schranken« (der fallenden Profitrate und der Kapitalentwertung) »zu überwinden, aber sie überwindet sie nur durch Mittel, die ihr diese Schranken aufs neue und auf gewaltigerm Maßstab entgegenstellen.«
Es ist in diesem Sinne, daß Marx den (Hegel entlehnten) Begriff des »lebendigen Widerspruchs« verwendet. (Siehe »Grundrisse«, S. 324 und 660 bis 661; Marx' Brief an Schweitzer v. 24. 1. 1865, MEW, Bd. 16, S. 32.)

und äußeren Marktes liegen. Von diesem Gesichtspunkt aber ist die erweiterte Reproduktion des Kapitals weder (wie es *Sismondi* schien) »unmöglich« noch kann sie (wie die Klassiker glaubten) ins Unendliche fortgehen – da die kapitalistische Produktionsweise selbst ihre inneren Widersprüche auf immer höherer Stufe reproduzieren muß, bis die »Spirale« der kapitalistischen Entwicklung (ein *Sismondi* entlehntes Bild) ihr Ende findet.
Diese Dialektik des Realisierungsproblems muß im Auge behalten werden, wenn wir uns über den Sinn und die Tragweite der sich über ein halbes Jahrhundert spannenden Diskussionen über die Reproduktionsschemata des II. Bandes klarwerden wollen.

II. Die Diskussion zwischen den »Narodniki« und den »legalen« russischen Marxisten

Merkwürdigerweise blieben die Reproduktionsschemata des II. Bandes des »Kapital« in der deutschen marxistischen Literatur fast zwei Jahrzehnte lang unbemerkt. Nur *Kautsky* widmete ihnen in seiner Besprechung des II. Bandes des »Kapital« (1885) zwei Zeilen: »Weitere Komplikationen bringt endlich die Akkumulation des Mehrwerts, die Erweiterung des Produktionsprozesses.«[30] Und das war buchstäblich alles, was in diesen Jahrzehnten über die Reproduktionsschemata gesagt wurde. Erst das 1902 in deutscher Übersetzung erschienene Buch des russischen Professors *Tugan-Baranowsky* lenkte die Aufmerksamkeit der deutschen marxistischen Theoretiker auf die Marxsche Analyse des gesellschaftlichen Reproduktionsprozesses; ausführlich besprochen aber wurde sie erst 1909 in *Rudolf Hilferdings »Finanzkapital«*.
Diese seltsame Tatsache ist vielleicht nicht so schwer zu erklären: Offenbar gab es damals in West- und Mitteleuropa keinen aktuellen gesellschaftlichen Grund, der die Theoretiker der II. Internationale veranlaßt hätte, den Themenkreis des 3. Abschnitts des II. Bandes des »Kapital« zu diskutieren. So blieb denn dieser Band in totaler Vergessenheit in Bücherschränken und Bibliotheksregalen liegen . . .
Ganz anders in Rußland, wo gerade zur Zeit des Erscheinens des II. Bandes des »Kapital« der Streit um die Möglichkeit bzw. Notwendigkeit der kapitalistischen Entwicklung Rußlands die Geister der fortschrittlichen Intelligenz bewegte. Hier bemächtigten sich beide Lager – sowohl die Narodniki, die diese Möglichkeit bestritten, als auch die Marxisten, die sie bejahten – der

---

[30] Angeführt bei Rosa Luxemburg, op. cit., S. 417.

Analysen des II. Bandes, um gerade darin das Rüstzeug zur Beantwortung der sie so brennend interessierenden Probleme zu finden.[31] Und erst da trat die große theoretische Bedeutung dieser Analysen klar zutage.

1. Engels' Diskussion mit Danielson

Der namhafteste Theoretiker der Narodniki war der Übersetzer des Marxschen »*Kapital*«, *N. Danielson*, der seit dem Tode von Marx in lebhaftem Briefwechsel mit *Engels* stand.

Schon in seinem Briefe vom 3. Februar 1887 teilt *Danielson Engels* mit, daß er ein Buch zu schreiben beabsichtige, das »dem lesenden Publikum eine Erklärung unseres wirtschaftlichen Lebens und seiner Entwicklungstendenzen im Lichte der Theorie des ›Verfassers‹«, d. h. Marx', »bieten werde«.[32] *Engels* stimmte natürlich *Danielsons* Plan zu und betonte, wie wichtig es wäre, »zu zeigen, wie unsers Verfassers Theorie auf eure Verhältnisse angewandt werden könnte«.[33] Aber erst vier Jahre später, als *Danielson* bereits die Arbeit an seinem Buche begonnen hatte, kam es zu einer regen Diskussion zwischen ihm und seinem Londoner Korrespondenten, die sogleich zeigte, wie weit die beiden in ihren theoretischen Voraussetzungen voneinander entfernt waren.

»In meinem letzten Briefe«, schrieb *Danielson* am 24. November 1891, »wollte ich Ihnen eine russische Version der ›Schaffung des inneren Marktes für die industriellen Klassen‹ vorlegen, wollte zeigen, wie ›die Vernichtung der ländlichen Nebenindustrie, der Scheidungsprozeß von Manufaktur und Agrikultur‹ stattfindet, um zu beweisen, daß ›nur die Vernichtung des ländlichen Hausgewerbes dem inneren Markt eines Landes die Ausdehnung und den festen Bestand geben kann, deren die kapitalistische Produktionsweise bedarf‹.[34] Ich wollte Ihre Aufmerksamkeit auf die Eigentümlichkeit unserer Lage lenken: Wir erscheinen auf dem Weltmarkt zu einer Zeit, wo die kapitalistische Produktionsweise und der von ihr getragene technische Fortschritt die Oberhand gewonnen haben ... Im Ergebnis haben wir einerseits eine immer ärmer werdende Bauernschaft, und andrerseits eine immer

---

[31] Wir können hier nur kursorisch auf diese Kontroverse eingehen und verweisen sonst die Leser auf die brillante Darstellung in R. Luxemburgs »Akkumulation des Kapitals«. [Unsere Ausgabe S. 586 ff.]

[32] »Perepiska K. Marksa i. Fr. Engelsa s russkimi politischeskimi dejatelami« (K. Marx' und Friedrich Engels' Briefwechsel mit den russischen politischen Persönlichkeiten), 1947, S. 106.

[33] Ibid., S. 107. [Vgl. MEW, Bd. 36, S. 617.]

[34] Zitate aus »Kapital«, I, S. 776. [Unsere Ausgabe a. a. O., S. 691]

konzentriertere und technisch fortschreitende Industrie, die aber gänzlich von den Schwankungen des inneren Marktes – d. h. eben von dem Grade der Scheidung der Industrie von der Agrikultur ... – abhängig ist.«[35]
Schon in diesem Brief also blicken *Danielsons* Zweifel durch, ob denn der Kapitalismus auch in Rußland zu seiner vollen Entwicklung gelangen könne. Aber erst in dem Brief vom 24. März 1892 tritt sein Skeptizismus in diesem Punkte klar zutage. »Wir ›befreiten‹« von ihrem Grund und Boden, schrieb er, »einige 20% bis 25% unsrer Bauernschaft. Diese Bauern wandern jetzt im Lande herum, nach Arbeit suchend ... Was sollen sie tun? In die Fabriken gehen? Wir wissen aber, daß die Zahl der in der heutigen Industrie beschäftigten Arbeiter beständig abnimmt[36] ... Wie viele Arbeiter kann denn unser eigner innerer *Markt* absorbieren, bis er ganz gesättigt ist? ›Die Arbeiter als Käufer von Ware sind wichtig für den Markt. Aber als Verkäufer ihrer Ware – der Arbeitskraft – hat die kapitalistische Gesellschaft die Tendenz, sie auf das Minimum des Preises zu beschränken.‹[37] ... Hier haben wir unsren Ausgangspunkt – unsren inneren Markt ... Eine kapitalistische Nation löst den Widerspruch, den unser Autor unterstrich, durch die Ausdehnung ihrer auswärtigen Märkte. Wie aber können wir diesem Widerspruch entrinnen? Wie man sich nicht eine kapitalistische Fabrik vorstellen kann, deren Produktion ausschließlich auf den Verbrauch der von ihr beschäftigten Arbeiter eingestellt wäre, ebenso unmöglich erscheint auch eine kapitalistische Nation ohne ausländische Märkte.[38] Und eben deshalb spannt jede kapitalistische Nation alle ihre Kräfte an, um die Märkte ihrer Rivalen zu erobern; ohne Märkte gibt es keinen Kapitalismus.« Wie könne aber Rußland zu äußeren Märkten kommen? »Wir betreten ja die Weltarena zu einem Zeitpunkt, wo alle Bestrebungen unserer Konkurrenten bis zum äußersten gespannt sind, wo sie sich sogar mit der geringsten Profitrate zufriedenstellen müssen ... Es scheint daher, daß unser geliebtes Kindlein – der Kapitalismus, welcher die Grundlagen der bäuerlichen Hausindustrie zerstört, welcher aber weder über einen inneren,

---

[35] »Perepiska«, S. 119–120.

[36] Danielson vergißt, daß es sich bei Marx nur um eine relative und nicht um eine absolute Abnahme der Beschäftigtenzahl handelt.

[37] Zitat aus »Kapital«, II, S. 318. [Unsere Ausgabe S. 295, Note 32]

[38] Denselben Gedanken drückte Danielson in seinen später erschienenen »Umrissen« wie folgt aus: »Genau so wie ein Einzelfabrikant auch nicht einen Tag existieren kann als Kapitalist, wenn sein Absatzmarkt nur durch die Bedürfnisse seiner Arbeiter und seine persönlichen Bedürfnisse beschränkt wäre, ebenso vermag sich auch eine entwickelte kapitalistische Nation nicht mit ihrem eigenen inneren Markt zu begnügen.« (Zitiert bei Rosa Luxemburg, op. cit., S. 216. [Unsere Ausgabe S. 599, 600])

noch über äußere Märkte verfügt, bei uns keine feste Entwicklungsbasis besitzt.«[39]

Daß *Danielson* irrte, ist offensichtlich; worin aber bestand die Quelle seines Irrtums? Er war im Rechte, wenn er behauptete, daß weder die Arbeiter einer einzelnen kapitalistischen Fabrik noch die einer kapitalistischen Nation imstande wären, das ganze Produkt ihrer Arbeit »zurückzukaufen«, daß sie vielmehr immer nur jenen Teil dieses Produkts kaufen können, der ihrem Arbeitslohn entspricht (nicht $v + m$, sondern nur v); und er hatte auch recht, wenn er in der Disproportion zwischen dem Gesamtbetrag der Löhne und der Größe des von den Arbeitern neu geschaffenen Wertprodukts einen der grellen Widersprüche der kapitalistischen Produktionsweise erblickte.[40] Man darf indes nicht, wie er, diese Frage statisch betrachten! Denn solange die Akkumulation fortschreitet und ein Teil des akkumulierten Mehrwerts dazu verwendet wird, zusätzliche Arbeitskräfte zu beschäftigen, werden diese durch Verausgabung ihrer Löhne immer wieder den in der vorigen Produktionsperiode geschaffenen Mehrwert zu realisieren helfen. Gewiß: Auch die neu beschäftigten Arbeiter schaffen wiederum ein Wertprodukt, dessen Größe die Gesamtsumme ihrer Löhne übersteigen muß, und so wird der vorhin erwähnte Widerspruch immer von neuem, auf einer weiteren Ebene reproduziert ... Diese dialektische Betrachtung der Frage ist indes von der abstrakten und daher äußerst vereinfachenden (»gradlinigen«) Vorstellung des russischen Narodniks grundverschieden.

Wie reagierte aber *Engels* auf *Danielsons* Brief? Bestritt er etwa die Existenz des Problems selbst, erklärte er es (wie die russischen Narodniki-Gegner) für ein einfaches »Mißverständnis«? Mitnichten. Er betonte allerdings energisch, daß nach Marxens Lehre die Lösung des Konflikts zwischen dem schrankenlosen Trieb nach Kapitalverwertung und der begrenzten Konsumtionskraft der kapitalistischen Gesellschaft vor allem (jedoch nicht ausschließlich!) in der Expansion der kapitalistischen Wirtschaftsordnung, in der Schaffung des inneren Marktes zu suchen sei. Er räumte aber seinem Korrespondenten ein, daß das ein widerspruchsvoller und qualvoller Prozeß sei – insbesondere für ein Land, das, wie Rußland, den Weg der kapitalistischen Entwicklung relativ spät betrat, und das über keine nennenswerten äußeren Märkte verfügt. Solange nämlich »die russische Industrie auf den inneren Markt beschränkt ist, kann die Produktion nur den inneren Verbrauch decken. Und jener kann nur langsam wachsen ... Denn es ist

[39] »Perepiska«, S. 127–129.

[40] Auch Marx betonte oft diesen Punkt, wie sich der Leser aus den auf der S. 574 [Unsere Ausgabe S. 565, 566] dieses Kapitels zitierten Äußerungen von Marx überzeugen kann.

eine der notwendigen Begleiterscheinungen der Großindustrie, daß sie ihren eignen Markt zerstört durch eben den Prozeß, durch den sie ihn erzeugt. Sie erzeugt ihn durch die Zerstörung der Grundlage der bäuerlichen Hausindustrie. Aber ohne Hausindustrie kann die Bauernschaft nicht leben. Als Bauern sind sie ruiniert; ihre Kaufkraft ist auf ein Minimum reduziert, und bis sie als Proletarier sich in neuen Existenzbedingungen festgesetzt haben, werden sie nur einen sehr ärmlichen Markt für die neu entstandenen Fabriken abgeben.« Die kapitalistische Produktionsweise sei aber »voller innerer Widersprüche«, und »die Tendenz, ihren eignen inneren Markt zur selben Zeit zu zerstören, wie sie ihn erzeugt, ist einer von ihnen«. Ein anderer Widerspruch sei »die auswegslose Lage«, zu der der Kapitalismus letzten Endes führen muß, »und die in einem Land ohne äußeren Markt – wie Rußland – schneller zustande kommt als in Ländern, die mehr oder weniger fähig sind, auf dem offenen Weltmarkt zu konkurrieren«. (»Die letzteren«, fügt er hinzu, »können zu den heroischen Mitteln der Handelspolitik, zur zwangsweisen Erschließung neuer Märkte greifen.«)[41]
Und *Engels* schloß seine Diskussion mit *Danielson* in einem späteren Brief mit den folgenden Worten ab: »Ich stimme Ihnen gerne zu, daß insoferne Rußland das letzte Land ist, das von der kapitalistischen Großindustrie erobert wurde, und zur gleichen Zeit auch ein Land mit einer unvergleichlich größeren Bauernbevölkerung als alle andren Länder, in Rußland der durch die ökonomische Umwälzung verursachte Umbruch viel tiefer und schärfer sein muß als irgendwo anders. Der Prozeß der Ersetzung von nicht weniger als 500 000 Großgrundbesitzern und von ungefähr 80 Millionen Bauern durch eine neue Klasse bürgerlicher Landeigentümer kann nur auf Kosten schrecklicher Leiden und Erschütterungen erkauft werden. Aber die Geschichte ist wohl die grausamste aller Göttinnen, und sie führt ihren Triumphwagen über Berge von Leichen – nicht nur im Kriege, sondern auch in der ›friedlichen‹ ökonomischen Entwicklung.«[42]

2. *Bulgakows und Tugan-Baranowskys Deutung der Marxschen Analyse der erweiterten Reproduktion*

Im Unterschied zu *Engels* packen die russischen Narodniki-Gegner »den Stier bei den Hörnern«. Sie decken vor allem die theoretische Unzulänglichkeit der narodnikischen Doktrin auf, wobei sie sich mit großem Geschick auf Marxens Analyse der Reproduktion des gesellschaftlichen Gesamt-

---

[41] »Perepiska«, S. 137–138. (Vgl. MEW, Bd. 38, S. 469.)
[42] Ibid., S. 145. (Vgl. MEW, Bd. 39, S. 38.)

kapitals stützen. Sie bewiesen aber, wie *Rosa Luxemburg* treffend bemerkte, »zuviel«: »Es handelte sich darum, ob der Kapitalismus im allgemeinen und insbesondere in Rußland entwicklungsfähig sei, und die genannten Marxisten haben diese Fähigkeit so gründlich dargetan, daß sie sogar die Möglichkeit der ewigen Dauer des Kapitalismus theoretisch nachgewiesen haben.«[43]

Was in den in Frage kommenden Aufsätzen und Büchern der legalen russischen Marxisten zunächst auffällt, ist, daß auch sie (wie später die Austromarxisten) beständig die abstrakte Marxsche Analyse mit der kapitalistischen Wirklichkeit verwechseln und aus dieser Analyse daher Schlußfolgerungen ziehen, die keineswegs gerechtfertigt erscheinen.

Das zeigt sich klar selbst bei dem begabtesten und »orthodoxesten« der legalen Marxisten, *S. Bulgakow*.[44] *Bulgakow* war sich natürlich darüber im klaren, daß die Marxschen Schemata »weder die industriellen Zyklen noch die periodisch wiederkehrenden Krisen in Betracht ziehen, und daß sie deshalb den wirklichen Verlauf des ökonomischen Lebens nicht genau darstellen können. Worauf es aber ankommt«, sagte er, »ist, daß sie im Prinzip die Möglichkeit der erweiterten Reproduktion zeigen, und daß diese Möglichkeit auch zur Wirklichkeit wird.«[45]

Indes, trotz dieser Vorbehalte ist *Bulgakow* überzeugt, daß eben diese Schemata, so wie sie sind, die restlose und endgültige Lösung des Realisierungsproblems bieten: »Die wichtigsten Fragen der Theorie der Märkte«, schreibt er, »werden gelöst durch die Analyse des Austausches zwischen den beiden Abteilungen« (Abteilung I und Abteilung II). »Eine solche Untersuchung zeigt, wo sich der Absatz für den Mehrwert findet, wie jene Teile des Warenprodukts der verschiedenen Kapitale zirkulieren, die den Wert des vernutzten konstanten Kapitals darstellen, und wie schließlich der Konsum des Arbeitslohnes und des Mehrwerts jener Unternehmungen möglich ist, die nichtkonsumierbare Produkte erzeugen.«[46]

Und an einer andren Stelle seines Buches heißt es: »Die Hauptschwierigkeit bei der Analyse des erweiterten Reproduktionsprozesses ist, zu erklären, wie die Produktionsausdehnung in I und II möglich ist, obwohl die erste Abteilung nur konstantes Kapital erzeugt und die zweite nur variables.

---

[43] Rosa Luxemburg, ob. cit., S. 251. [Unsere Ausgabe S. 636]

[44] Wir übergehen hier P. v. Struve, dessen maßloser Optimismus in bezug auf die Zukunftsaussichten des russischen Kapitalismus bereits von Engels in einem Brief an Danielson (Oktober 1893) kritisiert wurde. (Siehe »Perepiska«, S. 147 bis 148. Vgl. MEW, Bd. 39, S. 148–149.)

[45] S. Bulgakow, »O rynkach pri kapitalistitscheskom proizwodstwe« (Zur Frage der Märkte in der kapitalistischen Produktionsweise), Moskau, 1897, S. 165.

[46] Ibid., S. 28–29.

Diese Schwierigkeit wird dadurch beseitigt, daß I für sich und für II konstantes Kapital, II aber für sich und für I variables Kapital akkumuliert. Die Schwierigkeit der Akkumulation reduziert sich also auf den Austausch jener Teile des Produkts, die jede Abteilung für die andere akkumuliert.«[47]

So weit, so gut. *Bulgakow* übersieht zwar, daß die Lösung des Realisierungsproblems, die die Schemata bieten, nur eine Lösung auf ganz abstrakter Ebene ist, und eben deshalb keine volle Lösung sein kann. Abgesehen davon aber ist gegen seine Ausführungen nichts einzuwenden. Indes, damit nicht zufrieden, geht *Bulgakow* viel weiter: Weil in den Schemata des II. Bandes die Abteilungen I und II ausschließlich aufeinander angewiesen sind und keiner anderen Abnehmer bedürfen, entwirft er ein groteskes Bild der absoluten Selbstgenügsamkeit der kapitalistischen Produktion – nicht nur in der hypothetischen Welt der Schemata, sondern auch in der Realität! »Herr *Tugan-Baranowsky*«, sagt er, »hat unbedingt recht, wenn er behauptet, daß die kapitalistische Produktion durch ihr bloßes Wachstum einen sich ununterbrochen ausdehnenden Markt schafft und daß der Grad dieser Ausdehnung des Marktes nur von dem Vorhandensein der Produktivkräfte abhängt.«[48]

Warum aber hat *Tugan* recht? Einfach darum, weil in den Marxschen Schemata die die Produktionsmittel erzeugende Abteilung I vom ersten Jahr an »eine selbständige Nachfrage« nach den Konsummitteln der Abteilung II, und diese eine ebensolche Nachfrage nach den Produktionsmitteln von I eröffnet: »Auf diese Weise bildet sich schon bei Beginn der kapitalistischen Produktion ein geschlossener Kreis heraus, in dem die kapitalistische Produktion von gar keinem auswärtigen Markt abhängig ist, sondern sich selbst genügt, und in dem sie sozusagen automatisch vermittelst der Akkumulation zu wachsen in der Lage ist.«[49]

Und in einem der letzten Kapitel seines Buches behauptet sogar *Bulgakow* klipp und klar, daß »der einzige Markt für die Produkte der kapitalistischen Produktion diese Produktion selbst ist«, und daß folglich auch »die alleinige Schranke der Produktionserweiterung im Kapital selbst und in seinem Wachstumsbedürfnis liegt«.[50]

Wie wir sehen, gelang es *Bulgakow* trotz seiner Marx-Orthodoxie, den Marxschen Schemata einen Sinn beizulegen, der sich nicht wesentlich von den harmonischen Auffassungen *Ricardos*, *MacCullochs* und *Says* unterschied. Wie aber wollte er diese Deutung mit Marx' zahlreichen Äußerun-

---

47 Ibid.
48 Ibid., S. 246.
49 Ibid., S. 210. (Vgl. Rosa Luxemburg, op. cit., S 234. [Unsere Ausgabe S. 618])
50 Bulgakow, ibid., S. 238 und 259.

gen über die »Konsumtionsbeschränkung der Massen« als den »letzten Grund aller wirklichen Krisen« vereinbaren? Oder, in anderen Worten: Wie wirkt sich die beschränkte Konsumtionskraft der Gesellschaft auf die Realisierung des Produkts im ganzen, und im besonderen auf die Realisierung des Mehrwerts aus?

Bulgakow glaubte diese Frage beantwortet zu haben, wenn er sagte: »Die Konsumtion, die Befriedigung der menschlichen Bedürfnisse, stellt nur ein nebensächliches Moment der Zirkulation des Kapitals dar. Der Umfang der Produktion wird ja durch den Umfang des Kapitals und nicht durch den Umfang der gesellschaftlichen Bedürfnisse bestimmt. Daher muß auch die Erweiterung der Produktion nicht von einem Wachstum der Konsumtion begleitet sein, sondern es besteht sogar ein Antagonismus zwischen beiden ... Wie wir gesehen haben, strebt die kapitalistische Produktion danach, sowohl den Anteil des variablen Kapitals, als auch den Konsumtionsfonds der Kapitalisten relativ zu verringern. Man kann deshalb sagen, daß die Entwicklung der Produktion die Konsumtion verringert ... Offenbar verdankt die kapitalistische Produktion ihre Erweiterung vor allem der Abteilung I, der Produktion des konstanten Kapitals, und nur ein relativ kleiner Teil ist auf das Konto der Abteilung II zu schreiben, die unmittelbar für die Konsumtion produziert.« Und das allein, sagt weiter *Bulgakow*, »weist mit genügender Klarheit auf die Rolle hin, die der Konsumtion in der kapitalistischen Produktion zukommt und zeigt, wo der hauptsächlichste Markt für die kapitalistisch produzierten Waren zu suchen ist«. So kann sich denn »die kapitalistische Produktion sogar innerhalb der engen Grenzen des Profitmotivs und der Krisen ... schrankenlos erweitern, unabhängig von der Konsumtion, und sogar, wenn diese abnimmt«. Gewiß: »Die kapitalistische Produktion büßt mit Krisen dafür, daß sie von dem wahren Zwecke der Produktion abweicht. Dennoch ist sie von der Konsumtion unabhängig.«[51]

Wie man sieht, erkennt *Bulgakow* an, daß die Bedeutung der gesellschaftlichen Konsumtion in periodisch wiederkehrenden Wirtschaftskrisen ihren Ausdruck findet. Er leugnet aber, daß diese Krisen irgend etwas mit dem Realisierungsproblem zu tun hätten; ihm zufolge ergeben sie sich lediglich aus der ungleichmäßigen Entwicklung der einzelnen Produktionszweige, sind also als bloße Disproportionalitätskrisen anzusehen. Denn: »die grundlegende und einzige Bedingung für die Möglichkeit der erweiterten Produktion besteht in der Proportionalität der verschiedenen Industriezweige. Ist diese Bedingung eingehalten, dann werden die Ausmaße der Produktion

---

[51] Ibid., S. 161–162.

lediglich durch die Größe der Kapitalakkumulation, durch die Notwendigkeit ihres Wachstums bestimmt.«[52] Und eben in diesem Sinne sei alles, was Marx über die Krisen sagt, zu deuten.

Einen besonderen Platz nimmt in *Bulgakows* Werk die Frage der Außenmärkte ein. Er setzt sich hier mit »dem phantastischen Dogma« auseinander, »demzufolge die kapitalistische Produktionsweise unbedingt äußerer Märkte bedarf«. Er leugnet dies mit allem Nachdruck. Wie *Rosa Luxemburg* es ausdrückt, besteht sein Hauptargument darin, daß die »Skeptiker«, von *Sismondi* bis zu den Narodniki, »offenbar alle den auswärtigen Handel als ›einen bodenlosen Abgrund‹ betrachten, in dem der im Innern unabsetzbare Überschuß der kapitalistischen Produktion auf Nimmerwiedersehen verschwinde. Demgegenüber hebt Bulgakow mit Triumph hervor, daß ja der auswärtige Handel durchaus kein ›Abgrund‹ und erst recht kein ›bodenloser‹ sei, daß er ein zweischneidiges Schwert darstelle, und daß zur Ausfuhr stets auch Einfuhr gehöre, die sich beide so ziemlich die Waage zu halten pflegen. Was also durch die eine Grenze hinausgeschoben werde, das werde durch die andere Grenze bloß in veränderter Gebrauchsgestalt wieder hereingeschoben. ›Für die eingeführten Waren, die das Äquivalent der ausgeführten darstellen, muß man in den Grenzen des gegebenen Absatzmarktes Platz finden, Platz ist aber nicht da, folglich zieht die Zuhilfenahme des auswärtigen Absatzes bloß neue Schwierigkeiten nach sich.‹«[53]

Auf den ersten Blick erscheint *Bulgakows* Argument sehr überzeugend, um so mehr, als er sich auf die bekannte Stelle im Band II des »Kapital« berufen kann, wo Marx die Hereinziehung des auswärtigen Handels in die Analyse des gesellschaftlichen Reproduktionsprozesses als irrelevant erklärt.[54] Es darf aber, wie wir schon mehrfach erwähnten, nicht übersehen werden, daß Marx im II. Bande die Reproduktion des gesellschaftlichen Kapitals nur in ihrer »Fundamentalform«[55], also auf einer ganz abstrakten Ebene betrachtet. Auf dieser Stufe der Analyse kann die Hereinziehung des auswärtigen Handels in der Tat »nur verwirren, ohne irgendein neues Moment, sei es des Problems, sei es seiner Lösung zu liefern«[56]. Sobald man sich aber den weiter entwickelten konkreten Verhältnissen nähert, gewinnt die Sache – wie bereits *Rosa Luxemburg* in ihrer Polemik gegen *Bulgakow* hervorhob – ein anderes Aussehen. Hier treten Realisierungsschwierigkeiten ein, die

---

[52] Ibid., S. 158.
[53] Rosa Luxemburg, op. cit., S. 237. [Unsere Ausgabe S. 621]
[54] Siehe: »Das Kapital«, II, S. 466. [Unsere Ausgabe S. 439]
[55] Ibid., S. 454 und 456. [Unsere Ausgabe S. 427 und 428]
[56] Ibid., S. 439. [Unsere Ausgabe S. 439]

in den Schemata des II. Bandes nicht berücksichtigt werden konnten[57], und die gerade durch den Außenhandel für kürzere oder längere Zeit gemildert werden können.
So können die importierten Waren direkt im Produktionsprozeß verwendbar sein. Die »Veränderung der Gebrauchsgestalt« war dann nichts anderes als eben der Akt der Realisierung des Wertes der ausgeführten Waren. (Wenn z. B. die englischen Fabrikanten Textilien exportieren und dafür Baumwolle importieren, so war das pro tanto zugleich auch Lösung ihres »Realisierungsproblems«, weil sie dadurch instand gesetzt wurden, einen Teil des von ihnen akkumulierten Mehrwerts in die zur Erweiterung ihrer Betriebe nötigen Produktionselemente umzuwandeln.) Andrerseits gibt *Bulgakow* selbst zu, »daß eine partielle Überproduktion einer oder einiger Waren überwunden werden kann, wenn man den Überschuß ausführen und auf äußeren Märkten absetzen kann. In diesem Falle versieht der auswärtige Handel die Rolle eines Sicherheitsventils, der ein gegebenes Land vor einer partiellen oder allgemeinen Überproduktionskrise schützen kann.«[58] (Was aber nichts anderes heißt, als daß das betreffende Land eben im Außenhandel den Weg zur Realisierung seiner Warenüberschüsse findet.) Wenn es sich also um individuelle Industriezweige und individuelle Länder in der konkreten kapitalistischen Welt handelt, verliert *Bulgakows* Argument alle seine Überzeugungskraft.
Nachdem er jeden theoretischen Zusammenhang zwischen dem Realisierungsproblem und der Frage des Außenhandels geleugnet hatte, mußte *Bulgakow* eine spezielle Theorie des Außenhandels konstruieren, die, wie *Rosa Luxemburg* sagt, »jedenfalls nicht von Marx, sondern von deutschen Gelehrten der bürgerlichen Nationalökonomie geliehen« war. In dieser Theorie »gibt es in der Tat für den auswärtigen Handel keinen Raum. Wenn der Kapitalismus in jedem Lande gleich zu Beginn seiner Entwicklung jenen bewußten ›geschlossenen Zirkel‹ herausbildet, in dem er sich wie eine Katze um den eigenen Schwanz dreht und ›sich selbst genügt‹, für sich selbst schrankenlos einen Absatz schafft und sich selbst Stachel zur Erweiterung ist, dann ist jedes kapitalistische Land ökonomisch auch ein abgeschlossenes, ›sich selbst genügendes‹ Ganzes.«[59]
Von diesem Gesichtspunkt ist »die Notwendigkeit des äußeren Marktes für ein kapitalistisches Land durch Ursachen bedingt, die nicht in der Organisation der kapitalistischen Produktion selbst wurzeln, sondern die dieser

---

[57] Siehe S. 392 dieser Arbeit [a. a. O.]
[58] Bulgakow, op. cit., S. 200–201.
[59] Rosa Luxemburg, op. cit., S. 234. [Unsere Ausgabe S. 618]

Organisation äußerlich sind«[60], und diese Ursachen können nur »historischer« oder »geographischer« Natur sein![61] So muß z. B. England gewisse Mängel, die seinem Klima und seiner Bodenbeschaffenheit geschuldet sind, durch Importe kompensieren usw. Das gilt aber nicht von großen, kontinentähnlichen Ländern, wie die Vereinigten Staaten und Rußland, die alle – oder fast alle – notwendigen Rohmaterialien und Lebensmittel selbst erzeugen können.[62] Kein Wunder, daß, im Gegensatz zu den Narodniki, *Bulgakow* dem noch in den Kinderschuhen steckenden russischen Kapitalismus »eine große und brillante Zukunft« voraussagte[63] und sogar die Hoffnung hegte, Rußland würde bald in der Lage sein, seine Konkurrenten auf dem Weltmarkt zu schlagen[64] ... Für einen Anhänger der Marxschen Lehre war das ein etwas merkwürdiger Wunschtraum. *Bulgakow* war aber nicht der einzige, der solchen Träumen nachhing.

Wenden wir uns nun einem andren Widersacher der Narodniki zu – dem russischen Professor *Tugan-Baranowsky*, der, obwohl weniger begabt und originell als *Bulgakow*, doch im Westen großes Ansehen gewann und dessen Schriften das Denken der sozialdemokratischen Theoretiker Deutschlands *(Hilferding, O. Bauer)* so stark beeinflußten.

Rosa Luxemburg hob den Unterschied im geistigen Habitus der beiden Schriftsteller treffend hervor, als sie schrieb: »Auch *Tugan-Baranowsky* geht wie *Bulgakow* von der Marxschen Analyse der gesellschaftlichen Reproduktion aus. Auch er hat erst in dieser Analyse den Schlüssel gefunden, um sich in dem ganzen verworrenen und verwirrenden Komplex von Problemen zurechtzufinden. Während aber *Bulgakow* als begeisterter Adept der Marxschen Lehre diese nur getreu zu entwickeln sich bemüht und seine Schlüsse einfach dem Meister imputiert, belehrt *Tugan-Baranowsky* umgekehrt Marx, der es nicht verstanden habe, seine eigne glänzende Untersuchung des Reproduktionsprozesses zu verwerten ...« Und an einer andren Stelle: »*Bulgakow* suchte das Marxsche Schema mit ehrlicher Mühe auf die wirklichen konkreten Verhältnisse der kapitalistischen Wirtschaft und des kapitalistischen Austausches zu projizieren, suchte sich durch die Schwierigkeiten, die sich daraus ergaben, durchzuringen ... *Tugan-Baranowsky* braucht gar keine Beweise, er zerbricht sich nicht viel den Kopf: da sich die arithmetischen Proportionen zur Zufriedenheit lösen und nach Belieben fortsetzen lassen, so *ist ihm das* just ein Beweis, daß sich die kapitalistische

---

60 Bulgakow, op. cit., S. 260.
61 Ibid., S. 183.
62 Ibid., S. 170–173.
63 Ibid., S. 225.
64 Ibid., S. 218.

Akkumulation – vorbehaltlich der bewußten ›Proportionalität‹ ... – ebenso restlos und unendlich fortwinden könne.«[65]

Wir können hinzufügen, daß *Tugan-Baranowsky* es liebte, seine Gedankengänge auf die Spitze zu treiben und sich in Paradoxen zu ergehen, die dem wissenschaftlichen Wert seiner Analysen gewiß nicht förderlich waren. In seinen Schlußfolgerungen aber unterschied sich *Tugans* erstes Buch[66] nicht wesentlich von dem *Bulgakows.* Wie *Bulgakow* proklamiert auch *Tugan* die absolute Selbstgenügsamkeit der kapitalistischen Produktion und ihre angebliche Unabhängigkeit von dem gesellschaftlichen Konsum. Wie jener leugnet er, daß der Drang nach Außenmärkten den dem Kapitalismus immanenten Gesetzen entspringe. Und schließlich leitet auch er die Wirtschaftskrisen einzig und allein aus der Disproportionalität zwischen verschiedenen Industriezweigen ab. In allen diesen Aspekten sind beide Verfasser als Vorläufer der späteren »neo-harmonischen« Strömung in der marxistischen Ökonomie zu betrachten. Wo immer wir einen Unterschied in ihren Ansichten entdecken, liegt dieser Unterschied zumeist in dem Akzent – nicht darin, was *Tugan* sagt, sondern, wie er es sagt.

Es genügt, einige Absätze seines Buches zu zitieren: »Die angeführten Schemata« (*Tugan* meint hier die von ihm modifizierten Schemata des II. Bandes) »mußten zur Evidenz den an sich sehr einfachen Grundsatz beweisen, ... nämlich den Grundsatz, daß die kapitalistische Produktion für sich selbst einen Markt schafft. Ist es nur möglich, die gesellschaftliche Produktion zu erweitern, reichen die Produktivkräfte dazu aus, so muß bei der proportionellen Einteilung der gesellschaftlichen Produktion auch die Nachfrage eine entsprechende Erweiterung erfahren; denn unter diesen Bedingungen repräsentiert jede neuproduzierte Ware eine neuerschienene Kaufkraft für die Erwerbung anderer Waren.«[67] Ist aber »die Ausdehnung der Produktion praktisch grenzenlos, so müssen wir die Ausdehnung des Marktes als ebenso grenzenlos annehmen, denn es gibt bei der proportionellen Einteilung der gesellschaftlichen Produktion für die Ausdehnung des Marktes keine andere Schranke außer den Produktivkräften, über welche die Gesellschaft verfügt.«[68]

Hier schon werden die Marxschen Schemata ohne viele Bedenken im Sinne

[65] Rosa Luxemburg, op. cit., S. 238 und 242. [Unsere Ausgabe S. 622 und 626]

[66] M. v. Tugan-Baranowsky, »Studie zur Theorie und Geschichte der Handelskrisen in England«, 1901. (Die erste, 1894 in Rußland erschienene Auflage dieses Buches war dem Verfasser leider nicht zugänglich. Auch R. Luxemburg benutzt nur die spätere deutsche Übersetzung, die gewiß – da Tugan inzwischen ein offener Revisionist geworden war – von der ursprünglichen Fassung in vielem abwich.)

[67] Ibid., S. 25. [Unsere Ausgabe S. 649]

[68] Ibid., S. 231.

von *Say* gedeutet. Das ist indes nicht alles, was *Tugan-Baranowsky* aus diesen Schemata herauslesen will! Seiner Ansicht nach kann man aus ihnen auch »den höchst wichtigen Schluß ziehen, daß in der kapitalistischen Wirtschaft die Nachfrage nach Waren vom Gesamtumfang der gesellschaftlichen Konsumtion in einem gewissen Sinne unabhängig ist: Es kann der Gesamtumfang der gesellschaftlichen Konsumtion zurückgehen und zugleich die gesamte gesellschaftliche Nachfrage nach Waren wachsen, – wie absurd das auch vom Standpunkt des ›gesunden Menschenverstandes‹ erscheinen mag. Die Akkumulation von gesellschaftlichem Kapital führt zu einer Einschränkung der gesellschaftlichen Nachfrage nach Konsumtionsmitteln, und zugleich zu einer Erhöhung der gesamten gesellschaftlichen Nachfrage nach Waren.«[69]

Diese Behauptung *Tugans* steht freilich in direktem Gegensatz zu den Marxschen Schemata, worin der Fortgang der Akkumulation von einem ständigen Wachstum der gesellschaftlichen Konsumtion begleitet ist. Um sie zu erhärten, muß daher *Tugan* zu einem in den Schemata des II. Bandes nicht berücksichtigten Moment, nämlich zum Gesetz der steigenden organischen Zusammensetzung des Kapitals Zuflucht nehmen: »Der technische Fortschritt«, sagte er, »gelangt darin zum Ausdruck, daß die Bedeutung der Arbeitsmittel, der Maschine, immer mehr im Vergleich mit der lebendigen Arbeit, dem Arbeiter selbst zunimmt ... Der Arbeiter tritt gegenüber der Maschine in den Hintergrund, und zugleich tritt in den Hintergrund die aus der Konsumtion des Arbeiters entstehende Nachfrage im Vergleich mit der Nachfrage, welche aus der produktiven Konsumtion der Produktionsmittel entsteht. Das ganze Getriebe der kapitalistischen Wirtschaft nimmt den Charakter eines gleichsam für sich selbst existierenden Mechanismus an, in welchem die Konsumtion des Menschen als ein einfaches Moment des Prozesses der Reproduktion und der Zirkulation des Kapitals erscheint.«[70]

Und die Schlußfolgerung, die *Tugan* aus alledem zieht? Diese Schlußfolgerung ist verblüffend einfach: »Die Maschinen sind an die Stelle der lebendigen Arbeiter getreten, die Produktionsmittel haben auf dem Warenmarkt die Konsumtionsmittel ersetzt« ... So kann also »das nationale Einkommen sich vermindern und die nationale Nachfrage zugleich wachsen; die Steigerung des nationalen Reichtums kann von einer Verringerung des nationalen Einkommens begleitet werden, wie paradoxal das auch klingen mag.«[71]

---

69 Ibid., S. 25. [Unsere Ausgabe S. 649]
70 Ibid., S. 27. [Unsere Ausgabe S. 651]
71 Ibid., S. 193.

Wie wir sehen, ist *Tugan* hier bereits die völlige Loslösung der Produktion von der gesellschaftlichen Konsumtion gelungen. Kein Wunder, daß in einem späteren Buch[72] *Tugan-Baranowskys* Phantasie ihn dazu verleitete, das Bild einer kapitalistischen Gesellschaft zu entwerfen, in welcher die ganze Arbeiterklasse, mit Ausnahme eines einzigen Arbeiters, verschwunden ist, und dieser einzige Arbeiter eine enorme Masse von Maschinerie bedient, um mit ihrer Hilfe immer neue Maschinen zu produzieren – ohne daß dies zu einer Diskrepanz zwischen der Produktion und der gesellschaftlichen Konsumtion führte ...[73]

Soviel über den »verrückt gewordenen Marxismus« *Tugan-Baranowskys*[74], der sich aber, wie wir gesehen, von jenem *Bulgakows* zumeist nur durch die Überspitztheit seiner Formulierungen und nicht im Wesen unterschied.

In einem Punkte freilich wichen *Tugan* und *Bulgakow* voneinander ab, nämlich in ihrer Einschätzung des *Sayschen* Gesetzes. Während *Bulgakow* in seiner Marx-Orthodoxie *Say* kritisch gegenüberstand, akzeptierte *Tugan-Baranowsky* dessen Lehre fast vorbehaltlos: »Ich meinerseits behaupte keinesfalls«, schrieb er über *Says* Doktrin, »daß alle Einzelheiten dieser Lehre ... richtig sind. Trotzdem halte ich den Kern dieser Theorie, ihre Hauptidee nämlich – daß bei einer proportionellen Einteilung der gesellschaftlichen Produktion das Warenangebot mit der Nachfrage übereinstimmen muß –, nicht nur für richtig, sondern sogar für unbestreitbar. Alles, was gegen diese Idee eingewendet worden ist, leidet meines Erachtens an mangelndem Verständnis derselben.«[75]

Es muß aber zugegeben werden, daß in dieser Hinsicht *Tugan* nur konsequenter war als *Bulgakow*, da die harmonische Interpretation der Marxschen Theorie durch die legalen Marxisten im Grunde nur eine Wiederbelebung des klassischen »Optimismus« in marxistischer Verkleidung be-

---

72 »Theoretische Grundlagen des Marxismus«, 1905.

73 Zitiert nach W. Alexander, »Kampf um Marx«, 1932.

74 Tugan-Baranowsky, schrieb Hilferding, »sieht nur die spezifischen ökonomischen Formbestimmtheiten kapitalistischer Produktion und übersieht dabei die aller Produktion, welch immer ihre historische Form, gemeinsamen natürlichen Bedingungen und kommt daher zur sonderbaren Vorstellung einer Produktion, die nur für die Produktion vorhanden ist, während die Konsumtion nur als ein lästiges Akzidens erscheint. Ist dies schon ›Wahnsinn‹, so hat es doch ›Methode‹, und zwar marxistische, da eben diese Analyse der historischen Formbestimmtheit der kapitalistischen Produktion spezifisch marxistisch ist. Es ist verrückt gewordener Marxismus, aber doch Marxismus, was die Tugansche Theorie zugleich so sonderbar und so anregend macht.« (»Das Finanzkapital«, S. 355, Anm. 1.)

75 Tugan-Baranowsky, op. cit., S. 27. [Unsere Ausgabe S. 651, Note 1] – Daß Tugan schon in seinem ersten Buche dieselbe Auffassung vertreten hat, kann man aus der gegen ihn gerichteten Polemik im Buch Bulgakows ersehen.

deutete. Das zeigt aber, zu welch unerwarteten Folgen die Anwendung der Marxschen Reproduktionsschemata führen kann, wenn sie aus dem Gesamtzusammenhang der Marxschen Lehre herausgerissen und für sich allein betrachtet werden!

III. Lenins Realisierungstheorie[76]

Wir bezeichneten *Bulgakow* und *Tugan-Baranowsky* als Vorläufer der späteren neoharmonischen Richtung in der marxistischen Ökonomie. Muß uns diese Behauptung aber nicht in eine theoretische Verlegenheit versetzen? Ist es doch bekannt, daß beide Autoren in ihrer Kontroverse mit den Narodniki jahrelang einen Bundesgenossen in dem jungen revolutionären Marxisten *Lenin* hatten, der viele ihrer diesbezüglichen Ansichten teilte. Heißt das etwa, daß wir auch *Lenin* eine Tendenz zur harmonischen Deutung der ökonomischen Lehre von Marx zuschreiben sollen? – Gewiß, *Bulgakow* und *Tugan-Baranowsky* verließen nach einigen Jahren die sozialistische Bewegung und wurden Ideologen des liberalen russischen Bürgertums. Man kann aber eine wissenschaftliche Theorie nicht nach der politischen Laufbahn ihrer Vertreter beurteilen, und die spätere ideologische Entwicklung *Bulgakows* und *Tugans* ist daher in diesem Zusammenhang ebenso irrelevant, wie die *Lenins.*

Indes ist die Verlegenheit, von der wir eben sprachen, vielleicht nicht so groß, wie sie auf den ersten Blick scheint. Erinnern wir uns, daß ökonomische und soziologische Theorien nicht im Äther der reinen Erkenntnis existieren, sondern zumeist auch gewisse gesellschaftliche Funktionen erfüllen. Und so gesehen, wird uns die theoretische Waffengemeinschaft des jungen *Lenin* mit den legalen Marxisten nicht mehr sonderlich erscheinen.

Worin die russischen Marxisten jener Zeit eine ihrer Hauptaufgaben erblickten, war die rücksichtslose Bekämpfung der narodnikischen Ideologie, die die besondere historische Rolle der russischen Arbeiterklasse leugnete und die sozialistische Bewegung des Landes auf den utopischen Weg eines spezifisch russischen, bäuerlichen Sozialismus zurückzerren wollte. Um diese Ideologie zu überwinden, mußten die theoretischen Voraussetzungen, auf

[76] Wenn wir Lenins Schriften zur Realisierungsfrage besondere Aufmerksamkeit schenken, so geschieht das nicht nur ob ihrer unbestrittenen theoretischen Bedeutung, sondern auch, weil ausführliche Auszüge aus diesen Schriften den meisten Ausgaben des II. Bandes des »Kapital« beigegeben sind – offenbar, um als eine Art offizielle Exegese zum Marxschen Werk zu dienen. (Eine Praxis, die in den dreißiger Jahren begann, und die Lenin selbst gewiß nicht toleriert hätte, wäre er noch am Leben gewesen.)

die sie sich stützte, als haltlos erwiesen werden. Wenn also die Narodniki von der grundsätzlichen Unmöglichkeit der Realisierung des Mehrwerts in der kapitalistischen Wirtschaft sprachen und dies durch den Hinweis auf die der russischen Bourgeoisie fehlenden Außenmärkte, auf den zurückgehenden Volkskonsum und auf die dem Kapitalismus immanenten Überproduktionskrisen begründeten, so wollten ihre marxistischen Gegner nachweisen, daß die Realisierung des Mehrwerts auch ohne die ausländischen Märkte und selbst bei zurückbleibendem Volkskonsum möglich sei und daß deshalb auch das Phänomen der Überproduktionskrisen nicht aus der Schwierigkeit der Realisierung, sondern aus der Planlosigkeit des kapitalistischen Wirtschaftssystems abgeleitet werden müsse. Und zu alledem sollte die im II. Band des »Kapital« entwickelte abstrakte Analyse der hypothetischen Gleichgewichtsbedingungen der erweiterten Reproduktion im »reinen« Kapitalismus hinreichen... Was Wunder, daß die marxistischen Gegner der Narodniki die theoretische Tragweite dieser Analyse weit überschätzten, und sie zuweilen in einer Weise interpretierten, die sich mit dem wahren Sinn der Marxschen Lehre kaum vereinbaren ließ!

Von diesem Gesichtspunkt ist auch die spitze Bemerkung begreiflich, die *Plechanow* in die zweite Auflage seiner Schrift *»Unsere Differenzen«* einschob, und worin er sich ebensowohl von den legalen Marxisten wie von *Lenin* abgrenzt: »Ich hing nie«, schrieb er, »jener Theorie der Märkte im allgemeinen und der Krisen im besonderen an, die sich wie eine Epidemie unserer legalen marxistischen Literatur in den neunziger Jahren bemächtigte. Nach dieser Theorie, als deren Hauptpropagandist Herr *Tugan-Baranowsky* anzusehen ist, hat die Reproduktion keinerlei Schranken und die Krisen werden einfach durch die Disproportion der Produktionsmittel erklärt. *Werner Sombart* hält den bedeutenden russischen Gelehrten *Tugan Baranowsky* für den Vater dieser angeblich neuen Theorie. Indes, der wirkliche Vater dieser keineswegs neuen Theorie war *J. B. Say*, in dessen ›Traité‹ sie ausführlich dargelegt wurde ... Außer von Herrn *Tugan-Baranowsky* wurde bei uns diese Theorie auch vom Herrn *Wl. Iljin [Lenin]* in seiner ›Bemerkung zur Frage der Theorie der Märkte‹, 1899, sowie in seinem Buche ›Die Entwicklung des Kapitalismus in Rußland‹ propagiert.«[77]

Diese *Plechanowsche* Kritik an *Lenin*, deren polemische Schärfe vor allem auf die Fraktionskämpfe innerhalb der damaligen Sozialdemokratie zurückzuführen ist, ist freilich sehr stark übertrieben. Dennoch scheint sie ein Körnchen Wahrheit zu enthalten, insbesondere, wenn man die frühesten

[77] Zitiert nach T. Kowalik, »Die ökonomische Theorie R. Luxemburgs« (polnisch), in der Zeitschrift »Ekonomista«, 1963, Nr. 1.

Schriften *Lenins* zur Realisierungsfrage in Betracht zieht. So findet sich z. B. in seiner Erstlingsarbeit »*Über die sogenannte Frage der Märkte*« (1893) der Satz: »Der Markt ist nur der Ausdruck der Arbeitsteilung in der Warenwirtschaft, und daher ist sein Wachstum ebenso schrankenlos wie das der Arbeitsteilung.«[78]

Eine Behauptung, die tatsächlich im Sinne der optimistischen Konzeption der Klassiker ausgelegt werden kann. Und ebenso fragwürdig sind einige das Krisenproblem betreffende Absätze in *Lenins* bedeutender Arbeit »*Zur Charakteristik des ökonomischen Romantismus*« (1897) sowie einige Stellen dieser Arbeit, worin er *Ricardo* und sogar *MacCulloch* in ihrem Streite gegen *Sismondi* recht gibt.[79]

Wenn wir uns aber *Lenins* späteren Schriften zuwenden, und insbesondere jenen, die *Plechanow* nennt, so müssen wir dessen Ansicht von der Verwandtschaft *der Leninschen* und *Sayschen* Auffassungen zurückweisen. Dennoch enthalten auch diese Schriften manche einseitige Gedankengänge und überspitzte Formulierungen, auf die hier eingegangen werden muß.

Lenin war natürlich im Recht, wenn er die Narodniki darauf hinwies, daß ihre Zweifel an der Möglichkeit der Realisierung des Mehrwerts schon durch die Marxsche Analyse des gesellschaftlichen Reproduktionsprozesses beantwortet seien. In der Tat zeigt Marx in seinen Schemata, wie bei Einhaltung bestimmter Proportionen im Austausch zwischen den Produktions- und den Konsumtionsmittelindustrien die kapitalistische Gesellschaft nicht nur ihr konstantes und variables Kapital erneuern, sondern es auch durch Kapitalisierung eines Teiles des Mehrwerts vergrößern kann. *Lenin* verweist seine narodnikischen Gegner mehrmals auf diese Schemata, und fügt hinzu: »Sind diese grundlegenden Sätze«, auf denen die Marxschen Reproduktionsschemata beruhen, »einmal in Betracht gezogen, dann bereitet die Frage der Realisierung des gesellschaftlichen Produktes in der kapitalistischen Gesellschaft keine Schwierigkeiten mehr.« Und weiter: »Durch Aufstellung dieser fundamentalen theoretischen Sätze konnte Marx den Prozeß der Realisierung des Produktes im allgemeinen und des Mehrwerts im besonderen in der kapitalistischen Produktion vollständig aufklären.«[80]

Hier aber erhebt sich die Frage: Kann der Nachweis der grundsätzlichen Möglichkeit der Realisierung des Mehrwerts, wie ihn die Marxsche Analyse

---

78 Lenin, Werke, B. I., S. 91.

79 Diese Ansicht hat Lenin offenbar später geändert, wie aus seinen Randbemerkungen zu R. Luxemburgs »Akkumulation des Kapitals« (siehe: »Leninskij Sbornik«, XXII, S. 357) hervorgeht.

80 Lenin, Werke, Bd. 3, S. 40–41 und 57. [Unsere Ausgabe S. 687 und 697]

liefert, tatsächlich als die »vollständige Aufklärung« des Realisierungsproblems gelten? Sieht doch die Analyse des II. Bandes bewußt von so entscheidenden Momenten der kapitalistischen Wirklichkeit ab, wie das Wachstum der organischen Zusammensetzung des Kapitals und die Steigerung des relativen Mehrwerts, also von Momenten, die immer von neuem das Gleichgewicht zwischen Produktion und Konsumtion stören und daher der Realisierung des gesellschaftlichen Produkts immer größere Hindernisse in den Weg legen müssen!

Lenin glaubte (ähnlich wie die legalen Marxisten) diesem Einwand durch den Hinweis auf das relativ schnellere Wachstum der Produktionsmittelindustrien begegnen zu können. Er betont deshalb immer wieder: »Für das uns hier beschäftigende Problem des inneren Marktes besteht die wichtigste Schlußfolgerung aus der Marxschen Realisierungstheorie in folgendem: Das Wachstum der kapitalistischen Produktion und folglich auch des inneren Marktes erfolgt nicht so sehr auf Rechnung der Konsumtionsmittel als auf Rechnung der Produktionsmittel. Mit anderen Worten: Das Wachstum der Produktionsmittel überholt das Wachstum der Konsumtionsmittel.«[81]

Und an einer anderen Stelle: »Dies Auseinanderfallen« der Produktion und Konsumtion »drückt sich, wie Marx in seinen Schemata zeigte, in der Tatsache aus, daß die Erzeugung von Produktionsmitteln die Erzeugung von Lebensmitteln überholen kann und muß.«[82]

In Wirklichkeit aber zeigen Marxens Schemata nichts dergleichen, denn in beiden Beispielen des II. Bandes entwickelt sich die Abteilung II ebenso schnell wie die Abteilung I. (Auch das ist natürlich kein Abbild der konkreten Wirklichkeit, sondern ist nur den von Marx gewählten Rechenexempeln zuzuschreiben.) Durch den Hinweis auf die Schemata des II. Bandes läßt sich also *Lenins* These nicht beweisen. Er muß daher, ebenso wie vor ihm *Tugan* und *Bulgakow*, die Analyse des Reproduktionsprozesses im II. Band des »Kapital« mit dem später (im III. Band) entwickelten Gesetz der wachsenden organischen Kapitalzusammensetzung verbinden. Er verweist uns immer wieder darauf, daß »nach dem allgemeinen Gesetz der kapitalistischen Produktion das konstante Kapital rascher wächst als das variable ... Folglich muß die Abteilung der gesellschaftlichen Produktion, die Produktionsmittel herstellt, schneller wachsen als die, die die Konsumtionsmittel erzeugt. Damit ist das Wachsen des inneren Marktes für den Kapitalismus vom Wachsen des individuellen Konsums bis zu einem gewissen Grade ›unabhängig‹ ...«

[81] Lenin, ibid., S. 542. [Unsere Ausgabe S. 689]

[82] Lenin, »Antwort an Herrn P. Neschdanow«, – Werke, Bd. 3, S. 153.

Gewiß, fährt *Lenin* fort: »Daß die Entwicklung der Produktion (und folglich auch des inneren Marktes) hauptsächlich auf Rechnung der Produktionsmittel erfolgt, erscheint paradox und birgt zweifelsohne einen Widerspruch in sich. Es ist dies eine wirkliche ›Produktion um der Produktion willen‹, eine Erweiterung der Produktion ohne entsprechende Erweiterung der Konsumtion. Aber dies ist nicht der Widerspruch einer Doktrin, sondern ein Widerspruch des wirklichen Lebens.« Denn gerade dies »entspricht der historischen Mission des Kapitalismus und seiner gesellschaftlichen Struktur. Seine Mission besteht in der Entwicklung der Produktivkräfte der Gesellschaft; seine Struktur schließt die Nutzbarmachung dieser technischen Errungenschaften für die Masse der Bevölkerung aus.«[83]
Die hier angeführten Stellen scheinen uns für *Lenins* Deutung der Realisierungstheorie besonders charakteristisch. Offenbar wurden seine Ansichten hierüber unter dem Eindrucke der spezifischen Situation des russischen Frühkapitalismus geformt, dem die Industrialisierung des noch halbfeudalen Landes tatsächlich einen unbegrenzten Markt für Produktionsmittel zu bieten schien. Von diesem Gesichtspunkt ist *Lenins* Auffassung gewiß für alle Länder richtig, die sich im Stadium der industriellen Revolution befinden und erst die Grundlagen für eine moderne Industrie, ein Netz von Transportmitteln und eine mechanisierte Landwirtschaft schaffen müssen, was meist auf Kosten einer sehr niedrigen Lebenshaltung der Volksmassen geschieht. Und wenn *Lenin* die Notwendigkeit und den fortschrittlichen Charakter dieses Prozesses hervorhob, so zeigte er damit seinen tiefen Sinn für die historische Realität und erwies sich seinen narodnikischen Gegnern weit überlegen. War er aber berechtigt, seine These, die sich auf eine besondere historische Situation gründete, auf den Kapitalismus in allen seinen Phasen auszudehnen? – Es versteht sich ja von selbst, daß der Kapitalismus, solange er seine industrielle Basis aufbaut, ungeheure Massen von Fabriken und Maschinen, von Eisenbahnen, Hafenanlagen etc. fertigstellen muß, und daß dieser Prozeß auf Jahrzehnte hinaus einen schnell wachsenden Markt für Produktionsmittel bietet. Früher oder später aber ist die Industrialisierung in ihren Grundzügen beendet, und der geschaffene industrielle Apparat muß Güter für den individuellen Gebrauch erzeugen. Das Problem der Kaufkraft der Massen tritt dann in den Vordergrund, und es kann ihm nicht ausgewichen werden – es sei denn, daß man an das »Karussell des Herrn *Tugan-Baranowsky*«[84], d. h. an seine phantastische Vorstellung von

---

[83] Lenin, Werke, Bd. 3, S. 42–43 und 44–45. [Unsere Ausgabe S. 689 und 691]
[84] So charakterisierte R. Luxemburg Tugan-Baranowskys Konzept von der Akkumulation des Kapitals.

der »Produktion der Maschinen um der Maschinen willen« glaubt. Soviel über *Lenins* Versuch, in die Marxschen Reproduktionsschemata das Gesetz der steigenden Kapitalzusammensetzung hineinzuprojizieren und diese Schemata im Sinne des notwendigen schnelleren Wachstums der Produktionsmittelindustrien zu deuten. Wir sahen früher, daß die Reproduktionsschemata, die eine parallele und gleichmäßige Entwicklung der Abteilungen I und II voraussetzen, keine solche Deutung zulassen; und wir sehen jetzt, daß *Lenins* These auch historisch nur für eine zeitlich begrenzte Epoche – nämlich die Epoche der anfänglichen Industrialisierung – Geltung beanspruchen und daher in keiner Weise als ein allgemeines Entwicklungsgesetz des Kapitalismus angesehen werden kann.

Das ist indes nicht der einzige Einwand, den wir gegen *Lenins* Deutung der Reproduktionsschemata erheben müssen. Noch bedenklicher erscheint uns, daß er in der abstrakten Analyse des II. Bandes das letzte und endgültige Wort der Marxschen Realisierungstheorie erblickt, und dementsprechend die späteren Ergänzungen und Modifikationen dieser Analyse, wie sie im Band III des Marxschen Werkes vorliegen, nicht als solche anerkennen will. Hier verwickelt er sich in beträchtliche theoretische Schwierigkeiten, die vor allem auf das Konto einer schlecht angebrachten »Marx-Orthodoxie« zu setzen sind.

Das ersieht man aus seiner Polemik gegen *Tugan-Baranowsky*. Als Revisionist und Anhänger von *Say* konnte *Tugan* viele Stellen des III. Bandes des »Kapital« nicht akzeptieren, die seiner harmonischen Deutung der Marxschen Schemata offenbar widersprachen. Er griff vor allem die bekannte Stelle an, worin Marx sagt: »Die Bedingungen der unmittelbaren Exploitation und die ihrer Realisation sind nicht identisch ... Die einen sind nur beschränkt durch die Produktivkraft der Gesellschaft, die anderen durch die Proportionalität der verschiednen Produktionszweige *und*[85] durch die Konsumtionskraft der Gesellschaft.«[86]

Tugan-Baranowsky legte diese Stelle in dem Sinne aus, daß nach Marx »die Proportionalität ... allein noch nicht die Möglichkeit des Absatzes der Produkte garantiert. Es ist auch möglich, daß die Produkte keinen Markt für sich finden, wenn auch die Verteilung der Produktion proportionell ist, – das ist offenbar der Sinn der zitierten Worte von Marx.« Eine Auslegung, der man nur zustimmen kann, da Marxens Formulierung in der Tat keine andere Deutung zuläßt.

Lenin aber leugnet das: »Nein, das ist nicht der Sinn dieser Worte«, er-

---

85 Von mir hervorgehoben.

86 »Das Kapital«, III, [MEW Bd. 25], S. 254.

widert er. »Es besteht keinerlei Grund, in diesen Worten irgendeine Korrektur zur Theorie der Realisierung zu sehen, die im II. Bande dargelegt ist. Marx konstatiert hier lediglich den Widerspruch des Kapitalismus, auf den auch an anderen Stellen des ›Kapital‹ hingewiesen worden ist, nämlich den Widerspruch zwischen der Tendenz zur unbegrenzten Erweiterung der Produktion und der Notwendigkeit der begrenzten Konsumtion (infolge der proletarischen Lage der Volksmassen). Herr *Tugan-Baranowsky* wird natürlich nicht bestreiten, daß dieser Widerspruch dem Kapitalismus eigen ist; und da Marx an dieser Stelle auf ihn hinweist, so haben wir keinerlei Recht, noch irgendeinen anderen Sinn in seinen Worten zu suchen.«[87]
Hier fragt man sich: welch anderen Sinn? Einen anderen als den, den *Tugan-Baranowsky* den Reproduktionsschemata des II. Bandes beilegte – daß nämlich die Realisierung des gesellschaftlichen Produktes ausschließlich von der Proportionalität der verschiedenen Produktionszweige abhängt? In diesem Fall aber verfehlt *Lenins* Polemik ihr Ziel; denn anstatt *Tugans* harmonische Interpretation der Marxschen Realisierungstheorie im Sinn einer bloßen »Proportionalitätstheorie« anzugreifen, scheint er selbst diese Interpretation gutzuheißen – nur daß er ihr eine modifizierte, »weitere« Fassung zu geben versucht. Ihm zufolge nämlich »sind die ›Konsumtionskraft der Gesellschaft‹ und die ›Proportionalität der verschiedenen Produktionszweige‹ durchaus nicht irgendwelche einzelnen, selbständigen, miteinander nicht zusammenhängenden Bedingungen. Im Gegenteil, ein gewisser Stand der Konsumtion ist eines der Elemente der Proportionalität.«[88]
Zu dieser *Leninschen* Deutung des Begriffs der Proportionalität ist zu sagen: Daß jede Störung des Gleichgewichts zwischen Konsumtion und Produktion früher oder später auch eine Störung der Proportionalität der verschiedenen Produktionszweige nach sich zieht, ist unbestreitbar. Andrerseits ist klar, daß der Begriff der Proportionalität – wenn man ihn zu Ende denkt – auch das gegenseitige Entsprechen von Produktion und Konsumtion in sich fassen muß. Daraus folgt aber keineswegs, daß wir die Begriffe der »Proportionalität« und des »Gleichgewichts von Konsumtion und Produktion« nicht voneinander trennen dürfen, daß sie unter allen Umständen als korrelative Begriffe anzusehen sind. So leitet z. B. Marx die partiellen Krisen gerade aus der Disproportionalität der verschiedenen Produktionszweige – ohne Rücksicht auf das Verhältnis von Produktion und Konsumtion – ab.[89] Aber auch *Lenin* selbst schrieb in einem anderen,

---

87 Lenin, Werke, Bd. 4, S. 48.
88 Lenin, ibid., S. 48–49.
89 Vgl. »Theorien«, II, [MEW 26, 2], S. 521: »Es soll nicht geleugnet werden, daß in einzelnen Sphären überproduziert und darum in andren zu wenig produziert

gegen *Struve* gerichteten Artikel: »... Die Marxsche Theorie stellt keineswegs die bürgerlich-apologetische Theorie wieder her (wie *Struve* scheint), sondern liefert im Gegenteil die schärfste Waffe gegen die Apologetik. Aus dieser Theorie folgt, daß sogar bei einer ideal glatten und proportionellen Reproduktion und Zirkulation des gesellschaftlichen Gesamtkapitals der Widerspruch zwischen dem Wachstum der Produktion und dem begrenzten Rahmen des Verbrauchs unvermeidlich ist.«[90]

Wenn dem aber so ist, dann hatte ja *Tugan* mit seiner Interpretation der Stelle im III. Band recht; dann muß zugegeben werden, daß nach Marx die Realisierung des gesellschaftlichen Produkts nicht nur von der »Proportionalität der verschiednen Produktionszweige«, sondern auch von der »Konsumtionskraft der Gesellschaft« abhängt, und es ist nicht einzusehen, welchen theoretischen Nutzen uns der *Leninsche* Begriff der »Proportionalität im weiteren Sinne« bringen könnte.

Noch weniger kann natürlich das mehrmals wiederholte[91] Argument *Lenins* überzeugen, daß Marx an der erwähnten – und an vielen andren – Stellen des »Kapital« den Widerspruch zwischen Produktion und Konsumtion bloß »konstatiere« »und nichts weiter«. Spielt doch gerade dieser Widerspruch in der Marxschen Theorie eine hervorragende Rolle, und wird nur aus methodologischen Gründen, auf die wir noch eingehen werden, in der Analyse des II. Bandes außer acht gelassen.

Es ist klar, daß *Lenins* Postulat, wonach das Verhältnis von Produktion und Konsumtion unter den Begriff der Proportionalität zu subsumieren sei, ihn auch in bedenkliche Nähe zur *Bulgakowschen und Tuganschen* »Disproportionalitätstheorie« der Krisen bringen mußte. So lesen wir in seinem Buch *»Die Entwicklung des Kapitalismus in Rußland«:* »... Wenn man von den ›Schwierigkeiten‹ der Realisierung, von den hieraus entstehenden *Krisen* usw. spricht, dann muß man auch anerkennen, daß diese ›Schwierigkeiten‹ nicht nur möglich, sondern auch unvermeidlich sind. ... Die Schwierigkeiten dieser Art, die von der unproportionellen Verteilung der verschiedenen Zweige der Industrie herrühren, entstehen ständig nicht nur bei der Reali-

---

werden kann, daß partielle Krisen also aus unproportionierter Produktion entspringen können ..., und eine allgemeine Form dieser unproportionierten Produktion mag Überproduktion von fixem und andererseits Überproduktion von zirkulierendem Kapital sein. ... Indes sprechen wir hier nicht von der Krise, soweit sie auf unproportionierter Produktion, das heißt einem Mißverhältnis zwischen der Verteilung der gesellschaftlichen Arbeit unter die einzelnen Produktionssphären beruht ... Diese Art Krise gibt aber Ricardo usw. zu.«

[90] Lenin, Werke, Bd. 4, S. 77–78.

[91] Lenin, Werke, Bd. 2, S. 162; Bd. 3, S. 44–46, 47 und Bd. 4, S. 48–49. [Unsere Ausgabe S. 692–694]

sierung des Mehrwerts, sondern auch bei der Realisierung des variablen und konstanten Kapitals; nicht nur bei der Realisierung des Produkts in Gestalt von Konsumtionsmitteln, sondern auch in Gestalt von Produktionsmitteln.«[92]

Und noch deutlicher an einer andren Stelle: »... Die fallweise Erzeugung eines unrealisierbaren Produkts (d. h. Krise) ist in der kapitalistischen Gesellschaft als Folge von Störungen in der Proportionalität der verschiedenen Produktionszweige unvermeidlich.« (»Aber«, fügt *Lenin* wieder hinzu, »eine bestimmte Höhe der Konsumtion ist eines der Elemente der Proportionalität.«)[93] Sätze, die im Grunde auf die Disproportionalitätstheorie der Krisen hinauslaufen, auch wenn hier diese Theorie dahin modifiziert wird, daß die Proportionalität der Produktionszweige auch von den Konsumtionsverhältnissen abhängt.

Lenins Deutung der Marxschen Realisierungstheorie erklärt auch seine durchaus ablehnende Einstellung zu *Rosa Luxemburgs* 1912 erschienenem Buch *»Die Akkumulation des Kapitals«*, auf das wir in der Folge noch zu sprechen kommen werden. So schreibt er den Herausgebern des in Paris erscheinenden russischen Blattes *»Sozialdemokrat«* im März 1913: »Ich las gerade *Rosas* neues Buch. Sie schwätzt ganz unglaublich und verdreht Marx. Es freut mich sehr, daß sowohl *Pannekoek* wie *Eckstein* wie *Otto Bauer* ihr Buch einmütig verworfen haben und dagegen dieselben Argumente vorbringen, die ich schon 1899 gegen die Narodniki erhob. Ich beabsichtige, über *Rosas* Buch in der 4. Nummer des *›Prosweshtschenije‹* zu schreiben.«[94]

Leider kam *Lenin* nicht dazu, den geplanten Artikel zu verfassen. Aber in seinem bekannten Essay über Marx, der 1915 in der russischen Enzyklopädie *Granats* veröffentlicht wurde, findet sich folgende bibliographische Notiz: »Die Marxsche Theorie der Kapitalakkumulation wird in einem neuen Buch von *R. Luxemburg* behandelt. Analysen ihrer irrtümlichen Interpretation von Marx' Theorie finden sich in *O. Bauers* Artikel in der *›Neuen Zeit‹*, 1913 und in den Besprechungen *Ecksteins* im *›Vorwärts‹* und *Pannekoeks* in der *›Bremer Bürgerzeitung‹*.«[95]

Abgesehen von dem ungewöhnlich scharfen Ton von *Lenins* Brief, der sich wohl großenteils durch die damaligen Fraktionsstreitigkeiten zwischen den Bolschewiki und der von *Rosa Luxemburg* geführten »Sozialdemokratie des Königreichs Polen und Litauens« (SDKPL) erklären läßt, fällt an den obigen

---

[92] Lenin, Werke, Bd. 3, S. 35. [Unsere Ausgabe S. 686]
[93] Lenins »Antwort an Neshdanow«, 1899, Werke, Bd. 4, S. 152.
[94] Lenin, Werke, Bd. 35, S. 71.
[95] Lenin, Werke, Bd. 21, S. 79.

Äußerungen *Lenins* vor allem seine volle Gutheißung der Kritik *Rosa Luxemburgs* durch die Austromarxisten *O. Bauer* und *G. Eckstein* auf. (Der Artikel des holländischen Linken *Pannekoek* fällt theoretisch nicht in die Waagschale.) Woher aber diese merkwürdige theoretische Übereinstimmung zwischen dem Wortführer des radikalsten Flügels des Marxismus und solchen Exponenten des sozialdemokratischen Neo-Harmonismus wie *Bauer* und *Eckstein?* Diese Tatsache bedarf gewiß einer Erklärung.

Es wäre wohl naheliegend, in diesem Zusammenhange daran zu erinnern, daß *Lenins* politische Sympathien in den Jahren vor dem Ausbruch des I. Weltkrieges eher mit dem *Kautskyschen* »Zentrum« als mit der durch *Rosa Luxemburg* geführten deutschen »Linken« lagen.[96] Uns interessiert aber nicht der politische, sondern der theoretische Hintergrund von *Lenins* Stellungnahme zu *Rosa Luxemburgs* Buch. Dieser Hintergrund aber wurde von *Lenin* selbst in dem oben zitierten Brief vom Jahre 1913 klar ausgesprochen. Er solidarisierte sich mit den austro-marxistischen Kritikern *Rosa Luxemburgs* eben, weil die Ansichten der letzteren mit seinen eigenen, 1899 geäußerten Argumenten gegen die Narodniki zusammenfielen; und er lehnte *Rosa Luxemburgs* Buch nicht nur wegen ihrer verfehlten Kritik an Marxens Reproduktionsschemata ab, sondern auch, weil deren theoretische Auffassungen so sehr der von ihm selbst vertretenen Version der Realisierungstheorie zuwiderliefen. Und an dieser in den 90er Jahren zusammen mit den »legalen Marxisten« verteidigten[97] Version hielt er offenbar auch in der Folge fest.

---

96 »Recht hatte R. Luxemburg«, schrieb Lenin an Schlapnikow am 27. X. 1915. »Sie begriff schon seit langem, daß Kautsky als Theoretiker – sich des Servilismus vor der Parteimehrheit, vor dem Opportunismus schuldig gemacht hat.« (Lenin, Werke, Bd. 35, S. 142–143.)

97 In diesem Zusammenhang wäre darauf hinzuweisen, daß Lenin nie das Wesen der Bulgakowschen und Tuganschen Ansichten über das Realisierungsproblem angriff. Im Gegenteil, er verteidigte diese Ansichten gegen deren Kritiker, und empfahl sogar seinen Lesern, »denen es nicht möglich ist, sich mit dem II. Bande des ›Kapital‹ vertraut zu machen, die Darstellung der Marxschen Theorie der Realisierung in Bulgakows Buch« zu studieren. (»Anhang« zum II. Band des »Kapital«, S. 580, Anm. [Unsere Ausgabe S. 688, Note 1]) Allerdings: Lenin kritisierte hie und da Tugan-Baranowsky, aber nur wegen seiner »Abweichungen von Marx« und wegen seiner Behauptung, wonach zwischen dem II. und dem III. Band des »Kapital« ein »Widerspruch« bestehe. Aber selbst nach dieser (von uns früher zitierten) Polemik verteidigte er Tugan, Bulgakow (und sich selbst) gegen Struves Vorwurf, sie alle hätten aus den Marxschen Schemata »die Harmonie von Produktion und Konsumtion« abgeleitet, indem er schrieb: »Meiner Ansicht nach, ist Struves Polemik gegen die genannten Autoren nicht so sehr wesentlichen Meinungsverschiedenheiten, als vielmehr Struves falscher Auffassung der Theorie, die er verteidigt, zuzuschreiben . . . Weder Marx, noch die Schriftsteller, die seine Theorie

Vielleicht noch wichtiger erscheint uns allerdings der methodologische Aspekt der Frage. Als der junge *Lenin* in den 90er Jahren seine Abhandlungen über das Realisierungsproblem schrieb, waren ihm weder Marxens »*Theorien*« noch die »*Grundrisse*« bekannt. Daher konnte er damals nur eine unzulängliche Einsicht in den methodologisch sehr komplizierten Aufbau des ökonomischen Werkes von Marx haben. Heute wissen wir, daß, dem Marxschen Aufbauplan gemäß, die ersten beiden Bände dieses Werkes nur der Analyse des »*Kapitals im allgemeinen*« galten, und daß deshalb die Resultate, zu denen Marx in diesen Bänden gelangte – wie außerordentlich wichtig sie auch gewesen! – durch die spätere Untersuchung des »*Kapitals in seiner Realität*« konkretisiert und ergänzt werden sollten. Die frühen Marxisten, und darunter *Lenin*, haben das begreiflicherweise übersehen. Kein Wunder, daß *Lenin* in seinen Frühschriften die theoretische Geltung der Analyse im III. Abschnitt des II. Bandes des »Kapital« einigermaßen übertrieb und in ihr das »endgültige Wort« der Marxschen Realisierungstheorie sehen wollte. Darum auch seine Versuche, die Ergebnisse dieser Analyse in einer verbalen und scholastischen Weise mit den zahlreichen Stellen des III. Bandes zu vereinbaren, die ihr scheinbar widersprachen[98] und

---

interpretieren und gegen die jetzt Struve polemisiert, haben je aus der Marxschen Analyse die Harmonie von Produktion und Konsumtion abgeleitet, sondern hoben im Gegenteil mit allem Nachdruck hervor, daß dem Kapitalismus Widersprüche eigen sind, die im Verlauf der Realisierung zum Vorschein kommen müssen.« (Werke, Bd. 3, S. 42.)

[98] Als ein zusätzlicher Beweis kann uns eine Stelle aus Lenins Polemik gegen Danielson dienen. Dieser hatte sich nämlich zur Bekräftigung seiner Ansichten auf eine uns schon bekannte (siehe die Anm. 37 dieses Kapitels [S. 538]) Äußerung von Marx berufen, die Engels – als eine »Notiz für künftige Ausführung« – in das Kap. 16 des II. Bandes des »Kapital« einschaltete. Lenin schreibt nun darüber: »Bei diesem Zitat ... läßt unser Verfasser darüber hinaus den Schluß fort: ›Dies gehört jedoch erst in den nächsten Abschnitt‹, d. h. zum III. Abschnitt. Was ist das aber für ein III. Abschnitt? Das ist gerade der Abschnitt, der die Kritik der A. Smithschen Theorie von den zwei Teilen des gesellschaftlichen Gesamtprodukts ... und die Analyse der ›Reproduktion und Zirkulation des gesellschaftlichen Gesamtkapitals‹, d. h. der Realisierung des Produkts enthält. Zur Bekräftigung seiner, Sismondi wiederholenden Ansichten zitiert also unser Verfasser eine Bemerkung, die ›erst in den III. Abschnitt‹ gehört, wo Sismondi widerlegt wird, ›erst in den Abschnitt‹, in dem gezeigt wird, daß die Kapitalisten den Mehrwert realisieren können und daß die Einbeziehung des Außenhandels in die Analyse der Realisierung ein Unsinn ist ...« (Werke, Bd. 4, S. 64–65.) Diese ganze Bemerkung wäre hinfällig gewesen, hätte Lenin gewußt, daß der Marxsche Hinweis auf den »nächsten Abschnitt« sich nicht auf den Abschnitt III des zweiten Bandes, sondern auf den im ursprünglichen Aufbauplan vorgesehenen »Abschnitt von der Konkurrenz« bezog, dem eben der spätere Band III des »Kapital« entsprach.

auf die sich so gerne *Tugan* und die Narodniki beriefen (*Tugan*, um durch die Gegenüberstellung des »wahren« Marx des II. mit dem »irrenden« Marx des III. Bandes um so ungenierter die Reproduktionsschemata des II. Bandes in harmonischem Sinne auslegen zu können; die Narodniki aber, um Marx – trotz der Schemata – *Sismondis* Unterkonsumtionstheorie der Krisen zu imputieren). In Wirklichkeit indes standen die Ausführungen des III. Bandes in keinerlei »Widerspruch« zu der Analyse des II. Bandes (darin hat *Lenin* gewiß recht): Sie stellten aber dennoch die weitere Stufe dieser Analyse dar; eine Stufe, auf der es nicht mehr um Gleichgewichtsbedingungen der kapitalistischen Wirtschaft in ihrem »normalen« Verlauf, sondern um das Aufzeigen der Ursache der notwendigen Störungen dieses Gleichgewichts, also um die Analyse der Krisen und der dem Kapitalismus immanenten Zusammenbruchstendenz ging. Woraus folgt, daß die Reproduktionsschemata und die Analyse des II. Bandes keineswegs für sich allein, sondern nur im Zusammenhange mit der Marxschen Krisen- und Zusammenbruchstheorie die »vollständige Aufklärung« des Realisierungsproblems bieten können. Und eben im Übersehen dieser grundlegenden Erkenntnis scheint uns der größte Mangel der *Leninschen* Realisierungstheorie zu liegen.[99]

IV. R. Hilferdings Auslegung der Marxschen Reproduktionsschemata

Wir sahen: Den russischen Marxisten der 90er Jahre diente die Marxsche Analyse des gesellschaftlichen Reproduktionsprozesses vor allem dazu, die Möglichkeit und Unvermeidlichkeit der kapitalistischen Entwicklung Rußlands gegen die narodnikischen »Skeptiker« zu beweisen. Anders aber in Deutschland und Österreich, wo diese Analyse von den offiziellen Theoretikern der Sozialdemokratie in dem Sinne gedeutet wurde, daß der Kapitalismus sich schrankenlos ausdehnen könne, und daß ihm kein durch seine inneren Gesetze bedingter Zusammenbruch drohe.

In der Tat: Was alles wollte nicht der namhafteste Ökonom des Austromarxismus, *Rudolf Hilferding* aus den Schemata des II. Bandes herauslesen! – Nicht nur – was vom Standpunkte dieser Schemata selbstverständlich ist –, daß nämlich, wenn die Reproduktion des gesellschaftlichen Gesamtkapitals normal erfolgen solle, bestimmte Proportionen zwischen der

---

[99] Erst nach der Niederschrift dieses Kapitels kam dem Verfasser die interessante Abhandlung des amerikanischen Sozialisten P. Mattick »Rebels and Renegades« (Melbourne, 1946) in die Hände, in welcher Abhandlung die hier an Lenins Realisierungstheorie geübte Kritik teilweise antizipiert wurde.

Abteilung I und II, zwischen den Produktionsmittel- und den Konsumtionsmittelindustrien, eingehalten werden müssen, sondern auch, »daß in der kapitalistischen Produktion sowohl Reproduktion auf einfacher als auf erweiterter Stufenleiter ungestört vor sich gehen kann, wenn *nur* diese Proportionen erhalten bleiben«.[100] (Als ob die Proportionalität die einzige Bedingung wäre, von der die ungestörte Reproduktion abhängt!) Aber noch viel mehr: »Es folgt also durchaus nicht«, fährt *Hilferding* fort, »daß die Krise in der der kapitalistischen Produktion immanenten Unterkonsumtion der Massen ihre Ursache haben muß. Ebensowenig folgt aus den Schemata an sich die Möglichkeit einer allgemeinen Überproduktion von Waren, vielmehr läßt sich jede Ausdehnung der Produktion als möglich zeigen, die überhaupt bei den vorhandenen Produktivkräften stattfinden kann.«[101]

In dem letzten Punkt hat allerdings *Hilferding* recht: aus den »Schemata an sich« folgt natürlich nicht die Möglichkeit der Überproduktion, weil sie ja nur die Bedingungen eines normalen, störungslosen Verlaufs der Reproduktion untersuchen. Aber ebensowenig kann aus diesen Schemata die Unmöglichkeit der Überproduktion folgen, und es ist nicht einzusehen, welchem Zweck dann die Berufung auf die Schemata überhaupt dienen soll, d. h. welche Schlüsse daraus in bezug auf die konkrete kapitalistische Welt gezogen werden können.

Es fällt *Hilferding* natürlich nicht ein, die empirischen Tatsachen der Überproduktion und der Unterkonsumtion der Massen oder die Rolle, die diesen Tatsachen als Momenten der wirklichen Krisen zukommt, zu leugnen. Worauf er mit seiner »An sich«-Betrachtung der Schemata hinzielt, ist etwas anderes: der Nachweis, daß es im gesellschaftlichen Reproduktionsprozeß letzten Endes nur auf das Proportionalitätsverhältnis der einzelnen Produktionszweige ankomme. Woraus sich dann folgerichtig seine Disproportionalitätstheorie der Krisen sowie seine Ablehnung jeglicher Zusammenbruchstheorie ergibt.

Sehen wir aber zu, wie *Hilferding* diesen Nachweis erbringt: »Der Ausdruck ›Überproduktion von Waren‹«, sagte er am Anfang des Krisenabschnitts seines Buches, »ist überhaupt an sich so nichtssagend, wie der Ausdruck ›Unterkonsumtion‹. Man kann von einer Unterkonsumtion streng genommen nur im physiologischen Sinn sprechen; der Ausdruck hat dagegen keinen Sinn in der Ökonomie, wo er nur besagen könnte, daß die Gesellschaft weniger konsumiert als sie produziert hat.[102] Es ist aber nicht

---

[100] R. Hilferding, »Das Finanzkapital«, 1927, S. 318. [Unsere Ausgabe S. 712]

[101] Ibid.

[102] Diese Unlogik der Begriffe »Überproduktion« und »Unterkonsumtion« hinderte Engels nicht, den Kapitalismus als eine Wirtschaftsverfassung zu charakteri-

einzusehen, wieso das möglich, wenn nur in der richtigen Proportion produziert worden. Da das Gesamtprodukt gleich ist dem konstanten Kapital plus dem variablen plus dem Mehrwert (c + v + m), v ebenso wie m konsumiert werden, die Elemente des verbrauchten konstanten Kapitals sich gegenseitig ersetzen müssen, so kann die Produktion ins Unendliche ausgedehnt werden, ohne je zur Überproduktion von Waren zu führen, das heißt dazu, daß mehr Waren, bei denen in diesem Zusammenhang und für diese Auffassung nur der Gebrauchswert in Betracht käme, mehr Güter also, produziert werden als konsumiert werden können.«[103]

Fürwahr eine seltsame Argumentation! Fast alles, was Marx über die Krisen schrieb, war dem Nachweis gewidmet, daß eben die periodisch wiederkehrende Überproduktion »das Grundphänomen der Krisen« darstelle[104] und daß diese Überproduktion ihren »letzten Grund« in der »Armut und Konsumtionsbeschränkung der Massen« habe[105]. Nun aber erfahren wir, daß all das vielleicht in der groben Empirie, nicht aber in der »An sich«-Welt der Schemata gelte, und daß deshalb selbst die Ausdrücke »Überproduktion« und »Unterkonsumtion« keinen Sinn in der politischen Ökonomie hätten ... Warum aber?

Einfach darum, weil die imaginäre Gesellschaft als solche, die *Hilferding* »in diesem Zusammenhang und für diese Auffassung« der wirklichen Gesellschaft substituiert, nie zuviel an Gebrauchswerten, an Gütern produzieren könne, und weil es auch in ihrer Macht stehe, jeden Ausfall an Konsummitteln durch eine proportionellere Einteilung der Produktion zu beheben! Für diese Gesellschaft könnte natürlich der Begriff der »Unterkonsumtion« nur einen »physiologischen Sinn« haben. Allein, wir sprechen hier nicht von der Physiologie, sondern von der Ökonomie – und auch nicht von der Ökonomie schlechthin, sondern von der kapitalistischen Ökonomie. Also auch nicht von der Gesellschaft »als solcher«, sondern von einer Klassengesellschaft, »worin die Masse der Produzenten auf das Notwendige mehr oder minder beschränkt bleibt, ... also von dem Konsum des Reichtums – soweit er über den Kreis der notwendigen Lebensmittel hinausgeht – mehr oder weniger ausgeschlossen bleibt«[106] (was nichts anderes heißt, als daß sie eben »unterkonsumiert«); und worin andrerseits die herrschende

sieren, »die eine weit größere Menge von Existenz- und Entwicklungsmitteln produziert, als die kapitalistische Gesellschaft verbrauchen kann, weil sie die große Masse der wirklichen Produzenten künstlich von diesen Existenz- und Entwicklungsmitteln entfernt hält ...« (Brief an Lawrow v. 12.–17. 11. 1875, MEW, Bd. 34, S. 171.)

[103] Hilferding, op. cit., S. 300.

[104] »Theorien«, II, S. 528.

[105] »Das Kapital«, III, [MEW Bd. 25], S. 501.

[106] »Theorien«, II, S. 528.

Klasse (im Unterschied von den herrschenden Klassen früherer Epochen) ihren Konsum ebenfalls dem Verwertungstrieb unterordnen, also im Grund die Rolle eines »Produzenten von Überproduktion«[107] spielen muß. Eben deshalb muß es in dieser Gesellschaft – auch bei der vollkommensten Proportionalität der Produktionszweige – zu periodischen Überproduktionskrisen kommen, und es ist nicht einzusehen, was wir theoretisch durch die Umbenennung dieser Krisen in »Disproportionalitätskrisen« oder durch die Gleichsetzung der Überproduktion von Waren mit der Überproduktion von »Gütern« gewinnen sollen.

Lassen wir indes *Hilferdings* Krisentheorie, die unsrer Ansicht nach nur eine andre Version der von der *Ricardo*-Schule an der Theorie der Überproduktionskrisen geübten Kritik darstellt[108], beiseite. Worauf es uns hier ankommt, ist *Hilferdings* These, daß – »wie die Schemata zeigen« – die kapitalistische Produktion »ins Unendliche ausgedehnt werden könne«. Und wie beweist er diese These? Indem er uns das Marxsche Schema der einfachen Reproduktion vorführt, wo nicht nur »die Elemente des verbrauchten

[107] Ibid., I, S. 253–254.

[108] So heißt es in der Marxschen Kritik der Krisentheorie Ricardos: »Das Wort ›Überproduktion‹ führt an sich in Irrtum. Solange die dringendsten Bedürfnisse eines großen Teiles der Gesellschaft nicht befriedigt sind, oder nur seine unmittelbarsten Bedürfnisse, kann natürlich von einer Überproduktion von Produkten – in dem Sinne, daß die Masse der Produkte überflüssig wäre im Verhältnis zu den Bedürfnissen für sie – absolut nicht die Rede sein. Es muß umgekehrt gesagt werden, daß auf Grundlage der kapitalistischen Produktion beständig unterproduziert wird ... Aber Überproduktion von Produkten und Überproduktion von Waren sind zwei ganz verschiedene Dinge. Wenn Ricardo meint, daß die Form der Ware gleichgültig für das Produkt sei, ... so kommt das in der Tat auf seine Voraussetzung hinaus, daß die bürgerliche Produktion die absolute, daher auch Produktionsweise ohne nähere spezifische Bestimmung sei ...« (»Theorien«, II, S. 528.) Und ferner: »Alle Schwierigkeiten, die Ricardo usw. gegen Überproduktion etc. aufwerfen, beruhen darauf, daß sie die bürgerliche Produktion als eine Produktionsweise betrachten, worin entweder kein Unterschied von Kauf und Verkauf existiert ..., oder daß sie sie als gesellschaftliche Produktion betrachten, so daß die Gesellschaft wie nach einem Plan ihre Produktionsmittel und Produktionskräfte verteilt in dem Grade und Maße, worin sie nötig sind zur Befriedigung ihrer verschiedenen Bedürfnisse ... Also heißt diese Erklärung der Überproduktion auf der einen Seite durch die Unterproduktion auf der andren nichts anderes als: Wenn proportionelle Produktion stattfände, fände keine Überproduktion statt. Dito, wenn Nachfrage und Zufuhr sich entsprächen. Dito, wenn alle Sphären gleiche Möglichkeiten der kapitalistischen Produktion und ihrer Erweiterung ... einschlössen, wenn alle Länder, die miteinander handeln, gleiche Fähigkeit der Produktion (und zwar verschiedner und sich ergänzender Produktion) besäßen. Also findet Überproduktion statt, weil alle diese frommen Wünsche nicht stattfinden.« (Ibid., S. 529 und 522–533.)

Wie sehr fällt die Krisentheorie Hilferdings ihrem Wesen nach mit der hier kritisierten Betrachtungsweise der Ricardo-Schule zusammen!

konstanten Kapitals sich gegenseitig ersetzen«, sondern auch »v ebenso wie m konsumiert werden«, – wo also vom Problem der Realisierung des Mehrwerts keine Rede sein kann! ...
Vielleicht hat sich aber *Hilferding* nur verschrieben, vielleicht meinte er in der Tat das Schema der erweiterten Reproduktion und versäumte nur zu sagen, daß m sowohl individuell als auch industriell konsumiert werde? – Gewiß, in den Marxschen Schemata wird es so konsumiert, ohne Zweifel. Das bedeutet jedoch nicht, daß dem auch in der Wirklichkeit so sein muß; noch weniger aber, daß die konkrete kapitalistische Produktion »ins Unendliche ausgedehnt werden« könne, nur weil sich das besagte Schema unendlich fortführen läßt! Dabei kommt es *Hilferding* überhaupt nicht in den Sinn, daß die Reproduktionsschemata des II. Bandes (wie wir schon öfter hervorhoben) bewußt von dem technischen Fortschritt, d. h. von der Erhöhung der organischen Zusammensetzung des Kapitals, von der Steigerung der Mehrwertsrate usw. absehen, und daß die Einführung jedes dieser Momente diese Schemata über den Haufen werfen würde! – Hier überzeugen wir uns augenscheinlich, zu welchen Ungereimtheiten jede Verwechslung der abstrakten Schemata mit der konkreten kapitalistischen Wirklichkeit führen muß, insbesondere, wenn man, wie *Hilferding*, auf Grund dieser Schemata nachweisen will, daß die Idee eines ökonomischen Zusammenbruchs des Kapitalismus »überhaupt keine rationelle Vorstellung ist«.[109] Denn zu diesem Zwecke lassen sich die Marxschen Reproduktionsschemata, die nur ein methodologisches Werkzeug der Analyse waren, jedenfalls nicht gebrauchen! Als ein Gegenstück zu *Hilferdings* Disproportionalitätstheorie der Krisen wollen wir einige Krisenbetrachtungen von Marx anführen, die sich mit dem Gegensatz von Produktion und Konsumtion befassen.
So schrieb Marx im Krisenkapitel des II. Bandes der *»Theorien«* gegen *Ricardo:* »Er übersieht, daß die Ware in Geld verwandelt werden muß. Die Nachfrage der Arbeiter genügt nicht, da der Profit ja gerade dadurch herauskommt, daß die Nachfrage der Arbeiter kleiner ist, als der Wert ihres Produkts, und er ist um so größer, je relativ kleiner diese Nachfrage. Die Nachfrage der Kapitalisten untereinander genügt« auf die Dauer »ebensowenig ... Die Überproduktion geht gerade daraus hervor, daß die durchschnittliche Menge des Volkes nie mehr als die durchschnittliche Menge von

---

[109] Wir beziehen uns hier auf das letzte Kapitel des Hilferdingschen Werkes, worin er von dem bevorstehenden Zusammenbruch der imperialistischen Politik des Finanzkapitals spricht, »wobei es sich aber um einen politischen und sozialen, nicht um einen ökonomischen Zusammenbruch handelt, der überhaupt keine rationelle Vorstellung ist.« (Op. cit., S. 471.)

Lebensmitteln konsumieren kann, ihre Konsumtion also nicht entsprechend wächst mit der Produktivität der Arbeit.«[110] Denn »das bloße Verhältnis von Lohnarbeiter und Kapitalist schließt ein: I) Daß der größte Teil der Produzenten (die Arbeiter) Nichtkonsumenten (Nichtkäufer) eines sehr großen Teiles ihres Produkts sind, nämlich der Arbeitsmittel und des Arbeitsmaterials. 2) Daß der größte Teil der Produzenten, die Arbeiter, nur ein Äquivalent für ihr Produkt konsumieren können, solange sie mehr als dieses Äquivalent – den Mehrwert oder das Mehrprodukt – produzieren. Sie müssen stets *Überproduzenten* sein, über ihr Bedürfnis hinaus produzieren, um innerhalb der Schranken ihres Bedürfnisses Konsumenten oder Käufer sein zu können.«[111]

An einer anderen Stelle der *Theorien* aber heißt es: »... Der ganze Prozeß der Akkumulation löst sich zunächst in *Mehrproduktion* auf, die einerseits dem natürlichen Wachstum der Bevölkerung entspricht, andererseits eine immanente Basis zu den Erscheinungen bildet, die sich in den *Krisen* zeigen. Das Maß dieser Mehrproduktion ist das *Kapital* selbst, die vorhandene Stufenleiter der Produktionsbedingungen und der maßlose Bereicherungs- und Kapitalisationstrieb der Kapitalisten, keineswegs die Konsumtion, die von vornherein begrenzt ist, da der größte Teil der Bevölkerung, die Arbeiterbevölkerung, nur innerhalb sehr enger Grenzen ihre Konsumtion erweitern kann, andererseits, im selben Maße wie der Kapitalismus sich entwickelt, die Nachfrage nach Arbeit relativ abnimmt, obgleich sie *absolut* wächst.«[112]

Und schließlich heißt es in demselben Band der *Theorien:* »Die Überproduktion speziell hat das allgemeine Produktionsgesetz des Kapitals zur Bedingung – zu produzieren im Maße der Produktivkräfte, d. h. der Möglichkeit, mit gegebener Masse Kapital größtmögliche Masse Arbeit auszubeuten, ohne Rücksicht auf die vorhandenen Schranken des Marktes, der zahlungsfähigen Bedürfnisse, und dieses durch beständige Erweiterung der Reproduktion und Akkumulation, daher beständige Rückverwandlung von Revenue in Kapital auszuführen, während andrerseits die Masse der Produzenten auf das durchschnittliche Maß von Bedürfnissen beschränkt bleibt und der Anlage der kapitalistischen Produktion nach beschränkt bleiben muß.«[113]

In demselben Sinne aber bemerkt Marx in einem seiner »Kapital«-Manuskripte: »Widerspruch in der kapitalistischen Produktionsweise: Die Arbei-

---

110 »Theorien«, II, S. 469.
111 Ibid., S. 520.
112 Ibid., S. 492–493.
113 Ibid., S. 535.

ter als Käufer von Ware sind wichtig für den Markt. Aber als Verkäufer ihrer Ware – der Arbeitskraft – hat die kapitalistische Gesellschaft die Tendenz, sie auf das Minimum des Preises zu beschränken. – Fernerer Widerspruch: Die Epochen, worin die kapitalistische Produktion alle ihre Potenzen anstrengt, erweisen sich regelmäßig als Epochen der Überproduktion; weil die Produktionspotenzen nie soweit angewandt werden können, daß dadurch mehr Wert nicht nur produziert, sondern realisiert werden kann; der Verkauf der Waren, die Realisation des Warenkapitals, also auch des Mehrwerts, ist aber begrenzt, nicht durch die konsumtiven Bedürfnisse der Gesellschaft überhaupt, sondern durch die konsumtiven Bedürfnisse einer Gesellschaft, wovon die große Mehrzahl arm ist und arm bleiben muß.«[114]

Am schärfsten aber wird der Gegensatz, von dem hier die Rede, in der bereits erwähnten Stelle des III. Bandes des »Kapital« hervorgehoben: »Die Bedingungen der unmittelbaren Exploitation und die ihrer Realisation«, heißt es da, »sind nicht identisch. Sie fallen nicht nur nach Zeit und Ort, sondern auch begrifflich auseinander. Die einen sind nur beschränkt durch die Produktivkraft der Gesellschaft, die andren durch die Proportionalität der verschiedenen Produktionszweige und durch die Konsumtionskraft der Gesellschaft. Diese letztere ist aber bestimmt weder durch die absolute Produktivkraft, noch durch die absolute Konsumtionskraft; sondern durch die Konsumtionskraft auf Basis antagonistischer Distributionsverhältnisse, welche die Konsumtion der großen Masse der Gesellschaft auf ein nur innerhalb mehr oder minder enger Grenzen veränderliches Minimum reduziert. Sie ist ferner beschränkt durch den Akkumulationstrieb, den Trieb nach Vergrößerung des Kapitals und nach Produktion von Mehrwert auf erweiterter Stufenleiter.« Deshalb: »Je mehr sich ... die Produktivkraft entwickelt, um so mehr gerät sie in Widerspruch mit der engen Basis, worauf die Konsumtionsverhältnisse beruhen.«[115]

Und an einer andren Stelle: »Da nicht Befriedigung der Bedürfnisse, sondern Produktion von Profit Zweck des Kapitals, und da es diesen Zweck nur durch Methoden erreicht, die die Produktionsmasse nach der Stufenleiter der Produktion einrichten, nicht umgekehrt, so muß beständig ein Zwiespalt eintreten zwischen den beschränkten Dimensionen der Konsumtion auf kapitalistischer Basis und einer Produktion, die beständig über diese ihre immanente Schranke hinausstrebt.«[116] Denn: »Wie ... die Dinge liegen, hängt der Ersatz der in der Produktion angelegten Kapitale großen-

---

[114] »Das Kapital«, II, S. 318. [Unsere Ausgabe S. 295, Note 32]
[115] Ibid., III, [MEW Bd. 25], S. 254, 255.
[116] Ibid., [MEW Bd. 25], S. 267.

teils ab von der Konsumtionsfähigkeit der nicht produktiven Klassen; während die Konsumtionsfähigkeit der Arbeiter teils durch die Gesetze des Arbeitslohns, teils dadurch beschränkt ist, daß sie nur solange angewandt werden, als sie mit Profit für die Kapitalistenklasse angewandt werden können. Der letzte Grund aller wirklichen Krisen bleibt immer die Armut und Konsumtionsbeschränkung der Massen gegenüber dem Trieb der kapitalistischen Produktion, die Produktivkräfte so zu entwickeln, als ob nur die absolute Konsumtionsfähigkeit der Gesellschaft ihre Grenze bilde.«[117]

Die angeführten Stellen (und sie können durch viele andere vermehrt werden)[118] zeugen jedenfalls davon, welch große Rolle Marx – obgleich selbst ein Gegner der herkömmlichen »Unterkonsumtionstheorie« – dem Widerspruch zwischen Produktion und Konsumtion als dem Grund von Überproduktionskrisen beimaß. Daß er aber andrerseits auch die sogenannte Disproportionalitätstheorie der Krisen ablehnte, beweist die folgende Ausführung im »Kapital«: »Wird gesagt, daß nicht allgemeine Überproduktion, sondern Disproportion innerhalb der verschiednen Produktionszweige stattfinde, so heißt das weiter nichts, als daß innerhalb der kapitalistischen Produktion die Proportionalität der einzelnen Produktionszweige sich als beständiger Prozeß aus der Disproportionalität darstellt ... Es wird weiter damit verlangt, daß Länder, wo die kapitalistische Produktionsweise nicht entwickelt, in einem Grad konsumieren und produzieren sollen, wie es den Ländern der kapitalistischen Produktionsweise paßt. Wird gesagt, daß die

117 Ibid., [MEW Bd. 25], S. 501.

118 Vgl. z. B. »Theorien«, III, S. 117: »Ricardo setzt ... ›produktiv‹ und ›profitabel‹ einander gleich, während gerade darin, daß in der kapitalistischen Produktion ›profitabel‹ allein ›produktiv‹ ist, ihr Unterschied von der absoluten Produktion liegt und ihre Schranke. Um ›produktiv‹ zu produzieren, muß so produziert werden, daß die Masse der Produzenten von einem Teile der Nachfrage für das Produkt ausgeschlossen wird; es muß im Gegensatz zu einer Klasse produziert werden, deren Konsumtion in keinem Verhältnis zu ihrer Produktion steht – da gerade in dem Überschuß ihrer Produktion über ihre Konsumtion der Profit des Kapitals besteht.« Und an einer anderen Stelle: »Daß sie« (die kapitalistische Produktionsweise) »durch ihre eigenen immanenten Gesetze gezwungen ist, einerseits die Produktivkräfte so zu entwickeln, als ob sie nicht Produktion auf einer bornierten gesellschaftlichen Grundlage sei, andererseits sie doch wieder nur in den Schranken dieser Borniertheit entwickeln kann, ist der innerste und geheimste Grund der Krisen, der in ihr zum Ausbruch kommenden Widersprüche, innerhalb deren sie sich bewegt und die sie selbst dem groben Blicke als bloß historische Übergangsform kennzeichnen. Es wird dieses dann roh aufgefaßt und doch andererseits gewissermaßen richtig, von Sismondi zum Beispiel, als Widerspruch der Produktion um der Produktion willen und einer eine absolute Entwicklung der Produktivität eo ipso ausschließende Distribution.« (»Theorien«, III, S. 80.)

Überproduktion nur relativ, so ist dies ganz richtig; aber die ganze kapitalistische Produktionsweise ist eben nur eine relative Produktionsweise, deren Schranken nicht absolut, aber für sie, auf ihrer Basis, absolut sind. Wie könnte es sonst an Nachfrage für dieselben Waren fehlen, deren die Masse des Volkes ermangelt, und wie wäre es möglich, diese Nachfrage im Ausland suchen zu müssen, auf fernen Märkten, um den Arbeitern zu Hause das Durchschnittsmaß der notwendigen Lebensmittel zahlen zu können? Weil nur in diesem spezifischen, kapitalistischen Zusammenhang das überschüssige Produkt eine Form erhält, worin sein Inhaber es nur dann der Konsumtion zur Verfügung stellen kann, sobald es sich für ihn in Kapital rückverwandelt... Kurz, alle die Einwände gegen die handgreiflichen Erscheinungen der Überproduktion (Erscheinungen, die sich nicht um diese Einwände kümmern) laufen darauf hinaus, daß die Schranken der *kapitalistischen* Produktion keine Schranken der *Produktion überhaupt* sind, und daher auch keine Schranken dieser spezifischen, der kapitalistischen Produktionsweise. Der Widerspruch dieser kapitalistischen Produktionsweise besteht aber gerade in ihrer Tendenz zur absoluten Entwicklung der Produktiv*kräfte*, die beständig in Konflikt gerät mit den spezifischen Produktionsbedingungen, worin sich das Kapital bewegt und allein bewegen kann.«[119]

Soviel zu der sogenannten Disproportionalitätstheorie.

V. R. Luxemburgs Kritik der Marxschen Akkumulationstheorie

1. Der historische und methodologische Hintergrund

Unser Exkurs über *Hilferding* hat gezeigt, welchen Gebrauch die offizielle marxistische Theorie Deutschlands von den Reproduktionsschemata des II. Bandes zu machen wußte. Wie radikal und »orthodox« diese Theorie sich auch gebärdete, so lief ihre Deutung der Schemata doch nur auf die Ablehnung der Zusammenbruchstheorie und auf die vulgärökonomische Erklärung der Krisen als bloßer Disproportionalitätskrisen hinaus. Also ganz im Geiste *Tugans* und der »legalen« russischen Marxisten!

Nur auf diesem Hintergrund, d. h. als Reaktion gegen die neoharmonische Auslegung der ökonomischen Lehren von Marx ist *Rosa Luxemburgs* Buch »*Akkumulation des Kapitals*« zu verstehen, dessen Zentralthema – wenn man alles Sekundäre und Nebensächliche abschält – eben in der

---

119 »Das Kapital«, III, [MEW Bd. 25], S. 267, 268.

energischen Hervorhebung des Zusammenbruchsgedankens und damit des revolutionären Kernes des Marxismus bestand.

Warum fiel aber diese Aufgabe nicht *Lenin*, sondern *Rosa Luxemburg* zu? – Hier muß vor allen Dingen auf den Unterschied in der historischen Situation des russischen und des deutschen Marxismus hingewiesen werden. Im Gegensatz zu den russischen Marxisten der 90er Jahre, deren theoretisches Interesse vornehmlich durch den Kampf gegen die narodnikische Ideologie gefesselt war und die daher erst die Lebensfähigkeit des noch in seinen Kinderschuhen steckenden russischen Kapitalismus nachzuweisen hatten, lebte und wirkte *Rosa Luxemburg* in einem Lande, dessen Kapitalismus nicht nur auf dem Höhepunkt seiner Macht stand, sondern bereits deutliche Anzeichen seines künftigen Niederganges aufwies; und sie hatte andrerseits zu ihren Gegnern nicht Anhänger eines utopischen Bauernsozialismus, sondern eine mächtige, in den Massen stark verwurzelte Arbeiterbürokratie, die trotz ihres »marxistischen« Bekenntnisses mit beiden Füßen auf dem Boden der bestehenden Gesellschaftsordnung stand und nur in ihrem Rahmen alle sozialen und politischen Fortschritte zu erzielen hoffte. Während es also in Rußland noch um die Wende des 19. Jahrhunderts nötig war, die Unvermeidlichkeit und historische Fortschrittlichkeit der kapitalistischen Entwicklung hervorzuheben, bestand umgekehrt in Deutschland die Aufgabe der marxistischen Linken darin, die Idee des notwendigen ökonomischen und politischen Zusammenbruches der kapitalistischen Gesellschaftsordnung in den Vordergrund des Interesses zu rükken. Und eben diese theoretische Aufgabe sollte *Rosa Luxemburgs* Buch erfüllen.

Aus dem Gesagten folgt freilich keineswegs, daß wir die spezifische Akkumulationstheorie *Rosa Luxemburgs*, wonach die Kapitalakkumulation nur unter Zuhilfenahme der sogenannten »dritten Personen«, d. h. des Austausches mit dem nichtkapitalistischen Milieu erklärt werden könne, akzeptieren[120], oder daß wir ihre Kritik der Marxschen Reproduktionsschemata für richtig halten. Im Gegenteil: es ist bedauerlich, daß *Rosa Luxemburg* den Zusammenbruchsgedanken nur in der überspitzten Form einer von Grund aus irrtümlichen Kritik der Marxschen Reproduktionstheorie zu ver-

---

120 In seiner abstrakten Analyse des Akkumulationsprozesses mußte Marx natürlich von der Rolle der »dritten Personen«, wie überhaupt von allen dem Kapitalismus selbst äußerlichen Faktoren absehen, und eben darin lag das Irrtümliche in Rosa Luxemburgs Kritik. Was aber durchaus nicht bedeutet, daß die »dritten Personen« auch auf den weiteren Stufen der Analyse außer acht zu lassen seien, wie die meisten Gegner Rosa Luxemburgs sehr zu Unrecht annahmen. Im Gegenteil, der wirkliche Prozeß der Kapitalakkumulation kann ohne die Berücksichtigung dieses Faktors kaum begriffen werden.

teidigen wußte! Es wäre indes pedantisch, wenn wir hier nochmals auf diese, längst als falsch erkannte Kritik eingingen, deren Hauptfehler darin bestand, daß *Rosa Luxemburg*, ohne es zu merken, bei der Analyse der erweiterten Reproduktion immer wieder in die Voraussetzungen der einfachen Reproduktion zurückfällt. Viel wichtiger und lehrreicher ist es, den Gründen nachzuspüren, die sie zu dieser Kritik trieben. In dieser Hinsicht aber scheint *Henryk Großmann* das Richtige getroffen zu haben, als er über *Rosa Luxemburgs* Buch schrieb: »Es war ein großes historisches Verdienst *R. Luxemburgs*, daß sie – im bewußten Gegensatz und Protest gegen die Entstellungsversuche der Neo-Harmoniker – an dem Grundgedanken des ›Kapital‹ festhielt und ihn durch den Nachweis einer absoluten ökonomischen Grenze für die Fortentwicklung der kapitalistischen Produktionsweise zu stützen versuchte.« Statt aber »das Marxsche Reproduktionsschema im Rahmen des Marxschen Gesamtsystems und speziell seiner Akkumulationslehre zu prüfen, ... unterlag sie unwillkürlich dem Einflusse derer, die sie bekämpfen wollte, d. h. sie glaubte, daß das Marxsche Schema tatsächlich eine schrankenlose Akkumulation gestattet, ›so ad infinitum im Kreise, – nach der Theorie *Tugan Baranowskys*‹ ...« Und weil sie selbst der Meinung war, »daß aus dem Marxschen Reproduktionsschema tatsächlich die Möglichkeit der schrankenlosen Akkumulation ad infinitum sich ergibt, daß *Tugan* und *Hilferding* und später *O. Bauer* diesen Gedanken *richtig* aus dem Schema herausgearbeitet haben, hat sie das Marxsche Schema preisgegeben, um den aus dem I. Band des ›Kapital‹ sich ergebenden Zusammenbruchsgedanken zu retten.«[121]

Unsres Erachtens erklären diese Sätze *Großmanns* einen großen Teil von *Rosa Luxemburgs* Irrtümern. Darüber hinaus aber scheint auch bei ihr die fälschliche Interpretation der Reproduktionsschemata in dem ungenügenden Verständnis der Methodologie des Marxschen Werkes zu wurzeln.

Gewiß war *Rosa Luxemburg*, wie *Lukács* bemerkte, eine »wahre Dialektikerin«[122], und daher der hohe theoretische Genuß, den das Studium ihrer Werke bietet. Dennoch unterschätzte offenbar auch sie die Bedeutung des sogenannten »*Hegelschen* Erbes« in Marx' Denken[123] und war sich deshalb

---

[121] Henryk Großmann, op. cit., S. 20 und 280–282. [Unsere Ausgabe S. 760, 761 und 763, 764]

[122] Georg Lukács, »Geschichte und Klassenbewußtsein«, S. 200. (Vgl. auch den interessanten Aufsatz von L. Basso, »Rosa Luxemburg: The Dialectical Method«, in »International Socialist Journal«, November 1966.)

[123] Es entsprang wohl nur einer vorübergehenden Stimmung und dem Gefühl der Verdrossenheit über die falsche Marx-Orthodoxie ihrer Kritiker, wenn sie aus dem Gefängnis ihrem Freund, H. Diefenbach am 8. III. 1917 schrieb: »Dies« (d. h. die Schlichtheit des Ausdrucks) »ist jetzt überhaupt meine Geschmacksrichtung, die

auch über den Aufbau seines Werkes nicht ganz im klaren! Auf ihre Verwechslung der Unterscheidung zwischen dem Einzelkapital und dem gesellschaftlichen Gesamtkapital mit der viel wichtigeren Unterscheidung zwischen dem »Kapital im allgemeinen« und dem »Kapital in seiner Realität« sind wir schon anderswo eingegangen[124]; und es ist daher nicht nötig, hier darauf zurückzukommen. Auch wissen wir, daß sie irrtümlich das gesellschaftliche Gesamtkapital mit dem Kapital in seinem konkreten historischen Dasein vermengte. Ihr zufolge konnte Marxens Konzept der »rein kapitalistischen Gesellschaft« nur bei der Betrachtung des Produktions- und Zirkulationsprozesses des Einzelkapitals von Nutzen sein; dieses Konzept verliere aber jeden Sinn, sobald man sich der kapitalistischen Gesellschaft im ganzen, und besonders dem Problem der Akkumulation des gesellschaftlichen Gesamtkapitals zuwendet.

In anderen Worten: Auch *Rosa Luxemburg* mißverstand die Rolle, die dem Modell einer rein kapitalistischen Gesellschaft in dem Marxschen Werk zukommt. Sie begriff nicht, daß es sich nur um ein heuristisches Prinzip handelte, mit dessen Hilfe die Entwicklungstendenzen der kapitalistischen Produktionsweise frei »von allen störenden Nebenumständen« aufgezeigt werden sollten.[125] (Von diesem Gesichtspunkt waren die endlosen Diskussionen darüber, wo eine rein kapitalistische Gesellschaft historisch möglich sei oder nicht, völlig belanglos.) Der Zweck dieses methodologischen Verfahrens ist klar. Wenn sogar unter den strengsten Voraussetzungen, d. h. im abstrakten Modell einer rein kapitalistischen Gesellschaft, die Realisierung des Mehrwerts und Akkumulation des Kapitals – innerhalb gewisser Grenzen – möglich ist, dann besteht keine theoretische Notwendigkeit, zu äuße-

---

in der wissenschaftlichen Arbeit wie in der Kunst nur das Einfache, Ruhige und Großzügige schätzt, weshalb mir z. B. der vielgerühmte erste Band des Marxschen ›Kapital‹ mit seiner Überladung an Rokoko-Ornamenten im Hegelschen Stil jetzt ein Greuel ist (wofür vom Parteistandpunkt 5 Jahre Zuchthaus und 10 Jahre Ehrverlust verwirkt sind . . .)« Rosa Luxemburg, »Briefe an Freunde«, S. 85. Und doch zeigt diese Bemerkung, daß Rosa Luxemburg zuweilen hinter dem »Hegelschen Stil« des Marxschen Werkes den dialektischen Inhalt übersah.

124 Siehe S. 221 ff. dieser Arbeit [a. a. O.].

125 »Bei Betrachtung der wesentlichen Verhältnisse der kapitalistischen Produktion«, schrieb Marx in den »Theorien«, »kann also (da dies annähernd immer mehr geschieht, da dies das prinzipielle Ziel ist, und nur in diesem Fall die Produktivkräfte der Arbeit zu dem höchsten Punkt entwickelt werden) unterstellt werden, daß die ganze Welt der Waren, alle Sphären der materiellen Produktion . . . der kapitalistischen Produktionsweise (formell oder real) unterworfen sind. In dieser Voraussetzung, die die Grenze ausdrückt, die sich also stets mehr der exakten Richtigkeit annähert, sind alle in der Produktion beschäftigten Arbeiter Lohnarbeiter, und die Produktionsmittel treten ihnen dann in allen diesen Sphären als Kapital gegenüber.« (»Theorien«, I, S. 385.)

ren Faktoren, wie dem Außenhandel, dem Vorhandensein dritter Personen, der Intervention des Staates etc. Zuflucht zu nehmen. In diesem Sinne hat also Marxens abstraktes Modell die Probe vollauf bestanden. Und weil *Rosa Luxemburg* das übersah, übersah sie auch, daß alle Ergebnisse der Analyse des Reproduktionsprozesses im zweiten Bande nur provisorischer Natur sein konnten, d. h. einer Ergänzung auf den späteren, konkreteren Stufen der Analyse bedurften.

Rosa Luxemburgs methodologischer Irrtum muß uns um so mehr befremden, als sie selbst dem richtigen Verständnis der methodologischen Voraussetzungen der Marxschen Schemata sehr nahe kam, als sie schrieb: »Das, was Marx die Voraussetzung seines Schemas der Akkumulation angenommen hat, entspricht ... nur der objektiven geschichtlichen Tendenz der Akkumulationsbewegung und ihrem theoretischen Endresultat. Der Akkumulationsprozeß hat die Bestrebung, überall an Stelle der Naturalwirtschaft die einfache Warenwirtschaft, an Stelle der einfachen Warenwirtschaft die kapitalistische Wirtschaft zu setzen, die Kapitalproduktion als die einzige und ausschließliche Produktionsweise in sämtlichen Ländern und Zweigen zur absoluten Herrschaft zu bringen.«[126]

Und in *Rosa Luxemburgs* »Anti-Kritik« heißt es: »Marx selbst fiel es nicht im Traum ein, seine eigenen mathematischen Schemata etwa als *Beweis* auszugeben, daß die Akkumulation in einer bloß aus Kapitalisten und Arbeitern bestehenden Gesellschaft tatsächlich möglich sei. Marx untersuchte den inneren Mechanismus der kapitalistischen Akkumulation und stellte bestimmte ökonomische Gesetze auf, auf denen der Prozeß beruht. Er führte ungefähr aus: Soll die Akkumulation des Gesamtkapitals, also bei der ganzen Klasse der Kapitalisten, stattfinden, dann müssen zwischen den beiden großen Abteilungen der gesellschaftlichen Produktion – der Herstellung der Produktionsmittel und der Herstellung der Lebensmittel –, gewisse ganz genaue quantitative Beziehungen bestehen. Nur wenn solche Beziehungen eingehalten werden, ... könne die fortschreitende Erweiterung der Produktion und zugleich – was der Zweck des Ganzen – die aus ihr entspringende fortschreitende Anhäufung von Kapital in beiden Abteilungen ungestört vor sich gehen. Um diesen seinen Gedanken klar und deutlich darzulegen und genau zu fassen, entwirft Marx ein mathematisches Beispiel, ein Schema mit erdachten Zahlen, an deren Hand er zeigt: so und so müßten sich die einzelnen Positionen des Schemas (konstantes Kapital, variables Kapital, Mehrwert) zueinander verhalten, wenn die Akkumulation vor sich gehen soll.«[127]

---

[126] Rosa Luxemburg, op. cit., S. 335. [Unsere Ausgabe S. 753]

[127] Ibid., S. 403–404. [Unsere Ausgabe S. 769, 770]

Wenn das aber richtig ist, wenn Marxens Modell nur ein Werkzeug war, um die Gleichgewichtsbedingungen in einer sich ausdehnenden kapitalistischen Wirtschaft in ihrer reinen Form zu zeigen, dann kann *Rosa Luxemburgs* Behauptung, es handle sich bei Marx um eine »blutleere Abstraktion« nicht aufrechterhalten werden. Damit erweist sich aber ihre Kritik an den Marxschen Reproduktionsschemata auch vom methodologischen Gesichtspunkt als grundlos.

2. *Die Reproduktionsschemata und der technische Fortschritt*

Wir wollen uns aber nicht darauf beschränken, nur das Fehlerhafte an *Rosa Luxemburgs* Kritik aufzuzeigen. Denn diese Kritik hatte auch ihre starke Seite, die von ihren Gegnern zumeist verschwiegen wurde.
Wir meinen hier ihren Hinweis auf den uns schon bekannten Umstand, daß die Marxschen Schemata der erweiterten Reproduktion von allen durch den technischen Fortschritt verursachten Veränderungen in der Produktionsweise – nämlich der steigenden organischen Zusammensetzung des Kapitals, der Erhöhung der Mehrwertsrate und der wachsenden Rate der Akkumulation – absehen. Sobald man aber diese Veränderungen in die Schemata einzuführen versucht, sind die Gleichgewichtsbedingungen der Reproduktion gestört und die Formel: $c\,II + \beta\,c\,II = v\,I + \alpha\,I + \beta\,v\,I$ kann nicht mehr angewendet werden.
Nehmen wir das folgende, auf die Reproduktionsschemata von *Tugan-Baranowsky* basierte Zahlenbeispiel, das die erweiterte Reproduktion des Kapitals illustrieren soll:

I $840\,c + 420\,v + 210\,\alpha + 140\,\beta\,c + 70\,\beta\,v$
II $600\,c + 300\,v + 150\,\alpha + 100\,\beta\,c + 50\,\beta\,v$
Dieses Diagramm entspricht der allgemeinen Gleichgewichtsformel, da
$600\,c\,II + 100\,\beta\,c\,II = 420\,v\,I + 210\,\alpha\,I + 70\,\beta\,v\,I$.
Sobald wir aber die organische Zusammensetzung des in beiden Abteilungen zu akkumulierenden Kapitals von 2 : 1 auf 3 : 1 ändern, erhalten wir das folgende Diagramm:
I $840\,c + 420\,v + 210\,\alpha + 157.5\,\beta\,c + 52.5\,\beta\,v$
II $600\,c + 300\,v + 150\,\alpha + 112.5\,\beta\,c + 37.5\,\beta\,v$

In diesem Fall aber ergibt sich ein Warenüberschuß in der II. Abteilung, die ihre $600\,c + 112.5\,\beta\,c = 712.5$ Werteinheiten nicht mehr restlos gegen $420\,v + 210\,\alpha + 52.5\,\beta\,v = 682.5$ Werteinheiten der I. Abteilung eintauschen kann, sondern mit einem unabsetzbaren Warenrest von 30 Einheiten zurückbleibt. Das entspricht der Tatsache, daß bei wachsender organischer

Zusammensetzung des Kapitals weniger Arbeiter neu eingestellt werden und die gesellschaftliche Konsumtion sich daher nicht genügend erweitern kann, um das ganze Warenprodukt der II. Abteilung aufzunehmen.

Ähnliche Störungen ergeben sich mit Notwendigkeit, wenn die Mehrwertsrate wächst oder wenn ein größerer Teil des neu geschaffenen Mehrwerts akkumuliert wird, als in den vorangegangenen Produktionsperioden. Auch in diesen Fällen wird der glatte Fortgang der erweiterten Reproduktion, wie ihn die Schemata vorsehen, unmöglich, da die im Gefolge des technischen Fortschritts eintretenden Disproportionen in den Austauschverhältnissen zwischen den beiden Abteilungen ihre bisherige Proportionalität sprengen müssen.

Man sieht: »Wie wir immer die technische Verschiebung der Produktionsweise im Fortgang der Akkumulation ins Auge fassen, sie kann sich nicht durchsetzen, ohne die grundlegenden Beziehungen des Marxschen Schemas aus den Fugen zu bringen.«[128] In diesem Punkt also hat *Rosa Luxemburg* zweifellos recht. Aus diesem »Versagen« des Reproduktionsschemas folgt aber durchaus nicht (wie sie annahm), daß die Akkumulation überhaupt »unmöglich« sei, sondern nur, daß jede auf gesellschaftlichem Maßstab stattfindende Umwälzung in den Produktivkräften dem gegebenen Gleichgewichtszustand der Produktionszweige ein Ende setzen und durch allerlei Störungen und Krisen hindurch zur Herstellung eines neuen temporären Gleichgewichts führen muß. Was sich also aus *Rosa Luxemburgs* Kritik ergibt, sind nur die notwendigen Grenzen des Geltungsbereichs der Marxschen Schemata, die sich bewußt auf die Erforschung der Gleichgewichtsrelationen der erweiterten Reproduktion unter gleichbleibenden Produktionsbedingungen beschränken und daher von allen diese Bedingungen ändernden Momenten absehen müssen. Wollte man aber dennoch in diese Schemata die durch die steigende Produktivität der Arbeit eintretenden Änderungen der Produktionsweise einführen, so würde man dadurch nur den Beweis liefern, wie die hypothetischen Bedingungen des normalen Verlaufs der Reproduktion »in ebensoviele Bedingungen des anormalen Verlaufs und Möglichkeiten von Krisen«[129] umschlagen, was keineswegs zum Aufgabenkreis der Analyse im Band II des »Kapital« gehörte.

Unterschätzen wir aber nicht dadurch die Bedeutung dieser Analyse? – Mitnichten. Es versteht sich ja von selbst, daß das Marxsche Modell der sich im Gleichgewicht befindenden erweiterten Reproduktion im »reinen Kapitalismus« kein getreues Spiegelbild der konkreten kapitalistischen Welt

---

128 Rosa Luxemburg, op. cit., S. 265. [Unsere Ausgabe S. 743]

129 »Das Kapital«, II, S. 490–491. [Unsere Ausgabe S. 462]

sein sollte, noch konnte. Schon deshalb nicht, weil es die im wirklichen Kapitalismus herrschende Anarchie der Produktion außer acht läßt, und weiterhin, weil es dem Konflikt zwischen Produktion und Konsumtion, der vom Wesen des Kapitalismus unzertrennlich ist, keinerlei Rechnung trägt. In dieser Produktionsweise kann sich daher die proportionale Entwicklung der verschiedenen Produktionszweige sowie das Gleichgewicht zwischen Produktion und Konsumtion nur unter beständigen Schwierigkeiten und Störungen durchsetzen. Doch muß dieses Gleichgewicht zumindest für kurze Zeitperioden erreicht werden, da sonst das kapitalistische System überhaupt nicht funktionieren könnte. In diesem Sinn aber sind die Marxschen Reproduktionsschemata keineswegs eine bloße Abstraktion, sondern ein Stück der ökonomischen Realität, wenn auch die durch diese Schemata postulierte Proportionalität der Produktionszweige immer bloß temporär sein und sich nur »als beständiger Prozeß aus der Disproportionalität darstellen« kann.[130]

3. *Die neoharmonischen Nutzanwendungen der Reproduktionsschemata*

Der Umstand, daß die Gleichgewichtsformel der erweiterten Reproduktion, die den Marxschen Schemata zugrunde liegt, sich bloß auf die Akkumulation unter gleichbleibenden Produktionsbedingungen anwenden läßt, veranlaßte mehrere Autoren zu mathematischen Fleißaufgaben, womit sie zeigen wollten, daß das »Versagen« dieser Formel nicht im Wesen der Sache, sondern in den allzu strengen Voraussetzungen, an die Marx seine Schemata knüpfte, liege; und daß folglich bei einer entsprechenden Modifizierung dieser Voraussetzungen ein Schema der erweiterten Reproduktion konstruiert werden könne, welches auch bei Berücksichtigung des technischen Fortschritts ein dauerndes Gleichgewicht der beiden Abteilungen der gesellschaftlichen Produktion aufweisen würde. Im Hintergrund aller dieser Versuche lauerte – wenn auch ihren Urhebern nicht immer bewußt – das Bestreben, die Reproduktion und Akkumulation des Kapitals als einen automatischen und permanenten Prozeß darzustellen, der auf keine aus der Natur der kapitalistischen Produktionsweise hervorgehenden Schranken stoße, und daher auch zu keinem ökonomischen Zusammenbruch dieser Produktionsweise führen könne.

Das bekannteste Beispiel dieser Art ist das von *Otto Bauer* in seiner Kritik an *Rosa Luxemburg*[131] entworfene Reproduktionsschema, das die Möglich-

[130] Vgl. die auf der S. 577 zitierte Stelle aus dem »Kapital«. [Unsere Ausgabe S. 568, 569]

[131] Otto Bauer, »Die Akkumulation des Kapitals«, in der »Neuen Zeit«, Jg. 31, 1913. [Siehe S. 772–793 unserer Ausgabe]

keit eines störungslosen Fortganges der Akkumulation selbst bei beständig steigender organischer Zusammensetzung des Kapitals beweisen will. Um dies zu bewerkstelligen, muß freilich *Otto Bauer* (wie vor ihm *Tugan-Baranowsky)* eine der Grundvoraussetzungen der Marxschen Schemata fallen lassen: nämlich die Voraussetzung, daß die einzige Beziehung zwischen den Abteilungen I und II im gegenseitigen Austausch ihrer respektiven Produkte bestehe. Er läßt vielmehr die Abteilung II, die infolge der durch die wachsende Kapitalzusammensetzung verursachten technischen Verschiebungen immer wieder mit einem unabsetzbaren Warenrest verbleibt, jedes Jahr eine dem Wert dieses Warenrestes entsprechende Geldsumme in der Abteilung I »investieren«, damit diese ihre Produktion erweitere und im nächsten Jahre den realen Warenrest der Abteilung II abnehme. So können dann beide Abteilungen der gesellschaftlichen Produktion wachsen und akkumulieren, ohne daß je eine Diskrepanz im Werte der von ihnen auszutauschenden Produkte entstünde und das perpetuum mobile der Kapitalakkumulation zum Stillstand zu kommen drohte ...

Wir haben damit das Wesentliche von *Otto Bauers* Verfahren geschildert. Es leuchtet ein, daß das von ihm konstruierte Zahlenbeispiel nur dem Schein nach eine Weiterbildung des Marxschen Reproduktionsschemas darstellt. Denn er hätte das, was er beweisen will, genausogut an Hand eines gesellschaftlichen Industriekombinates demonstrieren können, welches einen landwirtschaftlich-industriellen Nebenbetrieb errichtet, um auf diese Weise die Arbeiter und die Kapitalisten des Kombinates planmäßig mit den notwendigen Lebensmitteln zu versorgen. In der Buchführung des Kombinats könnte der Nebenbetrieb als »Abteilung II« figurieren, die regelmäßig einen Teil ihres Mehrwerts im Hauptbetrieb »investiert« und die von ihr erzeugten Lebensmittel gegen Maschinen des Hauptbetriebs »austauscht«. Dennoch wären solche »Investitionen« und »Austausche« rein fiktiver Natur, und es ist nicht einzusehen, was derlei rechnerische Operationen zum Verständnis des wirklichen Reproduktionsprozesses in der realen kapitalistischen Welt beitragen könnten.[132]

Ist aber *Otto Bauers* Reproduktionsschema nicht viel »realistischer« als das von Marx? Werden doch in der wirklichen kapitalistischen Gesell-

---

[132] Der Leser erinnert sich wohl an den von Rosa Luxemburg gegen die Marxschen Reproduktionsschemata erhobenen Einwand, wonach in diesen Schemata »die Akkumulation in der Abteilung II vollkommen abhängig und beherrscht ist von der Akkumulation in I« (vgl. S. 527 [unsere Ausgabe S. 524 und 724] dieses Kapitels.) Wie falsch nun dieser Einwand in bezug auf die Marxschen Schemata war, so richtig ist er Otto Bauer gegenüber, da die Abteilung II seines Schemas in der Tat nur als ein bloßes Anhängsel der Abteilung I erscheint und nur der beständigen Erweiterung dieser Abteilung dient.

schaft beständig Teile des Mehrwerts, die in einem bestimmten Produktionszweig erzeugt wurden, in andere Produktionszweige übertragen, um dort investiert zu werden! Muß also nicht das Verfahren *Otto Bauers* als eine entschiedene Verbesserung des Marxschen Verfahrens angesehen werden?

Das ist offenbar die Auffassung der polnischen Nationalökonomen, *O. Lange* und *T. Kowalik*. Wir lesen beim letzteren: »Was die Übertragung der Akkumulation aus einer Abteilung in die andere betrifft,... so hat die Geschichte zweifelsohne *O. Bauer* recht gegeben. Denn in der ökonomischen Praxis wird das Kapital sowohl in seiner sachlichen als auch in Geldform übertragen.« So kann »ein beträchtlicher Teil der gesellschaftlichen Produktion alternativ in der Rolle der Produktionsmittel als auch zum Zwecke der persönlichen Konsumtion verwendet werden«, und diese Tatsache wurde »durch die Praxis der sozialistischen Länder bestätigt, wo« (*Kowalik zitiert* hier *O. Lange)* »›die Akkumulation vor allem in der Abteilung II stattfindet, der Hauptteil dieser Akkumulation aber in der Abteilung I investiert wird‹.«[133]

Wir können hier von der naiv-empiristischen Haltung *Kowaliks* absehen, der zu glauben scheint, daß Fragen der reinen Theorie – wie die Frage des hypothetischen Gleichgewichts in der kapitalistischen Gesellschaft der Marxschen Diagramme! – durch Berufungen auf die Praxis der »sozialistischen Länder« (oder auf irgendwelche Praxis) entschieden werden können. Zu seinem Argument selbst aber ist zu sagen: Was die Übertragung des Kapitals in seiner sachlichen Form anbetrifft, so hat *Kowalik* offenbar übersehen, daß Produkte, die alternativ als Produktionsmittel und als Konsumtionsmittel verwendet werden können, von vornherein aus den Marxschen Schemata ausgeschlossen wurden. Wir lesen darüber im Band II des »Kapital«: »Es ändert auch nichts an der Sache, wenn ein Teil der Produkte von II seinerseits fähig ist, als Produktionsmittel in I einzugehn. Sie werden gedeckt durch einen Teil der von I gelieferten Produktionsmittel, und dieser Teil ist von vornherein auf beiden Seiten in Abzug zu bringen, wenn wir den Austausch zwischen den beiden großen Klassen der gesellschaftlichen Produktion, den Produzenten von Produktionsmitteln und den Produzenten von Konsumtionsmitteln, rein und ungetrübt untersuchen wollen.«[134]

Die »Übertragung des Kapitals in sachlicher Form« kann uns also über die von *Rosa Luxemburg* hervorgehobene Schwierigkeit nicht hinweghelfen.

---

[133] T. Kowalik, »Die ökonomische Theorie R. Luxemburgs«, Habilitationsthese, mimeographiert, Warschau, 1963 (polnisch), S. 208.

[134] »Das Kapital«, II, S. 516. [Unsere Ausgabe S. 486, 487]

Ebensowenig aber die Übertragung des Kapitals in Geldform, die dem Bauerschen Verfahren zugrunde liegt – wie sehr sie auch der tagtäglichen Praxis der Kapitalisten entspricht. Denn diese Übertragung wurde und wird von ihnen seit jeher ohne jegliche Rücksicht auf die durch den technischen Fortschritt verursachten Verschiebungen praktiziert. Es besteht also methodologisch gar kein Grund, sie erst da in Betracht zu ziehen, wo die Gleichgewichtsformel der erweiterten Reproduktion zu versagen scheint, also erst, wenn es sich um die durch die Steigerung der organischen Zusammensetzung des Kapitals entstehenden Schwierigkeiten der Realisierung handelt! Denn warum hat nicht Marx selbst zu dem von *Otto Bauer* anempfohlenen Mittel der Kapitalübertragung Zuflucht genommen, anstatt Schemata mit so komplizierten quantitativen Verhältnissen beider Abteilungen aufzustellen? Die Antwort ist einfach: eben weil er durch diese Schemata zeigen wollte, wie die Antinomie von Gebrauchswert und Tauschwert auf gesellschaftlicher Ebene gelöst werden kann und wird. Das kann aber nur gezeigt werden, wenn die Produktions- und die Lebensmittelindustrien als völlig autonome Abteilungen der gesellschaftlichen Produktion aufgefaßt werden, die nur durch den Austausch in den Besitz ihrer respektiven Produkte gelangen, und nur so den gesellschaftlichen Form- und Stoffwechsel vollziehen können.

Aber genug über die methodologischen Mängel der von *Otto Bauer* vorgeschlagenen Lösung des Problems. Was uns hier vor allem interessiert, ist die Frage, ob er mit Hilfe seines Verfahrens das zu beweisen vermochte, was er wollte – nämlich die Möglichkeit der schrankenlosen Kapitalakkumulation.[135] Eine einfache Überlegung zeigt, daß sein Versuch scheitern mußte. Wenn man nämlich das Schema der erweiterten Reproduktion unter der Annahme einer beständig steigenden organischen Zusammensetzung

---

135 Bauer leugnet allerdings, daß sein Reproduktionsschema diesen Zweck habe: »Als eine Apologie des Kapitalismus«, sagt er von seiner Akkumulationstheorie, »kann diese Darstellung nicht betrachtet werden. Denn während die Apologeten des Kapitals die Schrankenlosigkeit der Akkumulation erweisen wollten – mit der Produktion steige automatisch auch die Konsumtionskraft! –, decken wir die Grenze auf, die der Akkumulation gesetzt ist.« (»Die Neue Zeit«, 1913, S. 887.) Wenn man aber in Bauers Abhandlung nach dieser »Grenze der Akkumulation« sucht, stellt es sich heraus, daß er damit nur »die Tendenz zur Anpassung der Akkumulation an das Bevölkerungswachstum« meint: »Die Vermehrung des produktiven Kapitals im Lande selbst«, hebt er hervor, »bleibt immer durch das Wachstum der verfügbaren Arbeiterbevölkerung begrenzt: das variable Kapital kann dauernd nicht schneller wachsen als die Bevölkerung, das konstante Kapital immer nur in dem durch den Entwicklungsgrad der Produktivkräfte bestimmten Verhältnis schneller als das variable.« (Ibid., S. 871–872. [Unsere Ausgabe S. 789, 790]) Wenn dem aber so ist, wenn die Kapitalakkumulation nur auf die temporär

des Kapitals konstruiert, so muß man früher oder später zu einer völlig unrealistischen und ökonomisch sinnlosen Hypertrophie der I. Abteilung, d. h. der Erzeugung von Produktionsmitteln, kommen. Und gerade das tut *Otto Bauer:* Um das Wachstum der organischen Zusammensetzung des Kapitals zum Ausdruck zu bringen, läßt er das variable Kapital der Gesellschaft um 5% jährlich, das konstante aber um 10% jährlich wachsen. Diese verschiedenen Wachstumsraten kommen dadurch zustande, daß die organische Zusammensetzung des neu akkumulierten Kapitals in seinem Schema eine wesentlich höhere ist, als die des schon vorher angelegten Kapitals. (Da *Bauer* übrigens die Mehrwertsrate als konstant annimmt, muß er einen immer größeren Teil des Mehrwerts zum Akkumulationsfonds schlagen.)

Bauer beginnt mit folgendem Diagramm, das wir leichterer Verständlichkeit wegen wieder in den uns schon bekannten Bucharinschen Symbolen ausdrücken:

	c	v	m			
			α	βc	βv	
I	120 000 +	50 000 +	37 500 +	10 000 +	2 500 =	220 000
II	80 000 +	50 000 +	37 500 +	10 000 +	2 500 =	180 000
	200 000 +	100 000 +	75 000 +	20 000 +	5 000 =	400 000

Die allgemeine Gleichgewichtsformel trifft auf dieses Diagramm zu, denn 80 000 c + 10 000 β c = 90 000 Werteinheiten der II. Abteilung lassen sich gegen 50 000 v + 37 500 α + 2500 β v = 90 000 Werteinheiten der I. Abteilung austauschen.

Trotzdem kämen die Kapitalisten in Verlegenheit, wollten sie den im ersten Jahr erzielten Mehrwert in den oben gezeigten Proportionen in denselben Abteilungen anlegen, wo er erzeugt wurde. Denn wir erhielten dann im zweiten Jahre folgende Produktenwerte:

	c	v	m			
			α	βc	βv	
I	130 000 +	52 500 +	39 375 +	10 500 +	2 625 =	235 000
II	90 000 +	52 500 +	39 375 +	10 500 +	2 625 =	195 000
	220 000 +	105 000 +	78 750 +	21 000 +	5 250 =	430 000

---

in der Prosperitätsphase des industriellen Zyklus sich zeigende Grenze der »verfügbaren Arbeiterbevölkerung« stößt, dann kann diese Akkumulation bis in die Ewigkeit fortgehen, und Bauers Verwahrung gegen die Apologetik ist nur als ein frommer Wunsch anzusehen.

In diesem Fall aber wären 90 000 c II + 10 500 β c = 100 500 Werteinheiten, während die I. Abteilung nur 52 500 v + 39 375 α + 2625 β v = 94 500 Werteinheiten abzugeben hätte. Es verbliebe somit ein unabsetzbarer Warenrest in der II. Abteilung, der sich mit jedem Jahr vergrößern würde, was schließlich zu einer Absatzkrise führen müßte.

In *Bauers* Schema geschieht das aber nicht, weil dort die Kapitalisten der II. Abteilung, statt den Produktionsprozeß gemäß dem obigen Diagramm fortzuführen, einen Teil ihres Mehrwerts in der Abteilung I anlegen. Sie können das, sagt *Bauer*, indem sie entweder neue Produktionsmittelfabriken gründen oder Aktien bereits bestehender Produktionsmittelfirmen ankaufen. Und zwar muß, nach *Bauers* Kalkulation, der Produktionsprozeß im zweiten Jahre, nach den Kapitalübertragungen aus der II. in die I. Abteilung, in der folgenden Wertzusammensetzung weitergeführt werden:

	c	v	m			
			α	βc	βv	
I	134 666+	53 667+	39 740+	11 244+	2 683=	242 000
II	85 334+	51 333+	38 010+	10 756+	2 567=	188 000
	220 000+	105 000+	77 750+	22 000+	5 250=	430 000

Sind die obigen Größenverhältnisse durch Kapitalverschiebungen hergestellt, so kann die allgemeine Gleichgewichtsformel wieder angewandt werden, denn 85 334 c II + 10 756 β c II = 96 090, und 53 667 v I + 39 740 α I + 2683 β v I = 96 090. Und da *Bauer* von nun an jedes Jahr die Kapitalisten der II. Abteilung ihren überschüssigen Mehrwert in der I. Abteilung anlegen läßt, so scheint es auf den ersten Blick, als ließe sich sein Rechenexempel ad infinitum fortsetzen.

Worum es sich aber in Wirklichkeit hier handelt, ist nichts anderes, als eine mathematische Illustration des Tuganschen »Karussells«, nämlich einer Produktion von Maschinen um der Maschinen willen. Wie nicht anders zu erwarten, erhöht sich in dem *Bauerschen* Diagramm die Produktion von Produktionsmitteln ungeheuer rasch, – während die Produktion von Konsumtionsmitteln nur langsam ansteigt. *Otto Bauers* Schema geht freilich nicht über das vierte Jahr hinaus, aber *Henryk Großmann* nahm sich die Mühe, dasselbe Schema auf 35 Jahre auszudehnen. Und da ergibt sich schon im 20. Jahr die folgende Wertzusammensetzung für das Gesamtprodukt der Abteilung I und II:

1 222 252 c + 252 691 v + 117 832 α + 122 225 β c + 12 634 β v = 1 727 634

Diese Zahlen zeigen, daß das gesellschaftliche Gesamtprodukt auf

1 727 634 Werteinheiten angewachsen ist, von denen aber nur 383 157 dem menschlichen Konsum zugeführt werden dürfen, während die anderen 1 344 477 wieder als konstantes Kapital in die Produktion hineingeworfen werden müssen! Und das alles nur, um den Kapitalisten den ungestörten Absatz für ihre Waren und dem *Bauerschen* Schema einen reibungslosen Ablauf zu sichern! ...

Eine solche Hypertrophie der Produktionsmittelerzeugung, ohne eine entsprechende Erhöhung des gesellschaftlichen Konsums, wie sie sich zwangsläufig aus dem *Bauerschen* Schema ergibt, ist gewiß mit dem Geiste der Marxschen Theorie nicht vereinbar. Hob doch gerade Marx hervor, daß »die Produktion von konstantem Kapital nie seiner selbst wegen stattfindet, sondern nur, weil mehr davon gebraucht wird in den Produktionssphären, deren Produkte in die individuelle Konsumtion eingehn«.[136]

Es genügt diese Stelle mit dem *Bauerschen* Schema zu konfrontieren, um zu ersehen, wie sehr dieses Schema in der Tat dem *Tuganschen* »Karussell« gleichkommt.[137]

Es könnte natürlich eingewendet werden, daß das überaus schnelle Tempo, in dem in *Bauers* Schema die Produktionsmittelindustrien die Konsumtionsmittelindustrien überholen, den von Bauer angenommenen unrealistischen Wachstumsraten von 10% in der Abteilung I und von 5% in der Abteilung II zuzuschreiben sei. Wenn man aber darauf besteht, ein Schema zu konstruieren, das die wachsende organische Zusammensetzung des Kapitals widerspiegeln und trotzdem einen reibungslosen Ablauf der kapitalistischen Akkumulation zeigen soll, so muß man die erste Abteilung schneller wachsen lassen als die zweite; so daß, selbst wenn eine kleinere Diskrepanz zwischen den Wachstumsraten beider Abteilungen angenommen würde, als in dem *Bauerschen* Schema, man dennoch – wenn auch in einem längeren Zeitraum – zu demselben absurden Resultat gelangen müßte.

Aber das ist nicht alles. Schon in den wenigen Jahren, für welche *Bauer* sein Schema fortsetzt, wird es klar, daß die wachsende organische Zusammensetzung des Kapitals zum progressiven Fall der Profitrate führt. Im *Bauerschen* Beispiel ist schon im vierten Jahr die Profitrate $(m : c + v)$ von 33.3% auf 30.3% gefallen. Es ist nun ein Leichtes für *Großmann,*

---

[136] »Das Kapital«, III, [MEW Bd. 25], S. 316, 317.

[137] Wie wir aus der vorher zitierten Habilitierungsschrift T. Kowaliks erfahren, wurde die dieses Schema enthaltende Abhandlung O. Bauers mehrmals in den Sowjetausgaben des Werkes von R. Luxemburg abgedruckt – offenbar, um als eine Art Antidotum zu dienen. So in der Ausgabe vom J. 1934, S. 339–358. (Kowalik, op. cit., S. 204, Anm. 1.)

rechnerisch nachzuweisen, daß auf Grund der *Bauerschen* Voraussetzungen das kapitalistische System schon im 35. Jahr zusammenbrechen müßte, weil das Verhältnis des Mehrwerts zum angewandten Kapital so gefallen wäre, daß die Kapitalistenklasse nicht mehr akkumulieren könnte!
Hier müssen wir uns allerdings daran erinnern, daß im *Bauerschen* Beispiel das Wachstum des relativen Mehrwerts, das mit der erhöhten organischen Zusammensetzung Hand in Hand gehen sollte, nicht berücksichtigt ist. Kann aber nicht der Fall der Profitrate durch das Steigen des relativen Mehrwerts kompensiert werden? – Diese Frage ist indes, wie wir schon aus dem Studium der »Grundrisse« wissen, zu verneinen. Schon dort weist Marx darauf hin, daß die Steigerung des relativen Mehrwerts nicht ins Unendliche ausgedehnt werden kann, weil mit dem technischen Fortschritt nicht nur der bezahlte Teil des Arbeitstages, sondern auch das Verhältnis der gesamten lebendigen Arbeit zu der in den Produktionsmitteln vergegenständlichten Arbeit abnimmt und abnehmen muß.[138] Das *Bauersche* Schema müßte also letzten Endes doch einen progressiven Fall der Profitrate aufweisen – und damit zum Zusammenbruch des kapitalistischen Systems führen –, selbst wenn er darin der wachsenden Mehrwertsrate Rechnung getragen hätte.
Gerade das zeigt aber, daß, wenn man sich bemüht, das Marxsche Modell der erweiterten Reproduktion durch ein Modell zu ersetzen, das möglichst viele Faktoren der kapitalistischen Wirklichkeit berücksichtigt, man dabei sehr bald auf die Schranken stoßen muß, die der kapitalistischen Produktion durch die Natur des Kapitals selbst gesetzt sind. Kein Wunder, daß *Henryk Großmann* sich gerade des *Bauerschen* Schemas bedienen konnte, um die dem Kapitalismus immanente Zusammenbruchstendenz nachzuweisen.[139] (In diesem Sinn ist das Reproduktionsschema *Otto Bauers* als sein – allerdings unbeabsichtigter! – Beitrag zur »Zusammenbruchstheorie« zu bezeichnen.)

Abschluß

Was ist nun das Ergebnis unsrer Untersuchung? – Hier genügt es wohl, wenn wir uns auf ein knappes Resümee des bisher Gesagten beschränken.
Der erste Schluß, der sich aus dem jahrzehntelangen Streit um die Marxschen Reproduktionsschemata ergibt, ist offenbar der, daß diese Schemata keinesfalls als ein bloßer »Torso« anzusehen sind, als ein theoretischer

---

[138] Vgl. S. 480 f. dieser Arbeit [a. a. O.].
[139] Siehe das vorhin zitierte Werk Henryk Großmanns, »Das Akkumulations- und Zusammenbruchsgesetz des kapitalistischen Systems«, 1929.

Versuch, der von Marx nur wegen Zeitmangels nicht »vollendet« werden konnte. Im Gegenteil, alles spricht dafür, daß Marx selbst nie die Absicht hatte, über die Gestalt, die die Reproduktionsschemata im II. Band des »Kapital« erhielten, hinauszugehen, und daß es daher sinnlos ist, von ihnen mehr zu erwarten, als sie leisten können.

Wir betonten mehrmals, daß die Marxschen Schemata nur von den hypothetischen Gleichgewichtsbedingungen der erweiterten Reproduktion unter gleichbleibenden Produktionsbedingungen handeln, und daß sie trotz ihrer Abstraktheit »ein Stück der ökonomischen Realität« darstellen. Gewiß: In der wirklichen kapitalistischen Welt vollzieht sich die erweiterte Reproduktion und Akkumulation des Kapitals »in fortwährendem qualitativem Wechsel seiner Zusammensetzung, in beständiger Zunahme seines konstanten auf Kosten seines variablen Bestandteils«[140], und dieser Prozeß wird auch von der ruckweisen Ausdehnung der Domäne der relativen Mehrarbeit, also von der Erhöhung der Mehrwertsrate begleitet. Man vergesse aber nicht, daß dieser beständige Wechsel der Produktionsweise »ebenso beständig unterbrochen wird »*durch Ruhepunkte und bloß quantitative Ausdehnung auf gegebner technischer Grundlage*«, *durch* »Zwischenpausen, worin die Akkumulation als bloße *Erweiterung* der Produktion... wirkt«.[141] Und eben für solche »Zwischenpausen« gelten die Reproduktionsschemata des II. Bandes, die die Möglichkeit der erweiterten Reproduktion durch die gegenseitige Anpassung der Produktions- und der Konsumtionsmittelindustrien, und damit auch die Möglichkeit der Realisierung des Mehrwerts erweisen. All das konnte aber gezeigt werden, ohne daß es nötig gewesen wäre, auch den Faktor des technischen Fortschritts, der sich in der Erhöhung der Kapitalzusammensetzung und der Mehrwertsrate ausdrückt, in die Analyse des II. Bandes miteinzuschließen.

Konnte aber Marx nicht weiter gehen und Gleichgewichtsbedingungen der erweiterten Reproduktion auch unter der Annahme einer sich beständig ändernden Produktionsweise entwerfen? – Wir glauben gezeigt zu haben, daß eben das nicht möglich war, und die mißglückten Lösungsversuche *Tugan-Baranowskys* und *Otto Bauers* konnten uns in dieser Ansicht nur bestärken. Sobald man nämlich in die Reproduktionsschemata den tech-

---

140 »Das Kapital«, I, 657. [Unsere Ausgabe a. a. O. S. 579]

141 Ibid., S. 473 und 658. [Unsere Ausgabe a. a. O. S. 406 und 580]. – Ähnlich heißt es in den »Theorien«: »Bei der Reproduktion wird zunächst vorausgesetzt, daß die Produktionsweise dieselbe bleibt, und dies bleibt sie eine Zeitlang bei Erweiterung der Produktion. Die Masse der produzierten Waren wird hier vermehrt, weil mehr Kapital angewandt, nicht weil es produktiver angewandt.« (»Theorien«, II, S. 522.)

nischen Fortschritt einzubeziehen versucht, schlagen die Gleichgewichtsbedingungen der Reproduktion in Bedingungen der Störung des Gleichgewichts um, und alle Schemata, die diese Klippe zu umschiffen versuchen, müssen sich als ökonomisch belanglose »mathematische Fleißaufgaben« erweisen. An dieser Erkenntnis, die wir *Rosa Luxemburg* verdanken, ist nicht zu rütteln.

Das zweite wichtige Ergebnis, zu dem uns unsere Untersuchung geführt hat, besteht in der Erkenntnis, daß die Reproduktionsschemata des II. Bandes nur eine – wenn auch äußerst wichtige! – Phase der Marxschen Analyse des gesellschaftlichen Reproduktionsprozesses darstellen und daß sie daher einer notwendigen Ergänzung durch die Marxsche Krisen- und Zusammenbruchstheorie bedürfen. Woraus folgt, daß diese Schemata nur im Gesamtzusammenhang der Marxschen Lehre begriffen werden können. (Auch hier erweist sich der Gedanke der Totalität als methodologisch entscheidend.) Allerdings, die durch den technischen Fortschritt hervorgebrachten Störungen des Gleichgewichts der Reproduktion scheinen zunächst nur zu beweisen, daß der Gang der kapitalistischen Produktion immer wieder zu Krisen, und daher zur Ersetzung des gegebenen temporären Gleichgewichts durch ein neues, ebenso temporäres Gleichgewicht führen muß.

In Wirklichkeit aber beweisen sie mehr: daß die Widersprüche der kapitalistischen Produktionsweise, die in eben diesen Störungen und dem durch sie geförderten tendenziellen Fall der Profitrate ihren Ausdruck finden, immer wieder auf höherer Ebene reproduziert werden, bis schließlich die »Spirale« der kapitalistischen Entwicklung ihr Ende erreicht. Und in diesem Sinne muß der scheinbar scholastische Streit um die Deutung der Marxschen Reproduktionsschemata trotz aller Irrungen und Fehlschlüsse als positiv, d. h. als theoretisch fruchtbringend angesehen werden.

TEXTE ZUM »STREIT UM DIE MARXSCHEN REPRODUKTIONS-SCHEMATA«

I Zur Diskussion zwischen den Narodniki und den legalen Marxisten

Rosa Luxemburg: GESCHICHTLICHE DARSTELLUNG DES PROBLEMS

3. Waffengang: Struve – Bulgakow – Tugan-Baranowski gegen Woronzow – Nikolaj-on*

In einem ganz anderen historischen Rahmen als die beiden ersten spielte sich die dritte Kontroverse um die Frage der kapitalistischen Akkumulation ab. Diesmal war die Zeit der Handlung der Anfang der 80er Jahre bis um die Mitte der 90er und ihr Schauplatz Rußland. Die kapitalistische Entwicklung hatte bereits in Westeuropa ihren Reifegrad erreicht. Die einstige rosige Auffassung der Klassiker Smith-Ricardo mitten in der in Knospen stehenden bürgerlichen Gesellschaft war längst zerronnen. Auch der interessierte Optimismus der vulgär-manchesterlichen Harmonielehre war unter dem niederschmetternden Eindruck des Weltkrachs der 70er Jahre sowie unter den wuchtigen Schlägen des seit den 60er Jahren in allen kapitalistischen Ländern entbrannten heftigen Klassenkampfes verstummt. Selbst von den sozialreformerisch geflickten Harmonien, die sich namentlich in Deutschland noch Anfang der 80er Jahre breit gemacht hatten, war sehr bald nur der Katzenjammer geblieben, die 12jährige Prüfungszeit des Ausnahmegesetzes gegen die Sozialdemokratie hatte eine grausame Ernüchterung gebracht, alle Harmonieschleier endgültig zerrissen und die nackte Wirklichkeit der kapitalistischen Gegensätze in ihrer ganzen Schroffheit enthüllt. Optimismus war seitdem nur noch im Lager der aufstrebenden Arbeiterklasse und ihrer theoretischen Wortführer möglich. Ein Optimismus freilich nicht in bezug auf das natürliche oder künstlich hergestellte innere Gleichgewicht der kapitalistischen Wirtschaft und ihre ewige Dauer, son-

* [Text aus: Rosa Luxemburg, Die Akkumulation des Kapitals. Ein Beitrag zur ökonomischen Erklärung des Imperialismus, Berlin 1913. Zitiert nach der unveränderten Ausgabe in »Archiv sozialistischer Literatur 1«, Frankfurt/M. 1966, S. 239–295.]

dern in dem Sinne, daß die von ihr mächtig geförderte Entfaltung der Produktivkräfte gerade durch ihre inneren Widersprüche einen ausgezeichneten historischen Boden für die fortschrittliche Entwicklung der Gesellschaft zu neuen ökonomischen und sozialen Formen biete. Die negative, herabdrückende Tendenz der ersten Periode des Kapitalismus, die einst Sismondi allein vor den Augen hatte und die noch Rodbertus in den 40er und 50er Jahren sah, war jetzt aufgewogen durch die emporhebende Tendenz: das hoffnungsvolle und siegreiche Aufstreben der Arbeiterklasse in ihrer gewerkschaftlichen und politischen Aktion.

So war das Milieu in Westeuropa beschaffen. Anders sah es freilich um dieselbe Zeit in Rußland aus. Hier stellen die siebziger und achtziger Jahre in jeder Hinsicht eine Übergangszeit, eine Periode der inneren Krise mit all ihren Qualen dar. Die Großindustrie feierte erst eigentlich ihren Einzug unter der Einwirkung der hochschutzzöllnerischen Periode. In der nun einsetzenden forcierten Förderung des Kapitalismus durch die absolutistische Regierung bildete namentlich die Einführung des Goldzolls an der westlichen Grenze im Jahre 1877 einen Markstein. Die »primitive Akkumulation« des Kapitals gedieh in Rußland unter der Begünstigung allerlei staatlicher Subsidien, Garantien, Prämien und Staatsbestellungen herrlich und erntete Profite, die im Westen um jene Zeit bereits ins Reich der Fabel gehörten. Die inneren Zustände Rußlands boten dabei ein nichts weniger als anziehendes und hoffnungsvolles Bild dar. Auf dem platten Lande zeitigte der Niedergang und die Zersetzung der bäuerlichen Wirtschaft unter dem Drucke der fiskalischen Auspowerung und der Geldwirtschaft grauenvolle Zustände, periodische Hungersnöte und periodische Bauernunruhen. Andererseits war das Fabrikproletariat in den Städten sozial und geistig noch nicht zu einer modernen Arbeiterklasse konsolidiert. Namentlich in dem größten industriellen Zentralbezirk Moskau-Wladimir, dem wichtigsten Sitz der russischen Textilindustrie, war es noch zum großen Teil mit der Landwirtschaft verwachsen und halb bäuerisch. Dementsprechend primitive Formen der Ausbeutung riefen primitive Äußerungen der Abwehr auf den Plan. Anfangs der 80er Jahre sollten erst die spontanen Fabriktumulte im Moskauer Bezirk, bei denen Maschinen zertrümmert wurden, den Anstoß zu den ersten Grundlagen einer Fabrikgesetzgebung im Zarenreiche geben.

Wies so die wirtschaftliche Seite des öffentlichen Lebens in Rußland auf jedem Schritt schreiende Dissonanzen einer Übergangsperiode auf, so entsprach ihr auch eine Krise im geistigen Leben. Der »volkstümlerische«, bodenständige russische Sozialismus, der theoretisch auf den Eigentümlichkeiten der russischen Agrarverfassung basierte, war nach dem Fiasko seines äußersten revolutionären Ausdrucks: der terroristischen Partei der Narodnaja Wolja politisch bankrott. Andererseits waren die ersten Schriften Georg Plechanows, die den marxistischen Gedankengängen in Rußland Eingang verschaffen sollten, erst 1883 und 1885 erschienen und etwa für ein Jahrzehnt noch von scheinbar geringem Einfluß geblieben. Während der 80er Jahre und bis in die 90er Jahre hinein war das geistige Leben der russischen Intelligenz, namentlich der oppositionell gesinnten, sozialistischen Intelligenz, von einem seltsamen Gemisch »bodenständiger« Ueberbleibsel der Volkstümelei mit aufgegriffenen Elementen der Marxschen Theorie beherrscht, ein Gemisch, dessen hervorstechenden Zug die Skepsis in bezug auf die Entwickelungsmöglichkeiten des Kapitalismus in Rußland bildete.

Die Frage, ob Rußland die kapitalistische Entwickelung nach dem Beispiel des westlichen Europa durchmachen soll, beschäftigte sehr früh die russische Intelligenz. Diese sah auch in Westeuropa vorerst nur die Schattenseiten des Kapitalismus, seine zersetzende Wirkung auf die hergebrachten patriarchalischen Produktionsformen und auf den Wohlstand und die Sicherheit der Existenz breiter Volksmassen. Andererseits erschien das russische bäuerliche Gemeineigentum an Grund und Boden, die berühmte »Obschtschina«, als ein möglicher Ausgangspunkt für eine höhere soziale Entwickelung in Rußland, das unter Umgehung des kapitalistischen Stadiums mit seinen Leiden auf einen kürzeren und weniger qualvollen Wege als die westeuropäischen Länder in das gelobte Land des Sozialismus gelangen würde. Sollte man nun diese glückliche Ausnahmelage, diese einzigartige geschichtliche Gelegenheit verscherzen, indem man durch eine forcierte Verpflanzung der kapitalistischen Produktion nach Rußland unter staatlicher Beihilfe die bäuerlichen Besitz- und Produktionsformen vernichtete, der Proletarisierung, dem Elend und der Unsicherheit der Existenz der arbeitenden Massen Tür und Tor öffnete?

Dieses Grundproblem beherrschte das geistige Leben der russischen Intelligenz seit der Bauernreform, ja schon früher, seit Herzen und namentlich seit Tschernyschewski, es bildete die Zentralachse, um die sich eine ganze eigenartige Weltanschauung die »volkstümlerische«, geformt hatte. Diese Geistesrichtung, die in verschiedenen Abarten und Tendenzen spielte – von den deutlich reaktionären Lehren des Slavophilismus bis zur revolutionären Theorie der terroristischen Partei – hat in Rußland eine enorme Literatur geschaffen. Einerseits förderte sie ein reiches Material in Einzeluntersuchungen über die Wirtschaftsformen des russischen Lebens zutage, namentlich über die »Volksproduktion« und ihre eigentümlichen Formen, über die Landwirtschaft der Bauerngemeinde, die bäuerliche Hausindustrie, den »Artel«, sowie auch über das geistige Leben des Bauerntums, das

Sektenwesen und dergleichen. Andererseits kam eine eigenartige Belletristik als künstlerischer Reflex der widerspruchsvollen sozialen Verhältnisse auf, in denen Altes mit Neuem rang und auf Schritt und Tritt mit schwierigen Problemen auf den Geist einstürmte. Endlich entsproß derselben Wurzel in den 70er und 80er Jahren eine originelle hausbackene Geschichtsphilosophie, die »subjektive Methode in der Soziologie«, die den »kritischen Gedanken« zum ausschlaggebenden Faktor der gesellschaftlichen Entwickelung oder genauer: die deklassierte Intelligenz zum Träger des historischen Fortschritts machen wollte und die in Peter Lawroff, Nikolaj Michajlowskij, Prof. Karejew, W. Woronzow ihre Wortführer fand.

Von diesem ganzen umfangreichen und weitverzweigten Gebiete der »volkstümlerischen« Literatur interessiert uns hier lediglich eine Seite: der Meinungskampf um die Aussichten der kapitalistischen Entwickelung in Rußland und auch dieser nur insofern, als er sich auf allgemeine Erwägungen über die gesellschaftlichen Bedingungen der kapitalistischen Produktionsweise stützte. Denn auch diese Erwägungen sollten in der russischen Streitliteratur der 80er und 90er Jahre eine große Rolle spielen.

Um den russischen Kapitalismus und seine Aussichten handelte es sich zunächst, die daraus entstandene Debatte griff jedoch naturgemäß auf die allgemeinen Probleme der Entwickelung des Kapitalismus über, wobei das Beispiel und die Erfahrungen des Westens die hervorragendste Rolle als Beweismaterial spielten.

Für den theoretischen Inhalt der nun folgenden Diskussion war eine Tatsache von entscheidender Bedeutung: nicht bloß war die Marxsche Analyse der kapitalistischen Produktion, wie sie im I. Band des »Kapital« niedergelegt ist, bereits Gemeingut des gebildeten Rußlands, sondern auch der II. Band mit der Analyse der Reproduktion des Gesamtkapitals war schon 1885 erschienen. Das gab der Diskussion ein wesentlich anderes Gepräge. Das Problem der Krisen verstellte nun nicht mehr wie in den früheren Fällen den eigentlichen Kern der Erörterungen. Zum erstenmal war die Frage der Reproduktion des Gesamtkapitals, der Akkumulation, in reiner Gestalt in den Mittelpunkt der Auseinandersetzung gerückt. Auch verlor sich die Analyse nicht mehr im hilflosen Herumtappen um die Begriffe Einkommen und Kapital, Einzelkapital und Gesamtkapital. Man stand nunmehr auf dem festen Gerüst des Marxschen Schemas der gesellschaftlichen Reproduktion. Und endlich handelt es sich diesmal überhaupt nicht mehr um eine Auseinandersetzung zwischen Manchestertum und Sozialreform, sondern zwischen zwei Spielarten des Sozialismus. Die Skepsis in bezug auf die Möglichkeit der kapitalistischen Entwickelung wird im Geiste Sismondis und zum Teil Rodbertus' von der kleinbürgerlichen »volkstümlerisch«-konfusen Spielart des russischen Sozialismus vertreten, die sich aber selbst vielfach auf Marx beruft, der Optimismus – von der marxistischen Schule in Rußland. Es war somit ein völliger Wechsel der Szenerie eingetreten.

Von den zwei Hauptwortführern der »volkstümlerischen« Richtung war der eine, Woronzow, bekannt in Rußland hauptsächlich unter seinem schriftstellerischen Pseudonym »W. W.« (seinen Initialen), ein wunderlicher Heiliger, der in der Nationalökonomie völlig konfus und als Theoretiker überhaupt nicht ernst zu nehmen war. Der andere dagegen, Nikolaj-on (Danielson), ein Mann von umfassender Bildung und gründlicher Kenner des Marxismus, Herausgeber der russischen Übersetzung des I. Bandes des »Kapital«, persönlicher Freund von Marx und Engels, mit beiden in einem regen Briefwechsel (der 1908 in russischer Sprache im Druck erschienen ist). Namentlich Woronzow hatte jedoch in den 80er Jahren einen großen Einfluß auf die öffentliche Meinung der russischen Intelligenz ausgeübt und gegen ihn mußte der Marxismus in Rußland in erster Linie den Kampf ausfechten. In der uns interessierenden Frage der allgemeinen Entwickelungsmöglichkeiten des Kapitalismus erstand den beiden genannten Vertretern der Skepsis in den 90er Jahren eine ganze Reihe von Widersachern, eine neue Generation russischer Marxisten, die, ausgerüstet mit der historischen Erfahrung und dem Wissen Westeuropas, neben Georg Plechanow in die Schranken traten: Prof. Kablukow, Prof. Manuilow, Prof. Issajew, Prof. Skworzow, Wlad. Iljin, Peter v. Struve, Bulgakow, Prof. Tugan Baranowsky u. a. Wir werden uns im weiteren hauptsächlich auf die drei letzten beschränken, da jeder von ihnen eine mehr oder minder abgeschlossene Kritik jener Theorie auf dem uns hier angehenden Gebiete geliefert hat. Dieses zum Teil glänzende Turnier, das in den 90er Jahren die sozialistische Intelligenz in Rußland in Atem hielt und mit einem unbestrittenen Triumph der Marxschen Schule schloß, hat offiziell den Einzug des Marxismus als historisch-ökonomischer Theorie in die Wissenschaft Rußlands inauguriert. Der »legale« Marxismus nahm damals vom Katheder, von den Revuen und vom ökonomischen Büchermarkt Rußlands öffentlich Besitz – mit allen Schattenseiten dieser Lage. Von jener Plejade der marxistischen Optimisten ist zehn Jahre später, als die Entwickelungsmöglichkeiten des russischen Kapitalismus ihre optimistische Kehrseite in der revolutionären Erhebung des Proletariats straßenkundig machten – mit einer Ausnahme –, kein einziger im Lager des Proletariats zu finden gewesen.

Herr Woronzow und sein »Überschuß«

Was die Vertreter der »volkstümlerischen« Theorie in Rußland auf das Problem der kapitalistischen Reproduktion führte, war ihre Überzeugung von der Aussichtslosigkeit des Kapitalismus in Rußland, und zwar infolge des Mangels an Absatzmärkten. W. Woronzow hatte seine Theorie in dieser Hinsicht in der Revue »Vaterländische Memoiren« und in anderen Revuen in einer Reihe von Artikeln niedergelegt, die 1882 zu einem Buch gesammelt unter dem Titel »Schicksale des Kapitalismus in Rußland« erschienen, sodann in einem Aufsatz im Maiheft derselben Revue 1883 unter dem Titel »Der Überschuß bei der Versorgung des Marktes mit Waren«, im Septemberheft der Revue »Russischer Gedanke« 1889 in einem Aufsatz über »Militarismus und Kapitalismus«, in dem Buche »Unsere Richtungen« 1893, endlich 1895 in Buchform unter dem Titel »Umrisse der theoretischen Nationalökonomie«. Die Stellung Woronzows zur kapitalistischen Entwickelung in Rußland ist nicht ganz leicht zu fassen. Er steht weder auf seiten der rein slavophilen Theorie, die aus den »Eigentümlichkeiten« der ökonomischen Struktur Rußlands und seines besonderen »Volksgeistes« die Verkehrtheit und Verderblichkeit des Kapitalismus für Rußland ableitete, noch auf seiten der Marxisten, die in der kapitalistischen Entwickelung eine unvermeidliche historische Etappe erblickten, welche auch für die russische Gesellschaft den einzig gangbaren Weg des sozialen Fortschritts eröffnen könne. Woronzow seinerseits behauptete, der Kapitalismus sei in Rußland einfach unmöglich, er habe keine Wurzeln und keine Zukunft. Es sei gleichermaßen verkehrt, ihn zu verwünschen oder ihn herbeizuwünschen, denn es fehlen in Rußland die Lebensbedingungen selbst für eine kapitalistische Entwickelung, so daß alle die mit schweren Opfern verbundenen Anstrengungen, von Staats wegen den Kapitalismus in Rußland großzuziehen, verlorene Liebesmüh wären. Sieht man jedoch näher zu, dann schränkt Woronzow diese von ihm aufgestellte Behauptung sehr wesentlich wieder ein. Hat man nicht die Anhäufung des kapitalistischen Reichtums, sondern die kapitalistische Proletarisierung der kleinen Produzenten, die Unsicherheit der Existenz der Arbeiter, die periodischen Krisen im Auge, so stellt Woronzow alle diese Erscheinungen für Rußland durchaus nicht in Abrede. Im Gegenteil, er sagt ausdrücklich in der Vorrede zu seinen »Schicksalen des Kapitalismus in Rußland«: »Indem ich die Möglichkeit der Herrschaft des Kapitalismus in Rußland als einer Produktionsform bestreite, will ich nichts über seine Zukunft als Ausbeutungsform und -grad der Volkskräfte aussagen.« Woronzow meint also, der Kapitalismus könne in Rußland bloß nicht jenen Reifegrad erlangen wie im Westen, hingegen der Prozeß der Trennung der unmittelbaren Produzenten von den Produktionsmitteln sei in den russischen Verhältnissen wohl zu gewärtigen. Ja, Woronzow geht noch weiter. Er bestreitet gar nicht die Möglichkeit der Entwickelung kapitalistischer Produktionsformen in gewissen Zweigen der russischen Industrie, selbst der kapitalistischen Ausfuhr aus Rußland nach den auswärtigen Märkten. Sagt er doch in seinem Aufsatz »Der Überschuß in der Versorgung des Marktes«: »Die kapitalistische Produktion entwickelt sich in einigen Zweigen der Industrie sehr rasch (versteht sich: im russischen Sinne des Wortes).«[1] »Es ist sehr wahrscheinlich, daß Rußland, wie andere Länder, gewisse natürliche Vorteile hat, infolge deren es als Lieferant gewisser Arten Waren auf auswärtigen Märkten auftreten kann; es ist sehr möglich, daß sich das Kapital dies zunutze machen und die entsprechenden Produktionszweige in seine Hände ergreifen wird, — — d. h. die nationale Arbeitsteilung wird es unserem Kapitalismus erleichtern, in gewissen Zweigen Fuß zu fassen. Es handelt sich aber für uns nicht darum. Wir reden nicht von der zufälligen Teilnahme des Kapitals an der industriellen Organisation des Landes, sondern wir fragen, ob es wahrscheinlich sei, daß die gesamte Produktion Rußlands auf kapitalistische Basis gestellt werden könnte.«[2]

In dieser Form bekommt die Skepsis des Herrn Woronzow offenbar ein ziemlich anderes Gesicht, als man zuerst annehmen mochte. Er hegt Zweifel darüber, ob sich die kapitalistische Produktionsweise je der gesamten Produktion in Rußland wird bemächtigen können. Dieses Kunststück hat sie aber bis jetzt noch in keinem Lande der Welt, nicht einmal in England ganz fertiggebracht. Eine derartige Skepsis in bezug auf die Zukunft des russischen Kapitalismus dürfte also vorerst ganz international gefaßt werden. Und in der Tat läuft hier die Theorie Woronzows auf ganz allgemeine Erwägungen über die Natur und die Lebensbedingungen des Kapitalismus hinaus, sie stützt sich auf allgemeine theoretische Ansichten über den Reproduktionsprozeß des gesellschaftlichen Gesamtkapitals. Woronzow formuliert in folgender deutlichen Weise den besonderen Zusammenhang der kapitalistischen Produktionsweise mit der Frage der Absatzmärkte: »Die nationale Arbeitsteilung, die Verteilung aller Industriezweige unter den am Welthandel beteiligten Ländern hat mit dem Kapitalismus gar nichts zu tun. Der Absatzmarkt, der sich auf diese Weise bildet, die Nachfrage nach den Produkten verschiedener Länder, die sich aus einer solchen Arbeitsteilung zwischen den Völkern ergibt, hat, ihrem Charakter nach,

---

[1] »Vaterländische Memoiren«, 1883, V, Zeitgenössische Rundschau, S. 4.
[2] l. c., S. 10.

nichts gemein mit dem Absatzmarkt, den die kapitalistische Produktionsweise benötigt. – – Die Produkte der kapitalistischen Industrie kommen auf den Markt zu einem anderen Zwecke: sie berühren nicht die Frage, ob alle Bedürfnisse des Landes befriedigt sind; sie brauchen nicht unbedingt dem Unternehmer anstatt ihrer selbst ein anderes materielles Produkt zu liefern, das der Konsumtion dient. Ihr Hauptzweck ist: *den in ihnen verborgenen* Mehrwert zu realisieren. Was ist das aber für ein Mehrwert, der den Kapitalisten um seiner selbst willen interessiert? Von dem Standpunkt, von dem aus wir die Frage betrachten, ist der erwähnte Mehrwert – der Überschuß der Produktion über die Konsumtion im Innern des Landes. Jeder Arbeiter produziert mehr, als er selbst konsumiert, und alle diese Ueberschüsse sammeln sich in wenigen Händen; die Besitzer dieser Überschüsse verzehren sich selbst, zu welchem Zwecke sie sie innerhalb des Landes sowie im Auslande gegen verschiedenste Lebensmittel und Gegenstände des Luxus austauschen; doch soviel sie auch essen, trinken und tanzen mögen – den ganzen Mehrwert zu verjubeln bringen sie doch nicht fertig; es verbleibt noch ein bedeutender Rest, den sie nicht gegen ein anderes Produkt austauschen, sondern ganz einfach los werden, zu Geld machen müssen, sonst wird er sowieso umkommen. Da niemand im Lande da ist, an den sie diesen Rest loswerden könnten, so muß er ins Ausland ausgeführt werden – und da haben wir die Ursache, weshalb Länder, die sich kapitalisieren, ohne auswärtige Absatzmärkte nicht auskommen können.«[1]

Die Leser haben in dem obigen Zitat, das wir wörtlich mit allen Eigentümlichkeiten der Woronzowschen Ausdrucksweise übersetzt haben, eine Stichprobe, die ihnen eine Ahnung von dem geistvollen russischen Theoretiker geben kann, bei dessen Lektüre man die köstlichsten Augenblicke verlebt.

Dieselben Ansichten hat Woronzow später in seinem Buche »Umrisse der theoretischen Ökonomie« 1895 zusammengefaßt, und hier wollen wir ihn hören. W. polemisiert gegen die Ansichten Say-Ricardos, namentlich auch gegen J. St. Mill, die die Möglichkeit einer allgemeinen Überproduktion bestritten. Dabei entdeckt er, was keiner vor ihm wußte: er hat die Quelle aller Verirrungen der klassischen Schule in bezug auf die Krisen ausfindig gemacht. Diese Quelle liege in der irrtümlichen Theorie der Produktionskosten, der die bürgerliche Ökonomie fröne. Vom Standpunkte der Produktionskosten (die W. ohne Profit annimmt, was gleichfalls keiner vor ihm fertiggebracht hat) sei allerdings sowohl der Profit wie Krisen un-

---

[1] l. c., S. 14.

denkbar und unerklärlich. Doch dieser originelle Denker will in seinen eigenen Worten genossen sein: »Nach der Lehre der bürgerlichen Nationalökonomie wird der Wert des Produkts durch die Arbeit bestimmt, die zu seiner Herstellung aufgewendet wurde. Nachdem sie aber diese Wertbestimmung gegeben hat, vergißt sie sie sofort, und bei den folgenden Erklärungen der Tauscherscheinungen stützt sie sich auf eine andere Theorie, in der die Arbeit durch Produktionskosten ersetzt ist. So werden zwei Produkte gegeneinander in solchen Quantitäten ausgetauscht, daß auf beiden Seiten gleiche Produktionskosten vorhanden sind. Bei einer solchen Auffassung des Austausches ist für einen Überschuß an Waren im Lande tatsächlich kein Platz. Irgendein Produkt der Jahresarbeit eines Arbeiters erscheint von diesem Standpunkt als Vertreter eines gewissen Quantums Stoff, aus dem es verfertigt ist, Werkzeuge, die dabei abgenutzt sind, und der Produkte, die zur Erhaltung des Arbeiters während der Produktionsperiode dienten. Bei seiner Erscheinung auf dem Markte hat es (wohl »das Produkt«! R. L.) den Zweck, seine Gebrauchsform zu ändern, sich wieder in den Stoff zu verwandeln, in Produkte für den Arbeiter und in den Wert, der zur Erneuerung der Werkzeuge nötig ist, und nach diesem Prozeß seiner Zerstückelung in Bestandteile wird der Prozeß ihre Wiedervereinigung, der Produktionsprozeß einsetzen, währenddessen alle aufgezählten Werte verzehrt werden, dafür aber ein neues Produkt entstehen wird, das ein Bindeglied zwischen der vergangenen Konsumtion und der künftigen darstellt.« Aus diesem ganz eigenartigen Versuch, die gesellschaftliche Reproduktion als einen fortlaufenden Prozeß vom Standpunkte der Theorie der Produktionskosten darzustellen, folgt plötzlich, wie aus der Pistole geschossen, der folgende Schluß: »Wenn wir somit die Gesamtmasse der Produkte eines Landes betrachten, so werden wir gar keine überflüssige Ware vorfinden, die den Bedarf der Gesellschaft übersteigen würde; der unabsetzbare Ueberschuß ist daher vom Standpunkte der Werttheorie der bürgerlichen Nationalökonomie unmöglich.« Nachdem Woronzow so durch eine höchst souveräne Mißhandlung der »bürgerlichen Werttheorie« aus den Produktionskosten den Kapitalprofit ausgeschaltet hat, macht er nun diese seine Unterlassung im nächsten Moment zu einer großartigen Entdeckung: »Aber die angeführte Analyse deckt noch einen anderen Zug in der bis vor kurzem herrschenden Werttheorie auf: es stellt sich heraus, daß auf dem Boden dieser Theorie für den Kapitalprofit kein Platz da ist.« Hier folgt eine in ihrer Kürze und Einfachheit verblüffende Beweisführung: »In der Tat, wenn mein Produkt, dessen Produktionskosten mit 5 Rubeln ausgedrückt sind, gegen ein anderes Produkt von gleichem Wert ausgetauscht wird, so wird das von mir Erhaltene nur ausreichen, um meine Auslagen zu decken, für meine Enthaltung aber (wörtlich so! R. L.) werde ich nichts kriegen.« Und jetzt hat Woronzow das Problem an der Wurzel gepackt:

»So stellt sich heraus, daß auf dem Boden einer streng logischen Entwicklung der Ideen der bürgerlichen Nationalökonomie das Schicksal des Ueberschusses von Waren auf dem Markte und das Schicksal des kapitalistischen Profits dasselbe ist. Dieser Umstand berechtigt uns zu dem Schluß, daß sich beide Phänomene in gegenseitiger Abhängigkeit befinden, daß die Möglichkeit des einen durch das Vorhandensein des anderen bedingt ist. Und in der Tat: solange es keinen Profit gibt, gibt es auch keinen Warenüberschuß. – – Anders, wenn sich im Lande Profit bildet. Dieser steht in keinem organischen Zusammenhang mit der Produktion, er ist ein Phänomen, das mit der letzteren nicht durch technisch-natürliche Bedingungen verbunden ist, sondern durch ihre äußere, soziale Form. Die Produktion braucht zu ihrer Fortsetzung – – nur Stoff, Werkzeuge, Lebensmittel für die Arbeiter und verzehrt deshalb selbst nur den entsprechenden Teil der Produkte; der Überschuß aber, der den Profit bildet und der für sich in dem ständigen Element des industriellen Lebens – in der Produktion – keinen Platz findet, muß für sich andere Konsumenten suchen, die mit der Produktion nicht organisch verknüpft sind, Konsumenten bis zu einem gewissen Grad zufälligen Charakters. Er (der Überschuß) kann solche Konsumenten finden, es ist aber auch möglich, daß er sie nicht findet in dem erforderlichen Maße, in diesem Fall werden wir einen Warenüberschuß auf dem Markte haben.«[1] Höchst zufrieden mit dieser »einfachen« Aufklärung, bei der er das Mehrprodukt zu einer Erfindung des Kapitals gemacht hat und den Kapitalisten zu einem »nicht organisch« mit der kapitalistischen Produktion verknüpften »zufälligen« Konsumenten, entwickelt Woronzow nunmehr auf Grund der Marxschen »konsequenten« Arbeitswerttheorie, die er nach seiner Erklärung im weiteren »benutzt« hat, die Krisen direkt aus dem Mehrwert in folgender Weise:

»Wenn das, was in Gestalt des Arbeitslohnes in die Produktionskosten eingeht, von dem arbeitenden Teil der Bevölkerung verzehrt wird, so muß der Mehrwert, ausgenommen den Teil, der für die vom Markt erforderte Erweiterung der Produktion bestimmt ist, durch die Kapitalisten selbst vernichtet werden (wörtlich so! R. L.). Sind sie dazu imstande und tun sie's, dann findet kein Warenüberschuß statt, wenn nicht – dann stellt sich Überproduktion, Industriekrise ein, Verdrängung der Arbeiter von den Fabriken und sonstige Übelstände.« Wer aber an diesen Übelständen in letzter Linie schuld ist, das ist nach Herrn Woronzow *»die ungenügende*

[1] Umrisse der theoretischen Nationalökonomie. Petersburg 1895. S. 157 ff.

Elastizität des menschlichen Organismus, der seine Konsumtionsfähigkeit nicht mit der Rapidität zu erweitern vermag, mit der der Mehrwert wächst.« Wiederholt formuliert er diesen genialen Gedanken in den folgenden Worten: »Somit liegt die Achillesferse der kapitalistischen Industrieorganisation in der Unfähigkeit der Unternehmer, ihr ganzes Einkommen zu verzehren.« Hier gelangt also Woronzow, nachdem er die Ricardosche Werttheorie in der Marxschen »konsequenten« Fassung »benutzt« hat, zu der Sismondischen Krisentheorie, die er auch noch in einer möglichst rohen und simplistischen Form sich zu eigen macht. Während er aber die Auffassung Sismondis wiedergibt, glaubt er natürlich die von Rodbertus zu akzeptieren. »Die induktive Forschungsmethode hat zu derselben Theorie der Krisen und des Pauperismus geführt, die von Rodbertus objektiv aufgestellt worden war«[1], erklärt er triumphierend. Was Woronzow unter der »induktiven Forschungsmethode« versteht, die er der »objektiven« entgegenstellt, ist freilich nicht ganz klar, doch kann darunter, da bei Herrn Woronzow alles möglich ist, auch die Marxsche Theorie zu verstehen sein. Aber auch Rodbertus sollte nicht »unverbessert« aus den Händen des originellen russischen Denkers hervorgehen. Zu der Rodbertusschen Theorie macht Woronzow nur die Korrektur, daß er aus ihr ausschaltet, was bei Rodbertus der Zentralpunkt des ganzen Systems war: die Fixierung der Lohnquote am Wert des Gesamtprodukts. Nach Herrn Woronzow wäre nämlich auch diese Maßregel gegen Krisen ein Palliativmittel, denn »die unmittelbare Ursache der erwähnten Erscheinungen (Überproduktion, Arbeitslosigkeit usw.) liegt nicht darin, daß der Anteil der arbeitenden Klassen am Nationaleinkommen zu klein ist, sondern darin, daß die Kapitalistenklasse nicht imstande ist, jedes Jahr die Masse Produkte zu verzehren, die ihr zufällt.«[2] Nachdem er aber soeben die Rodbertussche Reform der Einkommensverteilung abgelehnt hat, landet Woronzow mit der ihm eigenen »streng logischen Konsequenz« schließlich bei der folgenden Prognose für die künftigen Schicksale des Kapitalismus:

»Wenn nach alledem der industriellen Organisation, die in Westeuropa herrscht, noch weiter zu blühen und zu gedeihen beschieden sein sollte, so nur unter der Bedingung, daß Mittel gefunden werden, denjenigen Teil des Nationaleinkommens zu vernichten (wörtlich so! R. L.), der die Konsumtionsfähigkeit der Kapitalistenklasse übersteigt und nichtsdestoweniger in ihre Hände gelangt. Die allereinfachste Lösung dieser Frage wäre eine entsprechende Änderung in der Verteilung des Nationaleinkommens unter

---

[1] Militarismus und Kapitalismus. Russischer Gedanke. 1889, Bd. IX, S. 78.
[2] l. c., S. 80.

den Teilnehmern der Produktion. Das kapitalistische Regime wäre für lange Zeit gesichert, wenn die Unternehmer von jedem Zuwachs des Nationaleinkommens für sich nur soviel behielten, wie sie zur Befriedigung aller ihrer Einfälle und Launen brauchen, den Rest aber der Arbeiterklasse, d. h. der Masse der Bevölkerung, überließen.«[1] So endet das Ragout aus Ricardo, Marx, Sismondi und Rodbertus mit der Entdeckung, daß die kapitalistische Produktion von der Überproduktion radikal kuriert wäre und in alle Ewigkeit »blühen und gedeihen« könnte, wenn die Kapitalisten auf die Kapitalisierung des Mehrwerts verzichteten und den entsprechenden Teil des Mehrwerts den Arbeitern zum Geschenk machen würden. Inzwischen, bis die Kapitalisten so vernünftig werden, den guten Rat des Herrn Woronzow anzunehmen, verfallen sie auf andere Mittel, alljährlich einen Teil ihres Mehrwerts zu »vernichten«. Zu diesen probaten Mitteln gehört unter anderm der moderne Militarismus, und zwar, da Herr Woronzow mit tödlicher Sicherheit alles auf den Kopf zu stellen weiß, gerade in dem Maße, wie die Kosten des Militarismus nicht aus den Mitteln der arbeitenden Volksmasse, sondern aus dem Einkommen der Kapitalistenklasse bestritten werden. In erster Linie aber besteht das Rettungsmittel des Kapitalismus im *auswärtigen Handel.* Und das ist wiederum die »Achillesferse« des russischen Kapitalismus. Als letzter an der Tafel des Weltmarktes hat er bei der Konkurrenz älterer kapitalistischer Länder des Westens nur das Nachsehen und so geht dem russischen Kapitalismus zusammen mit der Aussicht auf auswärtige Märkte auch die wichtigste Bedingung seiner Lebensfähigkeit ab. Rußland bleibt das »Reich der Bauern« und der »Volksproduktion«.

»Wenn das alles richtig ist – schließt W. W. seinen Aufsatz vom »Überschuß bei der Versorgung des Marktes mit Waren« –, dann ergeben sich daraus auch die Schranken für die Herrschaft des Kapitalismus in Rußland: die Landwirtschaft muß seiner Leitung entzogen werden; aber auch auf dem Gebiete der Industrie darf seine Entwickelung nicht zu sehr vernichtend auf die Hausindustrie einwirken, die bei unseren klimatischen Verhältnissen (!) für den Wohlstand eines großen Teils der Bevölkerung unentbehrlich ist. Wenn der Leser darauf bemerken wird, daß der Kapitalismus sich auf solche Kompromisse nicht einlassen wird, dann antworten wir: um so schlimmer für ihn.« So wäscht Herr Woronzow zum Schluß seine Hände und lehnt für seine Person jede Verantwortung für die weiteren Schicksale der wirtschaftlichen Entwickelung in Rußland ab.

---

[1] l. c., S. 83. Vergl. »Umrisse usw.«, S. 196.

Nikolaj-on

Mit anderer ökonomischer Vorbildung und Sachkenntnis geht der zweite Theoretiker der »volkstümlerischen« Kritik, Nikolaj-on, ans Werk. Einer der gründlichsten Kenner der russischen Wirtschaftsverhältnisse, hatte er schon 1880 durch seine Abhandlung über die Kapitalisierung der landwirtschaftlichen Einkommen (in der Revue »Slowo«) Aufsehen erregt. Dreizehn Jahre später gab er, angeregt durch die große russische Hungersnot des Jahres 1891, ein Buch unter dem Titel »Umrisse unserer sozialen Wirtschaft seit der Reform« heraus, in dem er jene erste Untersuchung weiterführt und auf Grund eines groß angelegten und mit reichem Tatsachen- und Zahlenmaterial fundierten Bildes der Entwickelung des Kapitalismus in Rußland nachzuweisen sucht, daß diese Entwickelung für das russische Volk zur Quelle aller Übel und auch der Hungersnot geworden sei. Nikolaj-on legt seinen Ansichten über die Schicksale des Kapitalismus in Rußland eine bestimmte Theorie der Entwickelungsbedingungen der kapitalistischen Produktion überhaupt zugrunde, und diese Theorie ist es eben, die für uns von Interesse ist.

Für die kapitalistische Wirtschaftsweise ist der Absatzmarkt von entscheidender Bedeutung. Jede kapitalistische Nation sucht sich deshalb einen möglichst großen Absatzmarkt zu sichern. Sie greift dabei naturgemäß vor allem zu ihrem eigenen inneren Markt. Auf einer gewissen Höhe der Entwickelung kann sich jedoch eine kapitalistische Nation mit dem inneren Markte nicht mehr begnügen, und zwar aus folgenden Gründen: Das ganze neue Jahresprodukt der gesellschaftlichen Arbeit kann man in zwei Teile sondern: in einen Teil, den die Arbeiter in Gestalt ihrer Löhne bekommen, und einen anderen Teil, den die Kapitalisten sich aneignen. Der erste Teil vermag aus der Zirkulation nur ein Quantum Lebensmittel zu entziehen, das seinem Werte nach der Summe der im Lande gezahlten Löhne entspricht. Die kapitalistische Wirtschaft hat aber die ausgesprochene Tendenz, diesen Teil immer mehr herabzudrücken. Die Methoden, deren sie sich dabei bedient, sind: Verlängerung der Arbeitszeit, Steigerung der Intensität der Arbeit, Steigerung ihrer Produktivität vermittelst technischer Vervollkommnungen, die es ermöglichen, an Stelle männlicher Arbeitskräfte weibliche und jugendliche zu setzen und erwachsene Arbeiter zum Teil ganz aus der Arbeit zu verdrängen. Mögen auch die Löhne der übrigen beschäftigten Arbeiter steigen, doch kann die Steigerung niemals den Ersparnissen des Kapitalisten gleichkommen, die durch jene Verschiebungen bedingt werden. Aus alledem ergibt sich, daß die Rolle der Arbeiterklasse als Käufer auf dem inneren Markte immer mehr verringert wird. Daneben vollzieht sich noch ein anderer Prozeß: die kapitalistische Produktion bemächtigt sich Schritt für Schritt der Gewerbe, die bei der landwirtschaftlichen Bevölkerung eine Nebenbeschäftigung waren, sie entzieht dem Bauerntum auf diese Weise eine Erwerbsquelle nach der anderen, wodurch auch die Kaufkraft der ländlichen Bevölkerung gegenüber den Erzeugnissen der Industrie immer mehr zurückgeht, so daß der innere Markt auch von dieser Seite immer mehr zusammenschrumpft. Wenden wir uns aber an den Anteil der Kapitalistenklasse, so vermag auch dieser nicht das ganze neuerzeugte Produkt zu realisieren, dies freilich aus umgekehrten Gründen. Wie groß auch die Konsumtionsbedürfnisse dieser Klasse sein mögen, sie kann doch nicht das ganze jährliche Mehrprodukt persönlich verzehren, erstens, weil ein Teil davon zur Erweiterung der Produktion, für technische Verbesserung aufgewendet werden muß, die jedem Einzelunternehmer durch den Konkurrenzkampf als Existenzbedingung aufgezwungen wird; zweitens, weil mit dem Wachstum der kapitalistischen Produktion auch jener Zweig wächst, der die Produktion von Produktionsmitteln besorgt, wie Bergbau, Maschinenindustrie, usw., und dessen Produkt durch seine Gebrauchsgestalt von vornherein die persönliche Konsumtion ausschließt und die Funktion als Kapital bedingt; drittens endlich, weil die größere Produktivität der Arbeit und Kapitalersparnis, die bei der Massenproduktion billiger Waren erreicht werden kann, immer mehr die gesellschaftliche Produktion gerade auf solche Massenprodukte richtet, die nicht durch die Handvoll Kapitalisten verbraucht werden können.

Obwohl nun der Mehrwert des einen Kapitalisten im Mehrprodukt anderer Kapitalisten realisiert werden kann und umgekehrt, so bezieht sich das doch nur auf Produkte eines bestimmten Zweiges, nämlich der Lebensmittelbranche. Aber das Hauptmotiv der kapitalistischen Produktion ist nicht Befriedigung der persönlichen Konsumtionsbedürfnisse. Das äußert sich auch darin, daß die Produktion von Lebensmitteln im ganzen immer mehr zurücktritt gegen die Produktion von Produktionsmitteln. »Auf diese Weise sehen wir, daß, wie das Produkt jeder Fabrik die Bedürfnisse der darin beschäftigten Arbeiter und des Unternehmers nach diesem Produkt weitaus übertrifft, ebenso das Gesamtprodukt einer kapitalistischen Nation weitaus die Bedürfnisse der gesamten beschäftigten Industriebevölkerung übertrifft, und zwar übertrifft sie sie gerade deshalb, weil die Nation eine kapitalistische ist, weil ihre gesellschaftliche Kräfteverteilung nicht auf die Befriedigung der wirklichen Bedürfnisse der Bevölkerung gerichtet ist, sondern bloß auf die Befriedigung zahlungsfähiger Bedürfnisse. Genau so wie ein Einzelfabrikant also auch nicht einen Tag existieren kann als Kapitalist, wenn sein Absatzmarkt nur durch die Bedürfnisse seiner Arbeiter und seine persönlichen Bedürfnisse beschränkt wäre, ebenso vermag sich auch eine entwickelte kapitalistische Nation nicht mit ihrem eigenen inneren Markt zu begnügen.«

So hat die kapitalistische Entwickelung die Tendenz, auf einer gewissen Höhe sich selbst Hindernisse zu bereiten. Diese Hindernisse kommen in letzter Linie daher, daß die fortschreitende Produktivität der Arbeit angesichts der Trennung der unmittelbaren Produzenten von den Produktionsmitteln nicht der ganzen Gesellschaft, sondern bloß einzelnen Unternehmern zugute kommt, während eine Masse Arbeitskräfte und Arbeitszeit durch diesen Prozeß »befreit« überflüssig werden und nicht bloß für die Gesellschaft verlorengehen, sondern ihr sogar zur Last fallen. Wirkliche Bedürfnisse der Volksmasse können nur in dem Maße besser befriedigt werden, als die »volkstümliche«, auf der Vereinigung des Produzenten mit den Produktionsmitteln basierende Produktionsweise das Übergewicht bekommt. Der Kapitalismus hat aber das Bestreben, sich just dieser Produktionssphären zu bemächtigen und so den Hauptfaktor seiner eigenen Blüte zu vernichten. Waren doch z. B. die periodischen Hungersnöte in Indien, die alle zehn oder elf Jahre auftraten, eine der Ursachen der Periodizität der industriellen Krisen in England. In diesen Widerspruch gerät früher oder später jede Nation, die die Bahn der kapitalistischen Entwickelung betreten hat, denn er steckt in dieser Produktionsweise selbst. Je später aber eine Nation die Bahn des Kapitalismus betritt, um so schärfer macht sich der Widerspruch geltend, denn sie kann nach der Sättigung des inneren Marktes keinen Ersatz auf dem auswärtigen finden, da dieser schon von älteren konkurrierenden Ländern mit Beschlag belegt ist.

Aus alledem folgt, daß die Schranken des Kapitalismus durch die steigende Armut gegeben sind, die seine eigene Entwicklung bedingt, durch die wachsende Zahl überzähliger Arbeiter, die gar keine Kaufkraft besitzen. Der zunehmenden Produktivität der Arbeit, die jedes zahlungsfähige Bedürfnis der Gesellschaft außerordentlich rasch befriedigt, entspricht eine zunehmende Unfähigkeit wachsender Volksmassen, ihre dringendsten Bedürfnisse zu befriedigen, dem Ueberfluß unabsetzbarer Waren – der Mangel breiter Massen an dem Notwendigsten.

Das sind die allgemeinen Ansichten Nikolaj-ons.[1] Man sieht: Nikolaj-on kennt seinen Marx und hat sich die beiden ersten Bände des »Kapital« sehr wohl zunutze kommen lassen. Und doch ist seine ganze Argumentation echt sismondisch: der Kapitalismus führt selbst zur Verkürzung des inneren Marktes durch die Verelendung der Massen, alles Unheil in der modernen

---

[1] Vergl. »Umrisse unserer sozialen Wirtschaft«, namentlich S. 202–205, 338–341.

Gesellschaft kommt von der Zerstörung der »volkstümlichen« Produktionsweise, d. h. des Kleinbetriebes – das sind seine Leitmotive. Das Lob des alleinseligmachenden Kleinbetriebes kommt sogar bei Nikolaj-on als der Grundton seiner ganzen Kritik viel deutlicher und offener wie bei Sismondi zum Ausdruck.[1] Im Schlußresultat ist die Realisierung des kapitalistischen Gesamtprodukts im Innern der Gesellschaft unmöglich, sie kann nur dank den auswärtigen Märkten gelingen. Hier mündet Nikolaj-on, trotz ganz verschiedener theoretischer Ausgangspunkte, mit Woronzow in den gleichen Schluß, dessen Moral, auf Rußland angewendet, die ökonomische Begründung der Skepsis im Verhältnis zum Kapitalismus bildet. In Rußland hat die kapitalistische Entwicklung, der auswärtige Märkte von vornherein abgeschnitten sind, nur Schattenseiten, nur Verelendung der Volksmassen ergeben und deshalb war die Förderung des Kapitalismus in Rußland ein verhängnisvoller »Fehler«.

Hier angelangt, donnert Nikolaj-on wie ein alttestamentarischer Prophet: »Anstattt uns an die jahrhundertealten Überlieferungen zu halten, anstatt das von uns ererbte Prinzip der festen Verbindung des unmittelbaren Produzenten mit den Produktionsmitteln zu entwickeln, anstatt die Errungenschaften der westeuropäischen Wissenschaft zu benutzen, um sie auf Produktionsformen anzuwenden, die auf dem Besitz der Produktionsmittel durch die Bauern beruhen, anstatt die Produktivität ihrer Arbeit durch die Konzentrierung der Produktionsmittel in ihren Händen zu erhöhen, anstatt uns nicht die westeuropäische Form der Produktion, wohl aber ihre Organisation zunutze kommen zu lassen, ihre starke Kooperation, ihre Arbeitsteilung, ihre Maschinen usw. usw., anstatt das Prinzip zu entwickeln, das dem bäuerlichen Grundbesitz zugrunde liegt und es auf die bäuerliche Bodenbearbeitung anzuwenden, anstatt dem Bauerntum zu diesem Zwecke den Zutritt zur Wissenschaft und deren Anwendung weit zu öffnen: anstatt alles dessen haben wir den direkt entgegengesetzten Weg eingeschlagen. Wir haben nicht bloß die Entwickelung kapitalistischer Produktionsformen nicht verhindert, trotzdem sie auf der Expropriation des Bauerntums basieren, sondern wir haben umgekehrt mit allen Kräften die Umkrempelung unseres ganzen wirtschaftlichen Lebens gefördert, die zu der Hungersnot des Jahres 1891 geführt hat.« Das Übel sei bereits weit gediehen, doch sei es noch nicht zu spät zur Umkehr. Im Gegenteil, eine völlige Reform der ökonomischen Politik sei für Rußland eine ebenso dringende Notwendigkeit angesichts der drohenden Proletarisierung und des drohenden Untergangs,

[1] Die frappante Ähnlichkeit in der Position der russischen »Volkstümler« mit der Auffassung Sismondis hat namentlich Wlad. *Iljin* 1897 in einem Aufsatz »Zur Charakteristik des ökonomischen Romantizismus« im einzelnen nachgewiesen.

wie seinerzeit die alexandrinischen Reformen nach dem Krimkriege. Die soziale Reform, die Nikolaj-on empfiehlt, ist nun völlig utopisch und kehrt um soviel krasser wie bei Sismondi die kleinbürgerliche und reaktionäre Seite der Auffassung heraus, als der russische »Volkstümler« um 70 Jahre später schreibt. Nach seiner Meinung ist nämlich die einzige Rettungsplanke Rußlands aus der kapitalistischen Überschwemmung: die alte »Obschtschina«, die auf Gemeinbesitz am Grund und Boden beruhende Landgemeinde. Auf diese sollen – durch Maßnahmen freilich, die das Geheimnis Nikolaj-ons geblieben sind – die Resultate der modernen Großindustrie und der modernen wissenschaftlichen Technik aufgepfropft werden, damit sie als Grundlage einer »vergesellschafteten« höheren Produktionsform dienen könne. Rußland habe keine Wahl mehr als diese Alternative: entweder Umkehr von der kapitalistischen Entwickelung oder Untergang und Tod.[1]

---

[1] l. c., S. 322 ff. Anders beurteilte Fr. Engels die Lage in Rußland. Er suchte Nikolaj-on wiederholt klarzumachen, daß für Rußland die großindustrielle Entwickelung unvermeidlich, und daß die Leiden Rußlands nur die typischen Widersprüche des Kapitalismus seien. So schreibt er am 22. September 1892: »Ich behaupte also jetzt, daß die industrielle Produktion gegenwärtig unbedingt Großindustrie bedeutet, mit Anwendung von Dampf, Elektrizität, mechanischen Spindeln und Webstühlen und endlich mit maschineller Herstellung der Maschinen selbst. Von dem Augenblick, wo Rußland bei sich Eisenbahnen einführt, ist die Einführung all jener modernsten Produktionsmittel für es eine im voraus gegebene Sache geworden. Ihr *müßt* imstande sein, Eure eigenen Lokomotiven Waggons, Eisenbahnen usw. zu reparieren und auszubessern, um dies aber billig tun zu können, müßt Ihr in der Lage sein, alle jene Dinge, die Ihr zu reparieren habt, auch zu Hause zu *konstruieren*. Von dem Augenblick, wo die Kriegstechnik einer von den Zweigen der Großindustrie geworden ist (Panzerschiffe, moderne Artillerie, Schnellfeuer- und Magazingewehre, Stahlmantelkugeln, rauchloses Pulver usw.), ist Großindustrie, ohne welche alle diese Dinge nicht produziert werden können, auch für Euch eine politische Notwendigkeit geworden. Alle diese Dinge können nicht ohne eine hochentwickelte Metallindustrie hergestellt werden, diese aber kann sich ohne eine entsprechende Entwickelung aller anderen Industriezweige, namentlich der Textilindustrie, nicht entwickeln.«
Und weiter in demselben Briefe: »Solange die russische Industrie nur auf ihren inneren Markt angewiesen ist, können ihre Produkte nur den inneren Bedarf decken. Dieser kann aber nur sehr langsam wachsen, und mir scheint es sogar, daß er sich bei den heutigen Bedingungen des russischen Lebens eher verringern muß. Denn eine von den unvermeidlichen Folgen der großindustriellen Entwickelung besteht gerade darin, daß sie ihren eigenen inneren Markt vernichtet vermittelst desselben Prozesses, durch den sie ihn geschaffen hat. Sie schafft ihn, indem sie die Basis der bäuerlichen Hausindustrie zerstört. Aber ohne die Hausindustrie kann das Bauerntum nicht leben. Die Bauern werden *als Bauern* ruiniert; ihre Kaufkraft wird auf ein Minimum beschränkt und bis sie in neuen

Nikolaj-on langt also nach einer vernichtenden Kritik des Kapitalismus bei demselben alten Allheilmittel der »Volkstümelei« an, das schon in den fünfziger Jahren, damals freilich mit viel mehr Recht, als ein »spezifisch-russisches« Pfand der höheren sozialen Entwickelung glorifiziert worden ist, das aber schon 1875 von Engels im »Volksstaat« im Aufsatz »Flüchtlingsliteratur« als ein lebensfähiges Überbleibsel uralter Einrichtungen in ihrem reaktionären Charakter aufgezeigt wurde. »Die Fortentwickelung Rußlands in bürgerlicher Richtung«, schrieb Engels damals, »würde das Gemeindeeigentum auch hier nach und nach vernichten, ohne daß die russische Regierung mit »Bajonetten und Knute« einzuschreiten braucht (wie sich die revolutionären Volkstümler einbildeten. R. L.) – Unter dem Druck von Steuern und Wucher ist das Gemeindeeigentum an Grund und Boden keine Wohltat mehr, es wird eine Fessel. Die Bauern entlaufen ihm häufig, mit oder ohne Familie, um sich als wandernde Arbeiter zu ernähren, und

---

Lebensbedingungen, als *Proletarier,* Wurzel gefaßt haben, stellen sie einen nur äußerst geringen Markt für die neuentstehenden Fabriken und Werke. Die kapitalistische Produktion ist eine ökonomische Übergangsphase voller innerer Widersprüche, die sich nur im Maße ihrer eigenen Entwickelung entwickeln und sichtbar werden. Diese Tendenz, sich den Absatzmarkt zu schaffen und ihn gleichzeitig zu vernichten – ist gerade einer von solchen Widersprüchen. Ein anderer solcher Widerspruch ist jene »ausweglose Lage«, zu der sie führt und die in einem Lande ohne auswärtigen Absatzmarkt, wie Rußland, eher eintritt als in Ländern, die mehr oder minder zum Wettkampf auf dem offenen Weltmarkt befähigt sind. Diese anscheinend ganz ausweglose Lage findet jedoch bei diesen letzteren Ländern einen Ausweg in den heroischen Mitteln der Handelspolitik, d. h. in gewaltsamer Erschließung neuer Märkte. Der jüngste neue Absatzmarkt, der sich auf diesem Wege dem englischen Handel eröffnet hat und der sich geeignet erwiesen hat, eine temporäre Belebung des Wohlstandes hervorzurufen, ist – China. Daher besteht das englische Kapital so auf dem Eisenbahnbau in China. Aber die chinesischen Eisenbahnen bedeuten die Zerstörung der ganzen Grundlage des chinesischen ländlichen Kleinbetriebes und der Hausindustrie; wobei dieses Uebel hier nicht einmal in gewissem Maße durch die Entwickelung einer eigenen Großindustrie aufgewogen wird, deshalb werden Hunderte von Millionen Volkes einer völligen Lebensunfähigkeit preisgegeben werden. Als Folge davon wird sich eine Massenemigration ergeben, wie sie die Welt noch nicht gesehen hat, und die Amerika, Asien und Europa mit den verhaßten Chinesen überschwemmen wird. Dieser neue Arbeitskonkurrent wird der amerikanischen, australischen und europäischen Arbeit Konkurrenz machen auf dem Boden der chinesischen Begriffe von einem befriedigenden Lebensniveau, und das chinesische Niveau ist bekanntlich das tiefste von allen existierenden in der Welt. Nun, wenn das ganze Produktionssystem in Europa bis dahin nicht umgewälzt sein wird, so wird es alsdann nötig werden, diese Umwälzung einzuleiten.« (Briefe von Karl Marx und Friedrich Engels an Nikolaj-on. Übersetzt (ins Russische) von G. Lopatin. Petersburg 1908. S. 79.) – Trotzdem Engels so die Entwickelung der Dinge in Rußland aufmerksam verfolgte und dafür das größte Interesse zeigte, lehnte er seinerseits geflissentlich jede lassen ihr Land daheim. Man sieht, das Gemeindeeigentum in Rußland hat seine Blütezeit längst passiert und geht allem Anschein nach seiner Auflösung entgegen.« Damit hatte Engels bereits 18 Jahre vor Nikolaj-ons Hauptschrift in der Frage der Obschtschina den Nagel auf den Kopf getroffen. Wenn Nikolaj-on darauf nochmals frischen Mutes dasselbe Gespenst der Obschtschina heraufbeschwor, so war das insofern ein arger historischer Anachronismus, als ungefähr ein Jahrzehnt später bereits das offizielle Begräbnis der Obschtschina von Staats wegen erfolgte. Die absolutistische Regierung, die ein halbes Jahrhundert lang mit aller Gewalt den Apparat der bäuerlichen Landgemeinde zu fiskalischen Zwecken künstlich zusammenzuhalten gesucht hatte, sah sich gezwungen, diese Sisyphusarbeit selbst aufzugeben. Bald zeigte es sich an der Agrarfrage als dem mächtigsten Faktor der russischen Revolution ganz offenkundig, wie sehr der alte Wahn der »Volkstümler« bei dem tatsächlichen ökonomischen Gang der Dinge ins Hintertreffen geraten war und wie kräftig umgekehrt die kapitalistische Entwicklung in Rußland, die sie als eine totgeborene betrauerten und verwünschten, ihre Lebensfähigkeit und ihre fruchtbare Arbeit unter Blitz und Donner zu offenbaren verstand. Diese Wendung der Dinge sollte wieder und zum letztenmal in ganz verändertem historischen Milieu feststellen, daß eine soziale Kritik des Kapitalismus, die theoretisch von dem Zweifel an seiner Entwicklungsmöglichkeit ausgeht, mit fataler Logik auf eine

---

Einmischung in den russischen Streit ab. Er äußerte sich darüber selbst in seinem Briefe vom 24. November 1894, also kurz vor seinem Tode, wie folgt: »Meine russischen Freunde bestürmen mich fast täglich und wöchentlich mit Bitten, mit meinen Einwänden gegen russische Revuen und Bücher aufzutreten, in denen die Worte unseres Verfassers (so wurde in dem Briefwechsel Marx bezeichnet. R. L.) nicht nur falsch interpretiert, sondern auch unrichtig wiedergegeben werden; dabei versichern diese Freunde, daß meine Einmischung genügen würde, um die Sache in Ordnung zu bringen. Aber ich lehne alle solche Vorschläge ständig und unabänderlich ab, denn ich kann mich nicht – ohne die eigentliche und ernste Arbeit im Stiche zu lassen – in eine Polemik hineinzerren lassen, die in einem fernen Lande gepflogen wird, in einer Sprache, in der ich immerhin noch nicht so frei und leicht zu lesen vermag, wie in den mir besser bekannten westeuropäischen Sprachen, und in einer Literatur, von der ich im besten Falle nur irgendwelche zufälligen Fragmente zu Gesicht bekomme, ohne in der Lage zu sein, den Streit annähernd systematisch und genau in allen seinen Phasen und Einzelheiten zu verfolgen. Ueberall gibt es Leute, die, wenn sie einmal eine bestimmte Position eingenommen haben, sich durchaus nicht genieren, zu ihrer Verteidigung zur Verzerrung fremder Gedanken und zu allerlei unehrlichen Manipulationen Zuflucht zu nehmen, und wenn dies in bezug auf unseren Verfasser stattgefunden hat, so befürchte ich, daß man auch mit mir nicht glimpflicher verfahren und mich auf diese Weise schließlich zwingen wird, mich in den Streit einzumischen, zuerst um der Verteidigung anderer und dann um meiner selbst willen.« (l. c., S. 90.)

reaktionäre Utopie hinausläuft – so gut 1819 in Frankreich, wie 1842 in Deutschland und 1893 in Rußland.[1]

Die »dritten Personen« und die drei Weltreiche Struves

Wir wenden uns nun zu der Kritik der obigen Ansichten, wie sie von den russischen Marxisten gegeben worden ist.

Peter v. Struve, der 1894 im »Sozialpolitischen Zentralblatt« (3. Jahrgang, Nr. 1) unter dem Titel »Zur Beurteilung der kapitalistischen Entwicklung Rußlands« eine eingehende Würdigung des Buches von Nikolaj-on gegeben hatte, veröffentlichte 1894 in russischer Sprache ein Buch: »Kritische Bemerkungen zur Frage der ökonomischen Entwicklung Rußlands«, worin er die »volkstümlerischen« Theorien einer vielseitigen Kritik unterzieht. In der uns hier beschäftigenden Frage jedoch beschränkt sich Struve sowohl in bezug auf Woronzow wie Nikolaj-on hauptsächlich auf den Nachweis, daß der Kapitalismus seinen inneren Markt nicht verringere, sondern umgekehrt erweitere. Der Schnitzer Nikolaj-ons, den er von Sismondi übernommen hat, liegt in der Tat auf der Hand. Beide schilderten nur die eine Seite des Prozesses der kapitalistischen Zerstörung althergebrachter Produktionsformen des Kleinbetriebes. Sie sahen nur die sich daraus ergebende Herabdrückung des Wohlstandes, die Verelendung breiter Schichten der Bevölkerung. Sie bemerkten nicht, was die andere ökonomische Seite dieses Prozesses bedeutet: Beseitigung der Naturalwirtschaft und Einzug an ihre Stelle der Warenwirtschaft auf dem Lande. Das besagt aber, daß der Kapitalismus durch Einbeziehung immer neuer Kreise früher selbständiger und abgeschlossener Produzenten in sein Bereich mit jedem Schritt neue Schich-

[1] Übrigens sind die überlebenden Wortführer des volkstümlerischen Pessimismus, namentlich Herr W. Woronzow, ihrer Auffassung bis zuletzt treu geblieben, trotz allem, was inzwischen in Rußland passiert ist, – eine Tatsache, die ihrem Charakter mehr Ehre macht als ihrem Kopfe. Im Jahre 1902 schrieb Herr W. W. mit Hinweis auf die Krise der Jahre 1900–1902: »Die dogmatische Lehre des Neomarxismus verliert rasch ihre Macht über die Geister, und die Wurzellosigkeit der neuesten Erfolge des Individualismus ist offenbar selbst für seine offiziellen Apologeten klar geworden. . . . Im ersten Dezennium des XX. Jahrhunderts kehren wir somit zu derselben Auffassung der ökonomischen Entwickelung Rußlands zurück, die von der Generation der siebziger Jahre des vorigen Jahrhunderts ihren Nachfolgern vermacht worden war.« (S. die Revue »Die Volkswirtschaft«, Oktober 1902. Zitiert bei A. Finn-Jenotajewskij, »Die gegenwärtige Wirtschaft Rußlands« [1890–1910]. Petersburg 1911. S. 2.) Statt auf die »Wurzellosigkeit« der eigenen Theorien, schließen die letzten Mohikaner der Volkstümelei also heute noch auf die »Wurzellosigkeit« – der ökonomischen Wirklichkeit, – eine lebendige Widerlegung des Barèreschen Wortes »il n'y a que les morts qui ne reviennent pas.«

ten in Käufer seiner Waren verwandelt, die es früher nicht waren. Der Gang der kapitalistischen Entwicklung ist also ein gerade umgekehrter, als ihn die »Volkstümler« nach Sismondis Vorbild schildern: der Kapitalismus vernichtet nicht seinen inneren Markt, sondern er schafft sich ihn gerade zunächst durch das Umsichgreifen der Geldwirtschaft.

Was speziell die Theorie Woronzows über die Unrealisierbarkeit des Mehrwerts auf dem inneren Markte betrifft, so wird sie von Struve folgendermaßen widerlegt. Die Grundlage der Woronzowschen Theorie bestehe darin, daß eine entwickelte kapitalistische Gesellschaft sich lediglich aus Unternehmern und Arbeitern zusammensetze. Nikolaj-on operiert gleichfalls die ganze Zeit mit dieser Vorstellung. Von diesem Standpunkt lasse sich die Realisierung des kapitalistischen Gesamtprodukts allerdings nicht begreifen. Die Theorie Woronzows sei auch insofern richtig, »als sie die Tatsache konstatiert, daß der Mehrwert weder durch die Konsumtion der Kapitalisten noch durch diejenige der Arbeiter realisiert werden könne, sondern die Konsumtion dritter Personen voraussetze«.[1] Demgegenüber sei aber festzustellen, daß es solche »dritte Personen« in jeder kapitalistischen Gesellschaft wohl gebe. Die Vorstellung Woronzows und Nikolaj-ons sei nichts als eine Fiktion, »die uns nicht um Haaresbreite vorwärts bringen kann im Verständnis irgendeines historischen Prozesses«.[2] Es gibt keine kapitalistische Gesellschaft, und mag sie noch so hoch entwickelt sein, die lediglich aus Unternehmern und Arbeitern bestände. »Selbst in England mit Wales entfallen von 1000 erwerbsfähigen Einwohnern 545 auf die Industrie, 172 auf den Handel, 140 auf die Landwirtschaft; 81 auf unbestimmte und wechselnde Lohnarbeit und 62 auf Staatsdienst, liberale Berufe usw.« Also selbst in England gibt es massenhaft »dritte Personen« und diese sind es eben, die den Mehrwert, sofern er von den Unternehmern nicht konsumiert wird, durch ihre Konsumtion realisieren helfen. Ob die Konsumtion der »dritten Personen« zur Realisierung des ganzen Mehrwerts ausreicht, das läßt Struve offen, jedenfalls müßte »das Gegenteil erst noch bewiesen werden«.[3] Für Rußland als ein großes Land mit ernormer Bevölkerung sei dies sicher nicht zu beweisen. Rußland sei gerade in der glücklichen Lage, auswärtige Märkte entbehren zu können, darin – hier macht Struve eine Anleihe aus dem Ideenschatz der Professoren Wagner, Schäffle und Schmoller – vom gleichen Schicksal begünstigt wie die Vereinigten Staaten Nordamerikas. »Wenn das Beispiel der Nordamerikanischen Union etwas beweise, dann nur eins, nämlich die Tatsache, daß unter Umständen die kapitalistische Industrie

[1] »Kritische Bemerkungen usw.«, S. 251.
[2] l. c., S. 255.
[3] l. c., S. 252.

eine sehr hohe Entwicklung erreichen kann, fast ausschließlich auf den inneren Markt gestützt.«[1] Dieser Satz wird illustriert an der Hand der geringen industriellen Ausfuhr der Vereinigten Staaten im Jahre 1882. Als allgemeine These stellt Struve den Satz auf: »Je umfangreicher das Territorium und je zahlreicher die Bevölkerung eines Landes, um so weniger bedarf es auswärtiger Märkte für seine kapitalistische Entwicklung.« Von diesem Standpunkt aus deduziert er für den Kapitalismus in Rußland – gerade umgekehrt wie die »Volkstümler« – eine glänzendere Zukunft als in anderen Ländern. »Die fortschrittliche Entwicklung der Landwirtschaft auf der Basis der Warenproduktion muß einen Absatzmarkt schaffen, auf den sich der russische Industriekapitalismus in seiner Entwicklung stützen wird. Dieser Absatzmarkt kann in dem Maße, wie die ökonomische und kulturelle Hebung des Landes und Hand in Hand damit die Verdrängung der Naturalwirtschaft fortschreiten wird, unbestimmt wachsen. In dieser Beziehung befindet sich der Kapitalismus in Rußland in günstigeren Bedingungen als in anderen Ländern.«[2] Und Struve schildert im einzelnen ein farbenprächtiges Bild der Erschließung neuer Absatzmärkte in Rußland, dank der sibirischen Eisenbahn in Sibirien, in Zentralasien, in Vorderasien, in Persien, in den Balkanländern. Struve hat nicht bemerkt, daß er im Schwung seiner Prophezeiungen von dem »unbestimmt wachsenden« inneren Markt auf ganz bestimmte auswärtige Absatzmärkte übergegangen ist. Wenige Jahre später stand er auch politisch im Lager dieses hoffnungsfreu-

---

[1] l. c., S. 260. ». . . Struve ist entschieden im Unrecht, wenn er die Situation in Rußland mit derjenigen in den Vereinigten Staaten zu dem Zwecke vergleicht, um das zu widerlegen, was er Ihre pessimistische Ansicht über die Zukunft nennt. Er sagt, daß die üblen Folgen der jüngsten kapitalistischen Entwickelung in Rußland mit ebensolcher Leichtigkeit überwunden werden, wie in den Vereinigten Staaten. Er vergißt dabei ganz, daß die Vereinigten Staaten von ihrem Anfang an einen neuen bürgerlichen Staat darstellen, daß sie von Kleinbürgern und Bauern gegründet worden waren, die vor dem europäischen Feudalismus flohen, um eine rein bürgerliche Gesellschaft zu bilden. In Rußland hingegen haben wir eine Grundlage von primitiver kommunistischer Beschaffenheit, eine sozusagen der Zivilisation vorausgehende Gentilgesellschaft, – die freilich jetzt in Trümmer zerfällt, immer aber noch als Grundlage dient, auf der die kapitalistische Revolution operiert und wirkt (denn dies ist in der Tat eine soziale Revolution). In Amerika hat sich die Geldwirtschaft mehr wie vor einem Jahrhundert ganz stabilisiert, während in Rußland die Naturalwirtschaft unlängst noch beinahe allgemeine Regel ohne jede Ausnahme war. Daher sollte es jedermann klar sein, daß in Rußland die besagte Umwälzung einen viel gewaltsameren und heftigeren Charakter haben und von unvergleichlich größeren Leiden begleitet sein muß, als in Amerika.« Brief Engels' an Nikolaj-on v. 17. Oktober 1893. »Briefe usw.« S. 85.

[2] l. c., S. 284.

digen russischen Kapitalismus, dessen liberales Programm der imperialistischen Expansion er schon als »Marxist« theoretisch begründet hatte.

Aus der Argumentation Struves spricht in der Tat nur ein starker Optimismus in bezug auf die unbeschränkte Entwicklungsfähigkeit der kapitalistischen Produktion. Um die ökonomische Begründung dieses Optimismus hingegen ist es ziemlich schwach bestellt. Struves Hauptpfeiler für die Akkumulation des Mehrwerts sind die »dritten Personen«. Was er darunter versteht, hat er nicht mit genügender Deutlichkeit verraten, doch zeigen namentlich seine Hinweise auf die englische Berufsstatistik, daß er damit die verschiedenen Privat- und Staatsangestellten, liberale Berufe, kurz das berühmte »grand public« versteht, auf das bürgerliche Vulgärökonomen mit vager Geste hinzuweisen pflegen, wenn sie nicht ein noch aus wissen, und von dem Marx gesagt hat, daß es dem Ökonomen »den Dienst« erweist, Dinge zu erklären, für die er sonst keine Erklärung hat. Es ist klar, daß, wenn man von der Konsumtion der Kapitalisten und der Arbeiter im kategorischen Sinne spricht, man dabei nicht die Unternehmer als Einzelpersonen meint, sondern die Kapitalistenklasse als Ganzes, mitsamt ihrem Anhang an Angestellten, Staatsbeamten, liberalen Berufen usw. Alle diese »dritten Personen«, die gewiß in keiner kapitalistischen Gesellschaft fehlen, sind ökonomisch meist Mitesser des Mehrwerts, insofern sie sich nicht zum Teil auch als Mitesser des Arbeitslohns bewähren. Diese Schichten können ihre Kaufmittel nur entweder vom Arbeitslohn des Proletariats oder vom Mehrwert ableiten, und sie tun, so gut es geht, beides, müssen aber im großen und ganzen als Mitverzehrer des Mehrwerts betrachtet werden. Ihre Konsumtion ist somit in der Konsumtion der Kapitalistenklasse eingeschlossen und wenn Struve sie durch eine Hintertür wieder auf die Bühne führt und sie dem Kapitalisten als »dritte Personen« vorstellt, um ihm aus der Verlegenheit und zur Realisierung des Mehrwerts zu verhelfen, so wird der geriebene Profitmacher mit einem Blick in diesem »großen Publikum« seinen Troß Parasiten erkennen, die ihm erst Geld aus der Tasche ziehen, um ihm hinterher mit diesem Gelde seine Waren abzukaufen. Mit den »dritten Personen« Struves ist es also nichts.

Ebenso unhaltbar ist seine Theorie vom auswärtigen Absatz und dessen Bedeutung für die kapitalistische Produktion. Struve folgt hier ganz den »Volkstümlern« in ihrer mechanischen Auffassung, wonach ein kapitalistisches Land, nach dem Schema eines professoralen Lehrbuches, erst den »inneren Markt« möglichst gründlich abgrast, um sich dann, wenn dieser völlig oder nahezu erschöpft ist, nach auswärtigen Märkten umzusehen. Von hier aus gelangt Struve, in den Fußtapfen Wagners, Schäffles und Schmollers, auch zu der abgeschmackten Vorstellung, ein Land mit »großem

Territorium« und recht viel Volk könne in seiner kapitalistischen Produktion ein »abgeschlossenes Ganzes« bilden und mit dem inneren Markte allein auf unbestimmte Zeit auskommen.[1] Tatsächlich ist die kapitalistische Produktion von Haus aus eine Weltproduktion und sie beginnt, gerade umgekehrt wie sie nach dem pedantischen Rezept der deutschen Katheder-weisheit sollte, schon in ihrer Kindheitsphase für den Weltmarkt zu produzieren. Ihre einzelnen bahnbrechenden Zweige in England, wie die Textilindustrie, die Eisen- und Kohlenindustrie suchten sich Absatzmärkte in allen Ländern und Weltteilen, während im Innern des Landes noch der Prozeß der Zerstörung des bäuerlichen Besitzes, der Untergang des Handwerks und der alten Heimproduktion bei weitem nicht zum Abschluß gebracht waren. Man versuche auch z. B. der deutschen chemischen Industrie und der deutschen Elektrotechnik mit dem weisen Rat zu kommen, sie möchten sich, statt wie tatsächlich von ihrem Aufkommen an für fünf Weltteile zu arbeiten, erst doch auf den inneren deutschen Markt beschränken, der in so vielen *anderen* Zweigen noch von der heimischen Industrie nicht erschöpft ist, sintemalen er massenhaft von auswärts mit Erzeugnissen versorgt wird.

---

[1] Die reaktionäre Seite der deutschprofessoralen Theorie von den »drei Weltreichen«: Großbritannien, Rußland und Vereinigte Staaten, zeigt u. a. deutlich Prof. Schmoller in seiner handelspolitischen Säkularbetrachtung, wo er mit Wehmut sein greises Gelehrtenhaupt über die »neumerkantilistischen«, will sagen: imperialistischen Gelüste der drei Hauptbösewichter schüttelt und für »die Ziele aller höheren, geistigen, sittlichen und ästhetischen Kultur, sowie des sozialen Fortschritts« – eine starke deutsche Flotte und einen europäischen Zollverein mit der Spitze gegen England und Amerika fordert:
»Für Deutschland erwächst aus dieser weltwirtschaftlichen Spannung als erste Pflicht die, sich eine starke Flotte zu schaffen, um eventuell auch, für den Kampf gerüstet, als Bundesgenosse von den Weltmächten begehrt zu sein. Es kann und soll keine Eroberungspolitik wie die drei Weltmächte treiben (denen aber Herr Schmoller – wie er an anderer Stelle sagt – »keine Vorwürfe« machen will, »daß sie wieder in die Bahnen der riesenhaften Kolonialeroberung einlenkten«). Aber es muß eventuell eine fremde Blockade der Nordsee brechen, seine Kolonien und seinen großen Handel schützen, den Staaten, welche sich mit ihm verbünden, die gleiche Sicherheit bieten können. Deutschland, wie Österreich-Ungarn und Italien zum Dreibund vereinigt, haben mit Frankreich die Aufgabe, der zu aggressiven, für alle mittleren Staaten bedrohlichen Politik der drei Weltmächte die Mäßigung aufzuerlegen, die im Interesse des politischen Gleichgewichts, im Interesse der Erhaltung aller anderen Staaten wünschenswert ist: nämlich die Mäßigung in der Eroberung, im Kolonieerwerb, in der einseitigen, überspannten Schutzzollpolitik, in der Ausbeutung und Mißhandlung aller Schwächeren. ... Auch die Ziele aller höheren geistigen, sittlichen und ästhetischen Kultur, aller soziale Fortschritt hängt davon ab, daß im 20. Jahrhundert nicht die ganze Erde zwischen die drei Weltreiche aufgeteilt und von ihnen ein brutaler Neumerkantilismus begründet werde.« (Die Wandlungen in der europäischen Handelspolitik des 19. Jahrhunderts. Jahrbuch für Gesetzgebung, Verwaltung und Volkswirtschaft. XXIV, S. 381.)

Oder man mache der deutschen Maschinenindustrie klar, sie dürfe sich noch nicht auf die auswärtigen Märkte werfen, da ja, wie die Statistik der deutschen Einfuhr schwarz auf weiß beweist, ein großer Teil des Bedarfs Deutschlands an Erzeugnissen dieses Zweiges durch auswärtige Lieferungen gedeckt wird. Vom Standpunkte dieses Schemas des »auswärtigen Handels« ist solchen Zusammenhängen des Weltmarkts mit ihren tausendfältigen Verzweigungen und Nuancen der Arbeitsteilung gar nicht beizukommen. Die industrielle Entwicklung der Vereinigten Staaten, die heute ein gefährlicher Konkurrent Englands auf dem Weltmarkt, ja in England selbst geworden sind, ebenso wie sie z. B. auch in der Elektrotechnik die deutsche Konkurrenz auf dem Weltmarkt und in Deutschland selbst schlagen, hat die Deduktionen Struves, die übrigens schon zur Zeit, als er sie niederschrieb, antiquiert waren, vollends Lügen gestraft.
Struve akzeptiert auch die rohe Auffassung der russischen Volkstümler, wonach die internationalen Zusammenhänge der kapitalistischen Weltwirtschaft mit ihrer historischen Tendenz zur Ausbildung eines lebendigen einheitlichen Organismus mit gesellschaftlicher Arbeitsteilung, die auf die ganze Mannigfaltigkeit des Naturreichtums und der Produktionsbedingungen der Erdkugel gestützt ist, in der Hauptsache auf die ordinäre Sorge des Kaufmanns um den »Markt« reduziert werden. Die fundamentale Rolle der unumschränkten Versorgung der kapitalistischen Industrie mit Nahrungsmitteln, mit Roh- und Hilfsstoffen und Arbeitskräften, die genau so auf den Weltmarkt berechnet ist, wie der Absatz der fertigen Waren, wird bei der Fiktion von den drei sich selbst genügenden Weltreichen Wagners und Schmollers: England mit Kolonien, Rußland und Vereinigte Staaten, die Struve übernimmt, ganz übersehen oder künstlich eingeengt. Die Geschichte der englischen Baumwollindustrie allein, die in sich die abgekürzte Geschichte des Kapitalismus im ganzen einschließt, und deren Schauplatz während des ganzen 19. Jahrhunderts fünf Weltteile waren, ist auf jedem Schritt ein Hohn auf diese professorale Kinderstubenvorstellung, deren einziger realer Sinn darin liegt, daß sie die gewundene theoretische Rechtfertigung des Schutzzollsystems liefert.

Bulgakow und seine Ergänzung der Marxschen Analyse

Der zweite Kritiker der »volkstümlerischen« Skepsis, G. Bulgakow, lehnt sofort die Struveschen »dritten Personen« als Rettungsanker der kapitalistischen Akkumulation rundweg ab. Er hat für sie nur ein Achzelzucken. »Die Mehrheit der Ökonomen (bis Marx) – sagt er – löste die Frage in dem Sinne, daß irgendwelche »dritte Personen« nötig seien, um als *deus ex machina* den gordischen Knoten zu durchhauen, d. h. den Mehrwert zu verzehren. Als solche Personen treten bald luxustreibende Grundbesitzer auf (wie bei Malthus), bald luxustreibende Kapitalisten, bald der Militarismus u. dergl. mehr. Ohne solche außerordentlichen Mittel könne der Mehrwert keinen Absatz finden: er werde auf den Märkten festgefahren und rufe Ueberproduktion und Krisen hervor.«[1] »So nimmt Herr Struve an, daß die kapitalistische Produktion sich in ihrer Entwicklung auf die Konsumtion irgendwelcher phantastischer dritter Personen stützen könne. Wo liegt denn aber die Quelle der Kaufkraft dieses *grand public*, dessen spezielle Bestimmung es ist, den Mehrwert zu verzehren?«[2] Bulgakow seinerseits stellt das ganze Problem von vornherein auf die Analyse des gesellschaftlichen Gesamtprodukts und seiner Reproduktion, wie sie Marx im II. Bande des »Kapital« gegeben. Er begreift ausgezeichnet, daß man zur Lösung der Frage der Akkumulation erst mit der einfachen Reproduktion beginnen und sich ihren Mechanismus ganz klar machen müsse. Hier sei es namentlich wichtig, sich über die Konsumtion des Mehrwerts und der Löhne derjenigen Produktionszweige klar zu werden, die nichtkonsumierbare Produkte herstellen, und andererseits über die Zirkulation desjenigen Teils des gesellschaftlichen Gesamtprodukts, der das verbrauchte konstante Kapital darstellt. Das sei eine ganz neue Aufgabe, deren sich die Ökonomen gar nicht einmal bewußt waren und die erst von Marx gestellt wurde. »Zur Lösung dieser Aufgabe teilt Marx alle kapitalistisch hergestellten Waren in zwei große und wesentlich verschiedene Kategorien: die Produktion von Produktionsmitteln und die Produktion von Konsummitteln. In dieser Einteilung allein ist mehr theoretischer Sinn verborgen, als in sämtlichen vorhergehenden Wortgefechten über die Theorie der Absatzmärkte.«[3]

Man sieht, Bulgakow ist ein ausgesprochener und begeisterter Anhänger der Marxschen Theorie. Er formuliert auch als die Aufgabe seiner Studie die theoretische Nachprüfung der Lehre, daß der Kapitalismus ohne auswärtige Märkte nicht existieren könne. »Zu diesem Behufe hat der Verfasser die sehr wertvolle, aber – man weiß nicht warum – in der Wissenschaft fast nicht verwertete Analyse der gesellschaftlichen Reproduktion benutzt, die K. Marx im zweiten Teil des II. Bandes des »Kapital« gibt. Obwohl diese Analyse nicht als abgeschlossen gelten kann, bietet sie doch u. E. auch in ihrer vorliegenden unbearbeiteten Fassung eine genügende

---

[1] S. Bulgakow, »Über die Absatzmärkte der kapitalistischen Produktion«. Eine theoretische Studie. Moskau 1897. S. 15.

[2] l. c., S. 32, Fußnote.

[3] l. c., S. 27.

Grundlage für eine andere Lösung der Frage von den Absatzmärkten als diejenige, die sich die Herren Nikolaj-on, W. Woronzow und andere zu eigen gemacht haben und die sie K. Marx aufs Konto schreiben.«[1] Die Lösung, die Bulgakow aus Marx selbst abgeleitet hat, formuliert er folgendermaßen: »Der Kapitalismus kann unter Umständen existieren ausschließlich dank dem inneren Markt; es liegt keine innere, der kapitalistischen Produktionsweise eigentümliche Notwendigkeit vor, daß nur der auswärtige Markt den Ueberschuß der kapitalistischen Produktion verschlingen kann. Dies der Schluß, zu dem der Verfasser auf Grund des Studiums der erwähnten Analyse der gesellschaftlichen Reproduktion gelangt ist.«

Und nun sind wir gespannt auf die Bulgakowsche Beweisführung für die angeführte These.

Sie fällt zunächst unerwartet einfach aus. Bulgakow gibt getreulich das uns bekannte Marxsche Schema der einfachen Reproduktion wieder, mit Kommentaren, die seinem Verständnis alle Ehre machen. Dann führt er das uns ebenso bekannte Marxsche Schema der erweiterten Reproduktion an – und damit ist der gesuchte Beweis auch schon erbracht. »Auf Grund des Gesagten bietet es keine Schwierigkeit, zu bestimmen, worin die Akkumulation bestehen wird: I (Abteilung der Produktionsmittel) muß die zur Produktionserweiterung erforderlichen zuschüssigen Produktionsmittel sowohl für sich wie für II (Abteilung der Konsummittel) herstellen, während hinwiederum II die zuschüssigen Konsummittel zur Erweiterung des variablen Kapitals I und II zu liefern haben wird. Sieht man von der Geldzirkulation ab, so reduziert sich die Produktionserweiterung auf den Austausch der zuschüssigen Produkte I, deren II bedarf, und der zuschüssigen Produkte II, deren I bedarf.« Bulgakow folgt hier also getreulich den Ausführungen Marxens und merkt gar nicht, daß seine These bis jetzt immer noch auf dem Papier bleibt. Er glaubt mit diesen mathematischen Formeln die Frage der Akkumulation gelöst zu haben. Daß man sich die Proportionen, die er aus Marx abschreibt, wohl vorstellen kann, ist außer Zweifel. Ebenso sicher ist es, daß, *wenn* die Produktionserweiterung stattfinden soll, sie sich in diesen Formeln ausdrücken kann. Bulgakow übersieht aber die Hauptfrage: *für wen* findet denn die Erweiterung statt, deren Mechanismus er untersucht? Da sich die Akkumulation in mathematischen Proportionen auf dem Papier darstellen läßt, so ist sie auch schon vollbracht. Doch nachdem Bulgakow soeben die Sache für gelöst erklärt hat, stößt er im nächsten Moment, bei dem Versuch, die Geldzirkulation in die Analyse hineinzuführen, auf die Frage: Wo kommt bei I und II das Geld für den Ankauf

[1] l. c., S. 2–3.

der zuschüssigen Produkte her? Wir haben bei Marx gesehen, wie die wunde Stelle seiner Analyse, die eigentliche Frage nach den Konsumenten für die erweiterte Produktion, in der schiefen Form der Frage nach zuschüssigen Geldquellen immer wieder zum Vorschein kommt. Bulgakow folgt hier sklavisch der Marxschen Betrachtungsweise und akzeptiert dieselbe mißverständliche Fragestellung, ohne die darin enthaltene Verschiebung zu merken. Er stellt freilich fest, daß »Marx selbst auf diese Frage in den Brouillonheften, nach denen der II. Band des ›Kapital‹ hergestellt ist, eine Antwort nicht gegeben hat«. Um so interessanter muß die Antwort sein, die Marxens russischer Schüler auf eigene Faust abzuleiten versucht.

»Uns«, sagt Bulgakow, »scheint der ganzen Marxschen Lehre die folgende Lösung am besten zu entsprechen. Das neue variable Kapital in Geldform, das II für I wie für sich selbst liefert, findet sein Warenäquivalent im Mehrwert II. Wir haben schon bei der Betrachtung der einfachen Reproduktion gesehen, daß die Kapitalisten selbst das Geld zur Realisierung ihres Mehrwerts in die Zirkulation werfen müssen und dieses Geld schließlich in die Tasche des Kapitalisten, von dem es ausging, zurückkehrt. Das Quantum Geld, das zur Zirkulation des Mehrwerts erforderlich ist, wird nach dem allgemeinen Gesetz der Warenzirkulation bestimmt, durch den Wert der Waren, worin er eingeschlossen ist, geteilt durch die Durchschnittszahl der Umschläge des Geldes. Dasselbe Gesetz findet auch hier Anwendung. Die Kapitalisten II müssen eine gewisse Summe Geldes zur Zirkulation ihres Mehrwerts haben, sie müssen folglich einen gewissen Geldvorrat besitzen. Dieser Vorrat muß genügend groß sein, damit er sowohl für die Zirkulation desjenigen Teils des Mehrwerts ausreicht, der den Konsumtionsfonds darstellt, wie desjenigen, der als Kapital akkumuliert werden soll.« Weiter entwickelt Bulgakow den Standpunkt, daß es für die Frage: wieviel Geld zur Zirkulation eines bestimmten Warenquantums im Lande erforderlich ist, gar keinen Unterschied machte, ob ein Teil dieser Waren Mehrwert darstellt oder nicht. »Die allgemeine Frage aber, woher das Geld überhaupt im Lande kommt, wird in dem Sinne gelöst, daß dieses Geld durch den Goldproduzenten geliefert wird.« Wird mit der Erweiterung der Produktion im Lande mehr Geld erforderlich, so wird eben auch die Goldproduktion dementsprechend erweitert.[1] Wir landen also schließlich glücklich beim Goldproduzenten, der schon bei Marx die Rolle des *deus ex machina* spielt. Man muß gestehen, daß Bulgakow die gespannten Erwartungen auf seine neue Lösung arg getäuscht hat. »Seine« Lösung der Frage ist über die von Marx gelieferte Analyse auch nicht um ein Jota hinausgegangen. Sie reduziert sich auf die folgenden äußerst einfachen drei Sätze: 1. Frage. Wieviel Geld

[1] l. c., S. 50–55.

ist erforderlich, um den kapitalisierten Mehrwert zu realisieren? Antwort: Soviel, wie nach dem allgemeinen Gesetz der Warenzirkulation nötig ist. 2. Frage. Woher nehmen die Kapitalisten dieses Geld, um den kapitalisierten Mehrwert zu realisieren? Antwort: Sie müssen es eben haben. 3. Frage. Woher kommt das Geld überhaupt ins Land? Antwort: Vom Goldproduzenten. Eine Erklärungsweise, die in ihrer außerordentlichen Einfachheit mehr verdächtig als bestrickend ist.

Doch es erübrigt sich, diese Theorie vom Goldproduzenten als *deus ex machina* der kapitalistischen Akkumulation zu widerlegen. Bulgakow selbst hat sie sehr schön widerlegt. 80 Seiten weiter kommt er in einem ganz anderen Zusammenhang, nämlich von der Lohnfondstheorie aus, gegen die er sich ohne ersichtlichen Grund in eine breite Polemik verwickelt hat, wieder auf den Goldproduzenten. Und hier entwickelt er plötzlich die folgende scharfe Einsicht:

»Wir wissen schon, daß unter anderen Produzenten auch der Goldproduzent existiert, der einerseits selbst bei einfacher Reproduktion die absolute Menge des im Lande zirkulierenden Geldes vergrößert und andererseits Produktionsmittel und Konsummittel kauft, ohne seinerseits Waren zu verkaufen, wobei er für die gekauften Waren direkt mit dem allgemeinen Tauschäquivalent zahlt, das sein eigenes Produkt darstellt. Kann nun der Goldproduzent nicht vielleicht den Dienst erweisen, daß er bei II dessen ganzen akkumulierten Mehrwert abkauft und dafür mit Gold zahlt, das II alsdann zum Ankauf der Produktionsmittel bei I und zur Erweiterung des variablen Kapitals, d. h. zum Ankauf der zuschüssigen Arbeitskraft gebrauchen wird? Als wirklicher auswärtiger Absatzmarkt erscheint somit der Geldproduzent.«

»Doch das ist eine vollkommen absurde Voraussetzung. Ihre Annahme bedeutet, daß man die Erweiterung der gesellschaftlichen Produktion von der Erweiterung der Goldproduktion abhängig macht. (Bravo!) Dies setzt seinerseits ein Wachstum der Goldproduktion voraus, das der Wirklichkeit gar nicht entspricht. Soll der Goldproduzent verpflichtet werden, durch seine Arbeiter bei II den ganzen akkumulierten Mehrwert abzukaufen, dann bedeutet dies, daß sein variables Kapital täglich und stündlich wachsen muß. Aber dementsprechend muß auch das konstante Kapital wachsen und auch der Mehrwert, folglich muß die ganze Goldproduktion direkt ungeheuerliche Dimensionen annehmen (Bravo!) Anstatt diese läppische Voraussetzung statistisch nachzuprüfen (was übrigens kaum möglich wäre), genügt es, auf eine Tatsache hinzuweisen, die ganz allein diese Voraussetzung vernichtet. Diese Tatsache ist – die Entwickelung des Kredits, welche die Entwickelung der kapitalistischen Wirtschaft begleitet. (Bravo!) Der Kredit hat die Tendenz, die Menge des umlaufenden Geldes (natürlich relativ, nicht absolut) zu verringern und erscheint als notwendige Ergänzung zur Entwickelung der Tauschwirtschaft, die sonst sehr bald am Mangel an Metallgeld ihre Schranken finden würde. Ich finde es überflüssig, hier zahlenmäßig nachzuweisen, wie gering jetzt die Rolle des Metallgeldes bei den Tauschgeschäften ist. Die aufgestellte Hypothese steht auf diese Weise in direktem und offenbarem Widerspruch mit den Tatsachen und muß abgelehnt werden.«[1]

Bravissimo! Sehr schön! Aber damit hat Bulgakow auch seine einzige bisherige Erklärung der Frage, wie und durch wen der kapitalisierte Mehrwert realisiert wird, selbst »abgelehnt«. Übrigens hat er auch in dieser Selbstwiderlegung nur etwas ausführlicher dargelegt, was Marx bereits mit einem Wort gesagt hat, indem er die Hypothese von dem Goldproduzenten, der den ganzen gesellschaftlichen Mehrwert schluckt, »abgeschmackt« genannt hat.

Freilich liegt die eigentliche Lösung bei Bulgakow wie überhaupt bei den russischen Marxisten, die sich mit der Frage eingehend beschäftigt haben, ganz anderswo. Sowohl er, wie Tugan Baranowsky, wie Iljin legen das Hauptgewicht darauf, daß die Gegenseite – die Skeptiker – in bezug auf die Möglichkeit der Akkumulation einen kapitalen Fehler in der Wertanalyse des Gesamtprodukts machen. Diese – namentlich Woronzow – nahmen an, das gesamte gesellschaftliche Produkt bestehe in Konsummitteln, und gingen von der irrtümlichen Voraussetzung aus, Konsumtion sei überhaupt Zweck der kapitalistischen Produktion. Hier – erklärten nun die Marxisten – liege die Quelle des ganzen Mißverständnisses, und aus dieser Quelle flössen die imaginären Schwierigkeiten der Realisierung des Mehrwerts, über die sich die Skeptiker den Kopf zerbrachen. »Dank dieser irrigen Vorstellung schuf sich diese Schule selbst nichtexistierende Schwierigkeiten: da die normalen Bedingungen der kapitalistischen Produktion voraussetzen, daß der Konsumtionsfonds der Kapitalisten bloß einen und dazu geringeren Teil des Mehrwerts ausmacht, während der größere für die Erweiterung der Produktion abgerechnet wird, so ist es augenscheinlich, daß die Schwierigkeiten, die sich jene Schule (die Volkstümler) vorstellte, in Wirklichkeit gar nicht existieren«.[2] Es ist auffallend, mit welcher Selbstverständlichkeit Bulgakow hier das Problem übersieht und nicht einmal zu ahnen scheint, daß gerade erst bei der Annahme der erweiterten Reproduktion die Frage: *für wen?* unabweisbar wird, jene Frage, die unter der Voraussetzung der persönlichen Konsumtion des gesamten Mehrwerts sehr nebensächlich ist.

---

[1] l. c., S. 132 ff.

[2] l. c., S. 20.

Alle diese »imaginären Schwierigkeiten« lösen sich nun durch die zwei Entdeckungen Marxens in Dunst auf, die seine russischen Schüler nicht müde werden, ihren Widersachern entgegenzuhalten. Erstens die Tatsache, daß die Wertzusammensetzung des gesellschaftlichen Produkts nicht v + m, sondern c + v + m sei, und zweitens, daß mit den Fortschritten der kapitalistischen Produktion in dieser Zusammensetzung der Teil c im Verhältnis zu v immer größer werde, während gleichzeitig im Mehrwert der kapitalisierte Teil im Verhältnis zum konsumierten immer wachse. Von hier aus stellt Bulgakow eine ganze Theorie über das Verhältnis der Produktion zur Konsumtion in der kapitalistischen Gesellschaft auf. Sie spielt bei den russischen Marxisten und insbesondere bei Bulgakow eine so wichtige Rolle, daß es nötig ist, sie *in extenso* kennen zu lernen.

»Die Konsumtion – sagt Bulgakow –, die Befriedigung gesellschaftlicher Bedürfnisse, bildet nur ein nebensächliches Moment der Kapitalzirkulation. Der Umfang der Produktion wird durch den Umfang des Kapitals und nicht durch die Größe der gesellschaftlichen Bedürfnisse bestimmt. Die Entwicklung der Produktion wird nicht nur von dem Wachstum der Konsumtion nicht begleitet, sondern es besteht zwischen beiden sogar ein Antagonismus. Die kapitalistische Produktion kennt keine andere Konsumtion als die zahlungsfähige, zahlungsfähige Konsumenten können aber nur diejenigen sein, die Arbeitslohn oder Mehrwert beziehen und ihre Kaufkraft entspricht genau dem Umfang dieser Einkommen. Wir haben aber gesehen, daß die Grundgesetze der Entwicklung der kapitalistischen Produktion die Tendenz haben, die relative Größe des variablen Kapitals wie des Konsumtionsfonds des Kapitalisten (obgleich sie absolut wächst) zu verringern. Man kann deshalb sagen, daß *die Entwicklung der Produktion die Konsumtion verringert.*[1] Auf diese Weise stehen die Bedingungen der Produktion und der Konsumtion zueinander im Widerspruch. Die Erweiterung der Produktion kann sich nicht vollziehen und vollzieht sich nicht für die Rechnung der Konsumtion. Diese Erweiterung ist aber ein inneres grundlegendes Gesetz der kapitalistischen Produktion, das jedem Einzelkapitalisten gegenüber die Form des strengen Gebotes der Konkurrenz annimmt. Der Ausweg aus diesem Widerspruch ist der, daß den Markt für die zuschüssige Menge Produkte die sich erweiternde Produktion selbst darstellt. »Der innere Widerspruch wird gelöst durch die Erweiterung des äußeren Feldes der Produktion.« (»Das Kapital«, Bd. III, S. 189*) (Hier zitiert Bulgakow einen Marxschen Satz in ganz verkehrtem Sinne, worauf

[1] Unterstrichen bei Bulgakow.

* [MEW Bd. 25, S. 255]

noch weiter zurückzukommen sein wird.) Wie das möglich, ist soeben gezeigt worden. (Bulgakow meint die Analyse des Schemas der erweiterten Reproduktion.) Dabei entfällt offenbar der größere Teil dieser Erweiterung auf die Abteilung I, d. h. auf die Produktion des konstanten Kapitals, und nur der (relativ) kleinere Teil auf die Abteilung II, die Güter für die unmittelbare Konsumtion produziert. In dieser Verschiebung allein im Verhältnis der Abteilungen I und II kommt mit genügender Klarheit die Rolle zum Ausdruck, welche die Konsumtion in der kapitalistischen Gesellschaft spielt, sowie auch der Hinweis, wo der wichtigste Absatz der kapitalistischen Waren zu suchen ist.«[1] »... Auch in diesen engen Schranken (des Profitinteresses und der Krisen), auch auf diesem Dornenwege vermag sich die kapitalistische Produktion schrankenlos zu erweitern, ungeachtet und selbst trotz der Verringerung der Konsumtion. In der russischen Literatur wird mehrmals auf die Unmöglichkeit eines bedeutenden Wachstums der kapitalistischen Produktion ohne auswärtige Märkte hingewiesen, und zwar angesichts der Verringerung der Konsumtion. Dabei war die Rolle der Konsumtion in der kapitalistischen Gesellschaft ganz falsch eingeschätzt. Man hat übersehen, daß die Konsumtion gar nicht der Zweck der kapitalistischen Produktion ist, daß diese letztere nicht durch das Wachstum der Konsumtion, sondern durch die Erweiterung des äußeren Feldes der Produktion existiert, die eben den Absatzmarkt für die kapitalistisch hergestellten Produkte bildet. An der Lösung der unlösbaren Aufgabe: der Auffindung von Mitteln, um die Konsumtion zu erweitern, die die kapitalistische Produktionsweise zu verringern bestrebt ist, quälte sich eine ganze Reihe Forscher der Malthusschen Schule ab, die sich mit der oberflächlichen Harmonielehre der Schule Ricardo–Say nicht zufrieden geben konnten. Erst Marx hat die Analyse des wirklichen Zusammenhangs gegeben, er zeigte, daß das Wachstum der Konsumtion fatal hinter dem Wachstum der Produktion zurückbleibt und zurückbleiben muß, welche »dritte Personen« man auch erfinden möge. Deshalb kann die Konsumtion und ihr Umfang in keiner Weise als die *unmittelbare* Schranke der Erweiterung der Produktion gelten. Die kapitalistische Produktion büßt für die Abweichung von diesem wahren Zweck der Produktion mit Krisen, aber sie ist unabhängig von der Konsumtion. Die Erweiterung der Produktion findet ihre Schranke nur in dem Umfang des Kapitals und hängt lediglich von diesem letzteren ab.«[2]
Hier wird die Theorie Bulgakows und Tugan Baranowskys direkt Marx in die Schuhe geschoben, so sehr schien sie den russischen Marxisten unmittelbar aus der Marxschen Lehre zu folgen und sich in sie organisch einzufügen.

[1] l. c., S. 161.
[2] l. c., S. 167.

Noch deutlicher formuliert sie Bulgakow an einer anderen Stelle als direkte Deutung des Marxschen Schemas der erweiterten Reproduktion. Nachdem die kapitalistische Produktionsweise in einem Lande Einzug gehalten hat, fängt ihre innere Bewegung an, sich nach diesem Schema zu entwickeln: »Die Produktion des konstanten Kapitals bildet die Abteilung I der gesellschaftlichen Reproduktion, die schon eine selbständige Nachfrage nach Konsummitteln eröffnet im Umfange des eigenen variablen Kapitals dieser Abteilung I sowie des Konsumtionsfonds ihrer Kapitalisten. Abteilung II ihrerseits eröffnet die Nachfrage nach Produkten I. *Auf diese Weise bildet sich schon bei Beginn der kapitalistischen Produktion ein geschlossener Kreis heraus, in dem die kapitalistische Produktion von gar keinem auswärtigen Markt abhängig ist, sondern sich selbst genügt und indem sie sozusagen automatisch vermittelst der Akkumulation zu wachsen in der Lage ist.*«[1] Und an einer anderen Stelle versteigt er sich gar zu der folgenden krassen Formulierung seiner Theorie: »Der einzige Markt für die Produkte der kapitalistischen Produktion ist diese Produktion selbst.«[2]

Man kann die ganze Kühnheit dieser Theorie, die in den Händen der russischen Marxisten zur Hauptwaffe wurde, womit sie ihre Gegner, die »volkstümlerischen« Skeptiker in der Frage der Absatzmärkte zur Strecke gebracht haben, nur dann richtig würdigen, wenn man sich vergegenwärtigt, in welchem erstaunlichen Widerspruch sich diese Theorie mit der täglichen Praxis, mit allen bekannten Tatsachen der kapitalistischen Wirklichkeit befindet. Aber noch mehr: man muß diese Theorie, die mit solchem Triumph als reinste marxistische Wahrheit verkündet wurde, noch mehr bewundern, wenn man bedenkt, daß sie auf einem einfachen kapitalen Quiproquo basiert. Doch auf diese Frage werden wir weiter bei der Besprechung Tugan Baranowskys eingehen.

Auf dem Mißverständnis über das Verhältnis der Konsumtion zur Produktion in der kapitalistischen Gesellschaft errichtet Bulgakow ferner eine ganz verkehrte Theorie des auswärtigen Handels. Vom Standpunkte der obigen Auffassung der Reproduktion gibt es in der Tat für den auswärtigen Handel keinen Raum. Wenn der Kapitalismus in jedem Lande gleich zu Beginn seiner Entwicklung jenen bewußten »geschlossenen Zirkel« herausbildet, in dem er sich wie eine Katze um den eigenen Schwanz dreht und »sich selbst genügt«, für sich selbst schrankenlos einen Absatz schafft und sich selbst Stachel zur Erweiterung ist, dann ist jedes kapitalistische Land ökonomisch auch ein abgeschlossenes »sich selbst genügendes« Ganzes. Nur in einem Fall wäre dann auswärtiger Handel begreiflich: als Mittel, das natürliche

[1] l. c., S. 210. Von uns unterstrichen.
[2] l. c., S. 238.

Manko eines Landes an gewissen Produkten des Bodens und des Klimas durch Einfuhr von auswärts zu decken, nur als notgedrungene Einfuhr von Rohstoffen oder Nahrungsmitteln. Und in der Tat errichtet Bulgakow, indem er die These der Volkstümler direkt auf den Kopf stellt, eine Theorie des internationalen Handels der kapitalistischen Staaten, in dem die Einfuhr von Produkten der Landwirtschaft das grundlegende aktive Element, die industrielle Ausfuhr nur die notgedrungene Deckung jener Einfuhr darstellt. Der internationale Warenverkehr erscheint hier nicht im Wesen der Produktionsweise begründet, sondern in den Naturbedingungen der Länder, – jedenfalls eine Theorie, die nicht von Marx, sondern von deutschen Gelehrten der bürgerlichen Nationalökonomie geliehen ist. Wie Struve von Wagner und Schäffle sein Schema der drei Weltreiche, so übernimmt Bulgakow von dem seligen List die Einteilung der Staaten in Kategorien nach dem »Agrikulturstand« und dem »Agrikulturmanufakturstand«, die er mit dem Fortschritt der Zeiten in »Manufakturstand« und »Agrikulturmanufakturstand« modifiziert. Die erstere Kategorie ist von Natur mit einem Mangel eigener Rohstoffe und Nahrungsmittel gestraft und deshalb auf den auswärtigen Handel angewiesen, die letztere Kategorie ist von der Natur mit allem versehen und kann auf den auswärtigen Handel pfeifen. Typus der ersteren ist England, der zweiten – die Vereinigten Staaten. Für England würde die Abschaffung des auswärtigen Handels ökonomische Agonie und Tod bedeuten, für die Vereinigten Staaten nur eine vorübergehende Krise, nach der völlige Genesung gesichert wäre: »hier kann sich die Produktion auf der Basis des inneren Marktes schrankenlos erweitern.«[1] Diese Theorie, die ein ehrwürdiges Erbstück der deutschen Nationalökonomie bis auf den heutigen Tag bildet, hat offenbar von den Zusammenhängen der kapitalistischen Weltwirtschaft keinen Dunst und führt den heutigen Weltverkehr ungefähr auf die Grundlagen aus den Zeiten der Phönizier zurück. Doziert doch z. B. auch Prof. Bücher: »Es ist ein Irrtum, wenn man aus der im liberalistischen Zeitalter erfolgten Erleichterung des internationalen Verkehrs schließen zu dürfen meint, die Periode der Volkswirtschaft gehe zur Neige und mache der Periode der Weltwirtschaft Platz. – – Gewiß sehen wir heute in Europa eine Reihe von Staaten, welche der nationalen Selbständigkeit in ihrer Güterversorgung insofern entbehren, als sie erhebliche Mengen ihrer Nahrungs- und Genußmittel aus dem Auslande zu beziehen genötigt sind, während ihre industrielle Produktionstätigkeit weit über das nationale Bedürfnis hinausgewachsen ist und dauernd Ueberschüsse liefert, die auf fremden Konsumtionsgebieten ihre Verwertung finden müs-

---

[1] Bulgakow, l. c., S. 199.

sen. Aber das Nebeneinanderbestehen solcher Industrie- und Rohproduktionsländer, die gegenseitig aufeinander angewiesen sind, diese »internationale Arbeitsteilung« ist nicht als ein Zeichen anzusehen, daß die Menschheit eine neue Stufe der Entwicklung zu erklimmen im Begriffe steht, die unter dem Namen der Weltwirtschaft den – – früheren Stufen gegenübergestellt werden müßte. Denn einerseits hat keine Wirtschaftsstufe volle Selbstherrlichkeit der Bedürfnisbefriedigung auf die Dauer garantiert; jede ließ – – gewisse Lücken bestehen, die so oder so ausgefüllt werden mußten. Andererseits hat jene sogenannte Weltwirtschaft bis jetzt wenigstens keine Erscheinungen hervortreten lassen, die von denen der Volkswirtschaft in wesentlichen Merkmalen abweichen, und es steht sehr zu bezweifeln, daß solche in absehbarer Zukunft auftreten werden.«[1] Bei Bulgakow ergibt sich aus dieser Auffassung jedenfalls ein unerwarteter Schluß: seine Theorie von der schrankenlosen Entwickelungsfähigkeit des Kapitalismus wird nur auf gewisse Länder mit günstigen Naturbedingungen beschränkt. In England muß der Kapitalismus in absehbarer Zeit an der Erschöpfung des Weltmarktes zugrunde gehen, in den Vereinigten Staaten, in Indien und in – Rußland blüht ihm eine unumschränkte Entwicklung durch »Selbstgenügsamkeit«.

Doch abgesehen von diesen augenscheinlichen Seltsamkeiten, birgt die Bulgakowsche Argumentation in bezug auf den auswärtigen Handel wiederum ein fundamentales Mißverständnis. Das Hauptargument Bulgakows

---

[1] K. Bücher, Entstehung der Volkswirtschaft. 5. Aufl. S. 147. Die neueste Leistung auf diesem Gebiete ist die Theorie des Prof. Sombart, wonach wir nicht in die Wirtschaft hineinwachsen, sondern gar umgekehrt, uns immer mehr von ihr entfernen: »Die Kulturvölker, so behaupte ich vielmehr, sind heute (im Verhältnis zu ihrer Gesamtwirtschaft) nicht wesentlich mehr, sondern eher weniger durch Handelsbeziehungen untereinander verknüpft. Die einzelne Volkswirtschaft ist heute nicht mehr, sondern eher weniger in den Weltmarkt einbezogen, als vor hundert oder fünfzig Jahren. Mindestens aber ... ist es falsch, anzunehmen, daß die internationalen Handelsbeziehungen eine verhältnismäßig wachsende Bedeutung für die moderne Volkswirtschaft gewinnen. Das Gegenteil ist richtig.« Sombart wendet sich mit Hohn gegen die Annahme einer zunehmenden internationalen Arbeitsteilung, eines steigenden Bedürfnisses nach auswärtigen Absatzmärkten, dieweil der inländische Markt einer Ausdehnung nicht fähig sei; Sombart seinerseits ist überzeugt, daß »die einzelnen Volkswirtschaften immer vollkommenere Mikrokosmen werden und daß der innere Markt für alle Gewerbe den Weltmarkt immer mehr an Bedeutung überflügelt«. (»Die deutsche Volkswirtschaft im neunzehnten Jahrhundert.« 2. Aufl. 1909. S. 399–420.) – Diese niederschmetternde Entdeckung setzt freilich voraus, daß man das bizarre, von dem Herrn Professor erfundene Schema annimmt, wonach als Ausfuhrland – man weiß nicht, weshalb – einzig und allein dasjenige Land gelten soll, das seine Einfuhr mit dem Überschuß an landwirtschaftlichen Produkten über den eigenen

gegen die Skeptiker von Sismondi bis Nikolaj-on, die zur Realisierung des kapitalistischen Mehrwerts den auswärtigen Absatzmarkt zu Hilfe nehmen zu müssen glaubten, ist folgendes: diese Theoretiker betrachteten offenbar alle den auswärtigen Handel als »einen bodenlosen Abgrund«, in dem der im Innern unabsetzbare Überschuß der kapitalistischen Produktion auf Nimmerwiedersehen verschwinde. Demgegenüber hebt Bulgakow mit Triumph hervor, daß ja der auswärtige Handel durchaus kein »Abgrund« und erst recht kein »bodenloser« sei, daß er ein zweischneidiges Schwert darstelle und daß zur Ausfuhr stets auch Einfuhr gehöre, die sich beide so ziemlich die Waage zu halten pflegen. Was also durch die eine Grenze hinausgeschoben werde, das werde durch die andere Grenze bloß in veränderter Gebrauchsgestalt wieder hereingeschoben. »Für die eingeführten Waren, die das Äquivalent der ausgeführten darstellen, muß man in den Grenzen des gegebenen Absatzmarktes Platz finden, Platz ist aber nicht da, folglich zieht die Zuhilfenahme des auswärtigen Absatzes bloß neue Schwierigkeiten nach sich.«[1] An einer anderen Stelle sagt er, der Ausweg, den die russischen Volkstümler zur Realisierung des Mehrwerts gefunden hätten, die auswärtigen Märkte, sei »viel weniger glücklich, als der Ausweg, den Malthus, v. Kirchmann und Woronzow selbst als Verfasser des Aufsatzes vom Militarismus und Kapitalismus gefunden hatten«.[2] Bulgakow verrät hier, daß er trotz all seiner begeisterten Wiedergabe der Marxschen Schemata der Reproduktion gar nicht begriffen hat, worin das

Bedarf, »mit Boden« bezahlt. Nach diesem Schema sind Rußland, Rumänien, Vereinigte Staaten, Argentinien »Ausfuhrländer«, Deutschland aber, England, Belgien nicht. Da die kapitalistische Entwickelung über kurz oder lang den Ueberschuß an Agrarprodukten auch in den Vereinigten Staaten und in Rußland für den inneren Bedarf in Anspruch nehmen dürfte, so ist es klar, daß es immer weniger »Ausfuhrländer« in der Welt gibt, die Weltwirtschaft verschwindet also. – Eine andere Entdeckung Sombarts ist, daß die großen kapitalistischen Länder, die ja keine »Ausfuhrländer« sind, ihre Einfuhr immer mehr »umsonst« kriegen – nämlich als Zinsen der ausgeführten Kapitalien. Für Prof. Sombart zählt aber die Kapitalausfuhr ebenso wie die industrielle Warenausfuhr überhaupt nicht: »Mit der Zeit werden wir wohl dahin kommen, einzuführen, ohne auszuführen.« (l. c., S. 422.) Modern, sensationell und gigerlhaft.

[1] l. c., S. 132.

[2] l. c., S. 236. Noch resoluter formuliert dieselbe Ansicht W. Iljin: »Der Romantiker (so nennt er die Skeptiker) sagt: die Kapitalisten können den Mehrwert nicht verzehren, folglich müssen sie ihn ins Ausland absetzen. Ich frage: geben denn die Kapitalisten ihr Produkt den Ausländern etwa umsonst hin oder werfen sie es etwa ins Meer? Wenn sie es verkaufen, so heißt das, daß sie ein Äquivalent kriegen; führen sie gewisse Produkte aus – so heißt das, daß sie andere wieder einführen«. (Ökonomische Studien und Aufsätze, S. 26.) Im übrigen gibt Iljin eine viel richtigere Erklärung für die Rolle des auswärtigen Handels in der kapitalistischen Produktion als Struve und Bulgakow.

eigentliche Problem liegt, um das die Skeptiker seit Sismondi bis Nikolaj-on herumtasteten: er lehnt den auswärtigen Handel als angeblichen Ausweg aus der Schwierigkeit ab, weil dieser den abgesetzten Mehrwert, »wenn auch in veränderter Gestalt«, wieder ins Land einführe. Bulgakow glaubt also, im Einklang mit der rohen Vorstellung v. Kirchmanns und Woronzows, daß es sich darum handelt, ein gewisses Quantum Mehrwert zu *vertilgen*, vom Erdboden zu verwischen, er ahnt nicht, daß es sich um die *Realisierung*, um die Warenmetamorphose, also gerade um die »veränderte Gestalt« des Mehrwerts handelt.
So gelangt Bulgakow schließlich, wenn auch durch eine andere Straße, nach demselben Rom wie Struve: er verkündet die Selbstgenügsamkeit der kapitalistischen Akkumulation, die selbst ihre Produkte verschlinge, wie Kronos seine Kinder, und sich aus sich selbst immer mächtiger gebäre. Von hier aus blieb nur noch ein Schritt zur Rückkehr vom Marxismus zur bürgerlichen Oekonomie. Diesen Schritt hat glücklich Tugan Baranowsky vollzogen.

Die »Disproportionalität« des Herrn Tugan Baranowsky

Wir behandeln diesen Theoretiker zum Schluß – obwohl er seine Auffassung in russischer Sprache schon 1894, vor Struve und Bulgakow, formuliert hatte –, teils weil er erst später in deutscher Sprache seine Theorie in den »Studien zur Theorie und Geschichte der Handelskrisen in England« 1901 und in den »Theoretischen Grundlagen des Marxismus« 1905 in reifer Form entwickelt hat; teils weil er derjenige ist, der aus den gemeinsamen Prämissen der genannten marxistischen Kritiker die weitgehendsten Konsequenzen gezogen hat.
Auch Tugan Baranowsky geht wie Bulgakow von der Marxschen Analyse der gesellschaftlichen Reproduktion aus. Auch er hat erst in dieser Analyse den Schlüssel gefunden, um sich in dem ganzen verworrenen und verwirrenden Komplex von Problemen zurechtzufinden. Während aber Bulgakow als begeisterter Adept der Marxschen Lehre diese nur getreu zu entwickeln sich bemüht und seine Schlüsse einfach dem Meister imputiert, belehrt Tugan Baranowsky umgekehrt Marx, der es nicht verstanden habe, seine eigene glänzende Untersuchung des Reproduktionsprozesses zu verwerten. Der wichtigste allgemeine Schluß, zu dem Tugan auf Grund der Marxschen Sätze gelangt und den er zum Angelpunkt seiner ganzen Theorie macht, ist der, daß die kapitalistische Akkumulation – entgegen der Annahme der Skeptiker – nicht bloß bei den kapitalistischen Formen des Ein-

kommens und der Konsumtion möglich, sondern daß sie von Einkommen und Konsumtion überhaupt unabhängig sei. Nicht die Konsumtion – die Produktion selbst sei ihr eigener bester Absatz. Deshalb sei Produktion mit Absatz identisch und, da die Produktionsausdehnung an sich unbeschränkt, habe auch die Aufnahmefähigkeit für ihre Produkte, der Absatz, keine Schranken. »Die angeführten Schemata«, sagt er, »mußten zur Evidenz den an sich sehr einfachen Grundsatz beweisen, welcher aber bei ungenügendem Verständnis des Prozesses der Reproduktion des gesellschaftlichen Kapitals leicht Einwände hervorruft, nämlich den Grundsatz, daß die kapitalistische Produktion für sich selbst einen Markt schafft. Ist es nur möglich, die gesellschaftliche Produktion zu erweitern, reichen die Produktivkräfte dazu aus, so muß bei der proportionellen Einteilung der gesellschaftlichen Produktion auch die Nachfrage eine entsprechende Erweiterung erfahren, denn unter diesen Bedingungen repräsentiert jede neuproduzierte Ware eine neuerschienene Kaufkraft für die Erwerbung anderer Waren. Aus der Vergleichung der einfachen Reproduktion des gesellschaftlichen Kapitals mit dessen Reproduktion auf erweiterter Stufenleiter kann man den höchst wichtigen Schluß ziehen, daß in der kapitalistischen Wirtschaft die Nachfrage nach Waren vom Gesamtumfang der gesellschaftlichen Konsumtion in einem gewissen Sinne unabhängig ist: es kann der Gesamtumfang der gesellschaftlichen Konsumtion zurückgehen und zugleich die gesamte gesellschaftliche Nachfrage nach Waren wachsen, wie absurd das auch vom Standpunkte des ›gesunden Menschenverstandes‹ erscheinen mag.«[1] Und ebenso weiter: »Als Resultat unserer abstrakten Analyse des Prozesses der Reproduktion des gesellschaftlichen Kapitals hat sich der Schluß ergeben, daß es bei einer proportionellen Einteilung der gesellschaftlichen Produktion kein überschüssiges gesellschaftliches Produkt geben kann.«[2] Von hier aus revidiert Tugan die Marxsche Krisentheorie, die angeblich auf der Sismondischen »Unterkonsumtion« beruhe: »Die verbreitete Meinung, die bis zu einem gewissen Grade auch von Marx geteilt wurde, daß das Elend der Arbeiter, welche die große Mehrzahl der Bevölkerung bilden, eine Realisation der Produkte der sich immer erweiternden kapitalistischen Produktion wegen mangelnder Nachfrage unmöglich macht – ist als falsch zu bezeichnen. Wir haben gesehen, daß die kapitalistische Produktion für sich selbst einen Markt schafft – die Konsumtion ist nur eines der Momente der kapitalistischen Produktion. Wenn die gesellschaftliche Produktion planmäßig organisiert wäre, wenn die Leiter der

[1] Studien zur Theorie und Geschichte der Handelskrisen in England. Jena 1901. S. 25. [Unsere Ausgabe S. 649]

[2] l. c., S. 34. [Unsere Ausgabe S. 657]

Produktion eine vollkommene *Kenntnis* der Nachfrage und die *Macht* hätten, die Arbeit und das Kapital frei aus einem Produktionszweig in einen anderen überzuführen, so könnte, wie niedrig die gesellschaftliche Konsumtion auch sein möchte, das Angebot der Waren die Nachfrage nicht überschreiten.«[1] Der einzige Umstand, der periodisch eine Marktüberfüllung erzeugt, sei der Mangel an Proportionalität bei der Produktionserweiterung. Den Gang der kapitalistischen Akkumulation unter dieser Voraussetzung schildert Tugan folgendermaßen: »Was würden ... die Arbeiter ... bei einer proportionellen Einteilung der Produktion produzieren? Offenbar ihre eigenen Lebensmittel und Produktionsmittel. Wozu werden aber solche dienen? Zur Erweiterung der Produktion im zweiten Jahre. Der Produktion welcher Produkte? Wieder der Produktionsmittel und Lebensmittel der Arbeiter – und so ad infinitum.«[2] Dieses Frage- und Antwortspiel ist wohlgemerkt nicht als Selbstpersiflage, sondern völlig ernst gemeint. Und so ergeben sich für die Kapitalakkumulation unendliche Perspektiven: »Ist ... die Ausdehnung der Produktion praktisch grenzenlos, so müssen wir die Ausdehnung des Marktes als ebenso grenzenlos annehmen, denn *es gibt bei der proportionellen Einteilung der gesellschaftlichen Produktion für die Ausdehnung des Marktes keine andere Schranke außer den Produktionskräften, über welche die Gesellschaft verfügt.*«[3]
Da so die Produktion selbst ihren Absatz schafft, so bekommt auch der auswärtige Handel der kapitalistischen Staaten die eigentümliche mechanische Rolle zugewiesen, die wir schon bei Bulgakow kennengelernt haben. Der auswärtige Absatzmarkt ist z. B. für England unbedingt notwendig. »Beweist das nicht, daß die kapitalistische Produktion ein überschüssiges Produkt schafft, für welches auf dem inneren Markte kein Platz vorhanden ist? Warum bedarf England überhaupt eines auswärtigen Marktes? Die Antwort ist keine schwere. Darum, weil ein bedeutender Teil der Kaufkraft Englands für die Anschaffung ausländischer Waren verausgabt wird. Die Einfuhr ausländischer Waren für den inneren Markt Englands macht auch die Ausfuhr englischer Waren für den auswärtigen Markt absolut notwendig. Da England ohne einen ausländischen Import nicht auskommen kann, so ist auch ein Export für dieses Land eine Existenzbedingung, sonst hätte es nichts, womit es für seinen Import bezahlen könnte.«[4] Hier ist also wieder die landwirtschaftliche Einfuhr als der stimulierende, ausschlaggebende Faktor bezeichnet, und ebenso finden wir die zwei Katego-

1 l. c., S. 33. [Unsere Ausgabe S. 657]
2 l. c., S. 191.
3 l. c., S. 231. Unterstrichen im Original.
4 l. c., S. 35. [Unsere Ausgabe S. 658]

rien Länder »eines landwirtschaftlichen und eines industriellen Typus«, die von Natur auf den Austausch untereinander angewiesen sind – ganz nach dem Schema deutscher Professoren.

Welches ist nun die Beweisführung für die kühne Lösung des Akkumulationsproblems bei Tugan Baranowsky, von der aus er auch das Problem der Krisen und eine ganze Reihe anderer beleuchtet? Es ist kaum zu glauben, aber um so wichtiger festzustellen: die Beweisführung Tugans besteht einzig und allein im Marxschen Schema der erweiterten Reproduktion. Ni plus ni moins. Tugan Baranowsky spricht zwar an mehreren Stellen etwas großspurig von seiner »abstrakten Analyse des Prozesses der Reproduktion des gesellschaftlichen Kapitals«, von »zwingender Logik« seiner Analyse, die ganze »Analyse« reduziert sich jedoch auf die Abschrift des Marxschen Schemas der erweiterten Reproduktion, nur mit anders gewählten Zahlen. In der ganzen Studie Tugans wird man keine Spur eines anderen Beweises finden. In dem Marxschen Schema verläuft nun tatsächlich die Akkumulation, die Produktion, die Realisierung, der Austausch, die Reproduktion glatt wie am Schnürchen. Und ferner kann man diese »Akkumulation« auch tatsächlich »ad infinitum« fortsetzen. Nämlich solange Papier und Tinte reichen. Und diese seine harmlose Übung mit arithmetischen Gleichungen auf dem Papier gibt Tugan Baranowsky in vollem Ernst für den *Beweis* aus, daß die Dinge sich ebenso in Wirklichkeit abspielen. »Die angeführten Schemata mußten zur Evidenz beweisen« ... Und an einer anderen Stelle widerlegt er Hobson, der von der Unmöglichkeit der Akkumulation überzeugt ist, folgendermaßen: »Das ... Schema Nr. 2 der Reproduktion des gesellschaftlichen Kapitals auf erweiterter Stufenleiter entspricht dem von Hobson betrachteten Falle der Akkumulation des Kapitals. Sehen wir aber in diesem Schema ein überschüssiges Produkt entstehen? In keiner Weise!«[1] Also weil »im Schema« kein überschüssiges Produkt entsteht, so ist Hobson auch schon widerlegt und die Sache erledigt.

Freilich, Tugan Baranowsky weiß sehr wohl, daß in der rauhen Wirklichkeit die Dinge nicht so glatt verlaufen. Es gibt beständige Schwankungen beim Austausch und periodische Krisen. Aber die Krisen treten eben nur deshalb ein, weil keine Proportionalität bei der Produktionserweiterung beobachtet wird, d. h. weil man sich im voraus nicht an die Proportionen des »Schemas Nr. 2« hält. Wäre nach dem verfahren, dann hätten wir keine Krisen und alles ginge in der kapitalistischen Produktion so hübsch vonstatten wie auf dem Papier. Nun wird Tugan zugeben müssen, daß man – wo wir den Reproduktionsprozeß im ganzen als einen fortlaufenden Prozeß behandeln – von den Krisen füglich absehen darf. Die »Proportionali-

[1] l. c., S. 191.

tät« mag alle Augenblicke aus den Fugen gehen, im Durchschnitt der Konjunkturen durch lauter Abweichungen, durch Preisschwankungen täglich und durch Krisen periodisch wird ja die »Proportionalität« immer wieder eingerenkt. Daß sie im ganzen schlecht oder recht tatsächlich eingehalten wird, beweist der Umstand, daß die kapitalistische Wirtschaft fortbesteht und sich entwickelt, sonst hätten wir längst ein Tohuwabohu und den Zusammenbruch erlebt. Im Durchschnitt, im Endresultat wird also die Tugansche Proportionalität eingehalten, woraus zu schließen, daß die Wirklichkeit sich nach »Schema Nr. 2« richtet. Und weil dieses Schema sich unendlich weiterführen läßt, so kann auch die Kapitalakkumulation ad infinitum fortschreiten.

Auffallend ist bei alledem nicht das Resultat, zu dem Tugan Baranowsky gelangt, nämlich die Annahme, daß das Schema tatsächlich dem Gang der Dinge entspricht – wir sahen, daß auch Bulgakow diesen Glauben teilte – sondern der Umstand, daß Tugan nicht einmal für nötig hält, die *Frage* danach zu stellen, ob denn das »Schema« stimmt, daß er, statt das Schema zu beweisen, umgekehrt das Schema selbst, die arithmetische Uebung auf dem Papier, für einen Beweis betrachtet, daß auch in Wirklichkeit die Dinge sich so verhalten. Bulgakow suchte das Marxsche Schema mit ehrlicher Mühe auf die wirklichen konkreten Verhältnisse der kapitalistischen Wirtschaft und des kapitalistischen Austausches zu projizieren, suchte sich durch die Schwierigkeiten, die sich daraus ergaben, durchzuringen, was er freilich nicht fertiggebracht hat und wobei er schließlich in der Analyse von Marx stecken blieb, die er selbst mit voller Klarheit als unfertig, abgebrochen ansah. Tugan Baranowsky braucht gar keine Beweise, er zerbricht sich nicht viel den Kopf: da sich die arithmetischen Proportionen zur Zufriedenheit lösen und nach Belieben fortsetzen lassen, so *ist ihm das* just ein Beweis, daß sich die kapitalistische Akkumulation – vorbehaltlich der bewußten »Proportionalität«, die aber, wie auch Tugan nicht bestreiten wird, vorn oder hinten doch hineinkommt – ebenso restlos und unendlich fortwinden könne.

Tugan Baranowsky hat freilich *einen* indirekten Beweis, daß das Schema mit seinen seltsamen Ergebnissen der Wirklichkeit entspricht, ihr treues Spiegelbild darstellt. Das ist die Tatsache, daß in der kapitalistischen Gesellschaft, ganz im Einklang mit dem Schema, die menschliche Konsumtion hinter die Produktion gesetzt, jene zum Mittel, diese zum Selbstzweck, wie auch menschliche Arbeit der »Arbeit« der Maschine gleichgesetzt werde: »Der technische Fortschritt gelangt darin zum Ausdruck, daß die Bedeutung der Arbeitsmittel, der Maschine immer mehr, im Vergleich mit der lebendigen Arbeit, dem Arbeiter selbst, zunimmt. Die Produktionsmittel spielen eine immer größere Rolle im Produktionsprozeß und auf dem Warenmarkt. Der Arbeiter tritt gegenüber der Maschine in den Hintergrund, und zugleich tritt in den Hintergrund die aus der Konsumtion des Arbeiters entstehende Nachfrage im Vergleich mit der Nachfrage, welche aus der produktiven Konsumtion der Produktionsmittel entsteht. Das ganze Getriebe der kapitalistischen Wirtschaft nimmt den Charakter eines gleichsam für sich selbst existierenden Mechanismus an, in welchem die Konsumtion der Menschen als ein einfaches Moment des Prozesses der Reproduktion und der Zirkulation des Kapitals erscheint.«[1] Diese Entdeckung betrachtet Tugan als das Grundgesetz der kapitalistischen Wirtschaftsweise, und ihre Bestätigung kommt in einem ganz handgreiflichen Phänomen zum Ausdruck: mit dem Fortgang der kapitalistischen Entwickelung wächst die Abteilung der Produktionsmittel im Verhältnis zur Abteilung der Konsumtionsmittel und auf ihre Kosten immer mehr. Gerade Marx hat bekanntlich dieses Gesetz selbst aufgestellt und seine schematische Darstellung der Reproduktion beruht auf diesem Gesetz, obschon Marx, die dadurch herbeigeführten Verschiebungen der Einfachheit halber nicht in der weiteren Entwickelung seines Schemas zahlenmäßig berücksichtigt hat. Hier also, in dem automatischen Wachstum der Abteilung der Produktionsmittel im Vergleich zu der Abteilung der Konsumtionsmittel hat Tugan den einzigen objektiven exakten Beweis für seine Theorie gefunden, daß in der kapitalistischen Gesellschaft die menschliche Konsumtion immer unwichtiger, die Produktion immer mehr Selbstzweck wird. Diesen Gedanken macht er zum Eckstein seines ganzen theoretischen Gebäudes. »In allen industriellen Staaten – verkündet er – tritt uns dieselbe Erscheinung entgegen – überall folgt die Entwickelung der Volkswirtschaft demselben fundamentalen Gesetz. Die Montanindustrie, welche die Produktionsmittel für die moderne Industrie schafft, wird immer mehr in den Vordergrund gerückt. Somit kommt in der relativen Abnahme des Exports derjenigen britischen Fabrikate, die in den unmittelbaren Verbrauch eingehen, auch das Grundgesetz der kapitalistischen Entwickelung zum Ausdruck: je mehr die Technik fortschreitet, desto mehr treten die Konsumtionsmittel zurück gegenüber den Produktionsmitteln. Die Menschenkonsumtion spielt eine immer geringere Rolle gegenüber der produktiven Konsumtion der Produktionsmittel.«[2]

Wiewohl Tugan auch dieses »fundamentale Gesetz« leibhaftig und fertig direkt von Marx bezogen hat, wie seine sämtlichen »fundamentalen« Gedanken sonst, sofern sie etwas Greifbares und Exaktes darstellen, so ist er wieder damit nicht zufrieden und beeilt sich, Marx sofort mit der von

[1] l. c., S. 27. [Unsere Ausgabe S. 651]
[2] l. c., S. 58.

Marx bezogenen Weisheit zu belehren. Marx habe da wieder wie ein blindes Huhn eine Perle gefunden, wisse aber nicht, was er damit anfangen soll. Erst Tugan Baranowsky hat die »fundamentale« Entdeckung für die Wissenschaft zu fruktifizieren verstanden, in seiner Hand beleuchtet plötzlich das gefundene Gesetz das gesamte Getriebe der kapitalistischen Wirtschaft: hier in diesem Gesetz des Wachstums der Abteilung der Produktionsmittel auf Kosten der Abteilung der Konsumtionsmittel kommt klar, deutlich, exakt, meßbar zum Ausdruck, daß für die kapitalistische Gesellschaft die menschliche Konsumtion immer unwichtiger, daß der Mensch von ihr dem Produktionsmittel gleichgesetzt wird, daß also Marx gründlich irrte, einmal als er annahm, daß nur der Mensch den Mehrwert schaffe und nicht auch die Maschine, daß die menschliche Konsumtion eine Schranke für die kapitalistische Produktion darstelle, woraus sich heute periodische Krisen und morgen der Zusammenbruch und das Ende mit Schrecken der kapitalistischen Wirtschaft ergeben müßten. Kurz, in dem »Grundgesetz« des Wachstums der Produktionsmittel auf Kosten der Konsumtionsmittel spiegelt sich die kapitalistische Gesellschaft als Ganzes mit ihrem spezifischen Wesen, wie es von Marx nicht verstanden und von Tugan Baranowsky endlich glücklich entziffert worden ist.

Wir haben schon früher gesehen, welche entscheidende Rolle das besagte kapitalistische »Grundgesetz« in der Kontroverse der russischen Marxisten mit den Skeptikern spielte. Bulgakows Äußerungen kennen wir. Genau so drückt sich ein anderer Marxist in seiner Polemik gegen die »Volkstümler«, der von uns bereits erwähnte W. *Iljin*, aus:

»Wie bekannt, besteht das Gesetz der kapitalistischen Produktion darin, daß das konstante Kapital rascher wächst als das variable, d. h. ein immer größerer Teil sich neu bildender Kapitale wendet sich der Abteilung der gesellschaftlichen Produktion zu, die Produktionsmittel herstellt. Folglich muß diese Abteilung unbedingt rascher wachsen als die Abteilung, die Konsummittel herstellt, d. h. es tritt just das ein, was Sismondi für »unmöglich«, »gefährlich« usw. erklärte. Folglich nehmen die Konsummittel in der Gesamtmasse der kapitalistischen Produktion immer weniger und weniger Raum ein. *Und das entspricht vollkommen der geschichtlichen »Mission« des Kapitalismus und seiner spezifischen sozialen Struktur: die erstere besteht nämlich in der Entwickelung der Produktivkräfte der Gesellschaft (Produktion um der Produktion willen); die letztere schließt die Utilisierung derselben durch die Masse der Bevölkerung aus.*«[1]

[1] Wladimir Iljin, Ökonomische Studien und Artikel. Zur Charakteristik des ökonomischen Romantizismus. Petersburg 1899. S. 20. Demselben Verfasser gehört übrigens die Behauptung, daß die erweiterte Reproduktion erst mit dem Kapita-

Tugan Baranowsky geht natürlich auch hier weiter als die anderen. In seinem Gefallen an Paradoxen leistet er sich sogar den Witz, mathematisch den Nachweis zu liefern, daß die Akkumulation des Kapitals und die Produktionserweiterung sogar bei absolutem Rückgang der Konsumtion möglich sei. Hier ertappt ihn K. Kautsky bei einem wissenschaftlich wenig salonfähigen Manöver, nämlich dabei, daß er seine kühne Deduktion ausschließlich auf einen spezifischen Moment: den Übergang von der einfachen zur erweiterten Reproduktion zugeschnitten hat, einen Moment, der theoretisch nur als Ausnahme gedacht werden kann, praktisch aber überhaupt nicht in Betracht kommt.[1]

---

lismus beginnt. Iljin hat nicht bemerkt, daß wir mit der einfachen Reproduktion, die er als Gesetz für alle vorkapitalistischen Produktionsweisen annimmt, wahrscheinlich heute noch über den paläolithischen Schaber nicht hinaus wären.

[1] Die Neue Zeit, XX. Jahrg., 2, Krisentheorien, S. 116.* Wenn K. Kautsky durch die Fortsetzung des Schemas der erweiterten Reproduktion Tugan ziffernmäßig beweist, daß die Konsumtion unbedingt wachsen müsse, und zwar »genau in demselben Verhältnis wie die Wertmasse der Produktionsmittel«, so ist dazu zweierlei zu bemerken. Erstens ist dabei von Kautsky, wie auch von Marx in seinem Schema, der Fortschritt der Produktivität der Arbeit nicht berücksichtigt, wodurch die Konsumtion relativ größer erscheint, als der Wirklichkeit entsprechen würde. Zweitens aber ist das Wachstum der Konsumtion, auf das Kautsky hier verweist, selbst Folge, Ergebnis der erweiterten Reproduktion, nicht ihre Grundlage und ihr Zweck: es ergibt sich in der Hauptsache aus dem gewachsenen variablen Kapital, aus der wachsenden Verwendung neuer Arbeiter. Die Erhaltung dieser Arbeiter kann aber nicht als Zweck und Aufgabe der Erweiterung der Reproduktion betrachtet werden, so wenig übrigens wie die zunehmende persönliche Konsumtion der Kapitalistenklasse. Der Hinweis Kautskys schlägt also wohl die Spezialschrulle Tugans zu Boden: den Einfall, eine erweiterte Reproduktion bei absoluter Abnahme der Konsumtion zu konstruieren; er geht hingegen nicht auf die Grundfrage des Verhältnisses von Produktion zur Konsumtion vom Standpunkte des Reproduktionsprozesses ein. Wir lesen zwar an einer anderen Stelle desselben Aufsatzes: »Die Kapitalisten und die von ihnen ausgebeuteten Arbeiter bilden einen mit der Zunahme des Reichtums der ersteren und der Zahl der letzteren zwar stets wachsenden, aber nicht so rasch wie die Akkumulation des Kapitals und die Produktivität der Arbeit anwachsenden und für sich allein nicht ausreichenden Markt für die von der kapitalistischen Großindustrie geschaffenen Konsummittel. Diese muß einen zusätzlichen Markt außerhalb ihres Bereiches in den noch nicht kapitalistisch produzierenden Berufen und Nationen suchen. Den findet sie auch und sie erweitert ihn ebenfalls immer mehr, aber ebenfalls nicht rasch genug. Denn dieser zusätzliche Markt besitzt bei weitem nicht die Elastizität und Ausdehnungsfähigkeit des kapitalistischen Produktionsprozesses. Sobald die kapitalistische Produktion zur entwickelten Großindustrie geworden ist, wie dies in England schon im ersten Viertel des neunzehnten Jahrhunderts der Fall war,

---

* [Unsere Ausgabe S. 667]

Was das Tugansche »Grundgesetz« betrifft, so erklärt er Kautsky für bloßen Schein, der sich deshalb ergäbe, weil Tugan Baranowsky nur die Gestaltung der Produktion in den alten Ländern der kapitalistischen Großindustrie ins Auge fasse: »Es ist richtig«, sagt Kautsky, »daß die Zahl der Produktionsstätten, in denen die Produkte direkt für den persönlichen Konsum fertiggemacht werden, mit fortschreitender Arbeitsteilung verhältnismäßig immer mehr sinkt gegenüber den anderen Produktionsstätten, die jenen und einander Werkzeuge, Maschinen, Rohmaterialien, Transportmittel usw. liefern. Während in der ursprünglichen Bauernwirtschaft der Flachs von dem Betrieb, der ihn gewann, auch mit eigenen Werkzeugen

---

erhält sie die Möglichkeit derartiger sprunghafter Ausdehnung, daß sie jede Erweiterung des Marktes binnen kurzem überholt. So ist jede Periode der Prosperität, die einer erheblichen Erweiterung des Marktes folgt, von vornherein zur Kurzlebigkeit verurteilt und die Krise wird ihr notwendiges Ende. Dies in kurzen Zügen die, soweit wir sehen, von den »orthodoxen« Marxisten allgemein angenommene, von Marx begründete Krisentheorie.« (l. c., S. 80.) Kautsky befaßt sich aber damit nicht, die Auffassung von der Realisierung des Gesamtprodukts mit dem Marxschen Schema der erweiterten Reproduktion in Einklang zu bringen, vielleicht aus dem Grunde, weil er, wie auch das Zitat zeigt, das Problem ausschließlich unter dem Gesichtswinkel der Krisen, d. h. vom Standpunkte des gesellschaftlichen Produkts als einer unterschiedslosen Warenmasse in ihrer Gesamtmenge, nicht unter dem Gesichtswinkel seiner Gliederung im Reproduktionsprozeß behandelt.

An diese letztere Frage tritt anscheinend näher L. Boudin heran, der in seiner glänzenden Kritik desselben Tugan Baranowsky die Formulierung gibt:

»Das in den kapitalistischen Ländern produzierte Mehrprodukt hat – mit einigen später zu erwähnenden Ausnahmen – nicht darum die Räder der Produktion in ihrem Lauf gehemmt, weil die Produktion geschickter in die verschiedenen Sphären verteilt worden ist oder weil aus der Produktion von Baumwollwaren eine Produktion von Maschinen geworden ist, sondern deshalb, weil auf Grund der Tatsache, daß sich einige Länder früher kapitalistisch umentwickelt haben als andere und daß es auch jetzt noch einige kapitalistisch unentwickelt gebliebene gibt, die kapitalistischen Länder wirklich eine außerhalb liegende Welt haben, in welche sie die von ihnen nicht selbst zu verbrauchenden Produkte hineinwerfen konnten, gleichviel, ob diese Produkte nun in Baumwoll- oder in Eisenwaren bestanden. Damit soll durchaus nicht gesagt sein, daß die Wandlung von den Baumwoll- zu den Eisenwaren als führendem Produkt der hauptsächlichen kapitalistischen Länder etwa bedeutungslos wäre. Im Gegenteil, sie ist von der größten Wichtigkeit. Aber ihre Bedeutung ist eine ganz andere, als Tugan Baranowsky ihr beilegt. Sie zeigt den Anfang vom Ende des Kapitalismus. Solange die kapitalistischen Länder Waren zur Konsumtion ausführten, solange war noch Hoffnung für den Kapitalismus in jenen Ländern. Da war noch nicht die Rede davon, wie groß die Aufnahmefähigkeit der nichtkapitalistischen Außenwelt für die kapitalistisch produzierten Waren wäre und wie lange sie noch dauern würde. Das Anwachsen der Maschinenfabrikation im Export der kapitalistischen Hauptländer auf Kosten der Konsumtionsgüter zeigt, daß Gebiete, welche früher abseits vom Kapitalismus verarbeitet und für den menschlichen Verbrauch fertiggemacht wurde, sind jetzt vielleicht Hunderte von Betrieben an der Herstellung eines Hemds beteiligt, an der Herstellung der Rohbaumwolle, der Produktion der Eisenschienen, Lokomotiven und Waggons, die sie nach dem Hafen bringen« usw. »Bei der internationalen Arbeitsteilung kommt es dahin, daß einzelne Länder – die alten Industrieländer – ihre Produktion zum persönlichen Konsum nur noch langsam ausdehnen können, während die Produktion von Produktionsmitteln bei ihnen noch rasche Fortschritte macht und für den Pulsgang ihres ökonomischen Lebens viel bestimmender wird als die der Produktion von Konsumtionsmitteln. Wer die Sache nur vom Standpunkt der betreffenden Nation ansieht, kommt dann leicht zur Ansicht, die Produktion von Produktionsmitteln könne dauernd rascher wachsen als die von Konsumtionsmitteln, sie sei an diese nicht gebunden.«

Letzteres, d. h. die Ansicht, als sei die Produktion von Produktionsmitteln von der Konsumtion unabhängig, ist natürlich eine vulgärökonomische Luftspiegelung Tugan Baranowskys. Nicht so die Tatsache, mit der er diesen Trugschluß begründen will: das raschere Wachstum der Abteilung der Produktionsmittel im Vergleich zu derjenigen der Konsumtionsmittel. Diese Tatsache läßt sich gar nicht bestreiten, und zwar nicht bloß für alte Industrieländer, sondern überall, wo technischer Fortschritt die Produktion beherrscht. Auf ihr beruht auch das Marxsche Fundamentalgesetz vom tendenziellen Fall der Profitrate. Aber trotzdem oder gerade deshalb ist es

---

standen und deshalb als Abladestelle für sein Mehrprodukt dienten, nunmehr in das Getriebe des Kapitalismus hineingezogen worden sind, zeigt, daß, da ihr eigener Kapitalismus sich entwickelt, sie ihre eigenen Konsumtionsgüter selbst produzieren. Jetzt, wo sie erst im Anfangsstadium ihrer kapitalistischen Entwicklung sind, brauchen sie noch die kapitalistisch produzierten Maschinen. Aber bald genug werden sie sie nicht mehr brauchen. Sie werden ihre eigenen Eisenwaren produzieren, genau so, wie sie jetzt ihre eigenen Baumwoll- und andere Konsumtionswaren erzeugen. Dann werden sie nicht nur aufhören, eine Aufnahmestelle für das Mehrprodukt der eigentlichen kapitalistischen Länder zu sein, vielmehr werden sie selbst ein Mehrprodukt erzeugen, das sie nur schwer werden unterbringen können. (Die Neue Zeit. XXV. Jahrg., 1. Mathematische Formeln gegen Karl Marx, S. 604). Boudin gibt hier sehr wichtige Ausblicke auf die großen Verknüpfungen in der Entwicklung des internationalen Kapitalismus. Weiter kommt er in diesem Zusammenhang logisch auf die Frage des Imperialismus. Leider spitzt er seine scharfe Analyse zum Schluß nach einer falschen Seite zu, indem er die ganze militaristische Produktion und das System der internationalen Kapitalausfuhr nach nichtkapitalistischen Ländern unter den Begriff der »Verschwendung« bringt. – Im übrigen ist festzustellen, daß Boudin, genau wie Kautsky, das Gesetz des rascheren Wachstums der Abteilung der Produktionsmittel im Vergleich zur Abteilung der Lebensmittel für eine Täuschung Tugan Baranowskys hält.

ein großer Irrtum, wenn Bulgakow, Iljin und Tugan Baranowsky wähnen, in diesem Gesetz das spezifische Wesen der kapitalistischen Wirtschaft als einer, für die Produktion Selbstzweck, menschliche Konsumtion bloß Nebensache sei, entschleiert zu haben.

Das Wachstum des konstanten Kapitals auf Kosten des variablen ist nur der kapitalistische Ausdruck der allgemeinen Bedingungen der steigenden Produktivität der Arbeit. Die Formel $c > v$, aus der kapitalistischen Sprache in die Sprache des gesellschaftlichen Arbeitsprozesses übertragen, heißt nur soviel: je höher die Produktivität der menschlichen Arbeit, um so kürzer die Zeit, in der sie ein gegebenes Quantum Produktionsmittel in fertige Produkte verwandelt.[1] Das ist ein allgemeines Gesetz der menschlichen Arbeit, das ebensogut unter allen vorkapitalistischen Produktions-

---

[1] »Abgesehen von Naturbedingungen, wie Fruchtbarkeit des Bodens usw., und vom Geschick unabhängiger und isoliert arbeitender Produzenten, das sich jedoch mehr qualitativ in der Güte als quantitativ in der Masse des Machwerks bewährt, drückt sich der gesellschaftliche Produktivgrad der Arbeit aus im relativen Größenumfang der Produktionsmittel, welche ein Arbeiter während gegebener Zeit, mit derselben Anspannung von Arbeitskraft in Produkt verwandelt. Die Masse der Produktionsmittel, womit er funktioniert, wächst mit der Produktivität seiner Arbeit. Diese Produktionsmittel spielen dabei eine doppelte Rolle. Das Wachstum der einen ist Folge, das der anderen Bedingung der wachsenden Produktivität der Arbeit. Z. B. mit der manufakturmäßigen Teilung der Arbeit und der Anwendung von Maschinerie wird in derselben Zeit mehr Rohmaterial verarbeitet, tritt also größere Masse von Rohmaterial und Hilfsstoffen in den Arbeitsprozeß ein. Das ist die Folge der wachsenden Produktivität der Arbeit. Andererseits ist die Masse der angewandten Maschinerie, des Arbeitsviehs, mineralischen Düngers, Drainierungsröhren usw. Bedingung der wachsenden Produktivität der Arbeit. Ebenso die Masse der in Baulichkeiten, Riesenöfen, Transportmitteln usw. konzentrierten Produktionsmittel. Ob aber Bedingung oder Folge, der wachsende Größenumfang der Produktionsmittel im Vergleich zu der ihnen einverleibten Arbeitskraft drückt die wachsende Produktivität der Arbeit aus. Die Zunahme der letzteren erscheint also in der Abnahme der Arbeitsmasse verhältnismäßig zu der von ihr bewegten Masse von Produktionsmitteln oder in der Größenabnahme des subjektiven Faktors des Arbeitsprozesses verglichen mit seinen objektiven Faktoren.« (Das Kapital, I, S. 586.*) Und noch an einer anderen Stelle: »Man hat früher gesehen, daß mit der Entwickelung der Produktivität der Arbeit, also auch mit der Entwickelung der kapitalistischen Produktionsweise – welche die gesellschaftliche Produktivkraft der Arbeit mehr entwickelt als alle früheren Produktionsweisen –, die Masse der in der Form von Arbeitsmitteln dem Prozeß ein für allemal einverleibten und stets wiederholt, während längerer oder kürzerer Periode in ihm Produktionsmittel (Gebäude, Maschinen usw.) beständig wächst, und daß ihr Wachstum sowohl Voraussetzung wie Wirkung der Entwicklung der gesellschaftlichen Produktivkraft der Arbeit ist. Das nicht nur absolute, sondern relative

---

* [Siehe »Kapital« I, a. a. O., S. 572]

formen Geltung hatte, wie es in der Zukunft in der sozialistischen Gesellschaftsordnung gelten wird. Ausgedrückt in der sachlichen Gebrauchsgestalt des gesellschaftlichen Gesamtprodukts muß sich dieses Gesetz äußern in einer immer größeren Verwendung der gesellschaftlichen Arbeitszeit auf Herstellung von Produktionsmitteln im Vergleich zur Herstellung von Konsummitteln. Ja, diese Verschiebung müßte in einer sozialistisch organisierten, planmäßig geleiteten gesellschaftlichen Wirtschaft noch bedeutend rascher vor sich gehen als in der gegenwärtigen kapitalistischen. Erstens wird die Anwendung der rationellen wissenschaftlichen Technik auf breitester Grundlage in der Landwirtschaft erst möglich, wenn die Schranken des privaten Grundbesitzes beseitigt sind. Daraus wird sich auf einem großen Gebiete der Produktion eine gewaltige Umwälzung ergeben, die im allgemeinen Resultat auf eine umfangreiche Verdrängung der lebendigen Arbeit durch Maschinenarbeit hinausläuft und die Inangriffnahme technischer Aufgaben größten Stils herbeiführen wird, für die heute keine Bedingungen vorhanden sind. Zweitens wird die Anwendung der Maschinerie überhaupt im Produktionsprozeß auf eine neue ökonomische Basis gestellt werden. Gegenwärtig tritt die Maschine nicht mit der lebendigen Arbeit, sondern bloß mit dem bezahlten Teil der lebendigen Arbeit in Konkurrenz. Die unterste Grenze der Anwendbarkeit der Maschine in der kapitalistischen Produktion ist mit den Kosten der durch sie verdrängten Arbeitskraft gegeben. Das heißt: für den Kapitalisten kommt eine Maschine erst dann in Betracht, wenn ihre Produktionskosten – bei gleicher Leistungsfähigkeit – weniger betragen als die Löhne der durch sie verdrängten Arbeiter. Vom Standpunkte des gesellschaftlichen Arbeitsprozesses, der allein in der sozialistischen Gesellschaft maßgebend sein kann, muß die Maschine nicht mit der zur Erhaltung der Arbeitenden notwendigen Arbeit, sondern mit der von ihnen geleisteten Arbeit in Konkurrenz treten. Das besagt soviel, daß für eine Gesellschaft, in der nicht Profitstandpunkte, sondern Ersparnis der menschlichen Arbeit maßgebend ist, die Anwendung der Maschine schon

---

Wachstum des Reichtums in dieser Form (vergl. Buch I, Kap. XXIII, 2) charakterisiert vor allem die kapitalistische Produktionsweise. Die stofflichen Existenzformen des konstanten Kapitals, die Produktionsmittel, bestehen aber nicht nur aus derartigen Arbeitsmitteln, sondern auch aus Arbeitsmaterial auf den verschiedensten Stufen der Verarbeitung und aus Hilfsstoffen. Mit der Stufenleiter der Produktion und der Steigerung der Produktivkraft der Arbeit durch Kooperation, Teilung, Maschinerie usw. wächst die Masse des Rohmaterials, der Hilfsstoffe usw., die in den täglichen Reproduktionsprozeß eingehen.« (Das Kapital, Bd. II, S. 112.*)

---

* [Unsere Ausgabe S. 131, 132]

dann ökonomisch geboten wäre, wenn ihre Herstellung weniger Arbeit kostet, als sie an lebendiger Arbeit erspart. Wir sehen davon ab, daß in vielen Fällen, wo die Gesundheit und dergleichen Rücksichten auf die Interessen der Arbeitenden selbst in Frage kommen, die Anwendbarkeit der Maschine in Betracht kommen kann, auch wenn sie nicht einmal diese ökonomische Minimalgrenze der Ersparnis erreicht. Jedenfalls ist die Spannung zwischen der ökonomischen Anwendbarkeit der Maschinen in der kapitalistischen und in der sozialistischen Gesellschaft mindestens gleich der Differenz zwischen der lebendigen Arbeit und ihrem bezahlten Teil, d. h. sie kann genau gemessen werden durch den ganzen kapitalistischen Mehrwert. Daraus folgt, daß mit der Beseitigung der kapitalistischen Profitinteressen und der Einführung der gesellschaftlichen Organisation der Arbeit die Grenze für die Anwendung der Maschinen sich plötzlich um die ganze Größe des kapitalistischen Mehrwerts hinausschieben, ihrem Eroberungszug sich ein enormes unübersehbares Feld eröffnen wird. Es müßte sich dann handgreiflich zeigen, daß die kapitalistische Produktionsweise, die angeblich zur äußersten Entwicklung der Technik anstachelt, tatsächlich in dem ihr zugrunde liegenden Profitinteresse eine hohe soziale Schranke für den technischen Fortschritt aufrichtet, und daß mit der Niederreißung dieser Schranke der technische Fortschritt mit einer Macht vorwärts drängen wird, gegen die die technischen Wunder der kapitalistischen Produktion wie ein Kinderspiel erscheinen dürften.

Ausgedrückt in der Zusammensetzung des gesellschaftlichen Produkts, kann dieser technische Umschwung nur bedeuten, daß die Produktion von Produktionsmitteln in der sozialistischen Gesellschaft – an Arbeitszeit gemessen – noch unvergleichlich rascher anwachsen muß im Vergleich zur Produktion von Konsummitteln wie heute. Und so stellt sich das Verhältnis der beiden Abteilungen der gesellschaftlichen Produktion, in dem die russischen Marxisten einen spezifischen Ausdruck der kapitalistischen Verworfenheit, der Mißachtung für die menschlichen Konsumtionsbedürfnisse gepackt zu haben wähnten, vielmehr als der genaue Ausdruck der fortschreitenden Beherrschung der Natur durch die gesellschaftliche Arbeit heraus, ein Ausdruck, der am ausgeprägtesten just dann hervortreten müßte, wenn die menschlichen Bedürfnisse der allein maßgebende Gesichtspunkt der Produktion sein werden. Der einzige objektive Beweis für das »Fundamentalgesetz« Tugan Baranowskys bricht somit als ein »fundamentales« Quiproquo zusammen, und seine ganze Konstruktion, aus der er auch die »neue Krisentheorie« mitsamt der »Disproportionalität« abgeleitet hat, wird reduziert auf ihre papierene Grundlage: auf das von Marx sklavisch abgeschriebene Schema der erweiterten Reproduktion.

Der Ausgang des russischen »legalen« Marxismus

Es ist ein Verdienst der russischen »legalen« Marxisten und insbesondere Tugan Baranowskys, die Analyse des gesellschaftlichen Reproduktionsprozesses und dessen schematische Darstellung im 2. Bande des Marxschen »Kapital« im Kampfe mit den Skeptikern der kapitalistischen Akkumulation für die Wissenschaft fruktifiziert zu haben. Da aber Tugan Baranowsky diese schematische Darstellung für die Lösung des Problems selbst statt für dessen Formulierung versehen hat, so kam er zu Schlüssen, welche die Grundlagen selbst der Marxschen Lehre auf den Kopf stellen mußten.
Die Tugansche Auffassung, wonach die kapitalistische Produktion für sich selbst schrankenlosen Absatz bilden könne und von der Konsumtion unabhängig sei, führt ihn geradenwegs zu der Say–Ricardoschen Theorie von dem natürlichen Gleichgewicht zwischen Produktion und Konsumtion, Nachfrage und Angebot. Der Unterschied ist nur der, daß Say–Ricardo sich ausschließlich in den Bahnen der einfachen Warenzirkulation bewegten, während Tugan dieselbe Auffassung einfach auf die Kapitalzirkulation überträgt. Seine Theorie der Krisen aus »Disproportionalität« ist im Grunde genommen nichts als eine Paraphrase der alten platten Abgeschmacktheit Says: Wenn von irgendeiner Ware zuviel produziert worden ist, so beweist das bloß, daß von irgendeiner anderen Ware zu wenig produziert worden ist, nur daß Tugan diese Abgeschmacktheit in der Sprache der Marxschen Analyse des Reproduktionsprozesses vorträgt. Und wenn er entgegen Say die allgemeine Überproduktion wohl für möglich erklärt, und zwar mit dem Hinweis auf die von Say ganz vernachlässigte Geldzirkulation, so basieren Tugans erfreuliche Operationen mit dem Marxschen Schema doch tatsächlich auf derselben Vernachlässigung der Geldzirkulation, wie sie Say und Ricardo im Problem der Krisen geläufig war. »Schema Nr. 2« wird sofort voller Stacheln mit Widerhaken, sobald man beginnt, es auf die Geldzirkulation zu transponieren. An diesen Stacheln ist Bulgakow in seinem Versuch, die abgebrochene Marxsche Analyse zu Ende zu denken, hängen geblieben. Es ist diese Vereinigung von Marx geborgter Denkformen mit Say–Ricardoschem Gedankeninhalt, was Tugan Baranowsky bescheiden seinen »Versuch der Synthese der Marxschen Theorie mit der klassischen Nationalökonomie« getauft hat.
So gelangt die optimistische Theorie, die die Möglichkeit und Entwickelungsfähigkeit der kapitalistischen Produktion gegen kleinbürgerliche Zweifel verteidigte, nach fast einem Jahrhundert und über die Marxsche Lehre, in ihren legalen Wortführern wieder zum Ausgangspunkt, zu Say–Ricardo. Die drei »Marxisten« landen bei den bürgerlichen Harmonikern der guten

alten Zeit knapp vor dem Sündenfall und der Vertreibung der bürgerlichen Nationalökonomie aus dem Paradiese der Unschuld, – der Kreis ist geschlossen.

Die »legalen« russischen Marxisten haben über ihre Widersacher, die »Volkstümler«, zweifellos gesiegt, sie haben aber zuviel gesiegt. Alle drei – Struve, Bulgakow, Tugan Baranowsky – haben im Eifer des Gefechts mehr bewiesen als zu beweisen war. Es handelte sich darum, ob der Kapitalismus im allgemeinen und insbesondere in Rußland entwickelungsfähig sei, und die genannten Marxisten haben diese Fähigkeit so gründlich dargetan, daß sie sogar die Möglichkeit der ewigen Dauer des Kapitalismus theoretisch nachgewiesen haben. Es ist klar, daß, wenn man die schrankenlose Akkumulation des Kapitals annimmt, man auch die schrankenlose Lebensfähigkeit des Kapitals bewiesen hat. Die Akkumulation ist die spezifisch kapitalistische Methode der Erweiterung der Produktion, der Entwicklung der Produktivität der Arbeit, der Entfaltung der Produktivkräfte, des ökonomischen Fortschritts. Ist die kapitalistische Produktionsweise imstande, schrankenlos die Steigerung der Produktivkräfte, den ökonomischen Fortschritt zu sichern, dann ist sie unüberwindlich. Der wichtigste objektive Pfeiler der wissenschaftlichen sozialistischen Theorie bricht dann zusammen, die politische Aktion des Sozialismus, der Ideengehalt des proletarischen Klassenkampfes hört auf, ein Reflex ökonomischer Vorgänge, der Sozialismus hört auf, eine historische Notwendigkeit zu sein. Die Beweisführung, die von der Möglichkeit des Kapitalismus ausging, landet bei der Unmöglichkeit des Sozialismus.

Die drei russischen Marxisten waren sich des von ihnen im Gefecht vollzogenen Terrainwechsels wohl bewußt. Struve machte sich freilich über den Verlust des teuren Pfandes vor Jubel über die Kulturmission des Kapitalismus weiter keine Sorgen.[1] Bulgakow suchte das in die sozialistische

[1] In einer 1901 herausgegebenen Sammlung seiner russischen Aufsätze sagt Struve in der Einleitung: »Im Jahre 1894, als der Verfasser seine »Kritischen Bemerkungen zur Frage der ökonomischen Entwicklung Rußlands« veröffentlichte, war er in der Philosophie kritischer Positivist, in der Soziologie und Nationalökonomie ausgesprochener, wenn auch durchaus nicht orthodoxer Marxist. Seitdem haben sowohl der Positivismus, wie der auf ihn gestützte (!) Marxismus aufgehört, für den Verfasser die ganze Wahrheit zu sein, haben aufgehört, seine Weltanschauung völlig zu bestimmen. Er sah sich genötigt auf eigene Faust ein neues Gedankensystem zu suchen und auszuarbeiten. Der bösartige Dogmatismus, der Andersdenkende nicht nur widerlegt, sondern sie auch noch moralisch-psychologisch spioniert, erblickt in einer solchen Arbeit nur »epikureische Flatterhaftigkeit des Sinnes«. Er ist nicht imstande, zu begreifen, daß das Recht der Kritik an sich eins der teuersten Rechte des lebendigen, denkenden Individuums ist. Auf dieses Recht gedenkt der Verfasser nicht zu verzichten, und sollte ihm auch ständig die

Theorie gerissene Leck notdürftig mit einem anderen Fetzen dieser Theorie zu verstopfen: er erhoffte, daß die kapitalistische Wirtschaft dennoch trotz ihres immanenten Gleichgewichts zwischen Produktion und Absatz zugrunde gehen müsse, und zwar: an dem Fall der Profitrate. Dieser etwas nebelhafte Trost wird aber durch Bulgakow selbst zum Schluß vernichtet, wo er, auf die letzte Rettungsplanke, die er dem Sozialismus hingestreckt hatte, vergessend, plötzlich Tugan Baranowsky belehrt, daß der relative Fall der Profitrate für große Kapitale durch das absolute Wachstum des Kapitals wettgemacht werde.[1]

Endlich Tugan Baranowsky, der konsequenteste von allen, reißt mit der derben Freude eines Naturburschen sämtliche objektive ökonomische Pfeiler der sozialistischen Theorie nieder und baut die Welt in seinem Geiste »schöner wieder auf« – auf dem Fundament der »Ethik«. »Das Individuum protestiert gegen eine Wirtschaftsordnung, die den Zweck (den Menschen) in ein Mittel verwandelt und das Mittel (die Produktion) in einen Zweck.«[2] Wie dünn und fadenscheinig die neuen Begründungen des Sozialismus waren, haben alle drei genannten Marxisten an ihrer Person bewiesen, indem sie dem Sozialismus alsbald, kaum daß sie ihn neu begründet hatten, den Rücken kehrten. Während die Massen in Rußland mit Einsetzung ihres Lebens für die Ideale einer Gesellschaftsordnung kämpften, die dereinst den Zweck (den Menschen) über das Mittel (die Produktion) stellen soll, schlug sich »das Individuum« in die Büsche und fand in Kant eine philosophische und ethische Beruhigung. Die legalen russischen Marxisten endeten praktisch, wo ihre theoretische Position sie hinführte: im Lager der bürgerlichen »Harmonien«.

Gefahr drohen, unter der Anklage der »Unbeständigkeit« zu stehen.« (Über verschiedene Themen. Petersburg 1901.)

1 Bulgakow, l. c., S. 252.

2 T. Baranowsky, Studien, S. 229.

II Tugan Baranowskis Proportionalitätstheorie. Darstellung – Kritik – Antikritik

Darstellung

Michael v. Tugan Baranowski: STUDIEN ZUR THEORIE UND GESCHICHTE DER HANDELSKRISEN IN ENGLAND*

1) Elemente der kapitalistischen Wirtschaft

Der Grundunterschied der kapitalistischen von der einfachen Warenwirtschaft ist nicht auf dem Gebiete des Austausches, sondern auf dem der Produktion zu suchen. Der kleine Warenproduzent arbeitet eigenhändig, sein Zweck ist, sich Lebensmittel zu verschaffen, indem er seine Arbeitsprodukte mit den Arbeitsprodukten anderer Produzenten austauscht. Der kapitalistische Unternehmer läßt Lohnarbeiter arbeiten, sein Zweck ist der Profit. Ein Teil des Profits geht in den persönlichen Konsum des kapitalistischen Unternehmers über, ein anderer Teil wird akkumuliert und wieder in Kapital verwandelt. Die Konsumtion der Arbeiter, welche mit der kapitalistischen Produktion beschäftigt sind, hat eine ganz andere ökonomische Bedeutung als die Konsumtion der kleinen Warenproduzenten, und zwar besteht dieser Unterschied in Folgendem. Die Herstellung von Konsumtionsmitteln ist in der einfachen Warenwirtschaft der unmittelbare Zweck der Produktion. Die Vervollkommnung der Technik und der Arbeitsinstrumente, die Vermehrung der Geschicklichkeit und der Gewandtheit des Arbeiters, das Wachstum der Produktivität überhaupt – alles dies führt in der einfachen Warenwirtschaft zu einer Vermehrung des Vorrates der Konsumtionsmittel in den Händen der Bevölkerung. Das Arbeitsinstrument eines selbständigen Produzenten kann keinesfalls als sein eigener Konkurrent auftreten. Der Produzent benutzt die Arbeitsinstrumente nur insofern, als sie zur Vermehrung seines Komfortes und seines Wohlhabens dienen, insofern, als er durch deren Benutzung seine Konsumtion erweitern

* [Text aus: Michael v. Tugan Baranowski, Studien zur Theorie und Geschichte der Handelskrisen in England, Jena 1901, S. 14–17, 17–20, 20–25, 25, 26–28, 28–31, 31–33, 34–37.]

und qualitativ verbessern kann. Zwischen der Ausdehnung der Produktion und dem Wachstum der nationalen Konsumtion kann es in der Wirtschaft der kleinen Warenproduzenten keinen Konflikt geben. Der Mensch bleibt der Herr der Produktion, und die Arbeitsinstrumente, die Arbeitsmittel bleiben seine gehorsamen Diener.

In der kapitalistischen Produktion wird das Verhältnis zwischen dem Menschen und den Arbeitsmitteln von Grund aus umgestaltet. Der Leiter der kapitalistischen Unternehmung ist nicht der Arbeiter, welcher mit seinen Arbeitsmitteln arbeitet, sondern der Kapitalist, welcher an der unmittelbaren Arbeit keinen Anteil nimmt. Vom Standpunkte des kapitalistischen Unternehmers aus ist der Arbeiter ganz ebenso ein Produktionsmittel wie das Instrument in den Händen dieses Arbeiters oder wie die Maschine, deren lebendes Anhängsel der Arbeiter ist. Der Arbeiter und die Maschine sind in gleichem Maße Kapital. Die Unterhaltung des Lebens des Arbeiters ist eine der notwendigen Bedingungen des Produktionsprozesses, ebenso wie das Einwerfen von Kohlen in den Ofen nötig ist, damit die Maschine nicht stillsteht. Aber wie das Anschaffen von Heizungsmaterial für die Maschinen nicht der Zweck der kapitalistischen Produktion ist, ebenso ist auch die Herstellung der Lebensmittel der Arbeiterklasse nicht der Zweck der kapitalistischen Produktion.

Eines der größten Verdienste von *Marx* besteht in dem Hinweise auf den »Fetischcharakter« der Ware. Der tiefste Unterschied der Warenwirtschaft von jeder anderen besteht eben in diesem Fetischcharakter der Warenwelt. Die Warenwirtschaft beruht auf der gesellschaftlichen Arbeitsteilung, und der Zusammenhang zwischen den einzelnen Produzenten wird in ihr nicht zerrissen: auch in der Warenwirtschaft, wie in der Urgemeinde, arbeitet der eine für den anderen. Aber als Bindemittel zwischen den einzelnen Produzenten dient in der Warenwirtschaft die Ware, ein Ding; die Verhältnisse der Menschen werden durch die Verhältnisse der Dinge verhüllt, oder vielmehr in Dingen ausgedrückt, verdinglicht. Infolgedessen, werden die Dinge gleichfalls vergeistigt, beginnen gleichsam ein bewußtes Leben zu führen. Die Ware steigt und sinkt im Preise ganz unabhängig von dem Willen der einzelnen Produzenten, deren Arbeitsprodukt diese Ware bildet – als ob diese Ware ein selbständiges, und zwar mit Willen begabtes Wesen wäre. Die toten Produkte des Menschen werden seine eigenen Gebieter. Die Verkörperung dieses Fetischismus, dieser Verdinglichung der gesellschaftlichen Verhältnisse, welche den Menschen beherrschen, ist der Markt. Die Macht des Marktes ist die Macht der gesellschaftlichen Verhältnisse des Menschen, welche die Form von dinglichen Warenverhältnissen angenommen haben.

Die kapitalistische Wirtschaft geht noch weiter in der Identifizierung der

Dinge und des Menschen. Der Warenaustausch hat das Ding gleichsam zu einem lebenden, und zwar höheren Wesen gemacht: die kapitalistische Produktion verwandelt den Menschen gleichsam in ein Ding. Die Arbeitskraft des Menschen, mit anderen Worten der Mensch selbst wird zu einer Ware, die auf dem Markte ganz ebenso gekauft und verkauft wird wie ein beliebiges Produkt der menschlichen Arbeit. Der Arbeiter verwandelt sich gleichsam in ein lebendes Arbeitsmittel – in ein mit Sprache begabtes Werkzeug. Diese Gleichartigkeit und Gleichwertigkeit des Menschen und der Maschine in der kapitalistischen Produktion kommt mit voller Klarheit darin zum Vorschein, daß die Maschine den Arbeiter ersetzt. Jede Erhöhung der Löhne wird mit einer Erweiterung der Maschinenanwendung begleitet. Der Arbeiter begegnet überall, als seinem stärksten und gefährlichsten Konkurrenten, seinem eigenen Arbeitsprodukte, der Maschine. Der Kapitalismus verwandelt den Menschen aus einem Selbstzweck in ein einfaches Produktionsmittel. Dies ist übrigens dem Kapitalismus gemeinsam mit anderen Produktionsweisen, welche auf Aneignung des Mehrproduktes durch gesellschaftliche Klassen, die an der produktiven Tätigkeit nicht teilnehmen, beruhen, wie die Sklaven- und feudale Wirtschaft.

Diese Eigentümlichkeit der kapitalistischen Produktion hat *Marx* treffend gekennzeichnet, indem er die lebendige Arbeitskraft unter die Kategorie des Kapitals subsumierte. Und in der Tat ist der Lohnarbeiter nichts anderes als eine der Unterarten des Kapitals. Nur ein Teil der gesamten Volkskonsumtion ist in der kapitalistischen Wirtschaft der unmittelbare Zweck der Produktion und nicht ein Mittel für dieselbe, und das ist die Konsumtion der Klassen, welche sich das Mehrprodukt aneignen.

Der Zusammenhang zwischen der nationalen Konsumtion und der nationalen Produktion erhält also in der kapitalistischen Wirtschaft einen ganz neuen Charakter. Der Weizen, welchen die Arbeiter nötig haben, der Hafer, welcher als Futter für die Pferde dient, Steinkohle, welche für die Heizung der Maschinen notwendig ist, dies alles sind im Prozesse der kapitalistischen Produktion Gegenstände einer und derselben Kategorie, Gegenstände, welche für die Produktion unvermeidlich sind und nur aus diesem Grunde hergestellt werden.

Wenn vereinigte technische und ökonomische Rücksichten die Maschinen zu vorteilhafteren Produktionsmitteln als die Arbeiter machen, so werden die Arbeiter durch Maschinen ersetzt und statt Konsumtionsmittel für Menschen wird Heizungsmaterial für die Maschinen produziert. Die Konsumtionsmittel des Arbeiters werden in der kapitalistischen Wirtschaft nur insofern erzeugt, als der Arbeiter in seiner Eigenschaft als subjektiver Faktor der Produktion unentbehrlich ist.

Aber ist denn nicht für die Verwertung des Kapitals ein Markt notwendig, und wird also der Absatz der Waren auch in der kapitalistischen Wirtschaft schließlich nicht durch den Umfang der nationalen Konsumtion bedingt? Ist etwa die Realisation des gesellschaftlichen Produktes, also die Verwertung des Kapitals möglich, wenn die nationale Produktion schneller wächst als die nationale Konsumtion? Werden daher in der kapitalistischen Wirtschaft, wie auch in jeder anderen, die Schranken der gesellschaftlichen Produktion nicht durch die gesellschaftliche Konsumtion bestimmt? Alle diese Fragen entstehen ganz natürlich und scheinen in sich die gänzliche Widerlegung der oben angeführten Erwägungen einzuschließen. Und doch bleiben diese letzteren vollkommen richtig. So gehen wir denn nunmehr über zur Analyse des Prozesses der Reproduktion des gesellschaftlichen Kapitals in seinem Gesamtumfange.
Die Verwertung des gesellschaftlichen Kapitals findet durch die Vermittelung des Geldes statt. Die Waren müssen verkauft werden, um sich in neue Waren zu verwandeln. Aber bei der abstrakten Analyse der gesellschaftlichen Reproduktion des Kapitals können wir von der Rolle des Geldes in dieser Reproduktion vollkommen absehen. Damit leugnen wir durchaus nicht, daß die Unterbrechungen der Geldzirkulation Störungen im Prozesse der Reproduktion des gesellschaftlichen Kapitals hervorrufen. Es ist aber augenblicklich nicht unsere Aufgabe, diese Unterbrechungen zu untersuchen. Insofern das Geld nur eine Vermittlerrolle beim Austausche spielt, werden Produkte mit Produkten gekauft. Von dieser Annahme werden wir in der folgenden Analyse ausgehen.

2) Proportionalität im Modell einfacher Reproduktion

Die gesellschaftliche Reproduktion des Kapitals besteht in der technischen Reproduktion der verschiedenen Elemente des Kapitals in ihrer stofflichen Form und in der Ersetzung der einen von ihnen durch die anderen im Akte des Austausches. Als Resultat dieser Reproduktion und des Austausches wird das gesellschaftliche Kapital verwertet und zugleich der Profit des Kapitalisten (genauer gesagt, alle Einkommen, welche nicht auf Arbeit beruhen – die Rente nach der Terminologie von Rodbertus) realisiert.
Die nachfolgenden Schemata beziehen sich auf die Reproduktion des gesellschaftlichen Kapitals in Fällen seiner Reproduktion auf gleichbleibender, sowie auch auf erweiterter Stufenleiter (Akkumulation des Kapitals). In dem Schema No. I ist der erste Fall dargestellt.

Schema No. I.
Die einfache Reproduktion des gesellschaftlichen Kapitals.

Erste Abteilung.
Die Produktion der Produktionmittel.

$$720_p + 360_a + 360_r = 1440.$$

Zweite Abteilung.
Die Produktion der Konsumtionsmittel der Arbeiter.

$$360_p + 180_a + 180_r = 720.$$

Dritte Abteilung.
Die Produktion der Konsumtionsmittel der Kapitalisten.

$$360_p + 180_a + 180_r = 720.$$

Dieses Schema (welches nach dem Muster der bekannten Marxschen Schemata im II. Band des »Kapitals« konstruiert ist) soll veranschaulichen, wie die kapitalistische Produktion in dem Falle eingeteilt wird, wenn das gesamte Mehrprodukt in den Konsum der Kapitalisten eingeht. Das erste Glied jeder dieser dreigliedrigen Summen bezieht sich auf den Wert der Produktionsmittel, welche in der betreffenden Produktionsabteilung angewendet werden (in Millionen Pfund, Mark, Francs u. s. f.); das zweite – auf den Wert der Arbeitslöhne der betreffenden Arbeiter, das dritte – auf den Wert des Mehrproduktes (die Rente, im Sinne von Rodbertus, die wir der Einfachheit halber mit dem Profit der Kapitalisten identifizieren).[1] In allen drei Summen ist dasselbe Verhältnis des Wertes der Produktionsmittel zu den Arbeitslöhnen und zum Profit genommen. Die erste Abteilung bringt die Produktion der Produktionsmittel, die zweite die der Konsumtionsmittel der Arbeiter und die dritte die der Kapitalisten (genauer, aller Klassen, welche am Mehrprodukt teilhaben) zum Ausdruck. Die absoluten Zahlen

[1] Ich gebrauche nicht die übliche Marxsche Terminologie (konstantes Kapital, variables Kapital, Mehrwert), da ich nicht auf dem Boden der Mehrwerttheorie von Marx stehe. Nach meiner Ansicht besteht in der Schaffung des Mehrproduktes – also der Rente – gar kein Unterschied zwischen der menschlichen Arbeitskraft und den toten Arbeitsmitteln. Die Maschine darf man mit demselben Rechte wie die menschliche Arbeitskraft als variables Kapital bezeichnen, da beide Mehrprodukt erzeugen. Darüber siehe meine russischen Artikel: »Der fundamentale Irrtum der abstrakten Theorie des Kapitalismus von Marx« und »Das Wertgesetz und die Profitrate« (Russische Zeitschrift »Wissenschaftliche Rundschau«, 1889 Mai und 1900 März). Auch unten Kapitel VII.

sind ganz willkürlich genommen, sie haben für uns gar keine Bedeutung. Vom Unterschied des stehenden und des umlaufenden Kapitals ist der Einfachheit halber nach dem Marxschen Vorgang im Schema ganz abgesehen worden. Während tatsächlich nur ein Teil der Produktionsmittel in einem Jahre verbraucht wird und in natura ersetzt werden muß, haben wir angenommen, daß die Produktionsmittel im Laufe einer Produktionsperiode ganz verbraucht und ganz ersetzt werden, mit anderen Worten, daß die gesamten Produktionsmittel sich ebenso umsetzen wie das umlaufende Kapital.

Die dritte Abteilung unseres Schemas bezieht sich auf die Produktion der Konsumtionsmittel der Kapitalisten. Wie können die Waren dieser Art (im Werte von 720) auf dem Markte realisiert werden? Das Schema gibt darauf eine klare Antwort. Ein Viertel dieser Waren wird von den Kapitalisten dieser Abteilung selbst konsumiert werden (180); ein ebenso großer Teil wird von den Kapitalisten der zweiten Abteilung (deren Profit auch gleich 180 ist) verbraucht werden; den übrigen Teil konsumieren die Kapitalisten der ersten Abteilung (deren Profit beträgt 360). Im Austausch gegen die von ihnen veräußerten Produkte werden die Kapitalisten der dritten Abteilung für 360 Produktionsmittel und die Arbeiter derselben Abteilung für 180 Konsumtionsmittel erhalten. In dieser Weise vollzieht sich die Realisierung aller Waren der dritten Abteilung.

Die Waren der zweiten Abteilung (Konsumtionsmittel der Arbeiter, auch im Werte von 720) werden in der folgenden Weise realisiert: ein Viertel dieser Waren (180) wird innerhalb derselben Abteilung von den in ihr beschäftigten Arbeiter konsumiert werden; ein anderes Viertel (180) geht in den Konsum der Arbeiter der dritten Abteilung und die Hälfte (360) in den Konsum der Arbeiter der ersten Abteilung über. Im Austausch dafür erhalten die Kapitalisten der zweiten Abteilung für 180 Gegenstände ihrer Konsumtion und für 360 Produktionsmittel.

Von den Waren der ersten Abteilung (den Produktionsmitteln), deren Wert 1440 beträgt, wird die Hälfte (720) in derselben Abteilung verbraucht; ein Viertel (360) wird für die Produktion der zweiten Abteilung und ein Viertel (360) für die Produktion der dritten Abteilung verlangt. In Austausch dafür erhalten die Kapitalisten der ersten Abteilung für 360 Gegenstände ihrer Konsumtion und die Arbeiter derselben Abteilung für 360 ihre Lebensmittel.

Die Nachfrage nach allen Waren ist dem Angebot gleich. Der Wert der geschaffenen Produktionsmittel – 1440 – ist gleich dem Wert der Produktionsmittel, die für die Erneuerung der gesamten gesellschaftlichen Produktion auf gleichbleibender Stufenleiter (720 + 360 + 360) erheischt werden.

Der Wert der Konsumtionsmittel der Arbeiter – 720 – ist der Summe der Arbeitslöhne (360 + 180 + 180) und der Wert der Konsumtionsmittel der Kapitalisten – auch 720 – der Summe des Profites (360 + 180 + 180) gleich. Die Waren jeder Abteilung werden zum Teil innerhalb derselben Abteilung ausgetauscht und verbraucht, zum Teil gelangen sie in Austausch mit den Waren der beiden anderen Abteilungen.

Bei der Betrachtung dieses Schemas muß besonders betont werden, daß die Produktionsmittel neben und gleichzeitig mit den Konsumtionsmitteln der Arbeiter und der Kapitalisten produziert und auf dem Markte umgesetzt werden. Es scheint dies ohne weiteres ganz selbstverständlich zu sein; doch wurde *vor* Marx bei der Analyse des Prozesses der gesellschaftlichen Reproduktion des Kapitals gerade dadurch am meisten gefehlt, daß die Bedeutung der Produktionsmittel, als eines notwendigen Bestandteils des gesellschaftlichen Produktes, unbeachtet geblieben wurde. Die gesamte klassische Schule der Nationalökonomie – von Adam Smith bis J. S. Mill – ging bei dieser Analyse von der ganz unhaltbaren Voraussetzung aus, daß der Wert des jährlichen Warenprodukts sich nur in Arbeitslohn, Profit und Rente auflöst. Der Wert der Produktionsmittel fällt bei dieser Voraussetzung vollkommen weg. Mit vollem Recht hat Marx diese Doktrin als eine »erstaunliche« bezeichnet. Dieselbe höchst verkehrte Annahme ist die Hauptursache aller Unklarheiten und der unentwirrbaren Konfusion in der Kontroverse Ricardos, der beiden Mills, J. B. Say mit Malthus, Chalmers und Sismondi über die Möglichkeit einer allgemeinen Warenüberproduktion gewesen. Also darf man bei der Analyse der gesellschaftlichen Reproduktion des Kapitals keinesfalls außer acht lassen, daß das gesellschaftliche Kapital nicht nur für die Herstellung von Konsumtionsmitteln, sondern auch von Produktionsmitteln verwendet wird. Wir werden unten noch Gelegenheit haben, auf diesen Punkt zurückzukommen.

3) Modell proportionaler Akkumulation

Der von uns betrachtete Fall der einfachen Reproduktion des gesellschaftlichen Kapitals ist sehr einfach und bietet keine Schwierigkeiten: wenn der gesamte Profit in den Konsum der Kapitalisten übergeht, so ist es leicht zu begreifen, daß bei einer proportionellen Einteilung der gesellschaftlichen Produktion die Nachfrage nach allen Waren mit deren Angebot übereinstimmen muß. Viel verwickelter ist der andere Fall – der der Akkumulation von Kapital. Nehmen wir an, daß die Kapitalisten ihren gesamten Profit zu konsumieren aufhören, etwa weil sie durch die Konkurrenzverhältnisse genötigt sind, einen Teil desselben zu kapitalisieren. Wird in diesem Falle

nicht das gesellschaftliche Warenangebot die gesellschaftliche Warennachfrage überholen?
Wir können nicht unterstellen, daß die Kapitalisten den von ihnen selbst nicht verbrauchten Teil des Profites als einen Schatz aufbewahren, in ihrem Geldschrank einfach unterbringen. Wir gehen von der Voraussetzung aus, daß die Kapitalisten bestrebt sind, den ihrer eigenen Konsumtion entzogenen Teil des Profites zu kapitalisieren, um daraus neuen Profit herauszuschlagen. Unsere Aufgabe wird darin bestehen, schematisch eine solche Einteilung der gesellschaftlichen Produktion darzustellen, bei welcher dieses Streben zu seiner vollen Verwirklichung gelangt.
Das unten folgende Schema stellt die Akkumulation des gesellschaftlichen Kapitals dar unter der Voraussetzung, daß die Hälfte des Profites beständig kapitalisiert wird.

Schema No. II.
Die Reproduktion des gesellschaftlichen Kapitals auf erweiterter Stufenleiter (die Akkumulation des Kapitals).

Das erste Jahr.
Erste Abteilung.
Die Produktion der Produktionsmittel.
$$840_p + 420_a + 420_r = 1680.$$

Zweite Abteilung.
Die Produktion der Konsumtionsmittel der Arbeiter.
$$420_p + 210_a + 210_r = 840.$$

Dritte Abteilung.
Die Produktion der Konsumtionsmittel der Kapitalisten.
$$180_p + 90_a + 90_r = 360.$$

Das zweite Jahr.
Erste Abteilung.
Die Produktion der Produktionsmittel.
$$980_p + 490_a + 490_r = 1960.$$

Zweite Abteilung
Die Produktion der Konsumtionsmittel der Arbeiter.
$$490_p + 245_a + 245_r = 980.$$

Dritte Abteilung.

Die Produktion der Konsumtionsmittel der Kapitalisten.

$$210_p + 105_a + 105_r = 420.$$

Das dritte Jahr.

Erste Abteilung.

Die Produktion der Produktionsmittel.

$$1143^1/_{3p} + 571^2/_{3a} + 571^2/_{3r} = 2286^2/_3.$$

Zweite Abteilung.

Die Produktion der Konsumtionsmittel der Arbeiter.

$$571^2/_{3p} + 285^5/_{6a} + 285^5/_{6r} = 1143^1/_3.$$

Dritte Abteilung.

Die Produktion der Konsumtionsmittel der Kapitalisten.

$$245_p + 122^1/_{2a} + 122^1/_{2r} = 490.$$

Im ersten Schema war die Reproduktion des Kapitals bei der Voraussetzung dargestellt, daß die Kapitalisten ihren gesamten Profit konsumieren. Nehmen wir jetzt an, daß die Konkurrenzverhältnisse die Kapitalisten nötigen, nur die Hälfte ihres Profites für ihre persönliche Konsumtion zu verausgaben und den übrigen Teil desselben zu kapitalisieren. Bleibt der ersparte Teil des Kapitals unverwendet liegen, so wird er keinen Profit bringen. Um einen Gewinn von seinen Ersparnissen zu haben, muß der Kapitalist sie auch verwenden, aber nicht für seine persönliche Konsumtion, sondern produktiv – für die Erweiterung der Produktion. Wenn aber die gesellschaftliche Produktion in allen Produktionszweigen gleichmäßig angewachsen wäre, so hätten die Kapitalisten gleichmäßig ihren Zweck – die Akkumulation von Kapital und die Vermehrung ihrer Profite – nicht erreicht, da ein bedeutender Teil der produzierten Waren niemand nötig wäre: nämlich der größte Teil der Gegenstände der eigenen Konsumtion der Kapitalisten. Der größte Teil dieser Waren würde unverkauft bleiben, da die Nachfrage nach solchen, unserer Voraussetzung gemäß, eingeschränkt worden ist. Zugleich würden die Waren, nach welchen eine erhöhte Nachfrage entstanden ist (die Produktionsmittel und die Konsumtionsmittel der Arbeiter) in ungenügender Menge auf dem Markte vorhanden sein. Also können die Kapitalisten den Profit nur auf einem Wege kapitalisieren: durch Veränderung der Einteilung der gesellschaftlichen Produktion. Das ist durchaus keine leichte Sache, aber uns interessiert hier nicht der Prozeß dieser Veränderung selbst, sondern seine Resultate. Das Schema No. II stellt eine solche Einteilung der gesellschaftlichen Produktion dar, bei welcher das Streben der Kapitalisten, die Hälfte ihres Profites zu kapitalisieren, vollauf verwirklicht werden kann.

In diesem Schema ist der Gesamtwert des gesellschaftlichen Produktes im ersten Jahre eben so hoch angenommen wie im Schema No. I (2880); der Wert des gesamten vorgeschossenen Kapitals (der Produktionsmittel und der Konsumtionsmittel der Arbeiter) – bleibt auch derselbe. Das Kapital ist das Produkt der früheren Produktion, dessen Menge als eine gegebene betrachtet werden muß.

Ebenso ist im Schema No. II dasselbe Verhältnis des Wertes der Produktionsmittel zu dem der Arbeitslöhne und zum Profit angenommen wie im Schema No. I.

Der einzige Unterschied des Schemas No. II (das erste Jahr) vom ersten Schema besteht in einer anderen Einteilung der gesellschaftlichen Produktion. Im Schema No. I war die gesellschaftliche Produktion in der Weise eingeteilt, daß das Kapital nicht anwuchs und das Mehrprodukt ganz und völlig in den persönlichen Konsum der Kapitalisten überging. Im Schema No. II wird die Akkumulation des Kapitals durch die gesellschaftliche Einteilung der Produktion selbst erheischt.

Die Gesamtsumme des Profits im ersten Jahre bleibt in Schema No. II dieselbe wie im Schema No. I, nämlich 420 + 210 + 90 = 720. Aber der Konsumtionsmittel der Kapitalisten sind nur 360 produziert worden, also im Vergleich mit dem Schema No. I zweimal weniger. Dafür sind andere Produkte in größerer Menge hergestellt worden, und zwar die Produktionsmittel um 240 und die Konsumtionsmittel um 120 mehr. Es ist unsere Aufgabe, klarzulegen, wieso das neu akkumulierte Kapital produktiv verwendet werden kann, obwohl die Nachfrage nach den Konsumtionsmitteln der Kapitalisten zweimal geringer geworden ist.

Dieses neu akkumulierte Kapital wird für die Erweiterung der Produktion im zweiten Jahre verwendet werden. Die Nachfrage nach den Produktionsmitteln im zweiten Jahre übertrifft um 240 dieselbe Nachfrage des ersten Jahres (zur Produktion des ersten Jahres wurden die Produktionsmittel im Werte von 840 + 420 + 180 = 1440 erforderlich, für die Produktion des zweiten Jahres werden sie aber im Werte von 980 + 490 + 210 = 1680 erheischt); die Nachfrage nach den Konsumtionsmitteln der Arbeiter ist im zweiten Jahre um 120 größer als im ersten (die Arbeitslöhne des ersten Jahres: 420 + 210 + 90 = 720; die des zweiten Jahres: 490 + 245 + 105 = 840). Also werden die überschüssigen Produktionsmittel und Konsumtionsmittel der Arbeiter des ersten Jahres von der Produktion des zweiten Jahres verschlungen werden. Die Realisation der im Laufe des ersten Jahres hergestellten Produkte wird sich in der folgenden Weise vollziehen. Der Konsumtionsmittel der Kapitalisten (dritte Abteilung) sind 360 erzeugt. Unserer Voraussetzung gemäß konsumieren die Kapitalisten nur die Hälfte ihres Profits. Da der Profit der Kapitalisten der ersten Abteilung im ersten Jahre gleich 420 ist, so wird folglich ihre Nachfrage nach Konsumtionsmitteln mit 210 sich beziffern, die Nachfrage nach Konsumtionsmitteln der Kapitalisten der zweiten Abteilung wird 105, die der dritten Abteilung 45 betragen. Die Gesamtsumme der Nachfrage beträgt 360, d. h. sie deckt vollständig das Angebot dieser Produkte. Lebensmittel der Arbeiter sind im ersten Jahre im Betrage von 840 produziert. Für die erweiterte Produktion des zweiten Jahres sind Waren dieser Art erforderlich: für die erste Abteilung im Betrage von 490, für die zweite von 245 und für die dritte von 105, d. h. wieder im Betrage des Angebots. Ebenso ist die Nachfrage nach Produktionsmitteln für die Produktion des zweiten Jahres (980 die Produktion der ersten Abteilung, 490 die der zweiten und 210 die der dritten) dem Werte der im ersten Jahre erzeugten Produktionsmittel gleich (1680). In dieser Weise haben alle Produkte des ersten Jahres im zweiten Jahre einen Absatz gefunden.

Aber zu welchem Zwecke dient die erweiterte Produktion des zweiten Jahres? Haben wir das Recht, anzunehmen, daß die Nachfrage nach Produktionsmitteln und nach Lebensmitteln der Arbeiter im zweiten Jahre größer ist als im ersten? Wir gehen wie früher von der Voraussetzung aus, daß die Kapitalisten die Hälfte ihres Profites (im zweiten Jahre wie im ersten) nicht persönlich konsumieren, sondern in Kapital verwandeln. Die Einteilung der gesellschaftlichen Produktion im zweiten Jahre ist eine solche, daß die Hälfte des Profits wieder akkumuliert wird. Die Nachfrage nach den Produkten des zweiten Jahres entsteht aus der erweiterten Produktion des dritten Jahres.

Am Ende des zweiten Jahres wurden für 1960 Produktionsmittel, für 980 Lebensmittel der Arbeiter und für 420 Konsumtionsmittel der Kapitalisten hergestellt. Sehen wir nun, wie diese Produkte realisiert werden können.

Der Gesamtprofit beträgt im zweiten Jahre 840 (490 + 245 + 105). Unserer Unterstellung gemäß verausgaben die Kapitalisten die Hälfte dieses Profites für ihre Konsumtion. Also ist ein Markt für die im zweiten Jahre produzierten Konsumtionsmittel der Kapitalisten im Werte von 420 gefunden. Die Produktionsmittel der erweiterten Produktion des dritten Jahres ($1143^1/_3$ + $571^2/_3$ + 245) sind 1960, gleich dem Werte der im zweiten Jahre geschaffenen Produktionsmittel; die Arbeitslöhne des dritten Jahres ($571^2/_3$ + $285^5/_6$ + $122^1/_2$) sind 980, gleich den im zweiten Jahre erzeugten Lebensmitteln der Arbeiter. Also realisieren sich alle Produkte des zweiten

Jahres im dritten Jahre – der Markt für sie wird durch die erweiterte Produktion des dritten Jahres geschaffen.
Es wird nun m. E. nicht nötig sein, mit dieser Analyse der Einteilung der gesellschaftlichen Produktion im vierten, fünften und den folgenden Jahren fortzufahren.

4) Proportionalität gesellschaftlicher Produktion

Die angeführten Schemata mußten zur Evidenz den an sich sehr einfachen Grundsatz beweisen, welcher aber bei ungenügendem Verständnis des Prozesses der Reproduktion des gesellschaftlichen Kapitals leicht Einwände hervorruft, nämlich den Grundsatz, daß die kapitalistische Produktion für sich selbst einen Markt schafft. Ist es nur möglich, die gesellschaftliche Produktion zu erweitern, reichen die Produktivkräfte dazu aus, so muß bei der proportionellen Einteilung der gesellschaftlichen Produktion auch die Nachfrage eine entsprechende Erweiterung erfahren, denn unter diesen Bedingungen repräsentiert jede neuproduzierte Ware eine neuerschienene Kaufkraft für die Erwerbung anderer Waren.
Aus der Vergleichung der einfachen Reproduktion des gesellschaftlichen Kapitals mit dessen Reproduktion auf erweiterter Stufenleiter kann man den höchst wichtigen Schluß ziehen, daß in der kapitalistischen Wirtschaft die Nachfrage nach Waren vom Gesamtumfang der gesellschaftlichen Konsumtion in einem gewissen Sinne unabhängig ist: es kann der Gesamtumfang der gesellschaftlichen Konsumtion zurückgehen und zugleich die gesamte gesellschaftliche Nachfrage nach Waren wachsen, wie absurd das auch vom Standpunkte des »gesunden Menschenverstandes« erscheinen mag. Die Akkumulation von gesellschaftlichem Kapital führt zu einer Einschränkung der gesellschaftlichen Nachfrage nach Konsumtionsmitteln und zugleich zu einer Erhöhung der gesamten gesellschaftlichen Nachfrage nach Waren. So hatte die gesellschaftliche Nachfrage nach Konsumtionsmitteln, bei Reproduktion des Kapitals auf gleichbleibender Stufenleiter, im Schema No. I 1440 (720 die Konsumtion der Arbeiter und 720 die Konsumtion der Kapitalisten) und die Nachfrage nach allen Waren 2880 betragen. Bei der Akkumulation des Kapitals (Schema No. II) sind im zweiten Jahre Konsumtionsmittel im Werte von 1400 hergestellt worden (Konsumtionsmittel der Arbeiter im Werte von 980 und die der Kapitalisten im Werte von 420); der Wert der gesamten produzierten Warenmasse erreicht aber 3360. Diese ganze Warenmasse – die Konsumtions- wie die Produktionsmittel – sind, wie wir gesehen haben, von der gesellschaftlichen Konsumtion und der Produktion des dritten Jahres absorbiert worden. Also ist die gesamte ge-

sellschaftliche Warenproduktion im Schema No. II (das zweite Jahr) im Vergleich mit der im Schema No. I bedeutend angewachsen, die Produktion der Konsumtionsmittel aber ist gesunken, ohne daß das Gleichgewicht zwischen dem Angebot und der Nachfrage dadurch zum Mindesten gestört wäre.

5) Produktion als bestimmendes Moment kapitalistischer Wirtschaft

Das heißt mit anderen Worten, daß der Umfang der Nachfrage nach den Waren in der kapitalistischen Wirtschaft durchaus nicht durch den Umfang der Konsumtion bestimmt wird. Nicht die Konsumtion, sondern die Produktion ist das bestimmende Moment in der kapitalistischen Wirtschaft. Der kapitalistische Unternehmer strebt einen möglichst großen Profit zu realisieren, nicht aber eine möglichst große Menge von Konsumtionsmitteln zu schaffen. Zugleich erfordern die Gesetze der kapitalistischen Konkurrenz die Kapitalisierung eines bedeutenden Teiles dieses Profites, die Verwandlung desselben in größerem oder geringerem Maße in Produktionsmittel, welche gar nicht in den menschlichen Konsum übergehen. Deshalb kann man in gewissem Sinne sagen, daß der Zweck der kapitalistischen Produktion nicht in der Konsumtion, sondern im Wachstum des Kapitals selbst besteht.

Die Akkumulation des Kapitals vollzieht sich durch Verwandlung des Profites in Produktionsmittel und Lebensmittel der Arbeiter. Aber nichts kann irriger sein als die Vorstellung, daß der Kapitalist, indem er den Profit kapitalisiert, einfach an Stelle seiner Konsumtion die der Arbeiter setze. Von dieser Voraussetzung ging jedoch die klassische Schule in ihrer Analyse des Prozesses der Akkumulation des Kapitals aus. So beweist J. St. Mill in den »Grundsätzen der politischen Ökonomie«, daß eine allgemeine Warenüberproduktion aus dem Grunde unmöglich ist, weil im Falle einer Einschränkung der Konsumtion der Kapitalisten die Konsumtion der Arbeiter, infolge der Akkumulation des Kapitals, gerade um dieselbe Summe steigen und die gesamte gesellschaftliche Nachfrage nach Konsumtionsmitteln nicht die geringste Veränderung erfahren würde: die Konsumtion der Arbeiter würde an Stelle der Konsumtion der Kapitalisten treten, und das sei alles.

Der Irrtum von Mill entsprang aus dem oben angezeigten gemeinsamen Irrtum der klassischen Schule, welche nicht einzusehen vermochte, daß die Produktionsmittel ein ebenso notwendiger Bestandteil des gesellschaftlichen Produktes sind wie die Konsumtionsmittel. Der Verzicht der Kapitalisten auf die Konsumtion eines Teiles ihrer Profite vermehrt in der Tat die Konsumtion der Arbeiter, aber durchaus nicht in dem Umfang, in welchem die Konsumtion der Kapitalisten eingeschränkt worden ist: die Gesamtsumme der gesellschaftlichen Konsumtion vermindert sich dabei, dafür aber nimmt die Erzeugung der Produktionsmittel zu. In unserem Beispiel (Schema No. II, das erste Jahr) hat die Verminderung der Konsumtion der Kapitalisten um 360 (infolge der Kapitalisierung der Hälfte ihres Profites) eine Erweiterung der Konsumtion der Arbeiter um nur 120 hervorgerufen. Um die übrige Summe hat sich die Erzeugung der Produktionsmittel erweitert.

Also kann die Akkumulation des Kapitals von einem absoluten Rückgang der gesellschaftlichen Konsumtion begleitet werden. Ein *relativer* Rückgang der gesellschaftlichen Konsumtion – im Verhältnis zur allgemeinen Summe des gesellschaftlichen Produktes – ist jedenfalls unvermeidlich.

In den oben angeführten Schematen haben wir von einem Moment, das von sehr großer Bedeutung ist, abgesehen, – vom technischen Fortschritt. Der technische Fortschritt gelangt darin zum Ausdruck, daß die Bedeutung der Arbeitsmittel, der Maschine immer mehr, im Vergleich mit der lebendigen Arbeit, dem Arbeiter selbst, zunimmt. Die Produktionsmittel spielen eine immer größere Rolle im Produktionsprozesse und auf dem Warenmarkte. Der Arbeiter tritt gegenüber der Maschine in den Hintergrund, und zugleich tritt in den Hintergrund die aus der Konsumtion des Arbeiters entstehende Nachfrage im Vergleich mit der Nachfrage, welche aus der produktiven Konsumtion der Produktionsmittel entsteht. Das ganze Getriebe der kapitalistischen Wirtschaft nimmt den Charakter eines gleichsam für sich selbst existierenden Mechanismus an, in welchem die Konsumtion des Menschen als ein einfaches Moment des Prozesses der Reproduktion und der Zirkulation des Kapitals erscheint.[1]

---

[1] Die im Texte entwickelte Theorie der Realisation des gesellschaftlichen Produktes in der kapitalistischen Wirtschaft bildet einen Versuch einer Synthese der Lehren der klassischen Nationalökonomie über das zwischen der Produktion und der Konsumtion obwaltende Verhältnis und der Marxschen Analyse der Reproduktion des gesellschaftlichen Kapitals (im zweiten Bande des »Kapitals«). Die Lehre Say-James und John Mill-Ricardo über die notwendige Übereinstimmung des Gesamtumfanges der Produktion mit dem Gesamtumfange der Nachfrage wird von den meisten neueren Nationalökonomen als überwunden betrachtet. So legt z. B. ein so hervorragender Theoretiker wie W. Lexis keinen großen Wert auf diese Lehre. Ich meinerseits behaupte keinesfalls, daß alle Einzelheiten dieser Lehre in der Fassung, die ihr die genannten Nationalökonomen – von den optimistischen Schlußfolgerungen ganz zu schweigen – gegeben haben, richtig sind. Trotzdem halte ich den Kern dieser Theorie, ihre Hauptidee – nämlich, daß bei einer proportionellen Einteilung der gesellschaftlichen Produktion das Warengebot mit der Nachfrage übereinstimmen muß – nicht nur für richtig, sondern sogar für unbestreitbar. Alles, was gegen diese Idee eingewendet worden ist, leidet, meines Erachtens, am mangelnden Verständnis derselben. Darüber unten Kapitel VI und VII.

Der Widerspruch zwischen der Produktion als einem *Mittel*, die menschlichen Bedürfnisse zu befriedigen, und der Produktion als einem technischen Momente bei der Schaffung des Kapitals, d. h. als *Selbstzweck*, ist der fundamentale Widerspruch der kapitalistischen Wirtschaftsordnung. Dieser Widerspruch findet seinen sozialen Ausdruck darin, daß die Leiter der Produktion – die Besitzer der Produktionsmittel – nicht unmittelbar an der Produktion teilnehmen und die unmittelbaren Produzenten keine Produktionsmittel besitzen und demnach keine Kontrolle über die Produktion haben. Dieser letztere Widerspruch ist jedoch keine spezifische Eigentümlichkeit der kapitalistischen *Produktionsweise*, da diese ihn mit allen Produktionsweisen, die auf Aneignung des Mehrproduktes, wie die sklavische und feudale Produktionsweise, beruhen, gemein hat. Der Unterschied der kapitalistischen Produktion besteht aber darin, daß nicht nur der Arbeiter zur Rolle eines einfachen Produktionsmittels degradiert wird, sondern daß bis zu einem gewissen Grade auch der Kapitalist selbst ein einfaches Mittel der Akkumulation des Kapitals wird. Die Gesetze der kapitalistischen Konkurrenz verlangen gebieterisch vom Kapitalisten eine Erweiterung der Produktion und die Kapitalisierung eines bedeutenden Teiles seines Profites. In der Sklaven- und Feudalwirtschaft hatte die Produktion immerhin zu ihrem unmittelbaren Zweck die Konsumtion, nämlich die Konsumtion der herrschenden gesellschaftlichen Klasse. In der kapitalistischen Wirtschaft wird selbst die Konsumtion der Kapitalisten durch die Bedürfnisse der Produktion bestimmt, selbst die Leiter der Produktion werden im gewissen Sinne zu ihren Dienern. Und darum hatte *Marx* vollkommen recht, wenn er sagte, daß in der kapitalistischen Wirtschaftsordnung »das Kapital und seine Selbstverwertung als Ausgangspunkt und Endpunkt, als Motiv und Zweck der Produktion erscheint«.

6) Widerspruch zwischen Organisation und Anarchie der Produktion (Proportionalität contra Disproportionalität)

In einem unmittelbaren Zusammenhang mit dem ersten steht der zweite Widerspruch der kapitalistischen Wirtschaftsordnung, und zwar besteht dieser Widerspruch im »Gegensatze zwischen der Organisation der Produktion in der einzelnen Fabrik und der Anarchie der Produktion in der ganzen Gesellschaft« *(Engels)*. In der Sklaven- und Feudalwirtschaft kann die Produktion im Rahmen einer einzelnen Wirtschaft in hohem Grade organisiert sein – man braucht nur an die familiae rusticae und urbanae der römischen Oikenherren zu erinnern. Aber soweit die Grundlage einer solchen Wirtschaft die Eigenproduktion – Produktion für den Selbstgebrauch – bildet, leidet sie nicht an der Anarchie der gesellschaftlichen Produktion.

In der einfachen Warenwirtschaft kann die gesellschaftliche Produktion eine unorganisierte sein, aber zugleich fehlt eine planmäßige Organisation auch innerhalb des einzelnen Betriebes – insofern, als der Kleinbetrieb nicht eine irgendwie bedeutende Teilung und Vereinigung der Arbeit im Rahmen des einzelnen Betriebs zuläßt. Die Planlosigkeit der gesamten gesellschaftlichen Produktion im Zusammenhang mit dem durch Geld vermittelten Austausch erzeugt in der einfachen Warenwirtschaft die *Möglichkeit* einer allgemeinen Überproduktion. Die Widersprüche der kapitalistischen Produktion, auf welche wir hingewiesen haben, machen eine allgemeine Überproduktion als ein Moment der Entwicklung der kapitalistischen Wirtschaft *notwendig*.

Wir haben gesehen, daß die Vermittelung des Geldes den Markt zu einer besonderen ökonomischen Macht, welche die Produktion beherrscht, erhebt. Der Einfluß des Marktes beruht auf der Abhängigkeit der Warenpreise voneinander, – gerade infolge dieser Abhängigkeit bildet der Markt für alle Waren ein untrennbares Ganzes, einen eigenartigen Organismus. Die gegenseitige Bedingtheit der Preise wächst in der kapitalistischen Wirtschaft infolge des Kredites. Solange das Geld das einzige Tauschmittel war, beruhte die Warenzirkulation auf einer materiellen Basis. Als Tauschmittel dient in einfacher Geldwirtschaft (im Gegensatze zur Kreditwirtschaft) eine bestimmte Ware, in ihrer dinglichen Form, eine Ware, welche zwar sich in ihrer ökonomischen Funktion von allen anderen Waren unterscheidet, immerhin aber eine Ware bleibt. Jeder Kauf und Verkauf für bares Geld bewahrt in gewissem Sinne den Charakter des unmittelbaren Produktenaustausches, da die Münze auch ein Produkt ist. Die Warenpreise zeichnen sich daher beim einfachen durch Geld vermittelten Austausch durch eine bedeutende Stabilität aus. Die Preise stehen, sozusagen, auf einem materiellen Boden. Die kapitalistische Wirtschaft schafft ein neues Zirkulationsmittel, – den Kredit. Der Kredit hebt die Abhängigkeit der Warenpreise vom Angebot der Waren nicht auf; sie wird jedoch unter der Herrschaft der Kreditwirtschaft eine außerordentliche komplizierte. Der Kredit stellt den anderen Faktor des Preises, die Nachfrage, in den Vordergrund, und modifiziert zugleich wesentlich ihre ökonomische Bedeutung. Wie oben festgestellt, wird die Nachfrage bei dem durch Geld vermittelten wie beim Naturalaustausch auf das Angebot gegründet. Das Angebot bestimmt die Kaufkraft, und nur die Richtung dieser Kraft wird durch die Wünsche und die Bedürfnisse der Käufer bedingt. Der Kredit befreit die Nachfrage von einem unmittelbaren Zusammenhang mit dem laufenden Angebot. Dank dem Kredit kann die Nachfrage, ganz unabhängig vom augenblicklichen Angebot, bedeutend steigen und sinken. Die Warenpreise gewinnen bei der Ausbreitung der Käufe und Verkäufe auf Kredit eine eigentümliche Beweglichkeit, sie werden zum Ausdruck eines rein psychischen Elementes – der Berechnungen der Kontrahenten nicht nur in bezug auf die gegenwärtige, sondern auch auf die zukünftige Lage des Marktes, auf die allgemeine Stimmung der Käufer und der Verkäufer, auf die größere oder geringere Spekulationslust usw.

Die Abhängigkeit der Warenpreise vom Angebot bleibt allerdings bestehen, sie wird aber dadurch außerordentlich kompliziert, daß neben dem realen Angebot des gegebenen Augenblicks das unbekannte und nicht vorhandene zukünftige Angebot, genauer, die Meinung der interessierten Personen über dieses zukünftige Angebot, eine Wirkung ausübt. Bei der einfachen Geldwirtschaft ist der Umfang der Kaufkraft, welche auf dem Markte vorhanden ist, in jedem Moment eine mehr oder minder bestimmte Größe. Die Grundlage dieser Kaufkraft bilden Waren und Geld in dinglicher Form. Obwohl die Beschleunigung der Zirkulation des Geldes bis zu einem gewissen Grade die Vermehrung seiner Menge ersetzen kann, gilt diese Möglichkeit jedoch in einem ziemlich engen Rahmen. Bei der Kreditwirtschaft ist die Kaufkraft des Marktes ein komplizierter und elastischer, immaterieller – aber zugleich gebrechlicher – Aufbau auf der realen Geldbasis: die Kaufkraft des Markts kann ohne jegliche Veränderung in den realen Verhältnissen des Waren- und Geldangebots steigen oder sinken, je nach der größeren oder geringeren Neigung der Käufer und Verkäufer, sich des Kredits zu bedienen.

Außerdem verstärkt der Kredit in höchstem Grade die gegenseitige Abhängigkeit der einzelnen Betriebe. Der Zusammenhang zwischen ihnen wird ein engerer und innigerer. Die Veränderungen des Marktes nehmen einen lawinenartigen Charakter an: unbedeutende Ereignisse vermögen eine zerstörende Wirkung auf den Markt auszuüben, weil der Effekt des ursprünglichen Stoßes mit seiner Ausbreitung wächst. Die Schwankungen des Marktes in der einen und der anderen Richtung, in der Richtung des Steigens und des Sinkens der Warenpreise – der Bereicherung und des Ruins der Warenbesitzer, – erhalten eine gewaltige Kraft und gewaltigen Schwung.

So verstärkt der Austauschmechanismus selbst, welcher der kapitalistischen Wirtschaft eigentümlich ist, – der Kredit – den Effekt der Schwankungen des Warenangebotes ganz bedeutend. Trotzdem liegen den verschiedenen Störungen des Kredites schließlich doch Störungen auf dem Gebiete der realen Produktion und des realen Warenangebotes zu Grunde.

7) Krise aus der Disproportionalität

Es wurde oben ausgeführt, daß der fundamentale Widerspruch des Kapitalismus im Fehlen einer Kontrolle der gesellschaftlichen Konsumtion über die gesellschaftliche Produktion besteht. Die kapitalistische Produktion wird aus einem Mittel zu einem Selbstzweck. Hieraus entspringen auch die Krisen der kapitalistischen Wirtschaft.

Diese letztere besitzt keinen solchen einheitlichen Regulator, wie es in der einfachen Warenwirtschaft die gesellschaftliche Konsumtion ist. Das Bestreben nach einer möglichst großen Ausdehnung der Produktion ist ein charakteristischer Zug der kapitalistischen Produktionsweise. Die absolute Grenze für die Erweiterung der Produktion bilden die Produktivkräfte, über welche die Gesellschaft verfügt; diese Grenze zu erreichen ist das Kapital immer bestrebt.

Und doch vergeblich! Das Kapital kann diese Grenze nie erreichen. Wir haben gesehen, daß bei einer proportionellen Einteilung der gesellschaftlichen Produktion die Nachfrage durch das Angebot von Waren selbst geschaffen wird. Jedoch schließt die Erreichung einer vollkommener Proportionalität unüberwindliche Schwierigkeiten in sich. Jede andere Einteilung des gesellschaftlichen Kapitals außer einer proportionellen wird zur Überproduktion einiger Waren führen; da aber alle Produktionszweige in einem engen Zusammenhange mit einander stehen, so verwandelt sich leicht eine partielle Überproduktion einiger Waren in eine allgemeine Warenüberproduktion; der Warenmarkt wird von unverkauften Waren überfüllt, und es folgt der Preissturz.

Um die ganze Schwierigkeit einer produktiven Anlegung eines neuen Kapitals zu begreifen, genügt es, sich an das oben über die Überfüllung des Warenmarktes unter den gegenwärtigen Konkurrenzverhältnissen Gesagte zu erinnern. Die Nachfrage nach sämtlichen Waren wird in der kapitalistischen Wirtschaft in der Regel durch das Angebot vollauf befriedigt. Bei den herrschenden Konkurrenzverhältnissen wirkt das Angebot aggressiv auf die Nachfrage, es geht ihr voran.

Nur in Ausnahmefällen kann es längere Zeit eine unbefriedigte Nachfrage geben. Und nun, während das Angebot aller Waren bereits die Nachfrage eher übertrifft, als daß es sich mit ihr deckt, muß man einen Markt für neue Waren finden. Legt man das gesamte neue Kapital in irgend einem einzelnen Produktionszweig an – so wird das zur Überproduktion führen, da bereits die bisher produzierten Waren dieser Art die Nachfrage vollständig gedeckt hatten. Damit sich ein Markt für die neu produzierten Waren findet, ist es nötig, daß das Anlage suchende Kapital sich in einer bestimmten Proportion unter eine ganze Reihe von Produktionszweigen verteilt; ist dies glücklich ausgeführt, so wird das Anwachsen der Nachfrage dem Anwachsen des Angebotes entsprechen, und die Produktion wird sich erweitern, ohne daß die Nachfrage nach Waren durch deren Angebot übertroffen wird. Aber ist ein solcher Erfolg immer zu erreichen? Offenbar nicht.

Ein Teil des kapitalisierten gesellschaftlichen Mehrproduktes findet verhältnismäßig leicht Anlage in demselben Produktionszweige, in welchem dieses Mehrprodukt entstanden ist. Der Prozeß der Verteilung des kapitalisierten Profites unter den verschiedenen Industriezweigen vollzieht sich in diesem Falle automatisch – die Produktion erweitert sich in einer ganzen Reihe von Industriezweigen, am meisten in denjenigen, welche die höchsten Gewinne abgeworfen haben, d. h. in denjenigen, nach deren Produkten die höchste Nachfrage erhoben wurde. Aber außer diesen neu entstehenden Kapitalien, welche fast gar nicht auf den Geldmarkt treten, da sie auf der Stelle Anlage finden, verfügt jedes reiche kapitalistische Land, wie z. B. England, über eine enorme Masse freier Kapitalien, welche zum Teil aus den Profiten der Industriellen und Kaufleute stammen, die aus irgend welchen Gründen von den Besitzern selbst nicht angelegt werden konnten, zum Teil aus der kapitalisierten Quote der Einkommen der anderen Gesellschaftsklassen, hauptsächlich der Klasse der Geldkapitalisten. Diese freien Kapitalien, welche mit keinem bestimmten Produktionszweig verknüpft sind, suchen gierig nach einer vorteilhaften Anlage und fließen stets dem Geldmarkte zu. Die produktive Anlegung dieser Kapitalien ist durchaus keine leichte Sache. Daraus, aus den Schwierigkeiten einer proportionellen Verteilung der neu geschaffenen freien, mit der Industrie und Handel nicht verknüpften Kapitalien, entstehen auch die Handelskrisen.

In einem gewissen Sinne kann man sagen, daß die Grundursache der Krisen die Volksarmut, die Unterkonsumtion der arbeitenden Klassen ist. In der Tat wird die Bildung der überschüssigen Kapitalien, und überhaupt die Kapitalisierung eines bedeutenden Teiles des gesellschaftlichen Einkommens durch die Geringfügigkeit des Anteiles der Arbeitermassen an dem von ihnen produzierten Produkte unmittelbar hervorgerufen. Wenn es nicht nötig wäre, eine Anlage für neue Kapitalien zu finden, wenn die Produktion, infolge der Kapitalisierung des Profites, nicht angespornt wäre, so würde eine proportionelle Einteilung der gesellschaftlichen Produktion keine große Schwierigkeiten bieten. In diesem Falle würde die gesellschaftliche Produktion, wie in der Wirtschaft kleiner Warenproduzenten, unmittelbar durch die gesellschaftliche Konsumtion reguliert werden. Die Akkumulation des Kapitals durch die Kapitalisten ist eine Folge der Aneignung des

Mehrproduktes durch Personen, welche an der Produktion nicht teilnehmen, ein Resultat davon, daß den unmittelbaren Produzenten ein Teil des produzierten Produktes entzogen worden ist. Je geringer der Anteil des Arbeiters ist, desto höher ist der Anteil des Kapitalisten – und um so rascher vollzieht sich die Akkumulation des Kapitals – notwendigerweise von Stockungen und Krisen begleitet.

Also, die Armut der Volksmassen, die Armut nicht im absoluten, sondern im relativen Sinne, im Sinne der Geringfügigkeit des Anteils des Arbeiters an dem gesamten gesellschaftlichen Produkt, ist eine der Vorbedingungen der Handelskrisen. Aber man muß den Zusammenhang der Armut und der Krisen klar verstehen. Die verbreitete Meinung, die bis zu einem gewissen Grade auch von Marx geteilt wurde, daß das Elend der Arbeiter, welche die große Mehrzahl der Bevölkerung bilden, eine Realisation der Produkte der sich immer erweiternden kapitalistischen Produktion wegen mangelnder Nachfrage unmöglich macht – ist als falsch zu bezeichnen. Wir haben gesehen, daß die kapitalistische Produktion für sich selbst einen Markt schafft – die Konsumtion ist nur eines der Momente der kapitalistischen Produktion. Wenn die gesellschaftliche Produktion planmäßig organisiert wäre, wenn die Leiter der Produktion eine vollkommene *Kenntnis* der Nachfrage und die *Macht* hätten, die Arbeit und das Kapital frei aus einem Produktionszweig in einen anderen überzuführen, so könnte, wie niedrig die gesellschaftliche Konsumtion auch sein möchte, das Angebot der Waren die Nachfrage nicht überschreiten. Aber die Akkumulation des Kapitals bei einer völligen Planlosigkeit der gesellschaftlichen Produktion, bei der Anarchie, welche auf dem Warenmarkt herrscht, führt unausbleiblich zu Krisen.

8) Krise und auswärtiger Handel

Wir müssen uns jedoch noch bei einem ökonomischen Moment aufhalten, dessen Bedeutung wir bisher nicht berührt haben, nämlich bei dem auswärtigen Handel. Als Resultat unsrer abstrakten Analyse des Prozesses der Reproduktion des gesellschaftlichen Kapitals hat sich der Schluß ergeben, daß es bei einer proportionellen Einteilung der gesellschaftlichen Produktion kein überschüssiges gesellschaftliches Produkt geben kann. Dabei haben wir vom auswärtigen Handel ganz abgesehen. Dazu hatten wir vollkommen recht, da der auswärtige Handel ein auswärtiger nur für einzelne Länder ist, – für die gesamte kapitalistische Welt aber bleibt der Handel zwischen verschiedenen Ländern ein innerer – ein Handelsaustausch innerhalb des kapitalistischen Ganzen. Wenn wir jedoch zur Betrachtung der

Wirtschaft der einzelnen Länder übergehen, müssen wir uns natürlich auf einen anderen Standpunkt stellen. Es gibt kein kapitalistisches Land ohne auswärtigen Handel, und für solche Länder wie England spielt der auswärtige Markt für viele wichtige Produktionszweige sogar eine größere Rolle als der innere Markt. Der auswärtige Markt ist für England unbedingt notwendig. Es unterliegt nicht dem geringsten Zweifel, daß der innere englische Markt, wie auch die nationale englische Produktion eingeteilt sein mag, nicht alle baumwollenen Gewebe, Tücher, Maschinen und andere Fabrikate, welche in England produziert werden, verbrauchen könnte. Beweist das nicht, daß die kapitalistische Produktion ein überschüssiges Produkt schafft, für welches auf dem inneren Markte kein Platz vorhanden ist? Warum überhaupt bedarf England eines auswärtigen Marktes?

Die Antwort ist keine schwere. Darum, weil ein bedeutender Teil der Kaufkraft Englands für die Anschaffung ausländischer Waren verausgabt wird. Die Einfuhr ausländischer Waren für den inneren Markt Englands macht auch die Ausfuhr englischer Waren für den auswärtigen Markt absolut notwendig. Da England ohne einen ausländischen Import nicht auskommen kann, so ist auch ein Export für dieses Land eine Existenzbedingung, sonst hätte es nichts, womit es für seinen Import bezahlen könnte.

Die verzweifelte Jagd nach einem Markt, welch einen so charakteristischen Zug der kapitalistischen Wirtschaft bildet, beschränkt sich nicht auf das enge Gebiet des inneren Marktes. Jeder Produktionszweig strebt danach, sein Absatzgebiet möglichst zu erweitern. Wenn die auswärtigen Konkurrenzverhältnisse es zulassen, ergießt sich die betreffende Industrie rasch über die Grenzen des einheimischen Marktes und beginnt für den auswärtigen Markt zu arbeiten. So führt das Streben der kapitalistischen Industrie nach einer unbeschränkten Erweiterung zu dem Resultat, daß alle Länder sich in ein kolossales Ganze, in ein Netz verschlingen. Jedes Land ist ein Markt für die anderen Länder und zugleich sind die anderen Länder ein Markt für dieses Land.

Der auswärtige Markt spielt überhaupt eine sehr große Rolle in der Geschichte der kapitalistischen Produktionsweise. Die ursprüngliche Domäne des Kapitalismus war die Produktion von Luxusgegenständen, welche nur von einem sehr ausgedehnten Markt absorbiert werden konnten, da die Zahl der Konsumenten dieser Gegenstände in jedem Lande eine beschränkte war. Feine Gewebe, Glas, Porzellan, teuere Metall- und Lederfabrikate und überhaupt verschiedene Luxuswaren – solche Produkte stellte hauptsächlich die kapitalistische Manufaktur in der ersten Zeit ihres Entstehens in Italien, Flandern, England, Frankreich und andern Ländern her. Ein bedeutender Teil dieser Fabrikate wurde von vornherein für den Absatz nach andern Ländern bestimmt. Viel später hat die kapitalistische Industrie die Herstellung von Gegenständen der Massenkonsumtion erfaßt und begann dann in erster Linie für den einheimischen Markt zu produzieren. Ein solcher Entwicklungsgang der kapitalistischen Produktion steht mit der Entwicklung des Handels im engsten Zusammenhang. Der auswärtige Handel hat immer einen mehr kapitalistischen Charakter gehabt als der innere. Es ist dies auch ganz begreiflich – der auswärtige Handel erfordert größere Kapitalien, eine entwickeltere Unternehmungslust und eine größere Spezialisierung des Händlers als der innere. Auf dem Gebiete des auswärtigen Handels sind zuerst Associationen der Kapitalisten entstanden. Der Handel mit einheimischen Produkten innerhalb des Landes konnte wegen des Vorherrschens der Eigenproduktion und der Gleichartigkeit der Produkte, die in verschiedenen Teilen des Landes produziert werden, lange Zeit keine bedeutende Entwicklung erfahren. Dieser Handel blieb, da er sich auf ein äußerst beschränktes Gebiet erstreckte, ein Kleinhandel, und der Händler war dabei manchmal auch ein kleiner Produzent. Der auswärtige Handel der Küstenländer Europas mit der Levante, Indien und Amerika, wie auch der europäischen Länder miteinander, hat zur Bildung enormer kaufmännischer Kapitalien geführt, die allmählich auch die Produktion in kapitalistischer Weise organisiert haben, vor allem die Produktion der Waren, welche Gegenstand dieses Handels waren. Überhaupt hat sich die kapitalistische Produktion meistens von Anfang an auf den auswärtigen Markt gestützt.

Die internationale Arbeitsteilung hat ferner dazu geführt, daß sich in jedem Lande diejenigen Produktionszweige auf Kosten der anderen entwickelt haben, für welche dies Land sich infolge seiner natürlichen, ökonomischen oder sozialen Verhältnisse am meisten eignete. Es entstanden Länder eines landwirtschaftlichen und eines industriellen Typus, deren ökonomische Existenz einen Austausch voraussetzt. Das extremste Beispiel eines industriellen Landes mit einer hypertrophierten Industrie und einem beinahe atrophierten Ackerbau bildet England. Ohne einen auswärtigen Markt für die Produkte seiner Industrie kann England nicht existieren, da Einfuhr der Nahrungsmittel und der Rohstoffe durch die Ausfuhr der Fabrikate bezahlt werden muß. Daher die enorme Bedeutung der auswärtigen Märkte für die Industrie Englands. Die gesamte auswärtige Politik Englands wird durch die Jagd nach auswärtigen Märkten für die Produkte seiner Industrie bestimmt. Im auswärtigen Handel entfalten sich auch die Widersprüche der kapitalistischen Wirtschaftsordnung, welche in England, wie auch in den anderen Ländern, die tiefsten Ursachen der kapitalistischen Krisen bilden.

Kritik

Karl Kautsky: KRISENTHEORIEN*

1) Interpretation der Krisentheorie von Tugan Baranowski

Tugan bestreitet, daß der letzte Grund der periodischen Krisen in der kapitalistischen Ausbeutung liegt. Er sucht ihn einzig und allein in der Planlosigkeit, der Anarchie, der kapitalistischen Produktionsweise, welche zeitweise die Proportionalität der Produktion stört.

Soll der Gang der Produktion und der Zirkulation der Waren ohne Störung vor sich gehen, dann müssen die verschiedenen Produktionszweige in bestimmten Verhältnissen zu einander stehen. Jede erhebliche Störung dieser Verhältnisse bringt eine Stockung hervor, bewirkt eine Krisis. Dazu bedarf es keiner allgemeinen Überproduktion. Die Überproduktion eines Warenzweiges ist schon im Stande, die Preise auch der anderen Waren zu senken und eine allgemeine Krise hervorzurufen. Das gilt bereits bei einfacher Warenproduktion, noch mehr aber bei kapitalistischer, weil hier der Markt immer größer und unübersichtlicher wird und die Produktivkräfte immer gewaltiger und elastischer, immer mehr sprunghafter Ausdehnung fähig werden. Was bei einfacher Warenproduktion möglich, wird nun zeitweise unvermeidlich.

In diesen Anschauungen Tugans liegt viel Wahres. Kein Zweifel, es bedarf nicht einer allgemeinen Überproduktion zu einer Krise; die Überproduktion eines auf dem Weltmarkt dominirenden Industriezweigs, früher der Textilindustrie, jetzt der Eisen erzeugenden und verarbeitenden Industrien, genügt, jene Stockung hervorzurufen, die dann auch in anderen Industriezweigen die Erscheinungen der Überproduktion hervorruft. Wir stimmen nicht den Argumenten zu, womit Tugan das beweist, können aber von ihrer Widerlegung absehen, die uns etwas weitab führen würde. Auf anderem Wege vorschreitend, träfen wir uns doch mit ihm in dem gleichen Ergebnis.

Auch daran ist nicht zu zweifeln, daß der Mangel an Proportionalität in der Produktion zu einer Krisenursache werden kann. Marx hat darauf schon

* [Text aus: Karl Kautsky, Krisentheorien, in: »Die Neue Zeit. Wochenschrift der Deutschen Sozialdemokratie«, hrsg. von A. Bebel, P. Lafargue, F. Mehring u. a., redigiert von K. Kautsky. 20. Jhg. (1901–1902), Bd. II, S. 110–115, 116–117, 117–118.]

im zweiten Bande seines »Kapital« hingewiesen. Aber er hat dort auch gezeigt, daß ein derartiger Mangel an Proportionalität nicht bloß durch Überproduktion, sondern auch durch Unterproduktion hervorgerufen werden kann. Wenn etwa nicht genug Rohstoffe auf den Markt kommen, so muß der Produktionsprozeß stocken und es gibt eine Krise. Eine solche, nicht durch Überproduktion hervorgerufene Krise war die Baumwollnot anfangs der sechziger Jahre in Lancashire, die der amerikanische Sezessionskrieg hervorgerufen hatte. Eine ähnliche Krise – eine Vorkrise vor der allgemeinen Krise – sahen wir auf dem Höhepunkt der jüngsten Prosperitätsperiode in Deutschland, wo zeitweise Eisen, Kohle und Baumwolle zu knapp wurden, so daß sich manche Fabrik zum Feiern oder doch zur Betriebseinschränkung gezwungen sah.

Notabene, dies allein beweist schon die Haltlosigkeit des Geschwätzes von der Überwindung oder doch Abschwächung der Krisen durch die Kartelle, das trotz aller Erfahrungen noch immer nicht völlig verstummt. Wir haben gesehen, daß die Proportionalität der Produktion eine unentbehrliche Voraussetzung eines ungestörten Verlaufs des kapitalistischen Produktions- und Reproduktionsprozesses ist. Die Warenproduktion ist aber die Produktion vieler unabhängig voneinander tätigen Produzenten. Daß dieses planlose Getriebe nicht binnen kurzem in völliger Verwirrung und einem unentwirrbaren Chaos endet, dafür sorgt die Konkurrenz, die bewirkt, daß in jenen Produktionszweigen, in denen zuviel von der gesellschaftlichen Arbeit verausgabt wird, die Preise sinken, was zur Einschränkung der Produktion führt, indes in solchen Produktionszweigen, in denen weniger erzeugt wird, als der Proportionalität entspricht, die Preise steigen, was zur Ausdehnung der Produktion anreizt. Wie wirken dem gegenüber die Kartelle? Sie beseitigen die Konkurrenz aus einzelnen Produktionszweigen, angeblich um Stetigkeit der Preise zu erzielen, tatsächlich um sie und damit die Profite ständig hoch zu halten. Das heißt aber nichts anderes, als daß jene Produktionszweige, die der Kartellierung zugänglich sind, beständig zur Unterproduktion neigen und so beständig die Proportionalität der Produktion zu stören trachten, was ihnen bekanntlich auch oft genug gelingt. Sie suchen nicht die Unabhängigkeit der einzelnen Produktionszweige voneinander, nicht die Planlosigkeit aus der Gesamtproduktion zu beseitigen, sondern nur den Regulator der freien Konkurrenz auszuschalten, der allein im Stande ist, einige Ordnung in das anarchische kapitalistische Getriebe zu bringen. Sie würden völlige wirtschaftliche Verwirrung schaffen, wenn ihnen dies Streben gelänge. Indes ist die Konkurrenz zu tief in dem bestehenden Wirtschaftssystem begründet, als daß sie sich nicht immer wieder Geltung verschaffte. Aber je stärker die Unternehmerverbände, desto gewaltsamer die Störungen, in denen die Konkurrenz sich immer wieder durchzusetzen hat. So bilden die Kartelle ein neues Krisenelement.

Aber andererseits kann freilich auch Mangel an Proportionalität in der Produktion und damit eine Krise hervorgerufen werden durch *Überproduktion* in einem einzelnen hervorragenden Industriezweig. Das hat auch von marxistischer Seite niemand geleugnet. Sehen wir in der Unterkonsumtion den letzten Grund der periodischen Krisen, so sehen wir in der Planlosigkeit des kapitalistischen Produktionsprozesses eine ihrer Vorbedingungen und einen Faktor, der zeitweilig auch für sich allein Krisen hervorrufen oder allgemeine Krisen noch verschärfen kann.

Damit ist Tugan jedoch nicht zufrieden. Er behauptet, die Krisen sind der Planlosigkeit der kapitalistischen Produktionsweise allein zuzuschreiben. Die Unterkonsumtion als letzter Grund der Krise existiere nicht, denn der Markt für die kapitalistische Produktion wachse in demselben Verhältnis, in dem diese wachse; sie schaffe sich selbst durch ihr Wachstum ihren eigenen Markt. Würden also alle Industriezweige sich in gehörigem Verhältnis zueinander entwickeln, dann würden Überproduktion und Krisen unmöglich, wenn auch die Ausbeutung der arbeitenden Massen und die Unterkonsumtion noch so sehr stiegen.

»Ist es nur möglich, die gesellschaftliche Produktion zu erweitern, reichen die Produktivkräfte dazu aus, so muß bei der proportionellen Einteilung der gesellschaftlichen Produktion auch die Nachfrage eine entsprechende Erweiterung erfahren, denn unter diesen Bedingungen repräsentiert jede neuproduzierte Ware eine neuerschienene Kaufkraft für die Erwerbung anderer Waren« (S. 25*).

Den Beweis dafür sucht Tugan dadurch zu erbringen, daß er nach dem Vorbild von Marx schematisch den Prozeß der Reproduktion des Kapitals veranschaulicht, Marx hatte die Bedingungen untersucht, unter denen Produktion und Zirkulation der Waren in der kapitalistischen Produktionsweise immer wieder von neuem, also als kapitalistischer Reproduktionsprozeß, vor sich gehen können. Er ging dabei zur möglichsten Vereinfachung des Schemas von der Voraussetzung aus, daß in der Gesellschaft nur Kapitalisten und Arbeiter vorhanden sind. Einfache Reproduktion des Kapitals nannte er jene, bei der die Kapitalisten den gesamten Profit verzehren, so daß die kapitalistische Produktion nicht erweitert wird, sondern jedes Jahr in gleicher Ausdehnung weitergeht. Tatsächlich aber wird in jedem Jahre von der Kapitalistenklasse ein Teil des Profits zurückgelegt,

* [Unsere Ausgabe S. 649]

akkumuliert, um die Produktion zu erweitern. Das gibt dann eine erweiterte Reproduktion.

Jedesmal muß die Produktion der Produktionsmittel, die der Konsumtionsmittel für die Arbeiter und die der Konsumtionsmittel für die Kapitalisten eine bestimmte Größe annehmen, soll die Reproduktion ungestört weiter vor sich gehen. Dem entsprechend zerfällt das Schema der Reproduktion in drei Abteilungen, die der Produktion der Produktionsmittel, der Konsumtionsmittel der Arbeiter und der Konsumtionsmittel der Kapitalisten. In der ersten Abteilung müssen bei einfacher Reproduktion ebenso viele Produktionsmittel fabriziert werden, als im Jahre verschleißen, um diese zu ersetzen. In der zweiten und der dritten ebenso viele Konsumtionsmittel, wie die Arbeiter respektive Kapitalisten verbrauchen. Das ist selbstverständlich. Aber unter gegebenen technischen und Ausbeutungsverhältnissen ist auch die Verteilung von konstantem und variablem Kapital und Profit in jeder einzelnen Abteilung gegeben, und es muß die Summe des in allen drei Abteilungen aufgewendeten variablen Kapitals der Summe der Werte der in der zweiten produzierten Konsumtionsmittel der Arbeiter; die Summe der Mehrwerte in allen drei Abteilungen der entsprechenden Summe der für den Konsum der Kapitalisten produzierten Werte der dritten Abteilung, endlich die Summe der in allen drei Abteilungen aufgewendeten konstanten Kapitalien (wir nehmen der Einfachheit wegen an, daß sie alle in einem Jahre verbraucht werden) der Summe, der in der ersten Abteilung produzierten Werte von Produktionsmitteln entsprechen, soll nicht eine Störung des Reproduktionsprozesses, eine Krise entstehen.

Folgende Tabelle, deren Zahlen willkürlich gewählt sind, diene dazu, dies zu veranschaulichen:

Schema I.

Einfache Reproduktion des gesellschaftlichen Kapitals.

1. Abteilung. Produktion der Produktionsmittel.

720 Millionen (Mark) konstantes Kapital (Produktionsmittel) + 360 Millionen variables (Arbeitslohn) + 360 Millionen Mehrwert (Profit) = 1440 Millionen Wert der Produktionsmittel.

2. Abteilung. Produktion der Konsumtionsmittel der Arbeiter.

360 Millionen konstantes Kapital + 180 Millionen variables Kapital + 180 Millionen Mehrwert = 720 Millionen Wert der Konsumtionsmittel der Arbeiter.

3. Abteilung. Produktion der Konsumtionsmittel der Kapitalisten.

360 Millionen konstantes Kapital + 180 Millionen variables Kapital + 180 Millionen Mehrwert = 720 Millionen Wert der Konsumtionsmittel der Kapitalisten.

Zusammen 1440 Millionen konstantes Kapital + 720 Millionen variables Kapital + 720 Millionen Mehrwert = 2880 Millionen Wert des Gesamtproduktes.

Auf den Markt kommen also Waren im Werte von 2880 Millionen Mark. Dieser ganze Wert fällt den Kapitalisten zu. Aber davon müssen sie abgeben 720 Millionen als Lohn an die Arbeiter der drei Abteilungen und für 1440 Millionen müssen sie Produktionsmittel kaufen, welche die in der Produktion der drei Abteilungen verwendeten Produktionsmittel ersetzen. Von den 720 Millionen Arbeitslohn werden die produzierten Konsumtionsmittel der zweiten Abteilung absorbiert. Die 1440 Millionen für Produktionsmittel räumen die Produkte der ersten Abteilung vom Markte weg. So bleiben den Kapitalisten 720 Millionen Profit, die sie dazu verwenden, sich an den Produkten der dritten Abteilung gütlich zu tun und den Markt von ihnen zu säubern. Man sieht, trotz aller Ausbeutung braucht es zu keiner Krise zu kommen.

Aber in Wirklichkeit wird's den Kapitalisten nicht so gut wie in diesem Beispiel. Sie können nicht den ganzen Mehrwert verjubeln, sondern müssen »sparen«, »entbehren«, um die Produktion zu erweitern. Dazu genügt es aber nicht bloß, daß sie sich tugendhaft der Genüsse enthalten, die sie mit ihren Profiten erkaufen könnten, es muß nun auch die ganze Produktion der Gesellschaft ganz anders angelegt werden. Mit ungegessenem Kaviar, ungetrunkenem Champagner und ungeliebten Ballerinen kann man keine Spinnerei treiben. Dazu ist es notwendig, daß statt des Kaviars und des Champagners Baumwolle, Kohle und Spinnmaschinen, statt der ätherischen Nahrung von Ballerinen die derbe Kost von Proletariern produziert wird. Wie gestaltet sich nun der Reproduktionsprozeß? Etwa folgendermaßen, bei gleichbleibendem Betrag der Gesamtproduktion und gleichbleibenden technischen und Ausbeutungsverhältnissen.

Wir bekommen dann

Schema II.

Erweiterte Reproduktion des gesellschaftlichen Kapitals.

Das erste Jahr.

1. Abteilung.
Produktionsmittel.
840 Millionen konstantes Kapital + 420 Millionen variables Kapital + 420 Millionen Mehrwert = 1680 Millionen.

2. Abteilung.
Konsumtionsmittel der Arbeiter.
420 Millionen konstantes Kapital + 210 Millionen variables Kapital + 210 Millionen Mehrwert = 840 Millionen.

3. Abteilung.
Konsumtionsmittel der Kapitalisten.
180 Millionen konstantes Kapital + 90 Millionen variables Kapital + 90 Millionen Mehrwert = 360 Millionen.

Zusammen 1440 Millionen konstantes Kapital + 720 Millionen variables Kapital + 720 Millionen Mehrwert = 2880 Millionen.

Das zweite Jahr.

1. Abteilung.
Produktionsmittel.
980 Millionen konstantes Kapital + 490 Millionen variables Kapital + 490 Millionen Mehrwert = 1960 Millionen.

2. Abteilung.
Konsumtionsmittel der Arbeiter.
490 Millionen konstantes Kapital + 245 Millionen variables Kapital + 245 Millionen Mehrwert = 980 Millionen.

3. Abteilung.
Konsumtionsmittel der Kapitalisten.
210 Millionen konstantes Kapital + 105 Millionen variables Kapital + 105 Millionen Mehrwert = 420 Millionen.

Zusammen 1680 Millionen konstantes Kapital + 840 Millionen variables Kapital + 840 Millionen Mehrwert = 3360 Millionen.

Tugan entwickelt dann dasselbe Schema noch für ein drittes Jahr, doch bietet dies nichts Neues mehr. Wir sehen also hier davon ab. Die beiden Jahre zeigen uns schon, daß auch bei Akkumulation des Kapitals keine Überproduktion einzutreten braucht. Die Kapitalisten verbrauchen jetzt im ersten Jahre nicht mehr 720, sondern bloß 360 Millionen Mark für ihren persönlichen Konsum. Aber trotzdem wird der gesamte Wert von 2880 Millionen Mark abgesetzt. Sie kaufen jetzt um 1680 Millionen Mark Maschinen, statt um 1440, und behalten 840 Millionen, statt 720 Millionen übrig, sie an Arbeitslohn auszugeben, wofür dann auch die für die Arbeiterklasse in vermehrtem Maße produzierten Konsumtionsmittel gekauft werden, wie das Schema des zweiten Jahres zeigt. Die Masse der von Arbeitern und Kapitalisten verbrauchten Konsumtionsmittel ist im ersten Jahre von 1440 auf 1200 Millionen gesunken, sie beträgt auch im nächsten Jahre nur 1400 Millionen, statt 1440, und doch wächst der Gesamtwert der Produktion von 2880 Millionen auf 3360 Millionen, »ohne daß das Gleichgewicht zwischen dem Angebot und der Nachfrage dadurch im mindesten gestört wäre« (S. 25*). So kommt Tugan zu dem Ergebnis:

»Die angeführten Schemata mußten zur Evidenz den an sich sehr einfachen Grundsatz beweisen, welcher aber bei ungenügendem Verständnis des Prozesses der Reproduktion des gesellschaftlichen Kapitals leicht Einwände hervorruft, nämlich den Grundsatz, daß die gesellschaftliche Produktion für sich selbst einen Markt schafft ... Aus der Vergleichung der einfachen Reproduktion des gesellschaftlichen Kapitals mit dessen Reproduktion auf erweiterter Stufenleiter kann man den höchst wichtigen Schluß ziehen, daß in der kapitalistischen Wirtschaft die Nachfrage nach Waren vom Gesamtumfang der gesellschaftlichen Konsumtion in einem gewissen Sinne unabhängig ist: es kann der Gesamtumfang der gesellschaftlichen Konsumtion zurückgehen und zugleich die gesamte gesellschaftliche Nachfrage nach Waren wachsen, wie absurd das auch vom Standpunkt des ›gesunden Menschenverstandes‹ erscheinen mag. Die Akkumulation von gesellschaftlichem Kapital führt zu einer Einschränkung der gesellschaftlichen Nachfrage nach Konsumtionsmitteln und zugleich zu einer Erhöhung der gesamten gesellschaftlichen Nachfrage nach Waren« (S. 25**)

Diese Entdeckung wird dann in Verbindung gebracht mit der anderen, schon im zweiten Kapitel dieser Besprechung erwähnten, daß der Profit nicht bloß von den Arbeitern, sondern auch von den Produktionsmitteln geschaffen wird. In der kapitalistischen Produktionsweise werde eben der Arbeiter zum Produktionsmittel degradiert, ihm gleichgesetzt und so werde auch im Konsum der Konsum der Produktionsmittel dem Konsum der Menschen gleichgesetzt. Ob der Konsum der Menschen oder der der Produktionsmittel wächst, ist für den Markt gleich (S. 229).

---

* [Unsere Ausgabe S. 650]
** [Unsere Ausgabe S. 649]

Die Produktionsmittel spielen eine immer größere Rolle im Produktionsprozeß und auf dem Warenmarkt. Der Arbeiter tritt gegenüber der Maschine in den Hintergrund und zugleich tritt in den Hintergrund die aus der Konsumtion des Arbeiters entstehende Nachfrage im Vergleich mit der Nachfrage, welche aus der produktiven Konsumtion der Produktionsmittel entsteht. Das ganze Getriebe der kapitalistischen Wirtschaft nimmt den Charakter eines gleichsam für sich selbst existierenden Mechanismus an, in welchem die Konsumtion des Menschen als ein einfaches Moment »des Prozesses der Reproduktion und der Zirkulation des Kapitals erscheint« (S. 27*).

Wie soll da die Krise aus der Unterkonsumtion entspringen können? Sie kann nur dadurch entstehen, daß die verschiedenen Produktionszweige sich eben nicht immer im richtigen Verhältnis entwickelt und dadurch miteinander in Konflikt kommen.

Dies die Krisentheorie Tugan Baranowskys.

Kein Zweifel, der »gesunde Menschenverstand« widerstrebt ihr. Aber das ist natürlich noch kein Beweis. Nichts täuscht leichter, als der gesunde Menschenverstand, der den Anschein der Dinge für ihr Wesen hält.

2) Krisen aus dem Übergang von einfacher zu erweiterter Reproduktion

Verlassen wir uns also nicht auf den trügerischen Gesellen und sehen wir uns die Tuganschen Schemata näher an.

Kein Zweifel, sie bezeugen, daß der Konsum an Konsumtionsmitteln zurückgehen und gleichzeitig die Produktion wachsen kann, ohne daß der Reproduktionsprozeß ins Stocken kommt. Das müssen wir zugestehen. Aber damit gestehen wir Tugan noch lange nicht seine Folgerungen zu. Der Konsum kann zurückgehen und gleichzeitig die Produktion wachsen, aber ist das immer, unter allen Umständen möglich, ohne daß eine Krise daraus entsteht? Nein, sondern nur unter bestimmten Voraussetzungen. Die Tuganschen Schemata zeigen uns nur *einen einzigen Fall*, in dem ein Rückgang des Konsums ohne Krise eintreten kann: bei dem Übergang von einfacher zu erweiterter Reproduktion. Dieser *einzige* Fall wird bei Tugan zum Typus der kapitalistischen Wirklichkeit; und doch ist es einer, der in dieser Wirklichkeit sich *so gut wie nie ereignet*.

Marx hat das Schema der einfachen Reproduktion gegeben, nicht, weil es den wirklichen Vorgang des kapitalistischen Reproduktionsprozesses widerspiegelt, sondern weil es einfacher ist als das der erweiterten Reproduktion

* [Unsere Ausgabe S. 651]

und daher eine Reihe wichtiger Erscheinungen leichter bloßzulegen gestattet als das letztere. Aber seitdem kapitalistisch produziert wird, wird auch Kapital akkumulirt, gelten also die Gesetze des erweiterten Reproduktionsprozesses. Ganz unzweifelhaft findet dies in ausgeprägtestem Maße statt seit dem Beginn der periodischen Krisen. Selbst während dieser, wenn die Reproduktion zeitweise stockt, ist der Reproduktionsprozeß nicht der einfache, denn auch in Zeiten der Depression wird Kapital akkumulirt.

Der Vorgang des Überganges von einfacher zu erweiterter Reproduktion ereignet sich also kaum jemals bei entwickelter kapitalistischer Produktionsweise; also tritt kaum jemals jene Voraussetzung ein, unter der ein Rückgang des Konsums ohne Krise möglich ist. Die Tuganschen Schemata beweisen also nicht das Mindeste für ihn und doch stützt er sein kühnes Paradoxon auf sie allein.

Aber selbst wenn wir trotz dieser Bedenken die einfache Reproduktion als Ausgangspunkt des kapitalistischen Reproduktionsprozesses annehmen, was gewinnt Tugan dabei? Nichts als eine Galgenfrist für seine Theorie.

Es ist wahr, wenn wir von der einfachen Reproduktion als Anfangsstadium ausgehen, so beträgt unter diesem der Konsum an Konsumtionsmitteln 1440 Millionen Mark. Werden im nächsten Jahre die Anstalten zu einer Erweiterung der Produktion getroffen, so muß in diesem der Konsum der Konsumtionsmittel auf 1200 Millionen Mark herabgehen. Nun berechnen wir aber die Schemata auf der von Tugan gegebenen Grundlage weiter. Wir finden dann: Im zweiten Jahre muß der Konsum schon wieder 1400 betragen, im dritten werden Konsumtionsmittel im Werte von 1633 Millionen produziert, im vierten für 1911, im fünften für 2224, im sechsten für 2594 Millionen und so fort. Nach sechs Jahren muß sich bereits der Gesamtkonsum der Gesellschaft mehr als *verdoppelt* haben, fast ebensosehr der Konsum der Arbeiterklasse, der von 840 Millionen auf 1816 Millionen gewachsen sein muß, soll nicht eine Stockung, eine Überproduktion eintreten. Und dieses Steigen des Konsums muß von da an *ununterbrochen* weiter fortgehen, denn sobald das Regime der erweiterten Reproduktion einmal begonnen, duldet es kein Einhalten mehr auf der einmal beschrittenen Bahn.

Wenn trotzdem Tugan aus demselben Schema deduzierte: »Es kann der Gesamtumfang der gesellschaftlichen Konsumtion zurückgehen und zugleich die gesamte gesellschaftliche Nachfrage nach Waren wachsen«, so erreichte er dies nur dadurch, daß er nicht bloß als Ausgangspunkt einen der kapitalistischen Produktionsweise fremden Typus des Reproduktionsprozesses annahm, sondern sich auch über diesen Ausgangspunkt kaum hinauswagte. Hätte er seine Rechnung nicht schon beim dritten Jahre abgebrochen, sondern weiter gerechnet, so daß er zu den obigen Zahlen gekommen wäre, so hätte sich ihm von selbst die Unhaltbarkeit seiner Position aufdrängen müssen.

Eine weitere Berechnung auf Grund der Zahlen seines Schemas hätte Tugan aber auch gezeigt, daß die im Jahre produzierte Wertmasse der Konsumtionsmittel *genau in demselben Verhältnis steigt*, wie die Wertmasse der Produktionsmittel. Die Gesamtmenge der Konsumtionsmittel (als Gebrauchswerte) nimmt noch rascher zu als die Gesamtsumme ihres Wertes, wenn gleichzeitig, was ja die Regel, die Produktivität der Arbeit wächst. Der Konsum der Konsumtionsmittel muß also nicht bloß *ununterbrochen*, sondern auch stets mindestens in *demselben Verhältnis* oder sogar noch rascher wachsen, wie die Produktion der Produktionsmittel, soll's nicht zur Krise kommen.

Tugan bringt seine Entdeckung, daß die Konsumtion sinken und doch die Produktion steigen kann, ohne daß es zur Überproduktion kommt, in Zusammenhang mit seiner Profittheorie. Tatsächlich begeht er hier wie dort den gleichen Fehler der theoretischen Kurzatmigkeit. Er begegnet einem vereinzelten Fall, der ihm hier die Theorie, dort den gesunden Menschenverstand zu widerlegen scheint, und macht sich sofort daran, auf der Stelle, wo er diesen Fall getroffen, eine neue Theorie aufzubauen. Hätte er ihn nur ein wenig weiter verfolgt, es wäre ihm bald klar geworden, welch' flüchtiger Ausnahmsfall es gewesen, den er für die ständige, normale Praxis der kapitalistischen Produktionsweise versah.

Freilich, es klingt sehr schön, wenn Tugan als die gemeinsame Wurzel seiner Profit- und Krisentheorie der Tatsache hinstellt, daß die Kapitalisten den Arbeiter nur als Produktionsmittel, als Maschine betrachten, und daß sie daher beide einander gleichsetzen; daß ihnen die Maschine ebenso Profite erzeugt wie der Arbeiter, und daß ihnen der Konsum der Maschine gleichwertig ist mit dem der Menschen, denn der Zweck ihrer Produktion ist der Profit und nicht die Befriedigung der Bedürfnisse der Menschen. Sicher denkt der Kapitalist so, aber die Krisen entspringen eben aus dem Widerspruch, in den der Kapitalistenstandpunkt immer wieder zu den Grundgesetzen der Gesellschaft gerät. Der Kapitalist mag den Menschen noch so sehr der Maschine gleichsetzen, die Gesellschaft bleibt eine Gesellschaft von Menschen, wird nie eine von Maschinen, die gesellschaftlichen Beziehungen bleiben stets die Beziehungen von Mensch zu Mensch und werden nie die Beziehungen von Menschen zu Maschinen. Darum bleibt in letzter Linie stets die menschliche Arbeit der wertbildende Faktor und darum entscheidet auch in letzter Linie stets die Ausdehnung des *menschlichen* Konsums über die Ausdehnung der Produktion.

3) Konsumtion – Zweck der Produktion

Die Produktion ist und bleibt Produktion für den menschlichen Konsum. Es ist richtig, daß die Zahl der Produktionsstätten, in denen die Produkte direkt für den persönlichen Konsum fertig gemacht werden, mit fortschreitender Arbeitsteilung verhältnismäßig immer mehr sinkt gegenüber den anderen Produktionsstätten, die jenen und einander Werkzeuge, Maschinen, Rohmaterialien, Transportmittel liefern. Während in der ursprünglichen Bauernwirtschaft der Flachs von dem Betrieb, der ihn gewann, auch mit eigenen Werkzeugen verarbeitet und für den menschlichen Verbrauch fertig gemacht wurde, sind jetzt vielleicht Hundert von Betrieben an der Herstellung eines Hemdes beteiligt, an der Herstellung der Rohbaumwolle, der Produktion der Eisenschienen, Lokomotiven und Waggons, die sie nach dem Hafen bringen, des Schiffes, das sie nach Europa verschifft, der Transportmittel dort, der Maschinen, Baulichkeiten, Kohlen des Spinners, des Webers, der Herstellung der Nadeln und Knöpfe und anderen Zubehörs für die Näherin. Aber sie alle dienen nur dem letzten Zwecke der Herstellung von Mitteln des menschlichen Konsums und sie alle geraten in ihrer Tätigkeit ins Stocken, sobald dieser letzte Zweck nicht ausreichend betätigt wird. Trotz des ungeheuren Umfangs und des vorübergehenden Scheines einer Unabhängigkeit vom Konsum, den manche der zahlreichen Zwischenglieder der Produktion von Konsumtionsmitteln, zum Beispiel die Eisenbahnen, annehmen, wäre doch eine Täuschung darüber, daß sie alle nur dem menschlichen Konsum dienen, kaum möglich gewesen, wenn nicht noch ein Umstand dazu käme: die kapitalistische Produktion ist nicht nationale, sondern internationale, Weltproduktion. Bei der internationalen Arbeitsteilung kommt es dahin, daß einzelne Länder – die alten Industrieländer – ihre Produktion zum persönlichen Konsum nur noch langsam ausdehnen können, während die Produktion von Produktionsmitteln bei ihnen noch rasche Fortschritte macht und für den Pulsgang ihres ökonomischen Lebens viel bestimmender wird, als die der Produktion von Konsumtionsmitteln. Wer die Sache nur vom Standpunkt der betreffenden Nation ansieht, kommt dann leicht zur Ansicht, die Produktion von Produktionsmitteln könne dauernd rascher wachsen als die von Konsumtionsmitteln, sie sei an diese nicht gebunden. Namentlich in England zeigt sich dies auffallend.

Aber wenn etwa in England die Fabrikation von Spinnmaschinen rascher wächst als die von Garn, so ist dies doch nur dadurch möglich, daß außerhalb Englands neue Spinnereien errichtet werden, die ihre Maschinen aus England beziehen. Ohne Erweiterung des Garnkonsums würden aber diese Lieferungen von Spinnmaschinen bald aufhören.

Das übersieht Tugan. Er weist darauf hin, daß aus England ausgeführt wurden:

	1868–70	1896–98
Gewebe	82,5 Mill. Pfd. Sterl.	77,1 Mill. Pfd. Sterl.
Eisen (inkl. Maschinen) . .	26,3 " " "	39,9 " " "
Steinkohlen	5,4 " " "	16,7 " " "

Daraus schließt er (S. 58):
»Somit kommt in der relativen Abnahme des Exports derjenigen britischen Fabrikate, die in den unmittelbaren Verbrauch eingehen, auch das Grundgesetz der kapitalistischen Entwicklung zum Ausdruck: je mehr die Technik fortschreitet, desto mehr treten die Konsumtionsmittel zurück gegenüber den Produktionsmitteln. Die Menschenkonsumtion spielt eine immer geringere Rolle gegenüber der produktiven Konsumtion der Produktionsmittel.«
Als ob die Konsumtion der Produktionsmittel etwas anderes wäre als die Produktion von Konsumtionsmitteln!
Produzieren heißt Konsumtionsmittel für den menschlichen Gebrauch herstellen. Diese Tatsache kann durch die fortschreitende Arbeitsteilung nur verschleiert, aber nicht aufgehoben oder auch nur eingeschränkt werden.

Antikritik

Michael v. Tugan Baranowski: THEORETISCHE GRUNDLAGEN DES MARXISMUS*

1) Erweiterte Reproduktion bei abnehmender Konsumtion

Kautsky hat gegen meine Schemata der Akkumulation des Kapitals (welche übrigens im Anschluß an Marx konstruiert wurden), die ich in meiner Schrift über die Krisen gegeben habe, nichts einzuwenden. Aber sie beweisen, nach der Meinung meines Kritikers, etwas ganz anderes als das, was ich aus ihnen deduziere. »Tugans Schemata«, sagt Kautsky, »zeigen uns nur einen einzigen Fall, in dem ein Rückgang des Konsums ohne Krise eintreten kann: bei dem Übergange von einfacher zu erweiterter Produktion. Dieser einzige Fall wird bei Tugan zum Typus der kapitalistischen

* [Text aus: Michael v. Tugan Baranowski, Theoretische Grundlagen des Marxismus, Leipzig 1905, S. 223–228, 236–238.]

Wirklichkeit; und doch ist es einer, der in dieser Wirklichkeit sich so gut wie nie ereignet[1].«

Nun bildet meines Erachtens das, was Kautsky als den einzigen und so gut wie nie vorkommenden Fall bezeichnet, ein immanentes Gesetz der kapitalistischen Entwicklung. Ich werde den für meine Theorie scheinbar ungünstigen Fall untersuchen – die Akkumulation des Kapitals bei stetigem und bedeutendem Rückgang der Arbeitslöhne und keiner Zunahme im Konsum der Kapitalisten. Im nachstehenden Schema unterstelle ich, daß der Arbeitslohn, seinem Werte nach, jedes Jahr um 25 Proz. sinkt, und der Wert des Konsums der Kapitalisten, trotz der Zunahme der Profitmasse, eine feste unveränderliche Größe bildet. Meiner Voraussetzung gemäß wird $^1/_4$ des gesamten Profits des ersten Jahres von den Kapitalisten akkumuliert (d. h. auf die Erweiterung der Produktion verwendet), die übrig bleibenden $^3/_4$ von ihnen unproduktiv konsumiert; in den folgenden Jahren erfährt der unproduktive Konsum der Kapitalisten seinem absoluten Werte nach keinem Wechsel – also wird ein immer größerer Teil des Profits akkumuliert.

Reproduktion des gesellschaftlichen Kapitals auf erweiterter Stufenleiter bei dem Rückgang der Löhne und der Unbeweglichkeit des unproduktiven Konsums der Kapitalisten[2].

Das erste Jahr.

I. Produktion der Produktionsmittel

1632 p + 544 a + 544 r = 2720.

II. Produktion der Konsumtionsmittel der Arbeiter

408 p + 136 a + 136 r = 680.

III. Produktion der Konsumtionsmittel der Kapitalisten

360 p + 120 a + 120 r = 600.

Das zweite Jahr.

I. Produktion der Produktionsmittel

1987,4 p + 496,8 a + 828,1 r = 3312,3.

---

[1] Krisentheorien. 4. Die Neue Zeit 1901. S. 116. [Unsere Ausgabe S. 667]

[2] Für das erste Jahr wird vorausgesetzt, daß in allen Abteilungen der gesellschaftlichen Produktion das Sachkapital – Produktionsmittel (p) – seinem Werte nach dreimal so groß ist als das Lohnkapital – die Summe der Arbeitslöhne (a) –, der Profit (r) aber dem Lohnkapital gleich ist. Im zweiten Jahr ändern sich alle diese

II. Produktion der Konsumtionsmittel der Arbeiter

372,6 p + 93,2 a + 155,2 r = 621.

III. Produktion der Konsumtionsmittel der Kapitalisten

360 p + 90 a + 150 r = 600.

Das dritte Jahr.

I. Produktion der Produktionsmittel

2585,4 p + 484,6 a + 1239 r = 4309.

II. Produktion der Konsumtionsmittel der Arbeiter

366,9 p + 68,9 a + 175,5 r = 611,3.

III. Produktion der Konsumtionsmittel der Kapitalisten

360 p + 67,5 a + 172,5 r = 600.

Dies Schema soll veranschaulichen, auf welche Weise die gesellschaftliche Produktion eingeteilt werden muß, damit trotz des Rückganges des gesellschaftlichen Konsums und rascher Ausdehnung der gesellschaftlichen Produktion kein überschüssiges, nicht zu veräußerendes Produkt sich ergebe. Der im ersten Jahre erzeugte Profit beträgt 800 Millionen Mark (544 + 136 + 120). 25 Proz. dieses Profits werden, meiner Voraussetzung gemäß, kapitalisiert. Darum bleiben für den Konsum der Kapitalisten im zweiten Jahre nur 600 Millionen Mark übrig. Dieselbe Summe beträgt der Konsum der Kapitalisten auch in den folgenden Jahren.

Am Ende des ersten Jahres werden für 2720 Millionen Mark Produktionsmittel hergestellt. Diese werden alle durch die erweiterte Produktion des zweiten Jahres verbraucht, da diese an Produktionsmitteln die Summe von (1987,4 + 372,6 + 360) = 2720 Millionen Mark erfordert. Konsumtionsmittel für Arbeiter werden im ersten Jahre für 680 Millionen Mark hergestellt; ebensogroß ist das Lohnkapital (also die Nachfrage der Arbeiter

Verhältnisse aus dem Grunde, weil nach der Unterstellung der Arbeitslohn um 25 Proz. sinkt und der Profit entsprechend zunimmt. Darum sehen wir, daß im zweiten Jahre das Lohnkapital in der ihrem Werte nach unverändert gebliebenen Produktion der Konsumtionsmittel der Kapitalisten nicht 120 (wie im ersten Jahre), sondern nur 90 ausmacht (also um 30 Werteinheiten, oder um 25 Proz. abgenommen hat); der Profit aber hat um dieselben Werteinheiten zugenommen und ist gleich 150. Der Wert des Sachkapitals in der Produktion der Konsumtionsmittel der Kapitalisten ist unverändert geblieben. Im dritten Jahre ist der Arbeitslohn wieder um 25 Proz., also in der III. Abteilung der gesellschaftlichen Produktion um 22,5 Werteinheiten gesunken, der Profit hat entsprechend zugenommen, der Wert des Sachkapitals in dieser Abteilung ist unverändert geblieben.

nach den Konsumtionsmitteln) des zweiten Jahres (496,8 + 93,2 + 90). Die im ersten Jahre erzeugten Konsumtionsmittel der Kapitalisten in Höhe von 600 Millionen Mark werden durch diese im zweiten Jahre verzehrt. Also wird das gesamte gesellschaftliche Produkt des ersten Jahres durch die Produktion und Konsumtion des zweiten Jahres ohne Rest verbraucht.

Das Lohnkapital des ersten Jahres ist (544 + 136 + 120), also = 800 Mill. lionen Mark, das des zweiten = 680 Millionen Mark. Die Konsumtion der Arbeiter ist folglich um 120 Millionen Mark oder um 15 Proz. zurückgegangen, die der Kapitalisten, nach der Annahme, unverändert geblieben. Das gesamte gesellschaftliche Produkt des ersten Jahres ist (2720 + 680 + 600), also 4000 Millionen Mark, das des zweiten (3312,3 + 621 + 600), also 4533,3 Millionen Mark. Der Wert der hergestellten Produkte hat folglich um 13 Proz. zugenommen.

Die Erweiterung der gesellschaftlichen Produktion geht mit dem Rückgang des gesellschaftlichen Konsums Hand in Hand; das Angebot der Produkte und die Nachfrage nach ihnen bleiben aber in einem vollkommenen Gleichgewicht[1]. Im dritten Jahre sinkt das Lohnkapital auf (484,6 + 68,9 + 67,5) = 621 Millionen Mark herab, im vierten auf 611,3 Millionen

---

[1] Es kann scheinen, daß das Gleichgewicht zwischen Angebot und Nachfrage in meinem Schema nicht erreicht ist. So werden im ersten Jahre an Produktionsmitteln für 2720 Mill. Mk. hergestellt. Für die Produktion der Produktionsmittel des zweiten Jahres ist die Summe von 1987,4 Mill. Mk. erforderlich. Es werden also die Produktionsmittel für die Summe 2720 – 1987,4 = 732,6 Mill. Mk. in den Austausch mit den Produkten der II. und III. Abteilung eingehen. Zugleich wird sich im zweiten Jahr in derselben I. Abteilung der gesellschaftlichen Produktion die Nachfrage erheben nach Produkten der II. und III. Abteilungen für die Summe von 904,8 Mill. Mk. (für 496,8 Mill. Mk. – nach den Konsumtionsmitteln der Arbeiter der ersten Abteilung, für 408 Mill. Mk. – nach den Konsumtionsmitteln der Kapitalisten derselben Abteilung, da diese unserer Voraussetzung gemäß 3/4 ihres Profits des ersten Jahres [544 Mill. Mk.] selbst konsumieren). Es werden also von den Kapitalisten und Arbeitern der I. Abteilung für 172,2 Mill. Mk. Produkte mehr gekauft, als verkauft (904,8 – 732,6 = 172,2). Wie ist dieses Defizit im Betrag von 172,2 Mill. Mk. zu decken.

Die Schwierigkeit ist nur eine scheinbare. Der Rückgang der Löhne und der Stillstand der Konsumtion der Kapitalisten haben zur Folge, daß die in der Produktion der zwei letzten Abteilungen angelegten Kapitalien eine Abnahme erfahren – und in die I. Abteilung, die eine bedeutende Ausdehnung erfährt, übergehen. So ist im zweiten Jahre das Sach- und Lohnkapital der II. Abteilung um 78,2 Mill. Mk. kleiner als dasjenige des ersten Jahres, das der III. Abteilung im zweiten Jahre um 30 Mill. Mk. kleiner, außerdem wird durch die Kapitalisten der II. Abteilung der kapitalisierte Profit des ersten Jahres im Betrag von 34 Mill. Mk. und durch die der III. im Betrag von 30 Mill. Mk. in die I. Abteilung der gesellschaftlichen Produktion eingelegt. Die Summe (78,2 + 30 + 34 + 30) ergibt 172,2: das scheinbare Defizit in der I. Abteilung wird also gedeckt durch die Kapitalien, die in diese Abteilung aus den zwei letzten übergehen.

Mark usw., während der Wert der Konsumtion der Kapitalisten unverändert bleibt und der Wert des gesamten gesellschaftlichen Produktes in immer rascherem Tempo zunimmt. Der stetige Rückgang der gesellschaftlichen Konsumtion bei der stetigen Ausdehnung der gesellschaftlichen Produktion ist nicht imstande, die leiseste Störung des Verwertungsprozesses des Kapitals hervorzurufen.

Also, trotz des von mir unterstellten ungeheuren, in der Wirklichkeit nie vorkommenden Rückganges der Arbeitslöhne, trotz der absoluten Verringerung der gesellschaftlichen Konsumtion findet das Kapital keine Schwierigkeit, eine immer größere Produktenmasse zu verwerten. Die Erweiterung der Produktion, also die produktive Konsumtion der Produktionsmittel, tritt an Stelle des menschlichen Konsums und alles geht ebenso glatt, als ob nicht die Wirtschaft dem Menschen, sondern der Mensch der Wirtschaft diente.

Dies ist eben das fundamentale Paradoxon der kapitalistischen (wie übrigens, aber in geringerem Grade, aller antagonistischen) Wirtschaft: da nur ein Teil der Gesellschaft zum Wirtschaftssubjekt wird, während ein anderer und größerer Teil nur ein Objekt der Wirtschaft ausmacht, so wird es möglich, der gesellschaftlichen Wirtschaft eine Richtung zu geben, bei der sie aus einem Mittel zur Deckung des gesellschaftlichen Bedarfs zum Mittel der bloßen Ausdehnung der Produktion, auf Kosten dieses Bedarfs, wird und so den gerechten Zweck aller Wirtschaft vereitelt. Das ist nicht mein »kühnes Paradoxon«, wie es Kautsky bezeichnet, sondern ein im Wesen der kapitalistischen Wirtschaftsweise begründetes ökonomisches Gesetz.

Wir sehen also, daß sogar bei dem bedeutenden absoluten Rückgang der gesellschaftlichen Konsumtion die kapitalistische Wirtschaft nicht zusammenbricht. Der notwendige Zusammenbruch der kapitalistischen Wirtschaftsordnung, infolge des mangelnden Absatzes – diese Glaubenssache nicht nur der »orthodoxen« Marxisten, sondern, wie es scheint, auch mancher »Revisionisten« – wird durch die vorgehende Analyse als Hirngespinst nachgewiesen. Die kapitalistische Hülle der modernen Gesellschaft bricht nicht zusammen, sogar bei Bedingungen, die jeden vernünftigen Zweck der Wirtschaft zu vereiteln scheinen.

2) Ökonomische Möglichkeit unbegrenzter Akkumulation im Kapitalismus

Die gesamte Zusammenbruchstheorie ist unbedingt zu verwerfen. Die kapitalistische Wirtschaft schließt in sich keine Momente, welche sie auf einer gewissen Stufe etwa unmöglich machen könnten. *Engels* meinte in den vierziger Jahren des abgelaufenen Jahrhunderts, daß die Grenzen der kapitalistischen Entwicklung, wegen Mangels an neuen Märkten, beinahe erreicht seien und daß die kapitalistische Produktion sich künftig in langsamerem Tempo ausdehnen müsse. Das war offenkundig eine höchst unglückliche Prophezeiung. Die kapitalistische Produktion hat seitdem eine ungeheure Ausdehnung erfahren – und das hat zu keinen neuen Schwierigkeiten im Verwertungsprozesse des Kapitals geführt. Der Markt für die kolossal angewachsene Masse der Produkte der kapitalistischen Industrie war durch diese selbst geschaffen.

Trotzdem versichert uns neuestens der hervorragendste lebende Theoretiker der Marxschen Schule, daß wir heute von der letzten Grenze der Ausdehnung der kapitalistischen Produktion nicht ferne sind und daß es bald unmöglich sein wird, das Kapital zu verwerten. Kann der geringste Zweifel obwalten, daß die Prophezeiung von Kautsky sich nicht glücklicher erweisen wird, als es mit der von Engels der Fall war? Die richtige nationalökonomische Theorie kann nur eines – aber mit vollkommener Sicherheit – vorhersagen: daß der Kapitalismus allerdings nicht aus Mangel an Märkten je zusammenbrechen wird.

Damit will ich nicht behaupten, daß der Kapitalismus auf unbeschränkte Lebensdauer rechnen kann. Die sozialistische Wirtschaftsordnung scheint mir vielmehr ein legitimer Erbe der kapitalistischen zu sein. Die Voraussetzung einer ökonomischen Zwangslage, die den Kapitalismus sprengen und dem neuen Wirtschaftssystem freien Platz machen wird, halte ich selbstverständlich für ausgeschlossen. Aber ich anerkenne das Vorhandensein im kapitalistischen Wirtschaftssystem eines unlösbaren inneren Widerspruchs, an dem es mit eherner (obschon nicht ökonomischer) Notwendigkeit zugrunde gehen muß. Dieser Widerspruch besteht darin, daß die kapitalistische Wirtschaft aus dem arbeitenden Menschen ein bloßes wirtschaftliches Mittel macht und zugleich zur Verbreitung der Rechtsanschauung führt, welche in aller menschlichen Person den höchsten Zweck an sich erblickt. Das ist also der Widerspruch des fundamentalen ökonomischen Prinzips des Kapitalismus mit der fundamentalen ethischen Norm, welche lautet: »Der Mensch und überhaupt jedes vernünftige Wesen existiert als Zweck an sich selbst, nicht bloß als Mittel zum beliebigen Gebrauche für diesen oder jenen Willen, sondern muß in allen seinen, sowohl auf sich selbst, als auf andere vernünftige Wesen gerichteten Handlungen jederzeit zugleich als Zweck betrachtet werden[1].« Die vorhergehenden Ausführungen haben gezeigt, daß der Kapitalismus, seinem innersten Wesen nach, gegen

[1] Kant, Grundlegung der Metaphysik der Sitten. Herausg. von Kirchmann. 1897. S. 52.

diese höchste ethische Norm verstößt. Die Marxsche Schule beurteilte den Kapitalismus zu günstig; sie glaubte, daß auch die kapitalistische Wirtschaft gezwungen sei, den arbeitenden Menschen und seine Konsumtion als einen ihrer Zwecke zu betrachten. Tut sie das nicht, so bricht sie zusammen infolge der Unmöglichkeit, das Kapital zu verwerten. Diese Auffassung beruht aber auf völliger Verkennung der wahren Verwertungsgesetze des Kapitals. Der Rückgang der gesellschaftlichen Konsumtion bei der gleichzeitigen Ausdehnung der gesellschaftlichen Produktion ist vom kapitalistischen Standpunkte kein ökonomischer Widerspruch, da die kapitalistische Wirtschaft nicht der Deckung des gesellschaftlichen Bedarfs, sondern der Verwertung des Kapitals, welche keiner menschlichen Konsumtion bedarf, unmittelbar dient. Das Kapital bedarf des Menschen nicht als des einzigen vernünftigen Zwecks der Wirtschaft, sondern als des wichtigsten Wirtschaftsmittels. Die mächtigste vom Menschen in seinem Streite mit der Natur geschmiedete wirtschaftliche Waffe – das Kapital – kehrt sich also gegen den Menschen selbst.

Die ökonomische Entwicklung verbreitet in immer weiteren Bevölkerungsschichten das Bewußtsein dieser Sachlage und schafft die Mittel zu ihrer Beseitigung. Das neue soziale Ideal wird zu einer immer größeren gesellschaftlichen Macht. »Die ›Idee‹ blamierte sich immer, soweit sie von dem Interesse unterschieden war« – hat einmal Marx gesagt. Das ist richtig. Aber derselbe Marx hat sich auch anders geäußert. »Nur im Namen der allgemeinen Rechte der Gesellschaft kann eine besondere Klasse sich die allgemeine Herrschaft vindizieren« – bemerkte er in bezug auf die befreiende Rolle des Proletariats in der bevorstehenden sozialen Umgestaltung. Das zweite ist ebenso richtig wie das erste. Ein soziales Ideal kann nur dann siegen, wenn es zugleich den Interessen mächtiger sozialer Gruppen und dem allgemeinen moralischen Bewußtsein entspricht. Dann aber muß es siegen. Nun besitzt das sozialistische Ideal diese beiden Eigenschaften. Es entspricht den Interessen der Arbeiterklassen – der großen Mehrzahl der Bevölkerung – und ist zugleich als die fundamentalste Forderung des Naturrechts zu betrachten. »Das angeborene Recht ist nur ein einziges«, hat der größte Denker der Neuzeit gesagt, und »Freiheit (Unabhängigkeit von eines anderen nötigender Willkür), sofern sie mit jedes anderen Freiheit nach einem allgemeinen Gesetz zusammen bestehen kann, ist dieses einzige, ursprüngliche, jedem Menschen kraft seiner Menschheit zustehende Recht[1].« Der Kapitalismus vereitelt dieses ursprünglichste Menschenrecht; darum muß er einer besseren und gerechteren Gesellschaftsordnung Platz machen.

---

[1] Kant, Metaphysik der Sitten. Herausg. von Kirchmann. 1870. S. 40.

Die Menschheit wird aber den Sozialismus nie als ein Geschenk blinder, elementarer ökonomischer Kräfte erhalten, sondern muß die neue Gesellschaftsordnung Platz machen. Die Menschheit wird aber den Sozialismus nie als ein Geschenk blinder, elementarer ökonomischer Kräfte erhalten, sondern muß die neue Gesellschaftsordnung zielbewußt erarbeiten – und erkämpfen.

III Lenins Realisierungstheorie

W. I. Lenin: Die Entwicklung des Kapitalismus in Russland*

1) Warenwirtschaft und gesellschaftliche Arbeitsteilung

Grundlage der Warenwirtschaft ist die gesellschaftliche Arbeitsteilung. Die verarbeitende Industrie trennt sich von der Rohstoffe gewinnenden Industrie, und jede von ihnen teilt sich in kleinere Arten und Unterarten, die in Form von Waren spezielle Produkte erzeugen und diese mit allen anderen Produktionszweigen austauschen. Die Entwicklung der Warenwirtschaft vergrößert auf diese Weise die Zahl der einzelnen und selbständigen Industriezweige; die Tendenz dieser Entwicklung besteht darin, die Produktion nicht nur jedes einzelnen Produkts, sondern sogar jedes einzelnen Teiles des Produkts in einen speziellen Industriezweig umzuwandeln; – und nicht nur die Herstellung des Produkts, sondern sogar die einzelnen Arbeitsgänge bei der Vorbereitung des Produkts für den Verbrauch. In der Naturalwirtschaft bestand die Gesellschaft aus einer Masse gleichartiger Wirtschaftseinheiten (patriarchalischer Bauernfamilien, primitiver Dorfgemeinschaften, feudaler Güter), und eine jede Einheit führte alle Arten ökonomischer Arbeit aus, von der Gewinnung verschiedenartiger Rohstoffe bis zu ihrer abschließenden Verarbeitung für den Verbrauch. In der Warenwirtschaft werden verschiedenartige Wirtschaftseinheiten gebildet, vergrößert sich die Zahl der einzelnen Wirtschaftszweige, verringert sich die Zahl der Wirtschaften mit ein und derselben Wirtschaftsfunktion. Dieses fortschreitende Anwachsen der gesellschaftlichen Arbeitsteilung ist das wesentliche Merkmal im Prozeß der Entstehung eines inneren Marktes für den Kapitalismus. »... Auf Basis der Warenproduktion und ihrer absoluten Form, der kapitalistischen Produktion ...«, sagt Marx, »sind diese Produkte Waren, Gebrauchswerte, die einen Tauschwert und zwar einen realisierbaren, in Geld verwandelbaren Tauschwert besitzen nur in dem Umfang, worin andre Waren ein Äquivalent für sie bilden, andre Produkte ihnen als Waren und als Werte gegenübertreten; in dem Umfang also, worin sie nicht produziert werden als unmittelbare Subsistenzmittel für

---

* [Übersetzt aus: W. I. Lenin, Polnoe sobranie sočinenij (Vollständige Sammlung der Werke), 5. Auflage. Band 3: Razvitie kapitalizma v Rossii (Die Entwicklung des Kapitalismus in Rußland), Moskau 1958, S. 21–25, 27–34, 38–41, 41–46, 46–48, 55–58, 58–60.]

ihre Produzenten selbst, sondern als Waren, als Produkte, die nur durch Verwandlung in Tauschwert (Geld), durch ihre Veräußerung, zu Gebrauchswerten werden. *Der Markt für diese Waren entwickelt sich durch die gesellschaftliche Teilung der Arbeit;* die Scheidung der produktiven Arbeiten verwandelt ihre respektiven Produkte wechselseitig in Waren, in Äquivalente füreinander, *macht sie sich wechselseitig als Markt dienen«.* (»Das Kapital«, III, 2, 177–178*. Russ. Übers., 526. Von uns hervorgehoben, wie überall in den Zitaten, bei denen nicht das Gegenteil vermerkt ist.) Selbstverständlich verwandelt die erwähnte Trennung der verarbeitenden Industrie von der Rohstoffe gewinnenden Industrie, der Manufaktur von der Landwirtschaft, auch die Landwirtschaft selbst in eine Industrie, d. h. in einen Wirtschaftszweig, der *Waren* produziert. Jener Spezialisierungsprozeß, der die verschiedenen Bearbeitungsweisen der Produkte voneinander unterscheidet und eine ständig zunehmende Zahl von Industriezweigen entstehen läßt, – zeigt sich auch in der Landwirtschaft, wo er sich spezialisierende Gebiete der Landwirtschaft (und Systeme der landwirtschaftlichen Produktionsweise[1]) schafft, und Tausch nicht nur zwischen Produkten der Landwirtschaft und der Industrie, sondern auch zwischen den verschiedenen landwirtschaftlichen Produkten hervorruft. Diese Spezialisierung der *warenproduzierenden* (und kapitalistischen) Landwirtschaft zeigt sich in allen kapitalistischen Ländern, zeigt sich in der internationalen Arbeitsteilung und zeigt sich nach der Reform auch in Rußland, wie wir weiter unten ausführlich darlegen werden.

Somit ist die gesellschaftliche Arbeitsteilung die Grundlage des gesamten Entwicklungsprozesses der Warenwirtschaft und des Kapitalismus. Es ist deshalb völlig natürlich, daß unsere Theoretiker des Narodničestvo[2], die diesen letzten Prozeß als Ergebnis künstlicher Maßnahmen, als Ergebnis einer »Abweichung vom Wege« usw. usw. erklären, sich bemühten, die Tatsache der gesellschaftlichen Arbeitsteilung in Rußland zu verschleiern oder diese Tatsache abzuschwächen. Herr W. W. »verneinte« in seinem Artikel: »Die Teilung der landwirtschaftlichen und industriellen Arbeit in

[1] So unterscheidet z. B. I. A. Stebut in seinen »Grundlagen des Feldbaus« in der Landwirtschaft Systeme der Produktionsweise nach dem Haupt-Marktprodukt. Es sind drei Hauptsysteme der Produktionsweise: 1) Feldbausystem (Kornsystem, nach der Bezeichnung des Herrn A. Skworzow); 2) Viehzuchtsystem (Haupt-Marktprodukt – Produkte der Viehzucht) und 3) Betriebssystem (technisches System, nach der Bezeichnung des Herrn A. Skworzow); Haupt-Marktprodukte sind technisch bearbeitete landwirtschaftliche Produkte. Siehe A. Skworzow, »Der Einfluß des Eisenbahntransports auf die Landwirtschaft«, Warschau 1890, S. 68 ff.

[2] Volkstümer (= Narodniki)

* [MEW, Bd. 25, S. 650]

Rußland« (»Westnik Jewropy« [Europäischer Bote], 1884, Nr. 7) »die Herrschaft des Prinzips der gesellschaftlichen Arbeitsteilung in Rußland« (S. 347), und erklärte, daß bei uns die gesellschaftliche Arbeitsteilung »nicht aus der Tiefe des Volkslebens emporgewachsen sei, sondern versucht habe, von außen in dieses einzudringen« (S. 338). Herr N.-on beurteilte in seinen »Skizzen« die Vergrößerung der Getreidemenge für den Verkauf auf folgende Weise: »Diese Erscheinung könnte bedeuten, daß das produzierte Getreide gleichmäßiger über den Staat verteilt wird, daß der Archangel'sker Fischer jetzt Samarer Getreide ißt, und der Samarer Landwirt sein Mittagessen mit Archangel'sker Fisch zubereitet. *In Wirklichkeit aber geschieht nichts dergleichen«* (»Skizzen zu unserer Volkswirtschaft nach der Reform«, St.-Peterburg 1893, S. 37). Ohne alle Angaben, trotz allgemein bekannter Fakten wird hier das Fehlen der gesellschaftlichen Arbeitsteilung in Rußland direkt dekretiert! Man konnte die Theorie der Narodniki von der »Künstlichkeit« des Kapitalismus in Rußland nur konstruieren, indem man die eigentliche Grundlage der Warenwirtschaft selbst – die gesellschaftliche Arbeitsteilung – verneinte oder als »künstlich« erklärte.

II. Das Anwachsen der industriellen Bevölkerung auf Kosten der landwirtschaftlichen

So wie in der Epoche, die der Warenwirtschaft vorangeht, die verarbeitende Industrie mit der Rohstoffe gewinnenden Industrie vereinigt ist, und an der Spitze letzterer die Landwirtschaft steht, so stellt die Entwicklung der Warenwirtschaft die Absonderung eines Industriezweiges nach dem anderen von der Landwirtschaft dar. Die Bevölkerung eines Landes mit wenig (oder gänzlich unentwickelter) Warenwirtschaft ist beinahe ausschließlich ackerbautreibend; das darf man jedoch nicht so verstehen, als ob sich die Bevölkerung nur mit Landwirtschaft beschäftige: es bedeutet nur, daß die Bevölkerung, die Landwirtschaft betreibt, die Produkte der Landwirtschaft selber verarbeitet, daß es Tausch und Arbeitsteilung kaum gibt. Folglich bedeutet die Entwicklung der Warenwirtschaft eo ipso die Absonderung eines immer größeren Teiles der Bevölkerung von der Landwirtschaft, d. h. das Anwachsen der industriellen Bevölkerung auf Kosten der landwirtschaftlichen. »*Es liegt in der Natur der kapitalistischen Produktionsweise, daß sie die ackerbauende Bevölkerung fortwährend vermindert im Verhältnis zur nicht ackerbauenden,* weil in der Industrie (im engern Sinn) das Wachstum des konstanten Kapitals, im Verhältnis zum variablen, verbunden ist mit dem absoluten Wachstum, obgleich der relativen Abnahme, des variablen Kapitals; während in der Agrikultur das variable Kapital absolut abnimmt, das zur Exploitation eines bestimmten Bodenstücks erfordert ist, also nur wachsen kann, soweit neuer Boden bebaut wird, dies aber wieder voraussetzt noch größres Wachstum der nicht agrikolen Bevölkerung.« (»Das Kapital«, III, 2, 177*. Russ. Übers., S. 526.) Deshalb kann man sich keinen Kapitalismus ohne Vergrößerung der handeltreibenden und industriellen Bevölkerung auf Kosten der landwirtschaftlichen vorstellen, und jeder weiß, daß sich diese Erscheinung überaus plastisch in allen kapitalistischen Ländern zeigt. Es bedarf wohl kaum des Beweises für die enorme Bedeutung dieses Umstandes in der Frage des inneren Marktes, denn er ist unabdingbar verbunden sowohl mit der Entwicklung der Industrie als auch mit der Entwicklung der Landwirtschaft; die Entstehung von Industriezentren, die Vergrößerung ihrer Zahl und ihre Anziehungskraft für die Bevölkerung kann nicht ohne tiefen Einfluß auf die ganze Struktur des Dorfes bleiben und muß zum Anwachsen der warenproduzierenden und kapitalistischen Landwirtschaft führen. Um so bedeutender ist die Tatsache, daß die Ökonomen des Narodničestvo dieses Gesetz völlig ignorieren, sowohl in ihren rein theoretischen Abhandlungen als auch in den Abhandlungen über den Kapitalismus in Rußland (über die Eigentümlichkeiten dieses Gesetzes in Rußland werden wir weiter unten im 8. Kapitel ausführlich sprechen). In den Theorien der Herren W. W. und N.-on über den inneren Markt für den Kapitalismus wurde nur eine Kleinigkeit übergangen: die Abwanderung der Bevölkerung aus der Landwirtschaft zur Industrie und der Einfluß dieses Tatbestandes auf die Landwirtschaft.

2) Kapitalistisches Wachstum und innerer Markt

Die nächste Frage in der Theorie des inneren Marktes besteht in folgendem. Es ist bekannt, daß der Wert eines Produkts in der kapitalistischen Produktion in folgende drei Teile zerfällt: 1. der erste ersetzt das konstante Kapital, d. h. jenen Wert, der bereits früher in Form von Roh- und Hilfsstoffen, Maschinen und Produktionswerkzeugen und dergleichen existierte, und der nur in einem bestimmten Teil des fertigen Produkts reproduziert wird; 2. der zweite Teil ersetzt das variable Kapital, d. h. er deckt den Unterhalt des Arbeiters und schließlich 3. der dritte Teil bildet den Mehrwert, der dem Kapitalisten gehört. Es wird gewöhnlich angenommen (wir behandeln diese Frage im Geiste der Herren N.-on und W. W.), daß die Realisierung (d. h. das Auffinden des entsprechenden Äquivalents und das Absetzen auf dem Markt) der beiden ersten Teile keine Schwierigkeit dar-

* [MEW, Bd. 25, S. 650]

stellt, da der erste Teil in die Produktion und der zweite in die Konsumtion der Arbeiterklasse eingeht. Aber wie wird der dritte Teil – der Mehrwert – realisiert? Er kann doch nicht ganz von den Kapitalisten verbraucht werden? Unsere Ökonomen kommen zu der Schlußfolgerung, daß sich als »Ausweg aus der Schwierigkeit«, den Mehrwert zu realisieren, »die Gewinnung eines äußeren Marktes« bietet (N.-on »Skizzen«, Teil II, § XV allgemein und S. 205 insbesondere; W. W. »Der Überschuß bei der Belieferung des Marktes mit Waren«, in »Otečestvennye zapiski« [Vaterländische Blätter], Jg. 1883 und »Očerki teoretičeskoj ekonomii« [Skizzen zur theoretischen Ökonomie], St.-Petersburg 1895, S. 179 ff.). Die Notwendigkeit des äußeren Marktes für die kapitalistische Nation wird von den genannten Verfassern damit erklärt, daß die Kapitalisten die Produkte anders nicht realisieren könnten. Der innere Markt in Rußland schrumpfe infolge der Verarmung der Bauernschaft und infolge der Unmöglichkeit, den Mehrwert ohne äußeren Markt zu realisieren. Der äußere Markt jedoch sei einem jungen Land, das erst spät den Weg der kapitalistischen Entwicklung angetreten hat, unzugänglich, – und damit wird allein auf Grund apriorischer (und noch dazu theoretisch unwahrer) Erwägungen als bewiesen erklärt, daß der russische Kapitalismus keine Grundlage besitze und eine Totgeburt sei.

Herr N.-on erinnerte sich bei der Erörterung der Realisierung offenbar der Marxschen Lehre über diesen Gegenstand (obwohl er Marx an dieser Stelle seiner »Skizzen« mit keinem Wort erwähnte), aber er hat sie absolut nicht verstanden und sie bis zur Unkenntlichkeit verzerrt, wie wir gleich sehen werden. Deshalb auch entstand jene Kuriosität, daß seine Ansichten im wesentlichen mit den Ansichten des Herrn W. W. übereinstimmten, den man keineswegs des »Nichtsverstehens« der Theorie bezichtigen kann, denn es wäre ja höchst ungerecht, ihn auch nur der flüchtigsten Bekanntschaft mit ihr zu verdächtigen. Beide Verfasser legen ihre Lehren so dar, als ob sie als erste über diesen Gegenstand sprächen und »mit eigenem Verstand« zu bestimmten Ergebnissen gelangt seien; beide ignorieren in großartigster Manier die Erörterungen der alten Ökonomen zu dieser Frage, und beide wiederholen die alten Fehler, die bereits im zweiten Bande des »Kapital« sehr ausführlich widerlegt worden sind[1]. Beide Verfasser beschränken die

[1] Besonders frappierend dabei ist die Dreistigkeit des Herrn L. W., der alle Grenzen des literarisch Erlaubten überschreitet. Nachdem er seine Lehre dargelegt und völlige Unkenntnis mit dem zweiten Bande des »Kapital«, in dem gerade die Realisierung behandelt wird, bewiesen hat, erklärt er leichthin, daß er die Marxsche Lehre »für seine Theorien benutzt habe«!! (»Skizzen zur theoretischen Ökonomie«, Skizze III. Das kapitalistische Gesetz [sic!?!] der Produktion, Distribution und Konsumtion, S. 162.)

ganze Frage der Realisierung des Produkts auf die Realisierung des Mehrwerts, offenbar in der Vorstellung, daß die Realisierung des konstanten Kapitals keine Schwierigkeit darstellt. Diese naive Ansicht enthält einen überaus ernsten Fehler, aus dem alle weiteren Fehler der Narodniki in der Lehre von der Realisierung resultieren. In Wirklichkeit besteht die Schwierigkeit der Frage bei der Erklärung der Realisierung gerade in der Erklärung der Realisierung des konstanten Kapitals. Um realisiert zu werden, muß das konstante Kapital erneut der Produktion zugeführt werden, das ist aber unmittelbar nur für jenes Kapital möglich, dessen Produkt aus Produktionsmitteln besteht. Wenn das den konstanten Teil des Kapitals ersetzende Produkt aus Konsumtionsmitteln besteht, so ist seine unmittelbare Verwendung in der Produktion unmöglich, erforderlich ist ein *Austausch* zwischen der Abteilung der gesellschaftlichen Produktion, die Produktionsmittel herstellt, und jener, die Konsumtionsmittel herstellt. In diesem Punkt liegt tatsächlich die ganze Schwierigkeit der Frage, die von unseren Ökonomen *nicht bemerkt* wurde. Herr W. W. stellt die Sache im ganzen so dar, als sei das Ziel der kapitalistischen Produktion nicht die Akkumulation, sondern die Konsumtion, indem er tiefgründig schlußfolgert, daß »die Masse der materiellen Güter, die die Konsumtionsfähigkeit des Organismus (sic!) im gegenwärtigen Zeitpunkt der Entwicklung übersteige, in die Hände einer Minderheit falle« (l. c., 149), daß »nicht Bescheidenheit und Zurückhaltung der Fabrikanten die Ursache des Produktenüberschusses sei, sondern die Begrenztheit oder mangelnde Elastizität des menschlichen Organismus (!!), der nicht imstande sei, seine Konsumtionsfähigkeit in dem Tempo zu erweitern, in dem der Mehrwert wächst« (ib., 161), Herr N.-on ist bemüht, die Sache so darzustellen, als ob er den Konsum nicht als Zweck der kapitalistischen Produktion betrachte, und als ob er die Rolle und Bedeutung der Produktionsmittel bei der Frage der Realisierung berücksichtige, tatsächlich aber war er sich über den Prozeß der Zirkulation und der Reproduktion des gesellschaftlichen Gesamtkapitals völlig im unklaren und verwickelte sich in eine Reihe von Widersprüchen. Wir halten uns nicht mit der Untersuchung aller dieser Widersprüche im einzelnen auf (S. 203–205 der »Skizzen« des Herrn N.-on) – das wäre eine zu undankbare Aufgabe (zum Teil ist sie schon von Herrn Bulgakov[1] in seinem Buch »Über die Märkte bei kapitalistischer Produk-

---

[1] Es ist nicht überflüssig, den heutigen Leser daran zu erinnern, daß Herr Bulgakow ebenso wie die weiter unten mehrfach zitierten Herren Struwe und Tugan-Baranowski sich im Jahre 1899 bemühten, Marxisten zu sein. Jetzt haben sich alle aus »Marx-Kritikern« in simple bürgerliche Ökonomen verwandelt. (Anmerkung zur 2. Auflage.)

tion«, Moskau 1897, S. 237–245 gelöst worden), und zudem genügt es, um die Richtigkeit der eben angeführten Beurteilung der Erörterungen des Herrn N.-on zu beweisen, seine Schlußfolgerung zu untersuchen, nämlich, daß der äußere Markt den Ausweg aus der Schwierigkeit der Realisierung des Mehrwerts bilde. Diese Schlußfolgerung des Herrn N.-on (im wesentlichen eine einfache Wiederholung der Schlußfolgerung des Herrn W. W.) zeigt sehr anschaulich, daß er weder die Realisierung des Produkts in der kapitalistischen Gesellschaft (d. h. die Theorie des inneren Marktes) noch die Rolle des äußeren Marktes verstanden hat. In der Tat, liegt denn auch nur ein Körnchen gesunden Verstandes in dieser Heranziehung des äußeren Marktes zur Frage der »Realisierung«? Die Frage der Realisierung besteht darin, wie für jeden Teil des kapitalistischen Produkts dem Werte nach (konstantes Kapital, variables Kapital und Mehrwert) und der materiellen Form nach (Produktionsmittel, Konsumtionsmittel, im einzelnen: Gegenstände des notwendigen Bedarfs und Luxusartikel) der ihn ersetzende andere Teil des Produkts auf dem Markt zu finden ist. Es ist klar, daß man hierbei vom Außenhandel absehen muß, denn seine Hinzuziehung bringt die Lösung der Frage nicht um ein Haar voran, sondern entfernt sie nur von ihr, indem man die Frage von einem Land auf mehrere Länder überträgt. Derselbe Herr N.-on, der im Außenhandel den »Ausweg aus der Schwierigkeit« bei der Realisierung des Mehrwerts fand, betrachtet z. B. den Arbeitslohn folgendermaßen: mit jenem Teil des jährlichen Produkts, den die unmittelbaren Produzenten – die Arbeiter – als Arbeitslohn erhalten, »läßt sich der Zirkulation nur ein solcher Teil an Subsistenzmitteln entziehen, der dem Werte nach der Bruttosumme des Arbeitslohns entspricht« (203). Es fragt sich, woher unser Ökonom weiß, daß die Kapitalisten eines Landes gerade soviel und solcherart Subsistenzmittel produzieren werden, daß sie durch den Arbeitslohn realisiert werden können? Woher weiß er, daß man dabei ohne äußeren Markt auskommen kann? Es ist klar, daß er das nicht wissen kann, daß er die Frage des äußeren Marktes hier einfach beiseite gelassen hat, denn bei der Erörterung der Realisierung des variablen Kapitals ist die Ersetzung eines Teiles des Produkts durch einen anderen wesentlich, und völlig unwesentlich ist, ob diese Ersetzung im Innern eines Landes oder innerhalb zweier Länder stattfindet. Was jedoch den Mehrwert betrifft, so gibt er diese notwendige Voraussetzung auf und weicht der Beantwortung der Frage aus, indem er vom äußeren Markt spricht. Der Absatz des Produkts auf dem äußeren Markt macht Erklärungen erforderlich, d. h. das Auffinden des Äquivalents für den abzusetzenden Teil des Produkts, das Auffinden des anderen Teiles des kapitalistischen Produkts, der geeignet ist, ersteren zu ersetzen. Darum auch sagt Marx, daß der äußere Markt, der Außenhandel »gar nicht berücksichtigt zu werden braucht« bei der Untersuchung der Frage der Realisierung, denn: »Die Hereinziehung des auswärtigen Handels bei Analyse des jährlich reproduzierten Produktenwerts kann ... nur verwirren, ohne irgendein neues Moment, sei es des Problems, sei es seiner Lösung zu liefern.« (»Das Kapital«, II, 469*.) Die Herren W. W. und N.-on bilden sich ein, die Widersprüche des Kapitalismus ernst genug eingeschätzt zu haben, indem sie auf die Schwierigkeit bei der Realisierung des Mehrwerts hinwiesen. In Wirklichkeit jedoch bewerteten sie die Widersprüche des Kapitalismus äußerst oberflächlich, denn wenn man von den »Schwierigkeiten« der Realisierung, von den daraus entstehenden Krisen usw. spricht, muß man auch erkennen, daß diese »Schwierigkeiten« nicht nur möglich, sondern auch unvermeidlich sind in bezug auf alle Teile des kapitalistischen Produkts und keineswegs nur in bezug auf den Mehrwert. Schwierigkeiten dieser Art, die von der Disproportionalität der Verteilung der verschiedenen Produktionszweige abhängen, entstehen ständig nicht nur bei der Realisierung des Mehrwerts, sondern auch bei der Realisierung des variablen und des konstanten Kapitals; nicht nur bei der Realisierung des Produkts in Konsumtionsmitteln sondern auch in Produktionsmitteln. Ohne diese Art von »Schwierigkeiten« und Krisen kann die kapitalistische Produktion, die Produktion isolierter Produzenten für den ihnen unbekannten Weltmarkt gar nicht existieren.

3) Grundlagen der Marxschen Realisierungstheorie

Aus dem oben Dargelegten folgt von selbst, daß die grundlegenden Voraussetzungen, auf die die Marxsche Theorie aufgebaut ist, in den folgenden zwei Thesen bestehen: Erstens – das Gesamtprodukt eines kapitalistischen Landes besteht ebenso wie jedes einzelne Produkt aus folgenden drei Teilen: 1. konstantes Kapital, 2. variables Kapital, 3. Mehrwert. Für denjenigen, der die Analyse des Produktionsprozesses des Kapitals im ersten Band des »Kapitals« von Marx kennt, versteht sich dieser Satz von selbst. Die zweite These lautet: man muß zwei große Abteilungen der kapitalistischen Produktion unterscheiden, nämlich (1. Abteilung) die Produktion von Produktionsmitteln, von Gegenständen, die der produktiven Konsumtion dienen, d. h. in der Produktion verwendet werden, die nicht von Personen sondern vom Kapital verbraucht werden, und (2. Abteilung) die Produktion von Konsumtionsmitteln, d. h. von Gegenständen für den individuel-

* [Unsere Ausgabe S. 439]

len Verbrauch. »Allein in dieser Einteilung liegt mehr theoretischer Sinn als in allen vorangegangenen Wortgefechten über die Theorie der Märkte« (Bulgakow, l. c., 27). Es entsteht die Frage, warum eine solche Einteilung der Produkte nach ihrer Naturalform gerade jetzt, bei der Analyse der Reproduktion des gesellschaftlichen Kapitals, notwendig ist, da doch die Analyse der Produktion und der Reproduktion des individuellen Kapitals ohne diese Einteilung möglich war, wobei die Frage nach der Naturalform des Produkts beiseite gelassen wurde. Auf welcher Grundlage dürfen wir die Frage nach der Naturalform des Produkts in der theoretischen Untersuchung der kapitalistischen Wirtschaft stellen, die doch ausschließlich auf dem Tauschwert des Produkts beruht? Die Sache ist die, daß bei der Analyse der Produktion des individuellen Kapitals die Frage, wo und wie das Produkt verkauft wird, wo und wie die Konsumtionsmittel von den Arbeitern und die Produktionsmittel von den Kapitalisten gekauft werden, beiseite gelassen wurde, weil sie für diese Analyse nichts ergibt und mit ihr nichts zu tun hat. Dort war lediglich die Frage nach dem Wert der einzelnen Elemente der Produktion und nach dem Ergebnis der Produktion zu untersuchen. Jetzt jedoch besteht die Frage gerade darin, woher nehmen die Arbeiter und Kapitalisten ihre Konsumtionsmittel? woher nehmen letztere die Produktionsmittel? auf welche Weise deckt das hergestellte Produkt den gesamten Bedarf und ermöglicht die Erweiterung der Produktion? Hier haben wir folglich nicht nur »Wertersatz, sondern auch Stoffersatz« (»Das Kapital«, II, 389*), und darum ist eine Unterscheidung der Produkte, die im Prozeß der gesellschaftlichen Wirtschaft eine völlig verschiedenartige Rolle spielen, unbedingt erforderlich.

Werden diese grundlegenden Thesen berücksichtigt, dann stellt die Frage der Realisierung des gesellschaftlichen Produkts in der kapitalistischen Gesellschaft keine Schwierigkeit dar. Nehmen wir zunächst die einfache Reproduktion an, d. h. die Wiederholung des Produktionsprozesses auf gleichbleibender Stufenleiter, und das Fehlen der Akkumulation. Es ist klar, daß das variable Kapital und der Mehrwert der II. Abteilung (die in Konsumtionsmitteln bestehen) realisiert werden durch die individuelle Konsumtion der Arbeiter und Kapitalisten dieser Abteilung (denn die einfache Reproduktion setzt voraus, daß der gesamte Mehrwert verbraucht wird und kein Teil von ihm in Kapital verwandelt wird). Ferner, das variable Kapital und der Mehrwert, die in Form von Produktionsmitteln bestehen (I. Abteilung), müssen zum Zwecke der Realisierung in Konsumtionsmittel für die Kapitalisten und Arbeiter, die mit der Herstellung von Produktionsmitteln be-

* [Unsere Ausgabe S. 369]

schäftigt sind, eingetauscht werden. Andererseits, auch das konstante Kapital, das in Form von Konsumtionsmitteln besteht (II. Abteilung), kann nicht anders als durch Tausch gegen Produktionsmittel realisiert werden, um im folgenden Jahr erneut der Produktion zugeführt werden zu können. Auf diese Weise erhalten wir einen Tausch des variablen Kapitals und des Mehrwerts in Produktionsmitteln gegen konstantes Kapital in Konsumtionsmitteln: die Arbeiter und die Kapitalisten (in der Abteilung Produktionsmittel) erhalten auf diese Weise Subsistenzmittel, während die Kapitalisten (in der Abteilung Konsumtionsmittel) ihr Produkt absetzen und konstantes Kapital für die neue Produktion erhalten. Unter der Voraussetzung einfacher Reproduktion müssen diese sich austauschenden Teile einander gleich sein: die Summe des variablen Kapitals und des Mehrwerts in Produktionsmitteln muß dem konstanten Kapital in Konsumtionsmitteln gleich sein. Umgekehrt, wenn man die Reproduktion auf erweiterter Stufenleiter, d. h. Akkumulation annimmt, so muß die erste Größe größer als die zweite sein, da ein Überschuß an Produktionsmitteln vorhanden sein muß, um die *neue* Produktion zu beginnen. Kehren wir jedoch zur einfachen Reproduktion zurück. Es blieb uns noch ein nicht realisierter Teil des gesellschaftlichen Produkts übrig, nämlich das konstante Kapital in Produktionsmitteln. Es wird zum Teil durch Tausch zwischen den Kapitalisten derselben Abteilung realisiert (z. B. Steinkohle wird gegen Eisen getauscht, denn jedes dieser Produkte ist notwendiges Material oder Werkzeug in der Produktion des anderen), zum Teil auch durch unmittelbare Verwendung in der Produktion (z. B. wird Steinkohle gefördert, um in demselben Unternehmen wieder zur Förderung von Kohle verwendet zu werden; Korn in der Landwirtschaft usw.). Was die Akkumulation betrifft, so ist deren Ausgangspunkt, wie wir gesehen haben, der Überschuß an Produktionsmitteln (die aus dem Mehrwert der Kapitalisten dieser Abteilung herrühren), der auch die Verwandlung eines Teiles des Mehrwerts in Konsumtionsmitteln in Kapital erforderlich macht. Wir halten es für überflüssig, die Frage im Detail zu untersuchen, auf welche Weise sich diese Überproduktion mit der einfachen Reproduktion vereinigt. Eine spezielle Untersuchung der Realisierungstheorie gehört nicht zu unserer Aufgabe, und um die Fehler der Narodniki-Ökonomen zu erklären und zu bestimmten theoretischen Schlußfolgerungen über den inneren Markt zu gelangen, genügt das oben Gesagte[1].

---

[1] Siehe »Kapital«, II. Band, III. Abschn., wo sowohl die Akkumulation wie auch die Verteilung der Konsumtionsmittel in Gegenstände des notwendigen Bedarfs und Luxusartikel, ferner die Geldzirkulation und die Abnutzung des Grundkapitals usw. genau untersucht werden. Den Lesern, die nicht die Möglichkeit

4) Dominantes Wachstum der Produktionsmittel-Industrie

Für die uns interessierende Frage des inneren Marktes besteht die wesentliche Schlußfolgerung aus der Marxschen Realisierungstheorie in folgendem: das Wachstum der kapitalistischen Produktion und folglich auch des inneren Marktes geht nicht so sehr auf Kosten der Konsumtionsmittel als auf Kosten der Produktionsmittel. Anders ausgedrückt: das Wachstum der Produktionsmittel übertrifft das Wachstum der Konsumtionsmittel. Wir sahen in der Tat, daß das konstante Kapital in Konsumtionsmitteln (II. Abteilung) gegen variables Kapital + Mehrwert in Produktionsmitteln (I. Abteilung) ausgetauscht wird. Aber, nach dem allgemeinen Gesetz der kapitalistischen Produktion wächst das konstante Kapital schneller als das variable. Folglich muß das konstante Kapital in Konsumtionsmitteln schneller wachsen als das variable Kapital und der Mehrwert in Konsumtionsmitteln, das konstante Kapital in Produktionsmitteln muß am schnellsten wachsen und sowohl das Wachstum des variablen Kapitals (+ Mehrwert) in Produktionsmitteln als auch das Wachstum des konstanten Kapitals in Konsumtionsmitteln übertreffen. Die Abteilung der gesellschaftlichen Produktion, die Produktionsmittel herstellt, muß folglich schneller wachsen als diejenige, die Konsumtionsmittel erzeugt. So ist das Wachsen des inneren Marktes für den Kapitalismus bis zu einem gewissen Grade »unabhängig« vom Wachsen des individuellen Konsums, das mehr auf Kosten der produktiven Konsumtion geschieht. Aber es wäre falsch, diese »Unabhängigkeit« im Sinne eines vollständigen Losgelöstseins der produktiven von der individuellen Konsumtion zu verstehen: die erstere kann und muß schneller wachsen als die zweite (darauf beschränkt sich auch ihre »Unabhängigkeit«), doch versteht es sich von selbst, daß im Endergebnis die produktive Konsumtion immer mit der individuellen verbunden bleibt. Hierzu sagt Marx: »Außerdem findet, wie wir gesehen haben (Buch II, Abschnitt III*), eine beständige Zirkulation statt zwischen konstantem Kapital und konstantem Kapital ...« (Marx meint das konstante Kapital in Produktions-

haben, sich mit dem II. Bande des »Kapital« bekannt zu machen, empfehlen wir die Darstellung der Marxschen Realisierungstheorie in dem oben zitierten Buch des Herrn S. Bulgakow. Herrn Bulgakows Darstellung ist zufriedenstellender als die Darstellung des Herrn M. Tugan-Baranowski (»Industriekrisen«, S. 407–438), der äußerst mißlich in seinen Schemata von Marx abweicht und die Marxsche Theorie unzureichend erklärt; – zufriedenstellender auch als die Darstellung des Herrn A. Skworzow (»Grundlagen der politischen Ökonomie«, St.-Petersburg 1898, S. 281–295), der in den überaus wichtigen Fragen des Profits und der Rente falsche Auffassungen vertritt.

* [Unsere Ausgabe S. 328]

mitteln, das durch den Tausch zwischen den Kapitalisten derselben Abteilung realisiert wird) »... die insofern zunächst unabhängig ist von der individuellen Konsumtion, als sie nie in dieselbe eingeht, die aber doch durch sie definitiv begrenzt ist, indem die Produktion von konstantem Kapital nie seiner selbst wegen stattfindet, sondern nur weil mehr davon gebraucht wird in den Produktionssphären, deren Produkte in die individuelle Konsumtion eingehn.« (»Das Kapital«, III, 1, 289*. Russ. Übers., S. 242.)

Diese größere Verwendung konstanten Kapitals ist nichts anderes als der in der Terminologie des Tauschwerts ausgedrückte hohe Entwicklungsstand der Produktivkräfte, denn der Hauptteil der sich schnell entwickelnden »Produktionsmittel« besteht aus Rohstoffen, Maschinen, Werkzeugen, Gebäuden und allen sonstigen Einrichtungen für die Großindustrie und im besonderen für die maschinelle Produktion. Es ist deshalb völlig natürlich, daß die kapitalistische Produktion, die die Produktivkräfte der Gesellschaft entwickelt und die Großindustrie und die maschinelle Industrie geschaffen hat, sich auch auszeichnet durch die besondere Erweiterung desjenigen Teiles des gesellschaftlichen Reichtums, der aus Produktionsmitteln besteht ...
»Was hier« (nämlich bei der Herstellung von Produktionsmitteln) »die kapitalistische Gesellschaft vom Wilden unterscheidet, ist nicht, wie Senior meint, daß es das Privilegium und die Eigenheit des Wilden sei, seine Arbeit zu verausgaben in gewisser Zeit, die ihm keine in Revenue, d. h. in Konsumtionsmittel auflösbare (umsetzbare) Früchte verschafft, sondern der Unterschied besteht darin:
a) Die kapitalistische Gesellschaft verwendet mehr ihrer disponiblen Jahresarbeit in Produktion von Produktionsmitteln (ergo von konstantem Kapital), die weder unter der Form von Arbeitslohn noch von Mehrwert in Revenue auflösbar sind, sondern nur als Kapital fungieren können.
b) Wenn der Wilde Bogen, Pfeile, Steinhämmer, Äxte, Körbe etc. macht, so weiß er ganz genau, daß er die so verwandte Zeit nicht auf Herstellung von Konsumtionsmitteln verwendet hat, daß er also seinen Bedarf an Produktionsmitteln gedeckt hat und weiter nichts.« (»Das Kapital«, II, 436**. Russ. Übers., 333.) Dieses »genaue Wissen« um ihr Verhältnis zur Produktion hat die kapitalistische Gesellschaft eingebüßt als Folge des ihr eigenen Fetischismus, der die gesellschaftlichen Verhältnisse der Menschen in Form von Verhältnissen der Produkte darstellt – als Folge der Verwandlung eines jeden Produkts in Ware, die für einen unbekannten Verbraucher

* [MEW, Bd. 25, S. 316, 317]
** [Unsere Ausgabe S. 409, 410]

produziert wird und der Realisierung auf einem unbekannten Markt unterliegt. Und da dem einzelnen Unternehmer die *Art* des von ihm produzierten Gegenstands völlig gleichgültig ist – jedes Produkt gibt »Revenue« –, so eigneten sich die ökonomischen Theoretiker denselben oberflächlichen, individuellen Standpunkt in bezug auf die gesamte Gesellschaft an, der sie daran hinderte, den Reproduktionsprozeß des gesellschaftlichen Gesamtprodukts in der kapitalistischen Wirtschaft zu verstehen.

5) Widerspruch zwischen Konsumtion und Produktion

Daß die Entwicklung der Produktion (und folglich auch des inneren Marktes) vornehmlich auf der Ebene der Produktionsmittel erfolgt, scheint paradox und stellt zweifellos einen Widerspruch in sich dar. Es ist dies eine wirkliche »Produktion für die Produktion«, eine Erweiterung der Produktion ohne entsprechende Erweiterung der Konsumtion. Doch ist dies nicht der Widerspruch einer Doktrin, sondern des wirklichen Lebens; es ist dies eben ein solcher Widerspruch, der dem ganzen Wesen des Kapitalismus und den sonstigen Widersprüchen dieses Systems gesellschaftlicher Wirtschaft entspricht. Gerade diese Erweiterung der Produktion ohne entsprechende Erweiterung der Konsumtion entspricht auch der historischen Mission des Kapitalismus und seiner spezifischen gesellschaftlichen Struktur: die erste besteht in der Entwicklung der Produktivkräfte der Gesellschaft; die zweite schließt die Nutzbarmachung dieser technischen Errungenschaften für die Masse der Bevölkerung aus. Zwischen dem grenzenlosen Streben nach Erweiterung der Produktion, das dem Kapitalismus eignet, und der begrenzten Konsumtion der Volksmassen (begrenzt infolge ihres proletarischen Daseins) besteht zweifellos ein Widerspruch. Gerade diesen Widerspruch konstatiert auch Marx in den Sätzen, die von den Narodniki gern angeführt werden gleichsam als Bestätigung ihrer Ansichten über die Einengung des inneren Marktes, über den nicht fortschrittlichen Charakter des Kapitalismus usw. usw. Hier einige von diesen Sätzen: »Widerspruch in der kapitalistischen Produktionsweise: Die Arbeiter als Käufer von Ware sind wichtig für den Markt. Aber als Verkäufer ihrer Ware – der Arbeitskraft – hat die kapitalistische Gesellschaft die Tendenz, sie auf das Minimum des Preises zu beschränken.« (»Das Kapital«, II, 303*.)
»... Die Bedingungen der Realisation ... sind beschränkt ... durch die Proportionalität der verschiednen Produktionszweige und durch die Kon-

* [Unsere Ausgabe S. 295, Note 32]

sumtionskraft der Gesellschaft ... Je mehr sich aber die Produktivkraft entwickelt, um so mehr gerät sie in Widerstreit mit der engen Basis, worauf die Konsumtionsverhältnisse beruhen.« (Ibid., III, 1, 225–226*.) »Die Schranken, in denen sich die Erhaltung und Verwertung des Kapitalwerts, die auf der Enteignung und Verarmung der großen Masse der Produzenten beruht, allein bewegen kann, diese Schranken treten daher beständig in Widerspruch mit den Produktionsmethoden, die das Kapital zu seinem Zweck anwenden muß, und die auf unbeschränkte Vermehrung der Produktion, auf die Produktion als Selbstzweck, auf unbedingte Entwicklung der gesellschaftlichen Produktivkräfte der Arbeit lossteuern ... Wenn daher die kapitalistische Produktionsweise ein historisches Mittel ist, um die materielle Produktivkraft zu entwickeln und den ihr entsprechenden Weltmarkt zu schaffen, ist sie zugleich der beständige Widerspruch zwischen dieser ihrer historischen Aufgabe und den ihr entsprechenden gesellschaftlichen Produktionsverhältnissen« (III, 1, 232**. Russ. Übers., S. 194.) »Der letzte Grund aller wirklichen Krisen bleibt immer die Armut und Konsumtionsbeschränkung der Massen gegenüber dem Trieb der kapitalistischen Produktion, die Produktivkräfte so zu entwickeln, als ob nur die absolute Konsumtionsfähigkeit der Gesellschaft ihre Grenze bilde.«[1] (III, 2, 21***. Russ. Übers., 395.) In allen diesen Sätzen wird der oben erwähnte Widerspruch zwischen dem grenzenlosen Streben nach Produktionserweiterung und dem begrenzten Konsum konstatiert und nichts wei-

---

[1] Eben diese Stelle zitierte der berühmte (herostratisch berühmte) Ed. Bernstein in seinen »Voraussetzungen des Sozialismus« (»Die Voraussetzung etc.«, Stuttgart 1899, S. 67). Es versteht sich von selbst, daß sich unser Opportunist bei seinem Übertritt vom Marxismus zur alten bourgeoisen Volkswirtschaftslehre zu bemerken beeilt, daß hier ein Widerspruch in der Marxschen Krisentheorie vorliegt, daß diese Marxsche Auffassung »sich nicht sehr von der Rodbertusschen Krisentheorie unterscheide«. Tatsächlich besteht jedoch lediglich ein »Widerspruch« zwischen den Prätentionen Bernsteins auf der einen und seinem gedankenlosen Eklektizismus und Nichtverstehenwollen der Marxschen Theorie auf der anderen Seite. Wie wenig Bernstein die Realisierungstheorie verstanden hat, das geht aus seiner wahrhaft lächerlichen Behauptung hervor, wonach das enorme Wachsen der Masse des Mehrprodukts *notwendigerweise* eine Zunahme der Zahl der Besitzenden (oder die Steigerung des Wohlstandes der Arbeiter) bedeute; denn die Kapitalisten selbst, bitte beachten sie dies, samt ihrer »Dienerschaft« (sic! Seite 51–52) können nicht das ganze Mehrprodukt »konsumieren«!! *(Anmerkung zur 2. Auflage.)*

---

* [MEW, Bd. 25, S. 254, 255]
** [MEW, Bd. 25, S. 260]
*** [MEW, Bd. 25, S. 501]

ter.[1] Nichts wäre sinnloser, als aus diesen Stellen des »Kapital« zu folgern, daß Marx die Möglichkeit, den Mehrwert in der kapitalistischen Gesellschaft zu realisieren, bestritten hätte, daß er die Krisen durch ungenügenden Konsum erklärt hätte usw. Die Marxsche Analyse der Realisierung hat gezeigt, daß die »Zirkulation ... zwischen konstantem Kapital und konstantem Kapital ... durch sie« (durch die individuelle Konsumtion) »definitiv begrenzt ist«*, doch eben diese Analyse beweist den wahren Charakter dieser »Begrenzung« und zeigte, daß die Konsumtionsmittel bei der Bildung des inneren Marktes im Vergleich zu den Produktionsmitteln eine geringere Rolle spielen. Und schließlich ist nichts widersinniger, als aus den Widersprüchen des Kapitalismus auf seine Unmöglichkeit, seinen nicht fortschrittlichen Charakter usw. zu schließen – das ist Flucht in die Wolkenreiche romantischer Träumereien aus der unangenehmen, aber unbezweifelbaren Wirklichkeit. Der Widerspruch zwischen dem Streben nach grenzenloser Produktionserweiterung und dem begrenzten Konsum ist nicht der einzige Widerspruch des Kapitalismus, der ohne Widersprüche gar nicht existieren noch sich entwickeln kann. Die Widersprüche des Kapitalismus bezeugen seinen historisch vergänglichen Charakter, erklären die Bedingungen und Ursachen seines Niedergangs und seiner Umwandlung in eine höhere Form – aber sie schließen keineswegs sowohl die Möglichkeit des Kapitalismus als auch seine Fortschrittlichkeit im Vergleich zu den vorangegangenen Systemen gesellschaftlicher Wirtschaft aus.[2]

6) Kapitalismus und äußere Märkte

Bezüglich der dargestellten Theorie der Realisierung des Produkts in der kapitalistischen Gesellschaft kann die Frage entstehen: widerspricht diese Theorie denn nicht der These, daß eine kapitalistische Nation nicht ohne äußere Märkte auskommen kann?

Man muß daran erinnern, daß die vorangegangene Analyse der Realisierung des Produkts in der kapitalistischen Gesellschaft von der Voraus-

1 Fehlerhaft ist die Annahme des Herrn Tugan-Baranowski, der meint, daß Marx durch die Aufstellung solcher Thesen in Widerspruch zu seiner eigenen Analyse der Realisierung gerät (»Mir Bozij« [Die göttliche Welt], 1898, Nr. 6, S. 123, in dem Artikel: »Kapitalismus und Markt«). Ein Widerspruch ist bei Marx nicht vorhanden, denn auch in der Analyse der Realisierung wird auf den Zusammenhang zwischen der produktiven und der individuellen Konsumtion hingewiesen.
2 Vgl. »Zur Charakteristik der ökonomischen Romantik. Sismondi und unsere einheimischen Sismondisten«.

* [MEW, Bd. 25, S. 316]

setzung ausging, daß ein Außenhandel nicht vorhanden sei: auf diese Voraussetzung ist oben bereits hingewiesen worden, und es wurde auch ihre *Notwendigkeit* bei einer derartigen Analyse dargetan. Es ist klar, daß die Einfuhr und Ausfuhr von Produkten die Sache nur kompliziert hätte, ohne der Klärung der Frage zu dienen. Der Fehler der Herren W. W. und N.-on besteht eben darin, daß sie den äußeren Markt *zur Erklärung* der Realisierung des Mehrwerts heranziehen: ohne auch nur das geringste zu erklären, verdeckt dieser Hinweis auf den äußeren Markt lediglich ihre theoretischen Fehler; dies von der einen Seite. Auf der anderen Seite erlaubt er ihnen, mit Hilfe dieser fehlerhaften »Theorien« um die Notwendigkeit herumzukommen, die Tatsache der Entwicklung eines inneren Marktes für den russischen Kapitalismus zu erklären.[1] Der »äußere Markt« ist für sie einfach eine Ausflucht, die die Entwicklung des Kapitalismus (und damit auch des Marktes) im Innern des Landes vertuscht, – eine um so bequemere Ausflucht, als sie auch von der Verpflichtung enthebt, die Tatsachen zu untersuchen, die von der Eroberung äußerer Märkte durch den russischen Kapitalismus zeugen.[2]
Die Notwendigkeit des äußeren Marktes für ein kapitalistisches Land wird ganz und gar nicht durch die Gesetze der Realisierung des gesellschaftlichen Produkts (und des Mehrwerts in Sonderheit) bestimmt, sondern, erstens dadurch, daß der Kapitalismus lediglich als Resultat einer breit entwickelten Waren*zirkulation* erscheint, die über die Grenzen des Staates hinausreicht. Darum kann man sich eine kapitalistische Nation ohne Außenhandel nicht vorstellen, und es gibt auch keine solche Nation.
Wie der Leser sieht, ist diese Ursache historischer Art. Und die Narodniki hätten sich ihrer nicht mit ein paar abgedroschenen Phrasen über »die Unmöglichkeit für die Kapitalisten, den Mehrwert zu verbrauchen«, entledigen können. Hier müßten sie – wenn sie die Frage des äußeren Marktes tatsächlich stellen wollten – die Entwicklungsgeschichte des Außenhandels, die Entwicklungsgeschichte der Warenzirkulation untersuchen. Nach der Untersuchung dieser Geschichte wäre es natürlich unmöglich geworden, den Kapitalismus als eine zufällige Abweichung vom Wege darzustellen.
Zweitens, jene Übereinstimmung zwischen den einzelnen Teilen der ge-

[1] Herr Bulgakow bemerkt sehr richtig in dem oben zitierten Buch: »Bis jetzt ist die Baumwollproduktion, die für den bäuerlichen Markt bestimmt ist, in ständigem Wachstum begriffen, folglich ist diese absolute Verringerung des Volkskonsums . . .« (von der Herr N.-on spricht) ». . . nur theoretisch denkbar«. (S. 214 bis 215.)
[2] *Wolgin.* »Die Begründung des Narodničestvo in den Arbeiten des Herrn Woronzow«. St.-Peterburg 1896, S. 71–76.

sellschaftlichen Produktion (dem Werte wie auch der Naturalform nach), die von der Theorie der Reproduktion des gesellschaftlichen Kapitals als Notwendigkeit vorausgesetzt wurde und die in der Tat nur als Durchschnittsgröße aus einer Reihe ständiger Schwankungen zustandekommt, – diese Übereinstimmung wird in der kapitalistischen Gesellschaft als Folge der Isolierung der einzelnen Produzenten, die für einen unbekannten Markt arbeiten, ständig gestört. Die verschiedenen Industriezweige, die einander als »Markt« dienen, entwickeln sich nicht gleichmäßig, sondern überholen einander, und die entwickeltere Industrie sucht sich einen äußeren Markt. Das bedeutet keinesfalls »die Unmöglichkeit für die kapitalistische Nation, den Mehrwert zu realisieren«, wie der Narodnik tiefsinnig folgern möchte. Es weist nur hin auf die Disproportionalität in der Entwicklung der einzelnen Industrien. Bei einer *anderen* Verteilung des nationalen Kapitals könnte die gleiche Produktenmenge innerhalb des Landes realisiert werden. Damit aber das Kapital ein Industriegebiet verläßt und sich einem anderen zuwendet, ist eine Krise auf diesem Gebiete notwendig, und welche Gründe könnten wohl die Kapitalisten, denen eine solche Krise droht, davon abhalten, einen äußeren Markt zu suchen? Subventionen und Prämien zur Erleichterung der Ausfuhr usw. zu verlangen?

Drittens. Als Gesetz in den vorkapitalistischen Produktionsmethoden gilt die Wiederholung des Produktionsprozesses im früheren Umfang, auf der früheren technischen Grundlage: dies galt für die Fronwirtschaft der Gutsbesitzer, für die Naturalwirtschaft der Bauern, für die gewerbliche Produktion des Handwerks. Dagegen ist das Gesetz der kapitalistischen Produktion die ständige Änderung der Produktionsmethoden und das grenzenlose Wachstum der Produktion. Bei den alten Produktionsmethoden konnten wirtschaftliche Einheiten jahrhundertelang bestehen, ohne ihren Charakter oder ihren Umfang zu ändern, ohne über die Grenzen des feudalen Stammguts, des bäuerlichen Dorfes oder des kleinen lokalen Marktes für die bäuerlichen Handwerker und kleinen Gewerbetreibenden (die sogenannten Kustari) zu überschreiten. Dagegen überschreitet das kapitalistische Unternehmen unvermeidlich die Grenzen der Dorfgemeinde, des lokalen Marktes, des Gebiets und schließlich des Staates. Und da die Isoliertheit und Abgeschlossenheit der Staaten bereits durch die Warenzirkulation aufgehoben ist, führt das natürliche Streben eines jeden kapitalistischen Industriezweigs ihn zu der Notwendigkeit, »einen äußeren Markt zu suchen«.

So beweist die Notwendigkeit, einen äußeren Markt zu suchen, keinesfalls die Hinfälligkeit des Kapitalismus, wie die Narodniki-Ökonomen die Sache gern darstellen. Ganz im Gegenteil. Diese Notwendigkeit zeigt anschaulich die progressive historische Aktivität des Kapitalismus, der die alte Isoliertheit und Abgeschlossenheit der Wirtschaftssysteme (und folglich auch die Enge des geistigen und politischen Lebens) zerstört und alle Länder der Welt zu einem einheitlichen wirtschaftlichen Ganzen vereinigt. Wir sehen daraus, daß auch die letzten beiden Ursachen der Notwendigkeit eines äußeren Marktes wiederum Ursachen historischen Charakters sind. Um sie zu untersuchen, muß man jeden einzelnen Industriezweig, seine Entwicklung innerhalb des Landes, seine Umwandlung in eine kapitalistische Industrie untersuchen, mit einem Wort, man muß die *Tatsachen* über die Entwicklung des Kapitalismus eines Landes heranziehen, – und es ist nicht verwunderlich, daß die Narodniki die Gelegenheit benutzen, diesen Tatsachen auszuweichen und ihre Zuflucht zu ganz wertlosen (und ganz nichtssagenden) Phrasen über die »Unmöglichkeit« des inneren wie auch des äußeren Marktes zu nehmen.

7) Schlußfolgerung

Fassen wir jetzt die oben untersuchten, theoretischen Feststellungen, die zu der Frage des inneren Marktes eine unmittelbare Beziehung haben, kurz zusammen.

1. Der grundlegende Prozeß für die Bildung des inneren Marktes (d. h. für die Entwicklung der Warenproduktion und des Kapitalismus) ist die gesellschaftliche Arbeitsteilung. Sie besteht darin, daß sich von der Landwirtschaft die verschiedenen Arten der Rohstoffbearbeitung (und die verschiedenen Operationen bei dieser Bearbeitung) nacheinander lösen und selbständige Industriezweige bilden, die ihre Produkte (jetzt bereits *Waren*) gegen Produkte der Landwirtschaft austauschen. Die Landwirtschaft wird auf diese Weise selbst zu einer Industrie (d. h. zur Warenproduktion), und in ihr vollzieht sich eben derselbe Prozeß der Spezialisierung.

2. Eine unmittelbare Folgerung aus dem vorhergehenden Satz ist jenes Gesetz jeder sich entwickelnden warenproduzierenden, insbesondere kapitalistischen Wirtschaft, daß die industrielle (d. h. nichtlandwirtschaftliche) Bevölkerung schneller als die landwirtschaftliche zunimmt und daß immer mehr Menschen von der Landwirtschaft zur verarbeitenden Industrie abwandern.

3. Die Trennung des unmittelbaren Produzenten von den Produktionsmitteln, d. h. seine Expropriation, die den Übergang von der einfachen Warenproduktion zur kapitalistischen (und die notwendige Voraussetzung dieses Übergangs ist) kennzeichnet, *schafft* den inneren Markt. Der Prozeß dieser *Bildung* des inneren Marktes vollzieht sich auf zweierlei Art: einmal ver-

wandeln sich die *Produktionsmittel*, von denen der Kleinproduzent »befreit« wird, in den Händen ihres neuen Besitzers in Kapital, dienen zur Produktion von Waren und werden folglich selbst in Ware verwandelt. Auf diese Weise erfordert auch die einfache Reproduktion dieser Produktionsmittel jetzt bereits ihren Kauf (früher wurden diese Produktionsmittel zum größten Teil in Naturalform reproduziert und teilweise im Hause hergestellt), d. h. es bildet sich ein Markt für Produktionsmittel, und damit wird auch das Produkt, das mit Hilfe dieser Produktionsmittel hergestellt wird, in Ware umgewandelt. Auf der anderen Seite werden die *Subsistenzmittel* dieses Kleinproduzenten zu stofflichen Elementen des variablen Kapitals, d. h. der Geldsumme, die vom Unternehmer (ganz gleich, ob vom Landwirt, Lieferanten, Holzhändler, Fabrikanten usw.) für die Dingung von Arbeitern ausgegeben wird. So verwandeln sich auch diese Subsistenzmittel jetzt in Ware, d. h. sie schaffen den inneren Markt für Konsumtionsmittel.

4. Die Realisierung des Produkts in der kapitalistischen Gesellschaft (und folglich auch die Realisierung des Mehrwerts) läßt sich nicht erklären, wenn nicht erkannt ist – 1. daß das gesellschaftliche Produkt, ebenso wie das individuelle, dem Werte nach in drei Teile und nicht in zwei Teile zerfällt (in konstantes Kapital + variables Kapital + Mehrwert, und nicht nur in variables Kapital + Mehrwert, wie Adam Smith und die ganze folgende politische Ökonomie vor Marx lehrte) und 2. daß es seiner Naturalform nach in zwei große Abteilungen eingeteilt werden muß: Produktionsmittel (sie werden produktiv konsumiert) und Konsumtionsmittel (sie werden individuell konsumiert). Durch Aufstellung dieser grundlegenden theoretischen Sätze hat Marx den Prozeß der Realisierung des Produkts im allgemeinen und des Mehrwerts im besonderen in der kapitalistischen Produktion vollständig erklärt und gezeigt, daß es völlig verfehlt ist, den äußeren Markt in die Frage der Realisierung hineinzuziehen.

5. Die Marxsche Realisierungstheorie brachte Licht auch in die Frage des nationalen Konsums und Einkommens.

Aus dem Obengesagten geht von selbst hervor, daß die Frage des inneren Marktes als gesonderte selbständige Frage, unabhängig von der Frage der Entwicklungsstufe des Kapitalismus, gar nicht existiert. Deshalb auch stellt die Marxsche Theorie nirgends und niemals diese Frage gesondert. Der innere Markt entsteht, wenn die Warenwirtschaft entsteht; er wird durch die Entwicklung dieser Warenwirtschaft geschaffen, und der Entwicklungsgrad der gesellschaftlichen Arbeitsteilung bestimmt die Höhe seiner Entwicklung; er erweitert sich mit der Übertragung der Warenwirtschaft von den Produkten auf die Arbeitskraft, und nur in dem Maße der Umwandlung dieser letzteren in Ware umgreift der Kapitalismus die gesamte Produktion des Landes, wobei er sich hauptsächlich auf Ebene der Produktionsmittel entwickelt, die in der kapitalistischen Gesellschaft einen immer bedeutenderen Platz einnehmen. Der »innere Markt« für den Kapitalismus wird durch den sich entwickelnden Kapitalismus geschaffen, der die gesellschaftliche Arbeitsteilung vertieft und die unmittelbaren Produzenten in Kapitalisten und Arbeiter scheidet. Die Entwicklungsstufe des inneren Marktes ist die Entwicklungsstufe des Kapitalismus im Lande. Die Frage nach den Grenzen des inneren Marktes getrennt von der Frage der Entwicklungsstufe des Kapitalismus zu stellen (wie es die Narodniki-Ökonomen tun), ist unrichtig.

Deshalb läuft auch die Frage, wie sich der innere Markt für den russischen Kapitalismus gestaltet, auf folgende Frage hinaus: wie und in welcher Richtung entwickeln sich die verschiedenen Seiten der russischen Volkswirtschaft? Worin bestehen der Zusammenhang und die gegenseitige Abhängigkeit zwischen diesen verschiedenen Seiten?

[...]

IV Rudolf Hilferdings Gleichgewichtskonzept der kapitalistischen Akkumulation

Rudolf Hilferding: Das Finanzkapital, eine Studie über die jüngste Entwicklung des Kapitalismus*

1) Krise als Zirkulationsstörung

Die Krise ist ganz allgemein eine Zirkulationsstörung. Sie erscheint als massenhafte Unverkäuflichkeit der Ware, als Unmöglichkeit der Realisierbarkeit des Warenwertes (respektive ihres Produktionspreises) in Geld. Sie kann daher nur erklärt werden aus den spezifisch kapitalistischen Bedingungen der Warenzirkulation, nicht aus den Bedingungen einfacher Warenzirkulation.

Das spezifisch Kapitalistische aber an der Warenzirkulation ist dies, daß die Waren als Produkt vom Kapital, als Warenkapital produziert sind und als solche realisiert werden müssen. Diese Realisierung schließt daher Bedingungen ein, die nur dem Kapital als solchem zukommen, und das sind eben seine Verwertungsbedingungen.

Die Analyse dieser Verwertungsbedingungen sowohl vom Standpunkt des individuellen als – was hier vor allem wichtig – vom Standpunkt des gesellschaftlichen Kapitals hat Marx im II. Band des »Kapital« geliefert und damit einen Versuch durchgeführt, der außer von Quesnay in der politischen Ökonomie nicht einmal begonnen wurde. Wenn Marx einmal den »Tableau économique« Quesnays den genialsten Einfall nennt, dessen sich die politische Ökonomie bisher schuldig gemacht habe, so ist seine eigene Analyse des gesellschaftlichen Produktionsprozesses sicher die genialste Durchführung des genialen Einfalls, wie überhaupt die so unbeachteten Analysen des II. Bandes vom Standpunkt sozusagen der reinen ökonomischen Vernunft die glänzendsten in dem erstaunlichen Werke sind. Vor allem aber ist eine Erkenntnis der Krisenursachen nur möglich, wenn man sich die Ergebnisse der Marxschen Analyse vergegenwärtigt[1].

[1] Es ist das Verdienst Tugan-Baranowskis, auf die Bedeutung dieser Untersuchungen für das Krisenproblem in seinen bekannten »Studien zur Theorie und Geschichte der Handelskrisen in England« hingewiesen zu haben. Merkwürdig ist nur, daß es erst eines solchen Hinweises bedurfte.

* [Text aus: Rudolf Hilferding, Das Finanzkapital. Eine Studie über die jüngste

2) Gleichgewichtsbedingungen der einfachen Reproduktion

Wenn wir die wichtigsten Ergebnisse der Marxschen Analyse kurz rekapitulieren, so ergibt sich folgendes:
Wir setzen bei dieser Betrachtung zunächst gleichbleibende Stufenleiter der kapitalistischen Produktion, also einfache Reproduktion voraus und sehen ebenso ab von Wert- oder Preisveränderungen.
Das Gesamtprodukt, also auch die Gesamtproduktion der Gesellschaft, zerfällt in zwei große Abteilungen:
1. Produktionsmittel, Waren, welche eine Form besitzen, worin sie in die produktive Konsumtion eingehen müssen oder wenigstens eingehen können.
2. Konsumtionsmittel, Waren, welche eine Form besitzen, worin sie in die individuelle Konsumtion der Kapitalisten- und Arbeiterklasse eingehen.
In jeder Abteilung zerfällt das Kapital in zwei Bestandteile: variables (v) und konstantes (c) Kapital. Letzteres zerfällt wieder in fixes und in zirkulierendes konstantes Kapital.
Der Wertteil c, der das in der Produktion verzehrte konstante Kapital darstellt, deckt sich nicht mit dem Wert des in der Produktion angewendeten konstanten Kapitals. Das fixe Kapital hat nur einen Teil seines Wertes auf das Produkt übertragen. In folgendem sehen wir zunächst von dem fixen Kapital ab.
Das Gesamtwarenprodukt sei nun durch folgendes Schema verkörpert:

I. 4000 c + 1000 v + 1000 m = 6000 Produktionsmittel.
II. 2000 c + 500 v + 500 m = 3000 Konsumtionsmittel.

Gesamtwert = 9000, wovon das in seiner Naturalform fortfungierende fixe Kapital nach der Voraussetzung ausgeschlossen ist.
Wenn wir nun die auf Grundlage einfacher Reproduktion, wo also der ganze Mehrwert unproduktiv wird, notwendigen Umsätze untersuchen und dabei zunächst die sie vermittelnde Geldzirkulation unbeachtet lassen, so ergeben sich uns von vornherein drei große Anhaltspunkte:
1. Die 500 v, Arbeitslohn der Arbeiter, und die 500 m, Mehrwert der Kapitalisten der Abteilung II, müssen in Konsumtionsmittel verausgabt werden. Aber ihr Wert existiert in den Konsumtionsmitteln zum Wert von 1000, die in den Händen der Kapitalisten, Abteilung II, die vorgeschossenen 500 v ersetzen und die 500 m repräsentieren. Arbeitslohn und Mehrwert der Abteilung II werden also innerhalb Abteilung II gegen Produkt

---

Entwicklung des Kapitalismus, Wien 1910. Zitiert nach der unveränderten Ausgabe, Frankfurt/M. – Wien 1968, S. 332–333, 333–336, 336–338, 338–346, 346–348.]

von II umgesetzt. Damit verschwinden aus dem Gesamtprodukt (500 v + 500 m) II = 1000 Konsumtionsmittel.
2. Die 1000 v + 1000 m der Abteilung I müssen ebenfalls in Konsumtionsmittel verausgabt werden, also in Produkt von Abteilung II. Sie müssen sie also austauschen gegen den von diesem Produkt noch übrigen, dem Belauf nach gleichen, konstanten Kapitalteil, 2000 c. Dafür erhält Abteilung II einen gleichen Betrag von Produktionsmitteln, Produkt von I, worin der Wert von 1000 v + 1000 m von I verkörpert. Damit verschwinden aus der Rechnung 2000 II c und (1000 v + 1000 m) I.
3. Es bleiben noch 4000 I c. Diese bestehen in Produktionsmitteln, die nur in Abteilung I vernutzt werden können, zum Ersatz ihres verzehrten konstanten Kapitals dienen und daher durch gegenseitigen Austausch zwischen den einzelnen Kapitalisten von I ebenso ihre Erledigung finden wie die (500 v + 500 m) II durch Austausch zwischen den Arbeitern und Kapitalisten, respektive zwischen den einzelnen Kapitalisten von II.
Eine besondere Rolle spielt der Ersatz des fixen Kapitals. Ein Wertteil des konstanten Kapitals ist übertragen von den Arbeitsmitteln auf das Arbeitsprodukt; diese Arbeitsmittel fahren fort, als Elemente des produktiven Kapitals zu fungieren, und zwar in ihrer alten Naturalform; es ist ihr Verschleiß, der Wertverlust, den sie nach und nach erleiden während ihrer in bestimmter Periode fortdauernden Funktion, der als Wertelement der vermittels derselben produzierten Waren wieder erscheint.
Das Geld nun, soweit es den Warenwertteil vergoldet, der gleich ist dem Verschleiß von fixem Kapital, wird nicht wieder rückverwandelt in den Bestandteil des produktiven Kapitals, dessen Wertverlust es ersetzt. Es schlägt nieder neben dem produktiven Kapital und verharrt in seiner Geldform. Dieser Geldniederschlag wiederholt sich, bis die aus einer größeren oder geringeren Anzahl von Jahren bestehende Reproduktionsepoche abgelaufen ist, während deren das fixe Element des konstanten Kapitals unter seiner alten Naturalform fortfährt, im Produktionsprozeß zu fungieren. Sobald das fixe Element, Baulichkeiten, Maschinerie etc., ausgelebt hat, nicht länger im Produktionsprozeß fungieren kann, existiert sein Wert neben ihm, vollständig ersetzt in Geld – der Summe der Geldniederschläge, der Werte, die vom fixen Kapital allmählich übertragen worden auf die Waren, in deren Produktion es mitgewirkt und die durch den Verkauf der Waren in Geldform übergegangen. Dies Geld dient dann dazu, das fixe Kapital (oder Elemente desselben, da die verschiedenen Elemente desselben verschiedene Lebensdauer haben) in natura zu ersetzen und so diesen Bestandteil des produktiven Kapitals wirklich zu erneuern. Dies Geld ist also Geldform eines Teiles des konstanten Kapitalwerts, des fixen Teils desselben.

Diese Schatzbildung ist also selbst ein Element des kapitalistischen Reproduktionsprozesses, Reproduktion und Aufspeicherung – in Geldform – des Wertes des fixen Kapitals oder seiner einzelnen Elemente bis zu der Zeit, wo das fixe Kapital ausgelebt und folglich seinen ganzen Wert an die produzierten Waren abgegeben hat und nun in natura ersetzt werden muß. Dies Geld verliert aber nur seine Schatzform und tritt daher erst aktiv wieder ein in den durch die Zirkulation vermittelten Reproduktionsprozeß des Kapitals, sobald es rückverwandelt wird in neue Elemente des fixen Kapitals, um die abgestorbenen zu ersetzen. Damit aber keine Störung der einfachen Reproduktion stattfinde, muß der Teil des fixen Kapitals, der jährlich abstirbt, gleich sein dem, der jährlich zu erneuern ist.

Betrachten wir zum Beispiel den Umsatz von (1000 v + 1000 m) I gegen 2000 c II. In diesen 2000 c sind 200 fixes Kapital zu ersetzen. Es tauschen sich also 1800 c, die nur in zirkulierendes konstantes Kapital zu verwandeln sind, um in 1800 (v + m) I; die 200, die von I übrigbleiben und die Naturalform von fixem Kapital haben, müssen nun ebenfalls von II bezogen werden; sie können aber nur bezogen werden, wenn Kapitalisten von II 200 in Geld vorrätig haben, um 200 fixes Kapital von I zu kaufen; denn 200 müssen in Geld von anderen Kapitalisten II ersetzt und festgehalten werden in Geldform als Verschleiß für ihr fixes Kapital. Es werden also Kapitalisten, die aus früheren Jahren den Verschleiß ihres fixen Kapitals sukzessive in Geld aufgeschatzt haben, in diesem Jahre ihr fixes Kapital in natura erneuern; sie kaufen um 200 Geld den Rest von I (v + m) = 200. I kauft um andere 200 Geld den Rest der Konsumtionsmittel von den anderen Kapitalisten II, die dies Geld, das für sie Verschleiß ihres fixen Kapitals bedeutet, ihrerseits aufschatzen. Der Teil des Kapitalisten II also, der in diesem Jahre sein fixes Kapital in natura erneuert, liefert das Geld, womit die anderen Kapitalisten II ihren Verschleißteil vergolden und als Geld festhalten können. Es muß also eine konstante Proportion zwischen absterbendem und zu erneuerndem fixen Kapital angenommen werden. Ferner aber muß auch angenommen werden, daß die Proportion zwischen absterbendem (und daher zu erneuerndem) fixen Kapital und dem in alter Naturalform fortwirkenden konstant bleibt. Denn stiege das absterbende fixe Kapital auf 300, so hätte das zirkulierende Kapital abgenommen. II c hätte jetzt weniger zirkulierendes Kapital und könnte die Produktion nicht auf gleicher Stufenleiter fortsetzen. Ferner würde auch, wenn das fixe Kapital auf 300 stiege, II aber nur 300 Geld für Erneuerung des Kapitals in natura auszugeben hat, 100 fixes Kapital in I unverkäuflich sein.

Es kann also Mißverhältnis in der Produktion von fixem und zirkulierendem Kapital auftreten bei bloßer Erhaltung des fixen Kapitals, wenn nur

– was in Wirklichkeit auch stets der Fall – die Proportion des jährlich absterbenden fixen Kapitals zu dem weiterfungierenden wechselt.

3) Ungleichgewicht aus der Anarchie der Produktion

Ebenso sah man vorhin, daß zur Ermöglichung einfacher Reproduktion bestimmte Proportionsverhältnisse erfüllt sein müssen. I (v + m) mußte gleich sein II c. Die Erfüllung dieser Proportion wird infolge der Anarchie der kapitalistischen Gesellschaft stets gestört. Um die Produktion ständig in Gang zu halten, ist ein gewisses Maß von Überproduktion stets notwendig, um für plötzlich auftretende Bedürfnisse sowie für die fortwährenden Schwankungen des Bedarfes stets gerüstet zu sein. Beständig finden aber gewisse Störungen und Unregelmäßigkeiten im Rückfluß des umschlagenden Kapitalwertes statt. Um diese Unregelmäßigkeiten zu überwinden, müssen die Kapitalisten, wie einerseits über Warenvorrat, so anderseits stets über Geldvorrat verfügen, um über diesen Warenvorrat immer entsprechend verfügen und Störungen ausgleichen zu können. Dieser Ausgleich erfordert also zuschüssiges Geld, Reservegeldkapital; dieses muß notwendig in Geldform gehalten werden, weil ja gerade der Umschlag des Warenkapitals es ist, der gestört werden kann, andere Waren und zu einem früheren Zeitpunkt dem Kapitalisten zur Verfügung stehen müssen. Nur in der Geldform aber hat der Wert die Form des allgemeinen Äquivalents, kann er sich jederzeit in beliebig andere Waren verwandeln. Auch hier entspringt die Notwendigkeit des Geldes aus der Anarchie der kapitalistischen Produktionsweise.

»Ist die kapitalistische Form der Reproduktion einmal beseitigt, so kommt die Sache darauf hinaus, daß die Größe des absterbenden und daher in natura zu ersetzenden Teils des fixen Kapitals (hier des in der Erzeugung der Konsumtionsmittel fungierenden) in verschiedenen sukzessiven Jahren wechselt. Die zur jährlichen Produktion der Konsumtionsmittel nötige Masse von Rohstoffen, Halbfabrikaten und Hilfsstoffen – sonst gleichbleibende Umstände vorausgesetzt – nimmt deswegen nicht ab; die Gesamtproduktion der Produktionsmittel müßte also in einem Fall zunehmen, im anderen abnehmen. Diesem kann nur abgeholfen werden durch fortwährende relative Überproduktion; einerseits ein gewisses Quantum fixes Kapital, das mehr produziert wird, als direkt nötig ist, anderseits, und namentlich Vorrat von Rohstoff etc., der über die unmittelbaren jährlichen Bedürfnisse hinausgeht (dies gilt ganz besonders von Lebensmitteln). Solche Art Überproduktion ist gleich mit Kontrolle der Gesellschaft über die

gegenständlichen Mittel ihrer eigenen Reproduktion. Innerhalb der kapitalistischen Gesellschaft aber ist sie ein anarchisches Element.«[1]
Diese relative Überproduktion muß innerhalb gewisser Grenzen auch in der kapitalistischen Gesellschaft beständig stattfinden und findet ihren Ausdruck in einem stets vorhandenen Warenvorrat, der zum Ausgleich von Störungen dient. Ihm entspricht auf der anderen Seite eine Reserve von Geldkapital zur Verfügung der industriellen Kapitalisten, die ihnen die Möglichkeit gibt, falls Störungen eintreten, aus dem Warenvorrat die nötigen Elemente zur Fortführung ihrer Produktion sich zu verschaffen. Dieses Reservegeldkapital, das allen Kapitalisten zur Sicherung gegen momentane Störungen auch in normalen Zeiten zur Verfügung stehen muß, ist nicht zu verwechseln mit dem Reservegeldkapital, das notwendig wird, wenn der Absatz der Waren stockt. Die Zeiten der Prosperität sind einerseits solche, in denen die Produktion stark und rasch erweitert wird, anderseits früheres Reservegeldkapital in produktives verwandelt wird; das Reservegeldkapital vermindert sich, und seine Verminderung bedeutet den Wegfall des die Störung ausgleichenden Moments; dies ist daher eine Ursache der Krise.
Anderseits ist festzuhalten, daß die Notwendigkeit solcher relativer Überproduktion nicht auf der kapitalistischen Gesellschaft, sondern auf der Natur des Reproduktionsprozesses beruht, sobald jene Produktionselemente, die in der kapitalistischen Gesellschaft als fixes Kapital erscheinen, einen größeren Umfang erreicht haben. Diese aus technisch natürlichen Umständen notwendige »Überproduktion« ist in Wirklichkeit bloße Vorratsbildung und als solche auch einer geregelten Bedarfsdeckungswirtschaft eigen und nicht zu verwechseln mit der allgemeinen Überproduktion während der Krise. Innerhalb der kapitalistischen Gesellschaft aber bildet auch diese Überproduktion ein unter Umständen krisenverschärfendes Moment.

4) Gleichgewichtsbedingungen des kapitalistischen Akkumulationsprozesses

Verlangt schon die einfache Reproduktion, die in der kapitalistischen Gesellschaft, für die die Akkumulation des Kapitals Lebensbedingung ist, in Wirklichkeit nicht vorkommt, was natürlich nicht ausschließt, daß im Laufe des industriellen Zyklus ein Jahr nicht nur gleichbleibende, sondern sogar verminderte Reproduktion aufweist, bestimmte komplizierte Proportionsverhältnisse, so werden diese noch komplizierter, falls der Akkumulationsprozeß umgestört vor sich gehen soll. Marx gibt folgendes Schema:
I Produktion der Produktionsmittel: 4000 c + 1000 v + 1000 m = 6000.

---

[1] Marx, »Kapital« II, S. 465. [Unsere Ausgabe S. 437, 438]

II Produktion der Konsumtionsmittel: 1500 c + 750 v + 750 m = 3000.
Gesamtwert des gesellschaftlichen Produktes = 9000.

Angenommen nun, daß I die Hälfte seines Mehrwertes = 500 akkumuliert, die andere Hälfte als Revenue verzehrt.

Wir haben dann folgende Umsätze: 1000 v + 500 m, die als Revenue verausgabt werden, werden von I umgesetzt gegen 1500 c II. II ersetzt sich so ein konstantes Kapital und liefert I die von ihm zu verbrauchenden Konsumtionsmittel, ein Umsatz, dem wir schon ganz analog in der Analyse der einfachen Reproduktion begegnet sind. Von den 500 I m, die noch übrig sind und in Kapital verwandelt werden sollen, müssen bei gleichbleibender organischer Zusammensetzung 400 in konstantes und 100 in variables verwandelt werden. Die 500 existieren in Produktionsmitteln, und zwar müssen 400 davon in solchen existieren, die I für Vergrößerung seines konstanten Kapitals benötigt. I schlägt also diese 400 zu seinem konstanten Kapital. Der Rest von 100 m ist ein variables Kapital, also in Lebensmitteln zu verwandeln; es muß also von II gekauft werden, und da er in Produktionsmitteln existiert, muß II sie zur Vergrößerung seines eigenen konstanten Kapitals benützen.

Wir haben dann für I ein Kapital von 4400 c + 1100 v = 5500.

II hat jetzt für konstantes Kapital 1600 c; es muß zu deren Bearbeitung weitere 50 v in Geld für Ankauf neuer Arbeitskraft zuschießen, so daß sein variables Kapital von 750 auf 800 wächst. Diese Ausdehnung des konstanten wie variablen Kapitals von II um zusammen 150 wird bestritten aus seinem Mehrwert; von den 750 II m bleiben also nur 600 m als Konsumtionsfonds der Kapitalisten II, deren Jahresprodukt sich nun verteilt wie folgt:

II 1600 c + 800 v + 600 m (Konsumtionsfonds) = 3000.

Wir haben nun folgendes Schema:

I. 4400 c + 1100 v + 500 Konsumtionsfonds = 6000
II. 1600 c + 800 v + 600 Konsumtionsfonds = 3000

Summe = 9000

wie oben.

Davon sind Kapital:

$$\left.\begin{array}{l}\text{I. } 4400\text{ c} + 1100\text{ v (Geld)} = 5500 \\ \text{II. } 1600\text{ c} + 800\text{ v (Geld)} = 2400\end{array}\right\} = 7900,$$

während die Produktion begann mit

$$\left.\begin{array}{l}\text{I. } 4000\text{ c} + 1000\text{ v} = 5000 \\ \text{II. } 1500\text{ c} + 750\text{ v} = 2250\end{array}\right\} = 7250.$$

Wir sehen hier eine Reihe neuer komplizierter Bedingungen. Einmal müssen in I die 500 m, die zu akkumulieren sind, in solchen Produktionsmitteln produziert sein, daß $^4/_5$ davon zu konstantem Kapital für I, $^1/_5$ zu konstantem Kapital für II geeignet sind. Sodann hängt der Grad der Akkumulation in II ab von der Akkumulation in I. In I wird die Hälfte des Mehrwertes akkumuliert, in II ist dies unmöglich; von dem Mehrwert von 750 kann nur 150, also nur $^1/_5$ akkumuliert werden, während $^4/_5$ konsumiert werden müssen.

Betrachten wir nun den Fortgang der Akkumulation:

Wird mit dem vermehrten Kapital nun wirklich produziert, so erhalten wir am Ende des nächsten Jahres:

$$\left.\begin{array}{l} \text{I. } 4400\,c + 1100\,v + 1100\,m = 6600 \\ \text{II. } 1600\,c + 800\,v + 800\,m = 3200 \end{array}\right\} = 9800.$$

Wird in derselben Weise fortakkumuliert, so erhalten wir dann im Jahre darauf:

$$\left.\begin{array}{l} \text{I. } 4840\,c + 1210\,v + 1210\,m = 7260 \\ \text{II. } 1760\,c + 880\,v + 880\,m = 3520 \end{array}\right\} = 10\,780.$$

In diesem Beispiel war vorausgesetzt, daß die Hälfte des Mehrwertes I akkumuliert, und I (v + $^1/_2$m) = II c.

I (v + m) muß, soll akkumuliert werden, immer größer sein als II c, denn ein Teil von I m kann eben nicht in II c verwandelt werden, sondern muß als Produktionsmittel dienen. Dagegen kann I (v + $^1/_2$ m) größer oder kleiner sein als II c. Nähere Ausführungen sind für unseren Zweck unnötig[1].

Die gesteigerte Produktion erfordert eine gesteigerte Goldmenge zu ihrem Umsatz. Diese gesteigerte Goldmenge muß, bei gleicher Umlaufgeschwindigkeit und vom Kredit abgesehen, von der Goldproduktion geliefert werden. Die kapitalistische Produktion wird hier an eine natürliche Schranke stoßen. Das Kreditsystem schiebt diese Schranke außerordentlich zurück, schafft sie aber nicht ganz aus der Welt.

Betrachten wir nun noch einen Augenblick die notwendige Voraussetzung, damit jene Zirkulationsprozesse, die die Akkumulation in sich schließen, vor sich gehen können. Wir haben in unserem Beispiel angenommen, daß I 500 m akkumuliert und davon 400 in konstantes Kapital verwandelt werden. Durch welche Zirkulationsprozesse wird dies möglich, mit welchem Geld kauft I die 400?

Betrachten wir zunächst die Akkumulation eines einzelnen Kapitalisten. Damit dieser den Mehrwert in Kapital verwandeln kann, muß der Mehrwert zuvor eine bestimmte Größe erreicht haben. Eine Reihe Jahre hindurch muß also der Mehrwert, der am Ende des Jahres in Geld verwandelt wurde,

---

1 Siehe die weiteren Beispiele bei Marx, »Kapital« II, S. 508 ff. [Unsere Ausgabe S. 479, 480]

in Geldform aufgeschatzt werden. Sowohl die Kapitalien der verschiedenen Industriezweige als auch innerhalb dieser die individuellen Kapitale befinden sich auf verschiedenen Stufen des Prozesses der sukzessiven Verwandlung von Mehrwert in Kapital. Ein Teil der Kapitalisten verwandelt daher beständig sein zu entsprechender Größe angewachsenes potentielles Geldkapital in produktives Kapital, während ein anderer noch beschäftigt ist mit der Aufschatzung seines potentiellen Geldkapitals. Kapitalisten, diesen beiden Kategorien angehörig, treten sich also gegenüber, die einen als Käufer, die anderen als Verkäufer und jeder der beiden in dieser exklusiven Rolle. A verkaufe zum Beispiel 600 (= 400 c + 100 v + 100 m) an B (der mehr als einen Käufer repräsentieren mag). Er hat für 600 Waren verkauft, gegen 600 in Geld, wovon 100 Mehrwert darstellen, die er der Zirkulation entzieht, sie aufschatzt als Geld; aber diese 100 Geld sind nur die Geldform des Mehrprodukts, das der Träger eines Wertes von 100 war.
Die Schatzbildung ist überhaupt keine Produktion, also von vornherein auch kein Inkrement der Produktion. Die Aktion des Kapitalisten dabei besteht nur darin, daß er das durch Verkauf des Mehrprodukts von 100 ergatterte Geld der Zirkulation entzieht, festhält und mit Beschlag belegt. Diese Operation findet nicht nur statt auf Seite des A, sondern auf zahlreichen Punkten der Zirkulationsperipherie von anderen A', A'', A''', Kapitalisten, die alle ebenso emsig an dieser Sorte Schatzbildung arbeiten. Diese zahlreichen Punkte, wo Geld der Zirkulation entzogen wird und sich in zahlreichen individuellen Schätzen, respektive potentiellen Geldkapitalien aufhält, scheinen ebenso viele Hindernisse der Zirkulation, weil sie das Geld immobilisieren und es seiner Zirkulationsfähigkeit für längere oder kürzere Zeit berauben.
A vollbringt aber diese Schatzbildung nur, sofern er – mit Bezug auf sein Mehrprodukt – nur als Verkäufer, nicht hintennach als Käufer auftritt. Seine sukzessive Produktion von Mehrprodukt – dem Träger seines zu vergoldenden Mehrwerts – ist also die Voraussetzung seiner Schatzbildung. Obgleich also A Geld für seinen Mehrwert der Zirkulation entzieht und es aufschatzt, wirft er anderseits Ware in sie hinein, ohne ihr andere Ware dafür zu entziehen, wodurch B, B', B'' etc. ihrerseits befähigt werden, Geld hineinzuwerfen und dafür nur Ware ihr zu entziehen.
»Wie vorher bei Betrachtung der einfachen Reproduktion, finden wir hier wieder, daß der Umsatz der verschiedenen Bestandteile des jährlichen Produktes, das heißt ihre Zirkulation (die zugleich Reproduktion des Kapitals, und zwar seine Wiederherstellung in seinen verschiedenen Bestimmtheiten – konstantes, variables, fixes, zirkulierendes Geldkapital – umfassen muß) keineswegs bloßen Kauf von Ware voraussetzt, der sich durch nachfolgen-

den Verkauf, oder Verkauf, der sich durch nachfolgenden Kauf ergänzt, so daß tatsächlich nur Umsatz von Ware gegen Ware stattfände (das Geld also bloßes Zirkulationsmittel und damit relativ überflüssig wäre, R. H.), wie die politische Ökonomie, namentlich die Freihandelsschule seit den Physiokraten und Adam Smith annimmt (verführt durch polemische Interessen im Kampfe gegen Monetar- und Merkantilsystem, R. H.). Wir wissen, daß das fixe Kapital, nachdem die Anlage dafür einmal gemacht, während seiner ganzen Funktionszeit nicht erneuert wird, sondern in der alten Form fortwirkt, während sein Wert sich allmählich in Geld niederschlägt.«[1] Was hier das Geld überhaupt erst ermöglicht, ist diese Trennung und Verselbständigung der Wertzirkulation gegenüber der Beständigkeit der technischen Funktion im Produktionsprozeß. Gesellschaftlich ist diese Trennung nicht möglich, und es muß jedesmal so viel fixes Kapital geliefert werden wie altes verschleißt. Individuell aber wird der Verschleißwertteil Jahre hindurch in Geldform festgehalten. »Wir sahen nun, daß die periodische Erneuerung des fixen Kapitals II c – welcher gesamte Kapitalswert II c sich umsetzt in Elemente zum Wert von I (v + m) – voraussetzt einerseits bloßen Kauf des fixen Teils von II c, der sich aus Geldform in Naturalform rückverwandelt und welchem entspricht bloßer Verkauf von I m; anderseits voraussetzt bloßen Verkauf von seiten II c, Verkauf des fixen (Verschleiß-) Wertteils desselben, der sich in Geld niederschlägt und welchem entspricht bloßer Kauf von I m. Damit sich hier der Umsatz normal vollziehe, ist vorauszusetzen, daß bloßer Kauf seitens II c dem Wertumfang nach gleich sei dem bloßen Verkauf seitens II c ... Sonst wird die einfache Reproduktion gestört; bloßer Kauf hier muß gedeckt werden durch bloßen Verkauf dort. Ebenso ist hier vorauszusetzen, daß der bloße Verkauf des schatzbildenden Teils A, A′, A″ etc. von I m in Gleichgewicht stehe mit dem bloßen Kauf des Teils B, B′, B″ von I m, der seinen Schatz in Elemente von zusätzlichem produktivem Kapital verwandelt. Soweit das Gleichgewicht dadurch hergestellt wird, daß der Käufer nachher und für den gleichen Wertbetrag als Verkäufer auftritt und umgekehrt, findet Rückfluß des Geldes statt an die Seite, die es beim Kauf vorgeschossen, die zuerst verkauft hat, ehe sie wieder kaufte. Das wirkliche Gleichgewicht mit Bezug auf den Warenumsatz selbst, den Umsatz der verschiedenen Teile des jährlichen Produkts, ist aber bedingt durch gleichen Wertbetrag der gegeneinander umgesetzten Waren.«

»Soweit aber bloß einseitige Umsätze stattfinden, Masse bloßer Käufe einerseits, Masse bloßer Verkäufe anderseits – und wir haben gesehen, daß der

[1] Marx, »Kapital« II, S. 489 f. [Unsere Ausgabe S. 461]

normale Umsatz des jährlichen Produkts auf kapitalistischer Grundlage diese einseitigen Metamorphosen bedingt – ist das Gleichgewicht nur vorhanden unter der Annahme, daß der Wertbetrag der einseitigen Käufe und der Wertbetrag der einseitigen Verkäufe sich decken.« In allen diesen einseitigen Transaktionen wirkt aber das Geld nicht als bloßer Vermittler von Warenaustausch, sondern als Initiator oder Beendiger eines Prozesses, wo auf der einen Seite nur die Ware, auf der anderen Seite nur der Warenwert in seiner verselbständigten Form – Geld – steht, ist also das Geld notwendig, damit überhaupt diese einseitigen Prozesse vor sich gehen können.

»Die Tatsache, daß die Warenproduktion die allgemeine Form der kapitalistischen Produktion ist, schließt bereits die Rolle ein, die das Geld nicht nur als Zirkulationsmittel, sondern als Geldkapital in derselben spielt, und erzeugt gewisse, dieser Produktionsweise eigentümliche Bedingungen des normalen Umsatzes, also des normalen Verlaufs der Reproduktion, sei es auf einfacher, sei es auf erweiterter Stufenleiter, die in ebenso viele Bedingungen des anormalen Verlaufs, Möglichkeiten von Krisen umschlagen, da das Gleichgewicht – bei der naturwüchsigen Gestaltung dieser Produktion – selbst ein Zufall ist.«[1]

Die Kapitalisten A, A′, A″ bilden durch den Verkauf ihres Mehrprodukts den Schatz, zuschüssiges potentielles Geldkapital. Dieses Mehrprodukt besteht in unserem Fall aus Produktionsmitteln von Produktionsmitteln, die in der Hand von B, B′, B″ als solche fungieren. Erst in ihrer Hand fungiert dies Mehrprodukt als zuschüssiges konstantes Kapital; aber es ist dies virtualiter schon, bevor es verkauft wird, in der Hand der Schatzbildner A, A′, A″ (I). Betrachten wir bloß den Wertumfang der Reproduktion seitens I, so befinden wir uns noch innerhalb der Grenzen der einfachen Reproduktion. Der Unterschied liegt nur in den anderen Gebrauchswerten, die erzeugt wurden. Es wurden innerhalb des gleichen Wertumfanges mehr Produktionsmittel für Produktionsmittel statt solcher für Konsumtionsmittel produziert. Ein Teil von I m, der früher ganz bei der einfachen Reproduktion gegen II c ausgetauscht wurde, also aus Produktionsmitteln für Konsumtionsmittel bestehen mußte, besteht nun aus Produktionsmitteln für Produktionsmittel, um als solche dem konstanten Kapital I einverleibt werden zu können. Es folgt also, daß – bloß dem Wertumfang nach betrachtet – innerhalb der einfachen Reproduktion das materielle Substrat der erweiterten Reproduktion produziert wird.

Es ist einfach direkt in Produktion von Produktionsmitteln, in Schöpfung von virtuellem zuschüssigen Kapital I verausgabte Mehrarbeit der Arbeiterklasse I.

[1] Marx, »Kapital« II, S. 490 f. [Unsere Ausgabe S. 461, 462]

Die Bildung von virtuellem zusätzlichem Geldkapital seitens A, A', A'' (I) – durch sukzessiven Verkauf ihres Mehrprodukts, das ohne alle kapitalistische Geldausgabe gebildet – ist also hier die bloße Geldform von zuschüssigen produzierten Produktionsmitteln I. »Produktion auf großer Stufenleiter von zuschüssigem virtuellen Geldkapital – auf zahlreichen Punkten der Zirkulationsperipherie – ist also nichts als Resultat und Ausdruck vielseitiger Produktion von virtuell zusätzlich produktivem Kapital, dessen Entstehung selbst keine zusätzlichen Geldausgaben seitens der industriellen Kapitalisten voraussetzt.«[1]

»Die sukzessive Verwandlung dieses virtuell zusätzlichen produktiven Kapitals in virtuelles Geldkapital (Schatz) seitens A, A', A'' etc. (I), die durch den sukzessiven Verkauf ihres Mehrprodukts bedingt ist – also durch wiederholten einseitigen Warenverkauf ohne ergänzenden Kauf – vollzieht sich in wiederholter Entziehung von Geld aus der Zirkulation und ihr entsprechende Schatzbildung. Diese Schatzbildung – ausgenommen wo der Goldproduzent der Käufer – unterstellt in keiner Weise zusätzlichen Edelmetallreichtum, sondern nur veränderte Funktion von bisher umlaufendem Geld. Eben fungierte es als Zirkulationsmittel, jetzt fungiert es als Schatz, als sich bildendes, virtuell neues Geldkapital. Bildung von zusätzlichem Geldkapital und Masse des in einem Lande befindlichen edlen Metalls stehen also in keiner ursächlichen Verbindung miteinander.

Es folgt daher ferner: Je größer das bereits in einem Lande fungierende produktive Kapital (eingerechnet die ihm inkorporierte Arbeitskraft, die Erzeugerin des Mehrprodukts), je entwickelter die Produktivkraft der Arbeit und damit auch die technischen Mittel rascher Ausweitung der Produktion von Produktionsmitteln – je größer daher auch die Masse des Mehrprodukts nach seinem Wert wie nach der Masse der Gebrauchswerte worin er sich darstellt – desto größer ist

1. das virtuell zusätzliche produktive Kapital in der Form von Mehrprodukt in der Hand von A, A', A'' etc. und

2. die Masse dieses in Geld verwandelten Mehrprodukts, also des virtuell zuschüssigen Geldkapitals in den Händen von A, A', A''. Wenn also Fullarton zum Beispiel nichts von der Überproduktion im gewöhnlichen Sinne wissen will, wohl aber von Überproduktion von Kapital, nämlich Geldkapital, so beweist dies wieder, wie absolut wenig selbst die besten bürgerlichen Ökonomen vom Mechanismus ihres Systems verstehen.«[2]

»Wenn das Mehrprodukt, direkt produziert und angeeignet durch die Kapi-

---

[1] Marx, »Kapital« II, S. 493. [Unsere Ausgabe S. 464]

[2] Marx, »Kapital« II, S. 493. [Unsere Ausgabe S. 464, 465]

talisten A, A', A'' (I), die reale Basis der Kapitalakkumulation, das heißt der erweiterten Reproduktion ist, obgleich es aktuell erst in dieser Eigenschaft fungiert in den Händen von B, B', B'' etc. (I) – so ist es dagegen in seiner Geldverpuppung – als Schatz und bloß sich nach und nach bildendes virtuelles Geldkapital – absolut unproduktiv, läuft dem Produktionsprozeß in dieser Form parallel, liegt aber außerhalb desselben. Es ist ein Bleigewicht (dead weight) der kapitalistischen Produktion. Die Sucht, diesen als virtuelles Geldkapital sich aufschatzenden Mehrwert sowohl zum Profit wie zur Revenue brauchbar zu machen, findet im Kreditsystem und in den »Papierchens« das Ziel ihres Strebens. Das Geldkapital erhält dadurch in einer anderen Form den enormsten Einfluß auf den Verlauf und die gewaltige Entwicklung des kapitalistischen Produktionssystems.
Das in virtuelles Geldkapital umgesetzte Mehrprodukt wird seiner Masse nach um so größer sein, je größer die Gesamtsumme des bereits fungierenden Kapitals war, aus dessen Funktion es hervorgegangen. Bei der absoluten Vergrößerung des Umfanges des jährlich reproduzierten virtuellen Geldkapitals ist aber auch dessen virtuellen Segmentation leichter, so daß es rascher in einem besonderen Geschäft angelegt wird, sei es in der Hand desselben Kapitalisten, sei es in anderen Händen (zum Beispiel Familienmitgliedern, bei Erbteilen etc.). Segmentation von Geldkapital meint hier, daß es ganz vom Stammkapital losgetrennt wird, um als neues Geldkapital in einem neuen selbständigen Geschäft angelegt zu werden.«[1]
Die Verkäufer des Mehrprodukts A, A', A'' (I) haben dasselbe als direktes Ergebnis des Produktionsprozesses erhalten. Die B, B', B'' müssen es erst durch einen Zirkulationsakt erwerben. Das dazu erforderliche Geld haben sie früher ebenso gebildet wie jetzt A, A', A'' durch den Verkauf ihrer respektiven Mehrprodukte; sie sind jetzt ans Ziel gelangt. Ihr als Schatz aufgehäuftes, nur virtuelles Geldkapital fungiert nun effektiv als zusätzliches Geldkapital.
Das Geld, das zu diesen Umsätzen des Mehrprodukts nötig ist, muß sich in den Händen der Kapitalistenklasse befinden. Bei der einfachen Reproduktion kehrte das Geld, das nur zur Verausgabung als Revenue in Konsumtionsmitteln diente, zu den Kapitalisten zurück, im Maß, wie sie es vorgeschossen zum Umsatz ihrer respektiven Waren; hier erscheint dasselbe Geld wieder, aber mit veränderter Funktion. Die A's und B's (I) liefern sich abwechselnd das Geld zur Verwandlung von Mehrprodukt in zusätzliches virtuelles Geldkapital und werfen abwechselnd das neugebildete Geldkapital als Kaufmittel in die Zirkulation zurück.

---

[1] Marx, »Kapital« II, S. 494. [Unsere Ausgabe S. 465]

Das einzige, was hierbei vorausgesetzt ist, daß die im Lande befindliche Geldmasse (Umlaufgeschwindigkeit etc. als gleich gesetzt) hinreicht sowohl für aktive Zirkulation – also dieselbe Voraussetzung, die, wie wir sahen, auch bei einfacher Warenzirkulation erfüllt sein muß. Nur die Funktion der Schätze ist hier verschieden.

5) Proportionalitätsverhältnisse

Die schematische Darstellung ist natürlich stark vereinfacht. Es ist klar, daß Proportionsverhältnisse, wie sie zwischen den Produktionsmittel- und Konsumtionsmittelindustrien in ihrer Gesamtheit herrschen müssen, in analoger Weise für jeden einzelnen Produktionszweig vorhanden sein müssen. Aber zugleich zeigen diese Schemata, daß in der kapitalistischen Produktion sowohl Reproduktion auf einfacher als auf erweiterter Stufenleiter ungestört vor sich gehen kann, wenn nur diese Proportionen erhalten bleiben. Umgekehrt kann Krise auch bei einfacher Reproduktion eintreten bei Verletzung der Proportion, zum Beispiel zwischen abgestorbenem und neu anzulegendem Kapital. Es folgt also durchaus nicht, daß die Krise in der der kapitalistischen Produktion immanenten Unterkonsumtion der Massen ihre Ursache haben muß. Eine allzu rasche Ausdehnung der Konsumtion würde an sich ebenso wie Gleichbleiben oder Verringerung der Produktion der Produktionsmittel zur Krise führen müssen. Ebensowenig folgt aus den Schematen an sich die Möglichkeit einer allgemeinen Überproduktion von Waren, vielmehr läßt sich jede Ausdehnung der Produktion als möglich zeigen, die überhaupt bei den vorhandenen Produktivkräften stattfinden kann.

Betrachtet man die Kompliziertheit der Proportionalitätsverhältnisse, die in der doch anarchischen Produktion erfüllt sein müssen, so ist man zunächst versucht, die Frage aufzuwerfen, wer für die Erhaltung dieser Verhältnisse Sorge trägt. Es ist klar, daß diese Funktion das Preisgesetz erfüllen muß, da ja die Preise die kapitalistische Produktion regulieren, Änderungen der Preise für Erweiterung oder Einschränkung, für Aufnahme einer neuen Produktion etc. maßgebend sind. Auch daraus ergibt sich die Notwendigkeit eines objektiven Wertgesetzes als einzig möglichen Regulators der kapitalistischen Wirtschaft. Die Störung dieser Proportionen muß sich also erklären lassen durch die Störung in der spezifischen Regulierung dieser Produktion, also durch eine Störung in den Preisgestaltungen, so daß die Preise die Notwendigkeiten der Produktion nicht mehr richtig erkennen lassen. Da diese Störung periodisch ist, muß auch die Störung im Preisgesetz als periodisch auftretend nachgewiesen werden.

V Rosa Luxemburgs Analyse des expansiven Akkumulationsprozesses. Darstellung – Krittk – Antikritik

Darstellung

Rosa Luxemburg: Die Akkumulation des Kapitals*

1) Darstellung des Schemas erweiterter Reproduktion

Sehen wir uns jetzt näher die schematische Darstellung der Akkumulation bei Marx an. Nach dem Beispiel des uns bereits bekannten Schemas der einfachen Reproduktion konstruiert Marx ein Schema der erweiterten Reproduktion. Ein Vergleich beider läßt ihren Unterschied am deutlichsten heraustreten.

Nehmen wir an, das jährliche Gesamtprodukt der Gesellschaft stelle eine Wertgröße von 9000 dar (worunter Millionen Arbeitsstunden oder, kapitalistisch in Geld ausgedrückt, beliebiger Geldbetrag verstanden werden kann). Dieses Gesamtprodukt sei folgendermaßen verteilt:

$$\left.\begin{array}{l} \text{I. } 4000\,c + 1000\,v + 1000\,m = 6000 \\ \text{II. } 2000\,c + 500\,v + 500\,m = 3000 \end{array}\right\} \text{Summa } 9000$$

Die erste Abteilung stellt Produktionsmittel, die zweite Lebensmittel dar. Ein Blick auf die Zahlenverhältnisse zeigt, daß hier nur einfache Reproduktion stattfinden kann. Die in der ersten Abteilung hergestellten Produktionsmittel gleichen der Summe der von den beiden Abteilungen tatsächlich verbrauchten Produktionsmittel, deren bloße Erneuerung auch nur die Wiederholung der Produktion in dem früheren Umfang gestattet. Andererseits gleicht das ganze Produkt der Lebensmittelabteilung der Summe der Löhne sowie der Mehrwerte in beiden Abteilungen; das zeigt, daß die vorhandenen Lebensmittel auch nur die Beschäftigung der früheren Anzahl von Arbeitskräften gestatten, daß zugleich aber auch der ganze Mehrwert in Lebensmitteln, d. h. in persönlicher Konsumtion der Kapitalistenklasse draufgeht.

* [Text aus: Rosa Luxemburg, Die Akkumulation des Kapitals, a. a. O., S. 86–92, 92–107, 299–305, 305–311, 318–324, 337–339, 339–341, 392–394, 423–424, 445–446.]

Nun nehmen wir aber dasselbe Gesamtprodukt von 9000 in folgender Zusammensetzung:

$$\left.\begin{array}{l} \text{I. } 4000\,c + 1000\,v + 1000\,m = 6000 \\ \text{II. } 1500\,c + 750\,v + 750\,m = 3000 \end{array}\right\}\text{ Summa } 9000.$$

Hier springt zweierlei Mißverhältnis in die Augen. Die angefertigte Menge von Produktionsmitteln (6000) übersteigt in ihrem Wert die in der Gesellschaft tatsächlich verbrauchten (4000 c + 1500 c) um 500. Zugleich stellt die Menge der hergestellten Lebensmittel (3000) im Vergleich mit der Summe der gezahlten Löhne, d. h. den Bedürfnissen der Arbeiter (1000 v + 750 v) sowie der Summe des erzielten Mehrwerts (1000 m + 750 m) ein Defizit von 500 dar. Daraus folgt, daß – da die Verringerung der Anzahl der beschäftigten Arbeiter ausgeschlossen ist – die Konsumtion der Kapitalistenklasse geringer sein muß, als der von ihr eingeheimste Mehrwert. Damit sind die beiden Vorbedingungen eingehalten, die zur erweiterten Reproduktion auf kapitalistischer Basis erforderlich sind: ein Teil des angeeigneten Mehrwerts wird nicht verzehrt, sondern zu produktiven Zwekken verwendet, zugleich werden in vermehrter Menge Produktionsmittel hergestellt, damit der kapitalisierte Mehrwert auch tatsächlich zur Erweiterung der Produktion verwendet werden kann.

Haben wir bei dem Schema der einfachen Reproduktion gefunden, daß ihre gesellschaftlichen Grundbedingungen in dem folgenden exakten Verhältnis eingeschlossen sind: die Summe der hergestellten Produktionsmittel (Produkt der Abteilung I) muß in ihrem Wert dem konstanten Kapital beider Abteilungen gleich sein, die Summe der hergestellten Lebensmittel aber (Produkt der Abteilung II) der Summe der variablen Kapitale wie des Mehrwerts in beiden Abteilungen, so müssen wir für die erweiterte Reproduktion ein umgekehrtes exaktes Doppelverhältnis folgern. Die allgemeine Voraussetzung der erweiterten Reproduktion ist: das Produkt d. Abteilung I ist, dem Werte nach, größer als das konstante Kapital der beiden Abteilungen zusammen, das Produkt der Abteilung II ist, gleichfalls dem Werte nach, geringer als die Summe der variablen Kapitale und des Mehrwerts in beiden Abteilungen.

Damit haben wir jedoch die Analyse der erweiterten Reproduktion noch lange nicht erschöpft, wir stehen vielmehr kaum erst an ihrer Schwelle.

Die abgeleiteten Verhältnisse des Schemas müssen jetzt nämlich in ihrer weiteren Betätigung, im Fluß der Zirkulation und Fortgang der Reproduktion verfolgt werden. Ist die einfache Reproduktion einem und demselben immer von neuem durchlaufenen Kreise zu vergleichen, so gleicht die erweiterte Reproduktion, nach dem Ausdruck Sismondis, einer Spirale, die immer höher geht. Wir haben also zunächst die Windungen dieser Spirale näher zu untersuchen. Die erste allgemeine Frage ist dabei die: wie vollzieht sich nun bei den uns jetzt bekannten Voraussetzungen die tatsächliche Akkumulation in beiden Abteilungen, so daß alle Kapitalisten einen Teil ihres Mehrwerts kapitalisieren und zugleich die notwendigen sachlichen Vorbedingungen der erweiterten Reproduktion vorfinden.

Marx erläutert die Frage an der Hand der folgenden schematischen Darstellung.

Nehmen wir an, daß die Hälfte des Mehrwerts von I akkumuliert wird. Die Kapitalisten verwenden also 500 zu ihrer Konsumtion, 500 aber schlagen sie zum Kapital. Dieses zuschüssige Kapital von 500 muß, wie wir nun wissen, um sich zu betätigen, in konstantes und variables verteilt werden. Nehmen wir an, daß das Verhältnis beider, trotz der Erweiterung der Produktion, dasselbe bleibt wie bei dem Originalkapital, d. h. 4 : 1. Dann werden die Kapitalisten der Abteilung I ihr zuschüssiges Kapital von 500 so verteilen, daß sie für 400 neue Produktionsmittel und für 100 neue Arbeitskräfte ankaufen. Die Beschaffung neuer Produktionsmittel für 400 bietet keine Schwierigkeiten: wir wissen, daß die Abteilung I für 500 überschüssige Produktionsmittel bereits hergestellt hat. Davon wurden $^4/_5$ also verwendet innerhalb der Abteilung I, um die Erweiterung der Produktion zu bewerkstelligen. Aber die entsprechende Vergrößerung des variablen Kapitals um 100 in Geld genügt nicht, die neuen zuschüssigen Arbeitskräfte müssen auch entsprechende Lebensmittel vorfinden, und diese können nur der Abteilung II entnommen werden. Jetzt verschiebt sich also die Zirkulation zwischen den beiden großen Abteilungen. Früher, bei der einfachen Reproduktion, entnahm die Abteilung I für 1000 Lebensmittel von II für die eigenen Arbeiter, jetzt muß sie darüber hinaus um 100 mehr Lebensmittel für Arbeiter entnehmen. Die Abteilung I wird auf diese Weise die erweiterte Reproduktion folgendermaßen beginnen:

$$4400\,c + 1100\,v.$$

Ihrerseits kommt die Abteilung II durch den Verkauf der zuschüssigen Lebensmittel von 100 in die Lage, um denselben Betrag mehr wie bis jetzt von der Abteilung I Produktionsmittel zu erwerben. In der Tat sind von dem Gesamtüberschuß des Produkts in der Abteilung I gerade 100 noch übrig geblieben. Diese erwirbt nun die Abteilung II, um auch ihrerseits eine Erweiterung der Produktion vorzunehmen. Aber auch hier kann mit mehr Produktionsmitteln allein nicht viel ausgerichtet werden: um sie in Bewegung zu setzen sind zuschüssige Arbeitskräfte nötig. Nehmen wir auch hier an, daß die bisherige Zusammensetzung des Kapitals beibehalten wird, also das Verhältnis des konstanten zum variablen Kapital 2 : 1 ist, dann bedarf es zur Betätigung der zuschüssigen Produktionsmittel von 100 neuer Arbeitskräfte für 50. Für diese neuen Arbeitskräfte bedarf es aber auch im Betrage ihrer Löhne neuer Lebensmittel, welche die Abteilung II ja selbst liefert. Von dem Gesamtprodukt der Abteilung II müssen demnach außer den zuschüssigen Lebensmitteln von 100 für die neuen Arbeiter der Abteilung I noch Lebensmittel für 50 für die eigenen Arbeiter der Abteilung II mehr wie bisher verwendet werden. Die zweite Abteilung beginnt also die erweiterte Reproduktion mit folgenden Verhältnissen:

$$1600\,c + 800\,v.$$

Jetzt ist das Gesamtprodukt der Abteilung I (6000) in der Zirkulation glatt draufgegangen: 5500 waren nötig zur bloßen Erneuerung der alten verbrauchten Produktionsmittel in beiden Abteilungen, 400 wurden zur Erweiterung der Produktion der Abteilung I, 100 zum gleichen Zweck in der Abteilung II gebraucht. Was das Gesamtprodukt der Abteilung II (3000) betrifft, so sind davon 1900 für den gewachsenen Stab der Arbeitskräfte in beiden Abteilungen verwendet. Die übrigen 1100 an Lebensmitteln dienen dem persönlichen Konsum der Kapitalisten, dem Verzehr ihres Mehrwertes, und zwar: 500 in der Abteilung I, 600 für die Kapitalisten der Abteilung II, die ja von ihrem Mehrwert 750 nur 150 kapitalisiert haben (100 für Produktionsmittel und 50 für Arbeiterlöhne).

Jetzt kann die erweiterte Reproduktion vonstatten gehen. Behalten wir den Ausbeutungsgrad = 100 Proz., wie beim Originalkapital, dann wird sich in der nächsten Periode ergeben:

$$\left.\begin{array}{l} \text{I. } 4400\,c + 1100\,v + 1100\,m = 6600 \\ \text{II. } 1600\,c + 800\,v + 800\,m = 3200 \end{array}\right\}\ \text{Summa } 9800$$

Das Gesamtprodukt der Gesellschaft ist gewachsen von 9000 auf 9800, der Mehrwert in der ersten Abteilung von 1000 auf 1100, in der zweiten Abteilung von 750 auf 800, der Zweck der kapitalistischen Erweiterung der Produktion: die gesteigerte Mehrwerterzeugung ist erreicht. Zugleich ergibt die sachliche Zusammensetzung des gesellschaftlichen Gesamtprodukts wieder einen Überschuß der Produktionsmittel (6600) über die tatsächlich verbrauchten (4400 + 1600) um 600, sowie ein Defizit der Lebensmittel (3200) im Vergleich mit den bisher gezahlten Löhnen (1100 v + 800 v) und erzieltem Mehrwert (1100 m + 800 m). Damit ist bereits wieder eine sachliche Grundlage wie eine Notwendigkeit gegeben, einen Teil des Mehrwerts nicht zur Konsumtion der Kapitalistenklasse, sondern zur erneuten Erweiterung der Produktion zu verwenden.

Die zweite Erweiterung der Produktion und gesteigerte Mehrwerterzeugung ergibt sich so von selbst mit ihren mathematisch exakten Verhältnissen aus der ersten. Die einmal begonnene Akkumulation des Kapitals führt mechanisch immer weiter über sich selbst hinaus. Der Kreis hat sich in eine Spirale verwandelt, die sich immer höher windet, wie unter dem Zwang eines mathematisch meßbaren Naturgesetzes. Nehmen wir in folgenden Jahren immer dieselbe Kapitalisierung des halben Mehrwertes bei der Abteilung I an, wobei wir die Zusammensetzung des Kapitals und den Ausbeutungsgrad beibehalten, so ergibt sich die folgende Progression in der Reproduktion des Gesamtkapitals:

Zweites Jahr:

$$\left.\begin{array}{l} \text{I. } 4840\,c + 1210\,v + 1210\,m = 7260 \\ \text{II. } 1760\,c + 880\,v + 880\,m = 3520 \end{array}\right\} \text{Summa } 10\,780$$

Drittes Jahr:

$$\left.\begin{array}{l} \text{I. } 5324\,c + 1331\,v + 1331\,m = 7986 \\ \text{II. } 1936\,c + 968\,v + 968\,m = 3872 \end{array}\right\} \text{Summa } 11\,858$$

Viertes Jahr:

$$\left.\begin{array}{l} \text{I. } 5856\,c + 1464\,v + 1464\,m = 8784 \\ \text{II. } 2129\,c + 1065\,v + 1065\,m = 4259 \end{array}\right\} \text{Summa } 13\,043$$

Fünftes Jahr:

$$\left.\begin{array}{l} \text{I. } 6442\,c + 1610\,v + 1610\,m = 9662 \\ \text{II. } 2342\,c + 1172\,v + 1172\,m = 4686 \end{array}\right\} \text{Summa } 14\,348$$

So wäre nach fünf Jahren der Akkumulation das gesellschaftliche Gesamtprodukt von 9000 auf 14 348 gewachsen, das gesellschaftliche Gesamtkapital von 5400 c + 1750 v = 7150 auf 8784 c + 2782 v = 11 566 und der Mehrwert von 1000 m + 500 m = 1500 auf 1464 m + 1065 m = 2529, wobei der persönlich verzehrte Mehrwert von 1500 vor Beginn der Akkumulation auf 732 + 958 (im letzten Jahre) = 1690 gestiegen ist.[1] Die Kapitalistenklasse hat also mehr kapitalisiert, mehr »Enthaltsamkeit« geübt und doch zugleich flotter leben können. Die Gesellschaft ist reicher geworden, in sachlicher Beziehung: reicher an Produktionsmitteln, reicher an Lebensmitteln, und zugleich in kapitalistischem Sinne: sie produziert immer grö-

---

[1] Das Kapital, Bd. II, S. 487–490. [Unsere Ausgabe S. 477–480]

ßeren Mehrwert. Das Gesamtprodukt geht in der gesellschaftlichen Zirkulation glatt auf: es dient teils zur Erweiterung der Reproduktion, teils zu Konsumtionszwecken. Die Akkumulationsbedürfnisse der Kapitalisten dekken sich zugleich mit der sachlichen Zusammensetzung des gesellschaftlichen Gesamtprodukts; es ist, wie Marx im I. Band des »Kapital« gesagt hat: der gewachsene Mehrwert kann eben deshalb zum Kapital geschlagen werden, weil das gesellschaftliche Mehrprodukt von vornherein in der sachlichen Gestalt von Produktionsmitteln zur Welt kommt, in einer Gestalt, die eben keinen anderen Gebrauch zuläßt, als die Verwendung im Produktionsprozeß. Zugleich vollzieht sich die Erweiterung der Reproduktion unter strenger Einhaltung der Zirkulationsgesetze: die gegenseitige Versorgung der beiden Abteilungen der Produktion mit zuschüssigen Produktionsmitteln und Lebensmitteln vollzieht sich als Austausch von Äquivalenten, als Warenaustausch, wobei die Akkumulation in der einen Abteilung gerade die Akkumulation der anderen ermöglicht und bedingt. Das komplizierte Problem der Akkumulation ist so in eine schematische Progression von erstaunlicher Einfachheit verwandelt. Man kann die oben begonnene Kette von Gleichungen ins Unendliche fortführen. Man braucht nur die folgenden einfachen Regeln zu beobachten: der Vergrößerung des konstanten Kapitals, in der ersten Abteilung muß stets eine bestimmte Vergrößerung ihres variablen Kapitals entsprechen, mit dieser letzteren ist aber von vornherein gegeben, wie stark die Vergrößerung des konstanten Kapitals in der zweiten Abteilung sein kann; dieser wiederum muß eine entsprechende Vergrößerung des variablen Kapitals beigesetzt werden. Endlich mit der Größe des gewachsenen variablen Kapitals in beiden Abteilungen ist stets gegeben, wieviel von der Gesamtsumme der Lebensmittel für die persönliche Konsumtion der Kapitalistenklasse übrig bleibt. Es wird sich auch finden, daß diese für den Privatverzehr der Kapitalisten verbleibenden Menge an Lebensmitteln sich an Wert mit dem nichtkapitalisierten Teil des Mehrwerts in beiden Abteilungen aufs genaueste deckt.

Die Fortsetzung der schematischen Entwickelung der Akkumulation unter den angegebenen leichten paar Regeln findet, wie gesagt, keine Schranken. Hier ist es aber an der Zeit, aufzupassen, ob wir nicht deshalb zu so erstaunlich glatten Resultaten gelangen, weil wir immer bloß gewisse mathematische Übungen mit Addition und Subtraktion machen, die keine Überraschungen bieten können, und ob die Akkumulation nicht deshalb so ins Unendliche störungslos verläuft, weil das Papier sich geduldig mit mathematischen Gleichungen beschreiben läßt. Mit anderen Worten: es ist an der Zeit, sich nach den konkreten gesellschaftlichen Bedingungen der Akkumulation umzusehen.

2. Interpretation und Kritik der Marxschen Akkumulationstheorie

Die erste Erweiterung der Produktion sah folgendermaßen aus:

$$\left.\begin{array}{l}\text{I. } 4400\,c + 1100\,v + 1100\,m = 6600 \\ \text{II. } 1600\,c + 800\,v + 800\,m = 3200\end{array}\right\}\text{Summa } 9800$$

Hier kommt schon die gegenseitige Abhängigkeit der Akkumulation in beiden Abteilungen deutlich zum Ausdruck. Aber diese Abhängigkeit ist eigentümlicher Natur. Die Akkumulation geht hier von der Abteilung I aus, die Abteilung II folgt nur der Bewegung, und zwar wird der Umfang der Akkumulation lediglich von der Abteilung I bestimmt. Marx bringt hier die Akkumulation fertig, indem er in I den halben Mehrwert kapitalisieren läßt, in II aber gerade nur soviel, als nötig ist, um die Produktion und Akkumulation in I zu sichern. Dabei läßt er die Kapitalisten der Abteilung II 600 m verzehren, während die Kapitalisten der I. Abteilung, die sich einen doppelt so großen Wert und viel größeren Mehrwert aneignen, nur 500 m verzehren. Im folgenden Jahr läßt er die Kapitalisten I wieder die Hälfte ihres Mehrwerts kapitalisieren, und diesmal »zwingt« er die Kapitalisten II, mehr wie im Vorjahre und willkürlich soviel zu kapitalisieren, wie I braucht, wobei für die Konsumtion der Kapitalisten II diesmal 560 m bleiben, – *weniger* wie im Vorjahre, was jedenfalls ein ziemlich seltsames Ergebnis der Akkumulation ist. Marx schildert den Vorgang folgendermaßen:

»Es werde nun sub. I in derselben Proportion fort akkumuliert; also 550 m als Revenue verausgabt, 550 m akkumuliert. Zunächst werden dann 1100 I v ersetzt durch 1100 II c, ferner sind noch 550 I m zu realisieren in einem gleichen Betrag von Waren II; also zusammen 1650 I (v + m). Aber das zu ersetzende konstante Kapital von II ist nur = 1600, die übrigen 50 müssen also (!) ergänzt werden aus 800 II m. Wenn wir hier zunächst vom Geld absehen, so haben wir als Resultat dieser Transaktion:

»I. 4400 c + 550 m (welche zu kapitalisieren sind); daneben in Konsumtionsfonds der Kapitalisten und Arbeiter 1650 (v + m), realisiert in Waren II c.

»II. 1650 c (nämlich 50 zugefügt nach obigem aus II m) + 800 v + 750 m (Konsumtionsfonds der Kapitalisten).

»Wenn aber das alte Verhältnis v zu c in II bleibt, so müssen für 50 c weitere 25 v ausgelegt werden; diese sind zu nehmen von den 750 m; wir erhalten also:

$$\text{II. } 1650\,c + 825\,v + 725\,m.$$

»Sub I ist zu kapitalisieren 550 m: wenn das frühere Verhältnis bleibt, so bilden davon 440 konstantes Kapital und 110 variables Kapital. Diese 110 sind eventuell (!) zu schöpfen aus 725 II m, d. h. Konsumtionsmittel zum Wert von 110 werden von den Arbeitern I verzehrt statt von Kapitalisten II, diese letzteren also gezwungen (!), diese 110 m, die sie nicht verzehren können, zu kapitalisieren. Dies läßt von den 725 II m übrig 615 II m. Wenn aber so II diese 110 in zusätzliches konstantes Kapital verwandelt, so braucht es ein ferneres zusätzliches variables Kapital von 55; dies muß wieder von seinem Mehrwert gestellt werden; abgezogen von 615 II m läßt es übrig 560 für Konsumtion der Kapitalisten II und wir erhalten nach Vollziehung aller aktuellen und potentiellen Übertragungen an Kapitalwert:

I. (4400 c + 440 c) + (1100 v + 110 v) =
4840 c + 1210 v = 6050
II. (1600 c + 50 c + 110 c) + (800 v +
25 v + 55 v) = 1760 c + 880 v = 2640
} Summa 8690.«[1]

Wir haben das ausführliche Zitat gebracht, weil es drastisch zeigt, wie Marx hier die Akkumulation in I auf Kosten der Abteilung II durchsetzt. Ebenso unsanft verfährt er mit den Kapitalisten der Lebensmittelabteilung in den folgenden Jahren. Im dritten Jahr läßt er sie nach derselben Regel 264 m akkumulieren und 616 verzehren, diesmal *mehr* als in den beiden vorhergehenden Jahren. Im vierten Jahr läßt er sie 290 m kapitalisieren und 678 verzehren, im fünften akkumulieren sie 320 m und verzehren 745 m. Dabei sagt Marx gar: »Soll die Sache normal abgehen, so muß die Akkumulation in II sich rascher vollziehen als in I, weil der Teil von I (v + m), der in Waren II c umzusetzen ist, sonst rascher wächst als II c, gegen das allein er sich umsetzen kann.«[2] Die angeführten Zahlen zeigen aber nicht bloß keine raschere, sondern eher eine schwankende Akkumulation in der II. Abteilung, wobei als Regel folgendes dient: Marx führt die Akkumulation immer weiter, indem er die Abteilung I auf breiterer Basis produzieren läßt; die Akkumulation in der II. Abteilung erscheint nur als Folge und Bedingung der anderen: erstens, um die überschüssigen Produktionsmittel aufzunehmen, zweitens, um das erforderliche Mehr an Konsummitteln für die zuschüssigen Arbeitskräfte zu liefern. Die Initiative der Bewegung liegt die ganze Zeit über auf seiten der I. Abteilung, die I. ist passives Anhängsel. So dürfen jedesmal die Kapitalisten nur soviel akkumulieren und müssen soviel verzehren, wie es für die Akkumulation in I erforderlich ist. Während die Abteilung I jedesmal den halben Mehrwert

---

[1] Das Kapital, Bd. II, S. 488. [Unsere Ausgabe S. 478]
[2] Das Kapital, Bd. II, S. 489. [Unsere Ausgabe S. 478]

kapitalisiert und den halben verzehrt, was sowohl eine regelmäßige Erweiterung der Produktion wie der persönlichen Konsumtion der Kapitalistenklasse ergibt, geht die Doppelbewegung in der Abteilung II in folgender sprunghafter Weise vor sich:

Im 1. Jahr wird kapitalisiert 150, verzehrt 600
Im 2. Jahr wird kapitalisiert 240, verzehrt 560
Im 3. Jahr wird kapitalisiert 254, verzehrt 626
Im 4. Jahr wird kapitalisiert 290, verzehrt 678
Im 5. Jahr wird kapitalisiert 320, verzehrt 745

Es besteht gar keine ersichtliche Regel in dieser Akkumulation und Konsumtion, beide dienen bloß den Bedürfnissen der Akkumulation in I. Daß die absoluten Zahlen des Schemas in jeder Gleichung willkürlich sind, versteht sich von selbst und verringert nicht ihren wissenschaftlichen Wert. Worauf es ankommt, sind die *Größenverhältnisse*, die exakte Beziehungen ausdrücken sollen. Die von klarer Gesetzmäßigkeit diktierten Akkumulationsverhältnisse in Abteilung I scheinen nun aber durch eine völlig willkürliche Konstruktion der Verhältnisse in Abteilung II erkauft zu sein, und dieser Umstand ist geeignet, zur Nachprüfung der inneren Zusammenhänge der Analyse zu veranlassen.

Man könnte jedoch annehmen, daß hier nur ein nicht besonders glücklich gewähltes Beispiel vorliegt. Marx selbst begnügt sich mit dem angeführten Schema nicht, sondern gibt gleich darauf ein zweites Beispiel zur Erläuterung der Akkumulationsbewegung. Nun sind die Zahlen der Gleichung folgendermaßen geordnet:

$$\left.\begin{array}{l} \text{I. } 5000\,c + 1000\,v + 1000\,m = 7000 \\ \text{II. } 1430\,c + 285\,v + 285\,m = 2000 \end{array}\right\}\text{Summa } 9000$$ [1].

Hier sehen wir, daß im Unterschied von dem früheren Beispiel in beiden Abteilungen die gleiche Zusammensetzung des Kapitals besteht, nämlich das Verhältnis von konstant zu variabel gleich 5:1. Es setzt dies voraus: schon bedeutende Entwickelung der kapitalistischen Produktion und, dementsprechend, der Produktivkraft der gesellschaftlichen Arbeit; bedeutende, schon vorhergegangene Erweiterung der Produktionsleiter; endlich Entwickelung aller der Umstände, die eine relative Übervölkerung in der Arbeiterklasse produzieren. Wir machen also nicht mehr wie im ersten Beispiel den anfänglichen ersten Übergang von der einfachen zur erweiterten Reproduktion, der ja auch nur einen abstrakten theoretischen Wert hat, sondern fassen die Akkumulationsbewegung mitten im Fluß, auf einer bereits hohen Entwickelungsstufe. An sich sind diese Annahmen völlig zu-

[1] Das Kapital, Bd. II, S. 491. [Unsere Ausgabe S. 480]

lässig und ändern auch nichts an den Regeln, die uns bei der Entwickelung der einzelnen Windungen der Reproduktionsspirale leiten müssen. Auch hier wieder nimmt Marx zum Ausgangspunkt die Kapitalisierung des halben Mehrwerts der Abteilung I:

»Gesetzt jetzt, die Kapitalistenklasse I konsumiere den halben Mehrwert = 500 und akkumuliere die andere Hälfte. Dann wären (1000 v + 500 m) I = 1500 umzusetzen in 1500 II c. Da hier II c nur = 1430, so ist von Mehrwert 70 zuzusetzen; dies von 285 II m abgezogen, läßt 215 II m. Wir erhalten also:

I. 5000 c + 500 m (zu kapitalisieren) + 1500 (v + m) in Konsumtionsfonds der Kapitalisten und Arbeiter.

II. 1430 c + 70 m (zu kapitalisieren) + 285 v + 215 m. Da hier 70 II m direkt annektiert werden an II c, so ist erheischt, um dies zuschüssige konstante Kapital in Bewegung zu setzen, ein variables Kapital von $\frac{70}{5} = 14$; diese 14 gehen also weiter ab von 215 II m; bleibt 201 II m, und wir haben II. (1430 c + 70 c) + (285 v + 14 v) + 201 m.«

Nach diesen ersten Anordnungen kann die Kapitalisierung vonstatten gehen. Sie vollzieht sich folgendermaßen:

In I teilen sich die 500 m, die kapitalisiert werden, in $^5/_6$ = 417 c + $^1/_6$ = 83 v. Die 83 v entziehen einen gleichen Betrag von II m, der Elemente des konstanten Kapitals kauft, also zu II c geschlagen wird. Eine Vermehrung von II c um 83 bedingt eine Vermehrung von II v um $^1/_5$ von 83 = 17. Wir haben also nach dem Umsatz:

I. (5000 c + 417 m) + (1000 v + 83 m) v = 5417 c + 1083 v = 6500
II. (1500 c + 83 m) + (299 v + 17 m) v = 1583 c + 316 v = 1899

Summa 8399

Das Kapital in I ist gewachsen von 6000 auf 6500, also um $^1/_{12}$ in II von 1715 auf 1899, also um nicht ganz $^1/_9$.

Die Reproduktion auf dieser Grundlage im nächsten Jahr ergibt am Jahresschluß:

I. 5417 c + 1083 v + 1083 m = 7583
II. 1583 c + 316 v + 316 m = 2215 } Summa 9798

Wenn in derselben Proportion weiter akkumuliert wird, so erhalten wir am Schluß des zweiten Jahres:

I. 5869 c + 1173 v + 1173 m = 8215
II. 1715 c + 342 v + 342 m = 2399 } Summa 10614

Und am Schluß des dritten Jahres:

I. 6358 c + 1271 v + 1271 m = 8900
II. 1858 c + 371 v + 371 m = 2600 } Summa 11 500

In drei Jahren hat sich das gesellschaftliche Gesamtkapital von 6000 I + 1715 II=7715 auf 7629 I+2229 II=9858, das Gesamtprodukt von 9000 auf 11 500 vermehrt.

Hier ging die Akkumulation, im Unterschied vom ersten Beispiel, gleichmäßig in beiden Abteilungen vor sich: in I wie in II wurde vom zweiten Jahr ab die Hälfte des Mehrwerts kapitalisiert und die Hälfte verzehrt. Das Willkürliche des ersten Beispiels scheint also nur an schlecht gewählten Zahlenreihen zu liegen. Doch haben wir nachzuprüfen, ob diesmal der glatte Fortgang der Akkumulation etwas mehr als mathematische Operationen mit geschickt gewählten Zahlen darstellt.

Was als allgemeine Regel der Akkumulation gleichmäßig im ersten wie im zweiten Beispiel in die Augen springt, ist immer wieder folgendes: damit die Akkumulation überhaupt vonstatten gehen kann, muß die II. Abteilung jedesmal soviel an Erweiterung des konstanten Kapitals vornehmen, wie die Abteilung I erstens an Vergrößerung des konsumierten Teils des Mehrwerts, zweitens an Vergrößerung des variablen Kapitals vornimmt. Am Beispiel des ersten Jahres illustriert, muß nämlich erst ein Zuschuß zum konstanten Kapital in II um 70 stattfinden. Weshalb? Weil dieses Kapital bisher 1430 darstellt. Wollen aber die Kapitalisten I die Hälfte ihres Mehrwerts (1000) akkumulieren und die Hälfte verzehren, so brauchen sie nun Lebensmittel für sich wie für ihre Arbeiter im Betrage von 1500. Diese können sie von der Abteilung II nur im Austausch gegen das eigene Produkt – die Produktionsmittel – kriegen. Da aber die Abteilung II ihren eigenen Bedarf an Produktionsmitteln nur im Betrage des eigenen konstanten Kapitals (1430) deckt, so kann der Austausch nur in dem Falle zustande kommen, wenn die Abteilung II sich entschließt, ihr konstantes Kapital um 70 zu vergrößern, d. h. die eigene Produktion zu erweitern, was ja nicht anders bewerkstelligt werden kann, als durch Kapitalisierung eines entsprechenden Teils des Mehrwerts. Beträgt dieser in der Abteilung II 285 m, so müssen davon 70 zum konstanten Kapital geschlagen werden. Hier wird der erste Schritt in der Erweiterung der Produktion bei II als Bedingung und Folge einer Erweiterung der Konsumtion der Kapitalisten I bestimmt. Gehen wir weiter. Bis jetzt ist die Kapitalistenklasse I erst befähigt, die Hälfte ihres Mehrwerts (500) in persönlichem Konsum zu verzehren. Um die andere Hälfte kapitalisieren zu können, muß sie den Betrag von 500 mindestens entsprechend der bisherigen Zusammensetzung verteilen, also 417 zu konstantem, 83 zu variablem Kapital schlagen. Die erstere Operation bietet keine Schwierigkeiten: die Kapitalisten I besitzen in ihrem eigenen Produkt einen Überschuß von 500, der in Produktionsmitteln besteht, dessen Naturalgestalt also ihn befähigt, direkt in den Produktionsprozeß aufgenommen zu werden; so bildet sich eine Erweiterung des konstanten Kapitals der Abteilung I aus dem entsprechenden Betrag des eigenen Produkts dieser Abteilung. Um aber die entsprechenden 83 als variables Kapital auch betätigen zu können, sind im gleichen Betrage Lebensmittel für die neuanzustellenden Arbeiter nötig. Hier kommt zum zweitenmal die Abhängigkeit der Akkumulation in I von der Abteilung II zum Vorschein: I muß von II um 83 mehr Lebensmittel als bisher für seine Arbeiter entnehmen. Da dies wiederum nur auf dem Wege des Warenaustausches geschieht, so kann dieses Bedürfnis der Abteilung I nur unter der Bedingung befriedigt werden, daß die Abteilung II ihrerseits sich bereit erklärt, Produkte von I, d. h. Produktionsmittel, für 83 anzunehmen. Da sie mit Produktionsmitteln nichts anderes anfangen kann, als sie im Produktionsprozeß zu verwenden, so ergibt sich für die Abteilung II die Möglichkeit und zugleich Notwendigkeit, ihr konstantes Kapital wiederum zu erweitern, und zwar um 83, wodurch vom Mehrwert dieser Abteilung wiederum 83 dem persönlichen Konsum entzogen und zur Kapitalisierung verwendet werden. Der zweite Schritt in der Erweiterung der Produktion von II ist bedingt durch die Erweiterung des variablen Kapitals bei I. Jetzt sind bei I alle sachlichen Bedingungen der Akkumulation vorhanden und die erweiterte Reproduktion kann vonstatten gehen. Bei II hingegen hat vorerst nur eine zweimalige Erweiterung des konstanten Kapitals stattgefunden. Aus ihr ergibt sich, daß, wenn die neuerworbenen Produktionsmittel auch wirklich benutzt werden sollen, eine entsprechende Vergrößerung der Zahl der Arbeitskräfte erforderlich ist. Unter Beibehaltung des bisherigen Verhältnisses ist für das neue konstante Kapital von 153 ein neues variables von 31 notwendig. Damit ist gesagt, daß ein ebensolcher Betrag wiederum vom Mehrwert kapitalisiert werden muß. Der persönliche Konsumtionsfonds der Kapitalisten II ergibt sich alsdann als der Restbetrag des Mehrwerts (285 m), nach Abzug der zweimaligen Vergrößerung des konstanten Kapitals (70 + 83) und der entsprechenden Vergrößerung des variablen (31), insgesamt 184, in der Höhe von 101. Nach ähnlichen Manipulationen ergibt sich im zweiten Jahr der Akkumulation bei der Abteilung II eine Verteilung des Mehrwerts in 158 zur Kapitalisierung und 158 für den Konsum der Kapitalisten, im dritten Jahr 172 und 170.

Wir haben den Vorgang deshalb so genau betrachtet und Schritt für Schritt verfolgt, weil dabei mit Deutlichkeit hervorgeht, daß die Akkumulation in der Abteilung II vollkommen abhängig und beherrscht ist von der Akkumulation in I. Zwar kommt diese Abhängigkeit nicht mehr in den willkürlichen Verschiebungen bei der Einteilung des Mehrwerts in II zum Ausdruck, wie das beim ersten Beispiel des Marxschen Schemas der Fall war, aber die Tatsache selbst bleibt bestehen, auch wenn der Mehrwert sich jetzt in beiden Abteilungen jeweilig hübsch in zwei Hälften – für Kapitalisierungszwecke und für persönliche Konsumtion – aufteilt. Trotz dieser ziffernmäßigen Gleichstellung der Kapitalistenklasse in beiden Abteilungen ist es klar ersichtlich, daß die ganze Akkumulationsbewegung von I eingeleitet und aktiv betätigt, von II passiv mitgemacht wird. Diese Abhängigkeit findet auch den Ausdruck in der folgenden exakten Regel: die Akkumulation kann nur in beiden Abteilungen zugleich, und zwar nur unter der Bedingung stattfinden, daß die Abteilung der Lebensmittel jeweilig genau um soviel ihr konstantes Kapital erweitert, als die Kapitalisten der Produktionsmittelabteilung ihr variables Kapital und ihren persönlichen Konsumtionsfonds erweitern. Diese Proportion (Zuwachs II c = Zuwachs I v + Zuwachs I mk) ist die mathematische Grundlage des Akkumulationsschemas von Marx, in welchen Zahlenproportionen wir es auch exemplifizieren mögen.

Wir haben nun nachzuprüfen, ob diese strenge Regel der kapitalistischen Akkumulation den tatsächlichen Verhältnissen entspricht.

Kehren wir zunächst zur einfachen Reproduktion zurück. Das Marxsche Schema lautete wie erinnerlich:

I. 4000 c + 1000 v + 1000 m = 6000 Produktionsmittel
II. 2000 c + 500 v + 500 m = 3000 Konsummittel
Summa 9000 Gesamtproduktion

Auch hier haben wir bestimmte Proportionen festgestellt, auf denen die einfache Reproduktion beruht. Diese Proportionen waren:

1. Das Produkt der Abteilung I gleicht (an Wert) der Summe der beiden konstanten Kapitale in I und II.
2. Was sich selbst aus 1 ergibt: das konstante Kapital der Abteilung II gleicht der Summe des variablen Kapitals und des Mehrwerts in der Abteilung I.
3. Was schon aus 1 und 2 folgt: das Produkt der Abteilung II gleicht der Summe der variablen Kapitale und der Mehrwerte in beiden Abteilungen.

Diese Verhältnisse des Schemas entsprechen den Bedingungen der kapitalistischen Warenproduktion (reduziert allerdings auf die einfache Reproduktion). So z. B. ist die Proportion 2 bedingt durch die Warenproduktion, d. h. durch den Umstand, daß die Unternehmer jeder Abteilung die Produkte der anderen Abteilung nur im Austausch gegen Äquivalente bekommen können. Das variable Kapital und der Mehrwert der Abteilung I drücken zusammen den Bedarf dieser Abteilung an Lebensmitteln aus. Diese müssen aus dem Produkt der Abteilung II gedeckt werden, doch sind sie nur im Austausch gegen die gleiche Wertmenge des Produkts I, d. h. Produktionsmittel, erhältlich. Da die Abteilung II mit diesem Äquivalent seiner Naturalgestalt wegen nichts anderes anfangen kann, als es im Produktionsprozeß als konstantes Kapital zu verwenden, so ist damit die Größe des konstanten Kapitals der Abteilung II gegeben. Wäre hier eine Disproportion vorhanden, wäre z. B. das konstante Kapital in II (als Wertgröße) größer als (v + m) I, so könnte es nicht ganz in Produktionsmittel verwandelt werden, denn die Abteilung I hätte einen zu geringen Bedarf nach Lebensmitteln. Wäre das konstante Kapital II kleiner als (v + m) I, dann könnten die Arbeitskräfte dieser Abteilung nicht im früheren Umfang beschäftigt werden oder die Kapitalisten nicht ihren ganzen Mehrwert verzehren. In allen Fällen waren die Voraussetzungen der einfachen Reproduktion verletzt.

Diese Proportionen sind jedoch nicht bloße mathematische Übungen und auch nicht bloß durch die Warenform der Produktion bedingt. Um uns davon zu überzeugen, haben wir ein einfaches Mittel. Stellen wir uns für einen Augenblick statt der kapitalistischen die sozialistische Produktionsweise, also eine planmäßig geregelte Wirtschaft vor, in der gesellschaftliche Arbeitsteilung an Stelle des Austausches getreten ist. In dieser Gesellschaft gäbe es gleichfalls eine Einteilung der Arbeit in Produktion von Produktionsmitteln und in Produktion von Lebensmitteln. Stellen wir uns ferner vor, daß die technische Höhe der Arbeit es bedingt, daß zwei Drittel gesellschaftlicher Arbeit auf Herstellung von Produktionsmitteln, ein Drittel auf Herstellung von Lebensmitteln verwendet werden. Nehmen wir an, daß unter diesen Bedingungen zur Erhaltung des ganzen arbeitenden Teils der Gesellschaft jährlich 1500 Arbeitseinheiten (Tage, Monate oder Jahre) genügen würden, und zwar nach Annahme: 1000 davon in der Abteilung der Produktionsmittel, 500 in Lebensmitteln, wobei jedes Jahr Produktionsmittel aus früherer Arbeitsperiode vernutzt werden, die selbst das Produkt von 3000 Arbeitseinheiten darstellen. Dieses Arbeitspensum genügt jedoch nicht für die Gesellschaft, denn die Erhaltung aller nichtarbeitenden (im materiellen, produktiven Sinne) Mitglieder der Gesellschaft – Kinder, Greise, Kranke, öffentliche Beamte, Künstler und Wissenschaftler – erfordert einen bedeutenden Zuschuß an Arbeit. Außerdem braucht jede Kulturgesellschaft zur Sicherung vor Notfällen elementarer Natur einen gewissen Assekuranzfonds. Nehmen wir an, daß die Erhaltung aller Nichtarbeitenden samt Assekuranzfonds genau noch einmal soviel Arbeit erfordert, wie die eigene Erhaltung der Arbeitenden, also auch noch einmal soviel Produktionsmittel. Dann bekämen wir nach früher angenommenen Zahlen das folgende Schema einer geregelten Produktion:

I. 4000 c + 1000 v + 1000 m = 6000 Produktionsmittel
II. 2000 c + 500 v + 500 m = 3000 Lebensmittel,

wobei c die verbrauchten sachlichen Produktionsmittel, ausgedrückt in gesellschaftlicher Arbeitszeit, bedeutet, v die zur eigenen Erhaltung der Arbeitenden, m die zur Erhaltung der Nichtarbeitenden nebst Assekuranzfonds gesellschaftlich notwendige Arbeitszeit ausdrückt.

Prüfen wir jetzt die Proportionen des Schemas nach, so erhalten wir folgendes. Warenproduktion, also auch Austausch existiert hier nicht, wohl aber gesellschaftliche Arbeitsteilung. Die Produkte von I werden in erforderlichem Quantum den Arbeitenden in II zugewiesen, die Produkte von II werden allen Arbeitenden und Nichtarbeitenden (in beiden Abteilungen) sowie dem Assekuranzfonds zugewiesen – nicht weil hier Äquivalentaustausch vorgeht, sondern weil die gesellschaftliche Organisation planmäßig den Gesamtprozeß leitet, weil die bestehenden Bedürfnisse gedeckt werden müssen, weil die Produktion eben keinen anderen Zweck als die Deckung der gesellschaftlichen Bedürfnisse kennt.

Trotzdem behalten die Größenproportionen volle Gültigkeit. Das Produkt in I muß I c + II c gleichen; das bedeutet einfach, daß in der I. Abteilung alle von der Gesellschaft in ihrem jährlichen Arbeitsprozeß vernutzten Produktionsmittel jährlich erneuert werden müssen. Das Produkt II muß der Summe (v + m) I + (v + m) II gleichen; das bedeutet, daß an Lebensmitteln von der Gesellschaft jedes Jahr soviel hergestellt werden, wie es den Bedürfnissen aller ihrer arbeitenden und nichtarbeitenden Mitglieder entspricht, nebst Rücklagen für Versicherungsfonds. Die Proportionen des Schemas erscheinen ebenso natürlich und notwendig in einer planmäßig geregelten, wie in der kapitalistischen, auf Warenaustausch und Anarchie gegründeten Wirtschaftsweise. Damit ist die objektive gesellschaftliche Gültigkeit des Schemas erwiesen, – ob es gleichwohl gerade als *einfache* Reproduktion sowohl in der kapitalistischen wie in der geregelten Gesellschaft nur theoretisch gedacht, in der Praxis nur ausnahmsweise vorkommen kann.

Versuchen wir jetzt in derselben Weise das Schema der erweiterten Reproduktion nachzuprüfen.

Stellen wir uns eine soziale Gesellschaft vor und legen wir der Nachprüfung das Schema des zweiten Marxschen Beispiels zugrunde. Vom Standpunkt der geregelten Gesellschaft muß die Sache natürlich nicht von der Abteilung I, sondern von der Abteilung II angefaßt werden. Denken wir uns, daß die Gesellschaft rapid wächst, woraus sich ein wachsender Bedarf nach Lebensmitteln für Arbeitende und Nichtarbeitende ergibt. Dieser Bedarf steigt so rasch, daß – die Fortschritte der Produktivität der Arbeit vorläufig beiseite gelassen – eine stets wachsende Menge Arbeit zur Herstellung von Lebensmitteln notwendig wird. Die erforderliche Menge Lebensmittel, ausgedrückt in der in ihnen steckenden gesellschaftlichen Arbeit, steige von Jahr zu Jahr – sagen wir – im Verhältnis 2000 – 2215 – 2399 – 2600 usw. Um diese wachsende Menge Lebensmittel herzustellen, sei technisch eine wachsende Menge von Produktionsmitteln erforderlich, die – in gesellschaftlicher Arbeitszeit gemessen – im folgenden Verhältnis von Jahr zu Jahr wachse: 7000 – 7583 – 8215 – 8900 usw. Ferner sei, nach Annahme, zu dieser Erweiterung der Produktion eine jährliche Arbeitsleistung von 2570 – 2798 – 3030 – 3284 (die Zahlen entsprechen den respektiven Summen von [v+m] I + [v+m] II) erforderlich. Und endlich sei die Verteilung der jährlich geleisteten Arbeit derart, daß die Hälfte davon jedesmal zur Erhaltung der Arbeitenden selbst, ein Viertel zur Erhaltung der Nichtarbeitenden, ein letztes Viertel zur Erweiterung der Produktion des nächsten Jahres verwendet werden. Wir erhalten dann für die sozialistische Gesellschaft die Proportionen des zweiten Marxschen Schemas der erweiterten Reproduktion. In der Tat ist eine Erweiterung der Produktion in jeder Gesellschaft, so auch in der geregelten, nur dann möglich, 1. wenn die Gesellschaft über eine wachsende Anzahl Arbeitskräfte verfügt, 2. wenn die unmittelbare Erhaltung der Gesellschaft in jeder Arbeitsperiode nicht ihre ganze Arbeitszeit in Anspruch nimmt, so daß ein Teil der Zeit der Sorge für die Zukunft und ihre wachsenden Anforderungen gewidmet werden kann, 3. wenn von Jahr zu Jahr eine genügend zunehmende Menge von Produktionsmitteln angefertigt wird, ohne die eine fortschreitende Erweiterung der Produktion nicht bewerkstelligt werden kann. Von diesen allgemeinen Gesichtspunkten behält also das Marxsche Schema der erweiterten Reproduktion – mutatis mutandis – seine objektive Gültigkeit auch für die geregelte Gesellschaft.

Prüfen wir jetzt die Gültigkeit des Schemas für die kapitalistische Wirtschaft. Hier haben wir vor allem zu fragen: was ist der Ausgangspunkt für die Akkumulation? Von diesem Standpunkte haben wir die gegenseitige Abhängigkeit des Akkumulationsprozesses in beiden Abteilungen der Produktion zu verfolgen. Zweifellos ist auch kapitalistisch die Abteilung II insofern auf I angewiesen, als ihre Akkumulation an eine entsprechende Menge verfügbarer zuschüssiger Produktionsmittel gebunden ist. Umgekehrt ist die Akkumulation in der Abteilung I an eine entsprechende zuschüssige Menge von Lebensmitteln für zuschüssige Arbeitskräfte gebunden. Daraus folgt nun aber durchaus nicht, daß es genügt, beide Bedingungen einzuhalten, damit die Akkumulation in beiden Abteilungen auch tatsächlich vonstatten geht und von Jahr zu Jahr sich ganz automatisch vollzieht, wie das nach dem Marxschen Schema den Anschein hat. Die angeführten Bedingungen der Akkumulation sind eben nur Bedingungen, ohne die die Akkumulation nicht stattfinden kann. Auch der Wille zur Akkumulation mag in I wie in II vorhanden sein. Allein der Wille und die technischen Vorbedingungen der Akkumulation genügen in einer kapitalistischen Warenwirtschaft nicht. Damit tatsächlich akkumuliert, d. h. die Produktion erweitert wird, dazu ist noch eine andere Bedingung notwendig: eine Erweiterung der zahlungsfähigen Nachfrage nach Waren. Wo rührt nun die ständig wachsende Nachfrage her, die der fortschreitenden Erweiterung der Produktion im Marxschen Schema zugrunde liegt?

Soviel ist zunächst klar: sie kann unmöglich von den Kapitalisten I und II selbst, d. h. von ihrem persönlichen Konsum herrühren. Im Gegenteil, die Akkumulation besteht gerade darin, daß sie einen – und zwar mindestens absolut wachsenden – Teil des Mehrwerts nicht selbst konsumieren, sondern dafür Güter schaffen, die von anderen verwendet werden. Die persönliche Konsumtion der Kapitalisten wächst zwar mit der Akkumulation, sie mag selbst dem verzehrten Wert nach wachsen. Immerhin ist es nur ein Teil des Mehrwerts, der für die Konsumtion der Kapitalisten verwendet wird. Grundlage der Akkumulation ist gerade die Nichtkonsumtion des Mehrwerts durch die Kapitalisten. Für wen produziert dieser andere, akkumulierte Teil des Mehrwerts? Nach dem Marxschen Schema geht die Bewegung von der Abteilung I aus, von der Produktion der Produktionsmittel. Wer braucht diese vermehrten Produktionsmittel? Das Schema antwortet: die Abteilung II braucht sie, um mehr Lebensmittel herstellen zu können. Wer braucht aber die vermehrten Lebensmittel? Das Schema antwortet: eben die Abteilung I, weil sie jetzt mehr Arbeiter beschäftigt. Wir drehen uns offenbar im Kreise. Lediglich deshalb mehr Konsummittel herstellen, um mehr Arbeiter erhalten zu können, und lediglich deshalb mehr Produktionsmittel herstellen, um jenes Mehr an Arbeitern zu beschäftigen, ist vom kapitalistischen Standpunkt eine Absurdität. Für den einzelnen Kapitalisten ist freilich der Arbeiter ein ebenso guter Konsument, d. h. Abnehmer seiner Ware – falls er sie zahlen kann –, wie ein Kapitalist oder sonst jemand. Im Preise der Ware, die er dem Arbeiter verkauft, realisiert jeder einzelne Kapitalist seinen Mehrwert genau so, wie im Preise jeder Ware, die er einem anderen beliebigen Abnehmer verkauft. Nicht so vom Standpunkte der Kapitalistenklasse im ganzen. Diese gibt der Arbeiterklasse im ganzen nur eine Anweisung auf einen genau bestimmten Teil des gesellschaftlichen Gesamtprodukts im Betrage des variablen Kapitals. Wenn also die Arbeiter Lebensmittel kaufen, so erstatten sie der Kapitalistenklasse nur die von ihr erhaltene Lohnsumme, die Anweisung, bis zur Höhe des variablen Kapitals zurück. Mehr können sie nicht um einen Deut zurückgeben, eher etwas weniger, nämlich, wenn sie »sparen« können, um selbständig, um zu kleinen Unternehmern zu werden, was jedoch eine Ausnahme ist. Einen Teil des Mehrwerts verzehrt die Kapitalistenklasse selbst in Gestalt von Lebensmitteln und behält in ihrer Tasche das dafür gegenseitig ausgetauschte Geld. Wer aber nimmt ihr die Produkte ab, in denen der andere, kapitalisierte Teil des Mehrwerts verkörpert ist? Das Schema antwortet: zum Teil die Kapitalisten selbst, indem sie neue Produktionsmittel herstellen, behufs Erweiterung der Produktion, zum Teil neue Arbeiter, die zur Anwendung jener neuen Produktionsmittel nötig sind. Aber um neue Arbeiter mit neuen Produktionsmitteln arbeiten zu lassen, muß man – kapitalistisch – vorher einen Zweck für die Erweiterung der Produktion haben, eine neue Nachfrage nach Produkten, die anzufertigen sind.

Die Antwort kann vielleicht lauten: der natürliche Zuwachs der Bevölkerung schafft diese wachsende Nachfrage. Tatsächlich sind wir bei unserer hypothetischen Untersuchung der erweiterten Reproduktion in einer sozialistischen Gesellschaft von dem Wachstum der Bevölkerung und ihrer Bedürfnisse ausgegangen. Aber hier war das Bedürfnis der Gesellschaft die ausreichende Grundlage, wie es der einzige Zweck der Produktion ist. In der kapitalistischen Gesellschaft sieht das Problem anders aus. Um welche Bevölkerung handelt es sich, wenn wir von ihrem Zuwachs reden? Wir kennen hier – im Marxschen Schema – nur zwei Bevölkerungsklassen: Kapitalisten und Arbeiter. Der Zuwachs der Kapitalistenklasse ist ohnehin in der wachsenden absoluten Größe des verzehrten Teils des Mehrwertes inbegriffen. Jedenfalls kann er nicht den Mehrwert restlos verzehren, denn dann würden wir zur einfachen Reproduktion zurückkehren. Es bleiben die Arbeiter. Auch die Arbeiterklasse vermehrt sich durch natürlichen Zuwachs. Aber dieser Zuwachs geht die kapitalistische Wirtschaft als Ausgangspunkt wachsender Bedürfnisse an sich nichts an.

Die Produktion von Lebensmitteln zur Deckung von I v und II v ist nicht Selbstzweck, wie in einer Gesellschaft, wo die Arbeitenden und die Befriedigung ihrer Bedürfnisse die Grundlage des Wirtschaftssystems bilden. Nicht deshalb werden in der Abteilung II (kapitalistisch) soviel Lebensmittel produziert, weil die Arbeiterklasse von I und II ernährt werden müsse. Umgekehrt. Es können jeweilig soviel Arbeiter in I und II sich ernähren, weil ihre Arbeitskraft unter den gegebenen Absatzbedingungen verwertet werden kann. Das heißt, nicht eine gegebene Anzahl Arbeiter und ihr Bedarf sind Ausgangspunkt für die kapitalistische Produktion, sondern diese

Größen selbst sind ständig schwankende »abhängige Variable« der kapitalistischen Profitaussichten. Es fragt sich also, ob der natürliche Zuwachs der Arbeiterbevölkerung auch einen neuen Zuwachs der zahlungsfähigen Nachfrage über das variable Kapital hinaus bedeutet. Das kann nicht der Fall sein. In unserem Schema ist die einzige Quelle der Geldmittel für die Arbeiterklasse das variable Kapital. Das variable Kapital begreift also im voraus den Zuwachs der Arbeiterschaft mit ein. Eins von beiden: entweder sind die Löhne so bemessen, daß sie auch den Nachwuchs der Arbeiter ernähren, dann kann der Nachwuchs nicht noch einmal als Grundlage der erweiterten Konsumtion in Rechnung gezogen werden. Oder das ist nicht der Fall, dann müssen jugendliche Arbeiter, der Nachwuchs, selbst Arbeit liefern, um Lohn und Lebensmittel zu bekommen. Dann ist der arbeitende Nachwuchs eben in der Zahl der beschäftigten Arbeiter bereits einbegriffen. Der natürliche Zuwachs der Bevölkerung kann uns also den Akkumulationsprozeß im Marxschen Schema nicht erklären.

Doch halt! Die Gesellschaft besteht – auch unter der Herrschaft des Kapitalismus – nicht bloß aus Kapitalisten und Lohnarbeitern. Außer diesen beiden Klassen gibt es noch eine große Masse der Bevölkerung: Grundbesitzer, Angestellte, liberale Berufe: Ärzte, Rechtsanwälte, Künstler, Wissenschaftler, es besteht noch die Kirche mit ihren Dienern, der Geistlichkeit, und endlich der Staat mit seinen Beamten und mit dem Militär. Alle diese Bevölkerungsschichten sind weder den Kapitalisten noch den Lohnarbeitern im kategorischen Sinne beizuzählen. Sie müssen aber von der Gesellschaft ernährt und erhalten werden. Es werden also wohl diese außer den Kapitalisten und Arbeitern bestehenden Schichten sein, deren Nachfrage die Erweiterung der Produktion erforderlich macht. Doch ist dieser Ausweg bei näherem Zusehen nur ein scheinbarer. Die Grundbesitzer sind als Verzehrer der Rente, d. h. eines Teils des kapitalistischen Mehrwerts, augenscheinlich der Kapitalistenklasse zuzuzählen, ihre Konsumtion ist hier, wo wir den Mehrwert in seiner ungeteilten primären Form betrachten, in der Konsumtion der Kapitalistenklasse bereits berücksichtigt. Die liberalen Berufe bekommen ihre Geldmittel, d. h. ihre Anweisungen auf einen Teil des gesellschaftlichen Produkts meist direkt oder indirekt aus der Hand der Kapitalistenklasse, die sie mit Splittern ihres Mehrwerts abfindet. Soweit sind sie als Verzehrer des Mehrwerts mit ihrer Konsumtion der Kapitalistenklasse beizuzählen. Dasselbe gilt von der Geistlichkeit, nur daß diese zum Teil ihre Mittel auch von den Arbeitenden, also aus den Arbeiterlöhnen bezieht. Endlich der Staat mit seinen Beamten und dem Militär wird aus den Steuern erhalten, diese aber liegen entweder auf dem Mehrwerte oder auf Arbeiterlöhnen. Überhaupt kennen wir hier – in den Grenzen des Marxschen Schemas – nur zwei Quellen des Einkommens in der Gesellschaft: Arbeiterlöhne oder Mehrwert. So können alle die außer den Kapitalisten und den Arbeitern angeführten Bevölkerungsschichten nur als Mitverzehrer dieser beiden Einkommensarten gelten.

Wir haben im ersten Abschnitt festgestellt, daß das Marxsche Schema der Akkumulation auf die Frage: für wen die erweiterte Reproduktion eigentlich stattfinde, keine Antwort gibt. Nimmt man das Schema wörtlich so, wie es im II. Bande am Schluß entwickelt ist, dann erweckt es den Anschein, als ob die kapitalistische Produktion ausschließlich selbst ihren gesamten Mehrwert realisierte und den kapitalisierten Mehrwert für die eigenen Bedürfnisse verwendete. Dies bestätigt Marx durch seine Analyse des Schemas, in der er den wiederholten Versuch macht, die Zirkulation dieses Schemas lediglich mit Geldmitteln, d. h. mit der Nachfrage der Kapitalisten und der Arbeiter zu bestreiten, ein Versuch, der ihn schließlich dazu führt, den Goldproduzenten als deus ex machina in die Reproduktion einzuführen. Es kommt noch jene hochwichtige Stelle im I. Band des »Kapital« hinzu, die in demselben Sinne gedeutet werden muß: »Zunächst muß die Jahresproduktion alle die Gegenstände (Gebrauchswerte) liefern, aus denen die im Laufe des Jahres verbrauchten sachlichen Bestandteile des Kapitals zu ersetzen sind. Nach Abzug dieser bleibt das Netto- oder Mehrprodukt, worin der Mehrwert steckt. Und woraus besteht dies Mehrprodukt? Vielleicht in Dingen, bestimmt zur Befriedigung der Bedürfnisse und Gelüste der Kapitalistenklasse, die also in ihren Konsumtionsfonds eingehen? Wäre das alles, so würde der Mehrwert verjubelt bis auf die Hefen, und es fände bloß einfache Reproduktion statt. Um zu akkumulieren, muß man einen Teil des Mehrprodukts in Kapital verwandeln. Aber ohne Wunder zu tun, kann man nur solche Dinge in Kapital verwandeln, die im Arbeitsprozeß verwendbar sind, d. h. Produktionsmittel, und des ferneren Dinge, von denen der Arbeiter sich erhalten kann, d. h. Lebensmittel. Folglich muß ein Teil der jährlichen Mehrarbeit verwandt worden sein zur Herstellung zusätzlicher Produktions- und Lebensmittel, im Überschuß über das Quantum, das zum Ersatz des vorgeschossenen Kapitals erforderlich war. Mit einem Wort: der Mehrwert ist nur deshalb in Kapital verwandelbar, weil das Mehrprodukt, dessen Wert er ist, bereits die sachlichen Bestandteile eines neuen Kapitals enthält.«

Hier werden für die Akkumulation folgende Bedingungen aufgestellt:

1. Der Mehrwert, der kapitalisiert werden soll, kommt von vornherein in der Naturalgestalt des Kapitals (als zuschüssige Produktionsmittel und zuschüssige Lebensmittel der Arbeiter) zur Welt.

2. Die Erweiterung der kapitalistischen Produktion wird vollzogen ausschließlich mit eigenen (kapitalistisch produzierten) Produktionsmitteln und Lebensmitteln.
3. Der Umfang der jeweiligen Produktionserweiterung (Akkumulation) ist von vornherein durch den Umfang des jedesmaligen (zu kapitalisierenden) Mehrwerts gegeben; sie kann nicht größer sein, da sie an die Menge Produktions- und Lebensmittel gebunden ist, die das Mehrprodukt darstellen, sie kann aber auch nicht geringer sein, da sonst ein Teil des Mehrprodukts in seiner Naturalgestalt unverwendbar wäre. Diese Abweichungen nach oben und nach unten mögen periodische Schwankungen und Krisen hervorrufen, von denen wir hier abzusehen haben; im Durchschnitt müssen sich zu kapitalisierendes Mehrprodukt und faktische Akkumulation decken.
4. Da die kapitalistische Produktion selbst ausschließlich Abnehmerin ihres Mehrprodukts ist, so ist für die Kapitalakkumulation keine Schranke zu finden.

Diesen Bedingungen entspricht auch das Marxsche Schema der erweiterten Reproduktion. Hier geht die Akkumulation vonstatten, ohne daß im geringsten ersichtlich wäre, für wen, für welche neuen Konsumenten schließlich die Produktion immer mehr erweitert wird. Das Schema setzt etwa folgenden Gang voraus: Die Kohlenindustrie wird erweitert, um die Eisenindustrie zu erweitern. Diese wird erweitert, um die Maschinenindustrie zu erweitern. Diese wird erweitert, um die Produktion der Konsumtionsmittel zu erweitern. Diese wird ihrerseits erweitert, um die wachsende Armee der Kohlen-, Eisen- und Maschinenarbeiter sowie der eigenen Arbeiter zu erhalten. Und so »ad infinitum« im Kreise – nach der Theorie Tugan Baranowskis. Daß das Marxsche Schema, *allein betrachtet*, in der Tat eine solche Auslegung zuläßt, beweist der bloße Umstand, daß Marx nach seinen eigenen wiederholten und ausdrücklichen Feststellungen überhaupt unternimmt, den Akkumulationsprozeß des Gesamtkapitals in einer Gesellschaft darzustellen, die lediglich aus Kapitalisten und Arbeitern besteht. Die Stellen, die darauf Bezug nehmen, finden sich in jedem Bande des »Kapital«.

Im I. Bande, gerade im Kapitel über die »Verwandlung von Mehrwert in Kapital« heißt es: »Um den Gegenstand der Untersuchung in seiner Reinheit, frei von störenden Nebenumständen aufzufassen, müssen wir hier die gesamte Handelswelt als eine Nation ansehen und voraussetzen, daß die kapitalistische Produktion sich überall festgesetzt und sich aller Industriezweige bemächtigt hat.« (S. 544, Fußnote 21a*)

---

* [Siehe »Kapital« I, a. a. O., S. 527, Anm. 21a]

Im II. Bande kehrt die Voraussetzung mehrmals wieder. So im Kapitel 17 über die Zirkulation des Mehrwerts:

»Nun aber existieren nur zwei Ausgangspunkte: der Kapitalist und der Arbeiter. Alle dritten Personenrubriken müssen entweder für Dienstleistungen Geld von diesen beiden Klassen erhalten, oder soweit sie es ohne Gegenleistung erhalten, sind sie Mitbesitzer des Mehrwerts in der Form von Rente, Zins usw. – – Die Kapitalistenklasse bleibt also der einzige Ausgangspunkt der Geldzirkulation.« (S. 307*)

Weiter in demselben Kapitel speziell über die Geldzirkulation unter Voraussetzung der Akkumulation:

»... Die Schwierigkeit kommt dann, wenn wir nicht partielle, sondern allgemeine Akkumulation von Geldkapital in der Kapitalistenklasse voraussetzen. Außer dieser Klasse gibt es nach unserer Unterstellung – allgemeine und ausschließliche Herrschaft der kapitalistischen Produktion – überhaupt keine andere Klasse als die Arbeiterklasse.« (S. 321**)

Dasselbe nochmals im 20. Kapitel: »... Hier gibt es nur zwei Klassen: die Arbeiterklasse, die nur über ihre Arbeitskraft verfügt; die Kapitalistenklasse, die im Monopolbesitz der gesellschaftlichen Produktionsmittel wie des Geldes ist.« (S. 396***)

Im III. Bande, bei der Darstellung des Gesamtprozesses der kapitalistischen Produktion, sagt Marx ganz ausdrücklich:

»Denken wir uns die ganze Gesellschaft bloß aus industriellen Kapitalisten und Lohnarbeitern zusammengesetzt. Sehen wir ferner ab von den Preiswechseln, die große Portionen des Gesamtkapitals hindern, sich in ihren Durchschnittsverhältnissen zu ersetzen, und die bei dem allgemeinen Zusammenhang des ganzen Reproduktionsprozesses, wie ihn namentlich der Kredit entwickelt, immer zeitweilige allgemeine Stockungen hervorbringen müssen. Sehen wir ab ebenfalls von den Scheingeschäften und spekulativen Umsätzen, die das Kreditwesen fördert. Dann wäre eine Krise nur erklärlich aus Mißverhältnis der Produktion in verschiedenen Zweigen und aus einem Mißverhältnis, worin der Konsum der Kapitalisten selbst zu ihrer Akkumulation stände. Wie aber die Dinge liegen, hängt der Ersatz der in der Produktion angelegten Kapitale größtenteils ab von der Konsumtionsfähigkeit der nicht produktiven Klassen, während die Konsumtionsfähigkeit der Arbeiter teils durch die Gesetze des Arbeitslohns, teils dadurch beschränkt ist, daß sie nur solange angewandt werden, als sie mit Profit für die Kapitali-

---

* [Unsere Ausgabe S. 311, 312]
** [Unsere Ausgabe S. 325]
*** [Unsere Ausgabe S. 393]

stenklasse angewandt werden können.« (2. Teil, S. 21*.) Dieses letzte Zitat bezieht sich auf die Frage der Krisen, die für uns nicht in Betracht kommt; es zeigt aber unzweideutig, daß Marx die Bewegung des Gesamtkapitals, »wie die Dinge liegen«, nur von drei Kategorien Konsumenten abhängig macht: Kapitalisten, Arbeitern und »nichtproduktiven Klassen«, d. h. dem Anhang der Kapitalistenklasse (»König, Pfaff, Professor, Hure, Kriegsknecht«), den er im II. Bande mit vollem Recht nur als Vertreter abgeleiteter Kaufkraft und sofern als Mitverzehrer des Mehrwertes oder des Arbeitslohnes abtun.

Endlich in den »Theorien über den Mehrwert«, Band II, Teil 2, Seite 263, formuliert Marx die allgemeinen Voraussetzungen, unter denen er die Akkumulation ins Auge faßt, im Kapitel »Akkumulation von Kapital und Krisen« wie folgt:

»Wir haben hier bloß die Formen zu betrachten, die das Kapital in seinen verschiedenen Fortentwickelungen durchmacht. Es sind also die reellen Verhältnisse nicht entwickelt, innerhalb deren der wirkliche Produktionsprozeß vorgeht. Es wird immer unterstellt, daß die Ware zu ihrem Werte verkauft wird. Die Konkurrenz der Kapitalien wird nicht betrachtet, ebensowenig das Kreditwesen, ebensowenig die wirkliche Konstitution der Gesellschaft, die keineswegs bloß aus den Klassen der Arbeiter und industriellen Kapitalisten besteht, wo also Konsumenten und Produzenten nicht identisch sind, die erste Kategorie [die der Konsumenten], (deren Revenuen zum Teil sekundäre, vom Profit und Arbeitslohn abgeleitete, keine primitiven sind) viel weiter ist als die zweite [die der Produzenten], und daher die Art, wie sie ihre Revenue verausgabt, und der Umfang der letzteren sehr große Modifikationen im ökonomischen Haushalt und speziell im Zirkulations- und Reproduktionsprozeß des Kapitals hervorbringt.« Also auch hier berücksichtigt Marx, wenn er schon von der »wirklichen Konstitution der Gesellschaft« spricht, lediglich die Mitesser des Mehrwerts und des Arbeitslohns, also bloß den Anhang der kapitalistischen Grundkategorien der Produktion.

So unterliegt es keinem Zweifel, daß Marx den Prozeß der Akkumulation in einer ausschließlich aus Kapitalisten und Arbeitern bestehenden Gesellschaft darstellen wollte, unter allgemeiner und ausschließlicher Herrschaft der kapitalistischen Produktionsweise. Unter diesen Voraussetzungen läßt aber sein Schema keine andere Deutung zu, als die Produktion um der Produktion willen.

Erinnern wir uns an das zweite Beispiel des Marxschen Schemas der erweiterten Reproduktion.

* [MEW Bd. 25, S. 500, 501]

Erstes Jahr

I.	5000 c +	1000 v +	1000 m =	7000	(Produktionsmittel)
II.	1430 c +	285 v +	285 m =	2000	(Konsumtionsmittel)
				9000	

Zweites Jahr

I.	5417 c +	1083 v +	1083 m =	7583	(Produktionsmittel)
II.	1583 c +	316 v +	316 m =	2215	(Konsumtionsmittel)
				9798	

Drittes Jahr

I.	5869 c +	1173 v +	1173 m =	8215	(Produktionsmittel)
II.	1715 c +	342 v +	342 m =	2399	(Konsumtionsmittel)
				10614	

Viertes Jahr

I.	6358 c +	1271 v +	1271 m =	8900	(Produktionsmittel)
II.	1858 c +	371 v +	371 m =	2600	(Konsumtionsmittel)
				11500	

Hier geht die Akkumulation von Jahr zu Jahr ununterbrochen in dem Maße fort, daß jeweilig aus dem erzielten Mehrwert die Hälfte von den Kapitalisten konsumiert, die Hälfte kapitalisiert wird. Bei der Kapitalisierung wird fortlaufend für das Zusatzkapital wie für das Originalkapital dieselbe technische Basis, d. h. dieselbe organische Zusammensetzung oder Einteilung in konstantes und variables Kapital und auch dieselbe Ausbeutungsrate (immer = 100 Prozent) beibehalten. Der kapitalisierte Teil des Mehrwerts kommt, der Marxschen Annahme im I. Bande des »Kapital« entsprechend, von vornherein in Gestalt von zuschüssigen Produktionsmitteln und Lebensmitteln der Arbeiter zur Welt. Beide dienen dazu, die Produktion in der Abteilung I wie II immer mehr zu steigern. Für wen diese fortschreitende Steigerung der Produktion stattfindet, ist nach den Marxschen Voraussetzungen des Schemas unerfindlich. Freilich steigt gleichzeitig mit der Produktion auch die Konsumtion der Gesellschaft: es steigt die Konsumtion der Kapitalisten (im ersten Jahr beträgt sie, im Wert dargestellt, 500 + 142, im zweiten 542 + 158, im dritten 586 + 171, im vierten 635 + 185), es steigt auch die Konsumtion der Arbeiter: ihr genauer Anzeiger, im Wert dargestellt, ist das variable Kapital, das von Jahr zu Jahr in beiden Abteilungen wächst. Doch – abgesehen von allem anderen – kann die wachsende Konsumtion der Kapitalistenklasse jedenfalls nicht als Zweck der Akkumulation betrachtet werden; umgekehrt, sofern diese Konsumtion stattfindet und wächst, findet keine Akkumulation statt; die persönliche Konsumtion der Kapitalisten fällt unter die Gesichtspunkte der einfachen Reproduktion. Es fragt sich vielmehr: für wen produzieren die Kapitalisten, wenn und soweit sie nicht selbst konsumieren, sondern »entsagen«, d. h. akkumulieren? Noch weniger kann die Erhaltung einer immer größeren Armee von Arbeitern der Zweck der ununterbrochenen Kapitalakkumulation sein. Die Konsumtion der Arbeiter ist kapitalistisch eine Folge der Akkumulation, niemals ihr Zweck und ihre Voraussetzung, wenn anders die Grundlagen der kapitalistischen Produktion nicht auf den Kopf gestellt werden sollen. Und jedenfalls können die Arbeiter stets nur den Teil des Produkts konsumieren, der dem variablen Kapital entspricht, kein Jota darüber hinaus. Wer realisiert also den beständig wachsenden Mehrwert? Das Schema antwortet: die Kapitalisten selbst und nur sie. Und was fangen sie mit ihrem wachsenden Mehrwert an? Das Schema antwortet: sie gebrauchen ihn, um ihre Produktion immer mehr zu erweitern. Diese Kapitalisten sind also Fanatiker der Produktionserweiterung um der Produktionserweiterung willen. Sie lassen immer neue »Maschinen bauen, um damit immer wieder neue Maschinen zu bauen«. Was wir aber auf diese Weise bekommen, ist nicht eine Kapitalakkumulation, sondern eine wachsende Produktion von Produktionsmitteln ohne jeden Zweck, und es gehört die Tugan Baranowskische Kühnheit und Freude an Paradoxen dazu, um anzunehmen, dieses unermüdliche Karussell im leeren Luftraum könne ein treues theoretisches Spiegelbild der kapitalistischen Wirklichkeit und eine wirkliche Konsequenz der Marxschen Lehre sein.[1]

Außer dem gleich im Anfang abgebrochenen Entwurf der Analyse der erweiterten Reproduktion, den wir im II. Bande des »Kapital« vorfinden, hat Marx seine allgemeine Auffassung von dem charakteristischen Gang der kapitalistischen Akkumulation in seinem ganzen Werke, namentlich im III. Bande, sehr ausführlich und deutlich niedergelegt. Und man braucht sich nur in diese Auffassung hineinzudenken, um das Unzulängliche des Schemas am Schluß des II. Bandes ohne Mühe einzusehen.

---

1 »Es sind nie die originellen Denker, welche die absurden Konsequenzen ziehen. Sie überlassen das den Says und Mac Cullochs.« (Das Kapital, Bd. II, S. 365.*) Und den – Tugan Baranowskis, fügen wir hinzu.

---

* [Unsere Ausgabe S. 365]

3) Die Reproduktionsschemata und der technische Fortschritt

Prüft man das Schema der erweiterten Reproduktion gerade vom Standpunkte der Marxschen Theorie, so muß man finden, daß es sich mit ihr in mehreren Hinsichten im Widerspruch befindet.

Vor allem berücksichtigt das Schema die fortschreitende Produktivität der Arbeit gar nicht. Es setzt nämlich von Jahr zu Jahr trotz der Akkumulation dieselbe Zusammensetzung des Kapitals, d. h. dieselbe technische Grundlage des Produktionsprozesses voraus. Dieses Verfahren ist an sich, behufs Vereinfachung der Analyse, vollkommen zulässig. Das Absehen von den Verschiebungen der Technik, die dem Prozeß der Kapitalakkumulation parallel laufen und von ihm unzertrennlich sind, muß jedoch wenigstens hinterher in Betracht gezogen, angerechnet werden, wo man die konkreten Bedingungen der Realisierung des gesellschaftlichen Gesamtprodukts und der Reproduktion untersucht. Zieht man aber die Fortschritte der Produktivität der Arbeit in Betracht, dann folgt daraus, daß die sachliche Masse des gesellschaftlichen Produkts – Produktionsmittel wie Konsumtionsmittel – noch viel rascher wächst als seine Wertmasse, wie sie das Schema anzeigt. Die andere Seite dieses Anwachsens der Masse der Gebrauchswerte ist aber auch eine Verschiebung der Wertverhältnisse. Nach der zwingenden Beweisführung Marxens, die einen der Ecksteine seiner Theorie bildet, äußert sich die fortschreitende Entwicklung der Produktivität der Arbeit darin, daß bei zunehmender Kapitalakkumulation die Zusammensetzung des Kapitals sowie die Mehrwertrate nicht konstant bleiben können, wie dies in dem Marxschen Schema unterstellt wird. Im Gegenteil: mit dem Fortgang der Akkumulation muß das c (konstantes Kapital) in beiden Abteilungen nicht bloß absolut, sondern auch relativ zu v + m oder dem gesamten geschaffenen Neuwert wachsen (gesellschaftlicher Ausdruck der Produktivität der Arbeit); gleichzeitig muß das konstante Kapital im Verhältnis zum variablen Kapital und ebenso der Mehrwert im Verhältnis zum variablen Kapital oder die Mehrwertrate wachsen (kapitalistischer Ausdruck der Produktivität der Arbeit). Daß diese Verschiebungen nicht buchstäblich in jedem Jahre eintreten, tut nichts zur Sache, wie auch die Bezeichnungen »erstes, zweites, drittes usw. Jahr« im Marxschen Schema sich überhaupt nicht notwendig auf das Kalenderjahr beziehen und beliebige Zeitabschnitte bedeuten können. Endlich mögen die Verschiebungen in der Zusammensetzung des Kapitals sowie in der Mehrwertrate beliebig im ersten, dritten, fünften, siebenten usw. Jahr oder im zweiten, sechsten, neunten usw. unterstellt werden. Es kommt nur darauf an, daß sie überhaupt und als eine periodische Erscheinung in Betracht gezogen werden. Ergänzt man dementsprechend das Schema, so wird sich herausstellen, daß sogar bei dieser Akkumulationsmethode mit jedem Jahre ein wachsendes Defizit an Produktionsmitteln und wachsender Überschuß an Konsumtionsmitteln entstehen muß. Tugan Baranowski freilich, der auf dem Papier aller Schwierigkeiten Herr wird, konstruiert einfach ein Schema mit anderen Proportionen, wobei er das variable Kapital von Jahr zu Jahr um 25 Proz. verringert. Da das Papier auch diese arithmetische Übung geduldig erträgt, ist das für Tugan ein Grund, mit Triumph zu »beweisen«, daß sogar bei absolutem Rückgang der Konsumtion die Akkumulation glatt wie am Schnürchen verläuft. Schließlich muß aber auch Tugan selbst zugeben, daß seine Annahme der absoluten Verringerung des variablen Kapitals mit der Wirklichkeit in schroffem Widerspruch steht. Das variable Kapital wächst im Gegenteil absolut in allen kapitalistischen Ländern, es geht nur relativ zurück im Verhältnis zum noch rascheren Wachstum des konstanten Kapitals. Nehmen wir aber, dem wirklichen Gang der Dinge entsprechend, von Jahr zu Jahr bloß ein rascheres Wachstum des konstanten und ein langsameres des variablen Kapitals sowie eine wachsende Mehrwertrate an, dann tritt ein Mißverhältnis zwischen der sachlichen Zusammensetzung des gesellschaftlichen Produkts und der Wertzusammensetzung des Kapitals in die Erscheinung. Nehmen wir z. B. im Marxschen Schema statt der ständigen Proportion von konstant zu variabel = 5:1 die fortschreitend höhere Zusammensetzung für den Zuwachs des Kapitals, im zweiten Jahr 6:1, im dritten 7:1, im vierten 8:1. Nehmen wir ferner, entsprechend der höheren Produktivität der Arbeit, auch eine fortlaufend wachsende Mehrwertrate – sagen wir, statt der stabilen Mehrwertrate von 100 Prozent setzen wir, trotz des relativ abnehmenden variablen Kapitals, den im Marxschen Schema jeweilig angenommenen Mehrwert. Gehen wir endlich von der jedesmaligen Kapitalisierung der Hälfte des angeeigneten Mehrwerts aus (ausgenommen die Abteilung II, die im ersten Jahr nach Marxscher Annahme mehr wie die Hälfte, nämlich 184 von 285 m kapitalisiert). Dann erhalten wir das folgende Resultat:

Erstes Jahr:

I. 5000 c + 1000 v + 1000 m = 7000 (Produktionsmittel)
II. 1430 c + 285 v + 285 m = 2000 (Konsumtionsmittel)

Zweites Jahr:

I. $5428^4/_7$ c + $1071^3/_7$ v + 1083 m = 7583
II. $1587^5/_7$ c + $311^2/_7$ v + 316 m = 2215

Drittes Jahr:

I. 5903 c + 1139 v + 1173 m = 8215
II. 1726 c + 331 v + 342 m = 2399

Viertes Jahr:

I. 6424 c + 1205 v + 1271 m = 8900
II. 1879 c + 350 v + 371 m = 2600

Sollte die Akkumulation in dieser Weise vor sich gehen, dann ergäbe sich ein Defizit an Produktionsmitteln im zweiten Jahr um 16, im dritten um 45, im vierten um 88, und gleichzeitig ein Überschuß an Konsumtionsmitteln im zweiten Jahr um 16, im dritten um 45, im vierten um 88.

Das Defizit an Produktionsmitteln mag z. T. ein scheinbares sein. Infolge der steigenden Produktivität der Arbeit ist das Wachstum der Masse der Produktionsmittel ein rascheres als das ihrer Wertmasse, oder anders ausgedrückt, es folgt die Verbilligung der Produktionsmittel. Da es bei der Erhöhung der Technik der Produktion vor allem nicht auf den Wert, sondern auf den Gebrauchswert, auf die sachlichen Elemente des Kapitals ankommt, so mag trotz des Wertdefizits bis zu einem gewissen Grade tatsächlich eine ausreichende Menge Produktionsmittel zur fortschreitenden Akkumulation angenommen werden. Es ist dies dieselbe Erscheinung, die u. a. den Fall der Profitrate aufhält und ihn nur zu einem tendenziellen macht. Allerdings wäre aber, wie unser Beispiel zeigt, der Fall der Profitrate nicht aufgehalten, sondern gänzlich aufgehoben. Hingegen weist derselbe Umstand auf einen viel stärkeren Überschuß unabsetzbarer Konsumtionsmittel hin, als dies aus der Wertsumme dieses Überschusses hervorgeht. Es bliebe dann nur übrig, entweder die Kapitalisten der II. Abteilung zu zwingen, diesen Überschuß selbst zu konsumieren, wie Marx sonst mit ihnen verfährt, was für diese Kapitalisten das Gesetz der Akkumulation wieder in der Richtung zur einfachen Reproduktion beugen würde, oder dieser Überschuß muß als unabsetzbar erklärt werden.

Man kann freilich erwidern, daß dem Defizit an Produktionsmitteln, das sich in unserem Beispiel ergab, sehr leicht abzuhelfen wäre: wir brauchen nur anzunehmen, daß die Kapitalisten der Abteilung I in stärkerem Maße ihren Mehrwert kapitalisieren. In der Tat liegt gar kein zwingender Grund vor, um anzunehmen, daß die Kapitalisten jeweilig nur die Hälfte ihres Mehrwerts zum Kapital schlagen, wie dies Marx in seinem Beispiel voraussetzt. Mag dem Fortschritt in der Produktivität der Arbeit eine fortschreitend wachsende Quote des kapitalisierten Mehrwerts entsprechen.

Diese Annahme ist an sich um so zulässiger, als ja eine der Folgen der fortgeschrittenen Technik auch die Verbilligung der Konsumtionsmittel der Kapitalistenklasse ist, so daß sich die relative Wertverminderung ihrer verzehrten Revenue (im Vergleich zum kapitalisierten Teil) in derselben oder selbst steigenden Lebenshaltung für diese Klasse äußern mag. So dürfen wir denn z. B. annehmen, daß das von uns festgestellte Defizit an Produktionsmitteln für die Abteilung I durch die entsprechende Übertragung eines Teils des konsumierten Mehrwerts I (der ja in dieser Abteilung, wie alle Wertteile des Produkts, in der Gestalt von Produktionsmitteln zur Welt kommt) ins konstante Kapital, und zwar im zweiten Jahre im Betrage von 11 4/7, im dritten von 34, im vierten von 66, gedeckt wird.[1] Die Lösung der einen Schwierigkeit vergrößert indes nur die andere. Es ist ohne weiteres klar: je mehr die Kapitalisten der Abteilung I ihre Konsumtion relativ einschränken, um die Akkumulation zu ermöglichen, um so mehr erweist sich auf seiten der Abteilung II ein unabsetzbarer Rest an Konsumtionsmitteln und dementsprechend die Unmöglichkeit, das konstante Kapital auch nur auf der bisherigen technischen Grundlage zu vergrößern. Die eine Voraussetzung: fortschreitende relative Einschränkung der Konsumtion bei den Kapitalisten I, müßte durch die andere Voraussetzung ergänzt werden: fortschreitende relative Vergrößerung der Privatkonsumtion der Kapitalisten II, die Beschleunigung der Akkumulation in der ersten Abteilung durch Verlangsamung in der zweiten, der Fortschritt der Technik in der einen durch den Rückschritt in der andern.

Diese Resultate sind kein Zufall. Was durch unsere obigen Versuche mit dem Marxschen Schema lediglich illustriert werden sollte, ist folgendes. Die fortschreitende Technik muß sich nach Marx selbst in dem relativen Wachstum des konstanten Kapitals im Vergleich mit dem variablen äußern. Daraus ergibt sich die Notwendigkeit einer fortschreitenden Verschiebung in der Einteilung des kapitalisierten Mehrwerts zwischen c und v. Die Kapitalisten des Marxschen Schemas sind aber gar nicht in der Lage, diese Einteilung beliebig vorzunehmen, denn sie sind bei ihrem Geschäft der Kapitalisierung von vornherein an die *Sachgestalt* ihres Mehrwerts gebunden. Da nach der Marxschen Annahme die ganze Produktionserweiterung ausschließlich mit den eigenen kapitalistisch hergestellten Produktions- und Konsumtionsmitteln vorgenommen wird – andere Produktionsstätten

[1] Die Zahlen ergeben sich als Differenz zwischen der von uns bei fortschreitender Technik angenommenen Größe des konstanten Kapitals der Abt. I und der im Marxschen Schema (Das Kapital, Bd. II, S. 496*) bei unveränderter Technik gesetzten Größe.

* [Unsere Ausgabe S. 484]

und -formen existieren hier ebensowenig, wie andere Konsumenten als die Kapitalisten und Arbeiter der beiden Abteilungen – und da andererseits Voraussetzung des glatten Fortganges der Akkumulation ist, daß das Gesamtprodukt der beiden Abteilungen in der Zirkulation restlos draufgeht, so ergibt sich das folgende Resultat: die technische Gestaltung der erweiterten Reproduktion ist hier den Kapitalisten im voraus streng vorgeschrieben durch die Sachgestalt des Mehrprodukts. Mit anderen Worten: die Erweiterung der Produktion kann und muß bei dem Marxschen Schema jeweilig nur auf einer solchen technischen Grundlage vorgenommen werden, bei der der ganze hergestellte Mehrwert der Abteilung I wie der Abteilung II Verwendung findet, wobei noch im Auge behalten werden muß, daß die beiden Abteilungen zu ihren respektiven Produktionselementen nur durch gegenseitigen Austausch gelangen können. Auf diese Weise ist die jeweilige Verteilung des zu kapitalisierenden Mehrwerts zwischen dem konstanten und variablen Kapital sowie die Verteilung der zuschüssigen Produktionsmittel und Konsumtionsmittel (der Arbeiter) zwischen den Abteilungen I und II im voraus bestimmt und gegeben durch die Sach- und Wertbeziehungen der beiden Abteilungen des Schemas. Diese Sach- und Wertbeziehungen drücken aber selbst schon eine ganz bestimmte technische Gestaltung der Produktion aus. Damit ist gesagt, daß bei Fortsetzung der Akkumulation unter den Voraussetzungen des Marxschen Schemas die jeweilig gegebene Technik der Produktion im voraus auch schon die Technik der folgenden Perioden der erweiterten Reproduktion bestimmt. Das heißt: wenn wir mit dem Marxschen Schema annehmen, daß die kapitalistische Produktionserweiterung stets nur mit dem im voraus in Kapitalgestalt produzierten Mehrwert vorgenommen wird, ferner – was indes nur die andere Seite derselben Annahme ist –, daß die Akkumulation der einen Abteilung der kapitalistischen Produktion in strengster Abhängigkeit von der Akkumulation der anderen Abteilung fortschreiten kann, dann ergibt sich, daß eine Verschiebung in der technischen Grundlage der Produktion (sofern sie sich im Verhältnis von c zu v ausdrückt) unmöglich ist.

Dasselbe läßt sich auch noch anders fassen. Es ist klar, daß die fortschreitend höhere organische Zusammensetzung des Kapitals, d. h. das raschere Wachstum des konstanten Kapitals im Vergleich zum variablen seinen sachlichen Ausdruck im rascheren Wachstum der Produktion von Produktionsmitteln (Abteilung I) im Vergleich zur Produktion von Konsumtionsmitteln (Abteilung II) finden muß. Eine solche Abweichung im Akkumulationstempo der beiden Abteilungen ist aber durch das Marxsche Schema, das auf ihrer strengen Gleichmäßigkeit beruht, direkt ausgeschlossen. An sich steht nichts der Annahme im Wege, daß mit dem Fortschritt

der Akkumulation und ihrer technischen Basis von der Gesellschaft fortlaufend eine größere Portion des zu kapitalisierenden Mehrwerts in der Abteilung der Produktionsmittel statt in derjenigen der Konsumtionsmittel angelegt wird. Da die beiden Abteilungen der Produktion nur Zweige derselben gesellschaftlichen Gesamtproduktion oder, wenn man will, Teilbetriebe des Gesamtkapitalisten darstellen, so ist gegen die Annahme einer solchen fortschreitenden Übertragung eines Teils des akkumulierten Mehrwerts – den technischen Erfordernissen gemäß – aus der einen Abteilung in die andere nichts einzuwenden, sie entspricht auch der tatsächlichen Praxis des Kapitals. Allein diese Annahme ist nur so lange möglich, als wir den zur Kapitalisierung bestimmten Mehrwert als Wertgröße ins Auge fassen. Durch das Marxsche Schema und seine Zusammenhänge jedoch ist dieser Teil des Mehrwerts an eine bestimmte Sachgestalt gebunden, die direkt zur Kapitalisierung bestimmt ist. So stellt sich der Mehrwert der Abteilung II in Konsumtionsmitteln dar. Und da diese nur durch die Abteilung I realisiert werden können, so scheitert die beabsichtigte Übertragung eines Teils des kapitalisierten Mehrwerts aus der Abteilung II in die Abteilung I erstens an der Sachgestalt dieses Mehrwerts, mit der die Abteilung I offenbar nichts anfangen kann, zweitens aber an den Austauschverhältnissen zwischen beiden Abteilungen, die es mit sich bringen, daß der Übertragung eines Teiles des Mehrwerts in Produkten II in die erste Abteilung eine gleichwertige Übertragung von Produkten I in die zweite Abteilung entsprechen muß. Das raschere Wachstum der Abteilung I im Vergleich zur Abteilung II ist somit innerhalb der Zusammenhänge des Marxschen Schemas schlechterdings nicht zu erreichen.
Wie wir also immer die technische Verschiebung der Produktionsweise im Fortgang der Akkumulation ins Auge fassen, sie kann sich nicht durchsetzen, ohne die grundlegenden Beziehungen des Marxschen Schemas aus den Fugen zu bringen.

4) Notwendigkeit einer nichtkapitalistischen Umwelt

Das Marxsche Schema der erweiterten Reproduktion vermag uns also den Prozeß der Akkumulation, wie er in der Wirklichkeit vorgeht und sich geschichtlich durchsetzt, nicht zu erklären. Woran liegt das? An nichts anderem, als an den Voraussetzungen des Schemas selbst. Dieses Schema unternimmt es, den Akkumulationsprozeß unter der Voraussetzung darzustellen, daß Kapitalisten und Arbeiter die einzigen Vertreter der gesellschaftlichen Konsumtion sind. Wir haben gesehen, daß Marx konsequent und bewußt als die theoretische Voraussetzung seiner Analyse in allen drei Bänden des »Kapital« die allgemeine und ausschließliche Herrschaft der kapitalistischen Produktionsweise annimmt. Unter diesen Bedingungen gibt es freilich, wie im Schema, keine anderen Gesellschaftsklassen als Kapitalisten und Arbeiter, – alle »dritten Personen« der kapitalistischen Gesellschaft: Beamte, lieberale Berufe, Geistliche usw. sind als Konsumenten jenen beiden Klassen und vorzugsweise der Kapitalistenklasse zuzuzählen. Diese Voraussetzung ist theoretischer Notbehelf, – in Wirklichkeit gab und gibt es nirgends eine sich selbst genügende kapitalistische Gesellschaft mit ausschließlicher Herrschaft der kapitalistischen Produktion. Sie ist aber ein vollkommen zulässiger theoretischer Notbehelf dort, wo sie die Bedingungen des Problems selbst nicht alteriert, sondern sie bloß in ihrer Reinheit darstellen hilft. So bei der Analyse der einfachen Reproduktion des gesellschaftlichen Gesamtkapitals. Hier beruht das Problem selbst auf folgender Fiktion: In einer kapitalistisch produzierenden, also Mehrwert erzeugenden Gesellschaft wird der ganze Mehrwert von seinen Aneignern, der Kapitalistenklasse, konsumiert. Es ist darzustellen, wie sich unter diesen Bedingungen die gesellschaftliche Produktion und Reproduktion gestalten muß. Hier setzt die Stellung des Problems selbst voraus, daß die Produktion keine anderen Konsumenten als Kapitalisten und Arbeiter kennt, sie befindet sich also in völliger Übereinstimmung mit der Marxschen Voraussetzung: allgemeine und ausschließliche Herrschaft der kapitalistischen Produktionsweise. Die eine Fiktion deckt sich theoretisch mit der anderen. Ebenso zulässig ist die Annahme der absoluten Herrschaft des Kapitalismus bei der Analyse der Akkumulation des Einzelkapitals, wie sie im I. Bande des »Kapital« gegeben ist. Die Reproduktion des Einzelkapitals ist das Element der gesellschaftlichen Gesamtreproduktion. Aber ein Element, dessen Bewegung selbständig verläuft, im Widerspruch mit den Bewegungen der übrigen, und wobei die Gesamtbewegung des gesellschaftlichen Kapitals nicht etwa eine mechanische Summe der Einzelbewegungen der Kapitale, sondern ein eigenartig verschobenes Resultat ergibt. Stimmt auch die Wertsumme der Einzelkapitale, sowie ihrer respektiven Teile: konstantes Kapital, variables Kapital und Mehrwert mit der Wertgröße des gesellschaftlichen Gesamtkapitals, seiner beiden Bestandteile und des Gesamtmehrwerts aufs genaueste überein, so fällt doch die sachliche Darstellung dieser Wertgröße in den respektiven Teilen des gesellschaftlichen Produkts mit der Sachverkörperung der Wertverhältnisse der Einzelkapitale völlig auseinander. Die Reproduktionsverhältnisse der Einzelkapitale decken sich somit in ihrer sachlichen Gestalt weder miteinander noch mit denen des Gesamtkapitals. Jedes Einzelkapital macht seine Zirkulation, also auch Akkumulation völlig auf eigene Faust durch und ist darin – bei normalem Verlauf des Zirkulationsprozesses – nur soweit von anderen abhängig, als es sein Produkt überhaupt realisieren und die für seine individuelle Betätigung erforderlichen Produktionsmittel vorfinden muß. Ob jene Realisierung und diese Produktionsmittel selbst an kapitalistisch produzierende Kreise gebunden sind oder nicht, ist für das Einzelkapital völlig gleichgültig. Umgekehrt ist die günstigste theoretische Voraussetzung für die Analyse der Akkumulation des Einzelkapitals die Annahme, daß die kapitalistische Produktion das einzige Milieu dieses Prozesses darstellt, d. h. allgemeine und ausschließliche Herrschaft erreicht hat.[1]

Nun entsteht aber die Frage, ob wir die Voraussetzungen, die für das Einzelkapital maßgebend sind, auch bei dem Gesamtkapital als zulässig betrachten dürfen.

Daß Marx tatsächlich die Akkumulationsbedingungen des Gesamtkapitals mit denen des Einzelkapitals identifizierte, bestätigt er selbst ausdrücklich an folgender Stelle:

»Die Frage ist jetzt so zu formulieren: *Allgemeine Akkumulation vorausgesetzt,* das heißt vorausgesetzt, daß in allen Produktionszweigen das Kapital mehr oder minder akkumuliert wird, was in Wirklichkeit Bedingung der kapitalistischen Produktion, und was ebensosehr der Trieb des Kapitalisten als Kapitalisten, wie es der Trieb des Schatzbildners ist, Geld aufzuhäufen (aber auch notwendig ist, damit die kapitalistische Produktion vorangehe) – was sind die *Bedingungen* dieser allgemeinen Akkumulation; worin löst sie sich auf?«

Und er antwortet: »*Die Bedingungen für die Akkumulation des Kapitals sind also ganz dieselben, wie die für seine ursprüngliche Produktion und Reproduktion überhaupt.* Diese Bedingungen aber waren: daß mit einem Teile des Geldes Arbeit gekauft werde, mit dem anderen Waren (Rohmaterial und Maschinerie usw.).« »Die Akkumulation von neuem Kapital kann also nur unter denselben Bedingungen vor sich gehen, wie die Reproduktion des schon vorhandenen Kapitals.«[2]

In Wirklichkeit sind die realen Bedingungen bei der Akkumulation des Gesamtkapitals ganz andere wie bei dem Einzelkapital und wie bei der

---

[1] »Je größer das Kapital, je entwickelter die Produktivität der Arbeit, überhaupt die Stufenleiter der kapitalistischen Produktion, um so größer auch die Masse der Waren, die sich in dem Übergang aus der Produktion in die Konsumtion (individuelle und industrielle) in Zirkulation auf dem Markte befinden, und um so größer die Sicherheit für jedes besondere Kapital, seine Reproduktionsbedingungen fertig auf dem Markt vorzufinden.« (Marx, Theorien über den Mehrwert, Bd. II, Teil 2, Seite 251.)

[2] Theorien über den Mehrwert, Bd. II. Teil 2, S. 250, »Akkumulation von Kapital und Krisen«. Unterstrichen bei Marx.

einfachen Reproduktion. Das Problem beruht auf folgendem: Wie gestaltet sich die gesellschaftliche Reproduktion unter der Bedingung, daß ein wachsender Teil des Mehrwerts nicht von den Kapitalisten konsumiert, sondern zur Erweiterung der Produktion verwendet wird? Das Draufgehen des gesellschaftlichen Produkts, abgesehen von dem Ersatz des konstanten Kapitals, in der Konsumtion der Arbeiter und Kapitalisten ist hier von vornherein ausgeschlossen, und dieser Umstand ist das wesentlichste Moment des Problems. Damit ist aber auch ausgeschlossen, daß die Arbeiter und die Kapitalisten selbst das Gesamtprodukt realisieren können. Sie können stets nur das variable Kapital, den verbrauchten Teil des konstanten Kapitals und den konsumierten Teil des Mehrwerts selbst realisieren, auf diese Weise aber nur die Bedingungen für die Erneuerung der Produktion in früherem Umfang sichern. Der zu kapitalisierende Teil des Mehrwerts hingegen kann unmöglich von den Arbeitern und Kapitalisten selbst realisiert werden. Die Realisierung des Mehrwerts zu Zwecken der Akkumulation ist also in einer Gesellschaft, die nur aus Arbeitern und Kapitalisten besteht, eine unlösbare Aufgabe. Merkwürdigerweise gingen sämtliche Theoretiker, die das Problem der Akkumulation analysierten, von Ricardo und Sismondi bis Marx, gerade von dieser Voraussetzung aus, die die Lösung des Problems unmöglich machte. Das richtige Gefühl für die Notwendigkeit »dritter Personen«, d. h. Konsumenten außerhalb der unmittelbaren Agenten der kapitalistischen Produktion: der Arbeiter und Kapitalisten, zur Realisierung des Mehrwerts, führte zu allerlei Ausflüchten: zu der »unproduktiven Konsumtion«, die bei Malthus in der Person des feudalen Grundbesitzers, bei Woronzow in dem Militarismus, bei Struve in den »liberalen Berufen« und sonstigem Anhang der Kapitalistenklasse verkörpert ist, ferner zur Heranziehung des auswärtigen Handels, der bei allen Skeptikern der Akkumulation von Sismondi bis Nikolaj-on als Sicherheitsventil eine hervorragende Rolle spielte. Zum andern Teil führte die Unlösbarkeit der Aufgabe zum Verzicht auf die Akkumulation, wie bei v. Kirchmann und Rodbertus, oder wenigstens zur angeblichen Notwendigkeit, die Akkumulation möglichst zu dämpfen, wie bei Sismondi und dessen russischen Epigonen, den »Volkstümlern«.

Doch erst die tiefere Analyse und die exakte schematische Darstellung des Prozesses der Gesamtreproduktion durch Marx, namentlich seine geniale Darstellung des Problems der einfachen Reproduktion, konnte den springenden Punkt des Akkumulationsproblems und die wunde Stelle der früheren Versuche seiner Lösung bloßlegen. Die Analyse der Akkumulation des Gesamtkapitals, die bei Marx abbricht, kaum daß sie begonnen hat, und die obendrein, wie erwähnt, durch die dem Problem ungünstige Polemik gegen die Smithsche Analyse beherrscht ist, hat direkt keine fertige Lösung gegeben, sie vielmehr gleichfalls durch die Voraussetzung von der Alleinherrschaft der kapitalistischen Produktionsweise erschwert. Aber gerade die ganze Analyse der einfachen Reproduktion bei Marx, sowie die Charakteristik des kapitalistischen Gesamtprozesses mit dessen inneren Widersprüchen und ihrer Entfaltung (im III. Bande des »Kapital«) enthalten implicite eine Auflösung des Akkumulationsproblems, die sich mit den übrigen Teilen der Marxschen Lehre wie mit der historischen Erfahrung und der täglichen Praxis des Kapitalismus in Einklang befindet und geben somit die Möglichkeit, das Unzureichende des Schemas zu ergänzen. Das Schema der erweiterten Reproduktion weist bei näherem Zusehen selbst in allen seinen Beziehungen über sich hinaus auf Verhältnisse, die außerhalb der kapitalistischen Produktion und Akkumulation liegen.

Wir haben bis jetzt die erweiterte Reproduktion nur von einer Seite betrachtet, nämlich von der Frage aus: wie wird der Mehrwert realisiert? Dies war die Schwierigkeit, mit der sich die Skeptiker bis jetzt ausschließlich beschäftigten. Die Realisierung des Mehrwerts ist in der Tat die Lebensfrage der kapitalistischen Akkumulation. Sehen wir der Einfachheit halber ganz von dem Konsumtionsfonds der Kapitalisten ab, so erfordert die Realisierung des Mehrwerts als erste Bedingung einen Kreis von Abnehmern außerhalb der kapitalistischen Gesellschaft. Wir sagen: von Abnehmern und nicht: von Konsumenten. Denn die Realisierung des Mehrwerts besagt von vornherein gar nichts über die Sachgestalt des Mehrwerts. Das Entscheidende ist, daß der Mehrwert weder durch Arbeiter noch durch Kapitalisten realisiert werden kann, sondern durch Gesellschaftsschichten oder Gesellschaften, die selbst nicht kapitalistisch produzieren. Es sind dabei zwei verschiedene Fälle denkbar. Die kapitalistische Produktion liefert Konsumtionsmittel über den eigenen (der Arbeiter und Kapitalisten) Bedarf hinaus, deren Abnehmer nichtkapitalistische Schichten und Länder sind. Z. B. die englische Baumwollindustrie lieferte während der ersten zwei Drittel des 19. Jahrhunderts (und liefert zum Teil jetzt) Baumwollstoffe an das Bauerntum und städtische Kleinbürgertum auf dem europäischen Kontinent, ferner an das Bauerntum in Indien, Amerika, Afrika usw. Hier war es die Konsumtion nichtkapitalistischer Schichten und Länder, die für die enorme Erweiterung der Baumwollindustrie in England die Basis bildete.[1]

---

[1] Die Wichtigkeit der Baumwollindustrie für den englischen Export ist aus folgenden Zahlen ersichtlich:
1893: Gesamtexport von Fabrikaten 5540 Mill. Mark, davon Baumwollwaren 1280 Mill. Mark = 23 Proz., Eisen und sonstige Metallwaren nicht ganz 17 Proz.

Für diese Baumwollindustrie aber entwickelte sich in England selbst eine ausgedehnte Maschinenindustrie, die Spindeln und Webstühle lieferte, ferner im Anschluß daran die Metall- und Kohlenindustrie usw. In diesem Fall realisierte die Abteilung II (Konsumtionsmittel) in steigendem Maße ihre Produkte in außerkapitalistischen Gesellschaftsschichten, wobei sie ihrerseits durch die eigene Akkumulation eine steigende Nachfrage nach den einheimischen Produkten der Abteilung I (Produktionsmittel) schuf und dadurch dieser Abteilung zur Realisierung des Mehrwerts und zur steigenden Akkumulation verhalf.

Nehmen wir den umgekehrten Fall. Die kapitalistische Produktion liefert Produktionsmittel über den eigenen Bedarf hinaus und findet Abnehmer in nichtkapitalistischen Ländern. Z. B. die englische Industrie lieferte in der ersten Hälfte des 19. Jahrhunderts Konstruktionsmaterial zum Eisenbahnbau in den amerikanischen und australischen Staaten. Der Eisenbahnbau bedeutet an sich noch lange nicht die Herrschaft der kapitalistischen Produktionsweise in einem Lande. Tatsächlich waren die Eisenbahnen selbst in diesen Fällen nur eine der ersten Voraussetzungen für den Einzug der kapitalistischen Produktion. Oder die deutsche chemische Industrie liefert Produktionsmittel, wie Farbstoffe, die massenhaft Absatz finden in nicht kapitalistisch produzierenden Ländern in Asien, Afrika usw.[1] Hier realisiert die Abteilung I der kapitalistischen Produktion ihre Produkte in außerkapitalistischen Kreisen. Die daraus entstehende fortschreitende Erweiterung der Abteilung I ruft im Lande der kapitalistischen Produktion eine entsprechende Erweiterung der Abteilung II hervor, die für die wachsende Armee der Arbeiter der Abteilung I Konsumtionsmittel liefert.

Jeder dieser Fälle unterscheidet sich von dem Marxschen Schema. In dem einen Fall übersteigt das Produkt der Abteilung II die Bedürfnisse der beiden Abteilungen, gemessen an variablem Kapital und dem konsumierten

---

1898: Gesamtexport von Fabrikaten 4668 Mill. Mark, davon Baumwollwaren 1300 Mill. Mark = 28 Proz., Eisen und Metallwaren 22 Proz.

Verglichen damit ergeben die Zahlen für das *Deutsche Reich:*

1898: Gesamtexport 4010 Mill. Mark, davon Baumwollwaren 231,9 Mill. Mark = $5^3/_4$ Proz.

Die Länge der 1898 exportierten Baumwollstückware betrug $5^1/_4$ Milliarden Yards, von denen $2^1/_4$ Milliarden nach Vorderindien gingen. (E. Jaffé, Die englische Baumwollindustrie und die Organisation des Exporthandels. Schmollers Jahrbücher, XXIV, S. 1033.)

1908 betrug die britische Ausfuhr an Baumwollgarn allein 262 Mill. Mark. (Statist. Jahrb. für das Deutsche Reich, 1910.)

[1] Von den deutschen Teerfarbstoffen geht z. B. ein Fünftel, vom Indigo die Hälfte nach Ländern wie China, Japan, Britisch-Indien, Ägypten, Asiatische Türkei, Brasilien, Mexiko.

Teil des Mehrwerts beider; im zweiten Fall übersteigt das Produkt der Abteilung I die Größe des konstanten Kapitals beider Abteilungen, auch unter Berücksichtigung seiner Vergrößerung zu Zwecken der Erweiterung der Produktion. In beiden Fällen kommt der Mehrwert nicht in der Naturalgestalt zur Welt, die seine Kapitalisierung innerhalb einer der beiden Abteilungen ermöglichen und bedingen würde. – In Wirklichkeit kreuzen sich die beiden typischen Fälle auf jedem Schritte, ergänzen einander und schlagen ineinander um.

Wir sehen jedoch, daß der Kapitalismus auch in seiner vollen Reife in jeder Beziehung auf die gleichzeitige Existenz nichtkapitalistischer Schichten und Gesellschaften angewiesen ist. Dieses Verhältnis erschöpft sich nicht durch die nackte Frage des Absatzmarktes für das »überschüssige Produkt«, wie das Problem von Sismondi und den späteren Kritikern und Zweiflern der kapitalistischen Akkumulation gestellt wurde. Der Akkumulationsprozeß des Kapitals ist durch alle seine Wertbeziehungen und Sachbeziehungen: konstantes Kapital, variables Kapital und Mehrwert an nichtkapitalistische Produktionsformen gebunden. Letztere bilden das gegebene historische Milieu jenes Prozesses. Die Kapitalakkumulation kann so wenig unter der Voraussetzung der ausschließlichen und absoluten Herrschaft der kapitalistischen Produktionsweise dargestellt werden, daß sie vielmehr ohne das nichtkapitalistische Milieu in jeder Hinsicht undenkbar ist. Freilich zeigten Sismondi und seine Nachfolger einen richtigen Instinkt für die Daseinsbedingungen der Akkumulation, wenn sie deren Schwierigkeiten einzig und allein auf die Realisierung des Mehrwerts reduzierten. Zwischen den Bedingungen dieser letzteren und den Bedingungen der Erweiterung des konstanten und des variablen Kapitals in ihrer Sachgestalt besteht ein wichtiger Unterschied. Das Kapital kann ohne die Produktionsmittel und die Arbeitskräfte des gesamten Erdballes nicht auskommen, zur ungehinderten Entfaltung seiner Akkumulationsbewegung braucht es die Naturschätze und die Arbeitskräfte aller Erdstriche. Da diese sich *tatsächlich* in überwiegender Mehrzahl in den Banden vorkapitalistischer Produktionsformen befinden – dies das geschichtliche Milieu der Kapitalakkumulation –, so ergibt sich daraus der ungestüme Drang des Kapitals, sich jener Erdstriche und Gesellschaften zu bemächtigen. An sich wäre der kapitalistischen Produktion z. B. auch mit kapitalistisch betriebenen Kautschukplantagen, wie sie z. B. in Indien bereits angelegt sind, gedient. Aber die tatsächliche Vorherrschaft nichtkapitalistischer Gesellschaftsverhältnisse in den Ländern jener Produktionszweige ergibt für das Kapital die Bestrebung, jene Länder und Gesellschaften unter seine Botmäßigkeit zu bringen, wobei die primitiven

Verhältnisse allerdings so außerordentlich rasche und gewaltsame Griffe der Akkumulation ermöglichen, wie sie unter rein kapitalistischen Gesellschaftsverhältnissen ganz undenkbar wären.

Anders die Realisierung des Mehrwerts. Diese ist von vornherein an nichtkapitalistische Produzenten und Konsumenten als solche gebunden. Die Existenz nichtkapitalistischer Abnehmer des Mehrwerts ist also direkte Lebensbedingung für das Kapital und seine Akkumulation, insofern also der entscheidende Punkt im Problem der Kapitalakkumulation.

Ob aber so oder anders, faktisch ist die Kapitalakkumulation als geschichtlicher Prozeß in allen ihren Beziehungen auf nichtkapitalistische Gesellschaftsschichten und -formen angewiesen.

Die Lösung des Problems, um das sich die Kontroverse in der Nationalökonomie fast über ein ganzes Jahrhundert zieht, liegt also zwischen den beiden Extremen: zwischen der kleinbürgerlichen Skepsis der Sismondi, v. Kirchmann, Woronzow, Nikolaj-on, die die Akkumulation für unmöglich erklärten, und dem rohen Optimismus Ricardo-Say-Tugan Baranowskis, für die der Kapitalismus sich selbst schrankenlos befruchten kann, ergo – was nur eine logische Konsequenz – von ewiger Dauer ist. Die Lösung liegt, im Sinne der Marxschen Lehre, in dem dialektischen Widerspruch, daß die kapitalistische Akkumulation zu ihrer Bewegung nichtkapitalistischer sozialer Formationen als ihrer Umgebung bedarf, in ständigem Stoffwechsel mit ihnen vorwärts schreitet und nur so lange existieren kann, als sie dieses Milieu vorfindet.

Von hier aus können die Begriffe des inneren und auswärtigen Absatzmarktes, die im theoretischen Streit um das Problem der Akkumulation eine so hervorragende Rolle gespielt haben, revidiert werden. Innerer und äußerer Markt spielen gewiß eine große und grundverschiedene Rolle im Gang der kapitalistischen Entwickelung, jedoch nicht als Begriffe der politischen Geographie, sondern als die der sozialen Ökonomie. Innerer Markt vom Standpunkt der kapitalistischen Produktion ist kapitalistischer Markt, ist diese Produktion selbst als Abnehmerin ihrer eigenen Produkte und Bezugsquelle ihrer eigenen Produktionselemente. Äußerer Markt für das Kapital ist die nichtkapitalistische soziale Umgebung, die seine Produkte absorbiert und ihm Produktionselemente und Arbeitskräfte liefert. Von diesem Standpunkt, ökonomisch, sind Deutschland und England in ihrem gegenseitigen Warenaustausch für einander meist innerer, kapitalistischer Markt, während der Austausch zwischen der deutschen Industrie und den deutschen bäuerlichen Konsumenten wie Produzenten für das deutsche Kapital auswärtige Marktbeziehungen darstellt. Wie aus dem Schema der Reproduktion ersichtlich, sind dies strenge, exakte Begriffe. Im innern kapitalistischen Verkehr können im besten Fall nur bestimmte Wertteile des gesellschaftlichen Gesamtprodukts realisiert werden: das verbrauchte konstante Kapital, das variable Kapital und der konsumierte Teil des Mehrwerts; hingegen muß der zur Kapitalisierung bestimmte Teil des Mehrwerts »auswärts« realisiert werden. Ist die Kapitalisierung des Mehrwerts der eigentliche Zweck und das treibende Motiv der Produktion, so ist andererseits die Erneuerung des konstanten und variablen Kapitals (sowie des konsumierten Teils des Mehrwerts) die breite Basis und die Vorbedingung jener. Und wird mit der internationalen Entwickelung des Kapitalismus die Kapitalisierung des Mehrwerts immer dringender und prekärer, so wird die breite Basis des konstanten und variablen Kapitals als Masse absolut und im Verhältnis zum Mehrwert immer gewaltiger. Daher die widerspruchsvolle Erscheinung, daß die alten kapitalistischen Länder für einander immer größeren Absatzmarkt darstellen, für einander immer unentbehrlicher werden und zugleich einander immer eifersüchtiger als Konkurrenten in Beziehungen mit nichtkapitalistischen Ländern bekämpfen.[1] Die Bedingungen der Kapitalisierung des Mehrwerts und die Bedingungen der Erneuerung des Gesamtkapitals treten miteinander immer mehr in Widerspruch, der übrigens nur ein Reflex des widerspruchsvollen Gesetzes der fallenden Profitrate ist.

a) Auflösung der Naturalwirtschaft

Der Kapitalismus kommt zur Welt und entwickelt sich historisch in einem nichtkapitalistischen sozialen Milieu. In den westeuropäischen Ländern umgibt ihn zuerst das feudale Milieu, aus dessen Schoß er hervorgeht – die Fronwirtschaft auf dem platten Lande, das Zunfthandwerk in der Stadt –, dann, nach Abstreifung des Feudalismus, ein vorwiegend bäuerlich-handwerksmäßiges Milieu, also einfache Warenproduktion in der Landwirtschaft wie im Gewerbe. Außerdem umgibt den europäischen Kapitalismus ein gewaltiges Terrain außereuropäischer Kulturen, welches die ganze Skala von Entwickelungsstufen von den primitivsten kommunistischen Horden wandernder Jäger und Sammler bis zur bäuerlichen und handwerksmäßigen Warenproduktion darbietet. Mitten in diesem Milieu arbeitet sich der Prozeß der Kapitalakkumulation vorwärts.
Es sind dabei drei Phasen zu unterscheiden: der Kampf des Kapitals mit der Naturalwirtschaft, der Kampf mit der Warenwirtschaft und der Konkurrenzkampf des Kapitals auf der Weltbühne um die Reste der Akkumulationsbedingungen.

[1] Typisch für diese Beziehungen ist das Verhältnis von Deutschland und England.

Der Kapitalismus bedarf zu seiner Existenz und Fortentwickelung nichtkapitalistischer Produktionsformen als seiner Umgebung. Aber nicht mit jeder dieser Formen ist ihm gedient. Er braucht nichtkapitalistische soziale Schichten als Absatzmarkt für seinen Mehrwert, als Bezugsquellen seiner Produktionsmittel und als Reservoirs der Arbeitskräfte für sein Lohnsystem. Zu allen diesen Zwecken kann das Kapital mit *naturalwirtschaftlichen* Produktionsformen nichts anfangen. In allen naturalwirtschaftlichen Formationen – ob es sich um primitive Bauerngemeinden mit Gemeineigentum an Grund und Boden, feudale Fronverhältnisse oder dergleichen handelt – ist die Produktion für den Selbstbedarf das Ausschlaggebende der Wirtschaft, daher kein oder geringer Bedarf nach fremden Waren und in der Regel auch kein Überfluß an eigenen Produkten oder zum mindesten kein dringendes Bedürfnis, überschüssige Produkte loszuwerden. Was das wichtigste jedoch: alle naturalwirtschaftlichen Produktionsformen beruhen auf dieser oder jener Art Gebundenheit sowohl der Produktionsmittel wie der Arbeitskräfte. Die kommunistische Bauerngemeinde so gut wie der feudale Fronhof und dergleichen stützen sich in ihrer wirtschaftlichen Organisation auf die Fesselung des wichtigsten Produktionsmittels – des Grund und Bodens – sowie der Arbeitskräfte durch Recht und Herkommen. Die Naturalwirtschaft setzt somit den Bedürfnissen des Kapitals in jeder Hinsicht starre Schranken entgegen. Der Kapitalismus führt deshalb vor allem stets und überall einen Vernichtungskampf gegen die Naturalwirtschaft in jeglicher historischer Form, auf die er stößt, gegen die Sklavenwirtschaft, gegen den Feudalismus, gegen den primitiven Kommunismus, gegen die patriarchalische Bauernwirtschaft. In diesem Kampfe bilden politische Gewalt (Revolution, Krieg), staatlicher Steuerdruck und Billigkeit der Waren die Hauptmethoden, die teils nebeneinander laufen, teils einander folgen und sich gegenseitig unterstützen. Äußerte sich die Gewalt im Kampfe gegen den Feudalismus in Europa in revolutionärer Gestalt (die bürgerlichen Revolutionen des 17., 18. und 19. Jahrhunderts gehören in letzter Linie hierher), so in außereuropäischen Ländern, im Kampfe gegen primitivere soziale Formen, in der Gestalt der Kolonialpolitik. Das hier praktizierte Steuersystem wie der Handel, namentlich mit primitiven Gemeinwesen, stellen ein Gemisch dar, in dem politische Gewalt und ökonomische Faktoren eng ineinander greifen.

Die ökonomischen Zwecke des Kapitalismus im Kampfe mit naturalwirtschaftlichen Gesellschaften sind im einzelnen:

1. sich wichtiger Quellen von Produktivkräften direkt zu bemächtigen, wie Grund und Boden, Wild der Urwälder, Mineralien, Edelsteine und Erze, Erzeugnisse exotischer Pflanzenwelt, wie Kautschuk usw.;

2. Arbeitskräfte »frei« zu machen und zur Arbeit für das Kapital zu zwingen;
3. die Warenwirtschaft einzuführen;
4. Landwirtschaft vom Gewerbe zu trennen.

b) Subsumtion der einfachen Warenwirtschaft

Allgemeines Resultat des Kampfes zwischen Kapitalismus und einfacher Warenwirtschaft ist dies: das Kapital tritt selbst an Stelle der einfachen Warenwirtschaft, nachdem es die Warenwirtschaft an Stelle der Naturalwirtschaft gesetzt hatte. Wenn der Kapitalismus also von nichtkapitalistischen Formationen lebt, so lebt er, genauer gesprochen, von dem Ruin dieser Formationen, und wenn er des nichtkapitalistischen Milieus zur Akkumulation unbedingt bedarf, so braucht er es als Nährboden, auf dessen Kosten, durch dessen Aufsaugung die Akkumulation sich vollzieht. Historisch aufgefaßt, ist die Kapitalakkumulation ein Prozeß des Stoffwechsels, der sich zwischen der kapitalistischen und den vorkapitalistischen Produktionsweisen vollzieht. Ohne sie kann die Akkumulation des Kapitals nicht vor sich gehen, die Akkumulation besteht aber, von dieser Seite genommen, im Zernagen und im Assimilieren jener. Die Kapitalakkumulation kann demnach so wenig ohne die nichtkapitalistischen Formationen existieren, wie jene neben ihr zu existieren vermögen. Nur im ständigen fortschreitenden Zerbröckeln jener sind die Daseinsbedingungen der Kapitalakkumulation gegeben.
Das, was Marx als die Voraussetzung seines Schemas der Akkumulation angenommen hat, entspricht also nur der objektiven geschichtlichen Tendenz der Akkumulationsbewegung und ihrem theoretischen Endresultat. Der Akkumulationsprozeß hat die Bestrebung, überall an Stelle der Naturalwirtschaft die einfache Warenwirtschaft, an Stelle der einfachen Warenwirtschaft die kapitalistische Wirtschaft zu setzen, die Kapitalproduktion als die einzige und ausschließliche Produktionsweise in sämtlichen Ländern und Zweigen zur absoluten Herrschaft zu bringen.
Hier beginnt aber die Sackgasse. Das Endresultat einmal erreicht – was jedoch nur theoretische Konstruktion bleibt –, wird die Akkumulation zur Unmöglichkeit: die Realisierung und Kapitalisierung des Mehrwerts verwandelt sich in eine unlösbare Aufgabe. In dem Moment, wo das Marxsche Schema der erweiterten Reproduktion der Wirklichkeit entspricht, zeigt es den Ausgang, die historische Schranke der Akkumulationsbewegung an, also das Ende der kapitalistischen Produktion. Die Unmöglichkeit der Akkumulation bedeutet kapitalistisch die Unmöglichkeit der weiteren Entfaltung der Produktivkräfte und damit die objektive geschichtliche Not-

wendigkeit des Untergangs des Kapitalismus. Daraus ergibt sich die widerspruchsvolle Bewegung der letzten, imperialistischen Phase als der Schlußperiode in der geschichtlichen Laufbahn des Kapitals.

Das Marxsche Schema der erweiterten Reproduktion entspricht somit nicht den Bedingungen der Akkumulation, solange diese fortschreitet: sie läßt sich nicht in die festen Wechselbeziehungen und Abhängigkeiten zwischen den beiden großen Abteilungen der gesellschaftlichen Produktion (Abteilung der Produktionsmittel und Abteilung der Konsumtionsmittel) bannen, die das Schema formuliert. Die Akkumulation ist nicht bloß ein inneres Verhältnis zwischen den Zweigen der kapitalistischen Wirtschaft, sondern vor allem ein Verhältnis zwischen Kapital und dem nichtkapitalistischen Milieu, in dem jeder der beiden großen Zweige der Produktion den Akkumulationsprozeß zum Teil auf eigene Faust unabhängig vom anderen durchmachen kann, wobei sich die Bewegung beider wieder auf Schritt und Tritt kreuzt und ineinander verschlingt. Die sich daraus ergebenden komplizierten Beziehungen, die Verschiedenheit des Tempos und der Richtung im Gang der Akkumulation beider Abteilungen, ihre sachlichen und Wertzusammenhänge mit nichtkapitalistischen Produktionsformen, lassen sich nicht unter einen exakten schematischen Ausdruck bringen. Das Marxsche Schema der Akkumulation ist nur der theoretische Ausdruck für denjenigen Moment, wo die Kapitalherrschaft ihre letzte Schranke erreicht haben wird, und insofern ist es ebenso wissenschaftliche Fiktion, wie sein Schema der einfachen Reproduktion, das den Ausgangspunkt der kapitalistischen Produktion theoretisch formuliert. Aber zwischen diesen beiden Fiktionen allein ist die exakte Erkenntnis der Kapitalakkumulation und ihrer Gesetze eingeschlossen.

c) Imperialistische Expansion

Der Imperialismus ist der politische Ausdruck des Prozesses der Kapitalakkumulation in ihrem Konkurrenzkampf um die Reste des noch nicht mit Beschlag belegten nichtkapitalistischen Weltmilieus. Geographisch umfaßt dieses Milieu heute noch die weitesten Gebiete der Erde. Gemessen jedoch an der gewaltigen Masse des bereits akkumulierten Kapitals der alten kapitalistischen Länder, das um die Absatzmöglichkeiten für sein Mehrprodukt wie um Kapitalisierungsmöglichkeiten für seinen Mehrwert ringt, gemessen ferner an der Rapidität, mit der heute Gebiete vorkapitalistischer Kulturen in kapitalistische verwandelt werden, mit anderen Worten: gemessen an dem bereits erreichten hohen Grad der Entfaltung der Produktivkräfte des Kapitals, erscheint das seiner Expansion noch verbleibende Feld als ein geringer Rest. Demgemäß gestaltet sich das internationale Vorgehen des Kapitals auf der Weltbühne. Bei der hohen Entwickelung und der immer heftigeren Konkurrenz der kapitalistischen Länder um die Erwerbung nichtkapitalistischer Gebiete nimmt der Imperialismus an Energie und an Gewalttätigkeit zu, sowohl in seinem aggressiven Vorgehen gegen die nichtkapitalistische Welt, wie in der Verschärfung der Gegensätze zwischen den konkurrierenden kapitalistischen Ländern. Je gewalttätiger, energischer und gründlicher der Imperialismus aber den Untergang nichtkapitalistischer Kulturen besorgt, um so rascher entzieht er der Kapitalakkumulation den Boden unter den Füßen. Der Imperialismus ist ebensosehr eine geschichtliche Methode der Existenzverlängerung des Kapitals, wie das sicherste Mittel, dessen Existenz auf kürzestem Wege objektiv ein Ziel zu setzen. Damit ist nicht gesagt, daß dieser Endpunkt pedantisch erreicht werden muß. Schon die Tendenz zu diesem Endziel der kapitalistischen Entwickelung äußert sich in Formen, die die Schlußphase des Kapitalismus zu einer Periode der Katastrophen gestalten.

Die geschichtlichen Notwendigkeiten der verschärften Weltkonkurrenz des Kapitals um seine Akkumulationsbedingungen verwandeln sich so für das Kapital selbst in ein erstklassiges Akkumulationsfeld. Je energischer das Kapital den Militarismus gebraucht, um die Produktionsmittel und Arbeitskräfte nichtkapitalistischer Länder und Gesellschaften durch die Welt- und Kolonialpolitik sich selbst zu assimilieren, um so energischer arbeitet derselbe Militarismus daheim, in den kapitalistischen Ländern, dahin, den nichtkapitalistischen Schichten dieser Länder, d. h. den Vertretern der einfachen Warenproduktion, sowie der Arbeiterklasse fortschreitend die Kaufkraft zu entziehen, d. h. die ersteren immer mehr der Produktivkräfte zu berauben, die letztere in ihrer Lebenshaltung herabzudrücken, um auf beider Kosten die Kapitalakkumulation gewaltig zu steigern. Von beiden Seiten schlagen aber die Bedingungen der Akkumulation auf einer gewissen Höhe in Bedingungen des Untergangs für das Kapital um.

Je gewalttätiger das Kapital vermittelst des Militarismus draußen in der Welt wie bei sich daheim mit der Existenz nichtkapitalistischer Schichten aufräumt und die Existenzbedingungen aller arbeitenden Schichten herabdrückt, um so mehr verwandelt sich die Tagesgeschichte der Kapitalakkumulation auf der Weltbühne in eine fortlaufende Kette politischer und sozialer Katastrophen und Konvulsionen, die zusammen mit den periodischen wirtschaftlichen Katastrophen in Gestalt der Krisen die Fortsetzung der Akkumulation zur Unmöglichkeit, die Rebellion der internationalen Arbeiterklasse gegen die Kapitalherrschaft zur Notwendigkeit machen werden, selbst ehe sie noch ökonomisch auf ihre natürliche selbstgeschaffene Schranke gestoßen ist.

Der Kapitalismus ist die erste Wirtschaftsform mit propagandistischer Kraft, eine Form, die die Tendenz hat, sich auf dem Erdrund auszubreiten und alle anderen Wirtschaftsformen zu verdrängen, die keine andere neben sich duldet. Er ist aber zugleich die erste, die allein, ohne andere Wirtschaftsformen als ihr Milieu und ihren Nährboden, nicht zu existieren vermag, die also gleichzeitig mit der Tendenz, zur Weltform zu werden, an der inneren Unfähigkeit zerschellt, eine Weltform der Produktion zu sein. Er ist ein lebendiger historischer Widerspruch in sich selbst, seine Akkumulationsbewegung ist der Ausdruck, die fortlaufende Lösung und zugleich Potenzierung des Widerspruchs. Auf einer gewissen Höhe der Entwickelung kann dieser Widerspruch nicht anders gelöst werden, als durch die Anwendung der Grundlagen des Sozialismus, – derjenigen Wirtschaftsform, die zugleich von Hause aus Weltform und in sich ein harmonisches System, weil sie nicht auf die Akkumulation sondern auf die Befriedigung der Lebensbedürfnisse der arbeitenden Menschheit selbst durch die Entfaltung aller Produktivkräfte des Erdrundes gerichtet sein wird.

Kritik

Gustav Eckstein: ROSA LUXEMBURG, DIE AKKUMULATION DES KAPITALS*

1) Die Auffassung des Problems bei Rosa Luxemburg

In den ersten sechs Kapiteln ihres Buches gibt die Verfasserin im engen Anschluß an Kapitel 18 bis 21 des zweiten Bandes des »Kapital«, jedoch mit einigen Abweichungen, auf die wir zum Teil noch zurückkommen müssen, eine Skizze der Behandlung des Problems der Verteilung des Jahresprodukts der Gesellschaft resp. der Gesamtzirkulation des gesellschaftlichen Kapitals bei Quesnay, Smith und Marx. Im sechsten und siebenten Kapitel bringt sie besonders die vorhin erwähnten Marxschen Schemata der erweiterten Reproduktion zum Ausdruck und beginnt mit deren Kritik. Die

---

* [Text aus: Gustav Eckstein, Rosa Luxemburg, Die Akkumulation des Kapitals, Eine Besprechung, in: Rosa Luxemburg, Die Akkumulation des Kapitals, Berlin 1923, Neuausgabe, Anhang S. 488–491]

entscheidende Stelle findet sich auf Seite 104[1]* [88/89] und ganz ähnlich auf Seite 304** [258] des Buches. Diese Sätze bilden den Kern der Ausführungen, sie kennzeichnen den Standpunkt der Verfasserin. Ihre Ausführungen sind rein abstrakt und nötigen daher den Kritiker, der auf sie eingehen will, der Verfasserin in diese Regionen zu folgen.

Sie beanstandet, daß bei Marx nicht zu ersehen sei, woher die ständig wachsende Nachfrage herrühre, die der fortschreitenden Erweiterung, der Produktion im Marxschen Schema zugrunde liegt.

Ist dieser Vorwurf richtig, dann ist damit dargetan, daß die ganze Darstellung bei Marx unsinnig und falsch ist; denn ihr Zweck ist ja eben, wie wir gesehen haben, die Gesetze aufzudecken, nach denen dieser Verkehr der verschiedenen Wert- und Produktengruppen erfolgt, nach denen sich Produktion und Konsum ins Gleichgewicht setzen. Tatsächlich übt auch Genossin Luxemburg an Marx' Darstellung eine abfällige und ziemlich höhnische Kritik, die sie mit verschiedenen Ausrufungszeichen unterstützt. (Vgl. z. B. S. 93*** [79] ff. Diese höhnische Kritik durchzieht besonders die Kapitel 8 und 9.) Worin bestehen nun die Argumente, mit denen Genossin Luxemburg Marx gegenübertritt? Sie fährt Seite 104**** [88/89] fort:

»Sie (die ständig wachsende Nachfrage) kann unmöglich von den Kapitalisten I und II (d. h. in den Abteilungen der Erzeugung von Produktionsmitteln und in der von Konsummitteln), d. h. von ihren persönlichem Konsum herrühren. Im Gegenteil, die Akkumulation besteht gerade darin, daß sie einen – und zwar mindestens absolut wachsenden – Teil des Mehrwertes nicht selbst konsumieren, sondern dafür Güter schaffen, die von anderen verwendet werden ... Für wen produziert der andere, akkumulierte Teil des Mehrwertes? Nach dem Marxschen Schema geht die Bewegung von der Abt. I aus, von der Produktion der Produktionsmittel. Wer braucht diese vermehrten Produktionsmittel? Das Schema antwortet: die Abteilung II braucht sie, um mehr Lebensmittel herstellen zu können. Wer braucht aber die vermehrten Lebensmittel? Das Schema antwortet: eben die Abteilung I, weil sie jetzt mehr Arbeiter beschäftigt.«

Bis auf den Umstand, daß im letzten Satze der Konsum der Kapitalisten vergessen ist, und daß es sich nicht nur um die Produktion von »Lebensmitteln« handelt, sondern von Konsummitteln, wozu z. B. auch private und

[1] Die Zahlen in eckigen Klammern sind die Seitenzahlen der Neuausgabe. D. H.

* [Unsere Ausgabe S. 728, 729]
** [Unsere Ausgabe S. 736, 737]
*** [Unsere Ausgabe S. 719]
**** [Unsere Ausgabe S. 729]

öffentliche Paläste gehören, ebenso aber auch Kanonen, Kasernen, Kriegsschiffe usw., entspricht diese Darstellung dem Marxschen Schema, aber auch der Wirklichkeit. Die kapitalistische Produktionsweise wird von dem Streben nach Profit geleitet. Es ist also die Frage, ob die Marxschen Schemata zeigen, wie dieser Profit für die Kapitalisten realisiert wird. Das ist aber durchaus der Fall. In dem von Genossin Luxemburg mit Vorliebe herangezogenen Marxschen Schema nimmt der den Kapitalisten zufallende Mehrwert sogar ziemlich rasch zu. Er beträgt im ersten Jahre 1285, im zweiten 1399, im dritten 1515, im vierten 1642 (etwa Millionen Mark, die Zahlen sind willkürlich gewählt und dienen nur der Veranschaulichung der Verhältnisse). Der von der Verfasserin geschilderte Vorgang hat also für die Kapitalisten einen sehr guten Sinn. Und wer die Produkte kauft, das zeigen eben die Schemata. Wenn also Genossin Luxemburg fortfährt: »Wir drehen uns offenbar im Kreise. Lediglich deshalb mehr Konsummittel herstellen, um mehr Arbeiter halten zu können, und lediglich deshalb mehr Produktionsmittel herstellen, um jenes Mehr an Arbeitern zu beschäftigen, ist vom kapitalistischen Standpunkt eine Absurdität« – so ist schwer zu ergründen, wie diese Worte auf die Marxschen Schemata angewendet werden sollen. Der Zweck der kapitalistischen Produktion ist der Profit, und dieser ergibt sich aus dem geschilderten Vorgang für die Kapitalisten, dieser ist daher vom kapitalistischen Standpunkt nicht weniger als eine Absurdität, er ist vielmehr gerade von diesem Standpunkte die Verkörperung der Vernunft, d. h. des Profitstrebens. – Der hier wiedergegebene Gedankengang der Verfasserin ist der Kern, um den das ganze Buch sozusagen herumgeschrieben ist. Es enthält alles, was sie zum Problem der Akkumulation Neues zu sagen hat.

2) Die Verwendung der Schemata bei Rosa Luxemburg

Erkennt man schon hier, daß die Verfasserin Sinn und Zweck der Marxschen Darstellung verkannt hat, so wird diese Erkenntnis durch den übrigen Inhalt des Buches bestätigt. Vor allem ist ihr schon die Technik dieser Schemata vollkommen unklar geblieben. Das zeigt sich bereits auf S. 72 [61] des Buches sehr deutlich. Es ist dort von der einfachen Reproduktion die Rede (d. h. also ohne Akkumulation, ohne Vergrößerung des Kapitals). Genossin Luxemburg beanstandet nun, daß Marx die Produktion des Geldmaterials, also von Gold und Silber, in die Reihe I eingliedert, zur Produktion von Produktionsmitteln rechnet. Das sei fehlerhaft. Deshalb setzt sie unter die beiden von Marx aufgestellten Reihen noch eine dritte, welche die Produktion des Geldmaterials veranschaulichen soll. Das ist gewiß zulässig; aber man ist gespannt, wie nun die gegenseitige Umsetzung in den drei Reihen vor sich gehen soll. In der Marxschen Schemata finden sich stets zur zwei Reihen, und wer sich mit ihrem Studium beschäftigt hat, wird zugeben, daß die gegenseitige Verschlingung dieser beiden Reihen oft gerade kompliziert und schwierig genug ist. In dem von Genossin Luxemburg aufgestellten Schema ist die Schwierigkeit nicht nur sehr groß, sie ist unüberwindlich. Ein flüchtiger Blick auf das Schema zeigt, daß die Summa der Löhne und Mehrwerte 3010 beträgt, an Konsummitteln aber nur 3000 vorhanden sind. Im Rahmen der einfachen Reproduktion ist der Umsatz schlechthin unmöglich. Nun hat zwar die Verfasserin auf der vorhergehenden Seite ausdrücklich festgestellt: »Die Darstellung der Geldproduktion und -reproduktion in ihrer *organischen Verschlingung* mit den beiden anderen Abteilungen der gesellschaftlichen Produktion würde erst das erschöpfende Schema des kapitalistischen Gesamtprozesses in seinen wesentlichen Punkten liefern.« Sie selbst macht aber nicht den geringsten Versuch, diese »organischen Verschlingungen« darzustellen. Der bloße Versuch hätte ihr zeigen müssen, daß ihr Schema unmöglich ist.

Dasselbe Unvermögen, mit den Marxschen Schemata zu arbeiten, offenbart die Verfasserin im 25. Kapitel, indem sie nochmals den Versuch macht, Marx' Darstellung zu widerlegen. Außer den schon angeführten Argumenten, sucht sie hier den Nachweis der Unzulänglichkeit der Marxschen Schemata auch mathematisch zu führen. Sie will bei den Ansätzen auch die wachsende Ausbreitung des Proletariats berücksichtigen, sowie auch den Umstand, daß der Wert der Produktionsmittel im Laufe der kapitalistischen Entwicklung rascher wächst als die Gesamtsumme der gezahlten Löhne. Und nun zeigen die Rechnungen, daß Produktion und Konsum tatsächlich nicht mehr übereinstimmen, und stolz genug verkündet sie dieses Resultat. In der Tat aber rührt dieses Ergebnis einfach daher, daß die Tabelle ganz falsch gerechnet ist; der Fehler liegt in der Art ihrer Rechnung selbst, und diese zeigt, daß sie das Wesen der Marxschen Schemata nicht erfaßt hat. Sie glaubt nämlich, diesen liegen die Forderungen einer gleichen Akkumulationsrate zugrunde, d. h. sie setzen voraus, daß in den beiden betrachteten Hauptabteilungen der gesellschaftlichen Produktion stets im gleichen Verhältnis akkumuliert, d. h. ein gleicher Teil des Mehrwerts zum Kapital geschlagen werde. Das ist aber eine ganz willkürliche Annahme, die den Tatsachen widerspricht. Dieser Fall bildet nicht die Regel, sondern eine seltene Ausnahme. Das zeigen die Marxschen Schemata selbst sehr deutlich, und Genossin Luxemburg stellt das auch auf Seite 95* [80/81] aus-

* [Unsere Ausgabe S. 721]

drücklich fest. Sie glaubt aber darin ein Argument gegen die Richtigkeit des dort behandelten Schemas gefunden zu haben. Es besteht gar keine ersichtliche Regel in dieser Akkumulation und Konsumtion (in Abteilung II)«, sagt sie, »beide dienen bloß den Bedürfnissen der Akkumulation in I«. Das ist ganz richtig. Es ist ja eben die Aufgabe der Schemata, zu zeigen, in welcher Weise die Akkumulation der einen Reihe von der in der andern abhängt. Wäre die Anschauung der Genossin Luxemburg richtig, dann könnte überhaupt keine Änderung im gegenseitigen Verhältnis der verschiedenen Produktionszweige stattfinden, jede Anpassung wäre ausgeschlossen. In Wirklichkeit gibt es keine solche allgemeine Akkumulationsrate, und sie wäre auch theoretisch ein Unding. Wenn Genossin Luxemburg S. 310* [264] behauptet, »eine Abweichung im Akkumulationstempo der beiden Abteilungen sei durch das Marxsche Schema, das auf ihrer strengen Gleichmäßigkeit beruht, direkt ausgeschlossen«, so liegt hier ein kaum begreiflicher Irrtum der Verfasserin vor, der neuerdings zeigt, daß ihr das Wesen der Marxschen Schemata völlig rätselhaft geblieben ist. Die Akkumulation erfolgt in den verschiedenen Produktionszweigen je nach der Aussicht, Kapital in ihnen profitbringend anzulegen. Und diese Aussicht ist keineswegs stets in allen Produktionszweigen die gleiche. Das wirkliche Gesetz der gleichen Profitrate steht im vollen Gegensatz zum eingebildeten Gesetz der gleichen Akkumulation. Die Rechnungsmethode der Genossin Luxemburg ist aber um so merkwürdiger, als sie sich ja die naheliegende Frage hätte vorlegen können, wozu denn Marx ein so umständliches und kompliziertes Rechnungsverfahren einschlug, wie das auf S. 491 und 496** des 2. Bandes des »Kapital« auseinandergesetzte, wenn eine so sehr einfache und primitive Methode, wie die von ihr selbst gewählte, auch zum Ziel führte.

Henryk Grossmann: DAS AKKUMULATIONS- UND ZUSAMMENBRUCHSGESETZ DES KAPITALISTISCHEN SYSTEMS, ZUGLEICH EINE KRISENTHEORIE***

Es war ein großes historisches Verdienst *Rosa Luxemburgs*, daß sie – im bewußten Gegensatz und Protest gegen die Entstellungsversuche der Neo-

* [Unsere Ausgabe S. 742]
** [Unsere Ausgabe S. 476 und 480]
*** [Text aus: Henryk Grossmann, Das Akkumulations- und Zusammenbruchsgesetz des kapitalistischen Systems, zugleich eine Krisentheorie, Leipzig 1929. Zitiert nach der unveränderten Ausgabe in »Archiv sozialistischer Literatur 8«, Frankfurt/M. 1967, S. 20–22, 280–282.]

Harmoniker –, an dem Grundgedanken des »Kapital« festhielt und ihn durch den Nachweis einer *absoluten ökonomischen Grenze* für die Fortentwicklung der kapitalistischen Produktionsweise zu stützen versuchte.
Freilich muß man ihren Versuch, diese Auffassung positiv zu begründen, entschieden als mißglückt betrachten. Nach ihrer Darstellung kann der Kapitalismus ohne nichtkapitalistische Märkte überhaupt nicht existieren. Dann wäre die Zusammenbruchstendenz, die aus der Unmöglichkeit der Realisierung des Mehrwerts infolge des Mangels an Absatzmärkten entsteht, eine *ständige* Begleiterscheinung der kapitalistischen Produktionsweise seit ihren ersten Anfängen, und es wäre somit unmöglich, weder die periodischen Krisen, noch alle die charakteristischen Merkmale der *neuesten* Phase des Kapitalismus zu erklären, die wir unter der Bezeichnung »Imperialismus« zusammenfassen. Daß aber die Zusammenbruchstendenz und der Imperialismus erst in einer fortgeschrittenen Stufe der kapitalistischen Entwicklung in Erscheinung treten und *aus ihr* erklärt werden müssen, das hat Rosa *Luxemburg* selbst gefühlt. »Daß die Erklärung der ökonomischen Wurzel des Imperialismus *speziell aus den Gesetzen der Kapitalakkumulation abgeleitet und mit ihnen in Einklang gebracht werden muß, unterliegt keinem Zweifel*[1].« Diese Ableitung hat sie aber nicht nur keineswegs gegeben, sondern auch jeglichen Versuch in dieser Richtung unterlassen. Nicht aus den immanenten Gesetzen der Kapitalakkumulation, aus einer bestimmten Höhe derselben, leitet sie die Notwendigkeit des Untergangs des Kapitalismus ab, sondern aus der transzendenten Tatsache des Fehlens nichtkapitalistischer Länder. War für *Marx* die Problematik des Kapitalismus mit dem Produktionsprozeß verknüpft, so verlegt Rosa *Luxemburg* die für die Existenz des Kapitalismus entscheidenden Probleme aus der Produktionssphäre in die Zirkulationssphäre. – Dabei legte die spezielle Form, die der theoretische Nachweis einer absoluten ökonomischen Entwicklungsgrenze des Kapitalismus bei Rosa *Luxemburg* annahm, den Gedanken nahe, daß das Ende des Kapitalismus in sehr weiter Ferne liegt, weil die Durchkapitalisierung der nichtkapitalistischen Länder noch eine Arbeit von Jahrhunderten erfordert[2]. Hier von einer ökonomischen Grenze des Kapitalis-

---

[1] *Rosa Luxemburg*, Antikritik S. 25.

[2] So sagt R. *Luxemburg* selbst, daß »die *kapitalistische Entwicklung an sich noch eine große Strecke Weges hat*, indem die kapitalistische Produktionsweise als solche erst noch *den geringsten Bruchteil* der Gesamtproduktion der Erde darstellt. Sogar in den ältesten Industrieländern Europas bestehen immer noch neben industriellen Großbetrieben sehr viele rückständige kleine handwerksmäßige Betriebe, und vor allem wird der größte Teil der landwirtschaftlichen Produktion, nämlich die bäuerliche, nicht kapitalistisch betrieben. Dagegen gibt es in Europa ganze Län-

mus zu sprechen, – auch wenn man zugeben wollte, daß der Kapitalismus sich in der von R. *Luxemburg* angegebenen Richtung bewege, – kann daher nichts anderes sein, als die Flucht in ein theoretisches Jenseits.

Der Rosa *Luxemburg*schen Auffassung liegt übrigens die Annahme eines *mechanischen Endes* des kapitalistischen Systems zugrunde. Denkt man sich die gesamte Produktion auf der ganzen Erdkugel als *nur kapitalistisch* betrieben, so »tritt die Unmöglichkeit des Kapitalismus zutage«[1]. Es wird theoretisch eine Situation anticipiert, wie sie manche Revolutionäre in jeder Krise sehen wollen, durch die ein »automatischer Zerfall des Kapitalismus« erhofft wird. *Lenin* hatte hier einen tieferen Einblick in die Zusammenhänge, wenn er sagte: »Manchmal sind die Revolutionäre bestrebt zu beweisen, daß die Krise absolut ausweglos sei. *Es gibt keine absolut ausweglosen Lagen.*« Die spezielle Form des Zusammenbruchsgedankens bei Rosa *Luxemburg* trug somit auch dazu bei, die Idee eines ökonomischen Endpunktes des Kapitalismus als mit dem Marxschen Klassenkampfgedanken unvereinbar, als einen Rückfall in den quietistischen Fatalismus zu bezeichnen, bei welchem für den Klassenkampf der Arbeiterklasse kein Raum bliebe. Mit offenbarer Genugtuung schrieb daher G. *Eckstein* in der sonst teilweise gut begründeten Kritik des R. Luxemburgischen Buches: »Mit den theoretischen Voraussetzungen fallen die praktischen Schlußfolgerungen, *vor allem die Katastrophentheorie,* welche Genossin *Luxemburg* auf ihre Lehre von der Notwendigkeit nichtkapitalistischer Konsumenten aufgebaut hat[2].«

Man kann wohl annehmen, daß Rosa *Luxemburg* ihre Theorie von der Notwendigkeit des nichtkapitalistischen Raumes als Existenzbedingung des Kapitalismus nie konzipiert hätte, wenn sie diese Konsequenzen des Marxschen Wertgesetzes erkannt hätte. Denn ihre Theorie war nur ein Verlegenheitsprodukt. Es unterliegt keinem Zweifel, daß der Zusammenbruchsgedanke sich aus der Lektüre des *Marx*schen Kapital ergibt. Die ersten zwei Jahrzehnte der *Marx*kritik waren von diesem Gedanken beherrscht. Da gab um die Jahrhundertwende *Tugan-Baranowski* seine Darstellung einer schrankenlosen Entwicklungsmöglichkeit des Kapitalismus in harmonischem,

---

der, in denen die Großindustrie kaum entwickelt, die einheimische Produktion aber vorwiegend bäuerlichen und handwerksmäßigen Charakter trägt. Und endlich bilden in den übrigen Weltteilen, ausgenommen den Nordteil Amerikas, kapitalistische Produktionsstätten nur kleine, zerstreute Punkte, während ganz enorme Strecken Landes zum Teil nicht einmal zur einfachen Warenproduktion übergegangen sind.« (*R. Luxemburg,* Einführung in die Nationalökonomie. Berlin 1925. S. 292.)

[1] l. c., S. 293.

[2] *G. Eckstein,* Die Akkumulation d. Kapitals. Eine Besprechung. (R. Luxemburg, Gesammelte Werke. Bd. VI, S. 493.) [Unsere Ausgabe S. 756]

störungslosem Gleichgewicht. Ihm folgten bald *Hilferding* und *Otto Bauer*, schließlich *Kautsky*. So war es natürlich, daß Rosa *Luxemburg* den Grundgedanken des notwendigen Zusammenbruchs des Kapitalismus gegen die Entstellungen der Marx-Epigonen verteidigte. Aber statt das Marxsche Reproduktionsschema im Rahmen des Marxschen Gesamtsystems und speziell seiner Akkumulationslehre zu prüfen, statt sich zu fragen, welche methodologische Rolle diesem Schema im Marxschen Gedankenbau zukommt, statt endlich das Akkumulationsschema auf seine *letzten* Konsequenzen zu analysieren, unterlag sie unwilikürlich dem Einflusse derer, die sie bekämpfen wollte, d. h. sie glaubte, daß das Marxsche Schema tatsächlich eine schrankenlose Akkumulation gestattet[1], »so ›*ad infinitum*‹ im Kreise, – nach der Theorie *Tugan-Baranowskis*. *Daß das Marxsche Schema, allein betrachtet, in der Tat eine solche Auslegung zuläßt*, beweist der bloße Umstand, daß *Marx* nach seinen eigenen wiederholten und ausdrücklichen Feststellungen es überhaupt unternimmt, den Akkumulationsprozeß des Gesamtkapitals in einer Gesellschaft darzustellen, die lediglich aus Kapitalisten und Arbeitern besteht«[2]. Rosa *Luxemburg* war der Meinung, daß »*Marx* speziell in der Akkumulationsfrage eben nicht über die Aufstellung einiger Schemata und den Anfang ihrer Analyse hinausgegangen ist, was gerade den Ansatzpunkt ihrer Kritik bildete«[3].

Eine größere Entstellung des Marxschen methodologischen Gedankens kann man sich kaum mehr vorstellen. Wir haben gezeigt, daß nach dem *Marx*schen Akkumulationsgesetz die Akkumulation eben nicht schrankenlos, »so ad infinitum im Kreise« fortgesetzt werden kann. Weil aber Rosa *Luxemburg* glaubte, daß aus dem *Marx*schen Reproduktionsschema tatsächlich die

---

1 »Da die kapitalistische Produktion selbst ausschließliche Abnehmerin ihres Mehrproduktes ist, so ist für die Kapitalakkumulation *keine Schranke* zu finden.« (*R. Luxemburg*, Die Akkumulation des Kapitals, S. 300.) [Unsere Ausgabe S. 733]

2 *R. Luxemburg*, l. c., S. 301. [Unsere Ausgabe S. 733]

3 Rosa *Luxemburg*, Antikritik. Leipzig 1916. S. 7. – Die Behauptung Rosa *Luxemburgs*, daß *Marx* über die Aufstellung einiger Schemata und den Anfang ihrer Analyse nicht hinausgegangen wäre, ist willkürlich. *Engels* hat in dem Vorwort zum II. Bande des »Kapital« darauf hingewiesen, daß zwar bei der Darstellung des Reproduktionsprozesses bei *Marx* »die logische Folge öfters unterbrochen wird, die Behandlung ist *stellenweise* lückenhaft und namentlich am Schluß ganz fragmentarisch. *Aber was Marx sagen wollte, ist in dieser oder jener Weise darin gesagt.*« – Übrigens formuliert Marx bereits im I. Band des »Kapital« sein allgemeines Gesetz der kapitalistischen Akkumulation, welches die Ergebnisse seiner Analyse der Kapitalakkumulation vorwegnimmt, diese Analyse somit nicht erst im »Anfang« sein konnte. Tatsächlich wissen wir (ebenfalls aus dem Vorwort Engels' zum II. Band), daß diese Analyse lange vor dem Erscheinen des I. Bandes, nämlich in der Zeit zwischen 1861 und 1863, geschrieben wurde.

Möglichkeit der schrankenlosen Akkumulation ad infinitum sich ergibt, daß *Tugan* und *Hilferding* und später *Otto Bauer* diesen Gedanken *richtig* aus dem Schema herausgearbeitet haben, hat sie das *Marx*sche Schema preisgegeben, um den aus dem I. Band des »Kapital« sich ergebenden Zusammenbruchsgedanken zu retten. Denn »es ist klar«, schrieb sie, »wenn man die *schrankenlose Akkumulation* des Kapitals annimmt, man auch die schrankenlose Lebensfähigkeit des Kapitals bewiesen hat ... Ist die kapitalistische Produktionsweise imstande, schrankenlos die Steigerung der Produktivkräfte, den ökonomischen Fortschritt zu sichern, *dann ist sie unüberwindlich. Marx* hat aber den historischen, transitorischen Charakter des Kapitalismus betont; er konnte also unmöglich die Möglichkeit einer schrankenlosen Akkumulation annehmen.« Rosa *Luxemburg* glaubte somit mit ihrer ad hoc konstruierten Hilfshypothese von der Notwendigkeit der nichtkapitalistischen Länder zwei Fliegen mit einem Schlage zu treffen, die Gleichgewichtsträume der Neo-Harmoniker zu widerlegen, einen notwendigen ökonomischen End- und Grenzpunkt des Kapitalismus aufzuzeigen und gleichzeitig den Imperialismus zu erklären. Nur vergaß sie, daß diese Rettungsausflüchte auf Grund einer ad hoc konstruierten Hilfshypothese von *außen* in die *Marx*sche Theorie hineingetragen wurden, als Dependance des Hauptgebäudes, dessen Unzulänglichkeit und Baufälligkeit damit erwiesen wäre.

Das kapitalistische System wird von der rücksichtslosen und schrankenlosen Jagd nach dem Mehrwert beherrscht. Nach der Deutung, die das System bei Rosa *Luxemburg* bekommt, scheint es, daß dieses nach dem Mehrwert dürstende System in Wahrheit an einem *Überfluß* an Mehrwert krankt, daß es einen unabsetzbaren Mehrwertrest, also *zuviel* Mehrwert besitzt! Eine solche Lehre ist unlogisch und leidet in bezug auf die wichtigste und eigentlichste Kapitalfunktion, die Verwertungsfunktion, an einem inneren Widerspruch!

Otto Bauer: DIE AKKUMULATION DES KAPITALS [vgl. Abschnitt VI, Seite 772.]

Antikritik

Rosa Luxemburg: DIE AKKUMULATION DES KAPITALS ODER WAS DIE EPIGONEN AUS DER MARXSCHEN THEORIE GEMACHT HABEN. EINE ANTIKRITIK*

Die von mir unterbreitete Lösung mochte man nun für richtig oder falsch ansehen, sie kritisieren, anfechten, ergänzen, eine andere Lösung aufzeigen. Nichts von alledem geschah. Es erfolgte etwas ganz Unerwartetes: die »Sachverständigen« erklärten, es gäbe überhaupt kein Problem, das zu lösen wäre! Die Marxschen Darlegungen im zweiten Bande des »Kapital« seien eine ausreichende und erschöpfende Erklärung der Akkumulation, dort sei eben durch die Schemata klipp und klar nachgewiesen, daß das Kapital ausgezeichnet wachsen, die Produktion sich ausdehnen könne, wenn in der Welt keine andere als die kapitalistische existierte: sie sei für sich selbst Absatzmarkt, und nur meine totale Unfähigkeit, das Abc der Marxschen Schemata zu begreifen, konnte mich dazu verleiten, hier ein Problem zu erblicken!

Man bedenke:

Zwar dauern in der Nationalökonomie Kontroversen um das Problem der Akkumulation, um die Möglichkeit der Realisierung des Mehrwertes seit einem Jahrhundert: in den zwanziger Jahren in den Auseinandersetzungen Sismondis mit Say, Ricardo, McCulloch, in den fünfziger Jahren zwischen Rodbertus und v. Kirchmann, in den achtziger und neunziger Jahren zwischen den russischen »Volkstümlern« und Marxisten. Die hervorragendsten Theoretiker der Nationalökonomie in Frankreich, England, Deutschland, Rußland haben die Fragen immer wieder ventiliert, und zwar vor wie nach dem Erscheinen des Marxschen »Kapital«. Das Problem ließ die Forscher nicht in Ruhe überall, wo unter dem Anstoß einer scharfen sozialen Kritik reges geistiges Leben in der Nationalökonomie pulsierte.

Zwar ist der zweite Band des »Kapital« nicht etwa ein abgeschlossenes Werk, wie der erste, sondern nur ein Torso, eine lose Zusammenstellung mehr oder weniger fertiger Fragmente und Entwürfe, wie sie ein Forscher zur eigenen Selbstverständigung niederschreibt, deren Ausarbeitung aber immer wieder durch Krankheitszustände behindert und unterbrochen wur-

* [Text aus: Rosa Luxemburg, Die Akkumulation des Kapitals oder Was die Epigonen aus der Marxschen Theorie gemacht haben. Eine Antikritik, Leipzig 1921. Zitiert nach der unveränderten Ausgabe in »Archiv sozialistischer Literatur 1«, Frankfurt/M 1966, S. 24–31.]

de. Speziell die Analyse der Akkumulation des Gesamtkapitals, auf die es hier ankommt, ist, als letztes Kapitel des Manuskripts, am schlechtesten weggekommen: sie umfaßt von dem 450 Seiten zählenden Bande nur knappe 35 Seiten und bricht mitten im Worte ab.
Zwar schien dieser letzte Abschnitt des Bandes, nach dem Engelsschen Zeugnis, Marx selbst »einer Umarbeitung dringend bedürftig« und ist nach demselben Zeugnis »nur eine vorläufige Behandlung des Gegenstandes« geblieben. Wie denn Marx im Verlaufe seiner Analyse das Problem der Realisierung des Mehrwertes bis zu Ende des Manuskripts immer wieder wälzte, seine Zweifel in immer neuer Form erhob und dadurch schon die Schwierigkeit des Problems selbst bezeugte.
Zwar ergeben sich zwischen den Voraussetzungen des kurzen Fragments am Schlusse des zweiten Bandes, wo Marx die Akkumulation behandelt, und den Darlegungen des dritten Bandes, wo er die »Gesamtbewegung des Kapitals« schildert, sowie mehreren wichtigen Gesetzen des ersten Bandes klaffende Widersprüche, auf die ich in meinem Buche eingehend hinweise.
Zwar zeigt sich der ungestüme Drang der kapitalistischen Produktion nach nichtkapitalistischen Ländern seit ihrem ersten Auftreten auf der historischen Bühne, zieht sich wie ein roter Faden durch ihre ganze Entwicklung, nimmt an Bedeutung immer mehr zu, bis er seit einem Vierteljahrhundert, in der Phase des Imperialismus geradezu als bestimmender und beherrschender Faktor des gesellschaftlichen Lebens auftritt.
Zwar weiß jedermann, daß es ein Land, wo ausschließlich kapitalistische Produktion, wo nur Kapitalisten und Lohnarbeiter vorhanden wären, bis jetzt noch nie gegeben hat und heute nirgends gibt. Die Gesellschaft, auf die die Voraussetzungen des zweiten Bandes des »Kapital« zugeschnitten sind, existiert nirgends in der realen Wirklichkeit.
Und trotz alledem erklären die offiziellen »Sachverständigen« des Marxismus: ein Problem der Akkumulation gebe es nicht, alles sei schon bei Marx endgültig gelöst! Die merkwürdige Voraussetzung der Akkumulation im zweiten Bande hat sie nie gestört, sie hatten sie überhaupt gar nicht als etwas Besonderes bemerkt! Und jetzt, auf jenen Umstand aufmerksam gemacht, finden sie gerade diese Merkwürdigkeit ganz in der Ordnung, klammern sich hartnäckig an diese Vorstellung und schlagen wütend nach demjenigen, der ein Problem sehen will, wo der offizielle Marxismus jahrzehntelang nichts als Wohlgefallen an sich selbst empfunden hat!
Das ist ein so krasser Fall des Epigonentums, daß er nur in einem anekdotischen Vorkommnis aus den Kreisen des Zopfgelehrtentums seine Parallele findet: in der bekannten Geschichte der sogenannten »Blattversetzung« der Kantschen »Prolegomena«.

Ein Jahrhundert lang stritt man sich in der philosophischen Welt heftig um die mannigfachen Rätsel der Kantschen Lehre und insbesondere auch der »Prolegomena«, es bildeten sich bei Deutung der Kantschen Lehre ganze Schulen, die einander in den Haaren lagen. Bis Professor Vaihinger wenigstens der dunkelsten dieser Rätsel eines in der einfachsten Weise von der Welt aufklärte, indem er darauf hinwies, daß ein Teil des Paragraph 4 der »Prolegomena«, der zu dem übrigen Text des Kapitels in der Tat wie die Faust aufs Auge paßt, in den Paragraphen 2 gehöre, von dem er nur durch einen Druckfehler der Originalausgabe abgelöst und an eine falsche Stelle gebracht sei. Jedem schlichten Leser der Schrift leuchtet heute die Sache auch sofort ein. Nicht so dem Zunftgelehrten, der ein Jahrhundert lang tiefsinnige Theorien auf einem Druckfehler aufbaute. Es fand sich auch richtig ein schwergelehrter Mann und Professor in Bonn, der in vier Artikeln der »Philosophischen Monatshefte« empört nachwies, daß die »angebliche Blattversetzung« gar nicht existiere, daß gerade mit dem Druckfehler der einzig richtige und unverfälschte Kant zum Ausdruck komme, und daß, wer da Druckfehler aufzuspüren sich erdreiste, nicht die Bohne von Kants Philosophie begriffen habe.

So ungefähr halten heute die »Sachverständigen« an der Voraussetzung des zweiten Bandes des Marxschen »Kapital« und an den auf ihr errichteten mathematischen Schemata fest. Der Hauptzweifel meiner Kritik richtet sich darauf, daß mathematische Schemata in der Frage der Akkumulation überhaupt nichts beweisen können, da ihre historische Voraussetzung unhaltbar sei. Zur Antwort sagt man mir: Aber die Schemata lösen sich doch glatt auf, *also* sei das Problem der Akkumulation gelöst, es existiere gar nicht! Hier ein Beispiel des orthodoxen Kultus der Formeln.

Otto Bauer geht in der »Neuen Zeit« an die Untersuchung der von mir gestellten Frage: wie wird der Mehrwert realisiert, in folgender Weise. Er konstruiert vier große Zahlentabellen, in denen ihm sogar lateinische Buchstaben, wie sie Marx zu abgekürzten Bezeichnungen des konstanten und variablen Kapitals gebrauchte, nicht genügen. Bauer fügt noch einige griechische Buchstaben hinzu. Seine Tabellen sehen dadurch noch abschreckender aus als alle Schemata im Marxschen Kapital. Mit diesem Apparat will er nun zeigen, wie die Kapitalisten, nach Erneuerung des verbrauchten Kapitals, jenen Warenüberschuß absetzen, in dem ihr zur Kapitalisierung bestimmter Mehrwert steckt: »Überdies aber (nach dem Ersatz der alten Produktionsmittel) wollen die Kapitalisten den von ihnen im ersten Jahre akkumulierten Mehrwert zur Erweiterung der bestehenden oder zur Gründung neuer Betriebe verwenden. Wollen sie im nächsten Jahr ein um 12 500 vergrößertes Kapital verwenden, so müssen sie schon heuer neue Arbeits-

räume bauen, neue Maschinen kaufen, ihren Vorrat an Rohstoffen vermehren usw. usw.« (Neue Zeit, 1913, Nr. 24, S. 863*.)
So wäre das Problem gelöst. »Wollen die Kapitalisten« ihre Produktion erweitern, dann brauchen sie natürlich selbst mehr Produktionsmittel als bisher und sind so wechselseitig ihre eigenen Abnehmer. Zugleich brauchen sie alsdann mehr Arbeiter und für diese Arbeiter mehr Lebensmittel, die sie ja gleichfalls selbst herstellen. Damit ist der ganze Überschuß an Produktions- und Lebensmitteln untergebracht und die Akkumulation kann losgehen. Wie man sieht, kommt alles darauf an, ob die Kapitalisten eine Produktionserweiterung vornehmen »wollen«. Und warum sollten sie das nicht? Ei freilich »wollen sie«! »Somit ist der ganze Produktionswert beider Sphären, also auch der ganze Mehrwert realisiert«, erklärt Bauer siegreich, und er zieht daraus den Schluß:
»In gleicher Weise kann man sich an der Hand der Tabelle IV überzeugen, daß nicht nur im ersten, sondern auch *in jedem folgenden Jahre* der gesamte Produktionswert beider Sphären ohne Störung abgesetzt, der gesamte Mehrwert realisiert wird. Die Annahme der Genossin Luxemburg, daß der akkumulierte Mehrwertteil nicht realisiert werden könne, ist also falsch« (l. c. S. 866**).
Bauer hat bloß nicht bemerkt, daß es, um zu diesem glänzenden Resultat zu gelangen, gar nicht so langer und eingehender Berechnungen mit vier Tabellen, mit breiten und länglichen, eiförmig eingeklammerten und vierstöckigen Formeln bedurft hätte. Das Resultat, zu dem Bauer gelangt, ergibt sich nämlich gar nicht aus seinen Tabellen, sondern es wird einfach von ihm als gegeben angenommen. Bauer setzt das, was zu beweisen war, einfach voraus, darin besteht seine ganze »Beweisführung«.
Wenn die Kapitalisten die Produktion erweitern wollen, und zwar fast um soviel, als sie an zuschüssigem Kapital besitzen, dann brauchen sie nur dieses zuschüssige Kapital in ihre eigene Produktion zu stecken (vorausgesetzt freilich, daß sie gerade alle benötigten Produktions- und Lebensmittel selbst herstellen!) und dann bleibt ihnen kein unverkäuflicher Überschuß an Waren übrig; kann es etwas Einfacheres geben, und braucht man irgendwelchen Formelkram mit lateinischen und griechischen Buchstaben, um etwas so Selbstverständliches noch zu »beweisen«?
Aber es kam ja darauf an, ob die Kapitalisten, die sicher immer akkumulieren »wollen«, es auch *können*, d. h. ob sie für eine erweiterte Produktion einen fortschreitend erweiterten Absatzmarkt finden und wo sie ihn finden. Und darauf können keine arithmetischen Operationen mit fingierten Zah-

* [Unsere Ausgabe S. 779] ** [Unsere Ausgabe S. 782, 783]

len auf dem Papier Antwort geben, sondern nur die Analyse der ökonomischen gesellschaftlichen Zusammenhänge der Produktion.

Fragt man die »Sachverständigen«: »Ja, daß die Kapitalisten die Produktion erweitern ›wollen‹, ist schön und gut, aber an wen werden sie dann ihre erweiterte Warenmenge verkaufen? so antworten sie: »Die Kapitalisten werden eben immer wieder selbst diese wachsenden Warenmengen für ihre Betriebe abnehmen, weil sie ja die Produktion immer wieder erweitern ›wollen‹.«

»Und wer die Produkte kauft, das zeigen eben die Schemata«, erklärt lapidar der »Vorwärts«-Rezensent, G. Eckstein.[1]

Kurz und gut: die Kapitalisten erweitern eben jedes Jahr gerade um so viel die Produktion, als sie an Mehrwert »aufgespart« haben, sie sind ihre eigenen Abnehmer und deshalb bereitet ihnen der Absatzmarkt gar keine Sorgen. Diese *Behauptung* ist der Ausgangspunkt der ganzen »Beweisführung«. Eine solche Behauptung bedarf aber gar keiner mathematischen Formulierung und kann durch eine solche absolut nicht bewiesen werden. Die naive Vorstellung selbst, als ob mathematische Formeln hier die Hauptsache, die ökonomische *Möglichkeit, einer derartigen Akkumulation beweisen* könnten, ist das ergötzlichste Quiproquo der »sachverständigen« Hüter des Marxismus und genügt an sich, um Marx sich im Grabe umdrehen zu lassen.

Marx selbst fiel es nicht im Traume ein, seine eigenen mathematischen Schemata etwa als *Beweis* auszugeben, daß die Akkumulation bloß in einer aus Kapitalisten und Arbeitern bestehenden Gesellschaft tatsächlich möglich sei. Marx untersuchte den inneren Mechanismus der kapitalistischen Akkumulation und stellte bestimmte ökonomische Gesetze auf, auf denen der Prozeß beruht. Er führte ungefähr aus: Soll die Akkumulation des Gesamtkapitals, also bei der ganzen Klasse der Kapitalisten, stattfinden, dann müssen zwischen den beiden großen Abteilungen der gesellschaftlichen Produktion: der Herstellung der Produktionsmittel und der Herstellung der Lebensmittel, gewisse ganz genaue quantitative Beziehungen bestehen. Nur wenn solche Beziehungen eingehalten werden, so daß die eine große Abteilung der Produktion der andern ständig in die Hände arbeitet, könne die fortschreitende Erweiterung der Produktion und zugleich – was der Zweck des Ganzen – die aus ihr entspringende fortschreitende Anhäufung von

---

[1] Ebenso A. Pannekoek in der »Bremer Bürgerzeitung« vom 29. Januar 1913: »Die Antwort gibt das Schema selbst in der einfachsten Weise, denn alle Produkte finden dort (d. h. auf dem Papier der »Bremer Bürgerzeitung«) Absatz. Die Abnehmer sind die Kapitalisten und Arbeiter selbst . . . Es liegt also gar kein Problem vor, das zu lösen wäre«.

Kapital in beiden Abteilungen ungestört vor sich gehen. Um diesen seinen Gedanken klar und deutlich darzulegen und genau zu fassen, entwirft Marx ein mathematisches Beispiel, ein Schema mit erdachten Zahlen, an deren Hand er zeigt: soundso müßten sich die einzelnen Positionen des Schemas (konstantes Kapital, variables Kapital, Mehrwert) zueinander verhalten, wenn die Akkumulation vor sich gehen soll.

Man verstehe also wohl: die mathematischen Schemata sind für Marx Beispiel, *Illustration* seiner ökonomischen Gedanken, wie das Tableau économique Quesnays für dessen Theorie eine war, oder wie z. B. die Weltkarten aus verschiedenen Zeitaltern Illustration der jeweilig herrschenden astronomischen und geographischen Vorstellungen sind. Ob die von Marx aufgestellten, oder richtiger, fragmentarisch angedeuteten Gesetze der Akkumulation richtig sind, kann offenbar nur die ökonomische Analyse selbst beweisen, ihr Vergleich mit anderen von Marx aufgestellten Gesetzen, die Überlegung verschiedener Konsequenzen, zu denen sie führen, die Nachprüfung der Voraussetzungen, von denen sie ausgehen u. dergl. Was soll man aber von »Marxisten« denken, die jede derartige Kritik als ein hirnverbranntes Unternehmen ablehnen, weil die Richtigkeit der Gesetze *durch die mathematischen Schemata bewiesen sei!* Ich äußere Zweifel darüber, ob in einer lediglich aus Kapitalisten und Arbeitern bestehenden Gesellschaft, wie sie den Marxschen Schemata zugrunde liegt, die Akkumulation vor sich gehen könne und stelle die Meinung auf, daß die kapitalistische Produktionsentwicklung im ganzen sich überhaupt nicht in ein schematisches Verhältnis zwischen rein kapitalistischen Betrieben einschließen lasse. Darauf antworten die »Sachverständigen«: Aber gewiß ist das möglich! Das läßt sich ja glänzend beweisen »an der Hand der Tabelle IV«, »das zeigen eben die Schemata«, – d. h. die Tatsache, daß sich die zur Illustration ausgedachten Zahlenreihen auf dem Papier widerstandslos addieren und subtrahieren lassen!

Im Altertum glaubte man an die Existenz von allerlei Fabelwesen. Zwergen, Menschen mit einem Auge, mit einem Arm und Bein und dergl. mehr. Zweifelt jemand vielleicht, daß es solche Wesen wirklich ehemals gegeben hat? Aber wir sehen sie ja genau eingezeichnet auf alten Weltkarten. Ist das nicht ein *Beweis*, daß jene Vorstellungen der Alten genau der Wirklichkeit entsprachen?

Doch nehmen wir ein trockenes Beispiel.

Für den geplanten Bau einer Eisenbahn von der Stadt X nach der Stadt Y wird ein Kostenplan aufgestellt und in genauen Zahlen berechnet, wie groß der jährliche Personen- und Güterverkehr sein müßte, damit außer der Amortisation, den laufenden Betriebskosten und den üblichen »Rücklagen«

eine »angemessene« Dividende, sagen wir erst von 5%, dann von 8%, ausgeschüttet werden könne. Für die Gründer der Eisenbahngesellschaft handelt es sich natürlich vor allem um die Frage, ob tatsächlich auf der vorgesehenen Strecke der Personen- und Frachtverkehr zu erwarten ist, der die im Kostenplan in Rechnung gebrachte Rentabilität sichern soll. Um diese Frage zu beantworten, sind offenbar genaue Unterlagen über den bisherigen Verkehr der Strecke, über ihre Bedeutung für Handel und Industrie, über das Wachstum der Bevölkerung der an ihr gelegenen Städte und Dörfer und andere Dinge der ökonomischen und sozialen Verhältnisse notwendig. Was würde man nun zu einem Menschen sagen, der ausrufen wollte: Sie fragen, woraus sich die Rentabilität der Strecke ergibt? Aber ich bitte Sie? Das zeigt doch aber gerade schwarz auf weiß der Kostenplan. Dort steht doch zu lesen, daß es der Personen- und Frachtverkehr ist, und daß aus diesen Einnahmen sich, erst eine fünfprozentige, dann eine achtprozentige Dividende ergeben wird. Wenn Sie *das* nicht einsehen, meine Herren, dann haben Sie eben Wesen, Zweck und Bedeutung des Kostenplanes völlig mißverstanden![1]

Im Kreise nüchterner Menschen würde man dem Besserwisser wahrscheinlich achselzuckend bedeuten, daß er ins Narrenhaus oder in die Kinderstube gehöre. Im Kreise der offiziellen Hüter des Marxismus bilden solche Besserwisser den Areopag der »Sachverständigen«, die anderen Leuten Zensuren erteilen, ob sie »Wesen, Zweck und Bedeutung der Marxschen Schemata« verstanden oder mißverstanden haben.

---

1 »Und wer die Produkte kauft, das zeigen eben die Schemata«. Genossin Luxemburg hat eben Wesen, Zweck und Bedeutung vom Marxschen Schemata gründlich mißverstanden. G. Eckstein, »Vorwärts«-Rezension vom 16. Februar 1913, Beilage. [Unsere Ausgabe S. 758]

VI Die »neoharmonische« Gleichgewichtstheorie von Otto Bauer (einschliesslich der Kritik an Rosa Luxemburg)

Otto Bauer: Die Akkumulation des Kapitals*

1) Die historische Fragestellung

Nehmen wir zunächst einfache Reproduktion an: der ganze Mehrwert wird konsumiert, kein Teil akkumuliert. In diesem Falle stellt sich die Gesamtproduktion nach Marx in folgendem Schema dar:

I. Produktionsmittelindustrien:
Konstantes Kapital (c_1) + variables Kapital (v_1) + Mehrwert (m_1)

II. Konsumtionsgüterindustrien:
Konstantes Kapital (c_1) + variables Kapital (v_1) + Mehrwert (m_1)

Die Produktionsmittelindustrien müssen Lebensmittel von den Komsumtionsgüterindustrien kaufen: 1. für die Ernährung ihrer Arbeiter im Betrag von v, 2. für den Konsum ihrer Kapitalisten im Betrag von m; insgesamt also im Betrag von v + m. Andererseits müssen die *Konsumtionsgüterindustrien* Produktionsmittel von den sie erzeugenden Industrien im Betrag von c_1 kaufen, um ihr konstantes Kapital zu erneuern. Der Austausch zwischen den beiden Gruppen vollzieht sich ohne Störung, wenn $c_1 = v + m$. Das ist die Bedingung des Gleichgewichts bei einfacher Reproduktion.
Anders bei Reproduktion auf erweiterter Stufenleiter. Hier stellt sich die Gesamtproduktion in folgendem Schema dar:

I. Produktionsmittelindustrien:
Konstantes Kapital (c_1) + variables Kapital (v_1) + konsumierter Teil des Mehrwertes (k) + akkumulierter Teil des Mehrwertes (a)

II. Konsumtionsgüterindustrien:
Konstantes Kapital (c_1) + variables Kapital (v_1) + konsumierter Teil des Mehrwertes (k_1) + akkumulierter Teil des Mehrwertes (a_1)

---

* [Text aus: Otto Bauer, Die Akkumulation des Kapitals, in: »Die Neue Zeit«, a. a. O., 31. Jhg. (1912–1913), Band 1, S. 833–834, 834–838, 863–866, 866–868, 869, 869–871, 871–873, 873–874.]

Hier entstehen Schwierigkeiten. Die Produktionsmittelindustrien kaufen Lebensmittel im Betrage v + k, und für diesen Betrag kaufen die Konsumtionsgüterindustrien Produktionsmittel von ihnen zur Erneuerung ihres konstanten Kapitals. Was geschieht aber mit a und a_1? a ist zunächst in Produktionsmitteln vergegenständlicht; wer kann sie kaufen? a_1 ist in Konsumtionsgütern verkörpert; wo sind sie abzusetzen? Hier greift nun Rosa Luxemburg zu der alten Hypothese der »dritten Personen«. Sie glaubt, *der zu akkumulierende Teil des Mehrwertes könne überhaupt nicht realisiert werden, wenn die kapitalistische Produktion nicht die überschüssigen Werte außerhalb ihrer Sphäre absetzen könnte: bei nicht kapitalistisch produzierenden Kleinbürgern und Kleinbauern*. Dies erkläre das Drängen des Kapitals nach der Erweiterung seiner Märkte. Daher das Streben, die Naturalwirtschaft zu zerstören, die einfache Warenproduktion überall in die kapitalistische Industrie zu machen – daher also der *Imperialismus!* Sobald aber das Absatzgebiet nicht mehr ausdehnbar ist, kann der Kapitalismus einen großen Teil seiner Waren nicht mehr absetzen. Er erstickt in dem von ihm geschaffenen Reichtum. Seine letzte Stunde schlägt ... Dies der Grundgedanke des Werkes der Genossin Luxemburg. Ob er richtig ist, haben wir nunmehr zu prüfen.

2) Das Modell: Akkumulation, Bevölkerungswachstum und technischer Fortschritt

Jede Gesellschaft, deren Volkszahl wächst, muß alljährlich ihren Produktionsapparat erweitern. Diese Notwendigkeit wird für die sozialistische Gesellschaft der Zukunft ebenso bestehen wie für die kapitalistische Gesellschaft der Gegenwart, wie sie für die einfache Warenproduktion oder für die Bauernwirtschaft der Vergangenheit bestand, die für den Eigenbedarf produzierte.
Nehmen wir an, in einer sozialistischen Gesellschaft wachse die Volkszahl um 5 Prozent jährlich. Die Gesellschaft wird im nächsten Jahre um 5 Prozent mehr Menschen zu ernähren haben als heuer. Daher muß die Gesellschaft: 1. heuer schon gewisse Konsumtionsgüter produzieren, die der Bevölkerungszuwachs im nächsten Jahre brauchen wird, also zum Beispiel so viele Wohnhäuser bauen, daß der gesamte Wohnungsvorrat um 5 Prozent vermehrt wird; so viel Getreide anbauen, daß der Brotvorrat nach der nächsten Ernte um 5 Prozent vergrößert sein wird usw.; 2. heuer schon so viele Produktionsmittel produzieren, daß im nächsten Jahre einem um 5 Prozent vermehrten Arbeiterheer die notwendigen Arbeitsräume und Arbeitsmittel zur Verfügung gestellt werden können. Die Gesellschaft muß in

jedem Jahre einen Teil ihrer Arbeit auf die Erzeugung der Konsumtionsgüter und der Produktionsmittel aufwenden, die der Bevölkerungszuwachs im nächsten Jahre brauchen wird.

Dasselbe muß nun auch die kapitalistische Gesellschaft tun. Aber hier ist die Erweiterung des Produktionsapparats und des Lebensmittelvorrats gebunden an die Akkumulation des Kapitals. Von dem Mehrwert wird ein Teil in Kapital verwandelt, und zwar ein Teil des akkumulierten Mehrwertes zum variablen, ein anderer Teil zum konstanten Kapital geschlagen. Die Kapitalisten vollziehen diese Akkumulation, um ihren Profit zu vermehren; aber die gesellschaftliche Wirkung dieser Akkumulation ist, daß für den Bevölkerungszuwachs die notwendigen Konsumgüter und die notwendigen Produktionsmittel bereitgestellt werden. Die Vermehrung des variablen Kapitals drückt die Beschaffung der Lebensmittel für den Bevölkerungszuwachs, die Vermehrung des konstanten Kapitals die Beschaffung der Arbeitsräume und der Arbeitsmittel für den Bevölkerungszuwachs aus.

Während aber in der sozialistischen Gesellschaft die die Produktion planmäßig leitenden gesellschaftlichen Organe dafür sorgen, daß die Ausdehnung des Produktionsapparats und die Vermehrung des Lebensmittelvorrats mit dem Bevölkerungswachstum gleichen Schritt halten, hat die kapitalistische Gesellschaft keine solchen Organe. Die Akkumulation des Kapitals hängt hier von der Willkür der Kapitalisten ab. Daher kann sie hinter dem Bevölkerungswachstum zurückbleiben oder aber das Bevölkerungswachstum überholen. Wir wollen nun zunächst untersuchen, *wie sich die Akkumulation des Kapitals vollziehen müßte, um im Gleichgewicht mit dem Bevölkerungswachstum zu bleiben.* Haben wir dies erkannt, dann werden wir unschwer verstehen, welche Wirkungen die Störung dieses Gleichgewichtszustandes herbeiführen muß.

Wir nehmen an, daß die Bevölkerung um 5 Prozent jährlich wachse. Soll das Gleichgewicht erhalten bleiben, muß also auch das variable Kapital jährlich um 5 Prozent steigen. Das konstante Kapital wächst schneller als das variable; um wieviel schneller, ist durch den jeweils erreichten Entwicklungsgrad der Technik bestimmt. Wir wollen annehmen, daß das konstante Kapital jährlich um 10 Prozent zunehme. So erhalten wir zum Beispiel folgende Reihe:

Tabelle I.

	Konstantes Kapital	Variables Kapital
1. Jahr	200 000	100 000
2. Jahr	220 000	105 000
3. Jahr	242 000	110 250
4. Jahr	266 000	115 762

Um die Untersuchung zu vereinfachen, nehmen wir vorerst an, daß die Mehrwertrate unverändert bleibe. Sie betrage 100 Prozent. Die Masse des Mehrwerts ist in jedem Jahre ebenso groß wie die des variablen Kapitals. Welcher Teil des Mehrwertes wird akkumuliert, welcher konsumiert? Akkumuliert wird der Teil, der genügt, das variable Kapital um 5 Prozent, das konstante Kapital um 10 Prozent zu vermehren. So beträgt zum Beispiel im ersten Jahre der Mehrwert 100 000. Zur Vermehrung des konstanten Kapitals (von 200 000 auf 220 000) werden 20 000, zur Vermehrung des variablen Kapitals (von 100 000 auf 105 000) werden 5000 gebraucht. Es werden also im ganzen 25 000 akkumuliert, 75 000 konsumiert. Im vierjährigen Verlauf stellt sich die Entwicklung folgendermaßen dar:

Tabelle II.

	Der Mehrwert beträgt	Konsumiert werden	Zum konstanten Kapital werden geschlagen	Zum variablen Kapital werden geschlagen
1. Jahr	100 000	75 000	20 000	5000
2. Jahr	105 000	77 750	22 000	5250
3. Jahr	110 250	80 539	24 200	5511
4. Jahr	115 762	83 374	26 600	5788

In jedem Jahre werden zunächst 5 Prozent des Mehrwertes dem Konsum der Kapitalisten entzogen, um zur Vermehrung des variablen Kapitals verwendet zu werden. Außerdem aber muß ein Teil des Mehrwertes zur Vermehrung des konstanten Kapitals gebraucht werden. Da der Mehrwert in demselben Verhältnis wächst wie das variable Kapital, das konstante Kapital aber schneller als das variable, muß ein von Jahr zu Jahr wachsender Teil des Mehrwertes zum konstanten Kapital geschlagen werden. Die Akkumulationsrate (das Verhältnis des akkumulierten Mehrwertteils zum gesamten Mehrwert) beträgt daher:

Tabelle III.

	Akkumulationsrate rund
1. Jahr	25 Prozent
2. Jahr	26 „
3. Jahr	27 „
4. Jahr	28 „

Unveränderte Mehrwertrate vorausgesetzt, ist Reproduktion auf erweiterter Stufenleiter bei fortschreitender organischer Zusammensetzung des Kapitals nur dann möglich, wenn die Akkumulationsrate von Jahr zu Jahr steigt. *Soll das Gleichgewicht zwischen Akkumulation und Bevölkerungs-*

wachstum erhalten bleiben, dann muß das Wachstum der Akkumulationsrate in einem festen Größenverhältnis zum Bevölkerungswachstum und zum Wachstum des konstanten Kapitals stehen. Daß dies der Fall, zeigen die Zahlen unseres Beispiels. Wer mit allgemeinen Zahlen zu rechnen gewöhnt ist, wird unschwer die Gleichung finden, die dieses Größenverhältnis allgemein ausdrückt.

Wir haben bisher das Wachstum des Gesamtkapitals beobachtet. Nun wollen wir untersuchen, wie sich das Gesamtkapital auf die beiden großen Produktionszweige – Erzeugung von Produktionsmitteln und von Konsumtionsgütern – verteilen muß.

Nehmen wir an, die Produktion im ersten Jahre stelle sich in folgender Weise dar:

		Produktions-mittelindustrien (I)	Konsumtions-güterindustrien (II)	Ganze Produktion
	Konstantes Kapital (c) . .	120 000	80 000	200 000
	Variables Kapital (v) . .	50 000	50 000	100 000
	Konsumierter Mehrwert (k)	37 500	37 500	75 000
Akkumulierter Mehrwertteil	Zum konstanten Kapital zu schlagen (ϰ)	10 000	10 000	20 000
Akkumulierter Mehrwertteil	Zum variablen Kapital zu schlagen (β)	2 500	2 500	5 000
	Summe	220 000	180 000	400 000

Wie muß sich nun das Kapital im zweiten Jahre verteilen? Daß etwa der in jeder der beiden Produktionssphären akkumulierte Mehrwert im folgenden Jahre in derselben Produktionssphäre produktiv angelegt werde, ist unmöglich. Denn der Fortschritt zu höherer organischer Zusammensetzung des Kapitals erheischt Verschiebung des Kapitals aus den Konsumtionsgüterindustrien in die Produktionsmittelerzeugung. Wir müssen also berechnen, *welcher Teil des in den Konsumtionsgüterindustrien akkumulierten Mehrwertes in die Produktionsmittelerzeugung übertragen,* zu ihrer Ausdehnung verwendet werden muß.

Nach den Tabellen I und II müssen im zweiten Jahre betragen:

Das variable Kapital	105 000
Der konsumierte Teil des Mehrwerts	77 750
Der zum variablen Kapital zu schlagende Mehrwertteil . .	5 250
Summe	188 000

Daher muß im zweiten Jahre der Produktenwert der Konsumtionsgüterindustrien 188 000 betragen; denn nur gegen diese Wertsummen können die Konsumtionsgüter eingetauscht werden.

In den Konsumtionsgüterindustrien werden im ersten Jahre 10 000 $\varkappa$ (konstantes Kapital) + 2500 β (variables Kapital) akkumuliert. Soll nun der Produktenwert der Konsumtionsgüterindustrien im zweiten Jahre 188 000 betragen, können von dem in ihnen im ersten Jahre akkumulierten Mehrwert nur 5,334 $\varkappa$ + 1,333 β in den Konsumtionsgüterindustrien angelegt, der Rest muß in die Produktionsmittelindustrien übertragen werden.[1]

Mithin erhalten wir für das zweite Jahr:

		Produktions-mittelindustrien (I)	Konsumtions-güterindustrien (II)	Ganze Produktion
	Konstantes Kapital (c) . .	134 666	85 334	220 000
	Variables Kapital (v) . .	53 667	51 333	105 000
	Konsumierter Mehrwert (k)	39 740	38 010	77 750
Akkumulierter Mehrwert	Zum konstanten Kapital zu schlagen ($\varkappa$)	11 244	10 756	22 000
Akkumulierter Mehrwert	Zum variablen Kapital zu schlagen (β)	2 683	2 567	5 250
	Summe	242 000	188 000	430 000

Durch die gleiche Berechnung ermitteln wir die Größen für die folgenden Jahre. Wir erhalten so die folgende Reihe:

Tabelle IV.

1. Jahr	c		v		k		$\varkappa$		β		
I	120 000	+	50 000	+	37 500	+	10 000	+	2500	=	220 000
II	80 000	+	50 000	+	37 500	+	10 000	+	2500	=	180 000
	200 000	+	100 000	+	75 000	+	20 000	+	5000	=	400 000

---

[1] Diese Zahlen wurden in der folgenden Weise berechnet: Im zweiten Jahre beträgt der Produktenwert der Konsumtionsgüterindustrien

$$c + v + m = 188\,000.$$

Da die Mehrwertrate 100 Prozent, also $v = m$, ist:

$$c + 2\,v = 188\,000.$$

Der Zuwachs des konstanten Kapitals in der Produktion der Konsumtionsgüter vom ersten auf das zweite Jahr beträgt: $c - 80\,000$; der Zuwachs des variablen Kapitals: $v - 50\,000$. Soll von $\varkappa$ und von β ein gleicher Teil in die Produktionsmittelindustrie übertragen werden, erhalten wir:

$$(c - 80\,000) : (v - 50\,000) = 10\,000 : 2{,}500.$$

Löst man diese Gleichungen auf, so erhält man $v = 51\,333$, $c = 85\,334$.

	c	v	k	$\varkappa$	β	
2. Jahr						
I	134 666 +	53 667 +	39 740 +	11 244 +	2683 =	242 000
II	85 334 +	51 333 +	38 010 +	10 756 +	2567 =	188 000
	220 000 +	105 000 +	77 750 +	22 000 +	5250 =	430 000
3. Jahr						
I	151 048 +	57 576 +	42 070 +	12 638 +	2868 =	266 200
II	90 952 +	52 674 +	38 469 +	11 562 +	2643 =	196 300
	242 000 +	110 250 +	80 539 +	24 200 +	5511 =	462 500
4. Jahr						
I	169 124 +	61 738 +	44 465 +	14 186 +	3087 =	292 600
II	96 876 +	54 024 +	38 909 +	12 414 +	2701 =	204 924
	266 000 +	115 762 +	83 374 +	26 600 +	5788 =	497 524

Die Zahlen, die Marx im zweiten Bande des »Kapital« zur Darstellung des Reproduktionsprozesses verwendet, sind willkürlich gewählt und nicht frei von Widersprüchen. Dies erklärt sich unschwer daraus, daß Engels diesen Teil des Marxschen Werkes im Nachlaß des Meisters unfertig vorgefunden hat. Aber weil Marx seinen Gedankengang nicht einwandfrei dargestellt hat, muß dieser Gedankengang selbst doch nicht falsch sein. Rosa Luxemburg bescheidet sich damit, auf die Willkürlichkeiten der Marxschen Schemata hinzuweisen, und sie scheint zu glauben, daß ohne diese Willkürlichkeiten die Schemata überhaupt nicht aufzustellen wären. Wir ziehen es vor, für Marxens Gedankengang eine angemessene Veranschaulichung zu suchen und an einem von der Willkür befreiten Schema unsere Untersuchung zu führen. Darum haben wir hier *Schemata aufgestellt, die, sobald man die Voraussetzungen einmal annimmt, nichts Willkürliches mehr enthalten, deren Größen vielmehr mit zwingender Notwendigkeit aufeinander folgen.*

Willkürlich sind nur die Voraussetzungen im ersten Jahre gewählt: daß das konstante Kapital 200 000, das variable Kapital 100 000 betrage, daß das variable Kapital auf die beiden Produktionssphären zu gleichen Teilen aufgeteilt sei, daß die Mehrwertrate 100 Prozent betrage und daß die Akkumulationsrate in beiden Produktionssphären gleich sei. Willkürlich ist ferner die Annahme, daß das konstante Kapital in jedem Jahre um 10 Prozent, das variable Kapital um 5 Prozent wachse. Nimmt man aber diese Voraussetzungen an, dann folgen aus ihnen alle im Schema dargestellten Größen mit mathematischer Notwendigkeit. Die Entwicklung kann nicht anders verlaufen, solange die Mehrwertrate unverändert bleibt und sofern die Akkumulationsrate in beiden Produktionssphären gleich bleiben soll. Mit unseren Schemata ist also eine einwandfreie Grundlage für die Untersuchung des von der Genossin Luxemburg gestellten Problems gewonnen.

3) Unbegrenzte Möglichkeiten der Mehrwertrealisierung

An der Hand der Tabelle IV wollen wir nun untersuchen, ob die Warenmasse, in der der akkumulierte Mehrwertteil ($\varkappa + \beta$) vergegenständlicht ist, in der kapitalistischen Welt selbst abgesetzt werden kann oder ob er, wie die Genossin Luxemburg glaubt, nur außerhalb der kapitalistischen Welt Absatz finden kann. Wir untersuchen zunächst den Warenabsatz im ersten Jahre.

In den *Produktionsmittelindustrien* werden im ersten Jahre Waren im Werte von 220 000 erzeugt. Wer kauft diese Waren?

Zunächst brauchen die Kapitalisten der Produktionsmittelindustrien selbst neue Produktionsmittel. Einen Teil dieses Bedarfes decken sie, indem sie die in ihren eigenen Betrieben erzeugten Produktionsmittel zur Erneuerung oder Erweiterung ihrer Betriebe verwenden. So brauchen die Kohlenbergwerke selbst Kohle zur Heizung ihrer Dampfkessel, die Eisenwerke selbst Eisen zur Erneuerung oder Erweiterung ihres Produktionsapparats. Einen anderen Teil des Bedarfes decken sie durch Kauf innerhalb der Produktionsmittelindustrien. So kauft das Eisenwerk Kohle vom Kohlenbergwerk, das Bergwerk Maschinen von der Maschinenfabrik, die Maschinenfabrik Eisen vom Eisenwerk. Wie groß ist nun der Gesamtbedarf der Produktionsmittelindustrien an neuen Produktionsmitteln? Zunächst muß das in der Produktion verbrauchte konstante Kapital ersetzt werden; zu diesem Zwecke müssen die Kapitalisten der Produktionsmittelindustrien Produktionsmittel im Werte von 120 000 verwenden. Überdies aber wollen die Kapitalisten den von ihnen im ersten Jahre akkumulierten Mehrwert zur Erweiterung der bestehenden oder zur Gründung neuer Betriebe verwenden. Wollen sie im nächsten Jahre ein um 12 500 vergrößertes Kapital verwenden, so müssen sie schon heuer neue Arbeitsräume bauen, neue Maschinen kaufen, ihren Vorrat an Rohstoffen vermehren, damit die Arbeiterschaft, die sie vom Beginn des nächsten Jahres an einstellen wollen, die erforderlichen Arbeitsmittel bereit finde. Zu diesem Zwecke müssen sie Produktionsmittel im Werte von 10 000 voneinander kaufen. Insgesamt werden also von den in der Sphäre I erzeugten Produktionsmitteln im Werte von 220 000 innerhalb dieser Sphäre selbst abgesetzt 1. zur Erneuerung des Produktionsapparats 120 000, 2. zur Erweiterung des Produktionsapparats für das nächste Jahr 10 000. Was geschieht aber mit den noch übrig gebliebenen Produktionsmitteln im Werte von 90 000?

Zunächst müssen die Kapitalisten der Konsumtionsgüterindustrien Produktionsmittel im Werte von 80 000 kaufen, um die in der Produktion im ersten Jahre verbrauchten Produktionsmittel zu erneuern. Überdies aber müssen die Kapitalisten der Konsumtionsgüterindustrien schon heuer Arbeitsräume bauen, Maschinen kaufen, ihren Vorrat an Rohstoffen vermehren, weil sie im nächsten Jahre ihre Produktion in erweitertem Umfang fortsetzen wollen. Zu diesem Zwecke kauft die Sphäre II von der Sphäre I Produktionsmittel im Werte von 5334. Insgesamt kaufen also die Kapitalisten der Konsumtionsgüterindustrien Produktionsmittel, die zur Erzeugung von Konsumtionsgütern erfordert werden, im Betrag von 85 334. Es sind also nunmehr nur noch Produktionsmittel im Werte von 4666 unverkauft geblieben. Wo finden sie ihren Absatz?

Die Kapitalisten der Konsumtionsgüterindustrien übertragen einen Teil des im ersten Jahre akkumulierten Mehrwertes in die Produktionsmittelindustrien: sei es, daß sie selbst Fabriken gründen, in denen Produktionsmittel erzeugt werden; sei es, daß sie einen Teil des von ihnen akkumulierten Mehrwertes durch Vermittlung der Banken den Kapitalisten der Konsumtionsgüterindustrien zur Verwendung übertragen; sei es, daß sie Aktien von Gesellschaften kaufen, die Produktionsmittel erzeugen. Soll auf diese Weise im nächsten Jahre der Produktionsapparat der Sphäre I erweitert sein, müssen schon heuer die Elemente dieses Produktionsapparats (Arbeitsräume, Maschinen, Rohstoffe) gekauft werden. Die Produktionsmittelindustrien verkaufen daher Waren im Werte von 4666 an jenes Kapital, das in der Konsumtionsgüterindustrie akkumuliert wurde, aber in der Produktionsmittelindustrie angelegt wird. Die Kapitalisten der Konsumtionsgüterindustrien kaufen also neben Produktionsmitteln im Werte von 85 334, die zur Erzeugung von Produktionsgütern verwendet werden, auch noch Produktionsmittel im Werte von 4666, die zur Erzeugung von Produktionsmitteln bestimmt sind.

Insgesamt werden also die im ersten Jahre erzeugten Produktionsmittel in folgender Weise abgesetzt:

1. An die Kapitalisten der Produktionsmittelindustrien:

a. zur Erneuerung des Produktionsapparats in I	120 000
b. zur Erweiterung des Produktionsapparats in I	10 000
Zusammen	130 000

2. An die Kapitalisten der Konsumtionsgüterindustrien:

a. zur Erneuerung des Produktionsapparats in II	80 000
b. zur Erweiterung des Produktionsapparats in II . . .	5 334
c. zur Erweiterung des Produktionsapparats in I	4 666
Zusammen	90 000

Damit ist die ganze Warenmasse, die in der Sphäre I erzeugt wurde, restlos abgesetzt.

Wie erfolgt nun der Absatz der Konsumtionsgüter? Um die Untersuchung zu vereinfachen, nehmen wir vorerst an, daß die gesamte Arbeiterklasse in Werkswohnungen (Wohnungen, die den industriellen Kapitalisten gehören) wohne und in Werkskonsumanstalten (Warenhäusern, die den industriellen Kapitalisten gehören) ihren ganzen Bedarf decke. In diesem Falle gehen alle erzeugten Konsumtionsmittel in die Hände der industriellen Kapitalisten über: ein Teil, um von ihnen konsumiert, der andere, um von ihnen an die Arbeiter verkauft zu werden.

Im ersten Jahre beträgt der Wert der in den Konsumtionsgüterindustrien erzeugten Waren 180 000. Von diesen Waren wird ein Teil in den Konsumtionsgüterindustrien selbst verwendet. Zunächst werden Waren im Werte von 37 500 von den Kapitalisten der Konsumtionsgüterindustrien selbst konsumiert. Überdies müssen die Kapitalisten der Konsumtionsgüterindustrien einen Teil ihrer Waren ihren Werkskonsumanstalten zuführen, damit sie an die Arbeiter der Sphäre II verkauft werden. Wie groß muß nun dieser Teil sein? Im ersten Jahre betrug das Einkommen der Arbeiter in II 50 000, im zweiten Jahre wird es 51 333 betragen. Die Kapitalisten von II müssen also von dem Produkt des ersten Jahres 51 333 ihren Werkskonsumanstalten zuführen, damit der Vorrat für die Ernährung der Arbeiter im zweiten Jahre bereit sei. Von dem Produkt der Sphäre II wurden also innerhalb dieser Sphäre selbst 37 500 + 51 333 = 88 833 abgesetzt.

Die Kapitalisten der Produktionsmittelindustrien müssen von den Konsumtionsgüterindustrien Waren kaufen. Für ihren eigenen Bedarf brauchen sie Konsumtionsgüter im Werte von 37 500. Außerdem müssen sie für ihre Werkskonsumanstalten Waren kaufen. Das Einkommen der Arbeiter der Sphäre I beträgt im ersten Jahre 50 000. Durch den Zuschlag des akkumulierten Mehrwertteils wird es im zweiten Jahre auf 52 500 vermehrt werden. Von dem Jahresprodukt von II im ersten Jahre müssen also die Kapitalisten von I für ihre Werkskonsumanstalten 52 500 kaufen, damit diese den Bedarf der Arbeiter von I im zweiten Jahre decken können. Der Gesamtbedarf der Kapitalisten der Produktionsmittelindustrien beträgt also 37 500 + 52 500 = 90 000 Konsumtionsgüter.

Endlich verwenden die Kapitalisten von II einen Teil des von ihnen akkumulierten Mehrwertes zur Errichtung neuer Betriebe, in denen Produktionsmittel erzeugt werden. Auch diese Betriebe müssen Werkskonsumanstalten errichten. Diese Konsumanstalten müssen einen Teil der Konsumtionsgüter, die im ersten Jahre erzeugt worden sind, kaufen, damit sie den

Bedarf der in diesen Betrieben im zweiten Jahre beschäftigten Arbeiter decken können. Sie kaufen Konsumtionsgüter im Werte von 1167.
Somit werden die im ersten Jahre erzeugten Konsumtionsgüter in folgender Weise abgesetzt:

1. An die Kapitalisten der Produktionsmittelindustrien:

a. für ihren eigenen Bedarf	37 500
b. für die Werkskonsumanstalten	52 500
Zusammen	90 000

2. An die Kapitalisten der Konsumtionsgüterindustrien:

a. für ihren eigenen Bedarf	37 500
b. für die Werkskonsumanstalten in II	51 333
c. für Werkskonsumanstalten in I	1 167
Zusammen	90 000

Es wird also auch die ganze Warenmasse, die in der Sphäre II erzeugt wurde, abgesetzt. Zugleich ersehen wir aus dieser Darstellung, daß die Kapitalisten der Konsumtionsgüterindustrien Produktionsmittel im Werte von 90 000 von den Produktionsmittelindustrien kaufen und ihnen Konsumtionsgüter gleichen Wertes verkaufen. Der Verkehr zwischen den beiden Sphären besteht darin, daß Konsumtionsgüter im Werte von 90 000 gegen Produktionsmittel im Werte von 90 000 eingetauscht werden. Somit ist der ganze Produktenwert beider Sphären, also auch der ganze Mehrwert realisiert.
Wir haben bisher vorausgesetzt, daß der Verkauf der Waren durch die industriellen Kapitalisten selbst erfolge; daß die industriellen Kapitalisten selbst Warenvorräte anhäufen und sie den Arbeitern verkaufen. Aber am Wesen des ganzen Prozesses ändert sich gar nichts, wenn diese Funktion einem besonderen Kapital übertragen wird; wenn an die Stelle des Warenkapitals der industriellen Kapitalisten das *Warenhandlungskapital* tritt. In diesem Falle treten folgende Veränderungen ein: 1. statt der Werkskonsumanstalten kaufen die Kaufleute die Waren; 2. ein Teil des Warenkapitals ist nicht in der Hand der industriellen Kapitalisten, sondern in der Hand der Kaufleute, jene teilen mit diesen ihren Mehrwert, und in dem Maße, als dies erfolgt, tritt an die Stelle der Warennachfrage der industriellen Kapitalisten die Nachfrage der Kaufleute. Die gesamte Konsumtionskraft der Gesellschaft bleibt dadurch unberührt. Auch in diesem Falle wird der ganze Mehrwert realisiert.
In gleicher Weise kann man sich an der Hand der Tabelle IV überzeugen, daß nicht nur im ersten, sondern auch in jedem folgenden Jahre der ge-

samte Produktenwert beider Sphären ohne Störung abgesetzt, der gesamte Mehrwert realisiert wird. Die Annahme der Genossin Luxemburg, daß der akkumulierte Mehrwertteil nicht realisiert werden könne, ist also falsch. Wie ist es möglich, daß die Genossin Luxemburg zu dieser falschen Annahme gelangte?

4) Rosa Luxemburgs Irrtum

Wir haben angenommen, *daß die Kapitalisten schon im ersten Jahre diejenigen Produktionsmittel kaufen, welche im zweiten Jahre von dem Zuwachs der Arbeiterbevölkerung in Bewegung gesetzt werden, und daß die Kapitalisten schon im ersten Jahre diejenigen Konsumtionsgüter kaufen, welche sie im zweiten Jahre an den Zuwachs der Arbeiterbevölkerung verkaufen;* daß also von dem Arbeitsprodukt des ersten Jahres ein Teil gekauft wird, um im zweiten Jahre als zuschüssiges produktives Kapital verwendet zu werden. Würden wir diese Annahme nicht zulassen, dann wäre die Realisierung des im ersten Jahre erzeugten Mehrwertes in diesem Jahre in der Tat unmöglich. Dann würden verkauft:

Von Produktionsmitteln:	
zur Erneuerung des konstanten Kapitals in I . .	120 000
zur Erneuerung des konstanten Kapitals in II . .	80 000
Zusammen	200 000
Von Konsumtionsgütern:	
an die Kapitalisten I	37 500
an die Arbeiter I	50 000
an die Kapitalisten II	37 500
an die Arbeiter II	50 000
Zusammen	175 000

In diesem Falle blieben in der Tat Produktionsmittel im Betrag von 20 000 und Konsumtionsgüter im Betrag von 5000 unabsetzbar. Es wäre in der Tat gerade der zur Akkumulation bestimmte Mehrwertteil ($\varkappa + \beta$), der nicht realisiert werden könnte.

Rosa Luxemburg glaubt, daß der akkumulierte Mehrwertteil nicht realisiert werden kann. In der Tat kann er im *ersten Jahre* nicht realisiert werden, wenn die stofflichen Elemente des zusätzlichen produktiven Kapitals (die neuen Arbeitsräume, Maschinen, Rohstoffe; die Konsumtionsgüter für den Zuwachs der Arbeiterschaft) erst im zweiten Jahre gekauft werden. Aber gekauft *müssen* sie schließlich werden, wenn nicht im ersten, dann eben im zweiten Jahre; denn ohne sie ist die Erweiterung des Produktionsapparats, die produktive Anlage des neugebildeten Kapitals nicht möglich. Und sobald sie gekauft werden, wird der bis dahin noch latente Teil des im ersten Jahre erzeugten Mehrwertes realisiert.

Marx stellt den Kreislauf des Kapitals in folgender Weise dar:

$$G - W \begin{cases} Pm \\ A \end{cases} \ldots P \ldots W_1 - G_1$$

Nun scheiden wir W_1 in drei Teile: $W + w + w_1$, wobei W dem Kostenpreis $(c + v)$, w dem konsumierten und w_1 dem akkumulierten Teile des Mehrwertes gleich sei. Dann erhalten wir folgendes Bild:

$$G - W \begin{cases} Pm \\ A \end{cases} \ldots P \ldots \begin{pmatrix} W \\ + \\ w \\ + \\ w_1 \end{pmatrix} - \begin{pmatrix} G \\ + \\ g \\ + \\ g_1 \end{pmatrix}$$

Nach Abschluß des Produktionsprozesses teilt sich der Kreislauf in drei Teilprozesse. Es kann nun allerdings geschehen, daß die Zeit, die zur Umsetzung der erzeugten Ware in Geld erforderlich ist, in jedem der drei Teilprozesse verschieden ist. Solange nur der Prozeß $W - G$ abgeschlossen ist, ist überhaupt noch kein Mehrwert, sondern nur der Kostenpreis realisiert. Sobald der Prozeß $(W + w) - (G + g)$ abgeschlossen ist, ist nur der konsumierte, nicht der akkumulierte Mehrwertteil realisiert. Der akkumulierte Mehrwertteil kann erst in dem Augenblick realisiert werden, in dem w_1 in g_1 umgesetzt ist; das heißt: in dem jene Waren verkauft sind, in denen sich der zu akkumulierende Mehrwertteil vergegenständlicht; jene Waren, die die stofflichen Elemente des zusätzlichen produktiven Kapitals der nächsten Produktionsperiode bilden.

Die Erscheinung, daß nur der konsumierte, nicht der akkumulierte Mehrwertteil realisiert ist, kann also wirklich eintreten: sie tritt dann ein, wenn $(W+w)$ in $(G+g)$ schon umgesetzt ist, w_1 in g_1 noch nicht. Aber diese Erscheinung ist nur eine *vorübergehende Phase* in dem gesamten Kreislauf. In dem Maße, in dem die produktive Anlegung des neugebildeten Kapitals erfolgt, wird auch der akkumulierte Mehrwertteil realisiert. Wenn also $(W + w)$ schon im ersten Jahre in $(G + g)$ umgesetzt werden, während das im ersten Jahre erzeugte w_1 erst im zweiten Jahre sich in g_1 verwandeln kann, dann wird allerdings im ersten Jahre bloß der konsumierte Mehrwertteil realisiert; der im ersten Jahre erzeugte, zur Akkumulation bestimmte Mehrwertteil bleibt aber nicht unrealisiert, er wird gleichfalls, aber erst im Verlauf des zweiten Jahres, realisiert werden.

Das *Mehrprodukt*, das im ersten Jahre erzeugt wurde, besteht aus zwei

Teilen: 1. *aus Konsumtionsgütern* für die Kapitalisten, 2. aus den *stofflichen Elementen des zusätzlichen produktiven Kapitals.* Sobald der erste Bestandteil verkauft ist, ist der konsumierte Mehrwertteil realisiert; sobald der zweite Bestandteil verkauft ist, ist der akkumulierte Mehrwertteil realisiert. Es ist unmöglich, *zuerst* den Mehrwertteil k zu realisieren und *dann* erst die Konsumtionsgüter für die Kapitalisten zu beschaffen; die Realisierung von k vollzieht sich eben im Verkauf des ersten Bestandteils des Mehrproduktes. Ebenso unmöglich ist es, *zuerst* den Mehrwertteil $(\varkappa + \beta)$ zu realisieren und *dann* erst die stofflichen Elemente des zusätzlichen produktiven Kapitals zu kaufen; die Realisierung von $(\varkappa + \beta)$ vollzieht sich eben im Verkauf des zweiten Bestandteils des Mehrproduktes. Es ist also gar nicht sonderbar, daß Rosa Luxemburg $(\varkappa + \beta)$ im ersten Jahre nicht realisieren kann, da sie annimmt, daß die Kapitalisten erst im zweiten Jahre die stofflichen Elemente des zusätzlichen produktiven Kapitals kaufen. Realisierung von $(\varkappa + \beta)$ und produktive Verwendung des Mehrproduktes, in dem $(\varkappa + \beta)$ vergegenständlicht sind, sind zwei Seiten derselben Erscheinung; sie können nur *gleichzeitig* erfolgen.

Die ganze Schwierigkeit entsteht nur, wenn man annimmt, die Verkaufszeit der Waren, in denen der akkumulierte Mehrwertteil verkörpert ist, sei länger als die Verkaufszeit der anderen Waren. In Wirklichkeit ist natürlich die Umschlagszeit der einzelnen Kapitalien und ihre Gliederung in Einkaufs-, Produktions- und Verkaufszeit sehr verschieden. Marx mußte von diesen Verschiedenheiten absehen und annehmen, daß das Jahresprodukt innerhalb des Jahres abgesetzt werde, um die Reproduktion des Kapitals an einem einfachen Schema darstellen zu können. Aber selbst wenn wir uns über diese Voraussetzung des Marxschen Schemas hinwegsetzten, gelangten wir doch zu keinem anderen Ergebnis als der nicht überraschenden Erkenntnis, daß ein Teil des in jedem Jahre erzeugten Mehrwertes erst im Verlauf des folgenden Jahres realisiert wird.

Die Genossin Luxemburg glaubt, die Waren, in denen $(\varkappa + \beta)$ verkörpert sind, müßten außerhalb der kapitalistischen Welt verkauft werden, damit die Realisierung des in ihnen vergegenständlichten Mehrwertes möglich werde. Ja, was für Waren sind denn das? Das sind doch jene Produktionsmittel, die die Kapitalisten brauchen, um ihren Produktionsapparat zu erweitern, und jene Konsumtionsgüter, die dazu gebraucht werden, den Zuwachs der Arbeiterbevölkerung zu ernähren. Wenn diese Waren aus der kapitalistischen Welt hinausgeschleudert würden, dann wäre im nächsten Jahre überhaupt keine Produktion auf erweiterter Stufenleiter möglich; es wären weder die notwendigen Produktionsmittel zur Erweiterung des Produktionsapparats noch die notwendigen Lebensmittel zur Ernährung einer

vermehrten Arbeiterschaft zu beschaffen. *Die Ausscheidung dieses Teiles des Mehrproduktes aus dem kapitalistischen Markte würde nicht, wie Rosa Luxemburg meint, die Akkumulation ermöglichen, sie würde vielmehr jede Akkumulation unmöglich machen.*
In Wirklichkeit wird auch der akkumulierte Mehrwertteil in der kapitalistischen Gesellschaft realisiert. Die Realisierung vollzieht sich allerdings schrittweise, allmählich. So werden zum Beispiel die Lebensmittel, die im zweiten Jahre zur Ernährung der zuschüssigen Arbeiterschaft verwendet werden, in der Regel wohl schon im ersten Jahre produziert und von den Produzenten an das Großhandelskapital verkauft; ein Teil des Mehrwertes, der in diesen Lebensmitteln verkörpert ist, wird also schon im ersten Jahre realisiert. Die Realisierung des anderen Teiles dieses Mehrwertes erfolgt dann erst im Laufe des zweiten Jahres mit dem Verkauf dieser Lebensmittel vom Großhändler an den Kleinhändler und von diesem an die Arbeiter. Alle Einzelheiten dieses Prozesses kann das Schema natürlich nicht erfassen. Aber sie ändern auch an dem Gesamtprozeß nichts. Wie immer sich die Kreisläufe der Einzelkapitalien verschlingen und durchkreuzen, bleibt die Tatsache bestehen, daß die Realisierung von $(\varkappa + \beta)$ mit der produktiven Anlage des neugebildeten Kapitals gleichzeitig erfolgt, besser gesagt: jene sich in dieser und durch sie vollzieht. Insofern ist unser Schema ein treues Bild der Wirklichkeit. Es beweist, daß auch der zu akkumulierende Mehrwertteil in der kapitalistischen Sphäre selbst realisiert wird.

5) Bedingungen harmonischer Akkumulation

Unser Schema (Tabelle IV) setzt voraus, daß 1. die Arbeiterschaft jährlich um 5 Prozent wächst, 2. das variable Kapital in gleichem Verhältnis wächst wie die Arbeiterschaft, 3. das konstante Kapital in dem durch den technischen Fortschritt erheischten Maße schneller wächst als das variable. Unter diesen Voraussetzungen ist es nicht erstaunlich, daß keine Schwierigkeit entsteht, den Mehrwert zu realisieren. Die Konsumtionskraft der Arbeiter wächst in diesem Falle ebenso schnell wie ihre Zahl. Die Konsumtionskraft der Kapitalisten wächst ebenso schnell, da mit der Zahl der Arbeiter auch die Mehrwertmasse wächst. Die Konsumtionskraft der ganzen Gesellschaft wächst also ebenso schnell wie das Wertprodukt. Die Akkumulation ändert daran nichts; sie bedeutet nur, daß weniger Konsumtionsgüter, mehr Produktionsmittel erheischt werden als bei einfacher Reproduktion. Die *Erweiterung des Produktionsfeldes*, die eine Voraussetzung der Akkumulation bildet, ist hier durch das Wachstum der Bevölkerung gegeben.

Dieser Gleichgewichtszustand zwischen der Akkumulation und dem Bevölkerungswachstum kann jedoch nur dann erhalten werden, wenn die Akkumulationsrate so schnell steigt, daß trotz der steigenden organischen Zusammensetzung des Kapitals das variable Kapital ebenso schnell wächst wie die Bevölkerung (Tabelle III). Bleibt das Steigen der Akkumulationsrate hinter diesem Erfordernis zurück, dann bleibt das Wachstum des variablen Kapitals hinter der Vermehrung der Arbeit suchenden Bevölkerung zurück. Den Zustand, der dann eintritt, können wir den Zustand der *Unterakkumulation* nennen.

6) Zyklische Abweichungen: Über- und Unterakkumulation

Die erste Wirkung der Unterakkumulation ist die Bildung einer *industriellen Reservearmee.* Ein Teil des Bevölkerungszuwachses bleibt arbeitslos. Die arbeitslosen Proletarier üben einen Druck auf die Löhne. *Die Löhne sinken, die Mehrwertrate steigt.* Da in einer Gesellschaft, die nur aus Kapitalisten und Arbeitern besteht, die arbeitslosen Proletarier kein anderes Einkommen finden können als das Lohneinkommen, müssen die Löhne so lange sinken, muß die Mehrwertrate so lange steigen, bis trotz dem relativ verringerten variablen Kapital die gesamte Arbeiterbevölkerung Beschäftigung findet. Die veränderte Verteilung des Wertproduktes, die dadurch eintritt, ist herbeigeführt durch die Tatsache, daß mit der steigenden organischen Zusammensetzung des Kapitals, in der sich der technische Fortschritt ausdrückt, der *Wert der Arbeitskraft* gesunken ist, daher *relativer Mehrwert* gebildet wurde.
Ist die Mehrwertrate gestiegen, so wird – bei unveränderter Akkumulationsrate – auch der zu akkumulierende Mehrwertteil vergrößert. Es wächst also auch die Mehrwertmasse, die zur Vergrößerung des variablen Kapitals verwendet wird. Ihre Vergrößerung auf diesem Wege muß sich so lange vollziehen, *bis das Gleichgewicht zwischen dem Wachstum des variablen Kapitals und dem Wachstum der Bevölkerung wiederhergestellt ist.*
Ich nenne das Verhältnis des akkumulierten Mehrwertteils zum gesamten Mehrwert die *kapitalistische Akkumulationsrate,* das Verhältnis des akkumulierten Mehrwertteils zum gesamten Wertprodukt (variables Kapital + Mehrwert) die *gesellschaftliche Akkumulationsrate.*[1] So können wir den Mechanismus, durch den die Unterakkumulation immer wieder aufgehoben wird, in folgender Weise darstellen: Ist die gesellschaftliche Akkumu-

[1] Bisher war, wo ich von der Akkumulationsrate sprach, immer die kapitalistische Akkumulationsrate gemeint.

lationsrate zu klein, so entsteht eine industrielle Reservearmee. Die Löhne sinken. Die Mehrwertrate steigt. Daher steigt auch, selbst bei unveränderter kapitalistischer Akkumulationsrate, die gesellschaftliche Akkumulationsrate; denn bei gleicher kapitalistischer Akkumulationsrate wächst die gesellschaftliche Akkumulationsrate mit der Mehrwertrate. Unter dem Drucke der industriellen Reservearmee steigt die Mehrwertrate und mit ihr die gesellschaftliche Akkumulationsrate so lange, bis diese groß genug geworden ist, trotz der steigenden organischen Zusammensetzung das variable Kapital ebenso schnell zu vermehren wie die Arbeiterbevölkerung. Sobald das der Fall, ist die industrielle Reservearmee aufgesogen und das Gleichgewicht zwischen Akkumulation und Bevölkerungswachstum wiederhergestellt.

Die kapitalistische Produktionsweise trägt also in sich selbst den Mechanismus, der die hinter dem Bevölkerungswachstum zurückgebliebene Akkumulation dem Bevölkerungswachstum wieder anpaßt. Aber diese Anpassung erfolgt auf Kosten der Arbeiterklasse. Sie erfolgt durch die Steigerung der Ausbeutungsrate. Der Fortschritt zu höherer organischer Zusammensetzung des Kapitals führt die Unterakkumulation immer wieder herbei; durch das Steigen der Mehrwertrate wird sie immer wieder überwunden. Sie ist eine *periodisch wiederkehrende,* aber immer nur *vorübergehende Phase des industriellen Zyklus.*

Steigt die gesellschaftliche Akkumulationsrate, so erreicht sie schließlich einen Punkt, in dem das variable Kapital schneller wächst als die Bevölkerung. Den Zustand, der in diesem Falle eintritt, nennen wir den Zustand der *Überakkumulation.* Aber wie die Unterakkumulation ist auch die Überakkumulation immer nur eine vorübergehende Phase des industriellen Zyklus.

Marx beschreibt den Zustand der Überakkumulation in folgender Weise: »Sobald das Kapital gewachsen wäre in einem Verhältnis zur Arbeiterbevölkerung, daß weder die absolute Arbeitszeit, die diese Bevölkerung liefert, ausgedehnt noch die relative Mehrarbeitszeit erweitert werden könnte (das letztere wäre ohnehin nicht tubar in einem Falle, wo die Nachfrage nach Arbeit so stark, also Tendenz zum Steigen der Löhne); wo also das gewachsene Kapital nur ebensoviel oder selbst weniger Mehrwertmasse produziert als vor seinem Wachstum, so fände eine absolute Überproduktion statt; das heißt das gewachsene Kapital C $+ \Delta$ C produziert nicht mehr Profit oder gar weniger Profit als das Kapital C vor seiner Vermehrung durch ΔC. In beiden Fällen fände auch ein starker und plötzlicher Fall in der allgemeinen Profitrate statt, diesmal aber wegen eines Wechsels in der Zusammensetzung des Kapitals, der nicht der Entwicklung der Produktivkraft geschuldet wäre, sondern einem Steigen in dem Geldwert des variablen Kapitals (wegen der gestiegenen Löhne) und der ihm entsprechenden Abnahme im Verhältnis der Mehrarbeit zur notwendigen Arbeit.«[1] Dieser Punkt bezeichnet die *absolute Grenze der Akkumulation*. Wird er erreicht, so erfolgt die Anpassung der Akkumulation an das Bevölkerungswachstum in einer verheerenden Krise mit gewaltiger Brachlegung von Kapital, massenhafter Zerstörung von Werten und jähem Sturz der Profitrate.

In Wirklichkeit kann die Anpassung erfolgen, ehe noch die von Marx beschriebene absolute Grenze erreicht wird. Ist die Akkumulationsrate zu groß, dann wird die industrielle Reservearmee schnell aufgesogen, die Löhne steigen, die Mehrwertrate sinkt, mit ihr sinkt die gesellschaftliche Akkumulationsrate, und schon dadurch wird das Wachstum des variablen Kapitals wieder verlangsamt. Schon dadurch kann die Anpassung der Akkumulation an das Volkswachstum erfolgen.

Überdies sinkt im Zustand der Überakkumulation die Profitrate sehr schnell. Die Profitrate sinkt infolge des Fortschreitens zu höherer organischer Zusammensetzung des Kapitals selbst dann, wenn zwischen Akkumulation und Bevölkerungswachstum Gleichgewicht besteht. Sie sinkt noch schneller, wenn der Fortschritt zu höherer organischer Zusammensetzung mit sinkender Mehrwertrate zusammenfällt, was bei Überakkumulation der Fall. In dem Augenblick, »wo sich die zuletzt beschriebenen Tendenzen der sinkenden Profitrate durchsetzen gegenüber den Tendenzen, die infolge der gestiegenen Nachfrage Steigen der Preise und des Profits bewirkt haben, tritt die Krise ein«.[2] In der Krise und in der ihr folgenden industriellen Depression ist die Akkumulation wesentlich verlangsamt, das Wachstum des variablen Kapitals bleibt nunmehr wieder hinter dem Bevölkerungswachstum zurück.

7) Mechanistische Tendenzen zur gleichgewichtigen Akkumulation

Wie die Unterakkumulation wird also auch die Überakkumulation durch den Mechanismus der kapitalistischen Produktionsweise selbst immer wieder aufgehoben. In der kapitalistischen Produktionsweise besteht *die Tendenz zur Anpassung der Akkumulation des Kapitals an das Wachstum der Bevölkerung*. Diese Anpassung ist erfolgt, sobald das variable Kapital sich ebenso schnell vermehrt wie die Arbeiterbevölkerung, das konstante Kapital aber in dem Maße schneller, als die Entwicklung der Produktivkraft dies erheischt. In einer sozialistischen Gesellschaft würden die die Produk-

[1] Marx, Das Kapital, III, 1, S. 233. [MEW Bd. 25, S. 261, 262]
[2] Hilferding, Das Finanzkapital, S. 323.

tion leitenden gesellschaftlichen Organe bewußt und planmäßig dafür sorgen, daß das Wachstum des gesellschaftlichen Produktionsapparats dem Wachstum der Bevölkerung angepaßt sei. In der kapitalistischen Gesellschaft muß diese Anpassung gleichfalls erfolgen; aber sie kann hier nicht anders erfolgen als durch Vermittlung großer Krisen mit Arbeitslosigkeit, Lohndruck, steigender Ausbeutung auf der einen, Brachlegung von Kapital, Zerstörung von Werten, sinkender Profitrate auf der anderen Seite.

Die Tendenz zur Anpassung der Akkumulation an das Bevölkerungswachstum beherrscht die internationalen Beziehungen. Länder mit dauernder Überakkumulation legen einen großen, wachsenden Teil des in jedem Jahre akkumulierten Mehrwertes im Ausland an. Beispiel: Frankreich und England. Länder mit dauernder Unterakkumulation ziehen Kapital aus dem Ausland an sich und geben Arbeitskräfte an das Ausland ab. Beispiel: die agrarischen Länder Osteuropas. *Die Vermehrung des produktiven Kapitals im Lande selbst bleibt immer durch das Wachstum der verfügbaren Arbeiterbevölkerung begrenzt:* das variable Kapital kann dauernd nicht schneller wachsen als die Bevölkerung, das konstante Kapital immer nur in dem durch den Entwicklungsgrad der Produktivkräfte bestimmten Verhältnis schneller als das variable. Man begreift daher auch die Aufregung der Kapitalisten über den Rückgang der Geburtenzahl: die Verlangsamung des Bevölkerungswachstums verengt die Grenze, die dem Wachstum ihres Kapitals gezogen ist.

Die kapitalistische Weltwirtschaft als Ganzes betrachtet, wird die Tendenz zur Anpassung der Akkumulation an das Bevölkerungswachstum sichtbar in dem industriellen Zyklus. Prosperität ist Überakkumulation. Sie hebt sich selbst auf in der Krise. Die nun folgende Depression ist eine Zeit der Unterakkumulation. Sie hebt sich selbst auf, indem die Depression aus sich heraus die Bedingungen der Wiederkehr der Prosperität erzeugt. *Die periodische Wiederkehr der Prosperität, der Krise, der Depression ist der empirische Ausdruck der Tatsache, daß der Mechanismus der kapitalistischen Produktionsweise selbsttätig Überakkumulation und Unterakkumulation aufhebt, die Akkumulation des Kapitals immer wieder dem Wachstum der Bevölkerung anpaßt.*

Der einzelne Kapitalist glaubt, es hänge nur von seiner »Entsagung« ab, welchen Teil des Mehrwertes er »erspart«. In Wirklichkeit werden die Kapitalisten in jeder Krise belehrt, daß ihrer Akkumulation objektive Grenzen gesetzt sind: daß das Kapital nur in dem Maße vermehrt werden kann, in dem die Gesellschaft ihren Produktionsapparat auszudehnen vermag. Die objektive Grenze der Akkumulation wird, wenn der Entwicklungsgrad der Produktivkräfte gegeben ist, bestimmt durch das Wachstum der Arbeiterbevölkerung. Die Akkumulation setzt Ausdehnung des Produktionsfeldes voraus; ausgedehnt wird das Produktionsfeld durch das Wachstum der Bevölkerung. »Vermehrung der Bevölkerung erscheint als Grundlage der Akkumulation als eines stetigen Prozesses.«[1] Würde das Bevölkerungswachstum überhaupt aufhören, dann könnte das variable Kapital dauernd nicht vermehrt werden; Akkumulation wäre dann nur in dem Maße möglich, als die Entwicklung der Produktivkräfte zusätzliches konstantes Kapital zur Beschäftigung einer unveränderten Arbeitermasse erheischte.

Die Genossin Luxemburg weiß, daß der Akkumulation des Kapitals objektive Grenzen gezogen sind. Aber sie bestimmt diese Grenzen falsch. Die Genossin Luxemburg glaubt, daß in einer kapitalistischen Gesellschaft, die ihre Waren nicht in bäuerlichen oder kleinbürgerlichen Gebieten absetzen könnte, Akkumulation des Kapitals überhaupt nicht möglich wäre. Diese Ansicht ist unrichtig. Jede Gesellschaft, deren Bevölkerung wächst, muß ihren Produktionsapparat erweitern. Die Erweiterung des Produktionsapparats nimmt unter kapitalistischer Produktionsweise die besondere Form der Akkumulation des Kapitals an. Diese Akkumulation vollzieht sich ohne Störung, sofern sie nur in einem bestimmten Größenverhältnis bleibt einerseits zum Wachstum der Bevölkerung, andererseits zur Entwicklung der Produktivkraft, die sich in dem Fortschritt zu höherer organischer Zusammensetzung des Kapitals ausdrückt. Allerdings treibt die Entwicklung die Akkumulation immer wieder über diese Grenze hinaus; aber die Akkumulation wird immer wieder in ihre Grenze zurückgeführt durch die periodisch wiederkehrende Wirtschaftskrise. Das Ergebnis unserer Untersuchung ist also: 1. daß auch in einer isolierten kapitalistischen Gesellschaft Akkumulation des Kapitals möglich ist, sofern sie nur über eine jeweils bestimmte Grenze nicht hinausgeht; 2. daß sie zu dieser Grenze selbsttätig zurückgeführt wird durch den Mechanismus der kapitalistischen Produktionsweise selbst.

Als eine Apologie des Kapitalismus kann diese Darstellung nicht betrachtet werden. Denn während die Apologeten des Kapitals die Schrankenlosigkeit der Akkumulation erweisen wollten – mit der Produktion steige automatisch auch die Konsumtionskraft! –, decken wir die Grenze auf, die der Akkumulation gesetzt ist. Während die Apologeten die Unmöglichkeit allgemeiner Krisen beweisen wollten, zeigen wir, daß sich die Gesetze der Akkumulation nicht anders durchsetzen können als durch allgemeine Krisen, in deren Gefolge Arbeitslosigkeit, Lohndruck, steigendes Massenelend, wachsende Erbitterung und Empörung der Arbeitermassen einhergehen.

---

[1] Marx, Theorien über den Mehrwert, II, 2, S. 244.

8) Konsequenzen zur »Erklärung des Imperialismus«

Die Genossin Luxemburg erklärt den Imperialismus in folgender Weise: In einer isolierten kapitalistischen Gesellschaft wäre Verwandlung des Mehrwertes in Kapital unmöglich. Sie wird nur dadurch ermöglicht, daß die Kapitalistenklasse ihren Absatzmarkt stetig erweitert, um in Gebieten, die noch nicht kapitalistisch produzieren, jenen Teil des Mehrproduktes abzusetzen, in dem der akkumulierte Teil des Mehrwertes verkörpert ist. Diesem Zwecke dient der Imperialismus.

Diese Erklärung ist, wie wir gesehen haben, unrichtig. Akkumulation ist auch in einer isolierten kapitalistischen Gesellschaft möglich und notwendig. Und der Teil des Mehrproduktes, in dem der akkumulierte Mehrwertteil verkörpert ist, kann nicht an Bauern und Kleinbürger der Kolonien verkauft werden, weil er im kapitalistischen Mutterland selbst gebraucht wird, den Produktionsapparat zu erweitern.

Aber in der falschen Erklärung ist doch ein echter Kern verborgen. Ist die Akkumulation in einer isolierten kapitalistischen Gesellschaft nicht unmöglich, so ist sie doch in Grenzen gebannt. Der Imperialismus dient in der Tat dem Zwecke, diese Grenzen zu erweitern.

Zunächst ist die Akkumulation durch das Wachstum der Arbeiterbevölkerung begrenzt. Der Imperialismus vermehrt nun gewaltig die Arbeitermasse, die gezwungen ist, dem Kapital ihre Arbeitskraft zu verkaufen. Er bewirkt dies, indem er die alten Produktionsweisen der Kolonialgebiete zersetzt und dadurch Millionen zwingt, entweder in kapitalistische Gebiete auszuwandern oder in ihrer Heimat selbst dem dort angelegten europäischen oder amerikanischen Kapital zu fronen. Da – bei gegebener organischer Zusammensetzung des Kapitals – die Größe der Akkumulation durch das Wachstum der verfügbaren Arbeiterbevölkerung bestimmt ist, ist der Imperialismus also in der Tat ein Mittel, die Grenzen der Akkumulation weiter zu spannen.

Neben dem Wachstum der Bevölkerung bestimmt die Entwicklung der Produktivkräfte, das Fortschreiten zu höherer organischer Zusammensetzung, die Größe der Akkumulation. Auch diese Entwicklung kann durch den Imperialismus gefördert werden: einmal, indem er vornehmlich die Entwicklung der Produktionszweige mit überdurchschnittlicher organischer Zusammensetzung des Kapitals fördert; zweitens, indem er dem Kapital die außerhalb seiner Heimat gelegenen stofflichen Produktionselemente zur Verfügung stellt und dadurch die Entwicklung der Produktivkräfte, die Steigerung der Produktivität der Arbeit gewaltig beschleunigt.

Die Anpassung der Akkumulation an das Wachstum der Bevölkerung setzt sich in periodischen Krisen durch. In jeder Krise sind gewaltige Warenmengen unverkäuflich und ein großer Teil des produktiven Kapitals liegt brach. Die Überwindung der Krise wird erleichtert, wenn es gelingt, große Warenmengen in neue Absatzgebiete zu werfen. Auch dies sucht der Imperialismus dem Kapital zu ermöglichen.

Ist also der Imperialismus nicht ein Mittel, die Akkumulation überhaupt zu ermöglichen, so ist er doch ein Mittel, ihre Grenzen weiter zu spannen und die Überwindung der Krisen, die periodisch aus der Überakkumulation entstehen, zu erleichtern. Dieses Streben ist in der Tat eine Wurzel, nicht die einzige, des Imperialismus.

Nach der Ansicht der Genossin Luxemburg könnte der Kapitalismus ohne fortwährende Expansion überhaupt nicht bestehen. Wird der Ausdehnung seiner Absatzmärkte eine Schranke gesetzt, dann kann er einen großen Teil des Mehrwertes nicht realisieren. Er bricht von selbst zusammen.

Nach unserer Ansicht ist der Kapitalismus auch ohne Expansion denkbar. Aber ob mit, ob ohne Expansion führt der Kapitalismus selbst seinen Untergang herbei. Ist ihm die Expansion möglich, dann bringt er die Arbeitermassen durch das Wettrüsten, durch wachsenden Steuerdruck, durch kriegerische Katastrophen zur Empörung. Ist ihm die Expansion verwehrt, dann wird die Grenze der Akkumulation verengt, die Krisen werden häufiger, länger, verheerender. In dem einen wie in dem anderen Falle erkennt ein wachsender Teil der Volksmasse, daß seine Lebensinteressen mit der Fortdauer der kapitalistischen Produktionsweise unvereinbar sind.

Nicht an der mechanischen Unmöglichkeit, den Mehrwert zu realisieren, wird der Kapitalismus scheitern. Er wird der Empörung erliegen, zu der er die Volksmassen treibt. Nicht erst dann, bis der letzte Bauer und der letzte Kleinbürger auf der ganzen Erde in Lohnarbeiter verwandelt, daher dem Kapitalismus kein zuschüssiger Markt mehr offen sein wird, wird der Kapitalismus zusammenbrechen: er wird weit früher gefällt werden von der wachsenden »Empörung der stets anschwellenden und durch den Mechanismus des kapitalistischen Produktionsprozesses selbst geschulten, vereinten und organisierten Arbeiterklasse«.

ANHANG

ÜBERSETZUNG DER FREMDSPRACHIGEN ZITATE
(Text und Fußnoten)

S. *15*. »Die Besitzer des Mehrprodukts oder Kapitals.« (»The Source and Remedy of the National Difficulties«, A letter to Lord John Russell, London 1821.)

S. *21*, Anm. 3. »Durch die Konzentration der Reichtümer in den Händen einer kleinen Zahl von Besitzern verengt sich der innere Markt immer mehr, und die Industrie sieht sich immer mehr dazu genötigt ihre Absatzgebiete auf den fremden Märkten zu suchen, wo sie von den stärksten Umwälzungen bedroht werden (nämlich die Krise von 1817, die gleich darauf beschrieben wird.« (Sismondi, »Nouv. Princ.«, éd. 1819, I, p. 336.)

S. *101*. »Wert ist ein Verhältnis zwischen gleichzeitig vorhandenen Gütern, weil nur diese überhaupt einen gegenseitigen Austausch gestatten.« (Samuel Bailey, »A critical dissertation . . .«, London 1825.)

S. *105*. »Der Handel wendet ein beträchtliches Kapital an, das auf den ersten Blick keinen Teil des Kapitals zu bilden scheint, dessen Entwicklungsgang wir ausführlich geschildert haben. Der Wert der Tücher, die in den Lagerhäusern des Tuchhändlers aufgestapelt sind, scheint zunächst völlig verschieden zu sein von dem Teil der jährlichen Produktion, den der Reiche dem Armen als Lohn gibt, um ihn zu beschäftigen. Dieses Kapital hat jedoch nur das andere ersetzt, von dem wir gesprochen haben. Um die Entwicklung des Reichtums klar zu begreifen, haben wir ihn bei seiner Schöpfung betrachtet und sind ihm bis zu seiner Konsumtion gefolgt. Da schien uns beispielsweise das in der Anfertigung von Tüchern angewendete Kapital stets dasselbe zu sein; als es gegen das Einkommen des Konsumenten ausgetauscht wurde, hat es sich nur in zwei Teile geteilt: der eine hat dem Fabrikanten als Einkommen in der Form des Profits gedient, der andere hat den Arbeitern als Einkommen in der Form des Lohnes gedient, während sie neues Tuch herstellten.
Jedoch man fand bald, daß es allen zum Vorteil diente, wenn sich die verschiedenen Teile dieses Kapitals gegenseitig ersetzten und wenn die hunderttausend Taler, die zur Bewerkstelligung des Umsatzes zwischen Fabrikanten und Konsumenten genügten, sich zu gleichen Teilen zwischen dem Fabrikanten, dem Großhändler und dem Kleinhändler aufteilten. Der erste leistete nur mit einem Drittel dasselbe wie früher mit dem Ganzen, weil er in dem Augenblick, da seine Fabrikation vollendet war, den Händler viel früher als Käufer fand, als er den Konsumenten gefunden hätte. Das Kapital des Großhändlers wurde seinerseits viel rascher durch das des Kleinhändlers ersetzt ... Der Unterschied zwischen den vorgeschossenen Löhnen und dem Kaufpreis, den der letzte Konsument zahlt, muß den Profit der Kapitale ausmachen. Er verteilt sich auf den Fabrikanten, den Kaufmann und den Kleinhändler, seit sie ihre Rollen

untereinander aufgeteilt haben, und die geleistete Arbeit war dieselbe, obgleich drei Personen und drei Teilkapitale statt eines damit beschäftigt waren.« (Sismondi, »Nouveaux Principes«, T. I, Paris 1819, p. 139, 140.) – »Alle« (die Kaufleute) »wirkten indirekt an der Produktion mit; denn diese hat die Konsumtion zum Ziel und kann erst dann als vollendet gelten, wenn sie das Produkt in den Bereich des Konsumenten gebracht hat.« (l. c. p. 137.)

S. *121*. »Wenn der Grieche den Griechen trifft, dann kommt es zu hartem Kampf.« (Abgefälschtes Zitat aus N. Lee, »Rival Queens«, in: »Works«, Bd. 3, London 1734, p. 266.)

S. *122/123*, Anm. 11. »Die Unkosten des Handels müssen, wenn sie auch notwendig sind, dennoch als eine drückende Aufgabe betrachtet werden.« (Quesnay, »Analyse du Tableau Économique«, in Daire, »Physiocrates«, Ie partie, Paris 1846, p. 71.) – Nach Quesnay ist der »profit«, den die Konkurrenz unter den Kaufleuten hervorbringt, nämlich daß sie dieselben nötigt, »ihr Entgelt oder ihren Gewinn herabzusetzen ... genau genommen nur eine *Herabminderung des Verlustes* für den Verkäufer erster Hand oder für den kaufenden Konsumenten. Nun, eine Verminderung des Verlustes, den die Unkosten des Handels verursachen, ist kein *wirkliches Produkt* oder eine Vermehrung des Reichtums, hervorgebracht durch den Handel, ob man ihn an und für sich einfach als Austausch unabhängig von den Transportkosten oder mit den Transportkosten zusammen betrachtet.« (l. c. p. 145, 146.) »Die Unkosten des Handels werden immer von den Verkäufern der Produkte getragen, die den vollen Preis erhalten würden, den die Käufer dafür zahlen, wenn es keine Kosten für die Vermittlung gäbe« (p. 163.) Die Grundbesitzer und Produzenten sind »Lohnzahler«, die Kaufleute sind »Entlohnte« (p. 164.) (Quesnay, »Dialogues sur le Commerce et sur les Travaux des Artisans«, in Daire, »Physiocrates«, Ie partie, Paris 1846.)

S. *127*, Anm. 13. »Das Geld, das in einem Land zirkuliert, ist ein bestimmter Teil des Kapitals des Landes, der produktiven Zwecken vollkommen entzogen ist, um die Produktivität des Restes zu erleichtern oder zu steigern. Eine gewisse Anhäufung von Reichtum ist also ebenso notwendig, wenn Gold zum Zirkulationsmittel gemacht, wie wenn eine Maschine hergestellt werden soll, um jede andere Produktion zu erleichtern.« (»Economist«, vol. V, p. 520.)

S. *140/141*, Anm. 18. »Richtig, aber wie wird ihr [der Ware] der zusätzliche Wert zugefügt? Indem man erstens den Produktionskosten die Auslagen für den Transport und zweitens den Profit auf die Kapitalvorschüsse hinzufügt, die der Kaufmann geleistet hat. Die Ware ist nur aus denselben Gründen mehr wert, aus denen jede andere Ware mehr Wert erhalten kann, weil nämlich mehr Arbeit auf ihre Produktion und Beförderung verwendet wird, bevor sie vom Verbraucher gekauft wird. Das darf nicht als einer der Vorteile des Handels bezeichnet werden.« (Ricardo, »Principles of Pol. Econ.«, 3rd ed., London 1821, p. 309, 310.)

S. *145*. »... Im Ackerbau ist die Zeit der Aussaat sein Anfang und die Ernte sein Ende.« (S. P. Newman, »Elements of. Pol. Econ.«, Andover and New York, p. 81.)

S. *177*. »Es gibt zwei verschiedene Arten, in denen ein Kapital verwendet werden kann, um seinem Besitzer ein Einkommen oder Gewinn zu verschaffen.« (Adam Smith, »Wealth of Nations«, Book II, chap. I, p. 185. Edit. Aberdeen 1848.)

S. *177*, Anm. 23. »Die jährlichen Vorschüsse bestehen in den Ausgaben, die jährlich für die Arbeit des Ackerbaues gemacht werden; diese Vorschüsse müssen von den ursprünglichen Vorschüssen unterschieden werden, die die Grundlage für die Einrichtung der Wirtschaft bilden.« (Quesnay, »Analyse du Tableau Économiques«. In: »Physiocrates«, éd. Daire, IIe partie, Paris 1846, p. 59.) – »Infolge der größeren oder geringeren Lebensdauer der Arbeitsprodukte besitzt eine Nation einen von der jährlichen Reproduktion unabhängigen beträchtlichen Vorrat an Reichtümern, der ein von langer Hand angesammeltes *Kapital* darstellt, das ursprünglich mit Produkten bezahlt wurde und sich stets erhält und vermehrt.« (Le Trosne, »De l'intérêt social«. In: »Physiocrates«, éd. Daire, II, p. 928, 929.)

S. *178*. »Erstens kann es in der Erzeugung, Bearbeitung oder im Einkauf von Gütern und in ihrem Wiederverkauf mit Gewinn angelegt werden.«
»Das Kapital, das in dieser Weise angelegt wird, wirft seinem Besitzer kein Einkommen oder Gewinn ab, solange es entweder in seinem Besitz bleibt oder in derselben Form verharrt.« (Adam Smith, »Wealth of Nations«, Book II, chap. I, p. 185. Edit. Aberdeen 1848.)

S. *179*. »Die Güter des Kaufmanns werfen ihm kein Einkommen oder Gewinn ab, bis er sie für Geld verkauft, und das Geld wirft ihm ebensowenig ab, bis es wieder für Güter ausgetauscht wird. Sein Kapital geht ununterbrochen in der einen Form von ihm und kehrt in einer andern zu ihm zurück, und es kann nur mit Hilfe einer solchen Zirkulation oder aufeinander folgender Tauschakte irgendeinen Gewinn abwerfen. Derartige Kapitalien können deshalb im eigentlichen Sinne des Wortes zirkulierende Kapitalien genannt werden.« (Smith, l. c. p. 185.)

S. *180*. »Das Kapital eines Kaufmanns ist ganz und gar zirkulierendes Kapital.«
»Zweitens kann es« (das Kapital) »in der Melioration von Grund und Boden, im Ankauf nützlicher Maschinen und Werkzeuge oder in ähnlichen Dingen angelegt werden, die ein Einkommen oder Gewinn abwerfen, ohne den Besitzer zu wechseln oder irgendwie weiter zu zirkulieren. Solche Kapitalien können deshalb fixe Kapitalien im eigentlichen Sinne des Wortes genannt werden. Verschiedene Beschäftigungen erfordern sehr verschiedene Größenverhältnisse zwischen dem fixen und dem zirkulierenden Kapital, das in ihnen verwendet wird ... Jeder Handwerksmeister oder Fabrikant muß einen gewissen Teil seines Kapitals in den Arbeitsmitteln seines Gewerbes festlegen. Dieser Teil ist jedoch in

manchen sehr klein und in manchen sehr groß ... Der bei weitem größere Teil des Kapitals all dieser Handwerker« (...) »wird jedoch entweder in den Löhnen ihrer Arbeiter oder im Preis ihrer Rohstoffe zirkuliert und im Preis ihres Produkts mit einem Gewinn zurückerstattet.«
»weitergegeben wird, den Besitzer wechselt, weiter zirkuliert« (Smith, l. c. p. 185.)

S. *181.* »Es gibt zwei verschiedene Arten, in denen ein Kapital verwendet werden kann, um seinem Besitzer ein Einkommen oder einen Gewinn zu verschaffen.«
»Verschiedene Beschäftigungen erfordern sehr verschiedene Größenverhältnisse zwischen den fixen und den zirkulierenden Kapitalien, die in ihnen verwendet werden.« (Smith, l. c. p. 185.)

S. *182.* »gewisse Teile des Kapitals in den Arbeitsmitteln festgelegt werden müssen.«
»Werkzeuge oder ähnliche Dinge ... werfen ein Einkommen oder Gewinn ab, ohne den Besitzer zu wechseln oder irgendwie weiter zu zirkulieren. Solche Kapitalien können daher fixe Kapitalien im eigentlichen Sinne des Wortes genannt werden.« (Smith, l. c. p. 185.)

S. *183.* »Das Kapital, das in dieser Weise verwendet wird, wirft seinem Besitzer kein Einkommen oder Gewinn ab, solange es entweder in seinem Besitz bleibt oder in derselben Form verharrt.« (Smith, l. c. p. 185.)

S. *184.* »Wenn es« (das Kapital) »verwendet wird, um zukünftigen Gewinn zu verschaffen, so muß es diesen Gewinn entweder dadurch verschaffen, daß es bei ihm« (dem Besitzer) »verbleibt oder von ihm geht. In dem einen Fall ist es ein fixes, im andern ein zirkulierendes Kapital.« (l. c. p. 189.)

S. *186.* »Kein fixes Kapital kann eine Revenue ohne Hilfe eines zirkulierenden Kapitals abwerfen. Die nützlichsten Maschinen und Arbeitsinstrumente werden nichts ohne das zirkulierende Kapital produzieren, das die Rohmaterialien, zu deren Bearbeitung sie verwendet werden, und den Unterhalt der Arbeiter liefert, die sie verwenden.«
»Der Teil des Kapitals des Pächters, der in den landwirtschaftlichen Geräten angelegt ist, ist ein fixes, derjenige, der in den Löhnen und dem Unterhalt seines Arbeitsgesindes angelegt ist, ein zirkulierendes Kapital.«
»Es erzielt bei dem einen einen Gewinn, indem er es in seinem eigenen Besitz behält, und bei dem andern, indem er es weggibt. Der Preis oder Wert seines Arbeitsviehs ist ein fixes Kapital« (...) »in derselben Weise wie der der Wirtschaftsgeräte; dessen (des Arbeitsviehs) Erhaltungsmittel bilden ein zirkulierendes Kapital in derselben Art wie die des Gesindes. Der Pächter erzielt seinen Profit, indem er seine Arbeitstiere behält und ihre Unterhaltungsmittel weggibt.« (Smith, l. c. p. 188.)

S. *186/187.* »Sowohl der Preis wie die Erhaltungskosten des Viehs, das gekauft und gemästet wird nicht für die Arbeit, sondern zum Verkauf, sind ein zirkulierendes Kapital. Der Pächter macht seinen Gewinn, indem er es weggibt.«

»Der ganze Wert des Saatgetreides ist ebenfalls eigentlich ein fixes Kapital, obgleich es zwischen dem Acker und der Scheune hin und her geht, wechselt es niemals die Besitzer und zirkuliert deshalb nicht wirklich. Der Pächter erzielt seinen Gewinn nicht durch seinen Verkauf, sondern durch seine Vermehrung.« (Smith, l. c. p. 188.)

S. *189*. »seinem Eigentümer ein Einkommen liefern und ihm deshalb *in der Eigenschaft eines Kapitals* dienen kann, so kann es der Allgemeinheit keines liefern, noch ihm in der Eigenschaft eines Kapitals dienen, und das Einkommen des Volksganzen kann dadurch niemals im geringsten Grad vermehrt werden.« (Smith, l. c. p. 186.)

S. *190*. »Das zirkulierende Kapital besteht ... aus den Lebensmitteln, Rohmaterialien und Fertigfabrikaten aller Art, die sich in den Händen der betreffenden Händler befinden, und aus dem Geld, das zu ihrer Zirkulation und Verteilung notwendig ist usw.«

»... Der dritte und letzte von den drei Teilen, in die sich der Gesamtvorrat der Gesellschaft naturgemäß teilt, ist das zirkulierende Kapital, dessen charakteristisches Merkmal es ist, daß es ein Einkommen nur durch Zirkulation oder Besitzwechsel abwirft. Dieses ist ebenfalls aus vier Teilen zusammengesetzt: erstens aus dem Geld ...« (...) »zweitens aus dem Vorrat an Lebensmitteln, die im Besitz des Fleischers, des Viehmästers, des Pächters sind ... und aus deren Verkauf sie die Erzielung eines Gewinnes erwarten ... Viertens und letztens aus dem Produkt, das zwar fertiggestellt und vollendet, aber immer noch in der Hand des Kaufmanns oder Fabrikanten ist« – und: »drittens aus den Materialien, die entweder noch überhaupt roh oder mehr oder weniger bearbeitet sind, aus Kleidern, Hausrat und Gebäuden, die noch nicht in diese drei Formen gebracht sind, die aber in der Hand der Landwirte, der Fabrikanten, der Krämer und Tuchhändler, der Holzhändler, der Zimmerer und Tischler, der Ziegelmacher usw. verbleiben.« (Smith, l. c. p. 186.)

S. *194*. »Von diesen vier Teilen« (...) »werden drei – Lebensmittel, Rohmaterialien und Fertigprodukte – jährlich oder in einer kürzeren oder längeren Periode regelmäßig aus ihm herausgezogen und entweder in das fixe Kapital oder in den für die unmittelbare Konsumtion bestimmten Vorrat übertragen. Jedes fixe Kapital stammt ursprünglich aus einem zirkulierenden und es bedarf eines solchen ständig zu seiner eigenen Erhaltung. Alle nützlichen Maschinen und Arbeitsinstrumente stammen ursprünglich von einem zirkulierenden Kapital, das die Materialien zu ihrer Herstellung und den Lebensunterhalt der Arbeiter liefert, die sie herstellen. Sie bedürfen auch eines Kapitals derselben Art, um dauernd in gutem Zustand erhalten zu werden.« (Smith, l. c. p. 188.)

S. *195*. »Grund und Boden, Bergwerke und Fischerei erfordern zu ihrer Bearbeitung sowohl ein fixes als auch ein zirkulierendes Kapital« (...) »und« (...) »ihr Produkt ersetzt nicht nur diese Kapitalien mit Profit, sondern auch *alle übrigen in der Gesellschaft*.« (Smith, l. c. p. 188.)

S. *197.* »Ein zirkulierendes Kapital, das . . . den Lebensunterhalt der Arbeiter liefert, die sie« (. . .) »herstellen.« (Smith, l. c. p. 188.)

S. *199,* Anm. 24. »Nicht nur sein« (des Pächters) »Arbeitsgesinde, sondern auch sein Arbeitsvieh sind produktive Arbeiter.« (Smith, l. c. p. 243.)

S. *319/320,* Anm. 33. »Betrachtet das ›Tableau Economique‹ und ihr werdet sehen, daß die produktive Klasse das Geld hergibt, mit dem ihr die andern Klassen Produkte abkaufen, und daß sie ihr dieses Geld zurückerstattet, indem sie im nächsten Jahr bei ihr dieselben Einkäufe machen . . . Ihr seht also hier keinen andern Kreislauf als den der Ausgabe, der die Reproduktion folgt, und der Reproduktion, der die Ausgabe folgt, ein Kreislauf, der durch die Zirkulation des Geldes durchlaufen wird, das die Ausgabe und die Reproduktion zurücklegt.« (Quesnay, »Dialogues sur le Commerce et sur les Travaux des Artisans«, in Daire, »Physiocr.«, I, p. 208, 209.)

»Diesen ständigen Vorschuß und Rückfluß der Kapitalien muß man die Geldzirkulation nennen, diese nützliche und fruchtbare Zirkulation, die alle Arbeiten der Gesellschaft belebt, die die Bewegung und das Leben im politischen Körper erhält und die man mit gutem Grunde mit der Blutzirkulation im tierischen Körper vergleichen kann.« (Turgot, »Réflexions etc.«, »Œuvres«, éd. Daire, I, p. 45.)

S. *337,* Anm. 37. »Wie sie« (die Manufaktur-Unternehmer) »müssen sie« (die Pächter, das heißt die kapitalistischen Pächter) »außer der Rückerstattung ihrer Kapitalien empfangen usw.« (Turgot, Œuvres, éd. Daire. Paris 1844. Tome I, p. 40.)

S. *405/406.* »Es ist klar, daß der Wert des jährlichen Produkts sich in Kapitalien und in Profite teilt, und daß jeder dieser Teile des Wertes des jährlichen Produkts regelmäßig die Produkte kauft, deren die Nation bedarf, um ihr Kapital zu erhalten wie um ihren Konsumtionsfonds zu erneuern . . . Die Produkte, die das *Kapital* einer Nation bilden, *sind nicht konsumierbar.*« (Storch, »Considérations sur la nature du revenu national«, Paris 1824, p. 134, 135, 150.)

S. *408.* »Zirkulierendes Kapital besteht ausschließlich aus Lebensmitteln und andern notwendigen Dingen, die den Arbeitern vor der Vollendung des Produkts ihrer Arbeit vorgeschossen werden . . . Lediglich das fixe Kapital, nicht das zirkulierende, ist eigentlich eine Quelle des nationalen Reichtums . . . Das zirkulierende Kapital ist keine unmittelbar wirkende Kraft in der Produktion, es ist für sie überhaupt nicht wesentlich, sondern nur ein Aushilfsmittel, das durch die beklagenswerte Armut der Masse der Bevölkerung notwendig gemacht worden ist . . . Das fixe Kapital allein stellt vom Gesichtspunkt der Nation aus ein Element der Produktionskosten dar.« (Ramsay, »An essay on the distribution of wealth«, Edinburgh 1836, l. c., p. 23–26 passim.)

»Solange ein Teil des Produkts jener Arbeit« (nämlich der Arbeit, die auf die Produktion einer Ware verwendet worden ist) »als fixes Kapital existiert, das heißt in einer Form, in der es, obgleich es zur Herstellung einer künftigen Ware mithilft, *keine Arbeiter unterhält.*« (Ramsay, l. c. p. 59.)

S. 456. »... dieser ganz ausgezeichnete Schriftsteller, Mitglied des Institut de France und der Philosophischen Gesellschaft von Philadelphia ...«

»Man bemerkt, wie ich hoffe, wie sehr diese Methode, die Konsumtion unserer Reichtümer zu betrachten, übereinstimmt mit allem, was wir über ihre Produktion und ihre Verteilung gesagt haben, und *welche Klarheit sie zugleich über die ganze Bewegung der Gesellschaft verbreitet.* Woher kommt diese Übereinstimmung und diese Erkenntnis? Daher, daß wir die Wahrheit gefunden haben. Das erinnert an die Wirkung der Spiegel, in denen sich die Gegenstände deutlich und in ihren richtigen Größenverhältnissen abzeichnen, wenn man auf dem richtigen Beobachtungspunkt steht, und wo alles verschwommen und verzerrt erscheint, wenn man sich zu nahe oder zu weit entfernt befindet.« (Destutt de Tracy, »Traité de la volonté et de ses effets«, Paris 1826, p. 242, 243.)

»Das ist der bürgerliche Stumpfsinn in seiner ganzen glückstrahlenden Selbstgefälligkeit!«

BIBLIOGRAPHIE

1. Von Marx (und Engels) angeführte Literatur

a) Werke, Aufsätze, Zeitschriften

Adams, W[illiam] Bridges, Roads and rails and their sequences, physical und moral. London 1862. 159, 161

[Bailey, Samuel,] A critical dissertation on the nature, measures, and causes of value . . . London 1825. 101

Barton, John, Observations on the circumstances which influence the condition of the labouring classes of society. London 1817. 211

Chalmers, Thomas, On political economy in connexion with the moral state and moral prospects of society. 2nd ed. Glasgow 1832. 145

Corbet, Thomas, An inquiry into the causes and modes of the wealth of individuals . . . In 2 parts. London 1841. 129

Courcelle-Seneuil, J[ean]-G[ustave], Traité théorique et pratique des entreprises industrielles, commerciales et agricoles . . . 2e éd., revue et augmentée. Paris 1857. 223

Destutt de Tracy, [Antoine-Louis-Claude] comte de, Éléments d'idéologie. 4e et 5e parties. Traité de la volonté et de ses effets. Paris 1826. 448–456

Dupont de Nemours, [Pierre-Samuel], Maximes du docteur Quesnay, ou résumé de ses principes d'économie sociale. In »Physiocrates« . . . éd. Eugène Daire. 1e partie. Paris 1846. 177

»The Economist«, Weekly Commercial Times, Bankers' Gazette, and Railway Monitor: a political, literary, and general newspaper. [London], vom 8. Mai 1847. 127

– vom 16. Juni 1866. 235

– vom 30. Juni 1866. 235, 236

– vom 7. Juli 1866. 236

Good, W[illiam] Walter, Political, agricultural and commercial fallacies; or, the prospect of the nation after twenty years' »Free-trade«. London [1866]. 219, 220

Hodgskin, Thomas, Popular political economy. Four lectures delivered at the London Mechanics' Institution. London 1827. 226

Holdsworth, W. A., The law of landlord and tenant, with a copious collection of useful forms. London 1857. 161, 165

Kirchhof, Friedrich, Handbuch der landwirthschaftlichen Betriebslehre. Dessau 1852. 167, 224, 227, 230, 231, 238

Lalor, John, Money and morals: a book for the times. London 1852. 130.

Lardner, Dionysius, Railway economy: a treatise on the new art of transport, its management, prospects, and relations, commercial, financial, and social . . . London 1850. 159, 166, 167

Laveleye, Emile de, Essai sur l'économie rurale de la Belgique. Bruxelles [1863.] 226, 227

Lavergne, Léonce de, The rural economy of England, Scotland, and Ireland. Transl. from the French, with notes by a Scottish farmer. Edinburgh, London 1855. 221

Lee, Nathanael, The dramatic works. In 3 vols. Vol. 3. Containing Sophonisby. Nero. Gloriana. Rival Queens. The massacre of Paris. London 1734. 121

Le Trosne, [Guillaume-François], De l'intérêt social . . . In: »Physiocrates« . . . éd. par Eugène Daire. 2e partie. Paris 1846. 177

Macleod, Henry Dunning, The elements of political economy. London 1858. 212

»Manava Dharma Sastra«, or the institutes of Manu according to the gloss of Kulluka, comprising the Indian system of duties, religious and civil . . . 3rd ed. ed. by P. Percival. Madras 1863. 221

Marx, Karl, Das Elend der Philosophie. Antwort auf Proudhons »Philosophie des Elends«. Deutsch von E[duard] Bernstein und K[arl] Kautsky. Mit Vorwort und Noten von Friedrich Engels. Stuttgart 1885. 11

– Das Kapital. Kritik der politischen Oekonomie. Bd. 1. Buch 1: Der Produktionsprocess des Kapitals. 2. verb. Aufl. Hamburg 1872. 7, 8, 10, 15, 18, 32, 43, 51, 52, 64, 76, 107, 115, 118, 125, 132, 143, 146, 150, 153, 154, 161, 162, 170, 175, 188, 189, 193, 201, 209–211, 222, 286, 288, 299, 304, 309, 319, 320, 329, 330, 332, 333, 336, 371, 386, 409, 410, 448, 456, 468, 472, 473, 475

– (anonym) Lohnarbeit und Kapital. In: »Neue Rheinische Zeitung«. Organ der Demokratie. Köln, vom 5., 6., 7., 8. und 11. April 1849. 12

– Misère de la philosophie. Réponse à la philosophie de la misère de Proudhon. Paris, Bruxelles 1847. 12, 17, 21

– Zur Kritik der Politischen Oekonomie. 1. Heft. Berlin 1859. 7, 323

Meyer, R[udolf Hermann], Der Emancipationskampf des vierten Standes. Bd. 1. Berlin 1874. 11

Mill, John Stuart, Essay on some unsettled questions of political economy. London 1844. 212

»Money Market Review«, London, vom 2. Dezember 1867. 158

– vom 25. Januar 1868. 167

Müller, Adam H[einrich], Die Elemente der Staatskunst . . . Th. 3. Berlin 1809. 173

»Neue Rheinische Zeitung«, Organ der Demokratie. Köln, vom 24. Juni 1848. 12
– vom 4. Juli 1848. 12
– vom 26. Juli 1848. 12
– vom 10. September 1848. 12
– vom 12. September 1848. 12
– vom 9. November 1848. 12
– vom 5. April 1849. 12
– vom 6. April 1849. 12
– vom 7. April 1849. 12
– vom 8. April 1849. 12
– vom 11. April 1849. 12
Newman, Samuel P[hilips], Elements of political economy. Andover, New York 1835. 144, 145

Patterson, R[obert] H[ogard], The science of finance. A practical treatise. Edinburgh, London 1868. 212
Potter, A[lonzo], Political economy ... New York 1841. 173, 174

Quesnay, [François], Analyse du Tableau économique. (1766). In: »Physiocrates.« ... éd. par Eugène Daire. 1e partie. Paris 1846. 122, 177, 335, 346
– Dialogues sur le commerce et sur les travaux des artisans. Ebendort. 122, 123, 319, 320

Ramsay, George, An essay on the distribution of wealth. Edinburgh 1836. 212, 365, 408
Ravenstone, Piercy, Thoughts on the funding system, and its effects. London 1824. 18
Ricardo, David, On the principles of political economy, and taxation. 3rd ed. London 1821. 140, 141, 200, 207, 208, 210, 211, 364, 448, 449
Rodbertus-Jagetzow, [Johann Karl], Briefe und Socialpolitische Aufsätze. Hrsg. von Rudolph Meyer. Bd. 1. Berlin [1881]. 11, 21
– Das Kapital. Vierter socialer Brief an von Kirchmann. Hrsg. und eingel. von Theophil Kozak. Berlin 1884. 14
– Sociale Briefe an von Kirchmann. Dritter Brief: Widerlegung der Ricardo'schen Lehre von der Grundrente und Begründung einer neuen Rententheorie. Berlin 1851. 11, 12
– Zur Erkenntniß unsrer staatswirthschaftlichen Zustände. 1. Heft: Fünf Theoreme. Neubrandenburg, Friedland 1842. 11, 15, 22
Roscher, Wilhelm, Die Grundlagen der Nationalökonomie ... 3., verm. und verb. Aufl. Stuttgart, Augsburg 1858. 349
Roscoe, H[enry] E[nfield], und C[arl] Schorlemmer, Ausführliches Lehrbuch der Chemie. Bd. 1. Nichtmetalle. Braunschweig 1877. 19

Say, Jean-Baptiste, Lettres à M. Malthus, sur différens sujets d'économie politique . . . Paris 1820. 412

– Traité d'économie politique . . . 3e éd. T. 2. Paris 1877. 140, 141, 365

Scrope, The principles of political economy siehe *Potter A[lonzo]:* Political economy . . .

Senior, N[assau]-W[illiam], Principes fondamentaux de l'économie politique, tirés de leçons édites et inédites de Mr. Senior par Jean Arrivabene. Paris 1836. 409, 410

Sismondi, J[ean]-C[harles]-L[éonard] Simonde de, Études sur l'économie politique. T. 1. Bruxelles 1837. 130

– Nouveaux principes d'économie politique, ou de la richesse dans ses rapports avec la population. T. 1. Paris 1819. 21, 22, 105, 106, 366

Smith, Adam, An inquiry into the nature and causes of the wealth of nations. With a memoir of the author's life. Complete in one vol. Aberdeen, London 1848. 13, 14, 131, 177–185, 186–195, 197, 199, 336–343, 345–349, 352, 353, 356, 363, 444

Soetbeer, Adolf, Edelmetall-Produktion und Wertverhältniss zwischen Gold und Silber seit der Entdeckung Amerika's bis zur Gegenwart. (Ergänzungsheft Nr. 57 zu »Petermann's Mittheilungen«.) Gotha 1879. 438

»The source and remedy of the national difficulties«, deduced from principles of political economy, in a lette to Lord John Russell. London 1821. 15–18

Storch, Henri, Considérations sur la nature du revenu national. Paris 1824. 365, 366, 405, 406

– Cours d'économie politique . . . T. 2. St.-Petersbourg 1815. 366

Thompson, William, An inquiry into the principles of the distribution of wealth most conducive to human happiness . . . London 1824. 17, 300, 301

– An inquiry into the principles of the distribution of wealth most conductive to human happiness. A new ed. by William Pare. London 1850. 17, 18, 300–303

Tooke, Thomas, An inquiry into the currency principle; the connection of the currency with prices, and the expediency of a separation of issue from banking. 2nd ed. London 1844. 444, 445

Чупров, А[лександр Иванович], Желѣзнодорожное хозяйство. Его экономическія особенности и его отношенія къ интересамъ страны. Москва 1875. 53

Turgot, [Anne-Robert-Jacques, de L'Aulne], Réflexions sur la formation et la distribution des richesses. In: »Oeuvres«. Nouv. éd . . . par Eugène Daire. T. 1. Paris 1844. 177, 320, 337

Tyler [Tylor], E[dward] B[urnett], Forschungen über die Urgeschichte der Menschheit und die Entwickelung der Civilisation. Aus dem Engl. von H. Müller. Leipzig o. J. 410

Wayland, Francis, The elements of political economy. Boston 1843. 209, 210

Williams, R[ichard] Price, On the maintenance and renewal of permanent way. In: »Minutes of proceedings of the institution of civil engineers...« vol. 25. Session 1865/66. Ed. by James Forrest. London 1866. 158, 168, 169

»Zeitschrift für die gesammte Staatswissenschaft«, Hrsg. von Fricker, Schäffle und A. Wagner. Bd. 35. Tübingen 1879. 11

b) Amtliche Druckschriften

East India (Bengal and Orissa famine). Papers and correspondence relative to the famine in Bengal and Orissa... Ordered, by the House of Commons, to be printed, 31 May 1867. 131

East India (Bengal and Orissa famine). Papers relating to the famine in Behar, including Mr. F. R. Cockerell's report... Part III. Ordered, by the House of Commons, to be printed, 31 May 1867. 131

East India (Madras and Orissa famine). Return to an address of the Honourable the House of Commons, dated 4 July 1867. Ordered, by the House of Commons, to be printed, 30 July 1867. 221

Report from the select committee on bank acts; together with the procceedings of the committee minutes of evidence, appendix and index. Part I. Report and evidence. Ordered, by the House of Commons, to be printed, 30 July 1857. 217, 218

Reports by Her Majesty's secretaries of embassy and legation, on the manufactures, commerce & c., of the countries in which they reside. Nr. 8. Presented to both Houses of Parliament by command of Her Majesty. 1865. London [1865]. 224

Reports by Her Majesty's secretaries of embassy and legation... Part III. Presented to both House of Parliament by command of Her Majesty. May 1879. London 1879. 440, 480–483

Royal commission on railways. Report of the commissioners. Presented to both Houses of Parliament by command of Her Majesty. London 1867. 129, 158, 162, 167, 234

2. Wichtigste Ausgaben des Zweiten Bandes des »Kapital«

Das Kapital. Kritik der politischen Oekonomie. Zweiter Band. Buch II: Der Cirkulationsprocess des Kapitals. Herausgegeben von Friedrich Engels. Hamburg 1885.

2. durchgesehene Auflage. Hamburg 1893.

Volksausgabe. Hrsg. von Karl Kautsky. Berlin 1926 und öfter.
Hrsg. vom Marx-Engels-Lenin-Institut, Moskau. Wien/Berlin 1932. Neudruck: Ost-Berlin 1948 und öfter.
Капиталъ. Критика политической экономіи. Переводъ съ нѣмецкаго. Томъ второй. Книга II. Процессъ обращенія капитала. С.-Петербургъ 1885.
Ökonomische Schriften. Zweiter Band: Das Kapital. Kritik der politischen Ökonomie. Zweiter Band, Zweites Buch: Der Zirkulationsprozeß des Kapitals. Hrsg. von Hans-Joachim Lieber und Benedikt Kautsky. Stuttgart 1963 (= Karl Marx, Werke, Schriften, Briefe. In sieben Bänden [acht Teilbände]. Herausgegeben von Hans-Joachim Lieber. Bd. V).
Karl Marx – Friedrich Engels, Werke. Hrsg. vom Institut für Marxismus-Leninismus beim ZK der SED. Band 24 [Das Kapital. Band II. Buch 2] Ost-Berlin 1968.

3. Sekundärliteratur (Auswahl)

Altvater, Elmar, »Die Konjunkturlage der BRD Anfang 1970. Versuch einer Methodik für Konjunkturanalysen«. In: Sozialistische Politik 5/1970; sowie »Zur Methodik der Konjunkturanalyse. Anmerkungen zu einem Aufsatz von E. Altvater.« In: Sozialistische Politik 6, 7/1970
Balassa, B. A., »Karl Marx und John Stuart Mill«. In: Weltwirtschaftliches Archiv, 1959, Bd. 83, Nr. 2
Baran, Paul A. und Sweezy, Paul M., Monopolkapital. Ein Essay über die amerikanische Wirtschafts- und Gesellschaftsordnung. Frankfurt/M. 1967
Bauer, Otto, »Die Akkumulation des Kapitals«. In: Die Neue Zeit, 31. Jhg. (1912–13), Bd. I
–, »Die Geschichte eines Buches«. In: Die Neue Zeit, 26. Jhg. (1907–08), Bd. I
–, »Marx' Theorie der Wirtschaftskrisen«. In: Die Neue Zeit, 23. Jhg. (1904–05), Bd. I
–, Zwischen zwei Weltkriegen? Preßburg 1936
Benary, A. und Graul, H., »Zur Entstehung der ökonomischen Lehre von Karl Marx«. In: Wirtschaftswissenschaft. Heft 3, Berlin 1954
Bernstein, Eduard, Die Voraussetzung des Sozialismus und die Aufgaben der Sozialdemokratie. Stuttgart 1899–1902; Neudruck Reinbeck 1970 (= Rowohlts Klassiker, Texte des Sozialismus und Anarchismus)
Beute, Bernhard, Die Selbstzersetzung der kapitalistischen Produktionsordnung bei Karl Marx. Zella-Mehlis 1930

Boudin, Louis B., Das theoretische System von Karl Marx. Stuttgart 1909

–, »Mathematische Formeln gegen Karl Marx«. In: Die Neue Zeit, 2/25. Jhg. (1906–07), Bd. I

Bucharin, Nikolai, Der Imperialismus und die Akkumulation des Kapitals. Berlin/Wien 1926

Burchardt, F., »Die Schemata des stationären Kreislaufs bei Böhm-Bawerk und Marx«. In: Weltwirtschaftliches Archiv. Bd. 35 (1932)

Cliff, T., Studie über Rosa Luxemburg. Frankfurt 1969

Cunow, Heinrich, »Zur Zusammenbruchstheorie«. In: Die Neue Zeit, 17. Jhg. (1898/99), Bd. XVII, Halbband

Dobb, Maurice, Organisierter Kapitalismus. Frankfurt 1966

–, Political Economy and Capitalism. London 1937

Duncker, Hermann u. a. (Hrsg.), Marxistische Arbeiter Schulung. Kursus: Politische Ökonomie. Wien, Berlin 1930

Eckstein, Gustav, »Rosa Luxemburg, ›Die Akkumulation des Kapitals‹. Eine Besprechung«, in: Rosa Luxemburg: Die Akkumulation des Kapitals. Berlin 1923

Feldmann, G. A., Zur Wachstumstheorie des Nationaleinkommens, hrsg. v. O. Krutsch. Frankfurt/Wien 1969

Folgen einer Theorie. Essay über ›Das Kapital‹ von Karl Marx. Frankfurt 1967

Godellier, M., »Strukturuntersuchung der von Karl Marx im ›Kapital‹ angewandten Methode«. In: Wirtschaftswissenschaftliche Information. Berlin 1963, Heft 35

Gropp, R. O., Grundlagen des dialektischen Materialismus. Berlin 1970

Großmann, Henryk, Das Akkumulations- und Zusammenbruchsgesetz des kapitalistischen Systems. Leipzig 1929. Neuauflage. Archiv sozialistischer Literatur 8. Frankfurt 1967

Hilferding, Rudolf, Das Finanzkapital. Eine Studie über die jüngste Entwicklung des Kapitalismus. Wien 1910. Neuauflage Frankfurt/Wien 1968

–, »Zur Problemstellung der theoretischen Ökonomie bei Karl Marx«. In: Die Neue Zeit (1904/05) Nr. 5

Hofmann, W., »Theorie der Wirtschaftsentwicklung. Vom Merkantilismus bis zur Gegenwart«. Bd. 3. In der Reihe: Sozialökonomische Studientexte. Berlin 1966

Höhmann, H.-H., »Die Produktionsabteilung I und II bei Karl Marx in der ›Politischen Ökonomie‹«. Osteuropawirtschaft 1961

Holy, V. L., Über die Zeitgebundenheit der Kreislauftheorien von Quesnay, Marx und Keynes. Zürich 1957

Horowitz, D. (Hrsg.), Marx and Modern Economics. London 1968

Jánossy, F., Das Ende der Wirtschaftswunder. Erscheinungen und Wesen der wirtschaftlichen Entwicklung. Frankfurt 1966

Kautsky, Karl, Die materialistische Geschichtsauffassung. Bd. I und II. Berlin 1927

–, »Finanzkapital und Krisen«. In: Die Neue Zeit, Jhg. 29. (1910–1911), Bd. I

–, Karl Marx' ökonomische Lehren. Gemeinverständlich dargestellt und erläutert. Stuttgart 1898[6]

–, »Krisentheorie«. In: Die Neue Zeit, 20. Jhg. (1901–02), Bd. II

Klatt, S., Wachstumstheoretische Beziehungen in der Akkumulationstheorie von Karl Marx, Jahrbücher f. Nationalökonomie und Statistik, Bd. 172 (1960)

Korsch, Karl, Karl Marx. Frankfurt 1967

Lange, D., »Marxian Economics and Modern Economic Theory«. In: Review of Economic Studies, Juni 1935

Lenin, Wladimir Iljitsch, »Antwort an Herrn P. Neshdanow«. In: W. I. Lenin, Werke. Berlin 1963, Bd. 4 (3. Aufl.)

–, »Die Entwicklung des Kapitalismus in Rußland«. In: W. I. Lenin, Werke. Berlin 1963, Bd. 3 (3. Auflage)

–, »Der Imperialismus als höchstes Stadium des Kapitalismus. Gemeinverständlicher Abriß«. In: W. I. Lenin, Werke. Berlin 1963, Bd. 22

–, Hefte zum Imperialismus – Vorarbeiten zu dem Werk ›Der Imperialismus als höchstes Stadium des Kapitalismus‹. Berlin 1957

–, »Noch einmal zur Frage der Realisierungstheorie«. In: W. I. Lenin, Werke. Berlin 1963, Bd. 4 (3. Aufl.)

–, »Notiz zur Frage der Theorie der Märkte (Aus Anlaß einer Polemik zwischen Herrn Tugan Baranowski und Herrn Bulgakow)«. In: W. I. Lenin, Werke. Berlin 1963, Bd. 4 (3. Aufl.)

–, »Zur Charakteristik der ökonomischen Romantik (Sismondi und unsere einheimischen Sismondisten)«. In: W. I. Lenin, Werke. Berlin 1966, Bd. 2

–, »Zur sogenannten Frage der Märkte«. In: W. I. Lenin, Werke. Berlin 1963, Bd. 1 (3. Aufl.)

Luxemburg, Rosa, Die Akkumulation des Kapitals – Ein Beitrag zur ökonomischen Erklärung des Imperialismus. Berlin 1913, Neuauflage in: Archiv sozialistischer Literatur I. Frankfurt 1965

–, Die Akkumulation des Kapitals oder Was die Epigonen aus der Marxschen Theorie gemacht haben – Eine Antikritik. Leipzig 1921. Neuauflage in: Archiv sozialistischer Literatur I. Frankfurt 1965

Mandel, Ernest, Einführung in die Marxistische Wirtschaftstheorie. Frankfurt[2] 1967
–, Entstehung und Entwicklung der ökonomischen Lehre von Karl Marx (1843–1863). Frankfurt 1968
–, Marxistische Wirtschaftstheorie. Frankfurt 1968
Marbach, F., »Zum Kapitalbegriff von K. Marx«. In: Gewerkschaftliche Monatshefte. Köln 1953, (Heft 4)
März, Eduard, Die Marxsche Wirtschaftslehre im Widerstreit der Meinungen. Wien 1959
Mossé, Eliane, Karl Marx et le problème de la croissance dans une économie capitaliste. Paris 1956
Moszkowska, Natalie, Das Marxsche System. Ein Beitrag zu dessen Aufbau. Berlin 1929
–, »Wandlung der Methode und des Erkenntnisobjektes der Nationalökonomie«. In: Schmollers Jahrbuch für Gesetzgebung, Verwaltung und Volkswirtschaft. Berlin 1963, (1. Halbband)
–, Zur Dynamik des Spätkapitalismus. Zürich, New York 1943
–, Zur Kritik moderner Krisentheorien. Prag 1935
Neuthinger, E., Marx und Keynes. Eine vergleichende Darstellung ihrer entwicklungstheoretischen Lehren. Dissertation. Heidelberg 1958
Ott, A. E., Einführung in die dynamische Wirtschaftstheorie, vor allem § 2. Wachstumstheorie bei Karl Marx. Göttingen 1963
–, »Marx und die moderne Wachstumstheorie«. In: Der Volkswirt, 16/1967
Peter, H., »Dynamische Theorie bei Marx und Keynes«. In: Jahrbücher f. Nationalökonomie und Statistik. Stuttgart 1950, Bd. 162 (Heft 4)
–, »Zur Geschichte, Theorie und Anwendung der Kreislaufbetrachtung«. In: Schweizerische Zeitschrift für Volkswirtschaftslehre und Statistik, 89. Jhg. (1953)
Preiser, E., »Das Wesen der Marxschen Krisentheorie«. In: Wirtschaft und Gesellschaft (Festschrift für Franz Oppenheimer). Frankfurt 1924
Robinson, Joan, An Essay on Marxian Economics. London 1942 (1947)
Rosdolsky, Roman, »Das ›Kapital im allgemeinen‹ und die ›vielen Kapitalien‹«. In: Kyklos, 1953, Bd. VI, Heft 2
–, Zur Entstehungsgeschichte des Marxschen ›Kapital‹. Der Rohentwurf des ›Kapital‹ 1857–58. Frankfurt 1968, Bd. I und II
Rosenthal, Mark M., Die Dialektik im Marx' ›Kapital‹. Berlin 1959
Schellenberg, W., Wie lese ich ›Das Kapital‹. Frankfurt/M. 1969
Schlotterer, Gustav, Über die Historischen Bedingungen des marxschen Akkumulationsgesetzes. Berlin 1932

Schmidt, Alfred (Hrsg.), Beiträge zur marxistischen Erkenntnistheorie. Frankfurt/M. 1969

Schumpeter, Joseph A., Kapitalismus, Sozialismus und Demokratie. Bern 1950

–, Ten Great Economists. From Marx to Keynes. London 1951

Sieber, R. und Richter, H., Die Herausbildung der marxistischen politischen Ökonomie. Berlin 1969

Sternberg, Fritz, Der Imperialismus. Berlin 1926

–, ›Der Imperialismus‹ und seine Kritiker. Berlin 1929

Sweezy, Paul M., Theorie der kapitalistischen Entwicklung. Eine analytische Studie über die Prinzipien der Marxschen Sozialökonomie. Köln 1959

Tsuru, S., »Keynes versus Marx. The Methodology of Aggregates«. In: Post-Keynsian Economics, Hrsg. v. Kenneth K. Kurihara. New Brunswick (N. J.) 1954

Tuchscheerer, Walter, Bevor ›Das Kapital‹ entstand. Die Herausbildung der ökonomischen Theorie von Karl Marx in der Zeit von 1843 bis 1858. Berlin 1968

v. Tugan-Baranowski, Michael J., »Der Zusammenbruch der kapitalistischen Wirtschaftsordnung im Lichte der nationalökonomischen Literatur«. In: Archiv für Sozialwissenschaft und Sozialpolitik. 1904

–, Studien zur Theorie und Geschichte der Handelskrisen in England. Jena 1901

–, Theoretische Grundlagen des Marxismus. Leipzig 1905

Varga, E., Die Krisen des Kapitalismus und ihre politischen Folgen, hrsg. u. eingel. v. Elmar Altvater. Frankfurt/M./Wien 1969

Weinberger, O., »Das ›Kapital‹ von Karl Marx und seine Beurteilung durch Vilfredo Pareto«. In: Schmollers Jahrbuch 1956 (Bd. 76)

Zeleny, Jindrich, Die Wissenschaftspolitik bei Karl Marx und »Das Kapital«. Berlin 1968; Frankfurt/M. 1969

ERKLÄRUNG DER FREMDWÖRTER, FREMDSPRACHIGEN AUSDRÜCKE UND ABKÜRZUNGEN

(Es werden nur weniger bekannte Fremdwörter erklärt und grundsätzlich nur in der Bedeutung, die sie im Text haben)

a. a. O. – am angeführten Ort
ab ovo – von Anfang an
acquired and useful abilities – erworbene und nützliche Fähigkeiten
actu – jetzt, wirklich
ad notam – zur Kenntnis nehmen
affizieren – berühren
Agens – treibende Kraft
aggregieren – anhäufen, vereinigen
akkordieren – abmachen, vereinbaren
akzidentell – zufällig
aliquoter Teil – Bruchteil, Teil eines Ganzen
alterieren – verändern
Annexation – Aneignung
annexieren – einverleiben
antizipieren – vorwegnehmen
Associé – Teilhaber, Gesellschafter
avance – Vorschuß
avances annuelles – jährliche Vorschüsse
avances primitives – ursprüngliche Vorschüsse

Barrister at Law – Rechtsanwalt
b. (book) – Buch
beaux yeux – schöne Augen

c'est un fait – es ist eine Tatsache
ceteris paribus – unter sonst gleichen Umständen
c., ch. (chapter, chapitre) – Kapitel
cf. (confer) – vergleiche
cotemporary – gleichzeitig
Chairman – Präsident
change of masters – Wechsel der Eigner
circulation factice – künstliche Zirkulation
cultures dérobées – Zwischenfruchtanbau
curriculum vitae – Lebenslauf

Dechet – Verschleiß
Defalkation – Abzug, Abschneiden
de novo – von neuem
Deplacement – Versetzung
Deroute – Verwirrung
Deterioration – Verschlechterung
determinieren – bestimmen, entscheiden
Depreziation – Abwertung, Entwertung
depreziieren – entwerten
differentia spezifica – kennzeichnender Unterschied
disponibel – verfügbar
Drainierung – Bodenentwässerung
drain of old stock – Abfluß des alten Vorrats
draper – Tuchhändler

ed., éd. (edition, édition) – Ausgabe
edit. – herausgegeben
Eklektizismus – Herausklauberei, zufällige Vereinigung des Nicht-Zusammengehörigen
empirisch – erfahrungsmäßig
entrepreneur – Unternehmer
esoterisch – tiefgründig, innerlich; wissenschaftlich
etablieren – sich selbständig machen; errichten
evident – einleuchtend, augenscheinlich

exoterisch – äußerlich, uneingeweiht
explizit – entfaltet, entwickelt
extrahieren – herausziehen

Faktura – Rechnung
Fallite = Falliment – Zahlungseinstellung, Bankrott
faux frais – falsche Kosten, Unkosten
Fluktuation – Schwankung; Ab- und Zunahme

Gebreste – Krankheit; Fehler, Mangel
gradatim – stufenweise
grower – Landwirt

H. o. C. (House of Commons) – Unterhaus
homogen – gleichartig
hypothetisch – angenommen, einer Annahme gemäß

ib., ibid. (ibidem) – ebendort
id. (idem) – der-, die-, dasselbe
i. e. (id est) – das ist, das heißt
immanent – innewohnend, innerlich
immobilisieren – festlegen
implizite – einschließlich, eingeschlossen
inkorporieren – einverleiben
Inkrement – Zuwachs, Zunahme
insolvent – zahlungsunfähig
instrumente of trade – Arbeitsinstrumente
intert – Zins
Inzidentpunkt – Nebenpunkt

Karde – Weber- oder Kardendistel, eine krautige distelähnliche Pflanze mit hakenborstigen Blütenköpfen
kardieren – Wolle aufrauhen
Kompensation – Erstattung, Ausgleich
kontrahieren – einen Vertrag schließen, zusammenziehen
Kontraktor – Vertragsschließender
Konvolut – Bündel Papiere, Sammelmappe
Kretinismus – Beschränktheit, Dummheit, Trottelei
kulminieren – den Höhepunkt erreichen, gipfeln

Landlord – kapitalistischer Großgrundbesitzer in England
l'argent des autres – das Geld der anderen
latent – verborgen
l. c. (loco citato) – am angeführten Ort, ebenda
l., lib. (liber) – Buch
Literatus vulgaris – vulgärer Schriftsteller
loanable capital – verleihbares Kapital
Locomotive Superintendent – Lokomotiv-Oberaufseher
Lumen – Licht; im übertragenen Sinne: heller Kopf

the maintenance of the workman – der Unterhalt des Arbeiters
mal connu – schlecht verstanden
manufacturier – Fabrikant
master – Eigner
materialiter – stofflich
Melioration – Verbesserung von Ackerland
mercer – Seidenhändler
Metamorphose – Verwandlung, Formwechsel, Umgestaltung
Midland counties – Grafschaften im Inneren des Landes
modifizieren – verändern
Monetärsystem – ökonomische Lehre im 16. und 17. Jahrhundert
monied man – Geldmann
multipel – vielfach

mutatis mutandis – mit den notwendigen Abänderungen

necessary price – notwendiger Preis
nominell – dem Namen nach
n. (note, number) – Note, Nummer
notabene – beachte, wohlgemerkt
notifizieren – ankündigen, mitteilen, bekanntmachen

Order (Ordre) – Auftrag
Oszillation – Schwingung, Schwankung

p., pag. (page, pagina) – Seite, Buchseite
partiell – teilweise; nur einen Teil betreffend
pass. (passim) – zerstreut, da und dort
pauvreté – Armut
perennierend – andauernd, ausdauernd
Perron – Bahnsteig
Plethora – Überfluß
post festum – hinterher, zu spät
potentialiter – möglich
prima facie – auf den ersten Blick, in erster Gestalt
primus motor – erste Triebkraft
prius – eher, früher
prix – Preis
producteur – Produzent
profits des industrieux – Profite der Gewerbefleißigen
progressive return – zunehmender Rückfluß
pro parte – anteilmäßig
propriétaire – Grundeigentümer
pro rata – anteilmäßig
Prosperität – gedeihliche Entwicklung; Wirtschaftsblüte
pro tanto – um so viel
Puddling – Verfahren zur Entkohlung des Gußeisens durch Schlacke und Luftzuführung

qua – in seiner Eigenschaft als
quidproquo, quiproquo – Mißverständnis, Verwechslung

realiter – in Wirklichkeit
Rearrangement – Neuordnung, Umordnung
Redundanz – Überfluß (Informations-)
Rekonstitution – Wiederherstellung
rekurrieren – zurücklaufen, zurückfließen
remittieren – zurückschicken
repair – Reparatur
reprise – Wiedereinnahme
retroaktiv – zurückwirkend
return – Rückfluß
rubrizieren – überschreiben, einordnen
Ryot (Raiat) – indischer Bauer

saldieren – ausgleichen, den Saldo ermitteln
salariant – Lohnzahler
salarié – Entlohner
scholastisch – schulmäßig; spitzfindig
sc. (scilicet) – nämlich
secundum – gemäß
Segmentation – Abtrennung
sekulär – hundertjährig
sinking fund – Tilgungsfonds
sq. (sequens) – folgende, die folgende Seite
sqq., seqq. (sequentes) – folgende, die folgenden Seiten
sic! – so steht es wörtlich da!
sollizitieren – anregen
somewhat – etwas
stipulieren – vereinbaren, bestimmen, festsetzen
stock – Vorrat, Bestand; Stammkapital
sub – unter
sub forma pauperis – Konsumart des Armen

Subsistenz – Lebensunterhalt
Substrat – stoffliche Grundlage
subsumieren – unterordnen
successive return – aufeinanderfolgender Rückfluß
sukzessiv – allmählich, nach und nach
superfically – oberflächlich
superior – Vorgesetzter
supponieren – voraussetzen, unterstellen
Suspension – zeitweilige Aufhebung
Sykophant – Verräter, Verleumder; Erpresser

Tantieme – Gewinnanteil
tant pis pour vous – um so schlimmer für Euch
Tautologie – überflüssige Wiederholung des Gesagten mit anderen Worten
timber-merchant – Holzhändler
t. (tom, tome) – Band, Teil
toto coelo – in jeder Beziehung
transitorisch – vorübergehend, kurzfristig
transponieren – übertragen, versetzen
Transposition – Umstellung, Übertragung
Transsubstantiation – Umwandlung
Trucksystem – Entlohnung durch Warenbezugsscheine, die in den Läden des Unternehmers eingelöst werden müssen

value in exchange – Tauschwert
very distinguished writer – sehr renommierter Schriftsteller
vice versa – umgekehrt
vindizieren – beanspruchen
virtualiter – der Möglichkeit nach; möglich
virtuell – der Möglichkeit nach vorhanden
voilá tout – das ist alles
v., vol. (volume) – Band

works of art – Kunstbauten

MÜNZEN, GEWICHTE, MASSE

*Münzen**

Pfund Sterling (Pfd.St., pound sterling, £)	=	20 Schilling	20,43 Mk
Schilling (shilling, sh.)	=	12 Pence	1,02 Mk
Penny (penny, pency, d.)	=	4 Farthing	8,51 Pf
Farthing (farthing)	=	1/4 Penny	2,12 Pf
Dollar (dollar, $)	=	100 Cents	4,20 Mk
Franc (franc, fr.)	=	100 Centimes	80 Pf
Taler (preußische Münze bis 1873)	=	30 Silbergroschen	3,00 Mk

Gewichte

Tonne (ton)	=	20 Hundredweights	1016,05 kg
Pfund (pound)	=	16 Unzen	453,592 g
Unze (ounce)	=		28,349 g

Längenmaße

englische Meile (British mile)	=	5280 Fuß	1609,329 m
Werst (altes russisches Wegemaß)	=		1066,780 m

* Die Umrechnung in Mark und Pfennig bezieht sich auf das Jahr 1871 (1 Mark = 1/2790 kg Feingold).

PERSONENREGISTER (zum »Kapital« und Texte-Anhang)

Kursive Ziffern verweisen auf die Autorfußnoten.

SACHREGISTER (zum »Kapital« und Texte-Anhang)

Kursive Ziffern verweisen auf die Autorfußnoten.

EDITORISCHER HINWEIS

Unserer Ausgabe liegt die letzte von Friedrich Engels herausgegebene und durchgesehene 2. Auflage (Hamburg 1893) zu Grunde. Sie sei – so Engels im Vorwort zur 2. Auflage – »ein wortgetreuer Abdruck der ersten«. Die Druckfehler seien verbessert, wenige stilistische Nachlässigkeiten beseitigt und einige kurze, nur Wiederholungen enthaltende Absätze gestrichen worden. Dennoch schien es uns geboten, diese Varianten und Abweichungen der 1. Ausgabe (Hamburg 1885, herausgegeben von Friedrich Engels) zu notieren; sie wurden von Text und Fußnoten durch eine durchgehende Linie getrennt, stehen sämtlich in eckigen Klammern und sind durch Sternchen gekennzeichnet. Druckfehler, auch in Seitenangaben und bei Jahreszahlen, und andere Versehen wurden stillschweigend verbessert. Rechtschreibung und Zeichensetzung entsprechen dem heutigen Sprachgebrauch, jedoch blieben Marxscher Stil und Schreibweise unberührt. Darüber hinaus wurden Unrichtigkeiten der 2. Auflage in redaktionellen Fußnoten ausgewiesen, wobei – wie auch für die Textgestaltung – folgende Ausgaben mit Gewinn herangezogen wurden: die »Volksausgabe« von Karl und Benedikt Kautsky (Berlin 1926); die Ausgabe des Marx-Engels-Lenin-Instituts (Moskau 1932); Band V der »Werke, Schriften, Briefe« (Ökonomische Schriften II) der Ausgabe von Hans-Joachim Lieber (Stuttgart 1963) und Band 24 der »Marx-Engels-Werke« (Ost-Berlin 1968). Die von Friedrich Engels im Text eingestreuten Zusätze und Bemerkungen blieben in eckigen Klammern stehen, seine Fußnoten sind durch F. E. gekennzeichnet. Zitate aus dem 1. Band des »Kapital« wurden wortgetreu abgedruckt und stimmen nicht immer mit den in redaktionellen Fußnoten ausgewiesenen Passagen unserer Ausgabe des 1. Bandes überein.

Die Leseanleitung[1] von Rudolf Hickel und die von ihm und der Redaktion besorgte Texteauswahl im Anhang soll die Benutzbarkeit dieser Edition erhöhen. Sämtliche dort in den Texten auftauchenden Zitate wurden in ihrer ursprünglichen – von den Autoren wiedergegebenen – Fassung belassen und soweit möglich in Redaktionsfußnoten festgestellt und auf die in unsere Ausgabe mitaufgenommenen Texte verwiesen.

Personennamen (insbesondere russische) wurden ebenfalls in der von den jeweiligen Autoren praktizierten Schreibweise belassen. Der Lenin-Text wurde von Helga Meyer eigens für diese Ausgabe übersetzt. Die übrigen Texte entnahmen wir nachstehend aufgeführten Ausgaben. Den hierbei

[1] Für die 2. Auflage durchgesehen und erweitert.

genannten Verlagen danken wir für die freundliche Genehmigung des Abdrucks:

Roman Rosdolsky, Zur Entstehungsgeschichte des Marxschen »Kapital« Band II. Frankfurt/M. ²1969 (Europäische Verlagsanstalt).

Rosa Luxemburg, Die Akkumulation des Kapitals. Berlin 1913/Neudruck Frankfurt/M. 1966.

Michael von Tugan Baranowski, Studien zur Theorie und Geschichte der Handelskrisen in England. Jena 1901 (Gustav Fischer Verlag, Stuttgart).

Karl Kautsky, Krisentheorie. In: Die Neue Zeit, 20. Jhg. (1901–02), Bd. II, (Verlag J. H. W. Dietz, Nachf., Hannover).

Michael von Tugan Baranowski, Theoretische Grundlagen des Marxismus. Leipzig 1905 (Duncker & Humblot, Berlin).

Rudolf Hilferding, Das Finanzkapital. Wien 1910/Neudruck Frankfurt/M. 1968. (Europäische Verlagsanstalt).

Gustav Eckstein, Rosa Luxemburg, Die Akkumulation des Kapitels. In: Rosa Luxemburg, Die Akkumulation des Kapitals. Berlin ²1923.

Henryk Grossmann, Das Akkumulations- und Zusammenbruchsgesetz des kapitalistischen Systems. Leipzig 1929/Neudruck Frankfurt/M. 1967.

Rosa Luxemburg, Die Akkumulation des Kapitals oder Was die Epigonen aus der Marxschen Theorie gemacht haben – Eine Antikritik. Leipzig 1921/Neudruck Frankfurt/M. 1966.

Otto Bauer, Die Akkumulation des Kapitals. In: Die Neue Zeit, 31. Jhg. (1912–13), Bd. I.

Neben bibliographischen Hinweisen, der Erklärung seltener Fremdwörter und fremdsprachiger Ausdrücke und einer Tabelle der Münzen, Maße und Gewichte wurde auch eine Übersetzung der fremdsprachigen Zitate aufgenommen. Sie geht zurück auf die der Kautskyschen »Volksausgabe«, wurde jedoch redaktionell bearbeitet. Ebenfalls aus dieser Ausgabe stammt das von uns durchgesehene und erweiterte Personen- und Sachregister. Dem Verlag J. H. W. Dietz Nachf., Hannover, danken wir für die Abdruckgenehmigung. Das Personen- und Sachregister zur Texteauswahl wurde von der Redaktion und Rudolf Hickel erstellt. Die in eckigen Klammern angegebenen Seitenzahlen im Inhaltsverzeichnis beziehen sich auf die der »Marx-Engels-Werke« Band 24 (Ost-Berlin 1968).

Die Redaktion

INHALT

TEXTE – ANHANG

ANHANG

Gaston Bachelard

Epistemologie

Ausgewählte Texte

Ullstein Buch 3099

Ullstein Materialien

Gaston Bachelard (1884–1962) hat einen entscheidenden Einfluß auf das zeitgenössische Denken in Frankreich ausgeübt. Seine theoretischen Einsichten prägten so bekannte Wissenschaftler wie M. Foucault und L. Althusser. »Epistemologie« ist ein wichtiger Beitrag zum Verständnis des französischen Strukturalismus und seiner Auswirkungen.

V. Gordon Childe

Gesellschaft und Erkenntnis

Ullstein Buch 3023

Ullstein Materialien

Childe behandelt eine Richtung der Philosophie, die »Erkenntnistheorie« genannt wird. Er klassifiziert seinen Reflexions-Standpunkt als einen »naiven Realismus« und vermittelt gerade dadurch eine eindrucksvolle und überraschend leicht-verständliche Geschichte der Philosophie.

Jacques Derrida

Randgänge der Philosophie

Ullstein Buch 3288

Ullstein Materialien

Diese Sammlung von vier Essays hat einen doppelten Zweck: einerseits die Einheit des Sprach- und Denksystems darzustellen, das trotz aller Verschiedenheit und Variation eine grundlegende Gemeinsamkeit besitzt als Diskurs der Philosophie; andererseits bildet diese Darstellung der Philosophie als eines einheitlichen Redesystems gleichzeitig den Versuch, die Grenzen dieses Systems sichtbar zu machen.

Béla Grunberger/ Janine Chasseguet-Smirgel

Freud oder Reich?

Ullstein Buch 3583

Ullstein Materialien

Die Autorinnen räumen mit den Klischees von »bürgerlicher Pychoanalyse« und »progressivem Pseudo-Marxisten« auf und weisen argumentativ nach, wie sich in derart dualistischen Aufspaltungen zuallererst Ideologie einnistet, reaktionäre Thesen breitmachen.

Erich Fromm

Die Kunst des Liebens

Ullstein Buch 35258

Wir Menschen sind meistens nicht imstande, unsere Fähigkeit zum Lieben zu entwickeln: zu einer Liebe, die Reife, Selbsterkenntnis und Mut umfaßt.
Erich Fromm diskutiert in diesem Buch die Liebe in all ihren Aspekten, nicht nur die romantische – von so vielen falschen Vorstellungen umgebene Liebe –, sondern auch die Elternliebe, Nächstenliebe, erotische Liebe, Selbstliebe und die Liebe zu Gott.

Ullstein Materialien

Dörte von Drigalski

Blumen auf Granit

Eine Irr- und Lehrfahrt durch die deutsche Psychoanalyse

Ullstein Buch 35036

Ullstein Materialien

Wird die Psychoanalyse zu einer Gefahr für die seelische Gesundheit werden?
Die Autorin – Ärztin und Psychotherapeutin – gibt hier einen Bericht über ihre Psychoanalyse, die von Lehranalytikern der Deutschen Psychoanalytischen Vereinigung durchgeführt wurde, und wirft die provokante Frage nach Therapieschäden auf.

Erich Fromm

Psychoanalyse und Ethik

Ullstein Buch 35038

Ullstein Materialien

Kein Buch, das sich nur an den Fachwissenschaftler oder an den Studierenden wendet. Es führt jeden zur Selbstbesinnung, der seinen eigenen Charakter und seine guten und schöpferischen Eigenschaften erkennen und ernsthaft durchdenken will.

Erich Fromm

Die Seele des Menschen

Ihre Fähigkeit zum Guten und zum Bösen

Ullstein Buch 35076

Ullstein Materialien

Aus der Sorge, sagt Erich Fromm, daß das Phänomen der Gleichgültigkeit dem Leben gegenüber in einer immer stärker mechanisierten Industriewelt überhandnehme und dies dazu führen könne, daß wir dem Leben mit Angst, wenn nicht gar mit Haß gegenüberstehen, habe er dieses Buch geschrieben.

Smiley Blanton

Tagebuch meiner Analyse bei Sigmund Freud

Ullstein Buch 3205

Ullstein Materialien

Smiley Blanton, amerikanischer Psychiater und Psychoanalytiker, gibt detailliert seine Erinnerungen an eine Analyse bei Freud wieder. Die authentischen, bislang unbekannten Bemerkungen und Aussagen Freuds sind von verschiedenen Gesichtspunkten aus sehr bemerkenswert. Sie berühren wichtige Aspekte der Theorie und Praxis der Psychoanalyse und geben Aufschluß über die besondere Behandlungsweise Freuds gegen Ende seines Lebens.